湘乡市志

1986—2005

湘乡市志编纂委员会 编

方志出版社
Publishing House of Local Records

图书在版编目（CIP）数据

湘乡市志.1986-2005/湘乡市志编纂委员会编.
--北京：方志出版社，2019.1
ISBN 978-7-5144-3629-7

Ⅰ.①湘… Ⅱ.①湘… Ⅲ.①湘乡—地方志—1986-2005 Ⅳ.①K296.43

中国版本图书馆CIP数据核字（2019）第034168号

湘乡市志（1986—2005）

编　　者：湘乡市志编纂委员会
责任编辑：罗　滔

出 版 人：冀祥德
出 版 者：方志出版社
　　　　　地址　北京市朝阳区潘家园东里9号（国家方志馆4层）
　　　　　邮编　100021
　　　　　网址　http://www.fzph.org
发　　行：方志出版社图书经销中心
　　　　　电话　（010）67110500
经　　销：各地新华书店
印　　刷：广州市赢彩彩印有限公司

开　　本：787×1092　　1/16
印　　张：45.5
字　　数：1082千字
版　　次：2019年1月第1版　2019年1月第1次印刷
印　　数：0001~4000册

ISBN 978-7-5144-3629-7　　定价：398.00元

湘乡市志编纂委员会

顾　　问　谭文生　黄赞佳　李世宏　阳建民　胡海军　彭瑞林　曹忠华　陈继东　赵叶惠
贺金荣　李正国　潘如心　彭初阳

主　　任　周俊文

副 主 任　张茂丰　谢岸烨　谢永根　彭　湘　王希明　周赏玲　彭建平　罗　霄　陈星辉
曾利民　侯爱萍

委　　员　（以姓氏笔画为序）

万　飞　王　平　王　红　王朝辉　王瑜才　文卓良　邓小文　邓爱民　方永红
冯　琳　冯秋生　阳　飞　孙　旦　孙惠人　刘　明　刘　浩　刘　湘　刘四海
刘伟强　刘建和　刘威林　杨飞平　杨锋锴　陈友明　陈四清　陈明君　张世民
李卫兵　李　磅　李光奇　李应培　李伯辉　李柏生　李革新　李新富　吴　峰
吴　斌　吴国奇　陈　强　肖　军　肖　鹄　肖文良　肖立红　周世军　周红伟
周向集　周新湘　罗玉高　罗思聪　金益民　易礼荣　易高锋　胡卫红　胡竹新
贺永坤　贺立杰　贺伟林　贺映明　赵向红　柳纯斌　郭平辉　郭杰强　黄平辉
黄　峰　龚志光　彭　艳　彭付清　彭景卫　谢　驰　谢志宏　傅国强　曾剑辉
谭　衎　谭　韵　谭正华　谭德阳　熊友良　熊超杰　潘海明

《湘乡市志》编纂人员

主　　编　肖　鹄　万　飞　刘　湘

副 主 编　陈新文　陈威敏　贺志纯　文姣平　刘秋林

统　　稿　文姣平　刘秋林

编纂人员　（以姓氏笔画为序）

毛灿文　叶典文　刘家发　李　振　李效新　李雪峰　陈湘魁　张　敏　周向荣
周霞峰　易　钛　段安坤　萧日东

《湘乡市志》审稿人员

一、《湘乡市志》审稿小组

组　　长　周俊文

副 组 长　张茂丰

成　　员　谢岸烨　谢永根　彭　湘　王希明　周赏玲　彭建平　罗　霄　陈星辉　曾利民　侯爱萍

二、湘潭市地方志编纂办公室审稿人员

易小兰　陈育松　黄小平　曹建英　胡亿群　蒋子君　张跃安　周方应　曹方成　李枝常

三、湖南省地方志编纂委员会审稿人员

易介南　王晓天　袁勇前　邓建平　杨盛让　尹克加　蔡素云　孟东华

湘乡市史志工作办公室人员

主　　任　刘　湘

副 主 任　陈新文　贺志纯

工作人员　易　钛　李　振　毛灿文　周向荣

为本志提供资料的主要人员

（以姓氏笔画为序）

王一平　王永玲　王爱华　王家凡　文卫武　文建华　方正元　邓　婷　邓向荣　左亚平　龙建军
龙俊和　田　彬　叶　盛　叶海乔　卢本义　刘　剑　刘子忠　刘宁辉　刘怀其　刘秋林　刘祥新
刘秉勋　刘登安　朱　力　朱平南　朱武龙　成　辉　成均平　成国平　向春生　许国祥　张志刚
张君岳　张建国　沈永红　沈亚辉　吴述成　阳瑞林　邹龙强　李　超　李　琰　李平安　李江锡
李国平　李序淼　李剑华　李炳阳　李雪峰　李彦臻　罗　鹍　罗本炎　罗永贵　罗永贵　罗志红
罗麦秋　罗继春　易检祥　郑凌平　周玉同　周汉林　周济才　周艳群　杨新根　杨贵华　陈小旺
陈冬贵　陈光荣　陈志坚　陈晓莉　陈湘魁　陈威敏　赵建华　胡宗明　胡建平　段安坤　郭正华
唐国良　徐学军　谢琪凤　黄大鹏　黄汉泉　黄清浦　黄奕萍　曾习文　曾纯武　曾辉军　龚建军
章力华　曹纯章　曹轶财　萧　勇　萧日东　萧自强　萧新根　彭伟平　彭秋阳　彭国成　彭炳仁
谌小芳　辜仲秋　谭庆云　谭合荣　谭海华　谭映林　谭棣梅　廖国衡　廖莲湘

序一

在全市党员干部群众以习近平新时代中国特色社会主义思想为指引，深入学习贯彻党的十九大精神，昂首奋进在新时代新征程上的伟大时刻，一本厚厚的即将付梓的《湘乡市志》摆在我面前，欣喜之情难以言表。这是湘乡修志史上新的重大成果，也是我市政治文化生活中的一件大事，实在可喜可贺。

“修志问道，以启未来”。修志是中华民族的优秀传统，也是地方发展的现实需要。《湘乡市志》编纂工作于2005年4月启动以来，广大编纂工作者坚持传承文明、记录历史，弘扬文化、服务社会，借史鉴今、启迪后人，以崇高的理想信念、饱满的工作热情，求真务实、辛勤耕耘、竭忠尽智，历时十三年，终于成书。全书近110万字，记载翔实、内容丰富、结构严谨、脉络清楚，寓历史价值、实用价值和收藏价值为一体。

这是一部改革发展的备忘录。主要记录了改革初期特别是撤县建市至新世纪初，湘乡人民解放思想、锐意改革、开拓创新的艰辛奋斗历程。这二十年来，市委市政府带领全市人民一年接着一年干、一届接着一届干，通过一件件实事的办理、一个个矛盾的化解、一道道难题的攻克，湘乡经济社会发生了深刻的变化。地区生产总值、财政收入等主要指标呈数倍数十倍增长，医疗、教育、交通、治安、饮水等民生问题得到根本性解决，民主法治全面优化，文化服务全面提升，生态屏障全面筑牢，社会风气全面好转，为我市经济社会迈入全省十强、综治民调进入全省第一方阵奠定了坚实基础。

这是一部催人奋进的启示录。立足于湘乡悠久的历史、璀璨的文化，着力弘扬“公诚勤俭、敢为人先”的湘乡精神，有助于激发全市人民热爱国家、热爱湘乡的热情。这种紧扣时代要求，昂扬城市精神的主旋律和正能量，对实施文化立市战略，创建全国文明城市具有巨大作用。我们就是要通过挖掘湘乡文化、研究湘乡历史、弘扬湘乡精神，从中汲取力量、汇聚智慧，牢固树立忠党爱国、为之奉献的情怀，坚定坚守公平公正、善良仁爱的追求，大力提升干事创业、事成至上的境界，充满信心地建设实力湘乡、打造幸福龙城，精神昂扬地创建全国文明城市。

“治天下者以史为鉴，治郡国者以志为鉴”。我们要发挥好方志的“存史、资治、教化”作用，让《湘乡市志》成为各级领导、社会各界了解湘乡历史、掌握湘乡现状的重要文献，以借鉴历史经验、做出正确决策，激发全市人民的创造力和发展活力，为决胜全面建成小康社会、夺取新时代中国特色社会主义伟大胜利、实现中华民族伟大复兴的中国梦、实现人民对美好生活的向往贡献湘乡力量！

是为序。

中共湘乡市委书记 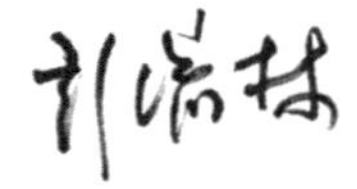

2018年5月

序二

“治天下者，以史为鉴；治郡国者，以志为鉴。”国有史、郡有志、家有谱是中华民族优秀文化传统，盛世修志是一个传续了数千年的优良传统。一部地方志记载的是一方山水上的人和事，是一方人的精神家园，承载的是区域的变迁、生命的阅历和故乡的情怀，延续的是共同的记忆，留住的是难忘的乡愁。

“一邑之典章文物，皆系于志。”1986年9月12日湘乡撤县建市，1987年3月6日湘乡县正式改为湘乡市。撤县建市既是对湘乡旧县综合实力的充分肯定，更对湘乡地方经济和社会各方面发展有着重大推动作用。《湘乡市志（1986—2005）》可以说是《湘乡市志》的首志，它记载的内容正好与湘乡撤县建市后的发展同步，全面、系统、准确地地记载了湘乡自撤县建市后的20年里，自然、政治、经济、文化、社会等各个方面的发展状况和巨大变化，客观翔实地反映了这一历史时期历届市委、市政府带领湘乡人民改革发展的伟大实践，准确全面地反映了二十年来湘乡大气磅礴的发展历史；同时又是《湘乡县志》（1986年版）的续志，全书记述的时间上限1986年，下限2005年年底，设23编95章372节，近110万字，体例完备，述、记、志、传、图、表互为补充，资料翔实。全书准确运用辩证唯物主义和历史唯物主义观点分析事物，把握规律，勾勒出湘乡经济社会等各方面发展主线，政治观点正确，立场鲜明，突出了时代特征和地方特点，是一部难得的百科全书，对保存历史、资政育人具有重要意义。

“盛世昌明，修志乃兴。”按照省委省政府和湘潭市委市政府的安排，全市各部门和单位紧密配合，于2005年启动编修《湘乡市志》。参与编修的工作人员本着对历史高度负责的态度，以严谨的治学精神，克服重重困难，想方设法搜集资料，精益求精考证史实，长年累月伏案工作，数易其稿，任劳任怨，真实地记录了湘乡的世风民情、兴衰荣辱，为湘乡文化添上浓墨重彩的一笔。展阅《湘乡市志》，从中能够领略到历史长河中人物的沉浮和事件的变迁，触摸到社会进步的脉搏，特别是能深刻地感受到湘乡人民在中国共产党的领导下艰苦奋斗、砥砺奋进的昂扬精神，真切地体会到改革开放大潮的震撼和湘乡的沧桑巨变。1986年至2005年的二十年，是湘乡撤县建市、实施三个五年计划的二十年，更是湘乡大改革、大发展的二十年。在历届市委、市政府的正确领导下，全市人民团结一心，开拓创新，砥砺奋进，创造一个又一个辉煌。与1986年相比，2005年全市国内生产总值67.1494亿元，增长19.34倍；财政收入3.4538亿元，增长7.57倍；城市主次干道总长26.2公里，增加10.87公里；城区面积扩展到16.08平方公里，增加6.28平方公里。人民生活明显改善，城镇居民人均可支配收入增长12倍；农民纯收入增长7.9倍。全市各项社会事业跃上新台阶。经过几代湘乡人艰苦卓绝的努力，湘乡成为全省12个吨粮县（市）和全国五百强产粮大县（市）之一，并跻身全国肉类产量百强县（市）、全国造林绿化百强县（市）。湘乡还先后被批准为“九五”重点科技攻关项目——水稻大面积高产综合配套技术研究与示范、国家粮食丰产科技工程核心试验区。先后被评为全国科技先进县（市）、全国文化先进县（市）。

“读志鉴古知今，用志经世兴邦。”我们要精读市志，掌握市情、探求规律、兴利除弊、科学决策，发挥好《湘乡市志》“存史、资治、教化”的作用。百舸争流，破浪者领航；千帆共进，奋勇者当先。面对新的发展形势和新的机遇挑战，我们要继续秉承“公诚勤俭、敢为人先”的湘乡精神，坚定实施文化立市、工业强市发展战略，全力建设实力湘乡，打造幸福龙城，奋力开创湘乡新的辉煌。

湘乡市人民政府市长

2018年5月

凡例

一、本志编纂坚持以马克思列宁主义、毛泽东思想、邓小平理论、“三个代表”重要思想、科学发展观、习近平新时代中国特色社会主义思想为指导，坚持辩证唯物主义和历史唯物主义的立场、观点和方法，全面系统、实事求是地记述湘乡市1986—2005年的历史与现状，为广大干部和群众提供一部有实用价值和历史价值的地方文献，为促进湘乡经济社会发展服务。

二、本志是《湘乡市志》的首志，同时又是《湘乡县志》（1986年版）的续志。记述的时间断限，上限1986年，下限2005年年底。因《湘乡县志》下限时间与《湘乡市志》上限时间重叠，故本志1986年有关记述有承上接下之功能。

三、本志记述的空间范围系2005年湘乡市所辖行政区域，遵循“越域不书”的传统规则。

四、本志采用述、记、志、传、图、表、录等体裁，以志为主体。

五、本志采用中篇结构。总述、大事记列为卷首。总述采用横陈浓缩型写法，把本志各大部类的主要内容加以缩写，力求统揽全局，成为全书之纲；大事记采用编年体，按事件发生的年、月、日顺序，扼要记述市内大事、要事，力求简练，成为全书之经；中设专志，按先自然后社会，先经济基础后上层建筑的顺序排列，为全书之纬。附录置于卷末，收录不便归类而又有存在价值的资料。

六、本志采用编章节目体。设编、章、节、目、子目五个层次。除总述、大事记、附录外，共23编95章372节。

七、本志所用数据，以市统计局复核为准，市统计局未掌握的，采用主管单位数据。

八、本志书中的表格按编排序，免去章序。“人物编”中的传记坚持“生不立传”原则，记述本地籍已故有影响的人物；名录中只收入在本市工作获省、部级以上模范人物；知名人士只收入本市现仍在外地工作的省、军级以上人士。

九、本志资料来源于湘乡市档案馆及各单位档案室的档案资料、市统计局统计资料、《湘乡县志》（1986年版）、报刊、专著及有关人员的回忆材料等，均经考证鉴别，一般不交代出处，不加注释。

图照

湘乡市行政区划图——2004年编制

（见 P678）

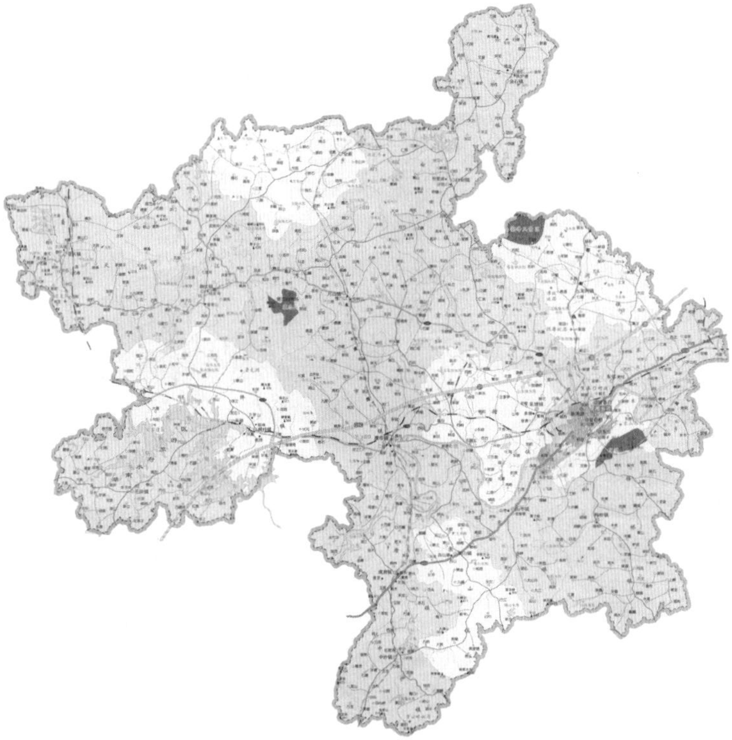

新湘路全景（摄于20世纪80年代）

图1：湘乡县城区（1985年航拍东风广场）

周边顺时针方向：东风商店、水利局、公安局、检察院、粮食局、卫生局、第二招待所、工商局、邮电局

图2：新湘路、农机大楼（摄于1988年）

3

4

5

6

图3：健康路（摄于1991年）

图4：南正街（摄于1991年）

图5：新湘路至七一广场路段（摄于1991年）

图6：新湘路湘乡剧院路段（摄于1991年）

图7：张江村附近远眺（摄于1991年）

7

1987年4月5日，龙城大游行，庆祝湘乡撤县建市：

图1：走在游行队伍最前面的是六米宽的横幅，也是游行队伍的主标题：热烈庆祝湘乡市的成立。后面依次是市委、市人大、市政府、市政协、市人武部等机关的新门牌

图2：参加庆典游行的湘乡各大厂矿企业和部分乡镇组织的表演

图3：游行队伍由新湘路行至东风广场一刻

图4：1987年4月5日，时任书记王林森（左）、副书记刘光辉（右）与广大群众见证中共湘乡市委员会挂牌

4

1

2

3

1997年5月1日，举行庆祝湘乡建市十周年的活动：

图1：在市政府门前举行升旗仪式

图2：在湘乡剧院举行建市十周年庆典大会

图3：在云门寺设展

图4：在东风广场、新湘路升起氢气球条幅

图5：举行庆祝湘乡建市十周年的游行

5

4

图6：1988年5月17日至20日，中国共产党湘乡市第一次代表大会在湘乡工人文化宫召开

图1：1999年10月，省农业专家观摩团在东郊乡观摩，袁隆平（右二）看到超级 E32每蔸有效穗达47根，露出了笑容

图2：1989年4月10日，国务院批准湘乡市建立“商品粮食基地”。1994年12月17日，省农业厅认定湘乡市为“双季稻亩产过吨粮市”

图3：生猪养殖

图4：池塘养鱼

图5：水田耙地机械——机滚船

图6：水府庙水库、水府庙电站

图7：湘乡茶厂的员工在筛红碎茶，准备出口苏联

（摄于20世纪90年代）

1

2

3

4

图1：1996年7月，湘乡市五大家领导班子在研究工贸新区建设方案

图2：1997年夏，工贸新区建设破土动工，市委、市政府的主要领导在现场察看（现工贸新区转盘附近）

图3：2005年8月，工业园区正式组建，实施“一园两区”发展战略，规划总面积12.41平方公里。图为湘乡茶场旧貌

图4：湖南铁合金厂工人在炼钢铁

图5：东山电站职工在机房内巡检

图6：湘乡棉纺厂开展互帮互学活动

图7：苏坡缫丝厂的工人在工作

图8：湘乡氮肥厂的师傅在做调剂实验

图9：1997年，铁路工人在维护湘乡段铁轨，确保中国铁路实施第一次大面积提速安全运行

图10：湖南铁合金厂的车工在工作（摄于20世纪90年代）

图1：湘乡水泥厂（摄于20世纪80年代）

图2：湘乡啤酒厂（摄于1991年）

图3：湘乡啤酒厂含铁地下水深度处理鉴定会（摄于20世纪80年代）

图4：1986年9月，湘乡啤酒厂年产4万吨啤酒的第二期扩建工程破土动工

图5：1997年9月，北京军神集团兼并湘乡啤酒厂，成立湖南湘啤饮料有限公司

图6：1999年7月，北京军神集团将公司80% 的股份转让给北京燕京啤酒集团，成立湖南燕京啤酒有限公司

2

湘乡啤氿厂
含铁地下水深度处理鉴定会

3

4

军神集团与湘啤兼并联合签约大会

5

名牌骄杨
走向辉煌
湘鄉啤酒厰
湖南燕京啤酒有限公司挂牌庆典

6

1

2

3

4

5

6

7

图1：健康北路通车庆典（摄于1989年）

图2：320国道湘乡段（摄于20世纪80年代末）

图3：壕塘口路段（摄于20世纪80年代）

图4：湘棋公路拓宽，泉塘路段（摄于20世纪90年代）

图5：湘乡汽车站（摄于20世纪80年代）

图6：湘乡火车站（摄于21世纪初）

图7：湘乡大道（摄于21世纪初）

图8：潭市大桥（摄于20世纪90年代初）

图9：洙津渡大桥（摄于20世纪90年代初）

图10：洋潭引水坝斜面升船机在作业（摄于20世纪80年代）

图11：棋梓轮渡（摄于20世纪80年代）

图12：碧洲公园浮桥通行（摄于1987年）

图13：碧洲桥旁县城至东山电站的水上客运码头（摄于20世纪80年代）

图1：1993年9月，湘乡市开通5000门程控电话，图为邮电大楼悬挂庆祝条幅

图2：邮电职工在交换机房维修（摄于1989年）

图3、图4：电信线务员在施工（摄于21世纪初）

图5：铁路运输网为湘乡人民运送包裹（摄于20世纪80年代）

图6：湘乡县邮电局邮递员风雨无阻投递报刊信件（摄于20世纪80年代）

图7、**图8**：20世纪80年代，国有商业体制改革，实行租赁承包经营

图9：湘乡南门菜市场（摄于20世纪90年代）

图10：潭市农贸市场百货区（摄于20世纪80年代）

图11：潭市农贸市场禽蛋区即蛋品市场，连续三年获得“全国文明集贸市场”称号（摄于20世纪80年代）

图12：潭市蛋品市场近景（摄于20世纪80年代）

1

2

3

4

5

6

7

8

图1：湘乡城镇居民持票排队购粮油（摄于20世纪80年代）

图2：老百姓在湘乡肉食水产公司凭票争购中秋节物资（摄于20世纪80年代）

图3：湘乡市儿童妇女商店的领导在讨论如何开拓市场（摄于20世纪90年代）

图4：湘乡三眼井涌现出多家制衣店（摄于20世纪90年代）

图5：湘乡新华书店的职工布置新年年画（摄于20世纪80年代）

图6：老百姓在购买黑白电视机（摄于20世纪80年代）

图7：湘乡的电玩厅（摄于20世纪90年代）

图8：工农商店前的小人书书摊（摄于20世纪80年代）

图9：湘乡一中校区，图片正中为1991年建成的无看台座位的室内篮球场（摄于20世纪90年代）

图10：东山学校校区，图片右侧为2002年建成的高档次塑胶跑道正规田径场

图11：湘乡二中老照片

图12：东方红小学生在雷锋月学雷锋做好事（摄于20世纪90年代）

图13：东方红学校组织学生体验田间劳动（摄于1988年）

图14：东山学校的学生在实验室开展科普活动（摄于20世纪80年代）

图15：铁合金厂技工学校的学生在学习车床技术（摄于20世纪90年代）

图1：湘乡师范的前身为湘乡县女子乙种师范学校、简易师范学校。百年风雨兼程，湘乡师范肩负起历史的重托，共培养了近两万名毕业生。随着全国中师教育的淡出，学校于2002年停止招生（摄于20世纪90年代）

图2：湘乡师范学校开拓文学社，1994—2000年连续6届被评为全国优秀中学生社团（摄于1994年）

图3：湘乡一中校门（摄于20世纪80年代）

图4：湘乡教师进修学校

图5：湘乡教师进修学校中师班学员在附属小学实习体育课，教学儿童武术操（摄于20世纪80年代）

图6：湘乡教师进修附小发扬勤俭办教精神，自制教具，改善教学条件。图为老师们在手工制作幻灯机和拼音卡片（摄于20世纪80年代）

图7：湘乡三中校园一角（摄于1976年）

图8：湘乡中医院中药房（摄于20世纪80年代末）

图9：湘乡市人民医院护士长合影（摄于20世纪80年代末）

图10：湘乡水泥厂年轻职工婚事新办，举行集体婚礼，响应“晚婚晚育、少生优生”的号召（摄于20世纪80年代）

图11：湘乡医药公司大力宣传“晚婚晚育、少生优生”，图为向只生育一胎的女职工颁发独生子女光荣证。（摄于1985年）

图12：乡村干部宣传计划生育（摄于20世纪80年代）

图13：湘乡县计生人员进村入户，开展“优生、优育、优教”的宣传活动（摄于20世纪80年代）

1

2

3

4

5

6

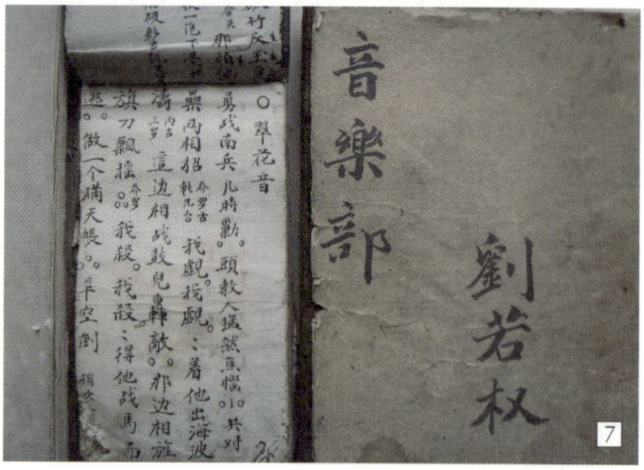

7

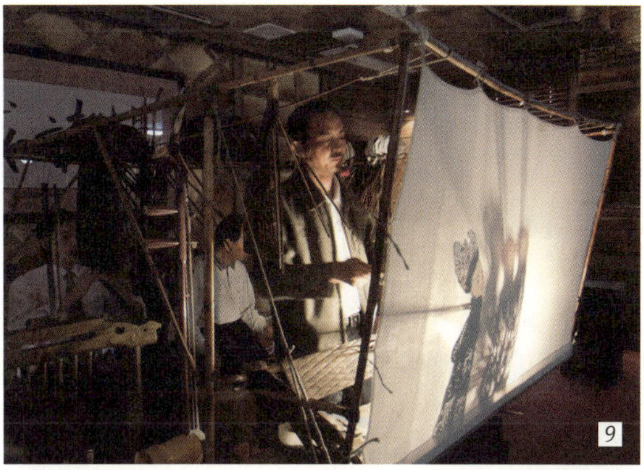

图1：壶天烧宝塔

图2：壶天火龙灯

图3：虞唐高跷

图4：石坝鼓代表性传承人丁德仁

图5：安放在韶峰寺里直径1.8米的石坝大鼓

图6：梅桥夜唢呐代表性传承人刘岳权

图7：梅桥夜唢呐工尺谱曲牌

图8：湘乡地方木偶戏

图9：湘乡地方皮影戏

图10：湘乡花鼓戏剧团长期坚持送戏下乡，演艺惠民

图11：湘乡花鼓戏剧团下乡演出（摄于1985年）

图12：龙舟赛

1

2

3

4

5

6

7

8

9

图1：湘乡博物馆

图2：蟠螭纹春秋晚期铜罍

图3：战国时期算珠状琉璃珠

图4：唐青瓷四耳罐

图5：圣教序碑

图6：明青花石榴形瓷水壶

图7：清翡翠荷叶

图8：湘乡南宋古瓷窑遗址

图9：湘乡南宋古瓷窑遗址出土的瓷器

图10：修复后的黄公略故居

图11：1986年9月15日，黄公略故居修复落成，前来参加落成典礼的大小车辆停靠在故居前公路上

图12：1986年9月15日，是红军将领黄公略同志牺牲50周年纪念日，也是黄公略同志故居修复落成之日。当天，纪念大会在湘乡剧院召开，参加会议的中央、省、地、市各级领导和黄公略将军的家属在会场外合影留念

图13：1998年1月9日，在碧洲公园举行黄公略100周年诞辰纪念大会暨黄公略铜像揭幕仪式

1

2

3

4

5

6

图1：云门寺

图2：云门寺千手千眼观音菩萨

图3：东山书院（东山学校）

图4：壶天老街：湘乡境内唯一保存较好的历史老街

图5：褚公祠

图6：伏虎古井及其石碑

图7：湘乡文塔

图8：清光绪五年（1879）建成的文塔，七层八面，高八丈有余，底座直径一丈八尺

图9：湘乡文庙

图10：状元塔

图1：潭市潮音阁（摄于20世纪80年代）

图2：水府旅游区

图3：湘乡洋潭国家激流回旋运动基地

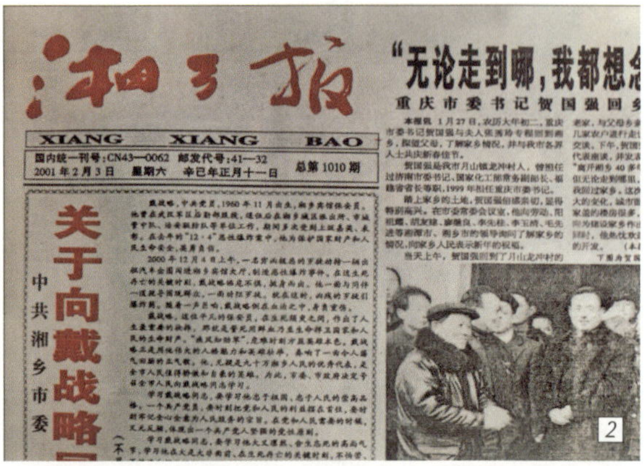
湘乡报

XIANG XIANG BAO

国内统一刊号:CN43—0062 邮发代号:41—32

2001年2月3日 星期六 辛巳年正月十一日 总第1010期

“无论走到哪,我都想

重庆市委书记贺国强回乡

关于向戴战略

中共湘乡市委

图1:湘乡图书馆藏书楼

图2:湘乡报

图3:《湘乡县交通志》评稿会

图4:《湘乡市志(1986—2005)》评审会议

图5:2012年8月,参加《湘乡市志(1986—2005)》省级评审人员合影

目录

85 第四编 经济管理

130 第五编 农业

440 第十六编 民主党派与社会团体

460 第十七编 法治 军事

460 第十七编 法治 军事

644 第二十二编 社会生活

651 第二十三编 人物

总述

一

湘乡市域，西汉建平四年（前3），汉哀帝刘欣封长沙王之子刘昌为湘乡侯，此为湘乡建置之始。东汉建武初年，在原湘乡侯领地置湘乡县，属荆州零陵郡。三国时属衡阳郡。南朝宋永初三年（422）并连道入湘乡县。隋朝开皇九年（589），将湘乡、湘西、衡山三县合并为衡山县，属潭州总管府。大业三年（607）改潭州总管府为长沙郡。湘乡地属长沙郡。唐武德四年（621）析衡山县复置湘乡县。元朝元贞元年（1295），升为湘乡州。明洪武二年（1369），湘乡州复降为县。清代，湘乡县属长沙府。民国3年（1914），改府州建制为道，湘乡县属湘江道。民国11年（1922），废道制，湘乡县直属省辖。民国26年（1937），属湖南省第六行政督察专员公署（设邵阳）。民国29年（1940），改属第五行政督察专员公署（设益阳）。1949年，中华人民共和国成立后，湘乡县属益阳专区。1952年1月，湖南省政府决定，从湘乡县划出第三、六、七区及第二区一部分，新建双峰县；划出第九、十区给新设立的涟源县；余下的6个区仍为湘乡县。1953年11月，湘乡县改属邵阳专区。1965年7月，改属湘潭专区。1983年2月，撤销湘潭地区，湘乡县改由湘潭市管辖。1986年9月12日，国务院批准改湘乡县为湘乡市。1987年3月6日，湘乡市正式成立。2005年，全市辖13个镇、5个乡、4个街道，710个村，42个居民委员会，其中18个社区委员会。居聚27个民族。其中，土家族、苗族、蒙古族、侗族、满族、回族等26个少数民族共1533人，占全市总人口的0.17%。年末总人口893182人。其中，男性459428人，占51.44%；女性433754人，占48.56%。非农业人口120441人。人口密度为444人/平方公里。

湘乡居湘中偏东。2005年市境范围，西起东经111度59分40秒，东至东经112度38分55秒，南起北纬27度29分2秒，北至28度3分45秒。东西最长平距65.4公里，南北64.8公里。东临韶山市和湘潭县，南接双峰县，西与娄底市毗邻，北界宁乡县。1996—1998年，根据国务院《行政区域争议处理条例》规定，湘乡分别与娄底、双峰、韶山、宁乡、湘潭县（市）勘定边界为547.33公里。全市总面积2003.64平方公里。占全省总面积的0.95%。境地属华南湘赣丘陵区，处于湘中丘冈向湘江河谷的过渡带，为雪峰山东北余脉和越城岭北端余脉所夹峙。西、南部较高峻，东、北部较平缓。最高点为褒忠山的三尖峰，海拔807米；最低处于涟水出境处东郊乡文佳滩附近，海拔41米。地势比降从西向东为19‰。境地属中亚热带季风湿润气候区域，夏秋多旱，严寒期短，无霜期长，冬冷夏热，四季分明，光热充足，雨水充沛，土地肥沃，作物生长期长。1986—2005年，年平均（以下同）气温17.1℃，无霜期283天，日照时数1558.7小时，降雨量1326.8毫米。气候条件适合动植物生长。

境内资源丰富。全市农用地157187公顷，占全市总面积78.45%。其中水田44505.2公顷，旱地8563.47公顷，园地5654.47公顷，林地74469.13公顷，牧草地87.45公顷，水域23907公顷。建设用地18481.83公顷，占总面积9.22%。未利用土地24693.8公顷，占总面积12.3%。人均土地资源0.22公顷，人均耕地0.06公顷。境内河流密布，水资源较丰富。涟水横贯市境，直接汇入支流16条，由西向东，蜿蜒97公里，纳入湘乡集雨面积1784平方公里，占全市总面积的89%。涟水最大年径流量为61.43亿立方米，最小年径流量为16.80亿立方米。另有乌江经市境21公里、靳水经市境4.5公里流入宁乡县。水资源总量为15.25亿立方米。植物种类繁多，分属300多科（目）、600多属、1000多种。重点保护的野生植物有水杉、樟等20多种。有利用价值和已被利用的野生植物有600多种。1998年，进行野生动物资源普查，全市有陆生野生动物15目、78科、110种，属省二级保护的有穿山甲、水獭、果子狸等9种；属省三级保护的有白鹭、灰燕、喜鹊、猫头鹰等37种，另引进繁殖动物有梅花鹿、牛蛙等。已发现矿藏32种，矿产地169处。旅游资源密集，已开放的人文景观和自然景观区有大东山旅游区、水府旅游区、韶山灌区旅游区等5个景区600多个景点。

湘乡交通方便，已形成以国道320线湘乡段为主干，以市城区为中心，向相邻县市和市内农村辐射的公路网。沪昆高速公路和湘黔铁路贯穿市域东西，向韶、洛湛铁路在湘乡过境。

湘乡历史悠久，文化底蕴深厚。境内有重点文物保护单位20处。其中，东山书院（东山学校）系国家重点文物保护单位；省级重点文物保护单位有云门寺、黄公略故居、孔庙（县学宫）、宋窑遗址4处；县（市）级文物保护单位有岱子坪、状元洲、团鱼山等文化遗址及革命纪念地陈赓、谭政、李卓然故居等。

湘乡人杰地灵，自古至今，英才辈出。其中有：三国蜀相蒋琬，宋代状元王容，元代文豪冯子振，中国共产党将领黄公略、陈赓、谭政，著名的理论宣传工作者李卓然，在教育、科技、文化等战线上已故的专家、学者、英雄模范有萧三、张天翼、曾昭抡、唐槐秋、黄国璋、李家文、傅任敢、沈祖显、成舍我、罗健夫、钱宗仁、陈子道、谭青松、成国钧等。

二

中共湘乡市委、市政府，以改革总揽全局，正确处理改革、发展、稳定的关系，湘乡经济持续健康向前发展。

（一）经济实力不断增强，财政收入逐年增长

1986年，全市国内生产总值3.47亿元，人均637元；财政收入4585万元。1988年，市委提出“对内点轴开发并举，对外兵分两路推行”的内外双向型经济发展战略，全市经济逐渐发展。1990年，全市国内生产总值增至6.07亿元，比1986年增长21.3%。市财政收入6275万元，增长36.9%。1992年，市委、市政府确定“解放思想，更换脑筋，真抓实干，全力加快改革开放和发展经济步伐”工作思路，加快村级经济平衡发展，工业企业开展资产和劳力优化组合，挖掘工业增产潜力，经济发展增速。1995年，全市国内生产总值增至22.72亿元，与1990年比，增长81.5%。市财政收入增至9257万元，增长47.5%。1996年，工业、商业等行业开展体制改革，加强以提高经济效益为中心的企业管理。1997年，中共湘乡市第三次代表大会作出“深化改革，扩大开放，加速推进农业产业化，进一步放开搞活企业和强化财政体制改革，大力发展个体私营经济”的决定，经济持续发展。2000年，全市国内生产总值增至34.51亿元，比1995年增长74.2%。市财政收入1.79亿元，增长92.9%。2001年起，市委、市政府出台《农业产业化经营的优惠政策和奖励办法》《国有集体企业改革实施方案》，加快产权制度改革。2005年，全市国内生产总值增至67.15亿元，与2000年比，增长64.7%。市财政收入3.45亿元，增长93.4%。

（二）农业发展进入全省先进行列

农业基础地位进一步加强，围绕农民增收和农村稳定两大目标，通过完善家庭承包经营机制，调整农业结构，推进农业机械化、水利化、信息化，加快了传统农业向现代农业的转变，农业得到长足发展。1986年，全县农业总产值2.82亿元，粮食总产45.50万吨，生猪饲养量139.82万头，出栏肉猪61.86万头，水产品6321吨，森林覆盖率29.8%，获湖南省渔业生产先进县（市）称号。1989年，农业全面升温，全市掀起大办农业高潮。当年，全市粮食总产49.28万吨。生猪饲养量160万头，出栏肉猪90万头，居全省第一。被国务院批准为全国商品粮和全国100个杂交瘦肉型生猪养殖县（市）之一。1993年，被国家农业综合开发办公室列为新增规模开发区，省委、省政府批准为吨粮田建设市。1994年，省农业厅认定湘乡市为“双季稻亩产过吨粮市”。1995年，猪、牛肉总量名列全国百强县（市）第25位。1997年，全市粮食总产53.79万吨，饲养生猪244.1万头，出栏猪141.33万头。成为全省12个吨粮县（市）和全国500强产粮大县（市）之一，并跻身全国肉类产量百强县（市）。2002年，获全国造林绿化百强县（市）称号，省农业厅授予湘乡“全省高效渔业先进县（市）”称号。2005年，农业总产值为20.98亿元，为1986年9.8倍。粮食总产量56.21万吨，比1986年增加10.71万吨。

饲养生猪303.1万头，比1986年增加107.2万头；出栏肉猪198.62万头，为1986年的3.21倍；水产品2.67万吨，为1986年的4.2倍；森林覆盖率46.33%，比1986年上升16.53个百分点。农业机械化水平不断提高，农机总动力5391万千瓦，为1986年的3.67倍，农民劳动强度因之降低，农业劳动生产率大大提高。

（三）改革促进工业快速发展

湘乡工业走“强工富市，工业带动”之路。1986—2005年，是结构调整、体制改革、持续发展的20年。1986年，县境有各类工业企业1957家（含建筑、运输业，下同）。其中，国有企业36家，集体企业713家，民营企业1208家。工业总产值4.73亿元。其中，国有企业3.60亿元，占全县工业总产值的76.04%；集体企业1.03亿元，占21.82%；民营企业1014万元，占2.14%。根据中共中央《关于经济体制改革的决定》精神，首先在工业企业中实行以承包为主的多种形式的经营责任制，继而，在国营和集体企业中进行劳动用工制度、人事制度、工资分配制度三项改革。1993年后，体制改革逐步推进，民营企业迅速发展。同时，实行破产重组、破产拍卖、产权转让、企业兼并等形式的产权变革。1997年，乡镇企业全面推行股份合作制。2002年，在国有和集体企业中进行“两个置换”（企业产权置换、职工身份置换）为主的产权制度改革。2005年，全市拥有各类经济类型的工业企业4560家，比1986年增加2603家。其中，国有及国有控股企业6家，比1986年减少30家；集体67家，比1986年减少646家；民营4486家，比1986年增加3278家；外资企业1家。工业总产值69.57亿元，为1986年的14.7倍。其中，国有企业产值13.29亿元，占总产值的19.10%，比1986年减少56.94个百分点；集体企业3.58亿元，占总产值的5.15%，比1986年减少16.67个百分点；民营企业51.73亿元，占总产值的74.36%，比1986年增加72.22个百分点；外资企业9700万元，占总产值的1.39%。工业经济由国有、集体经济为主转向民营经济为主，形成国有、集体、民营、外资等多种经济类型并存的多元化格局。

（四）商贸改革体制，市场活跃繁荣

1986年，境内有国营、集体商店290家，从业人员3774人；个体工商户6210家，从业人员9312人；城乡集市贸易市场31个。社会商品零售总额2.41亿元。1987年起，国营集体商贸企业进行经营模式改革，实行以目标管理为主要内容的承包责任制。1990年起，国家取消对国营集体商贸的优惠政策和财政补贴，个体经济迅速发展。当年，全市国营集体商店为280家，从业人员3680人；个体工商户6268家，从业人员10083人。社会商品零售总额为6.8亿元。其中，国营商业占20.1%，集体商业占63.1%，个体工商户占16.8%。1991年起，采用兼并、关闭、置换、重组等形式进行国营集体商贸企业的产权制度改革。1995年，在农村新建4个集贸市场。1997年，在城区东山路新建营业面积6200平方米的集贸大市场，农村8个新市场投入使用，潭市蛋品市场被评为省和全国文明集市。1998年，湘潭步步高超市入驻湘乡，湘乡振兴超市开业。1999年，营业面积5500平方米的钢材大市场建成开业。2000年，建成营业面积5000平方米的建材大市场。全市国营、集体商店195家，

从业人员2300人；个体工商户10915家，从业人员23012人。社会商品零售总额15.2亿元。国营商店所占比重下降至2.8%，集体商店占40.8%，个体工商户上升至56.4%。2001年起，在国营集体商贸企业中，实行以“两个置换”（企业置换产权、职工置换身份）为主，同时通过公开拍卖、处置资产进行企业改制。2002年，建成营业面积1.4万平方米的服饰大市场。2003年，在城区梅坪新建1.45万平方米的农贸大市场。在桑梅中路新建1.2万平方米的副食大市场。2004年，完成国营集体商贸企业改制，企业和职工全面走向市场。2005年，全市有个体工商户12457家，从业人员26946人。市城区有步步高、振兴、新华联3个规模较大的超市，有5个专业大市场和5个大型农贸市场，市场营业面积共8.55万平方米。农村有43个集贸市场。社会商品零售总额为22.0468亿元。其中，国营商店7868万元，占3.6%，个体工商店21.26亿元，占96.4%。国营商贸的主导地位在市场经济中逐渐退出，实现了向市场经济体制的过渡。

（五）基础设施建设速度加快

交通、邮电、电力、供水等城市基础设施建设投入加大，设施建设速度加快。2005年，全市公路总长3496.24公里，比1986年增加2482.24公里，实现村村通公路，是湖南省公路密度大的县（市）之一。境内有湘黔、向韶、洛湛铁路过境，总长78.5公里，厂矿专用铁路59.73公里。固定电话网、移动电话网、宽带网覆盖市域城乡。1986年，全县固定电话单机仅1603部。2005年，固定电话超过15万部，移动电话开通10多万户，互联网开户1.5万户。电力部门投入资金3.1亿多元，建设城乡电力设施，改造农网、城网。2005年，市域有大小变电站15座，总容量47.76万千伏；各类输电线路29条，总长543.15公里。市域供电区总供电量10.75亿千瓦时，比1986年增加5.11亿千瓦时；售电量9.78亿千瓦时，比1986年增加4.25亿千瓦时，为全市经济建设和市民生活提供了充足的电力保障。供水部门新建第二水厂，年供水总量达546万立方米，比1986年增加266万立方米，城区自来水覆盖率达95%。

（六）城镇化进程提速，市区规模拓宽

城区先后改建、扩建、新建东风路、解放路、新湘路、健康路、桑梅路、东山路、滨河路等14条道路，主次干道共32条，总长26.2公里，比1986年增加10.87公里。在新建滨河路的同时，将沿线旧房全部拆除，改造为成片居民小区。新建锦绣裕华、富康新村、幸福小区、镇湘名苑、大桥花园、健康花园、芗泉佳园等居民小区及壕塘、长桥、云门寺等居民安置区。湘乡宾馆、农业开发银行办公大楼、农村信用联社办公大楼、金海大厦等高层建筑拔地而起，新建工贸新区、开发东山新城。排水排污设施逐渐完善，城内水管网36.4公里，年排放雨水、污水7200万吨，服务范围16.7平方公里，城区路灯线路总长105.5公里，比1986年增加71.5公里，安装路灯4102盏，比1986年增加3770盏。城区面积由1986年的9.8平方公里，扩展到16.08平方公里，人口由72899人增加到16万人。小城镇建设长足发展，棋梓镇跻身全国重点镇行列，潭市、壶天、月山、虞唐被列为省级重点镇。

三

湘乡经济的快速发展，为社会事业的全面进步打下坚实基础。1986年以来，社会事业迅速发展，人民生活显著改善。

（一）优先发展教育事业，全面推进教育改革

1986年，全市有中小学校734所，教职员工8286人，在校学生254247人，小学适龄儿童入学率97.7%。当年贯彻《中华人民共和国义务教育法》，多方筹措经费，加快中小学校舍建设和危房改造。1990年，全力扫除剩余文盲。1991年，湘乡被评为省扫除文盲先进单位。当年，市政府决定，在1997年全市实现“基本普及小学义务教育、基本扫除青壮年文盲”。至1997年9月，各级政府投入资金8508万元，消除学校危房2.29万平方米，征地35.87公顷，新建学校12所，扩建改建学校81所，建好22个乡镇办事处中学、中心小学和乡农校，建校总面积14.12万平方米，学校设施设备显著改善。当年，全市有小学485所，在校学生118823人，小学适龄儿童入学率100%，小学生毕业率97.2%，毕业生升学率99.3%；初中85所，在校学生43866人，初中合格率98%；初级中等教育完成率88.3%；全市青壮年中非文盲率99.94%。省政府教育督导团检查评估认定湘乡市“两基”达标，实现全市城乡基本普及九年义务教育和基本扫除青壮年文盲。2005年，全市接受一年制学前班教育儿童比例为80.38%，超过国务院规定指标。各级各类学校306所，在职教职工7801人，在校学生125236人。其中，小学207所，在校学生52715人，小学适龄儿童入学率100%，毕业生升学率100%；初中73所，在校学生38706人，初中适龄少年入学率100%，毕业生合格率97.9%，毕业生升学率72.11%；高中15所，在校学生26569人；中等职业技能学校11所，在校学生7246人。每万人口中，有在校普高、职高学生380人，高于全国平均水平。至2005年，全市为高等学校、中等专业学校、部队输送合格新生30461人。成人高校招生考试录取11642人。高等学校网站和网络教育点，培训成年教育大学毕业学员8798人。全市形成以政府办学为主体，社会力量办学为补充，普通、职教、成教协调发展的良好格局。

（二）贯彻科教兴市方略，推进科技兴农兴工

湘乡先后被国务院批准为国家“九五”重点科技攻关项目——水稻大面积高产综合配套技术研究与示范、国家粮食丰产科技工程核心试验区，全市共取得获奖科技成果249项。其中，国家级2项，省级30项。申请专利584件，国家授权73件。被科技部评为全国科技先进县（市），同时获湖南省技术市场“金桥奖”。2005年，全市有科技专业学会28个，会员3000多人，为1986年的3倍；科技管理人员1813人，比1986年增加105人；专业技术人员10480人（其中授予高级职称450人、中级职称4149人），为1986年的8.9倍。

（三）文化事业保持良好发展态势，公共文化服务体系覆盖城乡

城区有文化馆、图书馆、博物馆、剧院各1处，电影院2处。农村有19个乡（镇）文化站，9个万册乡（镇）图书馆、63个村级图书室。文化馆积极组织和开展群众文化活动，被文化部评为“国家二级文化馆”。图书馆藏书19.9万册，收集地方文献资料1200余种、1800余册（幅），被文化部审定为“国家二级图书馆”。文物保护工作得到加强。博物馆馆藏文物3669件，其中珍贵文物265件。1993年起，市剧团连续四届被省文化厅授予“湖南省好剧团”称号。文艺创作繁荣，在省级以上报刊发表，电视台（电台）播映（播放）或获奖的各类文艺作品3800多件，有30多位作者出版50多部专著。文化市场活而不乱。湘乡新华书店被中共中央宣传部、国家新闻出版署评为全国百县农村图书发行先进单位，文化部授予湘乡市全国文化先进县（市）称号。史志、档案工作健康发展。

（四）广播、电视新闻媒体迅速崛起

1986年，全市有广播站47个，村广播室159个。通广播的乡镇47个，通广播的村677个。入户喇叭11.03万只，入户率60%。1993年，村村通广播，户户安喇叭。广播线路12555公里，乡（镇）、村通播率100%。2002年，广播被电视取代。2005年，全市有电视发射台和转播台各1座，电视发射机4台。有线电视采用专业数字化接收、调制，开辟42个频道，全自动播出。无线电视发射覆盖全市村、组，电视人口覆盖98%。《湘乡报》自1988年复刊后，至2003年停刊止，共编印1468期，发行2200多万份，有1000多篇稿件被上级媒体刊载。

（五）医疗卫生队伍初具规模，市、乡（镇）、村卫生服务体系基本形成

2005年，全市有医疗机构32个，共设病床1840张，比1986年增加334张。在职卫生工作人员2662人，比1986年增加520人。卫生技术人员2400人（具有高级职称91人，中级职称441人），乡村医生712人，村接生员39人。医疗技术水平不断提高。病人住院治愈率、危重病人抢救成功率提高，孕产妇和婴儿死亡率大幅度下降。医疗设备向高层次发展。疾病预防控制中心加强非典型肺炎、人感染高致性禽流感、霍乱等重大传染病防治，多种传染病、地方病得到控制和消除。湘乡一直保持“无疟县（市）”称号。农村进行改水改厕，农民饮用清洁卫生水62.5万人，占农村总人口的96%；使用无害化卫生厕所16.78万户，占农村总户数的86.9%。新型合作医疗于2005年年底开始运行，当年“参合”农民422483人。

（六）全民健身运动普遍开展，人民健康水平显著提高

全市体育场馆总面积80多万平方米，全民健身运动蓬勃开展，碧洲公园、沿河大道、城区广场等处早晚锻炼市民上千。学校实施《国家体育锻炼标准》，全市达标率为100%。市里每年举办赛事10多场。20年来，湘乡运动员在湘潭市级体育比赛中，3次获团体总分第一，2次金牌数和奖牌总数第一；在省级体育比赛中，有田径、举重、柔道、跆拳道、射击等10多项，17人次获冠军（第一名），

杨红的女子跳高破全国少年纪录，张凌志在全国无线电测向比赛中获2米段团体第一名，黄文武在全国六运会上获男子撑竿跳高第三名。1人达国家一级运动员标准，3人达国家二级运动员标准。人民健康水平显著提高。2005年，湘乡平均期望寿命由1986年的68岁提高到73.17岁，比全国平均水平高2.31岁。

（七）人口观念不断改变，人民生活不断改善

2005年，人口出生率由1986年的16.21‰下降到11.73‰，计划内生育率由1987年的78.33‰上升到98.83‰。人口自然增长率由1987年的9.31‰下降到5.34‰。党和国家推行为人民谋福祉的富民政策，城乡居民收入水平快速提高，人民生活显著改善。全市城镇居民人均可支配收入9175.4元，较1986年的766元增长12倍；农民人均纯收入3807元，较1986年的482元增长7.9倍。城乡居民存款余额54.07亿元，较1986年的1.08亿元增长50倍。住房条件大为改善。城镇居民人均住房面积为33.43平方米，较1986年的10.96平方米增加22.47平方米；农村居民人均居住面积达到45平方米，较1986年的29.21平方米增加15.79平方米。农户楼房普及率达93%。一些城乡居民还购买小轿车，实现从温饱不足到总体小康的历史性跨越。社会保障体系覆盖各个领域。参加养老保险的企业在职职工24281人，离退休人员9232人，机关事业单位干部职工22486人。参加失业保险职工50962人，参加基本医疗保险43173人，参加生育保险20583人，有7090人参加工伤保险。

四

县改市后的20年，湘乡人民在市委、市政府的领导下，发扬“齐心拼搏，奋勇争先”的湘乡精神，谱写湘乡历史上的光辉一页。20年的发展成果证明，坚持中国共产党的领导，坚持中国特色社会主义道路，坚持改革开放，湘乡的经济建设和社会事业就能又好又快地发展。回首20年，放眼新视野，湘乡同周边县（市）相比，用全国、全省的平均发展水平来分析，全市的经济总量仍然偏少；产业结构不尽合理，基础设施不够完善；农民缺乏稳定的增收渠道，工业缺乏重点企业支撑，发展后劲不足；财政缺乏重大税收来源，财政形势较为紧张；文化产业较为薄弱。

站在新起点，谋划新篇章，市委、市政府将高举中国特色社会主义伟大旗帜，以马克思列宁主义、毛泽东思想、邓小平理论、“三个代表”重要思想、科学发展观、习近平新时代中国特色社会主义思想为指导，带领湘乡人民，继续大力弘扬“齐心拼搏，奋勇争先”的湘乡精神，坚定不移地实施“工业带动，开放兴湘”的发展战略，推进新型工业化、新型城市化和社会主义新农村建设，全力构建“实力湘乡、文化湘乡、美丽湘乡、幸福湘乡”，把湘乡的明天建设得更加美好。

大事记

1986年

1月26日 中共湘乡县委、县政府组织人员赴云南、广西边防前线慰问解放军指战员。

2月6日 县第二建材厂熟料圆筒库倒塌，打毁四周的水泥成品库、水泥车间、磨机房、水渣棚、控制室及部分机电设备，损失15万元。

4月10日 棋梓、谷水一带发生特大冰雹灾害，死3人，伤354人。

5月19日 县人民武装部由军队序列改为地方建制。

5月 县保险公司全面开展农村家庭财产保险。

6月30日 成立县志编纂办公室，着手编纂《湘乡县志》。

7月起 发生近百日持续干旱，全县受旱面积2.7万公顷。

9月12日 国务院批准撤销湘乡县，建立湘乡市。

9月 外贸部门投资80万元扩建城关镇猪场，成为全国规模最大的外贸良种猪场。

10月5日 黄公略故居纪念馆开馆。

12月 龙洞乡东桃村（今中朝村）村办企业——湘乡高压电器厂引进西安高压电器研究所技术，制成真空断路器，填补湖南和中南地区空白。

1987年

1月10—15日 全县各乡镇进行政府班子换届选举。

2月19日 中共湘乡县委常委研究决定，撤销原城关镇建制，建立新湘路、望春门、昆仑桥3个街道。

2月26日 市公安局交通警察队城区中队正式成立。同年8月22日，成立交通警察大队。

2月27日 中国人民政治协商会议湘乡市第一届委员会第一次会议，在湘乡剧院召开，会期6天。大会以无记名投票方式，选举产生政协湘乡市第一届委员会正、副主席。

2月28日 湘乡市第一届人民代表大会第一次会议在湘乡剧院开幕，会期6天。大会以无记名投票方式，选举产生湘乡市第一届人民代表大会常务委员会正、副主任，市人民政府正、副市长，市人民法院院长，市人民检察院检察长。

1987年

3月6日 在湘乡剧院举行建市典礼，庆祝湘乡市正式成立。有关省及湘潭市领导参加。

4月2日 《人民日报》、《湖南日报》、湖南电视台记者到湘乡了解工业污水对农作物及环境的危害问题。

4月30日 市图书馆新馆舍建成开馆。

5月1日 在新湘路街道开始进行颁发居民身份证试点工作，同年8月全市铺开。

5月19日 湘乡各地普降暴雨，降水量达91毫米，谷水、潭市降水量为130多毫米。全市21万亩稻田被淹，倒塌房屋2900多间，伤151人，死亡4人。

8月 市属国有企业按照“包死基数、确保上缴、超收全留、欠收自补”的原则实行经营承包。

10月 举办湘乡市首届物资商品交易会，来自广东、广西、江西、福建、浙江、湖北、甘肃等10多个省、市和省内的800余名客商参加洽谈。交易会3天，成交额2000多万元。

1988年

3月1日 市政府决定投资510万元，扩建湘乡氮肥厂。

5月17—20日 中国共产党湘乡市第一届代表大会在市工人文化宫召开，差额选举产生中共湘乡市委第一届委员会委员、候补委员和中共湘乡市纪律检查委员会委员。

7月1日 《湘乡报》复刊并成立湘乡报社。该报曾于1956年4月创办，1961年4月停刊。1995年8月，《湘乡报》启用国内统一刊号，面向全国公开发行。

7月18—19日 中国国民党革命委员会湘乡市委会召开第一次党员大会，选举产生中国国民党革命委员会湘乡市第一届委员会。

9月 市委决定开展一场惩治地霸的行动，由17名市级领导带领172名干部进驻城区三办、棋梓镇、东山乡开展惩治工作。历时2个月，共查出有地霸行为的26个单位、12个村、51个村民组，受地霸影响的单位74个。依法查处各类问题313个，其中性质严重的32个，收缴退赔款4.73万元，罚没款5.25万元，挽回直接经济损失94万元、间接损失1000万元以上。

12月22日 湘乡啤酒厂从意大利引进的联邦德国3.5万吨成套啤酒生产线，正式投料试产。

12月28日 国家工商行政管理局授予潭市蛋品市场“全国文明集贸市场”称号。

1989年

4月10日 国务院批准湘乡市建立“商品粮食基地”。国家对湘乡投资475万元，用于粮食生产基础设施建设。至年底，农业总产值6.0915亿元，粮食总产79.2813万吨。饲养生猪160万头，出栏瘦肉型猪90万头，居全省第一位。

4月28日 联合国世界银行电讯考察组到棋梓镇考察。

5月13日 市委、市政府在工人文化宫召开大会，为制止寻衅滋事犯罪牺牲的龚德云、为抢救落水儿童献身的罗策、为保卫国家财产制止盗窃犯罪牺牲的铁合金厂护厂队长杨福平三位烈士举行颁发“革命烈士证明书”仪式。

6月6—7日 150次、508次、62次客运列车滞留湘乡。按照上级要求，市委、市政府组织有关部门做好食品、饮水供应和维护治安等工作，并对列车上的600多名重庆大学学生做好劝说工作，用客车将他们送往湘潭。

9月25日 市党政军主要领导欢送出席首都国庆观礼代表谭长桥和出席省国庆活动代表邓永明。

9月 开始对全市农村土地承包责任制进行小调整。至年底，550个村（占总村数的77%）7240个村民小组（占88%）完成小调整，共调整承包水田81864亩，为44124户增加责任田。

12月2日 成立湘乡市第四次人口普查领导小组及其办公室，第四次人口普查在全市拉开帷幕。

△ 开始第一次全面民主选举村委会。

△ 市机械厂开发的多层双列大布袋除尘器填补国内空白。

1990年

2月20—25日 在湘乡剧院召开市第二届人民代表大会，会期6天，以无记名方式选举产生市第二届人民代表大会常务委员会正、副主任，市人民政府正、副市长，市人民法院院长，市检察院检察长。

2月21日 在湘乡剧院召开政协湘乡市第二届委员会。会期5天，以无记名投票方式选举产生政协湘乡市第二届委员会正、副主席。

1990年

4月　市防汛抗旱指挥部成立，为常年机构，办公室设市水利局内。

4月11日　湘乡黄埔军校同学会成立。

5月　12日、15日、27日、30日，全市连续4次普降大暴雨，总雨量248.3毫米，谷水、壶天、月山、白田等地降雨量超过300毫米。30日晚，酒铺、梅桥境内发生百年不遇的特大暴雨，1小时25分降雨150毫米，引发山体滑坡。全市49个乡、镇、街道，682个村，5349个村民组遭受不同程度的损失。水淹早稻22万亩，冲毁晚稻秧田5200亩，冲毁水利工程3880处，倒塌房屋6928间，死亡10人。

6月10日　省委副书记孙文盛、省纪委书记杨敏之、省委办公厅副主任章彦武到湘乡考察工作。

6月25日　经湖南省委、省政府批准，认定湘乡市等21个县、市为革命老根据地。

8月20日　市委、市政府决定，每月20日为信访“接待日”，市委常委、市政府正副市长轮流在市委、政府机关或下基层接待上访群众。

9月26日　市委、市政府召开第四次人口普查总结表彰大会。全市4000多名普查员如质如量地完成全市85.2万人、1785万个项目的普查任务。

1991年

1月　湘乡市被列入全省吨粮田建设县（市）。全市粮食比1990年增加3.09万吨，增长6.2%，提前一年实现“吨粮市”。

1月20日　湘乡市第一个乡级政府自筹自建的农贸市场——岐山农贸市场开业。

3月12日　国家建材局总工程师曹诚到湘乡建材厂考察工作。

4月12日　中共中央办公厅信访局领导到湘乡检查信访工作。

6月20日—9月底　境内发生百日干旱，有530个村民组6.2万人和60万头牲畜饮水困难。

7月1日　由市组织部、宣传部、党史办、文化局、博物馆联合举办的《湘乡人民革命历史展览》在云门寺内开展。

8月20日　市城区长380米、宽20米的健康西路竣工通车。

8月21日　日本筑波大学田敦教授和官崎大学丰满幸雄博士到湘乡考察韶山灌区排水工程和农田规划等。

9月9日　湘乡啤酒厂与香港擎天亚公司在长沙市芙蓉宾馆签订开发“第一山矿泉水”合同，合同期限为10年。

1991年

9月28日20时　湘乡市开通自动电话。

10月15—17日　《湘乡县志》评稿会在市城召开，刘亚南、诸葛计、胥亚、范多富等70多位省市领导和专家学者参加会议。

10月19日　洙津水厂建设工程准备工作就绪，市政府成立工程指挥部，水厂建设转入实施阶段。

12月25日　连续7天冰冻，温度 −11℃，停止客运2天，供水设备冻裂300处。

1992年

1月1日　《湘乡市城镇住房制度改革实施方案》正式颁布执行。4月颁布实施方案，经省人民政府批准，房改工作正式启动。1993年成立住房管理中心，与房改办合署办公。

△　完成第一批城市社会主义思想教育运动。1989年12月，市委第一届六次全会学习贯彻省委《关于在农村深入开展社会主义思想教育的决定》，针对部分党、团组织不健全，干部为人民服务思想淡薄，集体经济萎缩，干部群众法治观念不强以及个人主义、无政府主义、宗派主义等，开展社会主义思想教育。在社教期间，清退贪污、挪用、拖欠公款85.57万元；清退乱着装款34万多元；查出公费送子女读书款7.33万元。

1月　高级农业师赵立武终身享受国务院政府特殊津贴。

4月6—7日　来自中国港澳台地区和国外的20多位湘乡籍同胞，应湘乡市海外联谊会邀请，参加清明踏青观光游乐活动。

4月7日　台胞吴声扬先生向湘乡茶厂投资2.5万美元支持家乡经济建设。这是湘乡市第一个台商投资项目。

4月12日　在北京举行的中国新产品技术博览会上，湘乡市无线电厂生产的国家新产品GDZ−50型高效电磁振动给料机获中国新产品新技术银质奖。

4月21日　凌晨，境内部分地方遭受10～12级特大暴风雨及冰雹袭击，最大冰雹直径5厘米，持续40分钟，降雨量160毫米。栗山、横铺、虞唐、苏坡等23个乡镇251个村遭受龙卷风、冰雹、暴雨袭击。5.1万户受灾，伤512人（其中重伤126人），死亡6人，倒塌房屋3500多间，毁坏秧苗数千亩，水毁工程1712处，直接经济损失2100万元。

1992年

5月9日 市委、市政府决定办理一批农业人口转为商品粮户口。

5月13日 市区开通公共汽车。

5月13日 省政协主席刘亚南到湘乡陶瓮学校视察。

5月21日 湘乡市第一家乡镇经济综合开发公司——东山乡经济发展公司成立。

△ 望春门街道城北村地段发生一起火车与汽车相撞的重大交通事故，死亡5人。

9月8日 全长18.55公里，投资165.9万元的月白（月山至白田）公路建成通车。

9月9日 林业部批复将东台山辟为国家森林公园。

9月28—30日 在湘乡剧院召开中共湘乡市第二次党员代表大会，选举产生中共湘乡市第二届委员会委员、候补委员和中共湘乡市纪律检查委员会委员。

10月28日 长丰地段发生重大车祸，30余名乘客受伤。

11月1日 全面放开粮食价格和经营。

11月18日 湘乡啤酒厂生产的湘乡啤酒和第一山矿泉水在全国第三届中华医学微量元素学术会议上双获“优质产品金杯奖”。

11月20日 湘乡市首宗国有土地使用权出让签字仪式在市国土管理局举行。

12月27日 在市工人文化宫召开市政协湘乡市第三届委员会，会期5天，以无记名投票方式选举产生政协湘乡市第三届委员会正、副主席。

△ 至1993年1月1日，在市工人文化宫召开市第三届一次人民代表大会，选举产生市第三届人大常委会正、副主任，市人民政府正、副市长（其中2名副市长由代表10人联名后选举产生），市人民法院院长，市检察院检察长。

1993年

1月6日 第一家由台商独资经营的企业——侨伟房地产开发（湖南）有限公司，经湖南省人民政府批准正式开业。

1月8日 湘乡市被省评为拥军优属模范市，熊惠生、刘征良被评为“全国军地两用人才”先进个人标兵。

1月19日 市公安局根据公安部人口管理精神，对1992年全市人口进行统计：全市共25.2654万户，87.8725万人。其中，男性为45.3086万人，女性为42.5639万人。总人口中，非农业人口9.0742万人，占总人口的10.32%；农业人口78.7983万人，占总人口的89.68%。当年全市出生8569人，死亡5723人。

1993年

2月4日　商周酒业有限公司生产的“曾国藩家府酒”获省科技创新金奖。同年11月28日，获1993年国际酒文化名酒饮品博览会金奖。

3月2日　湘乡市被省委、省政府正式批准为吨粮田建设市。

3月8—15日　全市开展小儿麻痹症春季强化免疫工作。

4月2日　市委、市政府与新疆维吾尔自治区额敏县签订“友好市县协议书”。

4月28日　湘乡市国有资产评估事务所成立。

4月　“月山信用钱庄”因7年之内非法吸储32.916万元，发放贷款20.4215万元，被市政府取缔，对月山村原党支部书记依法逮捕。

5月5日　全省各地、州、市委书记和教育委员会书记到湘乡一中参观指导。

5月12日　市委、市政府在工人文化宫举行人民警察授衔仪式。

6月6日　湘乡啤酒厂生产的“骄杨干啤”在“1993年国际酒文化名酒饮品博览会”上荣获国际金奖。

7月17日　湘乡市第一所私立中学——树人初级中学开学招生。

8月12日　上午，320国道山枣镇地段发生一起特大交通事故，死2人，伤10人，其中重伤7人。

8月29日　湘乡市电话号码由5位升为6位。

9月28日　全市开通5000门程控电话。

9月底　全市机构改革结束，部、办、委、局级机构由原来的73个精减到44个，撤销非常设机构84个，行政人员转体122人。

10月7日　上午12时15分，育塅乡扬名村烟花鞭炮厂发生特大爆炸事故，死9人，伤7人，倒房7间，损失惨重。

11月18日　湘乡市首个大型服装市场——云门寺商城开业。

12月14日　晚10时50分，湘乡一中发生重大火灾，第二栋教学楼全部烧毁，直接经济损失25万元。

12月17—25日　为纪念毛泽东100周年诞辰，在湘乡市博物馆举办“毛泽东与湘乡”图片展览活动。25日，市委在东山学校举行纪念毛泽东100周年诞辰纪念大会。

1994年

2月2日 历时6年的新编《湘乡县志》由湖南人民出版社出版，向国内外公开发行。该志是明成化年间湘乡修县志以来第15部县志，距最末一届修志时间（清同治十三年，公元1874年）长达120余年。在“1994年湖南省地方志成果”展评会上获一等奖。

4月20日 投资2300万元日供水能力4万吨的洙津水厂正式投产。

6月1日 日本彦根市友好代表团到湘乡云门寺参观。

6月18日 市黄埔军校同学会举行纪念建校70周年大会。

7月18日 1993年起，云门寺产权归属问题与省佛教协会发生多次矛盾冲突，1994年7月，经市政府多方做工作，事态得以平息。省政府副秘书长翁晖等领导到湘乡调处云门寺权属问题。1997年3月，省政府办公厅下发《关于建设湘乡市博物馆和处理云门寺有关问题的通知》，1999年12月，市博物馆与省佛协正式办理移交手续，此后云门寺产权归属佛协。云门寺收归佛教管理后，市博物馆馆址搬迁另建。1999年，市政府投资建设一个能容纳上万人的云门寺广场。

8月14日 下午，特大暴雨袭击湘乡，至15日凌晨，降雨量达260毫米。东山、东郊、泉塘、虞唐、潭市等28个乡镇，300多个村民组的10万多户受灾，受灾人数达30多万人。损坏水利工程2700处。17时开始，湘黔铁路中断运输10小时。

8月18日 上午，为老红军战士安度晚年的公寓湘乡市光荣院奠基仪式在市郊桑枣村举行。

9月18日 市国家税务局和市地方税务局分设办公。

10月 全市第一家国有企业磷肥厂破产。

11月18日 湘乡市农村合作基金联合会成立。

12月17日 湘娄公路建设工程在湘乡谷水破土动工。

△是年 省农业厅认定湘乡市为“双季稻亩产过吨粮县（市）”。

△是年 市酒厂向社会招考25名全民合同工，从此改变过去所有招工由劳动部门审批录用的办法。企业可自主招工，劳动部门给予办理必要的手续。

1995年

4月24日　湘乡市撤区并乡，全市设19个乡镇、3个街道。

5月5日　零时起，湘乡市电话号码由原来的6位升到7位。

5月25日　发生特大洪涝灾害，22个乡镇受灾，因灾死亡12人，重伤109人。省领导文选德、庞道沐等到湘乡慰问灾民。

6月7日　中午11时40分，320国道东郊乡石竹村地段发生一起特大交通事故，一辆桑塔纳轿车与一辆面包车相撞，死1人、重伤致残2人、伤5人。

6月21日　市委、市政府召开大会，对21位见义勇为先进人物进行表彰奖励。

8月3—4日　省委副书记储波专程到湘乡考察湘乡水泥厂、湘乡铝厂、湘乡啤酒厂、梅桥镇峡石村等地。

8月　湘乡一中14岁的李鷴山被西安交通大学录取，成为湘乡市第一名少年大学生。

9月10日　东山学校举行百年校庆活动。

9月13日　在公路320国道湘乡万福桥地段进口处发生一起特大交通事故，死7人，重伤3人，轻伤2人。

10月15日　湘乡市名列全国生猪百强县（市）第25位。

10月29日　澳大利亚林务官员布拉格等3人到湘乡考察国外松基地。

11月9—11日　由湖南省老龄委员会名誉主任刘亚南率领的检查组来湘乡检查5年来贯彻《湖南省老年人保护条例》的情况。

12月3日　梅桥镇发生一起特大故意杀人案，死3人。

△是年　至1995年年底，全市国内生产总值22.7158亿元，工业总产值29.2440亿元，农业总产值16.7722亿元，提前一年实现吨粮市，成为全国商品粮基地及全国500个产粮大市（县）之一。

△是年　市属工业企业全面推行劳动合同制。

△是年　湘乡开通移动通信。

1996年

1月20日 湘乡被评为全国拥军优属先进县市。

2月12日 褒忠山电视转播台建成开播，从此结束湘乡人看不到湘乡电视的历史。

3月29日 市人民武装部收归军队建制，省军区司令员庞为强、湘潭市委副书记刘运前、湘潭军分区政委邓荣兴参加在市武装部举行的交接仪式。

4月25日 湖南铁合金厂5人离湘赴藏，系市首批援助西藏山南铁合金厂队员。

4月 市委常委决定成立湘乡市工贸新区建设委员会和开发总公司，启动工贸新区建设。至2005年年底，完成第一批全部工程和第二批部分工程。

6月4日 国家“九五”重点科技攻关项目——水稻大面积高产综合配套技术研究开发与示范项目现场会在湘乡召开。

6月18日 列为1996年全市十大重点工程之一的湘乡宾馆破土动工。

6月 中旬，东郊铸造厂生产的 QT 沙井盖座球墨铸铁产品，打入美国市场。

7月18日 湘乡市普降暴雨，水府庙水库开闸14孔，涟水湘乡水文站洪峰水位48.23米（超标1.23米），下泄流量每秒3860立方米。22个乡镇街道受灾，受灾人口36万多人，10人死亡，243人受伤，25万亩早稻和1.25万亩晚稻秧田被淹或沙压，2780户的4285间房屋倒塌，全倒680户。全市直接经济损失1.7亿元以上。

8月11日 中央电视台、农业部、全国农牧渔业部丰收计划办公室、省农业厅、省粮油生产局、省农业技术推广总站等单位领导和记者一行18人，到湘乡“国家水稻工程”洙津基地考察。

9月20日 市委、市政府在龙城宾馆举行公务员证颁证大会。市政府办、市人事局等7个单位的101名国家工作人员，接受公务员任命书，正式成为国家公务员。

10月10日 市委、市政府举行萧三100周年诞辰座谈会。

12月1日起 延长土地承包期30年，实行“大稳定，小调整”。

12月31日 全市财政收入首次突破亿元大关。

12月 下旬，省农业厅、湘潭市农业局、统计局等有关单位的专家，对湘乡吨粮田建设进行全面检查、评定、验收。认定湘乡1996年总计吨粮田面积52.16万亩，总产53.1189万吨，亩产1018.4公斤，各项指标均已达标。

1997年

1月7日 湘乡建材厂更名为湘乡水泥制造有限公司，正式按股份制企业机制运行。这是全市第一家改制成功的国有企业。

2月15日 320国道山枣镇新辉村地段发生一起特大交通事故，死亡3人，重伤4人。

3月28日 举行预备役军官授衔仪式，全市有58人授予预备役军官军衔。其中，上校1人，中校8人，少校11人，上尉29人，中尉9人。

3月29日 日本农业专家大濑正树一行考察“国家水稻工程”湘乡基地。

4月18日 因采矿地表下沉，壶天镇12个村受灾，渠道，河坝崩裂，150口水塘沉降开裂，3座桥桥梁错位，1500米路面塌陷，609间房屋倾斜裂缝，煤矿因沉关停。

5月1日 举行建市10周年庆典大会。

5月10日 陈赓大将故居所在地的泉湖小学更名为陈赓小学。全国政协副主席、中共中央统战部部长王兆国题词：“思先辈伟绩，育兴国英才”，并协调有关部门拨来专款15万元用于建校。宋任穷题写校名。

6月7日 中顾委原委员、中宣部顾问李卓然的部分遗物移交湘乡市博物馆。

6月24日 埃及、加纳、蒙古、朝鲜、乌干达、斯里兰卡国的农业专家一行14人，到“国家水稻工程”湘乡基地考察。

6月27日 市委、市政府在市劳动局召开扶危解困暨发放“特困职工证”大会。38名特困职工凭证领取第一笔生活补助费。

7月10日 全国男篮甲 B 联赛在湘乡市体育馆举行，有济南军区、南京军区、浙江、河北、黑龙江和北京6支男篮队参赛。

7月23日 市民政局荣获民政部和解放军总政治部授予的“全国拥军优属先进单位”称号。

8月3日 军神集团兼并湘啤签约仪式在湘乡啤酒厂举行。军神集团以整体收购，一次性买断的方式兼并湘啤，除承担湘啤的所有债务外，另向湘乡市政府支付960万元，作为收购价款。军神集团总裁张庆明与湘乡啤酒厂厂长孙菊四分别在合同上签字。

8月6日 文化部授予湘乡市“全国文化工作先进县市”称号。

8月9日 毛田乡石山、汾水、金田、草坪等村组相继发生钩端螺旋体病。市党政领导率领卫生防疫部门的负责同志前往疫区调查。至8月8日，全乡发病23例，并有死亡。年内湘乡有10多个乡镇80余人发生此病。

1997年

8月13—15日 市深化企业改革暨股份制学习班在龙城宾馆会议中心举行，以企业改制为中心的深化企业改革工作拉开帷幕。

8月15—16日 国家水稻大面积高产综合配套技术工程农田基本建设现场会在湘乡市召开。当年，获“平均亩产过吨粮（市）”称号和“全国肉产量百强县（市）”称号。

9月12日 湘乡市公安局110报警服务台正式开通。

9月27—30日 在湘乡剧院召开中共湘乡市第三次党员代表大会，会议选举产生中共湘乡市第三届委员会委员、候补委员和中共湘乡市纪律检查委员会委员。

11月27日 上午11时许，由新化驶返长沙的湘 A06330双层卧铺车在320国道1290公里山枣地段与一辆从长沙返回邵阳的湘 E95428客车相撞，造成3人死亡、9人重伤、10人轻伤。

11月 湘潭、娄底、双峰、湘乡四县市第二次勘界工作会议在湘乡召开。湘乡、双峰双方主管领导举行勘界定位协议签字仪式。

12月9—14日 政协湘乡市第四届委员会第一次会议在湘乡剧院召开，会议选举产生了政协湘乡市第四届委员会正、副主席。

12月10—15日 市第四届一次人民代表大会在湘乡剧院召开。会议选举产生市人大、正副主任，市政府正副市长，市人民法院院长，市检察院检察长。

△是年 湘乡开通互联网。

1998年

1月9日 上午，在碧洲公园举行黄公略100周年诞辰纪念大会暨黄公略铜像揭幕仪式。铜像高3.3米，江泽民、李鹏、刘华清、张震、迟浩田等党政军领导题词。晚上在湘乡剧院举行文艺晚会。

1月17日 在省第九届一次人民代表大会上，湘乡啤酒厂厂长孙菊四当选为第九届全国人民代表大会代表。

2月22日 副省长庞道沐率省农业厅、省水利厅等单位领导到山枣镇洙津村，考察国家水稻高产工程进展情况，并确定湘乡市为全省推进新农业科技革命试点市。

3月28日 市委、市政府在东台山国家森林公园举行沈春农烈士就义70周年纪念大会暨烈士纪念碑揭碑仪式。

1998年

4月11日 毛田、棋梓、翻江、潭市、梅桥、月山、壶天等15个乡镇普遭龙卷风袭击，降水量达150毫米，局部地方超过200毫米。水府庙水库翻船7艘，死亡11人。全市因灾死亡16人，受伤50人，直接经济损失1亿元以上。

4月20日 市城区正式试行生猪定点屠宰。设夏梓桥、新湘路、望春门3个定点屠宰场。

5月12日 省委副书记胡彪一行到湘乡市明胶厂、张江集约化生猪品改基地、凤阳皮革股份有限公司考察。

5月21—23日 普降暴雨，受灾人口36万。其中，重灾12万多人，死亡11人，受伤119人，直接经济损失8560万元。

6月12—18日 湘乡遭受大暴雨及泥石流袭击。局部地方降雨量达227.5毫米，洪灾中死亡3人，重伤9人，2.1万处水利工程受损，1.8万亩农田绝收。直接经济损失9000多万元。

8月19日 市城区大正街黄金屋遭歹徒入室抢劫，物品损失价值8万元。

8月28日 祖籍湘乡虞唐镇的著名老报人、新闻教育家成舍我先生100周年诞辰学术研讨会在京举行，市长李江南应邀出席会议并作发言。

9月26日 市政府发出关于落实五保人员优惠政策的通知，对五保户实行保吃、保住、保医、保用、保葬。

9月28日 市工商局副局长刘昌越作为湘潭市唯一代表赴京参加国庆观礼，市领导在政府前坪举行欢送仪式。

10月15日 湘乡市跻身全省综合实力十强县（市），位居第八。1997年，国内生产总值为30.0429亿元，提前3年实现翻两番的目标。

10月29日 全国政协副主席毛致用到湘乡考察工作。

11月28日 320国道涞津渡大桥举行奠基典礼在涟水河西岸万福桥地段的新桥处隆重举行。该桥长306.24米，宽12米，投资2182万元，于2001年1月15日竣工通车。建于清雍正元年（1723）的万福桥因年久失修成为危桥，从此不再通车。

12月10日 乡镇换届选举工作圆满完成，18个乡镇选举产生新一届乡镇人大、政府领导班子成员共143人。

12月 全市707个村，8068个村民组全面完成从1996年开始的耕地承包延长30年的工作，共发放“耕地承包权证”196218万户，签订土地承包合同20344万份。

△是年 湘乡市获“全国城镇集体企业清产核资先进集体”称号。

1999年

1月1日 《城市居民最低生活保障制度实施办法》开始实施。其标准为每户月人均110元。

1月19—22日 湖南卫视《晚间新闻》以《湘乡呼救》为题，对坐落在湘乡棋梓镇大富、向阳两村内的一座大型南宋古窑址遭严重破坏的事件进行连续报道。28日，省文物局有关领导来湘乡召开棋梓古窑址文物发掘专题会议。

2月16日 （正月初一）零点5分，城区昆仑桥街道红星村20组发生一起严重的烟花爆竹爆炸事故，4人死亡，6人受伤，2栋7户面积400平方米的房子被炸毁，直接经济损失45万元。事故发生主要原因是一鞭炮店主子夜在店门前燃放鞭炮，引起商店爆炸并引发公路对面一鞭炮店爆炸。

4月12日 突发暴发性麻疹。全市共有6个乡镇出现此种病例。

4月 新华社、中央电视台对谷水农机厂研制成功的湘特2型微型耕整机进行报道并推广。此产品销往全国20多个省市。

4月 贯彻执行国务院精神，组织清理整顿农村合作基金会，将全市18个基金会及其营业部并入农村信用社。

5月 泉塘五金机械厂生产的微型机滚船荣获2项国家专利，并获得全省农业机械许可证管理以来的湘乡第一张许可证。

7月14日 湖南省第三届青少年运动会篮球赛在湘乡举行。

7月19日 市政府作出《关于教育管理体制改革的决定》，全市中小学实行校长负责制，教职员工聘任制的全市教育管理体制改革全面铺开。

8月14日 举行湘乡和平解放50周年纪念日活动。

8月21日 湘乡一中307人参加高考，有248人上大学录取线，86人上重点本科线，4人考取清华大学，2人考取北京大学，创全市高考历史最好成绩。

8月23日 望春门街道县前街一栋新居民住宅的6楼发生特大入室抢劫绑架案。2名歹徒持刀挟持5名人质。经过近8个小时的营救，公安干警当场击毙1名歹徒，另一名歹徒被活捉，1名人质意外中弹死亡。

9月1日 320国道虞唐镇地段发生特大交通事故，当场死3人，伤17人，其中重伤6人。

11月10日 举行李卓然100周年诞辰纪念大会。中共中央宣传部副部长白克明、中共中央宣传部秘书长沈一之，省委、省人大、省政府、省政协、省军区，湘潭市委、市政府、市政协，湘乡市党政各界1000多人参加纪念大会。李鹏、李铁映、洪学智、马文瑞、张爱萍、孙毅为李卓然100周年诞辰题词。

1999年

12月11日 金石镇大湖村赵公桥组发现南宋状元塔。此塔高约15米，为七层六边实心石塔。第一层正面刻有一副对联："山有七星联北斗；名高一甲起南强"。横批："湖山保障"。为当地人王容（字南强）高中状元而建。

2000年

1月4日 全国政协委员、民革湖南省委副主委、辛亥革命先驱黄兴的嫡孙黄伟民到湘乡，考察东山学校。

1月5日 东方红学校发生一起学生挤压受伤事件，造成8名学生受伤。

3月3日 市第四届人民代表大会第三次会议在湘乡剧院召开，选举产生市政府市长。

3月6日 市长廖继良代表市委、市政府赴京参加在国内外有广泛影响的化学家、教育家、社会活动家曾昭抡100周年诞辰纪念活动。

4月12日 在全国绿化委员会第10次会议上，湘乡市获得"全国造林绿化百佳县（市）"殊荣。

△ 湘乡市进行首期"的士"X 牌照拍卖，共拍卖牌照100块，最高拍卖价为7.5万元/块。

4月24日 9个劳动模范分别出席全国、省、湘潭市表彰会。红星建筑公司经理龚罗平成为湘乡市第一位全国劳动模范。

5月6日 经省经济贸易委员会、省统计局核实，湖南燕京啤酒有限公司晋升为国家大一型企业。

5月11日 陈赓大将之子成都警备区副司令员陈知建少将回湘乡寻根问祖。

△ 澳门伤残人士协会主席菲能地，澳门伤残人士体育协会名誉会长陈达廷等一行8人在湘潭市残联理事长符如堂的陪同下到湘乡考察。

5月31日 湖南省水府旅游区管理委员会暨开发责任有限公司在棋梓镇挂牌成立。至2005年年底，水府旅游区初具规模，完成部分基础设施建设，招商引资项目逐渐推进。当年，共接待旅客10.5万人次。

5月 市委、市政府下发《关于深化国有集体企业改革若干问题的规定》《湘乡市国有集体企业改革工作方案》及一系列配套措施，商贸企业改革改制工作正式启动。

2000年

6月4日 横跨涟水的虞唐镇邓氏村与潭市镇高仑村之间的“邓氏浮桥”，因附近群众争看龙舟赛而负载过重，南岸一端约32米长的浮桥侧翻，造成130余人落水，13人丧生。

7月8日 “湘乡大桥建设开发指挥部”成立，投资约5000万元的湘乡大桥的建设工作开始启动。

7月24日 湘乡一中12岁的学生成明（壶天镇上新桥村人）被西安交通大学录取。

△ 《湘乡市国有资产处置管理办法》出台，并组建市投资公司，成功拍卖湘乡市铸造厂。

7月28日 省委副书记胡彪向湘乡市政府发来贺信，祝贺湘乡建材大市场落成。该大市场是湖南省规模最大的建材专业市场。市场建设耗资3000多万元，占地1万多平方米，拥有门面370多个，4个大门进出，交通四通八达。

9月1日 全市第五次全国人口普查试点工作铺开。

9月13日 棋梓镇泥溪冲塘湾山发现晋代的砖室古墓和窑址，省文物局、考古研究所正式对其进行发掘。

11月8日 在塔子山举行文塔重建奠基典礼。文塔始建于宋代，是湘乡重要航空标志。1970年前后因塔子山麓修水库，盖猪场等，塔座基石被陆续挖走，1973年5月25日倒塌。1999年10月10日，市委、市政府发出《关于尽快做好湘乡文塔重建工作的通知》。此后，由市政协为主，发动各界人士踊跃捐款，共募集资金240万元。历时9个月，一个高35.88米、底层直径13.33米的新文塔于2001年8月17日竣工，10月29日举行竣工典礼。

11月18日 国家投资总额825万元的湘乡长桥国储库扩建工程正式破土动工。

12月4日 上午11时9分，湘乡宾馆门口发生爆炸案，3人死亡，31人受伤，其中重伤2人。歹徒彭某庚，男性，50岁，山枣镇大山村二组人。当日上午，彭某庚挟持一“的士”开到湘乡宾馆门口，引爆炸药，的士女司机和歹徒当场死亡。

12月7日 湖南省省长储波到湘乡考察企业改革和经济发展情况。

△是年 湘乡获全国造林绿化百佳县（市）称号。

2001年

2月1日 市委、市政府作出决定向戴战略同志学习。湘乡宾馆保安员戴战略，在2000年12月4日的恶性爆炸案中，为阻止歹徒将车开进宾馆大厅实施爆炸而英勇负伤，左眼球炸裂切除，头部和身体右部肢体8处粉碎性骨折，伤残严重，造成终身残疾。

2月18日 栗山镇界头、永安等村发生部分村民因学校教育附加费收缴等问题引起村民聚众闹事，市委、市政府及时妥善处置。

3月13日 经国务院批准，湘乡市被评为“九五”残疾人工作先进县市。

5月11日 棋梓镇发生一起学生中毒事件。该镇中心小学22名在校门外一小餐馆就餐的学生均出现呕吐、轻微腹泻等症，其中13名学生被送往该镇卫生院接受对症治疗。至12日早晨6点30分，均平安出院。

5月30日 省委副书记、省人大常委会副主任吴向东，省委宣传部副部长、省新闻出版（版权）局局长、省“扫黄打非”领导小组副组长刘鸣泰到湘乡检查文化市场。同时，考察东山学校、明月山庄、工贸新区等地。

6月28日 “湘乡之窗”网站正式开通。

7月14日 湘乡市完成了第五次人口普查快速汇总工作。市统计局发布第1号《2000年湘乡市第五次人口普查主要数据公报》公布人口普查快速汇总的主要数据。全市普查口径总人口为80.7718万人，其中城镇人口15.6056万人、农村人口65.1662万人。

10月30日 市首届文化旅游艺术节在水府庙旅游区主码头广场开幕，来自省内外的各级领导以及社会各界人士近万人参加开幕式。

10月31日 千年古刹云门寺佛像重塑金身开光典礼在云门寺广场举行。全国各地居士、信徒1万多人参加，中国佛教协会常务副会长兼湖南省佛教协会会长圣辉、南岳山名师方丈维正、怀泉以及佛教界著名人士、诸山长老等参加开光典礼。佛像重塑于2000年开始，由宝昙法师、新悟、新贤法师为主募集资金。寺院装修总耗资340万元，其中，千手千眼观音菩萨贴金耗资100万元。

△是年 日商到湘乡投资兴办湘潭金子箱包制品有限公司。

2002年

1月1日 城镇职工基本医疗保险制度在全市启动，原公费医疗政策从即日起废止。

1月10日 具有276年历史位于万福桥东头的文物古迹楚南大观复原修缮竣工。

2月21日 东郊乡新元村6组109.5亩连片超级晚稻示范田平均亩产686.2公斤，比2000年平均亩产增收35公斤，创示范以来的最高纪录。

3月2日 全国男篮甲B3个队（四川康弘队、南京军区华西村队、黑龙江省队），连续3天在市体育馆举行对抗赛。

3月5日 湘乡酒厂产权转让签字仪式在龙城宾馆会议中心举行。以258万元的价格将湘乡酒厂生产区（除债权、债务和产成品、半成品外）的所有权转让给株洲市开发区泽源贸易有限公司。

△ 湘乡无线电厂以388万元将电厂的机械设备和新厂区房地产产权及其无形资产转让给长沙华博科技开发有限公司。

3月7日 由湖南省科技厅组织、省农科院主持的国家“十五”重点科技攻关项目——水稻优质高效生产技术研究与示范在湘乡启动、实施。该项目是“九五”期间湘乡市承担实施的“国家水稻工程”的延续。

4月11日 政府各部门、单位的行政审批制度改革正式进行。行政审批制度改革工作的主要内容，是对市政府各部门单位的审批、核准、备案事项逐一进行清理、审核，分别作出取消、合并、划转、下放、保留等方式的处置。重点取消一批审批事项，涉及市政府工作部门，市议事协调机构的常设办事机构、市政府部门管理机构、市政府派出机构、市政府直属事业单位、市政府授权承担行业管理机构以及一些有行政审批内容的双管单位，都列入行政审批制度改革范围。市行政审批制度改革领导小组，确定74个重点单位。

4月13日 省委书记、省人大常委会主任杨正午，省委常委、省委秘书长谢康生到湘乡考察。

6月28日 市城区内服饰大市场开业。该市场投入资金2700多万元，占地1.37万平方米，建筑面积2.01万平方米，有150个门面、95套住房。

7月13日 湖南铁合金厂硫黄仓库发生火灾。凌晨2时25分发生剧烈爆炸。当时仓库内有40吨氯酸钾和40吨硫黄，2时45分、2时57分、3时47分又相继发生爆炸。无人员伤亡，但仓库完全被毁，周边房屋设施等破坏严重。

7月 中旬，竹蝗给湘乡10多万亩竹林带来毁灭性的危害。虞唐、中沙、栗山、梅桥等主要产竹区受害较重，虞唐赤石水库区内的小旗冲、大旗冲更是重灾区。

2002年

8月1日 著名红军将领黄公略纪念邮票首发式在湘乡邮政局举行。

8月8日 上午，湘潭市文物管理处主任巩晓安向新闻界宣布：湘乡市东郊乡新村一砖厂内发现一20万年前人类的生产工具——用石英砂石打造的尖状砸器。湖南省考古所所长、旧石器时代研究专家袁家荣鉴定为湘江流域发现的最早的人类文化遗物。

8月18—19日 湘乡普降暴雨，平均降水量105毫米，暴雨中心达200毫米，水府庙水库开闸13孔，涟水河流域1954年以来最大的洪水，最高水位48.48米，超警戒水位1.48米。引发山洪700多处，20多个乡镇街道受灾，受灾人口38万。淹没水田27万亩，冲毁水土2.7万亩，冲走养鱼网箱8000多口，冲毁桥梁143座，倒塌房屋4160间，造成2人死亡、8人受伤。洪灾造成直接经济损失9430万元。

8月28日 市财务会计集中核算中心和政府采购中心挂牌成立。各行政事业单位的财务及物品分别归这两个中心统一核算及集中采购。

9月10日 中国社会科学院专家到湘乡协助规划城市建设蓝图。其间，还制作城市居民问卷调查表。

10月31日 湖南省报业工作现场会在湘乡召开。

11月1日 东山街道张江村被全国文明委授予“全国文明村镇”称号。

11月2日 中共湘乡市第四届委员会第一次全体会议在龙城宾馆召开，选举产生湘乡市委书记。

11月7日 省人民政府发文批复，同意设立湘乡市皮革工业园，并列入省级开发区行列。

11月30日 湖南省水上训练基地运动员到达水府庙库区，首次在这里下水试训。

12月12—17日 政协湘乡市第五届委员会第一次会议在湘乡剧院召开。会期6天，大会以无记名投票方式选举产生正、副主席。

12月13—18日 市第五届人民代表大会第一次会议在湘乡剧院召开。会期6天，大会选举产生市人大常委会正、副主任，市人民政府正、副市长，市人民法院院长，市人民检察院检察长。

12月31日 召开《中共湘乡地方史》编纂工作会议。

△是年 2002年起，贯彻执行国家政策，取消乡统筹、村提留等费用。

2003年

2月3日 下午4时20分，中共中央政治局委员、中央书记处书记、中组部部长贺国强，到湘乡调查研究有关工作，并听取市党政领导的工作汇报。

2月25日 市委、市政府在湘乡剧院举行纪念陈赓大将100周年诞辰大会。全国政协副主席毛致用、省委常委、宣传部部长黄建国、省委原书记熊清泉、广州军区原副司令员宋文汉中将及中共湘潭市委、市政府、湘潭军分区领导出席大会。当晚举行大型文艺晚会。

3月14日 市委、市政府在湘乡剧院召开就业和再就业工作大会。大会提出，全市分3年（2003.1—2005.12）安置下岗失业人员1万人。

3月9日 市新闻中心挂牌成立。省委宣传部有关领导到会祝贺。

4月25日 市委、市政府召开会议研究部署非典型肺炎的防治工作。

5月12—16日 全国女子篮球乙级联赛在湘乡举行，参加比赛的有山东、重庆、湖北、云南、黑龙江及火车头等6支代表队。

5月 湘乡市被团中央授予“全国团建先进县（市）”称号。

6月5日 晚上，全国女篮乙级联赛A组在湘乡体育馆举行，湖北、云南、重庆、黑龙江、上海、江西等队参赛。国家体育总局、篮球运动管理中心领导范会飞，省体育局副局长张万秋等参加开幕式。

6月9日 下午至10日凌晨，白田、月山、翻江、育塅、潭市、棋梓、梅桥、毛田等乡镇普降大暴雨。据长江水库12小时实测，雨量达160毫米，红日水库、桃林水库12小时实测雨量超过130毫米。此次暴雨有突发性、区域性、毁灭性等特点，致4人死亡，直接经济损失5960万元。

8月13日 副省长徐宪平一行到湘乡，就农村信用社改革进行调研。

9月24日 副省长杨泰波在中共湘潭市委副书记劳动、副市长周放良的陪同下到湘乡考察皮革工业工作。

10月10日 上午，在市老干活动中心五楼会议室对龙城宾馆进行整体公开拍卖。经过多轮竞拍，最后以988万元拍卖成功。这是湘乡市第一家事业单位改制拍卖。

10月31日 旅美湖南同乡会会长、美籍华人陈泰行在中共湖南省委统战部副部长、巡视员朱正基的陪同下到湘乡，对湘乡的投资环境进行考察。此前，陈泰行委托在国内的代理人王玺投资200多万元，买下湘乡制鞋厂约30亩地的使用权。

11月9日 下午，月山镇举行追悼大会，悼念在“11·3”湖南衡阳特大火灾事故中英勇献身的湘乡籍武警战士彭国辉。彭国辉，月山镇前进村人，武警湖南衡阳市消防支队战士，在扑救一栋8层楼商住楼火灾中壮烈牺牲，年仅21岁。

2003年

11月 洋潭国家激流回漩训练基地开工，第一期工程投资1050万元，新建85米长的大坝，建成运动基地准备池面积2014平方米，赛道长320米，底宽10米，高1.7米，为国家高标准激流回漩基地，也是世界上落差最大、流量最大、运用成本最低的基地。2004年7月建成投入使用，接待国家激流回漩队备战雅典奥运会。

12月23日 东山学校隆重举行纪念毛泽东110周年诞辰暨东山学校省重点中学挂牌仪式。毛泽东的儿媳邵华、孙毛新宇、省人大常委会副主任唐之享、省教育厅副厅长朱俊杰等领导出席大会。

12月31日 《湘乡报》停刊，湘乡报社被撤销，整体移交湘乡市广播电视局。

△是年 贯彻执行国家对农民实行粮食直补和各种补贴政策。

2004年

1月11日 在湘乡宾馆召开开发东山新城新闻发布会。2005年5月，正式启动东山新城开发工作。

4月9—10日 由中南大学湘雅附二医院10多位知名专家、教授组成的“送医送药小分队”到湘乡，在市二人民医院举行大型义诊活动。

4月21日 省人大执法检查组在省人大常委会副主任王四连带领下来湘乡调查涟水流域污染状况。

5月9日 毛田乡樟树、汾水、张泉、金田、张家、天门、坪花等村120余名农民使用“天无虫”新农药治疗二化螟而中毒。乡党委、政府采取紧急措施，将中毒者送往湘乡市人民医院、二医院、娄底中心医院进行抢救。所有中毒者均得到有效救治，未造成人员伤亡。

5月10日 省政协副主席、中科院院士姚守拙到湘乡就名人故居保护和纪念馆建设等有关情况进行调研。

5月20日 美国欣欣教育基金会考察团一行6人抵达湘乡，参加育塅乡欣欣小学的竣工典礼。

6月18日 市人民法院召开湘乡化工厂债权人会议，通过破产产权分配方案，湘乡化工厂破产。

6月 市图书馆发生古籍线装书被盗事件，丢失《曾文正公全集》等清刻本230多册。

7月25日 湘乡作为承担国家粮食丰产科技工程的三个核心实验区之一，在长沙参加“水稻丰产高效技术集成研究与示范”专项启动签约仪式，又一国家级重大科技攻关项目落户湘乡。

2004年

8月9日 中国、法国合拍纪录片《中国面孔》摄制组、法国文艺电视台制作人菲立普·肖特和摄影师安德烈到湘乡东山学校进行实地拍摄。

8月11日 下午5时许，金石镇辖区一个体加油站失火爆炸，造成4人死亡、3人烧伤。

9月1日 “中国大型恐龙与古生物科普展”在市博物馆举行。展览陈列近30年来自世界各地的恐龙骨架化石及20只仿真恐龙。

9月3日 潭邵高速公路潭市镇槲石段发生一起特大交通事故。一辆别克小轿车与一辆货车发生追尾，引发大火，造成4人死亡、2人受伤。车祸在槲石村引发化学污染。

9月16日 中国水府水节暨湘乡市第二届文化旅游节在水府旅游区主码头广场举行开幕式，省、湘潭市和周边县市领导和上万群众一起参加开幕式。9月23日闭幕。

9月23日 “东山学校杯”全国第三届演讲大赛在东山学校青少年活动中心举行，年仅15岁的湘乡代表队选手刘思颖获特等奖。

10月10日 湖南省水利厅厅长王孝忠到湘乡调研水利建设情况。

10月20日 东方红学校学生周天乐、胡清威、彭思卉写的“湘乡市殡葬改革现状调查与研究”在第十九届全国青少年科技创新大赛活动中获二等奖。

10月29日 虞唐镇获“全国亿万农民健身活动先进乡镇”称号。

11月7日 湘乡一中举行建校百周年庆典活动。中国科学院院士陈星旦、中国工程院院士曾苏民、省政协副主席刘晓出席庆典。

11月10日 省政协委员、省工商联副会长、湖南大汉集团董事长傅胜龙与水府旅游区管委达成协议，投资4000多万元在水府旅游区大码头右侧至曾家坝前岛一带，建设占地400亩的“湖湘文化院”。

11月16日 最高人民检察院检察长贾春旺在省委常委、秘书长于来山，省检察院检察长何素兵等的陪同下到湘乡考察工作。

△ 设立公有资产经营管理有限公司，注册资金4698万元。

△ 停止征收除烟叶以外的“农业特产税”。

12月22日 水府旅游区入围“湖南百景”。至2005年，市财政投放资金1500万元，吸收利用外资3500万元，建成4个景区、37个景点。集水上运动、休闲为一体，被誉为“天下水府，人间瑶池”。

△是年 至2004年年底，市商业、物资、外贸、供销、粮食系统所属国营商贸企业改革制全面完成，企业职工全面走向市场。

2005年

1月12日 湘乡开通信用信息网，湖南省第一个县级信用信息网面世。

1月29日 国家广播电视总局计财司副主任赵刚等一行7人到湘乡，就电视传输网络等有关问题进行调研。

2月24—26日 市委组织全市副县级以上干部及市直各机关党组成员开展保持共产党员先进性教育集中学习活动。

4月9日 80岁高龄的著名战士作家高玉宝到东山学校青少年活动中心，作关于人生价值成功之路的报告。

4月17日 由美国佐治亚州和中国中美篮球对抗赛在湘乡体育馆举行。

4月20日 湘潭市优秀共产党员先进事迹巡回报告会在湘乡剧院举行。

4月25日 全国劳模彭罗成、杨少云、万祥庚和省劳模贺益强、胡如松、文罗生分别赴北京、长沙参加“五一”劳动模范（先进工作者）表彰大会。

5月12日 市政务中心挂牌成立。这是市政府的常设派出机构，集信息与咨询、审批与收费、管理与协调、投诉与监察为一体的“开放式，一站式”政务服务。

5月27日 在潭邵高速公路湘乡棋梓桥入口处，一辆由邵阳开往长沙的依维柯客车追尾大货车相撞的重大交通事故，造成8死11伤。

6月2日 湘乡遭受1969年以来最大洪灾。凌晨1时，涟水河洪峰水位达48.41米，测流量3960立方/秒。全市22个乡镇街道普遍受灾。共计水淹早稻28.162万亩，绝收23650亩；倒房3406户、7701间，其中全倒1027户、3558间；受灾人口27.3万人，死亡10人。直接经济损失1.549亿元，其中农业经济损失1.004亿元。

6月20日 全国政协常委、中国佛教协会副会长圣辉一行专程到湘乡赈灾献爱心，共捐献人民币10万元、衣服7000件。

6月25日 国家粮食丰产工程湖南专项工作现场会在湘乡召开。

6月30日 简易林用机场投入使用。2000年12月获省林业厅批准在泉塘镇征地建面积3.34万平方米的林用机场，总投资113.51万元。

7月4日 城区桑梅路原湘乡面粉厂两栋厂房同时成功实现定点爆破，这是湘乡首次实施定点爆破。

△ 湘乡获全国生猪生产百强县（市）称号。同时获全国科技进步县（市）称号。

7月19日 市委四届六次、市政府五届七次全体（扩大）会议召开，会议的主题是工业兴市、园区兴工、项目兴园，举全市之力建设工业园区，推动全市经济持续快速健康发展。

2005年

8月11—12日 中国·湖南东山（国际）教育园开发前景、发展方向研讨会在长沙召开。湖南省委原书记、全国人大常委会委员熊清泉，原省长、省政协主席刘正出席会议，并分别为东山（国际）教育园题词。

8月15日 国家税务总局局长，党组书记谢旭人在省国家税务局局长程安的陪同下，到湘乡调研、考察税收征管工作。

8月25日 驻市一五五处干部王湘军出席在北京召开的“第七届全国公安保卫战线英模表彰大会”，受到胡锦涛、温家宝等党和国家领导人的亲切接见。

9月9日 湘乡地震台建成揭牌并开始测试。

9月16日 市委、市政府在湘乡剧院召开大会，隆重纪念中国人民抗日战争胜利60周年。

9月24日 全国政协原副主席毛致用到湘乡考察新城投资公司，并为东山开发题词：“文化新城，秀美东山”。

9月 湘乡一中学生，14岁的周陈鑫被中国科技大学录取。

10月26日 市国税局被中央文明办授予“全国文明单位”称号。

10月27日 国家粮食丰产科技工程湘乡核心试验示范区主持的“水稻隔层定距无盘抛植技术研究与应用”项目通过省级鉴定。

11月10—12日 双峰、衡山、衡阳、南岳、湘潭、湘乡六县（市区）第三十九届护林联防会议在湘乡召开。

12月12日 市广播电视局与韶峰、湘铝、湖铁3家驻市企业的有线电视网络完成整合，实现国家“一城一网”的总体要求。

12月15日 湘乡市第一部《湘乡年鉴（2005卷）》由中南大学出版社正式出版发行。

△是年 2005年起，根据中央统一部署，全面取消农业税。

△是年 2005年全市国内生产总值67.1494亿元，工业总产值69.5681亿元，农业总产值20.9844亿元。

△是年 至2005年年底，11家国有企业和14家集体企业实现“两个置换”。全市乡镇街道及村属集体企业产权制度改革工作也基本结束。

第一编 建置 地理

第一章 建置

第一节 建置沿革

县域，春秋战国时期属楚国。

秦朝属长沙郡湘南县，县治设在现湘潭市西南30公里的花石汉城桥。

西汉高祖五年（前202）置长沙国，连道、湘南县均属长沙国。哀帝建平四年（前3），封长沙王的儿子刘昌为湘乡侯（《汉书·王子侯表》）。自此，始有“湘乡”之名。王莽新政期间长沙国改称填蛮，东汉改长沙郡，原湘南县改为湘南侯国，仍属长沙郡；原湘乡侯领地改为湘乡县，属零陵郡（《后汉书·郡国志》），县治设今市城区。

东汉末，建安二十年（215），湘乡为刘备占区，仍属零陵郡，建安二十四年（219）归吴。吴主孙亮太平二年（257），分长沙西部为衡阳郡，湘乡县属衡阳郡，并为衡阳郡治所在。

晋朝，湘乡县仍为衡阳郡辖9县之首邑。

南北朝时期，宋将连道（今双峰县测水以西及涟源、安化、邵东部分县地）并入湘乡县，设治于今市城区，隶属于衡阳内史（内史治所移驻湘西县）。南朝齐改衡阳内史为衡阳郡，齐、梁、陈湘乡县均属衡阳郡。

隋朝并郡县。开皇九年（589），撤衡阳郡，将湘乡、湘西、衡山3县合并成衡山县，设县治于今湘潭县石潭古城，属潭州总管府。大业三年（607），改潭州总管府为长沙郡，湘乡地属长沙郡。

唐朝，长沙郡复改为潭州。武德四年（621），析衡山县复置湘乡县，属潭州，徙治所于龙城（故连道县治），不久复迁回今县城。

五代十国时期，楚王马殷于后唐天成二年（927），改潭州为长沙府，湘乡属长沙府。

宋朝乾德元年（963）恢复潭州，湘乡复属潭州。

元朝至元中，湖广立行省，改潭州为潭州路，湘乡县仍归其所辖。元贞元年（1295），因县民已达万户而升为湘乡州，州治设今市城区。天历二年（1329），潭州路易名天临路，湘乡州属天临路管辖。

元至正二十四年（1364），吴王朱元璋复改天临路为潭州府。明洪武二年（1369），湘乡州降为县。洪武五年（1372），潭州府易名长沙府，湘乡县复属长沙府。

清代，湘乡县属长沙府。

民国3年（1914），废府州建制为道，湘乡县划属湘江道。民国11年（1922），废道制，湘乡县直属省辖。民国26年（1937），属湖南省第六行政督察区专员公署（设邵阳）。民国29年（1940）4月，改属湖南省第五行政督察区专员公署（设益阳）。

中华人民共和国成立至1952年11月属益阳专区。1952年12月，改属邵阳专区。1965年7月，改属湘潭专区。1983年2月，国务院决定撤销湘潭地区，改由湘潭市管辖。

1986年2月，湘乡县政府向省政府、国务院申请撤县建市。1986年9月12日，国务院批准同意。1987年3月6日，举行庆典，正式成立湘乡市。

第二节 地理位置

一、位置

湘乡位置居湘中偏东，在北纬27°29′2″~28°3′45″和东经111°59′40″~112°38′55″之间，东西宽65.4公里，南北长64.8公里。周边界线547.233公里。东与湘潭县和韶山市、南与双峰县、西与娄底市、北与宁乡县毗邻。面积2003.64平方公里。

二、边界勘定

1995年以前，湘乡区域边界，存留争议地段。按照国务院《行政区域争议处理条例》规定，1996—1997年，与娄底、双峰相邻230.3公里的边界，协商解决争议地段69处。与韶山市83.847公里，与宁乡县113.179公里的边界如期勘测定位，立碑定界。1998年，与湘潭县毗邻119.907公里的边界，涉及12个乡镇、69个村，协商处理争议地段20多处。2000年9月，省政府统一验收湘潭市境内县、市、区界勘定结论（2005年复查核正认可），结束边界粗放管理的历史。

三、地名·标牌

湘乡建市以后，进行旧城改造，原有地名地域变更，路标几乎消失，新建街道里巷待冠名。2003—2005年，按照湘潭市《地名标志设置方案》，普查地名；结合社区建设，整合居委会插花地段，重新设置地名、街牌、路标；结合小城镇建设，有的村改为居委会。事后，统一编制城乡街道、乡、村、居委会名册，出版湘乡市第一版行政区划图。城区设46街、13路、41巷，置街牌100块、路标60块。全市冠以村级以上地名767个。

第三节 行政区划

1986年年底，湘乡县行政区划为8个区、3个区级镇、41个乡和3个乡级镇，712个村，23个居委会（含厂矿家属委员会5个）。另有县属场所（不属行政区划）11个。

1987年3月建市时，原县辖8个区公所改为市政府派出机构——区级办事处。撤销城关镇，设立新湘路、昆仑桥、望春门3个街道。全市行政区划为8个区级办事处，2个区级镇，41个乡，3个乡级镇，3个街道。

1995年上半年，经省政府批准，湘乡市进行以撤区并乡、建镇、简政放权为中心的乡、镇体制改革。撤销东郊、泉塘、虞唐、谷水、月山、壶天、白田、东山8个区级办事处，保留新湘路、昆仑桥、望春门街道和东山乡，其余45个乡、镇合并成18个乡、镇。撤并后的乡镇，管辖区域扩大，一个乡镇由50平方公里扩宽到100平方公里左右。1997年3月，经省政府批准，东山乡改为东山街道。2001年起，开展社区建设，整合居委会，驻市厂矿家属委员会改为社区居委会。2003年9月，设置16个社区居委会。2005年年底，全市有5个乡、13个镇、4个街道，辖710个村、42个居委会（其中18个社区居委会）。

2005年湘乡市行政区划一览表

表1-1

乡、镇、街道名称	所辖行政村		所辖居民委员会		所辖村民（居民）小组个数	备注
	个数	名称	个数	名称		
望春门街道	4	联盟、桑枣、城北、金塘	3	务门前社区居委会 东风路社区居委会 云门寺社区居委会	129	建市时，从城关镇析出
新湘路街道	4	长桥、梅坪、城西、白托	5	北正街社区居委会 红仑社区居委会 新港社区居委会 壕塘社区居委会 湘铝社区居委会	97	建市时，从城关镇析出
昆仑桥街道	6	红星、铝南、五里、新坳、江岸、杨金	6	昆仑桥社区居委会 南正街社区居委会 南津路社区居委会 湘潭碱业社区居委会 二十三冶一公司社区居委会 湖铁社区居委会	192	建市时，从城关镇析出

续表1-1

乡、镇、街道名称	所辖行政村		所辖居民委员会		所辖村民（居民）小组个数	备注
	个数	名称	个数	名称		
东山街道	12	东山、新岸、东岸、东胜、东林、双泉、先进、双莲、张江、东台、塔子、城东	3	起凤路社区居委会 城南路社区居委会 书院路社区居委会	101	1997年由东山乡变更
棋梓镇	33	棋梓、河洞、黄岭、长元、普安、小罗、泥溪、坪湖、坪塘、鹅石、龙江、白云、峡山、泽江、沙坪、蛇潭、杉山、明和、余庄、新和、南岸、喻坊、荷风、金龙、连山、炉塘、谷水、梅花、向阳、大富、银塘、和平、烟冲	5	韶峰集团社区居委会 石磴居委会 棋梓居委会 万罗居委会 洞嘉居委会	406	1995年合并谷水乡
梅桥镇	48	梅桥、丰收、丰隆、炉盆、鹿牯、茶园、东塘、龙湖、胡薮、回龙、泥滩、双河、井峰、杨柳、土桥、泉井、先锋、酒铺、农科、龙泉、衡山、峰城、芭蕉、上凝、桐木、保合、喜鹊、硖石、横铺、象形、万全、同风、新仑、星明、上峰、黄龙、福海、水潭、麒麟、高长、永福、茶佩、江厦、高枧、栗新、金吉、坳头、泉福	1	梅桥居委会	515	1995年合并横铺乡酒铺乡
山枣镇	41	金华、青顺、城江、水东、城埠、虎形、山枣、万贯、新飞、洙津、飞涟、厚峰、窑冲、莲峰、大胜、新胜、蚕胜、望岳、莲长、莲花、盐井、枫树、洪山、山田、双林、永胜、桥头、良山、低坪、新跃、经正、葆元、洪塘、云山、九江、高胜、龙泉、白沙、板托、大山、新塘仑	1	山枣居委会	454	1995年合并巴江乡
泉塘镇	47	繁育、泉塘、双鲤、山坳、新阳、新东、同胜、沙河、前坪、青山、桐瑞、繁荣、花屋、南薮、鲜花、白泉、湖山、桥湾、高梧、上湖、城涟、石屋、泥湾、花萼、西台、兴裕、下湾、三角、龙岭、军塘、雄心、锦屏、彪家、吾爱、德胜、骡塘、梁家、西岭、东岭、林场、新田、创塘桥、石狮江、托塘、双托、托南、汪家亭	1	泉塘居委会	566	1995年合并湖山乡双江乡
虞唐镇	35	枫林、洗马、郭门、白鹭、复兴、杨占、岱头、严山、梅下、赤石、方塘、卫星、永忠、罗宏、黄里、虞唐、苏坡、大青、胜天、金木、金峰、观贤、韶江、高维、洋潭、河家、厚长、厚河、熟潭、邓市、苏东、清水塘、五里牌、白石峰、水竹冲		老街居委会 新街居委会		1995年合并苏坡乡
栗山镇	24	西山、相思、九峰、长冲、洪芙、峡上、峨嵋、双江、栗山、大顺、金银、杨梅、粮桔、巴江、新丰、永安、新合、黄金、白竹、界头、石桥、大旗、荆泉、两家塘	1	西山塘居委会	245	1995年合并巴江乡
中沙镇	27	万福、主步、小洞、大杉、中心、茅畲、万宝、龙山、石塘、梅龙、道常、扶塘、云居、洞上、西冲、红荷、道坪、中沙、桂花、紫峰、道冲、虎山、朝阳、紫山、沧泉、梅口、田心桥	1	中沙居委会	211	1995年合并桂花乡
月山镇	58	洪海、枫山、泰山、红光、白鹤、白峰、洞口、鹰石、红日、寺前、月山、石佛、青坪、江东、江田、红阳、新桥、横江、云南、枫榆、石柱、石矶、东风、云田、石溪、群乐、水口、楠木、胜利、西林、金山、金坪、白龙、褒忠、褒麓、褒坪、褒龙、安冲、前进、三湾、紫竹、栗子、洞竹、和冲、双龙、鹏山、羚羊、龙冲、南岳、田心、马龙、山峰、石桥市、箭楼坪、洞口坝、犁头桥、石头铺、黄土塨	2	柏树山居委会 檀门口居委会	676	1995年合并太平乡石柱乡

续表1-1

乡、镇、街道名称	所辖行政村		所辖居民委员会		所辖村民（居民）小组个数	备注
	个数	名称	个数	名称		
潭市镇	45	潭台、大坪、九仑、小车、高仑、秀丰、鹤塘、锦桥、南岭、石塘、椰石、桃坪、新乐、柏门、黄泥、西泉、西田、永明、潭市、高坡、群益、新天、新石、清江、表陂、民主、安全、白银、建新、跃进、清风、清和、九雁、长城、涧山、安乐、清泉、榨坪、上新、沙塘、新坪、新民、新铺、双江口	3	一居委会 二居委会 三居委会	460	1995年合并新铺乡
壶天镇	50	壶中、光胜、湘溪、石椿、中石、新坡、岩江、小水、日新、树塘、石狮、龙函、壶天、同升、潭溪、大金、合东、横东、直东、光辉、山坪、石燕、潭桥、杉冲、双坪、堆子、下木、大塘、涧山、藕塘、金桥、洪丰、井湾、岩龙、岩前、金泉、雄辉、崇溪、石坪、五一、石鼓、东塅、楠岳坪、峡山口、牌子石、马鞍石、上新桥、新铺子、托塘湾、大坪冲	2	北风铺居委会 壶天居委会	513	1995年合并涧山乡岐山乡的小水村
翻江镇	47	昌坪、翻江、桃林、鸟冲、古塘、金菇、农林、荣林、高桥、高坪、杨和、陡岗、大乐、南郑、吉洞、吉长、新雄、碧高、丁家、黄塘、洪门、石鹿、塘坪、园梁、荣溪、侧山、瓦屋、横溪、东坪、黄塘、刘湾、桂元、长岗、茶林、铁马、林章、向东、中山、岐山、傅家、洪家冲、枫山庙、七里冲、蒋家坳、八家桥、园艺场、武陵冲	2	杨家湾居委会 曾家山居委会	451	1995年合并岐山乡（小水村析出）大东乡
金石镇	24	金西、坪如、白果、万群、大湖、勒源、双湖、金东、金石、舒塘、团田、月形、金安、龙潭、关王、东江、长宁、大力、太平、益民、石坝、文星、童家、泉湖塘	2	铁锣塘居委会 里佳居委会	444	1995年合并龙潭乡
白田镇	34	白田、桥铺、五里、至公、高丰、高冲、上麓、自力、大冲、荷花、薰山、新苗、长江、大禾、星辉、沙田、班桥、东宋、芋子、集中、白石、车田、从新、石江、薰峰、上扶、石门、桃丰、三迁、东茅、中兴、板塘、三新、仁厚	2	分路口居委会 粉壁滩居委会	602	1995年合并仁厚乡沙田乡
龙洞乡	29	七星、雅苗、泉湖、瑶湖、楠香、中朝、龙洞、花桥、谷阳、石塘、箭塘、和睦、建时、城前、韶西、韶东、新湖、界牌、泉冲、石头、长太、乐昌、大田、印子、湘江、集义、小田、上义、康家			302	1995年合并大田乡
东郊乡	33	石竹、石江、新塘、新江、杨树、上花、长丰、王塘、花亭、浒洲、旺兴、新村、西北、金星、新园、田园、碧星、拓塘、向红、向韶、炭棚、新研、三湘、虎涧、枫泉、永丰、狮冲、战鼓、横洲、横新、定托、大桥埠、罗公桥			404	1995年合并横洲乡新研乡
毛田乡	45	草坪、张泉、芋塘、芬水、谭家、大新、大坡、谭山、勤家、霞落、石山、白杨、坪山、华塘、毛田、跃南、金田、新立、齐心、椰树、东景、全心、杨泉、坪山、增加、崇山、清溪、洲塘、万山、烟竹、石园、羊古、长庆、铁山、薛市、天门、坪上、红旗、蛇形、托平、老竹园、花亭子、古塘冲、杉山坳、丰子冲			380	1995年合并崇山乡坪花乡
育塅乡	35	长仑、花坪、松岳、军山、安乡、大桥、双桥、上山、仁美、山塘、石鹅、虎冲、小冲、东塘、中田、水嘶、东冲、石泉、横路、南山、南冲、水桥、石洞、庵冲、育塅、直冲、育桥、杨名、泉龙、石磴、田坪、轧江、轧坪、南坪、轧桥			432	1995年合并花坪乡轧桥乡
金薮乡	29	马坪、河山、珍珠、东陵、八眼、江家、属南、抱石、推子、红石、团山、麦子、长乐、南星、金薮、丰山、地南、扶康、永乐、花桥、独石、普石、竹园、龙门、耙石、白沙、荷塘、辅正、薮岭			358	1995年合并河山乡

第四节 乡、镇、街道概况

1986年，湘乡市城区面积9.8平方公里，城镇居民72889人。2005年扩展到55.14平方公里，总人口16万余人（其中约2万人系进城务工、经商、购房居住未办理户口转移手续的农村人口），辖望春门、新湘路、昆仑桥、东山4个街道。

望春门街道

望春门街道位于湘乡城区东北部，1987年撤县建市时设立，街道办事处机关位于惜时路。辖区总面积7.8平方公里，有耕地面积395.2公顷。2005年，辖3个居民委员会、4个行政村、129个村（居）民小组，总人口为33748人。

境内地势平坦，湘黔铁路、320国道，从辖区穿过，有交通道路辐射全市各乡镇。市委、市政府、市人大、市政协坐落于内，是全市的政治中心。

望春门以制革、建筑、商贸为工业经济基础，通过招商引资，培植和扩大辖区内企业规模。至2005年，引进望春南路建设，锦绣裕华一期和二期、和平大厦、一汽维修服务站、新五丰猪场、二医院门诊大楼、宏艺皮革制品、荣华制革、湘乡制革、湘中纱厂、华龙米业以及全市第一家涉外三星宾馆华泰宾馆等12个项目建设，完成项目资金1.83亿元。当年，餐饮、娱乐业发展迅速，商业网点1050个，城乡集贸市场3个。农业以种植水稻蔬菜为主，经济作物有油料及各类瓜果。养殖有生猪、家禽、鲜鱼等。2005年，工业总产值1亿元，农业总产值3038万元，财政收入2600万元。城镇居民可支配收入为9180元，农民人均收入4768元。全办有初中4所，小学12所，各类医疗卫生机构5个。

新湘路街道

新湘路街道位于湘乡城区西北部，1987年撤县建市时设立。街道办事处机关位于北正街，辖区面积10.2平方公里，有耕地面积232公顷。2005年，辖4个行政村、5个居民委员会、97个村（居）民小组，总人口为24920人。

境内地势平坦，湘黔铁路，320国道，湘棋公路纵贯全境。

新湘路街道的工业以化工、铸造、机械加工、建筑材料、塑料制品为主。辖区内有怀其制革、建设机械、新湘汽车商贸城等名优民营企业。商业贸易活跃，至2005年，形成有建材、农贸、烟酒百货、水果等专业市场，商业门面共计2280个。红仑工业园的启动成为新的经济增长点。农业以种植水稻、蔬菜为主，经济作物为油菜、花卉等，畜牧业以生猪、家禽为主。2005年，工业总产值8.88亿元，农业总产值2478万元，财政收入2576万元，城镇居民人均可支配收入9115元，农民人均纯收入5056元。全办有初中2所，小学4所。医疗卫生机构3个。

昆仑桥街道

昆仑桥街道位于湘乡市城西南部，1987年撤县建市时设立，街道办事处机关位于健康西路。辖区总面积10.74平方公里，耕地面积331.9公顷。2005年，辖6个行政村、6个居民委员会、192个村（居）民小组，总人口44589人。

境内地势平坦，湘黔铁路、320国道穿境而过。辖区内有湖南铁合金厂、二十三冶一公司、湘潭碱业公司等工业企业，是全市的老工业基地。市直第一、二、三中学，市人民医院、中医院、妇幼保健院坐落于内，是湘乡的教育、卫生中心。

街道工业以化工、铸造、机械加工、建筑材料为主。至2005年，有集体、民营企业731家，当年引进外资企业15家，安置就业人员912人。农业以种植水稻、蔬菜为主，经济作物有油菜、油茶、玉米等。畜牧业为生猪、家禽、鲜鱼等。当年工业总产值6.3亿元，农业总产值3302万元，财政收入2460万元，城镇居民可支配收入9150元，农民人均可支配收入4829元。2005年，全办有高中附带初中3所，小学5所，各类医疗机构6个。

东山街道

东山街道位于湘乡市城南部，与老城区隔河相望，原为东山乡，1996年12月15日，撤销东山乡建东山街道。总面积29.6平方公里，耕地面积1192.7公顷，林地面积1200公顷。2005年，辖12个行政村、3个居民委员会、101个村（居）民小组，总人口28305人。

境内地势东、南部为低山区，其他是平原区。涟水河绕境而过。辖区内有毛泽东母校—东山学校和东台山国家森林公园以及文塔等人文自然景观。

街道工业以食品加工和机械制造为主，有工业企业15家，就业员工500人。2004年，市委市政府确立“南拓北进”发展战略，建设东山新城，建立民营企业参与城市建设机制，组建东山新城投资公司。新城规划面积4.57平方公里，拟投资50亿元，东山新城正在建设中。农业以种植稻谷、玉米、大豆、薯类为主，经济作物为棉花和油菜。畜牧业以猪、牛、家禽、鲜鱼为主。2005年，办事处农业总产值10.8亿元，工业总产值1.5亿元，财政收入821.5万元，农民人均可支配收入4500元。辖区内有高中1所，初中1所，小学5所，医疗机构2个。

棋梓镇

棋梓镇位于市西南部。1995年撤区并乡与谷水乡合并而成。全镇总面积138.81平方公里。耕地面积1878.27公顷，有林地6980.3公顷，可养水面165公顷。2005年，辖33个行政村、5个居民委员会、406个村（居）民小组，总人口5.37万人。

境内地势东高西低，湘黔铁路、娄湘公路穿境而过，上瑞高速公路在此设互通口，境内有5公里长的青龙洞和宋代窑址。主要矿藏资源是大量优质白云石、石灰石。另外，煤、褐铁矿也有分布。

镇内工业以建材、化工、铸造、机械加工为主，是全国重要的建材工业基地之一。有省、市驻镇大中型企业5家，民营规模工业企业4家，中小型工业企业15家，从业人员9619人，农业以种植水稻为主，经济作物是蔬菜和油料作物。养殖有生猪、牛、羊、家禽等，经济林品种有柑橘、脐橙、水蜜桃、杨梅等。2005年，全镇工业总产值1.34亿元，农业总产值9900万元，财政总收入1296万元，农民人均可支配收入4328元。镇内有高中1所，初中4所，小学10所，卫生院1个。

梅桥镇

梅桥镇位于市东南部，1995年撤区并乡，与酒铺、横铺合并。全镇总面积137.6平方公里，耕地面积2873.33公顷，林地面积7832.33公顷，可养水面372公顷。2005年，辖48个行政村、1个居委会、515个村（居）民小组，总人口为48936人。

境内地势丘峦起伏，西高东低，有涟水支流梅桥河水系流经，湘青公路横贯全境，矿产资源主要是大理石、锰矿等。

镇内工业以竹木、石材加工为主，本地竹木资源丰富，森林覆盖率55.7%，促生了一批竹木加工企业，从梅桥至横铺的肖家冲一带生产的竹席一度享誉全省。大理石加工企业已初具规模。农业以种植水稻为主，经济作物为蔬菜、油料作物等，西瓜、玉米、芝麻、绿豆、黄豆等有不同规模种植。畜牧养殖有猪、牛、羊、家禽、鲜鱼等。2005年，全镇工业总产值6275万元，农业总产值1.98亿元，财政收入821.5万元，农民人均可支配收入3239元。镇内有初中3所，小学12所，卫生院1个。

山枣镇

山枣镇位于市西南部。1995年撤区并乡，与洪塘乡、莲花乡合并而成。总面积101.7平方公里，耕地面积2893.13公顷，林地面积3533.3公顷，可养水面290公顷。2005年，辖41个行政村、1个居委会、454个村（居）民小组，总人口50660人。

境内地势南高北低，北临涟水河，大部分是低平的河套区。主要矿藏资源有花岗岩、石英石以及矿泉水等，有320国道和3条县级公路过境，交通便利。

镇内工业有石材加工、锻造、制鞋、建材以及塑料制品等。有企业42家，从业人员6700人。农业种植有水稻、蔬菜和油料作物等。畜牧业以生猪、家禽为主，池塘养鱼系统、规范，所产鱼苗远销省内外。各类农产品有毛竹、棉花、甘蔗、大棚西瓜、花卉苗木以及食用菌等。2005年，全镇工业总产值2.5亿元，农业总产值7800万元，财政收入581万元，农民人均可支配收入3439元。镇内有初中3所，小学10所，卫生院1个。

泉塘镇

泉塘镇位于市城西部，1995年与湖山乡、双江乡合并而成。总面积98.47平方公里，耕地面积3828公顷，林地面积3670公顷，可养水面290公顷。2005年，辖47个行政村、1个居委会、566个村（居）民小组，总人口51327人。

境内地势西北高、东南低，公路有312省道过境。矿产资源主要为石膏、花岗岩、河砂石，其中的花岗岩是铁路的优质道砟，蕴藏量1000多万立方米，1995年铁道部在此建立采石场，年产道砟15万吨。

镇内工业以粉末冶金、新型建材、化工产业、五金制造、食品加工为主。规模以上工业企业7家，职工1100人。农业以水稻种植为主，经济作物有蔬菜油料以及柑橘、葡萄、甜橙、香瓜等。畜牧业以生猪、家禽养殖为主，附有少量牛、羊饲养。2005年，全镇工农业总产值2.7亿元，财政收入339.27万元，农民人均收入4385元。镇内有初中4所，小学9所，卫生院1个。

虞唐镇

虞唐镇位于市城西南部，1995年撤区并乡与苏坡乡合并而成。总面积94.6平方公里，耕地面积1638.83公顷，林地面积3780公顷，可养水面70公顷。2005年辖35个行政村，2个居委会，316个村（居）民小组，总人口37244人。

境内地势东南高西北低，有涟水、虞唐河、韶山灌渠等水系分布，国道320穿境而过。主要矿产资源为石灰石、石英砂、沙石、黏土。

镇内工业以机械铸造、家具制造、造纸为主。有工业企业20家，从业人员1020人。农业以水稻种植为主，经济作物是蔬菜、油料。畜牧业以生猪、家禽为主，小规模饲养牛、羊等。经济林有橘子、板栗、茶叶等。2005年，全镇工业总产值1.31亿元，农业总产值9391万元，财政收入350万元，农民人均收入4090元。镇内有高中1所，初中4所，小学5所，卫生院1个。

栗山镇

栗山镇位于市城西部，1995年撤区并乡与巴江乡合并而成。总面积67.2平方公里，耕地面积1483.67公顷，林地3343公顷，可养水面150公顷。2005年，辖24个行政村、1个居民委员会、245个村（居）民小组，总人口26803人。

境内地势为低山丘陵，涟水支流水系分布。320国道过境7公里，县级公路2条。矿产资源有少量煤炭储藏。

镇内工业以化工、皮革制造、木材加工、粮食加工、建筑材料为主，有工业企业8家，从业人员900人。粮食生产以种植水稻、蔬菜为主，主要蔬菜品种有萝卜、白菜、瓜类、食用菌等。畜牧业以生猪、家禽为主，分散型池塘养鱼。水果出产柑橘、西瓜等。2005年，全镇工业总产值9300万元，农业总产值8005万元，财政收入245万元，农民人均收入3245元。镇内有初中2所，小学7所，卫生院1个。

中沙镇

中沙镇位于城南端，是著名红军将领黄公略的故乡。1995年与桂花乡合并而成。总面积68.5平方公里，耕地面积1245.73公顷，林地面积2667公顷，可养水面110公顷。2005年，辖27个行政村、1个居委会、211个村（居）民小组，总人口27103人。

全境地势较高，四面环山。有中沙河、桂花河水系，湘衡公路和2条县级公路过境。矿产资源主要有滑石、花岗岩、石灰石以及地下水等。

镇内工业以化工、石材加工、竹制品加工为主，有工业企业8家，职工600人。农业以种植水稻、蔬菜、油料作物为主。饲养猪、牛、羊、家禽等，分散型养鱼。境内楠竹资源丰富，成为经济林。农特产有干竹笋、金银花、食用菌、茶叶等。2005年，全镇工业总产值5286万元，农业总产值7580万元，财政收入104.7万元，农民收入3030元。镇内有2所初中，4所小学，卫生院1个。

月山镇

月山镇位于市中部，1995年与太平乡、石柱乡合并而成。总面积149.7平方公里，有耕地面积4480公顷，林地面积6723公顷，可养水面467公顷。2005年，辖58个行政村、2个居委会、676个村（居）民小组，总人口69630人。

境内地势西北高，东南低，全市最高山脉褒忠山绵延其内，海拔802米。有涟水支流新桥河水系流经。公路有省道311以及灰虞线过境。主要矿藏是砂石、云母和地下水。

镇内工业以食品加工、五金机械、皮革化工为主，尤以米粉加工为突出行业，至2005年，有1.5万人从事米粉的加工制作，占据长、株、潭75％的米粉市场。农业种植以水稻为主，经济作物是蔬菜、茶叶、玉米以及黑木耳等。畜牧业有基地养殖生猪、家禽等，水库、池塘、养鱼小有规模。经济林主要出产橘子。2005年，全镇工业总产值8153万元，农业总产值2.1亿元，财政收入947万元，农民人均收入3306元。镇内有初中4所，小学14所，卫生院1个。

潭市镇

潭市镇位于市中部，1995年与新铺乡合并而成。总面积127.8平方公里，耕地面积3285.33公顷，林地面积6547.93公顷，可养水面110公顷。2005年，辖45个行政村、3个居委会、460个村（居）民小组，总人口51028人。

境内山峦起伏，地势西北高东南低，有涟水、石狮江、九雁河水系流经。公路有省道312、县道过境。

镇内工业以铸造、机械加工、建筑材料为主。有工业企业21家、从业人员2200人。农业以种植水稻为主，经济作物为蔬菜和油料作物，九雁茶油是特色农产品。畜牧业以生猪、羊、家禽为主。经济林品种有板栗、柑橘、葡萄等，另有部分农户养殖蚕桑，年产蚕茧160担。2005年，全镇工业总产值2亿元，农业总产值2.56亿元，财政收入709.4万元，农民人均收入3942元。镇内有初中3所，小学9所，卫生院1个。

壶天镇

壶天镇位于市西北部，1995年与大乐乡、岐山乡的小水村合并而成。总面积144.7平方公里，耕地面积2900公顷，林地面积4011公顷，可养水面203公顷。2005年，辖50个行政村、2个居委会、513个村（居）民小组，总人口47583人。

全境地势西南高，东北低，有壶天河、潭桥河水系汇入水府庙水库。公路有省道209以及多条县道过境。矿藏资源主要为石灰石、煤、镁和耐火黏土等。

镇内工业以建材、电力设施制造、机械加工等为主，各类工业企业23家，从业人员3700多人。农业以种植水稻为主，经济作物有花生、红薯等。畜牧业有养殖猪、牛、羊、家禽，效益林出产梅、梨、茶叶等。2005年，全镇工业总产值1.7亿元，农业总产值1.8亿。财政收入308万元，农民人均可支配收入3575元。镇内有高中1所，初中3所，小学15所，卫生院1个。

翻江镇

翻江镇位于市西北部，1995年撤区并乡与大乐乡、岐山乡合并而成。总面积133.39平方公里，耕地面积2086公顷，林地面积7533公顷，可养水面200公顷。2005年，辖47个行政村，2个居委会，451个村（居）民小组，总人口42860人。

境内地势西高东低，山多耕地少。有涟水横贯而过，公路交通有省道311线和4条县道交叉过境，矿藏资源主要为石灰石、黄色黏土等。

镇内工业以机械加工、铸造、建筑材料为主，有工业企业28家，职工1100人。农业以种植水稻为主，经济作物为油菜、晒黄烟。畜牧养殖以生猪、家禽为主，有少量牛、羊肉上市。分散型池塘养鱼。特色农产品为脐橙、黄豆。2005年，全镇工业总产值2.6亿元，农业总产值1.9亿元，财政收入290万元，农民人均可支配收入3282元。镇内有初中4所，小学9所，卫生院1个。

金石镇

金石镇位于市最北部，是南宋状元王容的故乡。1995年撤区并乡与龙潭乡合并而成。总面积为86.9平方公里，耕地面积2044.43公顷，林地面积4566.67公顷，可养水面170公顷。2005年，辖24个行政村、2个居委会、444个村（居）民小组，总人口36500人。

境内地势东高西低，有乌江、靳江水系流经。公路交通有1条省道和3条县道交叉过境。矿藏资源主要是锰。

镇内工业以冶炼，电子产品制造、化工等为主，有工业企业35家，从业人员2800人。农业以种植水稻为主，经济作物为油菜、蔬菜。畜牧养殖有生猪、牛、羊、家禽等。经济林有柑橘、水蜜桃、杨梅等。2005年，全镇工业总产值3.2亿元，农业总产值1.9亿元，财政收入466万元，农民人均可支配收入3170元。镇内有初中3所，小学7所，卫生院1个。

白田镇

白田镇位于市东北部，1995年撤区并乡与仁厚乡、沙田乡合并而成。总面积105.73公里，耕地面积2487.67公顷，林地面积5037公顷，可养水面370公顷。2005年，辖34个行政村、2个居委会、602个村（居）民小组，总人口47351人。

境内地势山多平地少，属丘陵地带。有乌江、石狮江水系分布。1条县级公路过境。矿藏资源有花岗岩和少量钾长石分布。

全镇工业以食品加工、服饰制作和石材加工为主，有工业企业21家，从业人员1800人。农业以种植水稻为主，经济作物为蔬菜和油料作物。畜牧业以猪、牛、羊、家禽为主，良种猪养殖已形成规模。渔业资源丰富，收益良好。经济林品种有柑橘、杨梅、梨、板栗等。2005年，全镇工业总产值1.9亿元，农业总产值2.68亿元，财政收入126万元，农民人均可支配收入3345元。镇内有高中1所，初中4所，小学14所，卫生院1个。

龙洞乡

龙洞乡位于市北郊，1995年，撤区并乡与大田乡合并而成，是陈赓、谭政两位大将的故乡。总面积104.8平方公里，耕地面积3278公顷，林地面积5500公顷，可养水面280公顷。2005年，辖29个行政村、302个村（居）民小组，2005年总人口36024人。

境内地势西北高，东南低；有龙石河水系流经。湘韶干线公路过境。主要矿藏资源有石灰石、白云石、海泡石、瓷土以及钨、铜、铅、锌等。

全乡工业以制革、机械制造、建材、低压电器和环保产品研发为主。有工业企业50家，从业人员4000人。农业以种植水稻为主，经济作物是蔬菜和油料作物。畜牧以生猪、家禽为主，分散型池塘、水库养鱼，效益林有柑橘、葡萄等。2005年工业总产值3.1亿元，农业总产值1.5亿元，财政收入397万元，农民人均收入3208元。全乡有初中3所，小学14所，卫生院1个。

东郊乡

东郊乡位于湘乡东部，1995年撤区并乡与新研乡、横州乡合并而成。总面积89.7平方公里，耕地面积2940公顷，林地面积3924公顷，可养水面300公顷。2005年，辖33个行政村、404个村（居）民小组，总人口53814人。

境内地势相对平缓，西部山地较多，涟水河在本乡流经24.5公里，由西往北汇入湘江。公路交通有320国道和1条县道过境。主要资源是河砂，质硬纯净，颗粒均匀。

全乡工业以铸造、皮革、建筑建材、电工电器、食品加工为主，有“铸管这乡”“化工之乡”的美称。有工业企业110家，从业人员6000人。农业以种植水稻为主，经济作物是蔬菜和油菜作物。畜牧养殖业以生猪、羊、家禽为主，效益林主要是茶叶、柑橘。2005年，全乡工业总产值7.34亿元，农业总产值1.85亿元，财政收入1502万元，农民人均收入4778元。全乡有初中3所，小学12所，卫生院1个。

毛田乡

毛田乡位于市西部，1995年撤区并乡与崇山乡、花坪乡合并而成。总面积95.7平方公里，耕地面积2753公顷，林地面积4466.7公顷，可养水面4000公顷。2005年，辖45个行政村、380个村（居）民小组，总人口37800人。

境内地势东高西低，水府庙水库三面环绕；有多条县乡公路纵横交错；主要资源是石灰石、煤，以及宽阔的鲜鱼养殖水面。

全乡工业以建筑材料和农产品加工为主，依托丰富的渔业资源发展火焙鱼加工生产，同时也带动了垂钓、娱乐和餐饮行业。各类企业19家，从业人员1900人。农业以水稻种植为主，经济作物有花生、黄豆、油料等，另种植有200公顷药材，有百合、吴萸、薄荷、白术等。畜牧养殖以猪、牛、羊、家禽等为主，经济林木有油茶、柑橘、杨梅等。2005年，全乡工业总产值1.36亿元，农业总产值8017万元，财政收入495万元，农民人均可支配收入3071元。全乡有初中3所，小学10所，卫生院1个。

育塅乡

育塅乡位于市西北部，1995年撤区并乡时与花坪乡、轧桥乡合并而成。总面积86.12平方公里，耕地面积2152.53公顷，林地3853公顷，可养水面230公顷。2005年，辖35个行政村、432个村（居）民小组，总人口39859人。

境内地势为西北高东南低，相对平缓。涟水河及支流水系流经。有省、县、乡三级公路交叉通过。土地肥沃，是全市粮猪生产基地。主要矿藏资源有石灰石、花岗岩以及铁等。

全乡工业以农产品加工和建筑材料为主，有工业企业9家，从业人员700人。农业以种植水稻为主，主要经济作物是油菜、玉米。畜牧养殖以猪、牛、羊、家禽等为主，有养兔基地1个。效益林是蜜橘、茶叶等。2005年，全乡工业总产值1.11亿元，农业总产值2.18亿元，财政收入806.9万元，农民人均可支配收入3628元。全乡有初中3所，小学11所，卫生院1个。

金薮乡

金薮乡位于市西北部，1995年撤区并乡与河山乡合并而成。总面积104平方公里。耕地面积2231公顷。2005年，辖29个行政村、358个村（居）民小组，总人口40421人。

境内地势西高东低；有乌江支流水系流经。公路有省道、县道各1条过境。矿藏资源主要是花岗岩。

全乡工业以建筑材料、木材加工为主，有工业企业11家，从业人员700人，农业以种植水稻、蔬菜为主，油茶种植量较大。畜牧以生猪、家禽饲养为主，少量牛、羊肉上市。经济林品种主要是椪柑，林木盛产杉树和楠竹，每年可按计划采伐加工。2005年，全乡工业总产值4985万元，农业总产值1.8亿元，财政收入450万元，农民人均可支配收入3735元。全乡有初中3所，小学12所，卫生院1个。

第二章 自然环境

第一节 地质构造

市境处于紫云山（今双峰县井字街西南方，海拔818.8米）至沩山（今宁乡县西，海拔1070.8米）的大背斜北西向构造体系上。在市内段的中心轴向是：金薮至栗山段为北北西向，栗山至桂花段接近南北向，轴部宽度20公里以上。出露地层为元古界时期板溪群变质岩和中生界时期的岩浆浸入花岗岩，大背斜两翼，有一些断层和小型褶皱。

在桃林—月山—白田一带，分布一组近东西向的压性断层，属白马山（海拔1780米）至龙山（海拔1513米）东西向串珠状隆起构造的东延部分。断层面倾向北或北北西，倾角一般在60度以上。断层西段在花岗岩内普遍产生硅化及糜棱岩化现象；东段在泥盆系及寒武系地层内，挤压破碎厉害。

沙田—莲花—酒铺一带，分布一组北东向压性断层，东面有巴江坳破碎带与之平行，属紫云山至石潭北东向隆起构造。隆起带宽约15至20公里，长约60公里。南段为板溪群变质岩和花岗岩，北段为泥盆系、石炭系、二叠系、三叠系地层。断层组西北侧属北东向湘乡凹陷构造，从洋潭经县城至湘潭姜畲，凹陷宽度10至15公里，长约50公里。东南边缘红岩与隆起带板溪群变质岩接触。凹陷内分布下第三系及白垩系红岩。

坪花—棋梓—翻江—壶天弧线西南部，属祁阳弧形构造的东北延伸部分，分布一组北东向或北北东向压性断层和褶皱，断层面倾角一般在45度以上，长度超过20公里，断层带常见挤压破碎及糜棱岩现象。褶皱有连山、白云两处向斜，毛田向斜和坪花背斜，轴向均呈北北东向，轴线间距较短，岩层稍陡。壶天沿西阳河有一条北北西向的扭性断层，断距在300米以上，属局部现象。罗宏—虞唐—金木的小块弧线区域亦属此弧形构造。

皂水—楠木寨—雅苗坳—康家塘的弧线北部区域，属韶山至银田寺涡轮状构造，旋涡中心在龙洞乡花桥湾附近，分布一些不同方向的旋扭性断层和小型褶皱。断层从花桥湾中心向城前铺、小冲、舒家山辐射呈涡轮状。褶皱主要有平里冲向斜东西轴向、东家坪向斜北西西轴向、舒塘冲向斜东西轴向，向斜开阔轴短，部分为第四系地层覆盖。

东台—虎涧，战鼓岭以南的区间，有狮冲向虎涧、狮冲向道塘冲两条压性断层，为泥盆系地层。

第二节 地形地貌

一、山峰

市地属华南湘赣丘陵区，处湘中丘岗向河谷平原的过渡带，为雪峰山脉东北余脉和南岭山脉越城岭北端余脉夹峙。西部和南部较高峻，东部和北部较平缓，最高点为褒忠山的三尖峰（又名白沙井山），海拔807米，最低处在涟水出境处的新研乡文家滩附近，海拔41米，地势比降从西向东为19‰。

雪峰山东北余脉，沿安化、新化、涟源、宁乡4县边境，进入县境西北向东南伸展，构成县内西部中低山丘岗区。主山岭略呈向左倾斜的"工"字状，沿湘乡、宁乡边界自西向东有番山、雪峰顶、三角寨，转南入县内有大花山、文公山、范大仑，折向东北有褒忠山、羚羊山、侧仑峰、灰仑峰、天福庵、南薰山、舒塘冲山、罗仙寨。自褒忠山向西南延展，有鹰坑垴、崟湖塘山、洞山、插花山、石笏山等海拔300米以上的山峰229座。中段褒忠山为全县的"屋脊"，是涟水、沩水、靳水的分水岭。沿岭脊向东南和向北，渐降为丘陵、岗地，至涟水和乌江（沩水支流）的河谷平原。一般海拔100～450米。

越城岭自零陵县向东北延伸，余脉入市境南陲，构成市内南部低山丘岗区，主山岭由西南向东北斜卧，其左、右两侧各有一支峰岭，形状如向右倾斜的"山"字。左支沿湘乡、双峰县界，从北向南有龙王殿、梅龙山、万宝洞山，折东有高紫山、毛家垴，中支从西南向东北有荆紫峰、大旗山、刘家大山、九峰山、门扇山、胡家大山、范铎峰、塔子山，右支沿湘乡、湘潭两县界，从北向南有启昌寨、青山寨、白石寨、笋壳寨、云盘寨、雷祖殿、福海山，折西有金鸡山、高胜仑、袁家仑、插花寨、云山等，共有海拔300米以上的山峰75座，荆紫峰最高，海拔725.9米。主山岭挺拔逶迤，是涟水与涓水的分水岭，向北渐降为丘岗，至涟水河谷平原，一般海拔为100～300米。

湘乡境内，海拔500米以上山峰有41座。

二、水系

湘乡属长江流域洞庭湖水系，分湘江支流涟水、沩水、靳水3个汇水区域。湘乡境内河流密布，有长5公里以上河流53条，5公里以下河流6条。流域面积10平方公里以上的2条。10～50平方公里的47条，50～100平方公里的7条，100平方公里以上的3条。

（一）涟水

市主要河流，上段从毛田乡老竹园村入境，流经毛田乡和棋梓镇，至溪口入双峰；下段从苏坡乡观贤村入境，流经虞唐、潭市、山枣、泉塘、东山、市城区、东郊等乡（镇），至向韶村文家滩入湘潭县。主河道在湘乡中南部，由西向东，蜿蜒97公里，直接汇入支流16条，纳入湘乡集雨面积1784平方公里，占全市总面积的89%。

（二）乌江

沩水支流，源出翻江镇吉洞村黑山仑北麓，向东北经市内21公里流入宁乡县。

（三）靳水

发源于金石镇勒源村的罗仙寨西麓，折北转东经市内4.5公里流入宁乡县。

三、地貌

元古界震旦系，市境属大海，海底火山爆发频繁，沉积含铁锰质较高的富火山灰质物，在地壳运动的强烈作用下，发生褶皱，初步形成三角寨、褒忠山、荆紫峰、大旗山等微露海面的山峰雏形。

古生界寒武系前期，市境地壳小部分上升成为陆地（从金薮经栗山至桂花的大背斜轴线），大部分地区成为陆缘浅海。寒武系以后，加里江运动地壳缓慢上升，外力作用不强，未受沉积。至石炭系、二叠系，受华力西构造运动的作用，市内绝大部分地域上升成为陆地。海水进退频繁，外力作用强烈剥蚀陆地表层。

中生界三叠系，印支构造运动，使市境全部抬升成为陆地，在强烈的褶皱、断裂和外力侵蚀等作用下，岩浆沿断裂口大量侵入，地面起伏变化增大，基本山岳、溪河开始形成，但尚无固定的河床。到侏罗系、燕山运动初期，风化沉积很微。至白垩系、燕山运动的构造作用强烈，地壳受到挤压，断裂增多增大。原有地层褒忠山一带和荆紫峰、梅龙山被推挤高耸，而湘乡凹陷构造形成河谷盆地（北东向地槽）；在以泉塘钱家冲为中心，以5公里为半径的区域内，岩浆大量侵入，随着气候变热，外力作用剧烈切割、剥蚀地表，河谷加深，风化沉积加厚，市境的地貌骨架形成。

新生界第三系，受喜马拉雅山构造运动影响，市境地壳产生间歇性上升，地层受到挤压，缓缓倾斜，地表起伏的相对高差逐渐增大，洪水带来的冲积堆物逐渐增多，河谷平原形成。

经过漫长的地质年代，经历了各种内力和外力作用，形成市境西部岗丘区、西北部山地区、北部平岗区、中部岗平区、南部山丘区的地貌格局，按地貌类型划分为：

堆积地貌——平原，面积493.17平方公里；

侵蚀溶蚀地貌——岗地，面积602.57平方公里；

侵蚀剥蚀地貌——丘陵，面积435.29平方公里；

侵蚀剥蚀构造地貌——山地，面积419.21平方公里。

第三节 土壤

土壤垂直带分异状况是，海拔600米以上为黄壤，以下为红壤（黄红壤多在400米至600米一带）。水稻土和菜园土绝大部分分布在400米以下。局部丘陵有少量的石灰土或紫色土，个别中低山的顶部有山地草甸土。

根据国家统一规定的土壤分类技术指标，全市耕地和山地的土壤，共划分成9个土类，20个亚类，67个土属，177个土种。其中，水田土壤分1个土类，6个亚类，26个土属，107个土种；旱土土壤分7个土类，12个亚类，23个土属，43个土种；山地土壤分5个土类，8个亚类，18个土属，27个土种。

1. 水稻土面积4.0733万公顷，其中淹育型水稻土面积217.898公顷，分布在丘岗台地山脚、冲尾等较高部位处，土体结构简单，耕作层浅，耕性差，灌溉条件差，无地下水影响，多是干旱田；潴育型水稻土面积3.1467万公顷，分布在溪河沿岸平原和一、二级台阶上。土体层次分明，多为壤土和砂壤土，通透性较好，大多是旱涝保收稳产高产田。但也有少数含有青、白泥层，较黏重；渗育型水稻面积342.8533公顷，多分布在山冲或溪河的出口处，土质变粘或变砂，肥力低而难改造；潜育型水稻土面积0.8333万公顷，多分布在地势较低平，而地下水位较高的地域，青泥层部位高而厚，有害、有毒物质含量多，大多是冷浸低产田；沼泽型水稻土面积324.3973公顷，散布在地势最低洼或常渍水的地区，泥烂温低，有机质恶性积聚，速效养分少，基本都是滂泥田，改造难度大；矿毒型水稻土面积2.02公顷，分布城关镇的大厂矿排污渠口低洼田，泥烂含矿毒性水、物（碱），污染严重，不宜耕种，如不采取工程技术措施处理好厂矿排污，受污染的面积将有继续扩展的趋势。

2. 菜园土面积215.3867公顷（城镇专业商品菜土及菜农自留地菜土），有熟菜园土和新菜园土两个亚类，分布在城关镇、棋梓镇和潭市镇的近郊区域。土壤结构好，浓厚疏松肥沃，已成为一种人工土壤类型，宜种蔬菜水果。

3. 潮土面积120.8333公顷，散布在涟水沿岸的平原地区，只有河潮土一个亚类，土层疏松深厚，弱酸性，有回潮现象，耕性好，但易漏水漏肥，宜种经济作物。

4. 红壤面积9.72万公顷，有红壤、黄红壤、红壤性土3个亚类。分布在海拔600米以下的丘岗和低山。黏土层深厚，深层为网纹红土，呈酸性，有机质较少，氮、磷偏缺，宜种植旱粮作物、经济作物和林木。

5. 黄壤面积733.3333公顷，有黄壤和黄壤性土两个亚类，分布在海拔600米以上的中低山，土壤湿润疏松，有机质较厚，呈强酸性，适于松、杉、竹等耐寒林木生长。

6. 山地草甸土面积175.9333公顷，只有山地草甸土一个亚类。分布在褒忠山的脊岭一带。土层较薄，含岩片较多，茅草和草甸植被繁茂，林木不能生长，宜种植牧草。

7. 黑色石灰土只有黑色石灰土亚类，面积44.7333公顷，分布在壶天、巴江等石灰岩的岩隙间和山顶部，一般土层薄，含大量腐殖质和钙，呈碱性，属岩成土壤，宜种植油桐、乌桕、漆、柏等林木。

8. 红色石灰土面积45.8公顷，只有红色石灰土亚类，散布在石灰地区，已开垦成旱土，碱性，土层耕性差，含钙和腐殖质等养分多，宜种经济作物。

9. 紫色土有酸性紫色土、中性紫色土3个亚类，共面积170.6公顷，分布在泉塘山坳托、南薮等地的紫红色砂岩丘岗上，土层较薄，宜种经济作物。

第四节 气候

一、气温

（一）平均气温

1986—2005年之间，年平均气温为17.1℃。1月平均气温4.9℃，7月平均气温28.9℃。年平均气温的日较差为7.3℃，全年各月平均气温日较差在8月，最大为8.2℃，最小2月为6.2℃。平均气温的年较差为24.0℃，最大年2005年为26.7℃，最小年1999年19.3℃。

（二）高温

1986年以来，湘乡高温35℃以上或日平均气温超过30℃以上，发生时段一般开始于6月26日，结束于9月10日。个别年份最早在4月底，最迟在10月5日。连续8天以上的高温期，集中在7月、8月。至2005年，每年都有1～3段，个别年4～5段。其中，高温期最长一段为2003年7月11日至8月10日，计31天。极端最高气温40.8℃，出现日期为8月2日。

（三）严寒

1986年以来，严寒日（日平均气温小于或等于0℃）出现最多的年份是1991年，有7天。当年极端最低气温为 -11℃。2003—2004年，无严寒日。

（四）三寒

1985—2005年，3月中旬至4月下旬间的春寒（旬平均气温低于20℃，或者日平均气温低于10℃，连续大于或等于5天），每年1～2次，个别年无春寒。每年5月中旬至下旬，日平均气温低于20℃，且连续时间5天以上的夏寒平均2年一次。秋寒又称寒露风，9—10月初，日平均气温低于20℃，且连续3天以上，平均2年出现一次。“三寒”对早稻播种、春季蔬菜、夏秋作物播种、早稻营养生长、晚稻抽穗扬花都有危害。

（五）霜期

1986—2005年，初霜日一般出现于11月下旬，在次年2月中旬结束。最早初霜日为10月29日，最迟初霜日为次年1月3日，最早终霜日为1月16日，最迟终霜日为3月14日。实际冬季降霜日数平均18天，时间多出现在12月和1月。无霜期平均283天。最长年度（1994年）为337天；最短年度（1986年）为240天。

二、光能

（一）日照

1986—2005年，年平均日照时数1558.7小时，日照因降水、云量变化的多少年际变化大，最多年1992年为1709.2小时，最少年2005年为1322.4小时。日照以5—10月为最多，月均在120小时以上；最少为1—3月。个别年如1998年1月仅19.4小时。

（二）活动积温

1986—2005年，市境因受季风影响，气温的季节变化明显，稳定通过0℃、5℃、10℃、15℃、20℃的初终期年际变化大。湘乡市为喜温作物的播种生产区，10℃的初终期极为重要，其初日始为3月26日，终日为11月20日，历年平均240天，活动积温5431.0℃；保证率80% 的初终间隔日数226天，活动积温为5283.5℃，有利于双季稻栽培。

三、降水

（一）最大降水

1986—2005年，日降水量大于或等于50毫米的暴雨日，平均每年3～4天，日降水量大于或等于100毫米大暴雨日，平均3年出现1天。暴雨多集中在4—8月，尤以6月居多。暴雨因时间、地域、分布不均匀，致使同一年度中不同程度、不同次数地发生灾害。

（二）平均降水量

1986—2005年，年平均降水量为1326.8毫米。最多年（1994）为1865.4毫米；最少年（1986）为1042.6毫米。一般全年降水集中在4—6月，但3—7月初是属多雨期，7月中旬至9月是属高温干旱期，11月至第2年的1月是冬干期，其他月份保持干湿平衡。

四、风、雾、雷暴

（一）风

1986—2005年，风向以北风或偏北风为主，北风频率年最高达26%，月最高达48%，夏季盛行偏南风，冬季盛行偏北风，年平均风速为每秒2.4米（1～2级）。一年中，3月、4月和7月风速较快。月最大风速为10～28米/秒。风向以偏北风为主。冬季和春季因冷空气对流形成大风天气。

（二）雾

1986—2005年，平均年雾日14～31天，最多（1994）有48天。全年以冬春两季雾日较多，大雾对交通运输、电力输送、空气质量等影响较大。

（三）雷暴

湘乡属多雷区，1986年以来，每年以春夏两季出现雷暴的频率最多。其间，雷击人畜现象偶有发生。最多年（1973年）67天，至2005年，湘乡平均年雷暴日数为45～46天。

五、蒸发量与水分盈亏

1986—2005年，湘乡市常年蒸发量为1284.1～1340毫米，其中7—8月平均蒸发量均超过200毫米。蒸发量与降水量相比较水分盈亏基本平衡。

第五节 自然灾害

一、洪灾

1986年以来，湘乡市暴雨成灾的季节一般在每年的4—7月中旬。

1990年，5月12日、15日、27日及7月1日，4次暴雨，次次成灾。因灾死亡24人，重伤15人。当年因洪涝灾害，直接经济损失3700多万元。

1996年7月18日，连续12小时暴雨（188毫米 / 小时），加之此前10天连绵大雨，造成水府庙库区水位暴涨，开闸泄洪，流入涟水经湘乡市区，洪峰达48.23米，超警戒水位1.23米。因灾死亡13人。洪水毁坏水利工程，卷走各类财物，直接经济损失1.7亿元。

2002年8月16日、19日，连续两次暴雨，湘乡站洪峰水位48.48米，继1954年以后的又一次特大洪水。涟水两岸13个乡镇受灾严重，成灾人口15万。全市淹没稻田1.8万公顷，毁坏水利工程3400多处，冲毁山塘3760多口，倒塌房屋4160多间，淹死2人，因房倒塌压伤8人，直接经济损失9430万元。

2005年5月30日至6月2日，每小时220毫米的暴雨急降和龙卷风，造成特大洪灾，受灾人口达27.3万人，倒房5214间，死亡8人，重伤9人，直接经济损失9800万元。

二、旱灾

1986—2005年，旱灾发生年为7年，平均3年一次。期间最大的旱灾为2003年，当年7—8月，降雨量之少（24.5毫米），气温之高（40.8℃），高温过程之长（32天），蒸发量之多（503.3毫米），均不逊于1934年的干旱和1942年的酷热。晚稻、红薯、花生、玉米受灾减产面积2.67公顷，部分果林成片干死，直接经济损失1亿元。

三、风灾

1998年4月11日，棋梓、毛田、翻江等地遭受罕见的大风，水府庙水库内被风吹翻船只28艘，因灾死亡11人，雷击致死2人，垮墙倒房打死3人。至2005年，严重的风灾共6次。

四、冰冻（严寒）

1991年12月25日起，湘乡连续7天冰冻，山区多达9天。冰冻期间，境内公路客运停运2天，城市供水设备300处遭冻裂停止使用。气温低至零下11.0℃，部分农作物及柑橘、奈李、梨、桃等经济作物被冻死，耐冻常青的植物如樟树、夹竹桃也被冻死许多，竹子、树木被冻断、压死，耕牛、生猪因严寒得病死亡现象严重。

五、冰雹

1986年4月10日，全市多处下降冰雹，时间10～15分钟。打烂打坏秧苗1.58公顷，造成3730公顷春收作物绝收，雹粒击伤2人，击倒房屋510间，75所中小学房屋被打烂，学校被迫停课。直接经济损失1500万元。

1986—2005年湘乡市主要自然灾害一览表

表1-2

年份	灾情
1986	4月10日，棋梓、谷水一带发生特大冰雹灾，死3人，伤354人。 7月20日起，发生近百年的持续干旱，受灾面积41万亩，失收面积1.1万亩
1987	5月19日晚8时50分至10时40分，湘乡各地普降暴雨，降水量达91毫米，谷水、潭市降水量为130多毫米。全市21万亩稻田被淹，倒塌房屋2900多间，伤151人，死亡4人。 7月28日晚，全市普降暴雨，暴雨中心虞唐、东山、萧家河、中沙河泛滥成灾，据白洋水库测报，降雨152毫米，全市受灾面积7.725万亩
1988	8月21日开始，全市连续降雨23天，出现近百年罕见的秋汛，各地降雨量达300毫米以上，最多的月山镇达456毫米，全市损害各类水利工程1055处
1989	6月27日，全市连续7天普降暴雨。气象站测报降雨量231.2毫米，共损坏水利工程3578处，其中，山塘1653处，河坝463座，其他工程1921处
1990	5月12日、15日、27日、30日，全市连续4次普降大暴雨，总雨量248.3毫米，谷水、壶天、月山、白田等地降雨量超过300毫米，其中30日晚，酒铺、梅桥境内发生百年不遇的特大暴雨，1小时25分降雨150毫米，引发山体滑坡。全市49个乡、镇、街道，682个村，5349个村民组遭受不同程度的损失，水淹早稻22万亩，冲毁秧田5200亩，冲毁水利工程3880处，倒塌房屋6928间，死亡10人
1991	5月18日，部分地方遭受11级风暴袭击，受灾严重的有壶天、月山、白田、泉塘、东郊5个区的27个乡镇，受灾达70万人，其中重灾1.5万人，死2人，伤92人，其中重伤32人，死耕牛65头，其他牲畜625头，倒房1150间；吹断高压电杆750根，通信电杆840根，广播电杆1320根，11个乡镇电讯、电话中断。 6月20日至9月，境内发生百年不遇的干旱，530个村民组6.2万人和60万头牲畜饮水困难，农作物成灾面积28万亩，成灾人口31.2万人，因灾死亡9人，粮食减产34640公斤。 12月25日，连续7天冰冻，温度－11℃，停止客运2天，供水设备冻裂300处
1992	4月21日凌晨，境内遭受10～12级特大暴风及冰雹袭击，降雨量每小时160毫米，最大冰雹直径5厘米，持续40分钟，栗山、横铺、苏坡等23个乡镇、251个村遭受龙卷风、冰雹、暴雨袭击，5.1万户受灾，伤512人（其中重伤126人），死亡6人，倒塌房屋3500余间，毁坏秧苗数千亩，水毁工程1712处，直接经济损失2100万元
1993	7月3—6日，湘乡普降暴雨，3天时间共下雨195毫米，5日下午3时40分，涟水水位47.7米，流量3130立方米/秒，全市20多个乡镇受灾，水淹面积17.1万亩，冲毁经济作物1.2万亩，倒塌房屋8460间，损坏水利工程2310处。 8月7—9日，白田区遇上百年不遇的暴雨，降雨量达300毫米，导致山洪暴发，全区受灾面积达50%以上，水淹晚稻33500亩，难于复耕950亩，152户倒塌房屋，冲垮乡路937处，计3.6950万米，24个村阻塞交通，打死牲畜家禽1500多头（只），全市被毁水利工程1150处
1994	5月1日晚，虞唐、泉塘、谷水、壶天等突降暴雨、冰雹，冰雹最大的直径为2厘米。倒塌房屋161间，冰雹砸死1人、伤5人，砸死牲畜109头。1300亩水田被淹，112处山塘滑坡，电话中断，直接经济损失20万元。 8月4—6日，暴雨袭击了部分乡镇，导致山洪暴发。受灾严重的有壶天、虞唐、月山、泉塘4个区的涧山乡、歧山乡、苏坡乡等23个乡镇，100多个行政村的5万多农户。全市受灾作物面积20余万亩，失收面积9000余亩。因灾死亡3人，伤300余人。 8月14日下午，特大暴雨袭击湘乡，至15日凌晨，降雨量达260毫米。东山、东郊、泉塘、虞唐、潭市等28个乡镇，300多个村民组的10万多户受灾，受灾人数达30多万人。损坏水利工程2700处。17时开始，湘黔铁路中断运输10小时
1995	1月2日，境内普降大雪，降雪量19.9毫米，积雪深度17厘米。62万亩林用地受灾，雪压断林木30万立方米，折断楠竹180万根及四旁行道树木40万亩，损失林木7000立方米，倒房30多间，直接经济损失2000多万元。 5月25日，梅桥、山枣、毛田一带降特大暴雨，造成水淹早稻6万亩，绝收2400亩，共损坏房屋1154间，倒塌房屋890间，冲毁公路21处、长27公里，冲毁大小桥梁30余座，损坏各类水利工程1700处，因灾死亡12人，重伤109人

续表1-2

年份	灾　情
1996	7月18日，湘乡市普降暴雨，降雨量118.6毫米，水府庙水库开闸14孔，涟水湘乡站洪峰水位48.23米（超标1.23米），下泄流量3860立方米/秒，22个乡镇街道受灾，受灾人口36万多人。灾害造成10人死亡、243人受伤，其中重伤43人。25万亩早稻和1.25万亩晚稻秧田被淹或沙压；2780户的4285间房屋倒塌，全倒680户。全市直接经济损失1.7亿元以上
1997	5月8日凌晨，湘乡市境内普降暴雨，24小时降水量52毫米，虞唐、中沙一带降水量达114毫米，沿赤石河一带5000亩农田成为一片汪洋，冲毁山塘87处，沙压农田1300多亩，倒塌房屋37处，冲断公路3400米，重伤3人
1998	4月11日，毛田、棋梓、翻江、潭市、梅桥、月山、壶天等15个乡镇普遭龙卷风袭击，水府庙水库翻船7艘，死亡11人。降水量达150毫米，局部地方超过200毫米。百年古树连根拔起，部分房屋倒塌、农田被毁，供电设施被破坏。全市共因灾死亡50人，直接经济损失1亿元以上。 5月21—23日，境内西、北部普降暴雨，水库库区降雨量为190~256毫米，受灾人口36万人，其中重灾12万多人，死亡11人，受伤119人，直接经济损失8560万元。 6月12—18日，境内连续遭受水暴雨及泥石流袭击，过程降雨171毫米，最大日降水65.6毫米，局部地方降雨量达227.5毫米，洪灾中死亡3人，重伤9人，2.1万处水利工程受损，1.8万亩农田绝收。直接经济损失9000多万元
1999	9月12日下午4时许，潭市镇、栗山镇、山枣镇遭受龙卷风袭击，龙卷风过后，这些地区又遭受长达50分钟的暴雨袭击。据统计，这次龙卷风和暴雨袭击，倒塌36户，严重受损不能居住的41户。损毁高压电杆、广播线杆、电讯杆65根，毁坏线路1.36万米，导致8个村用电中断
2000	6月20—21日，境内普降大雨，降水量达109.2毫米，洪灾造成全市2000多亩农田被沙埋，倒塌房屋270多间，中断交通线路90条，冲垮大小渠坑400多处
2002	7月15日，竹蝗危害竹林，给湘乡10多万亩竹林带来毁灭性的危害。虞唐、中沙、栗山、梅桥等主要产竹区受害较重，虞唐赤石水库的小梅冲、大梅冲更是重灾区。 8月18—19日，湘乡普降暴雨，平均降水量105毫米，暴雨中心达200毫米，水府庙水库开闸13孔，涟水河流域1954年以来最大的洪水，最高水位48.48米，超警戒水位1.48米。引发山洪700多处，20多个乡镇街道受灾，受灾人口38万人。其中，涟河两岸13个乡、镇、办事处灾损严重。淹没水田27万亩，冲毁水土2.7万亩，冲走养鱼网箱8000多口，冲毁桥梁143座，倒塌房屋4160间，造成2人死亡、8人受伤。洪水冲垮堤防1300多处，冲断道路1600多条计230公里，冲垮山塘160座，50多个村的电话通信中断
2003	5月17日，连续15天全市遭受大暴雨袭击。22个乡镇街道都受到较大损失，尤其是月山、毛田、中沙、东郊、虞唐、梅桥、潭市、栗山、翻江、白田受灾更严重。受灾人口达11.2万人，成灾人口达7.3万人。因房屋倒塌、雷击死亡2人，伤15人，其中重伤5人。倒塌房屋876户，2175间。水淹早稻15.7万亩次，成灾面积7.3万亩，直接经济损失8600多万元。 6月9日下午至10日凌晨，白田、月山、翻江、育塅、潭市、棋梓、梅桥、毛田等乡镇普降大暴雨。据长江水库12小时实测雨量达160毫米，红日水库、桃林水库12小时实测雨量超过130毫米。此次暴雨有突发性、区域性、毁灭性等特点，致4人死亡
2004	12月23—26日，湘乡市遭受罕见特大雪灾，全市因冰冻造成倒房2211户、4737间，严重危房2765户、3883间，倒塌电力、通信、有线电杆22137根，317个村电路全部中断，40万亩森林受损，损失木材15立方米，折断楠竹20万根，受灾群众35万人，伤4人，紧急转移安置1123人，月山、壶天等17个乡镇受灾严重
2005	6月2日，湘乡遭受1969年以来最大洪水，凌晨1时，涟水河洪峰水位达48.41米，测流量3960立方米/秒，全市22个乡镇街道普遍受灾，损失惨重。共计水淹早稻28.162万亩，绝收23650亩；倒房3406户、7701间，其中全倒1027户、3558间；受灾人口27.3万人，死亡10人。直接经济损失1.549亿元，其中农业经济损失1.004亿元

第六节 生态失衡的灾害

1997年4月，涟邵矿务局恩口煤矿因采矿多年地表下沉引发地表面生态失衡，殃及壶天镇12个村、4500户人家、301公顷稻田。造成3500米渠道、480米河道、15座水坝崩裂；150口水塘沉降开裂，无法蓄水；3座桥梁斜位，1500米机耕道塌陷；609间房屋斜倾或裂缝。煤矿因沉关停，原煤矿负责供电的82台农排灌溉设备，500余台农机无法启动，导致人为干旱灾难。市城区南面的塔子山崖因采挖矽石矿，毁掉半边山林，造成水土流失。工业废气、废渣、废水以及运输车辆尾气排放，化肥、农药等化合物的大量使用所造成的土壤、水资源、空气等环境污染，严重危及生态平衡。

第三章 自然资源

第一节 土地资源

湘乡土地类型多样，耕地、林地、水域兼有。1986年，通过土地详查，全市总面积为2011.63平方公里，其中耕地占6.19万公顷，园地包括茶园、果园、药材园地等0.48万公顷，山地8.89万公顷，水域面积包括池塘、水库、较大的滨河渠道共计1.73万公顷，交通（公路、铁路、农村道路）占地0.11公顷，城镇居民点及工矿用地1.32公顷。其余土地1.48万公顷，包括特殊（国防）用地，田间田藤隙地，土间土埂隙地以及沙滩、工业污染难用地等。

1995年以后，土地使用变更情况频繁。湘乡撤区并乡建镇，城镇和交通两大建设项目，使农用地逐年减少，农业产业化调整使农用地的交叉变更情况较多。城市工业化理念的提出与实施，占用了较多的耕地与林地。2001年，根据市国土部门对土地变更情况调查，全市总面积为2003.64平方公里，耕地54.62万公顷，园地0.56万公顷，林地76.8万公顷，水域1.92万公顷。居民点及工矿用地1.64万公顷，交通用地2460公顷。主要用于国家重点工程潭邵高速公路、洛湛铁路以及湘乡采石矿建设等。农用地的被征用促使未利用地开发，当年有15.2公顷闲地被利用、整理和开发。

2005年，国土部门统计全市耕地53.06万公顷，园地0.57公顷，林地78万公顷，水域1.86万公顷。居民点及工矿用地1.65万公顷，交通用地1347.5公顷。人均土地资源为0.224公顷，人均耕地为0.06公顷，人多地少。

第二节 矿藏资源

1986年，湘乡市已发现各类矿种32个，其中能源矿产2个、金属矿产10个、非金属矿产20个。探明储量的矿种有18个。至2001年年底，全市共发现矿产地169处，其中大型矿床5处、中型9处、小型6处，矿（化）点149处。

一、锰

金石锰矿面积6.3平方公里，保有资源量238.2万吨，潜在经济价值2.16亿元。大湖段锰矿，地质资源潜力20万吨，价值预测1900万元。

二、铝（提铝黏土）

市内铝土矿位于棋梓连山铝土矿一井田、二井田，贮存于下石炭碳酸盐岩的风化残积土层内，属一小型矿床。资源储量177.1万吨，基础储量105.8万吨，为资源储量的60%、边际经济的基础储量71.3万吨、为资源储量40%，其储量居湖南省第二位，潜在经济价值7180.97万元。矿石品位Al_2O_3：35.38%～35.57%、Fe_2O：31.51%、SiO_2：46.17%。品位虽低，但矿产条件较好，单一矿种，无共生伴生矿，易开采。

三、水泥灰岩

湘乡最具优势的矿产资源，分布在棋梓一带，产出层位为棋梓组上部。部分产于石灰测水组，现已探明万罗山大型水泥灰岩矿1 处、中型矿2 处。矿产稳定、厚度大、保有储量1.4866亿吨，基础储量1.2655亿吨，占总资源的85%。边际基础储量1921万吨，占总量的12.9%，次边际资源储量290万吨，占总量的2%。总资源储量占湖南省总量6.9%，矿石品位 CaO ：51.4%，MgO ：1.4%～2.01%、属一级品，潜在经济价值41亿元。

四、冶金白云岩

棋梓桥白云石矿一处大型矿床，矿层厚度大，达120～250米，正伸稳定，基础储量7610.3万吨，保有储量5500.7万吨，资源量5224.9万吨，居湖南省第一位。矿石品位 MgO ：18.82～20.24%、Fe_2O ：30.08%、SiO ：20.3%～0.51%，属优质一级品。矿山开采条件好，剥采比中等，其潜在经济价值31.57亿元。

五、建筑用花岗岩

资源分布广，市域面积的31% 均有储量，已开发利用的资源储量1000万立方米。潜在价值3448万元。有泉塘道砟矿等大小矿山14个，正常生产的矿山4个。

六、铸型用砂岩

分布在山枣、龙洞等地，有中型矿产地8处，小型矿产地3处，正常生产矿山3个。资源储量3393万吨，潜在经济价值2.9亿元。

七、砖瓦黏土

分布在东山、潭市、虞唐、棋梓、育塅、泉塘等地。总储量64万立方米，基础储量65.7万立方米，资源量0.3万立方米。

八、海泡石

位于龙洞矿段海泡石粘土矿，面积3.77平方公里，属小型矿床。矿层贮存于二叠纪小江边组中，呈层状产出，层位稳定，基础储量30.5万吨，资源量91.3万吨。矿石品位：海泡石含量20.1%，造浆率5.01%，脱色率95.2%。属中等偏贫矿床。

九、矿泉水

位于东山、土桥一带，日涌水量2000吨，一年可达73万吨。水质呈中弱碱性，重碳酸钠型硅、硅酸矿泉水和含硒、偏硅酸重钙型矿泉水。

其他矿藏，如煤、油页岩、铁、锌、石膏、矽西、方解石、钾长石、滑石、瓷泥、石英砂岩在市境内均有一定的储量。市域内还有砷、重晶石、水晶、云母、耐火泥、铜、黑钨、锡、金等矿。铀、钼、钴、银均有矿点，独居石汞也有露矿点。

2005年湘乡市已发现矿种分类统计表

表1-3

矿产类别		矿种合计	已发现矿种					
			探明存储量				未探明储量	
			小计	已上储量表	小计	未上储量表	小计	
能源矿产		2			1	煤	1	油页岩
金属矿产	黑色金属	2	2	锰、铁				
	有色金属	10	1	铝土矿				钨、锌、铜、铅、钴、钼、铋、锑、汞
非金属矿产	冶金辅助原料	4	3	冶金白云岩、耐火黏土、熔剂灰岩	1	铸型用砂岩	9	
	化工原料	5			2	重晶石砷	3	钾长石磷、芒硝
	建筑材料及其他	7	4	水泥灰岩、水泥用黏土、海泡石、水泥用砂岩	2	花岗岩、砖瓦黏土	1	砂砾石
	水汽矿产	2			1	矿泉水	1	地下水
矿种总计		32	10		7		15	

2005年湘乡市主要矿产资源储量一览表

表1-4

矿产名称	单位	储量	基础储量	资源量	备注
煤	万吨			31.84	
油页岩	万吨			100.00	
铁	万吨				
锰	万吨	164.50	190.50	47.70	
铝	万吨	28.50	172.10		
石膏	万吨				
钙芒硝	万吨			1066.00	
海泡石	万吨		30.50	1738.57	
水泥灰岩	万吨	10533.00	20460.00	290.00	
建筑用灰岩	万吨	1143.00	1302.00	114.00	
冶金白云岩	万吨	5695.70	7610.30	5224.90	
水泥用砂岩	万吨	614.00	808.00		
铸型用沙	万吨	480.00	525.00	5.00	

续表1-4

矿产名称	单位	储量	基础储量	资源量	备注
建筑用砂岩	万立方米	145.00	185.00	10.00	
水泥用黏土	万吨	845.00	1168.00	41.00	
砖瓦用黏土	万立方米	64.00	65.70	0.30	
矿泉水	万立方米	425.00			
建筑用沙	万吨			53.61	涟水平均量
建筑用花岗岩	万吨	2700.13	27360.90	54.00	

第三节 水资源

一、地表水资源

（一）境内产水

降雨是市内地表水资源的主要来源，除一部分蒸发返回空间外，大部分在境内流入涟水，流出境内的较少。年平均降水量1329.1毫米，市境总面积2003.64平方公里，年产水总量26.67亿立方米。

（二）过境客水

涟水及其支流汇入湘乡的客水面积4647.6平方公里，其中涟水4526.8平方公里，其他支流97.3平方公里，乌江23.5平方公里；多年平均径流深613.4毫米，平均径流量28.51亿立方米，其中涟水27.77亿立方米，其他支流0.6亿立方米，乌江0.14亿立方米。全市多年平均径流量41.12亿立方米，减去客水径流量，全市拥有地表水资源12.61亿立方米。

二、地下水资源

市内地下水资源蕴藏量较丰富，多年平均储量2.64亿立方米。其中，石灰岩地区3880.3万立方米，砂页岩、沙砾岩地区3287万立方米，花岗岩地区2711.9万立方米，红岩地区3002万立方米，变质岩地区1552.3万立方米，第四纪地区1.19亿立方米。

三、水资源开发利用

境内多年平均可利用水资源量6.1亿立方米，水利工程已达到供水能力5.7亿立方米，灌溉水平均利用系数30%，工业用水重复利用率30%。

2005年，全市水利工程年供水量5.56亿立方米。按工程类别蓄水工程、引水工程、提水工程、其他工程供水分别为4.79亿立方米、0.27亿立方米、0.4亿立方米、0.1亿立方米；按供水类农业灌溉、工业生产、城镇生活用水分别为4.82亿立方米、0.63亿立方米、0.11亿立方米。水力发电站市内有装机5000千瓦以上电站4座，其中洋潭电站装机3台，总容量1500千瓦，洙津电站3台3750千瓦，赤石电站4台650千瓦，东山电站8台1280千瓦。另外，水府庙电站为省属电站，装机4台，总容量3万千瓦。其他小型水能利用装置均已废弃。

第四节 野生动植物资源

一、野生植物

市域有利用价值的和已被利用的野生植物有600多种。

（一）山林植物

除苔藓、菌类、地衣等低等植物外，有93科，243属，559种（乔木330种，灌木187种，木质藤本42种）。分布范围占全县总面积的44.1%。主要用材林树种有：杉、马尾松、泡桐、樟、檫、枫香、楠、椆、椴、刺楸、刺槐、檀类、栎类、竹类、榉、梓、桧、枫、柞等。主要经济林树种有：茶、油茶、油桐、棕榈、桑、乌桕、漆、杜仲、山苍子（山胡椒）、吴茱萸、瑞香（梦花树）、蜡树（女贞子）、化香香（化子树）、芜树（净光子树）、椰榆、皂角树等。宅、路、堤、渠四旁绿化树种有：白杨、柳类、苦楝、檂、椿、梧桐、枫杨、榆、柏、黄荆、夹竹桃、竹类等。果木有：柑、橘、橙、梨、枣、栗、桃、梅、杏、李、核桃、石榴、柿、葡萄、樱桃、杨梅、枇杷等。历年引进树种现保存下来的有92种，主要有水杉、池杉、柳杉、三尖杉、落羽松、黄山松、火炬松、湿地松、法国梧桐、光皮桦、意大利杨、银合欢、黑荆、福建柏等。

（二）药用植物

已查明共有药用植物101科，312属，354种，较为珍稀贵重的有尖贝、七叶一枝花、紫草、黄常山、白花蛇舌草、山苦瓜、盘龙参、赶毒丹、一支箭、石松、夏天九、九层楼、鸭头发等。分布广，产量多，已大量利用的有土茯苓、莎草（香附子）、地榆、金银花、栀子、半夏、贯众、香薷、黄精、木香、枳壳等30余种；目前尚未很好利用的有鱼腥草、淫羊藿、金樱子（俗名鸡鸭糖）等。野生药用植物常年采用量20万公斤左右，人工栽培达百年以上历史的药用植物有：薄荷、木瓜、白扁豆（药豆）、吴萸子、杜仲等。近年从外地引进栽培的有：生地、白术、白芷、玄参、厚朴、天麻等20多个品种。

（三）观赏植物

市内观赏植物的品种甚多，分布最广，数量最多的要数杜鹃花（俗名映山红）、栀子、菊花、牵牛花、金银花、兰草、荷花、凤仙花（俗名指甲花）、鸡冠花、芭蕉、苍松、翠竹、黄荆、紫薇；数量较少的有桃花、李花、梨花、梅花、桂花、芙蓉、月季、石榴、萱草、木樨等。从外地引进来的花卉品种，除只适于特殊环境生长的品种外，绝大多数都可以在县内栽培，美化环境较为普通的花卉有夹竹桃、玫瑰、金橘、茉莉、美人蕉、吊兰、仙人掌、迎春、一串红、大丽菊、长春花、万寿菊、石竹、紫罗兰等；尚属少量栽培的有山茶花、扶桑、海棠、含羞草、牡丹、芍药、石莲、水仙、蔷薇、紫荆、白玉兰、南天竹、碧桃、蜡梅、三角梅、米兰、文竹、君子兰、五针松等。

二、野生动物

（一）昆虫类

对人类有危害的昆虫有：稻螟、玉米螟、豆螟、菜螟、果螟、棉螟、稻蝗、棉蝗、竹蝗、麦蚜、菜蚜、棉蚜、豆蚜、稻象、米象、豆象、棉象、果象、天牛、尺蠖、金龟子、凤蝶、毛虫、天蛾、蝼蛄、蟋蟀、蜘蛛、叶虫、椿象、飞虱、叶蝉、甲虫、地老虎、螽斯、蚂蚁、白蚁、蚤、虱、臭虫、蚊、蝇、虻、土蜂、蜈蚣等。有益人类的有：蜜蜂、姬峰、蚕、蜻蜓、螳螂、草蛉、寄生蝇、姬瓢、澳洲瓢、虎甲虫、食虫虻等。

（二）鱼类

全市现有鱼类112种（其中主要经济鱼类40多种），虾类、蟹类6种，软体类10多种，自然繁殖回游河溪的有鳜、鲶、鳝、鳅、鲥、乌鳢、鳍、鳟、鳡（横叉子）、鲦、鲌、鲄、蚌、虾、蟹、螺、蚬等。鲭（青鱼、草鱼）、鳙（雄庞头）、鲢、鲤、鲫、鳊、鲂、鲴等则多为人工繁殖。

（三）爬行类

以蛇类（绵蛇、水蛇、蝮蛇、眼镜蛇、银环蛇、金环蛇等），蛙类（青蛙、泥蛙、蟾蜍等）、蜥蜴类的分布面广量多，龟鳖等日益减少。

（四）鸟类

市境曾是候鸟的栖息地或中转站，鹤、雁、鹭、燕甚多，还有锦鸡、鸳鸯、白鹇、鹧鸪、鹡鸰等。常见的鸟类，数量较多的有麻雀、燕子、喜鹊、乌鸦、杜鹃、斑鸠、鸽、八哥、黄莺、画眉、翠鸟、鹰、鹞等10多种；尚有少量的啄木鸟、雉、竹鸡、鹌鹑、鸬鹚、野鸭、雁、猫头鹰、鹭、夜莺等约30多种。

（五）哺乳（兽）类

曾有虎、豹、狼、狐、山牛、山羊、野猪、鹿、獐、麝等野兽。60年代以后，虎、豹绝迹，獐、麝稀少，数量最多的是家鼠、田鼠、竹鼠等，其余有野兔、黄鼠狼、獾、狸、獭、豺、麂、野猫、穿山甲、箭猫、刺猬、野猪、蝙蝠等20余种。

20世纪80年代开始，棋梓镇坪湖村杨家岭是水府庙水库中一座小岛，每年有数千只白鹭、苍鹭，3—4月迁至此，9—10月离去，人称“白鹭岛”。

1998年，全市进行野生动物资源普查，有陆生野生动物15目、78科、110种。属湖南省二级保护动物的有穿山甲、水獭、大灵猫、豺、麝、果子狸（花面狸）、鸳鸯、金鸡、平胸龟。省三级保护动物有：中白鹭、苍鹭、牛北鹭、野鸭、大白鹭、白鹭、灰燕、白鹤、鹌鹑、野鸡、竹鸡、苦恶鸟、喜鹊、小田鸡、灰鹭、白骨顶、山斑鸠、红腹田鸡、环预斑鸡、华南兔、豪猪、野猪、黄鼬、鼠獾、獐、小麂、赤麂、狐、红嘴相思鸟、猫头鹰、猴面鹰、鸬鹚、猛禽（鹰等）、刺猬、蛇、蟾、蛙等。湘乡引种繁殖的动物有梅花鹿、美国王鸽、牛蛙及非洲鸵鸟等。2003年，东郊乡金星村村民挖地窖，挖出“狐狸猫”4只，经专家考证为鼬獾。同年，中沙镇梅龙村一村民捕得豹猫1只，当即送至长沙动物园饲养。

第二编 人口

第一章 人口状况

1986年，湘乡总人口817273人。1990年，《湖南省计划生育条例》颁布实施，人口数量的增速受到严格控制。1991年，人口自然增长率是8.27‰，1992年骤降至3.24‰，之后年份，人口自然增长率一直维持在3‰左右的水平。随着国民经济的快速发展，城区及集镇的规模扩大，城镇居民人口增长迅速，农业人口缓慢增长。2000年第五次人口普查，总人口893557人，农业人口为782592人。从劳动力行业分布情况看，从事农林牧渔业的人口数占79%。同年普查情况显示，60岁以上的老人为110662人，占总人口数的13.7%。2005年为142331人，占总人口数的15.94%。人口老龄化呈上升趋势。2005年，全市总人口数是893182人。当年，出生人口6457人，其中男婴3573人、女婴2884人。

第一节 数量与分布

一、人口数量

1986年，全县人口817273人，计206502户。人口的自然增长率是10.49‰，死亡率是16.2‰。1990年，总人口达870915人，231346户，自然增长率为12.35‰，死亡率为18.5‰。5年间，人口净增53538人。湘乡处于一个人口数量的高增长状态。1990年《湖南省计划生育条例》颁布实施，湘乡人口数量的增速得到有效控制。1992年，人口的自然增长率骤降至3.24‰，之后年份基本维持在这一相对较低的增长态势，总人口数在接近90万之内波动。

湘乡的家庭户数增长迅速，1992年总人口878723人，252654户。2005年，总人口893182人，总户数达279276户。13年间，人口净增14457人，而户数增加26622户。

伴随着人口数量的自然增长，迁出迁入情况也悄然影响人口总数变化，但起伏不是很大。人口互迁情况，大抵是参军、工作单位调动、库区移民、招工等因素所致。

1986—2005年湘乡市人口发展规模一览表

表2-1

年份	户数	总人口（人）	出生人数（人）	出生率（‰）	死亡人数（人）	死亡率（‰）	人口自然增长率（‰）	迁出迁入情况	
								年内迁入（人）	年内迁出（人）
1986	206502	817273	13184	16.20	4609	16.20	10.49	15176	16420
1987	216857	828580	12412	15.10	4794	15.10	9.25	17827	15481
1988	226513	842493	12371	14.80	4775	14.80	9.02	16166	10188
1989	243274	858484	13965	16.40	4691	16.40	10.80	16966	11396
1990	244420	870915	15982	18.50	5225	18.50	12.35	11363	10308
1991	248181	877479	12693	14.50	5440	14.50	8.27	9737	10086
1992	252654	878725	8569	9.80	5723	9.80	3.24	10862	11851
1993	255851	878738	8317	8.30	5616	8.30	3.07	9253	11163
1994	261666	883833	8460	9.60	5921	9.60	2.87	15576	16451
1995	272204	885552	7934	9.00	5864	9.00	2.34	10118	10451
1996	269493	888095	8392	9.50	5514	9.50	3.24	10340	10035
1997	267855	889409	8794	9.90	5801	9.90	3.36	8915	9882
1998	270697	890608	8336	9.40	5802	9.40	2.85	6143	7302
1999	266922	891415	8585	9.64	5599	9.64	3.35	7982	8423
2000	265527	893557	8982	9.48	5927	6.64	3.42	5421	6787
2001	266924	893225	8422	9.43	5553	6.22	3.21	5889	5754
2002	267801	891765	7295	12.47	5684	6.37	2.81	5643	6606
2003	280445	892481	7271	8.15	5322	5.97	2.18	7689	8922
2004	278595	889481	6638	6.33	5584	6.23	2.39	4399	7453
2005	279276	893182	6457	7.22	5579	6.24	3.30	8224	8246

说明：此表资料源于湘乡市人口统计报表

二、人口分布

湘乡人口区域分布历来是城区较为密集。人口稠密区集中在平地和低岗地域，320国道及省道湘娄线、湘灰线、湘壶线、湘韶线，沿线人口居住较为集中。梅桥、翻江、壶天、中沙、毛田等边远乡镇人口密度较稀。1986年，湘乡人口密度为每平方公里401人，1990年为424人，2000年为401人，2005年为444人。随着城镇化水平的提高，人口逐渐向城镇集中。

2005年湘乡市乡镇街道人口密度一览表

表2-2

乡、镇、街道名称	行政区域土地面积（平方公里）	总人口（人）	人口密度（人/平方公里）
龙洞乡	102.73	37925	369
东郊乡	90.53	52008	575
育段乡	85.79	37573	438
金薮乡	99.72	37974	381
毛田乡	112.19	37072	330
山枣镇	99.72	46220	463
栗山镇	68.83	26387	383
中沙镇	65.31	25501	390
虞唐镇	88.28	34384	389
泉塘镇	98.39	69386	698
潭市镇	126.43	46256	366
棋梓镇	74.52	53771	721
壶天镇	139.00	47708	343
白田镇	105.73	47306	447
翻江镇	133.28	41372	310
月山镇	147.45	66355	450
金石镇	88.55	35409	400
梅桥镇	13.52	49366	365
新湘路街道	7.46	33748	4523
望春门街道	7.83	26892	3434
昆仑桥街道	10.74	37924	3531
东山街道	79.79	18227	228

说明：按户籍人口计算

第二节 人口构成

一、性别构成

1986年，湘乡总人口81727人，男性占51.02%，女性为48.98%，男女性别比为105.23（以女性为100，下同）；1990年，总人口达870915人，男性占51.49%，女性占48.51%，性别比为106.14；2000年，男女性别比为106.82；2005年，男女性别比是105.93。从总体上看，性别比相对稳定。但从年龄段看，婴儿性别比日趋失衡。1990年，出生婴儿性别比为114.29，1999年上升到130.11。尤其是第二胎的性别比，据2000年统计，高达206.41，超出109的性别比警戒线97.41个百分点。

湘乡市第五次人口普查显示，0～4岁，男婴比女婴多出4865人；25～29岁，男性比女性少536人；50～54岁，男性比女性多3721人；80～84岁，男性比女性少1545人。数据证明，婴儿性别比相对其他年龄段而言失衡严重。导致这种现象的还是部分人的重男轻女思想，通过孕妇胎儿性别B超鉴定选择妊娠是否继续，尤其是特殊情况或计生政策允许的二胎，堕女胎现象较普遍。以后，政府明令禁止，避免人为造成男女性别比例失衡。

2005年，全市总人口893182人，男性459428人，为51.44%，女性433754人，为48.56%。当年出生人口6457人，男婴3573人，女婴2884人。

1986—2005年湘乡市人口性别构成一览表

表2-3 单位:人

项目／年份	总人数	其中		项目／年份	总人数	其中	
		男	女			男	女
1986	817273	420946	396327	1996	888095	458408	429687
1987	828580	427002	401578	1997	889409	456948	432461
1988	842493	434337	408656	1998	890608	459318	431290
1989	858484	441928	416556	1999	891415	459985	431438
1990	870915	448504	422411	2000	893557	461552	432005
1991	877479	452279	425200	2001	893225	461240	431985
1992	878725	453086	425639	2002	891765	459478	432287
1993	878738	452773	425065	2003	892481	459493	432988
1994	883833	457232	426601	2004	889481	458048	431433
1995	885552	457668	427881	2005	893182	459428	433754

说明：资料来源人口统计报表

二、年龄构成

1990年，湘乡市第四次人口普查资料显示，0～14岁人口为231466人，为总人口的36.84%。2000年，第五次人口普查，0～14岁人口187997人，为总人口的23.28%，比1990年减少43469人，比例下降13.56%。年龄段资料对比显示，湘乡的人口出生状况进入相对低生育水平。

2000年，人均期望寿命，男性提高到70.97岁，女性75.37岁。老少比较上年上升20.84%，10年时间，湘乡的年龄构成由成年型进入老年型。

2005年，18岁以下176754人；18～35岁有238118人，35～60岁为335979人。60岁以上的有142331人，占总人口的15.94%。按照国际通行定义，60岁以上人口超过10%，便可称为老龄化国家或地区。湘乡的人口老龄化现象与经济社会发展状况极不相称。

2005年，湘乡有百岁老人13人，全部居住在农村，生活安定。

2000年湘乡市第五次人口普查0～5岁年龄组性别比一览表

表2-4

年龄组	人口数（人）			性别比
	合计	男性	女性	
0岁以下	9430	5295	4135	128.05
1岁	7856	4442	3414	130.11
2岁	8890	4966	3924	126.55
3岁	8702	4840	3898	123.24
4岁	8409	4569	9840	118.98
5岁	8233	4397	3836	114.62

说明：性别比以女性为100

2000年湘乡市第五次人口普查各年龄组人数一览表

表2-5 单位:人

年龄段	合计	男	女	年龄段	合计	男	女
0～4	43287	24076	19211	50～54	52973	28347	24626
5～9	47243	25168	22075	55～59	36662	20378	16284
10～14	98467	50374	47093	60～64	35018	19548	15434
15～19	54503	29877	24626	65～69	27787	14253	13534
20～24	40987	19983	21004	70～74	22449	10837	11612
25～29	62552	31008	31544	75～79	14775	6547	8228
30～34	87412	42163	45249	80～84	7339	2897	4442
35～39	71095	34183	36912	85～89	2524	833	1690
40～44	42727	21846	20881	90～94	657	197	460
45～49	60148	30890	29258	95～100岁及以上	107	46	61

三、文化构成

1986年，湘乡市教育以全日制教育为主，之后发展职业教育、成人教育等。受各类教育的人群不断增加，人口的文化素质逐步提高。

1990年，大专以上学历有4593人，占总人口的0.5%，高中文化程度67845人，占7.8%，初中文化程度236919人，占27%；小学文化程度379241人，占44%。全市尚有文盲（15岁以上人口调查）51418人。1995年，湘乡市基本普及九年制义务教育。随后，民办教育也得到全面发展，如民办初中、民办高中、民办职业中专等。

2000年，第五次人口普查，大学本科以上学历2417人，占总人口数0.2%；大专文化程度10125人，占1.1%；高中文化86137人，占9.6%；初中31.6965万人，占35.4%；小学31.2163万人，占35%，文盲22692人。文盲中，男性3018人，为13.3%，女性19674人，占86.7%。

随着城市工业化目标的提出与推进，对从业人员的文化素质也提出较高要求。2000年，全市受教育人群达86%，但是高学历人才缺乏，技术人员数量少。2005年，全市行政企事业单位中，专业科学技术人员的比例仅为6%，而且大都集中在教育、卫生行业。按全国统一口径计算，全市每100万人中，大学以上学历人数2992人（与全省持平），远远低于全国3611人的水平。

全市农村劳动力数量多，比重大，2005年达494500人。整体文化素质偏低，部分文化程度高的劳动力外出务工，本土劳动力94% 为初中以下文化程度。

四、职业构成

1986年，湘乡的农业人口占总人口数的90.9%，经济发展模式是以农业为根本。1990年，以15岁以上人口从事的行业看，农林牧渔业劳动者占89.24%。随着经济的发展，尤其是乡镇企业的快速发展，大部分农民已变成农忙时务农，农闲时务工经商，从事其他各业，有的甚至摆脱单纯务农，直接进入二、三产业人群中。湘乡整体的职业构成变化趋于活跃。

1995年，湘乡行政区划大调整，实行撤区并乡建镇，城镇化水平提高。城区、集镇人口增长迅速，市场开放扩大，从事批零、贸易、餐饮、流通的人口急剧增多。各类有特色、有规模的大市场建立，催生大量的个体工商户，带动服务业的发展。

2000年，通过调查15岁以上，男60岁以下，女55岁以下的59835人，其中有工作的44245人，占调查人口的73.95%，无工作人口15590人，占26.05%。从有工作人口从事的行业看，农林牧渔业者占78.87%，比1990年下降了10.37个百分点；从事商贸餐饮业的占4.51%，比1990年上升2.06个百分点；在党政社团组织工作人员略有增加。从职业看，增加最多的是商业服务人员，比1990年增加3.04个百分点；专业技术人员由3.41% 上升到3.8%；办事员由0.81% 上升到1.36%。

2005年，湘乡进入劳动力资源和经济活动人口快速增长期，就业与再就业压力增大。第一产业从业人口呈下降趋势，服务业从业人员持续增加。随着工业化城市目标的提出，二、三产业将成为劳动者的主要行业。

2000年湘乡市抽查从业人员行业职业构成一览表

表2-6

行业构成	人数（人）	比重（%）	职业构成	人数（人）	比重（%）
1.农林牧副渔	34894	78.87	1.国家机关党政组织企事业单位负责人	317	0.72
2.采掘业	119	0.27	2.专业技术人员	1681	3.80
3.制造业	2808	6.35	3.办事人员及有关人员	603	1.36
4.电力、煤气、供水业	150	0.34	4.商业、服务业人员	2776	6.27
5.建筑业	996	2.25	5.农林牧渔水利等生产人员	34858	78.78
6.地质勘探水利管理业	27	0.06	6.生产运输设备操作及有关人员	3910	8.84
7.交通运输仓储邮电业	821	1.86	7.不便分类的其他劳动者	100	0.23
8.批发零售贸易餐饮业	1995	4.51			
9.金融保险业	156	0.35			
10.房地产业	5	0.01			
11.社会服务业	443	1.00			
12.卫生体育社会福利业	366	0.83			
13.教育文学艺术广视业	802	1.81			
14.科学研究和综合技术服务业	9	0.02			
15.党政机关社团组织	533	1.20			
16.其他行业	121	0.27			
合计	44245		合计	44245	

说明：抽查从业人员44245人

五、民族构成

1990年，第四次人口普查，湘乡市有民族22个。随着改革开放的深化，经济活力增强，人口流动频繁。2000年，第五次人口普查，民族有27个。其中，汉族80.6185万人，蒙古族239人，苗族341人，土家族439人，侗族96人，满族83人，回族77人，壮族45人，彝族31人，土族28人，维吾尔族25人，藏族22人，布依族27人，白族21人，瑶族15人，朝鲜族13人，哈尼族4人，傣族4人，高山族3人，黎族2人，佤族2人，塔塔族2人，水族1人，毛南族1人，仡佬族1人，独龙族1人，其他未识别民族10人。

第二章 计划生育

1986年，湘乡人口数量处于一种高增长的状态，人口自然增长率达10.49‰。整个人口数量的急增对就业、交通、教育卫生、社会治安等造成相当大的压力，计划生育、控制人口成为全社会的一项重要任务。1990年，《湖南省计划生育条例》颁布实施，1992年，全市人口出生率骤降为3.24‰，并一直维持这一较低生育水平。在严格控制人口数量的同时，通过推行优生优育，人口质量也得到明显提高，新的生育观逐步深入人心，形成全社会共识。人口管理步入规范化、法治化轨道。

第一节 宣传教育

湘乡农耕人口多，20世纪80年代占总人口的90% 以上，多子多福、重男轻女传统思想根深蒂固，少生优生等一些生育新观念淡薄。人口数量增速很快，人口压力加剧。

1990年，《湖南省计划生育管理条例》颁布实施，强调控制人口增长的必要性与紧迫性，并要求宣传工作必须全方位覆盖。“只准生一个”“男女都一样”这一计生观念与传统的“养儿防老、多子多福”的生育观产生冲突。

1991年，湘乡党政主要领导负总责，专业职能部门归口管理，计划生育机构进一步完善。上至市委计划生育领导小组，下至基层计划生育协会，层层深入，广泛宣传。计生工作人员进村入户，结合湘乡实际，通过算账对比，教育人民群众正确认识人口与土地、人口与粮食、人口与国民经济发展、人口与教育、人口与社会发展的关系。在人民群众中形成一种必须计划生育，切实控制人口数量增长过快的共识。市计划生育局每年印发各类宣传、学习资料10万份左右，内容涉及政策法规、生育保健等。从1995年起，在全市城乡街道、集镇和320国道两旁张贴、悬挂计划生育宣传标语700多块，标语内容趋于理性，比如“少生优生、利国利民”“要想富，少生孩子多种树”等。1997年开始，在《湘乡报》开设计划生育专栏，每月一期。同时，湘乡电视台开辟计划生育专题节目《人之初》(2005年改为“生儿育女”)。1998年，由东方红小学编排的文艺节目《新编计划生育“三字经”》在湘乡电视台播出后，受到人民群众的广泛关注与好评。与此同时，民间的计生宣传时有涌现。1997年，龙洞乡乐昌村农民作家贺显曾，自办《仙女山》报，刊登计生宣传的稿件达600多篇。贺显曾两次被评为“全国婚育新风进万家活动先进个人”。1999年，全市开展“婚育新风进万家”文艺演出活动，以少生优生为题材的大型花鼓戏在全市各乡镇巡回演出。种种贴近生活，为老百姓喜闻乐见的宣传方式逐渐取得好效果。

丰富多彩、形式多样的宣传活动潜移默化地影响着人们。2005年，全市的计生工作氛围进一步良性化，部分群众由原来的抵触转变为理解、接受到主动配合，新的婚育观念基本形成。

第二节 计划生育管理

一、奖励措施

1986年，奖励独生子女户主要是在城区实施，对象一般都是国家公职人员，独生子女百分之九十以上集中在国家公职人员家庭。1998年，奖励独生子女政策开始在农村推行。通过调查摸底、登记造册，逐户进行面对面审核和张榜公布，实施奖励政策，这从某种程度上为降低人口出生率起到一定的作用。2005年，根据湖南省人口计划生育委员会关于《农村部分计划生育家庭奖励扶助政策对象确认条件的政策性解释》精神，确认当年奖励扶助对象为1275人，共发放奖励扶助资金76.5万元。

二、婚育新风

20世纪80年代，湘乡早婚、早育、多子多福等封建思想泛滥。90年代初期，养儿防老思想严重，在农村，如果头胎生个女孩，总还想要生个儿子，传宗接代。90年代中后期，年轻人多以创业为重，自觉提高婚育年龄。1997年8月，市计划生育服务站建立“湘乡市遗传优生检测中心”，检测内容包括人体外抽血染色体检测：TORCHC弓形体、风疹病毒、巨细胞病毒、单纯疱病毒及乙肝表面抗原检测等，至2005年年底，累计检测人数58386人次。经检测，不宜怀孕或暂不宜怀孕对象有4554人，占总数的7.8%。

三、机构队伍

1986—1987年，湘乡无专门的计生服务机构，避孕等手术一般在镇区医院或其他卫生院进行。1988年，湘乡市计划生育服务站成立，承担全市计划生育服务、宣传教育、技术培训、药具管理等工作职能。1992年，全市49个乡镇街道均建立计生服务站，1996年合并为22个。1998年，经湘潭市计生委验收，省计生委抽检，都达到“甲级”服务站标准。

第三编 经济综述

第一章 经济结构

第一节 产业结构

1986年，全市第一产业增加值为2.35亿元，第二产业增加值为7169万元，第三产业增加值为4005万元。产业的结构比例为76.6：17.8：5.6。从1987年开始，全市开展产业结构调整，积极发展乡镇企业和民营企业。至1990年，全市完成国内生产总值6.7亿元。其中，第一产业占4.25亿元，第二产业占1.26亿元，第三产业占1.19亿元。产业结构之比为63.34：18.87：17.78。1991年起，工业、建筑业、商贸业的改革进一步深化，民营经济快速发展，至1995年，全市完成国内生产总值22.72亿元。其中，第一产业完成10.47亿元，第二产业完成4.93亿元，第三产业完成7.32亿元，产业结构比例为46.1：21.7：32.2。1996年开始，民营经济迅猛发展，尤其是皮革、建材、铸管、饲料、分割肉等生产经营初步形成规模。至2000年，全市完成国内生产总值34.51亿元。其中第一产业12.38亿元，第二产业8.79亿元，第三产业13.34亿元。产业结构比例为35.9：25.5：38.6。2001年以后，全市实施“工业强市，开放富市”战略，大力发展民营经济。至2005年，全市完成国内生产总值67.15亿元。其中，第一产业20.95亿元，第二产业20.35亿元，第三产业25.85亿元。产业结构比例为31.2：30.3：38.5。

湘乡市部分年份三次产业内部各业统计表

表3-1

指标名称＼年份	2000		2001		2002		2003		2004		2005	
	增加值（万元）	增长比例（%）	增加值（万元）	增长比例（%）	增加值（万元）	增长比例（%）	增加值（万元）	增长比例（%）	增加值（万元）	增长比例（%）	增加值（万元）	增长比例（%）
第一产业（农业）	123767	-0.66	129814	4.00	133554	3.80	143818	5.10	190209	8.80	209844	5.60
第二产业	87929	14.50	98415	11.70	107949	10.30	128142	14.90	165775	15.70	203417	14.20
工业	69617	—	78162	12.50	85050	9.50	102697	15.70	130435	12.60	159919	18.70
建筑业	18312	—	20253	9.40	22899	12.60	25445	12.60	35340	24.20	43498	18.00
第三产业	133381	16.95	151839	12.20	166271	10.10	186658	12.70	222879	12.20	258233	12.80
交通运输、仓储和邮政业	28990	—	33799	13.30	36824	11.00	39190	11.00	48943	14.70	56945	13.80
批发零售贸易餐饮业	31931	—	36078	13.10	39202	7.80	43100	10.60	48093	7.90	54407	10.60
金融保险业	7103	—	8161	5.90	8825	17.20	9248	4.70	10020	3.50	10763	4.50
房地产业	15815	—	18696	16.70	19867	6.70	21280	6.30	23823	4.30	26774	7.80
其他服务业	49543	—	55105	10.30	61553	11.30	73840	18.30	92000	14.10	109344	15.60

第二节 所有制结构

一、农业所有制结构

1986年以来，农村继续坚持土地集体所有制，稳定以家庭联产承包为主、集体经营为辅的统分结合的双层经营体制。耕地实行分户承包。集体林场、果园、水塘等，有的实行一户承包，有的采取几户联合承包。对一家一户难以解决的农田水利建设、道路建设、抗灾、病虫预报等，则统一进行组织和管理，发挥集体统一经营的优势。随着承包责任制的完善，以及农业生产条件的改善，农村出现大量的剩余劳动力，外出打工以及迁移城镇的农民逐年增多。全家外出的则将土地转给别人耕种，并由耕种者代交农业税等费用，或耕种者只耕种土地不负担应承担的费用。2001年，全市有偿转包耕地5041户，15689亩，无偿转包耕地4074户，13273亩。至2005年，全市新增农村土地流转户3650户，新增土地流转面积9400亩。

二、工业所有制结构

1986年，全市工业企业1957家。其中，国有企业36家，集体所有制企业713家，民营企业1208家。工业总产值4.73亿元，其中，国有企业3.6亿元，占76.04%；集体企业1.03亿元，占21.82%；民营企业1012万元，占2.14%。1987年起，国有企业保持相对稳定，集体企业和民营企业陆续增加。至1992年，全市有工业企业3493家。其中，国有企业34家，集体企业786家，民营企业2673家。当年，工业总产值12.46亿元，其中，国有企业8.39亿元，占67.34%；集体企业3.29亿元，占26.4%；民营企业7800万元，占6.26%。

1993年以后，贯彻中共中央《关于建立社会主义市场经济若干问题的决定》，工业企业体制改革逐步推进，民营企业迅猛发展。到1998年，全市有工业企业5098家。其中，国有企业18家，集体企业297家，民营企业4783家。工业总产值53.40亿元。其中，国有企业12.62亿元，占23.64%；集体企业14.88亿元，占27.87%；民营企业25.89亿元，占48.49%。

1999年起，贯彻中共中央《关于国有企业改革和发展若干重大问题的决定》和市委、市政府《关于国有集体企业改革实施方案》，全市进行产权制度改革。至2005年，全市工业企业共有4560家。其中，国有及国有控股企业6家，集体企业67家，民营企业4486家，外商投资企业1家。工业总产值69.58亿元。其中，国有企业13.29亿元，占19.1%；集体企业3.58亿元，占5.15%；民营企业51.74亿元，占74.36%；外资企业9700万元，占1.39%。

三、商业所有制结构

1986年，全市商业所有制结构以国营和集体为主，呈现国营、集体、民营三者并存的格局。全市实现商品零售额2.04亿元。其中，国营商业完成6155万元，占30.1%；集体商业完成8234万元，占40.3%；民营商业完成6037万元，占29.6%。1987年以后，流通体制改革在计划经济与市场经济相结合理论的指导下稳步推进，国家除事关国计民生的重要商品实行计划调控外，大量商品价格放开，商品经营全面推向市场。至1992年，全市实现商品零售总额4.06亿元。其中，国营商业完成1.01亿元，占24.9%；集体商业完成1.03亿元，占25.35%；民营商业完成2.02亿元，比重提高到49.75%。1993年以后，粮油价格和经营全面放开。国营商业、集体商业的比重逐年下降，民营商业逐渐壮大。至1998年，全市实现商品零售总额11.84亿元。其中，国营商业完成1.29亿元，占10.9%；集体商业完成1.59亿元，占13.43%；民营商业完成8.96亿元，占75.67%。国营、集体商业一统天下的局面发生根本性改变。2000年起，市委、市政府下发《关于深化国有集体企业改革若干问题的规定》，商贸企业改革改制工作全面启动。至2005年，全市实现商品零售总额22.05亿元。其中，国有集体商业完成7868万元，占3.6%；民营商业完成21.26亿元，占96.4%。国营、集体商业基本上退出市场。

第三节 劳动力结构

一、劳动力产业分布

1985年，全市拥有农村劳动力34.58万人，占总人口的42.7%，企业在职职工44238人，占总人口的5.5%，城镇个体经营劳动者9765人，占总人口的1.2%。农村劳动力主要从事农林牧副渔业生产，而投入第二、三产业的劳动力不多。1986年开始，全市开展产业结构调整，从事第二、三产业的劳动力陆续增加，但从事第一产业的劳动力仍然占很大比重。至1990年，全市共有劳动力464808人。

其中，从事第一产业的劳动力381233人，占82%；从事第二产业的劳动力46008人，占9.9%；从事第三产业的劳动力37567人，占8%。1991年起，工业、建筑业、商贸业等行业的改革不断深化，个体私营经济迅速发展，农村剩余劳动力外出打工，向第二产业、第三产业大量转移。至2002年，湘乡18.6万城镇人口，有30% 左右来源于农村人口。

全市劳动力50.0794万人。其中从事第一产业的372400人，占72.9%；从事第二产业的49638人，占9.7%；外出打工从事第三产业的78756人，占16.4%。2003年开始，民营企业继续发展，农村剩余劳动力出外打工出现高潮。至2005年，全市城乡劳动力494500人。其中，从事第一产业的劳动力332500人，占67.24%；从事第二产业的劳动力57185人，占11.56%；从事第三产业的劳动力104815人，占21.19%。

二、企业职工性质

1985年，全市企业在职职工为54003人。其中，国营单位职工31359人，占职工总数的58%；集体单位职工12879人，占职工总数的23.85%；城镇民营劳动者9765人，占职工总数的18%。1986年开始，产业结构和企业所有制结构逐步发生变化，企业职工的属性也发生变化。至1990年，全市企业在职职工56259人。其中，国营单位职工32420人，占职工总数的57.62%；集体单位职工13588人，占职工总数的24.15%；民营企业职工10251人，占18.2%。1991年开始，经济体制改革不断深化，民营企业迅速发展。至1998年，全市企业职工90827人。其中，国营单位职工29646人，占32.6%；集体单位职工17012人，占18.7%；民营企业职工44169人，占48.6%。1999年起，贯彻中央《关于国有企业改革和发展若干重大问题的决定》和市委、市政府《关于国有集体企业改革实施方案》，进行产权制度改革。至2005年，全市有11家国有企业、14家集体企业和全部乡镇企业完成改制，国营、集体职工实施身份置换，企业在职职工实有64452人。其中，国有单位职工15101人，占职工总数的24.4%；集体单位职工3834人，占职工总数的5.9%；民营企业职工45517人，占职工总数的70.6%。

三、劳动力文化技术素质

20世纪70年代、80年代，企业招工限于历史条件，对文化技术的要求不高。从80年代后期开始，企业招工要求对象至少具有初中以上文化，并经过中等职业技术学校的培训。同时，各个企业对在职职工的业务技术训练普遍重视。到90年代，企业职工基本上实现由“体力型”向“职能技能型”的转变。

在农村，随着教育事业的发展和科学技术的普及，农村劳动力的素质亦有很大提高。据对100户农民的定点调查：1985年，100户农民家庭中有整、半劳动力288人。其中，属文盲、半文盲19人，小学文化的129人，初中文化的113人，高中文化的25人，中专文化的2人。2004年，100户农民家庭中有整、半劳动力335人。其中，属文盲、半文盲的3人，有小学文化的78人，初中文化的182人，高中文化的62人，中专文化的7人，大专以上文化3人。文盲、半文盲和小学文化的比例由1985年的51.39% 降至24.18%，初中文化程度比例由39.24% 上升至54.33%，高中和高中以上文化程度比例由9.38% 上升到21.49%。

湘乡市部分年份劳动力结构统计表

表3-2

指标名称 / 年份	农村劳动力（万人）	比重（%）	企业在职职工						非公有经济从业人员（人）	比重（%）
			总数（人）	比重（%）	其中：①国有单位（人）	比重（%）	②集体单位（人）	比重（%）		
1985	34.58	42.70	44238	5.50	31359	3.90	12879	1.60	9765	1.20
1990	41.88	48.10	46008	5.30	32420	3.70	13588	1.60	—	—
1995	43.52	49.10	50859	5.70	36701	4.10	14148	1.60	—	—
1998	45.12	50.70	46658	5.20	29646	3.30	17012	1.90	—	—
2005	49.45	55.60	18935	2.13	15101	1.70	3834	0.43	162000	18.20

第四节 投资与消费结构

一、投资结构

“七五”期间，投资的主体是国有经济和集体经济。全市累计完成城镇以上固定资产投资4.03亿元。其中，国有经济投资3.93亿元，占投资总额的98%；集体经济投资981万元，占投资总额的2%。“八五”开始，固定资产投资以国有经济、集体经济为主，民营经济的投入逐步增加。“八五”期间，全市累计完成城镇以上固定资产投资7.52亿元。其中，国有经济投资6.35亿元，占投资总额的84.45%；集体经济投资1.1亿元，占投资总额的14.67%；民营经济投资664万元，占投资总额的0.88%。“九五”期间，全市累计完成城镇以上固定资产投资16.88亿元。其中，国有经济投资15.84亿元，占投资总额的93.84%；集体经济投资8842万元，占5.24%；民营经济投资1552万元，占0.92%。至“十五”时期，民营经济的投资显著增加。此期间，全市累计完成城镇以上固定资产投资30.66亿元（因统计口径发生变化，2001—2004年未对投资主体进行分项统计）。2005年，全市完成城镇以上固定资产投资10.28亿元。其中，国有经济投资3.28亿元，占投资总额的31.95%；集体经济投资550万元，占0.54%；民营经济及外资企业投资6.9406亿元，占67.51%。

二、消费结构

随着国民经济与社会的快速发展，人民群众生活水平不断提高，社会消费规模增大，消费结构亦发生变化。国有、集体经济消费比例下降，民营经济消费比例上升；食品、衣着等日常生活性消费比重下降，房产、医疗、教育、文化、娱乐等消费比例上升。1986年，全市实现社会消费品零售总额2.0426亿元。其中，国有经济消费零售占30.1%，集体经济消费零售占40.3%，民营经济消费零售占29.6%。2005年，全市社会消费品零售总额达22.0458亿元，比1986年增长9.8倍。其中，国有经济消费零售8323万元，占3.8%，比1986年下降26.3个百分点；集体经济消费零售4.0189亿元，占18.2%，比1986年下降22.1个百分点；民营经济消费零售17.1946亿元，占78%，比1986年上升48.4个百分点。

湘乡市部分年份固定资产投资统计表

表3-3 单位:万元

指标名称 \ 年份	1986	1987	1988	1989	1990	1991	1992	1993	1994	1995	1996	1997	1998	1999	2000	2005
一、固定资产投资额	6358	8279	8126	7961	9514	7495	9401	18292	10027	24844	64168	23349	27582	39996	32431	102717
(一)按经济类型分	—	—	—	—	—	—	—	—	—	—	—	—	—	—	—	—
国有经济	6184	8153	7874	7868	9178	6932	7590	16101	9026	23863	62314	20610	26009	—	—	32761
集体经济	174	126	252	93	336	563	1811	1888	883	738	1483	2639	1573	—	—	550
其他经济	—	—	—	—	—	—	—	303	118	243	371	—	—	—	—	69406
(二)按建设类型分	—	—	—	—	—	—	—	—	—	—	—	—	—	—	—	—
国有基本建设	4745	3780	3210	1086	1228	2173	3603	9802	5563	7115	7773	6194	10706	11255	7707	—
国有更新改造	1405	4272	4517	6723	7874	3867	2577	5606	2822	14630	52277	9186	11006	14425	10848	—
国有其他投资	—	—	—	—	—	410	80	130	—	2038	2264	4355	2949	2105	3129	—
房地产开发	—	—	—	—	—	286	618	411	370	323	371	875	1348	1100	747	—
城镇集体投资	174	126	252	93	336	563	1811	1888	883	738	1483	2639	1573	—	—	—
零星建筑购置	34	101	147	59	76	196	711	455	389	—	—	—	—	—	—	—
二、本年新增固定资产	3552	8765	7748	3155	9567	10310	7272	19664	6951	11953	20542	68246	17461	36478	20968	37737

说明：1. 因统计口径发生变化，1998年后的固定资产投资未进行相应细化，相关数据缺失；

2. 2001—2004年固定资产投资总额分别为34817万元、38419万元、56027万元和74667万元

湘乡市部分年份全社会消费品零售统计表

表3-4 单位:万元

年份 \ 指标名称	全社会消费品零售总额	其中:(1)国有经济部门零售额	比重(%)	(2)集体经济部门零售额	比重(%)	(3)个体、私营经济部门零售额	比重(%)
1986	20426	6155	30.10	8234	40.30	6037	29.60
1987	24772	8174	33.00	7900	31.90	8698	35.10
1988	31037	8539	27.50	10094	32.50	12404	40.00
1989	33249	7548	22.70	10492	31.60	15209	45.70
1990	32323	7770	24.00	9122	28.20	15431	47.70
1991	36221	10132	28.00	9264	25.60	16827	46.50
1992	40629	10125	4.90	10291	25.30	20213	49.80
1993	50646	14587	28.80	11957	28.60	24102	47.60
1994	66239	14561	22.00	19751	29.80	36561	55.20
1995	97393	18692	19.20	30260	31.10	48441	49.70
1996	101439	17223	27.00	28562	28.20	55654	54.90
1997	110765	14867	13.40	24323	22.00	71575	64.60
1998	118322	12863	10.90	15895	13.40	89564	75.70
2005	220458	8323	3.80	40189	18.20	171946	78.00

说明：1. 因统计口径发生变化，1998年后的全社会消费品零售总额未进行相应细化，相关数据缺失；

2. 1999—2004年零售总额分别为125424万元、137966万元、154621万元、171674万元、173275万元和194054万元

第二章 速度和效益

第一节 发展速度

1986年开始，执行第七个五年计划。全市发展国民经济坚持以农业为基础，在农村全面推行家庭联产承包责任制，综合开发农业，调整农业结构，加强农业基础设施建设，发展乡镇企业，促进农村经济发展。工业全面贯彻《全民所有制工业企业转换经营机制条例》，普遍推行承包经营责任制。商业推行经营、价格、用工、分配“四放开”的改革，全面实行承包经营和合同化管理。至1990年，全市粮食产量增到50.01万吨，比1986年增加4.51万吨，增长9.9%，年递增2.4%；生猪出栏增到80.3万头，比1986年增加18.43万头，增长29.8%，年递增6.7%。全市社会消费品零售总额达3.23亿元，比1986年增加1.19亿元，增长58.2%，年递增12.2%。全市完成固定资产投资9514万元，比1986年增加3156万元，增长49.6%，年均递增10.6%。全市国内生产总值6.7亿元，比1986年增长21.3%，年递增4.9%；农业总产值6.83亿元，增长18.2%，年递增3.4%；工业总产值9.88亿元，增长36.1%，年均递增8%。

1991年，湘乡被列入全省吨粮田建设县市。从当年开始，全市以开展农村社会主义思想教育为契机，加快村级经济平衡发展，消灭企业空白村，开展优质稻、瘦肉型猪等基地建设。工业贯彻中央“抓大放小”政策和市委、市政府关于“强工富市，工业带动”战略，大力开展资产和劳力优化组合，挖掘工业增产潜力。至1995年，全市粮食产量增至53.1万吨，比1990年增加3.09万吨，增长6.2%，年递增1.2%，提前一年实现吨粮市，成为全国商品粮基地及全国500个产粮大县（市）之一；生猪出栏128.5万头，比1990年增加48.2万头，增长60%，年递增9.9%，跻身全国生猪生产百强县（市），成为全国生猪生产基地和瘦肉型猪生产基地。全市消费品零售总额达7.84亿元，比1990年增加4.61亿元，增长142.6%，年递增19.4%。全市完成固定资产投资2.48亿元，比1990年增加1.5亿元，增长161.1%，年递增32%。全市国内生产总值22.72亿元，比1990年增长81.5%，年递增12.7%；农业总产值16.77亿元，增长24.1%，年均递增4.4%；工业总产值29.24亿元，增长102.3%，年均递增15.1%。

1996年开始，执行“九五”计划。其间，全市加强农田水利基本建设，吨粮田面积扩大到52万余亩。工业、商业及其他行业，进行体制改革，加强以提高经济效益为中心的企业管理。至2000年，全市粮食产量为50.85万吨，比1995年减少2.25万吨，减少4.2%；生猪出栏146.5万头，比1995年增加18万头，增长14%，年递增2.7%；林业生产获“全国造林绿化百佳县（市）”。2000年，全市社会消费品零售总额达13.8亿元，比1995年增加5.95亿元，增长75.9%，年均递增12%。其间，进行市域工贸新区建设，全市完成固定资产投资3.24亿元，比1995年增加7587万元，增长30%，年均递增5%。全市国内生产总值34.51亿元，比1995年增长74.2%，年均递增11.7%；农业总产值19.34亿元，增长21.5%，年均递增4%；工业总产值36.01亿元，增长113.4%，年均递增16.4%。

2001年开始，市委、市政府先后出台《农业产业化经营的优惠政策和奖励办法》等文件，推进农业产业化进程。工业出台《国有集体企业改革实施方案》，加快产权制度改革。至2005年，全市先后有12家国有企业、14家市属集体企业和全部乡镇村企业完成产权改制，民营企业增加到4486家。粮食产量增至56.2万吨，比2000年增加5.35万吨，增长10.5%，年递增2%；生猪出栏195.9万头，比2000年增长33.7%，年递增6%，再次获得“湖南省生猪养殖先进县（市）”和“全国生猪生产百强县（市）”称号。全市社会消费品零售总额达22.05亿元，比2000年增加8.25亿元，增长59.8%，年递增9.8%。东郊皮革产业区建成投入使用。全市完成固定资产投资10.27亿元，比2000年增加7.03亿元，增长2倍多，年均递增40%。全市国内生产总值67.15亿元，比2000年增长64.7%，年均递增10.5%；农业总产值34.38亿元，增长30.4%，年均递增5.4%；工业总产值69.57亿元，增长90.5%，年均递增13.8%。

1986—2005年湘乡市国内生产总值分年统计表

表3-5

指标名称 年份	国内生产总值(GDP)（万元）	增长比例（%）	第一产业（万元）	增长比例（%）	第二产业（万元）	增长比例（%）	第三产业（万元）	增长比例（%）
1986	34712	3.60	23538	2.40	7169	3.90	4005	7.10
1987	41551	8.60	27394	4.60	8664	12.20	5493	14.80
1988	48719	0.80	33028	-4.60	9561	-3.40	6130	26.10
1989	55881	6.00	37929	2.60	11068	19.20	6884	-6.20
1990	67012	4.50	42450	5.80	12647	3.10	11915	4.10
1991	70651	7.90	44380	4.50	12996	-2.90	13275	37.50
1992	82852	5.80	52495	3.90	13810	3.80	16547	12.30
1993	104239	15.40	55471	3.40	21119	32.90	24738	15.30
1994	196674	19.30	89439	8.10	34027	33.00	73208	18.10
1995	227158	15.50	104698	5.80	49298	24.90	73162	14.80
1996	262935	16.60	132049	7.80	51341	20.90	79454	21.30
1997	300429	13.60	144055	7.40	62363	19.00	94011	11.60
1998	315450	11.20	131662	1.20	75719	18.30	108069	9.90
1999	325544	8.10	123771	1.60	82765	9.80	119008	14.90
2000	345077	9.40	123767	4.40	87929	14.50	133381	11.10
2001	380068	9.10	129814	4.00	98415	11.70	151839	12.20
2002	407774	8.00	133554	3.80	107949	10.30	166271	10.10
2003	458618	10.80	143818	5.10	128142	14.90	186658	12.70
2004	578863	12.10	190209	8.80	165775	15.70	222879	12.20
2005	671494	12.50	209844	6.50	203417	18.60	258233	12.80

第二节 经济效益

随着经济的不断发展，经济效益不断提高。1986年，全市人均国内生产总值为637元，至1990年，增加到775元，增长21.7%。市财政收入，1986年为4585万元，至1990年增加到6275万元，增长36.9%，年递增8.2%。农民人均纯收入，1986年为482元，1990年增加到753元，增长56.2%，年均增长11.8%。

1991年以后，经济效益尤其显著。1995年，全市人均国内生产总值达2568元，比1990年的775元，增长231.3%。市财政收入达9257万元，比1990年的6275万元，增长47.5%，年递增8.1%。农民纯收入达1610元，比1990年的753元，增长113.8%，年均递增16.4%。

1995年至2000年，效益指数稳步增长。2000年，全市人均国内生产总值为3866元，比1995年的2568元，增长50.5%。市财政收入为1.7861亿元，比1995年的9257万元，增长92.9%，年递增14%。农民纯收入为2508元，比1995年的1610元增长55.8%，年递增9.3%。

2000年以后，经济效益继续提高。至2005年，全市人均国内生产总值由2000年的3866元增至7866元，增长103.5%。市财政收入由2000年的1.79亿元增至3.45亿元，增长93.4%，年递增14.1%。农民纯收入由2000年的2508元增至3807元，增长51.8%，年递增8.7%。

第三章 居民生活

第一节 收入

一、农民收入

1986年，全市农民人均可支配收入482元。因湘乡农村经济属粮猪型，产品结构单一，农业生产效益不高。至1991年，全市农业总产值（按当年价格计算）仅为6.828亿元，农民可支配收入人均802元。1991年以后，国家推行全方位的改革开放，连续多次提高农产品收购价格。农村劳动力流动就业增多，乡镇企业通过治理整顿出现新的发展。至1996年，农业总产值增加到13.2049亿元，农民人均可支配收入达到1049元，年均增长8.89%。1997年以后，由于制约农村经济发展的问题没有根本解决，农产品商品化程度低，价格下跌，加上不合理的负担重，以及生产成本过高，当年人均收入1119元，增幅比上年回落4.27个百分点；次年，人均可支配收入1123元，仅增长0.6%；1999年，人均可支配收入1109元，出现负增长。2000年以后，国家出台一系列支持农民增收的重大政策：2002年起，取消乡统筹、村提留等摊派；2003年开始，国家实行粮食直补和良种补贴、农机补贴；2005年起，取消几千年传承的农业税，农民的收入连续增长。2005年，全市农民人均可支配收入达3807元，比2000年增长51.86%，年均增长8.7%。

二、城镇居民收入

1986年之前，城镇居民的生活来源主要靠工资收入。当年，全市城镇职工年平均工资为1217元。1987年开始，湘乡县改市，城区面积拓宽，城市人口增加，其收入来源，除了工资之外，逐渐引入和增加了经商、办厂等经营性、服务性收入。1990年，全市城镇居民年均收入增加到2119元，比1986年增长74.1%。1991年开始，民营经济迅猛发展，城镇居民经营性收入不断增加。1995年城镇居民年收入达5773元，比1990年增长172.4%。2000年，达8751元，比1995年增长51.58%。2000年以后，企业进行改制，不少职工下岗，就业困难，使居民收入一度减少。市委、市政府采取措施，当年在全市实行城镇居民最低生活保障制度，并采取安置和鼓励自谋职业相结合的办法帮助下岗职工再就业。2005年，全市城镇人口登记失业人数的失业率为3.9%，城镇有10588人享受最低生活保障。居民人均年收入达13883元，比2000年增加5132元，增长58.6%。

第二节 消费

1986年，全市农民人均生活消费385元，城镇居民人均消费1250元。此后，随着收入的逐年增加，消费支出不断上升。1990年，全市农民人均消费644元，城镇居民人均消费2112元，比1986年分别增长67.2% 和68.9%。1991年评估显示，全市温饱问题基本解决，居民生活开始由温饱型向小康型转变。1995年，全市农民人均消费1655元，城镇居民人均消费3200元，比1990年分别增长156.9% 和51.5%。1996年起，小康建设稳步推进，人民生活水平逐步提高。2000年，全市农民人均消费2088元，城镇居民人均消费4251元，比1995年分别增长26.1% 和32.84%。2000年以后，人民的生活进一步改善。2005年，全市农民人均消费3460元，城镇居民人均消费7157元，比2000年分别增长65.7% 和68.3%。

一、食品消费

1986年，农村居民食品消费支出占生活消费支出的59.48%，城镇居民的食品消费支出占生活消费支出的38.6%。食品消费最主要的是大米。当年，农村人均消费318公斤。城镇人口仍实行定量供应，每人每月消费10～20公斤不等。20世纪80年代末，城镇居民粮食定量供应的制度被取消，居民的主食也不再是单一的大米，面粉、豆类食品的消费逐年上升。进入90年代，人们对吃喝更加讲究。菜肴虽习惯于肉蛋鱼禽，但注重营养，注重搭配，并追求低脂低糖食品，植物油的食用量逐年增加。进入21世纪以后，绿色食品盛行，食品结构发生新的变化。2005年，全市农民人均消费粮食271公斤，比1986年减少47公斤，减少14.7%。禽蛋消费人均达11公斤，比1986年增加7公斤，增加2.75倍。农村居民食品消费支出的比重由1986年的59.48% 下降到46.36%，下降13.12个百分点。城镇居民的食品消费比重下降到31.5%，下降7.1个百分点。

二、穿着消费

20世纪80年代，农民着装告别“新三年，旧三年，缝缝补补又三年”的历史，逐步重视穿戴，但多为蓝、黑、白色，色彩单调，价格低廉。90年代开始，农民着装由购买布料自己缝制转为直接购买成衣，并注重美观、舒适、款式大方。城镇居民着装则更为讲究，特别是青年男女、白领阶层，购买衣服注重品牌，追求质量、讲究款式。进入21世纪以后，人们普遍重视着装的舒适与保健，棉、麻类衣物十分畅销。2005年，城镇居民衣着消费人均753元，比2000年增加282元。

三、住房消费

1986年，农村人均居住面积29.21平方米，城镇居民人均居住面积为10.96平方米。其房屋一般都比较矮小、狭窄、潮湿、黑暗，三代人合居较为普遍。1986年以后，农民的住房经历了一个由土砖茅房到土砖瓦房再到红砖瓦房、红砖楼房的换代过程。进入20世纪90年代后，农户大部分建起红墙白壁、宽敞明亮的楼房。城镇居民的居住状况亦大为改观。90年代开始，市委、市政府先后实施“安居工程”“民心工程”“旧城改造工程”及住房改制，城镇居民住房问题基本得到解决。2005年，全市城镇居民人均居住面积达到33.43平方米，超出全省城镇平均水平7.43平方米。住房私有率为95%。农村人均居住面积达到45平方米，人均年末使用房屋价值9439元，93% 的农户建有楼房。

四、家用设施消费

20世纪80年代流行单车、手表、缝纫机“老三件”。到90年代，“老三件”被电视机、摩托车、洗衣机“新三件”所取代。进入21世纪以后，摩托车、电话机、手机迅速普及，空调、冰箱、家庭影院进入千家万户。2004年调查统计，130户农户中，拥有黑白电视机65台、彩电75台、摩托车50辆、电话机76部、移动电话26部、洗衣机38台、电冰箱15台、自行车185辆、电风扇394部、影碟机21台、组合音响9件、大型家具569件。城镇家庭设施则更加高档、齐全。

五、交通通信消费

20世纪80年代，城乡家庭的交通工具主要是自行车，极少有家庭电话，人们外出旅行或办事除了远道乘坐汽车、火车之外，近道主要靠骑自行车或步行，交通消费支出不多。进入90年代以后，城乡家庭的交通工具向摩托化方向发展，电话机、手机也渐渐多起来。1997年，湘乡城区向周围郊区辐射开通8路公交车。随之，私营出租车、“的士”大量出现，人们外出旅行或办事，不仅更加方便，而且交通消费也日益增多。2005年调查统计，130户农户中拥有摩托车50辆，户均拥有率为38.4%；城市百户居民中有摩托车38辆、汽车6辆，摩托车和汽车户均拥有率分别为38% 和6%。当年，城镇居民交通通信消费人均776.4元，比2000年增加390.4元。

六、医疗保健消费

20世纪80年代，人们重视医疗，而不大重视保健。进入90年代以后，各类健身器材、保健器材和滋补药品迅速进入居民家庭，使医药保健消费支出迅速增长。2000年，湘乡城镇居民家庭人均保健支出218元，2005年增加到515元，增长1.3倍。农民的保健消费也有很大增长。但是，在医疗保健消费增长的同时，也存在着人们看病难买药难的情况。据调查，城镇有40% 左右的居民难以承担昂贵的医药、住院费用。农村居民看不起病、吃不起药的情况则更为突出。

七、教育文化娱乐消费

20世纪80年代，教育收费标准不高，城乡居民文化娱乐消费支出不多。进入90年代以后，教育文化娱乐消费逐渐增加。从1995年开始，初中、高中、大学均出现择校就读，初中择校费为5000～6000元，大学择校费3万元～5万元。据核算，城乡居民供一个子女读完3年高中需支付费用10340元，读完四年制大学需支付费用52860元。城镇居民中有30% 的家庭为供养孩子读完大学而感到困难。农村中为此感到困难的则有60% 的家庭。2000年，城镇居民对教育文化的支出人均为536元。2005年，达到1097元，增长105%。在教育文化娱乐消费中，教育支出占77%。

八、旅游消费

20世纪80年代、90年代，人们出外旅游不大盛行。进入21世纪以后，出外旅行的人陆续增多，旅游消费逐渐上升。据2005年调查，当年城镇居民旅游消费人均860元，比2000年增长40%，出外旅游的人数比2000年增长47%。

1986—2005年湘乡市农村居民生活有关数据统计

表3-6

耐用消费品名称	计量单位	2000年	2001年	2002年	2003年	2004年	2005年
家用汽车	辆/百户	—	—	—	2	—	6
摩托车	辆/百户	28	30	22	22	28	38
洗衣机	台/百户	104	104	97	102	102	100
电冰箱	台/百户	92	92	82	86	90	92
彩电	台/百户	118	130	111	125	130	140
录放像机	台/百户	22	22	10	12	10	12
家用电脑	台/百户	10	10	15	16	24	36
照相机	架/百户	38	36	39	40	34	44
微波炉	台/百户	16	22	16	19	24	42
空调	台/百户	34	44	38	46	62	114
移动电话	部/百户	56	94	88	101	112	168
普通电话	部/百户	82	96	97	98	108	76

湘乡市部分年份城市居民收支情况统计表

表3-7

收支情况		2000年	2001年	2002年	2003年	2004年	2005年
人均住房面积	平方米	22.09	25.57	28.71	28.81	29.27	33.43
家庭平均人数	人	3.22	3.22	3.12	3.12	2.88	2.89
其中有收入人数	人	2.26	2.22	2.13	2.15	1.98	2.14
家庭可支配收入	元/人	6149	6556	7111	7481	8279	9175
家庭总支出	元/人	5958	7536	7555	7486	9922	10767
其中:食品支出	元/人	1848	1772	1702	1939	2300	2253
衣着支出	元/人	471	464	481	494	588	753
医疗保健支出	元/人	218	229	471	364	377	515
交通通信支出	元/人	301	466	480	465	546	776
教育文化娱乐支出	元/人	536	766	891	837	976	1097
银行储蓄款	元/人	601	1217	912	810	1357	1189

第四编 经济管理

第一章 计划

第一节 体制与管理机构

一、计划体制

1986年，湘乡处于全面实行计划经济的阶段。对经济的管理，每年由计划部门编制经济社会发展计划，次年向人民代表大会报告计划的执行情况。工业生产、物资供应和产品销售等均由计划部门年初下达计划指标。产品按计划实行调拨，主要物资分别由计划、农业、财贸等部门按计划分配。

1987年10月，中共十三大明确提出要运用计划调节和市场调节两种手段，逐步建立“国家调节市场，市场引导企业”的机制。此后，国民经济和社会发展的宏观调控体制发生重大转变。计划部门按照发展有计划的商品经济的要求，减少生产领域指令性计划的制订和发布，对企业逐步下放计划管理权限，增加指导性计划，集中精力抓好中、长期计划编制和产业政策的调整。对物资的管理则摒弃按行政区域、隶属关系的纵向分配、调拨、供应体制，对主要物资市场逐步放开，实行双轨制流通管理。

1993年11月，中共中央作出《关于建立社会主义市场经济若干问题的决定》。此后，根据市场经济体制的要求，计划部门的主要职能逐步转向制定和实施战略规划，协调政府运用法律和行政手段搞好宏观调控，加强基础设施建设，为经济社会发展创造良好环境。对国民经济和社会发展计划只确定主要指标。除大中专毕业生分配、城镇退伍军人安置外，不再下达指令性计划。下达的指导性计划均由各部门、各单位以市场为导向，自行安排生产。

“十五”期间，全市计划部门的工作重点进一步由下达指标向研究市情、制定市域经济社会发展战略的方向转变，着重制定经济社会发展规划，把握经济社会发展的总量平衡，争取立项投资，组织项目实施。致力于限制发展不符合国家产业结构政策或效益低下的建设项目，积极引导鼓励符合国家产业政策及具有地区优势的产业发展；制定投资计划，保持固定资产投资较快、健康增长，确保生产消费的基本平衡。

二、管理机构

1986年，县政府设立计划委员会，具体负责全县计划管理。1987年湘乡县改市，县计划委员会更名为市计划委员会。1993年，市政府精简工作机构，市计划委员会与市物价局合并为市计划物价局。1997年，市计划物价局又分设为市计划委员会和市物价局。2005年，市计划委员会更名为发展计划局，后来又更名为市发展和改革局。

第二节 计划编制与执行

一、“七五”计划（1986—1990年）

（一）指导思想

《中共中央关于制定国民经济和社会发展七个五年计划的建议（草案）》，提出“七五”期间的三大任务：一是为经济体制的改革创造良好的经济环境和社会环境，使改革顺利展开，基本上奠定新的经济体制的基础；二是加强重点建设、技术改造和智力开发，在物质技术条件方面为九十年代经济和社会的继续发展做好必要的后继准备；三是使人民生活继续有所改善。

（二）主要目标

“七五”期间，全市工业产值年均递增8%，农业产值年均递增6%，工农业总产值年均递增7%左右。按照这个速度，到1989年，实现工农业总产值翻一番。至1990年，主要工农业产品中粮食产量达到50万吨，生猪160万头，水泥产量达20万吨，啤酒产量达4万吨；全市人口控制在84.4万以内，年平均增长率控制在8.5‰以内。

（三）执行情况

工业产值、农业产值和工农业总值年均增长率分别比计划增加4.46、0.48和1.6个百分点。至1990年，全市国内生产总值达到6.7012亿元，年均递增8.83%；社会生产总值达到10.2016亿元，年均递增7.01%；市属工农业总产值达到5.7034亿元，年均递增8.6%，其中农业总产值年均递增6.48%，工业总产值年均递增12.46%；财政收入达6275万元，年均递增5.77%；社会商品零售总额3.2323亿元，年均递增12.4%。主要工农业产品产量和生产能力都有较大幅度增长。1990年，粮食总产量50.01万吨，生猪发展162万头，水泥产量131.77万吨，均实现计划目标。啤酒产量1.66万吨，没有实现计划。全市累计完成固定资产投资6.48亿元，其中市属1.88亿元。全市人口自然增长率年均10.3‰，高于计划目标1.8个千分点。全市职工人均工资2092元，农民人均纯收入614元，年均递增分别为10.69% 和11.7%。

湘乡市“七五”经济社会发展计划目标与实现值统计表

表4-1

主要指标	“七五”计划		“七五”实现值	
	目标值	年均增长(%)	实现值	年均增长(%)
国内生产总值(万元)	—	—	67012	8.83
社会生产总值(万元)	—	—	102016	7.01
工农业总产值(万元)	—	7	57034	8.60
工业总产值(万元)	—	8	—	12.46
农业总产值(万元)	—	6	—	6.48
财政收入(万元)	—	—	6275	5.77
社会商品零售总额(万元)	—	—	32323	12.40
职工人均工资收入(元)	—	—	2092	10.69
农民人均纯收入(元)	500	—	614	11.70
粮食产量(万吨)	50	—	50.01	3.09
生猪(万头)	160	—	162.00	8.26
水泥(万吨)	20	—	131.77	3.27
啤酒(万吨)	4	—	1.66	—
累计全社会固定资产投资(亿元)	6	—	6.48	—

二、“八五”计划(1991—1995年)

(一)指导思想

《中共中央关于制定国民经济和社会发展十年规划和“八五”计划的建议》提出实现第二步战略目标的基本要求，即要在大力提高经济效益和优化经济结构的基础上，国民生产总值到20世纪末比1980年翻两番；全国人民生活从温饱达到小康；发展教育事业，推进科技进步，改善经济管理，调整经济结构，加强重点建设，为下世纪初叶我国经济和社会的持续发展奠定物质技术基础；初步建立适应以公有制为基础的社会主义有计划商品经济发展的、计划经济与市场调节相结合的经济体制和运行机制；社会主义精神文明达到新的水平，社会主义民主和法治进一步健全。

(二)主要目标

计划1995年，国民生产总值达到10.0902亿元，年均递增8.53%；社会总值14.36亿元，年均递增7.08%；市属工农业总产值7.67亿元，年均递增6.1%，其中工业总产值达3.85亿元，年均递增9.66%，农业总产值3.82亿元，年均递增3.12%；财政收入8800万元，年均递增7%；累计实现全社会固定资产投资6亿元，年均1.2亿元；外贸出口总额2000万元，年均递增14.35%；社会商品零售总额6.67亿元，年均递增10.02%，全市职工人均工资收入2703元，年均递增5.26%，农民人均纯收入800元，年均递增5.4%；人口自然增长率控制在12.5‰以内。三次产业结构由1990年的63.3：18.9：17.8调整为1995年的52.4：24.4：23.2。

（三）执行情况

“八五”期间，湘乡经济社会实现跨越式发展，大部分经济建设和社会事业发展指标远远超过原定的目标任务。至1995年，全市实现国内生产总值22.72亿元，年均递增12.7%。工农业总产值30.95亿元，其中农业增加值10.47亿元，年均递增5.13%；工业增加值达4.9亿元，年均递增17.35%；三次产业结构调整为46.1：21.7：32.2；财政总收入1.2679亿元，年均递增15.1%；外贸销售总额完成4081万元，年均递增31.88%；社会消费品零售总额9.74亿元，年均递增18.4%；5年累计实现全社会固定资产投资7.2265亿元，年递增50%。全市职工人均工资收入和农民人均纯收入分别达4569元和1610元，年均分别递增19.3% 和16.41%。全市人口自然增长率控制在4.48‰以内，较“七五”期间少生4.7611万人。全市粮食总产年均递增4000吨，提前一年实现吨粮市；生猪饲养达233万头，出栏128.5万头，跻身全国生猪百强县市；乡镇企业实现超常规发展，年均增幅53.04%。非国有工业占全部工业的比重上升至51.65%。

三、“九五”计划（1996—2000年）

（一）指导思想

以建设有中国特色的社会主义理论为指导，坚定不移地执行党的基本路线，坚持“抓住机遇，深化改革，扩大开放，促进发展，保持稳定”的方针，贯彻“强工富市”战略，走兴农强工的发展路子，动员全市人民，齐心拼搏，埋头苦干，积极推进“两个转变”，奋力跻身“全省十强”，把湘乡建设成为经济发达、社会文明、生活富裕、环境优美的社会主义现代化城市。

（二）主要目标

到2000年，力争全市国内生产总值突破31亿元，年均递增10%。其中，第一产业年均递增5%；第二产业年均递增12%；第三产业年均递增15%。财政总收入1.64亿元，年均递增5.3%。累计实现全社会固定资产投资20.2亿元，年均递增5.2%。城镇居民人均收入增加到5894元，年均递增10%。农民人均纯收入增加到3100元，年均递增14%。人口自然增长率控制在5.5‰以内。

（三）执行情况

“九五”期间，湘乡综合经济势力跃居“全省十强”，基本上实现国内生产总值和人均国内生产总值较1980年翻两番的战略目标。2000年，全市实现国内生产总值34.5亿元，年均递增11.7%，其中一、二、三产业增加值分别为12.38亿元、8.8亿元和13.3亿元，年均分别递增5.1%、16.4% 和17%。三次产业结构调整为35.9：25.5：38.6。财政总收入2.07亿元，年均递增10.3%。5年累计实

湘乡市“八五”经济社会发展计划目标与实现值统计表

表4-2

主要指标	“八五”计划		“八五”实现值	
	目标值	年均增长(%)	实现值	年均增长(%)
国内生产总值(万元)	100902	8.53	227158	12.70
工农业总产值(万元)	119200	6.76	309500	29.20
乡镇企业总产值(万元)	78000	10.01	453400	53.04
财政收入(万元)	8800	7.00	12679	15.10
外贸出口总额(万元)	2000	14.35	4081	31.88
累计全社会固定资产投资(亿元)	6	—	7.2265	—
社会商品零售总额(万元)	66700	10.02	97393	18.40
职工人均工资收入(元)	2703	5.26	4569	19.30
农民人均纯收入(元)	800	5.43	1610	16.41
人口自然增长率(‰)	—	12.50	—	4.48

湘乡市“九五”经济社会发展计划目标与实现值统计表

表4-3

主要指标	“九五”计划		“九五”实现值	
	目标值	年均增长(%)	实现值	年均增长(%)
国内生产总值(亿元)	31.00	10.00	34.50	11.70
第一产业(亿元)	—	5.00	12.38	5.10
第二产业(亿元)	—	12.00	8.80	16.40
第三产业(亿元)	—	15.00	13.30	17.00
财政收入(亿元)	1.64	5.30	2.07	10.30
累计全社会固定资产投资(亿元)	20.20	—	50.65	—
城镇居民人均收入(元)	5894	10.00	6149	12.00
农民人均纯收入(元)	3100	14.00	2450	8.80
人口自然增长率(‰)	—	5.50	—	3.24

现全社会固定资产投资50.65亿元，为“八五”期间总投资额的3.1倍。人民群众生活水平显著提高，城镇居民和农民人均可支配收入分别达到6149元和2450元，年均分别递增12% 和8.8%。以企业改制为中心的经济体制改革进一步深化，国有集体企业改制面28%，乡镇企业改制面46.7%。教育、科技、卫生等各项社会事业在改革中得到发展。人口自然增长率年均为3.24‰，连续5年被评为省和湘潭市计划生育工作先进单位。

四、“十五”计划（2001—2005年）

（一）指导思想

以邓小平理论为指针，按照“三个代表”重要思想的要求，坚持以经济建设为中心，积极参与国际国内经济合作，实施改革开放战略、城镇带动战略、结构优化战略、科教兴市战略和依法治市战略，推进经济体制改革和经济增长方式的转变，切实提高城乡人民的收入水平和生活质量，提高全市综合经济实力，促进人口、资源、环境和经济的相互协调和可持续发展。

（二）主要目标

计划到2005年，全市国内生产总值达到58.15亿元，年均递增11%，其中一、二、三产业分别递增4.2%、11.7% 和14%；工农业总产值分别递增13% 和5%；财政总收入达2.8765亿元，年均递增6.9%；累计实现全社会固定资产投资90.8亿元，年均递增16.2%；全市进出口总额突破9274万美元，年均递增20%；社会消费品零售总额达24.3亿元，年均递增12%；城镇居民人均可支配收入达9903元，年均递增10%，农民人均可支配收入3770元，年均递增9%；人口自然增长率控制在5.3‰以内；城镇登记失业率控制在4.5% 以内。

（三）执行情况

2005年，全市实现国内生产总值67.15亿元，年均递增14.2%，其中一、二、三产业增加值分别为21亿元、20.3亿元、25.8亿元，年均分别增长5.6%、14.2%、12%。三次产业的比例为31.2：30.3：38.5；工农业总产值年均分别递增16.3% 和5.9%；完成财政总收入3.4538亿元，较2000年增长93.4%，年均递增14.1%；实现进出口总额7707万美元，较2000年增长106.8%，年均递增15.64%，其中出口递增16.1%；直接利用外资累计5752万美元；实现社会消费品零售总额22.05亿元，年均递增9.8%；城镇居民和农民人均可支配收入分别为9175元和3722元，年均分别递增8.3% 和8.4%；人口自然增长率控制在5.69‰以内，跻身全省计生优质服务县市行列；城镇登记失业率控制在3.8% 以内；累计实现全社会固定资产投资83.4亿元，为“九五”期间总投资额的1.65倍。皮革工业园、工贸新区、水府旅游区、洛湛铁路湘乡段、潭邵高速公路湘乡段、通达通畅工程、电网改造、自来水管网复线、退耕还林等一大批社会效益较好、经济带动能力较强的重大工程项目相继投入建设或完工。国有、集体企业改制任务基本完成。非公有制经济单位发展到28085家，其中私营企业7305家。科教文卫等各项社会事业全面、协调发展。

湘乡市“十五”经济社会发展计划目标与实现值统计表

表4-4

主要指标	“十五”计划		“十五”实现值	
	目标值	年均增长（%）	实现值	年均增长（%）
国内生产总值（亿元）	58.15	11.00	67.15	14.20
第一产业（亿元）	—	4.20	21.00	5.60
第二产业（亿元）	—	11.70	20.30	14.20
第三产业（亿元）	—	14.80	25.80	12.00
工业总产值（亿元）	—	13.00	—	16.30
农业总产值（亿元）	—	5.00	—	5.90
财政收入（亿元）	2.88	6.90	3.45	10.80
累计全社会固定资产投资（亿元）	90.80	—	83.40	—
进出口总额（万美元）	9274	20.00	7707	15.64
社会消费品零售总额（亿元）	24.30	12.00	22.05	9.80
城镇居民人均收入（元）	9903	10.00	9175	8.30
农民人均收入（元）	3770	9.00	3722	8.40
各项存款余额（亿元）	47.10	10.00	54.07	13.09
各项贷款余额（亿元）	26.60	7.00	27.54	7.80
人口自然增长率（‰）	—	5.30	—	5.69
城镇登记失业率（%）	—	4.50	—	3.80

第二章 国土与矿产资源管理

第一节 管理机构

1987年3月，市政府将县征地拆迁办公室、农业区划办公室和村镇规划办公室合并，成立湘乡市国土管理局。局机关设办公室、土地管理股、征地拆迁股、区划股、规划股、法规监察股。1988年，全市各区、办事处建立国土管理办公室（11个），乡、镇国土管理站（46个），配备专职土地管理员59名，乡村兼职土地管理员714名，形成市、区、乡（镇）、村四级土地管理网络。10月，撤销湘乡市矿石管理站，成立湘乡市矿产资源开发管理办公室，为副科级事业单位，1992年更名为湘乡市矿产资源局。1993年，国土管理局和矿产资源局合并，成立湘乡市土地矿产管理局。1995年，市撤区并乡，全市原有国土管理办、站并为22个乡、镇、街道土地矿产管理所。1996年，市国土局增设地产市场股。1998年，市局对基层管理所逐步实行人、财、物、事直管。2002年，市土地矿产管理局更名为湘乡市国土资源局，职能配置、内设机构及人员编制作相应调整。2005年，国土资源系统实行省以下垂直管理，市国土资源局领导班子成员由湘潭市国土资源局直管。年底，局机关有办公室、地籍管理股、建设用地股、规划耕保股、地产管理股、政工人事股、政策法规股、计财股、矿产资源管理办公室、测绘管理办公室和财务中心11个股室及征地拆迁事务所、矿产事务所、机关事务中心、土地开发整理中心、土地储备交易中心、执法监察大队、测绘队7个二级机构。

第二节 土地使用制度改革

一、地产市场

1990年起，国家对土地使用制度进行重大改革：变土地无偿使用为有偿使用；变土地无期限使用为有期限使用；变土地隐形、非法流通为公开、依法转让；变土地是资源为土地是资源又是资产，资源与资产并重。市政府依据国家政策规定，先后制订《湘乡市城镇国有土地使用权管理暂行办法》《湘乡市农村宅基地有偿使用实施办法》。1992年11月20日，湘乡市首宗国有土地使用权出让合同签字仪式在市国土局举行，出让土地面积5238.7平方米，出让时间70年。1995年，湘乡市地价评估事务所成立。1996年，市国土局发出《关于湘乡市基准地价和收取划拨用地出让、转让金标准的通知》。2000年，招、拍、挂出让土地使用权7宗，7.22公顷，出让金额130万元。2001年，成立地产事务所、土地交易中心和土地储备中心，并下发《关于搞好城镇土地经营垄断土地一级市场的若干规定》，建立土地有形市场机制。2004年，制订《关于国有土地有偿使用收入征收管理办法》。当年出让土地达81宗，28.38公顷，出让金额741万元。2005年，下发《关于进一步加强国有土地有偿使用管理的若干规定》，当年有偿出让土地使用权49宗，20.18公顷，出让金额1770万元。

湘乡市部分年份土地市场情况统计表

表4-5　　单位:公顷

项目 年度	土地使用权招、拍、挂			土地协议出让		土地转让		土地资产处置	
	宗数	面积	出让金	宗数	面积	宗数	面积	企业改制(宗)	面积
2000	7	7.22	130	3	3.05	—	—	24	2.69
2001	6	3.10	202	13	12.60	58	6.64	34	38.80
2002	4	0.97	227	21	9.20	—	—	21	25.19
2003	6	9.72	260	6	73.20	21	2.93	53	37.60
2004	81	28.38	741	26	16.87	38	2.20	72	2.44
2005	49	20.18	1770	11	2.54	54	8.82	77	23.79
小计	153	69.37	3330	80	117.46	171	20.59	281	130.50

二、地价评估

1994年12月，成立湘乡市土地估价委员会，组织专门班子，全面考察城镇繁华程度、区域位置、交通条件、设施完备度、区域自然环境、土地使用限制和临街条件及区段地价水平7大因素，将城区划分为15个均质区域，再将15个区域合并为5个级别。1996年，市政府发出《关于公布湘乡市城区基准地价和收取划拨用地出让、转让金标准的通知》，湘乡市城区地价正式实行。

基准地价以城区中心大正街北段、东风南路、新湘路东段、东风广场、七一广场、南正街口为一级商业用地，基准地价为1518元 / 平方米。以城区中心向外辐射的其他地段为二至五级商业用地，地价分别为每平方米1100元、821元、406元、252元不等。城区一至五级工业用地分别为每平方米

260元、220元、180元、140元、120元不等。城区住宅用地一至五级分别为每平方米320元、270元、220元、150元、120元不等。2001年，市政府对城区基准地价进行调整，城区地价均有不同程度的提高。当年，建制镇土地分等和地价也相应出台。建制镇土地分为四等，一至四等商业用地每平方米分别为728元、446元、294元、187元；一至四等工业用地分别为每平方米为171元、150元、132元、116元；一至四等住宅用地每平方米分别为214元、182元、154元、131元。

第三节 用地规划管理

一、土地利用总体规划

1994年1月，湘乡市全面展开编制土地利用总体规划和划定基本农田保护区工作，3月底在湖山乡试点，4月初全面铺开，10月底完成全市土地利用总体规划编制。明确土地利用的目标和方针，规划各种用地的规模控制及保护面积。1997年，根据新《中华人民共和国土地管理法》，对《湘乡市土地利用总体规划》进行修改。全市共规划13个建制镇，5个非建制镇、128个中心村和3100个居民点，规划东郊、壶天、山枣、虞唐4个土地示范点，重点规划棋梓、毛田两个乡镇的土地利用和水府庙旅游建设用地及生态保护区，加大基本农田保护力度，统筹安排各业用地，提高土地综合效益，加强土地管制，严控建设规模，保障土地可持续利用，确保2000年耕地总量达55035.2公顷，2010年耕地总量达55692.5公顷。对新增建设用地则实行总量控制，1997—2000年，控制在955.4公顷以内；2001—2010年，控制在1817公顷以内。土地整理、开发和复垦补充耕地，规划1997—2000年为567.3公顷；2001—2010年为1219公顷。

二、建设用地与征地拆迁

（一）建设用地

1986年，湘乡的国家及集体建设用地规模指标由湘乡市国土局预审，湘潭市批准下达。个人建设用地指标由湘乡市国土局批准下达。1987年，全市国家建设征（拨）用地项目77个，征（拨）耕地11.66公顷，非耕地36.8公顷。乡村企业建设用地项目16个，占用耕地1.15公顷，非耕地2.27公顷。农民建房用地1340户，占用非耕地8.15公顷。1995年，国家建设征（拨）用地项目43个，征（拨）耕地16.6823公顷，非耕地21.6866公顷；乡村企业建设用地项目7个，占用耕地1.7848公顷，非耕地1.9315公顷；农民建房用地549户，占用非耕地6.53公顷。2000年，国家建设征（拨）用地项目2个，征（拨）耕地2.8083公顷，非耕地2.8公顷；农民建房用地180户，占用耕地2.34公顷，非耕地2.7公顷。2005年，国家建设征（拨）用地项目24个，占用耕地8.843公顷，非耕地11.87公顷；农民建房用地99户，占用耕地1.04公顷，非耕地1.04公顷。至2005年的20年间，国家建设共征（拨）用地项目590个，征（拨）耕地496.65公顷，非耕地892.545公顷；乡村企业建设用地项目90个，占用耕地8.745公顷，非耕地12.475公顷；农民建房用地23230户，占用耕地24.35公顷，非耕地360.01公顷。

（二）征地拆迁

1986年，县成立征地拆迁办公室，专门负责建设用地征用、占用、划拨及拆迁工作。此后，市政府先后颁发了《湘乡市乡、镇、村建设用地管理暂行办法》《湘乡市国家建设征地拆迁补偿安置办法》。补偿标准：1987年，每亩水田320～400元，旱土200～300元，专业菜地500～800元。1988年，补偿标准在1987年的基础上提高20%～30%。1996年，市政府颁发《湘乡市国家建设征地拆迁补偿安置办法、补偿安置标准》，对土地补偿费、青苗补偿费、安置补助费、征地安置、拆迁补偿等都作了新的规定。征用耕地（包括专业菜地、稻田、旱土、专业鱼塘、藕塘、水库水塘）的土地补偿费一般是前三年平均年产值的5～6倍，其安置补偿费按人均耕地多少在1.5～10倍之间。1999年，对征地拆迁补偿标准又作了部分调整：征用耕地（包括鱼塘）的土地补偿费调整为6～8倍，征用其他土地的土地补偿费，在原基础上增加40%。安置补助费在原来基础上提高3倍，剩余劳力安置费提高20%。人均耕地在0.1亩以下其安置补助费按15倍的标准执行。至2005年，补偿标准基本上未变。

湘乡市部分年份国家建设用地项目统计表

表4-6　　单位:公顷

年份	项目	用地	年份	项目	用地
1991	韶峰集团五号窑	8.09	1998	娄底水厂	17.37
1991	湘乡工贸新区	29.10	2001	洛湛铁路	53.12
1991	洙津水厂	2.51	2001	潭邵高速公路	445.42
1993	城南经济开发区	16.53	2001	湘铝扩建	4.00
1994	湘黔复线	161.28	2004	三广高压线路	2.12
1994	娄云高压线路	3.34	2004	湘乡大道	27.03
1998	娄湘公路	61.05	2004	皮革工业园	13.34
1998	长铁采石场	48.99	2004	东山新城	113.80
1998	洙津大桥	3.43	2005	红仑工业园	72.92
1998	桑梅路	5.64	—	—	—

第四节 地籍管理

一、地籍调查

1987年，成立湘乡市非农业用地清查领导小组，半年内对全市4313个国有和集体单位，20.65万户城乡居民用地进行了实地丈量，清查处理。当年，湘乡市列为全省首批开展土地详查的县市。1989年，完成权属界线调绘任务。1990年，完成村级社会经济情况调查和土地权属、争议调查工作。1991年，完成土地资源图斑编号工作，勘定相邻县市边界。1993年11月，土地详查工作结束。

1997年1月起，开始对城区3个办事处，79个街坊，5665宗地，15平方公里的地籍进行调查。此次调查组织人员200多人，投入资金80万元，历时9个月，共调查土地5665宗，调解权属纠纷100多起，测量范围10.05平方公里，查清每宗地的权属界线、用途、面积、位置、土地使用者名称。

1998年以后，对城乡存在的地籍权属问题继续进行调查处理，至2005年的8年间，共受理地籍权属争议问题273宗，调查处理244宗，调处率89%。

二、土地登记发证

在完成全市土地资源详查、权属界线调绘的基础上，1989年4月，市政府首次向14个企事业单位和20户居民颁发国有土地使用证。1990—1991年，陆续向全市21万户村民颁发集体土地建设用地使用证。2004年，全市启动农村集体土地所有权登记发证工作，至2005年，共发集体土地所有权证1045个，面积186894公顷。至2005年的17年间，发国有土地使用权证14198个，面积940万平方米。发集体土地使用权证241775个，面积73512万平方米。

三、土地信息系统

1993年3月，在湘中测绘工程院的协助下着手建立计算机地籍信息系统。2001年，对全市2003.64平方公里，22个乡、镇、街道108幅现状图和400本土地统计台账进行矢量化，完成城区10.05平方公里全野外数字化测图，并建立地籍调查数据库。同年，湘乡市被确定为湖南省城镇地籍调查和土地利用现状建库试点市，根据当时土地利用数据库建设的发展方向和湘乡市现有资料情况，建成1：10000土地利用数据库、历年土地利用变更数据库。2004年，湘乡市城镇地籍数据库和城乡一体化数据库第一个通过省级验收。

1989—2005年湘乡市地籍管理情况统计表

表4-7

项目 年度	国有土地使用权发证		集体土地使用权发证		国有土地使用权变更		集体土地使用权变更		确权调处		
	宗数	面积（平方米）	宗数	面积（平方米）	宗数	面积（公顷）	宗数	面积（公顷）	受理（宗）	确权（宗）	调处率（%）
1989	356	212009.60	267	34710.50	—	—	—	—	—	—	—
1990	470	210893.70	29070	4017400.00	3	0.80	10	0.02	39	31	79
1991	360	2210856.60	184260	726717700.00	10	1.20	25	0.36	—	—	—
1992	512	213941.60	507	68952.00	30	4.10	41	1.70	28	28	100
1993	1082	481032.80	1371	187141.60	80	15.10	91	1.26	36	31	86
1994	1372	509411.70	1651	228947.90	108	21.50	80	1.09	29	27	93
1995	1297	493120.60	1792	244617.50	87	13.60	101	1.37	35	31	89
1996	96	2716717.10	7505	1031384.50	383	80.00	440	7.04	191	172	90
1997	51	13824.10	1892	256933.60	2	0.65	38	0.52	125	118	94
1998	215	58277.90	1681	231641.90	45	8.30	62	0.85	35	31	89
1999	1685	456736.10	1701	235061.40	21	5.10	75	1.01	40	36	90
2000	597	161822.80	1596	218332.80	150	1098.30	60	0.83	12	12	100
2001	165	44724.90	2208	84980.30	87	361.80	105	3.72	17	15	88
2002	450	121977.61	1321	197113.50	97	350.77	80	2.15	37	35	95
2003	1850	501461.30	1781	229803.60	202	2178.97	106	3.64	18	9	50
2004	1750	474105.10	1601	225412.80	225	2065.10	172	4.21	25	25	100
2005	1890	512296.63	1571	219800.00	233	1732.30	12	1.64	96	81	83

第五节 耕地保护

一、基本农田保护

1987年3月，市政府向省国土局递交土地详查申请报告。1988年10月起，对全市待开发的土地资源、现状和开发方向进行全面调查，并下达当年开发农用地计划。1993年，对全市低产水田、低产茶果园、低产林地、低产水面的“四低”调查后，由国土局会同农、林、牧、渔等部门编制《湘乡市农业区域综合开发规划》，在保持乡镇行政区划完整的基础上，划定中部、南部和北部3个农业综合开发规划区。

1994年，市政府在编制全市土地利用总体规划时，划定全市基本农田保护区，一级农田控制面积40335公顷。1996年根据国务院《基本农田保护条例》调整为47710公顷，占全市耕地面积的87%。基本农田划定后，市政府提出保护基本农田10条措施，并与各乡、镇、村、组层层签订《基本农田保护目标管理责任状》和《基本农田保护领导管理责任书》。各乡镇建立基本农田保护牌585块，落实保护范围、保护面积和保护责任人，发放基本农田保护卡22.3634万张。2004年，市政府还制定基本农田保护公示制度。至2005年，全市实有基本农田保护面积47710公顷。

二、土地开发与整理

（一）开发

湘乡市地少人多，人均耕地偏少，耕地后备资源不足。1988年统计，全市待开发土地2221.8公顷。为了确保耕地总量平衡，当年，市政府下发关于开发农用地的年度计划和《湘乡市开发耕地暂行办法》，加大对土地资源的开发力度。至1999年，全市复垦土地372公顷。2000年，复垦土地2宗，6.4公顷；开发土地3宗，195.1公顷。2003年，复垦土地10宗，30.68公顷；开发土地14宗，31.32公顷。2005年，复垦土地8宗，41.41公顷；开发土地4宗，41.41公顷。至2005年的20年间，共复垦土地34宗，492.6公顷；开发土地35宗，357.46公顷。

（二）整理

2001年开始土地整理工作。当年，市政府向湘潭市提交《关于请求将我市列入国家级土地开发整理项目库的报告》，虞唐山枣片区土地整理项目经湘潭市批准立项。同时，市政府制订出《湘乡市土地开发整理规划》，逐步实施。至2005年，全市已完成土地整理项目3个，整理土地面积125.89公顷。

第六节 矿产资源管理

一、矿产资源总体规划

1986年，县域内开采的非金属矿有石灰石、白云石、矽石、耐火黏土等。金属矿有铁矿、铜锌矿、锰矿等。

1988年，全市共有采矿企业40个，从业人数达万人，年产矿石200多万吨。开采的矿产有砂石、白云石、石灰石、石英、锰等18种。矿业已成为湘乡市重要的经济支柱。但由于管理混乱，设备陈旧，采矿手段落后，资源利用率低。2003年，市政府组织编制《湘乡市矿产资源总体规划》，明确将湘乡市矿产资源开采划分为鼓励开采区，限制开采区和禁止开采区。鼓励开采区有金石、棋梓桥、泉塘的锰、石灰岩、白云岩和花岗岩等；限制开采区有壶天、翻江、泉塘及东郊的煤、铁、石膏、油页岩及砖瓦黏土；禁止开采区有湘乡市城区东台山国家森林公园、水府庙湿地保护区及公路、铁路、河道沿线。

二、矿政管理

1986年，县设有矿石管理站、矿产资源开发管理办公室，负责全县的矿政管理。1988年，市矿产资源开发管理办公室与市工商局、公安局联合发出关于各类矿山企业办理开矿许可证的通知。1989年，市政府发出《关于征收矿产资源管理费的通知》。到1990年，全市5个国营矿山全部发证，乡镇、个体开矿企业发证72个，发证率60%；当年征收矿产资源管理费110万元，征收率为85%。1991年起，市矿管部门对开矿企业进行年检年审，采矿发证工作进入矿政管理的日常内容。1996年，国务院取消涉农负担37个项目。其中，包括乡镇矿山企业和个体矿山企业的管理费，湘乡即按规定停止收取管理费，但继续收取矿产资源补偿费。1999年起，全市开展矿业秩序整顿，取缔21处非法采矿点，封闭13处小煤窑。2004年，炸毁封闭壶天、毛田2处非法小煤窑，至2005年，全市乱开乱挖的小煤窑不再存在。当年，合法经营的开矿企业缴纳矿产资源补偿费150万元。

第七节 行政监察执法

1987年，市国土局设立法规监察股（队），担负全市土地执法监察任务。望春门街道星星村出现大面积违法占地建房情况，市政府派出工作组一面宣传法律法规，一面进行行政干预，使之得到及时制止。1991年，新研乡一村民违法占地建房，乡政府劝阻不听，市国土局与公安局、法院等部门联合行动，给予强制拆除。至2000年的13年间，全市共查处土地违法案件12671件，涉案面积82.5万平方米。2000年以后，违法案件大为减少。2001—2005年，全市土地违法案立案215件，结案率87%，矿产违法立案10件，查处10件。

第八节 测绘管理

1988年，市国土局成立测绘队，编制5人。1993年7月实施《中华人民共和国测绘法》，市政府批准成立湘乡市测绘管理办公室，承担全市测绘规划、测绘市场、测绘资源、测绘成果质量的管理工作。1998年10月，开展全市测量标志普查与维护，检查市域内测绘标志点共85个，对标志点设置保护碑，并建立《湘乡市测量标志检查与维护制度》，形成包括图、表、卡在内的系统的保护档案。至2005年，全市有4家测绘企业，其中丙级1家、丁级3家。国土局测绘队共完成测绘土地2850宗，土地登记测绘206宗，征地测绘730宗，土地开发测绘60宗。

第三章 价格

第一节 管理机构

1986年，湘乡县物价局内设办公室、物价检查所。1987年3月，县物价局更名为市物价局。1992年6月，物价局内设机构中增设价格事务所，价格信息工作开始纳入物价管理范畴。

1993年8月，市直机关机构改革，市物价局与市计划委员会合并为市计划物价局，与物价相关的内设机构有办公室、物价检查所、价格股、价格事务所和信息中心。1996年1月，内设机构中增加价格调节基金办公室，价格调节基金征收工作由此起步。

1997年4月，市计划物价局分设为市计划委员会和市物价局。

2005年，市物价局内设机构有办公室、价格股、物价检查所、价格调节基金办公室、价格认证中心。

第二节 价格体制改革

1986年，市内对猪肉实行政府指导价，对中药材价格实行差率控制，对计划外重要生产资料实行最高限价。同年9月，放开黑白电视机等7种商品价，改国家定价为企业定价，实行市场调节。当年，调价商品228个，品种价次275个。1987年，调价商品220个，品种价次280个。

从1989年起，物价指数出现上涨趋势。市物价局根据国家的部署，实行“以放为主，调放结合”的物价管理，对湘乡氮肥厂生产的碳铵实行420元／吨的最高销售价格限制，对计划外组织的尿素实行不超过1100元／吨的最高销售价格限制。1991年，对该放开的继续放开，该调整的继续调整，放开彩色电视机、电风扇、洗衣机、卷烟、糖果等商品零售价格以及建筑材料、机械产品和部分冶金产品价格，调整粮油统销价格，并将农药、农膜的销售价格适当调低。

1992年4月，国家适当提高粮食定购价格和统销价格。11月，粮油销售价格放开，“粮票”不再流通。同年，放开民用煤、猪油、肥皂、火柴等商品的销售价格，先后提高煤、电、油、碳铵、农药、杂交种子、运输、钢材、水泥价格，并取消生产资料最高出厂销售价限制，放开商品在流通领域中的各种差率管制。至年底，共下放商品定价权266种（类），实行政府定价的农产品只有棉花、烟叶、紧压茶、桑蚕茧和粮食收购价。1993年1月，取消国家粮油定购任务和“三挂钩”物资（化肥、柴油）的平价供应，放开成品油、部分统配煤炭、绝大部分统配钢材、部分铁矿石、水泥等重要生产资料的厂销价格和粮油购销价格。当年，在社会零售商品的总额中，由政府定价的商品所占比重仅为4.8%，市场调节价的产品所占比重为87.5%。1994年，国家大幅度提高粮食购销价格。2000年，取消早稻收购保护价。2002年4月，粮油购销价格和市场全部放开。至2005年，物价部门管理的价格只有自来水、电力、电信、邮政、公路客运票价、“安居房”价格等少数几种。

第三节 价格与收费管理

一、价格管理

（一）价格监管

1986年，市场物价逐渐上涨。湘乡市场零售物价指数比上年上涨5.4%，1988年比上年上涨26%，1989年又比上年上涨17.2%。市物价局采取措施，加大对市场价格监管的力度，加速推进明码标价的进度。至1990年，先后检查商店物价653家，发行明码标价签105万张，并对乱涨价行为进行查处，使涨价风得到有效控制。1991—1992年，市场价格相对稳定。

1993—1994年，投资和消费需求急剧扩张，市场各类商品价格又出现上涨。1994年下半年，城区市场的无骨猪肉由4.20元/公斤上升到7.50元/公斤，尿素销售价格每50公斤由58元升到100元。市物价局根据上级的部署，会同有关部门，出台限价文件，组织干部查处乱涨价行为。1995年，检查商店627家。1996年检查商家723家。至1996年，立案查处违价单位656家，查出违价金额826.6万元。1997—2002年，市场价格总体保持稳定。

2003年4月，受“非典”影响，板蓝根等药品价格暴涨，通过差率限制、价格备案等措施，使防治“非典”的药品价格得以控制。2004年，对尿素、复合肥等农业生产资料销售价格同样实行价格行政干预。2005年，市场价格基本上正常。

（二）价格成本调查

1987年，对化肥、农药的销售价格进行调查。1992年，开展对价格信息的收集。2000年12月，召开城市出租车营运价格听证会；2003年4月召开城区自来水价格调整听证会；2004年召开管道燃气、的士价费调整听证会，就价格的成本、价格的制定听取社会各方面的意见。2004年4月，市物价局组织干部深入农村进行以农业产业化结构调整为主题的价格成本调查，发放调查问卷500份，召开各类座谈会140次。通过个别访问和集体座谈，对稻谷生产、加工、生猪饲养等业的投入产出进行计算、分析，其调查材料给农业产业化结构调整提供依据。

（三）调节基金征管

1996年，市里开始进行价格调节基金征收工作。市物价局报请市政府同意发出《关于价格调节基金征管实施意见》。1996—2000年，全市年均征收金额在10万元以下。2000年以后，加大征收力度，规范征管行为，征收金额逐年增加。2005年，全市年征收额突破23万元。至2005年开征9年间，全市累计征收价格调节基金170万元，用于价格调节累计支出140万元。

（四）价格信息服务

1992年6月，市物价局把价格信息服务纳入物价工作范围。1993年起，价格事务所承担民事、刑事、行政案件中涉案物品的价格鉴证工作。1997年，挂靠湘乡市物价局的湖南省拍卖公司湘乡拍卖中心成立，开展城区出租车线路拍卖等中介服务。2002年，市价格事务所更名为市价格认证中心，以对涉案物品评估鉴证为主，同时发布市场价格信息，开展价格咨询服务。至2005年，市价格认证中心累计接受行政执法机关、司法机关等机构委托的价格评估鉴证3181宗，其中评估赃物1820宗、车辆损坏721宗、纠纷物310宗、刑事损坏物330宗，评估鉴证总值2040万元。

二、收费管理

1986年，收费管理工作仅是物价主管部门的日常性工作内容。1991年起，价格体制改革逐渐深化，收费管理列入价格管理的重要内容。年初，市物价局会同市财政局发出清理乱收费文件，制定制止乱收费的措施。2月至5月，抽调12名干部职工，组成3个清理小组，对全市170多个行政事业性收费单位进行清查，共清理出各种超标收费或擅自收费179.6万元，收缴入库5.3万元。1993年，贯彻《湖南省行政事业性收费管理条例》，市物价局会同相关部门，通过年检年审等方式，注销收费项目9个，更正项目34个，清理出乱收费总额246万元。1994年，对所发放的300个收费许可证和1945个收费项目进行清理，更正或取消34个项目。1996—1997年，对行政事业性收费进行年检年审，查处自立收费项目2项，超标准收费项目7项，取消收费项目12项，吊销项目许可证21个。1998年，对全市530个收费许可证进行年检年审，取消收费项目48项，降低收费项目15项。2000年，结合收费许可证年检年审，换发行政事业性收费许可证219个，服务性收费许可证52个，取消收费标准15项，降低收费标准21项，对公安等44个重点涉农涉企单位的收费项目、收费标准、收费性质在《湘乡报》连续刊登8期，增强收费工作的透明度。2002年，对226个行政事业性收费单位进行年检年审，新发服务登记证67个，取消暂住人口管理费等收费项目41个，降低收费标准8项，吊销收费许可证36个。2003年，成立价费审批领导小组，对涉及大局、事关国计民生的重要价费实行集体审批。同时，建立行政事业性收费台账，严格实行收费许可证年检年审。2005年，对全市188个行政事业性收费许可证、235个服务价格登记证逐一进行年审年检，取消收费项目64项，吊销收费许可证1个，降低收费标准4项，调高收费标准8项，新增收费项目4项。当年，核减出租车业主费负平均每户5520元。

第四节 价格检查监督

一、价格检查

1986年，市物价局把商品明码标价作为检查重点，共检查单位430家，检查各种商品价次13524个，查处违价单位372家，纠正错价1843个，收缴违价金额15.8万元。1989年，检查单位653家，立案查处315家，查出违价金额129万元，收缴罚没款37万元。从1991年起，检查监督的重点是整肃价格秩序，抑制乱涨价行为。1994年，针对市场物价高位运行的情况，开展4次大的价格检查行动，即春节市场价格大检查、中小学开学收费工作大检查、7月的全市物价大检查、年关的物价大检查，扼制乱涨价行为。1995—1999年，价格检查的重点为化肥价格、粮油价格、中小学收费、医疗药品价格。2000年，停止一年一度的财务、税收、物价大检查，但对举报的23起违价案件坚持查处，查出违价总额200万元，给予经济制裁98万元，收缴罚没款28.3万元。2001—2005年，组织春运票价、农资价格、教育收费、医疗药品价格等方面的检查。至2005年的20年间，累计检查单位或个人6600家，立案查处价格违法案件1975件，查出违价金额4407万元，给予经济制裁1649万元，其中退还消费者1100万元，收缴罚没款上解财政549.8万元。

二、价格监督

20世纪80年代至90年代，价格标准受物价部门严格控制，对价格的监督未引起足够重视。从2000年开始，市物价局加强价格监督。2002年，统一印制涉农收费公示牌800块，设置在全市712个村和有关农林场所。2003年，在市直价费执收部门设置价费公示牌，22个乡、镇、街道建涉农收费监督站，并聘请24名涉农收费监督员、55名涉农价费义务监督员。2005年，市物价局通过“12358”举报电话及群众来信来访，共收到价格投诉150多起。87% 的投诉得到满意或基本满意的答复，个别失实或无法查实的投诉得到妥善处理。

第四章 工商行政管理

第一节 管理机构

1986年，县工商行政管理局内设企业登记管理、个体登记管理、市场管理、经济合同管理、财会、人秘6个业务股以及纪检组和经济合同仲裁委员会。下设城关、东郊、东山、泉塘、白田、月山、壶天、虞唐、潭市、棋梓10个工商所。1987年更名为市工商管理局，增设经济检查股，人秘股分为人教股和局办公室。

1988年，城区设望春门、新湘路、昆仑桥3个市场管理所，经济检查股更名为经济检查队。1989年，局机关增设商标广告管理股，3个市场管理所改编为3个工商所，撤销原城关工商所。1993年，增设运输市场管理所。1995年，依据《中华人民共和国仲裁法》和省政府《关于认真做好依法重新组建仲裁机构工作的通知》，市经济合同仲裁委员会更名为经济合同仲裁庭。同时，增设山枣工商所。1996年10月，仲裁庭依法撤销。

1999年下半年，省以下工商行政管理机构实行垂直管理。2001年，湘潭市工商局制定机构改革方案，市局增设消费者权益保护股。2002年，按“小局大所、精局强所”原则，重新整合机构，理顺职能。局机关内设办公室、监察室、信息中心、人事教育股、财务基建股、政策法规股、企业个体私营经济监管股、商标广告股、消费者权益保护股以及市场规范管理分局、注册登记分局、公平交易分局。下设望春门、昆仑桥、新湘路、东郊、东山、泉塘、白田、月山、棋梓、壶天、虞唐工商所和运输市场管理所，形成小机关大基层的结构。

2005年年初，月山工商所与壶天工商所合并。当年，全局在职干部职工183人，其中机关47人、基层136人。

第二节 工商企业登记管理

一、核准登记

1986年，全市核准登记工商企业2478家，其中法人企业442家、非法人单位与分支机构2036家。

登记个体工商户6120户，从业人数9312人。1988年，市工商局对企业开展登记整顿，换发执照1671家，注销807家，新办开业登记96家，个体工商户登记6025户，私营企业5户。1992年起，工商管理部门按照《全民所有制工业企业转换经营机制条例》和《全民所有制商业企业转换经营机制实施办法》的精神，放宽开办条件、经营范围和经营方式，全市企业出现新的发展。至1994年，全市核准登记企业2836家，其中法人企业1012家，非法人单位与分支机构1824家。个体工商户14282户，从业人数25321人。私营企业153户，从业1880人。1995年，对有名无实的“皮包公司”和无经营场地、无资金、无组织机构的“三无”企业进行清理；对从事船舶客货运输和砂石开采、销售企业进行整顿，办理变更登记213家，注销登记262家。1996—1999年，对挂靠企业进行清理。共清理出挂靠企业302家，其中挂靠学校7家，挂靠乡镇政府街道办事处193家，挂靠行政事业单位63家，挂靠社团组织4家，无主管部门的35家。核准登记267家，并结合全市32家粮食企业和338家涉粮经营站主附营分离补办登记手续。2000年开始，对企业实行“经济户口”管理，建立微机资料库。当年，采取简化企业前置审批手续、放宽企业经营范围和企业名称登记条件，支持和鼓励外地商人来湘乡经商办企业。至年底，全市核准登记企业1606家。其中，法人企业639家，非法人单位与分支机构967家。个体工商户10915户，从业23012人。私营企业261家，从业7715人。2001年以后，工商部门对工商企业登记采取了许多便民措施。2004年，市工商局设立企业注册分局，实行一个窗口对外办公。企业申请登记办结时间由过去的30天缩短为7个工作日。当年办理企业开业登记219家，变更登记392家，申报冠以“湖南”名称的10家。2005年，以实现群众、企业、政府“三满意”为目标，进一步放开对投资者的限制，放宽企业的经营范围，并将注册登记等行政许可事项由市工商局注册大厅搬迁至政府政务中心工商窗口办理。至年底，共核准登记企业1174家。其中，法人企业550家，非法人企业与分支机构624家。私营511家，从业18571人。个体工商户12457户，从业26946人。

二、监督管理

1986年，对182户批发企业“以批代零”进行清理整顿，发现103家有违法经营行为，注销49家，将批发商变更为零售商54家；对壶天煤矿和金石锰矿矿区进行检查，取缔无照经营商9家；对印刷业、旅店业和废旧回收业进行清理整顿，注销党政机关主办的公司3家，处罚款9.8万元；对个体工商户进行年检验照，清理出无照经营户238户，补办营业执照155户，查处违法违章经营行为274起，没收自制汽水4560瓶，霉变食品427公斤，霉变香烟958条，没收不标准衡器248件。

1986年以后，加强对工商企业和个体工商户的监督管理。1988年，检查衡器6689件，没收不标准衡器232件，查处霉变香烟52条，霉变食品130.5公斤。1989—1996年，对全市个体工商户、私营企业进行检查，取缔非法从事卖淫活动的个体旅店12家；查处无照经营1120户，罚款1.95万元，补办营业执照892户。同时，在全市开展“户户讲道德，店店无假货”活动，重点对320国道湘乡段1205户个体工商户和12家私营企业存在的不良经营作风进行整顿。对欺行霸市、强买强卖的行为予以张榜公布，限期改正，经营作风大有转变。

1997—2000年，继续整顿违章经营行为，创建320国道湘乡段文明窗口，拆除道路两旁不规范招牌、广告牌3800块，清理违章摊棚、摊担420个，查处无照经营944户，罚款1.738万元。

2001年开始，对个体私营经济实行计算机管理，对个体工商户管理费收费实行公平、公正、公开。同时，对无照经营等违法违章行为采取普查和有奖举报等措施。至2004年，全市查处企业违法案件13件，处罚款24.92万元；检查企业1020家，清理挂靠企业5家，对党政机关所办经济实体的42家进行扫尾清结，其中吊销38家、移交企业主管部门4家。对未按规定办理年检的22家企业依法作出处理：吊销营业执照16家，其余6家分别处以罚款。

2005年，按照省、湘潭市工商管理部门的统一部署，开展查处无照经营的“红盾风雷”行动，共查处无照经营3500户，补办营业执照2346户，取缔无照经营的网吧8户，查扣电脑主机132台；取缔违法开采经营矿山、小煤窑18家；对非法鉴定胎儿性别、非法中止妊娠的个体诊所开展专项治理，吊销营业执照2家，罚款3.2万元。

1986—2005年湘乡市工商企业（户）统计表

表4-8

项目 年度	国有集体企业			个体工商户		私营企业	
	企业总数	其中		总户数	从业人数（人）	总户数	从业人数（人）
		法人企业（家）	非法人营业单位与分支机构（个）				
1986	2478	442	2036	6120	9312	—	—
1987	2441	631	1810	6909	10420	—	—
1988	2589	1021	1568	5481	9033	5	118
1989	1723	573	1150	6305	10243	9	157
1990	1938	690	1248	6268	10083	10	168
1991	1973	675	1298	6207	9660	11	177
1992	2170	706	1464	8639	13326	12	198
1993	2583	824	1759	9986	17008	22	306
1994	2836	1012	1824	14282	25321	153	1880
1995	2826	985	1841	17324	27802	179	2351
1996	2450	1007	1443	12143	20750	184	2699
1997	1800	783	1017	15218	33200	224	3892
1998	1813	698	1115	19262	41189	193	2980
1999	1758	653	1105	16250	34428	188	3307
2000	1606	639	967	10915	23012	261	7715
2001	1495	523	972	11824	18839	273	9782
2002	1351	427	924	11468	18682	281	10540
2003	1362	577	785	12032	25634	321	11816
2004	1335	664	671	10770	25916	407	12239
2005	1174	550	624	12457	26946	517	18571

第三节 经济检查监督

1986年，国家对部分重要生产资料实行限定价格与市场调节价格“双轨制”。少数不法经营者乘机倒买倒卖、从中牟利。当年，市工商局办案36件，罚没金额15.3万元，其中倒买倒卖重要生产资料案20件，计钢材639吨、水泥2700吨、铝锭21吨、柴油43吨、汽车3辆。

1987年9月，根据国务院《投机倒把行政处罚暂行条例》的规定，对11种投机倒把性质的行为进行查处。当年，查处投机倒把案46件，罚没金额16.3万元，查处的主要物资有钢材34吨、纯碱500吨、水泥662吨、化肥90吨、蚕茧4.67吨。1990年，进一步打击投机倒把活动，共办理投机倒把案322件，罚没金额165.3万元。查处的主要物资有钢材1458吨、纯碱32吨、化肥农药972吨、铝锭665吨、柴油汽油135吨、水泥82200吨、假劣白酒1.08万瓶、假劣鱼粉273吨。

1993年开始，根据《中华人民共和国反不正当竞争法》，加大力度，打击投机倒把和制售假劣商品的违法行为。至1996年，全市共办结案756件，罚没金额196万元，捣毁制假窝点46个。

1997年，依据国务院《关于必须采取更加坚定有效措施深入开展打假工作的通知》，城区各街道和各乡（镇）设立打假公示牌，实行举报奖励制度。当年，办案521件，罚没金额142万元。其中，假冒伪劣商品案301件，罚没金额87万元，摧毁制假窝点17个，依法取缔非法经营农资41家。

1998年4月，国务院决定禁止任何形式的传销活动。至2000年，全市依法查处传销案15件，罚款21万元。

2001—2003年，按照省工商局“铲除制假窝点，严打惯犯，冲破保护伞”的文件精神，整顿重点地区、重点商品市场，打击制假售假和不正当竞争行为，共办结案1261件，罚没金额390.3万元。其中，查处假劣商品案441件，没收劣质商品111吨，摧毁制假窝点28个；查处不正当竞争案13件，违法经营额1.125亿元；查处农资违法案38件，其中劣质化肥145吨、农药2178瓶、冒牌水泵电机7485台、违法拼装农用车6辆。同时，对通信、房地产交易、民办教育等行业进行专项整治。

2004年，开展对垄断行业的违法违章行为以及医院、农村卫生院药品乱涨价、乱收费等问题的查处。至2005年，开展专项检查12次，办结案503件，铲除制假窝点17个，罚没金额220万元。

第四节 市场监督管理

一、市场日常监管

1986年，全市有集市25个，1987年，潭市蛋品市场被评为湖南省文明集市，并连续3年获得“全国文明集市”称号。至1989年，全市先后进行13次整顿，共查处市场违法违章案3720件。其中，“短斤少两”1279件，“以次充好”432件，“掺杂使假”248件，违反食品卫生法258件，哄抢9件，地痞地霸闹事79起。

1990—1995年，在有设施的集市建立个体劳动者私营经济协会（简称个协），选举行业负责人，实行“自我教育、自我服务、自我管理”。同时，推广月山工商所“五包五定”管理市场的经验（包管理、包卫生、包治安、包收费、包服务和定员、定位、定任务、定责任、定奖励）。集贸市场违法违章行为逐步减少，交易秩序不断好转。

1996—2000年，全市开展以“管理服务好、经营作风好、场容场貌好、经济效益好”为内容的创建文明集市活动。云门商城、湖南铁合金厂集市和南门市场被评为湘潭市文明集市；东风市场连续两年被评为省文明集市。

2001年，市工商局将自建的市场移交给政府市场服务中心，实行管、办彻底分开。2002年，成立市场整治工作领导小组，对农资、医药、烟草、盐业、文化娱乐市场进行专项治理，查获不合格磷肥800吨、尿素6吨、喷雾器30台、饲料10吨，罚款2万元。

2003—2004年，市工商局组织专业队加强药品市场管理，查处预防“非典”的虚假药品广告案1件、销售劣质口罩案6件；查获非法经营野生动物案5件，收缴并放生猫头鹰6只、蛇48条、野生青蛙218公斤、野鸡16只。2004年，部分地区发生高致病性禽流感疫情，市工商局采取紧急措施，层层把关，对未检疫的活禽及禽类产品一律不准进入市场，防止“禽流感”传入。

2005年，市工商局制定“实施商品准入制度、规范市场交易行为试点工作方案”和“食品安全专项整治行动方案”，建立食品质量检验登记制度、重要商品市场准入备案制度和市场巡查制度。市场管理由过去的监管固定市场逐步过渡到监管社会大市场。

二、市场专项整治

（一）肉类市场

湘乡是生猪及肉类生产加工大县（市），因生猪及肉类经营分散，违法经营较多。1986年，全市查获注水肉案40件。1987—1993年，查获注水肉案182件，计9100公斤。

1994年，全市从事生猪销售、加工的企业和个体户发展到61家。当年立案查处注水肉案124件，计82.8吨，罚款9万元。但注水行为没有得到遏制。当年8月至10月，中央电视台、《中国质量报》、《中国工商报》、《湖南日报》、省电视台和广播电台先后披露湘乡少数肉类经营户制售注水肉的事件，同时，有关部门还收到来自广州、辽宁、天津、上海、北京等地的举报投诉信件。12月23日，市政府统一指挥，组织工商、公安、检察、质监部门对肉类加工及冷冻库进行突击检查，查获注水肉及其副产品226.4吨，注水量均在10% 以上，最高达78%，对其中30吨不能食用的予以销毁；140.2吨限价处理；56.2吨予以没收。市工商局会同有关部门对肉类加工行业进行清理整顿，注销营业执照6家，吊销3家。同时，制定《关于强化肉类行业合同管理的决定》和《经济合同款项寄存服务实施办法》，发至全市企事业单位和个体工商户，做到事前介入、事中监督、事后检查。

1995—1997年，共查处注水和变质肉14.5吨，肉类注水造假现象基本根除。

1998—2005年，城区实行生猪定点屠宰，市民吃上“放心肉”。

(二)粮食市场

1986年，国家允许剩余粮食上市，城区开始出现粮食自由交易。1989年，政府规定禁止粮食出境。至1997年，市工商局发现粮食流通中的非法经营活动便立即查处。1998年，国务院颁布《粮食收购条例》，市工商局根据“农民生产的粮食只能由承担收购任务的国有收储企业直接收购”“粮食收储企业只能在本行政区域内收购”的精神，组织专业队伍执法。至2001年，查获非法收购粮食案54件，处以罚款18.55万元，没收粮食93.9吨。

2002年4月1日以后，粮食市场全部放开。

第五节 经济合同管理

1986年，全市共有经济合同73264份，合同金额29480万元。抽查其中407个企业7036份合同，发现条款不清、责任不明、违法签约的有1208份。至1989年，全市先后举办合同法规培训班209期，培训11732人（次），检查合同86651份，鉴证合同997份。同时，开展“重合同守信用”活动，评出重合同守信用企业44家。

1990年以后，每年都对企业的合同进行检查、鉴证。至1994年，共检查合同38306份，鉴证合同5500份，受理仲裁申请466件，调解464件，裁决2件，评选重合同守信用112家。1995年，工商局合同管理工作被评为省工商系统先进单位并在中南5省（区）合同管理工作会上介绍经验。

从1996年起，市工商局停止经济合同仲裁工作，增加抵押物登记发证工作。1997年，举办合同管理和抵押物登记业务培训班，培训国营、集体、私营企业负责人等1746人。当年办理抵押登记170宗，抵押物价值5.38亿元，担保主债权3.18亿元，鉴证合同1476份，查处违法合同3件。

1998—2000年，办理抵押登记223宗，抵押登记55宗，注销抵押登记33宗。2001年，检查合同2645份，鉴证合同120份。2002—2004年，办理抵押登记40宗，帮助企业取得信贷8517万元，鉴证合同36份，评选“重合同守信用企业”106家。

2005年，加大对诚信理念的宣传，打击利用合同进行欺诈的行为，共检查企业162家，合同387份，责令2家企业纠正违约合同3份，合同金额26万元。抵押合同审查和抵押物登记47宗，为企业取得信贷资金1.0652亿元。

第六节 商标广告管理

一、商标管理

1986年，依据《中华人民共和国商标法》的规定，对注册商标进行检查，发现9个商标标识不符合印制要求；查处假冒注册商标案2件，侵犯他人商标专用权案8件，受理商标注册申请6个。至

1989年，共查处商标违法违章案47件，罚款2400元；收缴销毁非法商标标识25.5万张；受理商标注册申请9个，累计注册商标39个。

1990—1996年，以严打商标侵权行为、保护注册商标专用权为重点，共查处商标侵权案104件，收缴销毁侵权商标标识23.3万张，罚款8190元；查处商标其他违法违章案52件，收缴假冒注册商标标识53万张。

1997—1999年，着重清理整顿商标印刷企业，规范商标印制。对40家商标印制企业进行全面检查，清理不合格企业6家，进行专项业务培训，发放商标印制许可证34家。3年共查处商标侵权案16件；受理商标注册申请22个；累计有效注册商标110个。

2001年，成立市商标广告协会。

2002—2004年，市工商局帮助水府庙管委会联系磋商，办理7项服务商标申请。同时，在全市开展著名商标的宣传，指导企业申报著名商标，全市办理注册商标184个，“韶峰”（水泥）、“骄杨”（啤酒）、“深思”（电器）、“湖铁”（硅锰）、“晶山”（水泥）、“红球”（化肥），被认定为2004年湖南省著名商标。

2005年3月，市政府对获得“湖南省著名商标”的6家企业分别给予2万元奖励。至年底，有“碧洲”（农用运输车）、“棋梓桥”（水泥）、“湘铝”（氟化铝、氟铝酸钠、氟化镁）、“王易”（电开关），被认定为湖南省著名商标。

二、广告管理

1986年，根据国务院《广告管理暂行条例》。市工商局针对乱贴广告和内容淫秽的现象制定“湘乡市户外广告八条规定”，核准广告业务单位。至1989年，经省工商局审核合格的广告单位有4个。

1990—1993年，原4个广告服务部变更为广告公司，新发展广告经营单位6家。取缔违法经营的8家。经市政府同意，统一规划，在北门广场、汽车站广场设置户外广告牌50块，计875平方米。

1994—1998年，立案查处违法广告案41件，收缴销毁各类违法广告3.2万份。其中，查处虚假广告6件，处罚款14.8万元。在公安、交通、城管等部门配合下拆除沿街不规范广告牌4180块；投资5.6万元，在东风、南门两大广场设置大型广告牌，计面积760平方米，市容市貌和户外广告环境得到改善。

1999—2001年，重点打击违法广告行为，净化经济环境。共查处各种虚假广告和侵权广告案124件，罚没金额35.1万元；按照国家工商局《店堂广告管理暂行办法》，纠正店堂违章广告1512处。对全市21家广告经营单位进行年度资格审查。

2002—2004年，建立局所两级联动监管模式，启动社会力量监督。受理群众举报47件，查处违法广告案104件，罚没金额12.9万元。对各类广告实行预审登记制度，办理广告审核登记1200件，有效地控制了非法广告的流传。

2005年，开展“打虚假、树诚信”的广告专项整治，立案查处“优价鉴定胎儿性别”等违法广告案21件，责令停止发布虚假广告13件，罚没金额9万元。

第七节 消费者权益保护

从1987年起，受理和调处消费者的投诉和举报，努力保护消费者的合法权益。至1999年，共查处侵害消费者权益的案件482件，处理消费纠纷1368件，为消费者挽回经济损失54.8万元。

2000年，依据省工商系统机构改革方案，市工商局增设消费者权益保护股，与消费者协会密切配合，成立“湘乡市‘12315’申诉举报中心”。至2001年，接待来信来访3800人次，受理投诉106件，为消费者挽回经济损失3.6万元，消费者得到加倍赔偿金3.25万元。根据群众举报，查处制假窝点7个，依法予以行政处罚。

2002—2003年，进一步建立局域内部与相关职能部门以及社会投诉点站“三位一体”的打假维权联动网络；设立22个消费者申诉调解监督站，共受理消费者投诉1386件，调解1371件，为消费者挽回损失8.83万元，消费者得到加倍赔偿3.1万元；依法查处欺诈消费者案15件，罚款7.2万元。

2004—2005年，开展“3·15国际消费者权益日”活动，实施商品准入制度，加大对全市商品集散地的监督管理。共受理消费者投诉475件，成功调处466件，为消费者挽回损失13.3万元，查处经营假劣商品等案件16件，罚款5.6万元。

附录：消费者协会

1993年8月16日，市消费者协会（以下简称消协）成立，由市人大、政协、政府办、财委、工商局等部门和单位主要负责人及消费者代表组成。代表消费者对商品生产、销售和营业性服务进行社会监督，受理消费者投诉和举报，保护消费者的合法权益。在市工商局设立消协办公室，在城区和各乡（镇）成立消协分会。

此后每年3月15日，消协联合有关部门举办大规模的宣传活动，运用各种方式介绍消费知识、有关法律知识，宣传消费者的权利。1993—1995年，市消协共受理投诉160件，为消费者挽回损失24万元。1996年，在中国消费者协会提出的“百城万店无假货”年主题活动中，印发宣传资料1.7万份，接受咨询1.2万人，受理和调处投诉482件，为消费者挽回损失32万元。同时，在全市开展消费者信得过单位评选活动，有12家企业被授予“消费者信得过单位”荣誉称号，市消协被评为省消协系统先进单位。

1997—2001年，开展“讲诚信、反欺诈”“为了农村消费者”“明明白白消费”等主题活动，组织工作人员下农村，进商店，走厂家，广泛宣传法律法规，让广大消费者知道“维权有法律、有事找消协”。4年共受理投诉1826件，为消费者挽回损失97万余元。

2002年，市工商局给消协建了办公大楼，配备“12315”执法车1台，电脑2台。市消协内设计算机网络资料室、消费者投诉举报厅、消费者权益保护部、产品质量监督部、药品质量监督部、医卫质量监督部、种子质量监督部、物价监督部、新闻监督部。全市有消协分会21个，在各集贸市场、超市、街道、医院设消费者投诉（监督）站45处。市消协根据《中华人民共和国消费者权益保护法》赋予的职能，在全市开展宣传活动。受理投诉721件，接待来信来访咨询3800人次；根据消费者举报，协助行政执法部门查获制假窝点7个，查获假劣食品2300公斤，劣质饮料910瓶。

2003—2005年，投资20多万元建成消费者投诉服务网络，受理消费者投诉1188件，为消费者挽回损失26.1万元。

第五章 审计

第一节 审计机构

1986年，湘乡县审计局内设办公室、行政事业审计股、企业审计股3个股室。1987年3月，更名为湘乡市审计局。1989年，企业审计股分设为财政金融审计股和工交基建审计股，并增设审计事务所。1990年12月，又增设内审指导股。1997年3月，增设乡镇财政审计股。5月，市人民检察院设立审计行政执法联络室，工作由内审指导股负责。1999年3月，增设法规审计室。10月，撤销审计事务所。2002年，局内机构调整为办公室、法制股、任期经济责任审计工作办公室、行政事业审计股、财贸金融审计股、乡镇财政审计股。2004年，增加经贸审计股，至2005年，内设机构未变。

第二节 国家审计

国家审计包括：财政税收审计、金融保险审计、行政事业单位审计、专项资金审计、企业审计、固定资产投资审计等。1986年，共审计各类项目（单位）43个，查出违纪金额243万元，应收缴国库26万元，实收缴国库16万元。1995年，审计项目（单位）15个，查出违纪金额104万元，应收缴国库12万元，实收缴国库12万元；2000年，审计项目（单位）69个，查出违纪金额2430万元，应收缴国库198万元，实收缴国库162万元，核减基建投资787万元；2005年，审计项目（单位）57个，查出违纪金额7188万元，应收缴国库180万元，实收缴国库153万元，核减基建投资507万元。至2005年的20年间，共审计项目（单位）956个，查出违纪金额49821万元，应收缴国库3276万元，实收缴国库2113.4万元，核减基建投资3569万元。

一、财政税收审计

为加强对财政税收的监督，从1986年起，每年对财政税收必审。1987年，审计全市1986年财政预算执行情况及预算外资金，查出违纪金额350万元，收缴国库23万元。1996年，对全市1995年财政预算执行情况、预算外资金、财政专项资金、财政周转金实行全方位审计，查出违纪违规金额510万元，增加财政收入225万元，减少财政支出17万元。1999年，对1998年本级财政预算进行审计，查出违纪金额1129万元。通过审计，还查出市财政局农财股肖某等3人违纪所得5.4万元。2003年，对东郊乡财政决算进行审计，查出乡财政所个别工作人员贪污、挪用资金30余万元，违纪人员都受到法纪处分。

二、金融保险审计

1986年—1995年，金融保险业务的开展，主要由行业的上级单位、部门进行监管，审计机关对其审计次数不多、力度不大。1996年开始，审计机关加大对金融保险的审计力度。当年至1998年，先后审计金融保险单位10个，查出违纪违规金额770万元，其中偷税欠税10万元，虚列利润39万元，应列而未列收入20万元，应上缴财政54万元，实缴51万元。2000年，对工商银行湘乡支行和建设银行湘乡支行1998年度的资产、负债和损益进行审计，查出弄虚作假、挤占费用、转移资产、转嫁违规经营损失等行为，违规金额共2464万元，按照有关规定作了处理。

三、行政事业单位审计

为维护财经纪律，促进廉政建设，从1986年起，持续开展行政事业单位财务审计。1990年，审计行政事业单位26个，查出违纪金额412万元。其中，挪用财政资金非法牟利4.7万元，利用财政资金吃喝、送礼、滥发奖金13.4万元。1996年，审计行政事业单位16个，审计专项资金2454万元，查出违纪金额1147万元，应上缴财政136万元，实缴37万元。1998年，重点对执纪执法部门及其他行政性收费单位进行审计，查出违纪违规金额2554万元，应上缴财政215万元，实上缴190万元。1999年，对山枣学区财务进行审计，查出学区班子成员集体私分、贪污公款问题，没收个人违法所得及处罚款22.9万元，违纪违法7人分别受到党纪、政纪及刑事处分。2004年，审计行政事业单位20个，查出违纪金额765.3万元，收缴财政42.5万元。

四、专项资金审计

1986年，对市水利局财务进行审计，查出该局转移水利资金13.8万元用于建房，挪用15.7万元水利资金及9.9万元的水利物资经商。1990年，调查全市11个区（镇）、3个局、36个乡、61个村和农林场所，对1989年的农林水专项资金进行审计，审计金额653万元，查出违纪金额45.3万元。1996年，对农业专项资金进行审计，审计金额1310万元，查出违纪金额225万元。2005年，对地方动物防疫体系建设项目、家禽综合开发资金、松毛虫监测专项资金、粮食直补、水稻良种补贴及农机购置补贴等进行审计，审计金额2430万元，查出违纪金额138万元。

五、企业审计

1986年，审计国有企业4家。查处机械厂截留国家收入，税前还贷4.98万元，挤占成本10.28万元；查出五交化公司截留国家收入1.5万元，漏缴税金11.6万元；查处盐业公司虚列费用等3.5万元，漏交税收8310元；查处钢管厂虚报产品11万元，违纪金额15万元。1990年，对市6家商业公司进行审计，审计金额905万元，查出违纪金额95.2万元。1996年，围绕改革开放，对全市5家骨干工业企业进行审计，查出损益不实的单位2个，虚增利润1162万元，虚减利润1万元，国有资产流失4万元，违纪金额1502万元，其中偷税、漏税11万元。1998年，审计企业19家，查出违纪金额2265万元。1999年起，企业进行产权制度改革，至2005年，审计部门对破产、改制的18家国有企业分别进行审计。

六、固定资产投资审计

1986年，审计固定资产投资项目5个，查出违规金额86万元。1990年，审计金融系统8个单位的基建投资，审计金额462万元，查出违纪金额146.4万元。1996年，对投资30万元以上的基建项目进行重点审计，审计投资金额1300万元，核减和节省340万元。1998年，审计基建项目5个，总投资3612万元，查出违纪金额552万元，核减投资340万元。2004年，审计固定资产投资项目9个，审计金额4712万元，核减投资493万元。

七、领导干部任期责任审计

2000年5月，《湘乡市党政领导干部任期经济责任审计公示暂行办法》出台。2001年，对18个乡镇街道和13个市直副科级以上单位的47名党政主要负责人的任期经济责任进行审计，查出违纪违规金额1169万元，其中应负主要责任1062万元，负直接责任127万元。决定处罚262万元，指明纠正927万元。2004年，审计领导干部任期经济责任项目34个，干部51人，查出违纪金额2620.3万元，其中应负领导责任2326.8万元，应负直接责任293万元。2000年—2005年，共对153名党政领导干部任期经济责任进行审计，查出违纪违规金额8967万元。通过审计，给予晋升24人、平调116人、免职辞职12人、撤职1人、党纪政纪处分11人，移送司法机关处理2人。

第三节 内部审计

1986年，湘乡根据省审计局制发的《湖南省部门单位内部审计暂行规定》，有4家省属企业设置内审机构，配备专职审计人员24人。银行、保险、邮电、电力行业等7家单位设立内审机构，配备专职审计人员14人。当年，邮电局内审人员查处下属31个单位（项目），审计金额6737.82万元，查出违纪违规金额36.55万元。1989年，根据《中华人民共和国审计条例》和国家审计署下发《关于内部审计工作的规定》，1990年市编委同意政府部门及局级企业、事业单位设立内审机构。并同意市粮食局、商业局、教育局、卫生局、农业局、建委、经委、财政局、税务局、公安局、工商局、乡镇企业局、手工业联社、供销合作联社设立内审股，与原设立的监察室两块牌子、一套人马。其他审计业务较少的单位则设立专职或兼职的内部审计员，其人员在现有干部中调剂解决。各单位内审机构成立后，积极行使其职责。至1990年的两年间，供销联社共审计下属127个单位（项目），查出有问题金额1863万元，其中违纪违规金额93万元，损失浪费金额47.3万元，贪污金额29.6万元，其他18.4万元。对违纪人员给予党纪、政纪和经济处分14人，移交司法机关给予刑事处分7人。为企业挽回经济损失949万元，增加企业效益75.5万元。1991年以后，各部门、单位的内部审计步入正轨。1995年，全年各部门、单位共内审374个单位（项目），纠正违纪违规金额1.2048亿元，查出损失浪费金额18.3万元，促进增收节支312.8万元。1996年，内审单位（项目）297个，查出损失浪费金额71.2万元，纠正违纪违规金额306.16万元，促进增收节支1693.1万元。1997年，全市开展内审工作的部门、单位增加到20个，配备了35名专职内审人员，15名兼职内审人员。至1998年，内审单位（项目）1465个，查出损失浪费金额408.3万元，纠正违规金额2199.2万元，挽回经济损失327万元，促进增收节支1790.7万元。以后，内审工作列为各部门、单位监察工作内容，对有关数据，未列入审计统计。

第四节 社会审计

1989年3月，市成立审计事务所，其人员工资由市审计局统发，主要担当社会审计工作。从1991年4月起，事务所实行独立核算，自负盈亏。内设财务审计部，基建工程审计部和办公室3个部室，1992年，业务范围迅速扩大，服务项目由常规的验资财务审计，拓展到基建工程（预）决算审核，经济责任审计和经济案件的鉴证等。

1993年，审计事务所共接受22个单位委托的基建预决算验证项目48个，验证基本建设资金1083万余元，为建设单位节约支出102万元，为施工单位核增收入92万元。同时，受理经济案件、经济纠纷鉴定4件。接受工商企业使用资金的验证，为37个单位鉴证注册资金6000余万元。核减2个单位不真实资金120余万元；查证国土经费、劳动“两金”，林业“两金”，为委托单位查明应收回的各种款项12万多元；接受市审计局委托的4个审计项目，查出违纪违规金额130余万元。在开展“财政、税务、物价”三大检查中，受市政府“三查办”的委托，对12个单位进行检查，查出违纪违规金额200余万元。

1996年，审计事务所接受委托项目115个，完成委托事项99个。其中，财务收支审计8个，承包离任审计2个，国有企业审计查证1个，资产评估1个，经济案件鉴定5个，验资年检20个，基建项目审计40个，其他20个，核减基建预决算金额3050万元，为委托单位挽回损失1800万元，核减虚假注册资金250万元，促进提高经济效益800万元。

1999年6月，按照国务院关于规范社会审计组织的意见，市审计事务所因没有达到法定的注册会计师人数而被撤销。至此，社会性审计工作中止。

1986—2005年湘乡市审计成果统计表

表4-9

项目 年度	审计项目（单位）	查出违纪金额（万元）	应收缴国库（万元）	已收缴国库（万元）	核减基建投资（万元）
1986	43	243	26	16	—
1987	42	264	41	23	—
1988	45	306	54	37	—
1989	47	1602	118	110	—
1990	13	93	14	11	—
1991	34	647	27	18	—
1992	40	1352	62	62	—
1993	51	1674	98	68	—
1994	20	130	63	22	—
1995	15	104	12	12	—
1996	49	3890	308	182	—
1997	48	3068	160	115	—
1998	48	2504	392	242	—
1999	45	2959	244	121	—
2000	69	2430	198	162	787
2001	85	1876	395	128	635
2002	65	8203	309	228	717
2003	70	4850	246	219	330
2004	74	6438	239	184.4	493
2005	57	7188	180	153	507
合计	956	49821	3276	2113.4	3569

第六章 统计

第一节 统计机构

1987年，湘乡县统计局更名为湘乡市统计局，受本级人民政府和上级人民政府统计机构双重领导。局内设办公室、业务股、法制股。57个区、乡、镇都设有统计站。1994年，成立湘乡市城市抽样调查队，属市统计局下辖二级机构，履行城市居民家庭收支情况调查职能，调查资料报湘潭市统计局城市调查队。1995年，湘乡撤区并乡，区统计站被撤销。至2005年，全市22个乡、镇、办事处设统计站，驻市大厂矿及主要职能部门设有统计科室或统计岗位。

第二节 统计调查

一、定期调查

1986年起，市统计局依据国家统计局制定的统计报表制度，对一、二、三产业的产量产值，以及国民经济核算、人口与计划生育、民政、社保及党派团体、劳动与就业、财政金融保险、文化、教育、卫生、环保、科技、社会各个领域实行全面统计报表。2005年起，实施湖南省基层一套表制度。设置的统计专业有统计法制、工交统计、农村社会经济统计、贸易外经统计、投资房地产建筑业统计、人口社会科技（含劳资）统计、核算统计、综合研究、统计培训教育、信息化建设、城市调查、企业调查、普查、绩效目标考核，使国民经济和社会发展统计资料较为齐全。

二、抽样调查

20世纪90年代，统计部门配合经济发展目标的检查考核，抽样调查不断增多，主要有小康乡镇实现程度、农民负担、计划生育、农业结构调整、社会保障、“实事”实施情况、社会治安等。从1986年开始，湘乡有12个年份被抽定为人口变动抽样县。2001年起，湘潭市政府在湘乡市抽取7个乡镇街道的14个村作为农村多目标抽样调查样本单位。2005年，湘乡市还实行农村住户调查，每个乡镇街道抽20户，全市440户，由农户记账，直接由湘潭市统计局汇总。当年，省统计局以1% 的样本，抽中昆仑桥街道、壶天、金石、白田、月山、泉塘、梅桥、毛田、龙洞、金薮等乡镇的32个村、居委会，调查10400人，推算出全市2005年11月1日零时，人口出生率为12.87‰，死亡率7.48‰，自然增长率5.39‰；常住人口859600人，城镇人口214700人，乡村人口699000人，城镇化水平23.5%，人口密度454人/平方公里。

三、普查

1986年起，由国务院、省政府或国家部委直接组织普查有7次：

1990年，全国第四次人口普查时，查清湘乡市总户数为23.1346万户，其中集体户1458户，总人口852800人（不含离开户口地半年以上的人口）。

1992年，全国首次第三产业普查。通过普查，反映了湘乡三产业发展规模，为各级政府制定三产业发展战略提供决策依据。

1995年，全国第三次工业普查。按90年不变价新规定计算，全市工业总值为20.7亿元。1995年年末，全市拥有乡以上工业企业307家。其中，国有经济37家，集体经济270家。

1997年，全国第一次农业普查。查清湘乡市农业和农村经营单位的数量、结构，农村从业人员数量、素质，农业机械化程度，土地面积使用结构。全市农村户为21.6946万户，人口为777421人，全市耕地面积83.45万亩，林地面积95.03万亩。

2000年，全国第五次人口普查。查清全市境内常住户24.6576万户，807718人（均不包括外出半年以上户、人），其中男413489人，女394299人，性别比（以女性为100）为100：104.87。

2001年，全国第二次基本单位普查。普查范围为全市境内所有法人单位及所属的产业活动单位和个体工商户。通过普查，湘乡市编入法人单位名录（包括村、居委会）1523家。

2005年，全国第一次经济普查。查出全市共有二、三产业的法人单位1807个，其中企业法人单位592个，机关、事业法人单位431个，社会团体法人单位17个，其他法人单位767个。全市共有产业活动单位3441个，其中第二产业428个、第三产业3013个。个体经营户22262户，其中从事二产业3668户、三产业18594户。

四、专项调查

1986—2005年，开展的专项调查主要有：乡镇企业发展情况调查、环境保护调查、中国妇女儿童2001—2010年发展纲要调查、城市发展调查、小城镇建设调查及教育、卫生、文化设施等专项调查。

第三节 统计服务

1986年起，市统计局每年编印《湘乡市年度统计资料》，编办统计专刊《湘乡统计简报》《统计分析》《统计信息》等，为领导决策服务。

1989年，庆祝中华人民共和国成立40周年，编写反映湘乡发展变化的《湘乡四十年》。

1990年，市统计局设统计咨询服务部。

1995年后，市统计局定期向市委、市人大、市政府和市政协汇报国民经济和社会发展情况，参加市政府季度经济形势分析会，参与全市国民经济和社会发展“五年计划”的制定，参与市各届党代会、人代会文件起草，参与经济发展目标任务的制定、考核。同时，搞好各项统计监测，为领导决策提供依据。

1999年，为庆祝中华人民共和国成立50周年而编写的《五十年奋进，五十年辉煌》一书，被辑入湘潭市编印的国庆丛书。2003年，编写《湘乡经济社会发展概况》一书，被辑入《中国城市发展全书》。2005年，各项统计服务工作继续进行。

第四节 统计信息化

从1986年开始进行湘乡统计信息化建设。当年，市统计局接收一名由湖南省统计局分配的计算机技术人员，配备一台“386”型电脑。1990年后，电脑逐渐进行数据录入，以拷盘的形式与上级统计部门进行业务沟通。至1998年，电脑配置3台，统计局45岁以下的干部都通过计算机等级技术培训。从全国进行的第五次人口普查开始，计算机技术应用于统计之中。从1999年开始，建立基本单位数据名录库。以后通过每年的统计单位清查，使名录库逐步齐全。2001年，建立湘乡市统计信息网，并与湘潭市统计局联网。2002年，政务信息通过网站传输，公文政务信息实现电子传递，湘乡统计信息传向全省、全国，每年信息采用量居全省前列。2004年，进行内网改造。2005年，进行统计内、外网升级扩容。在湘潭市内率先完成专线网的开通，并对主机房进行 VPN 设备安装，使统计信息内部网达到与互联网对接。同年，市内还开展乡镇街道统计站规范化建设。湘潭、湘乡市统计局为部分乡镇统计站建立统计网页，使统计信息化建设开始向乡镇延伸。

第五节 统计执法

1986—1990年，市统计局围绕《中华人民共和国统计法》《中华人民共和国统计法实施条例》，每年都要深入基层进行检查、督促。1990年以后，常年性的统计行政执法检查成为一项制度。检查内容是督办统计基础工作，查处虚报、瞒报、伪造、篡改统计数据以及不履行统计义务的统计违法案件。为适应执法的需要。1993年，市人民法院在市统计局设立统计行政案件审查办公室。在立案查处的统计违法案件中，瞒报统计数据的行为占有相当大的比例。但对瞒报数据严重的单位给予经济处罚往往难以执行。1998年，某局不服市统计局下达的罚款决定，向湘乡市人民法院起诉。市人民法院经过开庭审理，认定市统计局执法正确，维持罚款决定。2003年，市统计局总结历年经验，制定《湘乡市统计局统计行政执法管理办法》，被湖南省统计局转发全省。至2005年，市统计局连续5年被评为湘潭市统计法制建设先进单位。

第七章 质量技术监督

第一节 管理机构

1986年，湘乡设县标准计量所。1987年改为市标准计量所。1988年8月，湘乡市标准计量所升格为湘乡市标准计量局，为副科级事业单位，主要负责市内计量和标准化管理，同时增加产品质量监督职能。1989年4月，市标准计量局更名为湘乡市技术监督局，为正科级行政单位。内设办公室、财务股、标准计量股、计量测试所、稽查队。1993年11月，市技术监督局人员、机构、职能整体合并到市科学技术局。1996年1月，市技术监督局与科学技术局分设。局机关内设：办公室、财务股、法制监督股、管理股，下设稽查队、产品质量检验所、计量测试所3个股级事业单位，在职人员21人。1999年，技术监督系统省以下实行垂直管理，市技术监督局改为湘乡市质量技术监督局，隶属湘潭市质量技术监督局管理。2000年，特种设备安全监察职能从市劳动局转到市质量技术监督局。2001年，市质量技术监督局进行机构改革，改革后定编46名，在职人员38人。局机关内设办公室、标准质量股、计量股、特种设备安全监察股、监督股、政工股，下设直属事业机构质量监督检验及计量检定所，局加挂稽查队牌子。2005年，增加食品生产加工企业和食品产品的质量安全和卫生监督管理职能，局机关增设食品安全股，在职人员39人。

第二节 标准化管理

一、标准审查备案

1988年，贯彻执行《中华人民共和国标准化法》，开始对企业实行标准化管理。至1997年，有107家企业的137项企业标准接受审查和备案，审查备案的食品、饲料标签有187项。

1998年，全市开展消灭无标生产工作。至2000年年底，共指导265家企业按标准组织生产，审查备案企业标准85项，办理食品、饲料、化肥等标签备案188项。对全市生产企业的执行标准情况进行全面审查登记，为309家企业发放“”湖南省产品标准实施证书”，全市工业产品标准覆盖率由48％提高到97.6％。2000年12月，经湖南省消灭无标准生产工作验收组验收，湘乡成为“消灭无标准生产验收合格县（市）”。2001年，审查备案企业标准16项，办理标签备案29项，帮助8家企业修订产品质量标准。“湘乡市网箱养鱼标准化养殖示范项目”列入2001—2003年湖南省农业标准化示范区（点）项目计划。市质量技术监督局、市畜牧水产局为项目承担单位，通过在水府庙库区建立示范基地、制订养殖标准、进行技术培训和示范推广，引导农户开展标准化养殖。2003年10月，经湖南省农业标准化示范区考核组对该项目进行现场检查，被认定为“湖南省高产优质高效农业标准化示范工作合格项目”。2005年，全市审查备案企业标准56项，办理标签备案149项。其中有7家企业9项产品采用国际标准和国外先进标准，获得湖南省质量技术监督局的认可。

二、组织机构代码

1993年开始启动组织机构代码工作，至2002年，全市共颁发代码证书2596套。当年开始，市内进行组织机构代码 IC 卡发放工作。至2005年年底，全市组织机构代码有效数据达到1024条，办理组织机构代码 IC 卡732个。

第三节 计量管理

1986年，县标准计量所设长度室、衡器室、压力室、电学室、天平室，建有长度检定、重量检定、交直流电表电压表检定、血压计检定、压力表校准、衡器检定校准等七种计量标准装置。根据国家计量局公布的强制检定工作计量器具目录，由县政府发文，确定第一批实施强检的计量器具为：尺、衡器、天平、压力表、水表、食用油售油器、液体量提、砝码。全年普查66个单位（个人），检测计量器具5981件（台），没收不合格计量器151件（台）。

1987年，市内开始推行国家法定计量单位，进行市制改革。1988年，发布《推行法定计量单位，进行市制改革的公告》，开展对城镇和农贸市场市制改革的检查，对机关单位文字材料、统计报表使用法定计量单位的检查。1989年，经湘潭市考核验收组验收，认定湘乡全面完成向法定计量单位过渡的任务。

1991年，开始进行计量认证管理，年末，完成计量认证2家。1993年，增建流量室，添置加油机检定设备，增建燃油加油机计量标准。1994年，为提高加油站加油员业务素质，举办加油员培训班,56名加油员取得合格证。同时，利用报纸、电视对《零售商品称重计量监督规定》进行集中宣传，抽查245家共418个批次的零售商品，合格率84%。1995年，组织人员对城乡100多家液化气供应站点进行计量专项检查，印制充装量标志。

1996年以后，进一步加强计量管理。至2000年，帮助24家企业搞好计量基础工作，使18家企业通过计量合格确认。从商品量、计量器具准确度入手，开展计量监督工作，查处计量违法案件14起。2001年，新增出租车安装计程计价器，全年检定计价器793台次，加油机771台次，天平65台次，血压计600多台，压力表200多块，衡器239台，电能表1635块，对6家企业进行计量合格确认。

2002—2005年，继续开展对社会公用计量标准，部门和企事业单位最高计量标准以及用于贸易结算，安全防护，环境监测，医疗卫生等方面的工作计量器进行强制检定。4年间，共检定天平214台，压力表1424块，血压计1181台次，计价器2176台次，加油机2511台次，衡器740台件，电能表910块。2005年，对全市使用计量器具的企事业单位进行全面摸底，建立计算机管理台账。

第四节 质量管理与监督

1988年，市内贯彻执行《产品质量监督管理条例》，启动产品质量监督工作，当年对湘乡的水泥产品开展抽样检验。

1989年，市技术监督局强化质量监督职能，对全市农药、化肥大检查，并配合湘潭市技术监督局进行食品定期检查。

1990年以后，市技术监督局，一面加强质量监督管理，一面帮助企业改善管理，提高产品质量。至1992年，查获假冒伪劣产品标值45.8万元。同期，先后有湖南铁合金厂的金属铬荣获部优产品称号，湘乡机械厂的电动滚筒、湘乡铝厂的冰晶石等7家企业的11项产品荣获省优产品称号。

1993年9月1日起，实施《中华人民共和国产品质量法》。年内，共监督检查企业259家，抽检产（商）品275批次，合格206批次，合格率为74.9%。

1994—1996年，市技术监督局加大对质量问题突出的饲料、预制构件、饮料、农用水泵、建材等重点产品的监督检查力度。对产品不合格的企业，帮助其完善生产条件，健全检测手段，促进产品质量提高。对多次抽检合格、产品质量好的企业，定期向社会公布并予以扶持，提高企业产品的知名度。期间，湖南韶峰水泥集团公司的水泥、湖南湘啤饮料有限公司的啤酒、湘乡面粉公司的面粉获“湖南名牌产品”称号。

1997年，市产品质量监督检验所加大产（商）品质量抽查密度。全年共抽样送检581个，合格465个，合格率80%；检查预制件企业68家，合格61家，合格率90%。

1998—1999年，抽样送检产（商）品样品882个，合格738个，合格率84%。在加强对企业产品质量监督管理的同时，为企业提供技术咨询服务，推介优质产品，排解质量纠纷。湘乡铝厂的氟化铝、冰晶石、湖南铁合金厂的金属铬、湘乡市酒厂的湘军王酒获“湖南名牌产品”称号，骄杨啤酒、韶峰水泥、裕华面粉通过省名牌复评，继续获得“湖南名牌产品”称号。

2000—2002年，继续加大产品质量抽查力度，共抽检产品1510批次，合格1324批次，合格率88%。针对产品质量不合格的企业，帮助其找准问题，进行整改。2002年，市政府下发《关于实施质量兴市的决定》，并制订《湘乡市质量兴市实施方案》，与相关责任单位签订质量管理目标责任书，启动质量兴市工程。

2003—2004年，积极实施名牌产品战略，继续开展“质量兴市”活动。帮助重点企业加强质量管理，完善质保体系。“韶峰”水泥通过省名牌复评，连续4次获得“湖南名牌产品”称号。市棋梓桥水泥有限公司的“晶山”牌水泥、市农用运输车有限公司的“碧洲”牌农用运输车、市郎舅槟榔加工厂的“郎舅”槟榔、市建材工业有限公司的“盘峰”牌水泥、市桂兴肥业有限公司的“桂兴”碳铵被评为湘潭市名牌产品。对大米、面粉等15类食品全面推进食品质量安全市场准入制度，全市有26家企业通过省质监部门审查验收，取得食品生产许可证。

2005年10月，“质量兴市”一期工程（2002—2005）顺利验收，湘乡市产品质量、工程质量、服务质量、环境质量和管理质量达到一定水平。

第五节 特种设备技术监督

1986年，特种设备安全监察由劳动部门负责。1988年，对乡镇企业的锅炉压力容器进行普查登记，计有锅炉24台，压力容器15台件。1991年，对全市企业锅炉房进行综合治理，共55个锅炉房，全部整改验收，基本合格。1992年以后，对锅炉房的安全状况，每年都进行检查，发现问题，及时整改。2000年5月，特种设备安全监察职能从劳动部门划归质量技术监督部门。当年，检查、检验锅炉24台次，督促检验液化气钢瓶1.2万个，查封“土锅炉”2台及违章制造的游乐升降机1台。

2001年起，进一步加强对特种设备的安全监察工作。至2002年，共检验锅炉233台次，督促检验钢瓶2万余个，查处“锅容管特”违法案件32起，下达停止运行通知书131份，全面完成“锅容管特”设备普查登记，并注册发证。全市共普查登记特种设备587台，普查率、登记率均100%。

2003—2004年，加强特种设备现场安全监察，重点查处违章操作行为和使用过期或不合格特种设备行为。查处特种设备违法案件30起，下达停止运行通知书36份。检验锅炉306台次，督促检验液化气钢瓶3.85万个，配合湘潭市质量技术监督局检验压力容器109台次、建筑升降机60台次、电梯24台次、游乐设施9台次。开展锅炉房综合治理、气瓶专项普查整治、节日期间游乐设施专项检查。气瓶专项整治工作通过推行气瓶产权改革，摸清在用气瓶的数量，逐步建立完善以气瓶充装单位为监察对象的气瓶长效安全监管机制。

2005年，检查特种设备制造和使用单位235家，发出安全监察意见书173份，停止运行通知书13份，安全监察指令书72份，提出整改意见1012起，现场督促消除重大安全隐患30起，查出特种设备违法案件23起，有效地控制了特种设备事故的发生。

第六节 行政执法

1986年，启动质量技术行政执法工作。至1988年，开展计量监督执法，没收不合格计量器具3110台（件），查处计量违法案件6起，罚没款2378元。1989—1990年，查处质量、计量、标准化违法案件73起，没收不合格计量器具5700台（件），没收非法收入和罚款3.8万元。1991年，开展农资专项打假，查处质量、计量违法案件51起，罚没款2.1万元。

1993年9月1日《中华人民共和国产品质量法》生效后，质量技术监督的行政执法机制逐步完善，执法力度不断加大。年内，对群众普遍反映、质量问题突出的农资、钢材进行专项执法检查，查处各类案件62起，立案18起，罚没款7万元。

1994—1996年，突出“打假治劣”，对饲料、农资、食品等重点产品开展集中整治。查获假冒伪劣产（商）品标值近400万元，收缴假冒伪劣产（商）品50余种，标的金额8万余元。捣毁制假黑窝点18个，办理技术监督行政执法案件177起。其中，立案37起，大要案3起，罚没款32万元。

1997—1999年，着重对农资、饲料、酒类、食品、汽车配件、摩托车配件开展市场专项检查和整治，查获假冒伪劣产（商）品标值270万元，立案查处案件77起，罚没款42万元。

2000年，分别开展农资、饲料、建筑材料、食品、燃料油、通信器材、计量等专项检查。共检查厂店2679家，产（商）品1081种，查处质量、计量、标准化、特种设备违法案件421起，立案127起，捣毁制造假冒名酒的窝点2个、加工假冒饲料的窝点2个，罚没款80万元。受理消费者投诉118起，为消费者挽回经济损失25.4万元。

2001—2003年，贯彻国务院用铁腕抓质量的指示精神，加大质量监督力度，重点对与人民群众生产、生活密切相关的农资、饲料、食品、建材、食用盐、电脑、校服等产品开展专项检查。3年中，查处违法案件1246起，立案369起，罚没款193万元，受理消费投诉312起，为消费者挽回损失62.4万元。

2004年，开展食品专项打假行动、禽类产品专项执法检查、农用运输车市场专项整顿、乳制品市场专项整顿、化工原料与危险化学品专项打假、加油站计量专项检查。共办理行政执法案件140起，立案35起，罚没款40万元。受理投诉59起，为消费者挽回直接经济损失20多万元。

2005年，开展“查农资、保春耕”“查食品、保两节”“查建材、保工程”专项打假行动。重点查处小食品、名烟名酒、农药化肥和建筑用钢材、水泥、装饰材料等方面的案件，严厉打击生产、销售无许可证和生产、经营中强制性认证的违法行为。共办理各类案件341起，立案126起，罚没款114.5万元。

第八章 农村合作经济管理

第一节 管理机构

1987年8月，县农业经营管理站更名为湘乡市农村经营管理站，并加挂湘乡农村合作经济审计站牌。经营管理站内设经营指导股、财会辅导股、财务审计股和办公室。1990年8月，市政府成立“湘乡市减轻农民负担领导小组”，其办公室设经营管理站内。10月15日，成立全市农村承包合同管理委员会。

1993年11月，撤销农村经营管理站，成立市农村经营服务中心，并加挂市减轻农民负担领导小组办公室、市农村合作经济审计站的牌子。服务中心内设：人事秘书股、农村承包合同管理股、农村财务管理股、减轻农民负担办公室。各区、镇、乡、街道均设经营管理站。1995年8月，农村经营服务中心内设的减轻农民负担办公室，更名为农民负担监督管理股。同年11月，市农村经营服务中心更名为湘乡市农村合作经济管理局。至2005年，机构未变。

第二节 农村土地承包合同管理

1987年12月，市经管站组织干部在白田镇长江村进行完善农业生产责任制试点。总结《长江村稳定和完善家庭联产承包责任制的做法》在全市推广。1988年8至9月，市经管站组织力量，调查5个乡、10个村的责任制情况，拟写《关于完善和稳定家庭联产承包责任制的意见》，由市委办公室转发。

1989年3月，市经管站组织全市经管干部调查30个乡镇，125个村，602个村民小组，10个乡镇林场，写出有关联产承包责任制的调查材料32篇，并组织人员到攸县等地学习稳定和完善联产承包责任制的经验，起草《关于完善双层经营、稳定家庭联产承包责任制的意见》(以下简称《意见》)。全市根据《意见》从9月开始对农村土地承包进行小调整。至年底，有550个村（占总村数的77%）、7240个村民小组（占村民组总数的88%）完成小调整。共调整承包水田81864亩，为44124户增加责任田。1990年，市政府下发《关于认真建立健全承包合同管理的通知》，并总结石柱乡和龙洞乡中朝村建立小调整档案的经验在全市推广。至年底，全市乡、镇、街道普遍对1984年以来的土地承包资料都进行整理归档。

1992年，重点进行水面及场所专业承包合同的完善工作。至年底，全市共完善水面承包合同5278份、其他专业承包合同4510份。增加集体收入255万元。

1996年开始，开展土地延包工作。以市经管局和市农办为主，组成土地延包责任制办公室，承担政策解释和工作指导。至1998年年底，全市707个村，8068个村民小组，全面完成耕地承包延长30年的工作。至2000年的3年间，共发放“”耕地承包经营权证”196218户，签订土地承包合同书20344份。2001年，开展土地承包经营权流转机制的调查研究，指导各地开展流转工作。至年底，全市有偿转让土地的承包户5041户、转让土地15689亩；无偿转让土地的承包户4074户、转让土地13273亩；采取其他流转形式的209户、转让土地519.27亩；常年抛荒的535户、抛荒802.7亩。

2002年，签订和完善第二轮土地承包合同，共补签土地承包合同48285户，全市土地承包合同签订率达95%。2004年，在山枣镇洙津村开展土地承包流转的试点工作。至2005年的两年间，全市新增农村土地流转户3650户，新增土地流转面积9400亩。

第三节 农村财务管理

1986年，县经管站总结白田区村级财务管理的经验，在全县推广。至1987年，全市有705个村建立规范的财务管理制度，占总村数的99.4%。1987年上半年开始，全市村级开展“四个一”活动，即坚持每月结一次账，每季报一次表，每半年乡镇组织一次比赛，年末村级财务进行一次公布。进一步促进农村财务工作。1987年8月，成立中央农业广播电视学校湖南分校湘乡市会计辅导站，实行函授、面授、刊授、电教四位一体的教学体制，培训农村会计人员。至1990年，共注册学习732人，毕业562人。

1990年开始，全市开展农民会计技术职称评定工作。两年间，全市农村有513人获得村会计技术职称。其中，会计师66人、助理会计师205人、会计员162人、助理会计员80人。1991年，全面推行农业部、财政部发布的新会计制度，收付记账改为借贷记账。全市共办培训班8期，培训师资70人，村、企会计920人。至年底，全市712个村，村村完成改制任务。

1996年4月，贯彻执行财政部、农业部颁发《村合作经济组织财务制度》和《村合作经济组织会计制度》，从1997年6月起，分3批对全市村会计进行集中培训。

1998年，贯彻市委、市政府《关于农村集体资产清产核资工作的规定》，开展农村集体资产的清产核资工作。2000年，全面部署村级财务清理公开。全市各村设立固定公开栏348个，成立民主理财小组645个，当年有644个村完成清理公开，占总村数的90.4%。

从2001年开始，全市开展“村账乡镇街道代管”工作，至年底有375个村实行乡镇代管。2002年，根据农村税费改革需要和村委换届新任会计较多的情况，举办4期村会计培训班。通过培训，全市村级财务做到“五统一”，即统一财务管理制度，统一会计凭证账簿和会计报表，统一印章、票据、凭证管理，统一执行农业部、财政部的新会计制度，统一会计科目、记账办法。

2003年，制订《湘乡市村账乡（镇、街道）代管工作实施方案》。至年底，有8个乡镇的村账代管及电算化管理经湘潭市验收合格。2004年，“村账代管”及电算化管理列入乡镇办事处绩效考核的目标。年底，又有10个乡镇街道的村账代管经湘潭市验收合格。2005年，全市22个乡镇街道，共接管703个村的账务，代管率为98.7%。

第四节 农民负担监督管理

1986年，对农民负担的监督管理，由农经、财政等有关职能部门负责。从1990年起，市里成立减轻农民负担领导小组及办公室，专门行使其职责。1991年，市岗位责任制领导小组发出通知，将减轻农民不合理负担工作列入乡、镇、街道目标管理考核内容。同年，市政府发出《关于减轻农民负担，保护农民利益的通知》，对农民负担进行定项限额，并重申监督机制。根据市委、市政府的安排，对涉及农民负担的文件进行清理。全市共清理涉及农民负担的文件37个，经市减负办鉴定，报湘潭市减负办审核，废止执行11个，修改后执行14个，继续执行的12个。1992年5月，市减负办将国务院《农民负担费用和劳务管理条例》翻印，发到全市各乡、镇、街道及其村、组。同时，在《湘乡报》上刊登减轻农民负担的专题文章。5月，对各乡、镇、街道1992年度农民负担方案进行严格审批，核减5个乡镇不合理负担共12万元。对各乡、镇、街道1990—1991年的统筹款收支情况进行审计，共查处各类违纪金额215万元。7月，市减负办会同有关部门，清理涉及农民负担的收费文件27个，废止14个，部分取消12个，修改后执行的1个；并会同有关部门制订1993年春、秋两季中小学收费标准，出台6条制约措施。

1994年，全市发放“农民负担监督卡”22.5万份，做到一户一卡。6月，全市开展选聘农民负担监督员的活动。通过自荐与推选相结合的办法，从全市49个乡镇街道的市人大代表中选聘51人担任农民负担监督员。1995年，全市有3名农民负担监察员和54名执法员，由省政府农村工作办公室颁发监察证和执法证。1996年上半年，全市开展“五查、五看”活动，即一查收费文件，看有无违反政策法规；二查收费项目，看有无文件依据；三查收费标准，看有无擅自提高；四查收费票据，看是否符合规范；五查收费去向，看是否挪作他用。通过清查，全市取消不合理集资项目12个，金额为1982万元；清退学校乱收费118万元；清退强行收取农村养老保险金54万元。合计减轻农民负担2154万元，人均减负27.8元。

2000年，市委、市政府下发《关于2000年农民负担监督管理工作的意见》，明确减负工作目标和任务。市政府向湘潭市政府立下减负责任状；22个乡镇街道、12个涉农部门向市政府立下减负责任状。2001年，栗山镇因教育附加费“随读代征”，引发少数村民冲击镇政府事件。事发后，市委、市政府组织市直机关100多名干部进村入户做过细的政治思想工作，使问题得到妥善处理。

2002年，市委、市政府在全市开展农村税费改革工作。主要内容是取消乡统筹、农村教育集资等面向农民征收的行政事业性收费和政府性基金、集资，取消屠宰税，取消或逐步取消统一规定的劳动积累工和义务工；调整农业税政策和农业特产税政策；改革村提留征收使用办法。2002年，全市农民负担总额为4208.9万元。其中，农业税3187.1万元，农业特产税60万元，“两税”附加649.4万元；“一事一议”筹资312.4万元，加上年初已入库的屠宰税36.6万元，实际负担总额为4245.5万元，人均55.8元。全市农民负担总额比2001年度减少989万元，人均减少13元。为了防止农民负担的反弹，当年7月，印制6000张“农民负担警示卡”，发到市直涉农单位、乡镇街道干部及村常设干部手中。市减负办和监察局、物价局一起设立“学校违规收费举报箱”，公布举报电话。发现问题，及时纠正。2003年4月，市委办、市政府办下发《关于认真开展涉农收费资金专项审计的通知》，市减负办组成4个审计组对12个重点部门单位进行专项审计。2004年，全市取消除烟叶外的农业特产税及附加，向农民按时足额发放粮食“两补”资金1445.6万元。其中，粮食直补金为611.6万元，良种补贴金834万元。2005年，全市全面取消农业税及附加，农民负担大减。

1986—2005年湘乡市农民负担和农民人均所得统计表

表4-10

项目 年度	国家税金		“两税”附加 （万元）	上缴国家有关部门 （万元）	“三提五统” （万元）	“一事一议”筹资 （万元）	农民人均所得 （元）
	小计 （万元）	其中:农业税收 （万元）					
1986	682	612	—	—	323	—	363
1987	1367	669	—	—	1379	—	446
1988	1495	658	—	—	1707	—	539
1989	2047	758	—	—	1948	—	576
1990	2145	854	—	104	1545	—	579
1991	2355	875	—	374	2179	—	592
1992	2885	1136	—	507	2228	—	646
1993	3336	1109	—	689	1947	—	723
1994	6421	1741	—	1711	2362	—	882
1995	10373	2048	—	1747	3722	—	964
1996	11982	2936	—	1372	3635	—	1049
1997	8382	2843	—	2007	3949	—	1119
1998	6932	2602	—	1502	4238	—	1123
1999	6486	2426	—	692	3320	—	1109
2000	6167	2328	—	1570	3109	—	1182
2001	6218	2886	—	943	3358	—	1210
2002	9469	3445	893	2478	—	345	1400
2003	11995	3357	763	3852	—	174	2941
2004	12246	2010	595	3341	—	251	3449
2005	8064	—	—	2032	—	256	3722
合计	121047	35293	2251	25021	40949	1026	

第五节 农村合作经济组织建设

一、专业合作经济组织

1998年8月，经市民政局注册登记，全市第一家农民专业合作组织——望春门办事处食用菌专业协会成立。2001年，又有潭市镇种桑养蚕专业协会、东郊乡石竹养猪专业协会成立。2002年，经湘潭市农经处注册登记有湘乡市海龙米业合作社（栗山镇西山村）成立。2003年，有湘乡市诚鑫牧业合作社（山枣镇新塘仑村）和东郊乡新塘村养猪专业协会成立。到2004年年底，全市有农民专业合作经济组织85个，拥有会员24776户，带动农户35421户。先后有潭市镇种桑养蚕专业协会、湘乡市海龙米业合作社、东郊乡石竹养猪专业协会和月山镇横江养猪专业协会申报立项，取得省专项经费支持。

二、农村合作基金会

1994年3月，市委、市政府组织人员赴桃源县参观学习农村合作基金会创办经验。4月在洪塘乡试点，5月16日洪塘乡农村合作基金会成立。至年底，全市乡镇合作基金会发展到23个，其中有15个乡镇合作基金会在所辖的155个村设立代办站。同年11月18日，湘乡市农村合作基金会联合会成立。至年底，全市农村合作基金会共吸聚资金1083.18万元。其中，股金696.91万元，代管资金386.27万元。投放资金余额为986.37万元。其中，投放农业生产335.47万元，乡村企业276.5万元，商饮服务业258.6万元，其他项目115.8万元。经过5年的发展，到1999年2月，全市合作基金会共聚资25090.5万元。其中，会员股金23372.1万元，代管资金1718.4万元，投放资金余额16010.5万元。

1999年4月，市委、市政府根据中共中央、国务院关于整顿金融秩序的指示精神，对全市农村合作基金会进行整顿，予以停办。在整顿中，采取多种措施抓好借款、担保借款的收回工作。经过一年多的努力，全市共收回借款8800万元，对农民的股金和存款采取分期分批兑付。2000年，账务移交给当地信用社。

第五编 农业

1986年，湘乡农业以粮食、生猪为主体，继续实行家庭联产承包责任制。当年，全县粮食播种面积7.82万公顷，粮食总产45.5万吨；生猪饲养量139.82万头，出栏肉猪61.86万头；放养水面7100公顷，水产品6321吨；出笼家禽100.35万羽；森林覆盖率29.8％；水利投工423.7万个，投资605.8万元，完成工程7832处；农机总动力14.68万千瓦；农业总产值28160万元。1987年起，市委、市政府一面稳定承包责任制，一面调整农业产业结构，农、林、牧、渔全面发展。1992年，全市粮食播种面积82350公顷，粮食总产49.29万吨，比1986年分别增长5.3％、8.3％；生猪饲养量183.22万头，出栏肉猪92.66万头，名列全国第十七位，比1986年分别增长31.04％、49.7％；放养水面7970公顷，水产品1.14万吨，比1986年分别增长12.24％、79.67％；出笼家禽211.2万羽；比1986年增长110.46％；森林覆盖率39.81％，比1986年增长33.59％；水利投工912万个，投资924.98万元，完成工程8395处，比1986年分别增长115％、52.68％、7.2％；农机总动力19.21万千瓦，比1986年增长30.88％；农业总产值52495万元，比1986年增长86.42％。

1993年起，提出用3～5年时间，建立优质稻生产基地、瘦肉型猪和草食动物基地等十大农产品基地，延长土地承包期30年，让农民吃上“定心丸”，湘乡被省农业厅考核认定“双季亩产过吨粮县（市）”，并获得“全国肉类产量百强县（市）”称号。1999年，全市粮食播种面积74080公顷，比1992年下降10.04％，粮食总产50.12万吨，比1992年增长1.7％；生猪饲养量241.43万头，出栏肉猪141.83万头，比1992年分别增长31.77％、53.06％；放养水面9090公顷，水产品2.16万吨，比1992

年分别增长14.07％、90.19％；出笼家禽264.8万羽，比1992年增长25.38％；森林覆盖率44.94％，比1992年增长12.89％；水利投工810万个，比1992年减少102万个，投资5217万元，完成工程8560处，比1992年增长4.64倍、1.96％；农机总动力30.04万千瓦，比1992年增长56.37％；农业总产值12.38亿元，比1992年增长135.78％。

2000年起，出台《农业产业化经营的优惠政策和奖励办法》，重点扶持华龙米业、红园粉丝等农产品加工企业，湘乡先后获得“全国造林绿化百佳县（市）”称号、“全省高效渔业先进县（市）”称号，国家粮食丰产科技工程湘乡核心试验示范区主持的“水稻隔层定距无盘抛植技术研究与应用”项目通过省级鉴定。2005年，全市粮食播种面积81790公顷，粮食总产56.21万吨，比1999年分别增长10.4％、12.15％；生猪饲养量303.1万头，出栏肉猪198.62万头，比1999年分别增长25.54％、38.12％；放养水面9270公顷，水产品2.67万吨，比1999年分别增长1.94％、23.5％；出笼家禽338.1万羽，比1999年增长27.68％；森林覆盖率46.33％，比1999年增长3.1％；水利投工805万个，比1999年减少0.62％，投资5895万元，比1999年增长13％，完成工程7640处，比1999年减少10.75％；农机总动力53.91万千瓦，比1999年增长79.47％；农业总产值20.98亿元，比1999年增长69.54％。

第一章 种植业

第一节 管理机构

一、市农业局

1986年，农业局内的专业股站已分离出去，成立市农业技术推广中心（副科级事业单位），行政与事业分开。但农技中心的人事任免仍由农业局负责管理。当时，在职49人，其中干部42人、工人7人。到1988年，农业技术推广中心从原址市农业广播学校迁回市农业局，除对外保留“市农业技术推广中心”名称外，人、财、事、物由农业局统一管理。1991年，农业局搬迁至桑梅路97号，与农业技术推广中心合并，农业局正副局长、农技中心正副主任和原农业局工作人员属行政编制，原农技中心的其他人员属事业编制。1993年11月，农业局的行政编制人员并入市农村工作委员会组成新的农业局，原农业局的事业编制人员，也就是专业技术人员组成市农业技术推广中心（正局级）。至1994年12月，前者新的农业局恢复为市农村工作委员会，后者农技中心恢复为市农业局。2005年年末，在职65人，其中干部50人、工人15人。

二、乡镇农技站

1986年前的农技推广体系是：县有农技推广中心，区有农技站，乡有农科站，村有农科组。1986年，精简机构，除东郊、月山、双江等乡各留一名农科员外，其余各乡农科站150多人全部下放回家，东郊、东山等9个区和望春门等3个街道设农技站。1989年，重建乡农科站，从老农科员、农业广播学校学员和社会青年中招聘98名集体所有制农技人员，有45个乡镇建立农科站。1995年，撤区并乡，撤销区农技站，设立东郊、望春门等22个乡镇街道农技站，定性为乡一级的事业单位。1996年，市人大常委会决定乡农技站按承包耕地面积每亩1公斤稻谷的标准，向农户收取技术服务费，同时开展有偿经营服务，乡农技站得以巩固。1997年，乡镇街道农技站（东山乡农技站变为东山街道农技站）全体人员改为按每年每人3410元的标准由市财政列支，2003年增加到7400元，不足部分由经营收入补充。2005年年底，乡镇街道农技站农技人员有369人。

第二节 耕地

一、耕地面积

1986年年末，全市耕地面积46150公顷，其中水田40310公顷，旱土5840公顷，人均耕地0.93亩。1987—1993年，耕地面积以年均210公顷的速度减少。1993年年末，全市耕地面积为44650公顷，比1986年减少3.36%。其中，水田39620公顷、旱土5030公顷，人均耕地0.86亩，比1986年分别减少690公顷、810公顷、0.07亩。1994—2000年，耕地面积以年均220公顷的速度减少。2000年年末，全市耕地面积为43080公顷，比1993年减少3.51%。其中，水田38650公顷，旱土4430公顷，人均耕地0.8亩，比1993年分别减少970公顷、600公顷、0.06亩。2001年起，保护耕地的政策虽较严厉，但耕地面积依然减少，一个重要原因是修路、建房占有大量土地。2005年比2000年减少800公顷。其中，水田120公顷，旱土680公顷，人均耕地减少0.01亩。

1986—2005年湘乡市耕地统计表

表5-1　　单位:千公顷

年 份	年末耕地	人均耕地亩/人	水 田	旱 土	年 份	年末耕地	人均耕地亩/人	水 田	旱 土
1986	46.15	0.93	40.31	5.84	1996	43.77	0.84	38.99	4.79
1987	46.05	0.92	40.28	5.76	1997	43.89	0.84	38.77	5.12
1988	45.97	0.91	40.30	5.70	1998	43.39	0.82	38.75	4.63
1989	45.97	0.89	40.32	5.65	1999	43.30	0.82	38.74	4.56
1990	45.90	0.88	40.31	5.58	2000	43.08	0.80	38.65	4.43
1991	45.84	0.87	40.22	5.61	2001	42.99	0.81	38.62	4.37
1992	45.25	0.87	40.14	5.11	2002	42.53	0.80	38.57	3.96
1993	44.65	0.86	39.62	5.03	2003	42.28	0.79	38.53	3.75
1994	43.92	0.85	39.00	4.92	2004	42.28	0.79	38.53	3.75
1995	43.57	0.83	38.71	4.86	2005	42.28	0.79	38.53	3.75

二、土地改良

1986年，利用商品粮基地建设基金和发展粮食生产专项资金，在花坪乡大桥村对中低产田进行工程改造。1987年，市政府对大乐乡南郑村9组和3组的青泥田，采取开明渠、暗渠、滂改井等措施，进行工程和生物改造，每亩增产65公斤稻谷，然后在全市铺开。1990—1995年，全市在8个区19个乡镇的46处地方进行工程和生物改造。市委、市政府采取农户、集体、国家三轮齐转的投入方式，累计投入8300万元，铺设暗涵3000米，兴建闸门250座，硬化田间水渠38000米，使15.33千公顷中低产田成了旱涝保收高产田。1996年，市财政局、农业局、国土局联合行文，由农业局掌握33% 的造地费，用于中低产田改良。至2004年的8年间，对虞唐、栗山、山枣、昆仑桥4个乡镇办事处8个村的165.33公顷水田进行平整，由于没有十分重视耕作层保护，其中45% 的耕地无熟土层，28% 的耕地是由熟土和成土母质掺和而成，肥力下降，造成减产。2005年，在总结经验教训的前提下，在龙洞、山枣、虞唐等地平整土地146.67公顷，取得农户满意的效果。

第三节 结构

一、播种面积

1986年，全县农作物播种面积（以下简称播积）108590公顷。其中，粮食作物（水稻、旱粮）播积78200千公顷，占72.01％；经济作物（花生、油菜、茶叶、柑橘、烟叶、棉花、苎麻、桑、绿肥及其他）播积30390千公顷，占27.99％。复种指数为1.92。1987—1991年，农作物播积年均为116660公顷。其中，粮食作物播积在79180～81300公顷之间，年均79980公顷；经济作物播积在33100～39780公顷之间，年均36670公顷。复种指数为2.05。1992年，农作物与粮食作物播积均创历史新高，分别为124610、82350公顷，比1986年增长14.75％、5.3％。其中，粮食作物播积占农作物播积66.09％，经济作物播积占33.91％。复种指数为2.17。1993年后，农作物播积与粮食作物播积逐年有所减少，主要是建设规模扩大，修路、建房等占用田地较多。2000年，农作物播积101910公顷，粮食作物播积73870公顷，经济作物播积28040公顷，分别比1992年下降18.22％、10.3％、33.65％。粮食作物、经济作物播积分别占农作物播积的72.49％、27.51％。复种指数为2.23。2001—2004年，农作物播积逐年有所增加，而粮食作物、经济作物播积呈彼增此减或彼减此增态势。2005年，农作物播积为125070公顷，粮食作物播积81790公顷，经济作物播积43280公顷，分别比2000年增长22.73％、10.72％、54.35％。复种指数为2.95。

1986—2005年湘乡市耕地统计表

表5-2 单位:千公顷

项目 年份	农作物播种面积	粮食播种面积	经济作物面积	复种指数	项目 年份	农作物播种面积	粮食播种面积	经济作物面积	复种指数
1986	108.59	78.20	30.39	1.92	1996	107.94	78.20	32.81	2.07
1987	112.28	79.18	33.10	2.03	1997	104.12	79.18	29.87	2.37
1988	115.61	79.65	35.96	2.09	1998	101.19	79.65	27.19	2.33
1989	115.30	80.08	35.22	2.02	1999	103.11	80.08	29.03	2.22
1990	119.01	79.71	39.30	1.99	2000	101.91	79.71	28.04	2.23
1991	121.08	81.30	39.78	2.14	2001	106.02	81.30	32.45	2.45
1992	124.61	82.35	42.26	2.17	2002	111.88	82.35	39.92	2.44
1993	121.91	79.84	42.07	2.16	2003	113.25	79.84	43.65	2.64
1994	109.11	75.63	33.48	1.97	2004	121.96	75.63	41.34	2.69
1995	109.66	74.67	34.99	2.01	2005	125.07	74.67	43.28	2.95

二、产值

1986年，种植业总产值为16442万元（现行价，下同）。其中，粮食作物产值为12214万元，经济作物（除粮食作物以外的其他作物）产值为4228万元，分别占种植业总产值的74.29%、25.71%。1990年，种植业总产值为28884万元。其中，粮食作物产值为18660万元，经济作物产值为10224

万元，分别占种植业总产值的64.6%、35.4%。1991年以后，种植业总产值逐年上升，粮食作物产值所占比重稳定在74% 上下。1998年起，粮食作物与经济作物产值占种植业总产值的比重变化较大。1999年，种植业总产值为80427万元。其中，粮食作物产值为41718万元，经济作物产值为38709万元，分别占种植业总产值的51.87%、48.13%。2005年，种植业总产值为139437万元。其中，粮食作物产值为84078万元，经济作物产值为55359万元，分别占种植业总产值的60.3%、39.7%。

第四节 粮食作物

湘乡粮食作物以水稻为主，旱粮主要有薯、豆、麦和玉米等。

一、水稻

（一）面积产量

1986年，全县水稻种植面积73.54千公顷，总产44.587万吨，单产6063公斤 / 公顷。1989年，以粮为纲，全面发展，湘乡市被国务院批准为全国商品粮基地，市委常委专门研究吨粮田问题。1991年，水稻种植面积为74.62千公顷，总产49.2122万吨，单产6595公斤 / 公顷，分别比1986年增长1.47%、10.37%、8.77%。

1993年，成立吨粮田领导小组，市委、市政府主要领导分片包干，乡镇领导具体负责，推广优良稻种，采取优化栽培和科学管理方法，配合奖励措施，使水稻单产有新的提高。1994年，省农业厅认定湘乡市为“双季稻过亩产吨粮市”。当年，全市水稻种植面积68.1千公顷，比1991年减少9.57%，总产、单产分别比1991年增长3.22%、13.1%。

1996年，“国家水稻工程”湘乡基地洙津村双季稻面积63.93公顷，单产16155公斤 / 公顷。1999年，全市水稻种植面积、总产、单产分别为70.15千公顷、49.7092万吨、7086公斤 / 公顷，面积比1994年增长3.01%，总产减少2.15%、单产减少5.26%。

2000年起，水稻种植面积、总产、单产呈现前减后增的趋势。2005年，种植面积78.44千公顷，总产55.2832万吨，单产7048公斤 / 公顷。面积比1999年增长11.82%；总产比1999年增长11.21%；单产比1999年下降0.54%。

（二）品种搭配

1986年，常规品种为主，早稻主要品种为原丰早、广陆矮四号、浙辐802、竹系26、二九丰、湘早籼1号、湘早籼3号。同时，开始引进优质米稻79317和杂交早稻威优48、威优49、威优98，早、中、迟熟比例为3：4：3。晚稻主要品种为余赤231-8和粳稻天津31及少量的优质米稻1952、衡校172，杂交晚稻组合有威优49、威优47、汕优287、威优125和威优98。主要品种搭配形式为浙辐802搭配余赤231-8、威优6号、优质米稻1952；竹系26搭配威优64、余赤231-8；广陆矮四号搭配威优35、湘矮早九号翻秋。为适时抢收抢插和方便灌溉用水，农户纷纷争种早熟品种，浙辐802、浙852、嘉籼758逐渐取代广陆矮四号和竹系26，杂交晚稻逐渐取代余赤231-8和晚粳。至1993年，早稻共有45个品种，早熟早稻品种占种植面积的70%，主要品种为娄早籼5号、浙852、浙辐7号、湘早籼7号、浙733、嘉籼758、中86-44、湘早籼1号、湘早籼8号、湘早籼11号。晚稻主要品种为威优64、汕优64、汕优桂99和少量的湘晚籼3号、余赤231-8及威优35。1995年，农业局调查79户的早稻品种，其中，中86-44、浙733、湘早籼3号占种植面积的60%；晚稻则由威优46、汕优46、枝优佳99、威优77、金优77为主，优质米品种有圭巴抗和湘晚籼1号。1996年，因为早稻迟熟不利于晚稻的种植和管理，农业局调查62户的早稻品种，其早、中、迟熟比例为38：56：6，迟熟比例明显减小。至2005年，早稻的主要品种有金优974、湘早籼17号、中鉴100、浙92-48；晚稻的主要品种有金优207、威优46、新香优80、T 优207、T 优259、岳优9113、金优448、湘晚籼9号、湘晚籼13号、爱华5号。主要优质米品种有湘晚籼9号、湘晚籼13号。主要的品种搭配形式有娄早籼5号、中优早81、湘早籼17号、中鉴100等搭配威优46、威优644、威优227、金优桂99、T 优259；湘早籼31号及22号、中鉴100、中早优81、金优974、株两优83等搭配金优207、新香优80、T 优207、丰源优299等。

（三）耕作制度

1986年，水田耕作多数为一犁二耙，并且绝大多数是两熟制，少数为一熟制或三熟制。主要形式有：双季稻—休闲、双季稻—绿肥、双季稻—油菜、双季稻—大麦、双季稻—蔬菜、西瓜—稻、玉米—稻、烟草—稻、一季稻—冬闲（泡冬或板田过冬）。80年代后期，虞唐镇农民自发学习外地经验，实行晚稻免耕稻草覆盖栽培，其后被农业部门大力推广。至2000年起，因为紫云英鲜草产量越来越低，水田耕作由双季稻—绿肥这种主要的形式，演变成双季稻—休闲。2005年，晚稻免耕稻草覆盖栽培面积达20%。

（四）栽培技术

1. 育秧

（1）哑谷播种：1986年，全县早稻地膜覆盖育秧已达早稻种植面积的90%，形成“煤灰催芽＋湿润秧田＋地膜覆盖”的模式，晚稻也形成“多浸多露催芽＋湿润秧田”的模式。在催芽过程中，常常发生“烧苞”伤芽、死芽，造成烂秧和旱育秧死苗。农技中心曾对早稻进行催芽与不催芽播种的对比试验，总结出不催芽成秧率在75% 以上，比催芽播种高出15个百分点。在月山、壶天、东郊进行小面积推广不催芽播种。1987年，哑谷播种列入湘潭市农业丰收计划，在全市推广。到1996年，推广面积达50% 左右。其间，哑谷播种被许多农户用于晚稻育秧，免除催芽操作之劳、烧苞伤芽之忧。其后，因盘育抛秧的普及而减少。

（2）盘育抛秧：1990年，农技中心引进塑料软盘旱育秧—抛秧技术。1992年，以高级农艺师赵立武为主的科技人员研究“水泥盘旱育秧”。不久，研究“沙盘旱育秧”（即发明一种多功能打孔器，在平铺的沙土上打孔播种育秧）及土壤酸化剂“健秧灵”。1995年，沙盘旱育秧在望春门街道桑枣村十一组试验获得成功。采用沙盘育秧比塑料软盘育秧，不仅每亩节省成本20元左右，而且根系发育不受影响，抛栽后发根快，返青早，是水稻旱育秧抛栽的重大突破。当年12月，该项科研成果通过省验收。1997年，东郊乡农技站在新园村代农户育秧，采用“通气秧田＋黄土、菜土、健秧灵作营养土＋塑料软盘旱育秧”的配套技术育秧的同时，又采取少量的“湿润秧田＋本田沟泥作营养土＋塑料软盘”育秧。其结果表明，旱秧田死苗严重，湿润秧田生长良好，解决旱育秧花工多、死苗多、秧苗差等诸多问题。1998年，推广湿润秧田和本田沟泥作营养土塑料软盘湿润育秧技术，东郊乡抛插166.67公顷，全市抛插266.67公顷。从此，“湿润秧田＋本田沟泥作营养土”成为盘育抛秧的主流模式，在全市迅速推广。1999年，全市推广11530公顷，占水稻面积的21.2%。2001年，26270公顷，占水稻面积的38.6%；2005年，46670公顷，占水稻面积的53.45%。

（3）直播：1986—1989年，东郊区和东郊乡农技站学习湘潭县姜畬晚稻直播经验，但因只能采用迟熟早稻品种翻秋播种，其生育期短，加上草害严重，还有一定程度的倒伏，产量不如晚期稻品种，未能推广。2000年，少数农户又开始采用早稻和中稻直播技术。2005年，东郊乡早稻直播13.33公顷，龙洞乡早稻直播33.33公顷，棋梓镇中稻直播6.67公顷。全市早、中、晚稻直播160公顷。群众普遍反映，早、中稻直播能缩短生育期、省工省钱，抗寒、耐涝，提高结实率和千粒重，增产750公斤/公顷以上。

2. 施肥

（1）施肥方式：1986年，已形成在施足底肥的基础上“前期促早发、中期晒田控苗、后期看苗补肥”的施肥模式，一般采用每亩绿肥加碳铵50公斤，磷肥25公斤深施作底肥，水稻返青后追施碳铵10公斤或尿素5公斤，打苞时看苗追肥。实际上前期肥料过多，苗数过多，后期有脱肥现象。1987年，化验212个土壤样品，缺氮的占19%，缺磷的占34%，缺钾的占27%。1988年，印发施肥配方1100多份，农民按配方施肥者少。1989年，推广稀土肥料800公顷次，叶面肥22670公顷次（主要品种为谷粒饱、粒粒饱、磷酸二氢钾）。1996—1997年，省农业厅在湘乡推广“一次性施肥专用肥”，加之绿肥种植量急剧减少，种田靠化肥的局面形成。1998年，市政府成立“水稻一次性全层施肥领导小组”，倡导“转型栽培”，同时推广“肥力高”，利用生物固氮和促进磷钾有效化。2000—2005年，形成“复合肥底肥深施＋尿素追肥”为主的施肥方式，农事操作简化。在复合肥中，氮、磷、钾配比较合理，禾苗生长更稳健。

（2）施肥量：1986年，全县水稻每公顷施用化肥612公斤，折合每公顷施纯氮125.2公斤、五氧化二磷7.05公斤、氧化钾11.1公斤。1995年，市农调队定点调查77.73公顷稻田，平均每公顷施各类化肥1147.5公斤。其中，氮肥637.5公斤，存在施肥过多的问题。1996年，市农业局抽样调查农户62户，水田11.13公顷。其中，5户有绿肥，鲜草总量不足1万公斤，每公顷不足900公斤，人畜粪每公顷8700公斤，其余靠化肥。在基肥中，每公顷碳酸氢铵443.5公斤，磷肥183公斤，钾肥39.6公斤，追肥尿素160.5公斤，折合纯氮183公斤，五氧化二磷67.2公斤，氧化钾39.6公斤，可保证每公顷产稻谷6750～7500公斤的需求。2005年，全市水稻每公顷施用化肥1113公斤，折合纯氮每公顷151.6公斤，五氧化二磷30.1公斤，氧化钾47.2公斤，复合肥有效成分93.4公斤。与1996年比较，每公顷增施化肥501公斤，氮、磷、钾肥及复合肥有效成分每公顷各增加27公斤、22.5公斤、36公斤和93公斤。

3. 灌溉与群体（密植）

（1）灌溉：1986—1990年，水稻灌溉采用“浅水插秧—分蘖初期露田—中期（拔节初期）晒田—有水抽穗—干干湿湿壮籽”的模式，露田、晒田是水稻高产的必需过程。少水的地方则是一灌到底。其后，灌溉模式变化不大。20世纪末至21世纪初，从插秧（抛秧）到齐穗，都是浅水灌溉，分蘖期露田及腊熟期以后保持土壤干干湿湿，为机械收获提供方便。

（2）群体：从1989年开始，苗情观察记载，早稻（常规稻）插基本苗（每亩）10～15万苗以上，最高达35万苗～45万苗，有效穗22万穗～29.6万穗，平均25万穗以上；晚稻杂交稻基本苗为8万苗～10万苗，常规稻16万苗～18万苗。随着品种的穗型增大和施肥量的加大，以及抛秧技术的普及，苗数有过多之虑。1999—2000年，提出“轻型栽培”的概念，即降低水稻群体。2003—2005年，常规早稻的基本苗为9万苗～10万苗，有效穗已降到23万穗左右，杂交早稻的插植基本苗为5万苗，有效穗为19万穗～20万穗；常规晚稻的基本苗为9万苗～10万苗，有效穗20万穗，杂交晚稻基本苗为6万苗～7万苗，有效穗降到20万穗以下。

二、旱粮

1986年，湘乡县旱粮主要有薯类、豆类、麦类和玉米等。全县旱粮播积4660公顷，总产9154吨，单产1964公斤／公顷。旱粮播积占粮食作物播积的5.96%，旱粮产量占粮食作物总产的2.01%。1996年，旱粮播积5640公顷，产量13136吨，单产2329公斤／公顷，比1986年分别增长21.03%、43.5%、18.58%，旱粮播积占粮食作物播积的7.51%，旱粮产量占粮食作物总产的2.45%。其后，推广先进的栽培技术，推行优良品种，播积虽减少，但单产、总产稳步提高。2005年，旱粮播积3350公顷，比1996年减少2290公顷，减少40.6%；产量14464吨，比1996年增加1328吨，增长10.11%；单产4318公斤／公顷，比1996年增加1989吨，增长85.4%，旱粮播积占粮食作物播积的4.1%，旱粮产量占粮食作物总产的2.57%。

（一）薯类

1986—1993年，湘乡栽培的薯类有红薯、马铃薯、白薯、凉薯等。红薯是第二大粮食作物，一部分作饲料，一部分被加工成粉、丝，就地销售。其间薯类的种植面积在2千公顷上下，年产量在2597～8442吨之间。1994年后，薯类的种植面积逐年下降，1997年种植面积下降到1286公顷，产量4632吨。至2000年，薯类种植面积为820公顷，产量3009.86吨。2001年后，种植面积徘徊在1300公顷左右，产量均超过5000吨。2005年，薯类种植面积为1280公顷，产量为5268吨，比2000年分别增加460公顷、2258吨，增长56.1%、75.02%。

（二）豆类

1986年，豆类作物主要有大豆、绿豆、豇（饭）豆、蚕豆、豌豆，都只在旱土分散种植。田埂种豆，在习惯的偏远山区还有少量保留。当年，豆类播积542公顷，产量2259吨。1987年起，豆类播积维持在500公顷左右。1992年，播积516公顷，比1986年减少260公顷，减少4.8%；产量3180吨，比1986年增加921吨，增长40.77%。1993—2000年，豆类播积总体成增加趋势，产量时高时低。

2000年，豆类播积1520公顷，比1992年增加1004公顷；产量2323吨，比1992年减少857吨，减少26.95%。以后，播积稳定，产量稳步增加。2005年，豆类播积2060公顷，产量3947吨，比2000年分别增加540公顷、1624吨，增长35.53%、69.91%。

（三）麦类

1986年，麦类包括大麦、小麦，主要是小麦。当年小麦的播积为460公顷，产量为665吨。1987年以后，播积虽然有所增加，但尚未超过一千公顷，产量1000吨左右。最多的为1992年，也只有920公顷，产量1214吨。其后，播积增加，产量却不稳定。1998年，播积2133公顷，产量838吨，比1986年增长364%、26%。从1999年开始，播积与产量均逐步减少。2005年，播积为211公顷、产量为498吨，播积只有1998年的9.89%，产量减少40.57%。

（四）玉米

1986年，除少数农民在自留地、菜土边，种植少量分枝性小穗型玉米外，市农业局在山枣镇水东村试种春玉米（品种为苏玉一号和京早一号）3公顷（45亩）成功，产量为13吨。1987年以后，年播积均在67公顷以下。1997年，播积67公顷，产量为380吨。其后，随着市场对鲜食玉米需求的增加，卖鲜玉米比种水稻的收入还高，播积逐年扩大。2005年，玉米播积为64公顷，产量达到4339吨。

第五节 经济作物

一、花生

1986年，全县种植花生380公顷，产量357吨，单产939公斤/公顷。1987—1992年，种植面积在440～560公顷之间，年产量617～857吨之间，单产在1409～1712公斤/公顷之间。1993年，花生种植面积为580公顷，产量1223吨，单产2112公斤/公顷，比1986年分别增长52.63%、2.43倍、1.25倍。从1994年起，种植面积、产量逐步增长。1996年，花生种植面积810公顷，比1993年增长39.66%；产量1500吨，比1993年增长22.65%；单产1852公斤/公顷，比1993年下降12.31%。1997年，花生种植面积显著减少，为590公顷，产量1376吨，单产创历史新高，为2332公斤/公顷。从1998年起，花生种植面积逐步增加，产量也逐步上升。2005年，种植面积1270公顷，比1996年增长56.79%；产量2267吨，比1996年增长51.13%；单产1785公斤/公顷，比1996年下降4.15%。

二、油菜

1986年，全县种植油菜550公顷，产籽561吨，单产1018公斤/公顷。从1987年起，种植面积、产量逐步增加，1991年达到最高点。当年，油菜种植面积2280公顷，产量1876吨，比1986年分别增长3.15倍、2.34倍；单产823公斤/公顷，比1986年减少19.16%。1992年，油菜种植面积只有1960公顷，产籽1207吨，单产615公斤/公顷。从1993年起，种植面积逐步下降。到1997年，油

1986—2005年湘乡市粮食生产统计表

表5-3

单位:千公顷、吨、公斤/公顷

项目/年份	合计			水稻											旱粮	
				小计			早稻			晚稻			一季稻			
	面积	总产	单产	面积	总产	单产	面积	总产	单产	面积	总产	单产	面积	总产	面积	总产
1986	78.20	455024	5819	72.54	445870	6063	35.28	214390	6077	38.11	230612	6051	0.15	868	4.66	9154
1987	79.18	476598	6019	74.10	464608	6270	35.37	213817	6045	38.60	250005	6477	0.13	786	5.08	11990
1988	79.65	486272	6105	74.17	472792	6374	35.44	224964	6348	68.62	247109	6398	0.11	719	5.48	13480
1989	80.08	792813	6154	74.54	479317	6430	35.60	223890	6289	38.347	254649	6642	0.11	778	5.54	13496
1990	79.71	500052	6273	74.63	487830	6537	35.62	225167	6321	38.88	261806	6734	0.13	857	5.08	12222
1991	81.30	525501	5218	74.62	492122	6595	35.62	226375	6355	38.87	264853	6814	0.13	894	6.68	13379
1992	82.35	492815	5984	74.41	481139	6466	35.54	205712	5788	38.75	274630	7087	0.12	797	7.94	11676
1993	79.34	503057	6301	72.05	488799	6691	35.35	194878	5513	38.34	29363	7599	0.37	2570	6.79	14258
1994	75.63	527504	6975	68.10	507947	7459	32.04	231934	7239	35.88	274487	7650	0.19	1526	7.53	19557
1995	74.67	530969	7111	68.54	516289	7531	32.14	234895	7308	36.26	200084	5518	0.14	1210	6.13	14780
1996	75.13	536508	7141	65.49	523375	7532	32.68	235181	7196	36.64	286977	7832	0.18	1214	5.64	13136
1997	74.25	537851	7244	69.90	526131	1827	33.02	238580	7225	36.85	286576	7777	0.21	1612	4.35	11720
1998	74.10	500863	6759	70.04	489606	6990	32.61	194434	5962	37.23	293728	7890	0.20	1444	2.73	838
1999	74.08	501190	6766	70.15	497092	7086	32.94	211969	6435	37.06	277693	7493	0.15	1120	3.93	4098
2000	73.37	504817	6834	65.93	494109	7066	32.81	212603	6480	36.73	278522	7583	0.39	2984	3.94	10708
2001	73.57	506374	6883	68.45	491596	7182	31.25	195469	6255	35.47	282017	7951	1.37	14110	5.12	14778
2002	71.96	482424	6704	67.53	568684	6940	31.00	181350	5850	34.40	269868	7845	2.13	17466	4.43	13740
2003	69.60	483785	6951	65.13	469158	7203	28.73	179706	6255	32.40	258552	7980	4.00	30900	4.47	14627
2004	80.62	556177	6899	76.19	541728	7110	34.55	231140	6690	36.20	292134	8070	2.33	18454	4.43	14449
2005	81.79	562074	6872	78.44	547610	7048	37.81	252946	6690	38.73	287824	7432	0.86	6837	3.35	14464

菜种植进入最低谷，面积仅140公顷，产籽121吨，单产864公斤/公顷。2000年，油菜种植面积恢复到1320公顷，产籽1770吨，单产1341公斤/公顷。比1997年分别增长8.43倍、13.63倍、55.2%。从2001年起，种植面积又逐步下降。2005年，油菜种植面积为320公顷，产籽336吨，单产1050公斤/公顷，比2000年分别减少75.76%、81%、21.7%。

三、茶叶

1986年，茶叶种植面积为2040公顷，产量1111吨，单产544公斤/公顷。当年，全县出口茶叶857吨，创汇140万美元，创历史最高纪录。1987—1993年，年平均种植面积1930公顷，产量1272.29吨，单产664.29公斤/公顷。茶叶产品以出口红碎茶为主，转为红条茶（功夫红茶）、绿茶并重。1994年，茶叶种植面积为1230公顷，产量660吨，单产536公斤/公顷，三个指标都比上年大幅下降。其后，处于相对稳定状态。到2001年，茶叶种植面积1230公顷，产量538吨，单产437公斤/公顷。2002—2004年，湘乡茶场研制开发出“红仑春”高档绿茶。2005年，全市茶叶种植面积1240公顷，产量593吨，单产478公斤/公顷，比2001年分别增长0.81%、10.22%、9.38%。

四、柑橘

1986年，全县种植柑橘700公顷，产量1640吨，单产2350公斤/公顷。1987—1991年，柑橘平均种植面积为714公顷、产量2375.8吨、单产2373公斤/公顷。1991年，柑橘种植面积为820公顷，产量3750吨，单产4688公斤/公顷。当年冬天遭受严重冻害，柑橘苗木大部分被冻死。1992年，种植面积仅350公顷，产量206吨，单产592公斤/公顷。其后，种植面积恢复、增长速度很慢，产量、单产时高时低。2005年，全市柑橘种植面积1080公顷，产量2700吨，单产2500公斤/公顷，与最好的年份1991年相比，种植面积增长35%，产量、单产分别减少28%、46.67%。

五、烟叶

1986年，湘乡种植的烟叶，有土烟、烤烟、晒黄烟。全县种植烟叶40公顷，产量37吨，单产925公斤/公顷。从1987年起，种植面积、产量逐步增长。1992年，种植面积930公顷，产量1305吨，单产1405公斤/公顷，比1986年分别增长22.25倍、34.27倍、51.89%。1993年，种植面积570公顷，产量663吨，单产1165公斤/公顷。以后面积减少，产量下降，但单产稳中有增。1994—2004年，产量在233~474吨之间，单产在1233~2167公斤/公顷之间。2005年，种植面积250公顷、产量413吨，比1993年分别减少1.18倍、60.53%，单产增长41.8%。

六、棉花

1986年，湘乡种植棉花，主要是满足自家需要，少数的是相互调剂，到农贸市场交换，用于制成家用棉被、棉衣防寒保暖。全县棉花种植面积310公顷，产量为270吨，单产870.97公斤/公顷。1987—2004年，棉花的种植面积变化不大，保持在200~430公顷之间，产量为186~375吨，单产在181~375公斤/公顷之间。2005年，种植面积300公顷，产量300吨，单产1000公斤/公顷。

七、苎麻

1986年，苎麻的种植面积为50公顷，产量70吨，单产940公斤 / 公顷。以后，随着代用品的价格低廉和普遍使用，苎麻的使用价值逐步走低，种植面积越来越少。2005年，种植面积为10公顷，产量9吨，单产900公斤 / 公顷。

八、桑

1986年，有苏坡、洪塘、潭市、桂花、莲花、仁厚、沙田、横洲8个乡镇基地及其他分散产地，种桑面积200公顷，当年产蚕茧4.35吨，产值16546元，列全省第4位。苏坡缫丝厂是全省明星企业。蚕丝需求全赖国际市场，蚕茧由省丝绸公司定价，收购由供销社专营。1987年，蚕茧的收购价格为每50公斤233元。1988年，蚕茧收购市场开放，价格提高至每50公斤620元，蚕农大受裨益，当年全市产茧105吨。其后，省丝绸公司限价每50公斤430元，省政府明令只准供销社独家收购，蚕农积极性受挫。1991年，由省科委立项，省蚕科所和市农业局联合在莲花乡进行天蚕养殖实验，引进天蚕卵5000粒，收蚁蚕3226条，结茧1824枚，单茧重3.5克，因无人收购，次年停止实验、生产。1993年，全市蚕茧产量下降到74吨，桑的种植面积也减少到130公顷。1994年，蚕茧价格上涨90%，当年产茧90.2吨，产值达144.2万元，桑的种植面积达290公顷。此后数年，蚕茧生产量维持在100～120吨之间，产值在150万元～200万元之间，桑的种植面积在30～310公顷之间。2005年，产蚕茧30.4吨，产值42.4万元，桑的种植面积为30公顷。

九、绿肥

1986年，湘乡种植紫云英等绿肥197600公顷。从1987年起，种植面积逐年增加，至1990年，达到275900公顷，比1986年增加7830公顷，增长39.63%。1991—1995年，种植面积保持在221700～266300公顷之间。随着杂交晚稻的普及，幼苗荫蔽期过长，难于越冬，鲜草产量低，甚至有种无收，种植面积一路下滑，2001年仅种植540公顷。2002年，种植面积又上升到8000公顷，但2003年，又下降到1000公顷。2005年，种植面积为8700千公顷，不到1990年的1/3。

十、其他

其他经济作物还有小水果，西瓜，饲料作物，糖类、药类、菌类作物等。1986年，这些作物的种植面积为6360公顷。其中，桃、李、梨、梅、葡萄及板栗等规模较小的小水果的种植面积达240公顷。1987年，泉塘乡开始少量种植外地良种西瓜。1990年，湘乡因本地葡萄酸不可食，引进“巨丰”良种，但也只是零星种植。从1991年起，西瓜种植规模扩大，但产量不稳定，远不能自给。与此同时，以泉塘、棋梓、毛田3镇为主的小水果基地加紧建设和完善。2000年，这些作物的种植面积为17660公顷。2001年，东郊乡农技站在三湘村建立黄花生产基地，并成为无公害产地。2002—2003年，壶天、翻江农民引入黄金梨、华山梨、大果水晶梨、李王梨、梨王梨等8个日本、韩国高档梨品种；东郊、东山、泉塘、山枣、育塅等地农民引入金藤、三益一号、金三益等大粒优质葡萄品种。2004年，浙江温岭人在山枣镇承包水田13.3公顷种植西瓜，毛田乡的金银花、黄栀子等药材，被华商医药公司投资，认定为专业生产基地。2005年，农民大搞多种经营，这些作物的种植面积达30080公顷。大棚种植的“早春红玉”等小型西瓜，从当年的5月15日起到11月上旬上市，每公顷7.5万公斤，产值在16.5万元以上。之前引进的高档梨品种，采用矮化、密植、套袋等技术，每公顷产梨7500公斤，产值6万元。全市小水果的种植面积达2330公顷，产量达8000吨。饲料作物有洋苋菜、空心菜、白菜、牛皮菜等，也曾引进过苏丹草、燕麦等，但都是农户分散种植，尚未形成规模。其他药、菌、糖类等作物，亦为分散种植，规模都很小。

第六节 蔬菜栽培

1986年，湘乡的蔬菜生产由县畜牧水产局下设的蔬菜生产管理站负责。当年，全县蔬菜种植面积7333公顷，年产蔬菜约1亿公斤，总产值0.5亿元。其中，专业蔬菜基地59.8公顷。种植的蔬菜品种，大多是传统性的地方品种，共72种。1987年，成立市蔬菜产销管理办公室（以下简称市蔬菜办），负责全市蔬菜的生产、销售、管理工作。当年，经省政府批准，将东山乡城东村等地40公顷耕地划为专业蔬菜基地。1988—1997年，陆续引进美国西芹、早熟土豆、荷兰豆、佛手瓜、广菜心、双季茭瓜等新品种；东山乡城东村的莲藕扩展到22公顷，并推广种植秋延后栽培黄瓜、番茄、豆角、辣椒、茄子等；市政府将泉塘镇繁育村、泉塘村、双鲤村、鲜花村，望春门街道办事处金塘村、城北村，畜牧场胡冲组等129公顷耕地划为专业蔬菜基地；东郊乡新塘村利用晚稻收割后的冬闲田，种植早白菜苔10公顷；湘乡市被省蔬菜办认定为省无公害蔬菜产销试点示范城市之一。在望春门街道金塘村、城北村，东山街道城东村举办安全使用农药知识培训班8期，培训菜农420人次。蔬菜种植村村委会与种植户签订《无公害蔬菜种植合同》2600份。1998—2000年，利用晚稻收割后的冬闲田种植早白菜苔的种植面积扩大到75公顷；市蔬菜办先后投入48万元，在东山街道办事处城东村，望春门街道办事处金塘村，棋梓镇棋梓村、沙坪村，泉塘镇繁育村，建成蔬菜种植大棚480栋；东山街道、泉塘镇、月山镇等订单种植大白菜、茄子、马铃薯、萝卜，面积达150公顷。2001—2004年，市蔬菜办投资8万元，设立蔬菜质量检测站，购置检测仪器2台，对专业蔬菜基地、市城区内的几个主要菜市场和超市蔬菜专柜进行抽样检测；市政府再一次将望春门街道办事处城北村、桑枣村69公顷耕地划为专业蔬菜基地；东郊乡的黄花菜获得农业部颁发的“无公害农产品认证证书”。当年无公害蔬菜产地认证基地面积3320公顷。2005年，全市蔬菜种植面积13333公顷，年产蔬菜1.69亿公斤，产值2.7亿元，比1986年分别增长81.82％、68.9％、440％。其中，专业蔬菜基地298公顷，比1986年增长398.33％；种植的蔬菜品种130种，比1986年增加80.56％。当年，全市有架蔬菜大棚1820栋，面积35公顷，遮阳网、防虫网覆盖栽培面积12公顷；地膜、小拱棚覆盖栽培面积85公顷。市蔬菜质量检测站共抽检蔬菜样品2875个，合格率为93.2％，农药残留量超标率为6.8％。

1986—2005年湘乡市经济作物统计表

表5-4

单位:千公顷、吨、公斤/公顷

项目/年份	面积合计	花生			油菜			茶叶			柑橘			烟叶			棉花			苎麻			桑	绿肥	其他
		面积	产量	单产	面积	产量	单产	面积	产量	单产	面积	产量	单产	面积	产量	单产	面积	产量	单产	面积	产量	单产	面积	面积	面积
1986	30.39	0.38	357	939	0.55	561	1018	2.04	1111	544	0.70	1640	2350	0.04	37	925	0.31	270	882	0.05	47	909	0.20	19.76	6.36
1987	33.10	0.44	750	1712	0.68	694	1014	2.06	1200	583	0.69	1636	2399	0.03	24	828	0.35	301	865	0.16	148	843	0.17	18.75	9.77
1988	35.96	0.51	811	1605	1.10	1089	968	2.07	1392	672	0.71	1177	1653	0.09	90	989	0.33	270	826	0.09	116	1380	0.16	19.46	11.44
1989	35.22	0.56	857	1536	1.55	1055	682	2.07	1581	764	0.72	2785	3852	0.14	162	1165	0.30	225	750	0.06	76	1187	0.17	22.29	7.36
1990	39.30	0.49	818	1663	18.84	1399	760	1.95	1360	668	0.65	2441	3773	0.27	363	1339	0.25	181	715	0.05	48	1043	0.11	27.59	6.10
1991	39.78	0.48	742	1530	2.28	1876	823	2.03	1203	596	0.80	3750	4688	0.55	670	1225	0.24	205	861	0.03	27	964	0.11	22.87	10.38
1992	42.26	0.44	617	1409	1.96	1207	615	1.97	1133	575	0.35	206	592	0.93	1305	1405	0.35	311	899	0.03	46	1642	0.19	26.63	9.41
1993	42.17	0.58	1223	2112	0.58	418	720	1.38	1089	792	0.50	417	834	0.57	663	1165	0.34	321	939	0.05	15	938	0.13	25.53	12.44
1994	33.48	0.65	1146	1752	0.64	715	1115	1.23	660	536	0.68	521	770	0.31	441	1446	0.39	321	817	0.02	25	1326	0.29	22.37	6.90
1995	34.99	0.72	1381	1915	0.53	699	1331	1.18	678	575	0.54	1137	2098	0.22	474	2205	0.35	299	857	0.02	22	1000	0.31	22.17	8.95
1996	32.81	0.81	1500	1859	0.70	724	1033	1.18	547	464	0.62	110	1792	0.19	233	1233	0.38	328	861	0.04	24	686	0.09	17.33	11.47
1997	29.87	0.59	1376	2332	0.14	121	864	1.22	529	433	0.64	1374	2147	0.23	372	1617	0.38	375	986	0.03	20	666	0.08	12.50	14.06
1998	27.19	0.85	12.07	1208	0.25	203	812	1.33	498	374	0.72	1224	1700	0.20	303	1515	0.43	320	744	0.01	10	1000	0.03	11.67	11.70
1999	29.03	0.88	1344	1577	1.15	1555	1352	1.23	531	432	0.73	2780	3808	0.15	325	2167	0.39	351	900	0.03	21	700	0.03	6.78	17.66
2000	28.04	0.97	1471	1516	1.32	1770	1341	1.23	544	442	0.81	1908	2356	0.24	396	1650	0.20	186	930	0.03	20	667	0.06	6.00	17.18
2001	32.45	1.20	1754	1462	0.43	391	909	1.23	538	437	0.81	3086	3810	0.27	417	1544	0.36	313	869	0.02	20	1000	0.05	0.54	27.54
2002	39.92	1.23	2214	1800	0.36	350	972	1.23	547	445	0.83	2800	3373	0.25	400	1600	0.31	288	929	0.02	19	950	0.04	8.00	27.65
2003	43.65	1.24	2232	1800	0.38	386	1016	1.23	556	452	0.89	2615	2938	0.26	417	1604	0.30	285	950	0.02	18	900	0.03	1.00	38.30
2004	41.34	1.25	2250	1800	0.30	285	950	1.24	580	468	0.87	2514	2890	0.27	147	1544	0.32	304	950	0.02	18	900	0.03	8.40	28.64
2005	43.28	1.27	2267	1785	0.32	336	1050	1.24	953	478	1.08	2700	2500	0.25	413	1652	0.30	300	1000	0.01	9	900	0.03	8.70	30.08

第七节 疫病防治

一、病虫害防治

纹枯病、稻瘟病、细菌性条斑病和稻飞虱、稻纵卷叶螟、二化螟是湘乡水稻主要的病虫害。菜青虫、斜纹夜蛾、蚜虫、霜霉病、十字花科腐败病、瓜类白粉病是蔬菜主要的病虫害。红蜘蛛、潜叶蝇、炭疽病等是柑橘主要的病虫害。

(一)药剂防治

药剂防治仍然是控制病虫害发生的主要手段，在病虫害防控适期及时施用对口药剂，以确保产量。1986年以来，水稻纹枯病以井冈霉素为主进行防控；稻瘟病以三环唑预防、稻瘟灵治疗；稻飞虱主要以叶蝉散、速灭威、仲丁威、混灭威等进行防控。稻田化学除草，主要用丁草胺。1990年后，稻飞虱主要以噻嗪酮、吡虫啉等进行防控。1994年后，甲磺隆、卞嘧磺隆、丙草胺、二氯喹啉酸等多种成分混配的除草剂，在稻田除草中，迅速推广应用。至2000年，水稻二化螟主要以杀虫双、三唑磷进行防控。2001—2005年，水稻二化螟以杀虫双、三唑磷、锐劲特，三唑磷与阿维菌素的混配制剂进行防控；稻纵卷叶螟以甲胺磷为主进行防控。同时，草甘膦、百草枯等灭生性除草剂，在稻田除草中，得到广泛应用。

(二)综合防治

1986年，植物综合防治，坚持植物检疫，推广抗性好的品种，淘汰感病品种，种子严格进行消毒处理，病虫害发生期适期开展药剂防治，减轻病虫危害；推广应用频振式杀虫灯和稻田养鸭等物理、生物防治方法，降低虫口数量。但大面积推广存在困难，对生态环境也造成一些不利的影响，减少农药用量的效果不明显。1990年以后，逐步推广加强田间水浆管理，平衡施肥，健身栽培，使水稻生长健壮，提高抗病虫害的能力。早稻翻耕前进行深水灭蛹，降低二化螟越冬虫口基数。至2005年，综合防治技术包括农业、物理、生物和化学防治，齐头并进，效果相对较好。但二化螟、稻纵卷叶螟、稻飞虱、稻纹枯病还是处于大面积发生状况。

二、植物检疫

湘乡植物检疫的对象，原有水稻细菌性条斑病、柑橘溃疡病、黄龙病、疮痂病、锈壁虱。1986年，销毁带溃疡病的柑橘苗11万株和7吨柑橘。当年，由海南岛制种带入水稻细菌性条斑病。1989年和1992年，分别在涧山乡、花坪乡、月山镇制种田附近发现细菌性条斑病，均及时被销（烧）毁。2001年，横铺乡制种田发生细菌性条斑病，被杀青处理。2005年5月，棋梓、潭市等9个乡镇街道101个村3074.6公顷水稻发生国际性重大检疫对象——稻水象甲，市政府及时启动应急防控措施，经救治少数丘块绝收，大部分未造成明显损失。

第八节 农业执法

1986—2001年，根据国家和地方先后颁布的涉农法律法规，湘乡农业执法机构陆续设立，但没有开展执法工作。2002年，市农业综合执法大队成立时农业执法才真正开始。农业法规执行室等单位合并，更名为农业综合执法大队（又称法规股），下设4个中队：种子管理中队（设种子站内）、植检农药中队（设农药管理站内）、农业环保土壤肥料中队（设土肥站内）、农产品质量安全管理中队（设科教站内）。当年，查处农资违法违规案件9起，行政处罚13人次，挽回直接经济损失85万元。2003年，执法大队对全市农资经营户进行培训，参培农资经营人员占应培人员的80%。查处违法违规案件13起，处理农民投诉28件，挽回直接经济损失320万元。2004年，开展大规模毒鼠强等违禁鼠药清查收缴行动，共收缴毒鼠强32公斤。查处违法违规案件19起，处理农民投诉25件，挽回直接经济损失680万元。2005年，收缴毒鼠强102公斤，查处违法违规案件27起，处理农民投诉42件，挽回直接经济损失900万元。

第二章 养殖业

第一节 管理机构

一、市畜牧水产局

1986年，县畜牧水产局下设机构有：办公室、政工股、计财股、畜牧工作站、动物防疫监督站、水产工作站、畜禽品改站、培训站、蔬菜管理站，以及畜牧兽医技术服务中心，共有干部职工72人。1987年8月，蔬菜管理站被撤销。1989年，设立渔政管理站。1991年，设立饲料技术开发站。1992年，增设兽药器械管理站、饲料监测站。1993年，撤销培训站。1995年，撤销畜牧兽医技术服务中心。2000年，撤销兽药器械管理站、饲料技术开发站、饲料监测站。2001年，增设技术服务站、兽药饲料行政法规室。至2005年，市畜牧水产局下设机构有：办公室、计财股、政工股、法制股、场所管理股和畜牧工作站、水产工作站、动物防疫监督站、畜牧水产行政法规室、畜牧水产技术服务站、畜禽品改站。全局共有干部职工88人。

另外，还有局下辖场所生猪良种繁殖场、溪口渔场、育塅渔场、湖山渔场，下辖集体企业云门商场、湘乡市兽药厂（1989—2005年）。

二、乡镇办事处畜牧水产工作站

1986年，湘乡8个区镇设畜牧水产工作站，有技术干部40人；46个乡设畜牧兽医站，定编兽医330人。1995年撤区并乡，撤销区镇畜牧水产工作站，46个乡畜牧兽医站合并为22个乡镇街道畜牧水产工作站。1997年，招聘全民合同制工人38人。2005年，乡镇畜牧兽医水产机构改革，重新组建22个乡镇街道动物防疫站，为全额拨款事业单位。经考试考核，公开择优招聘专职动物防疫员79人，后又聘任村级动物协防员446人。

第二节 畜禽养殖

一、养殖

（一）养猪

1986年，境内饲养方式以煮潲喂养为主，配合饲料入户率仅15%。当年，饲养量139.82万头，出栏肉猪61.86万头，生猪出栏率为123.5%；养猪专业户1200户，年出栏最多的户为186头。1989年，饲养生猪160万头，出栏瘦肉型猪90万头，居全省第一位。1990年起，市畜牧水产局向农户推广养猪“六环十改”。“六环”是：品种、饲料、饲养、防疫、环境、管理。“十改”是：改单一饲料为配合饲料；改熟食为生食；改稀喂为湿拌喂；改吊架子育肥为一条龙育肥；改养大猪出栏为适时出栏；改养纯种商品猪为杂交商品猪；改生猪本交为人工授精；改栏内积肥为栏外积肥；改混群饲养为全进全出；改被动防疫为主动防疫。1994年，市畜牧水产局进行良种瘦肉型猪系列技术推广，22个乡镇街道普遍进行宣传发动，推广面达养猪农户的30% 以上。当年，饲养量215.3万头，出栏肉猪115万头，比1986年分别增长53.98%、85.9%；生猪出栏率164%，比1986年增长32.79%；养猪总产值35897万元，占牧业总产值的88.29%，占农业总产值的39.6%。1995年，发放科学养猪资料6万份，举办专题讲座20场，并推广优良品种和优良养猪专业户的经验，使配合饲料入户率达85%，养猪专业户发展到4300户，年内出栏肉猪最多的专业户为820头。2005年，配合饲料入户率95%，98% 的养猪户已改栏内积肥为栏外积肥。当年，生猪饲养量305.82万头，出栏肉猪198.62万头，比1994年分别增长42.04%、72.71%；生猪出栏率223%，比1994年增长36%；养猪总产值68936万元，比1994年增长92%；占牧业总产值的90.5%，占农业总产值的44.2%，比1994年分别增长2.5%、11.6%；有养猪专业户39870户，年出栏肉猪最多的户为2108头。

（二）养禽

养禽业是湘乡畜牧业的第二大产业。以鸡为主，鸭为次，鹅再次。1986年，出笼家禽100.35万羽，存笼家禽191万羽，蛋品产量4300吨。1987年以后，湘乡的肉鸡专业养殖逐步发展，饲养方式有舍饲和舍饲与放养相结合。饲养外来肉鸡品种，有艾维茵鸡，体重在1～1.25公斤之间可以上市，6周龄的鸡体重可达2.5公斤，料肉比1.8～1.9：1。土杂鸡9～10周龄体重1.25公斤，料肉比2.4～2.6：1。本地鸡10周龄体重达1.25公斤，料肉比2.6～2.8：1。蛋鸡饲养仍为传统的饲养方式，大部分农户庭院散养，少则几羽，多则几十羽，每天以野外寻食为主，补饲稻谷及米糠1～2次，羽平年均产蛋120～160枚。引进品种北京鸭、樱桃谷鸭，农户专业群养，少则100羽，多则几百羽，体重2～2.5公斤上市，料肉比2.4～2.6：1。番鸭，一般自繁自养，以米糠加菜叶加稻谷为食，户外放养，5～7个月上市，体重2～3公斤。本地麻鸭作蛋鸭饲养，产蛋一年后育肥上市，其中的公鸭，群养至1～1.5公斤上市。饲养方式采用舍饲和放养相结合，育肥期9～10周，自然光照，饲喂中、大鸭料，同时增加青饲料补饲量。鹅在境内各地均有零星散养，规模几羽至几十羽不等。饲养方法是自由放养，补

1986—2005年湘乡市生猪生产统计表

表5-5 单位:万头、万元、%

项目 年份	饲养量	其中			年末存栏母猪	出栏率	养猪总产值	占农业总产值比例	占牧业总产值比例
		出栏肉猪	出栏中仔猪	年末存栏					
1986	139.82	61.86	24.12	53.84	4.46	123.50	—	—	—
1987	142.03	68.03	18.50	55.50	4.41	126.30	—	—	—
1988	152.00	75.00	18.50	58.50	5.17	135.10	—	—	—
1989	160.00	77.08	23.42	59.50	5.36	132	—	—	—
1990	161.70	80.30	21.20	60.20	5.28	135	—	—	—
1991	165.30	82.00	22.00	61.30	5.23	136	—	—	—
1992	183.22	95.66	22.00	68.56	5.81	151	—	—	—
1993	196.20	102.00	24.00	70.20	6.50	149	—	—	—
1994	215.30	115.00	29.00	71.30	6.64	164	35897	39.60	88.29
1995	233.00	128.50	32.00	72.50	6.84	180	39126	40.80	88.92
1996	233.31	134.39	24.72	74.20	6.94	185	42393	41.62	89.69
1997	244.10	141.33	19.67	83.10	6.99	190	46315	43.00	90.56
1998	237.38	140.78	21.60	75.03	5.83	169	46134	41.84	89.69
1999	241.43	141.83	23.30	76.30	6.60	189	47308.70	42.27	89.40
2000	249.57	146.50	24.70	78.37	5.73	192	49520.20	42.50	88.90
2001	255.34	152.80	22.66	79.88	5.78	195	51680	42.47	88.40
2002	262.90	161.24	20.36	81.30	5.83	202	53430	42.30	86.90
2003	272.93	167.36	22.47	83.10	5.90	198	56491	43.30	89.20
2004	285.96	179.84	23.02	88.70	6.25	216	61965	42.90	89.80
2005	305.82	198.62	23.05	84.15	6.28	223	68936	44.20	90.50

1986—2005年湘乡市家禽生产统计表

表5-6 单位:万羽、吨

年份	出笼家禽	存笼家禽	蛋品产量	年份	出笼家禽	存笼家禽	蛋品产量
1986	100.35	191	4300	1996	232	264.70	6670
1987	137.62	182	4355	1997	208	278.80	6888
1988	144	195	5665	1998	238.50	286.80	7120
1989	180.60	249.20	5731	1999	264.80	310.60	7879
1990	179	221.20	5878	2000	291	312.70	8700
1991	182.30	227.02	3210	2001	310.77	371.60	9565
1992	211.20	229	3270	2002	326	382.40	9948
1993	216	231.50	6357	2003	335.78	405.50	10246
1994	215	243	6478	2004	338.78	427	10348
1995	221	259.50	6639	2005	338.10	403	10384

喂米糠、稻谷、青料，饲养期7～8个月，体重3～4公斤上市或自食。随着市场经济的发展，鸡鸭的养殖，除大多数农户散养之外，出现越来越多的专业户养殖。1992年，有养鸡专业户112户，养鸡8.5万羽；1994年，增加到850户，出笼167万羽；1995年，养鸡专业户1988户，东山街道张江村一专业户，年出笼肉鸡3.5万羽。1996年后，饲养肉鸡的专业大户逐步转向养土鸡。1997年，潭市镇养蛋鸡200羽以上的有203户。1999年，泉塘镇东岭村全村205户养土鸡，户均119.2羽。当年，全市出笼家禽264.8万羽，存笼家禽310.6万羽，蛋品产量7879吨，比1986年分别增长1.64倍、62.62%、83.23%。其后，由于粮食充足、饲料来源增多，以及技术提高，禽的养殖进一步得到巩固和发展。2005年，全市出笼家禽338.1万羽，存笼家禽403万羽，蛋品产量10384吨，比1999年分别增长27.68%、29.75%、31.79%。

（三）养牛

1986年，耕牛饲养，城郊以水牛为主，壶天、翻江、月山、棋梓等边远山区以黄牛为主。饲养方式以舍内圈养为主，辅以早晚放牧。四季饲喂稻草或野草，只有在冬季及农忙时节才适当补充精料，饲养管理粗放。全县存栏牛52650头，出栏牛1000头。1990年后，城郊耕牛逐年减少，并出现无牛组。当年，全市存栏牛57876头，出栏牛1100头，比1986年分别增长9.93%、10%。1995年，专业饲养菜牛起步，饲养规模不大，一般常年存栏7～30头，催肥时间3个月左右。催肥方式以舍饲与放牧相结合。当年，金石镇大力村一农户自筹资金2万元在湘乡第一个办养牛场，至1997年年底，存栏牛48头，出栏牛129头。1998年，全市存栏牛5.48万头，比1990年减少5.31%；出栏牛5100头，比1990年增长3.64倍。当年，湘乡开始饲养奶牛，新湘路街道梅坪村一农户、栗山镇一农户，从湘潭市引进黑白花奶牛4头。到2000年，全市存栏奶牛35头。东郊乡旺兴村一奶牛饲养户存栏奶牛最多，也只有7头。当年，全市存栏牛53731头，比1998年减少1.95%；出栏牛6000头，比1998年增长17.65%。2005年，全市存栏牛10.55万头，比2000年增长96.35%；出栏牛5200头，比2000年减少13.33%。全市存栏奶牛48头，一直未形成产业。

（四）养羊

1986年，养羊以传统放养为主，主要分布在壶天、翻江、棋梓、月山等镇。全县年末存栏羊2369头，出栏594头。1987年以后，养羊不断发展。1993年，存栏羊3100头，出栏羊1200头，比1986年分别增长30.86%、102%。1994年起，羊的增长速度加快。1998年，全市存栏羊7600头，出栏羊7100头，比1993年分别增长1.45倍、4.92倍。1999年，马头山羊与黑山羊杂交形成的杂交羊发展到351头。2000年，翻江镇洪家冲村一村民，建起一个规模比较大的高床平养式山羊场，从50多头发展到455头。2005年，全市年末存栏羊5.1万头，年出栏羊2.4万头，比1998年分别增长5.71倍、2.38倍。

（五）其他

1986年，湘乡养兔进入低谷。品种主要是长毛兔，养兔的饲养方式为笼养。养蜂，一般养蜂户养蜂几箱至十几箱，最多的也就30～50箱。专业养蜂户有出境养蜂习惯，每年春季和冬季前后，蜂蜜源丰富期间进行采蜜和繁殖，当年，境内养蜂757箱，产蜂蜜18925公斤。1989年，全市存笼兔881只。1990年后，养兔业一直没有得到发展，多为零星散养，饲养规模一般在30～50只之间。湘乡的特种养殖起步较晚。1995年，有养狗专业户32户，养狗1850条；养蛇25户，出笼蛇28吨；养鹌鹑173户，存笼11.3万羽，产蛋1.75吨；养王鸽30户，存笼鸽9750只。2003年，养鹿850头。2004年，泉塘镇双鲤村一村民瞄准市场，引进新西兰肉兔一组4只，发展肉兔。至2005年，全市存笼兔8280只，养蜂881箱，特种养殖没有形成产业。

1986—2005年湘乡市牛羊生产统计表

表5-7　　单位:头

项目 年份	牛					羊	
	出栏牛	存栏牛	其中			年出栏	年末存栏
			黄牛	水牛	能繁母牛		
1986	1000	52650	52650	21650	17000	594	2369
1987	1600	54414	54414	21766	17100	1100	2700
1988	1500	55891	55891	18891	17000	800	2100
1989	1300	50961	50961	10705	14383	1100	2700
1990	1100	57876	57876	21993	21037	800	2600
1991	2900	57200	57200	22308	20849	1300	3000
1992	3200	57863	57863	27991	20646	1000	2300
1993	3200	59285	59285	21936	21224	1200	3100
1994	2800	56606	56606	20945	20378	3200	3300
1995	3900	53706	53706	19979	19334	4200	5200
1996	3800	53101	53101	19117	19063	4900	6900
1997	4100	54560	54560	19067	19532	6100	6700
1998	5100	54800	54800	19728	19618	7100	7600
1999	5700	54275	54275	19538	19430	10500	10000
2000	6000	53731	53731	19451	21492	11500	15900
2001	5800	64819	64819	23343	25758	11400	18500
2002	2500	81203	81203	26103	30008	13900	36500
2003	2600	91102	91102	28468	38000	16800	41000
2004	1400	101000	101000	30192	40585	19300	49000
2005	5200	105500	105500	31538	10540	24000	51000

二、品种与品改

（一）品种

1. 家畜品种

（1）猪：1986年，引入汉普夏猪。其后，引进大约克猪，除用于与本地品种猪杂交外，还用作父本与长白猪、杜洛克生产三元杂交瘦肉猪。1990年，开始用长白猪作瘦肉型猪生产第一父本，与大约克夏母本杂交生产“长 × 大”二元母猪。其后，以东郊、东山、梅桥、泉塘、潭市、山枣、栗山、虞唐等乡镇为主产区，其他乡镇零星饲养的砂子岭猪，逐年减少，大多被外来良种猪所取代。1996年，汉普夏猪在湘乡自然消失。1997年，对种公猪进行普查鉴定，全市存栏杜洛克种公猪52头。2000年后，开始引进长白新品系。2005年，砂子岭母猪占年末存栏母猪的18%～20%，各地均有饲养；但以金石、金薮、白田、翻江、壶天、毛田等乡镇饲养的宁乡猪，占年末存栏母猪的30%～35%。本地母猪与外来大约克夏、长白猪或大洛克公猪杂交后，选留的二元杂交种猪群，因其毛色不一致，又未经科学、系统的选育，血源混杂，体现参差不齐，地方猪种血源占到25%，特别是颌下垂肉多，腹部大，瘦肉率为45%～48%，其杂交猪群母猪只占境内母猪存栏的5%～8%。

（2）牛：有本地水牛，属滨湖水牛系；有本地黄牛，属湘南黄牛系。1986—1990年，耕地主要靠牛犁、耙、打蒲滚。1990年后，耕牛在水稻种植中的耕地作用减弱，专门用于耕地的耕牛逐年减少。湘乡尚无菜牛专用品种，只是些本地水牛、黄牛，催肥后当菜牛宰杀上市；1998年开始引进奶牛，品种为黑白花奶牛。2005年，湘乡牛的品种仍然有黄牛、水牛及少量奶牛。

（3）羊：1986—1996年，黑山羊是湘乡的地方品种，以壶天、翻江等镇为主产区。作为商品羊的黑山羊，8～12月龄出栏，体重20～25公斤。1997年，潭市镇小车村引进马头山羊59头，在繁育发展过程中，用马头山羊与本地黑山羊杂交，血源逐渐杂乱。2000年，龙洞乡湘江村引进白色毛波尔山羊种公羊1头，用于与本地黑山羊杂交。其杂交后代个体大、生长快，但适应性、肉质味道不如本地黑山羊。其后，东山、育塅等地也引进过波尔山羊种公羊。2001年，翻江镇洪家口冲村引进南江黄羊20头，棋梓镇小洞村引进50头，利用南江黄羊与本地黑山羊杂交，形成杂交山羊群。2005年，湘乡羊的品种，除本地黑山羊之外，就是马头山羊、波尔山羊、南江黄羊以及其与黑山羊杂交的杂交山羊群。

2. 家禽品种

（1）鸡：鸡有蛋用、肉用、蛋肉兼用三类。1986年，专业饲养的蛋鸡品种，主要有罗曼、伊莎、罗斯、卡迪、海兰等；零星散养的蛋鸡品种主要是本地鸡或杂交鸡。肉鸡品种有三种类型：专业化肉鸡品种，艾维茵、红宝鸡、AA 鸡，20世纪80年代末从株洲、岳阳等地引进；地方肉鸡，品种以本地土鸡为主；仿土鸡，为国外肉鸡品种与国内地方品种杂交而成，其羽毛、颜色、体重似本地鸡，脚爪比本地鸡粗大似外引鸡，生长速度介于两个品种之间。蛋肉兼用型鸡，品种以本地传统土鸡为主。从1994年起，市场对土鸡的需求量增大，部分农户专业饲养土鸡。其品种未经专业化选育，生长期需12周龄左右，体重才能达到1公斤。至2005年，鸡的品种尚未发生大的变化。

（2）鸭：1986年，鸭的品种主要是涟源麻鸭、攸县麻鸭，均为蛋鸭，5个月左右成熟产蛋，年产蛋220～240枚。其后，引进康贝尔鸭、樱桃谷鸭、北京鸭，还有少量的番鸭（洋鸭）。樱桃谷鸭为外引品种，生长快，饲养转化率高，一般8周龄体重1.5公斤左右。北京鸭和番鸭为地方品种，生长快、体型大、肉多且细嫩，成年公鸭3.5公斤左右，母鸭3公斤以上，年产蛋80～120枚。至2005年，鸭的品种尚未发生大的变化。

（3）鹅：鹅的主要品种是溆浦鹅、狮头鹅。鹅为草食类家禽，食谱较广，对农作物具有一定的危害性，只在少数农户家散养，且饲养规模小，品种亦少。

（二）品改与繁殖

1. 家畜品改与繁殖

（1）猪：1986年，湘乡生猪人工授精已形成网络，市政府加大对湘乡市生猪良种繁殖场的投入。当年，由品改站牵头成立“湘乡市生猪品改协会”，会员39人，人工授精网点34个。到1989年，24个乡镇设有人工授精点，占全市总乡镇的53%。1991年，因生猪品种退化，市政府对生猪进行品改。将存栏公猪进行全面普查鉴定、登记发证，合格的予以保留，不合格的坚决淘汰。这次普查鉴定结果存栏种公猪444头，淘汰不合格公猪270头，引进更新合格良种公猪258头。至1993年，湘乡市生猪良种繁殖场，连续8年向社会年供应砂子岭种母猪300～500头。1994年，生猪良种繁殖场转为商品猪场。1998年后，湘乡先后新建3个私营良种猪场，年供良种猪4000～6000头。2005年年末，存栏外来能繁良种母猪1430头。

（2）牛：1986—2000年，牛多自然繁殖。2001年，湘乡被定为湖南省草食动物生产基地县（市），畜牧水产局设立牛人工授精冷配总站。共培训品改员22人，建立乡级品改站10个。总站免费为乡站提供西门塔尔牛、德国黄牛、摩拉水牛等冷冻精液和液氮。2003—2005年，共计人工冷配母牛13878胎次，产杂交犊牛8820头。适宜本地牛冷配的国外品种牛，有德国黄牛、短角牛、摩拉水牛。西门塔尔与夏洛克来牛和本地黄牛杂交后，因胎儿较大偶有难产。人工冷配，母牛受胎率55%～65%。

（3）羊：羊的品改主要是引进外地良种公羊与本地黑山羊杂交。1997年，引进马头山羊；2000年，引进波尔山羊；2001年，引进南江黄羊，均与本地黑山羊杂交，形成杂交山羊群。

2. 家禽品改与繁殖

（1）孵鸡：1986年，孵鸡以农户自孵为主，人工孵化为次。1989年，畜牧水产局在红仑上兴建良种鸡场，以孵化罗斯鸡、红宝肉鸡为主。1993年，市良种鸡场停办。随后，在市场经济的强势推动下，各地出现种鸡场、孵化点多处。2005年，全市共有孵化点100处。其中，最大的种鸡场是新世纪种鸡场，存种鸡1.2万羽，全年向社会供鸡苗330万羽。

（2）孵鸭：1986年，东郊乡石竹村孵化房向社会供应鸭苗4.6万羽。湘乡农户饲养的鸭苗，一部分来自境内孵化房，一部分来自境外孵化场。境外孵化场趁各乡镇赶集，将大量商品孵化鸭苗直接销售给农户。

三、兽药饲料

（一）兽药

1986年，以境内中草药为原料，就地取材，土法生产兽药，自用为主，中西成药从外地购进。1987年，畜牧水产局创办兽药制剂室。至1989年，制剂室发展为湘乡市兽药厂，初期生产兽药品种13种，年产值80万元左右。当年，兽经营依法实行经营许可证制度，畜牧水产局负责药兽生产、经营、使用监管。至1991年，兽药由市兽医联站批发经营，品种有60多种，年营业额90万元～100万元。1992年，首家个体兽药店被批准开业，兽药由兽医联站统一批发经营的局面被打破，开始走向市场。当年年底，畜牧水产局核发兽药经营许可证72个。1996—1998年，畜牧水产局查处假劣兽药青霉素等550件和12起无证经营案件。至2001年，市兽药厂生产兽药品种22种，产品除供市内使用外，还销往宁乡、益阳、常德、醴陵及江西、福建、四川、贵州等地，年产值150万元。2005年，全市兽药经营店149家，其中城区批零经销18家；经营兽药品种150多种，年兽药销售额2800多万元。核发兽药经营许可证149个，兽药抽样检测82个，合格率96%。查处假劣兽药16起，限期整改8起，没收销毁处理8起。当年10月，市兽药厂改制，资产整体拍卖80万元，置换职工22人，从此，兽药从外地购进。

（二）饲料

1986年，全县畜禽饲料主要依托境内资源，农户自产自用。畜禽用精饲料主要有稻谷、红薯、豆类、玉米、小麦、高粱；粗饲料有谷糠，豆类、花生、油菜、红薯的杆壳苗粉碎而成；青饲料有栽培类、粮菜类、副食品类、水生类、野生类等。当年，有加工企业或加工点38处，加工机组59台，年单班生产能力3.2万吨，实际生产配合饲料2.5万吨。1987年，引进牧草黑麦草、皇竹草、墨西哥玉米草；从外省调入的玉米、豆粕、麦麸、棉粕、鱼粉等主宗精料12万吨。其后，又引进牧草鲁梅克斯、俄罗斯苋菜、矮象草、桂牧一号；饲料加工能力逐步发展。1990年，有加工机组71台，加工企业或加工点43处，年单班生产能力4.6万吨，实际生产配合饲料、浓缩饲料3.78万吨；另有小型粉碎机1500台，加工粉碎饲料32万吨。至1992年，对饲料市场的监管，国家没有出台明文法规条例，饲料检测由质量技术监督局和工商局共同进行。当年10月，市机构编制委员会批准畜牧水产局成立饲料检测站，定编3人，参与饲料市场监管。1993年，饲料检测由计委牵头，组织工商、技术监督、畜牧水产等部门联合对饲料市场进行监管，主要是突击查禁制假售假。至1995年，饲料加工机组发展到95台，加工企业或加工点50处，年生产配合、浓编饲料10.7万吨。此后，每年平均从省外调入玉米、麦麸、豆粕等46万吨，引入的全价料、浓缩料、预混料以及鱼粉、菜粕、棉籽饼、钙、磷矿物饲料12万吨，原有的配合饲料生产网点因产品单一，逐步自然淘汰。1998年对3个乡、3个村、100户农户养殖业进行定点调查，结果表明饲料调入量占饲料消耗总量的48.7%。1999年，国务院颁布《饲料和饲料添加剂使用管理条例》，并于2001年11月修订。农业部同时颁布实施《饲料药物添加剂使用规范》，其后还发布《食品动物禁用的兽药及其他化合物清单》等规定，使饲料监管有法规可依。2003年，市编委将饲料管理行政职能从市发展计划局调整到市畜牧水产局，原市发展计划局所辖的饲料工业管理办公室撤销，在市畜牧水产局增设饲料管理股，并加挂“湘乡市饲料管理办公室”，实行两块牌子、一套人马办公。2005年，鲁梅克斯草、俄罗斯苋菜因不适应本土生长，自然淘汰；全市有华良、民政、升宇等6家饲料加工企业，规模小，品种少，年生产配合饲料、浓缩饲料500吨。饲料经销店发展到838家，经销网点遍布城乡，城区双枣、火车站路、向红路3条街成为饲料经销街道。饲料管理股抽检饲料样品48个，合格42个，不合格6个。

第三节 水产养殖

一、鱼类品种及繁殖

（一）鱼类品种

1986年，鱼类资源普查，共有鱼类品种112种，其中人工养殖的经济鱼类20余种。常规的主要品种有草、鲢、鳙、青、鲤、鲫、鳊、细鳞斜颌鲴、黄尾密鲴、银鲴等。畜牧水产局每年从外地引进新品种鱼苗300万尾～500万尾。其中，养殖效果较好的有美国斑点叉尾鮰、天峡红鮰、淡水白鲳、巴西鲷、湘云鲫（鲤）、南方大口鲶、美国大口胭脂鱼、加州鲈鱼等10种。除淡水白鲳和巴西鲷不能越冬和湘云鲫为基因工程育成品种不能繁殖外，其他品种均能进行人工繁殖。2005年，鱼类品种约130种，其中人工养殖的经济鱼类超过30种。

（二）鱼苗人工繁殖

1986年，人工养殖的经济鱼类中，除本地鲫鱼能自然繁殖外，其他鱼苗均为人工繁殖。全县有鱼苗人工繁殖场点22个，生产鱼苗1.9亿尾。此后，鱼苗繁殖，特别是青、草、鲢、鳙鱼的繁殖，多为近亲繁殖。1996年起，对鱼苗进行人工繁殖，推行水产苗种生产许可证制度，对亲本定期更新换代，实施鱼类品种改良。2005年，有鱼苗人工繁殖场点8个，生产鱼苗4.2亿尾，鱼苗需求量完全可以达到自给自足。近10年，累计从湖南省鱼类原种场引进亲本1000多组。

（三）鱼种培育

1986年，鱼种培育的方法主要有专池育种、稻田育种、成鱼场套养育种。其后，网箱养鱼逐渐兴起和发展，利用网箱育种成为培育鱼种的一种重要方法。其中，稻田育种的面积时多时少，在66.67～266.67公顷之间。2005年，有鱼种池437.33公顷和1800口网箱育种，共产鱼种630吨。

二、成鱼养殖

（一）池塘养鱼

1986年，全县有养鱼池塘5.6万口，可放养水面5456公顷。养殖水面4092公顷，仍推行承包责任制，产鲜鱼6321吨。1988年，畜牧水产局在东山、东郊、泉塘等城郊附近乡镇推广池塘养鱼250

公斤模式化养殖技术。1990年，池塘承包责任制与农田承包责任制同时进行完善，其承包方式有公开招标、田塘结合、轮流放养。1991年，实施农业部丰收计划推广项目“池塘模式化养殖增产技术”。至1993年，推广面积2365.3公顷，产鲜鱼15293.3吨，每公顷产鱼6465公斤。1998年以后，主要推广池塘养鱼80：20（吃食性鱼类，如草、青、鳊、鲫、鲤鱼等占80%；滤食性鱼类，如鲢、鳙鱼等20%，搭配养殖）增产技术，同时重点推广种草、颗粒配合饲料和综合防治鱼病等养鱼技术。2002年，推广无公害水产品生产技术。2004年，得到农业部无公害水产品产地认证的池塘面积3166.7公顷，并通过无公害水产品产品认证。2005年，全市池塘放养水面5455.9公顷，总产鲜鱼18070吨，平均每公顷产鲜鱼3312公斤，单位面积产量比1986年增长1.14倍。

（二）水库养鱼

全市各类型水库180座，可养鱼面积4213.3公顷。大型水库，库内主要是网箱养鱼和栏网养鱼；中型水库的水产养殖多为集体经营或合股经营；小型水库大部分为个人承包养殖。1986—1990年，网箱养鱼有零星发展，分布于水府庙水库，养殖品种以草鱼、鳊鱼为主，饲料以采集野生饲草或种植牧草为主，每箱产鱼150～250公斤，共有网箱178口。1991年6月，湖南省溪口水库渔业联合开发公司在该水库恭嘉山设置栏网，拦截水面33.3公顷，投放鳙、鲢等大规格鱼种1900公斤。1992年11月，该拦截水面出水鲜鱼21吨。1995年前，水库养鱼方式为粗放养殖，即只放鱼种不投饵施肥，此后逐渐推广种草、施肥和投喂配合饲料等精养方式。至1998年，湘潭市、湘乡市两级人民政府投入奖励资金70万元发展网箱养鱼。当年，全市网箱发展到10024口。湘乡成为湖南省唯一过万口网箱养鱼的县（市）。1999年，全市网栏养鱼88处，网拦水面700公顷，出水鲜鱼630吨。2001年，网箱养鱼13240口，湘乡市被省政府授予“全省高效渔业先进县（市）”称号。2002年春末夏初，发生严重洪涝灾害，冲毁养鱼网箱5600多口，年末放养网箱8916口。2005年，采取精养方式养鱼的水库42座，面积1080公顷，产鲜鱼1782吨；放养网箱1.16万口，产鲜鱼3720吨。水府庙水库和东山哑河等适宜水域尽数得到开发，网栏养鱼201处，网拦水面1400公顷，年产鲜鱼2000吨以上。

（三）稻田养鱼

1986年，稻田养鱼面积400公顷，产鲜鱼900吨。1995年，稻田养鱼面积增加到437.33公顷，产鲜鱼1050吨。随着农业产业结构调整和工业化进程加快，大批农村劳动力外出务工，加上稻田养鱼工程耗时费力，养殖面积逐渐减少。1996年，稻田养鱼面积减少到80公顷，产鲜鱼200吨；2000年，26.67公顷，产鲜鱼67吨。2005年，13.33公顷，鲜鱼产量仅35吨。

三、名特优水产养殖

名特优水产养殖起于20世纪80年代后期。其品种有黄鳝、鳜鱼、鲌鱼、鲈鱼、脆肉鲩、鳖、牛蛙等。2005年，人工养殖面积75公顷，出产名特优水产品900吨。名特优水产养殖一直没有形成产业。

第四节 疫病防治

一、防疫

（一）畜病防治

1986年，猪的常见疫病主要有猪瘟、猪丹毒、仔猪副伤寒、猪肺疫、仔猪黄痢、仔猪白痢、仔猪红痢、仔猪水肿病、传染性胃肠炎、链球菌病、五号病、弓形虫病、伪狂犬病、附红体病、蓝耳病、圆环病毒病、喘气病等。这些疫病在全县各地呈现散发性发生。其中，仔猪黄痢、仔猪白痢发病率高；猪瘟病发病率逐渐下降，但仍是高致死疫病；猪丹毒、仔猪副伤寒、猪肺疫明显减少；气喘病常发生于良种猪。这一年开始，牲畜防疫制度、措施进一步加强。县委发文恢复防制牲畜五号病指挥部，全县统一实行生猪防疫承包责任制，防疫承包经费由各乡镇财政代收。免疫注射以猪瘟、丹毒、肺疫、仔猪副伤寒四大传染病为主要防疫对象，每年春秋两季进行两次普注，同时开展月月补注。免疫注射由各乡镇兽医站责任承包，市、乡政府每年组织两次防疫检查，督促动物防疫落实到位。当年5月，在湘乡园艺场首次确诊猪链球菌病，后来扩散到各乡镇，并有鸡、犬感染致死病例。10月，在湘乡肉食公司发现的40头病猪中，首次确诊猪弓形虫病。其后，猪弓形虫病屡有发生，且日趋严重。1995年及其以后，牲畜五号病连年发生，已成为危害生猪生产的一种传染病。防疫重点转移到猪瘟、牲畜五号病，实行季节性免疫与常年免疫相结合。1999年，在新湘路办事处长桥村一养猪户的发病猪中，首次确诊猪传染性萎缩性鼻炎；东郊乡新村一养猪专业户存栏猪150头，暴发五号病，3天内无害化处理120头。当年，动物防疫工作实行责任制和责任追究制，市、乡、村层层签订责任状，防疫任务责任到人。其后，取消生猪防疫承包制，实施生猪免疫证制度，并实行计划免疫，强制免疫，防疫注射费直接向养殖户收取。2000年9月，猪伪狂犬病在龙洞乡小田村一养猪户的37头发病仔猪中，首次发现；11月，猪繁殖和呼吸综合症在望春门街道金塘村某猪场近千头发病猪中首次确诊。当年，生猪五号病暴发，无害化处理2170头，涉及12个乡镇，66个村。2002年，市畜牧水产局组织实施农业部下达的“无规定动物疫病区建设项目”和“地县级动物防疫体系建设项目”，建成县（市）级高标准诊断试验室。这个动物疫病诊断室被省农业厅评为全省唯一的县（市）级先进诊断室。当年，免疫标识代替生猪免疫证，即对所存生猪进行猪瘟、五号病疫苗接种后，佩挂免疫耳标；生猪出栏时，由动物检疫部门查验免疫耳标，对无免疫耳标的生猪进行留观补免补检。2004年，重大动物疫病防制指挥部成立，并制订《湘乡市重大动物疫情应急预案》，成立应急处理分队。当年，湘乡市动物防疫监督站被农业部定为全国动物疫情测报站。2005年，有161.5万头生猪注射免疫猪瘟疫苗，181.1万头生猪注射五号病疫苗，免疫密度达到97%～98%。无规定动物疫病综合防治技术研究与推广项目获湘潭市科技进步一等奖。

（二）禽病防治

1986年，禽类的常见病有禽霍乱、鸡新城疫、禽流感、鸡法氏囊病、鸡马立克氏病、鸡白痢、鸭瘟、鸭病毒性肝炎、鸭大肠杆菌病等。其中，鸡新城疫、禽霍乱危害最大，导致2.2万羽鸡鸭死亡。

1987年，在山枣镇新飞村首次确诊鸡马立克氏病。1991年6月，在潭市镇永民村一养鸡专业户，首次确诊鸡法氏囊病。1995年及其以后，以鸡新城疫、禽流感为防疫重点，同畜病防治一道进行，实行季节性免疫和常年性免疫相结合。1998年，畜禽免疫由村干部带队，挨家挨户，由兽医上门注射疫苗。2005年，注射禽流感疫苗480万羽、鸡新城疫苗540万羽，免疫密度分别为95.2%、98.2%。但当年疫情严重，市政府组织处理病禽3.2万羽。

（三）鱼病防治

境内造成鱼类死亡的病虫害有细菌性、病毒性、寄生虫、窒息、中毒5类20余种。主要鱼病有病毒性出血病，细菌性烂鳃病、赤皮病、肠炎病、打印病、腐皮病、败血病（又称暴发性传染病），真菌引起的水霉病、鳃霉病，寄生虫病有鱼虱、锚头虱、中华蚤、车轮虫、指环虫、鳃隐鞭虫、小瓜虫。养殖户有使用中草药防治鱼病的习惯，如用马尾松治疗烂鳃病、肠炎病和锚头虱病，用号筒杆、苦楝皮、辣蓼草治疗赤皮病、烂鳃病，用大蒜子治疗肠炎病，用烟杆治疗鱼虱，用菖蒲、人尿和氯化钠治疗水霉病等。1986年，推广生石灰清塘消毒，使用氯化钠、PP 粉溶液浸洗鱼体消毒，使用漂白粉、强氯精等对养殖水体进行泼洒消毒杀菌，控制鱼类传染病的流行。1987年，全面推广草鱼出血病疫苗注射，免疫效果显著，草鱼成活率达到80% 以上。1993年，成立湘乡市水产综合服务部后，引进和推广卤素类、重金属盐类、磺胺类、呋喃类、抗菌素类多种鱼病防治药物，做到全面预防、对症治疗。同时推广水质改良、培肥水质等生产制剂。至2005年，未爆发大规模鱼病流行。

二、检疫

1986—1995年，为及时发现病畜病禽，及时处置，防止传播蔓延，开展产地检疫、交通检疫、市场检疫，对乡镇则实行不定期巡回检疫。1996年，城区实行生猪定点屠宰，集中检疫。从2004年起，为阻止高致病性禽流感和牲畜五号病等疫情传入，境内设立12个临时动物检疫消毒点。2005年，全市共产地检疫生猪102.8万头，活禽290万羽；定点屠宰，集中检疫生猪38万头，检疫肉类产品300吨；检疫动物皮张400万张。其中，检出病猪451头，病禽4100羽，病害动物产品3850公斤，全部作无害化处理。同时，处理违法违章事件23件。

第三章 林业

第一节 管理机构

一、市林业局

1986年，县林业局机关设人秘股、计财股、营林工作站、林政管理站、林业派出所、林业科研所、绿化办，以及工会、纪检，共有干部职工27人。1987年3月，县林业局改市林业局，局机关撤销人秘股，分设办公室和人事股。1990年，森林病虫害防治工作从营林工作站分出，归口林业科研所，增设场所管理股。1991年7月，增设林业科学技术推广站，与原林业科研所合并，两块牌子、一套人马。1992年，森林病虫害防治工作职能从林业科研所分出，增设森林病虫害防治站（又称森保站）。同年，市林业局机关实行机构体制和经济改革，成立市林业经济开发中心，与林业局两块牌子、一套人马。工作人员34人，组合上岗，运作半年，存在诸多矛盾，中心解体，重回各股、站、所、室。1993年，撤销市林业科研所，林业科学技术推广站与营林工作站合并，改为营林与技术推广站。1996年，设立壶天木材检查站，由林业局直管。2001年，林业派出所更名为市林业局森林公安分局（副科级），亦称市公安局森林分局。2002年，成立生态公益林管理站。当年，市林业局定行政编10人，事业编2人，4个内设股室：办公室、计财股、政工股、场企管理股。全额拨款事业编制27人，包括森林公安分局、站、办等9个单位，差额拨款事业编制97人，湘乡苗圃35人、褒忠山林场30人、东山林场32人。2005年5月，市林业局在市政府政务中心设置林业窗口，集中办证。12月，成立市人民检察院林业检察室，设林业局机关内。当年，林业局有13个股、站、室、办、分局，共有干部职工42人。

二、乡镇林业站

1986年，全县8个区、3个镇设林业站，有干部23人。每个乡设半脱产林业管理员1人，共46人。从1992年起的6年时间里，先后分3批，解决部分林业管理人员的“农转非”和招工问题。1995年，撤区并乡建镇，原区（镇）林业站被撤销，建立19个乡镇林业站。至2005年，全市19个乡镇林业站共有干部职工162人，其中干部69人、合同制工人93人。

第二节 森林资源

一、林业用地

1986年，全县包括东山林场（1992年经林业部批准为东台山国家森林公园）和褒忠山林场，以及600个乡村（含联办、户办）林场在内，共有林业用地91947公顷，占土地总面积的45.7%。其中，有林地60500公顷，疏林地5934公顷，未成林造林地11720公顷，无立木林地400公顷，宜林地13380公顷，苗圃地13公顷，森林覆盖率29.8%。

1995年，全市林业用地89486公顷，占土地总面积的44.1%。其中，有林地82135.7公顷，疏林地1702公顷，未成林造林地1696公顷，无立木林地1073公顷，宜林地2868公顷，苗圃地12公顷，森林覆盖率44.10%。与1986年比较，由于人工和飞播造林，以及新造林的培育管理，封山育林面积扩大，有林地年均增加1000公顷，宜林地、疏林地、未成林造林地年均分别减少526、400、500公顷，森林覆盖率提高14.3个百分点。

2005年，全市林业用地95290.7公顷，占土地总面积的47.37%。其中，有林地87673.5公顷，疏林地136公顷，未成林造林地4621公顷，无立木林地1729公顷，宜林地1113公顷，辅助生产林地9公顷，苗圃地8公顷，森林覆盖率46.33%。与1995年比较，林业用地增加5804.7公顷，有林地增加5537.8公顷，森林覆盖率提高2.23个百分点。

二、林种、树种

（一）林种

1986年，森林资源调查，划分为3个林种：用材林45955公顷，占有林地（不含灌木林地）76.59%；经济林9686公顷，占有林地16.14%（其中，油料林2573.27公顷，特种经济林38.43公顷，果木林757.13公顷，其他经济林3616.67公顷）；竹林4359公顷，占有林地7.27%。

1995年，森林资源调查，按《湖南省森林资源调查技术规定》分5个林种：用材林68499.2公顷，占有林地（不含灌木林地）85.53%；防护林343.3公顷，占有林地0.43%；经济林7153.1公顷，占有林地8.93%（其中，油料林3104.6公顷，特种经济林25.1公顷，果木林1491.6公顷，其他经济林2531.8公顷）；竹林4090.6公顷，占有林地5.11%；特种用途林5.4公顷。

2005年，森林资源调查，按《湖南省森林资源规划设计调查技术规定》，分为生态公益林（地）与商品林（地）2个类别，5个林种。全市生态公益林（地）42448.8公顷，占林业用地44.55%；商品林（地）52832.7公顷，占林业用地55.45%。在生态公益林（地）中，防护林36844.3公顷，特种用途林2780公顷。在商品林（地）中，用材林44715公顷（属一般用材林），薪炭林154公顷，经济林3316.3公顷。

（二）树种

全市树种资源丰富，有木本植物93科，243属，559种。其中，乔木319种，木质藤本42种，灌木178种。适宜湘乡气候、土壤等条件生长的主要树种，按2003年《湖南省森林资源规划设计调查技术规定》划分，有杉木组：杉木、柳杉；三杉组：水杉、池杉、落羽杉、水松；马尾松组：马尾松、黄山松、华山松、雪松、罗汉松、金钱松等；国外松组：湿地松、火炬松；柏木组：柏木、侧柏、福建柏、圆柏、三尖杉、红豆杉、榧等；杨树组：毛白杨、响叶杨、欧美杨等多个品种；桉树组有：大叶桉、小叶桉等；速生阔叶树组：枫香、拟赤杨、喜树、椿树、苦楝、女贞、柳类、梧桐、二球悬铃木、桤木、泡桐等；中生阔叶树组：杜英、冬青、栾树、刺槐、刺楸、鹅掌楸、香椿、臭椿、红椿、檫木、重阳木、桦类、椴类、山槐、木荷、酸枣、桂花、木兰等；慢生阔叶树组：樟树、楠木、火力楠、榆类、栎类、榉类、石楠类、黄檀、青檀、椤木、继木等；竹类组：毛竹、水竹、斑竹、慈竹、金竹、青皮竹、竿竹等。经济林树种分食用原料树组：油茶、茶叶、核桃、花椒等；药用树种组：杜仲、厚朴、凹叶厚朴、银杏、五倍子、木瓜、金银花、黄栀子、吴茱萸等；林化原料树种组：油桐、乌桕、山苍子、白蜡树；其他经济树种组：桑叶、棕榈等。果树种组有：柑橘、桃、梨、板栗、李、杨梅、石榴、枣、柿、梅、柚、枇杷、苹果、葡萄、猕猴桃等。柑橘中的椪柑、脐橙、胡柚、香柚、国庆一号、隆园早；李类中的奈李、芙蓉李、朱砂李、布朗李系列；梨类中的黄花梨、湘南梨；桃类中的砂子早生、岗山早生、春雷、油桃；板栗中的九家种、铁粒头、石丰、邵阳它栗；枣树中的义乌大枣、河南大枣；柿树中的甜柿、涩柿；杨梅中的木桐杨梅；葡萄类中的巨丰、黑奥林、红瑞宝、红富士及藤稔等。庭园观赏树种有：大叶樟、红继木、广玉兰、千头柏、四季桂、龙柏、紫薇、紫荆、迎春、金叶女贞以及茶花、月季、玫瑰、杜鹃等木本花卉树种等多个品种系列。另外，市林业局引进的主要树种有翅夹木、光叶白兰、景烈白兰、云山白兰、银合欢、桤木、雷竹、欧美杨系列等10多个品种，油茶无性系32个品种。

三、森林蓄积量

1986年，森林资源调查，全县活立木总蓄积66.91万立方米，立竹蓄积773.9万根。其中，杉（杉木）23.59万立方米，松（国外松）33.01万立方米，（阔）阔叶林10.3万立方米。

1995年，森林资源调查，全市活立木总蓄积162.42万立方米，比1986年增加95.51万立方米，增加142.7%；立竹蓄积585.56万根，比1986年减少188.34万根，原因是1988年、1991年两次冰冻雪压灾害，以及价格偏低，农民种植积极性不高，经营粗放，强度采伐，种植面积减少268.6公顷。

2005年，森林资源调查，全市活立木总蓄积339.64万立方米，比1995年增加177.22万立方米，增长109.1%；立竹蓄积1443.49万根，比1995年增加857.93万根，增长146.51%。原因是退耕还林、长江防护林等工程项目新造竹林增加，楠竹综合利用率提高、价值增长，刺激了农民的种植积极性，竹林自然蔓延扩大，面积和蓄积迅速增加。

在这些古树中，较为珍贵的是山牡荆、银杏、细叶青冈、榔榆、继木、重阳木等。金石镇白果村状元坪一株银杏树（又称白果树）距今816年，相传为南宋状元王容（字南强，南宋议政大夫，礼部侍郎）家庭院树，树高36米，胸径150厘米。清同治《湘乡县志》载："王侍郎容故宅，有银杏一株，

2003年湘乡市古树名木统计表

表5-8

树种	数量(株)	树龄年	所在地
马尾松	11	100~510	壶天镇3、翻江镇2、中沙镇3、梅桥镇2、棋梓镇1
樟树	22	100~380	潭市镇1、山枣镇2、中沙镇2、梅桥镇1、翻江镇10、月山镇3、龙洞乡2、毛田乡1
枫香	47	100~280	金薮乡3、翻江镇11、壶天镇4、毛田乡4、中沙镇1、山枣镇2、白田镇1、龙洞乡2、金石镇1、梅桥镇6、褒忠山林场9、月山3
银杏	10	100~800	中沙镇1、金石镇4、金薮乡2、月山镇1、市政府院1、市教育工会1
桂花	3	100~150	毛田乡1、梅桥镇1、翻江镇1
榔榆	5	100~300	翻江镇3、金薮乡2
重阳木	1	300	望春门街道
柏木	2	100	潭市镇1、龙洞乡1
枫杨	2	100~500	翻江镇
广玉兰	4	100	市民政局2、金石镇2
椤木石楠	1	110	月山镇
侧柏	3	150~200	翻江镇
继木	1	180	梅桥镇
山牡荆	1	300	虞唐镇
细叶青冈	3	200~300	褒忠山林场
杉木	1	120	梅桥镇
核桃	1	160	中沙镇
合计	118		

荫十余丈，夏日里，人恒游憩其下。”2000年，市林业局拨专款砌石墈围护。2001年，市政府挂牌，当地刻碑文以记之。山枣镇莲花村孙家大圫一株樟树，至今360年，系一徐姓大户人家所栽。因家丁兴旺，代代相传，倍加爱护。1949年8月13日湘乡解放后，徐家搬迁，改建小学，仍枝叶茂盛，经久不衰。树高28米，胸径169厘米，平均冠幅26米，形似一把雨伞，荫地近2亩，数里之外，均可见到，成为当地一道景观。虞唐镇赤石村笔花屋场一株山牡荆，树高22米，胸径84厘米，距今316年，系一刘姓人家的壕基上自然长成。因能防风遮阴，至今保存完好，并载入刘姓族谱，为追宗认祖之标志。2005年，市、镇两级人民政府补助，当地群众投资投劳砌墈围护。褒忠山林场白云寺，建于明万历年间（1573—1620），分上禅院与下禅院，后殿门联上写有：“白云飞去青山在，青山常在白云中”。寺庙有禁山1000余亩，僧侣们年年植树。现保存较为完好的古树群落近100亩，有细叶青冈、榆树、枫香、重阳木等树种160种，大小树木820多株。其中一株细叶青冈高26米，胸径93厘米，树龄300余年。

附录：古树名木

2003年4月，由市绿化委员会、市林业局对全市城乡古树名木进行调查登记。古树名木15科、18种、402株，群落1处，分布在15个乡镇、2个国有林场，其中树龄在100年以上的古树118株。

第三节 植树造林

一、采种育苗

全市林木种源有马尾松、栎类、樟树、油茶、油桐，部分杉木和湿地松、檫树、喜树。1986年，林木育苗由旱地改为水田，规模较大的基地有2处，河山乡的团田村和花坪乡的花坪村，面积均在4公顷以上。东郊横州司冲村一村民育国外松1.4亩，3公斤种子，共产6.49万株。当年，经省林业厅和湘潭市林业局组织专家鉴定，东郊乡林场和东山林场定为国外松母树林，面积71.2公顷，投资2.38万元（2000年，因修建潭邵高速公路而损坏）。1987年，乡村育苗27.18公顷，产苗1752万株。省林业厅当年在湘乡召开全省育苗现场会议，推广国外松薄膜覆盖育苗技术。1989年，总产苗1301.62万株。1990年，为全面消灭宜林荒山，全市26户专业户、容器育湿地松种子20.4公斤，产苗25万株。1991年，除国外松、良种杉木及少量引进树种的种子外，绝大部分在境内采集，共采种51.2吨。当年，东郊乡大桥埠一村民，第一次推广油茶芽苗砧嫁接，用新铺九雁产霜降油茶子苗为砧苗，省森林植物园和龙洞乡大田采穗圃的无性系油茶嫩芽作接穗，采用茅柴搭高棚遮阴，圃地高床滤水，成苗3.5万株，且连续培育3年。1992年后，为提高良种率，停止市内采种，也不直接从外地调入种子，而由营林站根据造林计划和群众需要，逐级汇总上报到省林业厅种苗站，统一组织供应。油茶砧木种子在市内收购，接穗按省林业厅和湘潭市林业局指定的地点采剪。至1994年，先后有东郊、山枣、湘乡苗圃等地，培育奈李、桃、板栗等小水果苗木，面积2公顷，产苗16万株。2000年，东郊乡上花村一村民培育油茶苗，采用分断油茶芽苗（即每根油茶芽砧苗截成2～4根）嫁接，实行遮阴膜高棚覆盖，嫁接9.8万株，成活率达80%。2001年，国家林业局与省林业厅批准“湘乡市中心苗圃建设工程项目”国债工程，总投资80万元（其中水府庙库区20万元），完成水渠修整、土壤改良、温室和生产生活用房改造、道路绿篱建设、苗木引种培育，经营形式为苗圃场部经营与职工个人承包相结合，共育苗13.3公顷。2002年起，以营造生态林为重点，实行合同育苗，包产包销。2005年，育苗2.91公顷，产国外松、马尾松、枫香、木荷、杨树等速生生态树苗152.2万株。

二、山地造林

1986年，森林资源调查，全县无林地14271.26公顷（其中荒山荒地13380.6公顷，迹地33.26公顷，退耕地360.2公顷，灌丛地497.2公顷），疏林地5942.27公顷，两项共计20213.53公顷，占林业用地的22%，属全省荒山大户之一。当年，湘乡县绿化委员会成立，由分管林业的副县长任主任，成员单位有林业、农办、环保、水利、教育、城建、团委、妇联等，开始改变“游击战”式的造林方法为有计划、有重点的造林绿化。1987年，市绿化委员会组织湖南铁合金厂、湘乡化工厂、湘乡铝厂、湘乡电力局、二十三冶一公司，在花坪乡楠木寨义务植树。当年造林50公顷，之后又3年造林，建成134公顷以国外松为主的义务植树基地。1988年，市委、市政府带领市直机关单位干部在栗山义务植树，建立基地274.7公顷。其中，营造国外松40公顷，封山育竹146.7公顷，补植和抚育88公顷。

当年，市政府与各区镇签订消灭宜林荒山责任状。全市10个区（镇）和46个乡（镇）相继成立绿化委员会，由林业站负责业务指导和协调，建立义务植树基地112处，连片造林1070公顷，封山育林147公顷，抚育767公顷。1989年，印制限期造林绿化通知单6.5万份，发给有荒山造林任务的农户，并在金薮、河山、新铺、月山、横铺、梅桥6个乡25个村实行飞机播种造林，面积1301.33公顷。至1990年，全市5年间共造林22766公顷。12月，省政府、省绿化委员会来湘乡进行消灭宜林荒山达标检查验收，抽查12609公顷林业用地，其中荒山面积14公顷，仅占林业用地的1.1‰。低于省标准局制订的5‰的标准，实现全市消灭宜林荒山达标。1991年后，分户联片造林，转变为林业专业户承包造林为主，全市以中沙镇熊惠生为代表的112户造林专业户，由林业局提供有偿贷款营造杉木林、国外松、速生丰产林等，共计508.93公顷。1992—1999年，湘潭市、湘乡市财政拨出专项资金，农民投劳、投肥，在丘岗、旱土种植名特优新干鲜果树，林业部门无偿提供种苗。2000年，全国绿化委员会授予湘乡市"全国造林绿化百佳县市"称号。至2001年的10年间，全市人工造林8994公顷。2002年，由专业户承包造林，转变为造林专业队和造林公司承包整地造林，整地方式以保护生态为重点，停止全垦、带垦整地，改为挖大穴，尽量保护现有植被。当年，全市人工造林、更新在全省抽查验收中得分91.12分，排名第10位；至2005年的20年间，全市累计人工造林38223公顷，飞播造林1233公顷，省政府授予湘乡市"造林绿化先进集体"奖牌。

三、项目（工程）造林

（一）世界银行贷款"贫困地区林业发展（FDPA）项目"工程

1998年7月31日，中国政府与世界银行签署贫困地区林业发展项目协定，12月16日生效，项目正式开始实施。1999年，该项目在壶天、潭市、梅桥、翻江、中沙、月山、金薮、虞唐等乡镇实施。至2001年，完成贷款造林面积923.6公顷，总投资421.52万元。其中，世界银行贷款资金209.29万元，占49.7%。其贷款期初定16年，后调整为21年，年利率2004年10月1日前为6.5%，以后为4%。由市、乡两级财政负责贷款发放和归还，林业部门负责工程的组织实施。2005年开始还本付息。当年，造林效果抽查，一类林551.2公顷，二类林275.2公顷，三类林97.2公顷。3年生幼林，杉木平均保存率88%，平均高1.7米；湿地松平均保存率91%，平均高2.3米；马尾松平均保存率86%，平均高1.4米；阔叶树平均保存率86%，平均高1.4米；毛竹每公顷立竹量增加525根；经济果木林进入盛果期，达到部颁指标。

（二）退耕还林项目工程

2001年，湘乡市被批准立项退耕还林。退耕还林就是把影响生态环境的坡耕地停种粮食作物，植树造林。退耕还林，实行"退一还二"，即每退耕一亩另须配套荒山造林一亩。退耕还林，经验收合格，可享受种苗补助、原粮补助、抚育费，以及生态林、经济林补助等。2002—2005年，全市符合退耕还林条件的19个乡镇街道、2个林场、455个村、25028户，完成退耕还林任务6668公顷。其中，退耕地造林2934公顷（生态林占92%、经济林占8%），配套荒山造林2800公顷，封山育林934公顷。

（三）长江防护林工程

2000年，湘乡市被批准列入长江防护林工程实施县（市）。2001年春，项目启动，划分涟水中游、涟水下游、石狮江、水府庙、乌江5个项目区，涉及19个乡镇办事处。至2004年，工程结束。国家共投资379万元，完成治理面积3904.8公顷。其中，人工植苗810.5公顷，低效林改造678.7公顷，封山育林1372.2公顷，幼林抚育1043.3公顷。2005年调查，树高平均4米，全都郁闭成林，林下无水土流失。

（四）生态公益林保护工程

2001年7月，湘乡被批准为国家森林生态效益补助资金试点市（县）。试点范围16个乡（镇）、292个村（场），面积25760公顷。试点区共设38个监测点。实行全面封山，禁止一切采掘、挖垦、砍伐、狩猎和失、放火现象。中央生态效益补偿基金，每年每亩5元，其中4.5元用于补偿性支出，0.5元用于森林防火等公共管护性支出。2001—2003年，全市每年发放补助资金135.24万元。2004—2005年，每年发放补助资金173.88万元。由于全面封育，控制水土流失，提高森林生态效益，立木蓄积增长10%。

（五）太平乡水土保护林工程

1986年春，省林业厅、水利厅和县、区乡林业部门配合，在太平乡三湾、安冲、白龙、包麓、包坪5个村，推广国外松与马尾松高密度混交，并点播栎子的办法，实行乔木灌木多层截流，防止水土流失。当年，5个村有345公顷山地，92.1% 中度以上流失。工程实施后的1995年12月调查，345公顷山地，100% 林木郁闭，郁闭度0.8以上，立木蓄积17750立方米。太平乡水土保护林工程，5年减少土壤流失83.33%，10年减少土壤流失95.55%。

（六）名特优新干鲜水果工程

1990年，为优化林业结构，开发丘岗山地，湘潭市和湘乡市政府决定从地方财力中，投资建设小水果造林工程，后改为名特优新干鲜水果工程。1992年，确定泉塘区和棋梓区为重点，验收小水果工程造林93.22公顷。1995年春季，市直64个部门单位191名干部，到泉塘区6个乡镇44个村，发动群众，完成小水果造林198公顷。10月，组织部办委局及乡镇负责人120名，去祁阳县参观该县直机关建成的干鲜水果基地。1996年，全市调进苗木156.51万株，其中柑橘类占40%，板栗占25%，奈李占20%，桃梨及其他品种占15%。至1999年，名特优新干鲜水果工程建设告一段落，湘潭市财政投入146.2万元，湘乡市财政投入30万元。当年，各种干鲜水果总产量超过73万公斤。2000年，全市建成干鲜水果基地（20亩以上）359处，总面积765公顷，其中李树177公顷，板栗126公顷，梨54公顷，柑橘类294公顷，其他114公顷。泉塘镇的奈李，棋梓镇的水蜜桃，中沙镇的板栗，山枣镇洪塘的胡柚，毛田镇小山茶场的香柚，金薮镇独石果场的恭城椪柑，溪口渔场的泸州椪柑，壶天潭桥的水晶梨，泉塘裕兴的巨丰葡萄等一批独具特色的干鲜果产地，一度闻名于邻近县（市），除供应本地外，还有部分外销。但由于市场的冲击，部分水果生命周期短，受雪霜冰冻和病虫害危害，至2005年，桃李等水果衰退，基地留下的主要是柑橘类水果，面积为355.9公顷。

（七）油茶林低改工程

1994年，由湘潭市科技兴农项目列项湘乡油茶低改工程。低改工程分常规低改（要求清理林地、间伐密株和病虫株、修枝亮脚、开挖竹节沟、全面垦复、施肥、稀林补植）和更新低改（以植油茶林为主，退化老林高接换冠）。先后在新铺、潭市、棋梓、金薮、月山、翻江、虞唐、中沙8个乡镇的18个村组织实施。工程实施以奖代投，常规低改每公顷奖励900元，更新低改每公顷奖励1200元。至1996年，项目完成，总投资32万元。其中，湘潭市投资24万元，湘乡市投资8万元，完成270公顷，占下达任务的72.32%。根据调查，新铺乡九雁村400公顷油茶林，共产茶油60吨，每公顷产油150公斤，比低改前每公顷增产22.5公斤，增长17.64%。

四、花卉苗木繁育

1986年，全县培育绿化大苗和花卉，仅湘乡苗圃一家，育苗面积12公顷，以生产公路绿化大苗为主，樟树、法国梧桐占70%。其次为广玉兰、雪松、龙柏、桂花等，花卉和盆景不仅数量少，且品种单一。1987年，市建设局设园林处，在碧洲公园内培育少量草本花卉和盆栽苗木。驻湘大厂矿的安环处或行政处，组建绿化队或苗圃，培育花卉、盆景，供厂区绿化和职工观赏。从1989年开始，随着城市的扩大，开发区的建设，花卉苗木面积由小到大，生产经营户和公司不断涌现。当年，望春门街道联盟村一青年，利用自家0.27公顷承包地，并租赁邻近村民0.67公顷水田培育市场需求量大的广玉兰、桂花、红继木、女贞、铺地柏、罗汉松等绿化乔灌木树种。为解决苗木过冬，又购买2000平方米的菜地，建起钢架塑料温室。每年4次去广东、福建购进花卉盆景近2万盆（株）。采取对外销售与出租摆放，直接零售与批发贩运户销售相结合的方法销售苗木。1997年，山枣镇龙泉村一青年利用自己承包的水田和租赁邻近农户的土地，建立可欣花卉苗木基地，培育广玉兰、桂花、香樟、龙柏、红继木等。2001年，将山枣镇洙津村320国道旁水田1.5公顷砌好围墙，培育各种花卉苗木40多个品种，并拥有花卉盆景6000多盆，绿化大苗3万多株。还从四川引进日香桂、杜鹃红山茶等。当年，长沙景然绿化有限公司湘乡分公司成立，培育大量桂花、大叶樟、景烈白兰、杜鹃、罗汉松等50多个乔灌木绿化树种。2002年，湘乡市可欣园林公司、望春门联盟花卉园林公司、湖南中科环境湘乡服务部相继成立。这些公司拥有花圃、苗圃面积8公顷，年产值分别在20万元～50万元之间。2004年，水府庙园林花木有限公司成立，在娄湘公路边租赁水田、荒地3.5公顷，铺设地下水管喷灌，高薪聘请园林高级工程师任技术顾问，有从业人员8人，培育杨梅、桂花等绿化苗木80多个品种，10万多株。2005年，花卉苗木繁育已成为一种新型产业，主要分布在城区的新湘路、望春门、昆仑桥、东山4个街道，以及离城镇较近的山枣、东郊、泉塘、棋梓、壶天等乡镇。全市共有园林绿化公司、花卉苗圃、专业户34家，以及部门单位培育花卉苗木，苗木繁育总面积119.6公顷，品种120多种，共产花卉苗木1090万株。

第四节 森林保护

一、依法治林

1986年，县林业局印发《中华人民共和国森林法》1万份，发至基层，并举办学习班120多期，培训基层干部3000多人次。其后，依法治林工作迅速提上议事日程。1988年，褒忠山林场附近村民300多人上山，哄抢林场中药材厚朴树皮，计重7000多公斤，损失4万多元。林业派出所与区乡干部配合，重点清查对象124人，批捕判刑3人，治安拘留1人，追回损失1.2万多元。1990年，林业局培训机关干部和各区、乡（镇）干部、林管员80多人，通过测试发给行政执法合格证。1991年，涧山乡井湾村野猪槽林场面积10公顷，因承包期满，谭某、卢某欠承包人工资为由，组织20多人，滥伐林木2.4公顷，计13536株，折合材积20立方米。谭某犯滥伐林木罪、破坏电力设备罪，合并判刑七年，卢某犯滥伐林木罪判缓刑一年。1992—1995年，加强林业法律法规培训，提高林业工作者的执法水平。组织林业系统300名干部工人参加全省林业"二五"普法知识测试，全部合格。其间，建立永久性护林碑牌387块。1997年，查获山枣镇莲花6组谌某，先后在集体林、自留山、风景林盗伐木竹50余次，盗得杉树70株、松树8株，计材积2立方米，活立木蓄积3.2立方米，楠竹350公斤，被判有期徒刑两年零六个月。1998年，贯彻实施重新修订后的《中华人民共和国森林法》，依法治林的力度进一步加强。当年5月，查获虞唐镇五里村阳某，盗伐林木40余次，木材80多根，材积3.87立方米，折合立木蓄积6.46立方米，被判刑两年。2000—2005年，林业行政审批与执法分开，成立以森林公安为主的综合执法队。并在山枣镇厚丰村开展林地林权登记换发证试点工作，然后在全市铺开，将80年代初发的山、林权证原证，换发国家林业局印制和编号的全国统一式样的林权证。林业局向社会公开办事程序，收费项目与标准，并在市政务中心，设立林业办证室。6年共查处毁林案件1715起，其中林业刑事案件135起，林业治安案件172起，林业行政案件1408起。处理处罚2185人，逮捕92人，治安拘留78人，行政处罚1855人，罚款108万元，追缴木材5880立方米，追回损失450万元。

二、森林防火

1986年，由县护林造林指挥部负责森林防火。1987年，市政府撤销原护林造林指挥部，成立市护林防火指挥部，分管林业的副市长任指挥长。1989年，根据省林业厅、公安厅文件精神，护林防火人员纳入公安建制，归口林业派出所。1990年，各拨款1万元，分别在东台山、褒忠山建立防火瞭望台。全市主要林区建立40多个防火瞭望台，开辟防火线，主要交通要道竖立300块永久性森林防火碑（牌）。当年8月30日，龙洞乡石塘村沈某扯猪草时，用随身携带的火柴烧黄蜂窝，引起山火，烧毁山林6公顷，烧死幼株上万株，直接经济损失6000多元，沈某被治安拘留10天。1991年2月23日，中沙乡梅龙村杨某，乱丢烟蒂，引发山火，烧毁林地3.5公顷，烧死林木5100株，楠竹200多根，直接经济损失3000多元，杨某被治安拘留10天。1992年，高温干旱160天，因乱丢烟蒂，小孩玩火，学生上山野炊，野外烧荒，上坟烧纸钱放鞭炮等原因引起火灾，发生火警火灾20起，过火面积44.34公顷，毁林41公顷，烧毁林木108立方米、幼林5600株。1997年，特制1.5万块永久性防火宣传门牌，派专人置入火险地区的农户、家庭，对痴呆及孤寡年老体弱人员逐户上门宣传，造册登记，严加监护。2003年，全市发生森林火灾22起，过火面积143.34公顷，共出动扑救车辆192台次，参加扑火人员1692人，使受损面积减少到30.53公顷。至2005年，全市共营造木荷生物防火带30处，长78公里，开辟防火隔离带30公里；拥有风力灭火机6台，割灌机2台，油锯3台，灭火水枪5支，二号工具200件，砍刀100把；发放扑火服装95套，配备森林防火指挥车1辆。确定湘乡市消防中队，155处消防队为森林防火专业防火队。按照“以人为本，科学扑救”的原则，制作出有经纬度控制的全市森林防火图和森林防火预案，基本实现指挥信息化、运输机动化、扑火机具化、阻隔网络化，能确保迅速接警，将森林火灾的损失减少到最低程度。

三、森林病虫害防治

湘乡境内主要树种的主要虫害有近30种，其中危害严重的有马尾松毛虫、竹蝗、杨树天牛、银杏大蚕蛾、双条杉天牛5种。主要林木病害有近20种，其中属森林植物检疫对象的有泡桐丛枝病、枣疯病2种及常见病松杉苗木立枯病。

1986年以后，森林病虫害预测预报及防治，贯彻“防重于治”的方针，由营林站负责，设森保专干，加强预测预报，实施综合防治。湘乡松毛虫发生发展规律一般3～5年一个周期。1989年，第一代马尾松毛虫发生面积2800公顷。主要发生地有中沙、横铺、桂花、谷水、太平、金石。6月，中沙、谷水、金石挂放赤眼蜂201张，防治面积140公顷；其他用飞机喷洒化学药物防治1187公顷，死亡率在40%～80%不等。从1990年起，由林科所负责森林病虫害的预测预报和防治工作。1992年，湘乡松毛虫害大爆发，虫口密度一般每株树200～300条，多的800～2000条。当年，连续3次发生松毛虫危害，面积6633公顷。全市采取群防群治与专业队防治相结合的方法，防治面积3979公顷，防治率60%。其中，化学药剂防治面积2866公顷，占72%；放蜂防治490公顷，占12.3%，BT乳剂防治623公顷，占15.7%。1993年，各区（镇）林业站明确兼职测报员1人，全市10人，按省统一规定，当年4次为马尾松毛虫固定预测预报期。同时，进一步加强森林植物检疫，全市125处圃地，面积1234公顷，产苗430万株、花卉2850株，全部进行产地检疫。木材、楠竹、花卉苗木、药材及林产品需运往外地的，由当地林业站办理产地检疫，持产地检疫证到县（市）森林植物检疫机构，办理调运检疫，发给调运检疫证书。1995年起，全市兼职虫情测报员19人，每年组织一次培训，签订森林病虫害测报责任状，年测报次数增加到4～6次。1997年，在泉塘镇梁家村果园发现奈李细菌性黑斑病，采取剪除病枝，疏除密枝，通风向阳，少施氮素肥料，喷波美5度石硫合剂，发病期每隔10天喷链霉素、土霉素、退菌特等方法防治，起到缓解作用。2000年，经国家林业局批准，湘乡森林病虫害测报中心站为国家级测报中心站。2001年后，湘乡中心测报站还负责收集湘潭、双峰、娄底、宁乡4县（市）森林病虫害测报信息6次（3月、4月、6月、7月、9月、11月）向省林业厅和国家林业局森林病虫害测报中心发送报告。2002年7月，竹蝗危害竹林，给6600多公顷竹林带来严重危害，虞唐、中沙、栗山、梅桥等主要产竹区受害较重，虞唐赤石水坝的小梅冲、大梅冲为重灾区，后经喷药等群防群治措施，遏制了竹蝗的爆发。2003年，实施国家级松毛虫综合治理工程，治理范围19个乡镇街道，33334公顷松林，建立实施示范区8个，面积1466公顷，设置水泥标志宣传牌8块。调查监测点204个，监控面积2667公顷。2004年起，组织专业队伍，开展林业有害生物普查，调查标准地38190个，详查面积2546.7公顷，普查发现林业有害生物种类100余种。对林业造成较大危害的有害生物有竹蝗、竹青虫、马尾松毛虫、梨锈病、油茶炭疽病、白蚁6种。经省、市验收，湘乡森林病虫害监测覆盖率达100%，中短期测报准确率95%，森林病虫害发生率控制在3%以内，森林病虫害防治率分别为50%～85%，成灾率控制在3‰以内。2005年，由于竹煌迁飞性强，又大面积爆发，后启用新建的简易机场，飞机起飞9架次，防治竹林1040公顷，竹蝗危害得到控制。

附：简易林用机场

2000年，全省实施国家级马尾松毛虫综合治理工程，规划湘中建一个简易林用机场。当年5月，市政府提出申请，12月获省林业厅批准。2001年开始选址，2002年征用泉塘镇双托、下湾、新裕、新阳4个村6个村民小组土地50亩。2004年4月工程招标，10月完成土建。机场总面积3.34万平方米，投资113.51万元。2005年，工程竣工验收，确定专人常年养护。6月30日，机场正式投入使用。

四、野生动物保护

1986年起，野生动物保护由林业局林政站负责。1989年，贯彻实施《中华人民共和国野生动物保护法》。1991年，野生动物保护由林业局森保站负责。根据“加强资源保护，积极驯养繁殖，合理开发利用”的方针，野生动物保护工作从鸟类开始，每年4月的第一周为全省爱鸟周，各地组织多种形式的宣传活动，以提高人们的爱鸟护鸟意识。1992年开始，每年举办森林保护执法人员、狩猎户、经营户、饲养户等人员的培训班，发给注明使用时间和猎捕品种的狩猎证。对从事加工野生动物及其制品的发给加工销售许可证，全市4～15家，每年年审一次。须运往外地的，必须缴纳资源保护费，并办理运输许可证。当年，工商、林业部门联合发出通知，关闭龙潭乡关王庙蛇品交易市场，并多次围堵收缴蛇品，对严重违法的进行严肃处理，蛇品交易有所收敛。1995年，市政府办公室发出《关于切实加强野生动植物资源保护管理工作的通知》，加强舆论宣传，明确各级政府和各职能部门的职责，做好野生动物保护工作。其后，根据省林业厅部署，确定虞唐镇林业站为野生动物保护站，受委托行使处罚权。该站地处320国道附近，能对双峰、邵东及本地商贩通过国道违法偷运野生动物行为进行有效制止。2001年7月，全省组织“猎狐”保护野生动物行动，查获刘某在水府庙库区违法猎捕国家一级保护鸟类鹤1只，罚款3000元，当即放生。2003年，为防止非典型性肺炎（非典）在人与野生动物之间相互传染蔓延，林业局与工商局联合发出《关于禁止野生动物经营利用驯养繁殖》等通知张贴各地，并对全市经营加工野生动物的主要市场、单位和个人进行清理整顿，打击非法狩猎和非法加工经营，专项行动持续2个月，查处违法人员20人次，没收蛙类400公斤、蛇类100公斤。2005年，按照全省统一部署，建立陆生野生动物疫源疫病监测重点和一般站各5个。对候鸟迁飞地棋梓镇坪湖村杨家岭，溪口渔场大盘洲，配备专人看守，发给工作服、观测工具和补助，发现不明原因的鸟类死亡，立即报告林业和卫生部门。由于保护监测到位，境内鸟类在种类和数量上都有明显增加。全市累计收缴放生的猫头鹰、猴面鹰、画眉、野鸡及其他观赏鸟类1200多只，青蛙8300公斤，蛇类920公斤，穿山甲等各种国家和省重点野生保护动物320头（只），全部放归大自然。

第五节 采伐

1986年起，根据《中华人民共和国森林法》规定，用材林的消耗量低于生长量的原则，严格控制森林年采伐量。无论国有、集体以及村民自留山，凡胸径5厘米以上的活立木，均纳入森林采伐限额管理。采伐林木必须依法申请林木采伐许可证，按证的规定进行采伐（农民采伐自留地及房前屋后个人所有的零星林木除外）。至1990年，森林采伐数量由市（县）自定，主要是乡村林场，大都按20年一个轮伐期，核定采伐面积。1991—1996年，全市除自留山及国外松的采伐外，集体杉木林采伐面积452.99公顷，材积14845立方米，每公顷出材32.84立方米。1997—2000年，通过森林资源二类调查，自上而下下达5年森林采伐限额，湘潭分配湘乡市19835立方米，其中自用材7805立方米，商品材12030立方米，毛竹37.6万根。随着市场经济的发展，冲击着限额采伐，主要出现在农民自留山的采伐上，不批自伐、批少伐多、一证重复使用等现象在偏僻分散地区较为严重。此外，申报自用材变为商品材销售。乡村林场以解决工资或特困户困难为由，不经批准，“零打碎敲”多次砍伐，使林场森林资源逐渐减少，部分交通方便地区的楠竹，进行强度采伐。在部分乡镇，实际采伐量超过木材生产计划指标的情况较为突出。2001—2005年，湘潭下达湘乡市的年森林采伐限额58590立方米。其中，自用材20240立方米，商品材31730立方米，其他6620立方米（工副业烧柴、木炭和村民生活烧柴），毛竹27万根。从2005年开始，所有采伐全部输入林业电子办证系统，随时都可以查询木材生产计划指标的使用情况，进行监控和管理。

第四章 水利

第一节 管理机构

一、市水利局

1986年，湘乡县水利水电局机关设7个股室站队，即办公室、人事监察股、财器股、水土保持办公室、水利水电设计队、水利管理站、机电排灌站，共有在职干部职工49人。局下辖单位8个。其中，事业性质6个，即水土保持实验站，红日、合东、长江、桃林水库和赤石河坝管理所；企业性质2个，即东山电站、水电机械化施工队。至1990年，增设防汛防旱指挥部办公室、水政股。1992年，水利水电设计队更名为水利水电勘察设计室，仍保留事业性质。水电机械化施工队升为三级企业，并更名为市水利水电工程建设公司。当年4月，市移民办公室成立，设在市水利水电局内；6月，市河道管理站和市水资源办公室、节约用水办公室（两块牌子、一套人马）成立。1995年，设立东山湖管理所；市水土保持实验站更名为市水土保持站，并加挂市水土保持监督站的牌子。1997年，市移民开发局成立，设置在水利水电局的移民办公室被撤销。2001年年底，市水利水电局更名为市水利局。局机关年末在职干部职工40人，内设办公室、人事监察股、财器股、水利水电勘察设计室、水利管理站、机电排灌站、水土保持办公室、防汛防旱指挥部办公室、河道管理站和水政股。局下辖单位，增加水资源管理办公室，其他均未变化。2005年，局机关年末在职干部职工41人，内设机构和下辖单位均未变化。

二、乡镇水管站

1986年，各乡镇设有水利管理员，全县共有45人，均为集体性质。从1987年开始，建立乡镇水利管理站，当年应建49个，实际已建37个，至1988年4月，全市除昆仑桥街道之外，其余48个水管站均已建立。1989年，乡镇水利管理员138人纳入劳动计划（全民合同制），但原粮户关系不变。至1992年，49个乡镇街道，全部成立水利管理站，编制在各乡镇街道，业务上受市水利水电局指导。1993年，市机构编制委员会办公室《关于同意区镇乡水利管理工作人员纳入事业编制管理的批复》文件下发，全市173名乡镇水利管理员纳入国家劳动计划管理，列入全民事业编制。1995年，8个区46个乡镇3个街道，共计水利管理站49个，水利管理员143人。当年，撤区并乡建镇，乡镇水利管理站变成22个，共有在岗水利管理员129人。至2005年，乡镇水利管理站及其人员未发生变化。

第二节 水利工程

一、蓄水工程

(一)水库

1986年，全县有大型水库1座，即水府庙水库；中型水库4座，即桃林、长江、红日、合东水库；小型水库171座，其中小（一）型35座、小（二）型136座，共计灌溉稻田32666.67公顷。1987年，棋梓镇杉坪村新建小（二）型九洞水库，坝高18.76米，集雨面积2.65平方公里，蓄水10.73万立方米，灌溉稻田33.93公顷。1990—1991年，在棋梓镇河洞村、翻江镇瓦屋村、梅桥镇福海村分别新建河洞、大石洞、福海3个小（二）型水库。坝高分别为19.8米、18米、11.5米；集雨面积分别为0.537平方公里、0.39平方公里、0.18平方公里；总库容分别为11.34万立方米、20.85万立方米、10.7万立方米；灌溉稻田分别为21.33公顷、33.93公顷、13.33公顷。2001年，虞唐镇岱头村新建小（二）型冷水冲水库，坝高15米，集雨面积（包括本身和外引）0.27平方公里，总库容10万立方米，灌溉稻田20公顷。2005年，全市拥有大型水库1座，中型水库4座，小型水库176座［其中小（一）型水库35座、小（二）型水库141座］，共计库容7.1789亿立方米，共计灌溉稻田3.3万公顷。

(二)山平塘

1986年，全县有山平塘60385口，蓄水1亿多立方米，灌溉农田9000多公顷。2001年，兴建50处高标准骨干大山塘，增加蓄水量10万立方米。至2005年，实有山平塘61510口，蓄水量为1.1696亿立方米。

二、引提水工程

1986年，全县拥有河坝1755座（不含洋潭引水坝），引水2000多万立方米，灌田4800公顷，其中灌田33.33公顷以上的河坝有58处。电力提灌机械779处，811台，装机容量1.84万千瓦，灌田13000公顷。当年，水府庙库区装机23台，容量为366.5千瓦。1987年，2个万亩提灌站，引提水4908万立方米。1988年，全市电力提灌机械1009处，1043台，装机容量2万千瓦，灌田13000公顷。至1992年，由于设施的改善，增加引提水800万立方米。1993年，电力排灌设施1119处，装机容量2.2万千瓦，灌田11670公顷。1994—1996年，更新改造机埠97处，新增引提水630万立方米。1997—2002年，又更新改造机埠68处，新增引提水632万立方米。至2005年，河坝1835座，引水2102万立方米，灌溉5058.67公顷；电力排灌工程1172处，装机1217台，总容量2.17万千瓦，排灌面积18500公顷。

三、工程除险保安

(一)水库除险保安

1986—1992年，桃林水库大坝高低涵整修加固，库内大坝右端山体整体护坡；大坝灌浆49孔，进尺1185米；22.4公里干渠防渗加固，投资92.98万元，投劳53.7万个。长江水库加固枢纽工程，改造高低涵闸门，高低涵进口挡土墙护坡，引水渠加固，左右干渠加固防渗，设置大坝浸润线，加固改造总干渠24公里共投资52.82万元，投劳8.14万个。红日水库、合东水库配套建设、加固维修，投资440.48万元，投劳11.37万个。其他小型水库除险保安135处，投资480万元，投劳170万个。

1993—2000年，桃林水库大坝再次保安，进行帷幕灌浆处理，整修加固南干渠10公里，投资89.41万元，投劳3.67万个。长江水库对主坝塑模防渗3036平方米，副坝内坡培厚加固1米，塑模防渗550平方米，外坡坡脚导滤沟整修90米，高涵闸门改造及安装启闭机，投资394.05万元，投劳1.2万个。其他小型水库除险加固150处，投资380万元，投劳210万个。2001—2005年，重点是红日水库的除险保安，加固灌渠570米，铺模防渗9250平方米，投资512.5万元，投劳3.1万个。其他小型水库除险保安146处，投资664万元，投劳220万个。

（二）山平塘整修加固

1986—1990年，连续掀起冬修水利高潮，对全市6万处山平塘、河坝进行全面整修加固，共投入资金1000万元，投劳240万个，使山平塘的蓄水量超过1亿立方米。

1991—1995年，在水毁工程恢复的同时，对5750处山平塘挖深加高，小塘扩大，危塘加固，全市移动土石方410万立方米，投入资金1580万元，投劳430万个。

1996—2000年，重点整修塘坝2万处，投资2000万元，投劳510万个。

2001—2005年，移动万方以上土石方大山塘整修17处，高标准改造骨干大山塘1880处，砼护坡26416口，投资2100万元，投劳303.46万个，使山平塘的蓄水量达1.1696亿立方米。

1986—2005年湘乡市水利建设统计表

表5-9

项目 年度	完成土石方（万立方米）	完成工程（处）	完成劳动工日（万个）	投入资金（万元）	其中国家投资（万元）
1986	341.40	7832	423.70	605.80	235.40
1987	325.00	4903	460.00	416.70	223.10
1988	432.40	4950	504.00	945.95	209.40
1989	302.70	12740	432.40	802.70	289.00
1990	525.00	15477	651.00	1630.18	272.18
1991	789.62	16251	822.00	1675.00	280.05
1992	792.00	8395	912.00	924.98	321.98
1993	535.00	14092	590.00	950.53	331.53
1994	664.00	13885	670.00	1199.36	232.36
1995	688.00	13850	420.00	6610.00	174.30
1996	578.00	11500	710.00	7430.00	308.10
1997	302.24	9200	520.00	5100.00	381.00
1998	306.04	11600	795.00	6200.00	481.75
1999	628.00	8560	810.00	5217.00	653.70

续表5-9

项目 年度	完成土石方（万立方米）	完成工程（处）	完成劳动工日（万个）	投入资金（万元）	其中国家投资（万元）
2000	598.00	7950	780.00	6540.00	878.00
2001	646.00	8030	800.00	6980.00	639.70
2002	669.00	7980	805.00	7120.00	985.00
2003	707.00	8720	840.00	7315.00	1065.00
2004	719.00	8300	860.00	8530.00	1866.67
2005	675.00	7640	805.00	5895.00	1918.25
合计	11223.40	201855	13610.10	82088.20	11746.47

附录：水府庙水库

（一）水库容量

水府庙水库地处湘中腹地，涟水中游，位于湘潭市的湘乡市和娄底市的双峰、娄星三市（县、区）交界处。该水库是一座以防洪、灌溉为主，兼发电、养殖、航运、旅游于一体的综合性大型水利枢纽工程。1958年动工修建，1960年建成投产。水库控制流域面积3160平方公里，占涟水流域总面积的44%，设计总库容5.7亿立方米，是韶山灌区的源头水库，灌溉农田66700公顷。正常蓄水位94米时，水面面积45平方公里，水库库容3.7亿立方米。其中，有效库容2.63亿立方米，死库容1.1亿立方米，属不完全季调节水库，库容系数0.114，灌溉韶山灌区百万亩农田。

（二）除险保安

1998年，水府庙水库开始除险加固工程。经专家组织论证，鉴定大坝为III类坝。报请国家水利部和国家计委批准立项，列入第三批病险水库。至2005年，大坝溢流坝灌浆工程、大坝观测设施安全监测自动化系统（由加拿大政府援助）、水情自动化测报系统、防汛公路工程、大坝溢流段灌浆工程、大坝预应力锚索工程和防汛楼危房改造工程等全部竣工。大坝除险加固工程总投资5924万元。其中，中央资金2950万元，地方自筹2974万元。

（三）防汛调度

水府庙水库多年平均来水量为22.5亿立方米，多年平均入库流量71.4立方米/秒，多年平均库水位91.5米，多年平均发电量1.09亿千瓦时，多年流域平均降雨量1367.6毫米。一直严格执行湖南省防汛抗洪指挥部的调度命令。1986年，是历史上的一个大旱之年，流域降雨量仅940毫米。1991年，也是一个来水不多的枯水年，从6月份起连续干旱半年。水库电站不惜牺牲发电效益，减少发电台时，按照韶山灌区的灌溉流量下泄水量，保证农田灌溉和人民群众生活用水。1994年，发生建库以来第二大洪水。1995年起，水库汛限水位，由94米调整至92米。1998年，又发生建库以来第三大洪水。严格按照省防汛抗旱指挥部的要求下泄流量，削减洪峰。2003年6月10日雨季结束后到8月31日，流域降雨量只有30毫米。其中，8月降雨仅3毫米，为建库以来最低水平，同时也造成30年来最严重的夏秋连旱。水库千方百计节水保水，仍然按照韶山灌区所需流量下泄水量。2005年，遭受建库以来最大洪水。其中，5月31日零时到6月1日10时，全流域平均降雨162毫米，潭溪站最大降雨235毫米，洪峰流量3916立方米/秒，最大下泄流量2959立方米/秒，削减洪峰24.4%。

第三节 防汛抗旱

1986年7月起，发生近百日持续干旱，全县受旱面积2.7万公顷。县委、县政府在旱灾期间，组织区乡干部1000多人，深入重灾区，落实专人看水、按田配水制度，发动群众抗旱保苗。同时，利用省、市、县三级下拨的22.35万元抗旱经费，完善3处抽水机埠，抢救6700公顷晚稻，使全市粮食总产量仍然达到45.5万吨。

1987—1990年，共发生5次洪涝灾害，全市有3万公顷农作物受灾。市委、政府组织汛前检查4次；先后带着900万元的防汛抗旱物资，深入灾区，发动群众，采取应急措施，堵洪防汛，排涝保苗，减少灾害损失。

1991年，市防汛抗旱指挥部成立，办公室设在市水利局。其后，在市防汛抗旱指挥部的统一组织领导下，每年4月汛期到来之前，都要召开全市防汛抗旱工作会议，总结上年工作，布置当年任务，表彰奖励防汛抗旱先进单位和个人。会后，组织市委、市政府主要领导牵头，乡镇主要领导及水利管理人员参加的若干个检查小组，分别对全市所有的水利设施设备进行全面检查，重点放在180座中小型水库，6.15万口山平塘，89公里涟水两岸防洪堤，发现隐患，逐一登记。然后，集中分类，制定整改方案，落实整改责任。同时，各乡镇要与市政府签订防汛抗旱责任状，一旦发生灾情，必须做到领导、技术力量、物资资金“三到位”，迅速把灾情消灭在萌芽状态，减少灾害损失。至1993年年底，共拨付各级防汛抗旱经费850万元，整改汛前检查发现的隐患240个，维修排涝抗旱设备20台，投入防汛抗旱劳动工日105万个。1994年4—8月，先后发生4次暴雨、特大暴雨，全市28个乡镇街道有30多万人口受灾，农作物受灾面积1.3万公顷，失收600公顷。其中，一次山洪暴发，使湘黔铁路中断运行10小时。市防汛抗旱指挥部在汛期前进行历时5天的工程防汛检查，制定各项汛期预案，完善行政领导首长负责的岗位责任制，坚持领导干部汛期值班制度，及时传达雨情，致使全市所有水库、山平塘、防洪堤垸等重点部位未垮塌一处。至2001年的8年中，共拨付各级防汛抗旱经费6450万元，整改汛前检查发现的各种隐患560个，维修排灌机埠53处，投入防汛抗旱劳动工日800多万个。

2002—2005年，共发生4次暴雨山洪灾害，全市共计水淹稻田14330公顷，受灾人口27.3万人，因灾死亡7人，直接经济损失9520万元。4年中，共拨付各级防汛抗旱经费4000多万元，整改汛前检查发现的各种隐患342处，维修防洪排涝设施48处，投入防汛抗旱劳动工日720万个。

第四节 水土保持

湘乡水土流失面积原有562平方公里，占总面积的27.94%。主要分布在涟水、沩水两大水系的6条支流及其河谷丘陵地带。流失区域年均土壤侵蚀模数为3832吨 / 平方公里。1986年起，水土流失治理的重点从乌江、石狮江、金薮河、东塘河、石柱河转移到中沙河、萧家河、龙石河等小河流域。当年，治理8平方公里。至1990年，5年年均治理4平方公里，共计治理20平方公里，移动土石方11万立方米，投资180万元，投劳动工日23万个。1991—1995年，太平乡333.33公顷水土保持试验林，得到巩固和提高；控制水土流失面积达370平方公里，占全市水土流失面积的66%；萧家河全面治理，土方任务如期完成。共计治理水土流失面积25平方公里，移动土石方14万立方米，投资210万元，投劳动工日25万个。1996—2000年，把全面治理龙石河、萧家河等小河流域作为重点，采取修水平梯田、建沟坝地、植水土保持林等措施，治理水土流失面积31平方公里，移动土石方16万立方米，投资225万元，投劳动工日28.39万个。2001—2005年，退耕退坡还林，封山育林，森林采伐减少，山地植被覆盖率快速上升，水土治理进展顺利。5年共计治理水土流失面积40平方公里，移动土石方17.34万立方米，投资382万元，投劳动工日25.4万个。

第五节 水务管理

一、工程管理

1986年，全县4座（桃林、长江、红日、合东）中型水库和1座（赤石）中型河坝，由县水利水电局管理，各管理所主要负责人由县配备国家干部担任，并按设计灌溉面积，每666.67公顷3～4人配备管理人员。小型水库171座，灌区跨乡的，由区管理，或由区委托主要受益乡管理，专管人员按设计灌溉面积多少，分别配备1～5人。灌区跨乡由区管的小（一）型水库管理所，配乡级副职国家干部负责，跨村的乡管水库管理所，配村级干部负责。前胜、观音阁两处跨乡的万亩电力提灌站，属县管理，由县委托所在地东郊乡、潭市镇代管，仍受县水利水电局领导。60385口山平塘、1755座河坝（洋潭引水坝除外）、1119处2.2万千瓦电排站（前胜、观音阁除外），落实所有权、使用权，谁建、谁有、谁管理。涟水沿线89公里防洪大堤由河道管理所管理。水利工程的这种管理体制一直延续下来。从1995年起，市政府与各乡镇政府签订水利建设管理责任状，一年一签，实行行政领导负责制，纳入政绩考核内容。市政府每年拿出100万元资金，以奖代投的方式奖励水利建设管理搞得好的乡镇。至2005年，全市水利工程，在传统管理模式的基础上，不断改进完善，责任明确，管理严格，运行正常。

二、用水管理

1986年，大部分水库采取定量供应，指标到村（组），节余留用，按方收费，超用加价的用水管理措施。有的小型水库采取基本水费加计时水费管理办法：基本水费指标到行水区，当年用否，一律按亩、按等级交纳。计时水费系超指标用水水费，需水时，由行水区行水员向水库管理所申请，经查实批准，先交款、后供水，按灌区远近，每亩每小时0.4～0.8元。管理所与行水员共同护水至行水区内，需水者接护入田。有的乡对塘、坝、水库、机电排灌实行“四结合”，采取统一领导、统一调度、统一负担、统一养护的“四统一”制度，并遵循先用平塘水，后用山塘水；先用抽水，后用塘水；先用塘水，后用库水；先用活（坝）水，后用死（塘）水；先送远水，后送近水的“五先五后”管水原则。至2005年前后，出现新的用水组织，即用水户协会。农民用水户协会是由农民用水户组成，实行自主管理，自主经营，自负盈亏的管水用水组织。具有独立法人地位，按渠系水文边界组成，是一种非营利性组织，自我约束，自我发展，民主管理。在各灌区内制定统一的用水规定，由灌区统一分配水量，各管理所负责输灌分送支渠，支渠以下由农民用水户协会承担用水管理，明确支渠以下水利设施的主权，权、责、利相统一。由协会向水库管理所购水。协会统一用水，统一管水，有利于节约水资源，有利于水事纠纷调解。

三、综合经营

1986年，水利系统开展综合经营，种植一季库尾甩田，养猪养牛等，全县经营收入13.06万元。1987年，综合经营发展较快，有的利用楠竹枝、尾，手工编织扫帚，有的开小商店，有的在库内开船渡客，全市收入达到69.58万元，比上年增加4.33倍。1988年后，无论是经营种类，还是经营规模，都逐步增多、扩大。东山电站生产配电瓶、水泥预制构件，开展机械加工。至1995 年，水利系统8个企事业单位，综合经营产值100.03万元，比1987年增长43.76%，创利润35.6万元。其后，综合经营围绕水利工程建设开展，领域拓宽，项目增多。2000年起，桃林水库灌浆队，先后在宁乡、益阳、娄底等地承包工程，4年年均产值60万元、利润7万元。东山电站引进外来企业，年均产值2000万元，为电站创收年均20万元。2005年，水利系统下辖9个企事业单位，综合经营产值302.5万元，利润20.5万元。

四、水资源保护利用

1986年，湘乡县拥有地表水资源12.61亿立方米，地下水资源储量2.64亿立方米。当年，农业用水4.58亿立方米（75% 保证率），工业用水2361万立方米，城乡人民生活用水4479.57万立方米，牲畜用水815.6万立方米，共需用水量5.34亿立方米。各类水利设施按75% 的保证率可提供水量5.08亿立方米。供需两抵，缺水2640万立方米。其后，因灾造成水利工程多次多处损毁和多次修复、扩建或新建，蓄水量虽然以每年约260万立方米的速度增加，但与原水利设施因泥沙淤积等原因减少蓄水量相抵，新增蓄水量所剩无几。另外，由于人口增长、工业发展，生活、生产废水增加，河流、地下水受到污染日趋严重，不仅不能饮用，而且作其他用水也不适宜。因此，湘乡对水资源的保护利用更为重视。1995年，湘乡纳入全省6个国家节水灌溉示范县基地工程项目后，在东郊乡320国道旁建设133公顷示范基地，在月山镇1816线省道旁建设106.7公顷示范基地。项目区注重水利科技成果应用，严格按国家出台的施工要求操作。在东郊乡旺兴村建设直如线、弯如月、坚如铁的 U 形渠道3700多米，不仅年均节约用水5250立方米，且每公顷增产粮食2250公斤。2002年，湘乡再次跻身国家节水增效项目建设区，在东郊、泉塘两个乡镇建设高标准农田213公顷。2005年，按水稻用水综合定额耗水7500立方米 / 公顷计算，全市水田25686.67公顷，旱土2500公顷，农业用水2.83亿立方米；工业每万元产值耗水500立方米，全市76.73亿元总产值折算耗水3.84亿立方米。城镇居民按0.195立方米/人·日和农村居民按0.145立方米/人·日计算，全市城镇居民120411人、农村居民772771人，生活用水4946.9万立方米；按猪0.015立方米/头·日和牛0.03立方米/头·日计算，全市养猪305.8万头、养牛11.07万头，共需水1795.58万立方米。以上4大项合计需用水7.34亿立方米。当年，全市各类水利设施蓄引提水总量按75%的保证率计算，可提供水量6.43亿立方米。两相品抵，缺水9127万立方米，相当于1986年缺水量的3.46倍。

五、饮用水

1986年，湘乡的饮用水问题还不十分突出，只有靠近污染源严重的个别地方，部分群众饮用水困难。其后，随着人口的增多，生产的发展，环境污染的严重，饮用水问题才逐步显露出来。至2000年，兴建工程32处，筹集资金270万元，解决11900人的饮用水问题。2001年，兴建工程99处，筹集资金160万元。其中，中央投资40万元，地方财政配套120万元，解决白田镇、金薮乡、壶天镇共22个行政村1028户3964人的饮用水问题。2002年，兴建工程171处，筹集资金200万元。其中，中央投资80万元，地方财政配套资金120万元，解决翻江、棋梓、潭市、泉塘等乡镇共37个村2010户8055人的饮用水问题。2003—2004年，兴建工程269处，筹集资金250万元。其中，国家投资100万元，地方配套150万元，解决中沙、月山、东郊、龙洞、育塅等乡镇共38个村2549户16781人的饮用水问题。2005年，筹集资金375万元。其中，国债资金150万元，地方财政配套资金225万元，修建集中供水工程2处，新增日供水量1100吨，解决8500人的饮用水问题。

第六节 水利执法

1986年，贯彻县政府“关于严禁破坏水利水电设施的布告”，破获违法水事案件171件，罚款7795元，拘留7人，刹住破坏水利水电设施的歪风。1987年起，贯彻实施《中华人民共和国水法》，全市开展依法治水工作，加大对违法水事案件的惩治力度。1995—2000年，共查处水事违法案件75起，砍除水利设施上的树木38.35万株，清除有碍水利设施运行的各类农作物208公顷，改拆临时建筑物280处，清理河障9.28万立方米，清理各类干渠872公里。2001年，涟水全线开展砂场专项治理。141处采砂场，通过整治，保留85处，提请人民法院封闭45处，依法处理违法人员19人次。2002—2003年，制止水事违法案件38起，砍掉各类水利工程上的杂树8.6万株，清除有碍水利设施运行的各类农作物3公顷，改拆临时建筑物65处，清理各类干渠215公里。2004年，组织水政执法大队不定期巡回突击检查，宣传水法、防洪法及湖南省水资源管理条例等法律法规，制止水事违法案件13起，砍掉各类水利工程上的树木2400多株，改拆临时建筑10处，清理各类主干渠60公里。2005年，加大清障力度，对采砂开展集中整治2次，对违法采砂执法7次，制止或查处各类水事案件28起，砍掉各类水利工程上的杂树2100株，改拆临时建筑物20处，清理主干渠道总长40公里。

第五章 农业机械

第一节 管理机构

一、市农机局

1986年，湘乡县农机管理站，下辖农机研究所、农机学校、农机安全监理所、城关镇及8个区农机站等事业单位，以及农机公司（自收自支事业单位）、农机修造厂企业单位。年末，农机系统有干部工人196人，包括事业编制63人、企业编制133人。1988年，农机管理站内设人秘股、机务技术股、经营管理股。下属企业农机修造厂与潭市化机厂合并，改名为市化工机械厂。1991年6月15日，市农机管理站被撤销，成立市农机管理局，市编委核定事业编制20名，其中干部17人、工人3人，内设办公室、政工股、计财股、经营管理股、科教股。1993年，市农机局更名为市农机服务中心，归农经委管理。内部机构除政工股与办公室合并为人秘股外，其他股室未变。在下属机构中，农机研究所改称农机技术推广服务站，并增设市农机油料公司、市农机物资公司。农机服务中心机关定编20名，农机学校定编8名，农机技术推广服务站定编5名，农机安全监理所定编6名，城郊等8个农机中心站定编28名，共计68名，均为事业编。1995年，市化工机械厂移交市经委管理。1997年，市农机管理局（中心）内设机构为办公室、政工股、安全监理股（对外为农机安全监理所）、经营管理股、财务（内审）股、科教股、法规股。下属机构，棋梓、白田、虞唐农机中心站更名为农机服务站。年末，市农机系统共有机构31个，218人。2000年，局内设机构调整为1室5股，即办公室、政工股、安全监理股、管理科教股、财务经营股、法制股。2004年，局内设机构调整为办公室、管理科教股、安全监理股（农机安全监理所）。2005年，全市农机系统有机构30个，240人，其中市级86人。

二、区乡（镇）农机站

（一）区农机站

1986年，在壶天、翻江镇创办壶天农机中心站。1988年4月，撤销城郊农机站、东郊区农机站、东山区农机站，成立城郊农机中心站，负责城区三办、东郊区、东山区的农机工作。撤销谷水区农机站、潭市镇农机站，在棋梓镇成立棋梓农机中心站，负责谷水区、潭市镇的农机工作。1989年，在白田镇建立白田农机中心站，负责白田区的农机工作。至此，全市有5个（虞唐、壶天、城郊、棋梓、白田）管理服务为一体的区（或跨区）农机中心站。1994年6月，原城郊农机中心站分设为东郊、东山、城区农机中心站，除棋梓农机中心站跨区镇外，其他各区都分别设立农机中心站，不再跨区管理。1995年，原农机中心站的干部职工有20人分别下到19个乡镇农机站，虞唐、白田、棋梓、壶天4个中心站作为农机局局属延伸点保留下来，更名为农机服务站，不承担管理职能。至此，区一级的农机管理机构全部被撤销。

（二）乡镇农机站

1986年，全县有乡镇农机站45个，从业人员434人。农村实行家庭联产承包责任制后，农机站的发展遇到前所未有的困难。固定资产、站房面积、从业人员逐步减少。1987年，对全市乡镇农机管理员的管理进行改革：人员实行聘任制，工作任务合同制，考核计分制，报酬补助制。根据国家“分类指导，重点突破”的农机化发展方针，开始在新湘路街道白圫村创办“农机化先行村”。1990年，根据“先富先行”原则，在白圫等10个村建立“农机化先行村”。市、乡镇、村三级管理网络逐步形成，农机专业户逐渐兴起。1995年，全市开展“十佳农机致富能手”评比活动。当年，撤区并乡，市编委明确：乡镇农机站为事业单位，同时批准在新湘路、昆仑桥、望春门街道分别新设3个农机管理站。1997年，市农机局对全市乡镇农机站在岗集体人员进行“农转非”和招工工作，共办理45人。此后，乡镇农机站比较稳定。2005年年末，全市乡镇农机站22个，有干部职工176人。

第二节 农机推广

1986年，全县农机总动力14.68万千瓦。其中，柴油机10018台，9.15万千瓦；汽油机180台，2512千瓦；电动机6.68万台，5.27万千瓦；其他动力机械58千瓦。在这些机械中，拖拉机2258台，2.2万千瓦；农用汽车593台，3.84万千瓦。1987—1995年，采取现场示范表演等一系列宣传、奖励推广措施，农机发展提速。至1996年，全市农机总动力24.72万千瓦，比1986年增长68.43％，其中农用运输车发展到253台，6837千瓦。其后，农机管理网络逐渐完善，服务更加到位；农村大量劳动力转移，客观上要求减轻劳动强度，提高劳动效率；农机技术集团兴起，且越做越强；政府推行农机购买补贴等，农机推广发展速度加快。2005年，全市农机总动力达到53.91万千瓦，比1996年增长1.18倍。其中，柴油机5.5万台，37.1万千瓦；汽油机517台，8056千瓦；电动机10.87万台，16.02万千瓦；其他动力机械121千瓦。

一、耕作机械

1986—1987年，全市水田耕整机836台，耕整机空白村230多个。1990年，耕整机空白村减少到180个。1991年，开展田间示范表演等方式大力推广水田耕整机，并在较大的乡设立代销点或送货上门。至年底，水田耕整机3996台。1998年，水田耕整机发展到7858台。1999年，谷水农机厂研制湘特－2型微型耕整机成功并投入批量生产，产品销往全国20多个省市。对此，新华社、中央电视台作专门报道并推介。同年，泉塘五金机械厂研制的微型机滚船荣获两项国家专利，并获得全省实行农业机构许可证管理以来的湘乡第一张许可证。微型耕整机和微型机滚船的研制推广，对全市30% 的山区小丘块农田的机耕是一个突破。2004年，全市水田耕整机发展到11389台。2005年，全市耕整机、机滚船分别为12987台、3605台。

二、收获机械

1986年，水稻收获还有少部分采用扮桶，绝大部分采取人力打稻机。其后，因人力打稻机工效低，劳动强度大，加上农村电网的普及，逐步采用动力打稻机。

1990年，引进全市第一台水稻联合收割机——龙江90小型收割机。但因小型收割机技术不成熟，稳定性能欠佳及效率不高，一时很难推广。梅桥一教师试制小型收割机未获成功。市农机局曾帮助山枣镇一农民改进振湘－8型微型收割机小批量投放市场，未得到推广。为破解“收割难”，1997年5月下旬，市农机管理局派人外出学习，并选定广东珠江－1.5型自走式全喂入中型收割机作为首批推广机型，东郊乡农机站筹资5万元于6月从广东购回第一台。7月11日，在东郊乡田园村举办湘潭历史上第一次大型收割机演示会。由此，全市收割机推广进展加快。2000年8月，会同7家收割机生产厂家举办收割机手培训班，在东郊乡进行实地操作和考试，为8名考试合格者发放上岗操作证。同时，在湘乡电视台每周星期三的“绿色园地”栏目开设讲座，专题讲解传授收割机操作维修技术。

2002年以后，市农机管理局加大推广力度，采取示范表演、典型引路、实行购机奖励等方式，调动农民购买收割机的积极性。2004年，根据中共中央一号文件精神，省农机局联合省财政厅在全省20个县（市）实施农业机械购置补贴项目，湘乡市获得项目经费30万元。年底，全市有收割机396台，机收水稻面积1.06万公顷。2005年，东郊乡西北村3位村民自筹资金20万元，购进全市第一台半喂入式收割机。当年，全市农机投入6280万元，农机总动力达53.91万千瓦。其中，水稻联合收割机524台，机收水稻面积1.38万公顷。

三、其他机械

1990年，湘乡引进第一台化肥深施器；市农机管理局几位干部研制的2H 系列煤电两用稻种破胸催芽机获得成功。当年4月，通过技术评议。1991年，全市推广化肥深施器10台；2H 系列煤电两用稻种破胸催芽机获国家专利，后未得到推广。至1995年，全市有19台化肥深施器使用，后因该机动力耗油较多，机手劳动强度大，1997年后较少使用。2000年，市农机管理局引进一套能机械软盘播种、自动控温控湿的工厂化育秧设备，由东郊乡农机站在田园村建立工厂化育秧基地，连续使用至2002年，共育秧80公顷。后因气候原因，该设备未能推广。

1986—2005年湘乡市农业机械动力统计表

表5-10

项目 年份	农业机械总动力（千瓦）	柴油机（台/千瓦）	汽油机（台/千瓦）	电动机（台/千瓦）	其他（千瓦）	其中:农业运输机械（台/千瓦）		
						拖拉机	农用汽车	农用运输车
1986	146784	10018/91528	180/2512	86786/52686	58	2258/22222	593/38370	—
1987	165488	11416/106493	218/3975	9278/54955	65	2568/25034	918/48814	—
1988	175343	12765/115769	225/4038	10926/55486	50	2786/27022	1226/52833	—
1989	166161	13950/111691	188/3870	10870/50567	33	2779/26189	1219/48229	—
1990	177172	11969/105628	125/6785	21136/64726	33	2897/27109	1369/47334	—
1991	186302	13448/112212	118/6032	24164/68028	30	3023/27768	1602/56013	—
1992	192108	14171/113997	117/7323	26426/70758	30	3112/28178	1778/58016	—
1993	208684	15989/129485	180/7445	29455/71721	33	3165/28580	1990/66488	—
1994	236329	17847/152240	240/7480	33302/76576	33	3473/31290	1685/80068	—
1995	240308	19285/155572	280/7522	36295/77214	0	3275/29454	2421/83442	—
1996	247233	21569/158833	318/7566	46729/80834	0	3178(台)	713/61846	253/6837
1997	261542	24387/162424	495/6615	54464/92503	0	3029(台)	570/48041	1539/13267
1998	292687	28075/188333	686/8413	58053/95941	0	3223/28821	3104/85938	1915/17707 （农用三轮）
1999	300391	30066/197687	822/9511	63628/93163	30	3119/27648	3333/89484	2145/21284
2000	296435	30105/193509	853/6979	644789/95917	30	2735/24487	611/54267	2266/24527
2001	308551	31240/203259	892/7885	65839/97377	30	2462/21782	628/56004	2507/29498
2002	365789	38969/239858	422/7383	87988/118488	60	2068/18267	573/48069	3448/48751
2003	391500	40237/254581	510/6242	90924/130622	55	1645/14585	600/52328	3844/52378
2004	468325	44832/327168	441/5750	95057/135348	59	1394/12644	620/53385	4279/66150
2005	539100	55220/370682	517/8056	108715/160241	121	1350/13148	545/73009	5270/90933

第三节 农用柴油管理

一、计划分配

1986年，县政府成立农用柴油管理领导小组，具体承办由农机管理部门负责。各区、乡同样建立农用柴油管理领导小组，对油料的分配，实行集体管理。油料分配方案，由领导小组集体研究、制订并报市政府办公室审定，然后行文，出榜公布。当年，全县计划柴油1800吨。1987年2月，市政府召开专门会议，研究农用柴油管理办法。明确规定农用柴油归口农机管理部门管理，实行统一分配。当年起，取消过去按动力数分配基本油的办法，改为全部按作业量进行单项分配。农田作业用油采用作业合同书，实行“机、田、油”三挂钩。统一账本、核发油票，实行计划、审批、核发，分岗负责，相互监督。至1992年，国家每年下达湘乡的农用柴油2320吨的指标基数未变，由农机管理部门掌握分配，管理实行机、卡、票、证、账、榜“六对口”；根据灾情追加的抗灾柴油归市政府直接掌握，酌情分配。1993年，国家计划下达的农用柴油指标骤减至107吨。从1994年起，农用柴油计划指标全部取消。

二、油料供应

1986—1993年，基层农用柴油的供应，由石油公司按国家计划指标组织调拨，各区乡（镇）供销合作社负责供应，乡（镇）农机站设立供油点，均从供销社提货。从1994年起，农用柴油的供应进入市场化。

三、推广节油新技术

1986年起，根据省、市农机管理部门下达的节油任务指标，开始使用笨重的机械测功仪，降耗十分有限。1990年，采用新的电子测功仪，台平功率提高0.87千瓦，降低油耗33.4克 / 千瓦小时。同时，推广金属清洗剂，以代替柴油清洗机器，并在柴油机上安装 HXY 限油器、磁化节油器。在供油环节上，推广手压计量器和加油枪，替代桶装壶提秤称，减少油耗。至1997年，累计完成机车检测2.4万台，推广金属清洗剂30吨，节油达1800吨。其后，市场经济逐步发展、完善，配置资源的基础性作用日渐发挥，人们的节油意识增强，推广节油新技术已成为人们的自觉行动。

第四节 安全监理

一、队伍

1986年，县农机管理站下辖农机安全监理所，配有5名专职安全监理员，全省统一着装。区、乡（镇）农机站均配备专（兼）职安全员。1995年，农机局从机关抽调4人，充实农机安全监理队伍，组建两个常年路检队。1997年，市农机安全监理所由下辖机构改为局内设机构，称安全监理股，对外仍保持市农机安全监理所的名称。1998年，先后2次选送12名农机安全监理员参加省农机监理总站举办的监理和安全事故处理培训班。2000年，选送22名乡（镇）农机安全员参加湘潭举办的安全员培训班。2003年，省农机局组织开展县（市）农机安全监理所“四优”（优美环境、优良装备、优秀队伍、优质服务）达标竞赛活动，市农机安全监理所被评定为“二类四优”达标所。2004年，又选送9名农机监理员参加省监理员培训班。当年，停止全省统一着装，改挂执法胸牌。2005年年末，全市有农机安全监理员19人，乡（镇）农机安全员32人。

二、职能

1986年，由农机安全监理所负责农机检验，办理报户（过户）、核发牌证手续，并按规定对驾驶员进行考试、考核、年度检审、安全监理等工作。80年代出现的农用三轮车、四轮车，首先由农机安全监理所负责管理，1990年移交公安交警部门管理。至1995年，拖拉机及驾驶员年度检审验工作都由市农机局统一部署安排，区农机中心站分乡镇组织驾驶员学习，分片进行检审验签证。1997年7月，执行《湖南省农业机械管理条例》，明确“联合收割机实行牌证管理，使用实行牌证管理的农业机械的单位和个人，应当持有关证件到农业机械安全监理机关登记领取牌证”。1998年，市政府召集市农机局、公安局交警大队就农用车管理问题召开座谈会，并印发《关于农用三轮车管理的座谈纪要》，由公安交警部门依法委托农机部门管理农用三轮车。从2000年开始，拖拉机及驾驶员的年检由湘潭市农机安全监理所来人带设备，对机车进行上线检测。当年，贯彻省农机局颁布的《湖南省农业机械安全事故处理暂行规定》。10月，成立市农机事故责任认定委员会和农机安全互助会湘乡办事处，入会人数为1100人，以后发展到2100人。至2002年，在拖拉机年度检审中先后换发“湖南52”“湖南32”“湖南C”三种反光牌照。当年，市农机局与市政府、湘潭市农机局及乡镇农机分别签订全年和春运期间农机安全生产责任状，并建立节假日24小时值班制度和安全事故零报告制度。2003年，农用运输车（含三轮、四轮）管理由省公安厅交通管理局委托省农机局管理。从2004年起，道路上发生的农机安全事故由公安交警部门处理。2005年，全市核发联合收获机牌证521台，由农机部门登记注册的农用运输车5000台，农机安全互助会湘乡办事处被撤销。

三、专项整治

1999年，市农机监理所配合湘潭市“畅安工程”“创建平安大道”“百日安全竞赛”等专项整治活动，印发宣传资料，下发整改通知，纠正违章行为，整治“黑车黑户”无牌无证车辆。育塅、金薮、翻江、壶天等地曾非法拼装农用三轮车、四轮车，壶天还利用农用车辆非法载客营运，存在严重安全隐患。为维护人民群众生命财产安全，从2000年开始，农机监理部门首先在望春门街道双枣村创建安全村，成立以村主任为主任的安全生产委员会，负责本村的农机安全生产教育，制订农机安全规章制度，纠正农机安全违章行为，进行正面引导。2001年，市政府根据农机部门的调查处理意见，成立有公安、农机等8个职能部门参加的12人领导小组，并组织一支40余人的执法队伍，对重点区域进行治理整顿。经过3年整治，至2004年，有4家农用车拼装厂自行关闭，4家生产厂正式通过省级鉴定取得生产许可证。壶天的农用车非法载客营运也由于正规客运线路的开通而全部消失。2005年，全市有20个村成功创建安全村。

第五节 农机社会化服务

一、农机技术承包

1987年开始，城郊片48台耕整机签订作业合同，为无机户提供机耕作业。1992年4月3日，市农机管理局制订机耕服务队技术承包实施办法，鼓励耕整机手通过签订技术承包合同的方式为无机户提供有偿服务。在当年的春耕中，共有131个农机服务队，签订代耕合同44860个，合同面积16053.33公顷，实际完成19333.33公顷。1993年，市农机管理局贯彻执行《中华人民共和国农业法》《中华人民共和国农业技术推广法》，制订《湘乡市农机技术集团承包实施办法》，明确农机技术集团承包，必须坚持"技物结合，自愿互利"原则，实行双层承包、双向服务，先后组织机耕及排灌、农副产品加工、农用物资运输3大类农机技术集团承包。到1995年，农机技术集团承包一直采取政、技、物相结合的方式为农户提供服务。其后，国家农用柴油取消计划指标供应，农机技术集团承包出现新情况，全市农机系统先后以"多服务、少收费、办试点"及"小规模、多形式、低收费、以点带面"的办法承包机耕、动力脱粒、农机排灌等。1997年后，拓展植保集团承包、工厂化育秧、代催芽、代播种、代育秧等服务项目。1999年，组织耕整机6000台，承包机耕面积24000公顷，创收1440万元；组织排灌机具达2.1万台，承包排灌面积25100公顷，创收300万元。承包机械植保服务面积4000公顷，组织21台收割机承包作业服务面积166.67公顷。全市实现技术集团承包面积总计34800公顷，为机手带来收入1768万元。湘乡的农机技术集团承包成为省科委农村技术市场示范项目。2000年，全市农业机械总值15470万元，农业机械作业总产值19500万元。至2002年，全市农机大户总数155户，户均收入均在3万元～4万元以上。2005年，农业机械总产值达31100万元，比2000年增长1倍；农业机械作业总产值为32900万元，比2000年增长68.71%。

1986—2005年湘乡市农业机械总值及农业机械作业总产值统计表

表5-11 单位:万元

年度	农业机械总值(原值)	农业机械作业总产值	年度	农业机械总值(原值)	农业机械作业总产值
1986	5943.00	2490.00	1996	12553.08	13700.00
1987	6373.00	2996.00	1997	12279.00	14500.00
1988	6788.00	4560.00	1998	13431.43	16200.00
1989	7404.00	5211.25	1999	14512.38	18100.00
1990	6708.96	5489.08	2000	15470.65	19500.00
1991	7162.49	6360.79	2001	15998.00	20400.00
1992	7261.76	6581.22	2002	21598.00	21000.00
1993	8885.58	11944.24	2003	24936.00	27266.00
1994	11096.00	14369.00	2004	28049.00	29115.00
1995	12196.00	15987.00	2005	31100.00	32900.00

二、农机维修

1986年，县农机修造厂担负着拖拉机磨轴、搪缸、油泵检测校核等大修任务。遍布全县各地的农机维修点承担农机的小修任务。1988年以后，大拖拉机淘汰，农机修造厂转产，生产化机产品和粮油机械产品。当年，全市共有农机维修点168个。1989年，市农机管理站与市工商局联合开展农机维修网点达标上等级和年检工作，共评定出二级点2个、三级点59个、一般点2个，并为不同级别的点挂上湖南省农机局统一印制的等级标志牌。1990年，历时4个月开展维修点达标竞赛活动，评出三级达标点34个。同年11月，召开全市首次网点代表会议，成立农业机械维修协会，并为全市125个维修点分别建立完整的档案；市农机管理站向全市推广白田镇修理户陈慈航多年实行包修制的经验，29个个体修理户和一个乡镇修理点开始实行包修制。1991年，成立全省第一个县（市）级农机维修设备监查站。1996年，市政府出台《湘乡市农业机械市场管理办法》，经中国农机化报报道后，河南、安徽、江西等省有关部门派人前来考察学习。1998年，贯彻国家经贸委、农业部等联合颁布的《农业机械产品修理、更换、退货责任认定条例》，全市农业机械产品销售者、修理者、生产者开始承担法律规定的责任与义务，先后有农乐、建设、金鑫、金牛牌农用三轮车通过省级鉴定。同年，市农机局成立消费者协会农机投诉站。1999—2005年，农机维修逐步走向市场化运作，全市维修网点50多个，执证上岗的农机维修人员250多人。

三、技术培训

1986年，县农机学校在教学中开始运用投影仪、幻灯片等教学仪器教学。通过省农机局验收，成为“四有”（有固定的办学场地，有稳定的师资队伍，有必需的教学设备，有固定的经济来源）农机学校，当年有180名学员结业。1987—1988年，学校老师自带教材、教具，下到壶天、棋梓、虞唐等地举办拖拉机驾驶员培训班。学校培训领域由原来的2个种类拓展到驾驶员、耕整机手、修理工、区乡管修员4个种类，共培训320人。1989年，学校联合市第一职业中学举办农村机手培训班，招生49人，由学校负责专业课、实习课，并核发相关证件。1992年，市农机学校承担一职机二班68人的《拖拉机汽车》《农业机械》等专业课的教学任务。其后，学校的培训工作不间断进行，内容根据形势发展而变化。至1996年，第一次培训农机销售人员66名。1998年，由公安交警部门委托农机部门管理三轮车开始，培训农用三轮车、小四轮驾驶员。至2005年的8年间，共培训2180人，其中48名收割机操作人员。

第六章 农业开发 生态能源

第一节 农业综合开发

一、管理机构

1995年，市农业综合开发办公室成立。内设综合股、工程股、计财股，并配备专人负责向上级申报立项。1997年，湘乡市被国家农业综合开发办公室列为新增规模开发区。至2005年，农业综合开发办公室内设3股未变，工作人员由最初的5人增加到12人。在各项目区工程启动时，成立工程指挥部，由指挥部行使决策、指挥、检查、督促和协调权。指挥部下设办公室、工程技术组、工程关系协调组，负责日常工作。工程项目实行招投标管理，全部完工经验收合格后，项目工程指挥部随之撤销。

二、开发资金

从1997年开始，市农业综合开发，实行国家引导，配套投入，民办公助，滚动开发的投资机制。其开发资金包括中央财政资金、地方财政配套资金、群众自筹资金及其他资金。从2003年起，国家农业综合开发办逐步减少和取消有偿资金投入及银行贷款，增加中央财政、省财政无偿资金总额，逐年降低项目区农民自筹资金比例。至2005年，市农业综合开发办共争取中央财政资金2274万元（其中无偿资金1715万元），湖南省财政配套资金1011.5万元（其中无偿资金754万元），湘潭市财政配套资金242.7万元（其中无偿资金155.7万元），湘乡市财政配套资金343万元（其中无偿资金259万元）；争取银行贷款810万元；吸收群众自筹资金或以物代投、以劳折资共1619万元。开发资金的管理，由市财政局和市农业综合开发办公室组建报账专户，建立专账，明确专人管理。财政无偿资金主要用于农田水利基础设施工程，机耕道路修建，科技培训，沼气池建设，农机购置补贴，良种引进等方面。有偿资金及银行贷款主要用于多种经营，扶持种、养、加工公司及专业户。

三、开发项目

1997—2005年，在泉塘镇、东郊乡等8个乡镇89个村实施农业综合开发，共改造中低产田1.06万公顷，受益农户人口10万人，年人均增收194元。

（一）土地治理项目

土地治理项目包括水利、农业、林业、农机、科技措施进行的综合治理。1997—2005年，共投入资金4684.2万元。其中，各级财政资金投入3217.2万元，占68.6%。完成群众投工33.78万个，土方39.75万立方米，干、浆砌石14425立方米，混凝土及钢筋混凝土70018立方米，硬化各类灌排渠道956处452.9公里，疏通田间土渠道476处312.7公里，新修和改造抽水机埠17处621千瓦，整修硬化塘坝116处，新建桥、涵、闸、渡槽、暗管等渠道系建筑物956处，新修和整修机耕路127处94.1公里；推广测土配方施肥和水稻旱育1466.67公顷，建立良种示范基地3200公顷，推广水稻良种3万公斤，示范推广水稻调优保优1333.33公顷；新建上浮式沼气池830个；营造和培育防护林10万株，国外松260公顷，建立4个国外松采脂基地，楠竹低改146.67公顷，建成速生丰产林基地133.33公顷，培植水土保持林33.33公顷；建立4个小水果基地，新植抚育153.33公顷小水果基地；新建花卉基地26.67公顷，培植茯苓示范面积3.33公顷；购置水稻联合收割机、耕整机、机动喷雾器、清淤泵等农机111台（套）950马力。项目区新增有效水量1160万立方米，改善灌溉面积8293公顷，改善除涝面积1646.67公顷，新增灌溉面积3800公顷，机耕面积达6666.67公顷。同时，由市农业综合开发办、农业局、林业局、畜牧水产局等单位联合举办“集约化养猪”“水稻高产栽培技术”“奈李栽培技术”等农村实用新技术培训班80期，5.12万人次参加培训。

（二）多种经营项目

1997年，改扩建千山农场养殖场、黄金种猪场、方园养殖场。1998年，重点扶持市种猪场的生猪品种改良，建好市种猪场的猪舍、培育舍、育成舍共4栋1500平方米，建成饲料仓库120平方米，围墙200米，引进大约克母猪67头，长白公猪1头，大约克公猪2头。1999年，扶持市种猪场，年提供种猪2500头，发展养殖大户50户，年出栏商品猪5000头。2000年，从浏阳等地引进黑山羊，发展黑山羊养殖户500户。2001年，对华良饲料厂进行扩建，年产无公害猪用绿色饲料50万公斤。2002年，扶持黄金种猪场，建猪舍4000平方米，仓库1000平方米，年出栏种猪3500头，肉猪4000头。至2005年的9年间，多种经营项目投入资金累计为1490万元，其中各级财政投入644万元，占43.22%。

1997—2005年湘乡市农业综合开发资金投向统计表

表5-12 单位:万元

项目 年份	总投入		多种经营		土地治理													
	合计	财政	小计	财政	小计	财政	水利措施		农业措施		林业措施		农机措施		科技措施		其他	
							小计	财政	小计	财政	小计	财政	小计	财政	小计	财政	小计	财政
1997	572.5	272.5	225.0	75.0	347.5	197.5	252.7	150.7	35.0	15.0	30.0	15.0	18.0	5.0	3.8	3.8	8.0	8.0
1998	646.2	306.2	257.0	87.0	389.2	219.2	280.0	170.0	30.0	15.0	28.0	13.0	30.0	0	5.7	5.7	15.5	15.5
1999	506.5	276.5	108.0	69.0	398.5	207.5	246.8	166.8	34.0	18.0	100.0	5.0	5.0	5.0	6.0	6.0	6.7	6.7
2000	924.0	572.0	440.0	188.0	484.0	384.0	357.0	277.0	52.0	47.0	40.0	30.0	20.0	15.0	10.0	10.0	5.0	5.0
2001	737.0	502.0	245.0	110.0	492.0	392.0	340.0	270.0	126.0	96.0	0	0	15.0	15.0	8.0	8.0	3.0	3.0
2002	800.0	555.0	215.0	115.0	585.0	440.0	410.0	315.0	95.0	72.0	50.0	28.0	15.0	10.0	9.0	9.0	9.0	9.0
2003	433.0	328.0	0	0	433.0	328.0	283.0	200.0	106.0	89.0	23.0	18.0	13.0	13.0	6.0	6.0	6.0	6.0
2004	854.0	577.0	0	0	854.0	577.0	613.0	413.0	173.0	116.0	20.0	12.0	22.0	10.0	12.0	12.0	12.0	12.0
2005	701.0	472.0	0	0	701.0	472.0	495.0	327.0	151.0	100.0	15.0	9.0	12.0	8.0	14.0	14.0	14.0	14.0
合计	6174.2	3861.2	1490.0	644.0	4684.2	3217.2	3277.5	2289.5	802.0	568.0	306	130	150	81.0	74.5	74.5	74.2	74.2

1997—2005年湘乡市农业综合开发主要成效统计表

表5-13

项目 年份	改善灌溉面积（万亩）	改善除涝面积（万亩）	新增灌溉面积（万亩）	新增有效水量（万立方米）	新增生产能力（万公斤）	新增产值（万元）	年人均增收（元）
1997	1.00	0.54	0.10	180	261	230	180.0
1998	1.90	0	0.50	140	290	280	192.7
1999	1.34	0.53	0.4	115	240	335	224.7
2000	1.20	0.50	0.9	120	270	248	218.5
2001	1.00	0	1.0	90	150	243.5	203.5
2002	2.50	0	0.9	180	270	320	228.7
2003	0.70	0.40	0.5	100	165	398	132.0
2004	1.60	0.50	1.0	145	340	360	175.6
2005	1.20	0	0.4	90	150	395	190.0
合计	12.44	2.47	5.7	1160	2136	2809.5	

第二节 农村生态能源

一、管理机构

（一）市农村生态能源局

1986年，湘乡县农村能源办公室，属县科委管辖。至1993年，市农村能源办公室归口市农村工作办公室管辖。1997年，升为正科级单位。2002年，成立湘乡市农村生态能源局，局机关下设办公室、业务技术、综合管理3个股室，负责全市农村生态能源规划、建设、管理、服务工作。

（二）乡镇农村生态能源工作站

2002年起，先后在22个乡镇办事处设立农村生态能源工作站。至2005年，全市还有54个村设立农村生态能源服务部。市、乡、村三级联动服务机制形成，保证农村沼气用户能及时得到有关技术、配件，做到沼气建设不出乡、维修服务不出村，为用户彻底解决后顾之忧，农村生态能源出现良性循环。

二、农村能源建设

1986—1988年，农村能源建设，因沼气池型设计、建筑材料等条件限制，推广不太理想。1989年，实验推广上流式浮罩沼气池，并经过改进，逐渐成为农村大面积推广的一种先进池型。同年，湘乡市被列为全国农村能源综合建设项目县（市），建池户能享受200元的补助，并实施“一池三改”（建沼气池，改厕、改厨、改圈），农村能源建设速度明显加快。年末，全市新建沼气池1000多个，累计达2000个。1990年，湘乡市将沼气建设列为科技兴农项目之一，使沼气能源建设速度进一步加快。1993年，全市建设3600个，望春门街道桑枣村，成为“沼气一条街”亮点示范村。当年，还推广省柴节煤灶1000台，受到省、市好评，并被国家计委、农业部评为全国省柴节煤先进集体。其后，农村能源建设速度进一步提速。1996—2000年，湘乡市列为全国“九五”农村能源综合建设县（市），在毛田、棋梓镇兴建2个40立方米大型沼气池，填补湘乡市大型沼气池建设的空白，全市投入资金1122.43万元，其中农户自筹1009.85万元，共建上流式浮罩沼气池6622个。2001—2005年，湘乡市被列为中央国债资金农村能源沼气补贴项目县（市），争取国债600多万元，惠及22个乡镇200多个村，为建池户每户争取各级补助800元，农村能源建设进入快车道，全市共建池1.5万个。至此，20年间全市累计建池3.5万个，推广省柴节煤灶4万个，每年为农户节约能源开支3500多元，减少污水排放50万立方米。

三、新能源推广

从1996年开始，开发新能源，推广新技术，全市兴建太阳能示范工程2处。1997—1998年，推广太阳能热水器68台。其后，推广速度加快。2002年，推广太阳能热水器500台，秸秆气化炉100台。至2005年的10年间，全市推广太阳能热水器3000多台，秸秆气化炉500台，年节约标准煤2万多吨，减少薪炭林砍伐1600公顷。

第六编 工业

湘乡工业经过传承发展，已形成以冶金机电、建材化工、食品饮料、皮革为支柱的工业体系。1986—2005年，是工业结构调整、体制改革、持续发展的20年，具有其鲜明的时代特征。

经济类型发生显著变化。1986年，国有、集体企业工业总产值占全市工业总产值97.86%，私营、个体企业占2.14%。自1994年开始，企业实行产权制度改革，国有、集体企业不断减少，至2005年，国有、集体企业工业总产值仅占全市工业总产值的24.25%，私营、个体企业占74.36%，外资企业占1.39%。工业经济已由国有、集体为主转向非公有制经济为主，形成国有、集体、民营、外资等多种经济类型并存的多元化格局。

工业产值大幅度增长。1986年，完成工业总产值4.7313亿元。1990年，完成工业总产值9.8776亿元，比1986年增长109%。1995年，完成工业总产值29.2442亿元，比1990年增长196%。2000年，完成工业总产值59.3385亿元，比1995年增长103%。2005年，完成工业总产值69.5681亿元，比2000年增长17.24%。

企业数量增加，实力增强，皮革工业异军突起。2005年，全市共有工业企业4558家，比1986年的1859家增长145%。全市年销售收入500万元以上的规模企业76家。其中，1000万元至2000万元的23家，2000万元至5000万元的19家，5000万元至1亿元的15家，1亿元以上的12家。在27家年销售收入5000万元以上的企业中，皮革企业占15家，成为近20年湘乡工业发展的一个亮点。

支柱产业、骨干企业产能水平大幅提升。1986年起，各企业投入大量资金进行技术改造，淘汰落后的工艺、技术、设备，使企业的产能水平普遍得到提高。湖南铁合金集团有限公司年生产能力由10万吨提高到20万吨。2004年，产量达12.095万吨（最高年产量），比1986年的52499吨增长130%。湖南湘铝有限责任公司氟化盐年生产能力由7.5万吨提高到11.5万吨，2003年，产量达82452吨（最高年产量），比1986年的30435吨增长171%。湖南燕京啤酒有限公司年生产能力由1万吨提高到15万吨。2002年产量达6.34万吨（最高年产量），比1986年的8767吨增长623%。

社会效益、经济效益显著提高。1986—2001年，市经委所辖企业共缴纳税金28624.9万元，轻工局所辖企业共缴纳税金1673.1万元。2005年，全市国内生产总值67.1494亿元，工业占23.8%。2005年，工业就业人数为69834人，比1986年的36558人增长91%。其中，私营、个体企业就业人数为55762人，劳动报酬51873万元，比1987年的19165人、3475.6万元分别增长2.9倍、14倍。私营、个体工业企业实缴税金13381万元，占全市税金总额的43.63%。

湘乡工业的改革与发展，有成绩，也有不足之处，如“工业兴市”的力度不足，前瞻性不够，工业园起步较晚，高能耗、高污染企业所占比重较大，高新企业与外资企业太少等等，这些问题值得今后借鉴。

第一章 企业改革

随着社会主义市场经济的不断发展，计划经济时代产生和发展起来的国有、集体工业企业，一些难以克服的深层次矛盾逐渐暴露出来，如吃大锅饭的思想根深蒂固、企业严重超员、资金短缺、管理落后、机制不活、市场适应能力差、亏损难以遏制等等，严重影响企业的生存与发展。为了搞活企业，使之走出困境，从80年代中期开始，境内部、省、地、市属国有、集体工业企业实行以承包为主的多种形式的经营责任制，在劳动、人事、工资三项制度改革和产权制度改革上进行一系列的探索与实践。

第一节 实行以承包为主的多种形式的经营责任制

1984年10月，湘乡贯彻落实中共十二届三中全会《关于经济体制改革的决定》精神，借鉴农村实行承包责任制的基本经验，企业建立以承包为主的多种形式经济责任制。同年湘乡水泥厂与省政府签订第一轮经营承包合同。1986年，湖南铁合金厂与省冶金厅签订经营承包合同。1987年10月，开始贯彻执行中共十三大关于按照所有权经营权分离的原则搞活全民所有制企业的精神，对企业两权分离和承包经营进行探索。当年，市属国有企业市机械厂、建材二厂和集体企业市羊毛衫厂、电瓷电器厂实行承包经营责任制。1988年，又有8家市属国有企业和8家集体企业实行承包经营责任制。此后，境内国有、集体企业一直实行以承包为主的多种形式的经营责任制，从未间断。

一、部、省属国有企业

部、省、地属国有企业实行以承包为主的多种形式的经营责任制工作，由其上级主管部门负责。

（一）湘乡水泥厂

1984年，湘乡水泥厂与省政府签订第一轮经营承包合同，确定年上缴利润基数为1000万元，按2%～8%的比例逐年递增。1991年，该厂与省政府签订第二轮经营承包合同，上缴利润基数仍为

1000万元，超收部分按二八分成，同时要保证承包经营期内完成一号窑技术改造。1992年，省政府把该厂列入投入产出总承包试点单位。承包方式为：投入包技术改造、技术引进，确保固定资产保值增值；产出包国家下达的指令性计划，实行上缴利润递增包干，超收企业全留。承包期限自1991年11月至2000年12月，一定9年。进一步界定企业与政府的责权利关系，扩大企业的经营自主权。企业与省政府签订经营承包合同以后，企业定人员、定产量、定消耗、定成本、工资奖金包干的“五定二包一奖”经济责任制不断完善，内部承包经营责任制不断创新。1997年，综合服务公司对工人村和厂区食堂实行承包经营。1998年，汽运公司将25辆散装罐汽车、14辆平板车、23辆生产车、13辆双排座汽车买断给职工个人，公司的生产运输业务由职工个人承包经营。2002年，经营承包责任制全面引入市场机制，对生产部室实行市场倒推，突出成本和效益指标，有效地促进了降本增效。对机电工程公司、实业公司、物业公司、职工医院等单位，推行二级法人模式，脱钩承包经营。多元承包的推行，适应了市场竞争的要求，增强了企业的活力，促进了企业的发展。

（二）湖南铁合金厂

1986年，湖南铁合金厂与省冶金厅签订上缴利税递增包干经营承包合同，确定年上缴利税基数为1942万元，按8%的比例逐年递增。与之相适应，该厂积极推行内部承包责任制。此后10多年，该厂内部承包经济责任制尽管每年都修订，但是，以产量为龙头，与效益、质量、成本、安全等挂钩考核的承包模式基本未变。变化的内容主要是：挂钩的浮动工资比例逐步加大；成本否决力度加大，并初步建立起模拟市场的核算体系；坚持效益优先的原则越来越突出，特别是向适销对路产品的倾斜力度加大；承包模式多样化，与实际情况更贴切，约束力、激励作用更大。

（三）湘乡铝厂

1989—1994年，湘乡铝厂围绕加强企业管理、提高经济效益的方针目标，实行以质量、安全否决为主的内部承包经济责任制，承包的主要内容为产量（工作任务）、成本（利润）。从1995年开始，为进一步适应企业走向市场的需要，推行以内部成本否决为主的承包经济责任制，突出考核产品产量与成本，使职工收入多少与企业的经济效益、成本紧密挂钩。

二、市属国有、集体企业

1987年，市属国有企业按照“包死基数、确保上缴、超收全留、欠收自补”的原则实行经营承包。承包分两个层次：市经委与市政府签订上缴利润包干合同，由经委负责所辖企业的财政上缴任务；由企业经营者与市经委签订承包经营合同，承包的主要经济指标为产值、产量、实现利润、上缴利润。当年8月，经委在市建材二厂进行厂内公开招标，承包期三年零四个月。10月，经委在湘乡机械厂进行厂内公开招标，承包期三年零二个月。11月，市经委在市羊毛衫厂进行厂内公开招标，承包期三年零一个月。1988年1月，市经委在湘乡无线电厂公开招标，承包期三年。同年，湘乡啤酒厂、湘乡建材厂、湘乡氮肥厂、市酒厂、市建材制品厂、市印刷厂、市铸造厂7家企业与市经委签订现有领导班子集体经营承包合同。啤酒厂、建材厂、氮肥厂因正在进行技术改造，经营承包合同采取一年一订的办法，酒厂、建材制品厂、印刷厂、铸造厂经营承包期为3年。同年，市轻工业局与市瓷厂、电石厂、阀门厂、陶器厂、织布厂、造纸厂、纸箱厂、钢管厂等8家企业签订厂长任期目标承包合同书，承包期三年，各企业厂长分别交纳600～1500元不等的浮动工资保证抵押金。1989年，市轻化厂、轻机厂等2家企业与市轻工业局签订厂长任期目标责任书。同年，市轻工业局在市二瓷厂亏损严重的情况下，向社会公开招聘厂长，承包期五年零三个月，承包者交纳抵押金5万元。1990年，第一轮经营承包期满，市经委、市轻工业局根据各企业任务完成情况给予相应的奖罚。市经委对超额完成承包任务的机械厂招标承包小组成员给予晋升一级工资的奖励，对连续3年全面完成任务的酒厂厂长除晋升一级工资外，还授予企业家大奖。1991年，进行第二轮经营承包。市轻工业局的经营承包企业在原有10家的基础上又增加市机械工程设备厂、轴承厂2家。市经委所辖企业受市场疲软的影响，经济效益普遍不佳，企业负责人对完成任务信心不足，第二轮承包合同未予签字。此后，对企业实行目标管理责任制。1994年，第二轮承包期满后，市轻机厂、机械工程设备厂、铸钢厂、织布厂等企业继续进行经营承包，市造纸厂还进行全额风险抵押承包尝试。市轻工业局虽然进行经营承包多年，但全系统销售收入始终徘徊不前，亏损势头没有得到遏制。

企业与主管部门签订经营承包合同后，普遍进行企业内部承包。1988年，市酒厂推行企业内部分层次承包，从厂部、车间、股室、班组直至个人层层签订承包合同，从而调动职工的积极性，当年各项经济技术指标超额完成。同年，轻工业局全系统基本上推行“产供销一体承包”和“车间分段承包”两种主要承包形式。此后，国有、集体企业的内部承包工作不断完善，一直未间断。

第二节 劳动人事工资制度改革

国有、集体工业企业三项制度改革从1983年起步，1992年邓小平南方谈话和中共十四大召开以后进入高潮。

一、劳动用工制度改革

（一）优化劳动组合

1988年，随着企业承包经营责任制的推行，车间、科室、班组开始进行优化劳动组合，由车间、科室、班组择优上岗。对未组合上的职工，实行厂内待业或培训后再上岗，待业期间发生活费；未被组合者也可停薪留职或辞职，停薪留职者与企业签订合同，交纳一定的管理费，以保留工作籍和计算工龄。1991年，湘乡铝厂全厂推行劳动组合的有2218人，占职工总数的84%，其中优化组合1452人，未组合的12人。1992年，湘乡水泥厂实行优化劳动组合，择优上岗。同年，大多数市属企业实行定岗、定员、定编，双向选择，择优上岗。1995年年底，市属国有、集体工业企业实行优化劳动组合的占90%。

（二）扩大企业用工自主权

1993年，市瓷厂根据新建隧道窑的需要，由企业自主考核，向社会公开招聘临时工200名。1994年，市酒厂通过向社会公开招考的办法，招收25名全民合同工。从此，改变过去所有招工由劳动部门审批、录用的办法，企业可根据生产经营的需要自主招工，劳动部门给予办理必要手续。

（三）推行全员劳动合同制

1992年，湘乡水泥厂推行全员劳动合同制，取消固定工制度，3320名在职员工重新签订劳动合同。1993年，湖南铁合金厂推行全员劳动合同制。1994年，市政府及劳动部门选择湘乡啤酒厂进行全员劳动合同制的试点。1995年，在市属工业企业全面推行劳动合同制。具体做法是：企业法人与市政府委托代表人（市经委主任）签订聘用合同，职工与企业法人签订劳动合同，把企业监管机构、监管人员与企业职工之间的利益关系用法律形式联系起来，以确保双方责权利的法律化、规范化。同年，湘乡铝厂实行全员劳动合同制，3732名职工重新签订劳动合同。

二、人事制度改革

（一）管理干部聘任制

1987年下半年和1988年年初，在市属企业经营承包中中标的承包人，被市经委聘任为厂长，承包小组成员被聘任为副厂长。1988年，湖南铁合金厂对中层干部、专业技术管理人员实行聘任制。1989年，湘乡铝厂实现各级干部聘任制，受聘方式包括选聘、招聘、考聘等，每届任期2年。1992年，市经委所属企业有8家实行管理干部聘任制，共聘任中层以上干部202人。其中，副厂长5人，工人127人。在聘任过程中，有11名干部落聘。其中，副厂长3人，中层干部8人，解聘干部14人。1993年，市建材二厂、合成化工厂、建材化工厂等企业实行厂长任命副厂长的制度。企业科室、车间负责人的聘任大多采用选举招标的形式产生，许多车间、科室负责人，甚至厂长从工人中选拔出来，打破工人和干部的界限。

（二）管理干部竞聘上岗

1998年，湘乡机械厂改革中层干部任用机制，对生产、供应等7个车间、科室负责人全部实行竞聘上岗，其他人员由聘任者组阁。而且进行跟踪考核，半年后组织职工代表对竞聘上岗者进行评议，对不称职者，实行就地解聘，再通过竞聘择优上岗。1999年，湘乡水泥制造有限公司、湘乡啤酒厂、湘乡无线电厂、市酒厂等单位都对中层以上干部实行竞聘上岗。2000年，竞聘上岗在市经委所属企业中全面推行。2002年，韶峰集团推行中层干部竞聘与选聘相结合的竞争上岗制。

三、工资分配制度改革

（一）企业工资总额同经济效益挂钩

1986年，湖南铁合金厂实行工资总额与上缴利税挂钩。1987年，湘乡水泥厂实行标准吨水泥销售工资含量包干。1988年，企业工资总额同经济效益挂钩的办法在市经委系统各企业普遍推行。有的同销售实物量挂钩，有的同上缴税利挂钩，有的同实现税利挂钩。1990年，湘乡铝厂实行工资总额同上缴税利挂钩。1991年以后，市属国有、集体企业都采用同实现税利挂钩的办法。

（二）实行多种形式的内部分配制度

1988年，市属国有、集体企业实行经营责任制和工资总额同经济效益挂钩以后，企业内部分配制度改革普遍推行。其形式，有计件工资、结构工资、浮动工资、联质联产联耗联利计酬、计件超额加奖等。1990年，湘乡水泥厂实行岗位技能工资制，岗位技能工资由基本工资和辅助工资两部分组成，比例为8：2。1991年，湘乡铝厂实行结构工资制，岗位结构工资由基础效益工资、岗位工资、技能工资、年工工资、辅助工资、奖金6部分构成。1992年，啤酒厂实行“三基双浮动”工资制，按工作、生产任务、质量完成情况考核工资基数，工资实行浮动。1993年6月，建材厂开始实行岗位技能工资制。根据对各个岗位劳动技能、劳动责任、劳动强度和劳动条件上百个项目的考核，确定职工收入，坚持不同岗位、不同效率拉开差距，向科技人员、向苦脏累岗位和生产一线工人倾斜。1994年，湖南铁合金厂实行岗位技能工资制。1999年，湘乡水泥厂实施岗位效能工资制，以经济效益、劳动效果和劳动业绩为分配依据，突出高管理、高技术、高效益和关键岗位，兼顾苦脏累险岗位，合理拉开差距。2000年，湘乡铝厂实行职能绩效岗薪制，职能绩效岗薪是由岗位在生产经营中的重要程度、责任大小、体脑消耗、安全系数、工作环境、文化素质等综合评价决定，并随个人业绩、职位及企业效益浮动的动态薪金制度。

（三）重奖科技人员和企业厂长

1992年，市机械厂对在湘乡30年为企业作出突出贡献的副厂长、高级工程师胡树金奖励2万元和一套三室一厅的住宅。市无线电厂对积极开发新产品、为企业生存和发展作出杰出贡献的高级工程师彭小鹏奖励1万元。1993年，市经委对两名有重大贡献的厂长各奖励1万元。1998年，市委、市政府给予1997年度效益好、减亏幅度大的湘乡啤酒厂厂长孙菊四奖励1万元，给予湘乡水泥制造有限公司董事长徐石林、市造纸厂厂长李新潮、市酒厂厂长张新岭、市建材制品厂厂长黄湘平各奖5000元。湘乡铝厂从2003年起对技术带头人和技术骨干实行技术津贴。

四、对下岗职工给予救助

1988年，部分国有、集体企业在车间、科室、班组推行优化劳动组合，未被组合上岗的职工成为下岗职工。以后，随着市场竞争的日趋激烈，企业为了提高经济效益，大量精减富余人员；部分企业经不住市场经济的冲击被迫停产、关闭，造成下岗职工逐年增多。省、部、地属企业的下岗职工由企业再就业中心托管，市属企业的仍由企业劳资部门管理，并通过提供职业介绍、开展技能培训、自谋职业等方式进行再就业，在一定时间内，由企业发放生活费。市属关停企业和困难企业的职工下岗后，主要靠自谋职业维持生活，部分职工由于年龄大、身体差、文化低、缺资金等原因，难以找到工作，生活遇到困难。1998年，市里成立扶危解困办公室，市经委（经济局）和市轻工业局分别成立扶危解困领导小组。至2005年的7年间，市经委（经济局）对所属企业下岗职工共发放解困资金和失业救济金442.7万元。

第三节 产权制度改革

1994年湘乡市企业进行产权制度改革。当年，市磷肥厂由市人民法院宣告破产。1995年，中共中央提出加快国有中小型企业改革，对国有小型企业采取改组、联合、兼并、股份合作、租赁、承包、拍卖、破产等多种形式进一步放开搞活。1996年，湘乡氮肥厂等6家国有、集体企业破产，其中3家破产重组。同年，湘乡水泥制造公司进行股份合作制改造，湘乡啤酒厂被兼并。1997年，贯彻执行市委、市政府《关于乡办企业全面推行股份合作制为主的产权改革的决定》。当年，乡村集体企业产权制度改革全面展开。1998年，贯彻执行市委、市政府《关于全面推行乡村集体企业产权制度改革的若干规定》，进一步推动乡村集体企业产权制度改革。1999年，贯彻执行《中共中央关于国有企业改革若干重大问题的若干规定》。2000年5月，贯彻执行市委、市政府《关于深化国有企业改革若干问题的规定》，全市国有、集体企业产权制度改革步伐加快。至2005年，全市95家企业完成改制，11212名在职职工置换身份。

一、破产

1994年，根据《中华人民共和国破产法（试行）》，国有企业磷肥厂提出破产申请，市人民法院依法裁定宣告破产。1996年，国有企业氮肥厂、铸造厂及集体企业轻化厂、装饰家具厂、轴承厂、钢管厂先后破产。2001年，国有企业无线电厂、机械厂、酒厂破产。2004年，国有中型企业湘乡化工厂破产。

二、破产重组

1994年，磷肥厂破产后，企业职工利用破产后留下的厂房设备，自筹资金，重新注册登记，组建新的企业——合成化工厂进行生产经营。1996年，氮肥厂破产后组建成化肥厂，钢管厂破产后组建成焊接钢管厂。破产重组企业，正常生产经营的时间都短，不久又陷入困境。

三、股份合作制改造

1996年下半年，湘乡水泥制造有限公司（原湘乡建材厂）进行股份合作制改造试点。股份合作是以资本劳动合作，联合生产、经营某产品或从事服务为基础，职工按章程规定的出资额自愿出资入股为前提，实行按劳分配与按股份分红相结合的一种新的企业组织形式。老企业改造成股份合作制企业，要进行清产核资、产权界定、认股购股、注册登记。1997年，化肥厂、合成化工厂、酒厂、二瓷厂相继进行股份合作制改造。但湘乡进行股份合作制改造的企业大多不够规范，寿命也不长，后来，在企业“置换”时，职工所入股金作为集资款退还给职工。

四、兼并

1997年8月，北京军神集团出资整体兼并湘乡啤酒厂（当时湘乡啤酒厂企业资产总值1.76亿元，负债1.73亿元，其中银行长期借款1.1亿元，虽有账面净值300万元，但实际上已资不抵债）。军神出资960万元给湘乡市财政局，并投入2500万元现金作为湘乡啤酒厂的启动资金，企业享受国家优惠政策，减免利息7400万元，其中核销欠息3700万元。兼并后，啤酒厂起死回生，当年盈利1026.6万元。1998年，实现利税5100万元，创历史最好水平。2000年，军神集团将80%的股份转让给燕京啤酒集团，转让后投入技改资金6300万元，年生产能力达到15万吨，产品质量进一步提高。

五、拍卖及协商转让

1998年，市铸造厂（国有）拍卖，所得资金用于安置在职职工和离退休人员。在职职工按《破产法》规定发放一次性安置费，并解除劳动关系。同年，市钢管厂（集体）务门前厂区拍卖。1999年，市轴承厂（集体）厂区协商转让。2000年5月，贯彻执行市委、市政府《关于深化国有集体企业改革若干问题的规定》，进行两个置换（即通过产权转让，置换企业国有、集体性质；通过一次性补偿，置换职工身份）。产权转让的主要形式是拍卖和协商转让。职工一次性补偿标准是：原属固定工身份，工龄在10年以下（含10年）每年发给500元补偿费，超过10年的，每超过1年按900元发给，但总额不超过2万元。对毕业分配的大中专毕业生，其工龄不足5年的，按5年计算。属1984年以来招收的合同制工人，按工龄每年补偿500元，但最多不超过6000元。职工领取一次性补偿费后，即与企业解除劳动关系。此后，市属企业产权制度改革工作按此规定执行。当年，市建材制品厂协商转让，置换职工196人。市服装厂湘富大楼和大正街90号、92号门面拍卖，置换职工77人。市制鞋厂大正街门面拍卖。2001年，市机械工程设备厂厂区协商转让，四牌楼生活区拍卖，置换职工182人。市轴承厂大正街71号门面和解放路钟表店门面协商转让。2002年，湘乡机械厂厂本部拍卖，置换职工341人。湘乡无线电厂新厂区协商转让，置换职工357人。市酒厂协商转让，置换职工263人。市轴承厂大正街40号、46号门面协商转让，置换职工105人。2003年，湘乡化肥厂协商转让，置换职工527人。湘乡水泥制造公司协商转让，置换职工842人。市印刷厂拍卖，置换职工215人。市纸箱厂拍卖，置换职工42人。市开关厂拍卖，置换职工25人。市制鞋厂拍卖，置换职工55人。2004年，湘乡无线电厂老厂区拍卖。市陶器厂拍卖，置换职工32人。市铸钢厂拍卖，置换职工80人。市轻化厂厂区、北正街93号门面拍卖，置换职工96人。市钢管厂张江村厂区拍卖，置换职工34人。市轻工机械厂食堂及宿舍区拍卖，厂区协商转让，置换职工65人。市化工机械厂拍卖，置换职工84人。市阀门厂拍卖，置换职工35人。市电石厂生产区协商转让，置换职工20人。2005年，市化机设备厂协商转让，置换职工85人。市燃料公司草萝街公司本部、解放路煤店、健康西路30号门面及煤店拍卖，火车站煤场及批发部协商转让，置换职工57人。市矿产公司和市乡镇企业供销公司拍卖。市药材公司本部及湘仁堂药号、健康药号等21处拍卖和协商转让，置换职工224人。至年底，全市有11家国有企业和14家集体企业实现“两个置换”。共置换在职职工4800人，支出改制资金2亿元。但由于改制资金缺口大，已改制的少数企业应支付的改制费用尚未全部到位。还有市建材二厂、市合成化工厂、市建材化工厂、市瓷厂、市织布厂、市造纸厂、市二瓷厂、市装饰家具厂已关停多年，因缺资金没有进行“两个置换”。市矿产公司和市乡镇企业供销公司已拍卖，可在2006年完成“两个置换”。

六、乡镇集体企业产权制度改革

1997年，贯彻执行市委、市政府《关于乡办企业全面推行股份合作制为主的产权制度改革的决定》和《关于乡镇企业股份合作制改造的实施细则》，对乡村集体企业产权制度进行改革。同年9月，育塅乡建材工业有限公司率先进行股份合作制改造。至年底，全市乡办企业358家，村办企业1067家，完成改制20家，其中兼并3家，改造成股份制企业15家，破产2家。

1998年，贯彻执行市委、市政府《关于全面推行乡村集体企业产权制度改革的若干规定》，6月16日，召开全市乡镇企业产权制度改革动员大会，会后，改制步伐加快。至1998年年底，全市应改制的乡办集体企业178家，已公开拍卖出售37家，实行股份制改造11家，兼并1家，破产2家、租赁70家，改制面达72.5%。

1999年8月，全市乡镇企业中最大的一家建筑工程公司——昆仑桥街道办事处所属的湘乡市第三建筑工程公司以638万元拍卖。2000年4月，新湘路街道办事处对尚未改制的新湘机械厂和热工机器厂进行分析研究，抽掉8名干部，加强领导和督促，使2家企业经过21人164次竞拍，以621.3万元成交价拍卖，高出标价264.5万元。

到2005年年底，全市乡、镇、办事处及村属集体企业产权制度改革工作基本结束。

1998—2005年湘乡市属国有集体企业产权制度改革情况一览表

表6-1　　单位:名·万元

企业名称	企业性质	职工人数			改制年份	资产处置方式	改制资金支出总额
		合计	在职	离退休			
水泥制造公司	国有	1094	842	252	2003.11	转让	3450
无线电厂	国有	472	357	115	2002.4	破产、拍卖、转让	1371
机械厂	国有	459	341	118	2002.5	转让	980
化肥厂	国有	635	527	108	2003.8	拍卖	1619
印刷厂	国有	311	215	96	2003.12	破产、转让	532
酒厂	国有	341	263	78	2002.5	拍卖	424
制鞋厂	集体	99	55	44	2003.12	拍卖	241
开关厂	集体	44	25	19	2004.12	拍卖	118
陶器厂	集体	50	32	18	2004.10	拍卖	68
铸钢厂	集体	123	80	43	2004.12	拍卖	222
纸箱厂	集体	84	42	42	2003.11	拍卖	200
阀门厂	集体	58	35	23	2004.12	拍卖	76
轻工机械厂	集体	105	65	40	2004.12	拍卖、转让	118
钢管厂	集体	55	34	21	2004.12	破产、拍卖	37
电石厂	集体	35	20	15	2004.12	转让	45
轻化厂	集体	172	96	76	2004.10	破产、拍卖	307
化机厂	集体	141	84	57	2004.12	拍卖	147
药材公司	国有	369	224	145	2005.11	拍卖、转让	1700
燃料公司	国有	106	57	49	2005.12	拍卖、转让	280
化机设备厂	国有	142	85	57	2005.10	转让	251
机械工程设备厂	集体	264	182	82	2002.10	转让、拍卖	791
服装厂	集体	168	77	91	2000.10	拍卖	240
轴承厂	集体	152	105	47	2002.11	破产、拍卖、转让	320
铸造厂	国有	45	27	18	1998.9	破产、拍卖	85
建材制品厂	国有	268	196	72	2000.7	转让	343
合计		5792	4066	1726			12965

第二章 经济类型

1986—2005年，湘乡市工业经济类型由以国有、集体经济为主，逐渐转向以非公有制经济为主。市属国有、集体工业企业经过多年的产权制度改革，或拍卖转让，或停产关闭，已从工业经济中全部退出。民营经济在工业经济中占据大头。

第一节 国有企业

1986年，湘乡县境内有国有工业企业36家（含粮食企业5家）。其中，部、省、地（市）属企业8家，县属企业28家（其中经济委员会直属企业12家）。工业总产值（现行价，下同）3.5978亿元，占全县工业总产值4.73亿元的76.04%。

1992年，湘乡市境内有国有工业企业34家（含粮食企业4家）。其中，部、省、地（市）属企业8家。市属企业26家（其中市经济委员会直属企业11家）。工业产值8.39亿元，占全市工业总产值12.46亿元的67.34%。

1998年，全市国有工业企业18家。其中，部、省地（市）属企业8家，市属企业10家（其中市经济委员会直属企业8家）。工业总产值12.75亿元，占全市工业总产值53.40亿元的23.87%。

2005年，全市国有及国有控股企业6家。其中，省属企业4家，跨省企业1家，市属企业1家。工业总产值13.30亿元，占全市工业总产值69.57亿元的19.10%。

第二节 集体企业

1986年，县境内有集体工业企业713家。其中县属企业42家（其中轻工业局直属企业19家），城街工业27家，乡办企业166家，村办企业234家，部、省、地（市）属单位附属企业6家，合（联）营企业138家。工业总产值1.03亿元，占全县工业总产值的21.82%。

1992年，市境内有集体工业企业786家。其中，市属企业53家（其中轻工业局直属企业18家），城街工业26家，乡办企业190家，村办企业312家，部、省、地（市）属单位附属企业8家，合（联）营企业197家。工业总产值3.29亿元，占全市工业总产值的26.4%。

1998年，全市集体工业企业297家。其中，市属企业28家（其中轻工业局直属企业13家），城街工业16家，乡办及村办企业248家，部、省、地（市）属单位附属企业5家。工业总产值15.03亿元，占全市工业总产值的27.16%。

2005年，全市集体工业企业67家。其中，市属企业2家，乡、镇、街道及村属企业65家（全部以租赁或承包方式经营）。工业总产值3.58亿元，占全市工业总产值的5.15%。

第三节 民营企业及外商投资企业

1986年，县境内有民营工业企业1208家，总产值1014万元，占全县工业总产值的2.14%。

1992年，市境内有民营工业企业2673家，总产值7808万元，占全部工业总产值的6.26%。

1998年，全市有民营工业企业4783家，总产值26.15亿元，占全市工业总产值的48.9%。

2001年，日商投资兴办湘潭金子箱包制品有限公司。2005年，总产值9700万元，占全市工业总产值的1.39%。

2005年，全市有民营企业4486家，其中合作及联营企业270家，有限责任公司194家。总产值51.74亿元，占全市工业总产值的74.36%。

第三章 工业门类

1986年，湘乡境内冶金、建材、轻纺、化工、机电等工业已具一定规模。此后20年，通过不断引进和开发新技术、新工艺、新产品，支柱产业产能水平大幅度提升。民营企业大量涌现，涉足各个工业门类。20世纪90年代兴起的皮革工业，已成为境内一大产业。氟化盐、铁合金、水泥、皮革及其制品、茶叶、铸铁件、浴巾、焦锑酸钠、钾冰晶石等产品远销世界各地。

第一节 皮革工业

湘乡市皮革工业始于20世纪90年代初，当时国家取消对国有制革企业的财政补贴，市内一批向国有企业贩运猪皮的业主便筹划创办制革厂。1990年11月，望春门办事处城北村村民李阳维、宋绍林、陈国良、彭罗松等4人集资180万元创办湘乡第一家制革企业——湘乡市制革厂，产品为兰湿皮（皮革半成品），当年亏损60多万元。1992年，彭罗松、宋绍林从湘乡市制革厂退出。分别创办宏达制革厂、国强制革厂。至1994年，制革企业发展到35个。其产值达4.3亿元，占到全市乡镇企业产值的1/5和乡镇工业产值的1/3，皮革成为全市工业的拳头产品。同年6月，为使皮革工业健康有序发展，在市政府的重视与支持下，由市乡镇企业局牵头，组建市皮革（集团）总公司。于1995年6月取得自营进出口权。1996后皮革工业总产值达9亿元，利税5400万元。随着制革业的发展，一些相关产业相继产生，至1996年，全市有皮服、皮件加工厂18家，明胶厂4家，高蛋白饲料厂2家，皮革机械厂5家，皮革化工厂8家，生皮交易市场和皮革化工市场各一个。1997年，制革一厂、制革二厂、宏达制革厂等厂家采用兰皮工艺，每家投资200万元以上添置设备，实现产品风格国际化、产品质量高档化。1998年，市皮革（集团）总公司利用取得的自营进出口权组织出口，直接出口110万美元，间接出口近5000万美元。通达皮革化工有限公司生产的劳保手套价廉物美，走俏德国、意大利、西班牙、美国等10多个国家和地区，年出口额达1000万美元。同年8月，制革二厂污水治理综合处理通过省级鉴定，位居全省同行业第一位。同时，利用处理后的污水养鱼，被多家媒体宣传报道。1997—1998年，市政府为保护环境，减少污染，关闭7家污染严重的企业。1999年，受俄罗斯卢布贬值和东南亚金融风暴的影响，有8家企业自行倒闭。同年，市内18家制革企业投资960万元实施技改和污水处理。2003年5月，经省政府批准，湘乡皮革工业园正式动工建设，有6家制革企业、1家明胶生产企业和1家污水处理企业入园。至2005年，皮革工业已具相当规模，当年完成工业总产值19.3亿元，利税1亿元，共有从业人员1万多人。市内有湖南省怀其皮革集团制革、湖南强力集团皮革、金马制革服装、经纬制革、湘乡市制革、荣华制革、湖南红东方制革、飞马制革、加贝皮革、国强制革服装、华盛皮革、城北制革、兴隆皮革、海利制革、金都制革、神舟制革、湖南银河制革、双星皮革、金龙制革、东山制革实业、振兴制革有限公司及长丰制革厂等22家私（民）营皮革鞣制加工企业，年加工猪原皮能力3000万张以上，当年生产皮革2375万平方米。产品有服装革、绒面革、沙发革、革履革、手套革等等。主要销往美国、加拿大、日本、俄罗斯、欧盟等国家和地区。有湘潭金子箱包有限公司等32家私（民）营皮革制品制造企业，另有上百家皮革制品制造个体户分布全市城乡各地。主要产品有服装、鞋、手套、箱包配件等，年生产皮革服装8万件、皮手套200万打、皮鞋120万双。有湖南金龙明胶有限公司、湘潭市涟丰明胶有限公司、湘乡市明胶有限公司等3家私（民）营明胶生产企业。年生产能力2400吨，当年，生产明胶1735吨。产品有医用明胶和食用明胶，销往全国各地，以江浙为主。

第二节 非金属矿物制品工业

湘乡境内石灰岩、石膏、花岗岩、黄（黏）土等非金属矿物储量丰富，具有发展建材等非金属制品业的资源优势。

一、水泥制造

1986年，湘乡有水泥生产企业9家。其中，省、部属企业2家：湘乡水泥厂、广州铁路局棋梓桥水泥厂；县属企业3家：建筑材料厂、建材二厂、虞唐供销社石灰厂水泥车间；乡镇企业4家：龙洞水泥厂、沙田水泥厂、壶天山口冲水泥厂、涧山水泥厂。年生产能力145.7万吨，当年产水泥121.5万吨。1988年，龙洞乡和睦村水泥厂、育塅乡城郊水泥厂、壶天乡振兴水泥厂3家乡、村水泥厂相继投产，年生产能力增加8万吨。1990年，湘乡建材厂第一条年产13万吨普通硅酸水泥 $\phi3\times48$米立筒预热器干法廻转窑投产，企业年生产能力达到21.8万吨。1996年7月，湘乡水泥厂改制为湖南韶峰水泥集团有限公司（国有独资），当年12月，投资7.8亿元兴建的2000吨/日新型水泥干法线投产，企业年生产能力达到202万吨。同年，湘乡建材厂改制为湘乡水泥制造有限公司，兴建的第二条年产13万吨立筒预热器干法廻转窑竣工，企业年生产能力达到34.8万吨。至2000年，有壶天山口冲水泥厂、涧山水泥厂、沙田水泥厂、市建材二厂、虞唐供销社石灰厂水泥车间因规模太小、经济效益差先后被淘汰。至2005年，全市有水泥生产企业7家。其中，省属国有独资企业1家（湖南韶峰水泥集团有限公司）。私（民）营企业6家（湘乡水泥制造有限公司、棋梓桥水泥有限公司、湘乡建材工业有限公司水泥厂、第一水泥厂、水泥制造二有限公司、振兴水泥有限公司），当年生产能力280万吨，生产水泥188万吨。

二、水泥制品制造

1986年，湘乡有水泥房屋建筑预制场（厂）19家。其中，市属建筑企业所辖的预制场（厂）2家，乡镇街道企业14家，村办企业3家。当年生产房屋建筑预制件8.85万立方米，产品主要有空心板、桁条、涵管等。有大东、桃林2个乡办预制厂生产电杆，年产1200根。随着建筑业的迅速发展，房屋建筑预制场不断增加。1989年，水泥房屋建筑预制企业增至46家。至2005年，全市有水泥房屋建筑预制企业71家，均为民营小型企业，年生产房屋建筑预制件约100万立方米。有湘乡建材工业公司电杆厂、壶天镇电杆厂、新坳电杆厂等3家民营企业生产电杆，年生产能力5万根，实际生产7000根。有月山镇犁头桥村、东郊乡白水塘等地生产 Φ200毫米～Φ2000毫米钢筋混凝土排水管，用于公路、城市建设的排水工程。

三、砖瓦制造

（一）砖

1986年，全县有红砖生产企业17家。其中，市属企业2家，乡镇企业7家，村办企业8家，年生产红砖1.22亿块。此后，红砖生产企业逐年增多，产量也不断增加。农村村民为改善居住条件，自产自用者不计其数。1991年，湘乡氮肥厂利用炉渣生产砖获得成功。1992年，全市共生产红砖1.72亿块。1997年，生产3.13亿块。2000年，生产8.17亿块。2005年，湘军新型建材厂建成投产，年生产能力为墙板30万平方米，空心砌块18万立方米。随着新型墙体材料的推广使用，红砖生产量逐年有所下降。2005年，市内红砖生产企业81家，混凝土空心砌块厂1家，炉渣砖厂1家。全年生产红砖4.88亿块。

（二）瓦

湘乡瓦产品主要有青瓦、石棉瓦、水泥纤维瓦、化学纤维瓦。1987年，全市生产瓦1.44亿片，其中青瓦1.30亿片。1989年生产瓦6206万片，其中青瓦5982万片。以后，随着社会的发展，房屋建设大多采用平顶，瓦的需求减少，水泥瓦和化纤瓦基本退出市场，青瓦的需求量也大为减少。2005年，全市仅壶天镇有5家小型企业生产青瓦，年生产瓦约1500万片。

四、石灰及石膏制品制造

（一）石灰

1986年，有乡、村办的石灰厂22家，年产石灰42120吨。随着化肥、农药、除草剂的逐渐广泛使用，农用石灰量逐年减少，一些生产石灰的乡、村企业关闭或停产。1989年，生产石灰3.15万吨。

2005年，全市有石灰生产企业12家，分布在棋梓、毛田、虞唐、壶天等乡镇，年产石灰约7.5万吨。其中，韶峰集团附属福利厂有1条生石灰生产线，年产6万吨。

（二）石膏粉及石膏产品

1986年，市内乡镇企业生产石膏19302吨，主要产于东郊、泉塘、虞塘等地。2005年，湘乡铝厂创益实业公司投资240多万元，引进国内 FC- 分室沸腾煅烧系统生产线，实现计算机 DCS 系统集散自动控制，生产建材微膨胀剂、胶凝材等石膏产品，其中建材微膨胀剂获得国家专利和省建材新产品推广证书。氟石膏为该公司的支柱产品，年销量达15万吨，广泛用于水泥厂作缓凝添加剂，远销全国10多个省、市、自治区。至2005年，市内有湘乡铝厂创益实业公司和白托石膏粉厂2家石膏粉生产企业。氟石膏及其制品销量为20万吨。

（三）石膏装饰材料

1986年，湘乡铝厂附属厂试产石膏装饰板成功，随即投入生产，设计年产能2万平方米，1988年，生产10000平方米，由于销售不畅，1989年停产。80年代末，市内一些个体兴办小型房屋石膏装饰材料企业。至2005年，新湘路街道境内有3家企业生产房屋石膏装饰材料。

五、陶瓷制品制造

（一）陶器

1986年，有县陶器厂（集体企业）及谷水、壶天等乡村企业生产陶器。产品主要为缸、罐、钵、壶等，年产陶器25.6万件。东郊乡旺兴陶器厂、龙洞乡泉湖村炉具厂生产炉心。至2001年的15年间，全市共生产陶器191.5万件。2002年，市陶器厂停产，2004年，该厂整体拍卖。2005年，市内仅毛田乡蛇形村有一家陶器厂，年产陶器6万件。

（二）瓷器

1986年，有县瓷厂、酒铺瓷厂生产日用瓷器，产品主要为碗、杯，年产407万件。1987年，市轻工机修厂（集体企业）更名为市二瓷厂，生产日用瓷器。当年，全市生共产瓷器611.1万件。1988年，双江瓷厂投产。当年全市共产日用瓷器657.6万件。1992年，市瓷厂投资531万元新建一条长72米的隧道窑生产线，1993年11月竣工投产，年生产能力由技改前的400万件提高至1100万件。1994年，市瓷厂生产日用瓷器826万件。同时，开始生产卫生洁具（瓷盆），当年生产760件。此后，市内兴建多家生产卫生洁具（瓷盆）的企业。市二瓷厂、市瓷厂分别于2001年、2002年停产。2005年，市内有微山陶瓷厂、通达陶瓷厂、兴旺陶瓷厂、东方陶瓷洁具厂、三星陶器厂等9家私（民）营企业生产卫生洁具（瓷盆），年生产能力200万件，实际生产160万件。

六、其他非金属矿物制品制造

（一）耐火材料制品

1991年，湘乡市炉衬材料有限公司创办，年生产能力3万吨，产品有石英砂（粉）、炉衬砂、硅危粉。主要销往江浙及本省各大型钢铁企业。2005年，产量为1.8万吨。

（二）花岗岩、大理石制品

20世纪90年代，随着花岗岩板和大理石板作为建筑装饰材料进入百姓家庭，市内各地陆续兴办花岗岩和大理石加工企业。2005年，此类加工企业35个，年产值8000万元。另有不少花岗岩的雕刻店散落在全市各地，以雕刻墓碑为主，辅之有少量的石狮、石人、石柱出售。

（三）矿石粉

1986年，有新研化工厂、红星村矿粉厂生产钾长石、钠长石，方解石、萤石等矿石粉，产量7400吨。1991年，建精细化工厂。1998年，改为精细化工有限公司，一直生产钾长石、钠长石、方解石、萤石等矿石粉和玻璃着色剂等，年产量约1万吨，销往本省及周边省市。2005年，全市矿石粉产量约2万吨。

第三节 饮料食品工业

2005年年末，市内有饮料食品工业企业92家，其中饮料业16家（啤酒业1家、白酒业1家、矿泉水业4家、离子水1家、制茶业9家）、农副产品和食品制造业76家（其中糖果副食品业32家、槟榔业5家、炒货业7家、火焙鱼2家、米粉业2家、肉食冷冻及其他28家）。

一、饮料工业

（一）啤酒

1986—1995年，湘乡啤酒厂先后进行两次技改，年生产能力由1万吨增至10万吨。1997年，该厂被北京军神集团兼并成立湖南湘碑饮料有限公司。1999年，该集团将公司80%的股份转让给北京燕京啤酒集团公司成立湖南燕京啤酒有限公司，尔后进行技改，年产啤酒能力达15万吨。至2005年的20年间，湘乡啤酒厂（含后段更名公司）累计产啤酒72.62万吨，缴纳税金3.22亿元。

（二）白酒

1986年，湘乡酒厂生产白酒1065吨。至2001年，累计产白酒35871吨。该厂于2001年12月破产，2002年3月其资产拍卖。买主成立酒业有限公司，由于经营不善，基本上处于停产状况。2005年，年产值仅有20.3万元。

（三）矿泉水

1989年，湘乡啤酒厂兴建矿泉水瓶装生产线。1992—2000年，累计产矿泉水3439吨。后因亏损，于2001年将其承包给本厂一职工经营。技术改造后，每年产矿泉水约7万桶，计2280余吨。1999年，梅桥镇梅花湾纯净水厂建立。2003年，龙洞乡建仙女山矿泉水厂。2004年，白田镇建天马山纯净水厂。2005年，全市矿泉产量在8000吨左右。

（四）制茶

1986年，全县有茶叶加工厂18个（其中乡村茶厂14个），全年加工茶叶1225吨。其中，绿茶100吨，红碎茶800吨，红条茶325吨。1993年，建山枣茶厂，年生产能力1000吨。至1993年的7年间，全市加工茶叶为1272.29吨。1994年，湘乡茶场建茶厂，年生产能力500吨。当年全市产茶600吨。1996年，建东胜茶厂，年生产能力1500吨。建东山茶厂，年生产能力1000吨。1997年，建振兴茶厂，年生产能力1250吨。2000年，湘乡茶场茶厂破产。

2001年，建湘乡市茶叶一厂，年生产能力1000吨。当年全市茶产量538吨。2002—2005年，全市茶厂除加工市内自产茶外，还从双峰、娄底、邵阳及安徽、云南等地收购干毛茶加工出口，年外销茶叶分别为1200吨、2450吨、3540吨、4100吨，出品新加坡、德国、俄罗斯、东欧等国和地区，主要产品为红茶，出口量占湖南省的3/4。

二、食品工业

（一）糖果糕点

1986年年末，全县共有糖果糕点加工厂（坊）59家。糖果、糕点大部分由市副食品公司所辖的国有糖果糕点厂生产。1991年，原副食品公司下岗女工陈菊阳创办“东方红食品厂”，生产各种副食、糖果，年产500吨。至1992年，市副食品公司糖果糕点厂累计生产各类糕点、糖果4663.44吨。从1993年开始，民营企业积极参与该行业的生产。2003年，市副食品公司糖果糕点厂破产。2005年1月，育塅乡建湖南侨泰食品有限公司。至年末，全市共有生产糖果、糕点企业29家。

（二）米粉

1986—2002年，城区手工生产米粉的店（坊）有数十家。2003年，新湘路月山米粉厂建立；2005年，光明粉业建立。每个企业的机制米粉产量在1000～1500公斤／日，手工米粉基本上被其取代。

（三）肉食、冷藏加工

1987年10月，湘乡冷冻加工厂（国有企业），更名为湘乡肉类联合加工厂。生产分割肉和腊制品。1991年，私人合伙建东山冷冻厂（后改名为城南肉联冷冻厂），但经营状况不好。1992年，建张江肉联冷冻厂（系村办企业），冷冻肉类能力为20吨／日。1988—1998年，湘乡肉类联合加工厂分割肉和腊制品的销售收入分别为2976.67万元和27.09万元。至2002年年底，累计亏损114万元，负债374万元。2004年，改制成立湘潭市百嘉香食品贸易有限公司（私营）。

（四）其他食品

1. 酱油

1986—1990年，市粉丝酱油厂生产酱油556.97吨。1991年停产。至2005年，其资产处置完毕。

2. 豆制品

1986—1991年，市豆制品厂生产白干966.98吨，生产热豆腐、油豆腐、香干等112.59吨。1992年7月停产，1998年7月破产、拍卖、改制。

3. 酱菜

1986—1990年，市酱菜加工厂每年产辣酱50～75吨，各种腌菜10～13吨。1992年，停产，2001年资产拍卖。

第四节 农副产品及粮油加工业

一、农副产品加工

随着农村种植、养殖业的发展，市内农副产品加工业逐渐发展。1998年8月，建鹏辉化工肠衣厂，主要产品为加工猪小肠、肝素纳、鱼药、工业钾盐等。2005年，生产猪小肠40多万把（90米一把），产值1800万元；肝素纳600公斤，产值300多万元。

至2005年，市内有农副产品加工企业41家。其中，槟榔生产5家，火焙鱼生产2家，炒货店（坊）7家，其他爆烤、烧烤、粉丝、副食加工等企业27家。大部分企业年产值在6万元～7万元之间。

二、粮油加工

1986年，市粮食系统加工大米3.2万吨，面粉6136吨，面条828吨，菜油152吨。至1992年，市粮食局所属独立核算粮油加工企业有湘乡一大米厂、棋梓大米厂、面粉厂和月山大米厂4家。小型大米机加工有潭市、白田、壶天、虞唐、东郊5个粮站。油脂加工以私营粮坊加工为主，农村有小型榨油机235台。年均加工大米22632吨，面粉2500吨，面条650吨，茶油27吨。1993年，棋梓大米厂合并到棋梓粮站，湘乡市一大米厂合并到湘乡直属粮库。1993—1995年，年均加工大米2.3万吨，面粉3000余吨，面条1000吨左右。1995年5月，投资1800万元新建的3.5万吨面粉生产线建成投产。1996年12月，湘乡面粉公司生产的“雪熊”牌面粉被评为湖南省名牌产品，“雪熊”牌商标被认定为湖南省著名商标，系列面粉、面条、营养麦片被评为湖南“1996年消费者欢迎产品”。1997—1999年，加工出口大米1.36万吨。此后粮食加工数量逐年减少。2001年，加工生产大米8092吨，面粉6500吨。2002年，全省粮油价格全面放开，全市大小私营粮油加工企业发展到238家。国有粮食加工企业开始产权置换和职工身份置换，当年仅加工大米283吨。2003年，加工生产大米3165吨。2004年5月，全市粮食企业全面实行“两个置换”，国有粮食企业粮食加工停止。2005年，湘乡有个体私营粮食加工企业11家，年加工大米能力27120吨，实际加工大米38150吨。

第五节 冶金、铸造工业

一、铁合金及生铁生产

1986年，湘乡有湖南铁合金厂、东山乡硅铁厂生产铁合金，年产52890吨。湖南铁合金厂为国有综合性大型铁合金生产企业，年生产能力10万吨，当年生产52499吨。同年，铁合金粉末有限公司建立，生产中锰铁合金。1987年，湖南铁合金厂投资870万元，建成拥有一台24平方米烧结机、年生产烧成锰矿8万吨的锰矿烧结车间。1991年，湖南铁合金厂投资5480万元的30兆伏安锰硅电炉烟气回收工程竣工。电炉主体设备和技术以及配料、煤气系统从原西德克虏伯公司全套引进，硅锰合金年生产能力达3.6万吨。1997年，新研铁合金加工厂建立，生产中锰、硅锰、铬粉等铁合金粉末。

2004年5月，湖南铁合金厂投资8380万元建设的120立方米高炉及其配套设备竣工，年产生铁能力达10万吨。至此，该厂铁合金年生产能力达20万吨。当年，该厂生产铁合金12.05万吨，实现销售收入8.02亿元，盈利5200万元，创历史最好水平。同年，合力铁业有限公司租用120立方米高炉生产高碳锰铁。奔鑫贸易公司租用合成化工厂生产低锰铁合金。2005年，湖南铁合金厂由于爱国家调控政策和市场低迷、价格暴跌的影响，产量比上年减少2.66万吨，实现销售收入5.6亿元，亏损7200万元。同年，合力铁业有限公司转产生铁。年末，全市有铁合金生产企业11家，加工（磨碎）企业15家，年产铁合金11.5万吨，生铁4万吨，工业总产值8.8亿多元。

二、电解铝及氟化盐生产

（一）电解铝

1986年，湘乡铝厂对电解铝分厂进行改造、扩建，1992年1月基本竣工，生产能力由3700吨增至1万吨。1997年产能提高到1.35万吨。2003年产能达1.7万吨。2003年，动工扩建3.5万吨/年的85千安电解铝项目，但由于国家宏观政策的调整而终止。同时电解铝生产也全部停止。至2003年的18年间，电解铝生产系统累计生产铝锭13万余吨。

（二）氟化盐

湘乡铝厂国有大型氟化盐生产企业，1986年年生产氟化盐3.04万吨。1993年，引进法国关键设备和瑞士生产工艺的国内第一条干法氟化铝生产线竣工，年产干法氟化铝1.5万吨。1998年，建成一条年产5000吨的氟硼酸钾、氟钛酸钾、氟硅酸钾、氟铝酸钾等多品种共用生产线。2001年，生产氟化盐5.6万吨，自营出口创汇572万元，上缴税金2427万元，实现利润518万元，创氟化盐总产量、总销量的历史最好纪录。当年5月，该厂改制为湘铝有限责任公司。2002年，一条自行设计的年产1.5万吨干法氟化铝生产线建成。2003年，年产4000吨的氟钛酸钾新生产线建成。当年，公司生产氟化盐82452吨，创历史新高。2004年，第三条1.5万吨干法氟化铝生产线竣工投产。2005年，对氟钛酸钾生产线进行扩产改造，使其年生产能力增加1000吨。至此，该公司氟化盐年生产能力达11.5万吨。2005年，湖南湘铝有限责任公司生产氟化盐70629吨，实现工业总产值4.1002亿元人民币，出口创汇2227万美元，但由于原燃料涨价、成本支出增加、出口外销赢利少等原因，造成亏损3660万元人民币。

三、铸造产品生产

1986年，市内有国有铸造厂1家，市属集体铸造厂3家，乡镇铸造厂49家。经过改制、转产、淘汰，至2005年，有乡镇铸造企业54家。

（一）钢锭模

全市生产钢锭模的企业主要是机械设备厂和轻工机械厂。1986—1996年，共生产钢锭模8126个。此后不再生产。

（二）稀土中锰铁球铸件

1986—1989年，铸钢厂生产稀土衬板119吨。至1995年，生产稀土中锰铁球4412.41吨。1996年，生产多元素合金球墨铸铁1127.51吨。1999—2001年，生产球墨铸铁1186吨，其他铸件1618吨。

（三）铸铁管及铸铁件

1986—1995年，乡镇企业生产铸铁管13.0033万吨、铸铁件839吨。从90年代中期开始，因PVC管的替代，铸铁管生产逐渐减少。此后，铸造业开始大量生产沟、井盖板，出口欧洲等地。1997年，乐郊铸造厂获自营进出口权。1998年，曙光铸造厂获自营出口权。2005年，市内有东郊铸造厂、曙光铸造厂、长红铸造有限公司等30家铸造企业（其中个体户15家）生产沟、井盖板等铸铁件，年产量1万吨左右，产值5000多万元。其中，东郊铸造厂产量3000多吨，产值1000多万元；曙光铸造厂1500多吨，产值700多万元；长红铸造有限公司1000多吨，产值500多万元。

（四）铸钢件

1988年，棋梓镇建冶金矿山机械厂，生产高锰钢、合金钢，年生产能力分别为350吨和200吨。2005年，销售高锰钢325吨，合金钢179吨，产值290万元。1989年，原山枣机械厂（属镇集体企业）改制，后转建锻铸有限公司，生产机车连杆、曲轴、坦克配件等钢件。2005年，产值2100万元，利润110万元。其他还有库区铸钢厂、机械锻铸厂生产铸钢件。

（五）其他铸造业

1987年，市铸造厂（国有）生产鼎锅、瓮坛、铸铁等501吨。1992年，建悬挂链输送机械厂，后改名为达仁机械有限公司，每年产铁合金浇铸用的钢锭模约500吨。至1995年的8年间，市铸造厂共生产3132吨。1996年4月该厂破产。1998年，建大田械制造有限公司，生产金属模、机械铸造件、制革齿轮等产品。2005年，该公司产铸件600吨，产值300多万元。其他，铸造各种产品的还有山枣城江铸造厂、洪塘机械厂、利隆铸造有限公司、冶金机械厂、德宇铸造有限公司、铝南机械厂、红星铸造厂等。

第六节 机械、电子电器工业

1986年，从事机械、电子、电器生产的有：国有企业4家，市属集体企业8家，乡镇企业（含城街工业）29家。2005年，市内共有生产机械和电子电器产品私（民）营企业147家。其中，机械类企业128家（机械产品类58家，金属制品类54家、运输机械类7家、船舶修理类9家），电子电器产品制造类19家。

一、专用设备制造

（一）除尘器

1986年，全县共生产各种除尘器136台，生产厂家有：湘乡机械厂、工业装备厂、金属制品厂、星星无线电厂、红星电子设备厂。在市场经济竞争中，工业装备厂、星星无线电厂和红星电子装备厂先后退出除尘器生产行列。至1998年的12年间，全市共生产除尘器4513台，其中城街企业和工业装备厂生产3862台。品种主要有：脉冲除尘器、电除尘器、布袋除尘器（含廻转反吹和横布袋等）。1999—2001年，湘乡机械厂（国有）、机械工程设备厂（市属集体）生产除尘器约200台。2001年，湘乡机械厂破产。2002年，该厂拍卖、改制。同年，机械工程设备厂拍卖、改制。2002年，湘乡机械厂有限责任公司、湘乡机械制造有限公司相继成立。至2005年，两厂共生产除尘器290台。

（二）电动滚筒

1986年，湘乡机械厂生产电动滚筒230台，后来品种规格增多，从1.5千瓦至13千瓦多达几百个规格品种，至2001年，共生产5515台。2002年，该厂改制后成立的机械有限责任公司，至2005年生产滚筒1000台。

（三）粮油机

化机设备厂（国有）从1991年起每年生产粮油机数百台，1996年停产。

（四）电炉成套设备

2003年，新建兴湘机械有限责任公司。2005年，产电炉成套设备（铁合金冶炼用）4台套，产值1200多万元。韶峰机电工程有限公司生产冶金机械设备，2005年产值500多万元。

二、零配件产品制造

（一）轴承

1986—1993年，轴承厂生产203、204、104轴承138.13万套。1994年停产，2002年11月破产拍卖。

（二）球阀

1986—1995年，阀门厂生产阀门16.392万个。2004年12月拍卖。

（三）铁滑车

1986—1996年，轻工机机械厂生产铁滑车29774架。2004年12月拍卖。

（四）高频焊管

1986—1995年，钢管厂，生产高频焊管2237.12吨。1996年破产，2001年12月拍卖。

（五）水泵

1988年，新湘路办事处企业生产水泵100台。2005年，双龙水泵厂生产水泵，产值3.78万元。

（六）其他机械产品

1988年，新湘路街道办事处所属企业产斗提机6台，螺旋机23台、电动杆136台、输送机21台。1994年，汽车改装厂生产一台意得利 YDL6481轻型客车。

（七）机床配件

泉塘机床配件厂生产机床中心架、跟刀架、床身、床脚等机床配件，2005年产值100.9万元。兴裕机械制造有限公司生产离心机柱脚、皮带轮、磨刀机等，2005年产值30.6万元。高远机械厂生产转动盘，2005年产值202.2万元。达仁机械有限公司生产防空叉车机壳变速箱、压缩机机壳等产品。

三、农机制造及其配件生产

1986年，有轻工机械厂及10家乡镇企业生产打稻机、机滚船、深耕机等农机具和农机配件，生产打稻机400台，农机配件10.5万件。同年，泉塘镇建五金机械制造有限公司，生产“金牛牌”耕整机和机滚船。1997年，轻工机械厂租赁给个人。至1997年，该厂共生产农机配件41万件，打稻机305台，农排水管1250根。乡镇农机生产企业也陆续改制成私（民）营企业。至2005年，五金机械制造有限公司生产耕整机和机滚船1万台，其中当年生产1000台，产值200万元，“金牛牌”产品获7项国家专利。

四、化工机械配件生产

1986—1987年，市化机厂共生产化工机械配件3.01万件，计1723.5吨。1988年，该厂与农机二厂合并，1991年又分开。1991—1999年，累计产化机配件10.36万件。2000年停产，2004年拍卖。

五、金属制品生产

2005年，全市金属制品企业有54家。主要生产卷闸门、防盗门和不锈钢钢窗、铝材制作以及其他金属制品。

（一）防盗门窗、卷闸门、铝合金门窗等金属制品

制防盗门有3家：新湘路壕塘防盗门厂、东山路龙城卷闸门厂、望春门定祥防盗门窗店。2005年，产值约20万元。

不锈钢制品企业有9家：工贸新区鑫日不锈钢总汇、黎明不锈钢制作加工店、长城不锈钢加工店、棋梓镇诚信不锈钢工程部、新湘路品牌不锈钢制作店、长盛不锈钢加工店、方佳不锈钢制作部、新湘路桂哥不锈钢制作店、新湘路振兴不锈钢制作部。2005年，产值约250万元。

铝材制作企业有4家：新河铝材装饰经营部、兴隆铝材销售中心、幸福铝材店、忠旺铝材经营部。

金属锻造企业有2家：北门长生锻造厂、县前街锻造厂。加工日用生活铁制品等。

其他金属材料制品企业有8家：双江金属材料制品厂、新湘路创艺彩钢瓦制作店、新湘路化工机械配件厂、鑫源热水炉厂、南正街白铁加工店、新湘路坤年排气管大世界、南方压缩配件销售处、鸿发金属加工有限公司。

个体金属制品户有28家，主要分布在城区四办以及白田、龙洞等部分乡镇。

（二）弹簧

1994年，残疾人侯国章建兴旺弹簧厂，是市内生产弹簧的唯一厂家。2005年，产值3万元。

六、建筑机械设备生产

20世纪90年代初，中国有色二十三冶第一工程有限公司机械厂（湘乡）与中南工大机械研究所开发 ZYGD 全液压静力沉桩机，规格有120吨、800吨和1000吨等多种，年生产能力10多台。该产品1995年11月在全国第七届机械产品博览会上获得金奖。2003—2005年，共生产10台，每台100多万元。

七、运输机械生产

2005年，全市运输机械类的生产企业有16家。

（一）农用运输车

1991年，建农用运输车有限公司（属村办企业），1995年改为私营，每年生产“碧洲”牌农用运输车300～400台。2005年，生产400台，产值800万元。金鑫农用三轮车厂、泉塘五金机械制造农用车改装厂、月山镇五金机械厂、农用车改装厂等4家企业也生产农用运输机械。2005年，产值合计51.93万元。

（二）船舶修理

船舶修理企业有9家。其中，盛发船舶修理有限公司、星港船舶修理有限公司、金华船舶修理有限公司、森兴船舶修理有限公司、裕源船舶修理有限公司5家2005年产值1255.7万元。其他4家是：宏鑫船舶修理、穗港船舶修理、中辉船舶修理、中盛船舶修理。

八、电子、电器产品生产

1986年，全市有电子、电器生产企业14家。主要产品有电振给料机、电子秤、蓄电池、电焊机、变压器、农用小型电机、配电屏、熔断器、隔离开头、真空熔断器和电线等。1987年，湖南深思电工实业有限公司建立，生产电器开关、低压电器、照明、电线电缆等系列产品。2001年，湘乡无线电厂破产，16年间共生产 ZDZ 电振给料机15922台、电子秤1607台。2002年，湖南华搏控制设备制造有限公司成立，其资产由湘乡无线电厂转让，产品为电振给料机和电子秤。2004年，深思电工实业有限公司“深思”商标获湖南省著名商标。2005年，市内有湖南深思电工实业有限公司、高压电器厂、湖南华搏控制设备制造有限公司、华龙电力器材有限公司、高压电器开关有限公司、银辉电线厂、湘电电器成套有限公司、电器电力线路器材厂、王易电气厂、东升无线电有限公司、冠宇高压电器有限公司、湘辉电器制造厂、湘泰电气厂、鸿达电器厂、东郊鹤翔电气开关厂等19家电子电器生产企业，年产值5000万元。其中，湖南深思电工实业有限公司产值1912万元，高压电器厂850产值万元。

第七节 化工原料及化工制品制造业

一、肥料制造

（一）碳酸氢氨

1986年，湘乡有生产碳酸氢铵的国有企业2家，湘乡化工厂生产52103吨，湘乡氮肥厂生产23682吨。1988年，湘乡氮肥厂进行扩产节能技术改造，碳酸氢铵生产能力由2.8万吨提高到6万吨。1989年3月，湘乡化工厂因经济效益差而停产碳酸氢铵。至1989年的3年间，湘乡化工厂共生产碳酸氢铵16.17万吨。1996年，湘乡氮肥厂破产，当年重新组建湘乡化肥厂继续生产，后于2001年4月停产。至2001年，湘乡氮肥厂和湘乡化肥厂共生产碳酸氢铵54.81万吨。2003年2月，湘乡化肥厂协议转让给私人经营，更名湘乡桂兴肥业有限公司。通过技术改造，合成氨年生产能力由1.5万吨提高到3万吨，致使碳酸氢铵的年生产能力达12万吨。至2005年，桂兴肥业公司共生产碳酸氢铵17.8万吨，其中当年产10万吨。

（二）磷肥、钙镁磷肥

1986年，县磷肥厂生产磷肥（过磷酸钙）10563吨。同年，湖南铁合金厂成立附属钙镁磷肥厂，利用冶炼残渣作熔剂生产钙镁磷肥和磷铁。至1992年，市磷肥厂共生产磷肥78705吨。当年，该厂因无资金而停产，1993年6月关闭，1994年10月破产。至2000年，钙镁磷肥厂共生产钙镁磷肥82028吨。2001年转产。

二、基础化工原料制造

（一）纯碱、氯化铵

1986年，县氮肥厂生产纯碱415吨、氯化铵644吨（第二年因成本高等原因而停产）。同年，湘乡化工厂动工新建年产4万吨纯碱项目，1989年3月正式投产，累计投资4855万元。至1997年的11年间，共生产纯碱20.6937万吨，氯化铵20.6735万吨。当年，因高负债经营、亏损严重被迫停产。9月，湘潭碱业有限公司（私营）租赁湘乡化工厂有效资产进行生产经营，并于2004年收购其破产资产。湘潭碱业公司先后4次发动员工集资2600万元，共投入资金9263万元，对热工、合成、造气、联碱4个车间进行技术改造、扩建，合成氨、纯碱、氯化铵年生产能力分别达到5.5万吨、15万吨、16.5万吨。至2005年的8年间，该公司共生产合成氨17.28万吨、纯碱40.41万吨、氯化铵43.65万吨。产品销往江苏、江西、安徽、广东、福建、上海、浙江等10多个省、市。

（二）焦锑酸钠

2002年10月，建湘乡化工冶金有限公司，生产焦锑酸钠，年生产能力3000吨。至2005年，共生产焦锑酸钠4000吨。其中，当年生产1500吨，销售收入3700万元。产品出口欧盟、美国、日本等国家和地区。

（三）钾冰晶石（氟铝酸钾）

2000年4月，建湘乡市正诚化工有限公司，生产钾冰晶石，年生产能力2000吨。至2005年，共生产钾冰晶石9000吨。其中，当年生产1821吨，销售收入723万元。产品销往全国各地。

（四）氯酸钾

1985年，湘乡铝厂附属厂建成一条年产500吨的氯酸钾生产线，1986年投产，1996年停产。至1996年，共生产氯酸钾1500吨。1999年，创办银河氯酸钾厂，年生产能力1200吨。2000年6月，新建湘潭洙津化工厂，年生产能力4000吨。至2005年，两厂共生产氯酸钾1.3万吨。其中，2005年生产2700吨。

（五）焦亚硫酸钠

2003年12月，创办湘乡市银桥化工有限公司。产品为焦亚硫酸钠，年产能力5000吨。至2005年，共生产9800吨。2005年，生产4500吨，销售收入1047万元。同年8月，新建湘丰化工有限公司，生产焦亚硫酸钠，年生产能力6000吨。

（六）邻苯二甲酸二辛酯

2004年3月，建湘乡市新红化工有限公司。产品为邻苯二甲酸二辛酯，年生产能力2000吨。2005年，生产300吨。产品销往本省各地。

（七）硫代硫酸钠

1986—1997年，湘乡化工厂生产硫代硫酸钠21437吨。1990年，市原料化工厂开始生产硫代硫酸钠，年生产能力3000吨。至2005年，共生产3万余吨。产品销往全国各地。

（八）红丹

1996年，建湘乡市中沙提炼厂，生产红丹粉及铅系列产品，年生产能力700吨。至2005年，共生产红丹粉铅系列产品3000吨。其中，当年生产350吨，销售收入500万元。

三、其他化工产品

（一）加脂剂、复鞣剂

1994年，月山镇水玻璃厂更名湘乡市皮革化工厂，转产加脂剂、复鞣剂及其他化工产品，年生产能力400吨。至2005年，共生产约3000吨。产品主要销售给本市各制革企业。

（二）金属颜料

1994年，东郊乡横新村与个体户合办金属颜料厂，生产黑色素、钴黑、铁黑、钴蓝等十几种金属颜料，年生产能力120吨。至2003年，共生产金属颜料约700吨。2004年，因环保问题被关闭。

（三）乳胶、快干乳胶、地板胶、燕子胶

1997年8月，栗山镇一个体户建湘乡市湘峰化工厂。产品有乳胶、快干乳胶、地板胶、燕子胶，年生产能力1500吨。至2005年，共生产5000余吨。产品销往本省及周边省市。市内还有几家小企业生产冰晶石、氟化钾、氟化镁、硫酸锌、硫酸锰、硫酸铜、氧化铬绿、硝酸钾、硝酸钠、三氯化铝、氧化锌、矿化碱、硬脂酸盐、群青、硅钙、锑白粉、黄丹、电石、立德粉、水玻璃、漂白粉、涂料、油漆、复混肥、甲胺磷、脱膜剂、护发化妆品等化工产品。

第八节 轻工、纺织工业

一、纺织业

1986年，苏坡缫丝厂生产白厂丝，年产25.5吨；县棉织厂、栗山福利厂、金石织布厂等企业生产棉布、化纤布、混纺布，年产172万米；县羊毛衫厂生产羊毛、尼龙衣裤，年产8541件。1987年，棉织厂更名织布厂。1991年，市羊毛衫厂转产建材化工产品，至1991年，该厂共生产羊毛、尼龙衣裤30980件。1997年，市织布厂因经营困难而停产，至1996年，该厂共织布1424.99万米，其中纯棉布1152.13万米，混纺布114.27万米，化纤布158.8万米。同年，市缫丝厂（原苏坡缫丝厂）破产。2003年7月，湘中纺织有限公司创办，产品为棉纱和涤纶纱，年生产能力为2万锭。2004年5月，金兔纺织有限公司创办，产品为毛巾、浴巾，年生产能力400万条。2005年，市内有金兔纺织有限公司、湘中纺织有限公司、江岸织布厂、新湘路中心毛巾厂、福利制线厂、鑫宇毛巾厂等个体、私营企业，生产毛巾、布、纱、线等产品，年产值约8000万元。

二、造纸及纸制品业

（一）造纸

1986年，市内有造纸厂13家，年生产能力6500余吨。1997年，环松纸业有限公司创办，主要产品为原纸，年生产能力1.5万吨。1998年，市造纸厂因经营困难而停产。当年，该厂生产机制纸18008吨，主品种有复制纸袋纸、油毡原纸、瓦楞纸、包装纸。此后相继有些企业关停和兴办。2005年，市内造纸企业有环松纸业公司、赤石造纸厂、新研造纸厂、金星造纸厂、西北造纸厂、新园造纸厂等，产品有原纸、色纸、包装纸、鞭炮纸、土纸等。其中，环松纸业有限公司全年产量2000吨，产值3400万元。

（二）纸制品

1986年，有县纸箱厂、龙洞乐昌纸箱厂、巴江界头纸箱厂生产纸箱；湘乡水泥厂附属厂及6家乡、村纸袋厂生产水泥包装纸袋；虞唐区及栗山、山枣、坪花、毛田等乡镇油毡厂生产油毡纸。1992年5月，霞光实业有限公司成立，购置四开双色胶印机。年纸箱生产能力280万平方米。2000年，市纸箱厂停产。2002年，迪江实业有限公司纸制品分厂创办，产品为纸杯、纸盒，年生产能力为纸杯4000万只和纸盒3500万只。2005年，市内有霞光实业有限公司、张江纸箱厂、新村纸箱厂等生产纸箱，韶峰集团附属福利厂等生产水泥包装袋，虞唐油毛毡厂生产油毛毡，迪江实业有限公司纸制品分厂生产餐桌上的纸盒、纸杯。当年，霞光实业有限公司纸箱产值1000万元，韶峰集团附属厂产值1200万元。

三、印刷业

1986年，市内有印刷厂14家，其中市属1家，部门2家，校办3家，乡、村及联户个体8家。1992年，市印刷厂淘汰铅字排版，兴建电脑照排生产线。1995年，该厂购入转轮胶印机。2001年，该厂因经营困难而停产，2003年11月拍卖。2005年，全市有印刷有限公司、教育印刷厂、彩色印刷有限公司等29家印刷企业，除教育印刷厂外均为私营、个体企业。印刷品有书刊、杂志、报纸、商标、办公用品、学习用品等。其中，霞光实业有限公司印刷品产值500万元。

四、竹、木加工业

（一）家具制造

1986年，有县木器厂和部分乡村企业生产木制家具，年产2.41万件。1987年，木器厂更名家具装饰公司。1990年，家具装饰公司更名装饰家具厂。1991年12月，市装饰家具厂因经营困难而停产。

至1991年，该厂共生产家具6000件。该厂于1993年11月关闭，1996年破产。2005年，市内有跃辉木制品有限公司，励邦办公家具厂等私（民）营、个体企业18家，生产办公用具和家庭用具，品种有柜、床、桌、凳、椅等。

（二）竹、木加工

1994年，育塅乡兴建胶合板厂，生产各类厚度的建筑用竹胶合板。1999年，栗山镇西山村兴办全福家私厂，生产木制包装箱。2003年10月，龙洞乡楠香村兴办湘龙木业蕊板厂，生产大蕊板、细木工板、实心板和各种规格的木方。11月，东郊乡向阳村兴办恒昌鑫竹胶板厂，生产多种规格的竹胶板。2005年，虞唐镇白露村兴办虞唐寄萍竹木制品厂，生产窗、帘、席、筷子半成品。同年5月，泉塘镇鲜花村兴办晟茂建筑模板厂，生产建筑模板。当年，市内有较大的私（民）营个体竹、木加工企业48家。其中，恒昌鑫竹胶板厂生产竹胶板17万张，产值1000万元。湘龙木业蕊板厂生产细木工板25万张，产值2000万元。全福家私厂生产木制包装箱，产值480万元，虞唐寄萍竹木制品厂，产值680万元。

五、塑料制品业

（一）PVC 管材、管件

1997年7月，东郊乡创办龙城塑胶厂，成为湘乡生产 PVC 管的首家企业。1999年，新建华达塑胶厂、华日塑胶厂。同年，还新建3家塑胶厂。2000年，创办兴永塑胶有限公司、韶峰塑胶厂。同年，华达塑胶厂更名为华达塑胶有限公司，华日塑胶厂更名为华日塑胶有限公司，发展为股份制企业。2005年，市内有私营 PVC 管材、管件生产企业11家，主要分布在东郊乡，年生产能力2万吨以上，产值1亿元以上。

（二）其他塑料制品

1986年，县内有县金属制品厂塑料车间及30余家乡、村、联户、个体塑料制品厂家，产品有包装桶、泥浆桶、薄膜、化肥袋、打包带等，年产塑料制品800余吨。1988年6月，月山镇建塑料编织袋厂。1991年，龙洞乡中朝村建塑料泡沫厂。同年，湘乡铝厂附属厂投资60万元，建成一条塑料编织袋生产线。1998年，该厂更名为湘乡铝厂创益实业公司，此后投资建成一条年产普通编织袋400万套，年产集装袋20万套的生产线。2005年，市内有其他塑料制品集体、私营、个体企业21家，产品有编织袋、集装袋、打包带、捆扎绳、粘胶带、化肥袋、医药箱等。年产值1500万元以上。

六、橡胶制品业

1986年，有东山橡胶厂和莲花橡胶厂生产橡胶配件和再生胶，年产橡胶配件3万余件，再生胶100余吨。1994年，一浙江人承包东山橡胶厂生产再生胶。1997年，原东山橡胶厂的员工创办多家小型橡胶制品厂，生产橡胶垫为主的橡胶配件。2000年，东山橡胶厂更名为湖南湘乡永恒轮胎有限公司，生产汽车内胎，2001年销售收入400万元。2004年11月，建三恒轮胎有限公司，生产摩托车、农用车、人力车外胎，年生产能力160万条。2005年，该公司产值800万元。当年，永恒轮胎有限公司迁入株洲市。

第九节 矿业及其他

一、煤炭

1986年，全市有乡、村小煤窑12家，产煤6.65万吨。1987年11月，大坪矿投产。1991年7月，南溪坳矿投产。1992年，豹子坑和新坡两矿投产。1994年，壶天新坡村办起胡家园矿，同升村办起同升矿。1996年，壶天镇办起长冲矿，峡山村办起胡家山矿，新坡村办起新枫矿。1997年，光辉村办起大山牌矿。同年国家出台关闭小煤窑的政策。至1997年年末，全市12年间累计产煤46.07万吨。1999年，市内有大小煤窑13处，市政府下令6月27日前全部关闭，其中炸毁5处，关闭8处。此后小煤窑多次死灰复燃，市政府及时采取关闭措施，不再产煤。

二、白云石

1986年，市内有湘钢湘乡白云厂矿及谷水乡连山村、白云村等乡村企业开采白云石，年产量13.55万吨。其中，湘钢湘乡白云石矿生产7.65万吨。1989年，翻江镇建杨和村托上湾白云石矿、喻坊白云石矿。2001年，炉塘村办峡山采石场。2002年，建高桥采石场。同年，湘钢白云石矿经技术改造，年粉矿生产能力达30万吨。2005年，市内有白云石矿开采企业7家，年产量55万吨。其中，湘钢白云石矿生产43.8万吨，白云村矿石石料厂生产3万吨。至2005年的20年间，湘钢湘乡白云石矿累计产白云石350.4万吨、轻烧白云石16.6万吨；乡村及私（民）营个体企业生产白云石约60万吨。

三、矽石

1986年，市内有矽石矿3家：东山矽石一矿、山枣矽石矿、东山矽石二矿。年产矽石4.1万吨。1987年，龙洞乐昌村办龙洞矽石矿。1991年，山枣窑冲村办银泉矽石矿。2000年，市政府为保护环境关闭东山矽石矿。2004年，山枣矽石矿停产。至2005年的20年间，全市乡村企业累计产矽石90万吨。当年，东山矽石二矿、山枣银泉矽石矿停产，全市仅有龙洞矽石矿生产，年产量5000多吨。

四、耐火黏土

1986年，县黏土矿产黏土1.95万吨，1987年产1.56万吨，1988年产0.26万吨。该矿因浅部120米标高以上矿体基本采完，其下黏土开采成本高，连年亏损。于1989年8月关闭。1992年至2005年，连山村在其原址上停停打打开办，每年开采黏土3000～4000吨，产品销往湘钢、冷水滩、零陵、省陶瓷厂等地。

五、锰矿

1986年，金石镇内有矿井3口，焙烧窑4座，矿粉加工厂1家，产矿85吨，烧结矿500吨，碳酸锰矿粉500吨。1987—1989年，产矿1.203万吨。1991年，金石镇投资800万元建金石锰矿，1992

年投产，年产能力4万吨。1995年，由个人承包经营，2005年生产4.2万吨。产品主要销往湘潭电化厂等企业。

六、沙石

1986年，市内有城关沙石厂，年产沙石10万吨。县运输公司沙石队年产6万吨。山枣、双江、潭市、中沙和花坪的大桥、月山的新桥、涧山的潭桥等乡村集体和个体挑捞河沙。当年，共产河沙13.6万吨。20世纪80—90年代，基建规模不断扩大，全市采沙、捞石的人增多。1988年，共产河沙26万吨。2003年，市沙石厂（原城关沙石厂）改制。至2005年河沙几乎采尽，市内有沙石场6户（其中山枣1户，虞唐5户），年产量6万吨左右。

七、花岗岩

2000年，长沙铁路局在泉塘建长铁顺安路料有限公司湘乡采石场，生产花岗岩道砟。2000年开始投产，每年产道砟13万吨~14万吨。产品供应长沙、娄底、湘潭铁路沿线。2002年，月山镇刘伏强兴建月山镇宝峰采石场。2003年，他又租用双江火车站货运站台建破碎基地，年产能力1.5万吨。至2005年，市内还有白田镇沙田石料场、草家采石场、泉塘镇湘双采石场、前冲采石场、清泉采石场和金石镇良丰采石场在生产，全市年产量23万吨左右。

八、石灰石

1986年，全市产石灰石110多万吨。其中，水泥生产企业自产90多万吨作原料，10家乡村企业产22万吨。同年，棋梓镇建棋梓桥石灰石料厂。1988—2002年，相继在棋梓、壶天等地建成3个采石场和1个碎石场。2003年，原涟邵水泥厂采石场更名棋梓桥永福采石场。2005年，全市产石灰石150多万吨。其中，水泥生产企业自产120多万吨做原料，34家乡村私（民）营个体企业产30多万吨，产品主要销往水泥企业和用作修路、建筑。

九、其他矿产

1986—2005年，市内生产石膏滑石粉、陶土粉、云解石等矿产。

十、其他行业

至2005年年末，市内有工艺品及其他制品业66家。主要从事工艺品、粘胶制品、纸质包装、伞、玩具、木雕、衡器等的制造。分布在城区四办及山枣、白田、东郊、泉塘、壶天、虞唐、棋梓等乡镇。

第四章 工业管理与效益

第一节 管理机构

1986年，湘乡工业管理机构有湘乡县经济委员会（经济局）、县轻工业局、县乡镇企业局。县经济委员会主管县属全民工业企业。县轻工局主管全县县属集体工业。县乡镇企业局主管全县乡镇企业。1987年，县经济委员会更名为市经济委员会。1991年7月，设立市工业办公室，主管市属国有工业企业，市经济委员会行使全市工业经济综合、牵头、协调、服务职能。1993年11月，撤销市经济委员会、市工业办公室和市财贸委员会，组建湘乡市经济贸易局。内设办公室、工业生产办、商业贸易办、政工教育股、企管计财股、城街食品工业办。主管市属国有工业企业，负责对工业、商贸企业的指导、协调、服务、管理、监督。1994年12月，市经济贸易局更名为市经济委员会，划出其财贸协调职能、恢复其协调部分双管单位的职能。2001年12月，市经济委员会更名为湘乡市经济局，乡镇企业局职能并入经济局，保留乡镇企业局的牌子。同时，划入个私经济管理职能、酒类产销管理职能和安全工作职能。内设办公室、政工股、经济运行股、企业管理股、电力资源股、安全生产监督管理办公室、财务股。2005年1月，市轻工业局撤销，其职能并入市经济局。2005年3月，内设机构调整为办公室、政工人事股、经济运行股、经济发展股、管理服务股、改革改制股、综合治理股、财务股。

第二节 企业管理

1986年，市轻工业局下辖各企业开展“三高三降”活动，即提高产品质量，提高经济效益，提高政治、技术、文化素质，降低产品成本、降低能源和原材料消耗、降低流通费用，克服电力不足的困难，保持生产持续增长。当年完成工业总产值1703.74万元，完成销售收入1731.27万元，分别比上年增长11.16%和10.02%。

1987年，原材料涨价幅度大、增支因素多，市经济委员会下辖各企业开展“增产、节约、增收节支”活动，当年完成工业总产值2.67亿元，实现利润410.4万元，上缴税金298.81万元，分别比上年增长10.72%、8.45% 和31.68%。

1988年，全市国有、集体企业广泛开展企业管理基础工作升级活动。1990年，湘乡机械厂、市织布厂被省政府授予省级先进企业称号；湘乡啤酒厂、湘乡无线电厂、湘乡建材厂被评为二级计量单位；市酒厂、市磷肥厂、市织布厂、市轻工机械厂、市铸钢厂等评为三级计量单位；建材厂、机械厂标准化工作达标；啤酒厂、建材厂全面质量管理达到合格标准；机械厂、建材厂档案工作达省级先进标准；建材厂设备管理达三级标准；建材厂、印刷厂、煤炭公司、铸造厂、建材制品厂和轻工11家集体企业财务管理均达标。

1990年，工交企业开展学湘潭塑料四厂“三高三严”（高起点、高标准、高素质；严格的制度、严明的纪律、严细的作风）的活动，进一步健全企业各项规章制度，整顿劳动纪律和工艺纪律。

1992年上半年，全市国有、集体企业开展现场管理整顿活动，市工业办公室所辖12家企业，查出和解决规章制度方面的问题46个，劳动纪律方面的问题35个，工艺纪律方面的问题52个，设备管理问题44个，物资消耗问题36个，安全隐患问题136个。生产现场的“脏、乱、差”现象和生产过程中的“跑、冒、滴、漏”现象基本消除。同年，市经委、市工业办及下辖亏损企业成立扭亏增盈领导小组，制订切实可行的扭亏增盈措施，层层承包，并狠抓落实。当年，5家亏损企业除1家停产外，其余4家盈利，扭亏增盈224.9万元，完成湘潭市下达的控亏任务。

1996年，市经委组织开展“管理年”活动，重点抓劳动管理、财务管理、工艺管理和生产现场管理，收到较好效果。当年，预算内企业无一亏损，共盈利116万元。

1997年，全市各企业推广邯钢经验，模拟市场核算，采取倒推法，将生产经营的成本指标层层进行分解，并落实到各个岗位，以降低成本。

1999年，全市国有、集体企业开展“学邯钢、强管理、降成本、增效益”活动，进一步推广邯钢的管理经验。各企业从原材料进厂到生产过程的各个环节都严格把关，千方百计降低成本。当年，湘乡水泥制造有限公司吨水泥成本较上年下降31元，年节约成本费用280万元。市酒厂吨酒成本比上年下降1200多元，节约成本费用近100万元。市经委下辖各企业一年共节约成本费用500多万元，财务费用减少148万元，销售费用减少162万元。

从2000年开始，市属国有、集体企业全面进行产权改革。至2005年年底，国有、集体企业已全部从工业经济中退出。其间，即使是开工的企业，生产经营也处于不正常状况。

第三节 安全生产监督管理

一、监管机构

1986年1月至2002年4月，市劳动局负责安全生产监管、劳动保护监察，各行业安全生产管理职能由各职能部门承担。2002年5月，市政府调整市安全委员会成员，安委会办公室设在市经济局，由市经济局承担安全生产综合协调职责。2003年4月，成立湘乡市安全生产监督管理办公室，明确为市经济局管理的副科级单位，综合管理安全生产工作。2003年6月，市安全生产监督管理办公室更名为湘乡市安全生产监督管理局，为市政府授权综合管理全市安全生产工作，履行安全生产监督管理行政职能的正科级事业单位。2005年1月，市政府进行机构改革时把市安全生产监督管理局改为政府工作部门，加挂市安委会办公室牌子，下设办公室、安全监督管理一股、安全监督管理二股、政策法规股4个内设机构。各乡镇街道成立安监站。

二、基本管理

（一）安全生产责任制

从1986年开始，安全生产被列为全市目标管理的重要内容。每年，市政府都与各主管单位签订安全生产责任状，各主管单位也向下级机构和所属生产经营单位签订责任状，定期检查、考核。2003年以后，对安全生产工作实行“一票否决”制（即安全生产工作不好，该单位就不能评先进）。市安委会根据绩效考核的要求制了《湘乡安全生产目标管理考核标准》进行具体实施。2004—2005年，市政府制定《关于进一步加强安全生产工作的决定》和《湘乡市安全生产责任制度》，对安全生产工作进行规划和职责的划分。并制订《湘乡市开展重特大应急处理预案》，对事故救援相关单位的责任作出规范。

（二）安全生产检查

从1987年起，市安委会行使安全生产综合监管协调职能，于每年“五一”“十一”前后开展安全生产大检查，对检查中发现的问题进行书面通报，并提出整改意见。市安监局具体行使职能，经常对深井矿山、化工企业、采石场、砖厂、加油站等进行安全检查。2002—2005年，共检查生产经营单位277家，发放整改通知书313份，消除一批安全隐患。

三、专项监察

（一）职业安全监察

1987年，查明市经委系统企业有尘肺及可疑尘肺病人103人。从当年开始，政府规定对各企业生产性新建、改建、扩建工程都实行职工安全、劳动保护设施与主体工程同时设计、同时施工、同时验收投产的“三同时”审查，从源头上控制危害。从1989年起，全市又确定劳动保护用品生产定点单位2家，定点销售单位1家，对企业职工劳动保护用品实行审批管理。为了掌握职业安全状况，1990年对乡镇企业进行检查，发现接触有害物质作业的8322人，查出职业病可疑者10人。1994年，检查湘潭市属以上7家企业、湘乡市属40家企业及300多家乡镇企业，共职工4万余人，发现接触粉尘作业的1.6万人，接触噪音作业的7000人，接触毒物作业的4000人，接触其他有害物质作业的5000人。面对一些单位有害物质污染浓度严重超标的状况，市劳动安全部门狠抓企业的劳动保护考评，督促企业进行安全整改。至2005年的10多年间，全市企业共投入环境保护和安全整改的经费达3.7亿元，每年审批的劳保经费在60万元～80万元之间。

（二）矿山安全监察

1986年，全市有煤矿、石膏矿、黏土矿、锰矿等12个，采石场70个。因不符合安全生产条件，1986年炸毁了壶天影响中石煤矿正常生产的7处小煤窑。1991年，又炸毁了金石万群锰矿周围乱采滥挖的10个个体井口。1992年，在煤矿较集中的壶天镇成立煤矿安全监督站。1993年，市经济局、国土矿产局、劳动局联合作出封闭原山冲煤矿二井的决定。1994年，对经审查符合基本安全生产条件的大坪老井、中石煤矿、泉塘、湘乡石膏矿发给合格证；对南溪坳、新坡、大坪新井、豹子坑煤矿、东郊石膏矿、金靳锰矿等不具备基本安全生产条件的矿山下达限期整改通知。1995年，对68个地面采石场进行安全资格审查，发放安全合格证19个。1996年，对没有办理任何手续的长冲、光辉、峡山煤矿予以取缔。1999年，对存在安全隐患的壶天镇范围内所有煤矿强制封闭。因不接受整治，2002年，刑事拘留了毛田乡椰树村非法小煤窑业主3人。2004—2005年，采取强制和人性化手段，对壶天镇、毛田乡出现的死灰复燃的小煤窑全部关闭。

（三）烟花爆竹及危险化学品安全监察

1986年前后，烟花爆竹及危险化学品列入治安管理内容由公安部门负责监管。每年逢年过节都对烟花爆竹的安全状况进行重点检查。2000年起，烟花爆竹及危险化学品的安全管理移交给市安全生产监督管理部门负责。当年检查，全市有危险化学品生产、经营单位316家，烟花爆竹生产、经营单位650多家。2003年9月，市公安、供销、安监等部门对省政府挂牌督办整改的东山、长桥烟花爆竹非法仓库进行强制取缔。同时，捣毁了栗山镇永安村一非法爆竹生产点。从2004年起，对危险化学品生产、经营单位进行安全评估。至2005年，已评估106家，有38家单位取得安全许可证。

四、事故处理和安全费用提取

（一）事故处理

1986—2005年，全市工矿商贸企业共发生安全事故32起，死亡63人。其中市属国有企业2人，市属集体企业3人，乡镇企业24人，个体私营企业34人。事故发生后，对相关责任人给予了应有的处罚，对死者家属按国家规定给予抚恤。

（二）安全费用提取

从2003年开始，市安监局对企业实施安全费用和职工工伤预防费用的提取，同时收缴企业安全生产风险抵押金。至2005年，正式办理安全许可证的非煤矿山、危险化学品、烟花爆竹企业都足额提取安全费用，并为从业人员缴纳工伤预防费用，70% 的企业缴纳安全生产风险抵押金。

五、安全教育培训

2003年，市安监局成立以后，每年结合安全生产（经营）许可证发放工作，对企业安全责任人进行培训。全市高危行业企业主要负责人、安全生产管理人员、特种作业人员基本上做到持证上岗。同时，市安监局工作人员经过培训全部取得行政执法证，6人取得安全监察员证，22个乡镇街道安全监察员取得安全监察员证。除搞好人员培训之外，每年都开展“安全生产月”活动。有关部门组成安全生产咨询组，在城区开展安全生产咨询；电视台、报社在全市范围内开展“安全生产龙城行”新闻采访报道。2004年，创办《湘乡市安全生产工作通讯》，至2005年出版15期。

第四节 经济效益

一、市属国有工业企业

1986—1998年，处在上升时期，工业总体规模、工业总产值、销售收入、税收等都有较大幅度的增长。工业总产值：1986年为2403万元，1996年达15635万元，是1986的6.5倍，平均增长速度达13.6%。其中，增长幅度最快的是1992—1994年，分别增长23%、20.4% 和21%。销售收入：1986年为2954万元，1998年达24812万元，是1986年的8.4倍，平均增长速度为21.16%，其中，发展最快的是1992年和1993年，分别增长47.93% 和74.86%。税收：1986年为226.9万元，1998年达4212万元，是1986年的18.56倍，平均增长速度达30.4%，其中增长最快的是1993年和1994年，分别增长71.03% 和72.69%。利润：1986年为378.4万元，2001年亏损1328.6万元，16年间有7年亏损。在市属12家工业企业中，1986年5家亏损，1997年8家亏损，1998年9家亏损。1998年以后，国有企业在高资产负债率下经营，经济效益逐年下降，至2001年，工业总产值只有6585万元，销售收入只有13929万元，税收只有2501.7万元。当年，企业进入全面改制时期，至2005年年末，只有2家企业尚未改完。

二、市属集体工业企业

1986—1995年，总产值逐年增长。1986年工业总产值为1703.7万元，1995年达2597万元，是1986年的1.5倍。销售收入：1986年为1844.3万元，1995年达2870.5万元，是1986年的1.56倍。税金：1986年为151.6万元，1995年为196.6万元，是1986年的1.3倍。利润：1986年为35.6万元，1995年亏损115.2万元，12年间只有4年盈利。1996年以后，由于市场竞争的影响，工业产值、销售收入和税收都逐年减少。至1999年，工业总产值129.6万元，销售收入114万元，税金1.3万元。之后，市属集体企业基本上被拍卖、转让和改制。

三、乡镇工业和个体私营工业

1986年以来有很大发展。工业总产值1986年为8829万元，至2005年达56.94亿元，是1986的64.5倍。乡镇工业和个体私营工业的发展，有力地促进了农村劳动力的转移和产品结构的调整。为湘乡的经济发展、工业基础的扩大和提高做出了一定贡献。但工业规模普遍偏小，原材料和能源资源消耗高，粗放型经营企业多，环境污染较严重，产品科技含量少，企业在市场竞争中抗风险的能力弱，纳税能力低，有待于向高科技和技术含量高的方向发展。

注：文内国有企业和集体企业为1980年、1990年不变价，乡镇企业为现行价。

第五章 工业园区

湘乡工业园是由省政府2002年10月批准建立的省级工业园，有红仑新型产业区和东郊皮革产业区2个片区规划总面积991万平方米。

第一节 东郊皮革产业区

东郊皮革产业区地处东郊乡，规划总面积200万平方米。园区北临320国道，南临湘江支流涟水河，中央有湘黔铁路贯穿，设有长丰货运站，交通便利。园内分为皮革制造、皮革制品制造和销售服务3个功能区。近期规划以皮革制造为重点，达到年处理原皮2000万标准张的规模。远期以皮革制造为主导，达到年产皮革制品1000万件（套）的生产规模，集皮革研究、生产和销售为一体，以皮革制品深加工为主体的集约型专业工业区。

园区于2003年5月破土动工建设。至2005年，已完成开发面积15.33万平方米，入园项目8个，累计投入资金2亿多元。其中，水、电、路、污水处理厂基础设施投入5000多万元。园区有日产8万吨的自来水厂、11万伏的变电站和日处理1万吨污水的污水处理厂。怀其集团、金都制革有限公司、银河制革有限公司、兴隆制革有限公司、飞马制革有限公司、神舟制革有限公司及涟丰明胶厂等7家入园企业，完成投入1.5亿元，全部完成厂房建设和设备安装调试。当年全部进入试生产，全年加工猪皮250多万张，创产值2.5亿元，上缴国家税金700多万元。

2005东郊皮革产业区建成项目基本情况统计表

表6-2

单位 项目	投资规模（万元）	实际征地（亩）	年投皮量（万张）	预计效益（万元）	
				产值	税金
湖南省怀其集团	4580	63.18	350	35000	1575
湘乡市银河制革有限公司	3120	32.72	200	20000	900
湘乡市金都制革有限公司	3000	33.21	200	20000	900
湘乡市兴隆制革有限公司	1700	18.04	150	15000	675
湘乡市飞马制革有限公司	1000	14.42	120	10000	450
湘乡市神舟制革有限公司	800	11.94	30	2500	110
湘乡涟丰明胶厂	800	12.74	1000（吨）	2800	120
湘乡皮革工业园污水处理厂	2250	30.00	—	400	—
合计	17250	216.25	1050	105700	4730

第二节 红仑新型产业区

红仑新型产业区位于市城区北郊，北至上瑞高速公路，南起湘黔铁路，西邻省道湘壶线往西600米，东接市区主干道望春路，规划面积791万平方米。总体规划：以发展机械制造、电子信息、医药器械、纺织、食品加工等产业为重点，建成一个产业布局合理、经济辐射力强、基础设备完善、自然环境优美的现代化工业园区。

红仑新型产业区于2005年10月1日正式动工建设。当年，征用土地30.87万平方米，市政府投入资金1760万元进行基础设施建设，保障水、路、电三通。年末，已有侨傣食品、湘建机械、香雪园食品、湘粤电力、新星模具、一汽服务6家企业入园并动工建设。

第六章 重点企业

第一节 湖南韶峰水泥集团有限公司

位于湘乡市棋梓镇，前身为湘乡水泥厂，始建于1958年，1996年7月1日当年正式改制为国有独资公司，占地223.7万平方米，注册资金4.57亿元，系国家大型一档企业，为湖南省建材龙头企业，被列为国家“十五”期间重点扶植的全国九大水泥集团之一，隶属湖南省国资委管辖。从“七五”期间开始，企业着手制订产能升级规划，扩大企业规模。1985年，投资6500万元扩建第四条水泥生产线。1986年10月，正式投入生产，使四条湿法生产线的总生产能力达到122万吨。为适应干洗工艺替代湿法工艺的发展趋势，1986年5月，提出把一号窑进行彻底改造的计划。经过上10年的准备和建设，投资7.8亿元，一条日产2000吨的熟料新型干法线于1996年12月建成，企业年生产能力达到202万吨。2005年11月，投资1.2亿元的二号窑技改一期工程破土动工，建成后企业年生产能力将超过300万吨。作为二号窑的配套工程，年产45万吨水泥的株洲粉磨站已于2005年7月投入运行，年产60万吨水泥的益阳粉磨站正在建设之中。

韶峰集团先后通过 ISO 9002质量体系认证，ISO 10012-1计量体系认证和 ISO 14001环境体系认证，成为全国水泥行业和湖南第一家率先获得“三证”的企业。企业以 P · O 42.5和 P · S 42.5水泥为主导产品，并开发 S95矿渣粉、矿65水泥、砌筑水泥等系列产品，使韶峰水泥形成了4大系列13个品种，产品质量达到国际同类产品先进水平，其中 P · S 42.5水泥获国家优质产品银质奖。韶峰系列水泥被多次评为“全国用户最满意”产品、“全国用户十大畅销水泥名牌产品”和“湖南省著名商标”；2001年，获湖南省首批全国产品质量免检证书；2004年，再获全国产品质量免检证书。企业先后荣获全国建材行业先进单位、全国设备管理优秀单位、中国建材百强企业、中国建材优秀企业等称号。

2005年，韶峰资产总额为10.5亿元，固定资产原值9.7亿元，净值4.8亿元。现价工业总产值2.82亿元。产量155.75万吨，销售收入4.82亿元，利润430万元，税金2950万元，年末职工人数3801人。

第二节 湖南湘铝有限责任公司

2001年5月，由始建于1958年的原湘乡铝厂改制而成，地处湘乡市城西，是有色化工冶炼综合性国有大型一档企业。公司占地140万平方米，注册资金2.86亿元。其中，湖南有色控股集团有限公司持股（国家股）1.8924亿股，占66.12%，中国东方资产管理公司持股（国家法人股）9696万股，占33.88%，拥有总资产6.7亿元，固定资产原值5.58亿元。其主导产品为氟化盐系列产品和铝锭。氟化盐产品年生产能力为11.5万吨。是国内最大的氟化盐生产、科研、出口基地，也是世界上最大的氟化盐生产企业。隶属湖南省国资委管辖。

公司氟化盐生产系统始建于1959年，最初年生产能力为1.5万吨，到80年代，发展形成7.5万吨生产规模。1989年，引进德国关键设备和瑞士生产工艺的氟化铝生产线开始建设，1993年竣工，年产干法氟化铝1.5万吨，填补了国内空白。多个品种精细氟化盐从80年代中后期开始建设发展，1998年6月，建成一条年产5000吨的氟硼酸钾、氟钛酸钾、氟硅酸钾、氟铝酸钾等多个品种共用的生产线。2002年6月，自行设计建成一条新型年产15000吨的干法生产线，与引进同类型干法生产线相比，节约了大量投资。2003年，冰晶石机械造粒生产线和氟钛酸钾生产线建成投产。其中，自行设计、自主建设的氟钛酸钾新生产线，年增氟钛生产4000吨。2004年10月，第三条干法氟化铝生产线竣工投产，使干法氟化铝的年产量达到4.5万吨。2005年，对氟钛生产线进行扩产改造，使氟化物多品种和新产品的产能达到了1万吨。

公司拥有各类技术人员615人，其中高中级专业技术人员286人，设有“省级技术中心”。自1995年以来，有9项新产品通过国家有关部门的技术鉴定，质量达到世界同类产品先进水平，填补了国内空白。企业于1999年在同行业中率先通过了 ISO 9002：1994质量体系认证。2002年，又通过 ISO 9001：2000质量体系改版认证。2005年，公司氟钛酸钾产品的研制获得国家火炬项目证书，干法氟化铝进入国家高新技术产品目录。“湘铝牌”冰晶石、氟化铝被评为湖南省名牌产品，干法氟化铝被评为国家级新产品。当年，“湘铝牌”被认定为湖南省著名商标。产品内销市场占有率30%～40%，还远销澳大利亚、巴西、美国、埃及等20多个国家和地区。企业先后荣获全国设备管理优秀企业、全国模范职工之家、湖南省十佳优秀企业、湖南省百强企业、省纳税先进单位、守信用企业、出口创汇先进单位等称号。

2005年，生产氟化盐70629吨。其中，冰晶石7075吨，湿法氟化铝11331吨，干法氟化铝42213吨，氟化镁510吨，矽氟化钠313吨，新产品9187吨，实现现价工业总产值41002万元。销售氟化盐73167吨，其中外销31164吨，实现销售收入41777万元，出口创汇2227万美元。当年亏损3660万元。年末职工3983人。

第三节 湖南铁合金集团有限公司

2001年9月，由始建于1958年的原湖南铁合金厂整体改制而成。位于湘乡西郊可心亭，拥有资产7.8亿元，占地115万平方米，是国有大型一档企业。企业有总容量133950千伏安大中型电炉16台，120立方米高炉一座和工艺先进的金属铬、钛铁生产系统。主要生产硅、锰、铬、钛、磷五大系列30多个品种的铁合金，年生产能力20万吨。隶属湖南省国资委管辖。

"湖铁"坚持以质量求生存、向质量要效益的方针。从1988年开始全面采用国际先进标准组织生产，铁合金综合合格率一直稳定在99.65%以上，抽检合格率一直保持100%。2000年，通过ISO 9002：1994质量体系认证。2002年、2005年通过ISO 9001：2000质量体系换版认证。"湖铁牌"系列产品中、硅锰合金获国家银质奖，硅铁、高碳铬铁、微碳铬铁、中低碳锰铁、金属铬分获部优、省优产品称号。2004年，"湖铁牌"商标获湖南省著名商标称号。产品畅销国内钢铁、机械、军工等企业，外销美国、德国、英国、日本、韩国、东南亚等20多个国家和地区。1994年5月，成立进出口公司，开始自营进出口任务，年进出口总量13万吨，年进出口总额3000万美元以上，年平均创汇1200万美元。

"湖铁"为增强市场竞争能力，近20年内进行大量的技术改造，主要项目有：1989—1991年，建设30兆伏安锰硅电炉烟气治理回收工程，电炉主体设备和配料、煤气系统从西德全套进口，硅锰合金年生产能力达到3.6万吨。1985—1987年，建成了一个拥有24平方米烧结机的锰矿烧结车间，烧结锰矿年产能力达到8万吨。1988年开始，企业对变压所和线路进行彻底改造。使变压站总容量从12.6万兆伏安增至18.9万兆伏安。1999—2004年，建设用铬残渣作熔剂生产含铬生铁系统，使含铬生铁年产能力达到10万吨。

2005年，公司资产总额为6.26亿元，固定资产原值及净值分别为4.29亿元、1.66亿元，现价工业总产值5.08亿元，产品品种有硅锰、中低碳锰铁、碳铬、中、低、微铬，金属铬，高硅硅锰等，产量94312吨，销售收入5.67亿元，当年亏损7212万元。缴纳税金3225万元。年末职工3683人。

第四节 湖南燕京啤酒有限公司

位于湘乡市东山街道，占地16万平方米，其前身湘乡啤酒厂始建于1976年，是湖南省建厂最早的啤酒企业。经过30年的发展，拥有固定资产2.5亿元，员工1000人，年生产能力15万吨。

1986年，湘乡啤酒厂开始年产4万吨啤酒的第二期扩建工程。扩建总投资5292万元，并决定引进意大利、比利时二手啤酒生产线。第二期工程从1986年9月20日破土动工，至1989年12月，主体工程大部分完工，投入试生产。与其配套的年产6000吨麦芽车间和其他设备也逐步完善。1994年，啤酒产量突破4万吨设计能力。当年年底，决策扩建至10万吨，先后自筹资金3000多万元，将原1万吨老生产线更新扩建成3万吨能力。同时，改造更新原引进的粮化、冷冻、灌装设备，新增了1台20吨锅炉。1997年9月，北京军神集团兼并湘乡啤酒厂，成立湖南湘啤饮料有限公司。1999年7月，北京军神集团将公司80% 的股份转让给北京燕京啤酒集团，成立湖南燕京啤酒有限公司。转让后，燕京集团注入资金6300万元进行技术改造，新建20万吨糖化、发酵、过滤生产线。到2005年，企业已形成年产啤酒15万吨能力。

公司始终坚持以优质创名牌，以名牌引领市场、取胜市场的方针。生产的燕京、湘啤、骄杨、韶峰牌啤酒多次在国际、国内获得优质产品称号。湘啤、骄杨是湖南优质名牌啤酒，被授予消费者信得过产品；湘啤、骄杨商标获湖南省著名商标，产品畅销省内外。2005年9月，通过 ISO 9001：2000质量体系认证。

2005年，公司生产啤酒4684吨，实现销售收入1.2024亿元，亏损1831万元，缴纳税金2137万元。

第五节 湘潭碱业有限公司

位于湘乡市南门外铝南村，占地22万平方米，系一家私营股份制中型化工企业。公司组建于1997年9月，租赁湘乡化工厂的有效资产进行经营。2004年年底，完全收购湘乡化工厂破产资产。公司注册资金4700万元，资产总额1.51亿元，拥有一套年产合成氨5.5万吨、纯碱15万吨、氯化铵16.5万吨的氨碱装置，是湖南省内最大的制碱企业，主要产品“红球”牌纯碱、氯化氨、液氨、氨水等畅销全国10多个省、市，农用氯化铵免检进入江、浙、沪、皖等地市场，供不应求。

2004年，公司完成工业总产值1.12亿元。实现销售收入1.41亿元，上缴国家税金890万元。成为湘潭市非公有经济纳税大户，并获得湘潭市非公有经济纳税贡献一等奖。公司“红球”商标获得“湖南省著名商标”称号。1997—2005年，公司累计生产合成氨17.28万吨、纯碱40.41万吨、氯化铵43.65万吨，完成工业总产值6.5153亿元，实现销售收入6.7280亿元、利税6144万元，上缴税金3536万元。2005年，生产合成氨3.52万吨，纯碱10.05万吨、氯化铵11.17万吨。完成工业总产值2.2522亿元，实现销售收入2.0672亿元，实现利税4819万元，上缴税金1660万元，分别比上年增长39%、46%、55%。年末，职工630人。

第六节 湘钢湘乡白云石矿

位于湖南省湘乡市棋梓镇，始建于1959年5月。拥有小豹子山、小万罗山两个采区，占地面积2050.2亩，总储量达1.18亿吨。矿石质量上乘，矿石品位均在Ⅱ级以上。该矿是湘钢辅助原料白云石、轻烧白云石生产基地。拥有白云石生产线1条，生产轻烧白云石的焦烧窑1座，年设计白云石生产能力50万吨，轻烧白云石7万吨。矿石品种有0～100毫米各种规格，粉矿生产能力达30万吨/年。2005年，总资产达3898.2万元，工业总产值达4500万元，年创利税1054万元。年末职工181人。

第七节 湖南省怀其皮革集团制革有限公司

组建于2004年3月，其前身是创建于1994年11月的湘乡市怀其制革有限公司，系私营企业。公司地处湘乡市向红路82号，占地面积8万平方米（其中皮革工业园区4.2万平方米），建筑面积6.8万平方米，注册资金3800万元。公司主营制革、皮革制品与进出口贸易，是湖南省最大的猪皮加工企业。产品有服装革、革履革、沙发革、反绒革、手套革和皮革箱包、皮革手套等七大系列近100个品种。产品95% 以上直接或间接出口美国、俄罗斯、欧盟等国家和地区，特别是男装厚皮革，在俄罗斯成为抢手货，占据俄罗斯市场份额的70% 以上。

2003年5月，落户湘乡皮革工业园，新建一个拥有厂房3万多平方米，200多台现代化设备，年加工猪皮400万张和牛皮60万张的皮革加工基地。公司还与大专院校、科研单位合作，开发了芙蓉革、仿羊皮革等新产品。皮革产品各项质量指标、技术性能都优于 GB 1872-1993标准。2003年，通过 ISO 9001：2000质量体系认证。2004年，公司被农业部等8部委认定为“全国农业产业化重点龙头企业”。2005年，服装用皮革被评为湘潭市名牌产品。同年，公司被农业部认定为“全国农产品加工示范企业”。当年，污水处理工程竣工，采用生化、氧化污水处理工艺，污水处理后达国家一级排放标准。

2005年，公司资产总额1.6648亿元，固定资产原值1.05亿元，净值8003万元，现价工业总产值2.41亿元，皮革产量2100万张，年销售收入2.39亿元，利润1183万元，上缴税金640万元。年末职工680人。

第七编 交通 电力 邮政 电信

第一章 交通

第一节 线路

一、公路

1986年，境内有公路1012公里（不含村道），但路面技术等级低、路况差，水泥路面为空白。为了加强公路建设，1989年3月，市人大常委会通过每年的11月为“全民爱路活动月”的决定，爱路护路引起各方重视，在全市范围内开展义务修路、养路、护路的热潮。1998年冬，全市开展“兴交通、兴水利”大会战，共整修道路528条，计1169公里。其中，县道156公里，乡、村道1013公里。新修乡、村道132公里，对花灰线、仁翻线、虞桂线等主要县乡道进行了拓宽、改造、整修。共投入资金1618万元，其中，集资、捐款、以资代劳1400多万元，国家和地方政府投资200多万元。2003年，为落实中共中央、国务院关于在中部地区开展通乡公路改造工程的指示精神，全市开展大规模的通乡公路改造工程和通畅工程。2005年，全市公路密度为53.88公里 /100平方公里，含村道公路密度达到174.67公里 /100平方公里，是全省公路密度大的县（市）之一。全市共有各级公路3496.24公里。其中，高速公路49.6公里，潭邵高速公路湘乡连接线3.17公里，国道41.37公里，省道114.79公里，县道355.06公里，乡道508.85公里，经省交通厅认可的村道2417.8公里，旅游公路5.6公里。全市有水泥及柏油路面公路566.53公里。

（一）国家级公路

1. 上瑞高速公路湘乡段

上瑞高速公路始于上海，止于云南省瑞丽镇，全长3600公里。该线（湘）潭邵（阳）路段主线长218公里，联络线32公里。其中，境内主线长49.6公里，工程造价17亿元。湘乡段从龙洞乡湘江村二组入境，自东向西经龙洞、东郊、红仑、育塅、泉塘、潭市、棋梓、毛田等7个乡、镇，1个场所，44个自然村，至毛田乡蛇形村进入双峰境内。境内总用地6119.9亩（其中水田2849.96亩）。该线于2000年7月破土动工，2002年12月竣工通车。全线双向4车道，植有2米宽的中央绿色隔离带，全封闭式运行。从龙洞入口到湘乡互通口路段，路面宽28米；从湘乡互通口至毛田出口路面宽26米。设计车速分别为120公里 / 小时和100公里 / 小时。该线湘乡境内设有两个互通口。2003年10月，动工建设湘乡互通口（连接线）。该线地处红仑茶场，进入湘乡城区，连接320国道、311省道、湘韶公路和花灰公路。连接线全长3.17公里，路面宽21米，路基宽25.5米。2005年年底，竣工通车。工程总投资7103万元，其中省投资5303万元，湘乡市投资1800万元。同时建设的棋梓互通口位于棋梓镇八亩田，沟通水府旅游区，连接312省道和棋翻公路。上瑞高速公路湘乡段建有桥梁48座，其中特大型桥1座，大型桥梁2座，中型桥梁45座。

2. 320国道湘乡段

320国道又称上畹线，始于上海，止于云南畹田厂，全长3315公里。该线从分水坳入境，途经东郊乡、城区、山枣镇、栗山镇、虞唐镇，从涌口进入双峰，境内长41.38公里。1986—1993年，省公路局按平均每公里22.4万元投资，逐年对该段路面和桥梁进行配套改造。1994年，320国道全线进行水泥硬化改造，湘乡段由湘乡公路局负责施工，完成总投资4639万元。1997年4月，省委、省政府决定将320国道建设成全省文明样板路。为此，成立了以市委书记为顾问、市长为组长的湘乡市文明路建设领导小组，15个相关职能部门主要负责人为小组成员。湘乡段为期两年的文明样板路建设，共投入资金7600万元，石砌水沟21250米，绿化公路32公里。城区1.8公里路面由原来的8米拓宽到13米。沿线村民门前地面硬化2486户，面积12.5万平方米。1998年，境内路面全部硬化。至2005年，该线路况良好。

（二）省级公路

1984年，省政府规定湘乡境内 S209线（原宁涟线，编号1810线），S311线（原安湘线，编号1816线）两段公路为省道。1998年，新建成的娄湘公路（S312线）升格为省道。至2005年，境内有省道3条，共计114.79公里。

1. S209线湘乡段

省道209线自宁乡进入湘乡市王家坳，由北向南穿越壶天镇，经壶天中石，至石狮托进入涟源，境内总长13.17公里。由于该路车流量大，道路等级低、路况差，公路部门在1986年前将中石至石狮托5.77公里砂路改为油路，路基拓宽至8.5米，路面宽7米。将壶天中石至王家坳长8.05公里路面路基进行整修。1990年，由省公路局投资148万元，将 K75+400—K83+450段按三级山岭重丘区标准改建为油路。同时，将中石路段作了局部改线，缩短有效里程600米。1994—1995年，市政府、壶天镇政府和市公路局三方筹资138万元，将经壶天镇政府的2公里路面硬化。由于车流量不断增大，路面沉陷。1996年，湘潭市公路局投资728.58万元，将该线3段路面共11.78公里改造为水泥路面。在此同时，全线桥梁均拓宽扩建。至2005年，该线路况良好。

2. S311线湘乡段

省道311线原称安湘公路，起于207国道线上的安化新建，经宁乡青山桥，在湘乡坳入境，止于湘乡城区北门口，与国道320线相接，境内全长52.41公里。该线途经翻江、月山、育塅和城区新湘路共4个乡、镇、街道，与仁翻线、桃壶线、月白线、双石线、潭月线、花灰线、湘韶线等县乡公路及省道209线共15处相连。1984年11月至1986年，由铁路部门负责投资、施工，在长桥建成长29米、净跨12米、高4.74米的公（路）铁（路）立交桥。1995—1999年，市公路局对该线分别进行加宽、砂路改油路或水泥路，共投资1383.25万元。2000年6月，对月山镇大新桥实施危桥改造，投资198万元。2005年，该线达到四级公路标准。

3. S312线湘乡段

省道312线湘乡段原称娄湘公路，起自湘乡城区壕塘口，途经泉塘、潭市、棋梓，止于娄底市娄新街口，全长63.54公里。境内49.20公里，其中普通二级公路16.17公里，四级公路33.04公里。省道312线湘乡段是省“八五”顺延至“九五”期间的重点工程，规划分为一、二期工程。第一期工程从棋梓桥八亩田至杉山16.17公里。1992年11月由省交通规划设计院设计，1994年12月动工，1998年通车。工程总投资9218万元。其中，省公路局投资9078万元，湘乡市配套工程投资140万元。该线为普通二级公路，水泥路面，宽9米。建有公路桥4座（其中立交桥1座，穿越湘黔复线铁路），涵洞164处。占用土地775.2亩，拆迁建筑物15568平方米。第二期工程从棋梓八亩田至城区壕塘口33.7公里，后因上瑞高速公路改道，两路走向重叠，该工程计划被取消，仅对原湘棋公路作了一般改造。2003年，投资109.76万元，将3.43公里的油路改造成水泥路面。至2005年，该线路况良好。

（三）县级公路

1. 山花公路

始于山枣，止于湘潭县花石镇。全长47.11公里，境内11.92公里，与320国道相连，经莲花、巴江，在凳脚坳与湘潭县交界。山花公路始建于1958年。1984年，对部分路段拓宽改造。1994—1995年，该路全线拓宽改造，达到四级公路标准。2005年，该线仍为砂石路面。

2. 湘青公路

始于320国道湘乡城区南门口，跨涟水，经东山、梅桥、横铺，由朱家坳入湘潭县境，止于湘潭县青山桥。全线长34.12公里，境内22.66公里，沿线南下通衡山、衡阳。此线始建于1958年10月。1995年，湘乡啤酒厂与市公路局共筹资112万元，将南门口至啤酒厂岔路口1.2公里路面硬化。1997—1998年，市公路局共投入55万元，将部分路段的砂路改为油路。2001—2004年，投资127.5万元对部分路段进行中、大修，该线达到四级公路标准。

3. 湘宁公路

从省道311线红仑上起，经泉湖、龙洞、珍珠观至韶山竹鸡塅。全长18.6公里，境内16.38公里，路基宽7～8米，路面宽5～5.5米，是湘乡通往韶山、宁乡、益阳的捷径。此线是在1938年湘宁公路原走向的基础上分三期重新建成的，1979年全线接通。1982年至1991年7月，全线改建为沥青路面。此线由于车流量大，路面破损严重。2001年，投资81万元对部分路段进行大修。

4. 白长公路

起自白田镇，经祝赞桥、团田、金石、大湖到达湘乡与宁乡交界处的长冲坪，境内里程19.5公里。该线与花灰线、龙廖线相连接。白长公路是1958年由沿线群众民工建勤修建的。1985—1986年，沿线群众再次将该路从大湖向北延伸2.2公里，到达长冲坪。1997—1998年，市公路局投资170万元对部分路段砂路改油路，达到四级公路标准。1999年，金石镇集资将镇集市区路段拓宽至24米并改造为水泥路面。至2005年，该线路况良好。

5. 花灰公路

与省道311线相接，起自育塅乡的石墓山，经沙田街、白田、仁厚到达与宁乡县交界的灰汤，境内全长26.5公里。1997—2004年，共投入资金1041.96万元，对路面进行分期分段改造，达到四级公路标准。至2005年，该线有沥青路面10.71公里，水泥路面15.79公里。

6. 仁翻公路

原名恩翻公路，始于仁厚的恩塘湾，经金薮、马坪、大乐，横过省道311线，止于翻江，全长25.33公里。1998年，对全线进行配套改造，达到四级公路标准。2003年，将10公里路段由砂路改为水泥路面，投资410万元。2004年，又将两段路面10.53公里由砂路改为水泥路面，投资425.22万元。至2005年，全线有水泥路面20.53公里。

7. 桃中公路

从省道311的桃林梽木桥起，经翻江、涧山至壶天中石与省道209线相连，全长21.84公里。此线原名桃（林）石（狮托）线，1984年，省交通厅将中石至石狮托段划入省道209线后，终点改至中石。1994—1995年，共投资240.5万元对路段进行油路改造，全线达四级公路标准。2004年，油路改水泥路面4.84公里，并对 K10+300处桥梁进行改建。

8. 棋翻公路

原称湘翻公路，因湘乡至棋梓桥一段划入省道312线，起点改为棋梓桥。该线经谷水、连山、喻坊、高桥，到达翻江，连接桃中公路，全长20.23公里。1991—1993年，湘潭公路总段投资146.82万元，将砂路改为油路。1999—2004年，共投资864.5万元，对该路进行中、大修，同时将部分油路改为水泥路。

9. 潭月公路

由潭市至新桥和新桥至月山两条线连接而成。起自潭市镇，途经新铺、新桥，至月山镇洪海屋场。全长19.21公里，其中与省道311线重叠0.87公里，实长18.34公里。2003—2004年，共投资23.36万元，分别对江田桥、洪海桥进行危桥改造。

10. 成大公路

起自320国道的成公桥，经两头塘、洪塘至大绿山，全长11.5公里。该线于1974年1月至3月，由县财政补助12.5万元，差额部分由山枣、洪塘两乡群众以民办公助的方式筹资修建。路基宽4.5～6米，路面宽3.5米。至2005年，该线仍属等外公路。

11. 虞洋公路

1965年，为运送洋潭引水坝工程材料，由韶山灌区指挥部修建此线。起自320国道虞唐桥，止于洋潭引水坝，长5.74公里。2001年，投资50万元对全线路基进行中、大修。2004年，投资215.7万元，全线改造成水泥路面。

12. 五桂公路

又名虞桂公路，起自虞唐镇五里牌，经中沙、桂花进入双峰县，境内13.79公里，可通往双峰、衡阳等地。1997年，中沙镇投资48万元，将部分路段由砂路改为水泥路。1999年，对全线进行配套改造，达四级公路标准。2003—2004年，市公路局投资524.32万元，将全线改为水泥路面。

13. 龙廖公路

从南东线的龙潭分岔口起至廖家塘止，全长2.73公里，是通往龙潭、韶山的捷径之路。1984—1985年，进行拓宽改造，达到四级公路标准。2004年，在通乡公路改造中，投入110万元，将全线由砂路改为水泥路面。

14. 永山公路

原称坪侧公路，起于坪花，止于双峰县侧水，境内从棋高线的永安桥分岔口至山口冲，全长3.57公里。路基宽6米，路面宽5米。1992年，对全线进行拓宽改造，达四级公路标准。2004年，在通乡公路改造中，投入140万元，全线改造成水泥路面。

15. 棋高公路

起于棋梓火车站南端，过棋梓轮渡，经崇山、坪花至毛田高冲，全长20.1公里。1998年，对主线路面进行改造。2004年，总投入300万元（国家投资262.5万元、地方投资37.5万元），将跃进桥至崇山的砂路改造成水泥路。

16. 乌善公路

原称山沙公路，起自山枣的乌龟山，经西山塘、巴江、中沙，到双峰县的沙塘。境内34.52公里。1986年，修建金泉至善塘段，沟通全线。1988—1989年，湘潭市和湘乡市共投资60.6万元，改造金泉至中沙一段，计6.9公里，使全线达到四级公路标准。1996年，湘潭市投资203.8万元，扩建乌龟山至西山塘9.1公里，改造西山塘至永安桥5.3公里。2004年，总投入332万元（国家投资290.5万元、地方投资41.5万元），将中沙至大桥、西山至永安共8.3公里改造成水泥路面。

17. 双石公路

从省道312线的双江口起，经犁头桥、状元洲，到月山镇的石柱，连接省道311线，全长17.25公里。路基宽7.5米，路面宽4.5米。1987—1994年，由湘潭、湘乡两级交通局共投资122.8万元，将全线改造。至2005年，该线为四级标准公路。

18. 鸭白公路

又名月白公路，从月山镇鸭婆山起，途经月山、丰年堂，到达白田镇分路口，全长17.92公里，路基宽6.5米，路面宽4.5米。1991年，湘潭市交通局投资165.9万元，对全线进行拓宽改建，达到四级公路标准。2004年，在通乡公路改造中，投入120万元，将鸭婆山至洪海段3公里改造成水泥路面。

19. 大丰公路

从韶山市大坪乡至白田丰年堂，全长5.06公里。其中与花灰线重叠0.12公里，实长4.95公里，湘乡境内从林家湾至丰年堂一段仅0.61公里。该线由于年久失修，路面破损严重。1992年，湘潭市投资42.2万元，对大丰线进行全面改造。至2005年，该线达四级公路标准。

20. 南东公路

原名白偕公路，从白田到宁乡偕乐桥。境内从南岳庙至东雾山，全长8.69公里。1995年，对南东线进行拓宽改造，达到四级公路标准。2004年，在通乡公路改造中，投入220万元，其中国家投资185万元，地方投资35万元，将5.27公里砂路改为水泥路面。

21. 别银公路

又称湘银公路，起自东郊别水塘，止于韶山市银田寺，与韶山楠竹山公路相连，全长17.26公里。1987年，达到四级公路标准。湘乡境内11.8公里，平交湘黔铁路和向韶铁路。2003年，在通乡公路改造中，投入160万元，将东郊段4公里砂路改为水泥路面。

22. 长巨公路

原名湘方线，从湘乡长丰至湘潭方上桥，全长35.67公里，境内9.28公里。1997年，湘潭市投资162.1万元，对境内路段进行改造，达四级公路标准。2003—2004年，在通乡公路改造中，投入200万元，将其中4公里路段由砂路改造成水泥路面。

23. 贺景公路

起自梅桥镇贺家湾，至湘潭县的景泉，境内长10.56公里。该线原属乡道，2001年升级为县道。2005年，总投入185万元，其中国家投资165万元、地方投资20万元，将4.14公里砂路改造为水泥路面。

24. 水府旅游公路

水府庙旅游区内建有的专用公路。从省道312线棋梓镇起，到水府庙旅游区主码头（绿豆坪）止，全长5.6公里，路基宽7米，路面宽5米。2001年，投资120万元，对该路进行改造，达到四级公路标准。2004年，水府旅游管委会将全线改造为水泥路面。

（四）乡道

1986年以前，全县的乡道修建标准和路面等级低，基本上属于等外路。乡道是连接境内干线公路网的重要组成部分。至1990年，全市修建的乡道95条，全长425.53公里。1991年后，各乡、镇政府在争取上级政府部门投资外，发动群众筹资投劳，改善路况，提高乡道路面等级。全市新建、改（扩）建乡道24条，计长131.5公里。2005年，经省交通厅认可的乡道119条，总长508.848公里，其中市公路局管养10.8公里；县乡公路管理站管养498.05公里。常年养护的乡道233.9公里，季节性养护的274.95公里。

（五）村道

1986—1990年，境内有529个村修有村道900.9公里，路基宽的5米，窄的3米左右。此后至2002年，村道的修建进展缓慢。2003年，全市实施通乡公路改造工程和畅通工程以来，市政府及交通部门每年拨出专款支持贫困、落后和交通较为闭塞的边远山区的通村公路建设。重点对翻江镇横溪村和云溪村公路、虞唐镇的桂花公路、梅桥镇的枧潭公路等村道的建设给予资金和技术上的支持。至2005年年底，全市完成村道砂路改水泥路面171.34公里，总投资3826.55万元。其中，国家投资1410万元，地方投资2416.55万元。境内712个村全部有公路相通，经省交通厅认可的村道里程为2417.8公里。

二、铁路

（一）湘黔铁路

湘黔铁路在湘乡境内有57公里（向韶车站的 K53+000起至110车站 K110+000止）。桥梁和隧道20座，共长2431米。其中，大型桥7座，立交桥6座，隧道7座。涵洞2座，计长659米。渠道198条，其中专用线渠道15条。

1995年3月，为解决湘黔线运能与运量的矛盾，广州铁路局投资40亿元，将湘黔铁路单线改复线，由铁五局、铁十五局等工程局施工。湘黔复线于1997年10月正式通车运行，并由半自动闭塞改成双线自动闭塞。1998年，湘黔铁路提速，广州铁路集团公司再次投资28亿元，进行电力接触网改造。1999年，株洲至娄底电气化铁路正式开通运营。至2005年，该线正常运行。

（二）向韶铁路

1967年竣工通车的向韶铁路是湘黔铁路的一条支线，在湘黔铁路 K53+685.9处的马托铺（即向韶车站）分支接轨。起自向韶，经拓塘，止于韶山清溪寺十竹塘，全程21.4公里。其中，湘乡境内段（向韶至拓塘）长3.5公里。至2005年，该线正常运行。

（三）洛湛铁路

洛湛铁路北起河南洛阳，南至广东湛江市，是国内“八纵八横”铁路干线之一，是中西部地区至华南地区及沿海地区深水港口的重要出海通道。该线湖南段自石门至江华，总长321公里，投资41.5亿元。2004年年初，完成娄（底）益（阳）线湘乡境内18公里铁路的修建。同年4月，洛湛铁路湖南段娄益线竣工通车。

（四）专用铁路

1986年，从湘黔铁路分支，通往湖南铁合金厂、湘乡铝厂、一五五处、湘乡水泥厂、白云石矿、湘乡化工厂等国有大中型企业的专用铁路共有52.63公里。当年9月，建成湘乡火车站至长桥粮库铁路专用线2公里。1999年8月，建成双江火车站至采石场铁路专用线5.1公里。至2005年，境内共有专用铁路59.73公里。

三、航道

湘江支流涟水河由西向东贯穿湘乡全境，全长101公里，为境内主航道。在1958年修建溪口水库以前，涟水河上全线通航的水运交通十分繁忙。当时在羊古、谷水、棋梓地段有运输船1000多艘，从业人员3000多人。水上运输上达娄底，下通湘潭、长沙，甚至远航武汉、南京、上海等地。由于50年代水府庙水库修建、1966年为建韶山灌渠在洋潭截流修建水坝和1985年东山电站的修建，涟水航道被几度拦腰截断，河流量锐减，水位下降，上下被大坝拦阻，不宜通航，中下游航行基本停顿。同时，铁路和公路日渐发达，使水运在运输业中的比重逐渐减少，1986年，在全市的运输量中，水运仅占0.3%。至2005年，境内虽有六级航道97公里，但除水府庙水库的客渡外，水运基本消亡。

第二节 设施

一、桥梁

1986年开始，随着高速公路的建设和国道、省道、县道的拓宽改造，加大对公路桥梁建设的投入。至2005年，新建公路特大桥1座、大桥5座。

（一）水府庙特大型桥

水府庙大桥位于（湘）潭邵（阳）高速公路 K88+823.9-K89+19.55路段之间，东接棋梓镇蛇形村，西连毛田乡羊古村，是潭邵高速公路横跨水府庙水库的一座特大型桥梁。该桥由潭邵高速公路公司投资3700万元，铁道部第四勘察设计院设计，中港第四航务工程局承建。于2001年2月动工，2002年10月竣工。桥长296米，宽30米，2墩3孔，高8米，上部为连续钢构箱梁。承受荷载标准为：汽车－超20吨，挂车－120吨。按水府庙水库的最高洪水线位92.9米设计，桥下通航。大桥建成后，解决棋梓镇、毛田乡地区因水库带来的交通不便，减轻棋梓轮渡的负担，对发展当地经济和改善生产、生活条件起到重要的作用。

（二）普安塘大桥

普安塘大桥位于棋梓镇长元村与普安村的交界处，潭邵高速公路 K80+839-K81+207之间。该桥由潭邵高速公路公司投资1450万元，广州铁路工务检测设计所设计，广铁三局承建。2001年2月动工，2002年7月完工。大桥横跨湘黔铁路复线和湘棋公路，全长277.26米，宽26米，高14米。桥面与高速公路路面一致，中间设有2米宽的绿化隔离带。大桥采用钢筋混凝土简支梁结构，11墩12孔，其中跨越湘黔铁路和湘棋公路的2孔孔径长30米，其余均为16米。大桥承受的荷载标准为：汽车－超20吨，挂车－120吨。

（三）大江口大桥

大江口大桥位于潭市镇桃坪村，潭邵高速公路 K76+345-K76+618之间。该桥由潭邵高速公路公司投资1250万元，交通部第二公路勘察设计院设计，中国冶金集团公司承建。2001年4月动工，2002年8月完工。桥长263米，承受的荷载标准为：汽车－超20吨，挂车－120吨。大桥采用钢筋混凝土简支梁结构，高25米，宽26米，桥边有立交通道和涵渠，便于交通和排灌。

（四）洙津渡大桥

洙津渡大桥位于原万福桥上游200米处，在320国道湘乡境内涟水河上。因万福桥建于清雍正元年（1723），年久失修，经检验为危桥。1997年5月，省公路局下文批准洙津渡大桥新建计划。1998年，湘潭市政府成立大桥工程建设指挥部，湘潭市公路局成立大桥建设项目经理部。该桥总投资2182万元（省公路局全额贷款），省交通勘察设计院设计，湖南环达公路桥梁建设总公司、湘潭市路桥建设总公司分别承建大桥主体部分和连接线部分。当年11月动工，2001年1月竣工通车。桥长306.24米，宽12米，8墩9孔。设计荷载为汽车－超20吨、挂车－120吨。建成后，经省政府批准设立收费站，收取的通行费全额上缴，集中还贷。

(五)霞乐大桥

霞乐大桥位于毛田乡霞乐村，跨越涟水河支流孙水河，处于水府庙水库西部库尾回水区，西距娄底市区6.2公里，往南有6.2公里的简易公路与县道棋高线相通。该桥总投资67万元，由湘乡市县乡公路管理站承建。1995年9月动工，1996年8月竣工。桥长99.4米，宽6.5米，高14.1米。桥下部石礅为石砌重力式构造，石砌U形桥台。设计荷载标准：汽车－超15吨，挂车－80吨。大桥建成后，使湘乡西部地区的毛田、崇山、坪花与娄底市的交通里程缩短了20～30公里。同时，当地村民在湘潭市县乡公路管理处补助4万元的基础上，筹资修建2公里的连线，与娄底市郊公路沟通。

(六)潭市大桥

1998年，由潭市镇农民刘仲仁等牵头向当地政府提出农民集资建桥的报告，得到支持和批准。当地150多户农民在短短几个月内就自愿集资300余万元。2003年10月，总投资428万元的涟水潭市大桥竣工通车。大桥长204.5米，宽10.5米，设计为10孔预应力空心板平板桥。其他技术参数为：汽车－超20吨；挂车－100吨；预防6级地震；大桥寿命100年。如此规模的大桥，由农民集资修建，不仅在全省是首例，在国内也不多见。潭市大桥横连320国道、312省道和潭邵高速公路，为该区域的经济发展发挥了重要的作用。

二、码头、渡口

涟水航道水运曾一度繁荣。20世纪50年代末，位于湘乡城关镇镇湘楼的湘乡港业务兴旺，由湘乡运输公司负责码头管理，承担装卸任务。60年代中期起，随着航运业务的衰落，湘乡港的港口功能完全消失。70年代修建东山大桥码头、镇湘楼码头和欧家港码头，用于砂石的装卸运输，后由于城区建设的需要先后被撤销。1984年，修建棋梓轮渡码头，用于汽车过渡和客渡，轮渡载荷180吨；建成水府旅游区主码头，用于旅游船只停靠。1986年，湘潭市交通局拨款修建棋梓火车站水上客运码头和崇山码头。当年境内共有渡口42处，主要分布在东郊、东山、湖山、山枣、洪塘、潭市、苏坡、棋梓、崇山、谷水、毛田等乡镇。随着水府旅游区的发展，2001年，修建水府风情码头和野生动物园码头。2002年，修建民俗文化村码头。至2005年，境内共有8个码头、34个渡口。

三、车站

(一)汽车站

1971年，拆除原民国时期建筑的老站房和设在公路边的老式车亭，新建县城汽车站。面积1500平方米，其中候车室座位80个，停车场面积800平方米，设有6条停车线位。1989年，租用原湘乡砂石公司停车场，建立湘乡市社会客运站。1990年，由湘运公司投资364万元对车站进行扩建改造，新建一栋7层办公大楼，一层为候车室，有座位100个。停车坪面积4000平方米，有21条停车线位。1991年，市社会客运站被撤销。1994年，望春门街道办事处投资，在云门商城停车坪搭建简易车棚。为方便群众乘车和缓减湘乡汽车站的停车压力，市政府决定把开往马坪、白田、金石、龙潭、月山、壶天、歧山、大乐、新桥、宁乡、韶山线路的客运车辆全部停放云门商城停车场，由云门商城管理所负责管理，收取停车费。1999年，湘乡汽车站被评为二级车站。在乡镇设有虞唐、棋梓、侧面虎、新桥等车站。当年，省交通厅批准云门商城停车场为简易汽车站，车辆管理移交湘乡汽车站管理。2005年，根据交通部和湖南省有关汽车客运站要统一规划的文件精神，市交通局投入资金先后建立金薮、棋梓桥、白田、泉塘、毛田、潭市、翻江、横铺、星明、虞塘、龙洞、中沙、东郊、山枣等14个农村客运站。统一规划的农村客运站布局合理，进一步方便旅客。

（二）火车站

湘乡火车站建于1959年，欧式建筑，位于湘黔铁路K66+450处。车站业务主要是：办理列车接发、列车的摘挂及相邻的调车取送、小运转列车的解编工作。站内共计7股道，其中第1、2、3、4股道为发线，第6股道为存车线，第5、7股道为货物线。1997年，湘黔复线施工，将湘乡站场扩建为15股道，其中正线2股道，存车到发线5股道，货物线5股道，整备线2股道，日均接发列车67对。至2005年，除湘乡火车站外，境内设有6个小站，即向韶、石狮江、双江、潭市、普安塘、棋梓桥火车站。

第三节 运输

一、客运

（一）公路客运

1986年，全县仅湘运湘乡客运分公司（湘乡汽车站）有客车57台、2650座。客运量660万人次。1987年，设客运公司（22车队）。至1989年，客车总数发展到73台，总座位3386座。1990年客运量为3223万人次。此后，个体客运逐渐发展。1993年，全市有个体客车54辆，1280座，1994年增加到106辆，2328座。1996年，全市客运车210辆，其中个体客车达到132辆，3047座。同年，个体客运量4279.33万人次。2001年，通顺运输有限公司成立，成为拥有客运车辆最多的股份制运输企业。2002年，全市共有个体客运车辆357辆，5067座。从事客运行业的382户，从业人员895人。至2004年，个体客运班线车基本上转入运输企业。湘乡客运分公司有客运车辆93台。通顺运输有限公司有客运车辆243台。2005年，全市共有客运车585台，计6341座位。全年客运量为8500万人次。

1. 境内客运

1986年，境内大部分乡镇通有客运班车。1990年，从市城开往乡镇的有30多条主要的客运班车，停靠220多个站点，日发车129班次。1994年，市政府决定将开往马坪、白田、金石等10条线路的车辆进行规范营运，设立云门寺商城停车场，统一发送上述线路班车，其他线路班车由湘乡汽车站发送。2001年后，乡镇客运业务大增。其中至棋梓桥的中巴从6:00至17:00，每15分钟一班；至横铺的中巴从6:40至17:30，每15分钟一班。2005年，从市城开往乡镇的有侧谷、月山、太平、合东、壶天、翻江、歧山、林章、新乔、马谷、大湖、金薮、金石、马坪、龙潭、棋梓桥、坪花、杉山、毛田、石矶、中沙、水府庙、洋潭、大坪、洪塘、桂花、巴江、金泉、大杉等主要的客运班车。

2. 跨境客运

1986年，跨境客运主要由湘运湘乡客运分公司承运。从湘乡开往湘潭、长沙、邵阳、衡阳等地客班车线路有10多条。1990年，跨境客运线路增加到20多条，有开往湘潭、长沙、韶山、邵阳、邵东、衡阳、衡山、株洲、娄底、益阳、宁乡、茶陵、郴州等地的班车，日发送班车95班次。当年有个体客运车辆24辆，经营棋梓至长沙、山枣至长沙、虞唐至湘潭等线路，日发送近20班次。1991年，湘运公司开通湘乡至广州的长途客运班线。1995年，开通湘乡至珠海的班线，每天发2个班次，上午发至东莞，下午发至珠海。1996年，开通湘乡至浙江温州班线。同年，所有长途客车全部改为卧铺。1997年，开通湘乡至长沙的空调快巴，有营运车7台。2000年，开通湘乡至湘潭的空调快巴。2001年后，开通湘乡至东莞、惠州、武汉、南宁等地的线路。至2005年，湘乡客运分公司拥有跨境客运班线18条，其中省际班线6条，地（市）际班线12条。通顺运输有限公司拥有地际班线5条，县（市）际班线14条。

（二）铁路客运

1986年，湘乡火车站每天办理客运业务的有10对20趟客车，其中直快4对，快车3对，普客3对。境内各站共计年客运量73.2万人次。2000年，湘乡站每天办理客运业务的列车调整为9对18趟，年客运量68万人次。2005年，湘乡站每天办理客运业务的列车调整为8对16趟，境内站点除棋梓站外，其他站均取消办理客运业务。当年客运量65.8万人次。

（三）水上客运

1986年，境内的水上客运主要集中在溪口库区。湘乡运输公司在库区设置客运航线4条：棋梓至溪口，途经梓花塘、杉山、簑潭、天门，每天往返一次；棋梓至毛田，途经鳜鱼池、大盘洲、庙塘湾、金罗桥、向阳店、曾家坳、跃进桥，每天往返一次；棋梓至杉山，途经梓花塘，每天往返一次；棋梓至犁头咀，途经梅花塘湾、富华、西阳河口、石牌子、白鹭湾、涟埠湾，每天正常往返一次，节假日增开临时班次。修建东山电站闸坝后，县城新码头的水位提高，县运输公司水运大队在80年代曾开通县城至东山电站的水上客运，每天往返6个班次。后因县城客运汽车开往横洲，水上客源减少而停航。1990年，为解决棋梓、毛田两岸群众的交通困难，由市交通局配置60个座位的客轮1艘、趸船2艘，免费接送两岸群众过渡，后因经费得不到落实，试运4个月后停航。2000—2005年，随着水府旅游区的开发，游客增多，个体客船迅速发展，大部分游客由个体客船接送，以满足人们旅行和观光的需要。其他河段仅靠义渡和民渡机帆船横向接送过河群众。

二、货运

（一）公路货运

1986年，境内公路货运主要由国有企业、单位承担。当年全市有货运汽车52辆，273吨位。其中，湘乡汽车站（湘运湘乡分公司）有货运汽车27辆，计148吨位，主要是担负煤炭转运任务。市直属机关、企事业单位中商业局、粮食局、湘乡建材厂、啤酒厂、氮肥厂等单位共有货车25辆，125吨位。全年公路货运量9.48万吨。全市拖拉机2049辆，计18778马力，其中大、中型拖拉机184辆，手扶拖拉机2050辆，变形拖拉机175辆。拖拉机是耕田和运输两用的动力机械，在农闲季节参加运输，是发展农村经济的一支重要运输力量。1987年，湘运湘乡分公司设货运公司（30车队）。

1990年，全市有货运汽车601辆，2671.55吨位。其中，湘乡市汽车队有货车22辆，计128吨位。市运输公司汽运处有解放、黄河、湘江、嘎斯牌等各种汽车30辆，计159吨位，其中挂车11台，33吨位。湘乡铝厂、湖南铁合金厂、二十三冶一公司、155处等省地（市）驻湘乡工矿企事业单位均有自备汽车担负本单位进出的物资运输，拥有货运汽车239辆，计1076吨位。全市有141个单位购有各种货运车辆256辆，计1308.55吨位。其中望春门街道、棋梓镇、城区星星村还建有专业运输车队。全年公路货运量8812万吨。此后，个体车逐渐发展，1991年，全市有各种个体载货车1242辆，计2860.25吨位，其中大货车505辆，计2115吨位；小货车41辆，计58.45吨位；小四轮164辆，计166吨位；小三轮532辆，计520.8吨位。形成了众家经营，相互竞争的局面，促进了运输市场的繁荣和发展。

从1993年开始，由于个体货车发展，汽车数量增加，车辆档次提高，对国营企、事业单位的汽车运输形成很大冲击。一些专业汽车运输单位由于货源不足先后解体或改变经营方式。1994年，湘潭市联运公司湘乡分公司成立，由湘潭市联运公司、湘乡市交通局和湘乡火车站的人员组成。开展代办铁路、公路、水运和航空运输代储代运，货物联运和代购代销等业务，并提供信息服务。联运公司下设湘乡公司火车站营业处，主要代理铁路、公路联运业务，收取联运业务费。当年创收50多万元，1995年创收30万元。

1995年后，湘乡市汽车队、汽运处、湘乡联运分公司以及大部分企、事业单位的车队解体，将车辆实行个人承包，或将车辆进行了拍卖。各乡镇及其所属单位拥有的货运车辆基本上转售给个体经营。1996年，汽车货运基本上是个体经营。全市个体货运车2248辆，计7321吨位。

至2005年，全市共有载货汽车1403台，计4934吨位。其中个体载货汽车1358辆，计4775吨位；其他车辆（低速车）1721台，计1702吨位。全市拖拉机1350辆。由于机动三轮车的兴起，小型拖拉机逐年减少，大型拖拉机完全消失。

（二）铁路货运

1986年，境内铁路发送货物量为100万吨。1990—2000年，湘乡站的货物运输发生了较大变化。由于湘乡生猪市场和建材市场的需求，到达货物主要以饲料、地面砖为主，发送货物多为石膏、煤炭、竹跳板、粮食、木材。铁合金厂、铝厂、碱业公司发送的货物主要是硅锰、氟化铝、冰晶石、铁矿、碱、碳铵。棋梓桥站主要是发送水泥，双江采石场主要是发送石料。境内发送货物量年均200万吨。2005年，铁路货物发送量为210万吨。

（三）水上货运

1986年，市运输公司水运大队更名为航运处，主要承担砂卵石的产、运、销。同年，设立湘乡市运输公司驻湘潭办事处，管理船舶在港外的运输事宜，承接的业务基本上是一些厂矿的设备及一部分粮食的转运。80年代后期，韶山灌渠航运逐渐消失。社会船只除溪口库区内有少数农民用木质船装运部分生产生活物资外，其他基本上没有水上货运业务。1990年，航运处下辖15个船队。拥有木帆船24艘，331.50吨位；钢质甲板船11艘，730吨位；挖砂船2艘，120.94吨位；木质机帆船3艘，

43.50吨位；水泥油船1艘，22吨位；水泥趸船1艘，8吨位；木划船2只，3吨位。水上年货运量6.43万吨，年货物周转量350.62万吨公里。由于铁路和公路运输的迅速发展，水运逐渐走向衰落，加上在外港参运的船只设备落后，其业务日益下降。至1996年，年水上货运量仅1.81万吨，年水上货物周转量87.36万吨公里。在这种情况下，航运处将所有船舶对外拍卖，水上从业人员全部分流到运输公司第一、二、三运输处从事搬运装卸。至2005年，除溪口库区内少数木质船装运部分生产生活物资外，其他基本上没有水上货运业务。

第四节 管理

一、公路养护

1985年5月，成立湘乡县公路民工建勤办公室，编制2人，与县交管站两块牌子，一套人马。建勤办除组织县乡公路的民工建勤工作外，还对境内的货运汽车开展民工建勤。1986年，县交通局增设县乡公路管理站，为公路养护的管理机构。此后，每辆车每年义务建勤2个工作日，每个工作日为80公里／车。如不动用车辆，可折交建勤费，每吨公里以人民币0.2元计算，每吨车年建勤费32元，按年缴纳。境内地方公路的修建，除专用公路、城市道路和其他少数路段外，基本上是以“民办公助，民工建勤”的方式修建的。省养公路实行轮换工制，地方公路仍由民工建勤养护。县乡公路的民工建勤采用代表工制，分配各乡镇派几名代表到养路班参加养路建勤，交通部门发给代表工每人每月伙食费和工具补助费40～60元不等。自养村道由村、组自行筹集资金或组织民工建勤养护。

1988年，根据省经委文件规定，湘乡公路段归口市交通局统一管理。到80年代末，乱砍滥伐成风，行道树遭到严重破坏。除国道、省道已配套扩建完的地段和少数几段县、乡公路（城市郊区地段）绿化较好外，其余都为无绿化。90年代以来，公路主管部门每年在专项费用中安排公路绿化资金。同时加大宣传力度，提高群众保护公路绿化的自觉性。湘乡公路局曾在原东郊公社石江大队尧塘生产队征荒山19.3亩作为苗圃基地，为湘乡境内的公路绿化培植优种树苗。1996年，湘乡公路段更名为湘乡公路局，隶属湘潭市公路局。同年，县乡公路管理站按乡、镇、办事处的行政区划，地理位置，以县道和常养乡道线路为基础，设立工班29个。1998年8月，根据中共中央和国务院减轻农民负担的指示精神和省、市（地）有关规定，停征车辆义务建勤费，市民工建勤办公室被撤销。历年累计收缴建勤费272.66万元，全部用于公路修建和养护。

2001—2002年，湘乡公路局为提高养护质量，相继成立水泥路养护专业队和油路养护专业队，对全市养护工班进行合并，保留20个养路工班。各乡、镇、办事处组织民工代表对道路进行常年养护或季节性养护，组建养护工班。工班人数原则上按县道1.5公里／人，常养乡道2公里／人，季养乡道2.5公里／人的比例配备。同时，对辖区内的县乡公路养护实行招标，实行人工及材料经费总额包干，由中标人按照签订的养护合同雇请班员，保证路况良好。2005年，共养护县乡公路650.48公里，投入养护经费100多万元，投入50万元修复水毁公路、桥梁。高速公路绿化率为100%，国道、省道绿化率在90% 以上，县道绿化率为65%，乡道绿化率为52%。

二、路政管理

1986年，县乡公路管理站路政管理组负责境内县乡公路路政、养护管理。11月，湘乡公路段设立公路公安派出所，接受公路部门和公安部门的双重领导。1996年，路政管理人员编制增加，并配备专用交通工具、对讲机及车用广播设备。随着经济的发展，农村商品交易日趋繁荣。在一些小集镇都设有墟场，但由于缺少管理，墟场挤在公路两旁，因而严重影响车辆畅通和交通安全。从80年代起，交通管理部门组织力量对境内公路进行经常性的治理整顿，取得一定成效，但马路市场仍禁而不绝。特别是320国道上的山枣镇马路市场，赶场之日人车拥挤，交通堵塞少则几分钟，多则几小时。1998年，在文明路建设中强制搬迁虞唐、栗山、山枣3处公路地段两旁的摊点，解决“马路市场”影响交通秩序的老大难问题。2005年，路政队伍划分为1个日常巡检中队和2个治理超载中队，突出巡检与执法力度，查处路政案件49起。

三、运输管理

（一）道路运输管理

1986年，县交通局交通运输管理站负责各区镇农村运输市场管理，协助有关部门处理交通事故，按省有关规定收缴运输管理费和拖拉机养路费（后增收摩托车养路费），以及代征道路运输税金等。1989年，成立市运输市场整顿领导小组，下设办公室，组织有关部门对全市道路运输进行全面整顿。全市170多台社会客车和50多台湘运客班车统一划定班次、线路和停靠点，并制定严格的规章制度，制止乱发班次、乱抢线路、乱抬票价，敲诈旅客及“甩客”等不法行为。同时，利用汽车站原30车队的停车场新辟湘乡市汽车货运中心，将沿街停放的80多台出租小货车规范停放入内。1995年，市交通局与市法院联合成立湘乡市人民法院交通行政案件审理室，使道路运输管理工作走上有法可依的轨道。2001年，加强对运输市场的整治，重点打击无牌无证的“黑车”和农用车参与公路客运的不法行为；收缴、暂扣客运线路牌20块；对25台已达到报废年限和安全性能没有保证的客运车辆进行强制报废；对全市非法组装农用车进行专项整治。2005年，交通运输管理所升格为副科级单位。全年清理报废、更新班线车辆12台，对5400台次客货运输车辆进行综合性能检测，确保营运车辆的安全行车。

（二）水路运输管理

1985年7月，湘乡航管站更名为湘乡港航监督站，是境内水路运输的管理机构。执行水上运输管理各项法律法规，负责水路运输业务、服务业务和港埠业务经营资格的审核、批准和有关证件的发放及年审工作，并负责辖区内水路运输规费的收缴和运政检查。1987年，贯彻落实《中华人民共和国航道管理条例》，坚持平时检查督促与集中整治相结合的原则，依法加强对水上运输的监管力度。1994年，湘乡港航监督站和湘乡船舶检验所合并为湘乡港航监督所，两块牌子，一套人马。1995年，成立整顿水上运输秩序领导小组。组织交通安全办、公安、航监、航管和有关乡镇、办事处等单位对水上运输进行为时2个多月的集中整治。当年共纠正违章船舶35艘，补办证照33个，收缴规费2万多元。1998年6月，对涟水中段54公里长的沿线渡口、码头、渡船进行全面清理整顿。共查处私设渡口13处和非法参运渡船31艘，整改渡口7处，规范山枣的双林渡口和东郊乡铜钿湾渡口。调整溪口库区内66艘个体客船的停靠码头和线路，并划分为天门、蛇形、桂鱼池、毛田4个船队，指定专人负责管理。共处理运输矛盾和砂场纠纷20多起。至2005年，涟水沿线各渡口、码头、采矿场及各厂矿的岸线使用全部纳入规范管理范围。

四、安全管理

1987年，由市交通局主管的湘乡交通监理所成建制移交市公安局，建立市公安局交警队。道路交通安全管理主要是依据《中华人民共和国道路交通安全管理条例》，加强对道路安全设施、机动车辆和驾驶员的管理，同时加强对民众的交通安全法规宣传教育，增强全民交通安全意识，依法处理各类交通事故。机动车辆一律按安全设备齐全、机械状况良好、各项手续完备的要求，经交警部门检验核发行驶证后，方能上路。车辆购进、转让、报废均经交警部门办理入户、转籍和注销手续。机动车辆每年一次年审。机动车辆驾驶员必须持由交警部门考试鉴定合格后核发的驾驶证，方能驾车上路。加强驾驶人员的交通法规学习、技术培训和安全、纪律、作风等方面的职业道德教育。对车辆的入户、转让、报废、转籍、注销等手续严格把关。2001年11月，规定司机必须经驾校培训方可参加考试，并领取交警部门颁发的驾驶证，从源头上把住机动车驾驶员的准入关。交通部门每年安排经费加强道路安全设施建设，更新改造道路里程碑、指示牌、弯道、纵坡、事故多发地段等安全警示标志。水上交通安全由港航监督站和航道管理机关负责。对船员素质、船舶机械、安全设施、水上交通法规、船舶航行秩序等进行综合监督管理。2002年起，相继设立湘乡港航监督所、船舶检验所、市港务航道管理站、市民桥民渡管理所、水府旅游区管委会以及各乡镇、办事处水上安全管理机构，负责对全市水路运输行业及水上交通安全监督管理。对境内船舶实行统一登记、编号、发证、检查、签证、鉴定，每年年审一次，不符合条件者，不准出航。至2005年，铁路交通安全管理，主要由铁路公安系统和火车站的安全部门负责。重大事故的分析处理和铁路沿线交通秩序的整顿，由地方政府的安全管理部门和公安部门予以配合。

五、规费征稽

1985年前，境内公路养路费由湘乡交通监理所负责征收。1985年7月起，由湘乡公路段负责征收，设立湘乡县公路养路费征收站。1994年2月，成立湘乡交通规费征稽所，由湘潭市交通规费征稽处直管。市交通运输管理所负责全市机动车辆客货运输、搬运装卸、车辆维修、运输服务市场的管理，并负责运管费和拖拉机、三轮、摩托养路费的征收。境内路、桥收费站的设立与撤销由省市公路主管部门批准，并对其收费款项实行专项管理。红仑收费站设立于1997年7月，实行单向收取车辆通行费。2001年1月，设立洙津渡收费站，实行双向收取车辆通行费。

2003年，撤销红仑收费站。12月，潭邵高速公路在湘乡茶场入口处和棋梓八亩田入口处设立车辆通行收费站，实行双向收费。2005年，在全市范围内开展了针对无牌无证、长期偷逃和恶意拖欠交通规费行为的集中整治行动。全年征收公路养路费1637.38万元，客运附加费546.9万元，货运附加费118.65万元。征收道路运输运管费239万元，拖拉机、三轮、摩托养路费433万元。

第二章 电力

第一节 管理机构

1986年，湘乡境内电力设施的运行、维护与电力销售工作由湘乡电力局负责。1988年3月，湘乡电力局划分为湘乡高压管理所和湘乡电力局。其中湘乡高压管理所负责境内110千伏及以上输变电设备的运行、维护和湘潭电业局所辖高压设备带电检修工作。湘乡电力局负责境内35千伏及以下电力设施的运行、维护及电力供应与销售工作。12月，为适应“县为实体”需要和调度自动化工作的开展，将湘乡高压管理所负责的110千伏输变电设备的运行和维护及相关人员划归湘乡电力局管理。2005年，湘乡高压管理所设办公室、生产技术股、器材财务股、劳动服务公司，辖泉塘变电站、汽车班和梅城站、湘乡站、500千伏站3个线路运行班组及1个带电检修班。湘乡电力局设办公室、生产技术部、用电营销部、财务器材部、物业管理部、实业总公司、劳动服务公司和农电管理总站，辖15个班组，17个农村供电营业所和1个库区管理部。

第二节 发电

1986年，境内主要供电电源来自湖南省220千伏环网。地方发电以水电站和用电户自备燃油发电机为主。全市并入湖南电网的水电站有8座，以农田灌溉为主，兼顾发电、航运、养殖等，共计装机26台，容量3.7313万千瓦。其中，省属中型水电站水府庙电站装机容量3万千瓦，年设计发电量1.09亿千瓦时。省韶山灌区工程管理局所辖洋潭电站装机3台，1500千瓦，洙津电站装机3台，3750千瓦。地方季节性运行的有龙洞乡的泉坝、桂花的沧泉、新铺的烟津阁3处，共装机3台，54千瓦。当年县属东山电站装机8台，1280千瓦，发电413万千瓦时；赤石电站装机4台，650千瓦，发电76万千瓦时。此后至1995年，因电力供应矛盾逐渐缓和，乡镇小水电站陆续停止发电。东山电站、赤石电站、洋潭电站、洙津电站4座小水电站和水府庙电站继续并网发电。1996—2004年，因系季节性电站，发电又受计划控制，4座小水电站的年发电总量维持在1100万千瓦时～1300万千瓦时之间，水府庙电站多年平均发电量1.06亿千瓦时。2005年，境内水电站共计装机22台，容量3.72万千瓦。全年发电1.14亿千瓦时，其中，东山电站、赤石电站、洋潭电站、洙津电站共发电1370万千瓦时，水府庙电站发电1亿千瓦时。

第三节 电网建设

1986年，境内有220千伏公用变电站1座，110千伏公用变电站2座，35千伏公用变电站2座，共计主变压器6台，容量16.23万千伏安。220千伏线路5条，全长595.403公里；110千伏线路9条，全长343.12公里；35千伏线路5条，全长90.44公里；10千伏线路526条，全长852公里。

1987—1995年，110千伏及以下电力建设资金根据“谁受益，谁投资”的原则，通过地方集资等方式筹集。由于投入不足，形成单电源、单主变供电，电源布局不合理，供电质量差。农村低压电网多由集体或农户集资建成，土法上马，网络十分薄弱。1996年，市委、市政府将该年列为湘乡市第一个“办电年”，逐步对市内城乡电力设施进行建设和改造。但由于资金短缺，进展缓慢。

1998年，全市启动大规模城乡电网建设与改造工程。高低压同步进行，工程点多面广。至2002年，城乡电网建设与改造完成投资1.4339亿元。2003—2005年，电力部门投入市内110千伏及以下电力建设资金1.6921亿元，其中城网3443.62万元、农网1.2578亿元、城区电网899.62万元。

一、变电站

1987年，湘乡建市后，市委、市政府把电力发展战略目标定在兴建35千伏变电站和城市电网上。至1989年，长丰、翻江、亭子仑3座35千伏变电站先后建成。1990年，市内有35千伏变电站5座，主变容量1.23万千伏安。此后，35千伏变电站建设停留在增容、扩建、大修上。先后投入资金1100万元，完成月山、虞唐、翻江、长丰、亭子仑等5座35千伏变电站的增容改造，新增主变3台，增容5台，共计增加主变容量1.55万千伏安。1992—1998年，投入资金8200万元，完成220千伏泉塘变电站和110千伏梅坪、东山、棋梓变电站的新建、扩建和改造，新增主变4台，增容1台，共计增加主变容量22.3万千伏安，提高对湘乡地区负荷中心的供电能力，110千伏网架更加完善。市内大中型企业湖南铁合金集团有限公司、湖南韶峰水泥集团有限公司、湖南湘铝有限责任公司、广铁集团公司青山碎石厂分别新建扩建220千伏、110千伏、35千伏自用变电站。

2001年，启动4座35千伏变电站的建设，年内白田、毛田、花坪变电站相继竣工投运。新建35千伏变电站全部采用先进技术和设备，平均占地面积比常规变电站减少2/3，投资节省1/5，建设工期缩短1/3。同年6月，投入资金300万元，启动湘乡电网调度自动化建设。历时2年，完成棋梓、梅坪、虞唐、月山、翻江、壶天、长丰等7个变电站的载波通信和微机保护工程，在调度端新建自动化机房及监控站，进行远方遥测、遥控、遥信、遥调，实现了调度自动化。2004年，湘潭碱业公司建成110千伏自用变电站。市内所辖3座110千伏变电站和10座35千伏变电站全部实现无人值班管理。2005年6月，完成100兆网络设备的安装和调试工作，各个工作站连成一体，实现离线信息与实时信息的综合管理。

2005年年底，市内有35千伏公用变电站10座，主变压器15台，总容量5.10万千伏安。110千伏公用变电站4座，主变压器7台，总容量18.6万千伏安。220千伏公用变电站1座，主变压器2台，总容量24万千伏安。实现两个乡镇由一个35千伏变电站供电和一乡一屏的供电格局。用电户自用35千伏变电站1座，110千伏变电站4座，220千伏变电站1座，主变10台，总容量30.46万千伏安。

（一）泉塘变电站

境内唯一的220千伏变电站和电源支撑点，原名为湘乡变电站，是柘溪电站电能输出的主要通道。1991年，新增主变1台，容量6万千伏安。1995年，增容至12万千伏安。1997年，完成1号主变（容量：12万千伏安）更换工程。2000—2004年，完成继电保护装置和安全自动装置改造工程，安全保护基本实现微机化，特别是主变、220千伏联络线实现了微机保护双重化。2005年，该站已拥有电磁、晶体管、集成电路、微机系列一、二代等各类型保护装置，安全运行30年。变电站有220千伏线路7回、110千伏线路9回、10千伏线路7回，调相机2台，总计容量2万千伏安，电压等级4个（220千伏、110千伏、10千伏、6千伏）。直接供电的重要用户有：湘黔电气化铁路潭市牵引站、湖南铁合金集团有限公司、湖南湘铝有限责任公司等。

（二）棋梓变电站

1996年11月，完成一期扩建工程，新上主变1台，容量2万千伏安，同时原0.8万千伏安主变退出运行。2001年10月，进行二期扩建，新上电力节能型变压器1台，容量为3.15万千伏安。有110千伏联络线4回，110千伏进线1回，出线2回，35千伏出线2回，10千伏出线8回，无功补偿容量6000千乏。由该变电站送电的有35千伏毛田、翻江、壶天变电站和周边乡村10千伏出线及直供户韶峰水泥集团有限公司、湘乡建材厂、白云石矿、棋梓火车站、涟邵水泥厂等。

（三）梅坪变电站

首座由地方集资兴建的110千伏变电站。1988年11月动工兴建，1993年4月投入运行。主变1台，容量3.15万千伏安。1997年12月，完成扩建工程，新上主变1台，容量3.15万千伏安。共有110千伏进线2回，联络线1回，35千伏出线5回，10千伏出线12回，无功补偿容量7200千乏。由该变电站送电的有35千伏韶山、长丰、虞唐、月山、亭子仑、香铺、花坪变电站和城区居民生活用电及直供户桂兴肥业公司、二水厂、火车站等。

（四）东山变电站

该站属湘黔铁路复线电气化工程的重点配套工程。1998年下半年，在东山10千伏开闭所原址动工兴建，1999年6月，加入系统运行，有主变1台，容量2万千伏安。2003年10月，完成扩建工程，新上主变1台，容量2万千伏安。共有110千伏联络线1回，进线1回，出线1回，10千伏安出线8回，无功补偿容量3600千乏。该变电站主供湘黔电气化铁路潭市牵引站和市区部分城网负荷。

（五）长丰变电站

2004年9月动工兴建，次年11月送电。有主变1台，容量3.15万千伏安，110千伏联络线2回，10千伏出线10回，无功补偿容量3600千乏。主要担负东郊乡、皮革工业园及城南经济开发区的供电任务，是继梅坪、东山变电站后湘乡城区又一电源支撑点。

二、输电线路

（一）35千伏输电线路

1988—1989年，先后建成35千伏梅（坪）长（丰）线、棋（梓）翻（江）线、梅（坪）虞（唐）亭（子仑）线，全长36.47公里。1999—2002年，建成35千伏翻（江）壶（天）线、韶（山）白（田）线、棋（梓）毛（田）线、梅（坪）月（山）花（坪）线和梅（坪）香（铺）线，全长62.23公里。至2005年年底，在境内运行、维护的35千伏输电线路11条，回路全长151.77公里。

（二）110千伏输电线路

1998年年底，110千伏潭市牵引站建成，其供电电源一回由泉棋潭线84号杆处T接至该站，同时完成泉棋潭线1～84号杆改造。另一回从泉塘变出线经东山变电站进入。2004年4月和2005年11月，分别建成110千伏泉（塘）梅（坪）东（山）碱（湘潭碱业公司变电站）线和新泉（塘）长（丰）线，2条线路全长11.94公里。至2005年年底，在境内运行、维护的110千伏线路13条，全长125.01公里。

（三）220千伏输电线路

1996年，架成220千伏民泉Ⅰ线。2003年，架成Ⅱ线。2条线路总长104.89公里，将娄底500千伏民丰变和柘溪水电站的电能输送至境内泉塘变电站，解决了湘乡、韶山地区供电能力不足和电能质量低劣等问题。至2005年年底，在境内运行、维护的220千伏线路5条，全长266.37公里。随着维护技术的提高，途经境内的第一条500千伏民云线（娄底民丰变电站至株洲云田变电站，全长116.25公里）、220千伏民西线（娄底民丰变电站至湘潭县西湖变电站，全长75.26公里）和柘民线（柘溪水电站至娄底民丰变电站，全长120.92公里）均由境内维护并管理。

三、配电网

境内城乡配电网于1959年架设，60年代逐渐发展，80年代初曾进行小规模的改造。由于“重主网，轻配网”，10千伏出线不足，配电线路如长藤结瓜，线长、点多、弯多、容量小、损耗大、性能差。

1986—1989年，虞唐、长丰、翻江、亭子仑4座35千伏变电站先后建成，以此为电源转换中心辐射形成配电网。1990年，境内10千伏出线屏38块，计240条线路，全长1239.9公里，低压线路8009.9公里，配电变压器1206台，容量81950千伏安。至1993年，完成棋普线等5条千伏线路及普安堂微波站、省邮电局褒忠山微波站、涞津水厂等一批专用供电工程。完成东山开闭所的建设，由开闭所供电的10千伏线路13公里。

1995年，在全市开展“电力扶贫共富工程”，投入资金25万元，架设10千伏线路7.6公里，安装配电变压器4台，容量260千伏安。使涧山乡岩前村、壶天镇石狮村、中沙乡龙山村和桂花乡梅口村通电，消灭最后4个无电村，实现全市村村通电。1996年3月，投资43万元完成梅坪至壕塘口段改造工程。6月，采取“市财政拿一点、电力部门出一点、电力用户集一点”的方式筹集280万元，将城普线从可心亭变改为由梅坪变供电，城网原有2条回路改成3条线供电。1997年4月，电力部门自筹资金122.2万元，架通梅泉（梅坪变至泉塘变）10千伏联络线，新增公用变压器16台，容量3200千伏安，完成梅城Ⅰ、Ⅱ回城区2条10千伏线路的改造工程，新增控制开关4台，保证市内中心变电站梅坪变的正常供电和城区供电的可靠性。当年全市供电半径超过15公里的配电线路12条，其中最长的一条为41.12公里。但由于资金紧缺，城乡配电工程建设停滞不前，供电紧张的矛盾极为突出。

1998年，对城区配电网的新建和改造首次进行规划，市工矿区10千伏网络和居民小区改造以“湘潭市工矿区项目”进入城网改造的范围，成为全省仅有的2个城网改造县之一。当年5月，投入资金200多万元，完成工贸新区电气建设工程，将湖南铁合金厂路口至壕塘口的主干线全部更换，立起市内第一座21米整体吊装铁塔与三基钢杆。完成东山北路10千伏 /380伏线路改造工程。9月，在全市农村开展用电秩序整顿，各级投入资金450万元，历时4个月，整改13个村。1999年，市内启动大规模城乡配电网新建和改造工程。首先在城区结合部启动城东、新岸等20个村低压电网改造。2000年，向全市推广，改造工程进入高潮。年内完成投资1308.56万元，其中城市配电网644.7万元，农村配电网663.86万元。至此，全市消灭无变压器村。为开拓电力市场，改善居民用电条件，将重点放在配电台区和一户一表改造上，有计划地进行生活小区改造和特困企业的生产、生活照明用电分离。此后的3年间，共投入资金3400万元，完成梅坪变和东山变向城区环网供电的新建和改造工程，城区10千伏主干线路增至8条。

至2003年年底，历时4年，农配网改造工程一、二期全部竣工投运。10千伏及以下项目完成投资1.42亿元，完成441个村低压电网改造，占688个供电村的64%（金石镇24个村由韶山供电并进行农网改造），其中一期工程308个村完成投资1.02亿元。二期工程133个村，完成投资3981.65万元。新建10千伏配电线路236.07公里、配电台区239个，总容量16600千伏安。通过大规模城乡电网改造和新建，湘乡境内以13座变电站为电源转换中心的中、低压配电网络遍布全市城乡。经过改造和新建的城市配电网络实现了绝缘化、无油化、电缆化，线路互带互供能力改善。农网主变调压能力、输配电能力、网络结构、运行灵活性和供电可靠性得到提高，缩短了供电半径。增加无功补偿设备，淘汰大量高能耗配电变压器，新增新型节能变压器，农村电网故障与停电次数明显减少，综合电压合格率从1999年的95% 提高到2003年的99.1%，供电可靠率上升至99.6%。10千伏配电线损下降20%。除金石镇仍由韶山供电外，原白田镇、壶天镇、中沙镇由外县（市）供电的村转为用电直供户，境内用电农户增至19.32万户，直抄直收变压器台区1585台。

2005年，境内10千伏出线屏75块，主、支线总计1097条，全长1830.58公里。380/220伏低压支线14561公里，配电变压器2313台，容量20.50万千伏安。10千伏无功补偿268处，容量13089千乏。其中，湘乡城区10千伏主干线路9条，全长73.94公里，全部实现互联，绝缘化率85%。380/220伏低压线路189.21公里。配电变压器271台，计容量6.63万千伏安。电容补偿容量4689千乏。农村10千伏主干线路63条，全长1756.64公里。380/220伏低压线路13771.93公里。配电变压器2042台，计容量13.87万千伏安，电容补偿容量8400千乏。

第四节 用电管理

1986年，湘乡用电总量5.53亿千瓦时。此后10年间，全市电力缺口年均50%以上，是全国严重缺电的县市之一。此后，在“计划用电、节约用电、安全用电”的方针指导下，全市用电量缓慢增长。至1990年，累计用电31.8亿千瓦时，年均增长7.58%。1991—1995年，一批国有、集体企业生产滑坡，特别是用电大户湘乡建材厂、氮肥厂、化工厂等企业相继停产和破产，能耗减少，全市用电总量年均增长速度为3.35%。1996年，用电总量9.69亿千瓦时。1997年和1998年用电量出现负增长，分别比上年下降3.5%、3.1%。

1999年，随着国家宏观调控和国企改制步伐加快，电力走向市场，供需矛盾逐渐缓和，电力部门取消限电措施，出台鼓励用电优惠政策。通过推行分时电价，增加低谷电量；筹措资金改造城乡电网，整顿城市转供电，提高供电质量；改革农电管理体制，降低农村电价等措施，用电量连年攀升。当年市内用电总量首次突破11亿千瓦时大关。2000年，用电总量达到13.588亿千瓦时，为用电量最大的年份。2001年始，受用电特大户湖南铁合金厂和湘乡铝厂电量、负荷大幅下降和因持续高温干旱市内用电指标被严格限制等因素影响，市内用电总量以年均5.93% 下降。2005年，降至9.78亿千瓦时，仅为2000年的71.96%。

至2005年，市内高供电量用电户43家，总装接容量35.18万千伏安，无功补偿容量75440千伏安。其中装接容量1万千伏安以上的用户5家：湖南铁合金集团有限公司、湖南湘铝有限责任公司、湖南韶峰水泥集团有限公司、湘黔铁路长沙供电段潭市牵引变、湘潭碱业有限公司；容量0.1万千伏安～1万千伏安的用户10家：湘乡水泥制造有限公司、燕京啤酒有限公司、桂兴肥业有限公司、湘钢湘乡矿业公司、建材工业公司、棋梓桥水泥有限公司、青山采石厂、湘乡宾馆、涟津二水厂、潭市冶炼厂；容量315～1000千伏安的用户34家。

一、生产用电

（一）工业用电

1986年，市工业用电5.16亿千瓦时，占全市总用电量的90% 以上。至1990年，工业累计用电30.06亿千瓦时。1991年开始，受电能紧缺影响，工业企业积极开展节能降耗，淘汰陈旧老化设备，推广节电技术，工业产值单耗由19795千瓦时 / 万元降至1995年的11176千瓦时 / 万元。共计节电8702.66万千瓦时，调出的电力有力地支援了全市农业生产和人民群众的生活。1998年起，对企业实行超基数用电降价优惠和“一厂一策”“一月一策”，鼓励企业多用电。同时采取分次划拨付费、银行贷款、承兑汇票、抹账和物电互抵等方式交纳电费。1999年，工业用电从1990年的6.93亿千瓦时上升至9.3亿千瓦时。其中：市属大工业用电2.13亿千瓦时，占当年大工业用电的21.04%。

2000—2005年，湘乡氮肥厂等一批租赁、改制企业复苏，促进市属工业电力需求增长，全市大工业用电累计64.59亿千瓦时。其中，市属工业企业累计用电6.54亿千瓦时，占大工业用电总量的10.12%。

（二）农业用电

1986年，市内农业用电仅0.16亿千瓦时，主要用于抗旱排灌、农副产品加工及乡村工业等，农业用电比例偏低。农电管理基本上由村电工“以包代管”，以乡、镇为中心形成35个片站，各站财务相对独立。1993年，成立市农电管理总站，各用电乡成立电力管理站，行使乡（镇）政府管电职能和市电力部门归口管理乡站工作职能。1995年，农业用电0.209亿千瓦时。当年按撤区并乡后22个乡、镇、街道新建20个乡（镇）电管站（其中，金石镇及白田镇部分村由韶山供电并管理），管辖625个用电村。1998年，将农村供电的1450台变压器统一抄收，统一核算，使农业用电到户电价从0.89元 / 千瓦时降至0.79元 / 千瓦时。1999年，市内启动农村电网改造，同时进行农电管理体制改革。农村电力营销按照“三公开”（电缆、电量、电价公开）、“四到户”（销售、抄表、收费、服务到户）、“五统一”（统一电价、发票、抄表、核算、考核）的要求开展工作，减少供电管理环节，农村电价平均降低0.02元 / 千瓦时。年农业用电0.3075亿千瓦时。此后，用电量逐年增长。2003年，农业用电量0.89亿千瓦时。2005年，全市用电同网同价一步到位。当年农业用电量1.43亿千瓦时。

二、生活用电

1986年后，境内用电量增速最快的是城乡居民生活用电。当年全市城乡居民用电户（总表）2735户，总装接容量6951.2千伏安，用电量678.98万千瓦时。1990年，全市居民生活用电户3939户（总表），总装接容量增至12396千伏安，用电量1507.5万千瓦时。“七五”期间居民用电累计5245.32万千瓦时，比“六五”期间增长103.32%。

1993年3月开始，市内逐步改革居民合表用电，推行一户一表制。经营性、生产性照明用电与生活照明用电分开立户装表计量，按现行电价分类收费。由于取消重点项目电力建设资金和经营性照明加价政策，市内农村居民照明到户电价最高限价控制在0.77元 / 千瓦时。按平均每千瓦时降价0.1元，当年为农民减轻电费负担265.8万元。

1994年7月，在城区居民用户中试行电费储蓄交费业务。1995年，全市居民生活用电户13530户。全市居民生活用电3628.2万千瓦时，占总用电量的3.85%，人均生活用电量为39.84千瓦时。其中，农村居民生活用电2740户（总表），用电1663.3万千瓦时，城市居民生活用电10790户（总表），用电1964.9万千瓦时。

2000年，电力企业在城镇新增的居民生活用电容量中免征一切贴费和增容费，停止向电力客户收取电费、电表保证金。城市居民人均年生活用电量187.5千瓦时，农村居民人均年生活用电量123.08千瓦时。2001年，全市居民生活用电户6164户（总表），总装接容量1.3万千伏安，用电量4805.35万千瓦时。

2003年，取消农村表损电量，农村居民生活用电降为0.548元 / 千瓦时，市内实行城乡居民生活用电同网同价。2004年，居民生活用电特别是农村居民生活用电量大幅增长。在新申请的城区用户中推行 IC 卡，实行预购电制和银电联网电费结算。居民用电户通过登录因特网、拨打供电服务电话95598可以直接查询电费信息，方便了用户。2005年，全市城乡居民用电户217648户，其中城市居民用户30085户，农村居民用电户187563户。城市居民人均年生活用电量200千瓦时，比2000年上升6.67%；农村居民人均年生活用电量155.56千瓦时，比2000年上升26.39%。

1986—2005年湘乡市供、用电情况统计表

表7-1　　单位:千瓦时

项目 年度	供电量	售电量	其中					
			大工业用电	非普工业用电	农业生产用电	生活用电	其中	
							城市居民	农村居民
1986	563107600	552467852	512515299	13576056	16053027	10250138	3365856	4048326
1987	627057473	609794165	567123437	14702865	16773096	11152063	4008000	4806000
1988	658680000	628018971	579763569	16334901	19365509	12475466	5137000	4825000
1989	692620000	651859031	601952395	22153923	14521657	13145810	6037000	5151000
1990	776940000	737637098	677432259	27253112	16692468	16162748	8717000	6358000
1991	741070000	703573160	641176080	28379772	16838387	17178921	10717000	5997000
1992	883360000	853794527	783180837	31044766	19404127	20164797	14549000	6714000
1993	936000000	923929737	852289888	31276193	17609498	19049426	13773000	8477000
1994	916540000	913496343	833141198	33520013	18665228	28169904	13467000	9593000
1995	961150000	943212316	853588242	32388968	20953149	36281957	19649000	16633000
1996	979230000	969099571	873669891	32388968	21137542	41903170	12077000	10655000
1997	950400000	936609887	841586199	26372195	22440184	39288391	25238000	20973000
1998	966280000	940046751	830387767	27005646	31781781	37736410	287196000	22154000
1999	1121558500	1116238908	1011363483	26308343	30752232	37272196	25484000	22332000
2000	1387856000	1358836993	1233028544	28751344	35729571	61327534	25958592	22094906
2001	1333985000	1321650255	1190479437	31886416	26507635	72776767	29285940	28308400
2002	1247080000	1219765238	1091524839	30794234	22017975	75428190	26014967	31236002
2003	1296463000	1288766349	1117783320	19905918	88842447	62234664	31275160	10974737
2004	1200289000	1194365932	1024209559	18097017	72539271	79520085	28358856	28282152
2005	1074519000	977884498	802233666	20303873	143337473	61512443	27197092	10706581
累计	19314185573	18841047582	16918429909	512444523	671962257	753031080	359028463	280319104

第三章 邮政

第一节 机构

1986年12月，经湖南省邮电管理局批准，湘乡县邮电局更名为湘乡市邮电局。当年，全市农村设棋梓、潭市、翻江、仁厚、白田、泉塘、虞唐、梅桥8个支局，东郊、龙洞、新研、山枣、可心亭5个直属邮电所，邮票代售处226个，村邮站53个。全局在职干部职工340人。1998年9月，邮电分营，设湘乡市邮政局、湘乡市电信局，对人员、财产按归属进行了划分，分营后的市邮政局为公用事业单位。2003年，市邮政局根据全市乡镇区域的划分，在各乡镇设立邮政支局或邮政所，有棋梓、潭市、泉塘、东山、梅桥、月山、翻江、壶天、白田、仁厚、龙洞、东郊、山枣、虞唐14个支局，中沙、花坪、芬水、崇山、新研、金石、马坪、横铺8个自办邮政所，邮政储蓄网点31个。农村支局、所全部开办储蓄业务。城区有新湘路、大正街、健康路、县前街、工贸新区、桑枣、鸿运、云门商城、可心亭9个储蓄所，全部实行全国联网，通存通兑。在农村支局、所新建村级代办点586个。2004年12月，速递及报刊零售从邮政剥离，实行专业化经营。2005年，市邮政局辖邮政支局14个，邮政所8个。职能部门有综合办公室、市场经营部、安全保卫部、行政后勤部、行管视察室。有集邮业务部、“三农”服务部、信函部、储汇部、邮件处理中心、中间业务部、投递分局、电信代办部等专业部室8个。

第二节 邮路设施

一、邮路

（一）运递邮路

1986年，县城、潭市、棋梓的邮件均由火车运递。以后随着火车班次的增多，市局每日接发的火车班次有5趟，即长沙至邵阳311次，邵阳至长沙312次，长沙至大庸207次，大庸至长沙308次，长沙至怀化511次。1994年1月，市内邮件运输工作由委托办理改为自办汽车邮运，开辟自办邮路3条。湘乡经梅桥支局至横铺邮电所，单程26公里；湘乡经泉塘支局、石狮江代办所、潭市支局至棋梓支局，单程41公里；湘乡经花坪邮电所、月山支局、翻江支局、壶天支局、马坪邮电所、仁厚支局、金石邮电所、白田支局至龙洞邮电所环行投递，全长210公里。至此，全市除溪口外，其他委、代办汽车邮路全部撤销。1996年1月，省邮电管理局根据湘乡邮电业务量加大，邮件增多的情况，开通了长沙直达湘乡的自办邮车。1997年4月起，市邮电局火车邮路全部撤销，改为汽车邮运。至2005年，境内有自办汽车邮路3条，长560公里，委托办理汽车邮路1条，长120公里，其他邮路3条，长60公里。

（二）投递邮路

1986年，湘乡境内邮路总长为3904公里（包括城市、村镇邮路）。按日投递的有47个乡镇，98个村，246个村民小组；按周三班投递的有609个村，2268个村民小组；按周二班投递的有6个村，64个村民小组；其余未直投的村民小组均由各村委会转投。至2005年年底，全市邮路79条，总长3361公里。城区平均每日投递1次，农村平均每周投递3次。城区邮局内信箱（筒）每日开箱3次，局外信箱（筒）每日开箱1次。按固定班期投递邮件的有18个乡镇，4个办事处，710个村。

二、设施

1986年，全市用于邮政业务的运输设备有吉普车1辆，摩托车7辆，自行车89辆。1998年6月，随着邮政业务量的增加，邮政设施得到改善，添置必要的邮政设备。全局有捆扎机2台，销花机2台，过戳机2台，电子秤20台，传真机21台。至2005年，全局有邮政车6辆，其中邮运车3辆、邮政储蓄专用汽车1辆、其他生产用车2辆。计算机33台（套），其中：邮政内部生产用微机21台，邮政营业窗口用微机1台，综合管理用微机11台。

第三节 业务

一、报刊发行

1986年，市邮电局在全市建立报刊发行网。其中，在城区设立报刊发行站100处，在农村设立发行站109处、村邮站53处。当年发行报纸424种，计91363份；发行杂志2618种，计6.18万份，流转额90万元，全市人均订阅报刊1.11元。党报党刊的发行由市委领导，市委宣传部主管，市邮政局具体办理。每年9月召开全市党报党刊发行工作会议，对党报党刊的发行工作作出具体部署。其他报刊由邮政订阅、发行。1995年起报刊零售实行承包，全年完成流转额33万元，实现利润8.9万元。2000年，为方便群众买报读报，在市区繁华地段设置15个由不锈钢制作的报刊零售亭。9月，市邮政局实行投递体制改革，设立投递分局。投递员工资与报刊流转额、报刊发行量、投递质量挂钩，当年累计发行报纸1177.6万份、杂志97.6万份，完成报刊流转额560.5万元，为报刊发行量最大的一年。2004年12月，报刊零售公司从市邮政局剥离，隶属湖南省邮政书报刊零售公司，实行专业化经营。2005年，全市订阅报纸398万份、杂志28.6万份，完成报刊流转额392.4万元。

二、邮政储蓄、汇兑

1986年4月，恢复邮政储蓄业务，所吸收的储蓄存款全部缴存中国人民银行，是人民银行信贷资金的来源之一。9月，市邮电局在城区新湘路开办第一个邮政储蓄营业台，年末存款余额为82万元。开发汇票7.14万张，进口汇票17.08万张。1990年和1997年分别开发汇票6.13万张和4.98万张。2003年3月，全市31个邮政储蓄网点全部安装终端设备，实现全国联网。12月，新湘路、棋梓、虞唐等3个电子汇兑网点首批开通全国计算机联网。至2004年12月，全市26个汇兑网点全部并入全国计算机联网电子汇兑系统。2005年年底，邮储余额达10.57亿元，实现收入1952.2万元。开发汇票3.12万张，金额5723.4万元；兑付汇票2.15万张，兑付金额2.33亿元。

三、集邮

1985年3月，邮电局开办集邮业务，销售纪念邮票、特种邮票、明信片、首日封、集邮册、集邮用品等。1988年5月，成立湘乡市集邮协会，举办首届邮展，展出78个专题、5258枚票品。1997年5月，为迎接香港回归祖国暨庆祝湘乡建市十周年，市邮电局和市集邮协会制作、发行纪念册5000套，湘乡风光明信片5000套，建市十周年纪念张1000张。2003年8月，市邮政局在东风广场举办《红军将领——黄公略》纪念邮票首发式，发行纪念册1800册。2005年，市邮政局销售年册1130册。在东山学校建校110周年和湘乡电力大楼落成之时，开发个性化邮票1.02万版，纪念册800册。年底，全市有基层集邮协会4个。

四、机要通信

1986年，邮电局机要室配备专职机要员，负责进口、出口和投递机要文件。当年出口机要件564件，进口机要件3588件。1990年，出口机要件196件，1996年减至70件。1996年12月，机要文件取消手续费，改按挂号信函计费，每件收取保密费1元。1999年3月，机要文件资费随挂号信函资费调整，每件由1元提高到2元。2004年1月，机要文件资费调为3元。随着其他通信业务的发展，机要通信业务逐年减少，2005年，仅发送机要通信件18件。

五、函件

1986年，邮电局的函件业务包括信函、明信片、邮筒、印刷品、盲人读物、邮送广告、快件等种类。按处理手续分平常函件、给据函件两类。1990年7月，国内邮政资费调整。平信每重20克，本埠由0.04元提高到0.1元，外埠由0.08元提高到0.2元；印刷品每重100克，本埠由0.015元提高至0.04元，外埠由0.03元提高到0.08元；函件挂号费每件由0.12元提高到0.3元。10月起，规定寄信必须准确书写邮政编码，出口平、挂信函按码分拣，全年出口函件196.31万件。1991年12月，发行中国邮政贺年（有奖）明信片，以后每年发行一次。1996年7月起取消航空函件。12月，邮政业务资费再次调整。国内平信每20克不分本埠外埠，一律调为0.5元，挂号费由0.3元提高到1元，取消函件酬金费和各种邮件查询费。全年办理函件217.63万件。1998年7月起，停办邮政快件业务。1999年3月，邮政资费又作调整，市内平信印刷品根据本埠、外埠及不同的重量标准确定邮政资费。本埠由每20克0.5元提高到0.6元，外埠由每20克0.5元提高到0.8元；挂号费撤回邮件，更改收件人姓名、地址等手续费上调至3.2元。当年办理函件148.5万件。2004年1月，挂号费由2元提高到3元。2005年，办理函件29.65万件，实现收入40万元。

六、包裹

1986年，邮政包裹收寄仍实行直收、直运、直投。1990年，包件每500克为1计费单位，每件收挂号费2元。保价包件按所填保价金额的1% 收取保价费，保价金额每件最高不超过10万元，最低收费1元，商品包裹在一般包裹资费标准基础上加收50%。1993年2月，资费下浮，商包按民包资费收取。放宽商包的重量、尺寸限度，商包的最大重量限度为原每件25公斤放宽为28公斤。当年办理包裹4.43万件。1994年办理包裹5.63万件。2001年8月，开办快递包裹，当年办理包裹12.12万件。2005年，办理包裹28734件。

七、特快专递

1993年3月，市邮电局开办特快专递业务。该业务标识为EMS，传递各种文书、图表、票据、货样等，以空运为主，专人办理，专车投递到户。1994年，收寄特快专递11619件。1996年，收寄国内特快14389件，国际特快182件。国内实行特快专递统一资费标准，起重200克，收费8元。1997年7月起，提高为12元，每件限重25公斤。当年收寄国内特快10998件，国际及港澳特快58件。2001年，收寄44915件。2004年12月，速递公司挂牌营业，实行专业化经营，由湖南省邮政速递公司归口管理。2005年，收寄国内特快专递6786件。

第四章 电信

第一节 机构

1986—1998年，湘乡邮电局负责全市电信、邮政业务及管理。1998年9月，按信息产业部统一部署，进行邮电体制改革，湘乡电信与邮政分营，成立中国电信集团湖南省电信公司湘乡电信局，由湘潭市公司直管。1999年6月，移动通信从电信局分离出来，组建湖南移动通信有限责任公司湘潭分公司湘乡营业部。2000年，成立中国联通湘乡营业部。2001年，湘乡电信局实行电信代办业务，有城区代办点7个，农村代办点96个。2003年，中国联通湘乡营业部更名为中国联通湘乡分公司。2004年，中国电信海外上市，市电信局更名为湖南省电信有限公司湘乡市分公司。

第二节 网络设施

1986年湘乡电话的固定电话网络和设施，其电话装机容量不足2000部。当年新建市话交换机4部（200门），完成市局至化工厂电缆扩容100对，2.06皮长公里。市话配线架扩容200对，增装用户交换机中继线4对、用户专线2对。安装长途高十二路载波机1部，完成棋梓火车站至芬水，芬水至坪花、芬水至崇山、新郊至新研、虞唐至苏坡、虞唐至洋潭大修工程，计27.32杆程公里，66.78线对公里。增开东郊、新坳单路载波2套（4部）。1988年，增开湘乡至长沙半自动电路一条。安装东山、苏坡乡无人值守微型交换机各1台。市局至棋梓水泥厂安装202三路载波机一套。1990年9月，新建的市话自动电话大楼投入使用。1991年起，电话设施进入更新换代阶段。9月，市邮局投资开通5000门 S1240程控电话。

1995年，开始移动通信网络和设施的建设，当年湘乡移动建成通信基站8个。1996年，湖南省电信公司遵照国家“九五”计划安排，在全省实施“718”通信工程，即在20世纪末实现全省城乡交换机总容量达到700万门，并建成以湖南信息高速传输交换平台为主体的18个现代化通信网。市电信局按省电信公司的部署开展有关工作。1997年，湘乡开通互联网，由市电信局负责用户接入。1999年，湘乡移动营业部加强网络建设，除个别边远山区外，实现境内城乡无缝覆盖，基站总投资突破1亿元。基站传输线路由初期的租用线路到拥有专门的移动主干传输光缆。至2000年的3年间，全市固定电话实现传输数字化，交换程控化，能与国内外直接快速传递信息，共投入资金1.5亿元。全市乡、镇和714个行政村全部通电话。

2005年，全市固定电话装机容量达15万部。湘乡电信的互联网扩容能力完全能满足新增用户的需求。中国移动通信基站发展到71个，信号覆盖率比2004年提高10个百分点，100% 的乡镇和80% 的村都有网络信号。中国联通网络遍及整个城区和18个乡镇。

第三节 业务

一、固定电话

1986年，全县市内电话单机总数1603部。1989年，市话扩容100门。开通新研28门无人值守微型交换机。在东郊试点农话改制，安装200门自动交换机。1990年6月，东郊程控电话开通。12月，虞唐支局全电子（200门）交换机开通。1991年6月，长话、农话载波和电源设备从老机房搬至新建的电信大楼。9月，市局集装箱自动电话（1000门）开通。由于基建投资和设备昂贵，电话初装费较高。当年每装1台电话，收费标准为3500元。电信局按户头向电话用户收取月黎费。1992年1月，市局长途直拨电话开通。10月，市局微波电路开通。11月，市局扩容（HJD978/1600门）开通。1993年，市内电话号码改为“7”字开头的6位数，1995年4月30日起改为7数位，号码为6XXXXXX。1997年7月起，电话初装费下调，收费按市话、农话区分：市话2000元，农话1500元。1998年，在全市开展“5万电话大行动”活动。1991年11月起，电话初装费降低至300元，并取消农话、市话装机费差别。2000年，电话机总量达14万部，实装用户11万户，电话普及率45%。在积极发展居民住宅电话和单位办公电话的同时，电信部门根据市场需求，在城内繁华街道及人流密集地段设立公用电话。公用电话有专人管理，计时收费，方便实惠，具有投入少、见效快、市场潜力大等特点，颇受用户欢迎。此外，市内还设有特种公益电话，用户可通过拨号实现本地网络紧急呼叫。服务项目有火警119、公安110、紧急救护120、交通事故报警122、电话查询114等，均免收话费。2005年，电话机总量13.5万部，完成营业收入7153万元。

二、移动电话

1995年，中国移动通信在湘乡开通。1999年，湘乡移动营业部强化网络维护，加强管理，建立以客户直观感受和第三方测评为标准的网络质量评估考核体系，促进了业务的快速发展。当年移动用户6000多户，业务收入1100万元。2000年，中国联通湘乡营业部成立，初期营业部仅有员工7名，有数家营业厅分布在市城区内，主要负责湘乡地区联通业务的拓展及售后服务。2003年，联通湘乡营业部由湘潭市公司下属的营业部门发展为下属县（市）级分公司。湘乡移动营业部主要业务有随e行、手机支付、彩信、彩铃、“12580”移动秘书台、“125858”语言短信、MO手机上网、宽带等。服务品牌有“全球通”“神州行”等，并与邮政局合作，开展代收话费和免费寄递账单服务。开通“10086”客户服务系统，免费为客户提供业务咨询、话费咨询、投诉、障碍查除及信息服务等项目，在城乡发展移动代办网点46个。联通湘乡营业部共建有自营厅1家，一级网点31家，二级代办点80多家，村级代办点100多家。2005年，移动用户突破10万户。

三、电报、传真

1986年，电报仍属邮电局支柱业务，当年业务量达7.87万份。1988年，电报业务量6.5万份。1989年，添置电报汉字终端机，取代机械式电传机。同年开通湖南铁合金厂、湘乡铝厂用户电报。1990年10月，市局电报电传机改为翰林机。随着电信业的发展，利用电话交流信息更加方便快捷，电报使用者骤减，该项业务渐被淡化。1992年9月，市局开通对外传真电报业务。在市城和乡镇政府机关，由于程控电话基本普及，使用传真无须租用或另行安装线路，只要将传真机接上电话线便可进行传真。同时，购买传真机如买其他普通商品一样不受限制，传真用户日益增多。1997—2005年，随着互联网的兴起，信息传输更为便捷，传真业务逐年减少。

四、互联网

1997年，湘乡开通互联网，当年用户15户。初上网者多为机关单位或规模较大、经济效益较好的企业。1998年，网络业务迅速发展，用户增加到150户。2000年，城区各类网吧应运而生，当年有网吧15家。2001—2002年，主要发展为“一线通”网吧。2003年，宽带使互联网业务快速发展，用户增加到5120户。2004年，高速光纤网吧进入湘乡。全市有网吧160家，其中城区89家、农村71家。2005年，全市有互联网用户1.5万户，网民10万人。

第八编 财政 税务

1986—1993年，湘乡实行划分税种、核定收支、收支挂钩、超收分成、自求平衡的财政体制，财政收入由4585万元，增加到7508万元，增长63.75%；税收收入由1.06亿元，增加到1.48亿元，增长39.57%。1994年，实行财政税务体制改革，财政收入为1.08亿元，比1986年增长134.46%；税收收入为1.48亿元，比1986年增长39.88%。2000年，财政收入突破2亿元，为2.65亿元，比1994年增长92.1%；税收收入2.02亿元，比1994年增长36%，其中国税收入1.22亿元，地税收入7975万元。2001年开始，巩固工业和农业基础财源，发展第三产业、乡镇企业和个体私营经济，开辟新兴产业，招商引资，财政税收快速增长。2005年，全年财政收入3.45亿元，比2000年增长67.25%；税收收入3.30亿元，比2000年增长63.29%，其中国税收入1.98亿元，地税收入1.32亿元。

湘乡财政税收，在确保人员经费、重点工程建设和社会发展所需资金的前提下，实现收支平衡，仍属温饱型财政，在22个乡镇街道中有18个乡镇财政长期负债。

第一章 财政

第一节 管理机构

一、市财政局

1986—1987年，市财政局内设预算股、企财股、行财股、人事监察股、农财股、综合计划股、会计事务股（函授站）和办公室。1988—1990年，增设农税股、市国库券推销办公室、市公费医疗办公室、市社会集团购买力控制办公室，人事监察股分设为人事教育股和监察股，会计事务股分设为会计事务所和会计函授站，为14个职能股室。至2002年3月，内设机构为15个职能股室，分别为办公室、人事教育股、法规股、预算股、国库股、农税股、行财股、农财股、企业财务股、社会保障股、会计管理股、监督股、产权管理股、统计评价股（加挂“湘乡市清产核资办公室”牌子）、基建财务股。2005年，增设政府采购管理办公室和监察室，撤销农税股，合并企业财务股和统计评价股为企财统评股，更名基建财务股为经济建设管理股，全局仍为15个职能股室。

二、乡镇财政所

1986年，县辖8个区、3个镇和46个乡，共设57个财政所。1995年5月，撤区并乡建镇，8个区财政所被撤销，乡镇街道财政所由49个撤并为22个，财政所的人、财、事、物由市局统一管理改由乡镇政府和街道办事处管理，市局只负责业务指导和法律监督。同年，各乡镇街道财政所加挂国有资产管理所牌子。至2005年，22个乡镇办事处财政所保持不变。

第二节 财源培植

1986年，对63家企业（包括乡镇企业），39个重点户、专业户的112个项目发放贴息贷款248万元，帮助湘乡啤酒厂筹集200万元扩建资金，新增产值2500万元，新增税利325万元。使全县预算内工业总产值较上年增长2.8%，实现利润增长13.82%。1987年，对73户重点企业扶持，发放贷款248.15万元，创产值2436.2万元，实现利润162.3万元。1988年，采取“层层办点、用足用活政策”等措施，重点培植国营工商企业和乡镇企业两大支柱财源，办促产点71个，发放贴息贷款396.9万元。1990年，发放贴息贷款等757.04万元，扶持52家企业，当年新增税利30万元，全市乡镇企业总产值4.7亿元，比上年增长13.55%。

1991年，湘乡市被列为全省重点培植财源的县级市之一，将1511万元资金投入31个项目，新增税利803万元。1992年，重点扶持湘乡建材厂等31个上台阶骨干项目，投入资金4244.5万元，当年实现产值9338万元，税利1256万元。全市财政收入8050万元，顺利实现省财政厅于1990年开始实施的“3581”工程（要求县市财政收入分别在2～3年达到3000万元、5000万元、8000万元、1亿元），要求湘乡在2年内达到8000万元的目标。1994年，扶持52家企业，共600万元资金，被评为省财源建设先进县市。1995年，发放预算外融通资金665万元，支持市直15家国有企业技术改造和流动资金周转，新增产值和销售收入2500万元，创税利220万元；扶持湘乡酒厂500吨“曾国藩家府酒”、湘乡合成化工厂锑白粉、百货公司和五交化公司仓库改造等技改项目110万元。湘乡酒厂当年上缴税收1080万元，为中华人民共和国成立以来市属企业中第一个年缴税过千万的企业。筹集资金270万元，在海南制种66.67公顷，每公顷产种谷2250公斤，是历年来在海南制种产量最高的一次。

1996年，围绕“强工富市”战略，投入1464万元，发展优质高产高效农业，已初步建立以农、牧业为主体的十大农产品基地，当年实现农业产值21.49亿元。发展“一乡一业”“一村一品”的乡镇企业，投入资金578万元，全市乡镇企业总产值达65亿元，上缴税金4270万元。坚持大发展与大提高并重，发展个体和私营经济，拓宽补充财源。当年个体私营经济发展到1.8万户，提供财政收入3256万元，占地方财政收入的24%。加快发展第三产业，开发旅游、交通运输、建筑安装和服务业。当年上缴税收3986万元，占地方财政收入的17.4%。

1999年，成立市财源建设领导小组，出台《关于加强财源建设、严格财政管理的决定》。当年起，每年从预算中安排奖励基金20万元、企业发展基金50万元和乡镇企业发展基金20万元，支持和奖励企业。2000年，调整资金投向，扶持农业产业化龙头企业，推进农业综合开发和小城镇建设。争取支农资金334.37万元，建立4个黑山羊基地，发展奶牛养殖和楠竹、油茶等经济林。继续向国有企业派驻财务总监。当年，湘乡水泥制造有限公司比上年减亏250万元，机械厂实现利润38万元。发放企业发展基金474万元，支持振兴仓储资金周转、湘乡宾馆装修等。同时加快建设工贸新区、建材大市场，开发水府庙库区等项目，创造一批新的财源增长点。2001年，发放企业发展基金140万元，缓解振兴连锁公司等企业周转资金困难。促成裕华粉业与军神集团合并。投入专项资金170万元，下拨环保治理资金90万元，发放环保贷款70万元。落实湖南铁合金集团有限公司第二批日元贷款2000万元人民币。争取财政支农资金581万元，用于农村产业结构调整。2002—2003年，争取支农、开发、改造等各种资金、基金1.05亿元，支持企业改制、农村基础设施建设和产业结构调整。2004年，筹措资金157万元，促进项目建设，改造提升传统产业。处置资产175处，拍卖粮食6975吨，筹措企业改制资金9849.74万元。公有资产经营管理有限公司融资1000万元，收购资产3处，解决机械厂资金短缺及电石厂、化工机械厂职工置换难题。

2005年，实施“特色富市、工业强市、项目活市、科技兴市”战略，筹集建设资金1987万元，拨付企业挖潜改造资金、科技三项费用990万元，核拨招商引资、企业发展等奖励资金116万元，支持皮革工业园区、红仑工业园区经济和非公有经济发展。同时，加快企业改制，筹集改制资金4770万元，处置企业资产88处，争取国债资金1390万元、开发银行贷款1500万元。为加快城乡、工农业协调发展提供财力保障，使当年财政收入达到3.45亿元。

第三节 财政收支

一、财政收入

（一）工商税收

1986年，工商税包括增值税、营业税、个人所得税、城市维护建设税、资源税、固定资产投资方向调节税、房产税、城镇土地使用税、土地增值税、车船使用税、屠宰税、筵席税、分税制改革前的企业所得税（含产品税、营业税）、企业所得税退税、国有企业解缴和补亏以及预算调节基金等，当年征收4094万元，占当年财政总收入的89.29%；1994年为4648万元，占当年财政总收入的60.82%；2005年为1.21亿元，占当年财政总收入的34.9%。

（二）农业“四税”

1986年，由财政部门征收的农业四税，包括农业税、农业特产税、耕地占用税、契税。当年征收443万元，占财政总收入的9.66%。1994年，征收农业四税1615万元，占财政总收入的21.13%。1996年，征收2038万元，占财政总收入的18.73%。2003年，征收3772万元，占财政总收入的13.6%。2004年，税率下调，征收2572万元，占财政总收入的12.97%。2005年，免征农业税。

（三）其他收入

1986年，其他收入包括预算调节基金、行政事业性收费、罚没收入、专项收入等，当年征收48万元，占当年财政总收入的1%；1992年达到1139万元，占当年财政总收入的14.15%。从1995年起，国家规定部分行政性收费纳入预算管理。同时，加强对司法机关和物价、工商、环保等部门罚没收入的管理，加大排污费征收力度，其他收入增长较快。1996年为2060万元，占当年财政总收入的18.93%；2005年为9027万元，占当年财政总收入的41.42%。

1986—2005年湘乡市财政收入统计表

表8-1 单位:万元

项目 年份	总计	地方财政收入					基金收入	上划中央两税	上划所得税
		合计	工商税收	农业"四税"		其他收入			
				小计	其中:农业税				
1986	4585	4585	4094	443	443	48	—	—	—
1987	5362	5362	4757	525	521	80	—	—	—
1988	6076	6076	5440	545	509	91	—	—	—
1989	5710	5710	4589	730	695	391	—	—	—
1990	6275	6275	5231	739	671	305	—	—	—
1991	6633	6633	5193	774	693	666	—	—	—
1992	8050	8050	5973	938	789	1139	—	—	—
1993	7508	7508	5694	879	778	935	—	—	—
1994	10750	7642	4648	1615	1350	1379	—	3108	—
1995	12679	9257	5669	1652	1376	1936	—	3422	—
1996	14554	10881	6783	2038	1826	2060	—	3673	—
1997	15587	11005	6831	2261	2069	1913	910	3672	—
1998	16317	11732	7069	1940	1674	2723	567	4018	—
1999	16574	11802	6813	2017	1544	2972	702	4070	—
2000	20651	12731	7728	1761	1210	3242	3469	4451	—
2001	20286	14360	8540	2110	1584	3710	3204	2722	—
2002	25103	15689	7942	3538	3151	4209	1305	5646	2463
2003	27668	17481	8473	3772	3141	5236	1109	6473	2605
2004	30870	19829	10148	2572	1795	7109	361	7163	3517
2005	34538	21792	12056	709	0	9027	316	8926	3504
合计	295776	214400	133671	31558	25819	49171	11943	57344	12089

附：

一、基金收入

1997年，开始征收工业交通、文教、农业部门基金收入及土地有偿使用收入、地方财政税费附加收入等，当年，征收910万元，此后逐年增加。2000年，征收3469万元。以后逐年下降，2005年仅征收316万元。

二、上划中央"两税"

从1994年开始，上划中央"两税"，即按财政体制划分的属于各县（市、区）的上划中央"两税"收入，包括本级增值税收入的75%和消费税全额。当年上划3108万元，其后，逐年有所增加。2000年，4451万元；2001年，2722万元；以后逐年增加，2005年，8926万元。

三、上划所得税

2002年，开始上划。上划所得税是指辖区内各级各类企业所得税和个人所得税之和比2001年增加的部分按比例上划中央的部分，包含中央、省、市（州）下放到辖区企业所得税和调整个人利息收入所得税形成的上划部分。当年，按地方50%，上划中央50%的比例；2003—2005年，按地方28%，上划中央72%的比例。4年共计上划中央1.2089亿元。

二、财政支出

（一）经济建设支出

1986年，湘乡市经济建设支出仅为464万元，占当年财政支出的15.14%。以后投资额虽然逐年增加，但随着社会主义市场经济的发展，财政对经济建设所承担的职能的转变，经济建设支出占财政总支出的比重有所下降。2000年为1796万元，占当年财政支出的9.19%。2005年达7229万元，占当年财政支出的13.73%。但比1986年增加6765万元，增长14.58倍。

（二）事业支出

1986年，湘乡市事业费支出1668万元，占当年财政支出的54.44%。以后逐年增加。2000年为7139万元，占当年财政支出的36.54%。2005年为2.14亿元，占当年财政支出的40.59%，比1986年增加1.97亿元，增长11.82倍。

（三）社会保障支出

1986年，社会保障支出为386万元，占当年财政支出的12.6%。1998年起，社会保障制度逐步完善，国有企业下岗职工基本生活保障和城镇居民最低生活保障制度相继实施，社会保障支出迅速增长，当年为3095万元，占财政总支出的18.83%。2005年，社会保障支出达到1.19亿元，占当年财政支出的22.64%，比1986年增加1.15亿元，增长29.89倍。

（四）行政政法支出

1986年，行政政法支出499万元，占当年财政支出的16.29%。其后，随着改革开放的深入，行政机构健全、人员增多、工资标准提高，行政政法支出逐年增加。2005年7800万元，占当年财政支出的14.81%，比1986年增加7301万元，增长14.63倍。

（五）其他支出

1986年，其他支出，包括专项支出、改革支出等47万元，占当年财政支出的1.53%。2005年支出4339万元，占当年财政支出的8.24%，比1986年增加4292万元，增长91.32倍。

1986—2005年湘乡市财政支出统计表

表8-2　　单位:万元

年份＼项目	总计	地方财政支出						基金支出
		合计	经济建设支出	事业支出	社会保障支出	行政政法支出	其他支出	
1986	3064	3064	464	1668	386	499	47	—
1987	3484	3484	546	1783	457	578	120	—
1988	3982	3982	731	2026	406	726	93	—
1989	4443	4443	692	2434	438	685	194	—
1990	5509	5509	928	2712	583	764	522	—
1991	5517	5517	861	2740	532	777	607	—
1992	6610	6610	984	3385	496	1031	714	—
1993	7840	7840	1700	3403	333	1265	1139	—
1994	10158	10158	1764	5187	434	1739	1034	—
1995	12318	12318	1661	6109	442	2287	1819	—
1996	13898	13898	1850	6738	479	3152	1679	—
1997	15490	14639	1867	7568	734	3509	961	851
1998	16439	15920	2621	6400	3095	2865	939	519
1999	18061	17354	1696	6878	3914	3395	1471	707
2000	23013	19539	1796	7139	4484	3781	2339	3474
2001	29157	25730	2184	9548	4980	4766	4252	3427
2002	33973	32308	2516	14177	7216	5544	2855	1665
2003	37213	35562	3600	14715	8441	5809	2997	1651
2004	44916	43899	5681	18089	9229	6777	4123	1017
2005	53747	52668	7229	21377	11923	7800	4339	1079
合计	348832	334442	41371	144076	59002	57749	32244	14390

第四节 财政管理

一、管理体制及其调整改革

1986年，贯彻执行湖南省对市县实行“划分税种、核定收支、超收分成、分级包干”的财政体制。1988年，湘乡市将统收统支体制，改变为“划分收支、定收定支、超收分成、欠收自负”的分级管理、分灶吃饭体制。当年区（镇、乡）财政收入完成1838.45万元，为年计划的107.8%，比上年增长11.7%。按新的财政体制，区（镇、乡）共超收分成73万元，财政增强了活动和实力。1989年，实行“定收定支、收支挂钩、定额上缴（或补贴）、比例递增（或递减）、一定三年、赤字自负、节余留用”的体制。当年区（镇、乡）完成收入2157.1万元，为预算的124.7%，比上年增长28.4%，年终结余195万元。1990年，对46个乡镇在上年的基础上，按财政级次划分收入范围，参照前3年实绩核定收入基数，按行政管辖划分支出范围，按实有人数核定支出基数，但对8个区、3个办事处仍采取“分成型”体制，区不再从乡提取分成。1992年，在总结第一轮包干体制经验教训的基础上，坚持责、权、利相结合，制订第二轮财政包干办法，实行“定收定支、收支挂钩、定额上缴（或补贴）、超收全留或分成、短收自负或分担、一定四年”的管理体制，当年完成财政收入8050万元，比上年增收1417万元，增长21.36%。1994年起，按照中央对地方实行分税制财政管理的体制，湘乡市调整政策，完善区（镇、乡）财政包干体制，将上年超收分成部分列入支出基数，重新核定收支基数。1996年起的第一轮分税型财政体制是在前两年原包干型财政体制的基础上测算，实行“划分税种定收入、确定事权定支出、收支挂钩定返还”的仿分税制体制，将财政收入划分为市级固定收入、市乡（镇、办）共享收入、乡（镇、办）固定收入。当年乡（镇、办）收入比上年增长20.43%，高于全市平均增长水平2.43个百分点。1997年，试运行乡镇金库试点改革，泉塘镇和棋梓镇设立金库；其后，又有翻江镇、山枣镇、东郊乡、潭市镇设立金库；5年后全部停止运行。1999年，出台《湘乡市第二轮乡（镇、办）财政分税制管理暂行办法》，一定4年。在第一轮的基础上进行部分调整，扩大共享收入范围，将固定资产投资方向调节税、契税、个人所得税、农业税等税种列入市、乡共享范围；乡镇对市级的上解或市级对乡镇的返还，由原来的核定比例调整为定额上解或定额补助；将支出基数采用零基预算的办法，重新对各项数据进行测算。2000年起，废止征收部门按征收额提取征收经费的做法，由省级列入年初预算。2003年开始，第三轮财政管理体制继续执行“划分税种定收入、确定事权定支出、收支挂钩定补助或上解”的包干体制。财政收入划分为市级收入和乡（镇、办）收入，两级收入中分别包括上解中央收入和本级收入，取消市乡共享收入，相应调减乡镇办事处收入任务，扩大乡镇办事处支出基数。2005年，管理体制不变。

二、预算管理

1986年，将单式预算改为复式预算，并编制综合财政预算，改变按人头分配经费或按基数增长的做法，实行“预算定额指标同事业任务、工作量挂钩，正常经费加专项补贴”的办法，并开始渗透零基预算的思想。鼓励事业单位开展有偿服务；促进全额单位向差额单位过渡，差额单位向自收自支单位过渡。1993年，实行零基预算，对各行政事业单位分类排队，确定经费核算标准，一次包干到位。1994年起，财政为确保工资发放，坚持综合财政预算，做到预算内外资金统一运行，强化政府的经济调控功能。2002年，按照透明、规范、高效、适度从紧、收支平衡的原则，选择民政局、环保局等5个单位进行部门核算改革试点。2003年，规范部门预算，编制基本支出预算、项目预算和政府采购预算。实行零基预算，将部门预算试编范围扩大到15个单位，提高部门预算的完整性、时效性、统一性和可执行性。2004年，通过网上公开预算执行情况，对指标控制、资金缴拨和执行分析情况实行全过程监管，预算透明度增强。2005年，继续扩大部门预算试点，统筹预算内外财力，试编28个部门单位的预算，部门预算试点单位预算执行正常。

三、预算外资金管理

1986年，预算外资金（非税收入）管理主要是由各部门开具财政专用收据，然后凭据上缴财政。1987年非税收入为1942万元；其后逐年增加，1991年达到4269万元，是1987年的2.2倍。1997年7月，全面推行预算外资金的收缴分离，资金直接缴存财政设立的收费罚没专户，全年收入为9917万元，是1991年的2.32倍。2000年，预算外资金收入为1.17亿元，比1997年增长18.42%。2003年，将税收以外的收入列为非税收入，实行预算管理。2004年9月，贯彻执行《湖南省非税收入管理条例》。2005年，归集非税收入2.64亿元，比2000年增长1.24倍，为1987年的13.58倍。

1987—2005年湘乡市非税收入项目及金额统计表

表8-3 单位:万元

年份＼项目	合计	行政事业性收费	国营企业及主管部门收入	乡镇自筹统筹	社会保障	政府性基金收入	其他收入
1987	1942	807	1135	—	—	—	—
1988	2174	1257	917	—	—	—	—
1989	2710	1724	986	—	—	—	—
1990	2948	2096	852	—	—	—	—
1991	4269	3272	997	—	—	—	—
1992	5836	4520	1316	—	—	—	—
1993	4954	4954	—	—	—	—	—
1994	6482	6482	—	—	—	—	—
1995	6936	6936	—	—	—	—	—
1996	11492	1790	—	6013	3689	—	—
1997	9917	4512	—	1906	3467	—	32
1998	4967	2757	—	—	—	2167	43
1999	9245	2601	150	2978	—	2817	699
2000	11744	5411	200	2203	—	308	3622
2001	9536	5654	168	1924	—	203	1587
2002	8811	5867	178	1195	—	575	996
2003	6685	4852	130	—	—	180	1523
2004	23996	22349	43	—	—	285	1319
2005	26366	24588	30	—	—	230	1518
合计	161010	112429	7102	16219	7156	6765	11339

四、财务管理

（一）企业财务管理

1986年，执行国务院《国营企业固定资产折旧试行条例》，计算固定资产净残值比例确定在原价的3%～5% 的范围内。1987年，根据上级精神，自7月1日起实行分类折旧，停止执行按综合折旧率提取折旧的办法。同时，执行《国务院批转中国人民银行关于国营企业流动资金改由人民银行统一管理的报告的通知》，企业的流动资金由人民银行统一供应、统一管理。对工业企业实行各种承包经营责任制，上缴利润递增包干，即利润基数确定后，企业按每年递增10%～12% 向财政上缴利润，企业生产发展基金和职工文化生活基金与经济效益挂钩。经营责任制国有工业企业在承包上缴指标的同时，实行以工资总额与经济效益挂钩为主要形式的浮动比例办法，执行此种形式的有经委所属12家企业。1990年，第一轮承包绝大部分已经到期或即将到期。根据中央关于坚持承包、兴利除弊、不断加以完善的精神，在一定范围内进行企业缴纳所得税以后的利润承包、税后还贷试点。适当调增企业承包上缴利润基数和递增比例，确保国家财政收入稳定增长；建立承包风险基金，试行风险抵押承包；取消利润，还贷“两金”（即职工福利基金和奖励基金），严格承包期检查与清算，认真兑现承包合同。强化承包企业的管理和监督，克服企业短期行为。1991年，商品流通领域统一削价处理部分库存积压商品。企业在规定的期限内，或用削价处理商品的销售额还贷。在规定时日之前仍可比照国家规定的贷款利率虚提利息，计入商品（物资）流通费，用于冲销这次专项处理商品的削价损失。经同级财政部门审批后可挂账，所占贷款，企业按正常贷款利率支付50% 利息，计入商品（物资）流通费。1992年，国营商业、粮食、外贸企业固定资产单位价值的标准由800元提高到1500元。原固定资产低于新标准的，相应调整为低值易耗品。其原净值可按当时低值易耗品摊销办法摊入成本。固定资产单位价值标准调整后相应增加的成本支出属于企业各项损益的调整，盈利企业不得减少上缴财政收入，不调整承包基数，亏损企业不调整亏损总额包干指标。1993年，重新规定折旧办法，主要有“平均年限法”“工作量法”“双倍金额递减法”“年数总和法”4种，允许企业自选折旧办法和确定加速折旧幅度。同时取消计提大修理基金办法，修理费发生时，直接记入有关费用，还可以采用预提或待摊的办法。1994年，对商业主管局及所属公司财务进行测算，以掌控改革对商业企业和财政收入影响的情况。1995年，市财政局和劳动局联合下发《关于国有企业实行成本列支工资总额包干办法和成本列支的平均工资办法核定工资基数有关问题的通知》。通知规定：凡实行工资包干办法的企业，原则上包干人均工资水平不得超过同行业挂钩企业的人均工资水平；实行“工资包干办法”的企业，当年使用结果不能超过市财政局、劳动局核定的数额。1997年，对粮食部门所辖17个单位的财务进行全面清查，把上年度亏损挂账2500万元减至1041万元，核减58.36%，按比例消化历年粮食亏损挂账38万元，并建立粮食风险基金。因市场经济发展迅速，企业改革改制势在必行。至2005年，全市依法破产企业13家，处置资产320处，归集改制资金1.26亿元。

（二）行政事业财务管理

1986年，行政事业财务管理由统收统支改为分级管理、“分灶吃饭”，并清理“小钱柜”41个，资金6192元，鼓励事业单位有偿服务，减轻财政负担。1987年，财务管理进一步加强，行财口支出

2233万元，其中教育支出1062万元，占47.56%；文体广播卫生支出387万元，占17.3%；行政管理费476万元，占21.32%；公检法司支出99万元，占4%。1988年，行政事业单位人员增加副食品补贴和增加工资，审查落实到人，全市增资397万元。至1991年，3年中行财口支出9367万元，年均支出3122万元。1992—1994年，行政事业单位人员增加工龄工资、奖励工资、粮食补贴、书报费、洗理费、公务员工资制度改革增资，严格审查，逐项落实到位。1995年，对乡镇财政管理的原则是收支挂钩，"分灶吃饭"。1999年，推行会计电算化工作，并出台《湘乡市财政统发工资暂行办法》。2000年，成立财政统发工资中心，建立人员基本情况数据库，逐步完善财政统发工资机制，将全市行政干部和教育系统干部职工纳入统发范围。在乡镇设立统发工资专户，加强乡镇工资代发户管理，并建立以统发中心为纽带的财政、人事、编委3家联控监督体系。2001年，22个乡镇财政所全部使用计算机记账，开通电子邮件系统。2002年，成立财务会计集中核算中心，设6个会计核算柜组、资金室、稽查室和办公室9个内设机构，实行"大厅式办公、柜组式作业"的运作方式。当年纳入集中核算的单位242家，设立账户325套。并对6个临时机构委派会计人员，改善行政事业单位经济结构，维护财经秩序。2004年，乡镇财税信息网络通过省财政厅检查验收，获全省一等奖。2005年，已纳入财政统发工资的行政事业单位132个，9940人，月工资统发额为846.3万元；纳入集中核算的单位278个，设立账户360套，日均接待报账单位50个次，日资金流量500万元。

（三）社会保障财务管理

从1987年开始，在140家国营企事业单位征收待业保险基金，并进行城镇企业职工养老保险制度改革。1993年，实行补充养老保险制度。1994年，待业保险更名为失业保险，投保单位196家。1995年，机关事业单位部分人员启动养老保险。1996年，企业职工建立养老保险个人账户，并开始实行公费医疗。1997年，制订残疾人就业保障金管理办法。1998年，湘乡被列为全省20个残疾人贫困县市之一，得到100万元扶贫贷款基金。10年来，全市先后投入1040万元，为毛田乡、育塅乡等17所敬老院进行改、扩建，集中供养860人。全市19所乡镇卫生院由集体所有制转为全民所有制。1999年，规范企业职工基本养老保险，实行收支两条线管理，在财政设立专户，中央财政从当年起实行基本养老保险转移支付。2000年，失业保险实行收支两条线管理。2001年，设立医疗保险办公室，按工资待遇标准统筹医疗保险基金，建立个人账户和统筹账户；失业保险救济金发放标准从每人每月178.5元提高到196元；全面启动养老保险，包括城镇个体私营经济组织成员和自谋职业者；委托地方税务机关代征部分企业及职工的养老保险费。2002年，实行城镇职工基本医疗保险，并对全市225名离休干部和209名二等乙级以上伤残军人实行代管和费用统筹；湘乡被国家批准为全国精神病防治康复试点县市；城镇居民最低生活保障线由110元/月，提高到143元/月。从2003年起，本级财政对基本养老保险进行补贴，年金额80万元；乡镇卫生院经费不再通过乡镇财政下拨，而是由市财政切块到市卫局掌握管理。当年，投入90万元，全力防治"非典"（非典型性肺炎）。2004年，贯彻执行市政府《湘乡市工伤保险实施细则》，提高离退休人员和伤残军人医疗保险统筹标准；提高企业退休人员丧葬费补助标准，由原来的600元/人提高为按4个月社会平均工资支付；全市五保户纳入城镇最低生活保障；启动企业下岗失业人员小额贷款担保项目，鼓励自谋职业、自主创业；解决乡镇防保组疾病预防和妇幼保健85人的基本工资及养老保险参保问题。同时，投入1150万元，对疾病控制中心和传染病隔离医院进行建设。2005年，启动城镇职工生育保险，失业保险金提高到每人每月336元；筹集资金36.5万元，解决55户残疾人的危房改造；农村"五保"8383人，转移支付供养经费474万元；新建公共职业介绍服务中心；城镇居民最低生活保障10588人，发放低保金636万元。

（四）经济建设财务管理

1995年12月，湘乡市财政局在全省率先设立基建财务管理股，专门负责管理基建财务。1996年，审查工程决算25个，送审金额815万元，核减金额135万元，核减率16.56%。设立基建财务股工作，被省财政厅作为模式向全省推介。1997年，有8个县市来湘乡交流基建财务管理工作情况。至2003年，共审查工程决算493个，送审金额3.46亿元，核减金额6076万元，平均核减率17.58%。2004—2005年，根据财政部《关于加强基本建设财务管理若干意见的通知》精神，对施工企业、房地产开发企业财务，基本建设单位财务，城建事业单位财务，进行监督管理。审查招投标工程的底价和建设工程的概、预、决算，并对基本建设工程实行监督。共审查工程决算项目101个，送审金额9820万元，核减金额1126万元，平均核减率11.47%。

1996—2005年湘乡市审查工程项目决算统计表

表8-4

项目年份	审查工程决算（个）	送审金额（万元）	核减金额（万元）	核减率（%）
1996	25	815	135	16.60
1997	87	5415	1029	19.01
1998	82	6318	1150	18.20
1999	57	4305	710	16.50
2000	75	5682	824	14.50
2001	37	1690	200	11.83
2002	62	4326	603	13.94
2003	93	6820	1560	22.87
2004	53	5260	663	12.60
2005	48	4560	463	10.16
合计	619	45191	7337	16.24

五、国有资产管理

1991年9月，成立湘乡市国有资产管理办公室，全市行政企事业单位占有的国有资产总额为3.42亿元，其中全民企业占用的经营性资产1.98亿元，占资产总额的57.89%；行政事业单位占用的非经营性资产1.44亿元，占资产总额的42.11%。1992年，完成首次国有资产产权登记工作，登记企业单位156户，国有资产总额1.65亿元，其中市本级1.24亿元。1994年，完成湘乡磷肥厂的破产终结。1995年，湘乡率先在全省范围内，在各乡镇街道设立国有资产管理所，并被作为典型经验在全国、全省交流推广。1996年，国有资产管理办公室升格为国有资产管理局。1998年，完成城镇集体企业清产核资工作，清查资产3.37亿元，核实所有者权益6784万元。湘乡市获得“全国城镇集体企业清产核资先进集体”称号。1999年，对8家国有企业派驻财务总监。2000年，《湘乡市国有资产处置管理办法》出台，并组建湘乡市拍卖公司，成功拍卖湘乡铸造厂。至2002年，清查161户行政事业单位，资产7.9亿元，负债1.76亿元，查出账外资产1.57亿元，资产损失1.75亿元。2004年，设立公有资产经营管理有限公司，注册资本4698万元。至2005年年底，共融资4000万元，收购资产1000万元，增值600万元，企业改制资金的紧张状况得到缓解。

六、会计管理

1986年，成立湘乡市会计学会，由22人组成理事会，有会员193人。1987年起，湘乡市财会学校招收中专、大专、本科班学员，并举办短期培训，以提高财务会计的业务水平。1989年，开展会计工作“抓基础、达标准、上等级”的达标升级活动，市百货公司成为湘乡市第一个湖南省级达标单位。1992年起，实行会计专业技术资格全国统考，先后组织各类培训40多批次，培训1万余人。1993年，设立会计师事务所；会计学会理事会扩大到62人，会员426人。1997年，推行会计工作规范化、制度化、科学化建设，取代达标升级活动，实行会计电算化管理和注册会计师制度，当年有注册会计师89人。至2005年，全市在职会计人员2468名，先后接受过学历教育的达2450人。另外共举办短期培训班120多期，培训9000余人次。

七、其他管理

（一）农村税费改革

从1987年开始，征收耕地占用税。至1991年，由国土部门代征，恢复征收契税，成为湘乡财政收入的重要组成部分。1992年起，耕地占用税，实行预征制度。1994年，将原由税务部门征收的部分农业特产的“产品税”和“农林特产税”合并，改征“农业特产税”。1997年，实行新的《中华人民共和国契税暂行条例》。至2001年，国家实行农村税费改革，湘乡确定潭市镇作为试点乡镇。当年全市征收的农业税和“三提五统”（“三提”是提公积金、公益金、管理费，“五统”指五项统筹，包括教育费附加、计划生育、民兵训练、民政优抚、民办交通费）总额为1.6866亿元。2002年，农村税费改革在全市铺开，计税耕地面积为37666.67公顷，征税3761万元（含正税和附加），比上年总额减少1.31亿元，人均减负167元，减负率77.3%，每公顷减负2730元，减负率70%。税票的开具权统一收归省一级。2003年，在育塅乡成立湘潭市首家农业税收办税服务厅。当年全市计税耕地37066.67公顷，征税3672万元。2004年，税率下调3个百分点，征税额为2096万元。同时，停止除烟叶以外的农林特产品征收“农业特产税”。国家对种粮农民的计税耕地面积实行粮食直接补贴和良种补贴，粮食直接补贴标准为11元/亩，全市共发放611.65万元；良种补贴标准为早稻10元/亩、中稻15元/亩、晚稻7元/亩，全市共发放954.23万元。2005年，全市免征农业税，因此而减少的财政收入由上级列入转移支付。当年国家确定的粮食直接补贴标准为13元/亩，全市共发放722.86万元；良种补贴标准统一为17元/亩，全市共发放962.07万元。

（二）国债

1986—1995年，湘乡市国家债券发行任务数由市政府发文分配，宣传发动和组织入库工作由财政部门负责，发行和还本付息事宜，由商业银行办理。共完成发行任务4119.11万元，其中单位用自有资金等完成917.58万元，单位职工、干部及城乡居民完成3201.53万元。1996年以后，国债发行走向市场，国家不再分配任务。至1998年，通过国债服务部面向单位和城乡居民直接推销1378.24万元，其中单位认购935.04万元、城乡居民个人认购443.2万元。兑付到期国债本息2072.01万元，提前兑付后再转让国债6万元。

（三）政府采购（控购）

2001年，设立政府采购管理中心，与控制社会集团购买力领导小组办公室实行两块牌子，合署办公。2002年，建立专家评委库和供应商库，将电器设备、办公通用设备和交通设备等纳入政府采购。当年完成招标21次，实现采购金额543万元。2003年，开展大宗商品采购业务，并将全市行政事业单位的车辆保险纳入政府采购范围。当年完成招标202次，实现采购金额2610万元。2005年，实施“管采分离”，建立管理、操作、使用及采购、验收、付款相分离的机制。同时，确认2家中介代理商。当年完成招标218次，实现采购金额2090.73万元。

八、财政监督

1986年，清理小钱柜41个，涉及资金6192元。同时税收、财务、物价三大检查照常进行。1995年，开展“小金库”的专项清理工作，组织全市504个单位进行自清自查，有8个单位自报私设“小金库”，计金额21万元。同时，对45个单位进行重点清查，查出有“小金库”的单位5个，收缴31万元。1996年，检查行政事业单位61个、个体工商户3246户，收缴违纪金额1707.3万元，入库率达92%，受到省政府的表彰。至1998年，连续13年的税收、财务、物价三大检查，全市共组织人员4399人次，检查单位5532户次，查处各类违纪金额9401万元，收缴国库5134万元。1999年，配合省政府组织粮食执法监察检查，进行清仓查库和粮食专项资金审核；配合审计署南京特派办调查组对国债转贷资金的管理进行检查。结果表明，管理使用符合规定。2001年，从源头上治理“三乱”（乱收费、乱罚款、乱摊派），对178个行政企事业单位进行专项检查，查出违纪金额340万元。2002年，派出19个检查组，对164个行政企事业单位及其二级机构的财务进行专项检查，查出违纪金额190万元，收缴入库42万元。2004年，对11个单位进行专项检查，查出违纪金额278万元，收缴入库20万元。当年出台《关于做好整顿统一着装工作的实施意见》，对23家单位的着装进行清理整顿，收回制式服装、标志324套。同年，按照省财政厅《关于在全省范围内开展财政收入“打假工程”的通知》，进行自清自查，查出有13个乡、镇、街道用财政资金垫付农业税255.7万元，买税虚增收入35万元。同时，加大对“小金库”的打击力度，查处棋梓国土所、市教育基金委员会等单位，收缴“小金库”资金23万元。2005年，开展《财政违法行为处罚处分条例》《中华人民共和国会计法》等法律法规的宣传教育和《中华人民共和国会计法》执行情况、会计信息质量专项检查，实施财政收入“打假工程”，加强财政收入及财政切块资金拨付使用的监督管理。以清理“小金库”为主要内容，全面开展财务大检查，加强行政事业单位财务收支监管。清除在职统发工资人员209人，收回违规工资款34.5万元。

第二章 税务

至1994年9月国家税务局和地方税务局分设时止，8年间全市税收收入10.02万元。至2005年年末，11年间全市税收收入24.42亿元。其中，国税收入14.43亿元，地税收入9.99亿元。

第一节 管理机构

一、湘乡市税务局

1986年，湘乡县税务局设税政一股、二股、三股和征收股、征管股、人事股、监察股、计划统计股、工会、办公室、劳动服务公司，下设城关、东郊、泉塘、虞唐、白田、棋梓、东山、月山、潭市、壶天10个税务所。1987年3月，县改市，称湘乡市税务局。局机关增设纪检组，税政一股、二股合并办公。1988年5月，撤销征收股，设置驻厂组，负责湘乡水泥厂、湖南铁合金厂、湘乡铝厂、供电局、湘乡化工厂、啤酒厂的税收征管。原征收股所管其他企业和人员移交城关税务所管理。同时，建立促产办公室，配备两名专职干部。同年5月28日，成立市人民检察院税务检察室，驻局办公，由局配备两名干部协同开展工作。1989年2月5日，省税务局〔1989〕湘税人字497号文件《湘乡市城关税务所分为城区第一税务所和城区第二税务所》批复同意；7月，成立市税务稽查队。1990年，市税务局机关设办公室、人教股、监察股、征管股、税政股、所得税股、计划统计股、工会。下设城区一、城区二、东郊、东山、泉塘、虞唐、白田、壶天、月山、潭市、棋梓税务所。1991—1994年9月，市局机关保持8～9个职能股室，下辖11个税务所。

二、湘乡市国家税务局

1994年9月16日，原市税务局分设为市国家税务局（简称国税局）和市地方税务局（简称地税局）。分设后的市国税局设人教股、监察股、征管股、计划统计股、税政股、办公室、稽查局。下辖11个税务所。原城区一、城区二、东郊、东山、泉塘、虞唐、潭市、棋梓、月山、壶天、白田所分别更名为市国税局一、二、三、四、五、六、七、八、九、十、十一税务所。1995年4月，市国税局各股室更名为科室，设办公室、人教科、监察科、征管科、税政科、计会科、税检室、稽查局、代理所、工会，下辖11个税务所。同年9月11日，撤销11个税务所，分别设立市国税局城东、城南、虞唐、泉塘、棋梓、壶天、白田征收分局。同时明确各征收分局为副科级单位，属市国税局派出机构。1996年，市局机关设8个职能科室，下辖7个征收分局。1997—1998年，局内设机构，撤销征管科、税政科，设立综合业务科和发票管理所，后又调整为政工科、计财科、综合业务科、办公室、监察审计室、稽查局，下辖仍然是7个征收分局。2000年4月，市公安局成立市公安局税侦队，并驻市国税局办公，市国税局派3名税干协同工作。2001年7月，按照上级关于征管、机构、人事三项制度改革的要求，市国税局机关设办公室、政工科、监审室、综合业务科、税政法规科、计财科、信息中心7个职能科室，原下辖的7个征收分局撤销，设市国税局管理分局、征收分局、稽查局3个专业局和虞唐、泉塘、棋梓、壶天4个农村税务所。2003年，市国税局被国家税务总局授予“全国税务系统文明单位”称号。2004年5月，贯彻《湘潭市国家税务局机构整合实施方案》，原设的税政法规科与综合业务科合并，设立综合业务科；撤销原征收分局，内设办税服务厅；撤销原管理分局，设管理一科、管理二科。下辖稽查局及泉塘、虞唐、棋梓、壶天4个农村税务所。2005年，市局机关设办公室、人事教育科、监察室、计划统计科、综合业务科、信息中心6个职能科室，下辖稽查局、办税服务厅、管理一科、管理二科和虞唐、泉塘、棋梓、壶天4个农村税务分局，在职税务人员200人，担负着全市640余户企业、7430余户个体工商户的国税征管任务。同时，市国税局获得“全国文明单位”奖牌、湖南省国税系统思想政治工作创新奖。湘潭市国税局和中共湘乡市委发文，组织开展向湘乡市国税局学习的活动。局长刘冬友被授予“全国税务系统先进工作者”称号。

三、湘乡市地方税务局

1994年9月16日，成立湘乡市地税局，负责全市范围内的地方税收（费金）征管，其人员、机构、经费、编制由湘潭市地方税务局垂直管理。局机关内设办公室、人事教育股、监察内审股、征收管理股、计划会计股、税政管理股；下设城区、东郊、东山、虞唐、泉塘、潭市、棋梓、白田、月山、壶天税务所。同时11月，设置湘乡市地税局税务稽查局。至年底，全局有税务人员100人。1995年5月，市地税局进行机构调整，全市共设城区、龙洞、东郊、东山、梅桥、山枣、栗山、虞唐、中沙、泉塘、潭市、棋梓、毛田、壶天、翻江、月山、金薮、白田、金石、育塅基层税务所20个，另加税务稽查局和驻厂征收组，共22个征收（稽查）单位。1996年8月14日，根据省地方税务局《关于印发湘乡市地方税务局职能配置、内设机构和人员编制方案的通知》精神，湘乡市地税局设置内设机构为：办公室（加挂政策法规股牌子）、税政管理股（加挂集体企业财务股牌子）、征收管理股（加挂发票管理所牌子）、计划会计股、人事教育股（与机关党总支合署办公）、监察股（与纪检组合署办公）；下设直属行政机构税务稽查局，直属征管机构即驻厂征收组（副科级）。1998年2月，进行机构调整，原20个乡镇税务所调整为6个征收分局。具体征收范围是，第一征收分局：望春门、新湘路、昆仑桥3个街道和东郊乡、龙洞乡；第二征收分局：东山街道、梅桥镇、泉塘镇、育塅乡；第三征收分局：虞唐镇、栗山镇、中沙镇、山枣镇；第四征收分局：棋梓镇、潭市镇、毛田乡；第五征收分局：月山镇、翻江镇、壶天镇；第六征收分局：白田镇、金石镇、金薮乡。原局机关股室改称为科室。2001年9月，市地税局进行机构改革，下设第一、第二、第三、第四、第五、第六征收分局，各分局所辖征收范围不变。局机关设7个科室（局），即：办公室、人事教育科、税政管理科、征收管理科、计划财务科、监察审计室和直属行政机构税务稽查局。2004年7月，下设的第一至第五“征收分局”更名为第一至第五“税务分局”；第六征收分局原则上撤销，根据湘乡实际仍予保留；驻厂征收组同时被撤销。2005年年底，全局有税务人员137人，担负着全市800余户行政、企事业单位和9000余户个体工商户的地方税收征管工作。

第二节 税种及征收

1986年，湘乡县征收营业税，增值税，房产税，产品税，屠宰税，建筑税，城市维护建设税，车船使用税，国营、集体企业所得税，国营、集体企业及事业单位奖金税及国家能源交通重点建设基金、教育费附加共15种，入库税额9246.73万元。1987—1994年，取消国营、集体企业所得税，改征企业所得税；开征个人所得税、消费税、印花税、资源税、城镇土地使用税、固定资产投资方向调节税、国家预算调节基金等；国营企业工资调节税、个人收入调节税开征5年后取消；城乡个体工商户所得税开征4年后取消；取消国营集体企业和事业单位奖金税、建筑税、产品税。1995年，国家税制改革后的第一年，征收17种税，入库税额19405万元，比1986年增长105.85%。

1996—1999年，开征土地增值税、文化事业建设费、防洪保安基金，取消国家能源交通重点建设基金、国家预算调节基金，征收税种在16～19种之间，相对比较稳定。2000年，征收19种税，入库税额20206万元，比1995年增长41.27%。

2001—2004年，增征外商企业所得税、残疾人就业保证金、社会保险金和其他，取消屠宰税、固定资产投资方向调节税。2005年，征收税种仍为19种，入库税额32863.1万元，比2000年增长62.64%。

1986—2005年湘乡市税（费）征收统计表

表8-5

单位:万元

项目＼年份	1986	1987	1988	1989	1990	1991	1992	1993	1994	1995	1996	1997	1998	1999	2000	2001	2002	2003	2004	2005	合计
营业税	668.25	817.58	1080.72	1427.13	1362	1458	1402	2036	1493	2101	2490	2376	2317	2515	2557	2814	2918	3264	4394	2023	44873.68
增值税	72.48	149.94	980.87	1824.54	1778	2156	2773	5618	10304	11573	11361	10017	9618	10520	10491	11973	12048	11043	9573.8	16792	150665.3
房产税	9.94	91.15	101.53	110.87	119	136	159	160	174	208	354	347	337	425	581	551	667	872	1000	1020	7423.59
城市维护建设税	202.64	261.49	359.02	337.34	487	419	370	675	964	913	878	933	852	911	987	1003	1316	1162	1265	1830	16122.43
车船使用税	1.23	15.12	12.52	20.31	19	21	22	25	26	43	53	66	60	90	119	97	128	111	151	210	1290.18
集体企业所得税	134.74	121.94	106.25	138.17	117	102	110	113	—	—	—	—	—	—	—	—	—	—	—	—	943.10
国营企业所得税	3951.33	3222.13	2373.93	3140.39	2336	590	394	1041	—	—	—	—	—	—	—	—	—	—	—	—	17948.78
城乡个体工商业所得税	—	—	—	—	5	37	38	34	—	—	—	—	—	—	—	—	—	—	—	—	114
外商企业所得税	—	—	—	—	—	—	—	—	—	—	—	—	—	—	—	—	—	5	38.3	14.1	57.40
企业所得税	—	—	—	—	—	—	—	—	1056	2440	585	373	939	1071	697	889	860	830	1715	1564	13119
个人所得税	—	—	—	—	—	—	—	14	197	198	409	615	820	1001	1611	2700	2828	2801	2459	3291	18944
国营企业工资调节税	—	—	—	4.66	5	11	0	10	—	—	—	—	—	—	—	—	—	—	—	—	30.66
个人收入调节税	—	—	—	18.77	15	5	33	20	—	—	—	—	—	—	—	—	—	—	—	—	91.77
国营企业奖金税					9	3	1	1	—	—	—	—	—	—	—	—	—	—	—	—	
集体企业奖金税	68.16	57.59	15.68	14.85	8	1	7	1	—	—	—	—	—	—	—	—	—	—	—	—	190.28
事业单位奖金税					1	1	1	0	—	—	—	—	—	—	—	—	—	—	—	—	
产品税	3659.74	3994.79	3645.92	3650.62	4165	4401	4028	3968	—	—	—	—	—	—	—	—	—	—	—	—	31513.07
消费税	—	—	—	—	—	—	—	—	46	61	121	643	1239	854	937	1525	1443	1280	896	1054	9899

续表8-5

项目＼年份	1986	1987	1988	1989	1990	1991	1992	1993	1994	1995	1996	1997	1998	1999	2000	2001	2002	2003	2004	2005	合计
屠宰税	23.59	21.08	—	—	—	—	—	—	170	302	380	369	394	398	576	464	93	—	—	—	3266.67
建筑税	70.44	156.45	137.52	229.68	342	160	—	—	—	—	—	—	—	—	—	—	—	—	—	—	1096.09
印花税	—	—	23.99	30.90	37	41	41	41	60	115	139	181	188	179	228	183	226	225	245	210	2423.89
资源税	—	—	—	—	—	—	—	—	316	322	318	322	343	412	418	327	456	480	245	291	4250
城镇土地使用税	—	—	—	152.04	204	199	212	188	251	262	432	420	355	403	393	289	22	329	355	300	4986.04
土地增值税	—	—	—	—	—	—	—	—	—	—	—	2	10	5	3	5	5	9	10	51	100
固定资产投资方向调节税	—	—	—	—	—	—	176	144	215	322	412	268	232	278	93	—	—	—	—	—	2190
国家能源交通重点建设基金	549.26	575.36	512.35	404.29	356	176	320	291	69	20	—	—	—	—	—	—	—	—	—	—	3273.26
国家预算调节基金	—	—	—	265.31	341	351	106	125	81	42	—	—	—	—	—	—	—	—	—	—	1311.31
防洪保安基金	—	—	—	—	—	—	—	—	—	—	136	18	90	81	91	100	172	206	205	230	1329
残疾人就业保证金	—	—	—	—	—	—	—	—	—	—	—	—	—	—	15	11	19	12	24	25	107
文化事业建设费	—	—	—	—	—	—	—	—	—	—	—	—	2	4	8	8	8.4	8.3	9.2	10	57.9
社会保险费	—	—	—	—	—	—	—	—	—	—	—	—	—	—	—	10	26.4	37.3	59.9	126	259.6
教育费附加	14.93	34.24	72.75	85.99	116	133	145	282	380	483	303	365	279	349	389	436	540	584	657	785	6443.91
其他	—	—	—	—	—	—	—	—	—	—	—	—	—	—	15	11	19	12	24	26	107
合计	9426.73	9518.86	9423.05	11855.96	12722	10401	10338	14833	15802	19405	18731	17675	18125	19496	20206	23426	24114.8	23300.6	23126.2	32863.1	344429.3

说明：出口退税，2002年为28万元，2003年为0，2004年为723万元，2005年为112万元，未列入表内

第三节 征管

1986—1993年，湘乡税务部门推行“三自纳税”，即由纳税单位自行计算应纳税款，自行填写税收缴款书，自行到开户银行缴纳税款。同时对计账不全的企业和个体经营者，根据其产销情况核定其应纳税款，按期缴纳。税务部门还建立和修订征收管理考核办法，专管员工作制度，征管工作规程和征管改革方案。聘请8名代征员充实征管力量。配备专、兼职发票管理员及征管资料员，建立征管台账。全面推行“征管与稽查分离、票款分离、双线上岗、送税上门”征管新模式，告别长期以来“一人进厂，各税统管”的旧模式。

1994年，国家税务体制改革。当年，市国税局遵照国务院颁发的《中华人民共和国增值税暂行条例》和财政部下发的《中华人民共和国增值税暂行条例实施细则》，在征管机构、征管形式、征管办法、征管资料等方面建立一套比较规范的征收管理体系，明确征管改革方面，在城区两所实行“征、管、查分离，送税上门”；在农村各所实行“划片定点定期、双线上岗、票款分离”；对个体税收实行“设专业、分行业、全方位税源控管”的征管模式。设置驻厂组，对湖南铁合厂、湘乡铝厂、湘乡水泥厂、电力局等实行驻厂、局征管。

1995—1998年，市国税局确定征管户数多、征管区域宽、征管难度大的城南征收分局为重点征管改革单位。对全市221户一般纳税人进行重新认定，对不具备条件的26户企业取消一般纳税人资格。对全市一般纳税人的期初存货已征税款余业进行全面的重新审查，并对全市559户企业年检年审，其中合格526户，限期整改33户。市地税局以市政府名义印发屠宰税征管通知；聘请公安局交警大队2名财会人员，设立协税护税办公室，负责日常车辆税收征收开票工作，严把车辆年检、年审、过户关卡，车辆办完手续后，证件交协税护税办公室，待交清税款后，方可将证件发给车辆所有人。对各乡镇实行财政下拨款项与任务完成挂钩的分税制管理办法，即由原来的“超收分成”改为“划分税种定收入，根据事权定支出，收支挂钩定返还”。按照“依法治税、规范统一、整体协调、实用易行、监督制约”的征管改革原则，在桑梅路93号建立地方税收纳税服务大厅，开设服务窗口。并且以计算机网络为依托，推行集中征收、重点稽查的税收征管新模式。市税务部门还采用与计委、公安、交通、财政等部门齐抓共管，委托代征与属地征收相结合的方式，支持发展铸造、皮革等中小企业；在深挖细找税源的基础上，加强内部管理，实行任务与工资挂钩量化考核；重点抓好金融保险、邮电通信、建筑安装、交通运输、饮食服务、房产开发以及个体工商大户的征收管理。

1999—2005年，市国税局建立集中征收，分类管理，一级稽查的“征、管、查”三分离新模式，重点做好“一窗式”申报征收应用，“一人一机一窗”，并在实践工作中，不断总结完善，形成“税收—纳税评估—税务稽查”三位一体的联动机制。市地税局强化对出租车税收的检查，经过治理、协调、规范，实现“一站式”管理，制订《湘乡市房地产转让税收管理暂行办法》。税务机关实现宽带上网，先后启动湘潭地税征管信息系统和省地税综合软件、发票软件，实现征管业务信息资料采集方法科学化、规范化，及时完成各种征管业务资料的录入，加快税控收款机的推广和应用。停止发售旧版发票，一律使用新版定额发票和税控机打印发票。建立和完善委托代征制度：出租车税收、社会客运车辆税收、公交车税收以及拖拉机、三轮车、摩托车税收分别委托客运公司、交通部门、公汽公司和财政等部门征收。从而达到“四同三公”（同地段、同行业、同规模、同税负；政策公开、计算公正、税负公平）的要求，使税收收入稳步增长。

第四节 征稽

1989年7月，成立湘乡市税务局税务稽查队，编制4人，协助征管股工作。至1991年7月两年间，市税务稽查队与税务检察室合署办公，没有单独行使税务稽查权。

1991年8月开始，市税务稽查队正式行使稽查权。当年，稽查办案18起，结案10起。

1992—1993年，稽查队从与税务检察室合署办公中分设出来，与市公安局联合侦破一起伪造税票案及其串案7起，查处偷漏税案5起。同时，设立举报受理、稽查审批、立案审理、处理决定等一整套法律文书和表格，参与税收、物价、财务三大检查及开展个体税收专项清理，共补税罚款78.6万元。

1994年，成立市国税局税务稽查局，城南征收分局设稽查队，其他6个征收分局设稽查员，明确“对外稽查、对内监督”双重职能，检查、稽查结算3036户。地税局稽查局结合税收、物价、财务三大检查，并对1365户企事业单位等开展清查。当年，全市通过税务稽查、检查，共补税罚款1048.57万元。

1995—1996年，市国税局建立“稽查、稽核、审计”三位一体的稽查工作模式，按照选案、稽查、审理、执行4个环节，注重对纳税大户、零申报户和重点行业进行重点稽查。全市共稽查、检查3583户次，处理偷抗税案件18起，补税罚款2118.89万元。

1997—1999年，稽查局稽查各类偷漏抗税案件673起，并对年应纳税额20万元以上单位及金融、保险、邮政、电信等进行日常重点稽查，对8家印刷企业专项清查，对其他纳税户稽查7248户次，共补税罚款3907.02万元。市地税局设立税务违法举报中心，建立任务考核与税收征收责任追究、定期汇报、资料传递保管和稽查决定审核4项制度，并将700多户企业纳税人的基本情况录入微机，完善税务稽查数据库。

2000—2001年，市国税局出台《停歇业户管理办法》，扣缴入库税款500万元，加收滞纳金145万元，清理假停歇业户100多户，查出漏征漏管户200户，检查各类纳税人205户，立案查处各类涉税案件2700余件。市地税局实现“执法型”稽查，在拓宽案源，扩大稽查面，提高稽查质量上下功夫，对108户纳税户和23起偷抗税案件进行稽查和查处。通过税务稽查、查处，全市共补税罚款3136.8万元。

2002—2005年，市国税局稽查局稽查各类纳税户435户，向税侦部门移交各类税收违法案件12起；市地税局稽查局稽查各类纳税户235户，查处各类案件18起。通过税务稽查、查处，全市共补税罚款2268.91万元。

第九编 金融

1986年，湘乡金融业贯彻执行“紧中有活”的货币政策，内部实行企业化管理，各项存款余额1.99亿元，贷款余额1.52亿元，保费收入255万元。至1990年，全市已建立以人民银行为主导，专业银行为主体，多种金融机构并存的金融体系。当年，各项存款余额4.92亿元，贷款余额4.88亿元，保费收入1200.2万元，比1986年分别增长147.37%、220.77%、370.67%。其后，把握发展机遇，进行新一轮改革，构建央行监管，机构内控，行业自律，社会监督的金融监督体系。至2000年年末，全市各项存款余额28.99亿元，贷款余额18.67亿元，保费收入6677万元，比1990年分别增长4.9倍、2.8倍、4.8倍；证券交易由1998年的2亿元增加至5亿元。

2001年起，全市金融改革进入攻坚阶段。执行稳健货币政策，规范信贷行为，剥离不良资产，加大科技投入，开发新产品，开办代理业务，推出“自助银行”“网上银行”，储蓄存款市内、省内、全国大中城市通存通兑，会计结算方便、快捷。2005年年末，全市各项存款余额54.06亿元，贷款余额27.46亿元，保费收入1.37亿元，比2000年分别增长86.49%、47.12%、105.79%；证券交易与2000年持平为5亿元。

第一章 银行业

第一节 机构

一、银行

（一）中国人民银行湘乡市支行

1986年，人民银行湘乡支行共有干部、职工17人。至1988年，增设会计国库股、保卫股，有干部职工24人。1989年12月31日，人民银行湘乡支行搬迁至桑梅东路1号新址办公，干部职工33人。1992—1993年，人民银行湘乡支行及时调整组织机构，干部职工人数增加到42人。1996年，根据国务院《关于金融体制改革的决定》，市农村信用合作联社与农业银行湘乡市支行脱钩，由人民银行湘乡支行直接监督管理。从1999年4月15日起，根据人民银行武汉分行的规定，将中国人民银行湘乡支行更名为中国人民银行湘乡市支行。2000年12月，原隶属人民银行湘乡支行管理的湘乡市城市信用社被撤销，归并到湘乡市农村信用合作联社。2001年5月8日，人民银行湘乡市支行搬迁到工贸新区新办公大楼对外营业办公，有干部职工42人。2003年12月，银行业监管职能从人民银行分离，划转4人单独成立中国银行业监督管理局湘潭银监分局湘乡办事处，对农村信用社的行业管理也一并划转。2005年9月，经国家外汇管理局湖南省分局批准，国家外汇管理局湘潭市中心支局在人民银行湘乡市支行挂牌成立进出口核销办公室，开办出口收汇远程核销业务。支行内设机构调整，在册人员由43人精简到34人。

（二）中国银行业监管湘潭分局湘乡办事处

2003年12月25日，湘乡银行监管职能从人民银行分离。2004年5月，正式成立湘潭银监分局湘乡办事处，有干部4人，其中主任1人，办公地点设在人民银行湘乡市支行内。其职能：依法监管农村信用社和邮政储蓄，调查并协助处置对银行业金融机构的严重违法违规行为和重大案件，参加分局主办的大型现场检查、风险处置和调研活动，代表分局就涉及银行业监管的有关事项与湘乡市有关党政机关、部门进行沟通、联络和协调。至2005年，机构人员未变。

（三）中国农业发展银行湘乡市支行

1996年12月19日，中国人民银行湘潭市中心支行批准组建中国农业发展银行湘乡市支行。1997年1月3日，农业发展银行湘乡市支行正式成立。当时，从农业银行湘乡市支行划转20人，从人民银行湘潭市中心支行调入1人，共计21人。农业发展银行湘乡市支行成立后，接管农业银行湘乡市支行代理的信贷、资金、统计和财务工作，设立计划信贷部、财务会计部、办公室。支行克服因新机构经营体制不完善、管理手段难到位等诸多困难，按照国家的法律、法规和方针政策承担国家规定的农业政策金融服务，代理财政性支农资金的拨付，支持农业和农村经济发展。至2003年9月18日，农业发展银行湘乡市支行从长期租住的农业银行湘乡市支行新综合大楼，搬迁到工贸新区广场的办公大楼。2005年年末，实有员工15人。

（四）中国工商银行股份有限公司湘乡支行

1986年年末，工商银行湘乡支行内设人保、会计、出纳、储蓄、稽核、信贷、计划股和办公室。下设棋梓桥、可心亭、新湘路3个办事处，火车站、南门口、新湘路、可心亭、棋梓桥、中心6个储蓄所，共有员工150人。1987年3月17日，正式启用"中国工商银行湘乡市支行"印章。1988年，设立火车站分理处、四牌楼储蓄所。1990年10月，设置经济民警分队。1992年2月，设立房地产信贷部（1997年1月并入业务科）。1993—1996年，设立银政储蓄所，并将原股室更名为科室，成立南门口分理处，将棋梓水泥厂、可心亭、新湘路3个办事处更名为分理处。1997年1月，根据工商银行省分行人事工作会议关于"精简机构、分流人员"的精神，将原11科2室1队撤并为4科1室1队，即：业务、存款、营业、内控科及办公室、经济民警分队。其后设立保卫科，年末撤销内控科。2005年，中国工商银行湘乡市支行更名为中国工商银行股份有限公司湘乡支行，内设信贷、会计、公存、保卫4科和办公室。下设营业部和棋梓桥、可心亭、新湘路、南门口、火车站5个分理处，中心、银政2个储蓄所，全行共有职工103人。

（五）中国农业银行湘乡市支行

1986年，农业银行湘乡县支行共有干部、职工165人。内设人事保卫、会计出纳、农业信贷、企业信贷、工商信贷、农业拨款、计划信息、信用合作、稽核、储蓄股和办公室；基层营业所在原有东郊、东山、泉塘、虞唐、山枣、潭市、棋梓、壶天、白田、月山的基础上，增设红仑营业所和壶天、东郊储蓄所，支行储蓄柜也从营业间搬出，单设中心储蓄所。撤县建市时，中国农业银行湘乡县支行改为中国农业银行湘乡市支行，支行所属基层网点、信用社及机关各股室同时更名，共14个分支机构。1987年，分支机构增至26个，遍布整个城乡。干部、职工人数增加到271人。内部机构作相应调整，由原来的10股1室精简为7股2室。1992年增设储蓄服务部、房地产信贷部，共28个分支机构。1996年，市农村信用社与农业银行湘乡市支行正式脱钩，自成体系。1997年1月，中国农业发展银行湘乡市支行成立，从农业银行湘乡市支行分出人员，划转业务后，支行内部机构调整为13个科室。5月，又将原来的13个科室合并为5部1室，即：人事监察、会计、计划信贷、资金组织、保卫部及办公室。2005年年底，下属分支机构压缩到13个。即：4个营业所（棋梓、虞唐、壶天、月山）；7个分理处（北门、务门前、南正街、汽车站、火车站、城中、新区）；1个营业部和1个中心储蓄所。内部机构合并为5个管理部（综合管理部、监察保卫部、业务管理部、客户经理部、信贷管理部）和两个业务部（风险资产部、核算中心），共有干部、职工172人。

（六）中国银行股份有限公司湘乡支行

1988年9月10日，中国银行湘乡支行成立。内设人秘保卫股、会计出纳股、信贷计划股、存汇股，共有员工8人。同时，成立大正街、七一广场储蓄所。1989—1993年，先后将人秘保卫股分为人秘股、保卫股；设立壕塘口、云门寺储蓄所；增设房地产信贷部；将股室改称为部室；成立中银发展公司，实行独立核算（1988年撤销）；租赁市肉食公司中心肉食店门面，设立龙城分理处，又在铁合金厂十字路口设立城西分理处，并将壕塘口储蓄所搬迁至龙城电影院左侧门面营业。1994年6月，中国银行湘乡支行机关搬迁至桑梅路99号新建办公大楼。当年，大正街储蓄所升格为分理处。1995年，长城信用卡业务从会计出纳部分离出来，单独成立长城信用卡部。1996年，龙城分理处因效益较差被撤销，并入大正街分理处。2000年，实行机构改革，中层干部竞聘上岗，机关由5部1室精简到3科1部。2002年，改为4科1部，即：人秘科、保卫科、公司业务科、零售业务科、营业部。2003年8月，将保卫科的押运工作移交保安公司。12月，将壕塘口储蓄所搬迁工贸新区湘港贸易城3栋营业，更名、升格为桑梅中路分理处。2004年，七一广场储蓄所并入大正街分理处。2005年7月，中国银行湘乡支行更名为中国银行股份有限公司湘乡支行。内部机构由4科1部精简为3部，即：综合保卫部、业务发展部、营业部。撤销云门寺储蓄所，业务并入支行储蓄专柜。年末共有员工58人。

（七）中国建设银行股份有限公司湘乡支行

1986年开始，建设银行湘乡支行实行新的信贷资金管理制度，由行政事业型变为企业化经营，步入国家银行体系。12月，开办现金收付业务，改变建行只管账，不管现金的历史，实现从“财政出纳”向银行信用转变。至1988年6月，开始办理居民储蓄业务，设立储蓄网点4个。内设机构由原2股1部，增设为5股1室，即业务股、计划统计股、会计出纳股、保卫股、储蓄股、办公室。下设城南、振湘、东山路、火车站4个储蓄所。1990年5月，建设银行湘乡支行由南正街迁入桑梅路新址办公，于6月1日对外办理储蓄业务。1991年，设立房地产信贷部，对外办理有关住房的存款、贷款、结算和其他房改金融业务。至1994年，内部机构名称由股室改为科室，设有信贷科、会计科、筹资储蓄科、保卫科、办公室及建湘、广场、棋梓桥3个分理处，振湘、火车站、城南、东山路、桑梅路、营业部专柜6个储蓄所（柜），共有职工72人。1997年，中国人民建设银行湘乡支行更名为“中国建设银行湘乡市支行”。撤销房地产信贷部，业务并入信贷业务科管理。1999年10月，建设银行湘潭中心支行棋梓办事处降格为分理处，划归建设银行湘乡市支行管理。并设立“中国建设银行湘乡支行广场分理处”，同时撤销振湘储蓄所。2001—2003年，火车站储蓄所、城南储蓄所、东山路储蓄所和棋梓桥分理处等网点进行撤并。2004—2005年，建设银行湘乡市支行更名为中国建设银行股份有限公司湘乡支行。营业网点由6个精简为3个，即建湘分理处、广场分理处、营业部。内设机构4科1室全部取消。在岗职工从65人减到30人，采取解除劳动合同、内部待岗、退养等途径分流，安置富余人员。在全行实行薪酬体制改革和专业技术职务改革，建立大堂经理和客户经理制。

二、信用社

（一）农村信用合作联社

1985年4月8日，湘乡县农村信用合作联社正式成立。办公地点设农业银行湘乡县支行信用合作股内。1987年3月，湘乡县农村信用合作联社改为湘乡市农村信用合作联社。随着城关镇的撤销，原城关信用社一分为三，分别设立望春门、新湘路、昆仑桥3个信用社。全市信用社共49个，信用分社7个。1988—1989年，市农村信用合作联社机关由社务组、业务组、财务稽核组调整为人教监保股、业务股、财务稽核股和办公室。增设昆仑桥信用社新坳储蓄所、东山信用社张江分社、新湘路信用社北正街分社。全社员工人数由联社成立时的220人增到321人。至1992年，先后增设红星、铝南、棋梓、联盟等6个分社。1993年11月，市农村信用合作联社机关、营业部搬迁到健康北路联社综合大楼办公。增设健康路、星星2个分社。1994—1996年，又先后增设团田、新湘、上路口、夏梓桥、洙津、昆仑桥、红铁、城郊、长桥、望洲、马家坪11个分社。1996年9月，农村信用社与农业银行脱离行政隶属关系。市联社内部机构作调整充实，设立5股2室，即财务会计、计划信贷、稽核、人事教育、保卫股和办公室、监察室。1997年2月24日，市编制委员会确认湘乡市农村信用合作联社为独立的正科级“双管”单位。1998—1999年，联社内设机构增设信用站管理、信息电脑、法律顾问3个股室，并按乡镇建制合并信用社，信用社由49个变为22个，被撤并的27个降格为分社。2001年，市联社机构改革，将原来的7股3室1部，合并为财会电脑、计划信贷、内控、政工保卫股和办公室。至2005年5月，市农村信用合作联社行业管理由原银监部门管理转为自成体系，由省联社垂直领导。年底，市联社内设人事教育、保卫、财务电脑、计划信贷、内控股和办公室。共有信用社23个，信用分社41个，社干479人。全市546个信用站全部被撤销，548个代办员改为联络员。

（二）城市信用社

1992年12月，人民银行湘乡支行筹建湘乡市城市信用社。共有法人股11户，个人股61户，地址在新湘路七一广场轻工业局办公楼。1993年1月开业，下设湘东、北门、云门3个分社。1995年年底，根据人民银行总行关于银行不能自办经济实体的文件精神，湘乡市城市信用社与人民银行湘乡支行脱钩。1996年，撤销云门分社，并入北门分社。2000年4月，城市信用社经人民银行武汉分行批准，由市农村信用合作联社接管。8月，由湘潭市汇丰会计师事务所清产核资，经中国人民银行湘潭市中心支行复查验收确认。12月1日，城市信用社将机构3个，其中社部1个，分社2个，职工18人，及其全部资产负债移交湘乡市农村信用联社，更名为市城中农村信用社。

三、邮政储蓄所

1986年9月，湘乡县邮电局在新湘路营业厅内开办第一个邮政储蓄营业台，办理邮政储蓄。配备专职营业员3人。业务管理由邮政股负责。1987—1990年，先后在棋梓、潭市、月山、白田、山枣、虞唐、新研、龙洞、梅桥、翻江、壶天等地开办12个邮政储蓄所。市邮电局设立邮政储汇股。至1997年，在云门寺、仁厚等地16个邮政所开办邮政储蓄业务。当年，撤销邮政储汇股，设立储汇公司。1998年9月18日，邮电分营，湘乡市邮政局成立，从此邮政独立营运。1999年，储汇公司更名储汇部，石柱邮政储蓄业务并入大正街鸿运邮政储蓄所。至2001年，石狮江邮政储蓄业务并入健康路邮政储蓄所，并开办新区、花坪邮政储蓄业务。棋梓火车站邮政储蓄业务并入县前街邮政储蓄所。2005年年底，邮政储蓄网点31个，邮政储汇人员154人。

第二节 货币投放与回笼

1986年，因驻湘企业产销两旺，湖南铁合金厂、湘乡铝厂、湘乡水泥厂三大厂矿发放的奖金，比上年增加30%；农副产品输出带来货币流入，仅生猪出口就回笼现金648万元；大量劳务输出也增加货币回笼，全年货币投放2.6549亿元，比上年增加3128万元，增长13.36%；货币回笼2.9209亿元，比上年增加4789万元，增长19.61%；净回笼2660万元，比上年增加1640.85万元，增长161%。货币流通总量突破5亿元。1987—1988年，由于固定资产投资膨胀，银行贷款大都使用现金，加上物价上涨因素，净投放货币5203万元。1989—1990年，银根紧缩，严格控制信贷投放和消费基金增长，货币出现较大幅度回笼。2年货币总投放12.31亿元，回笼13.55亿元，净回笼1242万元。1991年以后，全市货币流通量每年以20%～30%的速度递增，投放与回笼同步增长。1995年，全市货币投放27.24亿元，比1986年增加24.59亿元，增长9.26倍；货币回笼28.28亿元，比1986年增加25.36亿元，增长8.68倍；净回笼1.04亿元，比1986年增长7727万元，增长2.9倍。货币流量大幅度增加的主要因素，是存贷款的大幅度增长，在现金流量中，储蓄存款占41%。1996年起，除1997年国家严控货币投放，货币流量萎缩外，其余年份的货币流量均以10亿元以上的速度增加。2002年年末，货币投放与回笼均突破100亿元，流量总额达224亿元，跃上“双百亿”新台阶。2003年以后，全市的货币投放与回笼又进入一个新的扩大阶段。2005年，全年货币投放170.52亿元，比1995年增加143.28亿元，增长5.26倍；货币回笼172.67亿元，比1995年增加144.39亿元，增长5.11倍；净回笼2.15亿元，比1995年增加1111万元，增长1.07倍。

1986—2005年湘乡市现金收支统计表

表9-1　　单位:万元

项目 年度	收入部分					支出部分					差额	
	合计	商品销售	储蓄存款	服务性收入	行政性收入	合计	工资支出	储蓄支出	农副产品采购	行政性支出	净回笼	净投放
1986	29209	17520	5751	2310	200	26549	5311	4039	4615	2100	2660	—
1987	38259	20026	9338	2011	219	38877	3667	7327	5548	1434	—	618
1988	57362	27086	18587	2235	294	61947	4438	18874	6137	2555	—	4585
1989	64583	27129	22708	2512	600	60062	5146	19837	6265	2789	4521	—
1990	70959	27991	26379	3423	731	63060	6063	20509	5135	3243	7899	—
1991	76943	30969	29295	3935	992	78447	15746	22762	6553	4153	—	1504
1992	107948	38812	44575	5290	1188	110857	17976	43069	6777	5555	—	2909
1993	164907	59061	69662	9151	1526	163681	23587	70902	6697	8822	1226	—

续表9-1

项目 年度	收入部分					支出部分					差额	
	合计	商品销售	储蓄存款	服务性收入	行政性收入	合计	工资支出	储蓄支出	农副产品采购	行政性支出	净回笼	净投放
1994	233953	78581	223884	7308	2171	237097	33463	199285	13247	10972	—	3444
1995	282794	90417	118133	10190	2405	272407	44986	112326	8448	13274	10387	—
1996	298033	93691	114294	12920	2584	291952	47882	114528	9210	13638	6081	—
1997	312750	93362	134412	15705	3058	313103	44951	133439	13812	13791	—	953
1998	625957	94276	32229	25062	3098	618818	57870	359551	4722	17896	7119	—
1999	702895	83512	466499	26818	3397	690056	25471	452441	11222	17665	15839	—
2000	840317	83821	584501	26404	4611	848035	56895	558392	16168	21534	—	7718
2001	93337	86800	643438	30840	5044	938519	55804	636311	14688	30195	—	5147
2002	1119335	100518	784712	41817	7454	1127753	60616	760861	10861	33456	—	8418
2003	1419659	152265	1031642	55186	6189	1404600	96075	991653	13538	31704	15059	—
2004	1701262	147928	100758	67364	605	1669505	81631	1205247	23684	30610	31757	—
2005	1726663	145289	1566565	42767	8714	1705166	69639	1192023	39158	40796	21497	—

说明：1997年以前统计的是国家银行现金收支数，1998年以后统计的已包括农村信用社和邮政储蓄现金收支数在内

第三节 存款

一、储蓄存款

1986年，中国人民银行湘乡支行按照“统一计划，分级管理，实贷实存，融通资金”的信贷资金管理体制，贯彻“紧中有活”的货币政策，提出“多存多贷”的鼓励办法。工商银行湘乡支行从上至下树立起“存款第一”的思想，把增加储蓄存款作为头等大事来抓。农业银行湘乡支行加大抓储蓄存款的力度，新增储蓄网点10个，开办10多个新储种。全县年末储蓄存款余额1.09亿元。其后，储蓄存款余额增长速度逐步加快。1988年，国家实行“治理经济环境，整顿经济秩序”“紧缩银根”的政策，中国人民银行适时采取对3年期、5年期、8年期定期储蓄实行保值补贴。同时，提高存款利率，湘乡各行、社纷纷采取揽储奖励措施，掀起储蓄热潮。当年，建设银行湘乡支行开办储蓄业务，明确把储蓄业务作为筹资工作的战略重点，在城区繁华地段和居民稠密地区设立储蓄网点4个，配备20多个储蓄员，开办定期、活期、定活两便、大额、住宅、保值、外汇、华侨人民币等多项储种，共吸收储蓄存款249万元。9月，中国银行湘乡支行成立，把储蓄作为重头来抓。至年末，存款户头1155户，存款余额114万元。市农村信用合作联社对农村信用合作社组织资金实行奖励政策，规定各项存款按全年净增余额提取4‰作奖金，列入当年费用。1989年，全市储蓄存款首次突破2亿元，年末余额2.40亿元，比上年增长29.5%。1990年，全市储蓄存款突破3亿元，比1986年增长2.2倍。至1992年，经济实体热，集资入股热，证券市场热引发储蓄存款分流，加之当年市政府办理城镇居民自理户口，在一个月的时间内支取储蓄存款1100万元。各金融机构紧抓储蓄不放松，年末余额达

6.3143亿元，比1990年增长81.29%。1993年上半年，房地产、集资、股票热持续升温，资金大量外流，银行储蓄存款急剧下降，储蓄秩序曾一度混乱，出现滥发手续费、变相提高利率等现象。人民银行湘乡支行贯彻中央精神，整顿金融秩序，采取疏导与监督并重的方法。在加强舆论宣传的同时，通过设立举报信箱和电话，实行社会监督与跟踪检查，对违规揽储2032万元、发放手续费31529元，处以罚款72220元，从而使储蓄秩序好转，储蓄存款回升。到年末，全市储蓄余额6.55亿元，比上年增加2326万元。1994年，工商银行湘乡市支行加快网络技术改造，在原有5个储蓄所电脑联网的基础上又开通6个电脑储蓄所，实现城区内储蓄通存通兑。年末，储蓄存款1.54亿元，比上年增加2309万元。全市储蓄余额达11.47亿元，比1992年增长81.7%。1996年，建设银行湘乡市支行在储蓄工作上对网点实行“四包一定”（包存款余额、包核算质量、包优质服务、包安全防范，定人员）的储蓄承包经营制，年末，储蓄存款余额7341万元，比上年增长15.7%。中国银行湘乡支行围绕省分行提出的“抓存款，调结构，严管理，争效益”的发展方针，在储蓄工作上连续采取一系列有效措施。至1997年年末，各项存款总额首次突破1亿元，达到1.02亿元。其中，储蓄存款余额7365万元，比年初净增903万元，增长14%。1998 年，全市储蓄存款年末余额20.09亿元，比1994年增长75.1%。1999年，银行调低存款利率，并征收利息所得税，对群众存款的积极性有所影响。为了稳住储蓄存款下滑的势头，各行、社、局采取储蓄网点通存通兑，增加个人电子汇兑等金融服务品种，动员到期转存，有的延长营业时间，有的开办夜市储蓄，有的上门服务，千方百计方便储户存取。这一年储蓄存款比上年增加1.22亿元。2000年，全市储蓄存款年末余额23.83亿元，比1998年增长18.6%。2001年，市邮政储蓄加大组织储蓄存款的力度，将城区6个邮政储蓄网点实行招标承包，市邮局与人事局签订代发机关事业单位养老保险金的协议，与劳动和社会保障局签订代发企业单位养老金的协议，与电力局签订代收电费的协议，加上发行绿卡等措施，促进储蓄存款增长，年末余额3.6353亿元。2002—2004年，全市储蓄存款迅猛上升，逐年突破30亿元、35亿元、40亿元。2005年年末达到46.88亿元，比2000年增长96.8%。

二、单位存款

1986年，全市年末单位存款余款9005万元，占全市各项存款年末余额的45.3%。其中，企业存款3555万元，机关团体存款484万元，财政性存款309万元，农业存款4435万元。1987年以后，单位存款逐年增长。1995年年末达5.39亿元，比1986年增长4.99倍，占全市各项存款年末余额的25.96%。其中，企业存款2.28亿元，机关团体存款1248万元，财政性存款仅10万元，农业存款2.51亿元。1996年以后，由于国家严控货币投放，单位存款下降。1997年，单位存款3.94亿元，其中机关存款808万元，农业存款200万元。1998年起，单位存款呈快速增长态势。2005年年末，单位存款7.19亿元，比1997年增长82.3%。其中，企业存款5.10亿元，机关团体存款872万元，财政性存款为0，农业存款4562万元，占全市各项存款年末余额的13.29%。在7.19亿的存款年末余额中，中国工商银行股份有限公司湘乡支行占32%，中国农业银行湘乡市支行占29.6%，中国银行股份有限公司湘乡支行占11.5%，中国建设银行股份有限公司湘乡支行占12.3%，中国农业发展银行湘乡市支行占2%，湘乡市信用合作联社占12.6%。

三、外币存款

中国银行湘乡支行是最早开办外汇业务的银行，从1988年成立起，就开始办理外币储蓄存款业务，头4个月即吸收美元、港币存款折美元共8万元。中行的贷款投向主要是支持外贸企业，促进企业出口创汇，外贸存款相应增加。1990年年末，外币存款余额达到57.3万美元，比1988年增加49.3万美元。当年，工商银行湘乡支行中心电脑储蓄所办理外币存款业务，其后，又增加棋梓储蓄所、新湘路储蓄所办理外币存款业务。另外，农业银行湘乡市支行和建设银行湘乡支行相继开展外币存款业务。1992年年末，中国银行湘乡支行外币存款120万美元，1996年达到219万美元，2002年达到474万美元。2005年年末，全市外币存款522.7万美元。其中，中国银行湘乡支行为368万美元，工商银行湘乡支行118万美元，农业银行湘乡市支行35万美元，建设银行湘乡支行1.7万美元。另外，农业银行湘乡市支行有12万港元存款。

1986—2005年湘乡市各项存款年末余额统计表

表9-2 单位:万元

项目 年度	储蓄存款	其中		单位存款	其中				合计	比上年	
		活期	定期		企业存款	机关团体存款	财政性存款	农业存款		+-额	+-%
1986	10872	1684	9188	9005	3555	484	309	4435	19877	7169	56.4
1987	14926	2083	12843	11149	4541	667	65	5457	26075	6198	31.2
1988	18530	2412	13418	12817	5495	647	88	3993	31347	5272	20.2
1989	23988	2690	21298	12977	5609	816	48	5444	36965	5618	17.9
1990	34829	3838	30991	14340	8228	1227	177	3951	49169	12204	33.0
1991	46917	5508	41409	18821	11895	1570	100	5100	65738	16569	33.7
1992	63143	8797	54346	23689	13262	1217	5	6613	86832	21094	32.1
1993	65469	12166	53303	42651	22074	1826	5	12020	108120	21288	24.5
1994	114734	12554	102180	54262	31451	1884	1687	11854	168996	60876	56.3
1995	153734	13698	140036	53902	22839	1248	10	25101	207636	38640	22.9
1996	178394	17002	161392	33480	28855	2188	0	127	211874	4220	2.0
1997	187133	18094	169039	39413	33925	808	200	200	226546	14672	6.9
1998	200879	21715	179164	41937	32908	1494	49	1583	242816	16270	2.8
1999	213047	30610	182437	49258	46252	2715	41	250	262305	19489	8.0
2000	238257	37133	201124	51643	39883	2626	45	5706	289900	27595	10.5
2001	268005	39179	228826	60847	53668	3161	40	5709	328852	38952	13.4
2002	310528	51059	259469	66048	54514	8741	37	6660	376576	47724	14.5
2003	352357	52582	299775	69639	54256	4928	35	7742	421996	45420	12.1
2004	410087	57198	352889	68144	52956	4414	41	8064	478231	56255	13.3
2005	468794	63564	405230	71850	51022	872	0	4562	540644	62413	13.1

第四节 贷款

1986年，湘乡各金融机构在信贷资金管理上，实行规模控制，各项贷款余额1.52亿元。1987年起，银行实行“紧中有活”的货币信贷政策，坚持信贷计划与信贷资金分开管理，控制总量，调整结构，各项贷款余额增长较快。至1990年，全市各项贷款余额4.8795亿元，比1986年增长2.2倍。1991年起，开展三角债清欠，盘活存量，转换专业银行经营机制，实行贷款限额管理下的资产负债比例管理和资产风险管理，支持重点项目建设和效益较好的企业。至1996年年末，全市各项贷款余额20.27亿元，比1990年增长3.15倍。1998年，因农村信用社贷款比上年减少9548万元，便将贷款9300万元调账转入递延资产；农副产品贷款比上年减少3175万元；国有商业银行各项贷款余额比上年增加7606万元；农业发展银行向农业银行两次划转贷款7000万元；全市各项贷款余额21.85亿元，比上年下降9723万元，减少4.3%。从1999年2月起，湘乡各专业银行和信用社开办个人消费信贷业务，银行信贷资金已逐步由生产流通领域扩宽到个人消费领域。2000年，各项贷款余额18.67亿元，比1996年下降7.91%。从2001年起，全市各银行和信用社，在信贷资金管理上，既实行市场调节、择优扶植，又严格规范信贷行为，上收贷款审批权限，严控新的信贷风险产生。在解决资金需求旺盛和信贷投入不足的矛盾中，人民银行湘乡市支行明确信贷工作4大支持重点，即促进农村产业结构调整和经济发展的农业基础设施建设、产品上规模上档次的企业扩改项目、增强经济发展后劲的城市基础设施建设、扩大内需为目标的消费信贷。2005年年末，各项贷款余额达到27.54亿元，比2000年增长47.53%。

1986—2005年湘乡市各项贷款年末余额统计表

表9-3 单位:万元

项目 年度	短期贷款	其中					中长期贷款	其中				合计	比上年	
		工业贷款	商业贷款	粮棉油贷款	乡镇企业贷款	农业贷款		技术改造贷款	基本建设贷款	农业开发贷款	个人消费贷款		+- 额	+- %
1986	14744	7618	2626	1273	1924	1303	468	199	215	54	—	15212	3487	29.7
1987	18539	6350	4205	2350	2202	3426	1381	779	325	277	—	19920	4708	30.9
1988	22914	7536	5117	2779	4154	2928	6591	3467	2605	319	—	29505	9585	48.1
1989	29229	9911	6315	4652	4036	4289	6687	3848	2460	379	—	35916	6411	21.7
1990	40447	18224	4977	4501	5886	4626	8348	5432	2312	438	—	48795	12879	35.9
1991	53337	21426	9152	6757	6497	9505	9934	6933	2585	416	—	63271	14476	29.7
1992	68187	23096	12902	5989	13208	12913	11625	7716	3385	524	—	79812	16541	26.1
1993	83541	25995	16984	15450	12537	12575	12781	8188	3935	523	—	96322	16510	20.7
1994	111223	28166	17381	17388	21953	20611	20301	13789	4248	696	584	131524	35202	36.5
1995	143902	27731	13364	19055	26481	50488	26542	19784	4226	1441	249	170444	38920	29.6
1996	166862	35883	7747	27461	25984	61253	35839	27563	2050	2418	336	202701	32257	18.9

续表9-3

项目 年度	短期贷款	其中					中长期贷款	其中				合计	比上年	
		工业贷款	商业贷款	粮棉油贷款	乡镇企业贷款	农业贷款		技术改造贷款	基本建设贷款	农业开发贷款	个人消费贷款		+- 额	+- %
1997	194642	37672	11404	27196	25967	61818	33628	25335	1380	2779	167	228270	25569	12.6
1998	184203	38920	8595	22089	24953	52711	34344	26098	614	1158	39	218547	-9723	4.3
1999	192886	43186	10299	24193	54847	50783	30341	18529	2581	1185	135	223207	4660	2.1
2000	179370	39448	8613	22602	41594	58158	7284	2706	1335	277	889	186654	-36553	-16.4
2001	180236	46485	5953	23175	47617	56065	16168	1843	1343	377	2571	196404	9750	5.2
2002	197709	52141	6801	23372	48731	61941	12732	1052	1655	1132	2153	210441	14037	7.1
2003	212046	55582	7476	19410	51036	75085	21686	6337	739	1914	2724	233732	23291	11.1
2004	238665	45673	10069	20127	55832	87873	15601	6914	99	2045	3218	254266	20534	8.8
2005	252089	43665	2467	23592	58600	91948	23283	8649	4159	3232	4003	275372	21106	8.3

第五节 结算

一、同城结算

1986年，全市各银行同城结算主要采用“现金结算、转账支票、委托收款、付款委托书、托收承付”等方式。7月1日，人民银行湘乡支行牵头，建立票据清交所，形成票据交换和资金清算中心，每天定时两次进行票据清交，当场轧平账务，清算业务。各专业银行的往来资金较前加速1.5天抵用。1987年，工商银行湘乡市支行试办商业承兑汇票和银行承兑汇票业务，开办票汇和个体汇款业务。11月2日，在城区3个街道及营业间全面推行直达电汇及定额汇票结算业务。至1989年4月1日，全市各金融机构推行以汇票、本票、支票为主体的结算制度。同时废止同城托收（无承付）、付款委托书等结算方式，实行现金支票、转账支票、不定额本票、定额本票、同城商业汇票、同城委托收款6种结算方式。各银行为适应结算制度改革，分批组织企事业单位财务、供销人员进行新的结算知识培训。1990年，市城区公用事业服务性收费和国务院规定的由银行代扣的规费采取特定委托收款的结算方式，方便公用事业单位和政府部门规费的银行结算。4月1日，市内各行、社又恢复托收承付结算方式，但作了部分修改，规定该种结算方式使用对象为国营企业及管理较好的集体工业企业，其托收金额起点为1000元。1991年，清理“三角债”，同城托收承付改为特种委托收款，使用转账支票结算。要求各专业银行维护结算秩序，遵守结算纪律，开展自查自纠，必须做到“五个不准”：不准企业无理拒付和有款不付；不准银行受理无理拒付；不准擅自拒付退票；不准单位账面有款不划；不准少扣或不扣滞纳金。9月起，各家银行先后配备结算专管员，行使检查结算制度和结算纪律执行情况的职责，审查托收拒付理由，处理结算纠纷。至1994年1月1日，由“收付记账法”改为“借贷记账法”，实行大同城清算资金电子化。会计结算坚持“钱货两清，谁的钱进谁的账，归谁使用，不垫付，不代扣款项”的结算原则，实行严格的现金结算管理，加强结算纪律和结算监督，达到方便、快速、适用的目的。1995年，各专业银行在人民银行开立备付金账户和准备金账户，直接参与同城电子结算。1996年1月1日，人民银行湘乡支行贯彻实施《中华人民共和国票据法》，为保证结算渠道畅通，及时组织辖内各金融机构统一制订《金融结算同业公约》和《同城票据交换管理制度》，要求各金融机构自觉遵守、互相监督，共同维护好结算秩序。1997年4月，人民银行湘乡支行正式启用统一的中央银行会计核算系统。同年10月1日，试运用同城清算网络系统，建立以人民银行湘乡支行为网络中心，有农业发展银行湘乡市支行、各商业银行、农村信用合作联社为网络清算点，共同参与票据交换，进行资金结算，结束湘乡同城票据交换手工操作的历史。为保证同城票据电子清算顺利进行，人民银行湘乡支行规定辖内各行、社，对前一天的票据清算于次日上午持原始票据到人民银行交换。同城票据电子清算严格执行“收妥抵用，不垫付资金”的原则，采取提出票据，适时交换，提入凭证及时入账，总轧平衡，当时对账；各类资金，差额清算；分类管理，事后核对的方法。但对各行、社与人民银行湘乡支行往来的国库税款、债券款、财政拨款、退库、转汇款、出纳长短款、代垫付款等，不纳入网络清算范围，仍采用手工清算。新的网络系统的建立，大大提高同城票据清算的工作效率，加速资金周转。2000—2002年，为切实做好电子清算系统的安全管理，确保安全运行，人民银行湘乡市支行先后制订《会计核算系统》《同城清算系统》《电子联行系统》3个管理制度。同时对辖内各金融机构的电子资金结算系统，同城电子清算系统以及计算机环境的安全性进行全面检查。2003—2005年，全市各银行实施新的《人民币结算账户管理办法》，对个人存款的人民币账户进行界定，将其划分为储蓄账户或个人客户的人民币结算账户，并对不同账户的使用范围作统一规定。同时全面实行核算管理一体化改革，改变会计核算管理模式，优化资源配置，提高核算效能，增强基层营业网点的综合服务功能。

二、异地结算

1986年，各银行自成联行系统。1989年4月1日起，湘乡各银行贯彻国务院办公厅转发人民银行总行《关于改革银行结算的报告》，推行新的汇票，包括商业汇票、银行本票、支票。同时保留电汇、信汇、委托收款等结算方式。从8月1日起，使用新的省辖汇票凭证。1990年4月1日，人民银行对联行结算制度进行改革，建立结算中心，规定各专业银行跨系统和辖内10万元以上（含10万元）的汇划款和签发50万元的银行汇票必须通过人民银行转汇清算资金。1994年，湘乡各银行贯彻实施人民银行总行相继颁发修改后的《异地托收承付结算办法》《异地托收承付结算会计核算手续》《违反银行结算制度处罚规定》和《银行账户管理办法》4个文件，健全结算制度，规范结算行为。对异地托收承付的金额起点由1000元改为10万元。1996年，再次改革联行结算制度，实行全国电子联行往来，在人民银行建立结算中心。从7月1日开始，全国1～8批卫星站全部联网。人民银行湘乡支行是第8批中的卫星一站，各专业银行都发有全国电子联行行号，并参加同城票据交换，对相互之间的异地代收业务、委托收款、托收承付结算等都通过电子联行办理。异地托收承付金额起点降为1万元。同年10月，全国建设银行电子汇划资金结算系统开通。从1997年起，中国银行湘乡支行开通 IPS 电子联行往来。同年12月1日，人民银行总行颁布《支付结算办法》，取消1988年颁发的《银行结算办法》，并取消国有商业银行签发50万元以上大额现金汇票通过人民银行清算资金的规定。

结算的原则是：恪守信用、履约付款、谁的钱进谁的账、由谁支配，银行不垫款。1998年起，农业银行湘乡市支行使用计算机系统办理结算业务，已遍及到各营业所。1999年，工商银行湘乡市支行，根据工商银行总行规定，对资金汇划清算体制进行改革，以资金汇划清算系统取代联行制度。2000年，工商银行湘乡市支行各营业网点全部通过 CBS 综合业务处理系统办理结算业务。农业银行湘乡市支行与农业银行湘潭市分行联网。同年8月，建设银行湘乡市支行进行联行机构与汇票机构分离，联行机构自我管理体系，能独立完成各项业务的人民币资金结算。2002年，农业银行湘乡市支行开通 ABIS 综合业务处理系统，建立网上银行。在同一平台处理银行会计不同的核算业务，使异地资金汇划到账时间，由过去的24小时缩短到2小时以内。2004年8月，农业发展银行湘乡市支行开通 IC 卡，根据总行规定数据集中在总行，支行办理的结算业务由总行统一清算。2005年5月20日，建设银行股份有限公司湘乡支行开通 DCC 电子联行往来。当年，市信用合作联社办理异地结算业务由农业银行统一进行，改变为正式接入人民银行大额支付系统，实现农村信用社与银行间支付清算自动化。

三、管理国库

1986年，人民银行湘乡支行（国家金库湘乡支库）对国库核算、财政收支使用的会计科目设有“中央预算收入”“地方财政库款”“财政预算外资金”“待报解地方预算收入”“待结算财政款项”。当年9月，湘乡人行、工行、农行、税务局发出联合通知，根据《中华人民共和国国家金库条例》和《中央国库条例实施细则》，结合湘乡实际情况，对税款的报解等事项作出明确的规定。使经办税收的单位和基层营业所、信用社对国库资金收缴上解业务核算手续做到有章可循。至1990年，人民银行湘乡支行与税务、财政部门，制订《湘乡市乡镇国库会计核算工作考核办法》，进一步健全会计核算制度。1994年，人民银行湘乡支行根据国家财政体制改革的精神，实行分税制管理。将各种收入划分为中央财政固定收入，地方财政固定收入，中央与地方财政共享收入。为了适应分税制后财税管理体制的不断变化和国税核算标准化、规范化、制度化，国库会计核算方法也进行多次修改和升级。至2000年1月1日，人民银行湘乡市支行国库与会计部门之间的资金划转实行“行库往来”，国库与本行会计部门（柜组）采取分账并表的核算方法，实行独立会计核算。同年8月，正式启用《国家金库会计核算系统（1.0）版》，把行库往来核算纳入国库电算系统。2002年4月，人民银行湘乡市支行根据国家金库湖南省分库《关于湖南省国库机构管理办法》文件精神，于9月撤销原有6家乡镇国库，实行“执行、促进、监督三位一体的监管体系”。2003年1月1日，又启用《国家金库会计核算系统（2.0）版》，使国库会计核算跃上新台阶。2004年6月，人民银行湘乡市支行贯彻落实人民银行湘潭市中心支行关于《湘潭市国库经收处业务管理与操作规定》文件精神，对国库经收业务，包括收纳报解税收、基金、行政性收费、罚没款、执法机关和审计查补收入等预算收入，以及为财政、税务征收机关和审计、税侦等执法单位开设的预算收入过渡账户，经收预算收入的商业银行分支机构和信用社均明确为国库经收处。人民银行湘乡市支行对国库经收处所办的国库业务实行垂直管理，经理国库工作的任务更加繁重。2005年，人民银行湘乡市支行共办理各项国库业务53140笔，办理各项预算收入4.1亿元，预算支出5.3亿元，退库0.67亿元。

1986—2005年湘乡市中央金库、地方金库收支统计表

表9-4 单位:千元

项目 年度	中央、地方金库			项目 年度	中央、地方金库		
	总入库	上解	地方支出		总入库	上解	地方支出
1986	153527	23009	131081	1997	241108	89557	156460
1987	74613	20989	142200	1998	231593	82308	159142
1988	159664	12768	146994	1999	276011	97471	191092
1989	76010	24232	51626	2000	271615	75085	192532
1990	145804	77881	56210	2001	377552	92296	278874
1991	88040	34576	63830	2002	452189	90731	354584
1992	166469	66061	100800	2003	466754	91607	383743
1993	196204	90270	105934	2004	341177	106853	450566
1994	227409	113226	107043	2005	377397	114470	531058
1995	241113	114502	118487	—	—	—	—
1996	229797	94219	133497	合计	4794037	1512111	3855753

四、代理业务

(一)工商银行湘乡支行代理业务

1986年，工商银行湘乡支行开始办理代理业务，为企业代收水费、电费、保险费、代理发行债券，为现金大户上门收款，代发工资。当年代理发行国债267万元。1991年，为11个单位代发工资408万元；代理湖南铁合金厂、湘乡铝厂发行企业融资债券2985万元。1995年，为存款大户上门收款1728人次，金额2.19亿元。其后，办理企业投标信用签证及代理保险业务，异地清欠，代售湖南风采奖券，基建预决算咨询业务等。2001年，代发国债469万元，代付利息145万元。2002年，代理发行“南方宝元基金”162万元、“上证指数180增强型基金”86万元。其后，代理业务不断扩展，成功开通电力局和财政核算中心“缴费通”业务。2005年，电子银行交易额16亿元，代理营销保险130万元，代理基金300万元。

(二)农业银行湘乡市支行代理业务

1986—1999年，农业银行湘乡市支行的代理业务，主要是代理发行兑付国库券。从2000年开始，开办代收学费、水电费、各类罚款及代发工资，还开办代理保险、代销基金等业务。2004—2005年，代收寿险保费811.35万元，代销基金147.2万元；网上银行业务取得重大突破，法人客户注册9户，个人客户注册285户，交易量达2亿元。

(三)中国银行湘乡支行代理业务

1986—1991年，中国银行湘乡支行，主要是代理国库券和金融债券买卖业务。1992年，代理中国银行湖南省分行发行金融债券40万元。1994年，向个人代理发行3年期国库券300万元。2005年，营销公积金中心国债3700万元，获得中间业务收入1.3万元；代收各种保险费36万元。

（四）建设银行湘乡市支行代理业务

1986—1996年，建设银行湘乡市支行的代理业务主要是审查建设工程项目预结算，共计审查金额1.9031亿元，核减2236万元。1997年，确定4个网点为财政收费代收点。1998—2000年，对二十三冶一公司等单位代发工资，与保险公司合作和个人消费信贷等业务相关的保险产品代收保费。从2001年开始，办理柜台保险代理业务，先后办理平安保险的“千禧红”，中国人寿保险的“鸿泰分红型”保险业务。2002—2005年，代理各项业务金额1.17亿元，实现中间业务收入296万元。

（五）邮政储蓄代理业务

2000年10月，代发首批25家企业的1394名离退休人员的养老金。同年底，企业职工养老保险金除韶峰水泥集团公司外，全部由邮政部门代发。2001年5月，代发全市机关事业单位4316名离退休人员养老金，当年发放2725万元；同年，代发全市企业离退休职工8139人的养老保险金4123万元。2002年，代发企业离退休职工8336人的养老保险金4680.6万元。2003年起，韶峰水泥集团有限公司的离退休职工的养老保险金也由邮政部门代发。至2005年，3年间为全市机关及企事业单位所有离退休干部职工代发养老保险金3.2655亿元。

五、银行卡

（一）牡丹卡

1992年9月1日，工商银行湘乡市支行开始发行牡丹卡。1997年5月1日，第一台自动取款机投入运营。到年底装有 POS 机的特约商户11家。1998年发卡1044张，交易额7574万元。同年4月1日，市工行全面实现牡丹卡联网运作。1999年7月，湘乡工行又推出活期存款与牡丹灵通卡并用的电子货币。2002年，发行牡丹贷记卡。8月1日，ATM 开通跨行业交易。2005年6月，开办银税通业务。当年，牡丹信用卡实行全省工行集中审批和制卡，共发行牡丹信用卡7657张，卡存余额1760万元。

（二）金穗卡

1994年8月，农业银行湘乡市支行开办金穗信用卡业务。包括单位、个人两部分，种类有准贷记卡、贷记卡和借记卡。至2003年，全行共发卡1.2万张，卡存款余额7453万元，比2002年增加5015万元。2005年，市农行把银行卡业务作为中间业务的重中之重来抓，并开展大型的宣传活动。当年发行借记卡18338张，贷记卡100张，准贷记卡295张，实现银行卡业务收入153.6万元。至年底，全行总发卡量7.7万张，卡存金额1.62亿元，卡存款日平均余额达1.47亿元。

（三）长城卡

1992年，中国银行湘乡支行开始办理长城信用卡业务，到年底发卡150张，吸收存款208万元。长城卡根据清偿方式不同，分为贷记卡、借记卡、准贷记卡3种。至2000年，发卡量大幅上升，年底达787张，吸存621万元。经过10多年的发展已形成满足不同需要群体的多种系列产品，有中银信用卡、中银 VISA 奥运信用卡、中银 JCB 信用卡。至2005年年底，全行共发行借记卡10086张，其他各类信用卡1230张，卡存余额2600万元。

（四）龙卡

1993年，建设银行湘乡支行正式开办龙卡“万事达VISA”信用卡业务。为适应信用卡业务发展的需要，支行设立信用卡分部。1996年，随着信用卡业务的发展，湘乡建行又推出“建设银行储蓄卡”（龙卡）。1997年，建设银行计算机综合业务网络全省开通，储蓄卡（龙卡）可在建设银行任何一个储蓄网点办理相关业务。龙卡经过10多年的发展，已形成系列产品，主要包括：储蓄卡、贷记卡、准贷记卡、生肖储蓄卡、校园卡、证券卡、联通卡、理财卡等十几种科技新产品。至2005年年底，全行共发卡30286张，卡存余额5300万元。

（五）绿卡

2001年5月10日，湘乡邮政储蓄正式开办储蓄绿卡业务。“绿卡”储蓄卡是国家邮政局经中国人民银行批准发行的金融交易卡，是一种以真实姓名开户，集多种功能于一身的个人理财工具。2003年1月，邮政“绿卡”加注“银联”标志，能够在所有加入中国银联网络的银行ATM机上进行查询、取款。至2005年12月31日，湘乡邮政储蓄共发出绿卡53487张，卡存余额8825万元。

第六节 管理

一、利率管理

1986年以来，人民银行湘乡市支行切实加强利率管理。在储蓄存款利率连续下调，储蓄存款难度加大，同业竞争激烈的情况下，一些金融机构为争储源，出现擅自提高和变相提高存、贷款利率的行为。针对这一不良现象，采取一系列的措施，纠正违反利率政策的行为。1993年4月，开展储蓄工作优质文明竞赛评比活动，评比的内容为四比四看，其中第三条是比执行储蓄政策，看有无违反政策原则，擅自提高和变相提高存、贷款利率的行为。1994年1月25日，人民银行湘乡支行召开湘乡市金融系统行长、主任联席会议，经过充分讨论，制订《湘乡市储蓄存款同业公约》，其中第三条明确规定，各储蓄网点必须严格执行国家公布的利率标准，一律按国务院批准公布的利率挂牌，不得以发纪念品、手续费和有意多计付利息等形式擅自或变相提高储蓄存款利率。凡采取不正当手段吸储的，由人民银行责令其纠正，对该单位处以1万元～3万元的罚款，并将其非法吸收的同额存款存入人民银行，给予1～2年冻结。情节严重的，予以停业整顿，直到给以吊销“金融业务许可证”处罚。通过这种办法，使各金融单位自立责任状，自我约束，互相监督。1998年，在全国范围内出现高息揽储的现象，湘乡利率秩序也受到影响，发现少数金融单位在执行利率政策上有违规行为。市纪律检查委员会驻市金融系统纪检组、市金融系统监察室，同时发出关于认真贯彻中国人民银行《关于坚决制止和严肃查处高息揽存的紧急通知》的通知，在通知中特别提到朱镕基总理1998年2月22日在一些金融机构中违规吸储、变相提高存款利率材料上的批示：“银行高利吸储，已成痼疾，必须下重药，动杀手，否则金融改革从何谈起，各级人民银行应以此为重点监督内容。”要求各单位认真贯彻落实，切实维护国家法定存款利率政策的严肃性。2000年3月9日，人民银行湘乡市支行又转发人民银行总行《关于坚决制止和严肃查处高息揽存的紧急通知》和《关于重申严禁金融机构不正当存款竞争的通知》，使利率秩序迅速稳定下来。2001年，人民银行湘乡市支行对辖内金融机构进行4次利率政策执行检查。共检查49个单位，存、贷款金额9.433亿元，查出有违反存贷款利率政策问题11起，涉及金额3787万元，下发整改通知11份，通报5份，清退多收利息10.8万元，规范利率413笔。2002—2005年，持续加强利率管理，多次定期或不定期对各金融机构网点进行检查，及时下发整改意见书7份，纠正违规行为6起，涉及金额1100多万元，确保利率政策的贯彻执行。

二、结算管理

1986—1990年，人民银行湘乡支行针对金融机构增多，相互竞争激烈，有些企事业单位多头开立结算账户，逃避银行结算监管的情况，根据省政府批转人民银行湖南省分行等7个单位《关于清理整顿企事业单位在银行多头开户的报告》精神，先后两次对全市1317个企事业单位在银行开立的账户进行全面清理。第一次发现40多个开户单位中违规的账户84个，第二次又发现多头账户21个。要求限期做好债权债务的划转和销户工作，并向各金融机构发出〔1990〕13号文件《关于对多头开户的处理意见》，明确规定：对未按期撤销户头或今后未经人民银行批准开户的，将严格按规定处理。至此，多头开户的问题得以解决。1993年，湘乡经济形势严峻，集资泛滥，导致银行存款急剧下降。在资金吃紧的情况下，少数金融机构严重违反结算纪律，压票压汇造成辖内结算渠道阻塞。人民银行湘乡支行规定，从5月22日开始，办理同城票据清交实行全额清算，差额挂账的办法，期限为5天。在5天以内，按万分之五计息，超过5天的，按万分之十计息。对没有及时清算或故意扣压清算凭证的，除每天按万分之五处以罚息外，还按客户最高贷款利率计付赔偿金。结算凭证凡没有盖日戳的，每笔罚款5000元。同年8月22日，人民银行湘乡支行又转发人民银行湖南省分行《关于整顿结算秩序、严格结算纪律的若干规定》的通知，整顿结算秩序，疏通结算渠道。1994年，人民银行湘乡支行组织系统内会计人员对全市结算工作进行大检查。发现积压票据数额达5.311亿元，截留他行资金65万元，未按规定办理大额汇票3笔，金额266.3万元。对发现的问题，除责令立即整改外，并按规定处以罚款46810元。至1996年，全市各金融机构贯彻执行国务院颁发的《现金管理条例》，对机关、团体、企事业单位除工资、差旅费和对个人收购农副产品及其他支出使用现金外，其余均采用转账结算，减少现金清算，控制现金流量。随着改革开放的深入发展，企业承包与个体工商户的大部分货款都作储蓄存款，现金流量不断增加。1997年，人民银行湘乡市支行贯彻中国人民银行颁发的《关于大额现金支付管理的通知》，加强现金监管，核定各金融机构的库存限额；严格开户管理；要求各金融机构重新核定企事业单位的现金库存限额。1998年，人民银行湘乡支行曾先后10多次深入到15个营业所、乡镇国库进行检查，发现非基本账户18户，延压票据2笔，金额7.45万元，违规设置税收过渡户5个，延压税款累计积数130.5万元。对违规单位共处罚款38208.5元，并发出通报，严肃结算纪律。1999年10月，对辖内的基本存款账户进行年审，共审查账户1377户，收回手工开户许可证副本128户，重复副本116份，撤销违规账户2户，重复账户64户。2000年11月2日，人民银行湘乡市支行与市财政局联合发出《关于市直行政事业单位银行账户实行规范管理的通知》，对开立银行账户的范围和条件、更名和撤销、使用和管理、责任和纪律作出明确规定，使行政事业单位在银行的账户管理走上规范化轨道。2001—2002年，人民银行湘乡市支行除每年坚持账户年审外，先后对住房公积金账户、邮政储蓄账户、行政事业单位账户进行专项检查。发出整改意见书5份，补办开户许可证212户。至2005年的3年间，人民银行湘乡市支行对全市企事业单位账户进行重新清理，共清理各类账户1804户，其中基本户1125户、专用账户379户、临时账户62户、一般账户238户。同时，每年坚持进行4次现金管理检查，使结算管理包括现金管理走上规范化轨道。

三、机构管理

1986年，人民银行湘乡县支行切实行使中央银行基层行的职能，负责辖内各金融机构的设立、撤并、迁址、业务范围、法人更换、颁发“经营金融业务许可证”等管理事项，并加强金融稽核工作，强化金融监管。1987年，湘乡各专业银行为了发展金融业务，纷纷要求增设金融机构和储蓄网点，人民银行湘乡支行根据申请，上报湘潭分行批准，全市增设金融机构8个，还增设储蓄网点12个，其中工行1个、农行10个、信用社1个。1989年，金融机构进行全面清理整顿，对发现的12个不符合规定的信用社、银行储蓄所、保险代办站作出处理，其中撤销1个，合并2个，限期改正9个。1992年，根据业务发展和方便储户的需要，按规定审批程序又批准新设金融网点8个。同时，根据省、市人民银行关于禁止乱设金融业务代办机构的通知精神，对未经批准擅自设立的昆仑桥信用站、南正街信用站、北正街信用站、铁合金储蓄站、工人村储蓄站、龙城储蓄站进行清理整顿，责成市信用联社立即撤销，限期将章、牌收缴到人民银行。1993年4月，对月山镇非法设置的“月山信用钱庄”进行强制取缔。1998年，针对农村合作基金会和互助储金会经营不规范的行为，人民银行湘乡支行决定撤销4家不符合规定的储金会，规范“两会”的经营行为。同年9月，根据举报，潭市镇清泉村书记兼村长郭从根办地下钱庄，非法办理金融业务。该钱庄7年前开始，非法吸收存款32.916万元，发放贷款20.4215万元。在摸清情况的基础上，写出专题报告，提请政法部门立案侦查。12月10日，与市公安局发出联合公告，依法取缔。由于其态度顽固，拒不改正，市委、市人大常委会于1999年决定撤销其村党支部书记职务和人大代表资格。市公安局以其构成非法金融诈骗罪将其逮捕法办。1999年4月开始，根据党中央、国务院关于统一关闭“两会”的决定，对农村合作基金会开展清理整顿，将全市18个基金会和基金会联合会营业部分别并入农村信用社。共计有效资产1.7281亿元，总负债2.1651亿元，资不抵债4370万元。农村互助储金会，经过清理整顿，全市自动关闭609个，收缩到103个。存储金1411万元，呆账、死账116万元，政策性经营亏损40万元，合计损失156万元。人民银行湘乡市支行根据群众反映，于2002年7月到农村进行调查，发现尚有4个乡（镇），24个村，继续非法经营金融业务，并且擅自提高存、贷款利率，共吸收存款493.5万元，发放贷款228.7万元。市委、市政府召开人民银行湘乡市支行、市民政局和翻江、白田、梅桥、金薮4个乡镇主要领导参加的协调会议。经过协商，由市民政局拿出30多万元资金，分3次解决互助储金会的遗留问题。至此，各互储会才关闭。2003年，人民银行湘乡市支行划转4人成立湘乡银监组。2004年，中国银行业监督管理局湘潭分局湘乡办事处成立。市农村信用社的行业管理也一并划转银监部门，由银监办负责监管。人民银行湘乡市支行对金融机构进行一次全面检查，对有违规行为的7家金融机构罚款4.3万元，下发整改通知书3份，对4家给予通报批评。2005年，农村信用社的行业管理，转为自成体系，由省联社垂直领导；人民银行湘乡市支行投入216个现场检查工作日，检查网点40个，下发整改意见书28份，立案处罚银信机构2个。

四、高级管理人员管理

1986年，辖内各专业银行正、副行长，信用联社正、副主任的任免，由人民银行湘乡支行审查签具意见，由上级行批准。1996—1999年，人民银行湘乡支行根据人民银行总行《金融机构高级管理人员任职资格管理暂行规定》，先后对15家金融机构负责人的任职资格进行审查，对18个信用社主要负责人的任职资格进行考核，对67名信用社正副主任的德、绩、勤、能进行考察。其中，对申报的19个信用社副主任，经审查后不符合条件的15人予以退回，不予任职。2000年，根据群众举报，山枣信用社主任违规放贷，并有参赌行为。人民银行湘乡市支行与市农村信用合作联社联合调查后，进行处理，取消该主任任职资格5年。2002年6月，组织农村信用分社以上的管理人员进行金融法规、业务知识考试，参考116人，占应考人数的93.5%，考试后发给资格证书。全面落实高管人员的离任审计。2003—2005年，严格把住高管人员准入关，按规定进行审核，公示、考查、考试，办理高管人员准入手续21人次。

五、金融稽核

1990年2月，人民银行湘乡支行配备副行长级总稽核，并设立稽核股，负责对辖内金融机构办理的各项业务进行现场稽核。随后，工商银行湘乡市支行、农业银行湘乡市支行、农村信用合作联社相继设立稽核科（股）。当年，稽核发现新湘路、昆仑桥信用社以5.5吨尿素和4箱甲胺磷进行实物揽储，共吸收存款13.5万元；望春门、昆仑桥信用社和信用联社营业部，未经人民银行湘乡支行批准吸收大额转让储蓄138.8万元；还有公款转储9户，涉及金额8.3万元；跨辖放贷和担保抵押手续不全，造成贷款风险，有逾期和呆滞贷款169户、97万元，责令及时整改。1992年，组织稽核492人次，现场稽核202天，完成稽核8项，查出各种违规金额4865万元，罚款罚息1.2万元，提出整改意见11条。1993—1995年，开展各项检查1740人次，查出各种违规金额3.60亿元，提出整改意见166条，罚款15万元，冻结存款78万元，划缴财政性存款92万元。2001年，人民银行湘乡支行设立金管股，负责金融稽核和金融管理。2002年，着重开展银行类机构年检，共抽查26个单位；对信用联社和东郊等9个信用社进行时序性检查，下达稽核通知书9份，及时对违规行为进行整改。其后，金融稽核工作坚持定期稽核和日常稽核、重点稽核和一般稽核相结合的方法进行。2005年，人民银行湘乡市支行设立监督管理股，承担支行内外监督职责。全年检查网点40个，开展支农再贷款、现金管理、利率管理等10项检查，下达整改意见书28份，立案处罚银信机构2个。

六、创建金融安全区

2001年起，全市开始全面创建金融安全区。6月15日，人民银行湘乡市支行发出《关于做好整顿和规范金融秩序创建湘乡市金融安全区有关工作的通知》。工商银行湘乡市支行，建立企业信用等级评定、项目评估、授信评估“三位一体”的信贷评估机制，实行审贷分离。还印发《信贷资产五级分类管理办法》，把信贷资产分为正常、关注、次级、可疑和损失五类，后三类合称为不良信贷资产。对不良贷款基数实行分项锁定，承包清收、按月分解、任务到人。2002年，收回不良贷款546万元。同年，市信用合作联社在防范化解信贷资产风险上，推行审批贷款期限制度、到期催收制度、延期审批制度、逾期加息和改变用途罚息制度、定期综合分析制度、奖罚兑现制度，有效降低信贷资产的风险，不断提高信贷资产的安全性、流动性和效益性，共压缩不良贷款1.6亿元，不良贷款比例下降16.4个百分点。农业银行湘乡市支行在资产监督和风险化解中，制订和严格执行各项信贷管理规章制度。即评估论证、登记管理；信贷普查、期限管理；担保抵押、信贷制裁；审贷分离、存贷挂钩；关停并转、升温增压。在线监控上建立贷款风险责任制。至2003年，共收回"两呆"贷款本息2324万元，收回不良贷款723万元，盘活不良资产3160万元。同年，在开展创建省信用县（市）中，以清理党政干部、国家工作人员不良贷款为重点，以打击非法金融为突破口，以维护金融债权，遏制失信行为为基础，以防范和化解金融风险为目的，创安工作取得明显成效。全市经济金融出现良性互动，协调发展的新局面。年末，全市金融机构各项存款余额达42.7亿元，较年初增长15%，各项贷款余额23.6亿元，较年初增长14%，全市各专业银行实现盈利，农村信用社减亏900多万元。全市工农业总产值达72.6亿元，较上年增长12.9%，高于全省平均水平。全市金融机构不良资产降低6个百分点，无金融案件发生。依靠地方党政，借助多方力量，清收不良贷款。召开130多个单位负责人参加的"清欠"工作大会，并将各单位清欠名单、数据发给各负责人带回进行督办。还举办清收对象学习班，对200多名清收对象进行诫勉谈话。银信部门发出催收通知，限期归还贷款本息。同时，组织庞大的清收工作队伍，对63个行政单位和18个乡镇自借和担保不良贷款的476人，逐个上门催收。对拒不归还贷款的，由市纪委、组织、人事、监察、财政等部门按干部管理权限，责令其停薪离岗，筹资还贷。在年底前不还清贷款本息的，由金融债权部门列入恶意逃废债务的"黑名单"，司法机关依法介入，新闻媒体公开曝光。当年，共收回此类不良贷款556.48万元，占应收的41%，同时还签订一部分延期还款协议。中央电视台和中央广播电台分别到湘乡进行采访，并在《新闻纵横》播放专题新闻，《金融时报》也以《诚信从头开始》在头版刊登，《湖南日报》《三湘都市报》、新华网也相继报道。打击非法金融，整肃金融环境，重点查处地下钱庄的非法经营活动，坚决取缔地下钱庄。维护金融债权，防范化解金融风险，遏制失信行为。银信部门参与企业改革，在改革中落实债权，全市在20多个企业改制中，落实金融债权2000多万元。在防范化解金融风险，创造金融安全区活动中，针对部分地方信用意识淡薄的现状，开展信用村评选活动。全市共有8个村提出申请，经过检查确定授信户1302户，授信金融309.1万元，授信户占申请户的89%。2004年，在全省开展诚信建设中，湘乡市被省政府评为"湖南省信用县（市）"，在互联网上开通"湘乡诚信网站"。2005年，以市政府名义开展诚信宣传月活动，把诚信管理、反洗钱、反假币列入宣传内容之一。共发诚信建设宣传手册3万余份，张贴诚信宣传标语条幅万余条，还与相关部门一道开展"诚信企业"评选活动，增强社会信用意识。

第二章 保险业

第一节 机构

一、中国人民财产保险股份有限公司湘乡支公司

1986年，湘乡县人民保险公司搬迁到新建的县东风路61号大楼办公，内设人秘、人身险、计财、城市业务、农村业务、办公室6个股室。并分别设立东郊、东山、泉塘、虞唐、潭市、棋梓、壶天、月山、白田、谷水、城关11个保险业务代理站，先后招聘14名专职代办员。湘乡县改市后，人保湘乡县支公司更名为中国人民保险公司湘乡市支公司。1994年3月9日，根据《中华人民共和国保险法》中“同一保险人不得同时兼营财产保险业务和人身保险业务”的规定，中国人民保险公司湘乡市支公司一分为二，即财产保险、人寿保险分设，实现分业经营和向商业化转轨。两家公司在同一办公楼办公。分设后的中国人民财产保险公司湘乡市支公司，内设人秘股、计财股、业务股，编制16人。1996年12月21日，中保财险湘乡市支公司更名为中保财产保险有限公司湖南省湘乡市支公司。1999年1月21日，恢复使用中国人民财产保险有限公司湖南省湘乡市支公司名称。2002年，除经营财产保险业务外，又推出人身“意外伤害险”“安康险”等一系列人身意外伤害综合保险新险种。2003年7月19日，又更名为中国人民财产保险股份有限公司湘乡支公司。至2005年年底，公司下设综合部、营业部、业务部、营销部，有正式员工14人，代办员18人。

二、中国人寿保险股份有限公司湘乡支公司

1994年，中国人寿保险股份有限公司湘乡支公司从中国人民保险公司湘乡市支公司分设出来，专营人寿保险业务。内设人秘股、计财股、业务股，定编12人。原11个乡镇农村网点保险站，也

同时划拨移交给人寿湘乡支公司。7月，人寿湘乡市公司搬迁至湘乡市汽车街115号对外办公营业。1995年10月，人寿湘乡市支公司更名为中国人寿保险有限责任公司湘乡市支公司。1996年7月23日，又更名为中国人寿保险有限公司湘乡市支公司。1998年7月，人寿湘乡市支公司更名为中国人寿保险股份有限公司湘乡支公司。下半年，全市22个乡镇农村保险站各聘任1名在职副乡（镇）长兼任保险站荣誉站长，招聘180名保险营销员，每个建制村都明确1名寿险代办联络员。2002年，中国人寿保险股份有限公司湘乡支公司搬入务门前新址办公。2003年8月，人寿湘乡支公司内部机构进行调整，设综合管理科、团险销售科、中介代理科、客户服务科、个险销售科。2005年，公司从业人员500余人，其中在册正式职工11人。

三、中国平安财产保险股份有限公司湘乡支公司

中国平安财产保险股份有限公司湘乡支公司成立于1995年12月，当时称中国平安保险公司湘乡办事处，经营产险、寿险。内设财产险营销业务部、人身险营销业务部、办公室，有从业人员12人。营业地址设在健康路2号城市规划局二楼。1996年10月，平安产险和寿险分离，单独设立办事处。平安产险湘乡办事处营业地址搬迁至新湘西路46号市银信综合大楼二楼，有正式员工14人。2003年3月，经中国保险监督管理委员会批准，平安产险湘乡办事处升格为支公司并更名为中国平安财产保险股份有限公司湘乡支公司，内设经理室、综合经营部、市场营销部、理赔部。至2005年年末，该公司有从业人员13人。

四、中国平安人寿保险股份有限公司湘乡办事处

中国平安人寿保险股份有限公司湘乡办事处，于1996年从中国平安保险公司湘乡办事处分离，单独设立办事处。内设营销一部、营销二部、承保与理赔部。随着业务的发展，人员从最初5人发展到188人。开始租赁湘乡市汽车站第一、二售票候车厅办公营业，后来搬迁到东山北路千禧大厦一楼。2004年4月，经中国平安人寿保险股份有限公司湖南分公司批准，平安人寿保险湘乡办事处裁员压缩编制，只留下3人，续收保费和办理理赔等日常事务。2005年，维持原状未变。

五、中国太平洋财产保险股份有限公司湘乡营销服务部

中国太平洋财产保险股份有限公司湘乡营销服务部于2001年5月成立，内设经理室、承保业务部、理赔部（财务与单证室）。随着业务的发展，从业人员由开业初期的8人，到2005年年末，有正式员工15人。租赁桑梅中路汽车街103号市冶金环保设备厂二楼办公营业。

六、中国太平洋人寿保险股份有限公司湘乡营销服务部

中国太平洋人寿保险股份有限公司湘乡营销服务部，于2001年5月18日获准在湘乡筹建，同年9月正式挂牌营业。地址设桑梅中路鼎龙大厦右侧二楼。内设客户服务部、个险部、团险部、承保与理赔、财会与办公室。下辖梅桥、棋梓、月山、白田、壶天、毛田、山枣、虞唐、龙洞、育塅、泉塘11个乡（镇）保险代理站，至2005年年底，有从业人员450人，其中正式员工10人。

七、新华人寿保险股份有限公司湘乡营销服务部

新华人寿保险股份有限公司，是1996年8月由12家国内大企业和4家外资股东共16家合股成立的作为区域全国性、股份制专业寿险公司。新华人寿保险股份有限公司湘乡营销服务部于2002年6月开始筹建，12月正式营业，桑梅中路汽车街86号，原湘乡市人民银行办公大楼四、五楼办公。内设个险业务部、团险部、银代部、承保与理赔部。先后在月山、白田、棋梓、山枣、东郊、潭市、壶天7个乡镇建立保险站。为了扩大业务范围，又在韶山市原政府办公楼内设立保险站。至2005年年底，共有从业人员380人，其中正式员工6人。

八、泰康人寿保险股份有限公司湘乡营销服务部

泰康人寿保险股份有限公司是1996年8月由中国对外贸易运输（集团）总公司、中国石化集团北京燕山石油化工有限公司和中国嘉德国际拍卖有限公司等16家国有大中型企业发起组建。2002年12月，泰康人寿保险股份有限公司湖南分公司获准在湘乡筹建营销服务部。2003年4月，正式对外办公营业。内设总经理室、营销部、承保与理赔部、培训部。从业人员由筹建时的4人发展到100人，其中正式职工6人。服务部位于大正街66号健康大厦四楼。

九、华安财产保险股份有限公司湘乡营销服务部

2003年10月，华安财产保险股份有限公司湖南省分公司湘乡营销服务部成立。内设综合部、业务部、承保部、计财部、理赔部，有正式员工11人。2005年，机构未变。

十、湘潭湘电保险代理有限公司湘乡分公司

2004年12月，经湘潭湘电保险代理有限公司董事会决定，在湘乡设立分公司，位于务门前大街49号中国人寿大楼六楼。内设营销业务部、人力资源培训部、团险部，有从业人员95人，其中正式员工5人。2005年，维持原状未变。

第二节 承保

1986—1993年，全市只有中国人民保险公司湘乡县（市）支公司，办理企业财产、产品质量、家庭财产、铁路公路货物运输、农村家庭财产、村干部养老、城镇集体职工养老金统筹、森林、杂交水稻、计划生育、合作医疗健康保险等。全市8年共完成保费收入9954.9万元。

1994—2000年，中国人民保险公司湘乡市支公司一分为二。另外，中国平安财产保险、中国平安人寿保险湘乡办事处相继成立。全市共有4家保险机构，办理保险险种逐年增多，单中国平安保险公司湘乡办事处，推行的产险、寿险就有30多种。全市7年共完成保费收入2.59亿元。

2001—2005年，相继新增中国太平洋财产保险湘乡营销服务部等6家保险机构，使全市的保险机构达到10家，办理的险种，在财险、寿险等领域全方位增加。全市5年共完成保费收入5.73亿元。

第三节 理赔

1986年，中国人民保险湘乡县支公司（含产险、寿险）共受理赔案494起，支付理赔款100.48万元。1987年，湘乡发生洪灾，中国人民保险公司湘乡市支公司到986个受灾严重的农村客户家中，逐户现场查勘定损，把7.94万元理赔款送到受灾户手里。全年受理产险、寿险理赔案1594起，支付理赔款131.55万元。

1988—1993年，湘乡发生暴雨洪涝、龙卷风等4次大的自然灾害，以及1990年6月，湖南铁合金厂一栋厂房因暴风雨袭击发生爆炸事故，7年间共受理赔案25万多起，支付理赔款3807.19万元。

1994—2000年，全市保险机构共受理各种理赔案38万多起，支付理赔款6583.8万元。

2001年6月9日，龙洞乡韶龙制革厂一栋厂房发生重大火灾事故，车间烧毁，部分机械设备毁坏。中国人民财产保险公司湘乡市支公司于8月2日召开理赔兑现大会，理赔支付37.27万元。2003年7月12日，湖南铁合金集团有限公司一栋化学品仓库发生特大火灾爆炸事故，一次性支付理赔款50万元。2004年9月1日，潭市学校开学时，每个学生交10元保险费参加学校统一投保的学生团体人身意外伤害险。第二天该校发生2名学生溺水身亡事故。理赔人员带着1万元理赔款送到学校，并协助学校料理学生后事，做好家长的安抚工作。2005年3月1日，壶天镇潭溪村第九组村民文谷林，到中国人寿保险股份有限公司湘乡支公司壶天保险站购买“人身意外伤害保险”，保期一年，交保费438元，主附险保险金额共11.6万元。被保险人不幸于当年8月17日，在广东打工时被水泥电杆打伤头部，因抢救无效死亡。该公司接到报案后，经过理赔人员前往广东事故现场勘查审核、定赔，支付其人身意外身故保险金9.8万元，意外医疗赔偿金3600元，合计赔付10.16万元，创该公司建立以来寿险赔案之最。至2005年年底的5年时间，全市共受理赔案70万起，支付理赔款1.27亿元。

1986—2005年湘乡市各保险公司保费收入理赔统计表

表9-5

单位:万元

单位名称 / 金额 / 年度	合计		人保财险		中保寿险		平安财险		平安寿险		太保财险		太保寿险		新华寿险		泰康寿险		华安财险		湘电保险代理	
	保费收入	赔付	保费收入	赔付	保费收入	赔付	保费收入	赔付	保费收入	赔付	保费收入	赔付	保费收入	赔付	保费收入	赔付	保费收入	赔付	保费收入	赔付	保费收入	赔付
1986	255	100.48	255	100.48	—	—	—	—	—	—	—	—	—	—	—	—	—	—	—	—	—	—
1987	537.9	131.55	537.9	131.55	—	—	—	—	—	—	—	—	—	—	—	—	—	—	—	—	—	—
1988	821	147.57	821	147.57	—	—	—	—	—	—	—	—	—	—	—	—	—	—	—	—	—	—
1989	1193.8	226.67	1193.8	226.67	—	—	—	—	—	—	—	—	—	—	—	—	—	—	—	—	—	—
1990	1200.2	334.9	1200.2	334.9	—	—	—	—	—	—	—	—	—	—	—	—	—	—	—	—	—	—
1991	1998.8	765.7	1998.8	765.7	—	—	—	—	—	—	—	—	—	—	—	—	—	—	—	—	—	—
1992	2212.7	601.3	2212.7	601.3	—	—	—	—	—	—	—	—	—	—	—	—	—	—	—	—	—	—
1993	173535	1599.5	1735.5	1599.5	—	—	—	—	—	—	—	—	—	—	—	—	—	—	—	—	—	—
1994	1477	902	677	607	800	295	—	—	—	—	—	—	—	—	—	—	—	—	—	—	—	—
1995	1905.5	768.2	869.5	448.2	1036	320	—	—	—	—	—	—	—	—	—	—	—	—	—	—	—	—
1996	2851.4	1065.4	1047.4	614.4	1312	348	280	100	212	—	—	—	—	—	—	—	—	—	—	—	—	—
1997	2793.3	1028	929.3	561	1097	310	280	140	487	17	—	—	—	—	—	—	—	—	—	—	—	—
1998	4563	1275.2	1091	535.2	2631	615	220	100	21	25	—	—	—	—	—	—	—	—	—	—	—	—
1999	5650.9	1545	1141.9	615	3361	715	360	180	788	35	—	—	—	—	—	—	—	—	—	—	—	—
2000	6679	1560.8	1181	595.8	4326	780	280	140	892	45	—	—	—	—	—	—	—	—	—	—	—	—
2001	7931.2	1650	1319	632	5045	800	280	120	1006	85	100	10	181.2	3	—	—	—	—	—	—	—	—
2002	10253.2	1998.6	1425.8	726.6	6335	810	300	150	1200	84	400	200	592.4	28	—	—	—	—	—	—	—	—
2003	11889.5	2088.8	1521.5	760.8	6554	820	300	150	1200	80	400	200	1114	65	600	6	200	1	—	—	—	—
2004	13494	2609	1646.6	934	7317.4	850	320	289	1000	70	400	200	1210	71	1000	10	300	5	300	180	—	—
2005	13745.4	2839.3	1500.4	1022.8	7797	890	380	305	600	56	500	250	1318	83	1000	20	200	9	330	200	120	3.5
累计	93188.3	23238	24305	11960	47611	7559	3000	1674	8000	500	1800	860	4415.6	250	2600	36	700	15	630	380	120	3.5

说明：中保财险湘乡支公司1986—1993年保费收入、理赔，均包括产险、寿险数字

第三章 证券业

第一节 机构

1998年5月，泰阳证券有限公司湘潭解放路证券营业部湘乡服务部正式营业，定编3人。内设咨询柜、电脑房、办公室、证券投资分析室，营业面积500平方米，资产总值约300万元，是湘乡市唯一一家经过中国证券监督管理委员会批准的合法证券交易机构。2005年年末，有正式职工4人。主要经营范围：证券代理买卖；代理返本付息，分红付息；证券代保管、签证；代理登记开户。本市市场占有率近100%。交易大厅原设在湘乡宾馆3栋一楼，后搬迁至桑梅路向红大厦三楼。

第二节 证券交易

1998年，服务部成立后，开展网上交易和银证通交易，形成以现场交易为主，远程交易为辅的营业网络。其中，现场交易包括柜台委托、磁卡自助委托、热键自助等多种委托方式，资金安全，跑道畅通，信息全面，回报及时；远程交易覆盖城区及各主要乡镇，包括网上交易、银证通交易和电话委托等，方便投资者操作。当年，开户512户，成交额2亿元。其后，服务部逐步实现远程开户、现场交割等，完善资金转账通道。在农业银行湘乡市支行、建设银行湘乡市支行开通银证转账业务，投资者凭证券账户卡、银行存折（卡）、凭本人身份证即可办理银证转账业务。至2005年年末，8年共有投资者3490户，股民投资品种涉及A股、B股、基金、国债及各种金融衍生品种业务，累计成交额40亿元。

1998—2005年湘乡市泰阳证券交易经营状况统计表

表9-6　　　　单位:户、亿元

年度	1998	1999	2000	2001	2002	2003	2004	2005	合计
开户数	512	430	425	478	413	380	390	462	3490
成交额	2	3	5	8	5	6	6	5	40

第十编 商业贸易

1986年，全市共有商业网点5401个，批发商297家，其中全民93家，集体188家，联营9家，个体7家。社会商品零售总额2.41亿元。1987—1989年，国营商业企业累计实现销售总额3.25亿元，实现利税1300万元。

1990年以后，国家在计划经济条件下的各项优惠政策和财政补贴逐步取消，商品由卖方市场变为买方市场。个体经济迅速发展，当年民营个体商业网点发展到7233个，从业人员10987人。1993年，粮油价格和经营全面开放。省、市不再向湘乡下达外贸出口的指令性计划。国营商贸企业开始改革经营模式，参与市场竞争。至1994年，市商业系统筹集资金1160万元，先后改建工农商业大厦，扩建棋梓百货大厦、棋梓商业大厦，装修东风商店。市物资系统筹资700余万元，先后建成物资大厦、物资宾馆、钢材市场。市外贸系统筹资500多万元建成粮油中天大厦。市供销社筹资建成市供销大厦、虞唐供销大楼和壶天供销社商场，扩大和完善商业零售网点。通过经营模式的改革，至1998年的8年间，国营商业企业完成商品销售总额8.65亿元，实现利税2515.2万元。1999年，在社会消费品零售总额中，民营商业由1990年的16.8%上升至56.4%，国有商业所占比重由1990年的20.1%下降至2.8%。国有商贸企业逐步从市场中退出。

2000年，市委、市政府下发《关于深化国有集体企业改革若干问题的规定》及一系列配套措施，商贸企业改革改制工作全面启动。至2004年，市商业、物资、外贸、供销、粮食系统所属国有商贸企业改革改制全面完成。企业和职工全面走向市场，民营商业逐步发展壮大，大商贸、大流通、大市场的格局基本形成。

2005年，市城区拥有步步高、振兴2家规模较大的综合性超市，150多家服装、食品、五金交电专营超市及社区小型超市。有百货、副食、服饰、建材、钢材、农贸、水果等专业大市场13家，营业面积8.55万平方米，门面1989个，摊位665个。全市从事旅店、餐饮、娱乐休闲服务业的4019户。农村集市贸易遍布各乡镇和交通要点，逢场赶集。全市社会消费品零售总额22.05亿元。其中，国有商贸7868万元，占3.6%，民营个体21.26亿元，占96.4%。全市完成进出口总额7171万美元。

第一章 体制改革

第一节 国有商业体制改革

1986年，县商业局内设办公室、业储股、物价信息股、人事教育股、计财股、纪检组、工会。事业编单位有商业学校、幼儿园、集体商业管理站、劳动服务公司。下辖百货、纺织品、五交化、工矿贸易、肉食水产、糖酒副食品、蔬菜食品、饮食服务等公司和肉类联合加工厂共9个直属企业单位。分设93个核算单位，166个经营网点，共有职工1984人。1993年11月，商业局成建制转为经济实体，更名为市商业集团总公司。1995年7月，商业局（集团总公司）仍对所辖公司（厂）实行行政管理职能。2004年，商业局下属的振兴连锁超市有限公司、百货公司、纺织品公司、肉食水产公司、蔬菜食品公司、棋梓商业公司、饮食服务公司、工矿贸易公司、肉类联合加工厂和五交化、糖酒副食品公司等11个单位均已完成改制。全系统年末有职工594人。2005年1月，撤销市商业局、物资局、外贸局，整合组建市商务局，主管全市商贸流通工作，规划、协调、指导内外贸易，承担相应的行政管理职能。局机关定编37人，内设办公室、政策法规股、商贸改革发展股、外经外贸股、市场运行调节股、财务股、政工人事股、市酒类监督管理办公室等8个股室，另辖市民用爆破器材经营公司、市肉类联合加工厂、振兴连锁超市有限公司等3家企业。整合组建后的市商务局推进商贸企业改革，整顿、规范市场秩序，推动全市流通和外经外贸的发展。当年，湘乡市被商务部确定为全国“万村千乡”工程试点县（市），被评为省市场监测运行先进单位、省酒类流通管理工作先进单位、湘潭市生猪定点屠宰工作先进单位。至年底，基本完成本系统的企业改制工作。

一、经营模式改革

湘乡国有、集体商业企业改革始于20世纪80年代初。计划经济体制下的国营商业，几乎垄断整个工业品批发市场。中共十一届三中全会后，逐步建立了多种经济成分、多条流通渠道、多种经营方式的商品流通体制。在计划经济向市场经济转轨的过程中，由于个体商业的迅速发展，国有商业企业销售萎缩，亏损严重，债务增加，包袱沉重。从1986年起，商业企业开始进行经营模式的改革。

1987—1989年，商业系统行政管理人员减半，由原来的114人减少到54人。各单位由计划管理职能转变为独立经济实体，实行以目标管理为主要内容的承包责任制。91家独立核算单位有48家实现放开经营，36家实行职工集资入股，入股金额140多万元。企业实行自主经营，自选项目，自组人员，自主分配，自设奖罚，自负盈亏。

1991年，商业局与财政局签订为期3年的利税总承包合同，确定以当年上缴财政任务120万元为基数，以后每年递增10万元。商业局按市政府下达的目标管理指标分解到各公司（厂），公司（厂）将任务分解落实到店、组、人，并以合同形式签订责任状。同年，推行经营、价格、用工、分配“四放开”的商业改革。全体职工实行劳动合同化管理，干部的任命制改为聘任制。在分配制度方面，逐步实行工资全浮，联销计酬，联利计奖，上不封顶，下不保底的分配方法。当年，市五交化公司实现销售总额1739万元，税利73万元，人均年收入3000元，分别比上年上升28%、35%和30%。1992年、1993年分别实现销售总额2257万元、3851万元。连续3年被评为省商业厅系统优秀企业。至1993年年底，商业企业内部普遍推行风险抵押制度，风险抵押金已达360余万元。商业系统职工集资入股，筹集资金800万元建起工农商业大厦。扩建棋梓商场、棋梓百货大楼、装修东风商场。在流动资金严重不足的情况下，银企联合办起市工商银行储蓄代办所，取得“存一贷二”的贷款优惠。

1997—1999年，全系统销售收入连续3年以40%的速度下降。1999年年末，在册职工1963人，其中下岗职工1272人，占职工人数的64.8%。企业负债5311.8万元，人均负债2.7万元。全系统11个公司（厂）中肉联厂、商业物资公司负债艰难经营，五交化公司、百货公司、纺织品公司实现国有民营，租赁承包，其余企业全部停业，职工下岗，公司转为物业管理。

二、产权制度改革

1991年后，商业局系统采取兼并、撤销、以资抵债、联合开发融资安置职工等多种形式，对所属公司（厂）实施产权制度改革。1993年9月，组建商业物资公司。后该公司由于经营不善亏损严重，负债114万元，被迫关门，由振兴超市兼并为振兴商业广场。1998年7月，蔬菜公司与市城市综合开发公司联合在特困企业豆腐加工厂所在地进行房地产开发，所得收益用于安置职工的补偿费，成为商业局系统首家置换企业。随后，饮食服务公司红旗食堂由五交化公司兼并，改建为经营建材、日杂家具的商场。湘乡冰厂由工矿贸易公司兼并，改建为商会服装市场。市蔬菜公司务门前蔬菜店由市肉联厂兼并，成为肉联厂在城区的肉食品零售店。为盘活和处置资产，化解经济包袱，至1999年，先后转让马坪、龙洞、金石、白田等18处肉食网点及棋梓桥食品厂和粉丝厂的闲置土地4.27亩，收入91.43万元。处置偏远、闲置商业网点24处，资产收入160.43万元，全部用于置换职工和离退休人员生活费、养老金发放。

2000年，商业局（集团总公司）及下属11个公司（厂）相继成立企业改革领导小组，制定改革方案，明确改革任务。通过清理资产、产权界定，资产评估、公开拍卖等步骤，至2004年12月底，共公开拍卖、处置资产101处，累计资产处置收入5559.2万元，置换职工1308人，521名退休人员一次性领取医疗补偿费。商业系统企业全面完成改制任务。

第二节 物资流通体制改革

1986年，市物资公司（局）下辖金属材料（含金属回收公司）、建筑材料、机电化轻等3个专业公司，1个物资供应站和1个物资服务部。1992年8月，市物资局（公司）成建制转为经济实体，更名为湘乡市物资（集团）总公司，仍保留物资局名称。下辖7个独立核算的自收自支事业单位。1999年6月，市物资局与市物资（集团）总公司分离，分离后的市物资（集团）总公司成为市物资局管辖的直属单位，原各成员公司归口市物资（集团）总公司管辖。至此，市物资局下辖物资（集团）总公司、物资产业经营总公司，共有职工255人。同年10月，增设湘发出租公司和钢材交易市场。2004年，物资企业改革改制完成。2005年1月，市物资局被撤销，其行政管理职能及有关业务移交市商务局。

一、经营模式改革

1987年，市物资局首轮与市财政签订3年税利递增承包合同，以9万元为基数，每年按12% 固定比例递增。在内部实行承包经营责任制，改干部任命为聘任制，人员优化组合，实行承包到组、任务到人的逐级承包经济责任制。当年，实现销售收入2311.34万元，利润48.72万元，分别比1986年增长67.26% 和145.44%。至1989年的3年间，累计实现销售收入6768万元，利润140.13万元，上缴市财政64.18万元，为承包任务30.38万元的2.1倍。

1990—1992年，市物资（集团）总公司在落实与市财政第二轮经济责任承包合同中，推行全员风险抵押承包经营责任制。对企业内部的劳动人事、工资奖金分配、经济核算制度及组织机构等进行配套改革，实行经理负责制和任期目标管理制。累计实现销售收入2.07亿元，利润413.7万元，分别为承包任务的4.25倍和3.4倍。承包期内补充企业流动资金72万元，固定资产增值168万元。同时，投资50多万元征地7600平方米，新建职工宿舍30套，购置大小汽车13辆。市物资（集团）公司连续3年被评为全省物资系统“双文明建设”先进单位。

1999年7月，民用爆破器材、报废汽车、汽车经营等有效资源重新整合，组建湘乡市物资产业经营总公司，下设民爆器材、汽车经营、金属回收3个经营公司。全年实现销售收入563万元，实现利润5.1万元。9月，由市物资局投资50多万元，将金属大院改建成湘乡钢材交易市场。2003年5月，民用爆破器材的经营从市物资产业总公司分离出来，组建湘乡市民用爆破器材经营公司，属国有性质的独立经济实体，为物资局的直辖单位。原总公司所辖的金属回收、汽车经营两公司转为民营。此后，市物资产业总公司撤销。

二、产权制度改革

1996年下半年，物资局所属7个经营公司（中心）都已不同程度发生亏损。物资局随即对亏损严重的金属材料、建筑材料、生产服务和物资贸易等4家总公司（中心）停业整顿，组建股份有限责任公司。接着对其他公司进行改制，但效果甚微。组建的新公司只运转了几个月，最长的运转一年。此后，股民自动解散。

2000年2月，制订《湘乡市物资集团总公司改革方案》。按照精简机构和节省费用的原则，撤销7家总公司（中心）法人代表资格，实行人、财、物集中管理。全年收回货款78万元、职工欠款23万元。库存物资变现40万元，租金收入15万元，缴纳养老保险金38万元，发放下岗职工基本生活费、扶贫解困金和支付离退休人员医药费共计11.98万元。将进入再就业服务中心的70名职工的身份全部置换。8月，由于公司严重资不抵债，由市人民法院宣告市物资集团公司依法破产。期间，对市物资公司的债权、债务、财务、财产进行全面清理、评估、处置、分配。经评估后，资产总额为746.36万元，负债总额为5187.78万元，资产负债率695%。12月，宣告破产终结。原市物资集团公司各项工作、管理职能，由新组建的“湘乡市物资局物业管理中心”负责。至2004年，共处置资产6处，累计收入857.78万元，全部用于偿还债务和职工安置补偿。共置换职工身份219人，职工补偿累计347.36万元，补发职工息工期间生活费等累计103.2万元。置换职工、退休职工档案移交市劳动部门。至此，市物资系统企业全面完成改制任务。

第三节 外贸体制改革

1986年，湘乡对外经济贸易公司是实行统一核算的经济实体。1990年1月，市外贸公司（局）行使行政管理职能。1991年4月，市外贸公司加挂“对外经济贸易委员会”，两块牌子，一套人马。1992年7月，更名为“湘乡市对外经济贸易总公司”。1993年9月，撤销市外经贸委，组建“湘乡市对外经济贸易（集团）总公司”，实行企业化管理，不行使行政职权，归口市财贸工作办公室管理。下辖五金矿产、化工产品、土（产）畜（牧）产品、粮油食品4个出口总公司以及外贸良种猪场。2005年1月，市外贸集团总公司（局）撤销。其行政管理职能及有关业务移交市商务局。

一、经营模式改革

1988年，市外贸公司根据中央、省、市有关“转换经营机制”精神，率先推行企业全面承包经营（承包期3年），引进竞争机制，在内部实行公开招标招聘。当年4个承包单位都超额完成目标任务。出口收购总额比1987年增长40.8%。

1989年，成立湘乡市粮油食品出口公司，成为独立核算的企业法人单位。外贸公司3年的承包合同提前终止，并改承包经营为目标管理责任制。当年，出口收购品种由上年的36种下降至19种，收购总额下降30%，亏损89万元。

1991年1月起，国务院决定取消国家对外贸出口的财务补贴，使外贸企业逐步走上“统一政策，平等竞争，自主经营，自负盈亏，工贸结合，推行代理制，联合统一对外”的自负盈亏轨道。当年，市外贸企业实行经营承包责任制，采取工资奖金与经济效益挂钩承包形式和上封顶下保底的分配形式。

1992年以前，外贸企业的出口经营实行单一的计划经济。1993年1月开始，湖南省、湘潭市不再下达出口商品收购指令性计划。湘乡外贸企业的出口收购必须在确定要货单位后才能进行，而且除了拥有畜禽饲料销售的优势外，并无其他经营门路。1995年，外贸集团总公司全年销售2754万元，其中出口1839万元人民币，内销的915万元中饲料销售占90.8%。经营体制由“出口收购制”转向“出口代理制”和生产经营企业自营进出口。至1997年年底，外贸企业大多已无法开展正常的出口和多种经营业务。全系统共有职工128人，下岗分流68人，占53%。同年11月，成立市外贸集团总公司企业改革领导小组，外贸总公司对亏损严重的外贸进出口公司实行留牌、留人、不留债，资产重组，剥离经营；对土畜公司实行国有私营，参与市场竞争；对粮油食品公司和外贸良种猪场实行包利润完成、包上缴费用、包退休工资和风险抵押的“三包一抵押”承包。

二、产权制度改革

1986年以后，由于长期受计划经济体制的影响和市场经济运行机制不完备的制约，虽然采取了一些改革措施，但并未使外贸企业走出困境。1996年，外贸企业亏损近60万元，以后则年年亏损。至2003年9月，共欠银行债务393万余元。2003年5月，开始摸清家底，化解债务。经与中国东方资产管理公司长沙办事处多次协商，以50万元化解全部债务。2004年2月，将外贸大院房地产进行公开拍卖，收入230万元。3月，将市粮油食品公司“中天大厦”1至3层房地产划拨移交市国有资产管理公司。2处房地产处置共筹集改制资金298万元。年底，市外贸集团总公司下属3个单位共有职工99人，已置换身份94人。共支付置换资金137.47万元，外贸企业改制工作完成。

第四节 粮油购销体制改革

1986年，县粮食局下辖19个企业。其中，购销企业13个：城关、东郊、泉塘、东山、虞唐、月山、白田、壶天、棋梓、谷水、潭市粮站和直辖仓库、长桥粮库；附营企业6个：溶剂油库、粮油议购议销公司、城关大米厂、棋梓大米厂、面粉厂和混合饲料厂，合计在职职工848人。2005年，市粮食局下辖长桥国家粮食储备库，省双枣储备库、中心粮站、粮贸公司和东郊、泉塘、东山、虞唐、月山、白田、壶天、潭市、棋梓9个农村粮站，共13个独立核算企业。

一、经营模式改革

1986年，全县开始粮油议购议销，实行多渠道经营，推行综合经营承包责任制。粮食局对站（库）下达购销调拨计划，对主要费用实行限额包干，粮油饲料企业实行基数利润留成，超计划利润分成。1988年7月，湘乡溶剂油库划归省粮油工业公司直管。

1990年，湘潭市政府决定继续执行对所属县（市）实行粮油购销、调拨和“议转平”差价款包干的办法。粮食局根据这一办法，将指标测算到各粮站、厂库，年终进行结算，超利减亏分成，减利增亏不补。1992年，全省粮食系统实行企业代理制。湘乡市代理制6月1日运行。市粮食局成立平价粮油购销公司，各购、销、调、存企业为公司代理企业。全市平价粮油经营的政策性亏损，全由购销公司承担。12个粮站（库）原来的亏损挂账全部转到购销公司账上。各企业一次性甩掉亏损包袱后，成为“代理企业”，独立核算，自主经营，自负盈亏。代办平价购销业务，完成分配的经营量，按一定标准收取各项业务代理费。同年，根据湖南省人民政府43号文件精神，湘潭市人民政府35号文件规定：从11月1日起，全面放开粮食价格和经营，从而打破40多年垄断式的计划管理体制，结束几十年来的粮食统购统销和定购定销制度，取消居民定量粮油平价供应和农村定销平价供应，价格随行就市。各种粮票、粮券、指标划拨证和居民粮证结存的指标不再流通。职工每月享受3元的价格补贴。军供粮油仍然按原规定的办法供应。

1993年，粮食经营从计划经济过渡到市场经济。4月，省政府决定，粮食合同定购改为经济合同收购。市粮食局对粮食企业全面实行经营承包，层层签订经营承包责任书。全局170个承包项目，大包干形式107个，占63%；目标管理承包形式59个，占29%；计量计件分配形式的14个，占8%。其中个人承包项目的有48人。当年，全市粮食系统亏损192.3万元，比1992年减少亏损245.5万元。政策性补贴减少185.5万元，费用开支减少291.5万元。1994年，恢复国家定购，并改随行就市为统一制定收购价。1995年1月起，实行政策性经营和商业性经营的两线运行机制。除粮食购销调拨包干政策从1995年起一定三年不变外，从当年起，按照分级负责管理和事权、粮权、财权统一的原则完善粮食财务体制。1997年1月起，粮食管理正式下放到县（市）管理。这一改革没有完全实施，有关财务亏损挂账到年底并未作出明确的责任划分。

1998年，贯彻国务院《关于进一步深化流通体制改革的决定》，全市粮食企业实行四分开、一完善、一改革，即政企分开、中央储备与地方储备分开、新老财务挂账分开、主营与附营分开，完善价格机制，搞好企业内部改革。贯彻落实敞开收购，顺价销售和粮食收购资金实行封闭式运行政策。在粮食收购资金实行封闭式运行前，经粮食主管部门派人审计，核定湘乡市累计亏损财务挂账1.0161亿元。同年11月，基层粮站及长桥粮库、直属库、面粉公司实行主附营分开，分别成立东郊粮站（粮油经营部）等12个附营企业，并在市工商局办理营业执照。1999年4月，全市粮食企业实施人、财、物分开，分流人员342人。2000年，市粮食局下辖粮食企业26个。其中，粮食购销企业12个，粮油加工企业1个，城镇粮油销售企业1个，其他企业12个。在职职工1059人，离岗仍保留劳动关系的职工95人，其中内退内养职工87人。

2001年，由于粮食收购市场放开，市粮食局粮食企业比2000年减少12户，其中撤销11户附营企业（粮油经营部）、改制1户。12月，改制的湖南裕华粉业公司被北京军神集团兼并。2004年年底，市国有粮食购销企业占用银行贷款2.3523亿元。经市财政局、审计局、粮食局和市农业发展银行共同清理审计认定，全市国有粮食购销企业累计政策性亏损挂账7372万元。2005年，经省财政厅等有关部门审定复核予以认定，其余贷款全部归还农业发展银行。

二、产权制度改革

2002年4月，市粮食局制订《关于积极推进粮食购销体制和粮食企业体制改革的方案》，促进粮食系统两项改革。共分流500余人，其中内退内养80人。2003年5月，市粮食局出台粮食企业改革方案，报市政府审批。本年度筹集改制资金180万元，在改制方案暂未批准的情况下，全系统有40多人积极主动地置换了身份。2004年4月，市粮食局成立企改领导小组。10月底止，应置换人数784人，已置换774人，占98%；应办理内退内养手续232人，已办理62人，占27%。拍卖粮食7490吨，拍卖金额971.26万元。拍卖资产4次共40处，拍卖金额791.55万元。所有粮食企业档案全部集中统一管理。

2005年，市粮食局按照市委、市政府关于国有、集体企业改制清盘扫尾的部署开展工作。年底，共支付改制资金5109.7万元。其中，在职职工置换费1549万元，内退内养生活费551万元，退休人员医疗费187.7万元，缴纳养老金1920万元，离休人员和军转干部补贴180万元，其他费用722万元。国有粮食企业改革任务全面完成。

第五节 供销体制改革

1986年，市供销社主要经营农业生产资料和生活资料、农副产品收购以及再生资源回收等业务。常年经营的品种在2万种以上，在各乡镇设有经营网点371个。1993年，成立湘乡市供销社集团总公司，与湘乡市供销合作社联合社一套人马，两块牌子办公。1996年6月，“湘乡市供销合作社联合社”改为“湘乡市供销合作总社”，定编27人，列入市财政差额预算事业单位。2005年，供销社系统有10个基层供销社，6个市直公司，经营网点503个。干部职工1788人，离退休人员1087人。

一、经营模式改革

1986年，全县供销社系统普遍实行利润到店、超利分成、联购分销、工资浮动、大包干等多种不同形式的经营承包责任制。1987年，全面推行经理、主任任期目标管理责任制和建立企业内部经营责任制的改革。全系统10个基层供销社、1个公司与市联社签订目标管理岗位责任制合同书，实行定利润，定销售任务，定费用、定职工人数，定经营范围。另有差额包干、超额全留和定利润任务上缴，超利分成的形式。1988年，基层供销社、市直公司推行“税收目标管理”定额上缴，超利分成责任制，员工推行“百元销售工资含量”、计件工资、浮动工资制。1992年，在供销系统内全面推行国营商业百元销售含量工资挂钩经营责任制和代销经营责任制。将基层门店库存商品一次性折价给职工承包经营，职工向企业上缴承包金，把商品经营权下放给职工。1995年，供销系统调整农资经营网点，集镇商场、门店、批发部、加油站为公有公营。当年，收回商品铺底金及上缴款620万元。至1999年，对地处边远、规模较小的经营生活资料的门店，实行逐步抽资、限制铺底资金的形式承包给职工。

二、产权制度改革

2000年，供销系统按照市场经济规律，明晰企业产权，置换职工的身份。企业资产的处置，按照有关程序，对外公开或在系统内部公开拍卖，筹集改制资金。2002年起，供销社与银行达成协议，就债务偿还达成仲裁协议或以破产的方式，化解债务。全系统有13个单位与农行协议仲裁，清偿债务本金3188.28万元，利息655.047万元，实际归还370.1万元。日杂公司、家电公司、月山供销社经市政府、人民法院批准破产，化解债务1700万元。有3个单位与长城资产公司协议清偿债务本金3553万元，利息209.7万元，归还16.6万元。至2005年年末，全市供销系统除市生资总公司外，有15个企业基本完成改制，共处置资产310处，筹集企改资金4600万元。改制前有在册职工2124名，已置换身份1955名，支付置换职工安置补偿费1859.85万元。

第二章 商贸市场

1986年，商贸市场建设以公有建设为主，非公有建设为辅。公有建设的市场有8家，由工商行政管理部门自建自管。其中，城区4家：壶天巷市场、东风市场、湖铁市场、南门市场。农村乡镇集贸市场4家：虞唐农贸市场、山枣农贸市场、潭市农贸市场、棋梓火车站市场。1999年11月，公有市场实行管建分离，由湘乡财贸办公室组建市场服务中心，接收其资产，负责市场内交易秩序及租金管理费的收缴。当年，非公有经济建设的市场有以经营服饰为主的云门寺商城和钢材市场。2000—2004年，非公有制经济在城区共建有各类专业批发、零售市场7家：建材市场、水果市场、服饰市场、废钢材市场、梅坪市场、金海市场、联盟市场。2005年年底，城区各类商贸市场共有营业面积8550平方米，门面1989个，摊位665个，从业人员5000人，营业收入4.78亿元，上缴各种税费157.5万元。

第一节 专业市场

一、钢材交易市场

市钢材交易市场位于湘乡火车货站附近，原系市物资局所辖的金属大院，占地面积1.1万平方米，建筑面积5500平方米，仓储面积4600平方米。1999年12月正式建成开业。钢材市场内拥有门面45个，营业面积8000平方米，入市经营户25家。供应的钢材品种有：盘元、普通元钢和螺纹钢等建筑用材及型材、钢板、管材等生产维修用材。价格由供需双方协商定价，随行就市。至2004年的5年间，年均销售钢材1.3万吨，营业收入4800万元。2005年，销售钢材10660吨，营业收入4600万元，上缴税费94万元。

二、建材市场

地处城区东山北路，2000年10月竣工开业，营业面积5000平方米，门面370个，从业人员1200人。主营各种建筑装饰材料及厨房用品，主销本市，辐射娄底、涟源、双峰、宁乡、湘潭等周边县市，为湘中大型建材市场之一。2005年，实现营业收入8500万元，上缴税费289万元。

三、百货副食市场

百货副食市场（金海市场）地处城区桑梅中路，2003年10月竣工开业，营业面积1.2万平方米，门面356个，从业人员1000人。主营日用百货和糖酒副食，兼营粮油，以供应本市城乡各超市和便利店为主。2005年，营业收入9000万元，上缴各种税费35万元。

四、服饰大市场

地处城区大正街，2002年6月竣工开业，营业面积1.4万平方米，门面225个，从业人员520人。主营各式中高档服装、鞋帽。2005年，营业收入2500万元，上缴税费15万元。

第二节 集贸市场

1986年，全市集贸市场（含墟场）25个，其中有场地设施的9个，面积25692平方米。当年城区有集贸市场6家，常年开市。经营品种为肉类、鱼类、禽类、蛋品、腌菜、干菜、豆制品、调味品、蔬菜等。至2005年，全市共有集贸市场43个，其中有场地和固定设施的32个，大型批发市场5个。城区规模较大的集贸市场有3家。

一、城区

1982年，在城区东风路建成东风集贸市场，营业面积3200平方米，门面45个，摊位210个，从业人员450人。该市场内经营品种齐全，主要供应蔬菜，猪、牛、羊、驴、狗、鸡、鸭、鹅等肉类产品和本地水产品。沿海地区和外地的鲜活海味、名贵鱼类也有供应，经营模式为批零兼营。1986年，城区集贸市场营业收入3500万元。1997年1月，在城区东山路建成南门市场，营业面积6200平方米，门面32个，摊拉110个，从业人员200人。2003年5月，建成梅坪市场，营业面积1.45万平方米，门面200个，摊位140个，从业人员120人。2005年，东风市场、南门市场、梅坪市场的营业收入分别为8200万元、2400万元和4500万元。

二、乡镇

1986年，农村集贸市场每个乡镇都有，但发展不平衡，管理欠规范。有固定时间（或逢一、四、七，或逢二、五、八，或逢三、六、九开市），固定地段，无门面。其中，棋梓、潭市、虞唐等地较规范，常年开市，有固定摊位，其他乡镇以“马路市场”形式存在的较普遍。当年，山枣、潭市、棋梓等乡镇撤销马路市场，建设农贸市场。扩建山枣、虞唐农贸市场4800平方米。1992年，市政府鼓励多渠道、多形式建设乡镇集贸市场。岐山、巴江、金石、花坪、栗山、双江、白田、横铺等农村集贸市场筹建开工。1995年，白田、金石、花坪、梅桥4个乡（镇）的集贸市场投入使用。至1997年，其他在建的集贸市场陆续投入使用。2001年，市工商局自建的东风、南门、壶天巷、湖铁、棋梓、潭市、虞唐、山枣等8个集贸市场移交市政府市场服务中心管理。2005年，全市有乡镇集贸市场13个。

第三节 大型超市

1998年1月，湘乡的首家超市——湘潭步步高超市湘乡加盟店开业。作为零售业中的一种全新的商品专场，由于开柜售货、自选自挑、电子过秤、电脑收款、商品齐全、质量放心而深受顾客的欢迎。此后，湘乡的超市发展迅速。从1999年始，相继兴办振兴、集中、万家兴、新天地、惠又多、新华联等综合性超市。2005年，有振兴、步步高2家较大的综合性超市，近百家服装、食品、五金交电专营超市及社区小型超市。

一、振兴超市

振兴超市有限公司前身是成立于1984年的主营副食南杂的国营振兴商店。1998年12月，通过职工集资等方式建立湘乡第一家国有超市——振兴仓储购物中心。1999年9月，成立振兴超市有限公司，建成连锁店振兴商业广场。2002年8月，振兴仓储购物中心搬迁至湘房大厦，更名为振兴连锁超市南门店，经营近2万多个品种的商品。当年公司销售收入4500万元，实现利税220万元，上缴税费100万元。2005年，振兴超市有限公司列入商务部“万村千乡”市场工程首批试点企业。年底，振兴连锁超市有限公司加盟店马坪店、白田店、山坪店、毛田店相继开业，形成以城区店为龙头，乡镇店为基础的经营网络。

二、步步高超市

湘潭步步高超市于1998年1月入驻湘乡。为了将经营做大做强，步步高租赁原百货公司工农商店的场地，同年12月19日开业，营业面积扩大到1400多平方米。2003年，步步高湘乡店结束加盟店的经营模式，人、财、物隶属步步高公司。经营场所搬迁至东风路，营业面积达7200平方米，是湘乡最大的一家超市。自开业至2005年年底，实现销售收入1.19亿元，纳税238万元。2005年，该公司纳入商务部“万村千乡”市场工程建设首批试点企业。

第三章 商品购销

第一节 粮油

一、收购

1986—1989年，全市粮食和食油的收购仍实行合同定购和议价收购。合同定购实行粮、肥（尿素）、油（柴油）三挂钩政策。平均每年收购合同定购粮40931吨，议价粮11313吨，合同定购食油233.7吨，议价食油140吨。1992年，湘乡合同定购粮收购连续7年提前完成任务，全市平均每年收购定购粮食56571吨，议价粮食7915吨，定购食油288.6吨，议购食油306吨。当年，国家将合同定购改为国家定购，对粮油定购任务部分继续实行奖售政策。由于多年来政府部门强调早稻一次完成定购任务，一方面导致全市仓容紧张；另一方面使农民卖粮难。为此，市政府对国家合同定购粮的征收作了早晚稻谷各按50%的比例入库的决定，使矛盾和问题得到有效缓解，但延长粮食的收购时间，加大工作量，增加收购费用支出。1993年，国家改合同定购为经济合同收购粮食。由于部分农民对经济合同收购不理解，认为经济合同收购是只收钱不收粮，有的农民干脆不送粮。部分乡镇干部为尽快完成农业税粮任务，干脆对农业税粮部分改按每50公斤30元左右的价格收取现金，全市农业税收取现金达70多万元，仅收购早稻谷1.31万吨。由于11月份市场粮食销售价格上涨，增大粮食收购的难度，粮食的收购量为历年来最少。年计划收购经济合同粮54330吨，实际收购19713吨，仅为年计划的36.3%。市场收购粮食6663吨，收购食油284吨。

1994年，国务院在全国范围内调整了粮食的收购价，恢复国家定购，并改随行就市为统一制订收购价。全市仅早稻一季就完成全年粮食定购任务的95%，全年共收购定购粮57950吨，为计划的100%。完成任务早，粮食质量好。当年市场收购粮食6153吨，收购食油284吨。1996年，根据湖南省物价局〔1996〕55号文件通知，国家定购粮食价格，早稻谷由原来的50公斤44元提高至65元；

晚籼稻每50公斤52元提高到72元；晚籼稻（优质）由每50公斤68元提高到78元。当年，湘乡定购粮食任务57200吨，完成定购任务57660吨，市场收购议价粮36676吨，食油52.9吨。1997年，实行粮食敞开收购。全年收购定购粮48197吨，收购市场粮食93219吨，食油78.9吨。1998年，粮食定购任务由上年的50480吨减至31000吨，粮食定购价和保护价降低，定购粮早稻谷每50公斤57元，晚稻谷63元，比1997年分别减少8元和9元。保护价早稻和晚稻每50公斤分别为50元和58元，比1997年分别减少6元。全年收购定购粮26084吨，保护价粮4582吨，议价粮84634吨，食油229.9吨。2000年，根据国务院的决定，南方早稻退出保护价收购范围，定购粮即为全年农业中征实部分。湘乡第一次由粮食企业自主作价收购粮食。早稻按市场价收购，每50公斤57元。当年定购任务12595吨，全市收购定购粮食16363吨，保护价粮食7250吨，议价粮食6083吨，食油36.1吨。

2001年，粮食收购取消国家定购任务。当年收购粮食54769吨，食油30.9吨。2002年4月1日起，国家实行粮食收购价格随行就市，由粮食企业自主收购，自主经营，自负盈亏。当年收购粮食42293吨。2005年，粮食市场收购价为每50公斤65元，国家在湖南、湖北、安徽、江西四省实行最低价收购，早稻每50公斤70元，晚稻每50公斤72元。市粮食局受省中储粮分公司委托，指定长桥、山枣、潭市库点启动最低价收购预案，全年收购最低价粮1.4万吨。

二、储备

1986—1989年，全市平均年末库存粮食3万吨，没有国家和省储备任务。1990年起，粮食储备主要是国家储备和省储备。当年，粮食系统12个储备单位有仓库129栋，仓容量11.12万吨，年末库存粮食51248吨。其中，国家储备粮19568吨，省级储备粮12492吨。湘乡对储备粮实行单项经济责任制，全面推行“四定四包”责任制，对储备粮实行定人、定仓、定任务、定奖罚；对责任人实行包任务、包质量、包费用、包“四无一符”（无虫害、无鼠害、无霉变、无事故，账实相符）。1991年末，全市仓库存粮76850吨，其中国家储备33502吨，省储备12500吨。1992—1995年，平均年末库存粮食4万余吨。其中，国家储备年均2万吨，省储备5000吨。1996—2001年，由于粮食价格提高，敞开收购，调动了农民种粮和交粮的积极性，平均年末库存粮10万余吨。其中，国家储备15000吨，省储备5000吨。国家储备粮和省储备粮的轮换均由省储备粮管理部门下达指标任务，轮换费用包干。2005年9月，粮食储备任务全部移交中储粮总公司湖南省分公司湘乡分库（湘乡长桥粮库更名为湘乡市分库），年末储粮3.5万吨。其中，国家储备粮1.5万吨，省储备粮6000吨，最低价粮1.4万吨。

三、销售

1986年，全市销售平价粮食30028吨。其中，非农业粮食销售16460吨（定量粮13933吨，食品粮1744吨，事业粮供应4吨，副食及酿造683吨），农业粮食销售13568吨（常年粮食统销729吨，因灾返销515吨，菜农定销2213吨，经济作物定销106吨，饲料8949吨，种子56吨）。平价油销售345.7吨。其中，非农业食用油销售320吨（定量人口油279.7吨，食品业用油34.1吨，工业用油0.2吨，其他用油6吨），农业食油销售25.7吨（常年统销13.2吨，定销14.6吨），议价销售粮食8686吨，油脂545吨。

1987年，平价粮销售中取消经济作物定销和饲料粮销售。当年平价粮销售19806吨，比上年减少10222吨。1989—1990年，年均销售平价粮2.2万吨，食油340吨，油脂500吨。根据省政府湘政发〔1991〕33号“关于做活1991年年底粮食压销工作的通知”，湘乡从5月1日起提高粮食统销价格，平均每500克粮食统销价提高0.113元。食油实行购销同价，平均每500克食油提价1.51元。压缩平价粮销售，降低工种定量，取消城乡饲料、茶油补贴。当年销售平价粮食33059吨，食油174.6吨。销售议价粮食20377吨，油脂34吨。1992年11月，国家规定除军供粮和灾销粮继续按原价供应外，取消城镇居民定量粮平价供应，居民用粮到集市上自由购买，价格随行就市。市粮食局为平抑粮价抛出一批粮食凭票供应非农业户口。城区和棋梓镇晚稻米每公斤1.4元，早稻米每公斤1.3元。农村地区非农业人口晚稻米每公斤1.3元，早稻米每公斤1.2元。全年粮食销售33481吨。1994年，市政府根据国务院、湖南省和湘潭市的有关精神，对非农业人口每人每月供应平价粮10公斤。全年共销售粮食27313吨，平抑粮食销售价格，稳定了粮食市场。

1996年，粮食销售从8月1日起调价，早稻标一米由原来的每公斤1.74元提高至2.44元，晚稻标一米由原来的每公斤1.94元提高至2.64元，分别比湘潭市城区低0.06元/公斤。下半年，各种供应粮票证逐步取消，军供粮和灾销粮仍按原价格由粮食部门负责供应。当年销售平价粮（优惠券粮）9400吨，灾销粮2120吨，救灾粮2322吨，水库定销粮3180吨，从省里争取水库粮指标1000吨，市场粮销售22325吨。1997年，由于粮食库存不断增加，粮食价格低，粮食销不出，调不动。市粮食系统千方百计开拓粮食销售市场，全年销售粮食34970吨。1998年，国家实行粮食顺价销售政策，市粮食局建立以长桥粮库、直属库为主，农村9个收储企业为基础的粮食批发市场，在工商注册后，开展批发销售业务。

1998—2001年，年均销售粮食5万余吨。2002年，全省粮食收购价格全面放开，粮食收购和销售减少，当年销售粮食38209吨。此后，粮食市场基本由个体私营经营。2005年，全市销售粮食6.92万吨。

第二节 副食品

一、肉食水产蛋品

（一）猪肉

1986年，生猪销售实行开放经营，市国营肉食水产公司生猪购销仍占有一定份额。当年，长沙贩运户从湘乡共贩运出肥猪10多万头，仔猪12万多头。湘乡肉类联合加工厂进行猪肉产品分割加工，冷冻库容500吨。1987年，增加库容500吨。日急冻量40吨。1988年，东山6户农民联合建成城南肉联冷冻厂，冷冻库容500吨，日急冻量15吨。此后，集体商业、长途贩运户、个体屠商迅速发展，形成了固定的生猪购销群体。1989年，有集体长途贩运户217家，登记在册的个体屠商1023人，年均外销、地销（就地收购、就地宰杀、就地销售）猪占全市出栏生猪的80%以上。至1991年的6年间，全市年均出栏生猪775793头，肉食水产公司年均收购126000头，占全市出栏生猪的16.24%，年均地销16388头，外销96815头。加工白条肉、分割肉727吨，卤、腊制品及香肠6500公斤。1992年，生猪市场完全放开，全市生猪出栏年年增加，肉食水产公司收购逐年减少。1993年，东山乡建成张江肉联冷冻厂，冷冻库容1000吨，日急冻量40吨。全市从事分割肉加工、销售的人员6000多人。以城郊为主，有加工点56个。销售网络内联本市各乡镇，外销湖北、河南、山东、上海、黑龙江等地，年均分割肉外销占生猪外销量的35%。1998年3月，市政府贯彻落实国务院发布的《生猪定点屠宰管理条例》，再次实施生猪定点屠宰工作，设立定点屠宰管理办公室，隶属市财贸办管理。城区设定点屠宰场4个（桑枣、联盟、市肉类联合加工厂、南门菜市场）。当年，屠宰生猪3万头，生猪定点进场率为90%。2005年8月，市生猪定点屠宰工作划入市商务局管理。当年，定点屠宰生猪43000头。

（二）禽类、蛋品

1986年，市场禽类销售以本地土鸡、肉鸡为主，鸭为次，鹅较少。全年销售量100.35万羽。蛋品以鸡蛋为主，鸭蛋次之，全年销售4300吨。潭市蛋品市场成为湘乡最大的蛋品集散地。1987—1989年，年均成交量在80万公斤～100万公斤。1990年后，肉鸡、肉鸭产量增加，品种增多，有艾维茵鸡、红宝鸡、AA鸡、康贝尔鸭、樱桃谷鸭、北京鸭等进入市场，当年销售179万羽，销售蛋品5878吨。1992—1997年，年均销售禽类217万羽，蛋品6550吨。1998年，因潭市火车站车次调整，蛋品销售改为汽车外销。潭市蛋品市场销量逐年下降，年均交易量40万公斤～50万公斤。此后，蛋品市场衰落。90年代中期，东郊乡建成酱板鸭加工厂，产品除在本地销售外，还销往湘潭、长沙等地，年加工销售酱板鸭3万只。2001年，禽类销售量继续增加，达到300万羽。2005年，销售禽类338.1万羽，蛋品10384吨。

（三）鱼类

1986年，城乡农贸市场鲜鱼销售量为6320吨。主要品种有草、鲢、鳙、青、鲤鱼和鲫鱼、边鱼等。1990年后，美国斑点叉尾鮰、天峡红鮰、云斑鮰、淡水白鲳、巴西鲷、湘云鲫（鲤）、南方大口鲶、美国大口胭脂鱼、加州鲈鱼等鱼类品种进入市场，一些名、特、优水产品如黄鳝、鳜鱼、鱼白鱼、鲈鱼、脆肉鲩、鳖、牛蛙等市场上也有供应。1991—1993年，年均销售鱼类1.13万吨。1994—1996年，年均销售量1.7万吨。1997—2004年，年均销售量2.36万吨。2005年，销售鱼类26675吨，其中销售名、特、优水产品900吨。

（四）其他

1986年，市场肉食品销售中仅次于猪肉的是牛肉和羊肉。此外还有狗肉、乌鱼、甲鱼、蛇、蛙、海鲜等。当年销售牛1000头，羊594头。1995年，牛肉和羊肉的销量大幅增长，销售牛3900头，羊4200头。2005年，销售牛5.2万头，羊2.4万头。集贸市场中的一些商店、摊点经销腊味、咸鱼等，海鲜品由个体专业户从沿海地区采购至市场销售。

二、食盐

1984年4月，成立湖南省盐业公司湘乡支公司，隶属湘潭地区盐业分公司管理。湘乡市场所需各类盐均从外地调入。食用盐以省产湘澧盐、湘衡盐为主，皮革加工、锅炉软水等生产用盐除用部分省产盐外，从江苏、福建、青海等地调入粗盐补充。盐价由政府制订和管理，全省统一价格。1985年，湘乡开始加工、供应1000克装的小包盐，后改为500克装。小包盐的销售，既保证了盐质清洁卫生，让人民吃上“放心盐”，又保证了加碘效果，销售、消费十分方便。1986年，国家仍对食盐实行指令性计划管理，生产用盐实行计划管理。当年销售食盐3800吨，零售价0.28元／公斤。1988年，由于天气等原因，盐区产量减少，加上运输困难，造成盐供应紧张。为此，在全市范围内实行凭票定量供应，其标准为城市人均年供盐6公斤，农村人均年供盐7公斤。1989年，食盐零售价为0.3元／公斤。1991年，成立湘乡市盐务局（盐业公司），为市盐业行政主管部门。下设盐政股，配备专职盐政执法人员3～4名，打击假冒、伪劣产品，维护盐业市场的正常秩序。1992年，小包盐广泛供应。由于社会上盛传食盐涨价而造成抢购风。当年，湘乡从7月开始至9月底，销盐4000多吨，占全年销量的80%。1997年6月，部分群众盲从小道消息导致食盐抢购风发生，日销量大增，库存急剧减少。市盐业公司组织加工人员加班加点，合理安排保重点，保障农村和边远地区用户需求。同时，紧急从湘潭公司调入食盐。此次食盐抢购风虽持续时间长，但因措施得当，保障了食盐的供应。食盐凭票供应至1999年年底，此后年份均货源充足，能满足社会需求。2003年2月，受“非典”影响，全国10多个省市出现食盐抢购风，湘乡也不例外。市政府及盐业公司通过媒体作出食盐既不会涨价，也不会缺销的郑重声明，抢购风逐步平息。2005年，在全市22个乡镇、街道确定零售网点，共建立经营店170余家。当年共购进各类盐9950吨，完成计划的153%，实现利税199万元。食用盐价格为1.3元／公斤。20年间，全市年均消费盐8000～9000吨，其中生产用盐4000吨。每年人均食盐消费5公斤左右。盐政执法累计查处各类案件千余起，没收各类盐306.7吨，就地销毁假劣盐40.85吨，罚款23.7万元；刑拘6人，其中判刑1人，维护盐业市场的稳定。

三、食糖

1986年，国家仍对食糖实行计划供应，归口经营。湘乡不产食糖，只用大米生产少量饴糖作为生产加工用糖，食糖主要由外地调入。当年销售食糖3500吨。全市计划内食糖由国营商业糖酒副食品公司经营，农产品公司、城关供销社、食杂果品公司及其他集体和私营企业参与计划外食糖的竞争。1990年，全市非国营商业和个体户经营食糖批发的有40家，国营商业系统的饮食服务公司、工矿贸易公司、蔬菜公司等企业也参与食糖市场的竞争，直接从生产厂家购进，作价灵活。1991年，食糖市场全部放开，当年销售食糖4105吨，销售收入791.1万元，达历史最好水平。1992年以后，糖酒副食品公司食糖销量逐年减少，1999年仅销售410.3吨。2000年后，国营商业退出食糖市场，完全由集体、私营企业和个体批发商所取代。

四、糖果、糕点

1986年，湘乡糖果、糕点以本地加工生产为主，外地购进为辅。本地产品主要由湘乡糖果糕点厂、棋梓桥副食品加工厂、东方红食品厂和城区及乡镇的一些小作坊供应，产品均为中、低档品种，尚能符合市民口味。1987年，湘乡特产烘糕畅销省内外，当年生产、销售烘糕91.9吨。1988年，市糖果糕点厂投资2万多元引进蜂乳精、麦乳精生产线，日产量910公斤。同年从广东引进的一条饼干自动生产线，日产饼干2吨。1990年，引进技术生产的“玉乳香快餐粉”被评为湘潭市科技创新二等奖。至1992年，国营糖果糕点厂在与100多家个体小作坊的竞争中，产量、产值逐年下滑，但其产品在市场上仍占有较大份额。国营商业平均每年销售本地糖果31.24吨，饼干199.35吨，烘糕41.36吨，月饼104.44吨，元宵90.56吨，片糖166.3吨。糖果糕点厂加工生产的传统食品有：高粱饴、酥心糖、桂花饼、雪花蛋糕、鸡麻酥、奶糕、豆沙、薄荷酥、小花片、蛋黄松、桔片糕以及炒货（瓜子、花生之类）等。所产月饼在全省副食行业评比中获优质产品称号。当年，3万公斤元宵产品打入湘潭市场。1993年以后，传统食品不再被消费者所青睐。市国营糖果糕点厂出现亏损，其后承包给个体经营。国营商业完全退出糖果糕点市场。此后，由于糖果、糕点完全由个体经营，经营网点遍布城乡，其品种和数量难以统计。至2005年，大型超市的糖果、糕点大部分从长沙高桥大市场等地购进，小部分由当地小作坊供应。

五、酒类

1986年，糖酒副食品公司在酒类购销上占有较大的份额，其购进与销售以白酒、啤酒为主，药酒及有色酒为辅；省外酒为主，省内酒为辅；以瓶装酒为主，散装酒为辅，价格随行就市。本地酒有湘乡酒厂生产的瓶装曾国藩家府酒、湘军王酒和湘乡醇酒等及散装谷酒。米酒主要是农民酿造。国家名酒、部优名酒、省内名酒均由湘潭市二级批发站供应，进、销价格按物价部门定价规定执行。当年销售各类酒1300吨。1988年7月，酒类市场全部放开。13种酒价格由生产经营企业按市场供求情况自主定价，其他用粮食酿造的白酒和啤酒均有不同的提价。至1991年年底，4年累计销售各类酒4975吨，平均每年销售1243.75吨。2000年，国营糖酒副食品公司退出酒类市场。此后，由于酒类完全由个体经营，经营网点遍布城乡，其品种和数量难以统计。至2005年，酒类市场由各大超市、名酒专店和个体酒类经营商经销，有的酒类生产厂家派推销员直销各宾馆、饭店、酒楼。

六、卷烟

1985年1月，湘乡县烟草公司成立，接管县副食品公司的卷烟经营业务。烟草作为特殊商品，实行高度集中管理，卷烟批发统一归烟草公司经营。当年设立卷烟批发门市部。全年销售卷烟2.99万箱（每箱5万支），卷烟销售的单箱均价在1000元以下。销售额1352万元，销售利润26万元，各种税收25.1万元。卷烟购进按湘潭市烟草公司分配的计划直接由烟厂调拨，主要货源在省内各烟厂。1985年以后，市内主销过的省内卷烟牌号有：隆回、香零山、古湘、常德、龙山、芝城、笑梅、湘南、湘烟、新田、野茶山、909、芙蓉、红豆、长沙、白沙、芙蓉王等。1986年，设立农村委代批点，以区（镇）供销社为主。委代批点统一到县烟草公司进货，接受烟草公司的业务指导和监督。1987年，投资30.53万元，建成建筑面积1200平方米，上下2层，每层有一个可储存卷烟8000件的仓库，基本满足了湘乡卷烟库存的要求。1992年1月，《中华人民共和国烟草专卖法》正式施行。市烟草专卖局为烟草专卖管理的专职行政机构。烟草专卖执法监督的主要形式是外部监督和内部监督。外部监督分为行政监督、司法监督和社会监督。在当年全国卷烟零售价格放开后，供销社因体制原因，放弃卷烟批发委托业务。1994年，市烟草公司投资174.39万元，在红星村征地7.2亩，建立1座建筑面积1246.44平方米的烟叶仓库，进一步改善了卷烟仓储条件。1995年，卷烟单箱均价在1000～3000元之间。1996年7月，市烟草公司将资金投入、基础设施建设、人员安排等方面向建设农村网点倾斜。同年，设立山枣批发部，城区设立3个自批点。1997年，投入100多万元，设立虞唐、潭市、棋梓等7个农村自批点。1998年，开展烟草市场的治理整顿工作，全市烟草市场得到根本的治理，经营秩序好转。2000年4月，在毛田等6个偏远乡（镇）调整、新增4个农村自批点。承诺“急需品种可电话告知，即刻送达”。2001年，市烟草公司撤销城区的3个配送分部、2个联营批发部和农村批发部，成立城区卷烟配送中心和4个农村卷烟配送分部，全面实行送货制。当年，湘潭市公司根据省局最低限价，在辖区内再次规范了卷烟批发价格。2003年，湘乡基本实现国家烟草专卖局制订的“三年规划目标”（即在2001—2003年的3年内实现市场、街道、商店无假烟、无走私烟、无乱渠道进货的目标）。2004年，实现卷烟销量2.72万箱，单箱均价上升至11066元，销售额3.01亿元。2005年，销售卷烟2.93万箱，销售额3.1亿元，利润3342万元，创历史最好水平。当年查处违法案件89起，收缴假冒、走私卷烟2152条，上交罚没款18.9万元。

七、蔬菜

1986年，国家取消蔬菜派购，放开购销价格。菜农在蔬菜基地种植的蔬菜，主要供应城镇居民，小部分外销。农民在自留地上种植的蔬菜主要自食，小部分上市出售。产销直接见面，一般在农贸市场进行交易，价格随行就市。当年上市蔬菜1100万公斤。1987年元旦、春节期间，市蔬菜公司组织鲜菜47.4万公斤，萝卜条10.53万公斤，榨菜1.55万公斤，豆芽1500公斤，酱菜4000公斤，洋姜3000公斤，辣酱6万公斤投放市场。上市蔬菜1540万公斤，外销蔬菜100万公斤，蔬菜产值1990万元，日人均供应量0.5公斤。1988年年初，蔬菜价格上涨，蔬菜公司从双峰、娄底、桥头河等地组织鲜菜27.5万公斤投放市场，有效地平抑市场价格。至1990年的5年间，市政府每年拨给蔬菜公司财政补贴款3.5万元，用于调节元旦、春节和淡季的蔬菜价格。此后，蔬菜长途贩运户从外地大批量购进蔬菜，在城区菜市场及各乡（镇）集贸市场销售。1997年，湘乡市被省蔬菜办定为无公害蔬菜产销试点示范推广城市之后，加大对蔬菜产销的管理力度。发放“无公害蔬菜销售证”1280份，菜农持证在几个主要农贸市场销售。当年销售蔬菜2800万公斤，蔬菜产值3200万元。2005年，全市上市蔬菜3821万公斤，外销蔬菜218万公斤，蔬菜产值4125万元，日人均供应量0.52公斤。当年市蔬菜办共发放无公害蔬菜销售证6270份。

八、豆制品

1986年，豆制品主要由市蔬菜公司加工、销售。当年加工、销售豆制品2.5万公斤。此外，有个体户用家庭作坊方式加工的豆腐在城乡叫卖。至1990年的5年间，市政府每年拿出1.5万元～2万元补贴款和部分平价粮、半议价粮指标，用于加工豆制品、粉丝、豆芽菜等。补贴款和平价粮指标在有关部门的监督下专款专用。1991年，市蔬菜公司退出鲜菜经营，只经营南杂食品、干腌菜、豆芽菜、粉丝、酱油、辣酱、豆制品等。所属粉丝酱油厂、酱菜加工厂、豆制品加工厂因原材料不足经常处于半停顿状态。当年加工、销售豆制品1.8万公斤。1992年，因国家全部取消平价粮供应，市粉丝酱油厂、豆制品加工厂、酱菜加工厂相继停产。此后至2005年，豆制品贩运、加工、销售均由个体商户经营，因其规模小、分布散，经营户数和销售量难以统计。

第三节 生产资料

一、农业生产资料

（一）肥料

1986年，境内农民使用的化学肥料主要有氮肥、磷肥、钾肥和复合肥。化肥是重要的农业生产资料，实行指令性计划，统一经营，归口管理。化肥的购进渠道主要靠上级部门的分配，由供销社所属的县农业生产资料公司负责统一购进，各区供销社负责销售。外购和境内生产的碳铵、计划内尿素、钾肥由生资公司统一调拨、分配。销售价格按计划价和计划外议价的双轨制价格运行。尿素、碳铵执行全市统一零售价。当年供应化肥70432吨，其中：尿素14564吨，复混肥505吨，钾肥2091吨，磷肥12234吨，碳铵40903吨。销售金额2504.13万元。

1987—1988年，境内农资货源紧缺，化肥供不应求，出现了农民抢购和哄抢化肥的严重情况。白田区连续2年发生化肥、农药哄抢事件。供销系统组织化肥护送队，维护化肥供应秩序。1989年，农资公司对化肥、农药、农膜等主要农资产品实行专营，其他任何单位和个人不得插手经营。全年销售化肥72764吨，销售金额4337.33万元。

1990年，农资公司专营改为“一主两辅”。供销社为农资专营主渠道；市以下农业植保站、土肥站、农技推广站结合技术服务配套经营和工厂对统配以外的专营物资自销，为农资专营的两条辅助渠道。此后，多家经营化肥的局面逐步形成。乡镇企业、农技站、个体户纷纷涉足农资市场，抬价争购。同年，成立湘乡市工商局驻供销社市场管理办公室，基层供销社相应成立市管小组，加大了农资专营市场的整顿力度。1994年后，由市农资公司负责化肥的计划衔接、货源组织、供应调拨等工作。各基层供销社生资站负责本区域主宗农资商品的计划衔接、调拨以及货款结算。1996年，供销社购进农资9.92万吨，发挥主渠道作用。当年销售化肥74096吨，其中：尿素1.15万吨，复混肥9061吨，钾肥6616吨，磷肥11264吨，碳氨35655吨。销售金额1.39亿元。

1997年，化肥供过于求，销售疲软，价格大幅度回落，购销差价低微，市场竞争激烈。1998年，供销社推行主宗农资商品经营目标管理，对冬储、购进、调拨、质量等多个环节加强管理，形成市农资总公司为龙头，基层经营户为骨干，各基层分销店为基础的三级农资经营网络。全市布点205个。2000—2005年，化肥年均销售量7000多吨，年均销售额过亿元。

1986—2005年湘乡市供销社系统化肥销售统计表

表10-1

年份	农业生产资料销售金额万元	化学肥料供应数量吨	其中				
			尿素(吨)	复混肥(吨)	钾肥(吨)	磷肥(吨)	碳氨(吨)
1986	2504.13	70432	14564	505	2091	12234	40903
1987	2611.08	67294	10460	1903	2474	10901	41086
1988	3713.59	70710	11838	2876	3392	11809	40763
1989	4337.33	72764	15096	3440	3437	12790	37994
1990	4374.11	65704	13786	3983	1702	13166	33058
1991	5567.82	79594	15171	4043	3543	16623	40214
1992	6142.23	76806	13924	4834	4679	16660	36656
1993	7280.58	85533	22651	9354	7733	15449	30346
1994	7633.95	99200	24700	15000	8700	17600	33200
1995	7300.00	763602	18350	9480	8540	5490	34500
1996	13936.47	74096	11500	9061	6616	11264	35655
1997	1112.00	58243	13567	8845	3491	12222	20118
1998	1039.00	65968	126183	12068	7296	12429	17992
1999	1085.90	67706	18147	15703	7796	11577	11056
2000	1302.00	78334	23458	19695	8028	12518	14634
2001	9889.00	72807	28459	15472	5757	6231	11589
2002	12000.00	59441	19328	21423	2646	4638	11228
2003	13000.00	61488	23348	22519	1967	3572	10082
2004	13000.00	69389	23950	24243	3245	3637	14314
2005	13000.00	75063	22309	28451	4780	3442	16081

(二)农药

1986年，化学农药主要由供销社经营。供应的农药品种主要有钾铵磷、敌敌畏、敌百虫、杀虫脒、硫铜、初痉净、乐果等。当年，销售农药1040吨。1987年，农药货源紧缺，价格上扬，农药市场出现混乱，不能满足农业生产的需求。供销社的农药供应减少，全年销售农药1100吨。1989年，农药由供销社专营，供应秩序明显好转。1992年后，化学农药专营解体，市场全部放开。2005年，供销社供应农药517吨，供应品种有杀虫双、钾铵磷及新品种农药。

(三)农用地膜

1986年，销售农用地膜128.44吨。1989年，农膜随同化肥、农药一起，由市农资公司实行专营。农膜品种除薄膜外，还有地膜和微膜，均属统一管价商品。1990年1月，农膜价格调整，农膜市场看好。农膜购销连续2年大幅度增长。1991年与1990年比较，购进152吨，增长139%，销售170吨，增长43%；1992年购进164吨，销售171吨，分别比上年增长7% 和22.6%。1992年，农资由专营改为开放性经营，市场竞争日趋激烈。供销社系统农膜购销从1993年起有所下降，至2005年，仍维持在常年160吨左右的水平，继续发挥着主渠道作用。

(四)种子

1986年，湘乡种子公司隶属于县农业局，同时又由政府直管，担负全县农作物种子的生产和供应，经济上独立核算。当年销售种子66万公斤，其中杂交水稻种子30万公斤。主要品种有：早稻常规稻浙福802、湘早籼1-7号等；早稻杂交稻威优49、威福26等；常规晚稻余赤231-8、广余73等；杂交晚稻威优6号，汕优6号等。全市杂交稻制种面积常年保持在2500～5000亩之间。制种基地主要是月山、酒铺、横铺的10个村及海南三亚的陵水县。1987年，为制种面积最大的年份，达到1.4万亩。收购、销售种子160万公斤，其中外销85万公斤。1995年，依据《湖南省种子管理条例》，市农业局内增设种子管理站，负责全市农作物种子的市场管理和行政执法。1996年，认真贯彻国家关于“品种布局区域化、种子生产专业化、种子加工机械化、种子质量标准化”的种子产业化精神。当年，市种子公司拥有办公楼1100平方米，仓库1200平方米，可储备种子200万公斤。全市22个乡镇的83个供种点共销售稻种80万公斤，城区3个种子供应门市部零售杂交稻种10万公斤，蔬菜和杂粮种子1万公斤。2000年，销售稻种110万公斤，其中杂交稻种60万公斤。2001年开始，农作物种子供应全面走向市场化。市种子公司市场份额大幅下降，于2004年停止销售业务，改制后转体为市良种繁育推广站。2005年，市城区有水稻和蔬菜种子批发商16家，乡（镇）、村零售商在2000家以上。全年销售种子130万公斤。其中，杂交稻种100万公斤，其他稻种28万公斤，玉米、棉花、油菜、蔬菜杂粮和草鱼种子共2万公斤。销售的水稻品种在200个左右，主要有早稻常规稻湘早籼32号、湘早丰19号等。早稻杂交稻八两优、德农早等，超级稻有两优培九、优084等。杂交中、晚稻组合有金优44、t优207、糯两优等。销售的杂交玉米、棉花、油菜和各类蔬菜种子有100多个品种。

(五)农机及中小农具

1. 农机

1986年，全县有挂牌营业的农机供应专业户2家，农机供应点5个。县农机公司农机销售总额317.75万元。1990年，供应点增加到15个。农机公司继续发挥主渠道作用，销售总额增加至504.86万元。1991年，市农机管理站协调农机公司与各区中心站的关系，通过优质服务，提高保障率，压缩库存，延长营业时间，包质包量包服务等措施促销，农机销售总额564.63万元。5个区农机中心站的农机销售也出现好转，耕整机及小动力机销售额130万元，为历史最好水平。1995年，春耕时节，农机公司派人驻衡阳，去益阳，上江苏，跑湖北，从省内外购进900万元的备耕农机具。“双抢”期间，又派40多人奔赴各地采购农机具，满足全市抗灾和双抢需要。当年销售额达1060.53万元。人民日报为此刊登《湘乡农机热》的通讯，推介湘乡农机销售的经验。1996—2005年，农机公司在农机销售中的主渠道作用弱化，累计销售总额7449.11万元，年均774.94万元，最多的年销售额1020万元，最少的年份销售额仅437.11万元。而个体农机供应商达到81家，农机销售形成众家竞争的局面。

2. 中小农具

1986年，由供销社经营的中小农具品种繁多，分为铁制农具、木制农具、竹制农具、棕制农具四大类。主要品种是犁头、锄头、土箕、晒垫、风车、镰刀、斗笠等。这些农具主要是手工制造，以自产自销为主，供销社调剂经营为辅。当年供应中小农具95934件。1987年，供应11.75万件，是供应量较多的年份。供销社经营中小农具，一直实行以卖带修。不少基层社均设有农具修理服务部，农忙季节还下乡巡回修补。1995年，供销社销售7.5万件，其余部分大多通过集贸市场交易。至2005年，除市农资公司和基层供销社继续经营外，乡镇企业及个体商贩也参与经营，供销社经营中小农具的数量逐年减少，当年销售中小农具6.8万件。

二、工业生产资料

1986年，工业生产物资资源主要由计划内分配和计划外购进（市场调节）两方面组成。计划物资分配量不足全年购进总量的25%。此后，指令性计划分配物资的范围、品种和比重大幅度减少。1987年开始，物资购销在“双轨制”价格中运作。在城区从事生资购销的国营、集体和个体有50多家。随后，一些非生产部门也开设物资供销公司，参与市场竞争，生产资料市场迅速发展。1988年，由于生资购销逐步开放，流通环节增加，价格日趋上涨，生产资料市场秩序较为混乱。此后，围绕治理经济环境，整顿经济流通秩序这个中心，对全市金属材料、民爆器材、报废汽车、废钢铁等市场进行专项整治。清理整顿各类物资公司，重新核定经营资质，撤销和取缔15家，变更7家的经营项目和供应渠道。1990年，统配物资由1986年的28种减少到15种。1992年，除民爆器材和报废汽车外，全部放开经营。市物资系统在全国各地设有18个办事处和业务窗口，与省内外上千家生产厂家、物资同行建立了物资联营、协作和信息网络关系。在城区设有7家经营公司,36家分公司和门店；在边远乡镇设有19个经营网点。1993年，是物资流通市场起伏较大的一年。上半年，生产资料价位较高。下半年后，国家实行宏观调控政策，压缩基本建设投资规模，紧缩银根，生产资料价格急剧下跌，市场交易清淡。1994—1995年，个体私营者逐步进入物资市场。市物资部门的市场占有率由43% 下降到27%，至1997年不到3%。市区从事钢材经营的就有500家以上，东风路至汽车站广场四周有100多家化工、机电产品经营门市部。此后至2005年，国有物资企业退出市场，完全由市场调节，个体经营。

（一）金属材料

金属材料是指黑色、有色金属两大类，属国家统配物资。1987年，湘乡计划分配的钢材不足全年购进总量的20%，随后逐年减少。因此金属市场价格涨跌不定，起伏较大。金属材料交易价格一般高于计划内供应价50%～70%。1989年，对“四种钢材”（冷扎硅钢片、冷扎薄钢板、镀锡薄钢板、镀锌薄钢板）实行专营，对价格实行最高限价政策。1992年金属材料市场全部放开。至1996年的10年间，市物资部门销售钢材86136吨，铜807吨，铝3487吨，铅、锌等有色金属612吨，累计销售额3.6913亿元。此后，国营物资企业完全退出金属材料市场。1999年12月，湘乡钢材交易市场建成开业。2005年，销售钢材10660吨，销售收入4800万元。

（二）建筑材料

1986年，市场上供销的建筑材料有水泥、水泥制品、石棉、石棉制品、玻璃、油沾、石墨、造型材料、装饰材料、防水材料等400多个品种。水泥原属于计划分配物资，由物资部门的建筑材料公司专营。1987年后，水泥的指令性计划取消。湘乡有水泥之乡之称。除水泥生产厂家大量直销外，各种不同经济性质的单位和个人参与水泥经营。其他建筑材料的经营除市建筑材料公司以外，均为个体经营。320国道市区的壕塘段、东山中路已分别形成建材产品经营一条街。至1996年的10年间，物资部门共销售水泥20.1453万吨，销售平板玻璃94786平方米，油沾10170卷。累计销售额7033.14万元。1997年，物资企业退出建筑材料市场。1998年，湘乡建材大市场建成开业。城区所有建材经营户进入该市场经营。2005年，实现建筑材料销售收入1.2亿元。

（三）机电产品

1986年，市场上供销的机电产品有电线电缆、机床设备、汽车、小型机械等600多个品种，数千种规格。机电产品中的统配物资由物资部门的机电公司专营。对全市重点建设单位、重点建设项目和农业生产所需的机电设备，坚持优先安排、优先供应、优惠价格。同时，平抑价格，保障市场供应。当年，机电产品市场进一步放开，绝大部分机电产品议购议销，随行就市。至1992年的6年间，共销售电线3275千米，交流电动机5963台，工业轴承16.12万套，电焊条853吨，变压器74台，钢芯铝绞线217吨。销售汽车943辆。1994年起，机电产品市场逐步由个体私营者占领。在市区的新湘中路、桑梅中路、东风路及汽车站广场分别形成机电产品经营一条街。至1996年的10年间，市物资部门经营的机电产品，累计销售额1.79亿元。销售汽车1000辆。1999—2002年，销售汽车570辆。此后，国营物资企业完全退出机电产品市场。至2005年，机电产品完全由个体经营。

（四）化、轻工业产品

1986年以后，物资部门经营的化工产品主要有硫酸、盐酸、硝酸、烧碱、纯碱、橡胶、轮胎、炸药、硝酸钠、氯化钠、烯类、苯类、醇类以及三角带、运行带、胶管等102个大品种，500多种规格。轻工业产品种类不多，由物资部门供应的品种有纯碱、轮胎、纸袋纸、酒精等十几个品种。除炸药、雷管、导火索等易燃易爆和剧毒物品外，其他品种陆续分批放开。至1991年的5年间，累计销售纯碱493吨，轮胎11442套，胶管10.64万米，纸袋纸852吨。至1996年的10年间，累计销售化工、轻工产品4152.95万元。销售炸药1660吨。1997—2005年，累计销售炸药3948吨。化工、轻工产品除炸药等易燃易爆和剧毒物品外，其他品种都由个体经营。

（五）再生资源

1986年，再生资源（原称废旧物资，1987年，国家经委等部门联合发文首次改称为再生资源）经营，属特种行业。市内报废的汽车、机电产品由市物资部门收购；各企事业单位产生的废旧金属，由物资部门和供销部门收购或代理串换钢材。其他单位和个人不准经营生产性废旧金属。生活性再生资源由市供销社收购，其经营的再生资源有废钢铁、废铜、废铝、废锡、废锌、废橡胶、废旧棉麻、杂骨、废纸等12个品种。当年供销社有10个基层社设有代购代收点，城区由市再生资源公司负责收购。再生资源市场开放后，基层社不再进行收购业务，仅由供销社所属的再生资源公司经营，主要有废旧金属等9个品种。1991年，根据国务院《关于加强再生资源回收利用管理工作的通知》精神，明确废金属由物资、商业部门的回收企业经营。1992年后，除报废汽车外，其他经营权限放开。1995年，明确报废汽车回收权归物资部门的金属回收公司。此后，再生资源市场逐步转变为多家经营，在320国道市区红星段形成废旧金属市场一条街。1997—2001年，市政府规定生产性废金属和报废汽车，只由供销社的再生资源公司和物资部门的金属回收公司收购经营。为进一步规范废金属市场，市政府成立废旧金属整顿领导小组办公室，下设稽查大队，对废旧金属的非法经营进行集中整治。2002年，市再生资源公司销售废钢铁598万元，废旧金属2175万元。全市17年间累计回收废钢铁22384吨，废有色金属773吨，报废的机电产品1134吨，报废的汽车1074辆。2003年，国营物资企业退出再生资源市场。至2005年，再生资源主要由个体经营。

第四节 日用工业品

一、日用百货

1986年，全县日用百货主要由县百货公司组织经营。日用百货包括洗涤用品、鞋类、锅类、搪瓷制品、塑料制品、玻璃制品、化妆品、文体办公用品、钟表、缝纫机、儿童玩具及小百货商品等，共有几千个品种，上万种规格。当年，百货市场仍有火柴、肥皂、洗衣粉等属于国家计划调拨的商品，其购销业务由国营百货公司经营管理。销售火柴1230件，鞋类5892百双，牙膏5355百支，肥皂10537箱，香皂8890百块，洗衣粉77040公斤，手表1.35万只，缝纫机6477台。1992年，国家对百货市场价格全部放开，民营企业和个体户参与批发和零售的竞争。1996年，国有商业企业销售皮鞋1158百双，胶鞋2184百双，洗衣粉2332公斤，手表7280只，缝纫机695台。由于经济的发展和人民生活水平的提高，日用百货产品更新换代快。打火机取代了火柴，高压锅、电饭煲取代了铝饭锅。皮鞋和休闲鞋销售量大增，布鞋、胶鞋销量逐渐减少。洗衣机进入千家万户后，肥皂销量锐减，洗衣粉需求量大增。移动电话的时间功能基本上取代了手表，家用缝纫机基本上被淘汰。1997年，百货公司实行个人承包，国营商业退出百货批发市场。至2005年，金海市场和大型超市及集体、个体经营户取代了原国营商业的百货市场，其销售量和销售额无法统计。

二、五金、交电、化工原料

1986年，县国营五交化公司经营五金商品、交电商品、化工原料2570多个规格品种。五金商品有建筑五金、工具、机械配件3大类370多个品种，交电商品有交通、电工、家用电器3大类1000多个品种，化工原料有染料、涂料、颜料、纯碱4大类1200多个品种。当时95% 以上的商品属国家计划物资，由省内二级批发站供应。1987年，属于国家定价的商品有元钉、铁丝、220伏15 ~ 16瓦的普通灯泡、染料等4个品种；属于国家指导价的有彩电；属于企业定价，但要向市物价局申报的商品有各种规格牌号的自行车、进口和国产的摩托车、黑白电视机、录像机、电冰箱、电风扇等。当年，销售元钉53670公斤，镀锌铁丝91375公斤，灯泡22.15万只，自行车12394辆，电视机4524台，台、吊扇7736台，洗衣机1142台，电冰箱180台，纯碱48647公斤。此后，计划物资减少，市场逐步放开，集体企业和个体户参与经营，实行“多渠道，少环节”的开放式经营模式。在五交化商品中，仅有元钉、铁丝、灯泡、纯碱等少量商品由国家计划供应。1991年，销售元钉10918公斤，镀锌铁丝4.1

万公斤，灯泡29.02万只，自行车3283辆，电视机3792台，台、吊扇5068台，洗衣机1268台，电冰箱648台，纯碱6980公斤。1992年，国家对五金、交电、化工原料的经营及价格全部放开，价格走向市场化。2000—2005年，国营商业退出五金、交电、化工原料市场，完全由集体、民营企业和个体商贩经营。

三、针棉纺织品

1986年，县纺织品公司是经营针棉纺织品的专业公司。主要经营纺织品、针棉织和服装3大类共4000多种规格。品种有纯棉布、涤棉布、混纺布、化纤布、羽纱、软缎、毛华达、呢绒、毛巾、毛线、毛毯、床单、棉丝袜及各式服装。1987年，销售棉布9298百米，混纺布5469百米，化纤布1697百米，毛线、绒线33031公斤，棉毛衫、裤16.97万件。1990年，针棉纺织品购销总量呈下降趋势。1992年，国家对针棉纺织品市场由部分调控到完全放开。国营针棉纺织品购销业务在激烈的市场竞争中逐年递减。当年，纺织品公司销售棉布1536百米，混纺布847百米，化纤布855百米，毛线、绒线1445公斤，棉毛衫、裤7000件。2000年，国营商业完全退出针棉纺织品市场。随着人民生活水平的提高和衣着习惯的改变，买布做衣和手工编织毛衣不再是消费者的首选，而是直接购买各式服装。集体、个体经营的各式服装店应运而生。至2005年，各式针棉纺织品店、服装店遍布城乡。城区有云门商贸城内的上百家服装店，新风服装一条街，南正街妇女儿童服饰一条街，北正街内服、床上用品批零一体化经营等。其中，营业面积600平方米以上的大型服饰超市4家。服饰超市采取厂商联销方式，品牌服饰以专卖店为主。

第五节 燃料

一、石油

1986年，石油购销为国家指令性调拨，由市石油支公司经营。品种以汽油、煤油、柴油为主，兼营润滑油。油品的进货渠道主要是长岭炼油厂、岳阳石化总厂、武汉石油化工总厂。年初由上级下达供应计划，逐月供应。批发供应在下湾油库提货，零售供应则由城北加油站负责。当年调进各种油品12835吨，销售11951吨。1990年，为使用户加油方便，在双枣村新建城东加油站。1992年，是石油成品油计划大幅度削减，石油市场竞争十分激烈的一年。石油销售实行国家计划与市场调节相结合的经营体制，由计划经济向市场经济转型。虽然粮油挂钩油和救灾用油仍有计划指标，但因炼油厂和铁路运输方面的原因，指标兑现率只有85% 左右。经济的发展，使成品油需求量大增，其缺口必须依靠自行采购油来补充。当年，调进计划外汽油、柴油6920吨，共销售各种油料18655吨。

1993年，是石油经营全面进入市场经济的头一年，石油市场打破独家经营，出现多家竞争局面。境内省储备物资管理局所属的155处储备石油，改变石油经营体制后实行以储为主，多种经营的方针，在抓好国储油料管理的同时，从当年起开始经营油料，批发、零售石油。境内先后建成公、私加油站40多个，市场竞争白热化。当年，全市完成石油销售19766吨。1995年，共采购和调进各种油料33155吨，销售35820吨，完成商品销售额7215万元，实现利润130万元，利税总额193万元。1998年上半年，国内石油成品油市场疲软，销售不畅。同年6月，根据国务院的规定，湘乡石油支公司划归中国石油化工集团公司。当年，市石油公司实现利税202万元，实现利润80万元。经营效益处于全省石油系统县市公司前列。

1999年，依托下湾油库优势，石油批发销售达到4万吨以上。但由于零售站点少，批零比例不到10%。市石油支公司划归中国石油化工集团公司后，为了扩大零售市场，从2000年开始，先后收购了涌口、山枣、五里、金山、长丰、新研、龙洞、棋梓、杉山、湘中等10个加油站。2003年，租赁潭邵高速公路水府庙服务区 A、B 加油站、虞唐供销社加油站和泉塘加油站，加油站总数达到16个。零售量逐年增加，2004年和2005年，分别达到29800吨、31000吨。下湾油库自1979年6月建成投产到2005年年底,26年共计吞吐各种油料126.1万吨。根据中国石化的宏观要求，打破区域界限，下湾油库于2005年12月关闭。

二、煤炭

1986年，县煤炭公司是县经委直管的企业单位，负责全县居民生活用煤和县属工业企业生产用煤的供应，从事煤炭的批发、零售业务。全年全县产煤6.65万吨，仅为全县生产、生活用煤的50%，所缺部分需从双丰、涟源、冷水江、新化、耒阳、永新、茶陵、攸县等地购进。居民生活用煤实行定量供应，每户每年定量为780公斤，每增加1人，每月增加20公斤。当年，在城区设有健康西路、解放路、车站路3个煤炭零售点和货栈路批发部。全年销售煤炭12万多吨，销售收入366.53万元。1989年，实现销售收入1400.57万元，利润60.46万元。1990年，销售煤炭18万吨，其中生产用煤和生活用煤各9万吨。实现销售收入1019万元。1992年，销售煤炭20万吨，其中生产用煤9万吨，生活用煤11万吨。年底，取消居民生活用煤计划指标。1993年，煤炭市场放开，个体民营开始经营煤炭业务。此后，由于液化气在城镇的普及，生活用煤量逐年减少。1997年，撤销煤炭公司，成立市燃料总公司，其主要业务仍是城乡居民生活用煤和部分市属企业生产用煤的供应。2005年，市燃料总公司改制工作完成，62名职工身份置换，另有退休的49人，享受政策性抚恤的4人。燃料总公司撤销，市国营煤炭公司完全退出煤炭市场。居民生活用煤由个体户经营，送货上门，当年销售煤炭8.5万吨。生产用煤由企业自行采购。

三、液化气

1986年，市民开始使用液化气。当年，湖南韶峰水泥集团有限责任公司物业公司在棋梓镇以全民所有制形式建立的液化气供应站，占地2万余平方米，总投资150万元，储气能力180立方米，年销售量250吨。1991年，以个人承包的形式对外营业，年销售量达500吨。1992年7月，市民政福利工艺厂投资328万元，在东山路铃子桥以集体所有制形式建立的市内第二家液化气储罐站，占地15.75亩，年最大供气量3000吨，年销售量200吨，销售额200多万元。1993年6月，湘乡铝厂建液化气储罐站，占地面积7470平方米，总投资220多万元，年销售量150吨。之后，以个人承包形式对外营业，年销售量达800吨。1994年，成立市燃气安全管理办公室，负责全市燃气、燃具经营网点的安全管理工作。1997年，建立湘乡市石化燃料有限公司液化气站，占地面积2100平方米，总投资220万元，年销售量800吨。2002年，燃气安全管理由市城市管理局负责。2005年，通过招商引资开始筹建天然气项目工程，总投资1200万元，两年后建成投产，日供气量1万立方米。至2005年，全市有燃气企业4家，燃气销售网点96家。其中，城区25家，农村71家。从业人员212人。各经营户对城乡用户均采取上门收瓶，送气到户，年供液化气1500吨。

第六节 农副产品与林产品

一、农副产品

1986年，境内农民习惯种植棉麻、茶叶、蚕桑、柑橘等农副产品。市棉花种植基地重点分布在洪塘、栗山、月山；茶叶基地主要分布在棋梓桥、白田，以生产绿毛茶、红条茶、红碎茶为主；蚕桑基地主要分布在虞唐、潭市。农副产品除棉花实行合同定购外，其余逐步开放。供销社系统改变农副产品经营方式，推行合同制、代理制、返利制、联营制。对棉花实行合同定购，把供销社提供的资金、奖售化肥、减购粮食纳入合同。茶叶收购实行代理制，以服务为主，收取适当的手续费，减少中间环节，组织产销见面。蚕茧经营推行分购联销的返利制，从该项产品经营盈利中，按农民交售的数量，返利给农民。当年，全县签订棉花、茶叶、蚕茧、柑橘、土纸、黄花、烤烟等8个主要品种合同10011份，收购金额315万元。1987年，全市农副产品经济作物面积达93262亩。收购棉花110吨、茶叶14.93吨、春茧33.9吨。1989年，棉花因计划种植面积不落实、减征政策不落实和粮棉比价不合理，全年仅收购25吨。

1990年，市供销社以生产促收购，稳定了40人的生产培植队伍，并雇请农民技术员11人。供应多种经营生产用肥1068吨，农药20吨，各类种子20.75吨，种苗61万株。投放预购定金、生产扶植资金及各种生产贷款共250万元。全年收购蚕茧1700担，红薯干1500吨，茶叶250吨，收购总值767.28万元。1991年，全市新发展桑苗23.4万株，养蚕4300张，产茧90多吨，供销社收购78吨。棉花继续由供销合作社统一收购、统一经营，收购皮棉30吨。茶叶、黄花菜等农产品因农民将产品在集市自由交易，收购量减少。同年，市政府成立多种经营办公室，由专人负责抓棉花生产。农副产品公司恢复生产培植组，分片落实生产计划，逐户签订定购合同。当年收购棉花330吨，蚕茧45吨，茶叶220吨，收购资金520万元。此后，因市场因素蚕茧生产逐渐萎缩，茶叶量也减少。1993年，对农民生产的棉花，由供销社按国家政策全部收购。1995年，全市产棉570吨，供销社收购554吨，完成省分配定购任务的184.7%，棉花收购创历史最好水平。2001年，供销社系统进行改革改制，绝大部分人员身份置换，生产培植机构撤销。农副产品购销全部按市场模式运作，大多由个体经营。2005年，全市收购棉花300吨。

二、林产品

1986年，全县有林产品经营单位30多家，经销木材1万多立方米，楠竹5万多根。材料来源于湘西古丈、株洲炎陵以及怀化、东安等地，以调进杉条木和大径级松原木为主。县木材公司仍发挥主渠道作用，调入木材5369立方米，销售木材5554立方米。随着农民自留山和风景林的木竹开始上市，木竹交易市场自发形成。其后，全市按区域地段设点经销，发展到60多家。林区的木材经销商和林工企业开始向资源较充足的丘陵区转移，购销树种由杉木占80% 改变为以国外松为主的松杂木占90% 以上。境内国外松作为纸浆材大量销往福建、浙江、岳阳等地。林产品市场逐渐活跃，传统的产品有竹凉席、竹椅凳、竹跳板、楠竹尾、竹笋干、土纸等。1990年起，开始生产销售保健凉席、竹砧板、一次性竹筷，木制品仍以木制家具、门窗、包装箱为主。1997年，市林化厂生产的松香、松节油，除自用外还有部分销往外地。

1998年，由于市场经济的冲击，材木公司因运作困难而停业，职工全部停薪留职，自谋职业。2000年，全市生产的木片、木胶合板、大芯板、实木地板、竹帘、竹胶合板大量对外销售。当年，租赁有铁路专用线的长桥粮食仓库货场，面积15公顷，作为固定贮木和对外运输场地，库存量在200立方米以上，对外销售量达2万立方米。2001—2003年，仅火车运输一项，年平均发运200个皮车。另外通过拖拉机、汽车运输，从湘潭船运或排运，将纸浆材、坑木、小杂竹、楠竹、竹帘、竹胶合模板、木模板、大芯板等林产品销往全国各地。湘乡由一个纯销材县（市）转变为产材县（市），非林区县（市）转变为省重点林区县（市）。2004年，木材公司资产作价430万元，整体上市拍卖，安置118名职工，公司撤销。2005年，全市林业总产值达到2.40亿元，比1986年增加2.29亿元，增长20.92倍。其中，林产品加工总产值1.38亿元，比1998年（统计数据开始年份）增加1.37亿元，增长165.57倍。

第七节 商品出口

1986年，外贸企业的收购出口实行单一的计划经济，严格按年度计划进行收购，并按时送省外贸有关进出口分公司出口。基层外贸企业的主要任务是发展出口商品生产，组织货源出口。湘乡出口商品，以农副土特产为主，有些产品来自千家万户。主要出口品种有活大猪、茶叶、铸铁制品、立德粉、蚕丝等。驻市国有大中型企业出口的商品有铁合金系列产品，氟化盐系列产品和水泥产品。至1992年的7年间，市属外贸出口商品在17～36种之间。其中：出口供港大活猪15.1395万头；铸铁制品9788吨；立德粉5831吨；七硫酸锌2504吨；薄荷251.2吨；茶叶4515吨；蚕丝37.34吨。出口总额9659万元。

1993年起，国家不再下达出口商品指令性计划，实行以外贸出口为主，内外贸并举，多元化开拓市场。县（市）外贸企业与省有关进出口公司由上下级关系变为贸易伙伴关系。由于价格逐步放开，市场竞争激烈，外贸的收购出口减少。1995年，制革工业迅速发展，成为湘乡支柱产业之一，其产品是外贸直接出口或经过加工后间接出口的拳头商品，当年出口皮革手套85.6万打（每打12双），出口金额4280万元。

1996年8月，市外贸总公司获进出口经营权后，开始为生产企业代理出口，并积极协助具备条件的企业申办进出口经营权。2000年，全市6家有进出口经营权的企业自营出口创汇311.14万美元。2002年，外商独资企业湘潭金子箱包制品有限公司成立，主要生产电子、电器外包装，产品销往日本、韩国、泰国、印尼等国家和中国香港地区。3年间出口保护袋、绳带、机套、手背带等电器外包装，共收汇491.4万美元。市皮革制品厂的手套、皮革服装远销欧盟及俄罗斯等国。至2003年的10年间，共出口活大猪14.24万头，铸铁制品5.84万吨（其中自营出口3.74万吨），皮革及皮革制品61万平方英尺，皮手套243.65万打（其中自营出口178.05万打），皮服装12.54万件，电子电器外包装4650万件。至2004年的20年间，湖南铁合金集团有限公司累计出口金属铬、碳铬、硅锰、中低锰、硅铬、中低铬等铁合金系列产品31.99万吨，其中自营出口24.81万吨，创汇1.84亿美元。湖南湘铝有限责任公司累计出口氟化铝、冰晶石等氟化盐系列产品15.04万吨。其中，自营出口13917吨，创汇9115万美元。湖南韶峰水泥集团有限公司累计出口水泥16.77万吨，主销韩国、越南、菲律宾等国家。

2005年，全市19家有进出口经营权的企业（含驻市大型国有企业），共完成自营进出口总额7117万美元。其中，市属进出口生产企业完成出口总额2324万美元。

第四章 饮食 服务

1986年，饮食、服务业分为国有、集体、个体3个部分，全市从事饮食、服务行业的经营户有772户，从业人员1570人，营业总额2403万元。1990年后，饮食、服务业快速发展，个体经营成为主流。2005年年末，全市从事饮食、服务行业的经营户有4019户，从业人员22475人，营业总额14.78亿元，比1986年分别增长5.2倍、14.3倍和61.5倍。在饮食、服务行业中，连锁经营户数和营业收入逐年增加，休闲类服务行业所占比例逐年上升，其中发展较快的是宾馆、茶座、歌舞厅、洗浴、按摩、家政服务等行业。

第一节 饮食业

一、饭店、酒家

1986年，全市一次性接待20桌以上顾客的大中型饭店、酒家有21户。这类经营场所，资金投入较大，场地宽敞，设施安全，档次较高。当年营业总额1300万元。1990年，城区比较有名的饭店、酒家有务门前饮食店、红旗食堂、湘南饭店、第一招待所、第二招待所等。后来红旗食堂在城市建设中拆除。务门前饮食店、湘南饭店改制为个体经营。第一招待所、第二招待所分别改制为龙城宾馆、湘乡宾馆。1991—1999年，个体私营饭店、酒家迅速发展，其中洪湖大酒店为全市第一家个体经营的酒店。这些饭店、酒家规模大、档次高、条件好。农村比较集中的集镇也有一二家规模较大的饭店、酒家。除大中型饭店、酒家外，还有一部分是个体经营的小型饭店、餐馆。虽然规模小、档次不高，但是服务周到、热情，味美价廉。这些饭店、酒家大多数是夫妻店、兄弟店，既是业主又是员工。主要集中在城区及乡镇农贸市场、车站和公路沿线，接待赶集、进城、乘坐汽车的过往客人。至2005年，全市大中型饭店、酒家发展到86户，其中一次性接待20桌以上顾客的饭店、酒家有52家。从事饮食业的经营户788户，从业人员9656人，营业收入5.64亿元。

二、冷饮、小吃、茶座

1986年以后，饮食服务公司冷冻厂生产的冷饮制品批发给个体工商户经营。冷饮属季节性经营项目，每年5—10月是生产经营冷饮的旺季。经营品种有各式冰棒、雪糕、冰淇淋、冰水等数十种。1990年后，冷饮制品主要由个体户从外地购进、经营。随着经济发展和生活水平提高，人们的饮食习惯开始发生变化。小吃、早餐迅速发展，遍布城区和农村主要集镇。经营品种齐全，主要品种有稀饭、糍粑、甜酒、油条、汤圆、油糕、馒头、面条、包子、面包、蛋糕、水饺、汤面、炒粉、小笼包、千层饼、酥皮饼、沙琪玛、三鲜面、八宝粥、猪血汤等几十个品种，有羊肉、狗肉等各种火锅、煨汤，还有加工的水饺（皮）、混饨（皮）、碱面等半成品出售。经营方式分两种：一是进店吃，二是买了带走。既方便群众，又丰富居民早餐生活，深受消费者欢迎。农村和外地有不少人在城区从事小吃、快餐经营。夜市、快餐是90年代中期兴起的。夜市大多数无固定场所，投资少，条件简陋，主要经营烧烤、夜宵。经营品种有羊肉串、牛肉串、鸭掌、鸡腿、鸡爪、鸡翅、胡萝卜、臭豆腐等数十个品种，大多数摆在繁华地段，顾客以青年和儿童为主。每年7—11月，南正街、碧洲公园桥上、南门市场、体育馆门口以及工贸新区一带的夜宵摊点较多。夜宵摊围地设席，席上多以太阳伞遮盖，闪光彩灯点缀，内置彩色靠椅。夏季，还有几家驾船在涟水河面上经营。食品有嗦螺、蔬菜、酒类、饮料、各类肉食、海味等，夏季还有冷饮、凉菜，冬季有火锅等。夜宵摊点既是人们夜间休闲消费的地方，也给市区暑夜增添了景观。快餐店主要经营饭菜，每盒3～10元不等，快捷方便，有的将盒饭拿到人口密集区销售，也可电话预约上门送盒饭。茶座是1999年以后兴起的。主要集中在城区，白天晚上均营业，顾客以夜间为多。茶座备有各地名茶，配以瓜果、食品等。2005年，冷饮由各超市和个体商店、摊点批零兼营。城区有小吃店、夜销摊点200余家，茶座100余家。

第二节 服务业

1986年，全市从事服务业的经营户有530户，从业人员821人，营业收入0.1672亿元。服务业包括宾馆、美容美发、娱乐服务、休闲保健、旅游服务、修理和其他服务等。2005年，全市从事服务业的经营户有3239户，从业人员12825人，营业收入9.145亿元，经营户、从业人员和营业收入比1986年分别增长6.1倍、15.62倍和54.7倍。

一、宾馆

1986年，全市有招待所、旅社35户，从业人员110人。规模较大的有一招待所、二招待所、东风旅社、教育工会招待所等。当年营业收入870万元。1990年以后，部分规模较大的招待所、旅社改善服务设施过渡到“宾馆”，并逐渐由低档向中高档发展，内设电梯、空调、彩电、卫生间，其他服务设施如美容美发、按摩、舞厅、桑拿等一应俱全。除国营集体大型宾馆外，个体经营旅栈、宾馆发展较快，其特点是：规模较小、价格便宜。农村集镇一些村民利用地理优势，先办饮食店，后办旅馆，方便顾客。城区的宾馆大多数按三星级标准建设，集餐饮、住宿、休闲、娱乐于一体。比较上规模、上档次的有湘乡宾馆、龙城宾馆、华泰宾馆、涌鑫大酒店等几家。湘乡宾馆按国家三星级酒店标准设计、管理和服务，有豪华单人间、双人间、豪华观光套房等各类客房98套；会务中心拥有可容纳500人的多功能厅和容纳100人、60人的中、小会议厅；设有宴会厅、大小餐厅，提供湘菜、粤菜、家常菜，可承办各种宴席、酒会。龙城宾馆由湖南万里行贸易有限公司投资兴建，按国家三星级旅游酒店标准建设，有总统套房、豪华套房、豪华单人间、标准间、三人间等各类客房94间；设有餐厅、包厢，可容纳600人同时用餐；提供大、中、小会议厅，会议智能化系统等设施功能完善，可以召开新闻发布会、产品展示会、喜庆宴会、招待酒会等。2005年年末，全市有旅社、宾馆126家，从业人员1860人，营业收入2.4亿元。

二、娱乐休闲

1986年，县内没有营业性娱乐休闲场所。1990年后，市城区渐兴休闲、保健服务，并逐年增多。休闲、保健业包括茶庄、酒吧、音乐厅、旱冰场、咖啡厅、游乐场、电子游戏室、桌球室、保龄球馆、网吧、录像厅、洗浴中心、钓鱼池（塘）、牌馆、休闲山庄等。1998年以后，娱乐服务业经营户逐年增多。主要包括歌厅、舞厅、洗浴中心等。这些歌舞娱乐场所装饰豪华，音响、灯光、空调配置齐全，内设雅座。歌舞厅有服务员陪唱、陪跳。少数歌舞厅及休闲保健场所隐藏有色情服务。同时兴起的还有桌球经营，城乡集镇的大街小巷，随处可见，开始是娱乐，由老板收台桌费，有的逐渐演变成赌博行为。此后，桌球经营逐渐消退。2000年前后，开始出现“网吧热”，每个网吧配有电脑20～100台；每小时收费1～3元不等。规模较大的网吧有四海通网络会所、君临天下网络会所、通天下网络会所等。上网人员以中小学生和待业青年为主。2005年年末，全市从事娱乐服务业的经营户有185户，从业人员2140人。从事休闲保健经营的有418家，从业人员2500多人。有网吧120家。

三、修理业

1986年，全市修理业96户，主要从事生产用具和生活用具的修理，从业人员178人，营业收入410万元。1987年后，从事车辆、农机修理的经营户主要分布在城区、集镇及公路沿线。修理店（厂）以家庭、师徒经营为主，也有合伙经营的。经营方式分上门修理和进厂（店）修理。生活用具修理主要是家用电器、钟表、高压锅、煤气灶、雨伞、服装、鞋等修理。1990年，国有商业企业为搞好售后服务，配备人员成立维修点，为消费者进行家电保修服务。1995年前后，名牌厂家普遍在各地设立维修服务站点，或委托当地维修站代修。从事修鞋补衣、修钟表的，大多数集中在街头巷尾，早出晚归。农村的修鞋匠，除赶集设摊修理外，还串村修理。修理队伍主要由三部分人组成：原国有集体企业的下岗失业人员；农村青年自筹资金，从师学习修理技术后自办修理店（厂）；复员退伍军人及外出打工人员，利用学到的技术，回乡办店办厂。2005年年末，全市从事修理业的经营户389户，从业人员830人，营业收入3620万元。

四、其他服务业

1986年，市内的其他服务行业包括美容美发、摄影、打字复印、衣服洗涤、字画装裱、广告装潢、管道疏通、金银加工、急开锁、家政服务、搬运、擦皮鞋、技能培训、产品推销等。美容美发业在服务业中发展较快，全市有理发店78户，从业人员120人。从事摄影经营的有35户，从业人员68人。此后，摄影设备更新、技术发展迅速，从黑白照到彩照、快照，发展到电脑描图摄影、数码照相，特别是艺术摄影和新婚彩照盛行。一套新婚彩照，一般消费在800～3000元不等。部分乡镇设有照相馆，有的还下村照相。1990年以后，理发、美容业已由单纯理发向美容美发延伸，有的不但理发，还可洗头、洗脸、泡脚、保健按摩、美体减肥、染发、烫发、文眉、护肤、新婚化妆等。城区有数十家美容美发店。乡镇和大的村庄都有理发店（或发廊）。从事洗（修）脚的独立成店者逐渐增多。1995年以后，家教、送液化气、搬家、产品推销、家庭保姆以及卫生钟点工等家政服务者逐年增多。这些服务人员大多数来自农村，服务态度好，颇受居民欢迎。从事擦鞋业的多数是妇女，一般在人员集中的地段为市民服务，每擦一双鞋收费1元。同时，专业擦鞋店也逐渐进入城区。2005年年末，全市有理发店、美容美发店360户，从业人员1170人。从事摄影经营的82户，从业人员220人。打字复印店110户，从业人员270人。衣服干洗店38户，从业人员80人。金银首饰（加工）店10多家。

第十一编 城乡建设 环境保护

第一章 城市建设

第一节 建设规划

一、城区规划

80年代中后期，农民进城务工经商，城镇人口逐年增多。县改市后，原有的城建规划已不适应城镇的发展。市政府于1987年3月成立“湘乡市总体规划修订办公室”，对1982年版的县城总体规划进行修编完善，1989年8月完成建市以来第一次城镇总体规划修编。在此基础上相应编制城市道路交通、给水排水、电力电讯等专业规划。此次规划确定湘乡城区为全市的政治、经济、文化、信息、科技中心，以冶金工业为骨干，积极发展食品工业和其他轻工业的新兴工业城市。近期规划到1995年，人口规模8万人。

到90年代中期，随着经济的快速发展，城镇人口迅速增加。1989年修编的规划已不适应发展的需要。市政府委托湘潭裕兴建筑规划设计院对湘乡市总体规划进行修编设计。1997年，湘乡市总体规划第二次修编定稿，1999年7月由省人民政府批准施行。“规划”拟定：湘乡城区建立以冶金、化工、建材工业为主，积极发展食品、机械环保设备、皮革工业和商贸旅游的新兴工贸城市。规划年限为：近期1997—2005年；远期1997—2015年。城市规模为：近期城市人口14.5万人，远期人口20万人；城市建设用地近期人均90平方米，远期人均95平方米。

2002年，因第二次总体规划修编已跟不上形势的发展，市政府委托中国城市规划设计研究院来湘乡编制城市总体规划。此次规划进行了广泛的基础资料调研，并对市区进行数字化测绘。2004年，第三次总体规划修编定稿，2005年5月通过湖南省专家评审。此次规划确定湘乡市社会经济发展目标，城市性质与规模；规划市域城镇体系、城市总体布局及基础设施建设等。规划期限为：近期2004—2010年；远期2011—2020年；远景2020年以后。规划区范围包括4个街道（新湘路街道、昆仑桥街道、望春门街道、东山街道）及新增加东郊乡和育塅乡的育桥村、育塅村和直冲村，规划区总面积为168平方公里。经济与产业发展总体目标，到2010年，GDP总量达到120亿元，人均GDP达到1.3万元；至2020年，GDP总量达到250亿元，人均GDP达到2.5万元；未来产业方面的调整是稳固发展第二产业，大力发展第三产业。城市规模以市域为湘乡政治、经济文化中心，建立以啤酒、冶铸等工业为支柱，商贸、运输和旅游等第三产业比较发达的长株潭区域次中心城市。人口规模为：近期18万人左右；远期28万人左右。至2010年，城市建成区面积18平方公里，人均建设用地92.3平方米。至2020年，城市建成区面积28平方公里，人均建设用地92.8平方米。规划布局由两条南北向城市发展主轴引导向南北两个方向生长的“四片区、双轴、双中心”城市布局结构。四片区为：北部红仑上片区，位于铁路以北地区，功能包括环保科技工业园、仓储、交通运输、货物流通、生活居住；中部旧城片区，位于湘黔铁路与涟水河之间地区，功能包括生活居住、商贸服务、工业；南部东山片区，位于涟水河以南地区，功能包括行政办公、商业金融服务、文化体育设施、生活居住、科研教育、工业；东部皮革工业园片区，位于规划中的宁衡高等级公路以东地区，功能包括工业、仓储及配套设施。同时，对主要的建设用地、绿地景观、对外交通、城市道路交通、旧城改建、基础设施与近期建设、远景发展、郊区等提出了规划、说明与图示。根据新的总体规划编制东山新区与红仑新区的控制性详细规划；东山新区（国际）职业教育园区规划、“芗泉家园”小区规划、滨河南路与望春路的控制性详细规划。

二、测绘

1985年，湘乡县城镇规划办公室请省测绘局对城区5平方公里进行地形图测量，完成1：500的地形图100幅；1989年，扩测1平方公里，共计6平方公里123幅地形图，并将1：500地形图全部缩成1：1000的地形图。1991年，省地质矿产局对东山乡进行1：500地形图的控制测量。1992年，完成城区水准点的测量、设置工作，布设城区高程控制网。1996年，测量、设置东山街道高程控制图。2002年9月至2003年6月，湖南省地质调查研究院对城市规划控制区52.8平方公里采用全站仪测量技术测量，形成1：500数字化地形图1155幅，1：1000的数字化地形图312幅，E级GPS点30个，一级导线点256个，二级导线点680个，三等水准38.2公里，四等水准138.7公里，图根控制点3091点，使全市测量区形成一个动态的控制网与数据库。2003年6月至2005年12月，湘乡市规划测绘院加测5平方公里数字化测量，修测数字化地形图20平方公里。

第二节 房屋建设

80年代中期至90年代初期，城区住房建设分散，90年代中后期，以成片住宅小区为主。2001—2005年，将上河街和下河街改成滨河路时，沿线旧房全部改造为成片住宅小区。原粮食局桑枣村地段直属库改造成“锦绣裕华”居民区，富康新村、幸福小区、三眼井小区、横四牌街、直四牌街小区、大正街小区、镇湘名苑、大桥花园、健康花园、芗泉佳园等相继建成，还先后建成壕塘、梅坪、长桥、云门寺4个安置区。

第三节 市政建设

一、道路

1986年，城区道路主要以东风路、新湘路、南正街、大正街和320国道城区部分为骨干，辅之以小街小巷构成城区交通网络。至1994年，城区街道全为沥青路面，小街小巷狭窄弯曲，交通不畅，维修成本高。1995—2005年，先后投资改造硬化学仓街、东风路、解放路、新湘西路、健康路、健康西路，扩建桑梅东路、东山南路、东山中路，新建东山北路、桑梅中路、桑梅西路、健康南路和2个安置区内的道路及农贸市场道路；完成滨河北路一期、二期、三期工程，滨河北路红星段工程；改造草萝街油砂路、铁合金厂9号门道路、直四牌街、状元坊道路，扩建向红路、东山南路（东山大桥至骄杨广场段）等道路。与上瑞高速公路的连接线——湘乡大道及书院路一期工程、望春南路于2005年动工兴建。至2005年年末，市区主次干道共32条，总长26.2公里，比1985年增长160%。

附：重点工程简介

（一）湘乡大桥

横跨涟水河，位于湘乡城区碧洲公园下游约200米处。桥北接规划中的望春南路，桥南接规划中的书院路。工程计划总造价为3000万元人民币。大桥桥型采用预应力混凝土现浇连续梁，共16跨，总长433.6米。其中主桥长232米，引桥100米，桥面宽22米，包括4条行车道和两边各3米宽的人行道。大桥由湖南省交通规划勘察设计院设计。该项目于2004年3月开工，历时3年完工。

（二）望春南路

为湘乡大桥北端的连接线，规划设计道路总长578米，道路宽40米，为双向四车道，计划投资为3000万元。2005年9月15日奠基开工。

（三）书院路

书院路为湘乡大桥南端连接线，规划设计道路总长495米，道路宽40米，计划投资3000万元。

（四）滨河北路

滨河北路西起东山大桥，东至欧家港河出口处，全长2178米。根据规划和水利部门的要求，设计防洪堤顶（同时又作游览人行道），高程为50.0—50.4米，挡浪墙高1.1米，可抗50年一遇洪水，路面宽25.5米，车道10.5米，人行道2×5米，斜坡绿化带5米，总投资4300万元。2000年8月，一期工程（武装部至昆仑桥闸段）由湘乡市重点工程办承建。2002年8月，二期（昆仑桥至东山大桥段）由市城市建设投资开发有限公司投资兴建，于2004年建成通车。2005年9月，启动三期（武装部至湘乡大桥段）工程。道路配置斜坡绿化、风帆灯、庭院灯。建成的滨河北路成为集防洪、交通、游览于一体的城市次干道。

（五）云门寺商贸步行街

2005年1月，云门寺商贸步行街项目动工建设。该项目计划总投资1.2亿元，占地6.4万平方米，全长800米，建筑面积10.7万平方米。其中，铺店217个，建筑面积1.3万平方米，大型中心商场700平方米，住宅面积6.6万平方米。至2005年年底，已完成建筑面积8万平方米。

二、排水设施

1986年，城区排水设施比较简陋，其中北正街下水道一些地段还是20世纪60年代的竹篾篓管道，水流不畅，淤积较多。教育局、四牌楼、新风街、东风路部分地段为明沟排水，新风街的下水道低于旁边两条主路的排水标高，雨水、污水排放困难。1986年开始，加大对城区下水道的改造，新建东山书院路、东山南路和东山中路、云门寺安置区、工贸新区、滨河路等下水道；重点改造东风路、新湘路、大正街、南正街、向红路、长庆门、草萝街、状元坊、直四街的下水道；1998年，对城区内最大的排污渠欧家港河道进行改造，全面清淤并用片石砌筑河岸，加大欧家港河道的排污能力。10月，引进国家实用型专利“地理式无动力生活污水处理装置”，在工贸新区试点建设，1999年5月正式推广使用。此后，城区新建的办公楼、宾馆、酒楼、居民小区的生活污水得到初级净化处理。至2005年年底，城区内建成排水管网36.4公里，流泥井、检查井、下水井共1270个，年排放雨水、污水7200万吨，排水服务范围达16.7平方公里。

三、防洪设施

城区防洪大堤始建于20世纪70年代初，南起新坳，北至牛形山，全长10.3公里，由土石夯筑而成。堤上树木由防洪堤管理所和当地村民共植，绿化率达95%以上。1995年，修建青山撇洪渠，解决当地洪水泛滥的局面。1997年开始，政府重点工程办公室对城区防洪堤武装部至镇湘楼段（滨河北路一期）进行改造。1998年，对扬金段大堤进行改造，铺贴水泥板，对江岸崩塌堤岸进行修复。2001年开始，进行滨河北路二期、三期建设，加固防洪墙，提高抗洪能力。城区防洪还设有扬金、鸬鹚桥、昆仑桥、欧家港4处排水机埠。昆仑桥排渍机埠于2005年在滨河路建设中进行改造。欧家港排渍机埠由于设计不合理，建成后无法正常运作，在望春南路和欧家港下游建设改造中拆除。

四、路灯照明

1986年，城区道路共有路灯332盏，路灯线路长34公里，总功率为55.6千瓦。1995年，城区有路灯571盏，路灯线路总长86.4公里，总功率146千瓦，灯型较为陈旧。年底，随着320国道城区段桑梅东路的改造，亮化工程开始。市政公司路灯管理所接管桑梅东路路灯和汽车站广场喷泉。城市路灯建设基本上做到一条路一个灯型，路灯所先后完成东山南路、东风北路、大正街、滨河路一二期、健康南、健康西、健康北路、向红路、火车站广场、服饰市场、桑梅中、桑梅西路、县前街、进修学校、南正街道路路灯安装任务。先后在东风广场、北门广场、南门广场、火车站广场安装高杆灯，改善照明效果。在镇湘楼广场、昆仑桥广场、东山北路大广场安装“地球之光”“东方明珠”等景观灯。引入投资机制，由邮政局投资新建东风中路、草萝街、解放路、新湘东路、新湘中路路灯，作为路灯广告使用，由路灯所负责维修管理，产权归邮政局所有。2002年11月，购置东风小霸王高空作业车1台，解决路灯安装、维护的作业困难，路灯常年亮灯率、设施完好率达90% 以上。2004年9月，对健康西路、健康北路、东山南路的路灯进行节能技术改造，节电率达30% 左右。2005年年底，市政公司所辖路灯共868杆，路灯3413盏，路灯线路总长105.5公里，安装专变12台，总功率456.3千瓦。电力局管辖路灯689盏，总功率180.9千瓦，主要分布在城区小街小巷和主要城区出入口。

第四节 供水

一、水厂建设

湘乡建市后，城区人口大量增加，加上井水日渐枯竭，且受铁合金厂工业废水污染，自来水供求矛盾日益突出。1989年，自来水日需求量近1万立方米，超过供水规模22% 以上。1991年，市委、市政府决定在距城区6公里的新坳村兴建第二自来水厂，后更名为“洙津水厂”，列为市重点建设项目。整个工程分三期进行，第一期为日供水能力4万立方米，第二期为8万立方米。土建部分一次性完成。洙津水厂于1992年4月正式开工，1994年4月竣工，正式通水。水厂占地2800平方米，总建筑面积6000平方米，总投资2300万元，日供水功能4万立方米。洙津水厂建成后，供水状况明显改善，供水总量逐年增长。2005年，年供水总量达到546万立方米。

二、管网建设

1986年，城区共有直径100毫米的输水管道18.3公里，直径100厘米主线闸门131个，供水能力280万吨。1990年，城区管径100毫米以上供水管道总长约21公里。由于大部分管道年久老化、管径小、漏损严重。洙津水厂建成后，旧的管网与新水厂供水功能不配套，加之新采购的水管质量存在问题，水压水量上不去，爆管事故时有发生。1994年，陆续发生3次600毫米主管爆炸事故，导致全城停水，造成较大经济损失和不良影响。滞后的管网建设，制约新水厂供水功能的发挥。后对大正街、务门前、状元坊、东风路、惜时路等管径小、锈蚀老化的旧管线进行更新改造，使水压、水量满足用户需求。

1999年，安装从南门广场至东山学校管线，全长3.2公里，总投资350万元。其中，从南门广场至骄杨广场段管径500毫米水泥管，骄杨广场至东山学校附近为管径400毫米铸铁管。该管道横跨东山大桥，将自来水输送到涟水河对岸东山新城。2000年，新辟南门广场至工贸新区输水主管，管径500毫米，全长1.8公里，总投资150万元。以上两条管线的建设，缓解了南正街600毫米管径管线的压力，减少了爆管事故的发生。2001年，共投资170万元，完成滨河路1.7公里，管径500毫米铸铁管道安装，解决该地段长期水压偏低、水量不足的问题。2002年，投资67万元，完成张江村200毫米管道安装。

2003年，启动洙津水厂建设二期工程配套管网建设。工程投资2500万元，其中国债资金600万。工程包括：从水厂至桑梅西路口进入市区，全程5.3公里，为管径700毫米的玻璃钢输水管道复线，工程投资540万元；从骄杨广场至皮革工业园 PE 管径500毫米，全长6.2公里，投资480万元。玻璃钢管和 PE 管为首次使用的新型管材。2005年，兴建红仑工业园水厂，第一期工程已安装管径500毫米输水主管1公里，300毫米管道3公里，投入资金350万元。二期工程配套管网建设的启动，使供水安全可靠性提高，使供水覆盖面扩大，使城区供水管网形成东至皮革工业园，南至东山新城，西至新坳，北到高速公路连接处，布局合理的环状供水管网，日输水能力可达8万立方米。至2005年止，全城供水管径100毫米以上供水管道总长95公里。城区自来水覆盖率90% 以上。

三、供水管理

（一）水质管理

1987年3月，按照新的《生活饮用水卫生标准》进行考核。洙津水厂建成后，加强水质管理硬件建设。为确保自来水符合《生活饮用水标准检验法》，1996年，化验室规模扩大，检测手段不断完善。先后购置亮度计、散光浊度仪、电热恒温箱、万分之一分析天平以及电脑、冰箱等先进仪器设备，市供水管理处实行生产技术股、化验室、水厂（净水班）三级水质管理。化验室负责对细菌、大肠杆菌、粪大肠菌、浊度、余氯五大指标源水、出厂水水质检验。每星期进行一次管网水检测。水厂净化班每隔一小时对游离余氯进行一次自控检测。水厂每月对源水、出厂水进行28项指标检测，并取样送湘潭市卫生监督所化验。经检测，水质综合合格率100%，水质安全无事故。1998年，添置化验检测设备。2000年，更新和改进加氯设备，使液氯投放稳定。2001年，筹资25万元，对水厂虹吸滤池进行技术改造，添置进口加氯机，使液氯投放更加安全稳定。2005年，水质综合合格率达98% 以上，符合国家饮用水卫生标准。

（二）生产经营

1986年，年供水总量182万立方米，生活用水定价0.2元 / 立方米，自来水销售收入50.8万元。1995年，年供水总量300万立方米，销售收入370万元。生活用水定价0.62元 / 立方米，生产用水定价0.88元 / 立方米，营业用水定价1.03元 / 立方米。1998年，年供水总量500万立方米，销售收入341万元。生活用水定价0.83元 / 立方米，生产用水定价1.09元 / 立方米，营业性用水定价1.34元 / 立方米。2005年，年供水总量546万立方米，销售收入779.15万元，生产用水与生活用水之比是15∶85。为保证水费及时足额回收，市供水处在加大水费催收力度的同时，加快“一户一表”安装改造。从2005年4月开始，设立自来水营业收费大厅，购置电脑等设施，由上门收费逐步向用户自行缴费过渡，水费当年收缴率达到95%。

第五节 园林绿化

1986年10月，市园林管理处负责城区和建制镇绿化管理。2004年年底，《湘乡市园林绿地系统规划》通过省、市专家评审，规划将湘乡市定位为协调发展，生态良性循环的山水洲城。2005年年末，城区绿地率12.3%，人均公共绿地面积3.18平方米，有省级园林式单位5个，地级园林式单位8个，县（市）级园林式单位25个。

一、城区道路绿化

1986年城区道路绿化，采取行道树与绿篱分车带相结合的方式，树种以樟树为主，配以广玉兰、法国梧桐、杜英、小叶女贞、红枟木等。因城区街道改造，自1986年后绿化行道树逐年更替，原来的法国梧桐树大部分被清除，栽上樟树、广玉兰、杜英等树种。建设东山北路、桑梅中、西路绿化分车带，栽植东风路、草萝街、新湘路、健康南路、向红路、东山路等城区16条街道的行道树共3000株，并分期逐批建设滨河路绿化带，面积9000平方米，成为市区涟水河畔“绿色长廊”。2002年，对东山围洪堤船厂至二大桥段450米进行绿化。2003—2004年，船厂到送变电公司东山围洪堤段500米进行绿化建设，种植草皮、小叶女贞等植物，与滨河路沿河风光带隔河呼应形成涟水河绿化体系。至2005年，新增城区道路绿化面积1.5万平方米。

二、广场绿化

1986年，东风广场建成圆形花坛，车站广场建成半圆形花坛。2000年，建成面积1200平方米的滨河小游园。2001年春，建成东风广场，直径7米的圆形花坛，以女贞与红枟木镶成图案，面积150平方米。2002年，将南门广场交通岛改建为花坛，以女贞与红枟木相衬映，植物分4层递进。对工贸新区大转盘进行绿化改造，转盘直径34米，面积3000平方米。2003年，镇湘楼小游园建成，植女贞、红枟木、桂花、松柏等10余种植物。同年5月，建成火车站绿化广场。2005年4月，建成东山大桥小游园，与涟水沿河风光带连成一片。同年7月，建成滨河广场，面积1250平方米。至当年底，全市城区有绿化广场、小游园多个，新增广场绿地面积17400平方米。

三、公园绿化

1986年，市城区内碧洲公园，面积为10公顷，古有“碧洲芳渡”之称，属湘乡八景之一。1994—2005年，先后投资200多万元，建设洲边护坡1000余米。经过20年的开发建设，公园现已初具规模，绿化覆盖率98%。园内兴建百花园，栽种雪松、月月桂、红枟木、女贞等10多种植物。在公园兴建黄公略铜像广场，已成为湘乡爱国主义教育基地，年接待游客10多万人次。

附：工贸新区建设

1996年3月6日，市第三届人民代表大会第四次会议决定开发建设以东山北路为主干的工贸新区。经省人民政府、湘潭市人民政府批准，工贸新区为扩大内需发展经济的湘乡重点建设项目。

1997年1月，确定工贸新区建设开发规划。新区内有长1400多米、宽40米的东山北路，长800多米、宽34米的桑梅西路和两路垂直相交形成的直径为120米的大广场，桑梅西路与车站路垂直相交形成的直径为60米的小广场。东山北路中央机动车道为4车道，宽15米，两侧分隔带4米、非机动车道11米，人行道10米。路边房屋建筑设计为6层以上，广场四周的房屋建筑为8—10层。新区内有三条街为拆迁安置区，房屋建筑一楼均规划设计为铺面，新区内厕所、垃圾站等环卫设施配套，排水采用分流制，生活污水、工业污水与雨水分流。给水、排水、电力、电讯、电缆、广播、电视、路灯、绿化等都按高标准进行设计。工贸新区是集商业、金融、保险、办公、文化、娱乐、休闲为一体的综合区。“东山北路”与“桑梅西路”垂直相交为骨架，向四周辐射，与湖南铁合金厂、湘乡铝厂及云门寺商城、320国道两旁商业区连成一片，形成新的工商贸易区，带动市内建材、建筑、加工、经营、服务等各行各业的发展。

工贸新区开发建设实行“政府牵头、市场运作、以地生财、滚动开发”的方针。市政府投入28万元启动资金，换来建筑造价10亿元的新城区。“东山北路”的修建是工贸新区开发建设的第一期工程中的重点项目，需投资3000多万元。按照《中华人民共和国土地管理法》和市委、市政府的有关规定，实行工程公开招标，规定质量，限定完工时间。二十三冶一公司2700万元中标，减少投资400万元。“以地生财，滚动开发”，把土地公开拍卖。1997年3月8日，每亩56万元的地价被新华书店拍走了第一块土地，后来桑梅中路首段长300米、宽24米的黄金地段拍到了近80万元一亩的价格。新区开发建设共出让土地345.4亩，收回土地出让金8400多万元。

为了使拆迁工作能如期进行，在新区内划出一定面积，作为安置区，统一规划，分户设计。政府投资优先为安置区平整地基，解决水、电、路畅通，拆迁工作如期进行。至2005年年底，新区建设第一期工程全部完工。还完成了第二期工程的部分征地、勘测评估、配套设施建设。

工贸新区第一期工程共征用土地837亩，拆迁房屋602户，拆迁面积24.08万平方米，搬迁经营场地、厂家11处。修好东山北路、桑梅西路，完成城市绿化9551平方米，安装下水管道1.5万米，整修欧家港河道1020米，建成6个安置区。新区内建有较大规模的宾馆9家，综合商业购物超市5家，商业门面2871个计86130平方米，商业住宅6500套计65万平方米。专业市场4个，普通中学1所、职业中学2所。市国土局、国税局、林业局、人民法院、人民银行、农业发展银行、信用联社、移动公司等均建有办公大楼。每年可安排就业人员5000多人，缴纳税费1200多万元。经过10年拓展，新城区开发建成面积3.2平方公里。

第六节 城市管理

一、管理机构

1995年4月，成立湘乡市城市管理委员会，下设办公室，为市政府进行城市管理的正科级常设机构。2001年12月，城市管理委员会办公室更名为市城市管理局，归口市政府办公室管理，内设办公室、政工人事股、财务股、市容市貌管理股、经营管理股。2003年，在城区4个办事处组建城市管理办公室。2004年4月，根据省关于在湘乡市推选城管相对集中执法的文件精神，设立市城市管理行政执法局，成为湖南省第一个推选相对集中行政执法的县级市。当年，撤销市城市管理局，设立市城市公用事业管理局，承担原市城市管理局城市公用事业管理的职能。下设二级机构有：城市管理行政执法大队、环境卫生管理处、供水管理处、客运管理处、燃气安全管理办公室，城市道路占破管理站、城市户外广告管理办公室、城区4个街道、城市管理办公室。

二、市容市貌管理

（一）市容整治

1986年，成立湘乡县城管中队，定编12人，主要管理流动摊担，解决摊担占道问题。1987年4月，城管、公安、工商、交通、民政等部门联合整顿汽车站秩序，历时30天，纠正处理各类摆摊443例。5月，城管中队加强制度建设与队伍建设，制订岗位职责，工作逐步走上正规化、制度化。当年，纠正各类违章摆放3000多人次，收缴处理各种违章物品1000多件。1988年，市城管队派员参与烟草局整顿烟草市场，取缔黑市交易，查出假烟、走私烟1000多条。同年，与湘乡市标准计量局联合行动，收缴各类违法计量工具400多件。

1988—1990年，推行“门前四包”（包公共秩序、包卫生、包绿化、包护路），打击强买强卖、短斤少两行为，治理脏乱差现象，开展各种突击行动40次，取缔无证摊点209个。1991年起连续5年，每年开展“创市容最佳一条街”评比活动。

在1992年9月的整治行动中，处理各类违章流动摊贩1200人次，拆除乱搭乱建13处。1993年6月，对城区社会治安秩序进行综合整治，重点整治交通秩序、320国道沿线以及湘壶、湘棋等省、市道线两旁的违章建筑。1997年，以10周年市庆、全国男篮甲 B 联赛为契机，开展归店经营、强化机动三轮车（一般称之为跑跑车）营运、夜市摊担管理和车辆秩序等专项整治，纠正处理违章2.78万例，收缴违章物品6800起，治理乱摆乱卖1.2万多例。

1998年，把市委门前菜市引至镇湘楼地段。清除壕塘口至铁合金厂沿线的占道洗车场。1999年，开展城区10项整顿活动，整顿公共汽车、出租车、跑跑车秩序，320国道城区段的建筑材料归店经营，取消4个广场的夜市摊担等，整顿违法建筑44处。其中，取缔生资公司前的马路菜市。当年，对已上户的800多台跑跑车进行整治，取缔黑跑跑，跑跑车实行单双日交错营运。2000年，在城区范围内全面取缔跑跑车。开展“创建‘平安大道’”活动，清理规范双枣至壕塘口国道两侧的摊担、门面209处。2002年6月，从交通、市政、园林、工商、交警、爱卫办、公安、环保、规划等部门抽调18人，组成联合执法队伍，开展“城市交通秩序门前卫生责任制、渣土管理等项整顿”，处理违章案件38542起，处罚各种乱停乱靠车辆近3000台/次。2003年，组建城市道路占破管理站，负责城区主次干道临时占用、挖掘的管理工作。

2004年4月，推行城市管理相对集中行政执法，从市容环卫、市政公用、规划监察、园林监察及环保监察等部门的原278名执法队员中择优录用80人，成立城市管理行政执法大队。当年，查办市容环境、市政公用、城市规划等方面的案件1万多件。重点开展云门寺广场秩序、门前卫生责任制、320国道城区段三项专项整顿。在云门寺广场拆除大型跳跳床、游乐场以及广场四周的棚子数十个；限期整顿不具备条件的餐饮、维修店铺80多个；对320国道城区段实行一级管理。2005年，与规划、公安等部门联合开展整治违章建筑专项行动，拆除违章建筑19处，立案42件，治理噪音污染案件5起、查处各类违法违章案件1万多件。

（二）户外广告整治

1986—1995年，湘乡户外广告一直处于杂乱无章、缺乏管理的状态。1996年，对严重影响市容、存在安全隐患的户外广告进行清理，全年共拆除各类不合格广告牌30多块。1997年，出台《湘乡市户外广告管理办法》，户外广告管理开始走向规范化。2002年，共处理违章广告400余例，治理各类乱贴、乱发、乱挂行为1万多起。2003年，拆除乱搭的雨篷、招牌160多处，组织6000多名学生上街清理被称为“牛皮癣”的各类小广告。引进电脑语音追呼系统对其联系电话进行干扰；置放电子广告屏，疏导广告渠道。2005年，针对户外广告存在的位置不合理、色彩与周边环境不协调、科技含量不高及安全问题开展整顿，拆除过期广告牌800多块，违章雨篷200多处，改变户外广告、雨篷“多、乱、差、破”现象。

三、环境卫生管理

1986年，城市环境卫生管理工作归口湘乡市城乡建设委员会。1987年，湘乡县环境卫生管理所更名为湘乡市环境卫生管理处。2002年，环卫管理处升格为副科级事业单位。2005年年底，共有干部职工187人，环卫机械车辆13台。其中，多功能车3台、平板车6台、洒水车2台、铲车1台、推土机1台。内设清扫队、清运队、收费队、监察队、财务室、办公室，下辖湘乡市环宇有限公司、湘乡市环宇物业有限公司。

（一）日常管理

1986年，街道清扫在晚间进行。1987年，改为白天清扫，每天二清扫一保洁，日清扫面积为12.7万平方米。1989年，街道清扫推行企业化管理，对任务实行承包，人员实行优化组合，签订目标管理责任书。各作业班组定人、定任务、定质量、定经济成本，实行浮动工资制，工资与工作的好坏挂钩。当年，建委、工商、爱卫、防疫、市政、园林、城管中队和3个办事处8家单位联合制订“门前三包”（包卫生、包绿化、包秩序）初步方案，并在云门街试点后推行。1996年，街道清扫改一日二清扫一保洁为一日三清扫一保洁。1999年，成立社区服务小分队，专门上门收集生活垃圾，承接庭院清扫业务，每户视楼层收有偿服务费3~5元。2000年，环卫处开展内部用工制度改革，建立区域定额包干、工作量化到位、人员优化组合、岗位竞争上岗的管理模式，实行全员挂牌上岗。绿化带的卫生、城乡接合部垃圾划归环卫处管理。2001年6月，成立专职保洁队，负责对东风路、新湘路、解放路等主要街道、人行道在中午12点至下午3点、晚上7—10点进行重点保洁，解决因下班出现清扫空档而导致街面不整洁的问题。2013年10月，街道清扫实行块块挂牌责任制，改一日三清扫一保洁为16小时清扫保洁制，日洒水由2次改为3次。至2005年年底，全市所有主次街道、14条小街小巷均纳入环卫清扫范围，实行主街20小时、其他街道16小时清扫保洁制，一线清扫人员124人，日清扫面积42万平方米。

（二）垃圾清运

城区垃圾实行日产日清制。1986—1989年，垃圾设施相对落后，收集垃圾一般采用简易垃圾围，再清运至市外垃圾消纳场。同时，有部分垃圾被送往农村、园艺场作肥料使用。1990年，添置多功能垃圾车1台、配套垃圾方斗15个，首次在市区内建立高台式垃圾站3座。垃圾清运逐步推行机械化运输。1992年4月，市政府在东郊乡新塘村征荒山34亩，作为垃圾消纳场，对生活垃圾实行简易填埋。1999年8月，又在龙洞乡新江村征荒山30亩作为垃圾填埋场。因垃圾日产量不断增多，加上垃圾实行的是简易填埋，垃圾的渗透液造成二次污染。2000年10月，金属垃圾方斗摆放在主要街道的裸露垃圾点。壕塘十字路口、医药大楼对面、七一广场蒋公祠等垃圾倾倒点，采用挤压车实行垃圾收集，后改用人力板车实行定点收集。2003年1月，市政府决定建设高标准的泉湖生活垃圾处理场，计划征地320亩、总投资13127万元，并建立日处理垃圾400吨的垃圾处理场。当年，投资1000万元，完成第一期工程54万方填埋场地建设。新垃圾场建成并投入使用后，全市生活垃圾全部运送垃圾场进行消毒、填埋、覆盖。2004年10月，全面取缔市面垃圾箱。摆放在街道、人行道上的19处垃圾箱全部撤销，改用人力板车定点收集。2005年，安装果皮箱230个，垃圾清运改每天早上清运一次为上午9点前、下午5点前各清运一次。实行垃圾盖网运输。至2005年，环卫处有垃圾运输车辆11台，建有垃圾站26座，垃圾中转场一处，日清运垃圾200吨。

（三）公厕管理

1986年，全城有公厕19处，年处理公厕粪便600余吨。1989年前，建设的公厕均为旱厕。1989年，新建水冲式公厕1座，改2座旱厕为水冲公厕。粪便经三格化粪池处理后进入城市污水管道排放。1990年开始，雇用一名临时工进行清扫保洁。1997年，市属各单位筹资80万元，完成13处公厕、垃圾站的新建、改建工作。公厕全部为水冲式，其中二类公厕1座，三类公厕12座。公厕的卫生，由环卫职工进行清扫保洁。2000年，市环卫处内部用工制度改革，各清扫所将所辖公厕逐步承包给市民管理，由管理者向如厕者收取0.3~0.5元/人次的费用。2003年，环卫处对全市23处公厕实行公开招标承包，全部实行专人管理。

（四）渣土管理

1989年，成立环卫执法分队，管理市容卫生。1996年，在市环卫处设立“湘乡市城市渣土调运管理办公室”。1997年，成立市容环卫监察队，负责法规宣传、教育处理乱扔乱倒等有碍市容环境卫生的行为，落实门前卫生责任制。1999年，市政府办出台“关于加强城区基建场地渣土管理的规定”，自后市环卫处对城区基建工地进行管理，控制渣土运输车沿途撒漏、车辆带泥运行而导致街道污染现象。

（五）环卫有偿服务

1989年4月，根据市政府办公室《关于整顿公共卫生秩序，加强门前卫生工作的有关规定》，成立环卫处“门前卫生办公室”，开始试行环卫有偿服务。按0.15元 / 平方米的标准收取临街店铺门前卫生服务费，当年收费9021.63元。1991年，市财政局、物价局、建委参照省建委、省财政厅、省物价局有关文件精神，制订“湘乡市环卫有偿服务收费标准”，设立环卫有偿服务办公室，收取主街两旁210家单位、铺面的门前四包收费2.38万元；与693家单位签订垃圾代运合同，收有偿服务费2.8万元。在1994年、1999年、2002年，先后3次对环卫有偿服务收费项目和标准进行细化和量化。2005年，收环卫有偿服务费达100万元。

四、城市交通

（一）城市公交

1986—1997年，湘乡无正规城市客运，城区公共交通以跑跑车、两轮摩托车营运为主。1997年，城市公共汽车有限公司成立，投资81万元，购买车辆18台，开辟3条营运线路，总运程34公里。1路为火车站至东山学校，线路长12公里；2路为红仑上至新坳酒厂，线路长12公里；3路为四中至湘乡师范学校，线路长10公里。运行时间一般为6:30—18:30。当年，实现营运总数50余万人次，营运收入50余万元。1999年，开辟三中至横洲任家围子、建材市场至韶山灌区2条线路，总长18公里。2000年，开辟张江至龙洞垦殖场、火车站至虞唐2条线路，总长17公里。同年，调整路线：1路线为火车站至湖山，2路线为东山街道东胜村至育塅，3路线为湘乡四中至大桥埠。2001年，开辟建材市场至向韶线路，运程16公里。至2005年，共开辟8条线路，总运程137公里，拥有运行车辆76台，从业人员200多人。

（二）出租汽车

1999年，城市公交已不能满足市民出行的需要，城市出租汽车行业应运而生。12月，有龙城、湘发、平安、湘房、湘运、伟业、湘交7家出租公司通过资质审查，获得出租汽车经营资格证书。2000年4月开始分2次拍卖X牌照共176块。5月，出租汽车正式营运，营运车辆100台，运行价格试行标准为每2公里内3元起步价，超过2公里，每公里加价1.4元。2001年，拍卖X牌照102块，营运车辆278台，车型统一为红色奥迪。2004年7月，成立出租车车控设备公司，各出租车GPS卫星定位系统安装率达60%，为司机乘客的安全提供充分保障。8月，营运价格第一次调整，调整后起步价为1.5公里3元，1.5公里后每0.68公里加1.00元。10月，全市出租车车型实行更新换代，所有出租车全部更换颜色为浅绿色，更换营运车辆60%。其中，富康车113辆，捷达车58辆，共招商引资2330万元。

（三）客运管理

1986年，客运管理归口市城乡建设委员会，1993年归口市建设局。1998年12月，市内首次开展对客运车辆运行秩序进行专项整治。1999年12月，城市客运管理处成立，对城市客运实行有序管理。2003年，被省公交协会授予副理事长单位。2005年，出台《湘乡市城市出租汽车企业考核管理办法》，严格驾驶员准入门槛，建立、健全岗前及在岗期间的培训制度。加强服务质量监督考核，提高行业服务水平，对所有城市客运车辆实行户籍化管理，建立台账。维持市场经营秩序，严厉打击非法营运。至2005年，共查处各类非法营运案件2000余起。

五、燃气安全管理

1994年，市燃气安全管理办公室成立。1996年6月，市燃气办发布《关于加强燃气、燃具市场安全管理的通知》，严令各燃气经营站（店）必须具备消防安全许可证、燃气经营许可证，各燃具经营点必须在抽检合格的情况下到燃气办办理申报手续，核发准销证。严禁各液化石油气站、店为过期（使用20年内的钢瓶5年检测1次，使用20年以上的钢瓶2年检测1次）、严重锈蚀、严重碰损、无标牌等不合格钢瓶充装液化气。规定15公斤容量的钢瓶充装量统一为12公斤、15公斤两种，单瓶允许误差 ±0.5公斤。1997年8月，对全市燃气具经营网点进行检查，共检查市区内46家、燃具品种110多种，对合格产品核发“湘潭市燃具准销证”，核定准许7家经营燃具。

2000年8月，与物价、质监、安监、消防、公安等单位协调，对燃气安全问题进行集中整治。2001年，对全市城乡燃气市场进行清理整顿，实行钢瓶封口膜管理，强制钢瓶检测，严禁大钢瓶倒灌。对已取得经营资质的经营者，实行资质年审制度，燃气从业人员必须持证上岗。2003年，取缔不具备经营条件的网点5家。

2004年，农村市场的燃气、燃具管理及收费全部由市燃气安全管理办公室管理。同年，市政府发布《关于进一步加强安全生产工作的决定》，燃气办建立一整套燃气重特大事故应急预案，切实保障燃气供应安全。

2005年，市燃气安全管理办公室内设稽查队、财务室、办公室，下辖4个供气站：液化气站、石化供气站、湘铝供气站、韶峰供气站，管理市内32家燃气经营点，农村燃气经营网点78家。当年，对液化气储灌站、液化气经营网点安全检查200余次，查处安全隐患80处。取缔无证经营12家，打击违法违章操作案件22件，扣押倒灌充装枪35根，扣押过期未检钢瓶300多只，强制过期钢瓶检测400多只，保障了居民的燃气供应安全。

第二章 集镇和乡村建设

第一节 规划

1986年，完成46个乡（镇）的总体规划、25个集镇规划和121个中心村规划及部分基层村规划。1990年，进行棋梓、潭市、虞唐、白田、山枣、壶天、月山7个建制镇的镇区与镇域的总体规划，以及马坪、芬水、乐昌、巴江、石柱5个集镇的规划修编工作，明确镇区的规划区范围及集镇的性质与功能，至1992年完成修编工作。1994年，完成中沙、栗山、金石、翻江、梅桥、泉塘6个新批建制镇的总体规划修编工作。1995年，对棋梓、潭市、白田、月山、虞唐、山枣、壶天7个镇总体规划进行调整与完善。1997年，完成虞唐、潭市、月山、壶天、山枣、白田6个镇的总体规划。2000年至2011年10月，对全市13个建制乡镇进行第四次总体规划修编（调整），至2002年全部完成。2004年完成张江村、石坝村、中朝村、洙津村、新村5个小康示范村规划。2005年，启动各建制镇新一轮总体规划修编。

第二节 建设

1986年，全市共有建制镇6个（3个区级镇，3个乡级镇）。“十五”期间的城镇建设由量的提升转入到质的提升。在小城镇建设中，按照政府引导、市场运作的方式、拓宽投融资渠道，小城镇建设由过去单一的政府投入变为多元的社会投入，其主要投融资方式为企事业单位、民间资本、有偿转让基础设施使用权等。“十五”期间，共投入建设资金7.03亿元，年均投入资金1.4亿元。

全市13个建制镇镇区主要道路均实现路面硬化和路灯照明，棋梓、潭市、虞唐、栗山、山枣、白田、壶天镇建成自来水厂。棋梓、白田、金石、栗山、泉塘等镇建设垃圾填埋场及镇区排污系统。自来水厂、垃圾填埋场、农贸市场等基础设施项目共300多个。

在13个建制镇所在地，中、小学校、银行、电讯、移动电话、购物超市、医院、餐馆、宾馆及娱乐设施基本齐全。“十五”期间，农房建设已注重外墙饰面及内部装饰，城乡差距逐步缩小。

2005年年末，全市建制镇13个，城镇化率27%，建成区面积在2平方公里以上的有9个。

第三章 房地产业

1986年，房管部门对住宅建设实行统一规划、统一设计、统一征地、统一施工、统一分配。1988年年底，成立湘乡市房地产管理局，直管公房面积为25.36万平方米。2000年以来，每年新增房屋建筑面积20万平方米左右。2004年，市委、市政府提出经营城市的理念，制定“南拓北进”开发建设东山新城的决策。至2005年年底，湘乡房地产开发企业达到16家，房地产开发投资达到1.79亿元，年平均增长率为22.5%。城区私房住宅建筑面积达到468.52万平方米。至2005年，城镇人均住房面积25.24平方米，比2001年人均增加11.14平方米。

第一节 管理机构

1986年9月，湘乡县房地产管理处更名为湘乡市房地产管理处。1988年12月，升格为湘乡市房地产管理局。2001年12月，湘乡市房地产管理局更名为湘乡市房产管理局。2005年，局内设综合办公室、财务计划股、法制股、拆迁危鉴物业管理股、房产开发市场管理股，下设房产交易中心、房屋租赁管理所（房产法规监察队）、房屋拆迁事务所、房屋白蚁防治所、城市建设综合开发公司、房产经营公司。

第二节 住房制度改革

1986—1991年，市城镇公职人员和企、事业单位职工的住房来源，除少数有私房或租住市房产部门的公房外，绝大部分实行传统福利型住房制度，由所在单位按工龄、职务、家庭人口构成情况等条件排队分配，居住者只有使用权，没有所有权，按月交纳房租，是一种只有投入没有产出的福利房分配体制。拥挤户、无房户特别多，住房问题成为各级政府、企事业单位面临的社会问题。

1991年9月，市委、市政府成立市住房制度改革领导小组和市住房制度改革办公室（以下简称房改办），负责全市住房制度改革工作。1991年12月，市委、市政府根据国务院和省政府有关文件精神，制定《湘乡市城镇住房制度改革实施方案》，经省人民政府批准，1992年1月颁布执行。4月，颁布《实施方案》配套细则，正式启动房改工作。1993年成立住房资金管理中心，与房改办两块牌子，一套人马，合署办公。1999年11月，市房改领导小组和房改办，更名为湘乡市住房委员会和住房委员会办公室，与住房资金管理中心仍为两块牌子、一套人马、合署办公。经过由公房提租到公房出售的一系列改革，至2001年，全市公有住房实现从传统实物福利型向住房商品化、货币化、市场化转换。集资房、安居房、经济适用住房、商品房开发大幅增加。

一、公房提租

1986—1991年，全市城镇公有住房月租金每平方米（为使用面积，下同）仅0.06元左右，不足成本租金的2.5%，一种享受补贴的福利性租金。1992年起，实行小步提租和以息代租，不发补贴，将全市城镇1991年以前建成使用的公有住房，统一由每平方米0.06元平均提高到0.21元。将1992年1月1日以后建成使用的新建住宅和空置的旧住宅，实行先卖后租，有偿租房。新房出租的除按标准按月交纳房租外，还要一次性交纳每平方米不低于25元的租赁保证金，以息补租。全年收取保证金15.2万元。对超过本人控制标准面积住房的，实行超标加租，每平方米分别加收0.5元、0.8元、1.6元。租住公房又出租私房者，公房每平方米按5～30元计租。全年对2686户超标户，收取超标租金22.5万元。湖南铁合金厂等部分单位实行以息代租，共收取押金304.3万元。1995年，实行第二步提租，由0.21元平均提到0.73元，提高2.5倍。以息代租停止执行。这次提租后，对离退休职工、民政部门确定的社会救助对象和非在职的社会优抚对象，以及生活特别困难的家庭，实行减、免、补的办法。1996年，实行第三步提租，由0.73元平均提到1.12元。1999年实行提租，又由1.12元平均提到2.04元的准成本租金水平。

二、公房部分产权出售

1993年12月，市政府出台公有住房优惠出售暂行办法，以标准价120～220元/平方米，向城镇中、低收入家庭出售成套住房。采用私有和公有各占一定比例，共同拥有产权的办法，并优先现住房主购买，同时给购房者住房补贴，一次性优惠售房款补贴和付款优惠。1993年，市烟草专卖局首家出售公有住房36套、建筑面积2371平方米，至1994年6月，全市有122个行政、企事业单位，总建筑面积67.66万平方米的成套公有住房，完成了评估定价，并向居民出售，占可售公有住房的70%。1994年，市政府调整售房价格，实行以成本价向城镇中、低收入家庭出售成套住房。规定钢混、砖混、砖木结构房成本价分别为每平方米540元、415元、374元。居民按成本价购房的，获全部产权，5年以后补交有关税费，可以进入市场。1995年，市政府再次调整售房价格和售房优惠政策。但是，由于一些部门和单位执行政策不严，把关不力，出现无购房、建房资格的购房、建房；多处优惠购房，多处集资建房，公房出售面积计算不到位，售房资金管理混乱等问题。7月，成立市住房违规违纪清房领导小组，进行全面清查、整顿。经过半年清房工作，住房违规违纪问题基本得到解决。1996年，根据国务院和省政府文件精神，对1993年以来以标准价出售的公有住房，统一按原售价所占成本价的比重，按产权单位占30% 和购房户占70%，进行产权规范。10月，全市有8787套，建筑面积51.47万平方米的成套公有住房售给了个人。这种公私各占产权比例的售房形式，不符合住房制度改革的目的。年底，市政府宣布一律停止公有住房实物分配。1998年，市政府发出《关于印发〈将已售公有住房规范为全部产权的规定〉的通知》，对原出售的70% 的产权部分保持不变，未售的30% 产权部分和未售的楼梯间等公共面积，按1994年售房成本价415元 / 平方米补售，使购房者获得全部产权。当年有110个行政、企事业单位进行全部产权规范，占规范任务的80% 以上。1999年完成15个单位、206户的全部产权规范。至2005年，除个别单位外，已完成产权规范。至2000年6月，全市累计出售公有住房14865套，总建筑面积90万平方米，占可售公有住房的92%，住房私有化率达到90%，回收售房资金1.21亿元，公有住房出售基本结束。从2000年8月起，尚未出售的存量公有住房，省政府规定按经济适用住房价出售。至2005年，除个别单位外，已完成产权规范。

三、住房补贴

从1998年12月31日起，停止住房实物分配，逐步实行住房分配货币化。住房货币化分配包括实行住房公积金制度、发放住房补贴和工龄补贴，实行住房工龄补贴。凡行政、企事业单位未购公有住房、经济适用住房、未参加集资建房和虽购住房（包括有私房），但面积未达到规定标准（地师级110平方米、县处级95平方米、科级75平方米、一般干部职工65平方米）的职工，以及其他情况变化按政策可补的职工，实行住房工龄补贴。工龄补贴只补1994年12月31日前的工龄，1995年参加工作的职工，因已实行住房公积金制度，不计发工龄补贴。2001年，全市有15个单位137人落实工龄补贴，共发放工龄补贴款38万元。由于资金等原因，有些单位尚未落实到位。工龄补贴由职工所在单位计发，划转本人在住房资金管理中心开设的个人账户，专款存储，专项使用。

四、公积金

（一）住房公积金管理

1995年4月，住房公积金制度正式建立。住房公积金管理，实行住房委员会决策，住房资金管理中心运作，银行专户存储，财政监督的原则。1999年住房委员会成立之前，由市房改领导小组行使决策职能。为了筹集、管好、用好职工住房公积金，市政府建立住房公积金缴交制度，确保住房公积金的普及率；建立住房公积金管理决策机构和监督机构——住房委员会；健全住房公积金贷款发放、回收、增值收益分配的审批制度；建立与住房公积金所有者对账制度；建立健全住房公积金微机管理系统，确保住房公积金正常运转。住房公积金根据人民银行的规定，分别存入各专业银行住房公积金专户。

（二）住房公积金归集

1995年，建立住房公积金制度，归集住房公积金9万元。1996年，有45个单位，8000名干部、职工缴交住房公积金152万元。1997年，市政府为了尽快解决干部、职工购建房资金问题，加强住房公积金归集力度，强调“不为职工缴纳住房公积金的单位，原售房资金不准动用，不提供建房贷款，安居房不予分配，集资建房不予税费减负，公有住房不准优惠出售”。当年有85个单位，1.2万多名干部、职工缴交住房公积金466万元，单位和个人缴交比例各为本人工资的5%。1998年，有120个行政、企、事业单位，13821名干部、职工缴交住房公积金1381万元，为上一年的2.6倍。2002年，住房公积金制度延伸到乡镇、个体私营企业，归集总额及覆盖面居全省之首。2003年，有251个单位，2.2万干部、职工缴交住房公积金3241万元，累计归集住房公积金1.34亿元。至2005年年底，全市有321个行政、企事业单位（含个体私营企业）累计缴交住房公积金2.20亿元，归集面达90%。

（三）住房公积金贷款

1995年，市房改部门利用住房公积金帮单位、个人购建住房，解决干部、职工的住房困难。当年，委托银行发放单位建房抵押贷款2万元。1996年，扩大贷款额度，委托银行为单位建房发放住房公积金抵押贷款65万元。1997年，为单位建房委托银行发放住房公积金抵押贷款412万元，为个人购、建住房发放住房公积金抵押货款16万元。1998—2005年，为单位和职工个人住房建设，累计委托银行发放住房公积金抵押贷款1.47亿元；累计为个人购买、建造、翻建、大修住房，委托银行发放住房公积金抵押贷款8639万元，为9800名干部、职工解决住房困难。2005年年底，住房公积金结存余额为1.39亿元。

五、集资合作建房

1991年，市政府推出按照国家、集体和个人三方共同负担的办法，集资合作建房，政府在用地、规划、信贷、税费等方面提供优惠。1992年，公、私共同集资2400万元，建集资房6万平方米，有1100名干部、职工解决了住房问题。1994年，公、私共同集资2000万元，建住房22栋，面积46820平方米。1995年，市政府下发取消市属行政、企事业单位建公房的福利分房体制，重申集资建房的优惠政策，当年有市检察院、交通局、虞唐学区等单位集资建房。1996年，韶峰集团总公司集资建房280套，湖南铁合金厂集资建房140套，湘乡化工厂集资建房48套，其他20个单位集资建房500多套，总面积7万平方米。1997年，根据省政府关于加快普通住房建设的精神，市政府制订《湘乡市住房资金管理中心职工住房抵押贷款暂行办法》。当年集资合作建房696套，面积57720平方米。至2000年，全市累计个人集资、公私共同集资合作建房5548套，总面积55.18万平方米，总投资2.09亿元。从2001年1月1日起，停止审批集资建房。

六、经济适用住房

1995年12月，成立市“安居工程”指挥部，负责经济适用住房项目的立项、土地供应、信贷资金的落实，以及实施阶段的检查、督促、协调等工作，经济适用住房建设开始启动。1996年8月，市房改办提出《尽快落实“安居工程”计划，并将集资合作建房在工贸开发区规划建设的意见》，对投资、建设时间、建设规模、建设步骤，作出具体计划。1999年1月，成立市社会保障住房开发中心。9月，市政府经济适用住房建设优惠政策出台，规定在控制面积内的经济适用住房建设，免征固定资产投资方向调节税、城市市政公用设施配套费等5项税费，减半征收征地管理费等9项费用，为经济适用住房建设创造良好的经济环境。至2001年，全市建成经济适用住房322套，面积35825平方米。2004年11月，市政府颁发经济适用住房、廉租住房建设管理办法，规定经济适用住房、廉租住房价格以保本微利为原则，不收取标准价格以外的其他任何费用，强调各项优惠政策的兑现。2005年，全市审批经济适用住房164套，总面积14760平方米。其中，湖铁集团80套，7200平方米；湘潭碱业公司48套，4320平方米；二十三冶一公司湘乡办事处36套，3240平方米。至2005年的9年间，建成或正在兴建的经济适用住房共486套，总建筑面积50585平方米，总投资1500万元。

七、廉租住房

廉租住房主要配给城镇常住人口中持“城市居民最低生活保障证”的无房户、危房户和人均居住面积8平方米以下的特困户。廉租户住房按人均不超过10平方米配给，有孤、老、病、残的家庭，不超过20平方米，总面积控制在60平方米以内。在控制面积标准以内的，其房租标准按市场租金标准的四分之一收取，超过控制标准面积部分，按老租金标准收取。2004年，全市符合廉租户政策的有62户，配廉租住房总面积2802.2平方米，当年应收租金25555.8元，实收10992.98元，减免14562.82元。2005年，增加廉租户53户，增加廉租住房2175.43平方米，应收租金29313.6元，实收16618.92元，减免12694.68元。2005年，由政府出资购买住房，实行实物配租的特困户3户。采用租金补贴、实物配租办法，城镇买不起房、租不起房的特困家庭和社会弱势群体的住房问题得到了较好的解决。

第三节 产权产籍管理

一、公有房产

（一）政府直管房产

1986年年末，直管房屋总数为24.93万平方米，其中营业用房7.60万平方米，占30.5%，住宅17.33万平方米，占69.5%。1986年以后，湘乡房地产经济和改革发展迅猛，城市建设步伐加快，直管公房发生很大变化。因房地产开发、扩街等旧城改造逐年均有直管公房拆除。1993年，开始住房制度改革，共计优惠出售直管公房65252.27平方米给个人。2000年，开始企业改制，市委、市政府将部分直管非住宅无偿划拨给改制企业，共划拨直管公房43013.96平方米。同时，还将直管公房27187平方米还给落实政策户。至2005年年末，直管公房面积较1986年减少18万平方米。全市共有直管公房面积总数69103.6平方米，其中，住宅53817.12平方米，占77.88%；非住宅15286.48平方米，占22.12%。

（二）单位自管房产

1986年，城镇各单位新建房屋面积5.9667万平方米。年末，单位自管房屋面积总数为189.88万平方米。随着全市各企事业单位大量建设办公、生产用房和职工住宅，单位自管房产急剧增加。1993年起，各单位自管的成套住宅大部分优惠出售给干部职工。2000年起，市属企业改制，职工买断，部分单位自管产通过拍卖变为货币分配给职工。全市单位自管房产净增265.04万平方米。至2005年年末，单位自管房产面积共有454.92万平方米。

二、私有房产

1986年，县城私人建房16620平方米，年末，县城私房面积总数为78354.73平方米。自1993年开始房改，直管公房，全民、集体自管公房出售给私人51.47万平方米。由于房改后取消了福利分房，实行住房商品化，商品房和集资房大量建设，成为一个时期私房急剧增加的主要原因。至2005年的18年间，颁发私有房屋所有权证33025宗，计房屋面积468.52万平方米。至2005年，共有234户城市私房居民拆除旧平房改建新楼群房，建成面积45811.43平方米。

三、其他房产

湘乡的其他房产主要是股份产、宗教产等。1985年，“三产”普查时有其他房产5084平方米。改革开放以后，股份制企业迅速发展，股份产成为其他房产的主要部分。到2005年，颁发其他房产房屋所有权证面积43.42万平方米。

第四节 房地产开发与管理

一、开发

（一）房地产开发企业

1986年前，湘乡仅有湘乡县房地产开发公司一家开发企业。1986年后，全市房地产业由起步到发展，逐步形成一定规模的房地产开发市场，并由初期零星分散的单位私人房产建设逐步发展为以专业队伍建设，形成专业市场为主流的房地产开发格局。投资规模与效益不断扩大，投资主体出现多元化特点：有外地投资商，有本市开发商，也有私人合伙、联合投资。开发项目中，以居民住房为主，也有专业市场、酒店、综合楼、营业用房等。至2005年年底，全市房地产开发企业为16家。其中三级企业资质6家，四级企业资质10家。

（二）城区房地产开发

80年代以前，湘乡城区面积约4平方公里，街道狭窄弯曲，沿街有少许商铺。城区内房屋多为土木结构的低矮旧平房。90年代以后，房地产投资成为全市投资的热点。通过政府投资和规划控制，拓宽草萝街、解放路、大正街、南正街、务门前、健康路、桑梅路、县前街、夏梓桥、滨河路等街道。随着街道的拓展，房屋建设也由90年代中期以前的见缝插针式的零星住宅建设和90年代中后期的临街商住楼建设，发展到以成片开发住宅小区和专业市场建设为主。至2005年，建成物业花园、滨江花园、健康花园、大桥花园、锦绣裕华、镇湘名苑、芗泉佳园等住宅小区。

二、管理

1998年7月，国务院发布248号令《城市房地产开发经营管理条例》。为了规范房地产开发经营行为，由市房地产局负责对城镇商品房销（预）售许可证的审批、发放和房产开发项目建设条件意见书及开发项目竣工综合验收等级评定。2002—2003年，市房地产局联合工商部门对房地产开发经营中的无房地产开发资质从事房地产开发经营、未取得预售许可擅自预售商品房、未经综合验收擅自交付使用等行为进行查处，共查处案件69起，整顿和规范房地产开发经营秩序。至2005年，共审批和发放“商品房预售许可证”55个，预售面积52.67万平方米。

第四章 建筑业

第一节 建筑企业

1986年，全市共有建筑企业73家，其中市（县）属2家，从业人员1.02万人。至1990年，乡镇建筑企业逐步拓展到新疆、广东等省外建筑市场，以劳务包工为主。1991年开始，逐步以总承包为主，进一步拓展省外市场。1992—1995年，湘乡在新疆设立建筑业办事处，湘乡市建安公司名下的大小建筑老板、包头达30余人，在新疆的多个地州市承担建筑业务。至1998年年末，全市建筑施工企业37家。2001年，按照国家建设部新的资质就位要求，施工企业进行整合重组。经省建设厅审批，全市有26家建筑施工企业。其中，房屋建筑总承包二级4家，三级15家，送变电总承包二级2家，三级1家，公路、土石方、市政公用工程三级4家。2002年，湘乡建筑队伍首次在新疆乌鲁木齐市中心的人民广场旁承建高达34层的聚天大厦。湘乡的桩基队与中建公司合作，于2003年开始走向国际市场，在越南胡志明市每年完成桩基施工产值500余万元人民币。市工程总公司、市第二建筑工程公司两家市（县）属建筑施工企业于2003年改制。市工程总公司置换在职和退休干部职工708人，公开处置资产8处，资产总额1300余万元；市第二建筑工程公司置换在职和退休职工162人，公开处置资产5处，资产处置额500余万元。至2005年，全市有18家乡镇集体建筑企业进行企业改制，建筑施工企业由原来单一的集体所有制转变为股份制形式的有限责任公司，其管理逐步由主管部门管理走向行业管理。全市建筑业对外开拓遍及全国19个省（市），年对外开拓产值9.3亿元，外出建筑劳务从业人员4.2万。逐步形成“建筑湘军”品牌。2005年，全市建筑业企业35家，从业人员3万多人，完成建筑业总产值11.09亿元。其中，外拓产值8.6亿元，市内产值2.49亿元。全市有一级项目经理14人，二级项目经理164人，三级项目经理260人。

“十五”期间，建筑业市内年均产值2.04亿元，对外开拓年均产值7.6亿元。建筑业形成以土建为主，以送变电、铁路建设为特色专业，包括其他多种专业门类齐全的队伍。

第二节 建筑设计

1986年6月，省建委批准县设计室为丁级设计单位。1988年，市建筑规划勘察设计院购入PT950计算机2台，主要进行框架等复杂结构的计算。1991年10月，升为丙级设计单位，并更名为湘乡市建筑规划勘察设计院。1993年，添置3台电脑及 PK 工程软件。1997年，添置18台电脑及中国建科院 APM、PKPM 设计软件，实现全电脑设计，彻底结束手工图板设计法，设计效率、出图质量、计算准确率得到大幅度提高。2001年，湘乡水泥厂、湘乡铝厂设计室资质被取消，湖南铁合金厂设计室确定为丙级设计资质，业务承担厂内配套工程及附属设施的部分设计。至2005年年底，建设勘察设计院有一级结构工程师1人，二级建筑师5人，二级结构工程师2人。承担设计建筑面积由1985年的1万多平方米增至2005年的320万平方米。

一、民用建筑设计

1986年，湘乡对软弱地基引入桩基础设计施工技术。以洛阳铲桩和人工挖孔桩为主。1990年，开始大量使用机械振动灌注桩。1996年，市房产开发公司在状元坊开发工程中使用钢筋混凝土筏板基础建成3栋住宅楼。2002年，市建筑规划勘察设计院引进钢筋混凝土预应力管桩技术，设计云门步行街建筑群，并使该桩型在湖南得到广泛推广应用。

民用建筑设计在造型上呈现多样化、个性化，在平面布局上注重人性化，既体现建筑的功能要求，讲究适当的建筑空间，又考虑经济适用和建筑物的美观。这一时期民用公共建筑注重造型的主要有物资大厦、湘乡宾馆、人民银行、国税局办公楼、人民医院门诊大楼、一中综合楼和信用社办公楼。

二、工业建筑设计

1986年以来，工业设计项目仍以框架和排架结构为主，大型厂房尚未推行钢结构和网架结构。

湘乡工业门类主要有水泥制造业、冶金业、化工业、食品工业、皮革加工业，工业设计业分别由有关专业设计院所承担。本市设计院所承担的工业项目设计主要是小型厂房和配套项目类。在工业建筑设计中，从“十五”期间开始，广泛运用新的建筑设计原理，新的结构设计方法，大跨度、复杂施工技术和设备安装技术逐步推行。这一时期主要有湘泥四号窑、湘铝干法氟化盐厂房、湖铁三号电炉、湘啤二期厂房等项目。

从2002年起实行使用建筑工程施工图设计文件审查制度，2004年增加建筑工程初步设计审查。2005年，在红仑工业园的中小型厂房建设中开始钢结构设计。

第三节 建筑管理

一、招标与施工许可

1996年10月，全市建设项目全面推行招标制。1999年开始，建设工程实行施工许可制。在此之前，实行"施工项目通知"制。新建工程项目在有关部门立项、规划许可的前提下，经招标投标后，在建设行政主管部门办理施工许可证。2001年3月，成立建设工程交易中心。全市新建项目造价在50万元以上、装饰工程造价在30万元以上的均进入建设工程交易中心招标。2003年4月，推行招标代理制。在建设工程招投标中，分公开招标和邀请招标两种方式。其中，以国家事业单位、国有经济占投资主体的建设项目为公开投标；以民营资本投资为主体的建设项目可实行邀请招标。2005年，工程招投标个数53个，发放施工许可证69个，工程造价2.49亿元，面积23万平方米，全市报建率100%，招标率100%，有序的建筑市场基本形成。

二、质量与安全监督

1986年4月，成立市建设工程质量监督站，实行建设工程施工全程质量监管和工程竣工验收质量认定。2001年6月，成立市建设安全监督站，对全市建设工程施工项目实行全程安全监管。2002年，全市推行工程监理制，并相继成立湘乡市建设工程监理有限公司和湘乡市湘军监理有限公司。建设工程形成业主、监理、质监三位一体的监管体系，由工程质量监督站实行质量等级认定备案制。2002年7月至2005年，全市建设工程安全受监项目263个。至2005年的20年间，质量受监建设项目1376个。其中，"芙蓉奖"工程2个，省优质工程12个，湘潭市优良工程143个。全市建设工程安全事故频率控制在3‰以内，未发生重大质量安全事故。全市有16个建设工程被评为省安全文明工地。2005年，全市26家建筑施工企业经湖南省建设厅安全资格审查，获得建筑施工安全生产许可证，全面推行建筑工程安全生产许可制。

三、市场监督

从1997年开始，建筑市场监管由原来的单一行政监管逐步走向行政、行业和社会共同参与的监管体制，加大建筑市场的纪检、监察和司法监察力度。2002年，成立建设工程执法大队，对无证施工、无证设计、不报建、少报多建等违法建设进行查处。2002年以来，连续4年组织全市建设领域专项治理。乡、镇建设项目逐步纳入监管。2003年12月，开展建设领域清理拖欠工程款和拖欠农民工资工作。全年清理拖欠工程款和农民工工资5600余万元，其中拖欠农民工的工资530余万元。2005年，为防止新的拖欠发生，从建设项目立项、招标、报建、施工许可、竣工备案等多种途径和实施农民工工资保证金制度，建立防止拖欠的长效机制。

四、建筑行业人员培训

1986—1993年，开展以施工员、预算员、安全员、质检员、材料员为主的“五大员”培训，共培训1200人。1994年，开始实行项目经理制，项目经理的培训、考核纳入日常化管理。2004年，开始对符合条件的二级以上项目经理报批建造师，全市有16人获国家一级建造师执业资格，120人获得二级建造师执业资格。至2005年的20年间，全市培训砌筑工、混凝土工、钢筋工等工种2970人，逐步提高建筑业从业人员技能水平和持证上岗比例。

第五章 环境保护

第一节 环境状况

一、生态状况

由于多年植树造林、封山育林、退耕还林，农村和城镇使用型煤、沼气和液化气，利用太阳能，建筑材料不断更新，全市树木砍伐量大为减少，森林覆盖率增加，消灭了荒山。同时，送科技下乡，改良作物品种，滥施农药化肥现象减少，有机肥使用增多，肥力增强，土壤质量提高。

1987年，开始生态农业建设，配合湘潭市环保局在山枣水中村开展生态村试点，发展立体农业和庭院经济，节约资源能源，保护野生动植物。

1989年开始，在农村开展生态村的试点工作，先后建立10个生态示范村，开辟东台山国家森林公园和水府庙旅游区，停挖小煤窑、矽石矿、石膏矿和滑石粉矿，自然生态环境得到改善。1998年，全市确立10个生态示范村。总面积1949.97公顷，人口10374人，森林覆盖率63.3%，最高达70%。秸秆综合利用率85.5%，最高达96%。绿色有机食品基地面积775公顷，生活垃圾处理率平均达86.2%，最高达95%。生态村里实现五无：无污染企业，无空坪隙地，无水土流失，无环保违法行为，无荒山秃岭。

2000—2005年，市环保局和市农业局联合发出通知，禁止燃烧秸秆，合理施用化肥农药，保证秸秆还田和综合利用，提高稻田土壤的肥力。其后，林业局、水利局和环保局等有关单位，加大《中华人民共和国环境保护法》《中华人民共和国土地管理法》《中华人民共和国森林法》《中华人民共和国水法》等法律法规的执行力度，发出退耕还林、退牧还草的通告，土壤退化趋势减缓，植被覆盖率提高。

二、环境质量状况

（一）大气质量

1986年，市城区及城外3公里的郊区二氧化硫和氮氧化物平均浓度超过一级环保标准，总悬浮微粒平均浓度超过二级标准，酸雨出现频率为20%，棋梓镇粉尘月均降尘量1平方公里达113.8吨。1988年，降尘监测，棋梓镇年平均降尘量为122.2吨／月·平方公里，为本地清洁区的20倍。最高降尘量达274.1吨／月·平方公里。2003年，降雨33次，19次为酸雨（pH 值5.6以下为酸雨），出现频率为57%。2005年，市城区降尘与1988年相比稍有下降，与清洁区相比，平均降尘量多出一倍左右，最高降尘量高出清洁区3倍左右。城区及周边大气环境污染加大，湘乡城区及周边大气环境污染明显。

2005年是大气质量年，日平均值均在国家大气（GB 3095-96）Ⅱ级以上。测定范围：SO_2为$0.006mg/m^3 \sim 0.078mg/m^3$,$NO_2$为$0.004mg/m^3 \sim 0.086mg/m^3$，TM10为$0.017mg/m^3 \sim 0.067mg/m^3$。

全市农村大气清洁、稳定。二氧化硫（SO_2）日平均浓度在$0.025mg/m^3 \sim 0.034mg/m^3$之间，氮氧化物（$NO_X$）日平均浓度在$0.019mg/m^3 \sim 0.034mg/m^3$之间。总悬浮颗粒物（TSP）日平均浓度在$0.07mg/m^3 \sim 0.019mg/m^3$之间。除几个水泥厂附近 TSP 浓度稍大外，大气质量维持在国家一级标准内。市城区大气受到一定的污染，大气质量稍差。

（二）水体质量

1986年以来，农村的山塘、水库及涟水河支流的水质，除大肠杆菌、磷、氮含量较高外，其余指标均在国家地面水标准一级以内。城区涟水河段受工业废水和城市生活污水影响，水质较差。夏梓桥、文家滩、西洋渡口的氨氮，化学耗氧量和砷有时不符合功能区要求。其他指标均已达到相应执行标准。湘乡市饮用水源和韶山灌区渠道的水质符合饮用水和农业用水要求，均达到 GB 3838-2002的执行标准。水质较好，饮用安全。

因水域各功能区有必测项目和选测项目，故历年的选测项目中各年选择不一，比较性不强。从2005年涟河水域各功能区水质状况和历年几个特征年份比较，水厂源头水质中氟化物、硝酸盐氮溶解氧的浓度稍有增加外，其余指标没有大的变化，所有必测项目均符合水源水质标准。夏梓桥水体质量是湘乡涟水河受污染较为严重的河段，氨、氮、铜、铅、镉、砷、汞和溶解氧浓度稍有增加，其他项目基本持平，95% 的指标达到渔业用水标准。因涟河流量较大，有一定的自净能力，环境容量还可以承受一定的污染物。韶山灌区渠道为农业用水功能区，总汞和总镉稍有增加，其他相应指标均符合农业用水标准。

文家滩是湘乡和湘潭交界断面，定为景观娱乐用水区，相应指标符合功能区标准。

（三）声环境质量

1986年前，省地企业和市属机械、铸造、建材等工厂的车间噪声和环境噪声均超过国家工业噪声标准，车间最大噪声达115分贝。1986年以后，对车间最大噪声源，如罗茨鼓风机、织布机、球磨机等进行消声、隔音及更换噪声源等治理措施，车间噪声和厂界噪声均已达到国家工业噪声标准。

机械噪声最大为80分贝，厂界噪声最大为73分贝。娱乐场所平均噪声63分贝，最大噪声76分贝，晚间对学生学习和市民睡眠有一定的影响。

2005年，320国道线上平均车流量每小时1186辆，比1986年增加10倍。平均交通噪声为72分贝，比1986年稍有提高，最大交通噪声84分贝，比1986年降低26分贝。平均建筑噪声76分贝，最大建筑噪声88分贝，主要噪声源是搅拌机和打桩机。建筑工地的噪声源虽然是短期的，但施工时对周边群众的学习和生活还是带来一定影响。全市整体声环境质量较好。

第二节 环境污染及其预防治理

一、污染物排放

1986年，排放工业废水3729万吨，含汞、铬、氟化物、悬浮物化学耗氧量和生物耗氧量等有害物质9102吨，排放废气2398亿标立方米；产生固体废异物31万吨；施用有机农药每亩1.53公斤，另外，大量施用化肥及放射性物质的排放，也对环境造成污染。2005年，全市年排工业废水、病毒废水及生活污水共计5342万吨，与2002年对照，增加40%。其中市城区生活污水400万吨，沿河乡镇污水500万吨。年排工业废气及燃料燃烧废气722.32亿标立方米，较2002年减少13%。产生工业固体废弃物53.3万吨，产生城市生活垃圾6万吨。进行了处理的工业废水和医院废水2136.8万吨，达标排放量1121.8万吨。废水处理率40%，达标处理率21%。工业废气和燃料燃烧废气处理量476.73亿标立方米，处理率66%，达标处理量260.03亿标立方米，达标处理率36%。工业固体废弃物虽然没有对外排放，但没有完全综合利用，仍然堆存。城市垃圾虽然有固定垃圾场填埋，但没有做无害化处理，更没有分类收集加以综合利用。全年向大气排放的主要污染物中，二氧化硫2636.2吨，较2002年减少6%；烟尘和粉尘1424.4吨，较2002年减少30%。向水域排放的主要污染物中，化学耗氧量9501吨，较2002年增加10%；氨氮3509吨，砷0.27吨，铬5.71吨，铅1.15吨，悬浮物1054吨，硫化物12.2吨，氟化物275吨，锌6.4吨，铅0.28吨，铁28.61吨。总计每年向环境排放主要污染物1.845394万吨。此外，农药、化肥和人畜类粪便对环境也造成一定的污染。

二、预防措施

（一）环境保护“三同时”

1986年，市环保局对全市一切有污染排放的新、扩、改建项目，均按照国务院1984年颁布的《关于加强建设项目的管理规定》，坚持主体工程与环境保护设施同时设计、同时施工、同时投产的“三同时”原则。2005年，共有“三同时”项目538个，市属以上企业执行率在80%以上，乡镇企业及个体企业执行率还不到40%。

（二）环境影响评价

1986年以来，市域内新扩改建项目中，规模较大，环境污染影响较严重的，必须编制《环境影响评价书》。污染影响较小的写出《环境影响报告表》或填写《环境影响登记表》。编写者须具有环境影响评价资格证书，写出的环评大纲，由当地环保部门组织有关单位及专家论证通过后，才能编写。完成后，经评审和环评通过后，项目才能申请立项。环评中有关环境保护措施和污染治理方案作为执行“三同时”的依据。至2005年的20年间，共审批新、扩、改建项目685个，拒批52个。组织环境影响评价63次，审查环境影响说明书55份，审批环境影响报告表703份，补办环境保护手续48个。环保部门对此项工作进行监测。企业委托监测355次，取得监测数据5083个。

（三）污染申报登记和排污许可证的发放

1993年开始，对有污染排放的生产企业，实行排污申请登记制度，取得环保部门审核排污达标的，发放排污许可证，准许进行合法生产。许可证实行年审，排污申报登记一年一次，经环保主管部门进行年审后，确因客观原因排污暂时不能达标的，提出整改意见或进行限期治理，发放临时排污许可证。申报登记和发放排污许可证的工作还没有完全规范化。尤其是第三产业仍有相当一部分没有执行排污申报登记。2005年，应审核排污申报登记496份，并相应进行年审和办理更换排污许可证的工作。年底统计，报送排污申报登记的单位有380家，办理排污许可证年审工作的企业只有306家，年审率为61.7%。

（四）城市烟尘控制区建设

1989—2001年，市城区先后建成4个烟控区，面积13.6平方公里。剩下湖南铁合金厂、湘乡铝厂、湘乡化工厂3个难以实现烟控区标准的工业地段。4个烟控区建成时，共更新、改造锅、窑炉37台，改造食堂大灶和营业大灶240个。推广型煤、液化气和太阳能，改善城市能源结构，型煤普及率达100%。拆除城区内所有的铸造厂和工业窑炉。降低大气污染物的排放，减少噪声和垃圾。每年削减烟气量2268万标立方米，二氧化硫12.6吨，氮氧化物10.1吨，一氧化碳65吨，减少烟尘141吨，节约标准煤2822吨，减少炉渣623吨。

（五）城市综合整治

1986年以来，湘乡根据国家环保总局和省地市要求，结合湘乡环境状况，先后制定“八五”“九五”“十五”环境保护规划，对污染物的排放提出具体指标，所实现的指标要求达84%。

1992年以来，先后3次制定全市水域功能区划，尤其是保证饮水用水源不受污染和上下交接面不超过标准。2004年，全面启动涟水河污染综合整治工程实施方案。2005年，市环保局组织有关单位制定“三年行动计划”，就城市污染治理、污水处理、环境噪声、交通噪气、汽车尾气、城市垃圾、工业固体废弃物、环境质量及市容等各个方面、各个阶段落实到每个单位，各单位和政府签订责任状。

（六）放射源管理

2005年之前，危险物品的贮藏和运输由公安部门直接管理。2005年开始，市环保部门对全市一切有放射源的行业进行清查。查处放射源生产、进出口、销售、使用、贮存、处置各个环节中存在的主要问题，消除安全隐患。其中，对集中使用的建材行业和规模医院的放射源及射线装置进行严格的建档规范管理，督促办理辐射安全许可证。对不用的放射源及时送省防辐中心进行安全处置，确保放射源及射线装置的安全管理。对危险废物的产生和使用单位进行严格专项管理。其中，以涉重金属以及危险废物的18家企业建立专门的管理台账，使全市的危险物品严格控制在安全范围之内。

三、污染治理

20世纪80年代初期，以消烟除尘为主。1986年开始，着手综合治理，重点治理工业废水。但由于资金、技术、工艺、运转费用昂贵和企业环境意识缺乏等原因，造成许多无效治理项目，浪费不少资金。2003年，筹划东郊皮革工业园区，设计总投资4000万元建立污水处理厂，计划分3期完成，处理能力为3万吨／日。一期工程投资2000万元，处理能力为1万吨／日。红仑环保工艺园区基础设施动工兴建。

至2005年，组织、限期、督促和引进治理项目430个，共投入治理资金3.62亿元。其中，湖南铁合金厂1.2亿元，韶峰集团1.10亿元，湘乡铝厂0.31亿元，湘乡化工厂0.17亿元，市属及乡镇企业0.81亿元。建立处理设施295台（套）。其中，废气处理设施233台（套），废水处理设施47台（套），废渣处理设施8台（套），噪声处理设施7台（套）。削减水、气、渣中各类污染物52.93万吨。城市生活污水处理工程已全面启动。完成可研、环评、立项和开征城市污水费等前期工作。提倡节约用水和重复用水，全市工业企业中重复用水量1752万吨，重复用水率已达32%。对没有执行或没有完全执行“三同时”的项目和一些老大难污染项目，通过行政手段进行限期治理。在限期内没有达到要求的或故意不进行治理的企业和一些污染严重，群众反映大的扰民企业以及国家禁止生产的项目，环保局报请政府下文进行关停并转。20年间，共计限期治理项目98个，搬迁项目18个，停产整顿项目53个，取缔项目21个。

附录：环境污染事故

在湘乡容易造成污染事故的污染物有硫化氢、氟化氢、氨气和氯气、六价铬、磷、砷和重金属及水泥粉尘和生产性粉尘、烟尘以及固体废弃物等。污染事故造成的影响大，范围广，破坏生态环境。省地企业和部分市属企业每年都有固定农赔和事故性农赔以及无偿补助。危害面最大的是1988年湘乡铝厂氟化氢气泄漏，污染受害面积达2232亩。数额最大的一次是2002年湖铁硫酸罐爆炸，赔款62.4万元；至2005年的20年间，全市共计农赔金额1477.57万元。污染企业和受害者之间，往往引起污染纠纷，环保部门除到现场查看外，还动用监测手段，取样分析，得出结论，进行处理。20年间，进行污染纠纷和污染事故的监测312次，取得数据6240个，处理大小污染事故120余起，污染纠纷372起。

第三节 环境监测

一、监测站

1986年以来，湘乡县环境保护监测站对烟尘、粉尘污染严重的企业进行排放浓度的测定和除尘效率的测试后，陆续添置设备，开展监测工作。1998年，通过省地市监测站验收，成为三级环境保护监测站。2003年，定为市环境保护局二级机构。从2004年起，市财政每年拨款25万元，作为添置更新仪器设备和购买化学试剂的专款。2005年，有733平方米的监测用房，设置原子吸收室、离子色谱室、大气检测室、水质检测室、化学分析室、尾气监测室、COD、BOD 室、细菌室、室内空气检验室、油分析室、比色室、天平室、制水加热室、煤炭定硫室、样品室、档案室和仪器仓库等17个库室。有各类监测仪器81台套，能开展对大气、水质、噪声、酸雨、降尘、烟气黑度、粉尘烟尘等41个项目的分析。

二、常规监测

（一）水质

涟水河是湘乡主要水体，每年要进行丰水、枯水和平水三期水质监测。设置监测断面21个，取样点55个，监测项目有 pH、SS、COD、BOD、CD、三氮、石油类、挥发酚、非离子氨、电导率硬度、水温、汞、镉、铬、砷、铜、锰、铅、铁、锌、硫、氟、磷24个项目。水域功能区划定以后，减少监测断面，按水源保护区、农业用水区、景观娱乐水区和渔业用水区5个断面进行监测，且按功能区不同要求分为必测项目和选测项目进行。除必需项目外，选测项目监测次数和监测项目可以自定。平均每年取得水质常规监测数据1200个。涟水河4个断面（西阳渡口、冰厂、夏梓桥、文佳滩），每个月采一次样，每个样23个指标，全年数据1104个，枯水季节则加测数96个。

（二）大气

湘乡城区大气质量常规监测按照湖南省环保局验收批准设定监测点，由原来4个点改为3个点，分别为湘乡铝厂职工医院、市政府大楼和东台山，其中东台山为清洁对照点。全年监测4次，分别在1月、4月、7月和10月进行。除对照点每次监测2天，每天采样4次外，其他各点每次监测5天，每天采样4次。时间分别是7:00—8:00、11:00—12:00、15:00—16:00、19:00—20:00。监测项目为 SO_2、NO_X、TSP。2004年开始，大气项目监测调整，氮氧化物（NO_X）和总悬浮颗粒物（TSP）改为二氧化氮（NO_2）和10微米悬浮颗粒物。至2005年的20年间，共取得有效数据1.44万个，平均每年取得有效数据720个。

2005年，大气监测点开始筹建自动采样装置，把大气定时定点监测变为全天候的连续采样监测。

（三）噪声

监测站每年在城区布点102个，测定1至2次环境噪声。此外，对铁路沿线，交通要口的交通噪声、建筑工地、娱乐场所、企业车间和厂界的噪声均进行测定，平均每年取得有效数据282个。

（四）污染源

监测站对污染较严重企业的污染物排放，定期或不定期进行抽查监测。对省地企业、皮革加工企业，化工和冶炼企业，每年至少抽查2次。一般有污染排放企业，每年抽查1次。发现河水或大气中出现异常情况，及时对有关污染源进行监测，找出其原因。1986—2005年，共进行污染源监测1680次，取得有效数据2.7万个。

三、专项监测

（一）酸雨

1986年以来，逢雨必测。1988年，设置取样点7个，分析项目17个。城区范围小，各点差异不大，1988年以后，取样点减少到1个，分析项目只测 pH 值。至2005年的20年间，共取得酸雨监测数据1547个。酸雨出现频率平均为58%，最高在冬春两季，夏天出现频率很低。

（二）降尘

1987年开始，进行降尘测定，共布降尘监测站点10个。其中，棋梓镇4个（水泥仓库、办公楼、工商所、菜农地），湘乡城区6个（铝南、铝厂、大米厂、市政府大楼、东台山、监测站）。棋梓镇只监测了1年，城区6个点一直坚持到2003年。每月监测1次，共取得有效数据1490个。

（三）调查监测

1986年，在全市工业污染源调查研究中，承担380家厂矿企业的监测工作，取得数据4.5万个。1988年，对乡镇工业污染源进行调查，在809家企业中，有50% 进行现场监测和物量衡算，取得监测、计算、统计数据7.8万个。1991年，监测29个行业的排污状况，取得各类数据1320个。1992年开始，对湖南铁合金厂、湘乡铝厂及湘乡化工厂厂区1000米范围内和排污渠两边100米以内的100口井水和塘水作六价铬和氟的调查监测。1995—2005年，进行追踪监测，取得监测数据450个，为分析六价铬和氟对城区井水及地下水的污染现状和防治对策提供科学依据。

第四节 环保管理

一、环保宣传

从1989年起，将环保宣传教育活动纳入“三湘环保世纪行”活动。每年“6·5”环境日，环保部门与市委宣传部、团市委及司法、文化等部门联合开展多种宣传活动。同时，对中小学学生进行环保知识教育。从2001年起，先后创建一中、二中、三中、四中、东山学校、月山中学、东方红小学、公略完小、新苗小学等绿色学校。至2005年的6年间，环保部门主办环保知识竞赛6次，4万多人参加；组织“环保杯”演讲比赛，800多人参赛；主办征文评奖活动8次，4000多人参加；组织知识讲座

10多次，参加听课者1万余人次；印发宣传资料2.67万多份；张贴宣传标语、悬挂气球、横幅8240条；编写板报、宣传窗500多期；出动宣传车20多次，进行电视讲话38人次。还摄制电影专题片《留住青山绿水》和《保护湘乡环境》；制作录像带，对污染大户进行曝光。

二、环保执法

1986年以来，环保局根据《中华人民共和国环境保护法》和《排污费征收使用管理条例》等37部相关法规和条例，进行环保执法，至1997年，仅查处1起违法事件，罚款1万元。1998年，设立法制股，专门负责环保违法事件的调查和处理。2004年，成立执法大队，对违反环保法律法规的单位和个人，进行立案侦查，严格执行，酌情处理。至2005年的7年中，共查处违法事件293起，强制执行196起，关停并转32家企业，淘汰7家，共罚款41万元。

三、环境监察

（一）排污费征收

1986年以来，市环保局根据《湖南省排污费征收条例》征收排污费。企业负责人主动到环保部门申报，按企业实际情况，协商收费。至1996年，省地4家企业委托湘乡环保局收费，年金额在200万元～300万元之间。1997—2003年，由湘潭市环保局负责征收。2003年7月1日起，国务院《排污费征收使用管理条例》正式颁布施行，排污收费从单因子收费向多因子收费转变，依法征收力度加大，但少数企业确实存在困难，仍协商收费。2004年起，又委托湘乡环保局收取排污费。至2005年的20年间，全市共征收排污费5308万元，征收单位由40个增加到496个。

（二）环保资金管理

1986—1993年，企业如有治理项目，所收排污费除超标部分外，返回70%～80%。但有些企业将返回的治理资金移作他用，或治理项目达不到要求。1994年，国家环保部门规定，排污费不再返回，由拨款改为贷款，称为“拨改贷”。企业有治理项目，必须向环保部门提交治理方案，设计图纸，设计要求及资金预算等有关资料，然后向环保主管部门申请资金贷款。经环保主管部门审核同意后，贷给企业不超过所交排污费份额内90% 以下资金。到治理工程竣工投入运行后，向环保部门申请验收，验收合格后，所贷资金可以豁免，不用再还。除小额排污费不予贷款，80% 的收费单位都申请了治理贷款，经验收合格均予以豁免。2003年后，取消环保治理基金的“拨改贷”，实行重点区域、重点流域、重点治理项目环保补助资金制度。补助资金审批权限分级管理。一切新建项目所收排污费不享受补助资金，所收排污费纳入国家财政，作为综合治理污染的专用资金。

（三）乡镇环保监察

1986—1987年，在每个区和有重点污染企业的乡镇聘请15个乡镇环保监察员。环保监察员负责环保宣传，协助环保局进行污染调查、协调处理污染纠纷，保护益虫、益鸟、益兽，收取部分乡镇企业的排污费，反映当地的环境问题。1995年，撤区并乡后，22个乡镇街道都设置环保办公室，人员进入行政编制岗位。首先在潭市镇进行农村环境管理试点，此后乡镇环境管理逐渐规范化。

第十二编 中国共产党湘乡市委员会

第一章 组织机构

第一节 领导班子

1986年9月12日，国务院批准撤销湘乡县，设立湘乡市（县级）。1987年3月6日，中国共产党（以下简称中共）湘潭市委领导宣布中共湘潭市委关于中共湘乡市委领导班子成员的任命。中共湘乡县委员会更名为中共湘乡市委员会。1988年5月17日至20日，召开中共湘乡市第一次代表大会，按照《中国共产党章程》规定，选举产生中共湘乡市第一届委员会和中共湘乡市纪律检查委员会。1992年9月、1997年9月和2002年11月，分别召开中共湘乡市第二次、第三次和第四次代表大会，选举产生中共湘乡市第二届、第三届和第四届委员会和中共湘乡市纪律检查委员会。各届委员会均召开第一次全会，选举产生各届市委常委、书记和副书记。

1986—2005年中共湘乡市委正、副书记任职一览表

表12-1

书记	任职时间	副书记	任职时间
周则科	1984.12—1987.1	廖六如	—1990.1
		高介耿	—1986.9
		何学旺	—1988.5
		黄崇日	1985.9—1986.12
		刘光辉	1986.2—1991.12
		王林森	1986.12—1987.11
王林森	1987.11—1989.4	廖六如	—1990.1
		何学旺	—1988.5
		刘光辉	1986.2—1991.12
		李先桂	1988.5—1992.9

续表12-1

<table>
<tr><th>书记</th><th>任职时间</th><th>副书记</th><th>任职时间</th></tr>
<tr><td rowspan="5">刘光辉</td><td rowspan="5">1989.4—1991.12</td><td>廖六如</td><td>—1990.1</td></tr>
<tr><td>伍守成</td><td>1989.12—1992.9</td></tr>
<tr><td>李先桂</td><td>1988.5—1992.9</td></tr>
<tr><td>王玉轩</td><td>1989.7—1992.9</td></tr>
<tr><td>胡伯俊</td><td>1989.12—1990.8</td></tr>
<tr><td rowspan="10">钟子才</td><td rowspan="10">1991.12—1995.2</td><td>伍守成</td><td>1989.12—1992.9</td></tr>
<tr><td>李先桂</td><td>1988.5—1992.9</td></tr>
<tr><td>王玉轩</td><td>1989.7—1992.9</td></tr>
<tr><td>周业贵</td><td>1991.11—1992.9</td></tr>
<tr><td>杨慕如</td><td>1992.9—1995.2</td></tr>
<tr><td>谭淑芳</td><td>1992.9—1994.9</td></tr>
<tr><td>李云德</td><td>1992.9—1994.9</td></tr>
<tr><td>刘清林</td><td>1994.2—1997.8</td></tr>
<tr><td>陈元魁</td><td>1994.3—1996.7</td></tr>
<tr><td>阳祖耀</td><td>1994.11—1997.8</td></tr>
<tr><td rowspan="5">杨慕如</td><td rowspan="5">1995.2—1997.8</td><td>阳祖耀</td><td>1994.11—1997.8</td></tr>
<tr><td>刘清林</td><td>1994.2—1997.8</td></tr>
<tr><td>刘青山</td><td>1995.1—1996.7</td></tr>
<tr><td>李江南</td><td>1995.5—1999.12</td></tr>
<tr><td>陈元魁</td><td>1994.3—1996.7</td></tr>
<tr><td rowspan="6">阳祖耀</td><td rowspan="6">1997.8—2000.12</td><td>李江南</td><td>1995.5—1999.12</td></tr>
<tr><td>曹忠华</td><td>1997.10—2002.11</td></tr>
<tr><td>贺金荣</td><td>1997.10—2002.11</td></tr>
<tr><td>廖继良</td><td>1997.10—2002.10</td></tr>
<tr><td>张泽静</td><td>1999.12—2000.10</td></tr>
<tr><td>黄赞佳</td><td>2000.10—</td></tr>
<tr><td rowspan="10">胡友建</td><td rowspan="10">2000.12—2003.5</td><td>廖继良</td><td>1997.10—2002.10</td></tr>
<tr><td>曹忠华</td><td>1997.10—2002.11</td></tr>
<tr><td>贺金荣</td><td>1997.10—2002.11</td></tr>
<tr><td>黄赞佳</td><td>2000.10—</td></tr>
<tr><td>李新春</td><td>2002.5—2002.10</td></tr>
<tr><td>易咏华</td><td>2002.11—</td></tr>
<tr><td>肖树人</td><td>2002.11—2003.11</td></tr>
<tr><td>杨真平</td><td>2001.11—2004.11</td></tr>
<tr><td>陈继东</td><td>2002.11—</td></tr>
<tr><td>刘永珍</td><td>2002.11—</td></tr>
<tr><td rowspan="8">谭文生</td><td rowspan="8">2003.8—</td><td>黄赞佳</td><td>2000.10—</td></tr>
<tr><td>易咏华</td><td>2002.11—</td></tr>
<tr><td>肖树人</td><td>2002.11—2003.11</td></tr>
<tr><td>杨真平</td><td>2002.11—2004.11</td></tr>
<tr><td>陈继东</td><td>2002.11—</td></tr>
<tr><td>刘永珍</td><td>2002.11—</td></tr>
<tr><td>章礼华</td><td>2005.4—</td></tr>
<tr><td>李正国</td><td>2005.6—</td></tr>
</table>

1986—2005年中共湘乡市委常委任职一览表

表12-2

姓名	籍贯	任职时间	姓名	籍贯	任职时间
周则科	益阳	—1987.1	贺金荣	湘乡	1992.9—2002.11
王林森	江西樟树市	1986.12—1989.4	李建国	湘乡	1992.9—1998.12
廖六如	长沙	—1990.1	李新春	湘乡	1994.2—2002.10
何学旺	江苏	—1988.5	陈元魁	株洲	1994.3—1996.7
刘光辉	湘乡	1986.3—1991.12	李江南	湘潭	1995.5—1999.12
黄崇日	广西博白县	—1986.12	易咏华	湘乡	1995.7—
高介耿	浏阳	—1986.8	廖继良	湘乡	1997.10—2002.10
周业贵	湘乡	—1992.9	黄赞佳	宁乡	1997.10—
李受芹	双峰	—1986	肖树人	湘乡	1997.10—2003.11
王玉轩	双峰	1986.2—1992.9	李正国	湘乡	1997.2—
刘清林	湘乡	1986.12—1997.8	杨真平	澧县	1997.10—2004.11
李先桂	湘乡	1986.12—1992.9	张泽静	衡南	1999.12—2000.10
李云德	湘潭	1986.12—1994.9	陈定宪	宁乡	1999.1—1999.6
黎超异	邵阳	—1986.12	毛先进	双牌	1999.6—2001.3
王远杰	湘乡	—1986.12	章礼华	韶山	2000.10—
易维永	长沙	—1987.3	胡友建	湘潭	2000.12—2003.5
杨慕如	湘乡	1987.10—1997.8	刘 挺	攸县	2001—2005.6
张海根	醴陵	1988.5—1990.8	陈继东	湘乡	2002.11—
伍守成	衡阳	1989.12—1992.9	刘永珍	湘潭	2002.10—
胡伯俊	长沙	1989.12—1990.8	赵文著	衡阳	2002.11—
谢明德	双峰	1989.7—1990.5	赵叶惠	湘乡	2002.11—
陈驭国	湘乡	1990.9—1992.9	彭石柱	双峰	2002.11—
钟子才	韶山	1991.12—1995.2	谭文生	攸县	2003.8—
谭淑芳	湘潭	1992.9—1994.2	朱红兵	湘潭	2003.11—
刘青山	湘乡	1992.9—1996.7	文孝男	攸县	2005.6—
阳祖耀	湘乡	1992.9—2000.12	成秋兴	湘乡	2005.9—
曹忠华	湘乡	1992.9—2002.11	周建辉	湘乡	2005.9—
胡家立	湘乡	1992.9—1997.8	李星白	湘潭	2005.5—

第二节 市委工作机构

1986年，是县改市申报、审批、筹备建市工作阶段，县委工作机构也是县改市筹备委员会工作机构，设办公室、组织部、宣传部、统战部（含对台办公室）、政法委员会、农村工作部。另设县委武装委员会、保密委员会（市委协调机构），落实政策办公室（1988年撤销）。1987年3月，正式建市，原县委工作机构更名为市委工作机构。撤销市委农村工作部，成立市农业经济委员会，为市政府工作机构。1988年，增设政策研究室（1990年撤销）。1995年，增设保密委员会（协调机构）和机构编制委员会办公室（1996年划出归口市委直属机构）。当年，原市委直属单位党校定为市委工作机构。2001年机构改革后，市委工作机构设市纪律检查委员会、市委办公室，组织部、宣传部、统战部（对台办）、政法委员会，至2005年无变动。

第三节 市委直属机构

1986年，市委直属机构有党史资料征集办公室（以下简称党史办）、人民群众来信来访接待办公室（以下简称信访办）、档案局（馆）、编制委员会、老干部工作局（以下简称老干局）、机要科、党校、直属机关党委。1987年建市后，机构未变。1988年，直属机关党委更名为市直机关工作委员会（简称机关工委）。1989年，增设保密委员会办公室（以下简称保密办）。1990年，增设保密局。1992年，增设机构改革办公室（临时）。1993年，老干局更名为老干部工作办公室；撤销档案局，保留档案馆；撤销保密局，保留保密委员会牌章。1994年，撤销机关工委，恢复档案局。1995年，恢复保密办，老干部工作办公室更名为老干部工作局。1996年，市委党校划归市委工作机构，保密委员会和编制委员会办公室从市委机构中划出，归口于直属机构。

1997年，恢复机关工委。1998年，党校回归直属机构，恢复保密局。2001年，党史办与市志办合并为史志办，属于市委、市政府直属机构；老干部办公室更名为老干部局。此后至2005年无变动。

第四节 下辖党委、党组

一、党委

1986年，县以下设党委77个，其中农村区委8个，乡镇47个，农业、工业、交通、建设部门4个，直属机关工委1个，其他（包括武装部党委及应设党组而改建党委的政府工作部门和行政性企业管理机关的党委）17个。当年年底，撤销农村8个区委，改建为8个农村办事处党组。1987年3月，县改市，撤销城关镇党委，改建为3个街道党工委，市以下设党委70个。1988年，恢复农村区委，在贯彻“党政分开”中撤销6个机关党委。1989年起，被撤销的党委逐渐恢复。1992年，市以下设党委68个。其中，派出工委9个（机关工委、农村区委）、街道3个，乡镇46个，工业、交通、建设等部门4个，其他6个。1995年，撤区并乡，乡镇党委减至22个。1997年，东山乡改东山街道，撤销乡党委，改建为街道党工委。

党委会由党员大会或党员代表大会选举产生，乡镇党委一般7～9人，设书记1人，副书记3～4人，党委中有纪委书记1人。2001年起，由1名副书记兼任纪委书记。机关党委一般5～7人，设书记1人，副书记1～2人，纪委书记1人。党委书记、副书记选出后均报市委批准。2005年，市以下设党委50个。其中，乡镇18个，街道4个，市直机关单位21个（包括直属机关党委和政府办党委），企事业单位7个。

二、党组

1986年，在市直国家机关、人民团体等单位中设党组31个。1987年，农村区委改党组后，全市党组增至44个。1988年，农村办事处党组改区委；在“党政分开”中撤销机关党组15个，全市党组减至19个，以后逐步恢复。至1992年，党组43个。1993年，市直机构改革，部分单位撤并，党组减至31个，以后又逐步增设。2005年，全市共设党组48个。机关党组成员一般3～9人，最多的11人，设书记、副书记、纪检组组长各1人，由市委发文指定。

第五节 基层党支部（党总支）

1986年，全县有党总支部21个，支部1364个。其中，行政村711个，机关159个，农业部门70个，工业、交通、建设部门154个，商业服务92个，文教卫体153个，金融11个，其他14个。总支和支部设总支委员会、支部委员会，由党员大会民主选举产生，一般设委员5～7人。其中，正副书记各1人，少数设副书记2人，个别党员少的支部只设书记1人，不建支委会。总支委、支委一般任期3年，选出的书记、副书记均报上级党委审批。2005年，有党总支部62个。其中，市直机关17个，文教卫10个，乡镇26个，街道2个，居委会7个。有党支部1397个。其中，行政村710个，机关215个，文教卫64个，商业10个，农林水牧31个，工交、邮电36个，金融1个，乡镇及其所属企事业256个，街道及其所属企事业54个，居委会20个。

第二章 重要会议

第一节 党员代表大会

一、中共湘乡市第一次代表大会

中共湘乡市第一次代表大会于1988年5月17日至20日召开。出席会议的代表应到353名，实到346名，代表全市2.91万名党员，列席会议人员51人。此次大会的主要议程是：听取和审议中国共产党湘乡县第五次代表大会以来市（县）委的工作报告，通过关于工作报告的决议；听取和审议中国共产党湘乡市（县）纪律检查委员会的工作报告，通过关于纪委工作报告的决议；民主选举产生中共湘乡市第一届委员会和中共湘乡市纪律检查委员会。根据选举办法的规定，市委委员、候补委员、市委常委、市纪委委员、市纪委常委均采取差额选举的办法进行选举。大会主席团提出中共湘乡市第一届委员会候选人名单28名（含差额3名），候补委员候选人6名（含差额2名）；市纪委委员候选人15名（含差额2名）。19日下午和20日上午，分别进行正式选举，选举产生市委委员25名，候补委员4名，市纪委委员13名。大会着重研究了城镇化战略，提出“对内点轴开发并举，对外兵分两路推进”的内外双向型经济发展战略，对政治体制改革和党的自身建设也提出了新的要求。

二、中共湘乡市第二次代表大会

中共湘乡市第二次代表大会于1992年9月28日至30日召开。出席大会的代表应到351名，实到336名，代表全市30623名党员。列席人员56人。这次大会的议程主要是：听取和审议中共湘乡市第一次代表大会以来市委的工作报告，通过关于工作报告的决议；听取和审议中共湘乡市纪律检查委员会的工作报告，通过关于纪委工作报告的决议；民主选举产生中共湘乡市第二届委员会和中共湘乡市纪律检查委员会；作出关于充分发挥共产党员在经济建设中的先锋模范作用的决议。大会采取差额选举的办法选举产生中共湘乡市第二届委员会委员31名、候补委员4名；选举产生中共湘乡市纪律检查委员会委员15名。大会确定了“解放思想，更换脑筋，真抓实干，全力加快改革开放和发展经济步伐”的工作思路。

三、中共湘乡市第三次代表大会

中共湘乡市第三次代表大会于1997年9月27日至30日召开。大会应到代表369名，实到366名，代表全市32954名党员。参加大会的列席人员130人。这次大会的议题主要有：听取和审议中共湘乡市第二届委员会的工作报告，通过关于工作报告的决议；听取和审议中共湘乡市纪律检查委员会的工作报告，通过关于纪委工作报告的决议；选举产生中共湘乡市第三届委员会和市纪律检查委员会；全面部署当前和今后的工作任务。大会采取差额选举的办法选举产生中共湘乡市第三届委员会委员31名，候补委员4名，选举产生市纪委委员15名。大会决定：深化改革，扩大开放，加速推进农业产业化，进一步放开搞活企业和强化财政体制改革，大力发展个体私营经济。

四、中共湘乡市第四次代表大会

中共湘乡市第四次代表大会于2002年10月31日至11月2日召开。出席大会的代表应到374名，实到362名，列席人员146人。听取和审议中共湘乡市第三届委员会的工作报告，并通过关于工作报告的决议：听取和审议中共湘乡市纪律检查委员会的工作报告，并通过关于纪律工作报告的决议；选举产生中共湘乡市第四届委员会和中共湘乡市纪律检查委员会。采取差额选举的办法选举产生中共湘乡市第四届委员会委员35名，市委候补委员6名，市纪律检查委员会委员15名。大会的主题是：实践“三个代表”重要思想，推进“三化”进程，建设经济强市，进军全省五强。

第二节 市（县）委全体（扩大）会议

一、中共湘乡县五届三次全体（扩大）会议和中共湘乡市委第三次全体（扩大）会议

中共湘乡县五届三次全体（扩大）会议于1987年2月5日召开。会议主要议题是认真学习贯彻中共中央1987年1月连续发出的6个重要文件和中共中央十二届六中全会精神，传达贯彻中央、省、市三级农村工作会议和计划工作会议以及省委、湘潭市委1986年年底召开的全体（扩大）会议精神。讨论通过《中共湘乡市委关于“七五”期间加强社会主义精神文明建设的若干措施》和《中共湘乡县委第五届三次全会关于县改市后委员会届次的决议》。

1988年5月11日至12日，召开县改市后的中共湘乡市委第三次全体（扩大）会议，市委书记王林森代表市委作题为《以改革总揽全局，把全市两个文明建设推向新的阶段》的工作报告，提请与会同志讨论修改，以便在即将召开的中共湘乡市第一次代表大会审议通过。会议通过中共湘乡市第一次代表大会于1988年5月17日至20日召开的决定。

二、中共湘乡市第一届委员会（1988.5—1992.9）全体（扩大）会议

1988年8月29日至31日，召开中共湘乡市委一届二次全体（扩大）会议，传达贯彻省委五届六次、湘潭市委六届五次全会精神。讨论通过《关于实行廉政的若干规定》，并就生产力标准问题展开讨论。

1989年12月24日至26日，召开中共湘乡市委一届六次全体（扩大）会议。认真学习贯彻中共中央十三届五中全会和省委五届九次、湘潭市委六届八次全会精神，着重讨论在农村深入开展社会主义思想教育的安排意见。中共湘乡市第一届委员会先后召开全体（扩大）会议14次。

三、中共湘乡市第二届委员会（1992.9—1997.9）全体（扩大）会议

1995年1月13日，召开中共湘乡市第二届五次全体（扩大）会议。要求在新的一年里要以邓小平建设有中国特色的社会主义理论和党的基本路线为指针，深入贯彻中共十四届三中全会精神，正确处理发展、改革、稳定的关系，坚持优先发展农业，大力兴办工业，加快发展第三产业和以公有制经济为主多种经济成分并存的发展方针，抓紧抓好经济建设、改革开放、社会稳定、党的建设，动员和组织全市党员和干部群众，超额完成“八五”计划，努力使全市人民生活水平提前达到小康。中共湘乡市第二届委员会先后召开全体（扩大）会议10次。

四、中共湘乡市第三届委员会（1997.9—2002.10）全体（扩大）会议

1999年1月15—16日，中共湘乡市三届三次、市政府四届二次全体（扩大）会议召开。认真贯彻中共的十五大、十五届三中全会和中央、省委、湘潭市委一系列重要会议精神。要求以质量和效益为中心，狠抓经济发展；切实加强和改善党的领导，为经济发展提供强有力的组织保证；切实加强民主政治建设，大力推进村民自治；确保社会稳定，为经济发展创造良好的环境。会议通过市委《关于在党员干部中开展讲学习、讲政治、讲正气，增强群众观念、法律政策观念、廉政勤政观念的党性党风教育的决定》。中共湘乡市第三届委员会先后召开全体（扩大）会议10次。

五、中共湘乡市第四届委员会（2002.10—）全体（扩大）会议

2005年7月19日，召开中共湘乡市四届第六次全体（扩大）会议，推进园区经济快速发展，继续实话“工业带动，开放兴湘”发展战略，讨论通过“工业兴市，园区兴工，项目兴园”、大力推进园区经济发展的指导思想，中共湘乡市第四届委员会共召开全体（扩大）会议10次。

第三章 重大决策

一、整顿党的组织

1985年5月至1986年12月，认真贯彻执行《中共中央关于整党的决定》，在全县进行整党。全县1814个单位，99个党委会（党组），1176年支部，25108名党员分三批参加整党。每批分学习文件、对照检查、集中整改、组织处理和党员登记4个阶段来展开。湘潭市委派出120名联络员来湘乡指导，湘乡市委抽调180多名机关干部参加农村整党。通过整党，对违纪违法党员进行严肃处理。共查出经济案件67件，收回公款160多万元，退回多占公物款6万多元，清退不符合条件“农转非”户口55人，依法逮捕17人，有30多名党员受到党纪政纪处分。通过整党加强了党的建设。全市涌现出410个先进党支部，1300多名优秀党员。

二、惩治“地霸”

20世纪80年代中期行业管理不力、规章制度不健全等原因，敲诈勒索、垄断市场、强行装卸、漫天要价之风愈演愈烈，“地霸”势力成为全市一大公害，严重破坏安定团结，恶化投资环境和建设环境，阻碍经济发展和改革深化。

1988年9月，市委决定开展一场惩治“地霸”的行动。由市委、人大、政府、政协、人武部和经委17名市级领导带领172名机关干部进驻城区三个街道、棋梓镇、东山乡开展惩治工作。惩治行动为期2个月，共查出26个单位，12个村，51个村民组有“地霸”行为，74个单位受“地霸”影响。依法查处各类问题313个。其中，性质严重的32个，收缴退赔款4.73万元，罚没款5.25万元，挽回直接经济损失94万元，间接经济损失1000万元以上，使28个长期受阻的新建、扩建工程恢复正常施工。

在专项整治的基础上，进行整章建制，加强对行业的依法管理，先后制订和实施《国土管理若干规定》《关于查处哄抢化肥农药及其他物资的几项决定》《治理地霸势力的若干政策规定》等规范性文件，运用法律和制度规范经济和社会秩序。通过集中整治和全面整章建制，使得“地霸”势力在较长一段时间得到了有效的遏制。

三、社会主义思想教育

1989年12月，市委召开一届六次全会，学习贯彻省委《关于在农村深入开展社会主义思想教育的决定》。针对部分党团组织不健全，干部为人民服务思想淡薄，集体经济萎缩，干部群众法制观念不强以及个人主义、无政府主义、宗派主义等问题，市委决定，在全市城乡开展社会主义思想教育（以下简称社教）。

1989年12月，在湖山乡进行农村社教试点。1990年12月，全市分三批进行。先后组织市直单位、区乡镇机关干部1700多名社教工作队员进驻乡镇街道和行政村，协助当地党组织开展社教工作。坚持以思想教育为主线，以班子建设为重点，以发展农村经济为中心，以社会治安综合治理为保证，通过思想教育、财务清理、办实事和整章建制，提高干部群众的社会主义思想觉悟，加强基层组织建设，解决村级财务账目混乱问题，推动农村经济发展。1991年11月至1992年10月，分两批进行城市社教。市直党、政、群副科级以上单位，农村区、乡、镇、街道机关、工商企业、学校共289个单位、3万多名干部、职工、教师参加。立足湘乡实际，突出解放思想、改革开放、发展经济这一主题开展工作，加快全市改革开放步伐，促进政治、经济发展和社会稳定。

四、撤区并乡建镇

1995年3月8日，根据省委的统一部署，市委常委召开会议，研究撤区并乡建镇工作。4月14日，区域调整方案上报省和湘潭市，经省政府同意，省民政厅批复、湘潭市政府通知，同意湘乡市上报的方案。5月4日，召开全市行政干部大会，宣布撤销东山、东郊、泉塘、虞唐、谷水、月山、壶天、白田8个区公所，保留东山乡和望春门、新湘路、昆仑桥3个街道的行政区划不变，将其余45个乡镇合并为18个乡镇。撤区并乡建镇后，湘乡市辖13个镇、6个乡、3个街道、710个村、35个居民委员会。5月8日，全市2392名乡镇干部按时到位，开展正常工作。撤区并乡建镇，乡镇辖区范围扩大，群众找乡镇政府办事往返不便，市委从实际出发，同意乡镇分设责任片，责任片区域基本沿袭撤区并乡前的小乡小镇区域。

五、简政放权

1995年，市委提出简政放权指导思想、主要内容和具体要求，对市直各部门设在乡镇的单位，按照简政放权原则和单位职能、性质分类区别对待。第一类，人、财、物、事全部下放给乡镇，市主管部门负责规划指导、工作检查、业务培训和依法监督。以新乡镇建制，按机构设置规定设办、所、站、学区。第二类，下放部分职权，实行双重管理。人、钱、物和业务指导以主管部门为主，党、团组织关系属地管理，服从乡镇统一领导和指挥。第三类，作企业对待，接受乡镇领导和监督。第四类，暂不延伸到乡镇，作为市直主管部门派出机构。第五类，体制不作调整，变更隶属关系。此方案从1996年起全面实施。

六、耕地承包延长

20世纪80年代中后期，由于农村集体土地的频繁调整，造成农村集体土地承包关系不稳定。农民群众陆续摆脱小片土地的束缚，纷纷走向市场。农村部分地方随之出现抛荒现象，而另一些有条件，有技术的种田能手，却限于耕地不足而无法扩大生产规模。1995年9月，市委常委会议研究土地承包责任制改革。决定从1996年12月1日起，延长土地承包期30年，实行“大稳定”“小调整”。市委、市政府先在栗山镇良桔村和泉塘镇双托村办试点，调查土地承包现状，并派员赴零陵、宁乡参观学习。先后召开市直有关部门负责人、乡镇村组干部、农民代表座谈会进行调研，然后制订湘乡耕地承包工作的规定。

至1997年1月，全市农村土地联产承包期延长工作全面完成。全市共签订22.7万份延包合同，同时向承包户颁发“集体耕地承包经营证”。

七、工贸新区建设开发

1996年4月，市委常委召开会议研究决定，成立湘乡市工贸新区建设委员会和开发总公司，正式启动工贸新区建设开发。至2005年年底，完成第一期全部工程和第二期部分工程，湘乡城市规模品位上了一个新台阶。

八、农村“两会”清理整顿

从1994年5月开始，按照中央、省、市的部署，湘乡先后有18个乡、镇、街道开办农村合作基金会，至1999年4月，全市共有34个营业部525个村代办站。与此同时，市民政局在全市成立6个乡级以上救灾扶贫互助储金会，90个村级互储会。以上“两会”，属于社区农民入股分红吸收资金的融资机构，融资方法和放贷手续极不规范，严重影响金融秩序，损害农民利益。

1999年4月10日晚，市委、市政府按照中央的决定，对全市“两会”实行统一关闭，停止吸收存款、发放贷款和支付会员股金。全市共组织1500多人参加“两会”清理整顿，帮助清收欠款。经过清产核资，市委、市政府决定重点整顿农村合作基金会，互储金主要由民政局负责清收，不再发展。为此，专门制订《湘乡市农村合作基金会资金清退实施意见》，决定分4次兑付。1999年11月，全市合作基金会共收回各类欠款8828.6万元。经人民银行武汉分行批准，有15个乡镇街道合作基金会27个营业部并入农村信用合作社，3个乡镇基金会和市联会清盘关闭。

九、水府旅游区开发建设

2000年5月，市委常委研究，把水府旅游区的开发建设作为湘乡旅游业的龙头，新的经济增长点。按照“大文化、大旅游、大市场、大开发”的宗旨，以“水文化、水运动、水休闲”为主要内涵开发建设。至2005年，水府旅游已初具规模，完成了部分基础设施建设，招商引资、项目建设逐步推进。桃花岛休闲度假村项目完成征地拆迁和绿化工作；水府矿泉水、火焙鱼等旅游产品相继开发，整个旅游区实施一票制；市场推广有新突破，与周边城市200多家旅行社签订合作协议。2005年接待游客10.5万人次。

十、企业改革

2000年5月和2001年6月，市委召开常委会议，研究国有集体企业改革。湘乡市国有集体企业多数负债经营，有的资不抵债，有的停产多年。常委决定对国有集体企业实施以“两个置换”（企业产权置换、职工身份置换）为主的产权制度改革。市委、市政府颁发《关于深入国有集体企业改革若干问题的规定》《湘乡市国有集体企业改革工作方案》等文件。全市共有国有集体企业105家，在职职工12732人，离退休职工824人。至2005年，95家企业完成改制，有11212名在职职工置换身份。尚有10家企业未改制，1649名职工需置换身份。

十一、皮革工业园建设

2002年4月，为使皮革工业成为湘乡一大经济支柱，市委常委决定建设湘乡市皮革工业园。当年8月，制订工业园建设优惠政策，省政府批准列入省级开发区系列。2003年5月，动工兴建，定址东郊乡花亭、长丰、定托、浒洲、王塘五村交界处。

第四章 党务工作

第一节 纪检监察

一、纪检机构

1987年，成立中共湘乡市纪律检查委员会（以下简称市纪委），全市8个区设置纪检组，49个乡镇建立纪委会，市直48个局级单位分别设置纪委或纪检组。1988年5月，在中共湘乡市第一次代表大会上，选举产生中共湘乡市第一届纪委会。1992年9月，选举产生第二届纪委会。1993年5月，根据党中央、国务院指示精神，市纪委与市监察局合署办公，两个机构，一套班子。当年，全市共配备纪检监察干部124名。1997年9月和2002年11月，在党的代表大会上，选举产生第三届、第四届纪委会。

中共湘乡市纪律检查委员会第一至四届书记、副书记任职一览表

表12-3

届别	书记	副书记
第一届1988.5—1992.9	刘清林	肖年德、黎中清
第二届1992.9—1997.9	刘清林	万特华、义乐义
第三届1997.9—2002.10	李新春	刘鹤群、彭良平、李桂英
第四届2002.11—	刘永珍（兼）	彭建国、彭良平、周力强

二、纪律教育

1987—1992年，市纪委剖析28个典型案例，印发至基层，向干部进行教育。组织“学纪律、讲大局、争贡献”教育活动，办培训、学习班4340次，全市1430个支部上党课4654场，3万多名党员受到教育。在建党70周年系列纪念活动中，组织党纪知识演讲159场，听众5.4万人次；组织党纪知识竞赛，6500名党员参赛。1993年起，市委、市政府每年召开党风廉政建设和反腐败工作大会，宣传政策、解剖典型，部署反腐倡廉工作。1995年起，市纪检监察部门印发《湘乡廉政简报》《纪检监察》至各相关单位。2004年，组织学习《中华人民共和国行政许可法》《中国共产党党内监督条例（试行）》和《中国共产党纪律处分条例》，并印发至全市3.7万多名党员；市纪委与有关部门配合，举办全国反腐倡廉漫画大赛，在30多个省市征集作品1628幅，评出优秀作品260幅，编印成册，在全国产生了积极影响。2005年，结合“保持共产党员先进性”教育活动，以中共中央《建立健全教育、制度、监察并重的惩治和预防腐败体系实施纲要》为学习重点，对全市党员干部进行警示教育。

三、党风建设及案件查处

（一）党风廉政建设

1987年，市委、市纪委召开1000多人参加的端正党风动员大会，集中3个月时间进行自清、自查、自纠。79名党员退回贿金5万多元，490名党员归还欠款15.4万余元，199人拒贿4.5万元，77人退出多得奖金9720元。1988年，市委作出《关于党政机关保持廉洁工作作风的若干规定》，对贪赃枉法、以权谋私、“官倒”、“官批”的处理作出明确规定，324名党员干部拒贿3.6万元。1989—1990年，清理121名党政干部营建私房。1991—1993年，清理党政干部公费送子女读书22人，清退13896元；开展乡级财务清理，查处违纪金额257.4345万元，追缴202.9305万元；党政机关与所办实体脱钩；22名科级干部向纪检部门上交礼金3500元。1994年，查处75个单位公费私装电话483部；领导干部拒礼退礼518人次，计82880元。1996年，32个市直单位、22个乡镇推行办事公开制，公开389个项目，制订1151个办事公开制度。在交通要道查获公车送亲34辆，给予罚款、扣证、曝光处理。1997年，市委作出《厉行节约，反对奢侈浪费十条规定》，18个乡镇和部分市直单位自办食堂，待客不进餐馆，全年节约300多万元。1997—1998年，清理122个单位公费移动电话481部，住宅电话760部，收回160多万元。1999年，学习中央制定的“党风廉政建设责任制”，建立说情追究、书面报告和错案追究制；市纪委与有关部门联合发出《关于建立和推行厂务公开监督制度的意见》，厂务公开逐步实施。2000年，建立廉政领导小组，开展房屋、手机、小车、红包等专项清理，超购小车补交养路费、车辆控购费11万余元。2001年起，推行党风廉政建设责任制。5年内，共签订责任书13046份，发出廉政自律监督通知书101份，印发廉政信息单70余期；清理房屋256套，计31882平方米，收回超面积税费69.64万元。2002—2004年，清理党政干部不良贷款，收回680万元，协议还款165万元；清理拖欠公款480人，其中领导干部48人，计1126万元，收回726万元。治理招待费超标、上班时间娱乐和责任追究，对103名领导和党员干部作诫勉谈话；从严控制公务消费支出，每季度对招待费排名在全市前10名的单位领导作诫勉谈话，中共中央纪委书记吴官正就此事进行批示：“这个方法好”。同时，制订《关于建立健全问责制的意见》，纪委、监察局增设行政效能监察室实行问职问责。2005年，出台《关于进一步加强领导干部廉洁自律的若干规定》，市纪委明察暗访，对违反《规定》的党员干部作诫勉谈话、通报批评或立案查处。

自建市起至2005年，全市根据中纪委颁发的《党内纪律检查机关案件审理工作条例》和市纪委制订的《关于案件审理工作有关问题的规定》，共处分党员855人（科级、副科级干部134人），其中开除党籍171人，留党察看204人，撤销党内职务54人，严重警告244人，警告182人。同时，行政处分413人（科级副科级干部103人）。其中，开除公职26人，开除留用察看28人，撤销行政职务94人，降级38人，记大过69人，记过104人，警告54人。

（二）纠正行业不正之风

1990年9月，市委常委决定成立纠正机关行业不正之风（以下简称纠风）领导小组办公室，召开纠风动员大会，用25天时间集中查处。共查处违纪案57起，1376人和12个单位自动清退回扣、乱罚、乱补、乱收及公款私存、违章贷款5672.9万元。查处乱着装14万元。1993年，市委成立治理“三乱”（乱收费、乱罚款、乱摊派）领导小组办公室。1994年，共清理58个行政单位乱收费项目465个，计4815万元，退给群众300万元，上交国库52万元，取消收费项目151个，降低收费标准31个。1994年起，分3年共4批对市直31个单位进行行风评议，反映问题1803个，纠正618个，查处违纪金额162万元，纠正不合理开支38万元。1995年，清理21个单位外流沿海未收回资金4745.38万元，除264.8万元无法收回外，纪委责成有关单位组织专门力量，全力回收外流资金。查处中小学校乱收费657.89万元，1998年，查处乱收费单位13个，项目12个，违纪金额144万元，取消收费项目48个，降低标准15个，立案查处3人。同年，公布528个村的财务，查出贪污172.46万元，收回拖欠款40万元，处分6人。至1999年的4年间，为农民减负3460.4万元。当年起，配合卫生、药监部门、整顿药市和诊所查处乱收费33处，上缴财政245.7万元，退还群众18万元，取消不合理收费项目491项，降低收费标准191项，停止搭车收费28项，涉及金额500万元。2003年，整顿土地市场，查处23宗违纪案，补交税费28万余元。2004年，推行中小学收费“一费制”，处理8起乱收费案件，收缴10万元，退给学生18万元。2005年，强化村务公开，720个行政村中，694个村建立固定的公开栏；630个村实行“村账乡管”。

四、执法监察和案件复查

1986—1987年，组织专门班子，对历年来受处分的党员案件开展全面复查，先后查阅2747人的案卷。按照“有错必纠”的原则，将其中437人列入复查复议，全错全纠201人，其中，恢复党籍87人；部分纠错46人，其中恢复党籍30人；维持原处分不变190人。至2005年，全市共受理来信来访7974件，立案662件，结案592件；执法监察立案104件，办结97件，查处违纪金额1367万元，追缴152万元，纠退660万元；案件复查根据本人申诉及司法改判、改性等情况，复查复议30人，减轻处分12人，维持原议18人，未发现冤假错案。

第二节 组织建设

一、党员队伍建设

(一)党员发展

1987年，注重在生产一线和党的力量薄弱的地方发展党员，在新发展的579名党员中，工人、营业员92人，农民253人。1989年，发展新党员与培养积极分子的比例达到1∶3，须培养2年以上，党委批准前要派人与其谈话。1991—1994年，发展新党员2274名，其中生产一线占61.65%。1995年，对5年以上未发展新党员的115个村，重点帮助其中97个村发展新党员115名。1998年，发展学生党员60名。2002年起，推行发展党员公示制、预审制和责任追究制。2004年起，推行发展党员票决制，在非公有制经济组织和新社会组织（民间协会、合法人民团体）中发展党员42名。至2005年的20年间，共发展新党员12909名，与1986年比，党员总数增31.5%；党员具有大中专文化程度由6.57%增至25.1%；女党员由8.6%增至13.7%；新社会组织党员达425人。

1987—2005年湘乡市几个年度的党员统计表

表12-4 单位:人

项目年份	党员总数	其中	
		男	女
1987	29140	26599	2541
1990	30046	27451	2595
1995	32364	29317	3047
2000	34769	30846	3923
2005	37293	32185	5108

(二)教育管理

市委经常运用“三会一课”（支委会、支部大会、党小组会及党课）、党员冬训、党校培训、电化教育等形式对党员进行教育，并开展有关各种专题教育；运用民主评议党员、表彰优秀、处置不合格党员、加强流动党员管理等办法，对党员进行教育管理。1988年，有乡镇党校49所，兼职党课教员365人；放映电教片8部、576场，观众3万余人次；对整党中未登的39人，经本人申请，支部讨论，准登35人，4人受党纪处分。缓登的99人中，缓登期满后，准登81人，除名11人。乡镇培训党员16245名，占农村党员总数的87%；1989年，派出1209个联络员赴各地指导处置不合格党员281人。在北京政治风波平息后，分4期培训支部书记以上骨干，各乡镇及教育、卫生、城建、经委等战线举办党员学习班，进行坚持四项基本原则教育。当年乡镇全部配齐电教设备，自制29部电教片，放映283场。在1990年起的农村社会主义思想教育中；处置不合格党员275名，表彰优秀党员17365人次。举办“湘乡革命史展览”，对党员进行革命传统教育，总结推广250名党员带头科技致富的典型。1993年，纪念毛泽东100周年诞辰，3.1万名党员交“特殊党费”15万元；市建党员电化教育中心，区建电教片发行站，全年投放电教片307部，放映900余场，观众18.8万人次。坚持冬训与学科技结合，组织万名党员带头学技致富，印发《党员致富红旗谱》，介绍党员典型和先进支部。1998年，市委加强对下岗职工中党员的教育管理，建立领导小组，制订规章制度。1999年，处置18名信仰宗教、参与迷信活动的党员。市电化教育中心改为农村党员干部现代远程教育管理中心，并办好3个示范接收站。2004年起，建流动党员管理台账。全市有1951名党员流出、25名党员流入。2005年，分期分批在党员中进行保持共产党员先进性教育。

二、市直机关党的建设

市直属机关工作委员会于1997年从市委组织部分设，是归口组织部管理、负责市直机关和双管单位机关党组织工作的机构。下辖6个直属机关党委、13个机关党总支、186个机关党支部，有党员2738人。其主要职能是加强市直机关党组织的思想、组织和作风建设，并主管全市“双联”（机关单位联系困难企业、机关干部联系困难职工）工作。

1997年以来，机关工委共组织市直机关单位上党课36次，受教育党组织负责人3000多人，举办建党积极分子培训班10期，培训建党积极分子2000人，发展党员900多人，审批党员转正900多人。1999年起，开展“机关单位联系困难企业、机关干部联系困难职工”工作。市直机关有121个单位参与“双联”，联系困难企业职工817户，向困难企业职工捐款捐物累计160多万元。2001年开始，在市直机关各党组织中开展“创先争优”活动，共表彰优秀共产党员500多人、优秀党务工作者200多人、先进党支部60个。2003年起，在机关正科级单位开展“建设服务型机关”活动，每年评选表彰“十佳优质服务示范”和“十佳优质服务之星”。

2005年，纪念中国共产党成立85周年，市直机关工委与市委组织部、市纪委联合举办党章知识竞赛。每年植树节，市直各单位党员在东台山义务植树。2005年，在东台山建立共产党员义务植树基地。同年，湘乡市被湘潭市评为“双联”工作先进单位。

三、基层组织建设

1987年，推广中朝、前进等村支部党员联系户制度，每个党员联系、帮扶1户贫困户。根据省委通知精神，制订先进党支部和优秀党员标准，开展“共产党员在新时期如何发挥模范作用”大讨论。全市评出先进支部300个，优秀党员5800名；湘潭市委表彰支部9个，党员27名，报省委表彰支部1个、党员1人。1988年，79个基层党委制订“创先争优”规划。1989年，推行党建工作责任制和联系点制度，每个常委分工联系一个区、镇。1993年，推广东郊乡党委加强乡办企业党建工作经验，以企业为单位建支部99个，联合支部32个。至1994年，整顿后进党支部163个。机关新建党委、党组12个，支部17个，3个党委与28个支部换届。2000年，农村重点加强村支部建设，在市委党校培训支书、新主任120名。2002年，699个村民委员会和村党支部委员会换届，新任支书210名、主任148名。至2003年，在非公有制经济组织中建党组织36个；27个居委会建立党组织。2005年，707个村换届，510个村支书、主任一肩挑，10名支书由乡镇干部担任；非公有制经济党组织75个。在加强农村党支部建设的同时，把建整与扶贫结合起来。每年从市直机关抽调干部，配合乡镇组成工作组，由市领导带队驻村协调工作。建整扶贫工作开展以来，工作组共进驻347个村，新选支书77人，村主任70人，发展党员625名，培养积极分子1149名，机关帮扶进驻村物资、现金共1413万元，进驻村道路、电网、水利、学校等农村基本建设得到改善；举办232期农技培训班，培训18579人，新增一批专业户、示范户，涌现了一批建设小康村的典型。

四、领导班子和干部队伍建设

1987年起，市委对市直机关、乡镇街道领导班子进行多次调整，加强对领导班子成员的考察、考核。1988年，实行干部试用制，试用期为1年。一些德才兼备、年轻有为的干部进入领导层，正副乡镇长职数减少，班子成员年龄降低，文化水平逐步提高。1989年，对以权谋私的24名乡镇领导予以调整、批评教育或党纪政纪处分，240多名副科级以上干部参加述职测评。

1991年，公开选拔市管中学副校长。1994年，公开招聘团市委正副书记，开始在乡镇配备科技副乡（镇）长，同时注重领导班子成员中女干部和年轻干部的配备。同年，局级正副职265人参加述职评议。1995年，公开选拔审计局副局长及进入市委办公室等单位干部22人。

1999年，市直658名干部述职，至2001年，选拔20名非党干部进入局、乡领导班子。2003年，市委组建副科级以上领导班子绩效考核办公室，对优秀者予以奖励，对不胜任者予以调整、免职。2004年，推行任免科级正职票决制和差额考察、考察预告制，科级中层干部竞聘上岗。实施干部任前公示制，至2005年共公示22批，200人，取消1人任职资格。20年间，举办各类干部培训班150余期，培训15200人次，200多人选送上级党校培训，500多人参加本、专科函授学习，干部素质得到提高，200余人提拔进入各级领导班子，确定后备干部650余人。

第三节 宣传教育

一、理论教育

1986年开始，用3年时间对在职干部进行正规化的理论教育，系统学习马克思列宁主义哲学、政治经济学和科学社会主义理论，学习形式有分单位进行学习和集中举办学习班。机关、企事业单位建立定期学习制度，市委常委及大部分乡镇、局党委成立中心学习组，定期学习。1992年，组织干部群众反复学习邓小平南方谈话，深入开展“发展是硬管理”的大讨论，广大干部群众思想进一步得到解放。组织学习《中国特色社会主义理论》《社会主义市场经济理论》等。1996年，创建理论讲课小组，由宣传部、党校等单位的理论骨干担任理论教员，深入到乡镇和企事业单位巡回讲课。1997年，创建湘乡市社会主义精神文明大学，邀请省内专家、教授讲授国内形势和政治、经济、文化等方面的理论知识。组织干部、群众学习党的基本路线、《毛泽东选集》《邓小平文选》、“三个代表”重要思想、胡锦涛关于科学发展观的论述等。2004年，组织全市科级以上领导干部撰写论文215篇，精选41篇汇编成册。在《湘乡报》开设《学习党的十六届四中全会精神系列谈》专栏，开展贯彻中央1号文件重点理论讲座200余场。2005年，结合保持共产党员先进性教育，加强对理论学习的指导，进行理论辅导110场。市委常委中心组组织14次23天的《中华人民共和国反国家分裂法》等内容的集中学习。

二、思想教育

1989年，市委宣传部编印《坚持四项基本原则，反对资产阶级自由化》“六讲”讲义，组织上万名干部、教师、学生学习中央的指示，批判各种破坏安定团结和“全盘西化”的反动论调；7次组织较大规模的调研活动，写出《学潮在我市的反映》《当前干部群众普遍关心的一些问题》等17篇调查报告；在各个时期，广泛深入地开展学雷锋、学先进的活动，持续开展爱国主义、社会主义和革命传统等方面的教育。1996年，与组织部联合创办“党课园地”，每月编写一期党课资料，印发到基层党支部。每月编印一期黑板报资料下发到村。1997年，成立学校思想政治工作研究会、私营个体企业思想政治工作研究会。2000年，组织城郊12个村党支部成立村级政治思想工作研究会。2003年，创建湘乡市思想政治工作业余讲师团，在全市形成政治思想工作网络。2004—2005年，农村思想政治工作研究会分别就如何贯彻落实中央1号文件，解决“三农”问题进行8次研讨。

三、新闻管理

1988年7月1日，《湘乡报》复刊。广播、电视和有线电视三台相继建成。1989年，全市建立1000多人的业余通讯员队伍。通过培训有300多名成为骨干通讯员。1990年，全市报刊发行13.7万份，报刊流转额151万元，被评为全省报刊发行先进单位。1996年起，连续7年举办党报党刊读报知识竞赛。2001年，开通“湘乡之窗”宣传教育网站，拓宽新闻宣传领域。2003年4月，成立湘乡新闻中心，并从市外新闻单位和市内有关单位中聘请一批特约记者和特约通讯员。每年在省级新闻单位上稿180多篇，在湘潭市级新闻单位上稿970多篇。2004年，在湘乡城区主要街口和休闲场地建起读报栏。2005年，《湘乡之窗》网站宣传功能进一步提高，当年底点击率达到160多万人次，87家市直单位在网站进行政务公开。20年间，始终坚持以正面宣传为主的方针，坚持正确的舆论导向。对产生负面影响的新闻报道予以及时的妥善处理。

四、社会宣传

1986年始，每年“五一”“七一”“八一”“十一”等重大节日，市委宣传部部署有关宣传事宜或牵头组织庆祝、纪念活动。1991年，纪念中国共产党建党70周年，在全市广泛开展“党在我心中”的演讲比赛和歌咏比赛。香港回归、澳门回归，举办专题讲座、征文比赛、书画展览、图片展览。利用革命先辈诞辰日开展“缅怀革命先辈，发扬光荣传统”的宣传教育活动，在黄公略、陈赓、谭政、萧三、李卓然100周年诞辰时，举办座谈会或纪念大会。1997年，纪念黄公略100周年诞辰，宣传部组织力量收集整理黄公略资料，在碧洲公园建立黄公略铜像广场，维修黄公略故居，拓宽通往黄公略故居的公路。党和国家及军队领导人江泽民、李鹏、迟浩田、张震、杜平等为纪念黄公略题词。1999年，纪念中华人民共和国成立50周年，宣传部与有关部门共同举办歌咏比赛、书画比赛、农村文艺调演等活动。2005年3月，首次评定湘乡市2004年度文学艺术成果奖。同年，举办抗日战争暨世界反法西斯战争胜利60周年纪念活动。

五、精神文明建设

1986年起，着力加强全市精神文明建设。1988年起，编印《春满湘乡》《文明之路》《道德教育读本》等书，在全市发行后产生良好影响。1990年10月，成立湘乡市文明单位建设办公室（简称文明办），并在农村开展创建文明村镇、规范化服务活动；在党政机关开展“做公仆、办实事、创廉政”活动；在学校开展学雷锋、争当“三好学生”活动。1999年，制订《文明市场守则》和《城市文明十不准》，对一些严重影响文明建设的事件进行治理整顿。2002年，张江村被评为全国村级文明单位。至2005年，全市有71个单位荣获省、湘潭市和本市文明单位称号。

第四节 统一战线

一、政治统战工作

（一）党外人士政治待遇和实职安排

1986年，统战部按照干部“四化”的要求，在各行各业各条战线中，挑选一批年纪轻、文化程度高，对四化建设和统一祖国有突出贡献的党外人士推荐到政协。至1987年共推荐123人，占委员总数的63.1%。1990年，协助市委制定出党外人士安排方案，重点考察200人，确定70名党外后备干部入选后备人才库，安排8名党外人士任副科级领导干部，其中6名在政府部门工作。1991年，15名党外人士被市政府聘用担任有关部门的特约监察员、审计员、检察员、教育督导员。1996年，市委作出《关于做好党的领导干部与党外人士交友的工作通知》，有46名市级领导与81名非党人士交友。1999年，制定《1999—2003年湘乡市培养选拔党外干部的工作规划》。2002年，市委组织部、统战部共同制定《2002—2003年湘乡市党外干部培养选拔使用规划》。2004年，市委统战部出台《2005—2008年湘乡市党外干部培养选拔工作规划》，一批优秀党外人士担任各级领导职务。2005年，市直各单位共有副科级以上党外人士领导干部41人，其中副处级6人，正科级13人，副乡镇长7人，畜牧局、物价局、民革、工商联、蔬菜办等5个单位领导由党外人士任正职。市人大、政府、政协都有党外副职，政协副主席中党外人士多于党内。市一、二、三、四、五届人大代表中党外人士427人，占代表总数的25.9%，政协委员中党外人士640人，占委员总数的63.37%。

（二）民主党派工作

1987年，密切配合中国国民党湘乡市委员会筹建工作，作好人物考察，酝酿民革市委候选人，解决办公经费及办公用房，建立了4个民革支部，同时加强民革成员的管理和政治思想工作（详见第十三编第一章《民主党派》)。至2005年，全市有民革党员101人，民主建国会会员5人，农工党党员1人。

（三）落实统战政策

落实统战政策工作始于1979年，1989年5月结束，历经10年时间。对落实政策的2605人建立档案957卷，全部移交市档案馆。为3963人复查纠正各类冤假错案，认定2302人为国民党起义投诚人员或与中国共产党有联系的地方武装人员，为其中的271人发放定期生活补助。推荐5人担任湘潭和湘乡市政协工作人员。

二、经济统战工作

1986年起，开展统战成员重新摸底调查。1989年统计，全市在中华人民共和国成立前去台去外人员3237人，非党知识分子4870人，原工商业者498人，私营企业55户，个体工商业主5697户。国营企业中党外企业家214人，各类统战对象11.538万人，占全市总人口的13.6%。统战部组织和动员各界人士为湘乡经济建设作贡献。

（一）统战成员开办经济实体

1986年起，陆续出台优惠政策，鼓励统战成员开办经济实体。1989年2月，市委统战部向区、乡（镇）下发《1989年经济统战工作规划》。1990年10月，工商联组织8家会员企业参加娄底市交易会，成交额412万元。当年，全市统战成员办经济实体5112家，上缴利税430多万元。1991年，市政府制订《关于鼓励“三胞”（港澳同胞、台湾同胞、海外侨胞，以下同）和外商与我市经济合作的优惠办法》，鼓励“三胞”和外商投资独资、合资和合作企业。1997年2月，成立湘乡市非公有制经济思想政治工作研究会，从事非公有制经济人士的思想政治工作研究，开展形势教育，推荐先进典型。1998年，市委、市政府重奖年度纳税额居全市前10名企业主。2005年，成立非公有制经济维权委员会，在非公有制经济中开展“文明经营户、行业优秀经营户、诚信守法企业”评选活动，2005年年底，全市非公有制经济企业28085家，占全市 GDP 值的46.48%。

（二）用好海外资金及光彩事业

1990年3月，召开“三胞”及亲属代表座谈会，开展扶贫捐赠光彩事业，对11位捐赠者颁发荣誉证书，与会代表向全市“三胞”及亲属发出倡议书2500份。1991年，引进海外资金750万元。1995年，15位非公有制经济人士联合向全市非公有制经济业主发出《积极行动起来，踊跃投身光彩事业活动》的倡议书。1995年11月，香港客商为金石镇石坝村捐资20万元建一小学。1997年，王兆国为陈赓学校题写“思先辈伟绩，育兴国英才”，拨款15万元修建校园，宋任穷题写校名。争取中央统战部、解放军部队等单位为谭政、黄公略、东山学校捐赠的光彩扶贫资金70多万元。1997年统计，“三胞”亲属利用外资和技术办的经济实体1360多家，年产值3亿元。1999年，统战系统引进资金达700万元。2005年，香港警察龙舟会为泉塘中学改建危房捐资22万元。至2005年，“三胞”为光彩事业捐款800万元以上。非公有制经济人士成为扶贫救灾、参与公益事业的一支重要力量。

三、港澳台及海外统战工作

（一）港澳台工作

1986年向“海峡之声”、福建前线广播电台等媒体选送稿件9篇。1987年，台湾当局开放部分民众赴大陆探亲。11月，市委设立台湾同胞接待处。台胞回乡期间，及时向他们宣传对台方针政策，使他们对祖国的经济建设、社会发展产生认同感。1989年，举办2次台海形势报告会，涉台知识讲座20多场。走访250名重点统战对象，在“三胞”亲属中开展向海外打好一次放心电话、写好一封平安信、摄好一张欢乐照、录好一盒磁带的活动。9月13日，台湾师范大学教授、物理博士黄湘武先生回到家乡。他是台湾高等学校考察、学术交流的首名学者。当年，有3名台胞回乡定居，520人回乡探亲，为15人找到亲人。1990年6月，台胞成圣泽先生回乡，市委统战部组织文化艺术界20多人与成先生举行海峡两岸第一次文化艺术交流活动，画展5天，1500多人参观。1992年起，做好对台中上层联络工作。1999年，开展揭批李登辉“两国论”和涉台教育工作。2001年4月，台南师范大学周群振夫妇回乡，向湘乡市海外联谊会和市图书馆赠送自己撰写的《儒学探源》《荀子思想研究》等书。2002年11月，美籍华人舒宪波先生回乡举办红学研讨会，向与会者赠送作品《扑朔迷离的贾宝玉》。2005年，台湾中华电影基金会、台北市影片同业公会组团到水府庙旅游区和云门寺考察。同年，组织全市党支部政工干部、群众2500多人参加湘潭市涉台知识竞赛，23人获奖。至2005年，全市累计帮助100多名“三胞”找到大陆亲人，协助解决各类问题200多个，接待“三胞”人士4000多人，办理20宗台胞遗产继承案，为53名台胞办理回乡定居手续。

（二）海外统战工作

1989年，湘乡海外联谊会成立。1991年、1992年举办湘乡市清明节观光扫墓活动。1996年5月，组队赴香港联谊，走访湘乡籍“三胞”人士，举办经贸座谈会。2004年开始，每年召开港澳台侨海外联谊迎春座谈会。2004年6月，召开海外联谊会第四次会员代表大会，时有会员208人。

1. 归国华侨联合会

湘乡籍海外人士共计1.13万人，分布在世界64个国家和地区。1998年6月18日，湘乡市归国华侨联合会成立。2003年，召开第二次归侨、侨眷代表大会。海外华人华侨投资湘乡的企业有10余家，主要从事房地产开发、加工制造业、民营教育等。2004年，侨联在全市选送的小学生作文有4人获世界华人小学生作文大赛奖。侨联为归侨侨眷解决城市低保，协调房产纠纷等矛盾30多起。

2. 黄埔军校同学会

1989年，成立黄埔军校同学会湘乡联络组。1990年4月11日，黄埔同学会成立，时有会员102人。考虑到45% 的会员有海外关系，开展“一人一信，一人多信”的活动，向海外亲友、学友写信，赠作品，交流感情，增进和平统一的共识。1995年，市委为抗日负伤、生活困难的会员批款3000元。此后，市政府每年为特困会员拨救助款4000元。2003年起，湘潭市财政连续3年为19名特困会员及遗孀拨救助款1.5万元。2005年，有会员35人。

第五节 机构编制

1989年，市编制委员会改名为市机构编制委员会，为市委、市政府负责机构改革和管理机构编制的综合、协调、监督机构。下设的办公室，既为市委的工作机构又属于市政府的职能部门。1997年，成立事业单位登记管理办公室。2001年，更名为事业单位登记管理局。2005年，与市编委办公室合署办公。

一、机构设置

（一）市直机关机构

1986年，市直党政群机关机构53个，其中党委系统6个，政府系统28个，人大1个，政协1个，纪委1个，直属机关党委1个，公检法司系统6个，人民团体6个。当年撤销非常设机构49个，保留33个。1987—1988年，市直机构相对稳定。1989年，增设监察局、国土局，撤销财贸委员会和打击经济犯罪办公室。1990年，增设法制办公室和残疾人联合会2个副科级机构。1991年，单位升格2个。1992—1993年，除政策性调整增加5个外，机构保持相对稳定。1994年，机构改革后，市委工作机构6个，市政府工作机构31个，人大1个，政协1个，法院1个，检察院1个，群团组织4个。4个专业经济管理部门转体为集团总公司。1995年，增设1个机构。1997年，成立收费局、法制办、工农关系协调办公室和渎职犯罪侦查局4个副科级机构。1998—2000年，对机构设置实行冻结管理。对要求增设由财政负担的机构申请一律不予审批，减轻财政负担和人员分流压力，保证机构改革顺利进行。2001年，机构设置调整为市委机构9个（其中工作机构7个、部门管理机构2个）；市政府机构25个（其中工作机构23个、部门管理机构2个）；群团组织8个。2002年，增加1个机构，机构设置稳定。2003年，设立安全生产监督管理局和皮革工业园管委会。2004年，撤销城市管理局，成立城市管理行政执法局、城市公用事业管理局、城市管理行政执法大队。同年，进行政府机构改革，安全生产监督管理局、城市管理行政执法局调整为政府工作部门，市发展计划局改组为市发展和改革局，市计划生育局更名为市人口与计划生育局，撤销商业局、外贸局、物资局，组建市商务局（事业单位），市法制办升格，撤销市轻工局整体并入市经济局。2005年，市直机关机构设置未变。

（二）乡镇机构

1986年，全市农村办事处8个，区级镇3个，乡级镇3个，乡41个。1995年，全市有8个区，46个乡镇，3个街道，撤区并乡扩镇后，减少至6个乡13个镇3个街道（1997年东山乡改为东山街道），乡镇一级机构保留党委会、人大主席团、人民政府、纪律检查委员会、人武部、共青团和妇联7个机构，内设机构为党政办公室、综合治理办公室、计划生育办公室、民政所。2002年，机构改革后，根据乡镇类别，一、二类乡镇街道内设机构为六办一所，即党政办公室，党建政工办公室，综合治理办公室（司法所），农经办公室、企业办公室、计划生育办公室、民政所。三类乡镇内设党政综合办公室加挂计生办公室、综治办公室牌子。所辖站所，一类乡镇设9个，三类乡镇设7个。一级机构设有党委会、人大主席团、人民政府、人民政协、纪委会、人武部、共青团、妇联8个机构。至2005年，乡镇机关内设机构无变化。

（三）事业单位机构

1986年，全市事业单位机构为898个。1987年，全民事业单位1044个（全额拨款1005个，差额拨款20个，自收自支19个），集体所有制单位239个。1989年，撤销4个，合并1个，改名1个。1990年，事业单位为957个。1991年，卫生、教育、农类19个事业单位升格。1999年，撤销事务所3个，增设2个。2001年，对140个职能相似相近的事业单位撤并。2002年，全市事业单位866个，其中承担行政职能的正科级事业单位19个。2005年，全市事业单位830个，其中财政预算单位721个，行使行政职能的事业单位52个，正科级单位18个，副科级单位9个；全额预算拨款单位40个、差额拨款单位2个、自收自支单位10个。

二、机构管理

1986年，各级机构分级审批、分类管理。凡增设机构和机构升格，实行定期会议制度和“三个一”制度（由编委及其办公室一个部门承办，主管机构编制工作的市委领导一支笔审批，市编委及其办公室一家行文批复）。制定《机构编制审批制度》《机构编制管理的规定》《关于加强机构编制管理的若干规定》《进一步加强机构编制管理工作的通知》，严格机构设置审批程序。1990年，否定未经编委办发文升格的8个市直机构。1997年，全市事业单位进行登记管理工作程序，完成事业单位登记778个。其中，法人登记188个，非法人登记520个。2000年年底，全市审批各类事业单位机构961个，完成登记管理958个。

三、机构改革

1993年，湖南省委将湘乡市作为湖南省第一批县级机构改革试点县市，按“放权、转体、分流”的原则精简机构，转变职能，分流富余人员。此次机构改革把经济管理部门转为实体，商业、供销、轻工、物资、外贸5个集团公司和农技、畜牧水产、农机、经管、广播、房地产在行政中转体分离；落实62个单位的职责任务，严格执行离退休制度，分流186人，其中流向企业80人、事业单位42人、离退休64人。

2001年9月，加快政企分开步伐，减少行政审批，合理设置机构，精减人员编制。2002年，全面落实“三定”工作，按照“三定”方案，共调整政府职能28项，下放职能10项，取消职能5项。47个重点单位的1546项行政审批事项保留730项，减少816项，减幅52.78%。全市党政群机关由56个精简为43个，内设机构由213个精简为174个，减幅18%。行政编制由686名精简为527名，减幅20%。市直承担行政职能的事业单位19个，内设机构由87个精简为69个，减幅20%。人员编制由327名精简为262名，减幅20%。乡镇街道行政编制由1020名精简为876名，减幅20%。市直其他单位（除教育、卫生外）的人员编制由2324名精简为1860名。至2005年，行政、事业编制没有大幅变动。

四、编制管理

1986—2005年，全市编制管理推行集中统一领导和“一支笔”审批的管理制度，实行编制与经费拨付挂钩的调控制度、建立编制联审奖罚制度。为有效控制人员增长，市委确立行政人员不超过编制总额、事业人员增幅控制在省定3% 以内的目标。人员余编单位从超编单位调入，调整领导班子在编内进行，采取离休、退休、动员干部下基层等办法消化超编。市委严格控制行政事业单位进人，禁止从事业、企业单位调入，事业单位坚持超编单位只出不进或多出少进，平编单位先出后进，自收自支单位按政策适当放宽，并对政策性安置对象实行编制计划使用管理制度，从源头上防范人员膨胀。

1986—2005年湘乡市编制核定一览表

表12-5　　单位:人

项目年份	核定市直机关行政编制	核定乡镇街道行政编制	核定政法系统编制	核定事业单位编制
1986	647	1019	377	7743
1987	650	1072	370	7743
1988	516	1000	462	7743
1989	694	1019	462	8036
1990	728	1019	466	9944
1991	730	1019	484	10171
1992	676	1019	484	10076
1993	746	1019	484	10508
1994	730	1019	513	10403
1995	730	1020	520	10523
1996	740	1020	603	10933
1997	746	1020	603	12487
1998	746	1020	603	13225
1999	746	1020	603	13331
2000	686	1020	603	13441
2001	527	816	603	13450
2002	527	816	631	14694
2003	649	816	643	13992
2004	574	774	653	14277
2005	527	949	656	14135

第六节 党校教育

1986年，中共湘乡县委党校实行校长领导下的校务委员会领导体制。1987年，县委党校更名为市委党校，开展45岁以下，高中学历以下干部中专学历培训及干部短期进修、培训班。1991年起，经市委任命，由市委副书记兼任党校第一校长。1994年起，与上级党校联办或自办函授学历教育班。1997年7月，加挂湘乡市行政学校牌，属同级党委直管的事业单位。党校实行校长领导下的校务委员会领导体制，校务委员会由正副校长和校务委员组成。2000年开始，与国民教育系统大专院校联办函授学历教育班。至2005年20年间，共有42个班3144名学员获毕业文凭。其中，函授硕士研究生课程班毕业55人，函授本科毕业1165人，函授大专毕业1893人，函授中专毕业31人。共主办各类干部进修、培训班251期，培训各级各类干部24052人次。其中主体班96期，培训“两下”（45岁以下，高中学历以下）干部、科级领导干部、村党支部书记、村主任、科级后备（中青年）干部和村级后备干部6185人次。办其他干部进修、培训班155期，轮训、培训部门干部、新进国家干部、公务员等17867人次。中共十四大以前，进修、培训主体班主要围绕党的思想、政治和组织路线，开设课程。中共十四大以后，围绕经济发展和改革开放，以邓小平理论为主课。中共十六大以后，以马列主义基本问题、毛泽东思想基本问题、邓小平理论基本问题和“三个代表”重要思想为主课。

2005年，全校有教职员工23人，其中教学人员15人，占教职员工总数的65%，大学本科以上学历14人，中级职称7人，副高职称5人。

第七节 保密工作

1986年，湘乡市保密工作由市委办公室承担，没有配备专职干部。1988年9月，《中华人民共和国保密法》颁布后，市普法办把《中华人民共和国保密法》的学习、宣传纳入“二五”普法内容。1998年开始，在市委党校开设保密教育课，纳入党校常年教学计划。2003年3月，确定湘乡市印刷厂和湘乡市教育印刷厂为湘乡市秘密载体定点复制单位。2005年，市保密局对全市单位的计算机实行备案管理，规定涉密计算机不许上互联网，对非涉密办公电脑实行物理隔离，安装安全隔离卡。每年的自考、成人高考、毕业会考、中专、高考及有关部门组织的专门考试，均安排专人进行保密管理。高考期间，进行全程保密监督管理。当年6月19日上午，初中毕业会考壶天镇中学考点出现化学科试卷泄密事件，市委办公室协助有关部门进行严肃处理。

第八节 老干部工作

县委老干部工作局于1987年3月更名为市委老干部工作局，1993年8月改名为老干部工作办公室。1995年1月，恢复为市委老干部工作局，归市委组织部管理。2001年，市委老干部工作局更名为市委老干局。

一、离休干部生活待遇

1986年起，全市累计有离休干部及副县级三项待遇（住房、医疗、用车）以上退休干部378人。1991年，建立“湘乡市老干部两项待遇落实情况调查卡”。1995年11月，对全市两项待遇（政治待遇、生活待遇）落实情况进行检查。1996年7月，对企业拖欠离休“两费（离休费、医疗费）”进行调查并予以清收。1997年，做好企业离休干部与行政离休干部离休金持平工作。2001年3月至10月，清理收缴1999年以前有关单位拖欠离休“两费”15万元，确保48名离休干部“两费”到位。2003年3月，市委下发《关于建立和完善离休干部离休费保障机制医药费保障机制及财政支持机制的通知》，确保“两费”工作落实。2004年6月，启用湖南省离休干部医疗保障《湖南省离休干部药品目录》《湖南省离休干部诊疗项目目录》《湖南省离休干部医疗服务设施标准》。2004—2005年，做好无固定收入离休干部配偶、遗孀入医保工作。2005年，全市尚有离休干部212人，享受副县级三项待遇以上退休干部108人，合计320人。其中，男性302人，女性18人；党员188人；居住农村66人，居住城镇254人；易地安置3人，安置易地3人；享受副师级待遇1人，副师级三项待遇4人，副师级单项待遇2人，县级待遇91人，享受副县级三项待遇95人。离休干部平均年龄79.6岁，分布于11个乡镇街道和46个市直单位，其生活待遇均得到落实。

二、老干部活动

1989年3月8日，成立老干部活动中心，属市委老干部工作局管理的事业单位。地点设老干宿舍。1995年9月，开始筹建老年大学。2000年5月，活动中心搬迁至务门前街新址，面积2380平方米。活动中心购置新设备，增设乒乓球室、大小会议室及室外门球场。活动中心每年举办棋牌、门球、乒乓球、书法、征文比赛、保健知识讲座和钓鱼等多种文体活动。每天前来活动中心学习、活动的老同志有200余人次。2000年9月11日，老年大学正式开学开课，开设音乐、书画等5个专业，招收6个班，150名学员。2001—2005年，每年开设9～11个专业，学员300～500名。

学校书画协会会员创作诗词对联作品240多首（副）、书画作品380多幅；参加全国、省、湘潭市诗书画比赛，获奖80多人次。学校办学经验3次在省老年教育工作会议上推介。

附录：关心下一代工作委员会

1989年，市关心下一代工作委员会（以下简称市关工委）成立，由市人大常委会主任兼主任。1990—1998年，在全市创办家长学校287所。编写《家庭教育讲座》发至全市中小学校。2001年起，由市委副书记兼主任，在职市级领导和曾在市委、市大人、市政府、市政协任副职的老干部及市委老干部局局长任副主任，市直有关职能部门负责人任成员。市关工委按照中共中央国务院《关于进一步加强和改进未成年人思想道德建设的若干意见》的要求，以加强青少年德育、法制教育为重点开展工作。创建德育报告团，加强校外辅导员和法制副校长队伍建设，配合职能部门开展专题调研。撰写《我市网吧经营违法行为亟待矫治》等调查报告和辅导材料，并结合重大纪念活动，对中小学生进行公民道德教育。全市举办主题报告会800多场次，受教育学生12万多人次。

2001年，市委要求市直单位工作人员缴纳关心下一代基金。当年募集基金36万余元。2002—2003年，市关工委动用基金扶助199名贫困学生。2003年12月，市委、市政府决定建立基金募集长效机制。从2004年起，由市关工委牵头开展“千人助学工程”扶助贫困学生1035名。2005年，把扶助1200名特困学生入学作为市政府为民办“十件实事”之一写入政府工作报告。当年实际扶助贫困学生1319名，扶助资金38万元，其中市关工委扶助329名。至年底，4年间，市、乡两级基金总额达200万元，其中市级基金102万元。基金由基金募集管理委员会按《湘乡市关心下一代基金章程》管理。

第十三编 人民代表大会

第一章 人大代表

第一节 代表产生

从1986年11月18日开始，湘乡市第一届人大代表的选举工作，全面铺开。先选择泉塘区双江乡试点，然后采取走一步带一步的办法全面开展。当年全市总人口80.956万人，登记选民53.8024万人，占总人口的65.1%。全市于12月12日召开动员会，确定1987年1月5日为选举日，划分选区180个。首轮多种形式提名推荐候选人4374人，为应选代表的12倍。其中，选民10人联名推荐3616人，政党团体推荐758人。经过认真的酝酿协商，确定正式候选人605人，为应选代表的1.66倍。除试点单位外，全市于1987年1月5日正式投票选举。设中心会场912个，流动票箱811个，参加投票的有51.6504万人，占选民总数的96.1%。直接投票的46.27万人，占选民总数的86%。选举产生湘乡市第一届人大代表364名。

1989年，市、乡镇两级同步换届。10月1日即开始准备，市、乡（镇）两级分别成立选举机构。10月16日至11月25日，市人大常委会由一名副主任带队在泉塘区湖山乡搞试点。试点结束后，11月28日，市里召开有区、乡党委书记和市直单位负责人参加的动员会，全面部署选举工作。当年全市总人口84.8293万人，登记选民57.4384万人，占总人口的67.7%。全市划分选区170个。按《中华人民共和国选举法》规定，由选民10人联合提名和政党团体提名推荐第一轮候选人为3974人，为应选代表的11.38倍。经过反复酝酿协商，确定正式候选人651名，为当选代表的1.86倍。确定12月30日为全市的选举日。全市设立中心会场902个，流动票箱853个。参加投票的选民有54.7962万人，占选民总数的95.4%，参加直接投票的选民有46.3028万人，占选民总数的84.5%。全市有19个选区因第一次被选者得票未过半数，进行重选。选举产生湘乡市第二届人大代表349名。

1992年根据修改的《中华人民共和国选举法》规定，市人大代表任期由原来的3年改为5年。当年市人大常委会和选举委员会于10月中旬选择在潭市试点。试点结束后，于11月10日市里召开换届选举工作动员会。当年全市总人口87.8725万人，登记选民61.0914万人，占总人口的69.5%。首轮由选民10人联合提名和政党团体推荐的候选人共6420人，为应选代表的18.4倍。经过反复酝酿协商，确定正式候选人535人，为应选代表的1.53倍。12月10日为全市选举日，设中心会场891个，流动票箱913个。参加投票的64.8528万人，占选民总数的94.2%。直接投票的52.4775万人，占选民总数的85.9%。全市有11个选区进行重新投票。选举产生湘乡市第三届人大代表349名。

1997年10月中旬，市人大常委会和选举委员会召开乡（镇）党委书记、市直单位负责人会议，进行换届选举工作动员。由于市人大代表直选已连续进行三届，基层干部和广大群众都积累了一定的经验，因此，市里没有先办试点，而是统一部署，同步进行。当年，全市总人口88.8112万人，登记选民66.4308万人，占总人口的74.8%。全市共设选区150个，第一轮由选民10人以上联合提名及党政团体提名推荐候选人3509名，为应选代表的12倍。经过反复酝酿协商，确定正式候选人467名，为应选代表的1.6倍。11月20日为全市选举日。由于农村人口流动性很大，难以设置中心会场，只有机关单位、学校、医院及居住集中的地方能够集中投票。全市设置中心会场50个，设流动票箱2020个。选民直接投票的31.8867万人，占选民总数的48%，依法代投的32.8832万人，占选民总数的49.5%。总投票率达97.5%。选举产生湘乡市第四届人大代表292名。

2002年10月19日，市委批转市人大常委会的工作方案，成立选举机构。10月24日，市里集中培训选举骨干。10月25日，由市委主持召开换届选举工作动员大会。全市45个选举单位，依法划分为141个选区。全市当年总人口89.3982万人，登记选民66.6921万人，占总人口的74.5%。依法由选民10人联合提名推荐902名，政党、团体推荐520名，合计1422名，为应选代表的4.85倍。经过反复酝酿协商，确定正式候选人435名，为应选代表的1.48倍。11月26日为全市选举日。全市共设置中心会场50个，设流动票箱2360个。由于工作灵活，选民民主意识增强，直投率较上届有所提高，参加直接投票的34.1463万人，占选民总数的51.2%；依法代投32.5457万人，占选民总数的48.79%，总参选率达到99%。选举产生湘乡市第五届人大代表293名。

第二节 代表构成

湘乡市第一届人大代表364名。其中女性为93名，占总数的25.53%。按政治面貌分：中共党员262名，占71.97%；非中共党员102名，占29.03%。按从业分：工人14名，占总数的3.8%；农民120名，占32.8%；国家干部149名，占41.2%；知识分子62名，占17%；其他19名，占5.2%。按文化程度分：小学54名，占总数的14.84%；初中136名，占37.36%；高中和中专123名，占33.79%；大专51名，占14.01%。本届产生2名少数民族代表。

湘乡市第二届人大代表349名。其中女性为88名，占25.2%。按政治面貌分：非中共党员97

名，占27.7%。按从业分：工人48名，占总数的13.8%；农民91人，占26%；国家干部137名，占39.2%；其他73名，占21%。按文化程度分：小学53名，占总数的14.95%；初中130名，占37.24%；高中和中专118名，占33.81%；大专以上48名，占13.75%。

湘乡市第三届人大代表349名。其中有女性代表90名，占总数的25.7%。按政治面貌分：有非中共党员115名，占33%。按从业分：工人39名，占总数的11.2%；农民126名，占36%；国家干部184名，占52.63%。按文化程度分：小学33名，占总数的9.43%；初中97名，占27.7%；高中及中专152名，占43.55%；大专以上67名，占19.2%。从本届开始，特别强调要注意代表的年轻化，因此，专门作了统计：45岁以下的217人，占总数的62.17%；46～55岁的111名，占31.8%；56岁以上的21名，占6%。

湘乡市第四届人大代表292名，比上届减少53名，减少15.36%。有女性代表70名，占总数的23.97%。按政治面貌分：有非中共党员81名，占总数的27.74%。按从业分：工人33名，占总数的11.3%；农民81人，占27.7%；科技人员33名，占11.4%；国家干部145名，占49.65%。按文化程度分：初中72名，占总数的24.3%；高中及中专141名，占48.3%；大专以上79名，占27.1%。代表的文化水准总体提升。代表的年龄结构是：45岁以下的184人，占总数的63%；46～55岁的67名，占22.94%；56岁以上的41名，占14.06%。代表的平均年龄大幅下降。

湘乡市第五届人大代表293名。有女性代表50名，占总数的17.1%。按政治面貌分：非中共党员50名，占17.1%。按从业分：工人11名，占总数的3.8%；农民85人，占29%；国家干部120名，占41%；科教文卫代表77名，占26.2%。按文化程度分：初中49名，占16.78%；高中及中专的93名，占31.7%；大专以上151名，占51.5%。代表的整体文化水平进一步提高。代表的年龄结构是：35岁以下的32人，占总数的10.9%；36～55岁的254名，占86.7%；56岁以上的7名，占2.4%，代表进一步年轻。

1986—2005年历届市人大代表选举情况统计表

表13-1

年份	届次	总人口	选民数	占总人口%	代表总数	其中代表构成						
						女	非党	工人	农民	干部	知识分子（大专以上）	少数民族
1986	一	809560	538024	65.1	364	93	102	14	120	149	51	2
1990	二	848293	574384	67.7	349	88	97	48	91	137	48	—
1992	三	878725	610914	69.5	349	90	115	39	126	184	67	—
1997	四	888112	664308	74.8	292	70	81	33	81	145	79	—
2002	五	893982	666921	74.5	293	50	50	11	85	120	151	—

第二章 代表大会

第一节 第一届市人民代表大会（1987.3—1990.2）

第一次人民代表大会于1987年2月28日至3月5日召开，应到代表364人，实到362人，列席385人。会议听取和审议市政府、计划、财政、人大、法院、检察院工作报告，审议和批准上年财政决算和本年预算及国民经济的安排，作出了《关于开展“双增双节”的决议》。会议以无记名投票方式选举人大常委会主任1人、副主任5人。同时，选举市长1人，副市长4人，法院院长和检察院检察长各1人。会议收到议案、建议、批评和意见289件，由市政府和相关部门进行了认真办理。第二次人民代表大会于1987年12月22日召开。正式代表364人，列席代表及工作人员80人。会上，选出了出席湘潭市第九届人民代表大会代表69名。第三次人民代表大会于1988年3月15日至20日召开。正式代表362人，列席人员543人。会议听取和审议市政府、计划、财政、人大、法院、检察院的工作报告，并作出相应的决议，同时批准上年财政决算和本年度财政预算及国民经济的计划安排。大会选举副市长1人。会上收到议案99件，建议、批评和意见306件，及时进行了交办。第四次人民代表大会于1989年3月20日至24日召开。正式代表361人，列席人员310人。会议听取和审议市政府、计划、财政、人大、法院、检察院的工作报告，审议批准财政年度决算、预算，会上收到代表建议、批评和意见329件。作出了《关于开展“全民爱路月”活动的决议》。

第二节 第二届市人民代表大会（1990.2—1993.1）

第一次人民代表大会于1990年2月20日至25日召开。会议应到代表349人，出席会议的正式代表348人，列席人员460人。会议听取和审议市政府、计划、财政、人大、法院、检察院工作报告，审议批准财政年度预、决算和国民经济计划安排。大会选举人大常委会主任1人、副主任6人，法院院长和检察长各1人。会上共收到议案、建议、批评和意见309件。第二次人民代表大会于1991年3月19日至23日召开。正式代表352人，列席人员400人。会议听取和审议市政府、计划、财政、人大、法院、检察院的工作报告，审议批准财政年度预、决算和国民经济计划安排。专门作了《关于切实减轻农民负担保护农民利益的决议》和《关于深入开展法制宣传教育的决议》。共收到议案、建议、批评和意见329件。第三次人民代表大会于1992年3月15日至20日召开。正式代表351人，列席人员351人。会议听取和审议市政府、计划、财政、人大、法院、检察院的工作报告，审议批准财政年度预、决算和国民经济计划安排。作出《关于实行科教兴市的决议》《关于深入贯彻全民工业企业法的决议》。会议期间，共收到议案、建议、批评和意见253件，其中批准立案4件。交办后，见面率达到60%，答复率100%，满意率80%。

第三节 第三届市人民代表大会（1993.1—1997.12）

第一次人民代表大会于1992年12月27日至1993年1月1日召开。会议应到代表349人，实到344人，列席人员520人。会议首先选举出席湘潭市第十届人民代表大会代表70名。然后依法听取和审议市政府、计划、财政、人大、法院、检察院的工作报告，审议和批准上年度财政决算和本年度财政预算及国民经济和社会发展的计划安排。大会选举人大常委会主任1人，副主任5人。同时，选举市长1人，副市长5人（其中2名副市长由代表10人联名后选举产生），法院院长和检察长各1人。会上收到议案、建议、批评和意见353件。第二次人民代表大会于1994年3月14日至19日召开。正式代表346人，列席人员40人。会议听取和审议市政府、计划、财政、人大、法院、检察院的工作报告，审议批准财政年度决算、预算及计划安排。会上，补选13名湘潭市第十届人大代表。通过投票免去1名副市长职务，收到议案、建议、批评和意见243件。第三次人民代表大会于1995年3月1日至7日召开。正式代表347人，列席人员450人。会议听取和审议市政府、计划、财政、人大、法院、检察院的工作报告，审议批准财政年度预算、决算及国民经济和社会发展的计划安排。会上选举市长1人，增选湘潭市第十届人大代表2名。会议期间，共收到议案、建议、批评和意见223件。第四次人民代表大会于1996年3月5日至9日召开。正式代表349人，列席人员480人。会议听取和审议市政府、计划、财政、人大、法院、检察院的工作报告，审议批准财政年度预算、决算及国民经济和社会发展的计划安排。大会选举检察长1人。会上收到质询案5件，由有关单位负责人进行了当面答复。收到议案、建议、批评和意见130件。第五次人民代表大会于1997年3月12日至16日召开。正式代表353人，列席人员450人。会议听取和审议市政府、计划、财政、人大、法院、检察院的工作报告，审议批准财政年度预算、决算及国民经济和社会发展的计划安排。大会选举法院院长1人。会议期间，代表们提出约见案49件，质询案1件，建议、批评和意见190件。约见案和质询案在会中由有关单位负责人进行了当面答复。

第四节 第四届市人民代表大会（1997.12—2002.12）

第一次人民代表大会于1997年12月15日召开。会议应到代表292人，实到292人，列席人员700人。依法听取和审议市政府、计划、财政、人大、法院、检察院的工作报告，审议批准财政上年度决算和本年度预算及国民经济社会发展的计划安排。大会选举人大常委会主任1人，副主任6人。同时，选举市长1人，副市长5人，法院院长和检察长各1人。还选出出席湘潭市第十一届人大代表78名。会议期间，收到代表议案、建议、批评和意见113件。第二次人民代表大会于1999年2月28日至3月3日召开。正式代表295人，列席人员500人。会议听取和审议市政府、计划、财政、人大、法院、检察院的工作报告，审议批准财政本年度预算安排和上年度预算执行情况及计划安排。会上，收到议案、建议、批评和意见234件。第三次人民代表大会于2000年2月27日至3月4日举行。正式代表295人，列席人员500人。会议听取和审议市政府、计划、财政、人大、法院、检察院的工作报告，审议批准财政本年度预算安排和上年度预算执行情况及计划安排。大会选举市长1人，检察长1人。会议期间，收到议案、建议、批评和意见135件。第四次人民代表大会于2001年2月21日至2月26日召开。正式代表295人，列席人员585人。会议听取和审议市政府、计划、财政、人大、法院、检察院的工作报告，审议批准财政本年度预算安排和上年度预算执行情况及计划安排。会议选举市长1人。第五次人民代表大会于2002年3月8日至13日召开。正式代表296人，列席人员584人。会议听取和审议市政府、计划、财政、人大、法院、检察院的工作报告，批准了财政本年度预算安排和上年度预算执行情况及计划安排。会议期间，收到质询案1件，约见案31件，建议、批评和意见148件。

第五节 第五届市人民代表大会（2002.12—2007.12）

第一次人民代表大会于2002年12月12日至18日召开。会议应到代表293人，实到292人，列席588人。依法听取和审议市政府、计划、财政、人大、法院、检察院的工作报告，批准财政本年度预算和上年度决算及国民经济社会发展的计划安排。大会选举人大常委会主任1人，副主任6人。同时，选举市长1人，副市长6人，法院院长和检察长各1人。选出出席湘潭市第十二届人大代表60名。

会议期间，收到议案、建议、批评和意见366件，主席团批准立案3件，交政府专门办理。约见案6件，会中已约见1件，其他5件由联工委另行安排。第二次人民代表大会于2004年2月17日至21日召开。正式代表293人，列席人员590人。会议听取和审议市政府、计划、财政、人大、法院、检察院的工作报告，审议批准财政本年度预算安排和上年度预算执行情况及计划安排。会议期间，收到议案、建议、批评和意见262件，主席团批准立案2件，约见案22件，均已安排约见，代表表示满意。第三次人民代表大会于2005年3月1日至5日召开。正式代表292人，列席人员590人。会议听取和审议市政府、计划、财政、人大、法院、检察院的工作报告，批准财政本年度预算安排和上年度预算执行情况及计划安排。会议期间，收到代表提出的议案16件，主席团批准均转作建议、批评和意见办理。约见案19件均在会中进行。收到建议、批评和意见314件。

注：届中各次人民代表会议人民代表数额不尽一致，系因人事异动而出现罢免或补选代表的情况

第三章 人大常委会

第一节 组织机构

湘乡市一至五届人民代表大会常务委员会由主任1人，副主任5~6人，常务委员14~17人组成。1986年，下设办公室、法制工作委员会、财政经济工作委员会、教科文承工作委员会、联络工作委员会。1988年3月，增设城乡建设工作委员会。1990年3月，增设农业工作委员会。1991—2005年，机构未变，名称有变，法制工作委员会改称内务司法工作委员会、城乡建设工作委员会改称城乡建设环境保护工作委员会、联络工作委员会改称选举任免联络工作委员会。

第二节 常委会会议

县第九届人代会后期（1986.2—1987.2），召开人大常委会8次。会上罢免人大代表1名；停止代表活动1名；审议《中华人民共和国经济合同法》等2件；任免干部19名；作出编修县志等决议2件；听取工作汇报3次。

一、市第一届人民代表大会期间

召开人大常委会20次。设议程86项。其中，涉及人代会的筹备工作7项，包括大会召开的时间、列席人员、各项报告等。研究换届选举2项。审查计划和财政预算安排及决算情况14项。作出开展增产节约、实施义务教育等重大决议4项，其他59项。听取工作汇报和作出部署31次。听取关于议案、建议、批评意见办理情况的汇报3次。补选湘潭市第九届人民代表大会代表3名。任免人大机关办委正副主任、政府组成人员、法院、检察院副院长、审判员、检察员、正副庭长等188名。

二、市第二届人民代表大会期间

召开人大常委会18次。设议程93项。其中，属于换届选举2项，人代会的筹备67项。听取工作汇报36次，作出《振兴轻工业》《加强社会治安综合治理》等重要决议7件；听取办理议案、建议和批评意见的汇报4次；进行选举2次，补选出湘潭市第十届人民代表大会代表5名；进行人事任免12次，共任免人大办委正副职、副市长、政府组成局局长、主任、法院、检察院的副职、审判员、检察员及法庭的正副庭长195名。

三、市第三届人民代表大会期间

召开人大常委会32次。设议程150项。其中，审议财政（含城市维护费）25项，计划8项，工作研究31项；办理议案、建议、批评意见（含反馈）14项；执法检查6项；其他66项。述职评议9次19人；人事任免17次，共任免人大办委正副职、副市长、组成局局长、法院、检察院副职、审判员、检察员等221人次。其中，任免副市长12人次；补选湘潭市第十届人大代表3次11名；集体学法3次，作出“关于确定市徽标志”和举行人民代表大会的决议、决定6件（次）。

四、市第四届人民代表大会期间

召开人大常委会29次。设议程145项。其中，工作研究25项；审议财政31项；审议计划工作10项；人事任免20项，任免人大机关办委正副职、政府及组成局、法院、检察院的副职、审判员、检察员等253人次；办理议案、建议、批评意见2次，罢免湘潭市第十一届人大代表1名，补选代表2名；评出湘潭、湘乡两级人民代表中立二等功的3人，立三等功的10人，受嘉奖的10人；还审议了毛田乡撤乡建镇事项，但呈报后未获批准。

五、市第五届人民代表大会前期（2002.12—2005.12）

召开人大常委会23次。设议程103项。其中，工作研究12项，作出决议、决定9项；财政预、决算等18项；人民代表大会筹备工作8项；办理议案、建议、批评意见5项；其他37项。补选湘潭市第十二届人大代表3次，其中罢免代表2名，补选代表2名；授予本市劳动模范称号10名，听取对2名组成局局长和1名事业局局长进行离任审计的汇报；任命人大办委正副职、副市长、组成局局长、法院、检察院的副职、审判员、检察员279名；评议政府工作人员、法院、检察院的副职共13名。

第三节 职能履行

一、视察调查

常委会每年组织委员进行1~2次视察，开展1~3项专题调查。

1986年1月，主任张海根带领委员、机关干部7人深入岐山乡开展扶贫调查，调查结果不仅引起本级政府的关注，而且引起湘潭市委、市政府的关注，湘潭市政府连续3年到岐山乡扶贫，重点帮助解决该乡高寒山区小水村的通电、道路和水利问题，使小水村从根本上改变了面貌。

1991年1月，常委会组织市内的省、市人大代表赴溪口水库库区视察调查。代表们了解到当年库区人民响应党和政府的号召，顾全大局，搬离家园，为修建水库作了巨大贡献。但是，现在库区人民的生产生活存在许多困难，迫切需要各级政府给予扶持。对此，在省七届四次人代会上，湘乡代表向大会提出建议，引起省政府和省水利部门的重视。不久，省政府在溪口水库的受益单位中筹集资金对库区移民进行了扶助。

1993年8月，常委会派出调查组对使用农业人口购买非农业户口的资金在外地设置窗口的情况进行专项调查。调查组人员深入到惠阳、海口、上川岛进行实地察看，海口建设了一处房产（后来证实违规，损失巨大）。其他办事处存在工作不落实及违法经营的问题。常委会在审议时向政府提出质询，市政府采取果断措施，撤销驻惠阳、海口等外设窗口。

2000年6月，常委会就东台山国家森林公园的管理问题开展专项调查，发现公园内乱砍滥伐森林、乱采矿石的问题严重。对此，四届人大常委会第十五次会议进行专题审议。作出《关于严禁在东台山国家森林公园内砍伐树木、开采矿石的决定》。此后，公园内的“两乱”现象得到有效控制。

至2005年，常委会共开展视察调查356次，撰写调查报告285份。

二、办理议案、意见和建议

每年召开代表大会，代表们都会提出各方面的议案、建议和意见，人大常委会在大会结束后及时召开政府职能部门交办会议，并要求在6个月内办完。

1996年，市人大三届四次代表会上收到议案、建议、意见166件。大会结束后，马上召开交办会议。一些代表提出：市政府应迅速解决拖欠医药费的问题。市财政局接到建议后，马上组织班子进行清理，并拨款10万元，解决1994年以前的医药费尾欠问题。市农村工作办公室收到代表建议8份，突出意见是要减轻农民负担。农办立即向市委、市政府主管领导汇报。市委、市政府组织300多名干部深入到全市22个乡镇走访、调查，彻底清理中小学乱收费、农业特产税按人口分摊、办结婚证搭车收费等问题。全年核减农民负担2200多万元。

1999年，在市四届二次人代会上，11名代表联名提出“关于加强烟花鞭炮及危爆物品管理”的议案。大会结束后，市人大常委会组织9名代表前往娄底市考察。了解学习他们的管理经验，写出考察报告，供市政府参考。市政府采纳代表意见，积极开展烟花爆竹行业的治理整顿。

三、执法监督

市人大常委会每年检查2~4部国家法律的执行情况。

1998年7月，由市人大城乡建设环境保护工作委员会牵头，组织部分委员对《中华人民共和国公路法》（以下简称《公路法》）的执行情况进行检查。委员们认为《公路法》的实施取得了阶段性成果，但公路两旁建筑物间距近、侵占公路权益等问题仍然突出。为了促进《公路法》的进一步落实，人大常委会作出《关于开展〈公路法〉宣传月活动的决议》。此后，每年11月开展《公路法》宣传月活动，促进了全市的公路建设和管理。

2000年10月，市人大常委会对《中华人民共和国土地管理法》的贯彻执行情况进行专项检查。针对存在的问题，向职能部门提出：要进一步加大土地管理的力度，切实保护好耕地；要加大执法力度，严把土地审批关；要进一步规范好农民建房审批和收费行为。至2003年，全市因各种因素减少耕地637.07公顷，通过开发、复垦，新增耕地144.25公顷。

2004年，再次进行土地管理法执法检查时，全市完成了土地利用总体规划的编修，狠抓了耕地占补平衡。

至2005年的20年间，市人大常委会累计开展执法监督检查52次。

湘乡市人大常委会第一至五届正副主任一览表

表13-2

届次	职务	姓名	性别	籍贯	任职时间
第一届	主任	张海根	男	醴陵	1987.3—1990.2
	副主任	李受芹	男	双峰	1987.3—1990.2
	副主任	曹玉贞	女	湘乡	1987.3—1990.2
	副主任	阳祖耀	男	湘乡	1987.3—1990.2
	副主任	成炳辉	男	湘乡	1987.3—1990.2
	副主任	刘毓珊	男	湘乡	1987.3—1990.2
第二届	主任	李受芹	男	双峰	1990.2—1990.12
	主任	李先桂	男	湘乡	1991.1—1993.1
	副主任	刘毓珊	男	湘乡	1990.2—1993.1
	副主任	毛泽涟	男	湘乡	1990.2—1993.1
	副主任	田其英	女	湘乡	1990.2—1993.1
	副主任	冯永谷	男	湘乡	1990.2—1993.1
	副主任	周虎（兼）	男	湘潭	1990.2—1993.1
	副主任	彭星庚	男	湘乡	1990.2—1993.1
第三届	主任	李先桂	男	湘乡	1993.1—1997.12
	副主任	刘毓珊	男	湘乡	1993.1—1997.12
	副主任	田其英	女	湘乡	1993.1—1997.12
	副主任	冯永谷	男	湘乡	1993.1—1997.12
	副主任	朱武龙	男	湘乡	1993.1—1997.12
	副主任	周虎（兼）	男	湘潭	1993.1—1997.12
第四届	主任	李先桂	男	湘乡	1997.12—2002.12
	副主任	王念慈	男	湘乡	1997.12—2002.12
	副主任	胡志中	男	湘乡	1997.12—2002.12
	副主任	赵早仁	女	双峰	1997.12—2002.12
	副主任	周虎（兼）	男	湘潭	1997.12—2002.12
	副主任	李效兴	男	湘乡	1997.12—2002.12
	副主任	左连伏	男	湘乡	1997.12—2002.12
第五届	主任	曹忠华	男	湘乡	2002.12—2007.12
	副主任	李效兴	男	湘乡	2002.12—2007.12
	副主任	赵早仁	女	双峰	2002.12—2007.12
	副主任	胡志中	男	湘乡	2002.12—2007.12
	副主任	陈映雪	女	湘乡	2002.12—2007.12
	副主任	王念慈	男	湘乡	2002.12—2007.12
	副主任	黎文辉（兼）	女	湘乡	2002.12—2007.12

第十四编 人民政府

1986年9月12日，国务院批准撤销湘乡县建立湘乡市。1987年3月，第一届湘乡市人民政府成立。1989年，国务院批准湘乡市为全国商品粮基地。1990年，全市国内生产总值6.7012亿元。1991年起，全市工业企业进行改革。农业升温，湘乡成为全省第12个吨粮县（市）和全国500强产粮大县（市）之一，并跻身全国生猪百强县（市）。1995年，全市国内生产总值22.72亿元。1996年，市政府继续实施农业强市战略，开展水稻大面积高产技术研究。市政府决定，在1997年实现党中央、国务院提出的“基本普及九年义务教育，基本扫除青壮年文盲（简称‘两基’）”的要求。1997年10月，省政府认定湘乡市“两基”达标。当年，文化部授予湘乡市全国文化先进县（市）称号。1998年，大力发展民营企业，当年民营企业产值占全市工业总产值的48.9％。1998年，启动城乡电网建设改造。1999年，在国营和集体企业中实行“两个置换”（企业置换产权、职工置换身份）为主的产权制度改革。2000年，获全国造林绿化百强县（市）称号。全市国内生产总值34.51亿元。2001年，市政府出台农业产业化优惠政策和奖励办法，重点扶植农产品加工企业。2002年，省政府批准湘乡市建立工业园。2005年，全市完成城乡电网改造。湘乡市被科技部评为全国科技先进县（市）。全市国内生产总值达到67.15亿元。至2005年，共历5届。

第一章 机构

第一节 领导机构

1987年2月28日至3月5日，湘乡市第一届人民代表大会第一次会议召开，选举市长1人，副市长4人，组成第一届市人民政府。因人事变动，1989年3月，本届人大常委会任命副市长2人。1990年2月，第二届市人民代表大会第一次会议选举市长1人，副市长3人，组成第二届市人民政府。由于人事变动，本届人大常委会先后任命副市长5人，代理市长1人。1993年1月，第三届市人民代表大会第一次会议选举市长1人，副市长5人，组成第三届市人民政府。由于人事变动，人大常委会先后任免副市长12人次，任命代理市长1人，1995年3月，补选市长1人。1997年12月，第四届人民代表大会第一次会议选举市长1人，副市长5人，组成第四届市人民政府。因人事变动，本届市人大常委会先后任命副市长1人、代理市长1人。2000年9月，本届第三次人民代表大会补选市长1人。2001年，本届第四次人民代表大会补选市长1人。2002年12月，第五届市人民代表大会第一次会议选举市长1人，副市长6人，组成第五届市人民政府。因人事变动，本届人大常委会于2003年9月和2004年9月任命副市长各1人。2005年，市人民政府领导班子未变。

1986—2005年湘乡市人民政府历任市长一览表

表14-1

届次	姓名	籍贯	任职时间
第一届	廖六如	长沙	1987.3—1990.1
第二届	伍守成	衡阳	1990.1—1992.10
第三届	李云德	湘潭	1992.10—1994.9
第三届	阳祖耀	湘乡	1994.9—1997.8
第四届	李江南	湘潭	1997.8—1999.12
第四届	张泽静	衡阳	1999.12—2000.10
第四届	廖继良	湘乡	2000.10—2002.10
第五届	黄赞佳	宁乡	2002.10—

1986—2005年湘乡市人民政府历任副市长一览表

表14-2

姓名	籍贯	任职时间
王玉轩	湘乡	1987.3—1989.7
王念慈	湘乡	1987.3—1992.12
谢明德	双峰	1987.3—1989.12
廖福玉	湘乡	1987.3—1991.11
阳祖耀	湘乡	1989.3—1994.9
毛涤怀	长沙	1989.5—1992.12
袁万里	长沙	1990.2—1992.12
罗征沐	湘乡	1990.11—1994.5
李云德	湘潭	1991.11—1992.10
廖继良	湘乡	1992.12—1997.10
刘登安	湘乡	1992.12—1997.10
肖克和	湘乡	1992.12—1997.10
黄平良	湘乡	1993.10—1995.11
刘清林	湘乡	1994.9—1997.10
周连生	湘乡	1995.12—2002.10
肖树人	湘乡	1997.10—2003.8
李一平	长沙	1998.4—1999.4
王仕明	宁乡	1997.12—2002.10
万特华	湘乡	1997.12—2002.10
陈继东	湘乡	1997.12—2002.10
朱红兵	湘潭	1999.12—
刘力求	湘乡	2002.12—
沈玉明	湘乡	2002.12—
潘如心	湘乡	2002.12—
伍国强	湘乡	2002.12—
何 锋	湘乡	2003.9—
李科文	湘乡	2004.9—2005.12

第二节 工作机构

1986年，湘乡县人民政府共设31个工作机构，即：办公室、经济委员会、农业委员会、计划委员会、财贸委员会、科学技术委员会、公安局、司法局、民政局、统计局、劳动人事局、教育局、城乡建设环境保护局、交通局、乡镇企业局、商业局、物价局、财政局、税务局、粮食局、工商行政管理局、审计局、农业局、林业局、水利水电局、畜牧水产局、文化局、卫生局、广播电视局、计划生育委员会、体育运动委员会。9月，湘乡撤县建市。1987年3月，成立市国土管理局；7月，撤销财贸委员会，改为财贸组；9月，市农业经济委员会更名农村经济委员会；12月，设立市监察局。

1990年3月，市标准计量局更名为市技术监督局；6月，撤销财贸组，恢复市财贸委员会；7月，市环境保护办公室更名为市环境保护局；8月，设立市文教办公室和市工业局；12月，设立市对外经济贸易委员会、劳动人事局分设为劳动局和人事局。

1991年6月，撤销市农机管理站，成立市农机管理局。1992年，成立市供销社集团公司，与市供销联社一套人员；成立市物资总公司，保留物资局名称；市对外经济贸易公司更名为市对外经济贸易总公司；市规划管理办公室更名为市规划局；市矿产资源开发管理办公室更名为市矿产资源管理局。

1993年，市政府工作机构精简到26个，即办公室、经贸局、教育局、公安局、财政局、卫生局、劳动局、人事局、建设局、交通局、农业局、计划生育局、审计局、统计局、计划物价局、工商行政管理局、民政局、司法局、乡镇企业局、水利水电局、林业局、文体局、土地矿产管理局、科学技术局、粮食局、环境保护局。商业局、供销联社、物资局、对外经济贸易局、轻工业局等5个又名集团总公司的经济管理机构及农机局、畜牧水产局、农村经营管理局、广播电视局、房地产管理局等事业单位则从行政序列中转移出来。

1994年，市经济贸易局更名为经济委员会，增设市财贸工作办公室、市农村工作办公室。国家税务局和地方税务局分设，属垂直管理单位。增设城市管理办公室、信访办公室为政府议事协调机构。

1995年，市残疾人联合会升格为正科级机构。市侨务办公室加挂市民族宗教事务办公室牌子。市文化局加挂市新闻出版（版权）局的牌子。新设招商引资办公室，与市经济协作体制改革办公室合署办公。新设市农业综合开发办公室（归口农村工作办公室）。市农村经营管理站更名为市农村合作经济管理局。

1996年，文化体育局分设为文化局和体育运动委员会；科学技术局和技术监督局分开办公；老干部工作从市委组织部分离出来，设立老干部工作局；基本建设委员会、计划委员会、科学技术委员会、农业委员会、财贸委员会、乡镇经济委员会一并撤销。新设市招商合作局、移民开发局。计划生育局更名为计划生育委员会。

1997年，市计划物价局分设为计划委员会和物价局；市科学技术局分设为市科学技术委员会和科学技术协会。分设后的计委、科委为政府组成单位，物价局为事业单位，科协为群团组织。1998

年，工商行政管理局实行垂直管理。1999年，设立市旅游局，与招商合作局合署办公。2000年，技术监督局实行垂直管理；科学技术协会并入科学技术委员会。

2001年，政府机构再次改革，垂直管理单位从政府所属机构中分离出来。改革后的政府所属机构分为五类：组成单位、工作机构、议事协调机构、直属机构、转体的专业经济管理部门。市政府组成单位有：办公室、经济委员会、计划委员会、建设局、科学技术委员会、教育局、公安局、司法局、民政局、财政局、人事局、劳动局（2002年更名为劳动和社会保障局）、交通局、农业局、林业局、水利水电局、文化局、卫生局、计划生育委员会、审计局、监察局（不计政府机构数）。市政府工作机构有：农村工作办公室、财贸工作办公室、国土矿产管理局、环境保护局、统计局、乡镇企业局（保留牌子，并入经济委员会）、粮食局。市政府议事协调机构有：信访办公室、城市管理办公室、人民防空办公室、经济体制改革办公室、老龄办公室。市政府直属事业单位有：老干部工作局、体育运动委员会、档案局、史志办公室、广播电视局、房地产管理局、畜牧水产管理局、农机管理局、农村合作经济管理局、招商合作局（旅游局）、物价局。转体的专业经济管理部门有：商业局（集团总公司）、对外经济贸易局（集团总公司）、供销合作总社（集团总公司）、轻工业局（总公司）、物资局（集团总公司）。

2005年，市农村工作办公室更名为农村工作领导小组办公室，计划委员会更名为发展计划局，后又更名为市发展和改革局；经济委员会更名为经济局，轻工业局并入经济局；撤销经济体制改革办公室，其职能并入政府办公室；粮食局改为部门管理机构，归口政府办公室管理；药品监督局实行垂直管理；科学技术委员会更名为科学技术局；国土矿产管理局更名为国土资源局；计划生育委员会更名为计划生育局，后又更名为人口和计划生育局；老干部工作局更名为老干部局；房地产管理局更名为房产管理局；体育运动委员会更名为体育局；市民族宗教事务办公室升格并更名为市民族宗教事务局；撤销市商业局、外贸局、物资局，组建市商务局；新设市政务中心和市安全生产监督管理局。市编委将市政府所属机构分为行政和事业单位两大类，行政单位有：市政府办公室、发展和改革局、经济局、教育局、科学技术局、公安局、监察局（不计政府机构数）、民政局（老龄办公室）、司法局、财政局、人事局、劳动和社会保障局、国土资源管理局、建设局、交通局、农业局、林业局、水利局、卫生局、人口和计划生育局、审计局、环境保护局、文化旅游［新闻出版（版权）］局、粮食局、统计局、人民防空办公室、财贸工作办公室、农村工作领导小组办公室。事业单位有：城市管理行政执法局、广播电视局、安全生产监督局、物价局、老干部局、档案局、史志办公室、体育局、房产管理局、畜牧水产局、农村合作经济管理局、招商合作局、规划局、移民开发局、农机管理局、农业综合开发办公室、农村生态能源局、商务局、水府庙旅游区管委会、供销总社、城市建设投资开发有限公司、皮革工业园管委会、驻京联络处、政务中心。

第二章 施政纪要

一、创建农业强市

1986年，全市粮食总产45.5万吨，生猪饲养量139.82万头，出栏肉猪61.86万头，农业总产值3.494亿元。1987年，市政府出台关于稳定协调发展农业生产的意见，稳定承包经营责任制，调整农业产业结构，促进农、林、牧、副、渔全面发展。1989年，重提“以粮为纲，全面发展”、“全党动手，全民动员，大办农业”口号，国务院批准湘乡市为全国商品粮基地，国家投资475万元用于农田水利基本建设，市政府专题研究吨粮田建设工程，乡（镇）村对低产田进行生物改造，当年完成大小水利工程21250处。1992年，全市粮食总产49.29万吨，生猪饲养量183.22万头，出栏肉猪92.66万头，名列全国第17位，农业总产值7.97亿元，比1986年增长128％。

1993年，市委、市政府发出《加强农业承包合同管理的通知》，土地承包期延长30年。市政府建立吨粮田领导小组和优质米开发领导小组，市级领导分片包干，乡镇领导具体负责。当年作出《关于加快发展优质高效农业的决定》，推广优良稻种，采取优化栽培和科学管理方法，配合奖励措施，水稻单产提高。湘乡市被国家农业综合开发办公室列为新增规模开发区。1994年，省农业厅认定湘乡市为“双季稻亩产过吨粮市”。1995年，湘乡市猪、牛肉总产量名列全国百强县（市）第25位。1996年，“九五”国家重点科技攻关项目——水稻大面积高产综合配套技术研究开发与示范项目现场会在湘乡召开。“国家水稻工程”湘乡基地洙津村双季稻面积63.93公顷，单产16155公斤（1077公斤／亩）。1999年，全市粮食总产50.12万吨，生猪饲养量241.43万头，出栏肉猪141.83万头。农业总产值19.03亿元，比1992年增长139％。

2000年，市委、市政府出台《农业产业化经营优惠政策和奖励办法》，进行税费改革，减轻农民负担，重点扶植农产品生产加工企业。当年，湘乡获“全省高效渔业先进县（市）称号”。2002年获全国造林绿化百佳县（市）称号。2005年，国家粮食丰产科技工程湘乡核心试验示范区主持的“水稻隔层定距无盘抛植技术研究与应用”项目通过省级鉴定。当年，全市粮食总产56.21万吨，生猪饲养量303.1万头，出栏肉猪198.62万头。农业总产值34.38亿元，比1999年增长80.7％。

二、实施“工业兴湘”战略

市委、市政府优先发展农业的同时，实施“工业兴市”战略。1986年，全市各类经济类型工业企业1957家，工业总产值4.73亿元。其中国营36家，产值3.60亿元；集体713家，产值1.03亿元；个体1208家，产值1014万元。国营、集体、个体的产值分别占全市工业总产值的70.04％、21.82％、2.14％。1987年，市委、市政府贯彻党中央《关于经济体制改革的决定》，全市国营、集体工业企业开始进行体制改革，建立以承包为主的多种形式经营责任制。1988年起，进行劳动、人事和工资制度改革。1994年起，进行破产、重组、兼并、拍卖、股份合作和协商转让等形式的产权制度改革。1997年，市委、市政府出台《关于乡办企业全面推行股份合作制为主的产权制度改革的决定》和《关于乡镇企业股份合作制度改革的实施细则》，对全市乡村企业产权制度进行改革。1998年，市委、市政府出台《关于全面推行乡村集体企业产权制度改革的若干规定》。当年全市72.5％的乡村完成企业改制。市政府出台《关于加快全市个体私营经济发展的若干规定》。加快民营经济发展，当年全市民营工业企业4783家，工业总产值26.15亿元，占全市工业总产值的48.9％。

1999年9月，贯彻执行中共中央《关于国有企业改革和发展若干重大问题的决定》，市委、市政府相继出台《关于深化国有集体企业改革的若干问题的决定》《湘乡市国有集体企业改革实施方案》，在国有集体企业中进行以“两个置换”为主的产权制度改革。2002年10月，省政府批准湘乡市建立省级工业园，分红仑新型产业区和东郊皮革工业区。市政府出台《关于加快工业园建设的若干规定》《关于红仑工业园优惠政策的若干规定》和《关于加快皮革工业园建设的若干规定》，使工业园区建设提速，皮革工业成为湘乡市的支柱产业。

2005年，全市各种类型的工业企业4560家，工业总产值69.59亿元。其中，国有6家，产值13.20亿元；集体67家，产值3.58亿元；民营（个体）4486家，产值51.74亿元；外资1家，产值9700万元。国营、集体、民营、外资的产值分别占全市工业总产值的19.10％、5.15％、74.36％、1.39％。工业经济由国家集体企业为主转向以非公有制经济为主，形成国有、集体、民营、外资等多种形式并存的多元化结局。

三、推进城区建设

1986年，湘乡县城面积9.8平方公里，人口72889人。城区道路以东风路、新湘路、北正街、南正街、大正街和320国道城区段为骨干，辅之大街小巷构成城区交通网络。自来水供水能力为年280万立方米。1987年，市政府成立湘乡市总体规划修订办公室，对1982年版县城总体规划进行修编，1989年完成第一次总体规划修编。随之，按规划进行城区基础建设，加快城市建设步伐。1991年，市政府决定兴建第二自来水厂，竣工通水后，日供水能力4万立方米。当年开通有线电视。1993年，开通5000门程控电话，电话号码升至7位数。1994年，城区街道为沥青路面，小街小巷狭窄弯曲。1995年后，改造硬化东风路、解放路、新湘路、健康路，新建、改建、扩建东山路，桑梅路，向红路，滨河路及湘乡大道等。当年开通移动通信。随着道路改造、扩建、新建，增加城区路灯，延长路灯线路，提高照明亮度，在广场安装高杆灯及景观灯，更替街道行道树种，扩展城区绿化面积。

1996年3月，市三届人大四次会议决定，报经省、湘潭市人民政府批准，开发建设工贸新区。

1997年，湘乡总体规划第二次修编定稿，1999年，进行供水管道改造。2001年，市政府发出《湘乡市旧城改造管理的若干规定》，对上河街、下河街沿线旧房全部改造为成片住宅小区。根据市政府关于进一步深化城镇住房建设的若干规定，新建“锦绣裕华”居民区、富康新村、幸福小区、镇湘名苑、大桥花园、健康花园、芗泉佳园和壕塘、梅坪、长桥、云门寺4个安置区。2004年，湘乡市第三次总体规划修编定稿，市委、市政府决定开发东山新城。

至2005年，城区总面积16.08平方公里，人口16万人。城区道路主干线32条，总长26.2公里，水厂年供水总量546万立方米，自来水覆盖率为90%。新建农贸、副食、建材、服饰、水果大市场。工贸新区建设第一期工程全部完工，区内建有大规模宾馆9家，综合商业购物超市5家，商业门面2871个，计86130平方米，商业住宅6500套，计面积65万平方米，专业市场4个，普通中学1所，职业中学2所，市国税局、人民银行、农业发展银行、农村信用联社、移动公司、法院、国土资源局、林业局、文物局（博物馆）等单位建有办公大楼。

四、发展教育事业

1986年，市委、市政府确立教育优先发展的战略地位，全面进行教育改革。全市有中小学734所，在校学生254247人。小学适龄儿童入学率97.7%。当年，市政府贯彻《中华人民共和国义务教育法》，多方筹措经费，加快中小学校建设和危房改造，实现学校“一无两有”（无危房、班班有教育、人人有课桌）。1987年，市委、市政府决定调整教育结构，加快职业技术教育发展。1990年，全市中等职业学校发展到3所，在校学生816人。当年全力扫除青壮年文盲，被评为省扫除文盲先进单位。

1991年，市政府出台《关于调整我市农村中小学校布局的实施意见》，小学学校减至586所，初中减至86所。1993年，市政府作出《关于加强和发展我市职业技术教育的决定》，鼓励支持社会力量开办职业学校。1995年，全市中等职业学校发展到8所，在校学生1401人。

1996年，市政府决定，在1997年实现教育“两基”达标。全市投资8508万元，消除学校危房2.29万平方米，新建学校12所，扩建改建学校81所，建校总面积14.12万平方米，并显著改善学校设施设备。1997年，全市有小学、初中570所，在校学生162709人；高中13所，在校学生7220人；小学适龄儿童入学率100%，初中学生合格率98%，初级中等教育完成率88.3%；全市青壮年非文盲率99.94%。省政府教育督导团对湘乡市进行检查评估，认定湘乡“两基”达标。1998年，市政府出台《关于社会力量办学的规定》，成立社会力量办学领导小组，社会力量办学纳入经济发展总体规划。1999年，市政府作出《教育管理体制改革的决定》，全市中小学实行校长负责制，教职员工实行聘任制。2000年，全市有小学、初中400所，在校156224人。高中10所、在校学生11821人。正常适龄儿童入学率99.25%，初中毕业率92.28%。

2001年，市政府贯彻国务院《关于基础教育改革与发展的决定》，全市进一步完善农村义务教育管理体制，建立以财政为主、多渠道筹措义务教育经费，保障教育投入的新体制。2004年，市政府决定城区小学、初中取消寄读费，保证农民工子女公平接受义务教育。2005年，全市有小学、初中286所，在校学生91521人；高中15所，在校学生26569人。小学适龄儿童入学率100%，初中合格率97.9%。

至2005年的20年间，全市有61325人参加高考，有30400学生分别录入大学、中专。

第三章 其他工作

第一节 招商引资

一、招商活动

1997年，湘乡市举办首届投资环境说明会。1998年，组团参加“三会”（即’98长沙中西部经济研讨会、深圳产权交易会、张家界国际旅游招商会），签订合同、协议3个，投资总额8800万元人民币。2000年6月，组团参加“香港港湘侨界合作洽谈会”，签订意向项目1个。2001年，组建北京湘乡同乡联谊会及广州湘乡同乡联谊会，加强与湘乡籍在外人士的联系。7月，市政府组团参加省政府举行的“港洽会”，与外商签订合同意向5个。2002年7月，市政府组团参加“上海经贸周活动”，与外商签订合作协议5个，合同利用境外资金1.2亿元人民币。2002年，市委、市政府出台《湘乡市鼓励外来投资的若干规定》，阐明外商来湘投资优惠政策，对外来投资项目实行重点挂牌保护、市级领导跟踪服务。

2003年，全市组织外来投资企业迎春座谈会及纪念陈赓100周年诞辰、毛泽东110周年诞辰暨招商项目洽谈会。还参加新疆乌鲁木齐和湖南（深圳）投资洽谈会。在这些洽谈会上，达成意向2个，签订合同5个，合同引进外资4780万美元，协议利用外资575万美元。

2004年，邀请广州、深圳、上海、北京等地约100多位客商，举行“湘乡市招商引资洽谈会”，签约7个，合同总投资8840万元。9月，市招商局牵头和城建投资公司等单位负责人赴武汉参加中南六省区域经济合作暨投资贸易洽谈会，湘乡新城建设投资开发有限公司与中外建设南方有限公司在投资建设东山新区书院路、滨河南路基础设施意向书上正式签约，合同引资为9000万元。10月，组织有关部门参加湘潭市政府和省政府主办的“中德环境管理与企业合作大会”“湖南省投资贸易洽谈会”，发布招商引资项目48个，成功签订合同10个。至2005年，全市累计引进内外资项目921个，到位内资20.87亿元，引进境外资金7294.1万美元。

二、项目推介

1997年，全市筛选出22个招商项目对外发布，并编写出近4万字的招商项目简介和湘乡投资指南。1998年，组织力量编写2万余字的《湘乡招商项目中英文对照说明书》，其范围涉及农业、林业、养殖业、轻工业、旅游业及旧城改造和产权交易等领域，并对重点推介的项目配编可行性研究报告、项目建议书等。2001年，根据外资投向需要，突出基础设施及旅游项目的开发，对全市招商项目进行修编充实，更新完善项目20个。2005年，对外发布招商项目60个，进一步拓宽招商范围。

三、投资效益

2002年以来，邵东开发商投资建设的建材大市场、服饰大市场、农贸大市场、烟酒副食大市场及台商投资建设的千禧大厦、电脑通讯大市场和港商投资建设的五金和摩托车专业大市场正式开业。台商投资建设的滨河休闲广场已投入使用。日本独资企业金子箱包有限公司落户湘乡后，产品返销日本，每年创汇300多万美元。新湘路街道办事处引进河南郑州长青碳素厂“碳素”生产项目，年产值达到8000万元，每年新增税收300万元。昆仑桥办事处引进生产型企业7家，年产值5000万元，增加税收300多万元。棋梓镇与株洲客商合作开发大理石，投资260万元，实现年产值500万元，年税利80万元。东郊乡引进竹胶板厂，龙洞乡引进湘龙木业大蕊板厂，金石镇引资开办金靳锰矿，都为当地的经济发展注入了新的活力。

第二节 法制

一、行政复议应诉

1986年，市政府未设专管法制的机构，法制工作由市政府办兼管。1990年7月，成立市政府法制办公室，负责本级政府文件审查、行政执法监督检查、协调行政执法矛盾并代理政府办理行政应诉业务。1991年7月，成立市政府行政复议办公室，与法制办合署办公，负责办理行政复议案件。1993年8月，撤销法制办和复议办，其职能并入市政府办公室。1997年4月，恢复法制办、复议办，两办仍合署办公。至2004年间，法制办共办理行政复议案件93件，行政裁决案件86件。

2005年5月，法制办确定为政府法制工作办事机构，归口市政府办公室管理。当年，受理行政复议案30件，办结26件。其中，直接纠正或责令纠正16件、维持6件、撤销或变更4件；办理行政裁决案件7件，其中1件移送湘潭市政府办理；代理起诉市政府的行政诉讼案件3件，胜诉2件，作其他处理1件。

二、规范性文件审查备案

1990年12月，明确规定规范性文件的范围、制定和发布程序，政府和政府办公室发布的规范性文件必先经法制办进行合法性审查。至2004年年底，法制办共审核规范性文件312份。2005年7月，启动政府工作部门以及乡、镇政府制定规范性文件的备案审查工作，各政府工作部门及乡、镇政府制定的规范性文件自公布之日起15日内报送市政府备案。当年，共备案审查规范性文件21件，其中处理和纠正不符合规定的文件3件。法制办在湖南省“规章规范性文件备案审查办法专项执法检查”中全面达标，备案审查工作制度化、规范化初步形成。

三、行政执法指导监督

1996年年底，在全市47个行政执法单位推行行政执法责任制，由执法单位行政一把手与市长签订行政执法责任书。1997年，市政府向湘潭市呈交“行政执法责任书”，每年接受湘潭市政府的考核考评。1998年8月，行政执法责任制推广到22个乡、镇、街道。2005年7月，举行湘乡市第一次“年检注册人员法律知识统一考试”，为考试成绩合格的1117名行政执法人员办理年检注册手续。8月，协助湘潭市法制办举办全市行政执法人员上岗培训班，为1120名考试合格者颁发行政执法证。12月，组织“两法”专项执法检查，对市房产局、药监局等6家行政执法单位进行抽查。

第三节 信访

一、机构与网络

1986年，市政府办公室设立信访接待组，各区、镇聘请一名退休干部协助抓信访工作。1987年，将原县信访办公室更名为市信访办公室，由市委办公室管理。

1992年，贯彻《湖南省区镇乡街道信访工作暂行规定》，区镇建立信访工作领导小组，区、乡、村三级设立信访员。1993年，成立村组、街道信访调解小组743个。1994年，市信访办和市政府办信访组合并，由市政府办公室管理。1995年，乡、镇、街道成立信访工作领导小组。1999年，乡、镇、街道设一名专职信访干部，由主管政法的副书记分管信访工作。2001年12月，市信访办公室更名为市信访局。2004年，为处理赴京上访问题，经市委、市政府研究，成立驻京联络处。2005年，机构未变。

二、处理来信来访

1986—1992年，除处理日常来信来访外，集中接待要求落实政策的群众，解决历史遗留问题。1992年，市委、市政府制订《湘乡市信访工作暂行规定》，要求信访工作实行四上墙，即：信访工作领导小组名单上墙、文明接访制度上墙、文明办信制度上墙、来访人员须知上墙。同时，建立市级领导定点接访制度，市级领导分别到区、镇接待上访群众，现场解决问题。1995年，推行逐级上访制度。1997年，建立市级领导办理信访案件制度和市委常委听取信访工作汇报制度。1998年，建立领导包案制度（即一名市级领导、一套人马包处理一个信访案件），建立“三会”，即市委常委会、市长办公会、书记碰头会信访制度。1998—1999年，来访中反映村级财务乱、农民负担重、部门乱收费、乱摊派、乱罚款的现象较多，市委、市政府采纳信访办的建议，在全市范围内开展村级财务管理、农民负担专项清查和整治“三乱”专项工作。2000年，建立信访排查制度，每年的重大节日和人大、政协两会前，市信访局组织全市各单位对本辖区范围内的信访隐患进行全面排查，发现问题及时解决。

2002年，在全市推行信访公开承诺制度，只要信访人提出的诉求是合理的，受理人和信访人就要签订承诺书，在承诺的时间内给予解决。2003年，建立《信访工作联席会议制度》，对涉及几个部门或单位的信访事项，由信访领导小组组织有关单位负责人召开联席会议进行研究处理。同时，建立《信访工作责任追究制度》和“信访工作一票否决”制度。2004年，国家新的《信访条例》颁布实施后，市信访局按照《信访条例》规定制作《信访工作流程图》，引导群众依法依序去求得解决。2003年，市国有集体企业改制引发的有关利益分配、职工就业、军转干部待遇的集体上访、越级上访多，市信访局配合市政府及有关部门做好思想工作，化解诸多矛盾。2004年，针对全国各地信访工作形势严峻，赴京上访人员增多的情况，市成立了“集中处理信访突出问题及群体性事件办公室”，由市政府常务副市长担任办公室主任，下设8个专项工作小组。市信访工作领导小组制定《全市规模较大群众上访应急预案》。至2005年12月的2年中，集中处理信访突出问题及群体性事件52起。

至2005年的20年间，市信访（办）局共受理来信来访39895件次。其中，接待人民来访14355人次，处理集体上访事件404批613人次。共查处信访突出问题3232件，其中上级交办案810件，本级立案2422件。县（市）级领导实行接待日制度、包案制度，接待群众来访5326人次，当场解决问题1240件，其他案件责成有关单位处理。

第四节 侨务与宗教管理

1985年1月，设立湘乡县侨务办公室，接管原属县民政局兼管的侨务工作，归口县政府办公室管理。同年，成立湘乡市民族宗教事务办公室，挂靠湘乡市委统战部。1991年5月，成立湘乡市归国华侨联合会，与侨务办合署办公，并加挂市政府外事办公室牌子。1993年11月，民族宗教事务办公室、外事办公室、侨务办公室合并，归口市政府办管理。2005年8月，市民族宗教事务办公室更名为市民族宗教事务局，仍与市侨务办、市外事办合署办公。

一、侨务

（一）落实侨务政策，扶植归侨侨眷

1986年起，根据《中华人民共和国归侨、侨眷权益保护法》及有关政策精神，侨务办帮助归侨、侨眷解决各类实际问题。至2005年，共处理“文化大革命”前后冤假错案22起，撤判或纠正20起；落实归侨、侨眷知识分子政策，解决归侨、侨眷知识分子36人的工作；落实华侨私房政策，农村10户，255间，计面积2342平方米，补偿金额42253元；城市侨房5户，计面积2296平方米；落实

退还“文化大革命”中被查抄财物47件，黄金18077克，退人民币6388元；帮助海外侨胞寻亲找友10起。开展归侨归眷的人事档案清理工作，共清理档案130件。照顾解决侨眷子女入学11人；解决工作调动1人；落实农转非户口5人；恢复干籍5人；恢复工人籍1人；帮助30多名侨眷子女办理出国留学手续；解决侨眷建房水泥15吨，钢材10吨；帮助侨眷6户经商发展企业；帮助1名侨眷落实城市居民最低生活保障和养老保险；解决5个退休归侨每月100元的生活补助费。

（二）引进海外侨资，发展侨属企业

1991年5月，成立湘乡市侨务事业发展基金会，优惠扶持侨属集体企业6家。1993年引进外资700万元。至2005年，湘乡市先后兴办侨属集体企业200余家，年平均产值500万元，上缴利税50万元；侨属私营企业5家，年平均产值750万元，上缴利税20万元。市侨办有公司2家，代管公司1家。其中，湘潭侨汇总公司湘乡公司现有分店2家，被评为中国银行湖南省分行企业荣誉等级（AA）一级企业，每年平均上缴利税10多万元。

（三）引进海外侨胞捐赠

1986年，美国庭兴公司刘国荣捐赠给湖南铁合金厂日本产标准型“皇冠”牌小轿车1台；香港家联国际实业公司董事长、总经理刘涛康捐赠给湘乡啤酒厂日本“大发”牌全新双空调面包车1台。1987年，黄绍志和黄绍吾捐资6万元为岐山乡中山村小学兴建教学楼；罗补华、文华、李慈秀等捐款、捐物给毛田乡陶龛学校等单位，折币11220元。1988年5月，香港荣隆国际有限公司荣发制衣厂捐赠给湘乡水泥厂日本丰田海狮救护车1台。1990年，香港雅百威有限公司总裁江长捐赠价值5.76万元医疗器械给湘乡水泥厂职工医院；侨眷蒋昌银捐资2200元给翻江镇洪门村修机耕道；香港同胞李慈秀捐赠救护车1台给市第二人民医院。1991年，彭锷捐资1万元给市六中设立“彭锷奖励基金会”；美籍华人肖明捐资3000元给东山学校设立“肖岳美奖励基金会”。1994年7月，台胞萧建藩在横铺中学建立“萧弼初伉俪纪念奖学金”，每年奖励一次。首届奖励12人，共3200元。当年全市接受“三胞”捐赠财物折合人民币210余万元。1996年，香港云大棉为金石镇石坝村解决建校经费20万元，1998年追捐5万元，并为400多名学生捐赠校服一套。2002年5月，台湾慈善教育基金会捐款10万元给湘乡。同年10月，美国欣欣教育基金会捐资1万美元，修建育塅完小，并捐赠电脑11台。2005年，马来西亚华侨捐资10万元在东山学校设立“奖学金基金会”；美国欣欣教育基金会捐资1万美元修建月山镇栗山小学；香港轩辕教育基金会、香港警察龙舟协会为泉塘中学捐资22万元兴建“龙腾”教学楼。至2005年的20年间，全市接受海外侨胞捐赠（含捐物折币）总计人民币400多万元。

二、宗教管理

1986年，湘乡市境内有合法教派佛教、道教、基督教，已登记的合法宗教活动场所56处，宗教信徒3万人。佛教和基督教分别由湘乡市佛协小组和湘乡市基督教“三自”爱国运动委员会和湘乡市基督教协会自行组织活动，由市民族宗教事务办公室进行日常管理。“文化大革命”期间，宗教活动停止。中共十一届三中全会后落实党的宗教政策，恢复宗教团体组织和宗教活动。

1996年，市宗教办组织评选“五好”宗教活动场所、五好神职人员活动。“双五好”活动评选是湘乡宗教部门在全省首创的对宗教管理的优秀模式，得到省宗教局的好评，并将湘乡经验在全省推广。

2003年3月，市委、市政府要求各级各部门把宗教工作列入议事日程，党政一把手负总责，明确分管领导，建立健全领导小组和联席会议制度。同时，建立市、乡、村三级宗教工作管理网络和乡（镇办）村两级宗教工作责任制。市委常委每年听取2～3次宗教工作情况汇报，把宗教工作纳入单位绩效考核内容，将宗教工作落实在基层，问题解决在基层。市委党校各种培训均安排宗教课时。市政府民族宗教事务办公室按照《湖南省宗教事务管理条例》对宗教活动场所、宗教教职人员的登记、发证及年检工作。部分信徒受境外影响私设聚会点，不登记、不接受管理，自封传道人讲道，严重扰乱正常的宗教活动秩序。1996年10月，市政府发出《关于依法取缔非法宗教组织的通知》，市宗教管理部门依法对全市60多处教堂进行清理整顿。有关单位、部门、个人乱塑露天佛像，市宗教管理部门会同有关部门对碧洲公园和韶峰山的露天弥勒佛像依法予以取缔。

2005年，在全市开展“治理乱建庙宇、乱设聚会点专项行动”，加大对农村滥建庙宇的查处力度，使“两乱”现象得到遏制。

第五节 水库移民

一、移民安置

湖南省水府庙水库1958年9月动工兴建，1960年7月关闸蓄水，使湘乡产生移民7163户、28477人。其中，水淹区谷水、羊古两个集镇有720多户，城镇居民3100多人。韶山灌区洋潭引水坝于1965年7月修建，1966年4月竣工，又使湘乡产生移民144户577人。这两部分移民由当时的移民安置领导小组及办公室负责，采取上靠、外迁安置办法安置。移民安置领导小组及办公室随着移民安置工作的结束和行政区域的变更（湘乡划归湘潭地区管辖）而随之撤销。1985年，成立湘乡县“恢复水府庙水库淹没区城镇居民户口领导小组办公室”，从公安、粮食、民政、水利等部门抽调干部，从事落实工作，历时11年。1992年4月17日，市政府决定成立湘乡市移民办公室，设在市水利局。1996年，市政府报省有关职能部门核定，确定水府庙、洋潭库区64个行政村，596个村民小组，18067户，60774人，总耕地2920.6公顷，其中水田2191.33公顷，旱地729.27公顷。1997年4月，湘乡市移民开发局成立，从而结束湘乡有移民而无管理机构的历史。

二、移民区开发

水府庙水库因历史原因，库区建设遗留下来的问题和矛盾较多。库区移民人均耕地仅0.036公顷，其中0.033公顷以下的有18096人，0.02公顷以下的有2119人，且大部分为高滩田、吊挂田、斗笠田、冷浸田。真正旱涝保收田只有599.29公顷，人均仅0.01公顷。库区基础设施薄弱，交通、通信落后，经济发展缓慢，移民生活一直处于贫穷状态。

（一）筹集项目资金

1996年前，库区移民没有享受有关移民政策优惠待遇。1996年，市政府向省政府反映实际困难，得到省主管部门的认可，库区移民才开始享受粮食差价补贴。1997年，落实后扶资金。2000年，市政府出台《水府庙库区移民经济发展四年规划》，决定划拨库区扶贫资金。至2005年的10年间，为库区争取特困慰问费、水费附加、后扶资金、粮食差价补贴、排渍电费、救灾款、4年扶贫及其他资金，共4965.645万元。

（二）建设基础设施

1977—2005年，整合各项资金，发动移民群众集资筹劳，共改造乡村公路88条258.07公里，修建桥梁4座、码头5处；更新改造排渍机埠232处2465.7千瓦，整修灌溉水渠212条219.5公里，加固堤防26处10.72公里；更新增设变压器3台350千瓦；整修大小山塘706口，新修河坝19处，水库除险加固7座；修建移民医院1所，面积800平方米；修建移民学校2所，面积1700平方米。

（三）发展种植养殖业

库区尚有大量荒山坡地，自然资源丰富，且劳动力资源充足。从1997年开始，市政府为充分利用库区现有优势，聘请专家分析论证，制订中长期发展规划，鼓励移民因地制宜种养起步，发展生产。至2005年，已形成一定规模。库区共发展拦库养鱼860公顷，网箱1.48万口；养猪专业户3220户，养羊专业户385户，养牛专业户380户，养鸡专业户710户，养鸭专业户350户，特种养殖专业户48户；发展柑桔60公顷，小水果212公顷，油桐140公顷，板栗77.33公顷，油茶林280公顷，茶叶260公顷，花圃50公顷，药材108.67公顷。库区移民年人均纯收入净增385元。

第十五编 政协

第一章 组织机构

1987年2月至1990年2月，政协湘乡市第一届委员会设主席1人，副主席5人，秘书长1人，常委22人，机关内设办公室、提案工作委员会、学习委员会、文史资料委员会。全体委员会分为9个学习小组。

1990年2月至1992年12月，政协湘乡市第二届委员会设主席1人、副主席6人、秘书长1人、常委22人。机关内设办公室、学习委员会、工作组委员会、文史资料研究委员会和提案工作委员会。全体委员分为12个学习小组。

1993年1月至1997年12月，政协湘乡市第三届委员会设主席1人、副主席6人、秘书长1人、常委30人。机关内设办公室、学习委员会、工作组委员会、经济科技委员会、联谊工作委员会、文史资料研究委员会和提案工作委员会。全体委员会分为12个学习小组。

1997年12月至2002年12月，政协湘乡市第四届委员会设主席1人、副主席6人、秘书长1人、常委31人。机关内设办公室、文教卫法制群团委员会、提案委员会、联谊委员会、经济科技委员会。全体委员分为9个学习小组。

2002年12月始，政协湘乡市第五届委员会设主席1人、副主席6人、秘书长1人、常委31人。机关内设办公室、提案委员会、文教卫法制群团委员会、经济科技委员会、联谊委员会、文史学习委员会。全体委员分为37个学习小组。

1986—2005年历届市人大代表选举情况统计表

表15-1

届次	时间	主席	副主席
第一届委员会	1987.2—1990.2	赵武芳	成友华、吴东云（1988年3月免）、陈怀诗、周虎、彭九仪、周南乔（1988年3月补选）
第二届委员会	1990.2—1992.12	王玉轩	成友华、周南乔、陈怀诗、彭九仪、李亚雄、黄晓瑜（女）
第三届委员会	1993.1—1997.12	周业贵	李玉清、周南乔、彭九仪、李亚雄、黄晓瑜（女）、叶海光
第四届委员会	1997.12—2002.12	李玉清	杨光生、彭石柱、彭九仪、黄晓瑜（女）、傅锡光、张思红（女）
第五届委员会	2002.12—2007.12	贺金荣	叶和平、张思红（女）、李辉、熊建军、阳成生、潘升仁

第二章 政协委员 政协会议

第一节 政协委员

一、委员产生

政协委员以推荐、协商的方式产生。提名人选的推荐以界别、区域和战线相结合的方式进行。再由市政协党组、市委组织部、市委统战部的相关人员组成考察组，对提名候选人进行深入考察，与各推荐单位进行充分协商。经过综合平衡后提出政协委员人选协商名单，经市委常委会议研究同意，市政协主席会议审议后，确定政协委员正式人选及界别。政协委员的构成要求体现爱国统一战线广泛的代表性和政治上的包容性。

二、委员结构

市政协委员由各界别代表人士组成。第一届委员会委员195人。其中，中共党员72人，占36.6％，党外人士123人，占63.1％。委员来自15个界别，即中共、民革、共青团、工会、妇联、工商联、文艺、科技、农林、教育、体育、医卫、“三胞”（港澳同胞、台湾同胞、海外侨胞）及其亲戚、宗教、特邀。

市政协第二届委员会委员201人。其中，中共党员77人，占38.3％；党外人士124人，占61.7％。本届委员会增设新闻出版界。

市政协第三届委员会委员增至205人。其中，中共党员80人，占39.2％；党外人士125人，占60.8％。仍设16个界别。

市政协第四届委员会委员增至263人。其中，中共党员81人，占38.9％；党外人士127人，占61.1％。仍设16个界别。

市政协第五届委员会委员210人。其中中共党员83人，占39.5％；党外人士127人，占60.5％。增设经济界，本届委员共17个界别。

政协湘乡市第一届至第五届委员会委员界别结构情况表

表15-2 单位:人

届次/界别	一届	二届	三届	四届	五届	届次/界别	一届	二届	三届	四届	五届
中共党员	19	19	22	22	22	科技	24	25	23	23	16
民革	4	4	4	4	4	农林	27	28	30	31	32
共青团	3	3	3	3	4	教育	23	23	19	19	14
工会	8	8	9	9	6	体育	5	5	4	4	4
妇联	4	4	4	4	4	医卫	17	17	15	15	14
工商联	11	11	23	31	26	“三胞”及亲戚	21	21	22	22	18
经济	11	11	23	31	27	宗教	4	4	4	3	5
文艺	11	11	11	9	5	特邀	12	12	8	5	4
新闻出版	—	6	4	4	5	—	—	—	—	—	—

政协湘乡市第一届至第五届委员会委员性别、文化结构情况表

表15-3 单位:人

项目/届次	委员人数	性别		文化程度			获中级以上专业技术职称
		男	女	大专以上	中专高中	初中及以	
一届	195	168	27	61	72	62	55
二届	201	165	36	65	86	50	99
三届	205	170	35	72	69	64	94
四届	208	177	31	98	82	28	98
五届	210	187	23	129	62	19	110

第二节 政协全体委员会议

一、政协湘乡市第一届委员会议

1987年2月28日至3月5日，政协湘乡市第一届委员会第一次会议召开。出席会议委员195人。会议听取和讨论中共湘乡市委（以下简称市委）书记王林森和市长廖六如的讲话，听取和审议通过市政协工作报告和提案工作报告。全体委员列席市第一届人大第一次会议，听取和讨论市政府工作报告和其他报告。协商市人大、市政府领导班子及市人民法院院长和市人民检察院检察长候选人建议名单。会议选举产生政协湘乡市第一届委员会常务委员30人，选举赵武芳为主席。通过《政协湘乡市第一届委员会第一次会议政治决议》。

1988年3月15—19日，政协湘乡市第一届委员会第二次会议召开。出席会议委员180人。会议听取和讨论了市委书记王林森、市长工廖六如的讲话，听取和审议市政协工作报告和提案工作报告。全体委员列席市第一届人大第二次会议，听取和讨论政府工作报告和其他报告。通过《政协湘乡市第一届委员会第二次会议政治决议》和《搞好“四引进”（资金、技术、设备、信息），为促进经济建设的决议》。增补政协委员5人。同意吴东云辞去政协副主席职务，补选周南乔为副主席。

1989年3月19—23日，政协湘乡市第一届委员会第三次会议召开，出席委员211人。会议听取讨论市委书记王林森《目前形势和任务》的报告和市长廖六如讲话。听取和审议市政协工作报告和提案工作报告。全体委员列席市第一届人大三次会议。听取和讨论市政府工作报告和其他报告。

二、政协湘乡市第二届委员会议

1990年2月20—24日，政协湘乡市第二届委员会第一次会议召开。出席会议委员201人。会议听取和讨论市委书记刘光辉的讲话，听取、审议通过政协工作报告和提案工作报告。全体委员列席市人大二届一次会议，听取、讨论市政府工作报告和其他报告。协商市人大、市人民政府领导班子和市人民法院院长、市人民检察院检察长候选人建议名单。会议选举政协湘乡市第二届常务委员会22人，选举王玉轩为主席。通过《政协湘乡市第二届委员会第一次会议政治决议》。

1991年3月18—21日，政协湘乡市第二届委员会第二次会议召开。出席会议委员198人。

1992年3月15—18日，第二届委员会第三次会议召开，出席会议委员197人。会议听取和讨论市委书记刘光辉、钟子才、市长伍守成的讲话，听取、审议通过政协工作报告和提案工作报告。全体委员列席市人大二届二次、三次会议，听取、讨论市政府工作报告和其他报告。通过市政协《政治决议》。

三、政协湘乡市第三届委员会议

1992年12月27日至1993年1月1日，市政协湘乡市第三届委员会第一次会议召开。出席会议委员205人。会议听取、讨论市委书记钟子才、市长李云德讲话，听取、审议通过政协工作报告和提案工作报告。全体委员列席市人大三届一次会议，听取、讨论政府工作报告和其他报告。协商市人大、市人民政府领导班子及市人民法院院长、市人民检察院检察长候选人建议名单。会议选举产生政协湘乡市第三届委员会常务委员30人，选举周业贵为主席。通过《政协湘乡市第三届委员会第一次会议政治决议》。

1994年4月3—7日，政协湘乡市第三届委员会第二次会议召开，出席会议委员205人。1995年3月11—15日，本届第三次会议召开，出席会议委员208人。1996年3月1—4日，本届第四次会议召开，出席会议委员194人。1997年3月9—14日，本届第五次会议召开，出席会议委员216人。会议分别听取、讨论市委书记钟子才、杨慕如、市长李云德、阳祖耀讲话，听取、审议通过政协工作报告和提案工作报告，全体委员列席市人大三届二次、三次、四次、五次会议，听取、讨论市政府工作报告和其他报告。会议通过政协《政治协议》，补选委员20人。

四、政协湘乡市第四届委员会议

1997年12月7—11日，政协湘乡市第四届委员会第一次会议召开。出席会议委员263人。会议听取、讨论市委书记阳祖耀讲话，听取、审议通过政协工作报告和提案工作报告。全体委员列席市人大四届一次会议，听取、讨论市政府工作报告和其他报告。选举产生第四届委员会常务委员32人，选举李玉清为主席。通过《政协湘乡市第四届委员会第一次会议政治决议》。

1999年3月7—11日，政协湘乡市第四届委员会第二次会议召开，出席会议委员231人。2000年2月28日—3月2日，本届委员会第三次会议召开，出席会议委员258人。2001年2月20—26日，本届第四次会议召开，出席委员272人。会议听取和讨论市委书记、市长讲话，听取、审议通过政协工作报告、提案工作报告。全体委员列席市人大四届历次代表大会，听取、讨论政府工作报告和其他工作报告。补选委员34人。通过政协《政治协议》。

五、政协湘乡市第五届委员会议

2002年12月12—16日，政协湘乡市第五届委员会第一次会议召开。出席会议委员人。会议听取、讨论市委书记胡友建、市长黄赞佳讲话。听取、审议通过政协工作报告和提案工作报告。全体委员列市人大五届一次会议，听取市政府工作报告和其他报告，协商市人大、市政府领导班子及市人民法院院长、市人民检察院检察长候选人建议名单。会议选举政协湘乡市第五届委员会常委委员28人，选举贺金荣为主席。会议通过《政协湘乡市第五届委员会第一次会议政治决议》。

2004年2月15—19日，政协湘乡市第五届委员会第二次会议召开。出席会议委员236人。2005年2月28日至3月3日，本届第三次会议召开，出席会议委员256人。会议听取、讨论市委书记谭义生讲话。听取、审议通过政协工作报告和提案工作报告。全体委员列席市人大五届二次、三次代表大会，听取、讨论市政府工作报告和其他报告。会议增选朱清华为秘书长、周亦农为常委，通过政协《政治决议》。

第三节 政协常委会议和主席会议

市政协主席会议不定期召开，议题是学习讨论贯彻执行上级文件和会议精神，研究部署政协工作；提出每次全会和常委会的日程和议题，决定政协机关建设的重大事项等。1987—2005年，共召开189次。

第三章 职能履行

第一节 建言献策

一、政治协商

每次全会期间，委员们围绕市委、市政府的工作思路、奋斗目标畅所欲言，很多有益建议、意见被市委、市政府领导采纳。1989年3月2日至3日，政协第二届第十三次常委（扩大）会上对《湘乡市经济体制改革方案》和《湘乡市一九八九年经济发展规划》作了认真的协商，提出许多有益的修改意见。市政协充分发挥界别、学习活动组、专委会的群体功能，有计划、有组织、有目的地开展一些活动，使活动与协商监督有机地结合起来。同年9月，市政府组织教育界的委员就如何迅速动员社会各方面的力量关心教育、兴办教育进行视察。通过视察，提出8项建议，引起市委、市政府的高度重视。2003年，通过各种会议，对全市“十五”计划经济社会发展纲要、市城市建设总体规划修编、人事安排等提了许多具体意见。2004年，月山镇委员学习活动小组进行视察调研后，就农电管理、国土收费等问题与有关部门协商，所提建议得到党委、政府的采纳。2005年，政协第五届第十三次常委会议专题协商《湘乡市国民经济和社会发展“十一五”规划纲要》，提出6个方面的意见，都得到市政府的高度重视和采纳。

二、参政议政

（一）委员提案

提案是参政议政最直接的方式。

1987年，委员提出“增加电视接收频道”的提案，市政府办理提案，拨出专款4万元，广播局自筹2万元，建起卫星地面接收站，扩大了电视接收面。1988年，委员提出“保证城市蔬菜供应”的提案，市政府落实提案，在东山乡新建480亩蔬菜生产基地，使湘乡城区蔬菜供应紧张现象大为缓解。1990年，市政府根据政协委员提出的“解决城内供水”的提案，决定兴建二水厂，改变了湘乡市供水的紧张状况。1997年，市政府采纳政协委员“抓好生猪品种改良”的提案，由政府办、农委、商业局等单位组成专门班子，在全市铺开品改工作，投入资金300万元，引进种公猪450多头，收到很好效果。同年，“建议开通市内公共汽车”的提案被市政府采纳，经多次与港商黄志敏洽谈，引进资金，购置30台车辆，开通4条线路。

2000年，根据委员提出的“禁止跑跑车营运，规范城市客运管理”的提案，市政府组织有关部门进行集中整治，取缔跑跑车1200多辆，使城市的客运秩序大为改观；市卫生局采纳政协委员联名提出的“完善我市‘120’急救中心网络”的建议，开通人民医院、二医院、中医院“120”网点。2002年，市政府落实政协委员关于《建设湘乡皮革园区，做好强工富市文章》的提案，多次召开常务会议，决定在东郊乡兴建皮革工业园。2004年，市政府采纳政协委员“建立困难职工帮扶中心”的提案，于11月成立帮扶中心，开展一系列解困帮扶工作。

至2005年的20年间，政协委员共提出提案3793件。经审查，立案3762件，建议案38件。均转送相关单位办理。

（二）建议案

1999年4月，市政协提出《关于尽快修建文塔，恢复湘乡城市标志》的建议案。被市委、市政府采纳，市委作出重建湘乡文塔的决定。市政府拨款30万元作为启动资金，市政协发动海内外人士捐款250多万元，于2000年10月完成文塔建设。

2001年，提出《建设湘乡文化广场，促进我市经济增长》的建议案，市政府就此事多次召开会议专题研究，并报市委常委同意，决定以宗教文化景观云门寺为中心，建设云门寺中心文化广场。当年投资290多万元、完成广场建设，为扩大云门寺的开放，带动旅游业的发展打下基础。

2004年，市政协提出《关于加强对云门寺及其文化广场建设、管理的建议》，市政府对此迅速进行研究，成立云门寺广场整顿领导小组，拆除广场内乱摆乱设的摊位、棚子、桌球台，看相算八字进入指定地段，乱停乱靠车辆也得到规范。

（三）专题调研

1987年5月，市政协组织部分委员和政协机关人员，对41个乡镇企业的生产、管理情况进行调查，总结出乡镇企业集体办、联户办、个体办、企业联合办四个轮子一齐转的经验向全市推介。

1989年7月，水府庙库区工农矛盾恶化，市政协积极向上反映情况，并与湘潭市政协一道组织在潭的全国、省、湘潭市、湘乡市政协委员30多人，到水府庙进行视察调查，写出专题报告上送省、湘潭市、湘乡市，最终由省政府出面妥善处理了矛盾。

1990年5月，市场刮起抢购粮食、食盐之风，政协组织部分委员到粮食局、盐业公司等部门调查，向这些部门提出辟谣、刹风、定心的建议。当晚，两单位的负责人通过电视讲话宣传政策，讲明事实，从而稳定了市场。1998年3月，市政协组织部分委员和机关干部，对下岗职工再就业工作进行调查，写出专题调查报告，在湘乡市党政部门、湘潭市政协、省政协产生较大影响，为湘乡下岗人员安置工作，乃至全省的再就业工程提供了重要参考依据。1999年4月，市政协组织部分委员，就湘乡市人文资源和旅游资源的现状与开发进行调查视察，写出《开发我市人文、旅游资源，培育新的经济增长点》的调查报告，引起市委、市政府的重视，作出重建文塔和开发水府庙水库的重大决策。

2003年11月至12月，市政协组织项目建设调研，写出《全力推进项目建设，实现经济跨越发展》的调查报告，为市委、市政府2004年实施项目推进年战略提供决策建议。

第二节 民主监督

市政协履行民主监督职能，主要是在搞好视察、考察的基础上，对一些重点单位、社会关注的重点问题及重大个案进行民主评议。其间，有影响的典型事件有：

1988年4月，政协委员深入湘乡氮肥厂视察，针对存在的问题，提出关于调整领导班子、加强经营管理、优化劳动组合、杜绝浪费等方面的具体建议，得到市政府的重视。

1991年，党派团体组的委员对市运输公司进行视察、调查，针对运输市场管理混乱的现状提出整治建议，得到有关部门的采纳。1995年，市政协与有关部门配合，组成治理“三乱”视察团。通过视察，对某些部门存在的问题提出批评和整改建议，使这些部门的“三乱”现象得到治理。1996年，《委员之声》第五期《关于我市医药市场亟待规范化的建议》被湘潭、湘乡两级党政领导采纳，并引起湖南省和全国政协的重视。1998年6月，近200名政协委员参加22个乡、镇、街道邮政投递情况的视察调查，指出有的地方邮政投递不到位、不及时，甚至丢失报刊、书信等问题，使邮政投递工作有了较大改进。

2001年12月，市政协对全市司法所、派出所、法庭及市公安局、检察院、法院、司法局进行持证视察调查，针对存在的问题提出改进。2004年10月至11月，组织部分委员就马路市场占道经营严重影响交通的情况进行视察和调研，提出“分类指导，疏堵结合，规范管理，逐步取缔”的整治办法，得到市政府的采纳。

第三节 其他活动

一、联络联谊

市政协联谊委与市委统战部、市台办、侨办密切配合，采取多种形式，开展对台对外宣传、联络、交往、交流及招商活动。至2005年的20年间，共接待港澳台同胞、海外侨胞2万多人次。

在横向联谊上，市政协与省内外158个兄弟县（市）建立经常性联系，开展赠送会刊、简报等互动活动。

二、公益事业

市政协积极扶贫帮困，关心公益事业，至2005年，共组织医卫界委员下乡义诊28次，义诊病人2.9万人次。扶助五保户、困难户、贫困学生以及为修建学校、水利、乡村公路等公益事业捐款300多万元。

三、服务经济

市政协利用“人才库”“智囊团”的优势，为振兴经济献计出力。至2005年，科技界政协委员共获全国、省、湘潭市、湘乡市科技进步奖124项。有30多名政协委员分别获得全国、省、湘潭市劳动模范、创业致富带头人、优秀民营企业家、双文明建设先进个人等荣誉称号。

四、文史汇编

1986—2005年，政协文史委共征集史料960余万字，编印《湘乡文史》15辑，与全国400多家单位建立文史资料交换协作关系，共向海内外有关单位和个人赠阅文史资料2万多本。先后有2辑《湘乡文史》获省文史书刊优胜奖。全市文史工作，多次受到省、湘潭市政协表彰。

第十六编 民主党派与社会团体

第一章 中国国民党革命委员会湘乡市委员会

第一节 组织

中国国民党革命委员会（以下简称民革）湘乡支部1986年3月2日进行换届选举，当年，湘乡有民革党员37人，民革湘潭市委向民革湖南省委申请建立民革湘乡市委会。6月11日，经民革湖南省委第七届二十九次常委会议审议通过，批准成立民革湘乡市（筹）委会，下设4个支部。中共湘乡市委、市政府安排筹备工作经费和2名专职干部，民革机关正式办公。1988年7月，完成成立民革市委会的各项筹备工作。

1988年7月18日，民革湘乡市第一次党员大会召开，选举产生民革湘乡市第一届委员会。当年，党员增至44人。1989年，所属支部增至6个。此后每隔4年召开一次党员大会，进行委员会换届选举。1992年，支部调整为5个，党员为57人。1997年，党员增至64人。2001年4月1日，召开第四次党员大会，选举产生第四届委员会。至2005年，下设6个支部，共有党员99人。

中国国民党革命委员会湘乡市历届主委名录、委员人数一览表

表16-1

届别	产生年月	主委姓名	委员人数
第一届委员会	1988.7	肖卫信	5
第二届委员会	1992.5	李亚雄	7
第三届委员会	1996.11	傅锡光	7
第四届委员会	2001.4	熊建军	9

第二节 活动

湘乡民革自创建之日起，即以民主党派的地位参与人民民主政治建设，参与国家和地方事务的协商和管理。

1986年始，开展“议政月”活动。每年在市人大、政协全会前一个月，市民革以支部为单位、以提案为载体，开展群体参政议政活动。按照“发动党员撰写、支部会议研究、市委会议筛选、专职干部整理”的工作程序，产生人大议案和政协提案。然后分别由民革中的各级人大代表、政协委员以党派名义或个人名义递交。1995年、2000年，民革湘乡市委2次获省民革“参政议政调研优秀单位”称号。2001年，举办全省第一个由县级民主党派组织召开的“调研成果汇报会”，将20多篇调研报告汇编成册，采用音像演示、大会发言的形式，向到会领导和各部门负责人汇报。“借鉴浏阳经营城市理念，加快湘乡旧城改造步伐”的调研成果，被中共湘乡市委、市政府采纳，市委组织副县级以上领导干部到浏阳参观学习，随后又在市委中心学习组开展讨论。2003年冬，民革与毛田乡政府联合举办“推进毛田乡产业结构调整研讨会”，中共湘乡市委、市政府通知农业对口单位负责人到会，民革湘潭市委邀请湘潭市对口单位领导出席会议。会议通过播放电视专题片、宣读论文，推出毛田产业结构调整方案，并由农业专家作了论证评估。对口单位领导对所提建议作交办或承诺。2004年，民革积极协助毛田乡申报项目、落实资金，实现调研成果转化为生产力。撰写的《毛田调研》得到民革中央何鲁丽、周铁农等的肯定，同时被省、市统战部门作为先进经验在各党派中推广。由熊建军撰写的调研论文《司法工作规律与司法体制改革》《如何加强和改进党对司法工作的领导》在中央级入卷。至2005年，民革党员当选各级人大代表、政协委员共50余人次，他们在政治协商、民主监督过程中，共提出议案、提案400件以上。其中，《加快绿化建设、争创园林城市》《民主监督之窥见》《预防青少年犯罪，关注青少年成长》等提案，均受到重视、表彰并付诸实施。

第二章 社会团体

第一节 工会

一、组织

1986年，湘乡县总工会直属事业单位有工人文化宫、职工学校。下属基层工会225个，会员21777人。同年9月12日，国务院批准湘乡撤县建市后，县总工会更名为市总工会。1987年9月，召开湘乡市工会第一次代表大会，选举产生湘乡市第一届工会委员会、经费审查委员会和女职工委员会，下辖联合工会35个，基层工会组织238个，会员21767人。此后，每5年召开一次代表会，进行选举，工会自身建设得到加强。至1991年年底，全市建有工会组织262个，会员增至26461人，配备107名工会专职干部，发展3000余名工会积极分子。全市各级工会70名专职主席中，按同级党政副职配备的65人，是同级党委委员的8人。1992年，全市涌现大批“三资”企业、乡镇企业、私营企业，职工队伍不断壮大。市总工会不断扩大工会在新经济组织和乡镇等地区和行业的覆盖面，工会组织发展迅速。至1997年，全市共有基层工会270个，会员28560人，专兼职工会工作者558人，工会积极分子3698人。1998年11月，市委下发《关于在乡镇街道组建工会的意见》，加大乡镇街道工会组建力度。1999年7月，市委办、市政府办批转市总工会《关于在个体私营企业中组建工会的意见》，开展新经济组织工会组建工作，成立个体私营经济联合工会，为全市广大个体私营企业中的劳动者加入工会打下基础。2001年，全市新建工会组织228家，新增会员4000人。2004年，新建企业工会组织47家，新增会员5616人。当年，湘乡市总工会被全国总工会授予“工会组织建设先进单位”称号。2005年，全市工会联合会发展到40个，基层工会发展到540个，会员增至4.5万人。

二、活动

（一）维护职工合法权益

1986年，全县各级工会组织开展维护职工合法权益，为职工办好事、做实事活动。加强对女职工的特殊保护，对3884名女职工进行妇科普查，发现49名重病者，送院治疗。此后，对女职工特殊保护工作常抓不懈。1987年，市总工会与其他部门配合，做好劳动保护和安全生产工作，共成立劳动保护委员会45个，设劳动保护检查员33人，为保护职工在安全生产中的合法权益发挥重要作用。1991年，认真执行《中华人民共和国企业法》，加强企事业单位民主管理。1992年，全市有224个企事业单位建立职工（代表）大会制度，职工代表4501人，职工（代表）大会直接参与企事业民主管理，维护企事业集体利益和职工合法权益。各级工会组织认真开展调查研究，听取职工意见和要求，努力调解矛盾，为职工排忧解难。当年，有5家单位被评为省、湘潭市民主管理先进单位。

1992年4月3日《中华人民共和国工会法》（以下简称《工会法》）及1995年1月1日《中华人民共和国劳动法》（以下简称《劳动法》）正式施行后，各级工会广泛发动职工学习，抓住“建立平等协商、签订集体合同”为重点，维护职工合法权益。各级女职工委员会广泛宣传、全面贯彻《中华人民共和国妇女权益保障法》和《女职工劳动保护规定》，广大女职工运用法律武器维护自身合法权益。

1997年，市总工会在全市企事业单位推行由本级工会代表职工与企事业法人就涉及职工劳动报酬、工作时间、休息休假、保险福利、劳动安全与卫生、女职工特殊保护等问题建立集体协商和签订集体合同制度。当年，全市共签订集体合同的企业达105家，占应签数的95%。

1999年，在全市企事业单位建立和推行厂（公司）务公开民主监督制度。采取职工（代表）大会、董事会、监事会、党政工联席会、厂务会、厂长（经理）办公会、民主议事会、厂（公司）情发布会，公布栏等形式，就企业经营管理、改革发展、企业职工切身利益、企业领导干部廉洁自律等方面，公开接受监督。2000年，随着改革的进一步深化，各级工会选准维权的立足点，从源头上抓维权。对涉及职工切身利益的劳动、人事、工资、住房、医疗保险等一系列改革措施的出台，均大胆行使代表职工参与的职权，积极反映职工的合理诉求。2001年，在企业改制不断深化的过程中，工会组织的作用被削弱，影响到职工利益的有效维护。2002年起，市总工会进一步突出工会维护职工合法权益的职能，加强劳动关系协调的力度，切实规范新建企业工会工作。2005年，市女职工委员会为79个基层工会2726名女职工办理“女性安康保险”。市总工会参与1月30日湘乡铝厂职工机械伤害事故和电信公司职工在潭市施工时触电致死的调查处理。至2005年，全市共有218家单位建立职工（代表）大会制度和公开制度，湘乡市被湘潭市委、市政府授予厂务公开先进市；有260家企业单位建立集体协商和签订集体合同，企业用工行为得到规范；有60个单位建立工会劳动法律监督组织；180个基层工会依法核准社团法人资格。

（二）开展劳动竞赛

1986年，县总工会围绕搞活企业，提高经济效益这一中心环节，开展各种以高产、优质、安全、低耗为主要内容的“双文明”班组立功竞赛、百日安全竞赛、为四化立功和多种形式的学赶先进，增产节约、增收节支等社会主义劳动竞赛活动。经济系统直属14个企业2700名职工中，有2000人参加竞赛活动。1987年，全市社会主义劳动竞赛呈现出与经济责任制相互结合、多层次、多类型的特点。至当年年底，共有225个单位9.2万名职工参加竞赛。

1990年，市内部分企业面临资金短缺、能源供应紧张、产品积压的困境。市总工会组织职工开展“降消耗、上水平、促发展、渡难关”为主题的各种劳动竞赛，148个单位开展技术革新，21332名职工参加竞赛。1991年，组织企业开展“创优、降耗、增效益”的“效益杯”劳动竞赛和以岗位建功、学习成才、下岗再就业、文明家庭为主要内容的女职工“芙蓉杯”竞赛，全市141个单位共14548人参加。当年，共有72个基层工会开展岗位练兵，组织技术比武，参加人数达5600名。1992年，组织“上质量、增品种、创效益、人均贡献150元”为主要内容的“八五”立功竞赛。

1993年，“芙蓉杯”劳动竞赛取得优异成绩，共评选出19个先进集体，30个竞赛女能手。1994年，各级工会组织女职工根据本单位实际，紧扣企业生产重点、难点，确定竞赛内容，充分促进企业扭亏增盈，涌现17个先进集体，32个“芙蓉杯”竞赛女能手。继续全面建设合格、先进职工之家和职工小家。至1997年，全市有省级模范职工之家2个，湘潭市级模范职工之家13个，验收市级模范职工之家18个。

1999年起，“芙蓉杯双文明建功立业”竞赛活动纵深开展。2001年，共表彰15个芙蓉标兵岗，6个芙蓉百岗明星和24名先进个人，并创省级明星1名。组织以安全生产为内容的“安康杯”劳动竞赛，市总工会参与伤亡事故调查处理50起。2005年，市总工会女职工委员会被评为省级先进集体。至2005年，在各种劳动竞赛中，全市各级工会共组织职工提出合理化建议1500条，采纳400条；女职工“芙蓉杯”竞赛共授予“芙蓉标兵岗”180个，“芙蓉百岗明星”80名；共创建省级模范职工之家10个，湘潭市级20个，湘乡市级30个。

(三)劳动模范评选和管理

1986年起，县（市）总工会积极组织本市范围内的工人、农民、专业技术人员、管理人员、机关工作人员、个体私营业者及其他人员，参加劳动模范评选。标准是：拥护《中华人民共和国宪法》，热爱祖国，热爱人民，坚持四项基本原则，主要工作业绩居县（市）以上同行业（岗位）先进水平，在提高劳动生产率、社会民生及经济建设等方面做出突出贡献的。在劳动模范评选推荐中，总工会坚持面向基层、面向经济建设第一线和民主公开的原则。采取自下而上、层层推荐、条块结合、上下结合、注重实际、优中选优的方法。以基层和经济建设第一线为主，兼顾各行各业；以地方为主，地方与行业相结合。坚持走群众路线，逐级推荐，层层把关。在党政群机关担任科局级及其以上职务的公务员（机关工作者），一般不参加劳模评选。职工劳动模范候选人征求计划生育、纪检、审计、税务、工商、劳动、社会治安、安全生产等部门和主管部门的意见；农业劳动模范候选人首先征求街道办事处农村经营管理、计划生育、国土资源、社会治安等部门的意见，并实行一票否决。1987年，山枣镇农电站职工易梅青被评为湘潭市级劳模。1989年，湘乡市政府彭应生被评为省级劳模，湘乡市教育工会黄谷祥等被评为湘潭市级劳模。1990年、1992年，李传荫、刘佳荫等分别被评为部、省级劳模。此后先后有潘映华等被评为湘潭市级劳模。1995年起，孙菊四、胡树京、左习莲等13人相继被评为省级劳模。2001年，市一建公司龚罗平获全国劳模称号。2005年，彭罗成、万祥庚、杨少云3人被评为全国劳模。至2005年，评选推荐全国、省、部、湘潭市及湘乡市级劳模共50人中，农业劳模约占35%，职工劳模占约65%。

工会对劳动模范坚持分级管理的原则，不断完善劳动模范管理工作制度。建立劳动模范档案，档案包括登记表、先进事迹、重大情况变更（如提干、退休、死亡、取消荣誉称号等）。劳动模范调离本单位时，将劳模有关材料移交新单位。对劳模的伤、残、病、亡、困难进行妥善处理，解决劳模的后顾之忧；依法维护劳动模范的合法权利，改善和提高了劳动模范待遇。

（四）扶贫帮困

1986年4月，湘乡部分地区遭受风灾，各级工会干部迅速进行灾情调查和慰问受灾职工。全县行政和工会组织拨款5.5万元，解决158户重灾户的困难。1987年起，组织对停产半停产企业职工生活、灾后职工生活安排进行专题调查，并在春节前后开展“送温暖”活动。至1992年，先后筹资5万元，帮助停产半停产企业解决暂时困难，慰问救济特困职工。

1995年8月，市委批准成立湘乡市职工困难互助会。至此，扶贫帮困工作进一步走上规范化的轨道。互助会共有会员19648人，初始筹资20万元。此后，每年列用其增值部分，对特困职工进行救助。至1997年8月，累计为48名特困职工建立档案，为120名特困和困难职工发放“特困证”“困难证”。1997年9月，成立解困办公室（设总工会），全面掌握全市特困（困难）企业职工基本生活状况，协助政府下发扶危解困资金，对生活极端困难、思想情绪较大的职工给予重点帮助。至2003年底，累计收到捐款980万元，救助困难职工3.2万户。2004年，成立困难职工帮扶中心（设总工会），“送温暖”活动形成制度化、社会化、规范化。2005年，帮扶中心共筹措解困资金219.863万元（其中在职干部职工捐款150万元、财政投入69.863万元），以节日慰问和平时救济相结合，帮扶困难对象5500户。当年，市直单位干部职工与165户困难户进行对口帮扶。开展“爱心助学，结对帮扶”，共有12个单位帮助12名单亲特困女职工子女入学，完成学业。

（五）工会经费管理

1986年，全市工会经费收入14万元，按《工会法》规定实行独立预决算，分级管理，建立内部审查监督机制。至1995年，全市建立工会组织的单位均按职工工资总额的2% 向本级工会下拨工会经费，由基层工会按40% 上解市总工会。1996—2002年，受企业改制转体及部分企业法人工会法律意识不强的影响，工会经费收缴率下降，年均工会经费收入50万元。2003年，市委下发《关于加强新时期工会工作的意见》，机关、事业单位的工会经费由财政会计核算中心统一代扣。2004年，市政府办公室下发《关于企业应上解的工会经费由市地税局代收的意见》，机关事业单位和个体私营企业工会经费收缴难的问题得到缓解。2005年，全市委托核算中心代扣的单位有134家，委托地税代收的单位有212家。全年，共计收缴工会经费90.1万元，上解湘潭市总工会经费35.1万元。当年，被省总工会评为财务工作先进单位。

第二节 共青团

一、组织

1986年，共青团湘乡县委以“整党团建”为重点，健全、充实和巩固基层团组织，吸收4610名优秀青年入团。1987年，更名为共青团湘乡市委。1988年12月，共青团湘乡市第一次代表大会召开。以后每隔3年召开一次代表大会，进行换届选举。当年，健全380个松散瘫痪的支部，建立和巩固270处青年活动阵地，全市共青团支部1139个。1989年，以集中颁发团员证为突破口，澄清多年未清的团员底子，颁证总人数为24224人，占团员总数的95.1%。当年12月，在全市农村广泛开展以整顿团支部班子为重点的“社教团建”，共整顿613个后进支部。1990—1991年，坚持“积极地、有计划地发展团员，向一切先进青年敞开大门”，共发展3748名优秀青年入团。1991年，选拔14名优秀大中专毕业生担任乡镇团委书记。

1992年起，全市团的组织建设保持平衡发展。1995年，坚持整顿与建设并举，增强团组织战斗力。至1997年3年间，共发展团员31520名，22个乡镇街道均配备专职团干。1999年，大胆探索新领域中的团建工作，新经济组织中团支部达到80个。2001年，团市委在巩固公办学校、机关等传统领域团组织建设的同时，继续加强民办学校、其他新经济组织中团的建设。至2003年，全市共发展团员31250名。2005年，全市一级机构团组织为99个，基层团委（总支）64个，团支部1285个，团员80468人。

二、活动

（一）思想建设

1986年，按照团中央“工作到支部、全团抓落实”的方针，在整顿健全团组织活动中更换260名团支书记，支部班子健全率由40%上升到86%。同时开展“基层团支部升级达标大竞赛”，至1988年年底，全市1139个团支部中，一类支部由活动前的193个上升到558个，二类支部由534个减少到193个。1990年，组织11985名团员参加民主评议，评出合格团员11941名，优秀团员648名。推广毛田乡在建筑公司建团总支、施工工地建团支部的做法，并加强对外出团员的管理。1995年，团市委被评为全省共青团工作先进单位。

1997年，提出团组织建设“六有”（有好班子、有好队伍、有活动基层、有经常活动、有稳定的物质基地、有好作用）标准，开展创建“五四”红旗村团支部活动。同年，由团市委牵头，发动团员缴纳特殊团费，修建沈春农烈士纪念碑，作为青少年爱国主义学习教育基地。2000年，以团市委为核心建立市青年联合会。2001年起，开展“六团”（举团旗、戴团徽、学团章、用团证、缴团费、唱团歌）主题活动，设团员活动日，坚持以党建带团建。工作经验被省委组织部、团省委推广。2003年，发动团员青年向农村捐书2万余册。开展青年中心建设。湘乡被团中央评为第一批全国团建先进县（市）。2005年，新湘路青年中心被授予全国优秀青年中心称号，团市委书记彭建平被评为全国青年中心建设先进个人。市委出台《关于进一步加强和改进党对工青妇工作领导的意见》，明确提出“解决在职乡镇办团委书记副科待遇”条件，经过考察，有13位乡镇办事处团委书记享受副科级待遇。

（二）学雷锋活动

1986年起，将“学雷锋精神，做‘四有’新人”作为一条红线贯穿于全市团的政治思想工作始终，寓教于乐，引导团员、青年健康进取。每年3月5日前后，组织团员、青年参观雷锋纪念馆，举办图片展览，开展青少年义务奉献日活动。1989—1991年，开展“学雷锋，比成绩，争贡献”和“学雷锋为您服务一条街”活动，服务对象达4万人次。1991年，组织30万青少年参加定人、定期、定对象、定内容，承包照料5000多五保孤寡老人的义务服务活动。后服务对象扩大到烈军属、农村两女结扎户、特困户共7000余人。1993—1994年，动员城区团组织和少先队组织为偏远乡镇的五保老人、地下党员、烈军属捐款（物）9714元，并组织现场慰问。

1997年，在市光荣院挂牌建立全省首家县（市）级青少年志愿者学雷锋服务基地。2003年，以“向雷锋同志学习”题词发表40周年为契机，开展“弘扬雷锋精神，建设文明湘乡”系列活动，采取制作专题宣传橱窗、设置公益广告牌、张贴宣传挂图、播放公益广告等方式和举办青年演讲赛、“服务一条街”、“三下乡”等活动，弘扬雷锋精神。至2005年，全市学雷锋服务基地发展到27个。

（三）青年志愿者行动

1995年，成立市青少年志愿者服务总站，下设分站，服务队，招募志愿者6000余人，经常开展救灾抢险、助残帮困、送科技、文化、政策法规、卫生、温暖下乡等活动。1997年，青年志愿者行动走上长期化、经常化、制度化轨道，在帮困解难、救灾抢险、美化环境、维护治安、科技兴市等领域广泛开展服务。2001—2003年，志愿者服务网络进一步健全，共组织3万余人参与服务行动。至2005年，全市志愿者共整修道路3200多公里，捐款7.65万元，捐书42071册，义诊3.5万人次，义务修理电器11550台件，发放各种资料10.7万份。当年，集中组织31人义务献血。

（四）青年文明号创建活动

1995年下半年起，开展青年文明号创建活动，引导广大青年职工弘扬职业道德，开展信用建设示范行动。1997年，创建活动在金融、税务、商业、供销、运输、医院、邮电、厂矿8个行业中铺开，涌现出4个省级、12个湘潭市级、22个湘乡市级青年文明号。2001—2003年，活动领域进一步拓宽，新增政法、服务等行业和乡镇办事处站办所，共创建1个省级、9个湘潭市级、26个湘乡市级青年文明号。2004年，团市委获“十年湖南省青年文明号”创建活动优秀组织奖。至2005年，全市累计有20个行业、单位的青年参与活动，共创建省、市、县三级青年文明号115个。

（五）青少年事业

1. 希望工程

1992年，全市各级团组织响应团市委“百万爱心献行动”的号召，踊跃交纳“特殊团费”，少先队员适量捐款，铺开希望工程。1993年，积极拓宽资金来源渠道，除组织全市性的“认购爱心券，奉献拳拳情”活动募资外，还争取国防科大团委、湘潭公路总段团委、省建三公司团委到湘乡结对救助。至1994年年底，共救助贫困学生824名，发放救助款41280元，让800多名濒临失学的孩子重获学习机会。1996年，在全市广泛开展希望工程“1+1”结对救助行动，筹措结对救助款56656.01元，资助257名贫困学生。同时，加强希望工程经费管理，捐款实行专人、专账、专户管理办法，定期接受专门机构的监督。1999年，工作方式逐渐以筹资救助为主向牵线搭桥直接救助转变。2001—2003年，在会计核算中心设立“湘乡希望工程”捐款账户，做好结对救助款项发放和监管。通过互联网公布特困学生名单，积极牵线搭桥，争取救助款8万余元，救助800人次。自希望工程开展以来，至2005年总计发放救助款51.69万元，救助6076人次；争取166.78万元，修建、改建15所希望小学。

2. 未成年人保护

1997年6月，贯彻《中华人民共和国未成年人保护法》，市成立未成年人保护委员会，开展“保护明天”专项行动。2000年，解救被拐少年12名。2002年，由市综合治理委员会牵头创建市青少年法制帮教学校，聘请25位教员、28位联络员，对2000多名治安、刑事涉案未成年人进行帮教，给未成年人上法制课100多场次，听众1.2万人次；在全市各中学、中心小学配法制副校长149名，辅导员360名，定期向学生上法制课。2003年，推出《湘乡市青少年网络文明公约》。2004年，与教育局联合召开未成年人思想道德建设座谈会，创建“青少年远离毒品社区”；和文化、公安部门配合对全市网吧进行检查和整顿。2005年，成立未成年人思想道德建设报告团，到各地作巡回报告；编印《湘乡市未成年人自我保护学习手册》8000余册，免费发给全市学校，着力维护未成年人合法权益，增强其自我保护意识，预防青少年犯罪。

3. 少先队工作

1987年，全市有少先队员102144名，占7～14岁少儿总数的85%。614所小学、101所中学建队组织，聘辅导员1753人。1988—1991年，开展少先大队达标活动，东方红学校少先大队被全国少工委授予“全国红旗大队”称号，辅导员周玉华被评为“全国优秀辅导员”。在学赖宁活动中，组织5000人参观赖宁图片展，朝阳学校凌林、酒铺学校肖小辉、谭辉获全国学赖宁奖章。1995—1996年，开展雏鹰达标活动，进修附小大队被评为全国雏鹰大队，东方红学校谢婧珊获全国雏鹰奖。1996年，在队员中开展戴红领巾、佩队徽、行队礼、唱队歌、学队章活动。城区17所学校217名少先队员与农村217名希望工程受助者开展“手拉手”活动，向农村少儿捐物8000多件、学习用品3000多件、现金2000元。1998年，召开少先队湘乡市第一次代表大会，成立市少先队工作委员会。2002年，建立市少年军校。2005年，全市少先队员为52175人，22个乡镇街道学区均成立团（少）工委，学校少先队设置率为100%。在中学建立少年团校，培养优秀少先队员入团。

（六）参与经济建设

1986年，全县各级团组织围绕本单位生产实际，开展各种形式的生产突击活动110多次。1987年起，着重抓农村青年实用技术培训，推动产业结构调整。1989—1991年，全市团员青年以经济建设为中心，广泛开展建功立业活动，涌现出一大批青年致富能手和管理人才。3年间，全市举办各类培训班1817期，培训11万人次，建小果园、小鸡场、小鱼场、小猪场3744个；垦荒造林3270亩，义务植树145万株，营造青少年绿化工程基地21个，其中黄公略故居青少年绿化纪念林受到团中央和全国绿化委员会的表彰，原桂花乡团委被评为全国绿化祖国青年突击队；组织团员青年开展劳动竞赛，共创小成果282项。1994年，联合农业、科技部门在农村开展科技致富星火带头人活动。至1997年，共建立科技培训基地30处，培养选拔种养殖业、水面开发、丘岗山地开发、皮革工业等方面的青年领头雁。棋梓镇李明钧、原中沙乡熊常玉被评为全国青年星火带头人，原东山乡曾伟强被评为全国青年科技示范户标兵。在工交、财贸战线开展"新星杯""骏马杯""五创杯""强工杯"和"青年岗位能手竞赛"、百日储蓄活动。先后有3500多名青工拜师学艺，共创小成果近1000项。2001年，湘乡被确定为全国跨世纪青年农民科技培训工程实施县（市），有2人被评为农民增收成才先进个人。2003年，团市委被评为全国青年农民增收成才先进集体。至2005年，累计评出科技致富示范户1500余户，青年星火带头人1000余人。

第三节 妇女联合会

一、组织

1986年9月，召开湘乡县第六次妇女代表大会，选举产生湘乡县妇女联合会（以下简称妇联）第六届执行委员会，选举出席湘潭市第七届妇女代表会代表73名。全县共选出村级妇代会成员2769名。村村配备妇代会主任，其中党员325名，团员168名，各村民小组都配备妇女组长。全县47个乡镇，原有7个乡缺妇女主任，也择优进行充实。1987年，在乡镇换届选举中，有15名女干部进入党委；当年发展女党员123名，占全市发展党员总数的21.4%。1989年，全面贯彻实施村民委员会组织法，在村民委员会选举中，对全市763个村妇代会进行整顿、充实，增选一批年富力强的妇女干部。

1991年10月，召开湘乡市第一次妇女代表大会，选举产生湘乡市第一届妇联执行委员会和出席湘潭市第八次妇女代表大会的70名代表。当年，通过妇联换届选举，农村从组到村、乡层层健全妇女组织机构，市委、市政府机关和政法、教育、卫生等战线都成立妇委会。1993年，市妇联开展"争创先进妇联组织和争当优秀妇联干部"竞赛活动，涌现全国"三八"绿色奖章获得者胡爱清等13名优秀妇联干部和虞唐区妇联等10个先进妇联组织。村妇女主任中，通过村民委员会换届选举，新充实45名中青年干部。1995年，以整顿农村后进党支部，加强基层组织建设为契机，狠抓村妇代会组织建设。1995年，有13个乡镇改选、补选35名村妇代会主任。

1996年7—9月，全市22个乡镇自下至上层层召开妇女代表大会，选出新一届妇联班子，新吸收41名中青年妇女担任村妇女主任。各级妇女组织在换届过程中，都制定工作目标管理制、岗位责任制、检查考核制及工作学习等一系列制度，妇联组织走上制度化、规范化轨道。基层妇女干部素质全方位提高，呈文化程度增高、年龄降低的趋势。全市妇女干部平均年龄为40岁，高中以上文化程度占64.5%。1996年、2002年，分别召开湘乡市第二、三次妇女代表大会，选举产生湘乡市第二、三届妇联执行委员会及出席湘潭市第九、十次妇女代表大会的代表。2005年，以全面提高妇女整体素质为目标，面向妇女干部和妇联干部，开展各类教育培训活动，培养适应时代发展的优秀女干部。

二、活动

（一）“双学双比”活动

1986年起，组织妇女学习文化知识和实用技术，开展创“万元大嫂”竞赛活动，表彰女能人和万元大嫂396人。1989年，开展“双学双比”（学文化、学技术、比成绩、比贡献）竞赛活动，组织1000个女能手大联赛。3月8日，召开女能手报告暨表彰会，表彰101名女能人，并将其中11名女能人的先进事迹编成《巾帼能人颂》进行广泛宣传。举办各类培训班，培训妇女34973人次。

1990年，响应省委、省政府“五年消灭宜林荒山，十年绿化湖南”的决定，将建立“三八”绿化工程纳入“双学双比”内容。102681名农村妇女参加“莲城女能手夺魁赛”。东郊乡养猪能手李其英获全国女能手称号。1991年，在巴江等41个乡、150多个村建立总面积达2000亩的“三八”绿色基地。1993年3月，胡爱清等13名妇联干部和虞唐区妇联等10个先进妇联组织荣获全国“三八”绿色奖章。1994年，“双学双比”活动向树立市场经济新观念，参与市场竞争的更高层次发展。全年举办各类技术培训班450期，培训妇女近5万人次。各地因地制宜，更新内容，广泛开展“庭院经济过万元”竞赛，虞唐、泉塘、谷水等区组织妇女参与万亩蚕桑、千亩水果基地建设，以妇女为主体建起小桑园5000亩，小果园近万亩。当年共涌现“双学双比”女能手26名。1997年，发动妇女建起金塘无公害蔬菜基地。1998年，开展“千万农家女，百项新技术”推广培训。“双学双比”协调小组被评为1999年省农村妇女“双学双比”活动先进协调组织。2000年，开展送科技下乡活动，举办实用技术培训班20期，培训妇女564人。2001年，5000多名农村妇女参与“万名农家女争当养殖女状元”竞赛活动。2002—2005年，有8万多名妇女参与市妇联举办的各类实用技术培训班，有6万多名妇女掌握1～2门种养业实用技术，涌现女科技示范户3000多户，1000多人获市级以上“双学双比”女能手称号。龚润谷、王西平先后被评为全国“三八”红旗手。

（二）巾帼建功活动

1988年，在全市十大窗口行业组织在岗女职工中开展“巾帼文明示范岗”创建活动和实施巾帼再就业工程。1991年，开展“巾帼扶贫帮困致富”活动，组织村级以上妇女干部和女能人帮助1000户贫困妇女家庭脱贫致富。同年起，组织全市城镇女职工围绕企业三项制度改革，转变企业经营机制和建立市场经济体制，开展“巾帼建功”竞赛活动。1993年，全市女职工开展技术比武150场次，参加人数600人，提合理化建议1645条，有11名女职工被评为湘潭市和湘乡市的“巾帼建功”女能人。1995年，着重突出岗位建功，岗位成才。一些小厂子濒临倒闭的环境下，广大女职工，积极参与市场竞争，先后有985名女工自谋职业求发展、创效益。

1996年，实施“巾帼扫盲”“巾帼扶贫致富”“巾帼成才”“巾帼文明”“巾帼创业”系列行动，涌现巾帼文明标兵215名，女能手425名。1999—2002年，实施巾帼再就业工程，共安排下岗女职工2653人。2004年，参加“巾帼文明示范岗”创建活动的女职工达1万人，市地税局被评为省“巾帼文明示范岗”。至2005年，全市共创建各级“巾帼文明示范岗”62个。

（三）维护妇女儿童合法权益

1986年，组织全县妇女干部集中学习《中华人民共和国婚姻法》、《中华人民共和国继承法》，参加县普法考试。对来信来访、疑难个案积极查处，及时把问题解决在基层和萌芽状态。1987年，下发普法讲稿60本、《湖南省维护妇女儿童合法权益若干规定》800本。3月，集中开展婚姻、家庭、道德宣传月活动，系统宣传和学习有关保护妇女儿童权益的条款。当年调处各类案件454件，解救受害妇女26名。1989年，接待处理来信来访143件，配合法庭查处2起疑难案件，组织妇女干部对全市拐卖妇女儿童情况进行摸底，解救被拐卖妇女2人。1991年，积极参与社会治安综合治理。桃林乡崟塘中学3名15至16岁的女生被拐卖至福建省仙游县给人为妻，市妇联与公安部门配合，于7月16日将受害少女解救回乡。

1995年，成立湘乡市妇女儿童工作委员会，由常务副市长任主任。1998年，市委、市政府制订《湘乡市1998—2000年培养选拔女干部工作规划》，规定符合条件的在岗乡镇妇联主席享受副科级待遇。2002年，颁布《2001—2010年湘乡市妇女发展规划》《2001—2010年湘乡市儿童发展规划》。湘乡市成为省妇女儿童工作示范县（市）。同年，建立湘乡市妇女维权联席会议制度。2003年，在科教文卫等单位组建40多个妇委会。2004年，挂牌成立市妇女中心。2005年，启动实施反家庭暴力“110”工程，配合市公安局在各派出所设立“反家庭暴力110”报警中心；在新湘路街道壕塘社区成立湘乡首家“零家庭暴力试点社区”；“零家庭暴力村”成立工作在全市铺开。至2005年，市妇联共接待来信来访2565人次，协助政法部门解救妇女儿童57人。

（四）“五好文明家庭”创建工作

1986年，“五好”家庭标准为“政治思想、生产工作好；家庭和睦、尊敬老人好；教育子女、计划生育好；移风易俗、勤俭持家好；邻里团结、文明礼貌好。”1987年，改变过去片面宣传家庭越大，人口越多，层次越复杂及“从一而终”的“五好”家庭，变成全面宣传和培养具有新思想、新风尚、团结和睦、民主平等、勤劳致富的具有新时代气息的新型核心家庭，引导妇女和家庭建立文明、健康、科学和生活方式。全年，表彰市级五好家庭196户。1989年，评比活动与爱党、爱国、爱军及自尊、自信、自立、自强教育相结合，评选出100户五好家庭。1993年，啤酒厂副厂长黄棣君、新湘路办事处白坨村妇女主任肖菊英的家庭分别被评为省级“科技之家”“计划生育之家”。当年，全市开展创“美好家庭”活动。洪塘乡双林村退休教师黄沛兰，25年如一日，义务办好校外辅导班，先后办班50期，培训学员600多人，挽救失足青少年12名，被评为省“永芳杯”现代文明家庭。1996年，“五好”标准作了新规定，即爱国守法、热心公益好；学习进取、爱岗敬业好；男女平等、尊老爱幼好；移风易俗、少生优生好；勤俭持家、保护环境好。至1996年，共有5063户家庭参与竞赛，表彰1026户。

1997年，市妇联、市委宣传部等18家单位联合成立五好文明家庭创建活动领导小组。1999年，五好文明家庭创建领导小组被评为全省先进协调组织。启动家庭文明志愿者小分队，与市计生委联合成立精神文明大学人口与家庭分校。2003年，开展千户家庭参与五好家庭创建活动。至2005年，全市共有1031户家庭参与创建“五好文明家庭”，6户家庭被评为省“五好文明家庭”，50户家庭被评为湘潭市“五好文明家庭”。

（五）家庭教育工作

1986—1990年，家庭教育以幼儿教育为重点。1990年起，以提高家长素质，普及家长学校为重点。1998年，全市有家长学校287所。1999年，在东方红学校成立第一所示范性家长学校。2004年，市妇联在南正街社区成立家长学校示范基地。2005年，将家长学校扩展到社区与村。

（六）实施春蕾计划

1995年始，组织开展爱心献“春蕾”活动，帮助68名14岁以下濒临失学的孤女落实为长期扶助对象女干部带头扶助贫困孤女。2001年，深圳湘乡同乡会扶助春蕾女生92名。2005年，组织召开春蕾计划10周年表彰暨现场捐助会，现场捐助30名“春蕾女生”。至2005年，共筹集资金40多万元，扶助“春蕾”女生554名。

第四节 科学技术协会

一、组织

1986年，湘乡县科学技术协会（以下简称县科协）内设科普部、学会部、科技咨询部、办公室，辖自然科学和交叉科学领域的县级学会、协会、研究会（以下简称学会）23个，会员1300人，联系全县6782名科技工作者和492名科技示范户。

1987年，县科协更名为市科协。1988年，学会发展至58个，会员3994人。1989—1991年，整顿和规范学会，理顺其挂靠单位同科协的关系，对符合要求的28个学会重新登记注册，对一些活动停止时间较长的30个学会予以撤销。1992年，针对广大农民急需科学技术特别是科学种田技术的现状，在各乡镇街道建立起46个科协组织。

1993年，市科协、科委、技监局合并，称科技局，三块牌子，一套人马，合署办公。1994年12月，召开科协第一次代表大会。1997年，科协与科技局分离，恢复独立建制。1998年6月，市科协召开第一届二次全体委员会，选举产生新一届领导班子。以后每隔4年召开一次代表大会，进行换届选举。2002年7月，市编委下发科协“三定”方案，内设科普部、学会部（含技术咨询部）、办公室，下属事业单位科技学校。2003年11月，市科协恢复党组。2005年，全市有学会28个，会员3000余人。

二、活动

（一）科学技术普及与推广

1986—1989年，以种植业、养殖业、工副业加工技术为重点，举办农村科普短期培训和科技讲座261场（次），参加人数达1.9万人，编辑和发放各类科技资料16万册（份），确定14个科技扶贫村，培养和发展农村科技示范户619户，科技致富能手6980人。对中小型企业做好科技成果转化及节能降耗、科技创新等方面的宣传和推广。4年中，共推广新技术、新成果14项，技术咨询628次，经济效益9600多万元。在青少年中，举办小发明、小创造、小论文和知识竞赛24次，175件作品获奖，其中有28件获省级奖，68件获湘潭市级奖，79件获湘乡市级奖。1991年，有8家农户被省科协评为“优秀科技示范户”。

1994年，东山学校、市三中被省科协授予“湖南省科普示范基地”。1995年，有2人被省科协授予科技示范“六十佳”称号。开展科技下乡、科技扶贫、科技培训系列科普活动。1997年，历时3年的农村党员、基层干部实用技术培训结束，全市举办各类实用技术培训班1100多场，参加培训的党员、基层干部2.6万人；推广声相科普，放映实用技术录像800多场，3万多人观看。全市有25名农村党员、基层干部被评为湘潭市科技示范户，50名被评为湘乡市科技示范户。1999年9月，成功承办省、市、县三级科协送科普下乡到月山镇大型活动，组织科技专家、教授、技术人员150人，为农民赠送优良种子、化肥，价值2.2万人，发放资料2万多份，咨询服务群众8000人次。11月，举办湘乡市“电信杯”家庭科普知识竞赛。2002年，东山街道被湘潭市评为科普示范乡镇。2004年，举办湘乡市第27届青少年科技创新大赛，1件作品获全国二等奖，3件作品获省一等奖，12件作品获湘潭市一等奖，创湘乡市参赛以来最好成绩。2005年，市科协完成中国科协、省科协对农村科普工作状况和组织机构的调查工作。同年，市一中被省科协授予“湖南省青少年科普示范基地”。全市培养和发展科技示范户956名，其中省级62人、市级328人、县（市）级566人。利用科普宣传橱窗举办科普宣传140余期。

（二）学会与人才培养

1986年，全县23个学会1300名会员分布在工农文卫财贸等各条战线，成为各行各业的主力军。1989年，学会规范整顿后，市农学会科技队伍不断壮大，有会员1600多人，每年推广优质稻11万亩，新增产值3000万元，纯收入500万元，抛秧技术普遍推广。洙津全国杂交水稻开发实验基地在农学会水稻专家赵立武的带领下，开发出11个新品种，并在全国推广，其经济价值在1000万元以上。至1994年，市科协与有关学会合作开办理、工、农、医等14个专业43个班，培训各类专业技术人才2000余人。市畜牧水产学会推介科学养猪新技术，进行生猪品种改良。全市每年养育良种猪160万元；推广网箱养鱼新技术，年产鲜鱼2280吨，实现新增产值735万元，纯收入350万元。1998年，学会的社会功能得到进一步发挥，全年举办学术演讲40场次，撰写论文1262篇。市医学会有会员886人，每年开展学术交流活动4次以上，在全国各类杂志发表论文200多篇，技术创新10余件；在农村、街道、社区义诊活动20次以上。市老年科协创办云龙中学、蛇伤救治中心、食用菌研究所、文艺分会、起风花圃、湘潭电大湘乡教学部。市科技学校累计举办乡村医生、财务会计、电器维修等23个班，培养技术人才1840人。2002年，市科协与南华大学联合在全市医务人员中开展继续教育，开设妇幼、护理2个大专班，学员110名，学制2年；开办临床医学本科班，学员67名，学制3年。2005年，组织发动各学会开展学术交流活动30场次，其中医学会、农学会、党建学会的交流活动具有较大规模和影响力。

第五节 工商业联合会

一、组织

1986年5月，召开湘乡县工商业联合会（以下简称工商联）第六次会员代表大会，正式恢复县工商联组织，会员781人。1989年，市工商联召开第一次会员代表大会，增选一批党外企业家和私营企业者进入班子，发展72名会员。

1993年12月，湘乡市总商会成立，与工商联实行两个机构、一套班子、合署办公。1994年8月，设立中共湘乡市工商联党组。2000年6月，设立湘乡市总商会经济服务部。至2002年，市工商联共召开四次会员代表大会进行换届选举。2005年6月，市非公有制经济维权委员会成立，与工商联合署办公。2005年年末，全市有工商联基层分会14个，同业工会2个，会员企业1280家。

二、活动

1986年起，工商联逐步成为党和政府联系非公有制经济的桥梁和纽带。1988年，市工商联在全市开展“工商、税收、物价”检查，针对企业和会员反映税收不平衡、偷漏税现象严重等情况进行专题调查，向市委、市政府递交《关于加强我市税收管理的几点看法》，建议改进税收管理办法。通过查漏补缺，全市增加税款150余万元。1991年，市工商联会员中的人大代表、政协委员，撰写提（议）案50余件，调查报告、书面建议5篇、专题论文3篇。10月，组织会员为社会公益性事业捐款1.5万元。1993年，对全市非公有制经济发展情况和“三乱”（乱收费、乱罚款、乱摊派）问题进行专题调查，走访130位工商个体户、20家会员企业，向市委递交《我市非公有制经济发展的有关情况和建议》，向人大、政协递交提（议）案52件。编印2000份《产品项目开发简介》，对外推介湘乡20家企业产品，组织为期3天的湘乡市首届农副产品交易会，成交额100多万元。1994年6月，湖南遭受特大洪水灾害，工商联与民政局、总工会联合主办“赈灾义演晚会”，收到捐款44680元，支援灾区人民。同年，湘乡市制革厂被评为省工商联系统“十大双佳会员企业”，潭市分会会长钟景行被评为省优秀会员。1996年，开展“爱国、敬业、守法”教育活动，组织学习活动82场，1052名工商界人士参加学习。组织会员察看洪水重灾区灾情，教育会员致富不忘国家，扶危济困。会员捐款5.6万元支援灾区。全年会员为社会公益事业捐款80万元。1997年，市工商联在各基层分会成立中心学习小组，组织会员学习中共方针、政策，教育会员遵纪守法。当年，举办学习班100多期，4200人次参加学习。1998—1999年，对全市民营经济和对企业的不合理收费进行调查，向市委、市政府递交《运用法律手法，保护民营经济》和《净化投资环境，确保政令畅通》的调查报告，为治理经济环境，维护非公有制经济组织的合法权益提出建议，为民营经济发展提供真实数据。

2004年8—12月，编写《湘乡工商界精英名录》，宣传湘乡优秀民营企业和知名人士为湘乡经济发展所发挥的作用。2005年，开展保持共产党员先进性教育活动，组织工商界人大代表、政协委员及非公有制经济代表人士28人，举行参政议政专题会议，为全市经济发展建言献策。

第六节 文学艺术界联合会

一、组织

1987年3月，湘乡县文学艺术界联合会更名为湘乡市文学艺术界联合会（以下简称市文联）。1991年1月，召开湘乡市文学艺术工作者第一次代表大会，选举产生市文联第一届委员会。以后每隔年，召开一次代表大会，进行换届选举。同年5月，设立党组。1993年，市文联并入市文化体育局。1994年，文体分设，市文联仍与市文化局合署办公。1998年，市文联与市文化局分设后，重新设立党组。2005年，内设办公室、组织联络部、编辑部。下辖作家（含湘乡诗社）、美术家、书法家、音乐家、舞蹈家、摄影家、戏剧曲艺家、楹联家8个协会，有会员875人。其中，全国文联会员8人，省文联会员100多人，湘潭市文联会员200人。

二、活动

1986年起，县（市）文联致力于探索调动文艺创作积极性的各种途径。1988年，坚持“二为”（文艺为人民服务、为社会主义服务）方向，贯彻“双百”（百花齐放、百家争鸣）方针，克服人手少、经费缺的困难，做活“联”字文章。至1995年，开展各类创作活动150余次，共出作品27003件。其中，在国家级报刊发表、国家级展览82件，省级报刊发表、省级展览2075件；获国家级奖励10件，获省、地（市）奖励的125件。有4个自创剧目（包括小品）被专业剧团搬上舞台，1个获得省级奖励，2个获地（市）级奖励。先后有湘乡一中红杏文学社、湘乡师范开拓文学社、龙洞乡仙女山文学社、树人中学树人文学社被评为全国先进文学社。

1998年，市文联进一步发挥“联络、协调、服务”的职能，开展各种形式的文艺培训，加强对文艺社团的管理。2004年，出台《湘乡市文学艺术创作成果评奖办法》，由市财政拨出专款，对当年发表（展演）的优秀作品进行奖励。至2005年，评选两届。第一届评出一等奖1个，二等奖5个，三等奖10个；第二届评出二等奖6个，三等奖10个，一等奖空缺。市文联单独或与有关单位联合主办40多场大中型文艺展演活动，丰富群众的文化生活。此外，组织下辖8个协会开展各有特色的文化活动，影响较大的有：音协“中老年歌手大奖赛”“送音乐到农家演唱会”，作协“湖湘文丛10位作家书籍出版发行首发式”，书协“老年人书画大赛”，楹协“诗词楹联大赛暨吟诵会”和“送春联下乡入户活动”，美协“本土10位画家新作展”“湘潭画家刘新华个人画展”，影协“爱我水府摄影作品流动展”等。

第七节 残疾人联合会

一、组织

1987年3月，湘乡市残疾人协会召开成立大会，选举产生湘乡市首届残疾人协会委员会。1990年9月10日，市编委下发《关于成立湘乡市残疾人联合会的通知》，市残疾人协会改称残疾人联合会（以下简称残联）。1990年10月25日，召开湘乡市残疾人联合会第一次代表大会，按照《中国残疾人联合会章程》规定，选举产生主席团。同时，由主席团推举，市人民政府批准，产生残联理事长，主持残联日常工作。1995年8月1日，市残联由副科级事业单位升格为正科级群团行政单位，与市民政局合署办公。同年，市编委明确，各乡镇办在行政编制内，明确1名残联专干。

1997年，市残联从民政局分离，成为独立的职能单位。1997—1998年，各乡镇办建立乡镇残疾人联合会，大部分村建残疾人协会。2005年，全市共有残疾人3.68万人，其中视力残5200人，智残6580人，听力残5280人，语言残6650人，肢残7400人，精神残1270人，综合残4420人。市残联以残疾人康复、教育、就业、扶贫解困为重点，全面推进各项残疾人事业。

二、活动

（一）残疾人康复

1987年起，市残联以视力康复、聋儿语训及精神病防治作为残疾人康复工作的重点。1991年，投资3万元添置设备，调配教师3人（后增至5人）、保育员1人，成立聋儿语训中心。1997年，成立残疾人康复服务指导站，为残疾人康复服务。1998年5月，在湘潭市聋儿语训比赛中，湘乡市获2个第一名；7月，代表湘潭赴省参赛，聋儿朱迎霞获全省第一名，田立华老师获优秀辅导员奖。同年，成立残疾人用品用具供应站，负责残疾人用品供应与赠送。

2000年，在市人民医院、中医院（后增加二人民医院）设白内障康复中心和低视力康复部。10月，语训中心升格为语训部。2001年，开展精神病患者普查登记、建卡立档，全市登记6000余人。当年，湘乡列入全国精神病防治工作试点县市。市成立精神病防治工作领导小组和技术指导小组，制订《湘乡市精神病防治“十五”实施方案》，全面开展综合防治。1000人以上单位（村、居委会、厂矿）成立领导小组和技术小组，对患者明确监护人或监护小组，送患者至精神病院住院或门诊治疗。对家境困难，残联适当补助药费或住院费。同年，湘乡市被国务院评为全国残疾人工作先进市。至2005年年底，全市共完成白内障复明术1189例。其中，免费259例，减免费用51.8万元；培训聋哑儿童261名，除87名进湘潭市特教学校就读，20名在训外，其余回归主流社会，入普通小学就读；供应残疾人用品用具800余件，免费赠送轮椅、拐杖、助听器、盲表、盲杖等585件，价值12万余元。“十五”期间，对全市4000余名精神病患者作综合防治，监护率95%，显好率60%，社会参与率50%，肇事率控制在0.1% 以下。

（二）残疾人教育与就业

1986年起，通过争取国家彩票公益基金助学项目，配合关心下一代工作委员会助学工程，先后资助848名残疾学生或残疾人子女入学，发放助学金25万元。1987年起，加强残疾人职业培训，由市残联出资举办农村残疾人实用技术培训班，累计培训897人。选送56名盲人学习按摩技术，并给每人补助培训费用300～800元。通过培训的盲人都有一技之长，找到工作。1990—1995年，采用多种形式，帮助有一定劳动能力的残疾人尽量就业。

1996年，湘乡在全省率先实行依法按比例安排残疾人就业和征残疾人就业保障金。1999年，市政府明确非财政拨款单位由地税局代征保证金。2001年7月，市残联被中国残联评为“全国按比例安排残疾人就业先进单位”。2003年，与市财政有领拨关系的单位的应缴保障金由市财政局核算中心代扣。同年，对全市10余家福利企业进行执法检查，对残疾人上岗率、工资福利待遇等达不到规定标准的，责令其进行整改。至2005年，福利企业共安置残疾职工224名。此外，鼓励、扶持残疾人个体就业，协调工商、税务、城管等部门落实残疾人税费优惠政策。2005年年底，征收保障金总额为290万元，共推荐或扶持残疾人个体就业3000余人，全市残疾人就业率达85%。

（三）维权与扶贫解困

开展关爱残疾人行动。每年春节、助残日、国际残疾人日，市委书记、市长均专门带队深入残疾人家庭慰问，帮助解决生产生活困难。1987年，市残联成立信访工作领导小组，明确信访专干。此后逐步推行信访首问责任制和责任追究制，尽力维护残疾人合法权益，解决其在生产生活中遇到的各种困难，把矛盾解决在基层，避免残疾人越级、集体上访事件的发生。1991年5月15日，全国第一个“助残日”活动正式实施起，每年均由市委办、市政府办联合发出通知，号召每个干部职工捐出1天工资帮助残疾人。同时，配合司法部门，推行残疾人维权示范岗建设和法律援助工作，严肃查处侵害残疾人合法权益的案件。2003年，司法部、中残联授予白田镇司法所“残疾人维权示范岗”称号，2004年，市残联被中残联评为全国残疾人信访工作先进集体。

2005年，开展残疾人住房情况调查。经查，全市有300多户无房户、700多户危房户。市残联积极争取国家彩票公益金危房改造项目。3月31日，市政府召开第39次常务会议，专门研究残疾人危房改造工作，市财政拨付12.5万元配套资金。当年，全市共筹资36.5万元，为55户残疾人改造住房。至2005年的20年间，全市共开展15次助残日募捐活动，共募集资金165万元，累计发放慰问金100多万元，用于康复教育、扶贫解困。

第八节 个体劳动者私营经济协会

一、组织

1986年，湘乡市个体劳动者私营经济协会（以下简称个私协），有会员9312人，比1983年11月协会成立时增加3倍。个私协设会长1名、副会长2名、秘书长1名、理事10名；内设办公室、宣传教育部、组织联络部、经营服务部、维权服务中心、法律顾问室。下设基层分会11个，联组72个，小组228个。1999年11月，成立个私协工会联合会。2004年，设分会12个，联组72个，私营企业工会68个，工会小组138个。2005年，下设联组72个、理事192名（其中人大代表9人，政协委员15人），党支部6个，会员人数发展到12880人。至2005年的20年间，市个私协共召开八次会员代表大会，改选理事会班子，整合、设置联组。

二、活动

（一）会员思想教育

1986—1990年，在会员中普遍开展讲政治思想、学法律法规、守职业道德和有理想、有道德、有文化、有纪律的活动。以国务院《关于社会主义市场体制若干问题的决定》《城乡个体工商户管理暂行条例》和省政府〔1990〕51号文件为基本教材，培训联组辅导员到各组讲课。发放学习资料1.8万份，使广大会员明确多种经济成分共同发展的方针，增强会员自尊、自信、自强精神。

1993年，按照行政区划，在村、街道、市场设立学习小组，建立学习制度，购买学习资料1.97万册下发各组。开展“优秀学习小组”评比活动，进行法规考试。1996年，普及《中华人民共和国民事诉讼法》《中华人民共和国刑法》《中华人民共和国游行示威法》《中华人民共和国消费者权益保护法》学习和职业道德教育，以正反两方面的典型事例教育和提示会员，在市广播电台设立“个体之声”专题节目，宣传先进典型、开辟职业道德讲座。1997—1999年，以香港、澳门回归为主题，开展爱国主义教育。各分会组织迎香港回归宣传游行等活动，有的分会举办龙舟、书法、象棋、卡拉OK比赛，寓教于乐。开展《中华人民共和国产品质量法》《中华人民共和国反不正当竞争法》《中华人民共和国经济合同法》《中华人民共和国公司法》等法律法规学习。在参加湘潭市个私协举办的法律法规知识抢答赛中，获得二、三等奖。

2002年，重点学习和宣传中共十六大精神以及党和国家加快发展个体私营经济的方针政策。举办学习班45期，黑板报242期。2003—2005年，举办学习中共十六届三中、四中全会精神、《中华人民共和国行政许可法》《湖南省非税收入管理条例》等专题培训班、研讨会、座谈会、报告会；组织部分个体私营业主和协会理事去外地参观考察。

（二）引导个体私营经济有序发展

1986年，制定文明经营标准，开展“五讲”“四美”为中心的文明经营、文明生产、文明服务活动。1987年，在双江乡石江村进行“个体生产经营文明村（街）”试点。1988年，在全市建立22个个体文明村（街），月山镇建成“个体生产经营文明乡（镇）”。1990年开始，实行商品明码标价，顾客有权索要票据。文明经营户评比每年评选一次，对优秀个体工商户和私营企业予以表彰奖励。1991年，与22个省（市、区）180个县（市）建立商品信息网，为会员提供有效信息280多条。有4个分会成立“资金互助储金会”。组织经营有方、经验丰富的业主介绍经验，以求共同发展。

1992年起，先后组成3个工作组对“三乱”行为进行调查，发现有些收费项目，省政府已明令禁止，但有关部门仍变相收取，如“企管费”“森林补偿费”“占地费”“委检费”“治安费”“押金”“保障金”等。至2000年的9年间，共受理会员投诉280件，通过市人大、市政府调处310件，退回“乱收费”金额4.1万元。2001—2005年，发放征求意见表13万份，广泛征求民众和消费者对个体经营经济的要求和意见，接受消费者的举报和投诉。发动个体私营业主自查自纠，推动个体私营各行业的文明建设。配合和协助工商行政管理部门查处无照经营、假劣、欺行霸市、骗买骗卖、哄抬物价等违法行为。2005年，全市新发展个体工商户3145户，私营企业42户，新增从业人员6332人，注册资金14570万元。至12月底，全市共有个体工商户12457户，私营企业511户，从业人员37185人，注册资金118381万元。

（三）开展“致富思源，回报社会”活动

1986年始，组织会员开展多种形式的公益活动。每年3月5日，开展“学雷锋、树新风”服务。1993年，会员扶贫救灾捐款18.5万元，供养五保户102人。1994—1995年，敬老、助残捐献钱物8万元，助学扶贫、救灾捐款6.6万元。1995年，昆仑桥个私协分会率先成立“希望工程基金会”，帮助5名贫困学生解决“入学难”。随后各分会“希望工程基金会”相继成立。1997—1999年，为公益事业捐款120万元，资助贫困学生42人；捐资购买化肥38吨、食用油100瓶，慰问褒忠村等地部分贫困农户。2000—2002年，资助180名贫困学生完成学业；捐资28万元重建文塔；支援灾区8.7万元。2003—2005年，捐资31万元，用于助残、敬老、扶贫济困。

第十七编 法治 军事

第一章 政法委及综治

第一节 机构

1987年，中共湘乡县委政法委员会更名为中共湘乡市委政法委员会（以下简称政法委）。设书记，副书记，编制4人。1990年10月，成立湘乡市社会治安综合治理办公室（以下简称综治办），与市委政法委合署办公，两块牌子，一套人马。1991年4月，成立湘乡市社会治安综合治理领导小组。同年9月，更名为湘乡市社会治安综合治理委员会。政法委定编7人，综治办4人，实有10人。1993年机构改革，政法委设办公室、政工室，工作人员8名。2001年3月，成立湘乡市维护社会政治稳定领导小组，市委政法委加挂市维护稳定领导小组工作办公室牌子。内设办公室、政工室、执法监督室、维稳办。2005年年底，市委政法委共有干部13人。

第二节 综治管理

1986年起，推行治安承包制，各乡镇办事处、市直单位、驻市厂矿和市属企业共67个单位向市政府递交治安承包责任书。1990年，实行综治领导小组成员责任区制度。以区公所建制为单位划分9个责任区，责任区的社会治安由该责任区领导小组成员负责。

1991年，落实中共中央、国务院关于社会治安综合治理的决定，市委、市政府制订下发《关于社会治安综合治理五年规划》。从1992年起，全市逐步层层实行社会治安综合治理责任制。年初，各乡镇办事处、市直单位、驻市厂矿、企事业单位“一把手”向市委、市政府递交责任状。乡镇办事处与所辖村（居）委会、机关与股室、厂矿与班组、学校与班级签订责任状，并推行社会治安综合治理“一票否决”制度。2001年，市委、市政府相继下发《湘乡市社会治安综合治理领导责任制实施细则》《社会治安综合治理一票否决制实施办法》等文件。市综治委等5部委局联合下发《关于对发生严重危害社会治安稳定重大问题的地方和单位实行领导责任追究的通知》，制订和完善综治维稳责任制考核体系，明确社会治安综合治理责任人。2004年，对2个乡镇、1个市直单位因社会治安问题严重，考核排名靠后，予以“黄牌警告”。市综治委对负有其领导责任的单位负责人进行诫勉谈话。2005年，下发《关于社会治安综合治理和可防性案件实行责任追究和风险抵押金暂行规定》。在递交责任状的同时，向市综治办交纳社会治安综合治理风险抵押金。综治办每年两次对全市各单位综治维稳工作检查考核，考核结果与奖惩挂钩。

第三节 专项整治

1986年，针对一些地方赌博风盛行的不良风气，市委、市政府在全市城乡开展查禁赌博的专项斗争。对1983年以来参与赌博的赌头、赌棍、屡教不改、以营利为目的聚赌或以赌为生、以赌为主要经济来源者及集赌窝点逐一登记。全市查出赌博人员11712人，赌头、赌棍524人，惯赌1425人，窝主930人，捣毁赌场1347处，按乡规民约处罚2055人，罚款56349元，受党纪政纪处分72人，刑事拘留37人。

1989年，根据省、湘潭市部署，全市城乡开展“一打四整顿”（打击刑事犯罪、整顿公共秩序、交通秩序、文化市场、特种行业）专项行动。成立由市委书记、市长挂帅，13名市级领导参加的领导机构。从市直单位抽调干部配合政法部门成立230余人参加的工作队，历时4个多月，城乡社会治安得到整治，社会治安秩序明显好转。1990年，在全市范围内开展“扫除六害”（卖淫嫖娼、制贩传播淫秽物品、聚众赌博、拐卖妇女儿童、吸贩毒品、封建迷信）的斗争。全市组织1755名干部，分13个区64个小分队，共破获“六害”案件259起，揭发“六害”行为人1.5万名，抓获骨干成员1604名，捣毁窝点260个，打掉团伙178个，瓦解成员2029名，处理违法犯罪人员8353名。

1993—1994年，开展以打击流氓地痞地霸为主要内容的整治农村社会治安专项斗争。组织4次集中统一抓捕行动，抓获占地为王、称霸一方的对象512名，破各类刑事、治安案件718起。

1995年起，开展城区社会治安整顿和畅安工程专项行动。

1996年，以政法部门为主，从市直有关职能部门抽调力量，组织4个工作队。对湖南铁合金厂、湘乡铝厂、湘乡水泥厂、湘乡啤酒厂的周边治安环境进行集中整治。调处工农矛盾，查处危害企业利益，破坏企业生产生活秩序的刑事、治安案件。

1999年，成立湘乡市治理经济发展环境领导小组，组织力量对重点建设工程、企业周边治安环境进行整治。共查出危害重点工程建设和企业利益的问题300多个，立案97起，查处98人，没收非法所得94万元，劳教4人，治安拘留21人。

2000年起，市委、市政府成立优化经济发展环境专门机构，重点治理以乱收费、乱罚款、乱摊派为主要内容侵害企业利益、困扰企业发展的“三乱”行为。同时，由市综治办牵头，公安、教育、工商、城管、文化等部门联手，开展学校周边治安环境的集中整治。重点整治城区10多所中小学周边的环境。至2003年，取缔学校周边200米内的“三室两厅”（录像放映室、电子游戏室、桌球室、歌厅、舞厅）22个，拆除违章搭建物11处，取缔游商摊贩82个，调处纠纷128起，查处治安案件115起，破获刑事案件10起，刑事拘留8人，治安处罚63人。

2004年，政法系统各单位围绕打击黑恶势力犯罪、街头“两抢一盗”（飞车抢夺、抢劫、入室盗窃）、农村偷盗、五强五霸（强揽工程、强行阻工、强行装卸、强行买卖、强行索要“保护费”、村霸、街霸、市霸、路霸、厂霸）等多发性侵财型犯罪开展集中统一行动，治理经济发展环境。至2005年，受理投诉49起，查办15起，刑事拘留15人。发生15起命案，14起告破。

第四节 群防群治

一、群防群治组织

1986年起，基层综合治理由村民（居民）委员会的治安、调解委员会负责。1990年，全市有调解委员会700多个。1991年9月，市社会治安综合治理领导小组及其办公室成立后，各乡镇街道、市直机关和厂矿企事业单位均设立相应机构，负责社会治安综合治理工作。村治保会、调解会等基层组织建设得到加强，乡镇组建治安联防队、巡逻队等群众性治安联防组织50多个，有联防队员500多人。机关门卫、企事业单位和居民区的护厂队、护院队、治安巡逻队等群防群治队伍发展壮大。2001—2003年，加强基层“综治维稳”组织建设，乡镇街道成立政法综合治理办公室，配备综治专干；建立以司法为主，派出所、法庭、国土、林业、工商、企业办等部门参加的司法调解中心；建立健全以公安派出所为主体的“打、防、控、管”一体化工作体系；建立专群结合的群防群治队伍。

2004—2005年，乡镇综治维稳工作实行“村为主”，村党支部有专人分管，调解员、法制宣传员、信息员延伸到村民小组。城区实行“社区为主”，社区配备1名专干分管，落实一区一警，设立综治办、巡防室、警务室、调解室、治保会、调解会、流动人口管理站、刑释帮教人员帮教站。机关、厂矿、企事业单位实行“法人为主”，有综治机构、有办公场地、有内部安全保卫队伍、有经费保障等安全防范网络机构和工作机制。

二、安全文明创建活动

1992—1993年，在农村开展“三评一帮”（即评选“学法守法光荣户”“五好家庭户”“双文明户”；帮教落后对象）活动。对符合“三户”条件的，在农户门上挂上牌匾，家庭成员中有违法犯罪或不计划生育、拖欠农业税和上缴款的，不能挂牌授匾。违法违纪落后对象确定专人帮教。

1994年11月，市委在龙洞乡乐昌村进行依法治村、民主管理试点。1995年，市委、市政府在全市推广乐昌村经验。至1997年年底，全市730多个村（居）委会，有80% 以上的村制订上合法律政策、下合村情民意的村规民约。

1998—1999年，全市城乡广泛开展创建“治安模范乡镇”、“治安模范单位”、“治安模范小区”活动。东郊乡、泉塘镇、棋梓镇、湘乡水泥厂、湘乡四中、市国税局等18个单位获得省、湘潭市的表彰奖励。2000年、2001年，城区“安全文明小区”创建活动以基层为载体，促进社会治安综合治理措施落实，政法综治工作逐步实现由重打轻防到打防结合两手并重转变。

2004年下半年，全市开展“平安湘乡”创建活动。2005年，市委政法委到泉塘镇三角村、望春门办事处东风社区、市地税局帮助完善治安防控措施，总结群防群治经验，提升平安创建水平。市综治委分门别类进行指导，各地各单位因地制宜，纷纷仿效，促进全市平安创建工作。

三、群体性事件防范和处理

1986年，涉法涉诉上访和群体性事件未发生典型事例。1987年，因农村化肥、农药供应紧张，白田、仁厚等边远乡镇发生部分村民堵截农资运输车辆哄抢化肥、农药事件，涉及群众上千人。政法部门出警30多次、400多人次，平息哄抢风波。9月，处置东郊、虞唐等地少数复退军人以所谓“湘乡复员军人自组会”名义煽动复员军人100多名到市政府上访、静坐事件。市委、市政府组织73名政法干警，配合有关部门，做好疏导劝阻工作，成功平息事态。

1995年后，由于改革不断深入，社会利益格局重新调整，社会矛盾有所增加。1998年，市委、市政府推行领导责任制、部门负责制、责任追究制和对热点难点问题派工作组制度。全市成立6个工作组负责调处化解企业改制、城市房屋拆迁、农村教育收费、农民减负、特困企业军转干部待遇落实等问题。

2000年6月，横跨虞唐镇邓氏村和潭市镇高仑村的涟水“邓氏浮桥”，因群众争看龙舟赛超负而侧翻，造成130多人落水，13人丧生，2人失踪的重大事故，市委、市政府和当地党政部门联合妥善处置。

2001年起，从上至下，开展矛盾纠纷排查、交办、督办制度。重大节假日和全国全省重要会议、重大活动期间，进行特别防范。至2005年，政法部门与有关职能部门共同处置100人以上群体性事件81起，处置农村非正常死亡引发的扛尸闹事42起。其中，影响较大的事件有栗山镇永安等几个村的村民因教育附加随学代征闹事事件；市建材厂职工不满改制而堵湘黔铁路、客运司机集体上访罢运风波，以及皮革工业园阻工等。

四、见义勇为表彰

1987年农历十二月初六，东山乡东台村村民谭世南为邻居救火身负重伤。两年后伤没治好，小孩也因无钱治病夭折。《湘乡报》宣传他的事迹后，许多人写信并捐款，对谭世南的精神表示敬仰，对其家庭表示同情。市委书记王林森在《湘乡报》撰稿予以赞扬。有关部门领导上门慰问，送去奖金500元，困难救济金2050元。

1988年10月，市委、市政府对白田区供销社职工陈谷秋、白田养路工班职工易务农、东郊浒洲村个体户王少次等16人不顾个人安危与犯罪分子做斗争、协助公安机关擒获犯罪嫌疑人的义举进行表彰奖励。同年11月10日凌晨，湖南铁合金厂护厂队队长杨福平与队友在厂区巡逻时与犯罪分子搏斗，光荣牺牲。12日，该厂召开有5000余人参加的追悼会。1989年2月，市委、市政府向其家属颁发民政部革命烈士荣誉证书，号召全市人民向杨福平学习。

1990年3月26日，《湘乡报》报道谭世南舍己救人的事迹后，由湘乡报社牵头成立“湘乡市见义勇为鼓励基金会”，成员单位有市武装部、总工会、团市委、妇联、工商局、老龄委、关心下一代协会等。历时百余天，群众自愿向基金会捐款3万余元。1991年3月24日，在全市四级干部大会上表彰见义勇为者6名，其中特等奖2名、一等奖3名、二等奖1名。1995年2月6日至11日，10多名盗墓者窜入歧山乡中山村进行盗墓犯罪活动，中山、东坪等4个村的数百名村民协助公安机关摧毁盗墓团伙。3月28日，市委、市政府在岐山乡召开庆功表彰会，3个单位和18名积极分子予以表彰奖励。2000年12月4日，湘乡宾馆发生恶性爆炸案。宾馆保安员戴战略舍生忘死与歹徒周旋，成功阻止由歹徒劫持、装有炸药的“的士”进入宾馆大厅，使宾馆大厦免遭灭顶之灾，避免数百名宾馆客人、工作人员及围观群众遭受伤亡。在歹徒强行引爆中，戴战略身负重伤成一级伤残。市委、市政府作出向戴战略学习的决定，湘潭市政府授予其劳动模范称号。次年10月，戴战略参加全国社会治安综合治理先进集体、先进个人代表大会，获第七次全国人民群众见义勇为先进分子称号。

2004年8月，湘乡市见义勇为鼓励基金会更名为“湘乡市见义勇为奖励促进会”，由市委政法委、市委宣传部、市综治办以及公安、劳动、人事、民政、教育、卫生等部门和单位主要负责人组成。市政府印发《湘乡市见义勇为人员奖励和保护实施办法》，对见义勇为的认定、呈报、审批和奖励等作出规定。市委办、市政府办下发《关于认真做好见义勇为奖励基金募捐工作的通知》。

2005年3月28日傍晚，贵州警官学校学生、望春门派出所实习民警邹永在城区某地段蹲点守候时，发现歹徒抢劫后逃窜，邹永奋力追捕，歹徒掏出弹簧刀对其腹部、胸部连捅数刀，身负重伤。邹永先后获“湘乡市见义勇为先进个人”“湘乡市十大杰出青年”“优秀青年卫士”、贵州省“优秀共青团员”称号。同时，邹永被市公安局破格录用为干部。至2005年的15年间，见义勇为奖励促进会共募集见义勇为奖励基金16万多元，共表彰26人。

第五节 执法监督

1986年起，市政法委组织公检法负责人和相关业务科室骨干，对有争议的案件进行协调，对群众或当事人反映处理不公以及上级批转的重要信访案件进行督办、交办。至1998年，市政法委每年召开案件讨论会或联合办公会20余次，研究协调有争议的案件10多起，承办上级批转或督办的案件20余件。接待和处理来信来访每年70余人次。

1999—2005年，根据中共中央指示精神，在开展政法队伍纪律作风教育整顿的同时，每年集中开展一次执法检查。重点解决以罚代刑、刑讯逼供、超期羁押、滥用强制措施以及取保候审、监视居住、减刑假释等环节中的违纪违法问题。

第二章 公安

第一节 机构队伍

1986年，市公安局内设机构有秘书股、政保股、刑侦股、保卫股、预审股、政工股、纪检组、出入境管理股、看守所、行政拘留所。下辖派出所有城关、梅坪、棋梓、潭市、谷水、东山、东郊、白田、月山、壶天、虞唐、泉塘12个。全市有公安民警182人，平均每万人口2.23名。大专以上学历5名，占2.75%，警力严重不足。1987年，公安接管交通管理，市公安局增设交警大队。1988年2月，成立市保安服务公司。1993年5月12日，市公安局有268名公安民警授衔，其中一级警督49名，三级警督51名；一级警司32名，二级警司71名，三级警司32名；一级警员7名，二级警员12名。1994年，局长和2名副局长、12名股所队长、87名民警分别去北京、长沙、湘潭等地离职参加岗位培训，42人参加函授学习。1997年开始，落实公安部、人事部人民警察基本素质考试制度。当年，市公安局撤销治安联防办公室，建立巡逻大队（含110报警服务台），下设1个接警中队、3个处警中队；刑侦队升格为刑侦大队，下设经济侦察中队、刑事案件侦察中队、刑事技术侦察中队和警犬驯养所（事业编制）；治安队升格为治安大队，下设2个治安中队；交警大队下设办公室、车管股、安宣股、秩序股、城区中队、壶天中队、棋梓中队、栗山中队。1999年，贯彻落实中共中央关于进一步加强政法干部队伍建设的决定。2000年，开展严格、公正、文明执法教育活动。2004年，落实公安部《关于加强基层和一线公安民警实战训练工作的通知》，公安民警开展大练兵活动，突出队伍管理，确保队伍建设健康发展。2005年，市公安局内设机构有：纪委、监察室、警务督查室、政工室、办公室、行政股、保卫股、预审股、户政股、政保股、法制办公室、公共信息网络监察股。直属机构有刑侦大队、治安大队、交警大队、巡警大队、看守所、治安拘留所、法医检验所、保安服务公司（自收自支事业单位）。派出机构有：望春门、新湘路、昆仑桥、东山、梅桥、东郊、龙洞、山枣、栗山、虞唐、中沙、泉塘、潭市、棋梓、毛田、育塅、月山、白田、金石、金薮、翻江、壶天、可心亭、水府24个派出所。公安业务指导单位有市消防大队、市森林分局。市公安局有民警493人（含交警79人），保安队员95人，平均每万人口有公安民警4.64人，比1986年增加2.42人，警力仍然偏少。在职民警中，有一级警督74名、二级警督67名、三级警督123名；一级警司74名，二级警司54名，三级警司52名；一级警员6名，二级警员2名。大专以上学历者379名，占民警总数的76.88%。

第二节 国家安全保卫

一、国内安全保卫

1986—1988年，针对国内外敌对势力对国家政权的渗透、破坏、颠覆活动，市公安机关加强国内安全保卫工作。收集各类情报信息229条，破获反动标语案件2起、反动传单案1起、反革命挂钩信案2起，对17名境外对象落实侦控措施。

1993年起，继续侦查反动势力在湘乡境内的活动。至1998年，共收集各类情报信息250条，收缴反动传单32张，破获政治案件3起、反革命挂钩信案1起和“981”专案、“309”专案，查明反革命集团案1起。

1999年，在侦查“911”专案中，收缴非法书刊780本、音像制品627盒、证件2000余个。2004年，查破公安部督办的“406”专案，抓获骨干成员2人。至2005年的6年间，收集情报38条，破获反动标语案1起，协助国家安全机关查破特情线索2条。

二、网络信息安全

2004年1月，市公安局成立公共信息网络安全监察股，负责本辖区内计算机信息网络应用单位、互联网上网服务、营业场所的安全等日常管理工作；协助上级业务部门做好法律法规和网络安全知识宣传，培训和查处计算机信息网络的违法犯罪案件等。年内，对市区网吧及上网服务营业场所进行全面调查摸底，澄清底数。对城区67家网吧逐一登记造册，建立档案，补充网吧法人代表的身份证明及网吧平面图、网络结构拓扑图，为整顿、管理打好基础。当年，对城区网吧检查120次，对19家违规经营者提出口头警告，对有消防隐患的13家提出整改意见，对违法经营的23家进行处罚，办理查处危害信息网络安全的行政案件6起。配合市文化稽查大队，依法取缔6家“黑网吧”。2005年，进行2次大规模清查行动，对30家违规经营的互联网上网服务营业场所下发整改通知书，对2家予以行政警告，8家予以行政罚款。配合工商、文化部门规范申办网吧行政许可程序，增添对固定 IP 地址的审核。全年受理审批12家互联网上网服务营业场所。至年底，列入管理的网吧120家。

第三节 治安管理

一、治安网络

1986年，城区、棋梓、潭市有专业联防队5支、联防队员48名，由公安局统一管理。1987年，贯彻实施新的《治安管理处罚条例》，翻印新条例7.2万份，城乡发至村民（居民）小组，厂矿发至班组。1989年1月，市公安局组建治安队，招聘合同制民警10人，进行治安巡逻。1991年，全市有专业治安联防队9支，联防队员116名。区、乡（镇）、街道和公共场所组建20个治安联防组（值勤室）、成员100多名。1998年，撤销专业治安联防队。2000—2005年，全市24个派出所建警务区81个，配备社区民警92人，社区警务覆盖率100%，社区警力占总警力的20%。城区5个派出所组建5支专业巡逻队，另有义务巡逻队56支、队员372名，对辖区内的重要地段、场所，进行治安巡逻。

二、治安案件查处

1986年，重点查处寻衅滋事、殴打他人、偷窃、赌博案件。至1988年，共发生治安案件2229件，查处1742件，查处率为78.15%。其中，寻衅滋事、殴打他人、偷窃、赌博案件1314件，占查处案件总数的75.43%。1989年起，治安形势趋向严峻，当年发案率高达1123起，查处977起，查处率为87%。1990年起，开展扫除“六害”（卖淫嫖娼，聚众赌博、传播贩卖复制淫秽物品，拐卖妇女儿童，贩卖吸食私种毒品和利用封建迷信骗财害人）统一行动。当年，揭露有“六害”行为人15526人，捣毁“六害”团伙178个，抓获“六害”成员1604名，捣毁“六害”窝点266个。破获刑事案件244起，治安案件136起，提请逮捕1人，送劳动教养7人，治安拘留47人。至1991年的2年间，共发案3607起，查处3363起，查处率为93.23%。

1992年起，治安形势更加严峻，发案数连年上升。至1996年，共发案20418起，年均4083起，查处17849起，其中偷窃案5465起，卖淫嫖娼案1444起，赌博案3350起，查处率87.42%。

1997年后，治安形势趋向好转，发案数逐年下降。至2005年的9年间，共发案24749件，年均降至2750件，查处22166件，查处率为89.56%。

1986—2005年湘乡市治安案件查处情况表

表17-1

项目 年度	发案受理（起）	查处（起）	其中查处几类主要案件（起）						
			寻衅滋事	阻碍执行公务	殴打他人	偷窃	敲诈骗取抢夺财物	卖淫嫖娼	赌博
1986	634	496	71	9	152	65	8	1	60
1987	838	657	49	9	190	145	8	3	104
1988	757	589	22	10	173	144	18	3	139
1989	1123	977	58	36	244	277	20	28	150
1990	1795	1654	121	44	452	394	42	51	194
1991	1812	1709	58	32	306	403	47	77	227
1992	3451	2688	69	40	283	818	48	313	615
1993	3585	2707	140	28	311	1388	32	154	544
1994	3398	3067	225	39	383	901	169	97	546

续表17-1

年度＼项目	发案受理（起）	查处（起）	其中查处几类主要案件（起）						
			寻衅滋事	阻碍执行公务	殴打他人	偷窃	敲诈骗取抢夺财物	卖淫嫖娼	赌博
1995	4327	4028	166	80	443	874	228	278	733
1996	5658	5339	213	102	551	1484	219	302	912
1997	4101	3644	198	106	462	1395	187	263	711
1998	3371	3018	126	43	621	734	154	290	276
1999	2424	2101	145	21	530	545	95	191	188
2000	3202	2921	158	79	610	529	154	190	226
2001	3303	3042	124	73	483	498	138	260	269
2002	2638	2120	145	23	513	548	81	193	186
2003	1576	1477	52	24	139	204	42	52	191
2004	1736	1579	87	28	207	548	68	97	209
2005	2398	2264	13	20	94	156	17	53	152
合计	52127	46077	2240	846	8147	11960	1775	2896	6635

三、危险物品管理

1986年，公安机关贯彻“预防为主、安全第一”的方针，对危险物品进行管理。至1988年，全市生产烟花鞭炮的厂家有10家左右，批准出售炸药100吨至300吨、雷管30万至50万发、导火索20万至30万米。1989年，取缔1家不符合生产条件的厂家，收缴炸药400公斤、雷管65发。1993年10月，育塅乡扬名村烟花鞭炮厂发生爆炸，当场炸死8人，炸伤5人，政法部门依法进行处理。1996年，全市有烟花鞭炮厂7家，96家专营店、2542个零售店，公安部门逐厂、逐店进行检查，对3家不符合安全生产条件的予以取缔。同年，开展缉枪行动，收缴各类枪支1811支、子弹66发、管制刀具730把。1999年，对18个储药库房、82家爆破器材使用单位、1家烟花鞭炮厂、2800个专营（零售）店进行清理整顿，收缴非法生产炸药300公斤，黑火药120公斤、水雷1000个、土炸弹1000个，并予以销毁。查获非法贩运雷管11.5万发的案件，给予2名当事人治安拘留处罚。当年2月16日（正月初一凌晨），城区南门口凯南综合鞭炮经营店发生爆炸，炸死4人，6人重伤，400平方米的房屋被毁。2001年，开展“防火、防盗、防爆炸、防事故”安全检查12次，清理仓库、店点210处，工地24处，厂家20家，收缴炸药746公斤、雷管1000发、导火索1124米、黑火药1690公斤，打击处理22人。在缉枪行动中，收缴各类枪支256支、子弹43发，管制刀具100把。2003年9月，强制取缔东山、长桥非法爆竹烟花仓库，捣毁粟山镇永安村一非法爆竹生产点。2004年起，对危险化学品生产经营单位进行评估，至2005年，评估106家，38家取得安全生产许可证。

四、特种行业和公共娱乐场所管理

1986年，全市有特种行业434家，其中旅店业134家，废旧金属回收店251家，刻字5家，印刷28家，打字复印15家，寄卖行1家。有公共娱乐场所585家。其中，电影院12家，歌舞厅13家，录像点16家，卡拉OK厅5家，镭射影视厅2家，桌球537家。当年起，公安机关对特种行业和公共娱乐场所中的卖淫、嫖娼、吸毒贩毒等社会丑恶现象进行严厉打击，对符合安全经营条件的行业、场所，按程序审批，对治安问题突出、安全隐患严重的行业、场所予以取缔。1989年，昆仑桥一村民复制放映淫秽录像，130多人观看，公安机关对该村民作出劳教3年的处罚。1990年后，城区休闲保健服务兴起，有茶庄、酒吧、洗浴中心、钓鱼池（塘）、牌馆等场所。少数场所隐藏色情服务，公安部门加强监管力度。1991年，破获一起重大贩卖淫秽录像带案，公安、法院对3名犯罪嫌疑人立案审理。1994年起，严禁歌厅、舞厅“三陪”，取缔“熄灯舞”、“情调舞”。2000年后，出现“网吧热”，严禁未成年人进入网吧，严禁网吧进入色情网站。2005年，全市备案登记特种行业323家。其中，宾馆旅馆116家，废旧收购103家，旧货店27家，打字复印店64家，刻字1家，汽车修理12家。公共娱乐休闲服务场所142家。至2005年的20年间，在特种行业和公共娱乐场所中破获刑事案件515起，提请逮捕16人，查处治安案件1888起，治安拘留562人，收容教育156人，劳动教养25人。

五、110报警服务

1997年9月22日，投资70万元开通市公安局“110”报警服务台，公安机关快速反应能力和控制社会治安能力得到增强。当年“110”接受群众报警3917次，直接出警822次，抓获各类犯罪嫌疑人217人，调处各类民事纠纷73起，为群众排忧解难11起，为民办好事151起。1998年起，“110”接警处警及时，群众满意。2003年，市“110”报警服务台开通群众对公安机关和民警违法违纪问题的“110”电话投诉，市公安局成立群众投诉处置小组，对真实合理的举报投诉行为举报人予以奖励。至年底，直接出警27804次，抓获各类犯罪嫌疑人2036名，破获各类刑事案件405起，查处治安案件7359起，调处各类民事纠纷4134起，为民排忧解难4037次，为民办好事20次，救助危难群众667次，处理交通事故780起。2005年7月16日，“110”“112”“119”3个报警服务台实行合并开通，构筑“三台合一”报警指挥中心，实行统一接警、快速处警新模式，达到公安部颁布的先进标准。配置（GIS）地理信息系统，（GPS）卫星定位系统，大型数据库系统，电子地图系统，大屏幕显示和350兆（WPS）无线调度指挥系统；至8月底，接警5754次，有效出警3265次。

第四节 刑事侦查

1986年，根据中央“严打”方针，对严重刑事犯罪分子依法从重从快进行打击。至1987年，立案813起，破案598起，依法提请逮捕171人，直诉25人。1988年，刑事案件上升。至1989年，立案数上升至2065起，破案1447起，其中杀人案18起，抢劫案43起，盗窃案1311起。依法提请逮捕273人。

1990—1991年，治安形势严峻。根据中央“稳定压倒一切”的方针，全方位、多渠道打击刑事犯罪分子。破获以唐某、陈某某、彭某某为首的持刀持械公路拦车抢劫团伙，抓获作案人员31名，破获拦车抢劫案36起。两年立案3015起，破案2072起。其中，抢劫案71起，盗窃案1818起，依法提请逮捕455人。

1992年起，重点打击团伙犯罪，开展“三打两整顿一查禁”统一行动，打击车匪路霸、抢劫和重大盗窃、拐卖妇女儿童犯罪，整顿交通秩序和重点路段社会秩序，查禁卖淫嫖娼。及时破获发生在工人文化宫的流氓杀人案、汽车站招待所抢劫杀人案、泉塘细屋村地段恶性强奸案、李某特大涉枪案，治安形势有所好转，案件大幅下降。至1995年4年间，立案3157件，破案2434件。

1996年，以“抓现行、破大案、打团伙、追逃犯”为中心，开展“严打”。摧毁4个带黑社会性质的流氓团伙，抓获涉案人员103人，提请逮捕19人，查证犯罪事实121起。根据毒品犯罪案件突出的形势，全力开展打击毒品犯罪活动。1997年，开展打击邪教、取缔非法宗教、打击盗窃农民生产生活资料，打击“涉黑涉恶”“两抢一盗”行动。10月1日起，原由检察机关立案侦查的涉税犯罪案件移交公安机关管辖。1998年2月，市公安局刑侦大队成立经济侦查中队和涉税犯罪侦查中队，对经济和涉税犯罪案件进行侦查。至2003年的8年间，共立案9180起，侦破6908起。其中，破获偷税、抗税案件207起，追回税款798万元，打击处理违法犯罪人员95人。查处其他经济案件309起，打击处理违法人员206人，挽回经济损失825万元。

2004年，侦破“2·9”滨河路入室抢劫案、“2·21”潭市蒙面人入室抢劫案、“2·22”棋梓抛尸、焚尸案，实现现行命案发一破一的阶段性目标。当年立案1683起，破案1023件。2005年，刑事案件降至902件，破787件。“3·28”抢劫袭警案、“5·15”雅美美容美发厅故意杀人案、“5·28”鸿文书社抢劫杀人案等恶性案件均告破。

1986—2005年湘乡市刑事案件侦破处理情况表

表17-2

项目 / 年度	立案（起）	破案（起）	破案率（%）	其中侦破主要案件（起）					打击处理（人）		
				杀人	伤害	强奸	抢劫	盗窃	逮捕	劳教	直诉
1986	353	271	76.77	—	5	4	—	251	87	30	12
1987	460	327	71.08	3	3	9	—	300	84	29	13
1988	724	462	63.81	8	5	5	8	407	114	32	10
1989	1341	985	73.45	10	9	9	35	904	159	44	—
1990	1210	947	78.26	8	13	16	15	859	317	26	22
1991	1805	1125	62.33	9	25	7	56	959	236	54	4
1992	547	394	72.03	12	18	15	78	210	219	24	30
1993	807	613	75.96	8	29	18	74	392	259	49	40
1994	831	677	81.47	4	43	15	133	341	321	104	—
1995	972	795	81.79	17	43	17	112	437	316	125	23
1996	840	615	73.21	7	42	25	59	328	417	191	57
1997	781	510	65.30	4	45	11	41	243	288	139	—
1998	654	509	77.82	7	44	4	55	264	316	104	—
1999	1069	833	77.92	17	28	5	41	246	404	150	—
2000	1134	755	66.58	6	33	14	40	272	256	94	—
2001	2177	1854	85.16	13	44	8	63	45	427	121	—
2002	1265	842	66.56	7	30	5	85	147	399	42	—
2003	1266	990	78.20	8	12	14	170	710	375	30	—
2004	1683	1023	60.78	9	35	10	130	223	521	23	—
2005	902	787	87.25	8	30	14	156	200	490	30	99
合计	20821	15314	73.55	165	536	225	1351	7738	6005	1441	310

第五节 户政管理

一、常住人口管理

1986年，户政由公安局户政股归口管理。城镇人口由派出所承办户政相关手续，农村人口委托乡镇政府代管。对常住人口中的劳改释放、劳动教养解教回归人员、有轻微违法人员，由公安机关进行重点管理。当年，列管重点人口1727名。

1987年5月，开始颁发居民身份证。当年，新湘路派出所有2万人进入微机录入。1989年10月1日起，实行居民身份证制度，全市户籍由户口簿、身份证、户籍档案等资料相配套进行管理。至年底，发放身份证35万个，占应发证人数的62.5%，以后逐年发放。1990年全国第四次人口普查时，开展户口整顿，查清人口底数，纠正户口管理中存在的问题。查出全市有无户籍人口1544人，人户分离1565人，应注销未注销户口4399人。当年为75413人登记户口。发放居民身份证5.1万个。1992年，湘乡市开始办理自理户口（农民自理口粮、进城经商务工），当年办理1800人。在城镇落户者交纳落户费7000元，在乡镇落户者交纳6000元。

1993—1994年，针对农村户政管理混乱、人口底数不清、派出所信息数据不全等情况，聘请专职农村户政管理员对农村户口进行清理。1994年，办理蓝印户口（户口本封面为蓝色，待遇同自理户口）1385人，每人收取落户费3500元。1995年，农村户口城市化管理在龙洞乡试点，10月全市铺开。乡镇街道派出所设户籍室，解聘乡镇农村户籍管理员，配专职户籍内勤接管户口管理。1997年，实行微机信息化管理，组织2000人，筹集资金163万元，制作、装订门牌号码23万块、路牌141块，设村界牌500块，完善农村户口城市化管理工作。1998年，落实国务院关于解决户口管理工作中几个突出问题的意见，放宽户口管理政策。农村户口实行信息化管理，建立人口数据库，户口城市化管理全面达标。1999年，对16周岁以上公民进行头像扫描，当年扫描42万人。列管对象增至7825名，录入微机5024名。

2000年8月至10月，配合全国第五次人口普查进行户口整顿。整顿前全市常住人口为26.6992万户，89.1418万人，整顿查实为26.3304户、89.3907万人。查明应注销未注销户5148人，超计划生育而未登记户口464人，漏登979人，人户分离5680人，纠正差错13189处。全市22个派出所开通居民身份证无底卡制订快证业务。

2001年，迁入小城镇户口20903人。此后，陆续迁入。2003年，派出所综合信息系统联网。2004年，开展网上户口迁移审批，进一步放宽户口管理政策。统一全市户口登记管理制度，取消农业人口、非农业人口性质，统一登记为“居民户口”，打破城乡分割的户籍管理二元化结构，全面建立以居住地登记户口为基本形式，以合法固定住所或稳定职业为户口准迁条件，与社会主义市场经济体制相适应的新型户籍管理制度。

2005年，加强对列管对象及撤管人员的信息采集、微机录入、建档及考察工作，共建工作对象2981名的档案。11月8日，启动第二代居民身份证颁证工作。当年受理8855张，发证1229张。

至2005年的20年间，共办自理户口（蓝印户口）2754人，农业人口转非农业人口31090人，小城镇户口迁入3965人，颁发第一代居民身份证90.3101万个。

二、流动人口管理

1986年，由市公安局负责对流动人员进行登记管理，核发"暂住证"。当年清理全市暂住人4635人，核发暂住证2401个。1992—1996年，共核发暂住证14846个。1997年起，对暂住人口实行微机信息化管理。1999年，录入流动人口1014人。至2005年的9年间，共核发暂住证17875个。

三、出入境管理

1986年，市公安局外事室改为出入境管理股，负责对港澳台同胞及华侨、外国人的入境登记和受理中国公民出境申请、办理外国人、华侨及港澳台同胞入境居留或临时居住手续。根据"依法管理、宽严得当、维护主权、保障安全"和"热情友好、平等相待、文明礼貌、不卑不亢"的工作方针，管理入境来湘人员。此后，外国（外籍）人、华侨、港澳台同胞来湘探亲访友、参观旅游、洽谈业务、投资办企业者及中国公民出境留学、探亲、旅游者均日益增多。至1991年，受理公民出境申请1048人，审查批准出境498人。批准入境来湘乡的境外人员983人。其中，台湾同胞330人，港澳同胞12人。1992年，对前往深圳、珠海等经济特区的人员进行审查，核发边境通行证。至1996年，共核发25376个。同时，受理公民出境申请802人，审查批准出境799人。批准入境来湘乡境外人员422人，其中台湾同胞340人。1997年后，湘乡出境人员增加。至2005年，批准出境人员1564人。其中，出国610人，赴港澳551人，赴台湾403人。核发去深圳、珠海的边境证50936个。批准入境来湘乡境外人员191人。其中，外国人52人，港澳同胞38人，台湾同胞101人。

第六节 交通管理

一、交通秩序管理

1986年，县境交通管理由县交通监理所实施。1987年，按照国务院改革道路交通管理体制的精神，全市道路交通由公安机关负责统一管理。市公安局成立由36人组成的交警大队、农村派出所和建制车队建立27个交通安全联组，负责全市交通管理工作。当年，在市区设立交通岗亭4个，树路标路牌140块，建街道护栏1000米，实行人车分流。组织2000多人次对国道、省道进行整顿，清除路障220处，拆除违章建筑45处，整顿路边农贸市场18个，处理违章摊担515个，纠正机动车违章28780台次，非机动车违章48766台次，行人违章67850人次。

1988年，全市机动车年检2171台，大都是公务车和企业运输车。1990年，开展"百日安全竞赛"，交警上路执勤整顿交通秩序，拆除违章建筑13处、违章占道5处，整顿马路市场2个，处理路边摊担238个。至1996年的9年间，共纠正违章87417台（人）次，为6000台车换发牌证，为6486辆摩托车上户，年审年检机动车54517台次。

1997年，交通运输事业高速发展，公务车和个体运输车急增，交通违章事件逐年增加。交警部门强化管理力度，严查、严处违章事件，维护交通秩序。为提高处警能力，增设壶天、棋梓、栗山3个交警中队。至2000年的4年间，共为31294台车上户，年检年审车辆65880台次。查处纠正各类违章18.6487万台（人）次。

2001年起，开展超速超员违法行为专治，在320国道湘乡段和312省道湘乡段，利用雷达测速仪等设备严密防控，严格查纠，严厉处罚，有效地控制超速超载行为，因超速导致的交通事故下降38.5%。至2005年的5年间，共查处和纠正各类违章行为17.07万台（人）次。年检年审车辆1217台次，为6025台车上户。

二、机动车驾驶员管理

1986年，对机动车驾驶员的管理主要开展一年一度的年检、年审工作。全市注册的机动车驾驶员有1300多名，一般为公务车辆和企业运输车辆的驾驶员，当年1200多人参检。1988年，参加年检、年审的有2212名。同时，培训驾驶员403名。

1993年后，从事客运、货运的个体户逐年增加。当年，参加年检、年审的驾驶员有2595人。1995年，增加到7363人。1996年为8200人。至1997年的5年间，培训驾驶员4447人。尽管驾驶员队伍迅速扩大，但无证驾驶员驾车行驶的现象仍然存在。1998年，驾驶员年审7250名。1999年，交警部门加强对驾驶员管理力度，严格驾驶员证、照的年检、年审，对交通肇事的驾驶员按照法律法规严肃处理。当年刑事拘留16人，治安拘留2人，吊销执照32本。2001年，刑事拘留13人，治安拘留4人，吊销执照35本。培训驾驶员3406人，年审7500名。

2002年，驾驶员数量剧增，交警强化源头管理，严把驾驶员报名、考试关，整顿驾驶员队伍，全市培训驾驶员3780名，参加年检年审的有1.68万名。对交通肇事的9名驾驶员进行刑事拘留，6人进行治安拘留，吊销执照432本。2005年，全市有机动车驾驶员1.8万多名，有9621名驾驶员参加年检、年审。调处交通事故325起，刑事拘留23人，治安拘留125人，吊销执照146本，暂扣车辆2315台次。

至2005年的20年间，驾驶证年检、年审共745万个次，培训驾驶员2.1万名。

三、交通事故查处

1986年，全市有公路185条，全长1004公里，随着经济建设的发展，交通设施不断得到改善。但因机动车发展很快，道路发展不适应车辆发展的需求，加上人们交通安全意识不强，所以交通事故逐年增加。1992年5月21日，在望春门街道城北村地段发生汽车与火车相撞事故，至5人死亡，交警部门妥善处理善后工作。至1994年的9年间，全市共发生交通事故2128起，死332人、伤2027人，直接经济损失426.67万元。

1995年，机动车辆增多，事故随着增加。9月13日晚上，一持 C 照实习驾驶证驾驶员，驾驶一双排座四轮车，驾驶室内坐有7人，货厢上坐有5人，车至320国道万福桥头转弯处，由于车速过快，转向过急，车翻入涟水河滩，致7人死亡、3人重伤、2人轻伤的特大交通事故。交警迅速赶到现场，进行处置。1996年，因驾驶员违章驾驶故障车、报废车上路营运，超速超载现象较多，因而交通事故显著上升。1999年9月，320国道虞唐地段发生事故，死3人、伤17人，其中重伤6人，交警部门妥善处置善后工作。至2000年的6年间，共发生交通事故7691起，死464人、伤5558人，直接经济损失1490万元。

2001年，交警部门加大交通安全监管力度，开展整治无牌无证、挪用号牌、假牌假证机动车集中行动，对其违章行为予以严处，交通事故逐年下降。2004年5月7日19时，一驾驶员驾驶厢式货车途经320国道东郊地段时，违反交通法规，撞向路边行人，造成3人死亡、8人受伤的特大事故，违章驾驶员被判有期徒刑6年。至2005年的5年间，共发生交通事故2983起，死222人、伤3529人，直接经济损失546.24万元。

1986—2005年湘乡市公路交通事故情况表

表17-3

项目 年度	事故起数	死（人）	伤（人）	直接经济损失（万元）
1986	260	38	144	10.75
1987	217	16	127	17.83
1988	255	42	147	15.58
1989	221	24	103	32.80
1990	680	32	546	26.68
1991	178	25	97	13.02
1992	155	22	84	26.28
1993	798	72	673	92.66
1994	364	61	106	191.07
1995	1359	80	1012	221.00
1996	1423	72	1133	253.70
1997	1227	87	1021	254.30
1998	1289	78	1156	260.00
1999	1148	77	1157	269.00
2000	1245	70	1235	232.00
2001	974	57	846	151.40
2002	897	94	993	156.22
2003	358	28	536	82.60
2004	325	27	520	70.00
2005	429	16	533	83.02

第七节 消防管理

一、消防监督

1986年，湘乡县（市）武警消防大队对湘乡行使消防安全管理职能。当年，规定城市高层建筑物、居民区、工厂、商店必须配套消防设施方能交付使用。并对全市消防安全进行检查，发现火警隐患530处，整改400处，按照国家标准，对28个重点防火单位进行检查验收，合格27个。确定全市重点防火单位82处。

1987年起，消防部门采取定期与突击检查相结合的办法进行监督检查，发现隐患，逐一登记，并提出整改意见，下达《火灾隐患整改通知书》，限期进行整改。至1990年，检查发现隐患660处，整改300处。检查重点防火单位292处，合格221处。

1991年起，对基建项目、室内装修及危险物品进行安全检查。至1999年，审查基建项目758个，室内装修项目319个，提出整顿意见1776条，发整改通知书1200份。整顿隐患185处，责令14个单位停业整顿。

2001年，消防和公安部门配合，开展“防火、防盗、防爆炸、防事故”安全大检查。2002年，对发出《责令限期改正通知》的单位进行复查。对48个违章单位依法进行消防行政处罚，责令44家停业整顿。

2003—2005年，开展对人员密集场所消防疏散、通道、安全出口专项治理。对293个重点场所进行检查、消除隐患559处。开展建筑设施专项治理，检查10个重点单位，纠正违章9起，检查餐饮、娱乐场所、医院、学校等120个单位，纠正违章63起。

二、火险救援

武警湘乡消防大队下设消防中队，负责全市火险救援。1986—1990年，全市发生火灾55起，死7人，伤2人，直接经济损失38.142万元。消防部门接到报警后，迅速出警救援，灭火成功率达96%。火灾扑灭后，消防部门及时调查研究，纠正违章，处理失职。

1991年起，火灾事故有所下降。1993年，扑救北正街丽人舞厅和市工人文化宫2起特大火灾。至1997年，全市共发生火灾58起，死4人，伤12人，经济损失379.981万元。

1998年起，由于人们消防意识淡薄，文化娱乐等场所的消防设施配套未达到规定要求，个别商店违规经营烟花鞭炮、居民住宅家电老化，致使火灾事故上升。2000年12月，湘乡宾馆发生爆炸事故，消防中队火速救援，未酿成火灾。2003年，湖南铁合金厂硫黄仓库发生火灾，由于消防中队全力救援，虽仓库全毁，但未造成人员伤亡。2004年8月11日5时，金石镇一加油站失火爆炸，4人死亡，3人烧伤。湘乡、韶山消防官兵经过8个多小时的扑救，于第二天凌晨将火扑灭。至2005年的8年间，共接警495次，出警291次，出动警力2379人次、警车251台次，扑灭火灾67起，抢救群众47人，抢救财产1480多万元。

1986—2005年湘乡市火灾情况表

表17-4

项目 年度	事故起数	损失情况		
		死人（人）	伤人（人）	经济损失（万元）
1986	15	1	1	5.22
1987	6	—	—	0.55
1988	11	4	1	27.89
1989	9	2	—	10.25
1990	14	—	—	7.73
1991	9	—	—	10.19
1992	5	—	4	12.73
1993	7	—	5	26.91
1994	5	2	2	37.65
1995	19	—	—	87.00
1996	5	—	—	195.50
1997	8	2	—	8.70
1998	25	—	4	23.00
1999	26	—	—	17.00
2000	23	2	2	93.00
2001	20	6	2	158.30
2002	28	—	—	112.46
2003	54	1	6	116.50
2004	67	4	3	缺资料
2005	72	缺资料	缺资料	缺资料

第八节 监所管理

1986年，湘乡县看守所建在城郊红仑上，占地面积6900平方米，监房设备较为先进，省公安厅在看守所安装监视、监听、报警、广播功能的监控设备，由武警红仑中队担负看守监狱任务。看守所的工作人员开展创建文明监房活动，做到“四无”（无灰尘、无臭气、无臭虫、无虱子）“四线”（监内的鞋、被、洗脸用具、碗筷摆方整齐）。同时，对在押人犯进行个别教育，组织开展深挖犯罪活动，发动在押人犯检举、提供线索，至1995年，在押人犯检举提供线索2000多条，破获各类刑事案件660多起。1996年，投资70万元，新建监所一栋，监房14间，可关押人犯150人。2001年，按照省公安厅部署，开展“模范执法年”活动。至2003年，教育在押人犯，主动提供线索2500多条，破获各类刑事案件800多起。2004年，投资200万元，新建看守所、拘留所、监控管理教育综合楼，设监房28间，可关押人犯300人。至2005年间，工作人员教育人犯提供线索1500多条，破获各类刑事案件200多起。民警熊亚中被评为全国深挖犯罪先进个人，看守所被评为全省深挖犯罪先进单位，所长陈国军、彭幼次被评为省优秀人民警察。

第三章 检察

第一节 机构队伍

1986年9月，湘乡县人民检察院更名为湘乡市人民检察院。内设办公室、刑事检察一股、刑事检察二股、经济检察股、法纪检察股、监所检察股和控告申诉检察股，定编45人，实有44人。1987年，人员增至46人。1988年，增设人事检察股和纪检组。1989年，增设民事行政检察股。1989年起，先后在市税务局、市供销联社、中国农业银行湘乡市支行、湘乡铝厂、市财政局、市粮食局设立检察室。1990年3月，股改为科，经济检察科更名为反贪污贿赂科。1992年，增设派驻机构指导科和技术检察科。1993年，撤销派驻机构指导科。1994年，人事检察科改为政工科，增设监察室和行政装备科。1995年，反贪污贿赂科更名为反贪污贿赂局；同年，除保留税务检察室外，设在供销联社等单位的检察室均予撤销。1996年，成立税务检察局。当年全院干部定编45人，实有43人，1997年撤销税务检察局。法纪检察科更名为渎职犯罪侦查局。1998年，设立法警队。2002年，行政装备科改为警务科，法警队并入警务科。2005年，全院共设两局两室八科，即反贪污贿赂局、渎职犯罪局、办公室、监察室、刑事检察一科、刑事检察二科、控告申诉科、民事行政检察科、技术检察科、政工科、监所监察科、警务科。全院定编70人，实有65人。

第二节 刑事检察

一、审查批捕

1986年，开展反盗窃专项斗争，公安机关提请批捕97人，批准逮捕87人。其中，屡犯、惯犯和团伙犯占批捕总数的67%。1987年，根据中央严厉打击严重刑事犯罪（以下简称“严打”）的方针，把杀人、盗窃、抢劫、强奸等严重危害社会治安的犯罪分子作为打击重点。犯罪嫌疑人左某某、谭某某盗窃团伙盗窃作案数十起，造成极恶劣影响，检察机关及时作出批捕决定，使其迅速审结宣判。龙洞乡泉湖村发生震惊全市的3蒙面人持刀入室抢劫案，被害夫妇均被杀死，抢走8500元，检察机关迅速介入，公安机关破案后公开审结宣判。至1989年的3年间，公安机关提请批捕397人，检察机关审查决定，批准逮捕368人。

1990年起，以“除六害”为重点进行打击。至1996年的7年间，公安机关提请批捕2341人，经检察机关审查批准逮捕2167人。

1997年7月起，执行修改后的《中华人民共和国刑事诉讼法》，对有证据证明有犯罪事实，可能判处有期徒刑以上刑罚的犯罪嫌疑人，可以决定批准逮捕。在审理周某、成某等重大抢夺案时，为配合公安机关继续侦查，在短期内作出批捕决定。犯罪嫌疑人黄某等2人在湘乡农科所砖厂盗墓，盗窃珍贵文物8件，倒卖给文物贩子李某，得赃款1.9万元。公安机关把3人追捕归案，检察机关起诉后作出有罪判决。至1999年的3年间，公安机关提请批捕1047人，检察机关审查决定，批准逮捕980人。

2000年起，突出以维护社会稳定为重点，开展“打黑除恶”专项斗争。检察机关通过审查案卷，发现重大线索，立即建议公安机关追捕归案。同时，坚持“严打”整治。至2005年的6年间，公安机关提请批捕2699人，检察机关审查决定，批准逮捕2463人。

二、审查起诉

1986年起，刑事犯罪以抢劫、盗窃最为突出。全市开展集中打击专项斗争。至1989年，受理公安机关移送起诉600人，审查决定向同级法院起诉453人。1990年起，刑事犯罪活动呈上升趋势。1993年2月4日，在市工人文化宫门口发生一起流氓滋事重案。首犯王某平、主犯李某强、同案犯赵某等7人寻衅滋事，将湘乡五中教师王某胜殴打致死。公安机关侦查后，将案犯抓捕归案。市检察院审理终结后，移送湘潭市检察院起诉，湘潭市中级法院依法判处王某平、李某强死刑，判处其他案犯1～15年不等的有期徒刑。至2001年的11年间的共受理公安机关移送起诉4364人，审查决定向同级法院起诉3071人，移送湘潭市检察院起诉10件。2002年，受理起诉高达458人，审查决定向同级法院起诉327人，移送湘潭市检察院起诉15人。2003年，发案率下降，向法院起诉比2002年减少22人。2004年起，重点打击带黑社会性质的团伙。首犯吴某某等9人犯有寻衅滋事、敲诈勒索、强迫交易、赌博、故意伤害、非法持有枪支6种罪。经周密侦察，严格审查，依法实行数罪并罚。至2005年的4年间共受理公安机关和自侦部门移送起诉1650人，决定向同级法院起诉1316人，移送湘潭市检察院起诉27人。

第三节 职务犯罪侦查

一、反贪污贿赂

1986年，按照中共中央关于深入开展反腐败斗争的指示和全国人大常委会关于整治贪污贿赂犯罪的补充规定，查办贪污贿赂犯罪。当年，重点查处大案要案，共受理案件57件，立案侦察22件25人。其中贪污21件22人，5万元以上大案8件。依法逮捕21人，挽回经济损失25万元。

1987年，开展整治经济秩序斗争。至1989年，受理各类经济案件线索271件，决定立案86件95人。其中，贪污案56件61人，贿赂案24件24人；5万元以上大案14件18人，挽回经济损失40多万元。

1990年起，全市城乡开展社会主义思想教育，清理各级财务。中国农业银行湘乡支行棋梓营业所储蓄员龙某，利用其代理出纳员当班之机，先后3次套用银行库款40多万元，分给他人8752元，自得39.2万元，用于赌博等非法活动。1990年3月，将其抓获归案，移送湘潭市检察院处理。至1993年，查处各类经济案件491件，立案200件166人。其中，贪污案83件96人，贿赂案44件44人，5万元以上大案45件45人。

1994年起，重点查处党政机关、司法部门、经济管理部门的贪污贿赂案件。市法院执行庭长郭某，在执行公务活动中，索取和接受他人贿赂30375万元，被移送湘潭市检察院审查起诉。市公安局刑侦大队侦查员周某，去广州查办吸毒、贩毒犯黄某一案时，接受亲戚安排餐宿及礼品、桑拿浴等，总金额为6000元，让罪犯将毒品和手枪、子弹转移，被判处有期徒刑1年。周某上诉，湘潭市中院改判拘役6个月。至1997年，共受理各类经济线索552件，立案148件169人。其中，贪污案42件59人，贿赂案78件86人。犯罪嫌疑人中有处级以上干部2人，5万元以上大案96件106人挽回经济损失400多万元。

1998年后，加强干部队伍中的反腐教育力度，案件大幅下降。至2005年的8年间，共受理各类经济案件线索285件，立案105件114人。其中，贪污案31件35人，贿赂案44件45人。犯罪嫌疑人中处级以上干部20人，5万元以上大案24件22人，挽回经济损失3260万元。

二、渎职侵权侦查

1986年，渎职侵权犯罪案件由刑事检察部门侦查。县城某药店营业员周某，玩忽职守，误将“磷化锌”毒鼠药当“小儿安”销售，毒死1名1岁半小孩，检察机关依法提起公诉，法院判处周某有期徒刑1年。至1989年，受理渎职犯罪案件84件，立案32件42人。

1990年起，由法纪监察科负责案件侦查。至1996年，受理渎职犯罪案件273件，立案55件66人。

1997年，由渎职犯罪侦查局受理案件。加强查办力度，对不够立案条件的线索，经侦查后，建议有关单位予以纠正，犯罪案件连年下降。至2005年的9年间，受理线索161件，立案26件23人。

第四节 监所检察

1986年，在“严打”和“反盗窃”专项斗争中，入监人员增多，为确保法律正确实施，检察院加强对看守所和劳改单位的检察。当年检察100多次，发现错算刑期2人，应投放劳改而未投入的5人，不该减刑而减刑的1人，刑期未满而未办法律手续提前释放1人，对上述问题提出建议及时纠正。看守所临时工张某，为人犯多次传递书信，屡教不改，驻所检察人员建议予以解雇。在集中打击“牢头”“狱霸”的斗争中，查处在押犯违法犯罪行为18件，对刘某等5人构成犯罪的依法提起公诉。对乡、镇及省、市属厂矿25个单位的70名监外执行犯进行重点检查。盗窃犯龙某，判无期徒刑后因病保外就医回江西宜春老家，由于交换手续不完备，致使当地对龙某监管失控。检察发现后，及时补办有关手续。对丧失劳动能力、家庭生活有实际困难的9名犯人，与有关单位商量后，帮助解决他们的家庭困难，使其安心改造。当年，驻所检察230天，给从犯上法制教育课10场，教育从犯227次。1988年，有监外执行犯55人，检查中发现13人监管措施未落实，及时督促进行整改。

1990年，湘乡市检察院开展驻检规范化建设工作。驻所人员每月驻所15天以上。每人每天提审1～2名人犯，每月参与监房清理活动不少于1次。至1996年的7年间，共驻所检察1747天，给在押从犯上法制教育课47场，听课人犯12490人次，个别提审人犯1900人次，有25名人犯交代余罪59条，检举揭发案件线索191条，参与清监45次。

1997年起，根据上级检察机关对驻所检察室规范化等级达标要求，加强驻所检察室硬件建设，配置汽车、电脑、摩托车、电话等装备。至2000年的4年间，驻所检察942天，对在押人犯上法制教育课29场，个别提审350人次，有50人检举他人罪行，31人因认罪服法表现特别突出，被依法减刑。纠正超期羁押117件，纠正违法羁押2件，纠正刑期计算错误5件，提出检察建议38件。同时，加强安全防范检察，看守所大货车原由在刑犯余某某驾驶，检察建议所里另聘，被采纳落实。2001年起，配合“严打”对从犯进行政治攻势，深挖罪犯。加强对减刑、假释、保外就医等执法活动的监督。检查发现被汨罗市法院判刑4年的李某，因患病监外执行，湘乡市检察院认为罪犯所患病症不符合“罪犯保外就医疾病伤残范围”，且表现不好，建议汨罗市法院收监执行，汨罗市法院采纳了湘乡市检察院的建议。开展打击牢头狱霸，保护在押人员的合法权利。至2005年，共驻所1700多天，给人犯上法制教育课50场，个别提审1084人次。在检察中，发现违法收押2名，刑期计算错误2件，超期羁押18件，对看守所发出检察建议或纠正违法通知书56件。

第五节 民事行政检察

1986—1988年，湘乡市检察院未设民事行政检察机构，案件由有关部门处理。1989年，湘乡市检察院设民事行政检察股（后改为科），受理公民、法人不服法院作出的民事、行政诉讼案件生效判决、裁定的申诉；对法院民事、行政案件审判进行法律监督；对判决、裁定主要证据不足、适用法律错误、违反法律程序、审判人员枉法裁判等案件，由检察院提请上一级院向同级法院提出抗诉。至1994年，未立案行政检察案件。

1995年起，民事行政检察科继续开展立案工作。至1997年，受理案件71件，立案32件。其中，抗诉案23件，决定抗诉9件。

1998年起，加大宣传力度，印发民事行政检务公开资料1000余份，促进民事行政检察工作的开展。至2001年，共受理申诉、抗诉案件111件，立案54件，提请湘潭市院抗诉8件，法院再审8件，改判7件，按案件区域管辖范围转其他检察院审查2件。在立案审查的案件中，决定抗诉3件，终止审查3件。在案件审查时，检察机关坚持“敢抗、会抗、抗准”原则，严格把住事实证据、适用法律和办案程序关。杨某某和钟某某人身伤害赔偿纠纷一案，一审判决生效后，杨某某以一审认定事实不准、证据不足为由提请申诉。湘乡市检察院依法审查查明：一审判决所依据的法医鉴定依据不真实，不能作定案证据。据此依法提请抗诉，法院依法进行改判。对当事人提请抗诉经审查不符合抗诉的11件案件，耐心细致做好解释工作，使当事人息诉服判。

2002年，受理民事、行政申诉案件13件，立案审查7件，提请湘潭市检察院抗诉1件，法院改判1件，建议法院立案重审2件，法院采纳，改判1件。2003—2005年，受理申请抗诉案件40件，经审查立案16件。其中，提请湘潭市检察院抗诉5件，湘潭市检察院审结后采纳3件。湘乡市检察院建议湘乡市法院再审3件，法院采纳裁定再审，改判1件；提请抗诉3件，法院全部采纳。湘乡市检察院建议湘乡市法院再审1件，法院再审后改判1件，息诉4件；中院裁定再审1件，改判1件。

第六节 控告申诉检察

1986年，受理群众信访564件，采取大案要案集中办，一般案件分头办、复杂案件领导带头办的方法，查办149件，占信访总数的26.9%。其中，查处各类经济纠纷案8件、使国家、集体、个人免受经济损失21万多元。城关镇红仑塑料油膏厂少数职工控告该厂承包人贺某以权谋私、贪污受贿一案。经查明，该厂濒临倒闭之际，贺某招标承包。在承包的17个月中，扭亏为盈。职工收入增多，依照政策和法律，保护改革者，消除职工的误解。

1989年，受理各类群众来信和举报582件，接待来访88人次，其中重复信访31人次，比上年增长67.7%。1990—1998年，受理人民来信举报2870件，接待人民来访947人次，直接答复来信来访者440人次，侦查办案33件，自查243件，转法院有关科室和政府部门处理1921件。

1999年后，为维护社会稳定，及时处理人民来信来访，并实行检察长接待日制度，每周定期接待人民信访。至2003年的5年间，共受理人民来信1469件，来访431人次。检察长接待日受理的信访46件次。

2004年，受理肖某的赔偿申诉案。肖某因“受贿”被湘乡市法院以受贿罪判有期徒刑1年，缓刑2年。对扣押在检察院的赃款1.6万元予以没收，上交国库，肖某不服向湘潭市中院上诉。湘潭市中院作出终审判决，改判肖某无罪。肖某以违法羁押、违法扣押财产为由，向湘乡市检察院提出赔偿申诉。要求赔偿羁押38天的损失和返还扣押的1.6万元。湘乡市检察院和法院根据有关法律规定，共同赔偿请求人在刑事拘留羁押38天的工资2125.34元，并将扣押“赃款”全额返还给肖某本人。当年，共受理群众来信30件，接待来访近200人次。检察长接待日受理信访20件。受理各类举报线索26件。其中，属本院管辖的24件，18件移送反贪局，6件移送渎侦局。受理刑事申诉10件，受理刑事赔偿2件。2005年，受理民事行政申诉控诉10件。经审查后立案4件，其中提请湘潭市中院控诉1件。建议请市法院提请控诉3件，市法院审查后采纳3件，须纳率为100％。受理刑事案件申诉3件，办结3件，受理刑事赔偿1件，办结1件。受理涉法上诉交办案件6件，办结6件。

第七节 技术检察

1986—1991年，未开展技术检察工作。

1992年4月，湘乡市检察院技术检察科正式挂牌办公，配技术干部2人。1993年，受理各类案件75件，办理文书审查42件，法医鉴定35件，文件检验2件，司法会计鉴定2件。1994—1995年，受理案件239起。其中，法医鉴定95件，文证审查129件，视听证据13件，分析意见书90件。

1996—1997年，受理案件221起。其中，法医鉴定29件，文证审查72件，视听证据94件，现场摄像49件，为刑检、反贪、反渎犯罪侦查工作提供确凿证据。

1998—1999年，办理各类技术案件256件。其中，法医鉴定43件，文证审查82件，视听证据131件。添置17万余元设备，为破案提供技术支持。对罗某故意伤害案中2件结论不统一的伤情鉴定进行文证审查和大量调查取证，使案件证据得到统一，判处罗某有期徒刑3年。

2000年，办理各类技术案件63件。其中，法医鉴定30件，文证审查32件，视听证据1件。2003年3月，山枣镇谭某与杨某因水利纠纷引起斗殴致伤。谭某经市法检所鉴定为轻伤，市公安局受案后将杨某刑事拘留。杨某认为谭某的伤情有误，向市检察院起诉，经技术科鉴定为轻微伤，向市公安发出检察建议，解除对杨某的刑事拘留，防止错案发生。

至2005年的13年间，共办理各类技术案件1002件。其中，法医鉴定778件，文证审查427件。

第四章 法院

第一节 机构队伍

1986年，湘乡市人民法院设刑事审判一庭、刑事审判二庭、民事审判庭、经济审判庭、政工室、办公室。下设城关、东郊、东山、虞唐、泉塘、月山、白田、壶天、棋梓9个法庭。定编69人，实有68人（含法庭工作人员）。1987年，增设行政审判庭，人员增至73人。1988年，增设谷水、潭市2个法庭，人员增至84人。1989年，设立控告申诉庭，与刑事审判二庭合署办公，人员增至88人。1990年，增设执行庭。谷水法庭与棋梓法庭合并，人员增至90人。1992年，刑事审判一庭改为刑事审判庭，刑事审判二庭并入控告申诉庭。1993年，增设经济纠纷调解中心和纪检监察室。1994年，增设行政办公室。1995年，设立法警大队，撤销经济纠纷调解中心。1996年，增设工会，人员增至114人。1997年，增设立案庭，控告申诉庭改为审判监督庭。2001年，撤销城关法庭，人员减至108人。2003年，民事审判庭改为民事审判一庭，经济审判庭改为民事审判二庭，增设司法技术鉴定中心。2004年，增设案件质量检查室。2005年，法院机关共12个庭室：刑事审判庭、民事审判一庭、民事审判二庭、行政审判庭、执行庭、立案庭、审判监督庭、行政办公室、纪检监察室、案件质量检查室、司法技术鉴定中心、法警队。下设东郊、东山、虞唐、泉塘、棋梓、月山、壶天、白田、潭市9个法庭，人员增至110人。

第二节 刑事审判

1986年，在经过3年的“严打”斗争后，全市社会治安明显好转。当年，严重刑事案仅6起。1987年起，社会治安出现反复，一度处于严峻状况。刑事审判工作继续坚持依法“从重从快”方针，严惩严重刑事犯罪和严重经济犯罪，加大对杀人、抢劫、强奸等暴力犯罪的打击力度。1988年8月，罪犯贺某、郭某、李某，在棋梓工商银行门口，尾追一取款女至偏僻山冲后，抢走现金700元，法院依法从重从快判处主犯贺某有期徒刑15年，其余2犯分别判处有期徒刑7年和2年。至1990年，审结一审案件873件。其中，涉盗窃案280件，抢劫案245件，故意伤害案160件，寻衅滋事案159件，强奸案26件，其他案3件，涉案2023人。召开公捕、公判执行大会8次，对7名故意杀人犯和1名故意伤害犯执行死刑，宣判92名刑事犯罪分子。

1991年，将经济犯罪、财产犯罪、侵害公民人身权利和民主权利犯罪作为打击为重点。1992年，认真贯彻《中华人民共和国未成年人保护法》，对部分少年犯依法作出从轻、减轻或免予刑事处罚的处理。至1995年，共审结案件1522件。其中，涉盗窃案件450件，抢劫案件300件，故意伤害案件260件，寻衅滋事案件245件，强奸案件47件，其余犯罪案件220件，共涉案2345人。

1996年起，重点打击团伙犯罪和带有黑社会性质的集团犯罪以及各种经济犯罪，改革庭审方式，实现由纠问式向控辩式转变，确立法官的居中裁判地位。1997年《中华人民共和国刑事诉讼法》《中华人民共和国刑法》修改后，刑事审判可适用简易程序审理，办案效率明显提高。一些罪名如投机倒把罪、流氓罪等被取消，同时增加罚金刑。至1998年，审结案件1021件，其中涉盗窃案件345件，抢劫案件276件，故意伤害案件178件，寻衅滋事案件145件，强奸案件12件，其余犯罪案件65件，共涉案1398人。

1999年起，参与全市维护农村稳定、整治城乡社会治安秩序等专项斗争，开展打击毒品犯罪，打击利用邪教、迷信犯罪和拐卖妇女儿童犯罪等专项审判。至2000年的5年间，共审结各类刑事案件1601件。其中，涉盗窃案件534件，抢劫案件390件，故意伤害案件243件，寻衅滋事案件223件，强奸案件46件，其余犯罪案件159件，共涉案2153人。

2001年起，针对市内城乡治安形势严峻的状况，以刑庭为主组成2个合议庭，开展“严打”整治斗争，重点打击黑恶犯罪、抢劫、抢夺犯罪、多发性犯罪。坚持“稳、准、狠”的原则，对“严打”案件实行繁简分流，壮大“严打”声势。同时，针对少年犯罪的上升趋势，坚持“寓教于审，惩教结合”原则和“感化、教育、挽救”方针，加强少年法庭工作。2003年11月2日晚，杨某强行与某歌厅葛某发生两次性关系，并与吴某、王某等以打骂、威胁等手段，轮流对葛某实施二次奸淫。法院对杨某从重判处有期徒刑15年，附加剥夺政治权利2年。同时，对其他犯罪分子，作出适当处罪。至2005年，共审结案件1358件。其中，涉盗窃案件438件，抢劫案件288件，故意伤害案件232件，寻衅滋事案件218件，强奸案件34件，其余犯罪案件144件，共涉案1682人。至2005年的20年间，依法严惩判处10年以上有期徒刑的有17案涉案23人，判处5~10年有期徒刑的有37案48人，协助湘潭市中院执行死刑4名。

第三节 民事审判

1986年起，贯彻执行《中华人民共和国民事诉讼法（试行）》。1987年1月1日始，贯彻执行《中华人民共和国民法通则》。此时，依法调整财产关系和人身关系的范围更为广泛，不仅离婚、债务、房产、赔偿等案件大大增加，且不当得利、相邻纠纷、侵害承包经营权和损害名誉权等案件也不断向法院起诉。1987年9月至1989年年底，法院组成巡回法庭，在49个乡镇街道和国营农场开展巡回办案，就地审结民事案件2479件，加上常规办案案件，至1990年的5年间，共审结民事案件5158件。其中，婚姻家庭纠纷案1379件，权属侵权案1397件。

1991年，《中华人民共和国民事诉讼法》（以下简称《民事诉讼法》）颁布实施。民事案件以婚姻家庭、债务、侵权、赔偿纠纷为主。1993年，对民事审判方式进行改革，推行当事人举证责任制度，部分案件试行开庭审理一步到位，由审问式向辩论式转变。至1994年，审结民事案件3843件。其中，婚姻家庭纠纷案2174件，权属侵权案1264件。

1995年起，房屋宅基地和劳动争议等案件增多，民事审判提高当庭宣判率、调解率和直接开庭率。1995年，调解率为28%。1996年，直接开庭率为89%。1998年，调解率上升到60%，当庭宣判率达65%。至1998年，共审结民事案件4945件。其中，婚姻家庭纠纷案2651件，权属侵权案1336起。

1999年起，民事审判主要注重婚姻家庭、债务、赔偿等财产关系案件以及肖像权、姓名权、名誉权等人身关系案件。2002年，陈某某在某超市购买1支劣质洗面奶，使用后，造成脸部损伤，构成十级伤残，法院判决超市赔偿陈医疗费、伤残补偿费17146.31元，维护消费者利益。新的《中华人民共和国婚姻法》颁布实施后，对43例离婚案件作出精神损害赔偿判决。2003年，民事调解率达68%，2004年达80%。2005年，在审理家庭婚姻纠纷案中，注意保障妇女、儿童、老年人以及无过错方的合法权益，促进家庭和睦、社会和谐。全年共审理民事纠纷案622件。其中，婚姻家庭纠纷案405件，权属侵权案216件。至年底的7年间，共审结民事案件5732件。其中，婚姻家庭纠纷案3144件，权属侵权案1302件。

第四节 经济审判

1986年，各人民法庭收案审结经济纠纷案32起。其中，判决13起，调解12起，裁定5起，其他处理2起，诉讼标的40万元。1987—1989年，开展巡回办案，审结农村承包合同纠纷490件，占巡回办案数的25.3％。湘乡酒厂向法院起诉19件，法院经济审判庭组织专人审理。判决4件，调解14件，无证据驳回起诉1件。为酒厂要回长期不能收回的货款3.3万元。3年内收案1914件，审结1902件。其中，判决78起，调解1436起，裁定348起，其他处理14起，结案率为99.4％。

1990年开始，经济审判工作不断加强与企业联系，将全市工业、商业、供销系统中的企事业单位均纳入经济审判联络网络。至1994年的5年间，共结案1943件。其中，判决574件，调解856件，裁定308件，其他处理205件。

1995—1998年，审理一批影响较大的破产案件。在审理破产案件中，对矛盾易于激化可能影响社会稳定的和重组快、易接易转的案件优先，主动帮助企业稳定人心，协调周边关系，为企业收回债款。4年审理破产案件10件，诉讼标的额达2317.6万元。共结案3528件。其中，判决1291件，调解1222件，裁定567件，其他处理182件。

1999—2000年，开展“扶工护农”“扶强扶优”和优化信用环境等专项服务活动，每年选定30家企业为重点服务对象，实行优先优惠的法律服务。同时加大调解力度，化解社会矛盾。2000年上半年，调解率达85％。2年共审结类经济案件1803件。其中，判决483起，调解609起，裁定710件，其他处理1件。

2001—2005年，因企业改制，审理破产案件重新摆上日程。5年共审结案件14件，诉讼标的额超过4.438亿元。

第五节 行政审判

1987年10月，市法院增设行政审判庭。1988年1月，首次审理行政处罚复议裁决案件。城市居民田某及其妻刘某，因侵害他人人身权利，市公安局根据《中华人民共和国治安管理处罚条例》，作出了对田某拘留15天，对刘某罚款100元的裁决。田某不服，提起申诉。湘潭市公安局改作拘留7天的裁决。田仍不服，向法院起诉，法院审理后，作出维持湘潭市公安局对田某的治安处罚复议裁决。至1990年的3年间，行政审判庭共审理行政案件15件，其中判决12件，裁定3件。非诉行政执行案大都来自国土、城管、公安、卫生等部门，其中以非法占用土地建房，人身权利侵害为多。

1991年，《中华人民共和国行政诉讼法》颁布实施，群众行政诉讼意识增强，行政案件大幅度上升。至1995年的5年间，共审结186件。其中，判决70件，裁定112件，其他处理4件。

1996年，组织宣传队深入各乡镇和集贸市场，广泛宣传《中华人民共和国行政诉讼法》《中华人民共和国国家赔偿法》《中华人民共和国行政处罚法》。法院加大行政审判力度，依法办理行政案件。1997年，行政审判充分发挥“维权辅政”的职能作用，法院为行政执法部门的行政行为提供司法建议，支持行政机关依法行政。至2001的6年间，共审结459件。其中，判决168件，裁定289件，其他处理2件。

2002年，通过审理行政案件，维护公民、法人和其他组织的合法权益，加大对行政非诉讼执行案件的执行力度，发案数大幅下降。东郊乡横新村村民丁某等两人为原组上保管室、温室的土地权属问题，从1994年起，多次发生纠纷，村民委员会、乡政府、市信访局多次调解无果。2004年，东郊乡政府作出《关于土地权属确认的决定》，丁某不服，申请复议。市政府复议，维持东郊乡政府的决定，丁某诉至市法院。市法院根据《中华人民共和国土地管理法》的规定，撤销东郊乡政府的决定后，双方未上诉。2005年，在推进依法行政，促进政府对经济调节、市场监管、社会管理和公共服务等方面职能改革和完善的同时，对房地产管理、重点工程建设、社会抚养费征收等方面采取有力措施，营造依法行政良好氛围。至2005年的4年间，审结案件79件，其中判决27件，裁定52件。执行非诉行政诉讼案152件，执行抚养费征收非诉行政执行案120件，司法拘留拒不执行法院裁决者45人。

第六节 案件执行

1986年，县法院未设置专门执行机构或执行员，实行审执合并。对需要强制执行的重大案件，由院长或主管副院长率领审判人员和司法警察依法强制执行。1987年，开展巡回办案，审结案件大增，执行任务和难度加大。当年4月，发生黄某等阻碍执行离婚财产案，法院集中20多名干警依法对参与阻碍执行的13人作出司法拘留和罚款决定，使该案依法执行。1988年11—12月，法院集中54名干警，对未执行的583件民事和经济案件强制执行。后执行501件，执行金额47万多元，裁定中止54件。1989年，采取分散与集中相结合的办法，执行率达89％。至1989年的4年间，共审理民事和经济执行案5838件，已执行5149件。

1990年，法院增设执行庭，配备2名审判人员负责疑难案件的执行工作。至1993年，受理执行案件4011件，执行案件3757件，执行标的1668.75万元。

1994—1995年，落实执行“打击与调节并重”方针与积极主动为市场经济服务的精神，执行工作进行目标管理，将执行案件层层落实到各法庭，分配到人，限期执行。在原来执行庭的基础上充实执行力量，组建司法警察大队，推行审执相对分离。2年执行案件1737件，执行标的达2028.56万元。

1996—1997年，严格实行审执分离，注重办案庭与专门执行机构紧密配合，平时执行与集中突击执行相结合。1997年，形成“人大监督，政府支持，法院主管，部门配合”的执行工作网络，并开展“百日大执行”活动，执结“老大难”积案。2年执行案件2828件，执行标的3086.7624万元。

1998—1999年，全面清理积案。执行庭牵头，各法庭配合，将所有未执行案件全部登记造册，把影响较大以及被执行人抵触情绪大的积案列为集中执行的重点突破口。在执行工作中定任务、定标准、责任到人，限期结案，推进申请人举证、义务人填报财产的做法，落实申请执行人的法律责任。同时，对拒不执行法院生效判决、裁定的被执行人，采取新闻曝光、集中执行、公开兑现的办法推动执行工作。2年共结案件2522件，其中清执行积案356件，执行标的达2309.32万元。

2000—2002年，采取债权托管、举报有奖、限制消费等方式，争取社会各界参与执行，增强执行效果。改革执行收费制度，试行先执行后收费，按执行标的收费，最大限度地保护债权人的合法权益。3年共执结案件2349件，执行标的3108.88万元。

2003年，以清理企业执行积案和下岗职工的积案为重点，相继开展"为企业排忧解难"和"为下岗职工服务"的专项执行活动。通过摸底造册，逐案件分配到人，以执行庭、法警大队和法庭为主，进驻申请人单位，加大执行力度。全年执行案件1544件，执行标的1364.8万元。

2004年，推出执行工作10项便民承诺，注重执行公开与效率，及时兑现胜诉当事人的合法权益，使执行工作真正成为百姓的"阳光工程"。桃源县漳江镇村民潘某平与某公司签订高速公路部分工程分包合同，潘某在工程完工后，某公司未按时兑付工程款，并多次催讨无果。5月，潘某向湘乡市法院提起诉讼。湘乡市法院执行局法官辗转湘乡、西安、咸阳，使某公司全部兑付了工程款30万元。2005年，执行案件564件，执行标的1574.55万元。执行各类案件146件。12月26日，召开执行标的集中兑现大会，一次兑现执行标的740万元。

第七节 审判监督

1986年，法院受理当事人对生效判决不服的刑事再审案件。至1989年，共审结738件，年均184件。其中，维持原判494件，改判238件，撤诉3件，其他处理6件。1990年起，再审案件下降。至1996年，共审结292件，年均降至42件。其中，维持原判207件，改判83件，调解4件，发回重审3件，其他处理29件。1997年，审判监督庭坚持"有错必究"的方针，充分发挥审判监督作用。原湘乡县革命委员会人民保卫组、中国人民解放军湘乡县公、检、法军管小组以强奸、抢劫罪判处王某有期徒刑7年后，王某不服，长期上访。湘乡、湘潭两级法院多次复查，驳回申诉，维持原判。2001年6月，湘乡市法院对王某的申诉再次立案复查，认定原定罪量刑缺乏事实根据，作出撤销原判，宣布王某无罪判决。至2002年，共审理审判监督案件237件，年均39件。其中，维持原判111件，改判79件，调解17件，发回重审2件，撤诉14件，其他处理14件。2003年起，申诉案件大幅下降。至2005年，审理审判监督案件仅43件，年均降至14件。其中，维持原判22件，改判15件，发回重审1件，撤诉1件，其他处理4件。

第五章 司法行政

第一节 机构队伍

1986年，湘乡市司法局设办公室、调解股、普法宣教股。局机关工作人员17人。全市8区2镇设10个司法所，46个乡配司法助理员48人。1987年，局机关工作人员增加到20人，司法助理增加到59人。1989年，司法局撤销调解股，增设基层工作股、人事股、法律服务管理股。1995年市撤区并乡后，全市设22个乡镇街道司法所，司法助理仍为59人。1997年，司法局增设行政执法监督股。2005年，人事股改政工人事股，增设法规股、公证处、法律援助中心，局机关工作人员23名，乡镇街道助理员59名。

第二节 普法教育

1986年起，实施全民普法的第一个五年计划（简称“一五”普法）。县委、县政府转发由县普法领导小组制订的《向全县公民普及法律常识规划》，向全市人民宣传、普及与人民密切相关的“十法一条例”即:《中华人民共和国宪法》《中华人民共和国刑法》《中华人民共和国刑事诉讼法》《中华人民共和国民事诉讼法》《中华人民共和国民法通则》《中华人民共和国经济合同法》《中华人民共和国继承法》《中华人民共和国婚姻法》《中华人民共和国兵役法》《中华人民共和国民族区域自治法》《中华人民共和国治安管理处罚条例》。至1990年，全市（县）57个区、乡、镇、街道，722个村（居委会），116个副科级以上单位，有46.813万人进行普法教育，占普法对象的92.7%；县级以上干部90人，100% 参学、参考、及格；科以下干部和职工35965人，参学人数34778人，占96.7%。全市722所学校，有中小学生14.7226万人，全部按要求上法制课。

1991年起，实施“二五”普法。党政群团各级组织及企事业单位深入学习《中华人民共和国宪法》，学习专业法。当年，市人大常委会作出《关于深入开展法制宣传教育的决议》，印发1500份，发至村以上单位。全市165个副科以上单位召开“二五”普法动员会157次，购普法读本19万余册。市委组织部、宣传部将“二五”普法内容，列作全市2.6万多名党员的冬训内容。其间，全市筹资40万元，将省编的《“二五”普法读本》印20万册，发至20余万户农户。1992年上半年，市委组织公检法司等部门20名干部到双江乡办点。总结出学（学法）、治（治理主要问题）、建（建立乡规民约）、评（评比守法户）、帮（帮教违法人员）的“五字”作法，后在全市乡镇推广。1994年10月，市委从9个部门抽调15人组成工作队，到龙洞乡乐昌村进行学法用法、依法治村试点，探索农村学法用法、依法治理的经验。至1995年年底，全市712个村，100%的组织农民学法用法。重点学习《中华人民共和国宪法》《中华人民共和国农业法》《中华人民共和国义务教育法》《中华人民共和国婚姻法》《中华人民共和国水法》《中华人民共和国国土法》《中华人民共和国森林法》《中华人民共和国环境保护法》及《湖南省计划生育条例》，并制订《村规民约》。市里筹资8万多元，给全市20万农户赠送普法读本。全市19万农户，挂上“学法守法光荣牌”。“二五”普法期间，市委常委研究讨论普法工作21次，批发文件17个。全市编印各类法制书籍、资料200余万册（份）。

1996年起，为“三五”普法期。市委、市政府根据中央提出的“建设社会主义法治国家”的治国方略，将普法内容拓展为依法治市工程。市普法办筛选出全市各执法主体的重要法律、法规35个，作为“三五”普法的主要内容。编印《行政执法手册》1万本、《市场经济法规选编》8000本，发给机关、厂矿、企事业单位和农村的广大普法对象。市委中心学习组成员每年学习4次法律知识；乡、镇、街道及副科级以上单位干部，轮流参加法制培训。由人大任命的各级行政干部，必须经过严格的法律考试合格后，才能任命。全市47个行政单位，向市长递交行政执法责任书。市普法办组织普法讲师团和普法督查团到各单位讲课、督查。2000年10月，省依法治省办对湘乡市“三五”普法社会效果进行问卷调查，群众对普法满意率为98.3%。

2001年起，进入“四五”普法期。市委、市政府批转市委宣传部、市司法局《关于在全市公民中开展宣传教育的第四个五年规划》。认真总结15年来全市法制宣传教育和依法治市的经验，整体推进行业、地方、基层三项治理。当年，市委印发《关于批转市委宣传部、市教育局〈关于在全市中小学生中开展“三个主题教育活动的意见”〉的通知》，从2001年下学期至2003年上学期，开展以《中华人民共和国宪法》《中华人民共和国刑法》《中华人民共和国未成年人保护法》《中华人民共和国预防未成年人犯罪法》《中华人民共和国治安管理处罚条例》等主要内容的法制教育。2003年4月，市依法治市领导小组发出《关于进一步加强青少年法制宣传教育的决定》，社会、学校、家庭共同做好青少年法制教育。司法部领导到湘乡考察后，肯定湘乡的做法，省依法治省办公室，在全省各地推广湘乡经验。当年，市委、市政府作出《关于进一步加强依法治市的意见》，召开11次会议研究依法治市，市委中心组举办12期法制讲座，科级以上干部900人进行普法考试。

2005年，湘乡市为全省普法依法治市16个示范县（市）之一。东郊乡新塘村、龙洞乡中朝村、新湘路街道壕塘社区，被评为“全省民主法治示范村（社区）”。

第三节 人民调解

1986年，县委发出关于进一步加强基层调解组织建设的通知，健全县、乡、村三级调解网络，培训调解人员2060人。全县728个村（居委会）有调解人员2457人。1987年，开展创建“四无”（无因纠纷引起的自杀、凶杀、群众性械斗和群体性上访上告）乡、镇、村工作。至年底，“四无”村501个，占全县村数的70.1%。1988年，涌现出苏坡乡、潭市镇等16个“四无”乡（镇）。至1989年4年间，全市发生各类纠纷29589件，调解28968件，调解成功28215件。

1990年，贯彻《人民调解委员会组织条例》（以下简称《条例》），培训骨干5246人，印发《条例》和宣传资料13621份，57个区、乡、镇、街道，相继成立人民调解领导小组，成员305人。712个村，18个居委会，11家厂矿，32家较大的乡镇企业，都成立调解领导机构和执行机构。市委、市政府拨出2万元，作为预防纠纷激化奖励基金。经济条件较好的乡镇街道，亦不同程度的拨出专款，作为此项奖励。至1996年7年间，共发生各类纠纷49878起，调解49544起，调解成功48652起。

1997年，开展千乡万村创“四无”百万大军排查活动，2600余干部和调解人员参加，将历年遗留未处理的116件纠纷，妥善调处。“四无”村达到681个，占全市村数的95%。1998年，棋梓镇白云村党支部书记刘冬秋被评为全国优秀人民调解员。2001年，市司法局出台《关于建立乡镇街道司法调解中心若干问题的意见》。各乡镇街道建立司法调解中心。新湘路办事处白托村人民调解委员会被评为全省优秀调解委员会，昆仑桥街道南正街居委会主任伍泳娥被评为全省优秀调解员。至2003年7年间，全市发生各类纠纷41020件，调解40692起，调解成功39105起。

2004年1月，市委、市政府发布《关于进一步加强新时期人民调解工作的实施意见》，并将人民调解工作专项经费列入财政预算，按每年每个乡镇2万元、办事处1万元的标准拨付，乡镇办亦有经费投入。当年，毛田司法所被评为全省人民调解优秀司法所。至2005年2年间，全市共发生各类矛盾纠纷11850起，调解11788起，调解成功11435件。

1986—2005年湘乡市基层人民调解工作情况表

表17-5

项目 年份	发生各类纠纷（件）	纠纷调解率（%）	调解成功率（%）
1986	7980	96.90	98.80
1987	7192	94.70	95.70
1988	7364	100.00	97.00
1989	7053	100.00	98.00
1990	8213	99.80	98.50
1991	8049	98.50	98.00

续表17-5

项目 年份	发生各类纠纷（件）	纠纷调解率（%）	调解成功率（%）
1992	7391	99.00	97.50
1993	6699	98.00	97.50
1994	6817	100.00	98.30
1995	6572	100.00	98.60
1996	6137	100.00	99.10
1997	6089	100.00	97.60
1998	5975	99.00	97.00
1999	6063	97.50	98.40
2000	5710	99.94	93.32
2001	5893	100.00	96.37
2002	4710	100.00	95.70
2003	6580	98.00	95.20
2004	6988	98.96	96.00
2005	4862	100.00	98.00

第四节 法律服务

一、公证事务

1986年，社会各界重视通过公证程序确保法律行为和经济交往合法有效和交易安全。至1988年，市公证处办理各类公证5489件。其中，经济合同3720件，民事权益547件，涉外案件23件，委托调查公证16件。

1989年6月，市政府转发中国工商银行湘乡市支行、中国农业银行湘乡市支行、中国建设银行湘乡支行、市司法局《关于金融机构的抵押、担保贷款合同必须办理公证的通知》。1990年10月，市政府制订《湘乡市办理提存公证暂行规定》。市公证处被省司法所评为湖南省先进单位。1991年11月，市政府发出《关于认真办好赡养和遗赠抚养协议公证的通知》。市公证处通过宣传，强化公民公证意识，公证业务不断扩大。至1995年7年间，共办理公证13622件。其中，经济合同12016件，民事权益460件，涉外1074件，委托调查公证72件。

1996年，湘乡水泥厂四号窑扩建。这是投资7亿元的国家重点工程，协调好单位与单位之间、工厂与当地农民之间的矛盾十分复杂。市公证处受理该项公证事项后，公证员连续现场办公12天，协调各种矛盾，使该项工程提前2个月完成主体工程任务。1997年，公证减少。1998年起，涉港澳台地区公证日益增加。至2005年的10年间，市公证处共办理各项公证6996件。其中，经济合同2609件，民事权益2827件，涉外公证1058件，港澳台502件。

1986—2005年湘乡市公证处公证办理统计表

表17-6 单位:件

年度			1986	1987	1988	1989	1990	1991	1992	1993	1994	1995	1996	1997	1998	1999	2000	2001	2002	2003	2003	2004
合计			1270	3205	1014	1132	2257	2271	4085	1570	1160	1147	956	894	617	1007	880	691	472	378	378	524
其中	经济合同		1183	2954	766	1003	2166	2117	3824	1285	813	808	672	709	347	98	162	41	97	129	129	186
	其中	单项	800	1655	580	765	828	1217	1515	846	628	688	543	588	289	98	162	41	97	129	129	186
		批量	383	1299	186	238	1333	900	2310	439	185	120	129	151	58	—	—	—	—	—	—	—
	民事权益		71	236	240	99	37	73	88	70	47	46	29	17	208	769	500	456	236	139	139	223
	涉外		—	15	8	30	54	81	173	215	270	251	255	168	62	47	134	106	76	79	79	75
	涉港澳台		—	—	—	—	—	—	—	—	—	—	—	—	—	93	84	88	63	31	31	40
	委托调查公证		16	—	—	—	—	—	—	30	42	—	—	—	—	—	—	—	—	—	—	—

二、律师事务

1986年，湘乡县法律顾问处有工作人员8人，担任12家企业（单位）的常年法律顾问，提供法律援助78件，草拟、修改、审查有关法律文书175份，代理参与调解仲裁诉讼135次，为当事人（单位）挽回经济损失138万元。1987年，县法律顾问处更名为市法律顾问处，工作人员增至9人，实行自收自支、自负盈亏。1987年后，逐步建立乡镇法律服务所，提供初、中级层次的法律服务。1989年，市政府发出《关于切实加强乡镇法律服务所建设，充分发挥其职能作用的通知》。当年6月，市法律顾问处更名为湘乡市律师事务所，在编律师9人，兼职律师7人。至1991年的5年间，共为85家企业（单位）担任常年法律顾问，提供法律援助403件，草拟、修改、审查法律文书1344件，代理调解、仲裁、诉讼1029件，为当事人（单位）挽回经济损失750万元。

1992年4月，律师事务所一分为二，原湘乡市律师事务所更名为湘乡市第一律师事务所，新成立湘乡市第二律师事务所。1993年年底，全市法律服务所达到33家，从业人员70人。市司法局对其进行业务指导和管理。1995年，市司法局将城区3个法律服务所合并为市法律服务中心，由市司法局派员兼任中心主任，从业人员18名。1996年5月15日，八届全国人大常委会第十九次会议审议通过《中华人民共和国律师法》。自1997年1月1日《中华人民共和国律师法》实施后，法律服务中心（律师事务所），实行“自收自支、自负盈亏”，国家财政不再拨款，从业律师不受定编限制，律师事务所可以自主向社会招聘取得律师资格的人员从业。从业人员为“自由职业者”。1998年，根据司法部关于《律师事务所名称管理办法》的规定，湘乡市第一律师事务所更名为“湖南湘原律师事务所”，湘乡市第二律师事务所更名为“湖南玉宇律师事务所”，两所共有执业律师29人。当年，湘乡市法律援助中心成立。1999年8月，市司法局开通“148”法律服务专线。至1999年8年间，为202家企业（单位）担任常年法律顾问，提供法律援助769件，草拟、修改、审查法律文书2611件，代理调解、仲裁、诉讼2392件，为当事人（单位）挽回经济损失1500万元。10月19日和2000年11月20日，根据司法部《律师事务所、社会法律咨询服务机构脱钩改制实施方案》，湖南湘原律师事务所和湖南玉宇律师事务所整体改制，分别与司法局签订脱钩协议，律师不再为国家编制的工作人员。至2003年，共为169家企业（单位）担任常年法律顾问，提供法律援助575件，草拟、修改、审查法律文书1506件，代理调解、仲裁、诉讼1387件，为当事人（单位）挽回经济损失1150万元。

2004年，湘原、玉宇律师事务所部分成员成立一家“合伙所”，称湖南法至律师事务所。当年，全市律师共担任法律顾问68家，提供法律援助152件，草拟、修改、审查法律文书458件，代理调解、仲裁诉讼381件，为当事人挽回经济损失300余万元。2005年，全市有3个律师事务所，执业律师32人。全市律师共担任法律顾问59家，法律援助173件，草拟、修改、审查法律文书511件。为当事人挽回和避免经济损失520余万元。

第五节 安置帮教

1986—1996年，对劳动改造后刑满释放和解除劳动教养（以下简称刑释解教）人员的安置和帮教工作，虽上级有政策要求但湘乡市无具体机构落实。

1997年起，司法行政承担对刑释解教人员的安置和帮教工作。当年，市和乡镇办事处设立刑释解教人员“回归”管理站，建立107个安置帮教小组。并对1994年以来“回归”的1193人，造册登记，对其进行1～2次帮教。1998年，成立刑释解教人员安置帮教领导小组，各乡镇办事处相应成立这一组织。市司法局和各乡镇办事处司法所，履行安帮教具体工作职责。当年，全市刑释解教回归人员1914人。其中，刑释人员1204人，解教人员710人。重新犯罪的有124人，占6.5%。

2000年开始，市和各乡镇街道司法所对刑释解教人员建立台账，村里建立帮教卡，按1∶3比例落实帮教人员。当年，全市建立帮教小组1914个，成员5742人，帮教率达到100%。各司法所为劳动改造和劳动教养回归人员办班115期，回归人员通过帮教，有的成家立业发家致富，有的当选为村、组干部。

2002年，全市刑释解教人员1415人，只有17名刑释解教人员重新犯罪，重新犯罪率为1.29%，低于5% 的省控标准。2005年，全市有刑释人员1568人，刑释解教人员重新犯罪率降至0.45%。

至2005年的9年间，各地帮教组织协助98名刑释解教人员落实低保，为23名刑释解教人员解决户口，为其落实责任田67亩，解决各种特困问题153件。

第六章 军事

第一节 机构驻军

一、机构

（一）市级机构

湘乡军事机构原为中国人民解放军驻湘乡县人民武装部。主要负责征兵及民兵组织建设、军事训练、国防教育、抗灾抢险等工作。1986年5月，湘乡县人民武装部由军队建制改为地方建制，属副县级。1996年4月，遵照国务院、中央军委的命令，市人武部又收归军队建制，升格为正团级，内设政工、军事、后勤三科，受湘潭军分区和湘乡市委、市政府的双重领导。为加强党对武装工作的领导，市武装部门一直设立中共湘乡市人民武装委员会，由市委书记兼任市人民武装委员会主任，市长和市人武部部长、政委等任副主任。至2005年，市级机构未变。

（二）基层机构

1986年，全市11个区镇、46个乡都设有武装部。1987年，撤销城关镇武装部，增设新湘路、昆仑桥、望春门3个街道武装部。全市共有基层武装部64个，其中区乡镇街道武装部59个、厂矿武装部5个。1995年，湘乡撤区并乡，区级武装部自行撤销。全市基层武装部减至30个，其中乡镇街道武装部22个，厂矿武装部增加到8个。至2005年，全市基层武装部保持30个，配备专职武装干部52人，其中乡镇街道武装干部40人、厂矿武装干部12人。

1986—2005年湘乡市人民武装部部长、政委一览表

表17-7

职务	姓名	任职时间
部长	李云德	1985.12—1991.12
	周道山	1992.1—1996.3
	陈定宪	1996.4—1999.3
	刘 挺	1999.4—2005.4
	谭火华	2005.4—2006.4
政治委员	李建国	1986.3—1998.3
	毛先进	1998.3—2001.5
	文孝男	2001.5—2007.3

二、驻军

1986年，驻湘乡的部队有：中国人民武装警察部队湘潭市支队湘乡中队、湘潭市直属大队二中队和湘乡市消防中队。

武警湘潭市支队湘乡市中队，原为湘乡县公安队，1987年改称武警湘潭市支队湘乡市中队，主要担负市公安局看守所的看守、押解犯人和其他临时勤务。

武警湘潭市支队直属大队二中队，由原中国人民解放军某部独立营改编。

武警湘乡市消防大队和湘乡市消防中队，原为湘乡县公安消防大队和湘乡县公安消防中队。消防中队由现役军人组成，隶属湘潭市公安消防支队和湘乡市公安局双重领导，负责对湘乡境内火灾、火警的扑救和处置。至2005年，境内驻军的情况未变。

第二节 兵役

一、兵役登记

从1986年起，按照《兵役法》规定，全市兵役登记，由市人武部具体组织实施。登记的时间在每年的9月30日以前。登记的对象为当年12月31日前年满18岁的男性公民。登记的内容包括出生年月、年龄、文化程度、遗传病史、主要社会关系及现实表现。登记进行严格审查，然后将审查合格的青年列为应征对象，并根据政治、身体、家庭劳动力和在校学习的情况，按应服兵役、缓服兵役、免服兵役、不得服兵役四种类型，分别登记造册，为常年征集和快速动员征集提供依据。

二、征兵

1986—1989年，实行冬季征兵。1988年没有征兵。1989年实行冬季征兵。1990年春季征兵两次。1991起又实行冬季征兵。每年进行一次。征兵工作，由市人武部具体组织实施。征兵时，市、乡、镇、街道分别成立征兵领导小组和征兵办公室，并设立举报电话，邀请市纪检、监察部门负责人参加征兵工作全过程的监督。征兵工作按照宣传发动、目测初审、体格检查、政治审查、审批定兵、送运交接新兵等步骤进行。征兵的条件，严格执行《中华人民共和国兵役法》关于征兵对象的规定：即年满18周岁至22周岁，在农村家庭劳力比较充裕，具有初中毕业以上文化程度的男性公民；在城市，应届和上届高中毕业生和企事业单位的男性职工，年满17周岁，本人自愿均可征集；女性青年，年龄18～19岁，在自愿的基础上进行征集。其政治条件和身体条件，严格按照公安部、总参谋部、总政治部《关于征集兵员政治条件的规定》和国防部关于《应征公民体格条件》执行。每次征兵都以市公安局为主负责新兵政审，市卫生局负责体检。至2005年的20年间，除个别年份出现退兵现象外，99% 保证了征兵质量。市人武装部曾5次被省政府、省军区、湘潭军分区评为征兵工作先进单位。

三、预备役

根据《中华人民共和国兵役法》规定预备役兵员分为两类：28岁以下的复员退伍军人、基干民兵、专业技术对口的青年为第一类预备役；普通民兵，经过预备役登记的29～35岁复员退伍士兵以及其他符合预备役士兵条件的男性公民为二类。为了搞好预备役的组编工作，从1986年起市人武部每年通过兵役登记，对兵役登记确定为应征公民而未被征集服现役的青年进行军事训练，列为预备役兵员；每年结合退伍安置对退出现役被部队确定为服预备役的士兵进行登记，填写《退伍军人预备役卡》。20年间，全市登记退伍军人9800人。其中，填写《退伍军人预备役卡》3516人，授予预备役军官军衔58人。2003—2005年，连续3年被省预备师评为军事训练先进单位。

第三节 民兵

一、组织建设

1986年起，全市民兵的组织建设工作在每年的9—11月之间进行。

组建时间，市人武部一般安排一个月左右，乡镇街道武装部一般安排10～20天。组建工作结合整训进行。首先进行思想动员、军事训练，然后根据民兵的年龄、身体状况和军事素质进行组编，配好骨干。组编时，将民兵分为基干民兵和普通民兵两种：28岁以下退出现役的士兵或经过军事训练的民兵，编为基干民兵；18～35岁以下符合兵役条件的男性公民，编为普通民兵。基干民兵以乡镇为单位组建民兵连，连以下分设排和班。普通民兵按行政村和企事业单位组建民兵营，以自然村组为单位分设连、排。

二、军事训练

1986年起，全市民兵的军事训练由分散、小型、就地轮训逐步转为以乡镇为单位的集中轮训。训练的周期由每两年进行一次改为每年进行一次。训练的内容着重是技术、战术，包括列队、射击、投弹、爆破、单兵进攻、单兵防御等项。当年，各个乡镇集中训练30天。1987年，各个乡镇集中训练10天。1988年，市人武部建立民兵训练中心，配备训练器材1400余件。1989年起，市民兵训练中心重点培训全市的民兵骨干，各乡镇街道负责培训面上的民兵。至2005年16年间，市民兵训练中心共办各类培训班160多期。各乡镇街道平均每年训练民兵10天。

三、执行突击任务

民兵是从事经济建设，维护社会治安的生力军，也是完成各项紧急任务的突击队。1986年起，市武装部门在引导广大民兵积极参加维护治安、搞好经济建设的同时，组织民兵投入了救灾抢险、防乱巡逻等突击活动。1987年，境内部分乡镇发生洪涝灾害，市人武部组织1.2万人的民兵抢险队帮助群众抢险救灾。1990—1993年，市内个别乡镇连续发生森林火灾。市人武部先后组织2980人的民兵救火队，及时扑灭森林大火。1998年，长江和洞庭湖地区发生百年不遇的洪灾，市人武部领导率领抗洪抢险冲锋舟突击排300余人，赴沅江、岳阳参加抗洪抢险，受到省军区、湘潭军分区的表彰和奖励。1999年，湘乡民兵冲锋舟突击队赴益阳民主垸抗洪抢险，救出被困群众8631人，物资76.6吨。2003年，郴州地区发生风灾，市人武部领导又率领冲锋舟突击队赴郴州市抗灾抢险。至2005年的20年间，全市民兵累计参加抗洪抢险30余次，出动民兵60030人次。森林灭火80余次，出动民兵6460人次。组织民兵参加人工降雨140次，发射炮弹1536发，先后使25个乡25万亩农田、18万亩旱地免受旱灾损失。

第四节 国防教育

20世纪80年代中期，社会上出现重视经济建设，忽视政治思想教育的倾向，致使一些人国防观念逐渐淡薄。针对这种情况，从1990年开始，市人武部每年都利用报纸、广播电视举办国防教育讲座，开展《中华人民共和国国防法》《中华人民共和国兵役法》等法规的宣传教育。1997年，湘乡市成立国防动员委员会和全民国防教育委员会，市国防动员委员会由市委书记任第一主任，市长任主任，常务副市长、人武部部长、政委任副主任。市国防教育委员会由市委副书记或常务副市长兼主任，委员由人武部政工、军事、后勤科长和市委宣传部、市委组织部、市公安局、卫生局、教育局等单位负责人组成。当年，在庆祝香港回归祖国和纪念中国人民解放军建军70周年活动中，市人武部组织民兵参加湘潭军分区举办的国防知识竞赛和“长城杯”征文取得好成绩。从1998年起，以湘潭军分区下发的《国防教育讲话》《民兵预备役人员国防教育讲义》《中小学生国防教育课本》《公民国防知识通俗讲话》等教材为范本，把国防教育纳入党校的教学内容；纳入民兵预备役人员季课教育和军事训练计划；在全市中小学开设国防教育课程；举办国防教育讲座、演讲和知识竞赛等多种活动。1998—2002年，全市党政机关、厂矿、学校举行国防教育报告会30多场，听众2万多人次。2002年，组织3万名中小学生参加省、湘潭市“国防法规知识竞赛”，学生周运辉获得省国动委颁发的一等奖。2004年，结合学生军训举办“军训一日”“我爱国防”征文比赛，并组织800多名学生制作模型参加湘潭市举办的“首届航天航空模型竞赛”。至2005年，全市90% 以上的乡镇、街道、厂矿设国防教育室，50% 的村民兵营试点建设单位，设有国防教育挂图和国防教育专栏。东山学校、碧洲黄公略纪念碑、市博物馆、牛型山光荣院被确定为湘乡全民国防教育基地。当年，市人武部组织民兵和学生开展“两地书”活动，民兵和学生向部队寄发慰问信达1万多封。

第五节 人民防空

1986年，设立县人民防空办公室，并形成防空指挥、防空警报通讯网络。为了做好防空袭的准备，当年，进一步修改《人口疏散计划》《城市人口接收计划》，广泛开展防空知识和维护防空设施的宣传教育。

1987年，湘乡撤县建市，湘乡县人民防空委员会更名为湘乡市人民防空委员会，县人防办改为市人防办。当年，贯彻《国务院、中央军委批转国家人防办〈关于人防改革几个问题的意见〉》，对市人防工作的改革作出安排。从1988年开始，人防工作的重心，由单纯的设施管理转向管理加利用，发动有关单位开发利用人防工事。至1989年，市内有东风商店、湘乡铝厂、白云石矿、湘乡水泥厂等15个单位的人防工事得到开发利用。其中，湘乡铝厂、湘乡水泥厂的开发利用率达100%。1990年后，全市防空工事的开发利用率保持48%，年就业70余人。

湘乡的人防工事多为20世纪70年代建筑的用于人员疏散的单式坑道工程。为了巩固完善，1992年，市人防办向省、湘潭市人防办申报改造东风路人防口部及其建设伪装房项目，获准后于1994年动工。1995年，根据上级文件精神，市内开征易地统建费和公共人防工程维护费。1996年12月，省人防办批准结合新建湘乡宾馆，修建防空地下室，总投资360万元，于2001年竣工。2002年，结合新建电力调度大楼建设防空地下室，2004年竣工。

与此同时，加强对原有防空工事的维护和管理。《中华人民共和国人民防空法》颁布实施以后，先后依法查处毁损人防工程案17件，不履行义务案1件，工事口部2个，收缴补偿款2.3万元，统建费4万元。2004—2005年，投入21.3万元维修人防工程，疏通水沟1800米，清除淤泥4500立方米，更换排水沟盖板400余块。修补、加固坍塌的人防工事4处，打通因建设房屋而封堵的通道口部3处，新装防护门9扇，更新通电线路1000米、地下照明灯具150盏。人防工程维护管理全面达标。湘乡被湘潭市政府、湘潭军分区、湖南省国动委、广州军区国动委分别授予“人防工作先进市”“人防工作先进单位”等称号。

第十八编 人事 劳动 民政

第一章 人事

第一节 管理机构

1986年，湘乡县设劳动人事局。1987年3月，更名为湘乡市劳动人事局。1989年7月，劳动与人事分开，市人事局内设办公室、干部任免考核调配股、工资福利股、科技干部股。

1992年5月，成立湘乡市人才交流中心。1993年，干部任免考核调配股分解为干部调配股和考核任免股。1995年9月，增设机关事业单位社会保险站。1999年，增设综合计划股，工资福利股分解为工资股和退休福利股。2002年，撤销综合计划股，增设法制仲裁股。2003年9月，机关事业单位社会保险站移交市劳动和社会保障局。2005年，人事局内设机构为：考核调配股、法制仲裁股、科技干部管理股、工资股、退休管理福利股、办公室、人才交流中心。

第二节 干部结构

一、性别结构

1986年，全县共有干部4429人，其中男性3636人，占干部总数的82.1%；女性793人，占17.9%。

1989年起，从应届高校毕业生、“五大”（电大、业大、职大、函大、夜大）生、乡镇合同制干部中录用干部，民办教师逐渐转为公办教师，干部队伍性别结构发生变化。1994年，全市干部11326人。其中，男性7893人，占69.7%；女性3433人，占30.3%。

1996年起，录用和调整干部幅度较大，女性比例逐年上升。1998年，全市干部13679人。其中，男性8377人，占61.2%；女性5302人，占38.8%，比1986年上升20.9个百分点。2005年，全市干部14929人。其中，男性9511人，占63.7%；女性5418人，占36.3%，比1996年下降2.5个百分点。

二、文化结构

1986年，全县干部中，具有大专以上文化程度531人，占干部总数的12%，中专、高中文化程度2422人，占54.7%，初中及以下文化程度1476人，占33.3%。

1989年起，陆续录用应届高校毕业生和“五大”生充实干部队伍，在职干部通过党校、电大、函大和自学考试等学习途径，文化程度逐年提高。1998年，全市具有大专以上文化程度的干部5693人，占干部总数的41.62%，比1986年提高29.6个百分点；中专、高中文化程度7360人，占53.8%；初中及以下文化程度626人，占4.6%，比1986年减少28.7个百分点。

1999年后，录用和招考干部时，把录用和招考对象的文化程度作为一个重要条件，干部队伍的文化程度大大提高。2005年，大学专科以上文化程度8192人，占54.87%，比1998年上升13.25个百分点；其余均为中专、高中文化程度，占45.13%。

三、年龄结构

1986年，全市35岁以下干部1751人，36~45岁的干部828人，46~59岁的干部1835人，60岁及以上干部15人，分别占干部总数的39.53%、18.69%、41.43%、0.34%。

1989年后，老干部相继离休、退休，一批应届高校毕业生分配到行政机关和事业单位工作，同时录用年轻干部充实干部岗位，干部队伍逐渐年轻化。1998年，全市35岁及以下干部6111人，36~45岁的干部3583人，46~59岁的干部3964人，60岁及以上干部21人，分别占干部总数的44.67%、26.19%、28.98%、0.15%。

1999年后，增加干部实行计划管理，干部队伍相对稳定。2005年，35岁及以下干部5416人，36~45岁的干部4335人，46~55岁的干部3404人，56~59岁的干部1774人，分别占干部总数的36.28%、29.04%、22.8%、11.88%。无60岁及以上年龄的干部。

第三节 干部管理

一、录用聘用

1986年，接收安置军转干部61人，安置人数之多，创湘乡历史之最。落实政策收回干部329人，大中专毕业生分配安排323人，聘用乡镇合同制干部41人。1987—1988年，共录用干部72人，聘用乡镇合同制干部122人。1989年，聘任乡镇合同制干部4人。

1990年起，按照公开公平、平等竞争、择优录用的原则，从“五大”生、合同制乡镇干部、工人、村干部中录用干部。至1992年，共录用110名。其中，从工人中录用19人，从村干部中录用2人，从“五大生”中录用35人，从乡镇合同制干部中录用54人。同时聘合同制干部14名。

1993年8月，《国家公务员暂行条例》颁布后，根据国家公务员制度实施意见，开展公务员过

1986—2005年湘乡市干部队伍结构统计表

表18-1

年度	干部总数	性别		性质		学历					年龄					政治		
		男	女	行政	事业	企业	大学本科以上	大学专科	中专	高中	初中以下	35岁以下	36岁至45岁	46岁至55岁	56岁至59岁	60岁及以上	中共党员	共青团员
1986	4429	3636	793	2225	1360	844	531			898	1476	1751	828	1609	226	15	2923	578
1987	3962	3224	738	1581	1476	905	570		1398	712	1280	1525	998	1175	245	19	2524	458
1988	4165	3386	779	1629	1636	900	824		1422	737	1182	1602	1027	1150	350	36	2621	491
1989	9100	6621	2479	1649	6612	839	2252		3575	1577	1396	3879	2177	2256	674	114	3794	1576
1991	12663	8619	4044	1907	9630	1126	523	2504	5076	2979	1581	5711	3206	2813	906	27	5050	1789
1992	11033	7813	3220	1952	7995	1086	592	2397	4551	1968	1525	4941	2775	2411	863	43	5005	618
1994	11326	7893	3433	1930	8292	1104	553	2713	5074	1783	1203	5082	3169	2377	675	23	4365	1964
1996	11670	8099	3571	2180	8293	1197	581	3184	5555	1567	783	5071	3129	2519	923	28	4548	1481
1998	13679	8377	5302	2185	11494		758	4935	5841	1519	626	6111	3583	2938	1026	21	4096	2881
1999	14086	8431	6077	2198	10696	1192	783	5027	6396	1319	561	6323	3881	2920	962	—	4608	未统计
2000	14570	8542	5965	2242	11083	1245	1387	5335	6058	1286	504	6147	4003	3251	395	—	4521	未统计
2001	14275	8618	5657	1505	12182	588	1693	5636	5085	1414	537	5988	4058	3247	982	—	4536	未统计
2002	14365	9006	5359	2426	11633	306	1889	5749	5619	1108		5319	4643	3265	1138	—	4338	未统计
2003	14246	8865	5381	2419	11622	205	1969	5689	5844	744		5250	4628	3151	1217	—	4423	未统计
2004	14417	9025	5392	2473	11657	287	1930	5741	5623	1123		5381	3915	3363	1758	—	4809	未统计
2005	14929	9511	5418	2499	12186	244	2094	6098	5706	1031		5416	4335	3404	1774	—	4913	未统计

说明：缺1990年、1993年、1995年、1997年资料

渡工作。1994年，过渡工作全面启动，“凡进必考”制度实行。全市62个单位推行公务员制度。至1995年的3年间，共录用干部149人。其中，从工人、厂长（经理）中录用81人，从村干部中录用17人，从“五大生”中录用13人，从乡镇合同制干部中录用38人。聘任乡镇合同制干部25名。

1996年，公务员过渡工作结束。全市实际过渡公务员1358人。当年，录用干部55人。其中，从事业单位工人中录用23人，从机关以工代干人员中录用23人，从乡镇企业厂长中录用8人，从村干部中录用1人。接收安置军转干部21人，随迁家属8人。

1997年起，按照《国家公务员管理条例》《湖南省国家公务员录用办法》《干部任用条例》等文件精神，严把干部“入口关”，按公开、平等、竞争、择优原则和德才兼备标准，采用考试与考核相结合的办法录用公务员。至1998年，共录用17名。聘任乡镇合同制干部34人，安置军转干部42人，随迁家属12人。1999年，接收安置军转干部27人。

2001年起，大中专毕业生不再由国家统一分配，实行自主择业。当年，从应届高校毕业生中选拔7人到乡镇工作，为公安局选拔干警5人。至2002年，安置军转干部43人，随迁家属15人。2003年，录用12名公安民警，接收军转干部8人，随迁家属8人。2004年，为乡镇和公安局录用公务员19人，安置军转干部23人，随迁家属7人。2005年，录用公务员17人，安置军转干部5人，随军家属11人。

至2005年的20年间，全市共录用国家干部（公务员）450人，聘任乡镇合同制干部240人，接收安置军转干部230人，随军家属55人。

二、调配

1986年，县委组织部、县劳动人事局对干部调配工作作出规定：县直行政事业单位需要补充干部，从超编单位中调剂解决，一般不从外省、地、市、县调入；在编制许可内确需调入的，必须是工作急需的专业技术干部或夫妻长期两地分居和按政策规定需要照顾的干部；中级技术职称以上干部调出县外，需经县委常委批准，其他干部调进调出和县内异动，按干部管理权限办理调动手续。当年共调配干部171人。其中，调出59人，调入28人，县内异动84人。照顾解决夫妻分居40人。1987—1992年，共调配1079人。其中，调出269人，调入120人，市内异动690人。1993年，《国家公务员暂行条例》颁布后，干部竞聘上岗，岗位进行轮换，干部调配制度更加完善。至1994年，共调配372人。其中，调出102人，调入69人，市内异动201人。1995年后，市内异动频繁，至2005年，共调配2988人。其中，调出50人，调入353人，市内异动2585人。

三、培训

1986年，县委党校开设中专班，有51人获得中专毕业证书。1991年起，举办新干部入门培训，至1992年，共培训525人。并举办岗位培训班1期，培训70人。1993年，进行公务员过渡培训，至1995年，办班16期，2200人参加。同时，举办新干部入门培训班5期，培训648人。1996年起，组织干部学习邓小平理论、市场经济理论及党建理论、基层领导科学、法律知识、科技知识等。至1997年，共办新干部入门培训班9期，培训1188人；办科级干部进修班6期，292人参加；基层负责干部培训班3期，174人参加；部门干部进修班6期，724人参加。1998年起，在全市开展计算机应用能力培训和专业技术人员职业道德培训。至2001年，共办班60期，5139人参加学习。其中，科级干部、股所级干部培训（进修）班28期，2136人参加学习；部门干部（统战、宣传、农村会计等）培训班14期，1259人参加学习；计算机应用能力培训班2期，培训114人；行政机关人员培训班1期，44人参加学习。另外有3500多人参加职业道德培训。

2002年起，组织干部学习中共十六大精神，培训部门业务干部、农村基层干部和农业科技人员，至2004年，共办班43期，培训4302人。新干部入门和中青年干部培训班5期，300人参加学习；部门干部培训（组织、纪检、政工、司法、教育、工会、计育等）20期，1638人参加学习；干部更新知识培训班1期，29人参加；厂长（经理）培训班1期，37人参加；计算机班7期，301人参加；WTO 基本知识师资培训班1期，126人参加。

2005年，组织干部学习《中华人民共和国公务员法》，部门加强干部政治和业务素质的提高，全年办班32期，5110参加学习，创20年来年参加学习人数之冠。其中，科级干部进修班1期，55人参加；学习中共十六届四中全会精神培训班4期，798人参加；《中华人民共和国公务员法》培训班12期，2421人参加；中层干部和村党支部书记培训班4期，799人参加；部门干部培训班11期，1037人参加。

四、考核与奖惩

1986年，实行干部岗位责任制、目标管理考核制，坚持德才兼备原则，对干部的德、能、勤、绩4个方面全面考核。当年5160人参评，获立功以上奖励干部258人，693人被评为先进工作者，605名干部受纪律处分。1989—1990年，3014人次被评为先进工作者，1005人次记功，14人次记大功，86人浮动升一级工资。1991年，加强专业技术人员考核。至1993年，全市26241人次参加考核，评定优秀5123人次，称职21033人次，85人次为不称职。在干部队伍中，1412人次记功，177人次记大功。

1994年，按照人事部《国家公务员考核暂行规定》和《事业单位工作人员考核暂行规定》，公务员考核与机关事业单位工作人员考核统一进行。考核设优秀、称职和不称职3个等次，以年度德、能、勤、绩为考核内容，重点考核工作实绩。当年10222人参加考核，评定优秀等次1773人。1995—1998年，58646人次参加考核，评定优秀等次7536人次，称职49502人次，不称职198人次，不定等级1510人次。占参评人次的15.62%。有44人次记二等功，917人次记三等功，4689人次给予嘉奖。

1999年起，增设基本称职等次。当年15777人参评，评定优秀等次2044人，称职等次13721人，12人定不称职。12人记二等功，276人记三等功，1756人获嘉奖。2000—2003年，不断完善考核制度，提高考核准确性。68150人次参评，评定优秀等次8887人次，称职等次59454人次，基本称职等次46人次，不定等次或不称职等次763人次。53人次记二等功，1104人次记三等功，7720人次获嘉奖。

2004年，7394人参评，评定优秀等次2286人，称职等次4961人，基本称职16人，26人定为不称职，105人不定等次。在评定优秀等次的人员中，有11人记二等功，239人记三等功，嘉奖1921人。2005年，17502人参评年度考核，评定优秀等次2133人，称职等次15232人，基本称职17人，不称职15人，不定等次105人。在评定优秀等次的人员中，有11人记二等功，239人记三等功，1921人获嘉奖。对不称职者分别作出免职、降职、降级、调整岗位或辞退处理。

五、职称评聘

1986年，全市有专业技术人员1798人，在10个系列中有1241人获得专业技术职称。其中，工程师级83人，助理工程师级390人，技术员级768人，占专业技术人员总数的69.02%。同年6月，撤销湘乡县职称评定领导小组，成立湘乡县职称改革领导小组办公室。在县人民医院、县卫生防疫站和棋梓医院进行专业技术职称评定改革（以下简称职改）试点，对专业技术人员结构比例、岗位设置进行摸底测算，为专业技术职称评定工作积累经验。1987年，职改在全市铺开。至1989年，全市评定专业技术职称7836人。其中，高级163人，占2.08%；中级2006人，占25.6%；初级5667人，占72.32%。1990年起，专业技术人员职称评定工作深入开展。1991年，具有专业技术职称的专业技术人员7679人。其中，高级124人，中级1392人，初级6163人。1992—1994年，评审通过高级职称78人，中级职称678人，初级职称2555人。1995年后，专业技术人员职称评定和聘任工作步入正常化、规范化轨道。1999年，专业技术人员聘任率达99%。

2002年，全市有专业技术职称的专业技业人员10471人。其中，高级278人，中级4545人，初级5648人。2005年年末，全市有专业技术职称的专业技术人员11493人。其中，高级549人，占专业技术职称人员总数的4.8%；中级5135人，占44.7%；初级5809人，占50.5%。96% 的人员被所在单位聘任。

至2005年的15年间，共评审专业技术人员职称12440人，有11811人获得专业技术职称。其中，申报高级420人，评定388人；申报中级6080人，评定5483人；评定初级5940人。

第四节 工资福利

一、工资调整

1986年，进行工资改革，国家机关行政工作人员、专业技术人员实行以职务（职称）工资为主的结构工资制，分为基础工资、职务工资、工龄津贴、奖励工资4个部分。全市机关事业单位参加工资改革总人数为9419人，月增工资总额21.02万元，人均月增资22.34元。当年全市机关工作人员3085人，工资总额328.4万元，年人均1226元；事业单位工作人员8745人，工资总额917.7万元，年人均1049元。

1987年，行政事业单位“微调”，5016人晋级，月增资33355元。工资区由五类升为六类。1988年，行政事业单位调资升级3374人，月增资20834元；5160名教师工资提高10%，月增资38671元；211名副主任科员，2591名专业技术人员升级，月增资26160元。

1990年，市人事局审批工资15711人次，月增工资总额20060元。2873名退休干部增加退休费。1991—1992年，为全市135个单位审批工资基金。1992年，机关事业单位1.26万人调整工龄津贴，月增资共10.99万元，人均月增8.73元。同时，调整奖励工资，月增资共33.34万元，人均月增28.26元；734名专业技术人员调整职称工资。结构工资制在探索中运转9年后结束。当年，全市机关工作人员3852人，工资总额1089.5万元，年人均2828元；事业单位工作人员9418人，工资总额2321.9万元，年人均2465元。

1993年10月1日起，施行《国家公务员暂行条例》，规定国家公务员实行职务工资制。国家公务员工资由职务工资、级别工资、基础工资和工龄工资构成。国家公务员工资进入职级工资阶段。全市机关工作人员3920人，工资总额1534.5万元，年人均工资3916元；事业单位工作人员9933人，工资总额3633.9万元，年人均3658元。

1994年，完成全市108个单位21875人（含离退休人员）的工资改革，在职人员月平增资88元，离退休干部月平增资92元。1995年，政法系统754名干警执行警衔津贴。1997年起，兑现专业技术人员职称工资7894人。职级工资制人员3年连续评先评优提前2年晋升级别工资78人。1999年，全市机关工作人员4041人，工资总额3179.2.2万元，年人均7867元；事业单位工作人员13379人，工资总额10779.9万元，年人均8057元。

2001年10月，机关事业单位工作人员工龄工资由每年1元提高到2元。当年，办理在职人员增资手续4.6万人次，增加离退休费1.5万人次。2002年起，为1100名因职务晋升的人员办理工资异动手续，为1217名技术人员办理工资晋升手续，为2300人正常晋升职务工资档次，为政法系统700多人晋升警衔工资，为机关事业单位14380人调整职务工资，为机关1270人晋升级别工资，为3475人办理工资异动手续。2005年，为1.8万人次办理工资晋升手续。其中，2003—2004年，称职人员晋升工资档次105万元，因职务晋升调整职务工资2300人。当年，全市机关工作人员5987人，工资总额10326万元，年人均17247元，比1986年增加16021元，事业单位工作人员11838人，工资总额19141万元，年人均16169元，比1986年增加15120元。

二、福利

1986年1月，干部职工福利费按工资总额的2.5%计提，主要用于医药费报销，年度或特殊情况下给予生活困难补助。随着工资制度改革和医疗保险的推行，由单位计提福利费的做法被取消，养老保险、医疗保险、住房公积金等制度的实行替代了福利费的计提。防暑降温费、防寒保暖费等福利待遇一直保留，适时提高了标准。

（一）丧葬费

1986—1989年，丧葬费的标准按湖南省人事厅1981年的规定执行。干部死亡丧葬费为300元，因工死亡最高不超过400元。1990年，丧葬费标准作出调整，国家机关工作人员病故者为600元，因工死亡者为700元。1997年调整为：病故者为900元，因工死亡者为1300元。2001年再度调整为：病故者为1500元，因工死亡者为2000元。2005年仍执行此标准。

至2005年的20年间，为361人办理安葬费审批手续，对少数生活确有困难的遗属审批解决遗属生活费406人次，办理因工死亡补员手续90人。

（二）抚恤费

1986年，行政事业单位工作人员死亡后，发给一次性抚恤金，其无固定收入的遗属可按政策规定按月领取生活补助费。一次性抚恤金的标准是：批准为烈士的，为本人生前40个月工资，因工死亡的，为本人生前20个月工资，病故的为本人生前10个月工资。2004年10月1日起调整为：烈士为本人生前80个月工资。因工死亡的为本人生前40个月工资，病故的为本人生前20个月工资。2005年，仍执行此标准。

（三）离休干部配偶补助

1990年6月起，对离休干部无固定工资收入的配偶（含遗孀）发给生活补助费。补助标准为：1937年7月6日以前参加革命工作的离休干部配偶，每人每月补助58元；1945年9月2日前参加革命工作的离休干部配偶，每人每月补助40元；1949年9月30日前参加革命工作的离休干部配偶每人每月补助30元；对离休干部无固定收入的遗孀，不分离休干部参加革命工作的时间界限，每人每月一律补助50元。1997年1月起，补助标准调整为：1937年7月6日前参加革命工作的离休干部配偶每人每月150元；遗孀每人每月225元；1945年9月2日前参加革命工作的离休干部配偶，每人每月120元，遗孀每人每月200元；1949年9月30日前参加革命工作的离休干部配偶，每人每月100元，遗孀每人每月180元。2001年1月起，补助标准再次提高，在1997年标准的基础上每人每月提高100元。2005年未作调整。

（四）休假及其待遇

1986年起，仍按国务院1981年的规定执行。机关事业单位工作人员在国家规定的公休假日和法定假日可以休息外，还可以按照国家有关规定享受探亲假、婚假、丧假、年休假及女职工产假。

探亲假：凡符合享受探亲假者，探望配偶的每年给予一方探亲假1次，假期为30天；未婚者探望父母，原则上每年1次，假期为20天，若两年探亲1次，假期为45天；已婚者探望父母，每4年给假1次，假期20天。

婚假：婚假为3天，晚婚增加12天。

丧假：丧假3天。从1988年9月1日起，职工岳父母、公公、婆婆死亡后，给予3天丧假。

产假：女职工生育，产前产后共给假90天。小产时，怀孕不满4个月的，给假15～30天；4个月以上的，给假42天。难产，增加产假15天；若多胎生育，每多生1胎，增加产假15天；领了独生子女证的母亲，增加产假1个月，若实行晚育者再增加产假1个月。

年休假：从1991年起，党政机关、人民团体、事业单位的职工可享受年休假，工作年限满5年不满10年者，休假7天；工作年限满10年不满20年者，休假10天；工作年限满20年以上者，休假14天。

无论何种休假，休假期间，工资照发。2005年，各项休假，均按上述标准执行。

第五节 人才交流

1986年起，人才交流通过干部调配等途经进行。

1992年5月23日，湘乡市人才交流中心成立。1994年10月26日，市人才市场挂牌。1997年，人才交流中心为市内企业单位输送各类人才113人，办理人事代理存档70名，求职登记62名。1998年，对全市人才资源进行全面调查摸底，收集整理4000多名农民技术员、682名待业"五大生"、400名下岗技术和管理人员资料，推荐14名下岗人员到湘乡化工厂和外地企业工作。2001年起，大中专毕业生自主择业，人才交流中心为其提供服务，开展人事档案代理。至2004年，市人才交流中心举办招聘考试14场，招聘347人，建立800名人事代理人员台账；为市人民医院等单位引进研究生6名，本科生124名。2005年，市委、市政府制定《湘乡市"十一五"人才规划》，下发《关于进一步做好人才引进工作的决定》和《关于事业单位聘用高校毕业生的暂行规定》，湘乡市人才交流政策更加完善，环境更加宽松。当年，举办人才交流会6场，为非公有制经济组织推荐各类人才121名，为事业单位组织招聘考试12场，招聘219人，办理人才流动167人。至2005年年底，市人才交流中心管理的人事代理档案2686份，其中，事业单位1484份，大中专毕业生302份。

第六节 退休干部管理

1986年，全市有离休干部233人，退休干部1584人。干部退休后，居住分散，有的迁居外地，管理诸多不便。市直机关事业单位、乡镇街道成立退休干部管理领导小组，行政村成立老年协会，形成市、乡、村三级管理网络。市人事部门及时为干部办理离退休手续，按国家政策调整离退休人员的离退休金。1987—1989年，为1297名干部办理退休手续。1990年年底，退休干部2881人，比1986年增加81.9%。除当年退休的44人外，其余2837人增加退休费，并逐一核实复查，保证无误。1991—2000年，1598人退休。按调整退休干部工资政策及时为离退休人员办理增资手续。2001年，办理增资手续达15420人次。2003年和2005年，分别为5200名、5444名离退休干部调整离退休费。2001—2005年5年间，增加退休干部1050人。2005年年末，全市有退休干部5305人，离休干部136人，年度离退休费总额7215.6万元，年人均1.34万元。

第二章 劳动与社会保障

第一节 管理机构

1986年，劳动工作与人事工作由湘乡县劳动人事局管理。同年，县劳动服务公司升格为副科级事业单位。1987年，县劳动人事局更名为市劳动人事局。1989年，分设市人事局和市劳动局。劳动局机关工作人员13名。1992年，市劳动局进行内部机构改革，局机关、劳动服务公司、社会劳动保险事业管理站三位一体，人员增至19人。1996年，停止执行内部改革方案，按市编制委员会关于劳动局机构设置的“三定”（定机构、定职能、定编制）方案理顺。2000年，内设机构有办公室、劳动监察股、工资福利股、培训股、财务股、社会劳动保险事业管理站、劳动力市场管理处和劳动监察中队。原劳动服务公司的牌子、印鉴仍然保留，其职能由有关股、处承担。4月，锅炉压力容器等特种设备安全监察职能划转市质量技术监督管理局。局机关工作人员14名。2001年，增设医疗保险基金管理服务中心。2002年，市劳动局更名为市劳动和社会保障局，原劳动服务公司更名为就业服务局，劳动监察中队更名为劳动保障监察大队，社会劳动保险事业管理站更名为社会劳动事业管理局。全局工作人员61人，其中行政17人、事业编44人。2003年，市机关事业单位养老保险站成建制转入；劳动保障监察大队升格为副科级事业单位。2004年，设立公共职业服务中心，加挂职工档案托管中心牌子。医疗保险基金管理服务中心更名为医疗生育保险管理服务局，增加生育保险职能。医疗保险基金管理服务中心和社会劳动保险事业管理局升格为副科级事业单位。湘乡市工伤保险管理服务中心成立，为全额拨款、正股级事业单位。2005年，机关事业单位养老保险站升格为副科级事业单位，更名为机关事业单位社会保险局。年底，市劳动和社会保障局内设机构有：办公室、政工股、仲裁法制股、工资福利股、财务股。下设二级机构有5个副科级事业单位：劳动保障监察大队、就业服务局、社会劳动保险事业管理局、医疗生育保险管理服务局、机关事业单位社会保险局；2个正股级事业单位：公共职业服务中心（加挂档案托管中心牌）、工伤保险管理服务中心。全局工作人员82人，其中行政17人、事业编65人。

第二节 劳动力管理

1986年，劳动力实行计划管理，国营、集体企业用工须申报计划，招用人员须凭劳动指标，企业用人与职工流动均需劳动行政部门审批。10月前，招工实行固定工制。另有辅助的临时工制，解决企业季节性临时性急需用工，包括民工、临时工、轮换工、季节工。临时工只签订一年劳动合同，不转户粮关系，劳动福利与企业职工同等对待。10月起，全面进行劳动制度改革，新招工人普遍实行劳动合同制度，企业和职工以合同的形式维护双方的合法权益。全民合同制工人在劳动、工作、学习、民主管理、获得政治荣誉、物资鼓励等方面享有与固定工同等待遇。同年，湘潭市将湘乡市、湘潭县、韶山区范围内跨地区工人调配审批权下放给县（市）区，采取进出平衡的原则，实行严格控制。全年职工调动256人，解决夫妻分居173人。当年招固定工1062人，技校招生288人，安置城镇退伍军人82人，招收全民合同制工人255人。

1987年，集体招工计划失控，不少单位计划外用工突破年初计划。1988年，招收全民合同工水利管理员166人。1989年，劳动部门下拨计划内临时用工指标760人，但满足不了企业的需要，湘乡运输公司就使用计划外用工500人。当年，进行计划外用工清退工作，全市查出计划外用工2743人，清退1364人。

1991年起，企业开始对固定工制度实施改革。部分企业实行全员劳动合同制，人们对固定职工的概念和国家职工终身制观念逐步淡化，竞争就业的观念开始形成。当年，为供销系统招收大集体工90人、农技站大集体工81人、农行系统大集体工55人，为乡镇33名计划内临时工转为全民工。1992年，职工调动审批全面放开，由企业根据生产经营情况需要，自主决定。当年2月起，企业废止招工指标制度。1993年，企业自主招工用人计划全面推广，企业计划招工调配制度结束。机关事业单位职工招工调配仍实行计划制度。根据省人民政府文件精神，把39家企业单位的1027名混岗集体工转为全民合同制工人。1994年，扩展到集体企业，把62名集体职工和25名混岗集体职工转为全民合同制工人。

1995年，实施《中华人民共和国劳动法》，劳动合同制的实施范围进一步扩大。当年，乡镇和街道站、办、所临时工269人转为全民合同工。1996年，将乡镇24名计划内临时工，乡镇农科员和企业办管理人员转为全民合同工。1997年，市政府建立全员劳动合同制领导小组及办公室，专人负责这项工作。当年105家国有、集体企业的32496名职工和22家行政事业单位的2215名职工实行劳动合同制度，鉴证乡镇村办企业劳动合同805份，计805人。同时，建立劳动手册制度，推行集体协商签订集体合同制度，逐步实现劳动关系双方自主协商机制，审批集体合同12家，职工2500人。1998年，签订集体合同的企业有102家，职工30452人。1999年，劳动合同制扩展到乡镇民营企业和个体工商户，指导用人单位依法变更、续订、解除、终止劳动合同。随着国有和集体企业的改制，转换身份的职工不断增多。至1999年的14年间，全市共招收合同制工人3262人、大集体工人1410人。调入职工2399人，调出职工1621人，市内异动2522人。

2000年起，企业招工完全自主，劳动部门只对企业与职工签订的劳动合同进行鉴证。至2001年，全市调入职工170人，调出职工124人，市内异动235人。2002年，由于国有和集体企业改制，职工转换身份，当年，解除劳动合同有2800名职工。此后，职工异动全面放开。

第三节 劳动就业安置

一、计划就业安置

1986年起，湘乡劳动就业仍以计划安置为主。1987年，社会劳动迅速增长，就业形势严峻，当年待业人员2267人，仅安置1291人。1988年，“农转非”（农业人员转非农业人员）户口增加，大批农村劳动力进城务工，加上企业实行减员增效，就业形势更加严峻。1991年，国务院鼓励待业人员走创业式的就业道路，劳动部门加强就业指导，不少待业人员从等待安排到自主创业，自谋职业。当年安置1215人。1992年起，国家停止计划招工，劳动就业逐渐走向市场。至1997年的11年间，全市企业招工4385人，补员339人；大集体企业招工2257人，补员143人；技校招生3042人。1999年起，计划安置完全退出历史舞台。其后，除城镇退伍兵、志愿兵（专业军士）外，其他人员就业完全走向市场。2001—2005年，全市共安置城镇退伍兵794人，志愿兵（专业军士）156人。

二、劳动服务部门安置和介绍就业

1986年，市劳动服务公司担负统筹管理社会劳动力、开展就业训练、进行职业介绍、安置待业人员、创办经济实体和承办失业保险及管理基层劳动服务公司等职能。1990年，按照国家劳动部和省劳动厅《职业介绍暂行规定》及《湖南省劳务市场管理暂行办法》，成立42家职业介绍机构，开展求职登记，发布求职信息，组织劳动输出。1992年，成立市劳动市场管理处，全市80％的待业人员通过职业介绍所介绍就业。1993年，全市建立67个基层劳动服务公司，其后机关、团体、企事业单位也相继成立劳动服务公司。创办经济实体，安排职工子弟和社会青年就业。

1995年，全市撤区并乡，保留昆仑桥、新湘路、望春门3个办事处及棋梓、潭市2个乡的劳动服务公司。原乡、镇街道劳动服务公司更名为劳动管理站。1996—2004年，劳动服务部门共安置21317人，在职业介绍所求职登记2.78万人，介绍成功19400人，发布求职信息3530条，介绍就业8100人。举办招聘活动27次，1万多人应聘，介绍成功5000多人。

2005年，建立公共职业介绍服务中心。当年前往中心应聘7765人，委托中心招聘的用工单位312家。向广东、上海、北京等地输送劳动力500人，本地用工478人，解决下岗职工205人再就业。

三、社区就业

1986—2003年，居民委员会未开展就业安置工作。2004年，城区设立社区，全市建立16个社区劳动保障服务站。通过面向社会公开招聘，择优录取11名社区劳动保障员。2005年，社区创办就业实体77个，开发就业岗位1320个，安置下岗失业人员1198人。务门前街、湘铝、韶峰3个社区被湘潭市和湖南省评为“最充分就业社区”。

四、再就业服务

1998年，全市67家企业成立再就业服务中心，接纳国有企业兼并破产和减员增效中产生的下岗职工。1999年，全市364名下岗职工进“中心”。通过清查，为下岗职工腾出1000个岗位，使800名下岗职工实现再就业。

2003年5月，成立“湘乡市再就业工作领导小组”和“湘乡市再就业领导小组办公室”，开展再就业安置服务工作。8月，原已在再就业服务中心的下岗人员全部出“中心”，停发基本生活费，终止劳动关系，所有工作向再就业和失业保险并轨。至2005年，全市有下岗失业人员1.6万人，其中“4050”（男50岁，女40岁）人员3757人。安置就业再就业人员10073人，其中“4050”人员2025人。同时，1082人享受公益性补贴，补贴资金79.2万元；773人享受社会保险补贴，补贴资金104.58万元；3930人享受再就业培训补贴，补贴资金106.77万元；3847人享受职业介绍补贴，补贴资金22.26万元；7790户享受工商费用减免，减免收费224.9万元；535户享受地方税务减免，减免税费167.5万元；发放“再就业优惠证”12330个，小额贷款35人，贷款金额50万元。

第四节 劳动工资

一、工资调整

1986年，企业工资整改，将原来工业企业的八级制、商业企业的十级制、供销企业的六级制统一套入新的企业干部、工人工资标准。全市105家企业10949人参加套改，月增资8.4万元。部分职工“微调”，8500人升级，月增资4.42万元。当年，全市职工29768人，工资总额3671.5万元，年人均工资1233元。

1987年3月17日，全市企业内部分配经验交流会在化工机械厂召开。该厂把标准工资、奖金、粮物补贴、加班工资捆在一起，与经济效益挂钩，实行由六部分即工龄工资、级别工资、岗位工资、奖励工资、出勤补贴、职务工资组成的效益结构工资，使当年产值比上年增长2%，利润增长39%，职工收入增长21.5%。这一经验，带动和促进了湘乡企业内部分配制度改革，计件工资、计时工资、单项承包、联产计酬、岗位技能工资、效益结构工资等多种分配形式被采用。1987年，工资总额同经济效益挂钩工资制度，在东风商店试点，核定挂钩工资总额基数为7.93万元，上缴税利基数为21万元，挂钩浮动比例1：0.65，即上缴税利增减1%，工资总额增减0.65%。1988年，工资总额同经济效益挂钩在全市推广。主要形式有工资总额同上缴税利或实现税利挂钩；吨水泥、吨化肥工资含量包干；建筑企业百元产值工资含量包干；以及工资总额包干等。当年工效挂钩企业23家。1989年，企业调资方案由企业自主制订，52家企业为4340人进行效益工资升级，月增资28210元。1990年，企业升级后，职工工资普调，10708人升级，月增资12.40万元。1991年，86家企业6300人效益工资升级，月增资51285元。1992年，效益工资升级正常化。对企业“质量、品种、效益”年奖励升级10977人，月增资70986元。当年全市职工35590人，职工工资总额9317.2万元，年人均2618元。

1994年，调整偏低工资3861人，月增资47493元，对企业工人、干部等级工资标准和岗位技能工资标准进行调整（简称94调标），调整110家企业13608人，月增资123.63万元。这次调标，不分工人、干部工资等级，采用一个标准，设置45个等级。当年工效挂钩企业增至84家。1995年，31家国有企业全部实行工效挂钩或工资总额包干。当年，全市企业职工35283人，全年企业职工工资总额20736.4万元，年人均工资5877元。

1996年，按修订后的《企业职工工资标准》和《企业职工岗技工资标准》新标准，将45个等级增至55个，套改110家企业13785人，月增30.33万元。1997年，进一步完善工效挂钩办法，把国有资产保值增值作为企业提取新增效益工资的否定指标。1998年，除对上年工效挂钩的78家企业结算、没有工效挂钩的57家企业核定基数外，对71家企业开始实行工资指导线制度，初步实现企业工效挂钩办法向工资指导线制度的过渡。1999年，再次修订标准，套改112家企业14280人，月增资199.92万元。当年，工资指导线升级人数1.1万人，月增资38万元。2001年，指导线升级7100人，月增资15.62万元。2002年，指导线升级4500人，月增资10.8万元。当年，全市企业职工27191人，企业工资总额26010万元，年人均9566元。

2003年，指导线升级9850人，月增资26.63万元。2004年，指导线升级3000人，月增资7.8万元。当年，全市企业职工18733人，职工工资总额21401万元，年人均11424元。2005年，指导线升级1000人，月增资2.7万元。全市企业职工23592人，工资总额27841万元，年人均11801元。

二、工资管理

1986—1988年，全市企业职工工资总额以及职工人数，年初都作出计划安排，各单位严格按计划指标运作，个别情况需要增减的，在年终予以追加和扣减。1989年，全市148个单位设立《工资基金管理手册》，各单位根据国家规定的年度工资总额，编制工资基金使用计划，经主管部门审批后，由劳动部门按季审批，开户银行监督支付。1990年，劳动工资计划管理有所加强。强调完成湘潭市下达的清退计划外用工计划，不得以任何理由增加计划外用工和向全民单位调入集体职工，保证工资计划的落实。当年职工人数比上年增长0.52％，工资总额增长12.3％。1991年，全市全民单位在职职工人数、工资总额计划核定为17026人、3152.77万元。1992年，贯彻国务院《全民工业企业转换经营机制条例》，放开企业劳动用工自主权和工资资金分配权。1993年，劳动部发布《企业最低工资规定》，湘乡市从1995年7月1日起开始按年底公布最低工资标准。

1998年，有71家企业实行工资指导线制度。2001年，湘潭市劳动力市场发布60个通用职位（工种）的市场工资指导价位；2002年，发布30个职位（工种）；2005年，发布163个职位（工种），对湘乡劳动力市场劳动力工资价位发挥拉动、指导作用。

1995—2005年湘乡市企业最低工资标准表

表18-2

标准年度差别	1995年	1996年	1997年	1998年	1999年	2000年	2001年	2002年	2003年	2004年	2005年
月最低工资标准(元)	160	175	190	205	225	225	245	280	320	360	400
小时最低工资标准(元)	—	—	—	—	—	—	—	—	3.5	4	4.5

第五节 职业技能培训与鉴定

一、就业前培训

1986年起，根据劳动部制订的“先培训、后就业”方针，对待业人员进行就业前的培训。1987—1988年，劳动部门单独举办或与厂矿单位联合举办待业青年培训班35期，培训3509人，有1291人领到结业证。

1989年，湘乡市就业培训中心，举办待业青年培训班23个，开设电工、电器、机修、家电维修、财会等12个专业。至1992年，举办培训班114个，培训5381人。1993年起，招收2年制定向培训班。至1997年，共办中长期培训班13个，招收学员402人。劳动部门通过其他形式办班，培训待业青年9731人，其中5312人领到结业证。

1998年起，实行劳动者就业准入制度，对初次求职人员实行“双证”（学历证、技术等级证或岗位资格证）制度。市政府成立“市劳动预备制度实施工作领导小组”，颁发《关于实行就业准入制的通告》。对新生劳动力就业前追加1至3年职业技能培训。1998年，对3421名劳动预备制度对象进行培训，并首次对城镇退伍军人、转业志愿兵进行上岗培训。2000—2005年，对20509名劳动预备制度对象进行上岗培训。

二、再就业培训

2000年起，开始企业下岗职工再就业培训工作，开办电工、电脑、家电、计算机、美容、商务等专业培训班，免费培训下岗职工。2005年，对有创业意识和经营素质好的下岗失业人员或已经创业的人员进行培训。开办创业培训班19期，培训人员574人，结业549人。其中，下岗失业人员218人，城镇失业人员49人，大中专毕业生22人。有153名学员结业后创办企业，投资金额317万元，开发就业岗位1164人，实现就业834人。至2005年，共办下岗职工培训班98个，4989人接受培训。

三、在职培训

1996年，根据劳动部的文件精神，开展在职培训工作，当年建立4个培训基地，开设12个专业。至2005年，培训结业8025人。

四、劳动力转移培训

2000年，开始劳动力转移培训工作。2004年，市政府成立农村劳动力转移培训阳光工程领导小组。至2005年年底，全市转移培训机构发展到27个。其中，公办15个，民办12个。培训专业116个，从业教师566人。办转移培训班1788期，培训68051人。其中，农民工4.5万人次，其他人员23051人次，市外转移9372人，省外转移45636人。

五、职业技能鉴定

1995年，首次组织定向委培生参加职业技能技术等级考试，114人报考，通过考试考核全部合格，发给“三级技术等级证书”。1999年，经省劳动厅批准，成立湘乡市职业技能鉴定站（限初级鉴定），当年鉴定224人。2003年，全市建立职业技能鉴定站（所）5个，对54个工种进行鉴定，年鉴定能力达万人。至2005年，共鉴定11639人，发证7591人，合格率65%。

第六节 监察与仲裁

一、劳动保障监察

1986年，湘乡县无劳动保障监察专门机构，也未开展有关业务。1993年8月，劳动部颁布《劳动监察规定》。1994年5月，湘潭市政府颁布《劳动监察暂行规定》。6月，湘乡市成立劳动监察中队，工作人员3人，履行劳动监察职责。当月起，开展对劳动用工、民办职业介绍机构的检查，查处湘乡皮革制品厂使用童工9名，立即清退并依法罚款8000元。1995年，对劳动执法、建立劳动合同制度、最低工资保障制度、劳动监察制度、劳动标准阶段性目标任务进展情况进行检查。1996—1997年，重点检查劳动合同制推行情况，促使全市105家国有、集体企业32496人和22家行政事业单位工勤人员2215人实行劳动合同制。1998—1999年，开展确保国有企业下岗职工基本生活和下岗职工再就业检查，促进下岗职工再就业服务中心的建立与运作。2000年7月，东郊乡一砖厂发生一起拖欠外地民工工资事件，市劳动监察中队用7天时间，让42个民工如数领到所拖欠的4万多元工资。2001年，对养老、失业保险扩面工作及保险基金征缴进行检查，使扩面任务如期完成。2003年，进行劳动合同执法、清理童工、维护女职工合法权益执法和追缴养老、失业、医疗三大保险基金执法检查，共催缴保险基金200万元，扩充养老保险300多人，补签劳动合同1100多份，为民工讨回工资20多万元。2004年，进行拖欠农民工工资、保险扩面和基金征缴检查，为农民工追回工资140多万元，督促20多家企业办理养老保险申报手续，扩面400人，征收和追缴社会保险基金260多万元。2005年，继续开展拖欠农民工工资执法检查，有13家建筑企业在农业银行设立农民工工资保障金专户，存入保障金155万元，并为农民工追回拖欠工资140多万元。2005年，进行10次劳动用工年检，年平均参检单位317个，参检人数5.1327万人，合格单位238个，连续3年年检合格被授予“劳动管理信得过单位”的有67家。

二、劳动争议仲裁

（一）仲裁组织

1986年9月，县劳动人事局设劳动争议仲裁股，工作人员2人。1987年9月，成立湘乡市劳动争议仲裁委员会。当年，企业劳动争议调解组织逐渐建立。1989年，全市54个国有企业（含驻湘乡大厂矿）建立劳动争议调解委员会和调解小组89个，有调解员467人。1994年，企业调解组织调整为86个，调解员366人。1996年，调解组织增至112个，调解员500人。1997年，22个乡镇街道成立劳动争议协调委员会。2002年，市劳动和社会保障局内设劳动仲裁股，同时加挂湘乡市劳动仲裁委员会办公室牌子。2004年，建立协调劳动关系三方（劳动和社会保障局、总工会、个体私营经济协会）会议制度，对劳动关系重大问题进行协调。2005年，劳动和社会保障局内的仲裁法制股与劳动监察大队合署办公，干部职工7人。承担劳动争议案件处理。

（二）仲裁案件

20世纪80年代，劳动争议主要涉及职工开除、除名案件。1988年5月，省政府发布《企业劳动争议处理实施细则》。1989年2月，依照实施细则及有关法规，受理并开庭审理黄某不服东郊供销社开除处分一案。仲裁结果，维护东郊供销社对黄某的开除处分决定。当年受理申诉案件8起，移送有关单位处理2起，案外调处4起，立案后仲裁结案2起。1990—1992年，全市开除职工55人，除名12人，辞退3人，劳动争议仲裁部门受理申诉案件26起，移送有关单位处理6起，案外调处20起。1993—1994年，申诉案件14起，仅2起是经过立案仲裁结案的。1995年后，劳动争议案件有所增加，主要涉及开除、解除劳务合同、要求用人单位缴纳社会保险费、拖欠职工工资等。至2001年，共受理申诉案件118起，移送有关单位处理28起，案外调处55起，立案后调解或仲裁结果34起、撤诉1起。2002年后，企业改制，单位置换性质、职工置换身份，劳动争议增多。至2005年，受理申诉案件81起，移送有关单位处理19起，案外调处26起，立案后调解或仲裁结案30起，撤诉6起。

第七节 社会保障

一、企业职工基本养老保险

（一）参保范围

1987年开始实行工人养老保险制度，当年有1743名劳动合同制工人参保。1988年，在市属国有企业及供销系统实行养老保险费用社会统筹，参保人数急增。当年，有在职职工7884人、离退休职工2660人、劳动合同制工人2260人，总计12804人参保。1990年7月，驻市中央、省、湘潭市属厂矿从湘潭市回归湘乡市参保，国有企业临时工纳入参保范围。当年，在职职工18708人，退休职工5738人、合同制工人3487人，合计27933人参保。1996年，参保范围扩大到城镇企业、个体工商户及灵活就业人员，在职职工19704人、离退休职工6856人参保。机关、事业单位合同制工人移交机关社保机构管理。2005年，参保的在职职工有24821人，离退休人员9232人。

1987—2005年湘乡市企业职工参保人数统计表

表18-3

项目 年份	参保单位	在职人数	离退休人数	劳动合同制工人		备注
				参保单位	人数	
1987	—	—	—	121	1743	
1988	114	7884	2660	143	2266	
1989	124	9169	3142	170	3147	
1990	129	18708	5738	190	3487	湘铁等五大厂矿从湘潭回湘乡参保
1991	135	18717	5993	206	4169	
1992	137	18642	6190	206	5342	
1993	110	23105	6724	85	1120	企业合同制工人养老金与统筹基金合并征收
1994	106	15463	4624	87	1340	湘铁由省直管,湘铝参加行业统筹
1995	110	15878	5006	118	1610	
1996	132	19704	6856	—	—	机关事业单位合同制工人移交机关社保管理
1997	150	20185	7137	—	—	
1998	151	19980	7308	—	—	
1999	171	20135	7348	—	—	
2000	171	21186	7876	—	—	
2001	175	21306	8139	—	—	
2002	185	21910	8336	—	—	
2003	198	22338	8551	—	—	
2004	202	24660	8652	—	—	
2005	203	24821	9232	—	—	

（二）基金筹集

1988年，职工养老保险费由职工所在单位按职工工资总额和纳入统筹项目的退休费用的26.2%缴纳，个人不要缴费。当年征集资金222.7万元。1992年，单位缴纳比例提高到28%，当年征收1170.87万元。1993年，单位缴纳比例降低到21%，个人每月缴费3元，当年征收1469.67万元。1994年后，单位缴纳比例在20%～25%之间，个人缴纳比例为本人工资的2%。1996年单位缴纳比例为25%。2002年起，个人缴纳为本人工资的8%，2004—2005年单位缴纳比例为20%。2005年征收基金4884万元。至2005年的18年间，共征集基金4.77亿元。

1988—2005年湘乡市企业职工参加养老保险缴费比例统计表

表18-4

项目 年份	缴费比例				征收基金（万元）
	公有制企业		非公有制企业		
	单位职工工资总额比例	本人工资比例	单位职工工资总额比例	本人工资比例	
1988	26.2%	—	—	—	222.70
1989	18.5～32.4%	—	—	—	474.60
1990	30%	—	—	—	776.62
1991	28%	—	—	—	982.96
1992	28%	—	—	—	1170.87
1993	21%	3元	—	—	1469.67
1994	24%	2%	—	—	1471.46
1995	24%	2%	—	—	2061.82
1996	25%	3%	10%	4%	2796.64
1997	24%	4%	10%	4%	3443.80
1998	23%	5%	10%	4%	3341.60
1999	22%	6%	11%	5%	3457.21
2000	22%	6%	13%	6%	3348.45
2001	22%	7%	15%	7%	4228.00
2002	21%	8%	21%	8%	4300.00
2003	21%	8%	20%	8%	4508.00
2004	20%	8%	20%	8%	4806.00
2005	20%	8%	20%	8%	4884.00
合计	—	—	—	—	47744.40

（三）养老金计发

1986年，企业职工退休费执行1978年国发104号文件规定，即按退休时的标准工资的一定比例计发。1995年，国务院和省政府曾下文作了修改，但新退休人员仍沿用老办法。当年，企业有离退休人员5006人，共发放养老金1589.22万元。1997年，贯彻执行国务院《关于建立统一的企业职工基本养老保险制度的决定》，在统一企业和职工缴费比例、统一个人账户规模的基础上，统一养老金计发办法。当年，离退休人员7137人，发放养老金2701.04万元。随后，省、湘潭市政府制定全市统一的计发办法。1998—2000年，实行新、老办法对比计发。2003年起，全部按新办法计发。2005年，离退休人员9233人，发放养老金6213.00万元。

1998—2005年湘乡市基本养老金计发办法表

表18-5

<table>
<tr><th rowspan="2">参保时间</th><th rowspan="2">缴费年限</th><th colspan="4">基本养老金</th><th rowspan="2">备注</th></tr>
<tr><th>基础
养老金</th><th>个人账户
养老金</th><th>过渡性
养老金</th><th>过渡性
调节金</th></tr>
<tr><td>1996年
1月1日以后</td><td>累计满15年</td><td>退休时上年度全省职工月平工资20%</td><td>个人账户储存额1/120</td><td>—</td><td>—</td><td></td></tr>
<tr><td rowspan="3">1996年1月1日以前，1998年1月1日以后退休</td><td>累计满15年（含视同缴费年限）</td><td>同上</td><td>同上</td><td>按职工建立个人账户前的缴费年限每满一年发给本人指数化月平均缴费工资的1.4%</td><td>100元/月，2004年降至90元/月，2005年80元/月</td><td rowspan="3">新老办法对比计发，按老办法计发时封定在1994年年底的档案资，老办法高的按老法；新办法高的，高于老办法的增加幅度当年不超过10%，以后每年递增5个百分点，第六年不再限制。从2003年起全部按新办计发养老金，并对过渡性养老金作适当调整：职工建立个人账户前的连续工龄（视同缴费年限）按足月计，15年（含15年）以下的，过渡性养老金不得超过职工退休前一年全省职工月平均工资的70%；视同缴费年限超过15年的，每增加一年视同缴费年限，拦头比例提高1%，最高不得超过95%</td></tr>
<tr><td>累计满10年不满15年</td><td>同上</td><td>同上</td><td>同上</td><td></td></tr>
<tr><td>不满10年</td><td colspan="4">个人账户储存额一次支付给本人有视同缴费年限的每满一年发给2个月全省上年度职工月平均工资</td></tr>
</table>

1998—2005年湘乡市企业离退休人员养老金计发统计表

表18-6

年份	离退休人数（人）	发放养老金（万元）	年份	离退休人数（人）	发放养老金（万元）
1988	2660	209.37	1998	7308	2843.20
1989	3142	477.43	1999	7348	2984.78
1990	5738	707.42	2000	7876	3551.34
1991	5993	900.80	2001	8139	4123.00
1992	6190	1082.99	2002	8336	4680.60
1993	6724	133.02	2003	8551	5054.00
1994	4624	126.32	2004	8652	5295.00
1995	5006	1589.22	2005	9232	6123.00
1996	6856	1983.58	合计	—	46942.47
1997	7137	2701.40			

二、机关、事业单位干部、职工养老保险

（一）参保范围

1995年10月1日起，机关、事业单位的劳动合同制工人、乡镇聘任制干部、录用在乡镇企业的干部、计划内临时工和人事、工资关系挂靠或寄存在机关、事业单位，或人才交流中心的人员参加养老保险，当年有1261人参保。1996年1月1日起，参保范围扩大到自收自支、差额拨款事业单位全部职工。当年有3429人参保。2001年5月1日起，参保范围扩大到全市行政机关和全额拨款事业单位工作人员。当年参保人数增加到21430人。2003年10月，启动乡镇卫生院养老保险工作，参保单位达502个，参保人员22108人。2004年，参保单位502个，参保人员22425人。2005年，参保单位526个，参保人员22543人，覆盖全市所有机关、事业单位。

（二）基金征缴

1995年10月1日起的参保者，基金缴纳标准为75元／人·月。其中，单位缴纳70元，个人缴纳5元。档案寄存在人才交流中心者，每人每月交75元。当年征集基金17.7075万元。

1996年1月1日起，参保者基金缴纳标准是本人月工资25%。其中，单位缴23%，个人缴2%。当年征集429万元。2001年5月起，对全市机关和全额事业单位参保者进行社会养老保险统筹，当年征集2840万元。2003年5月，市机关社会保险站划归市劳动和社会保障局后，采取多项措施，保证基金征缴入库。2003年，征收5164.1万元。2004年，征收5393万元。2005年，征收5858万元。

（三）养老金发放

1995年，参加养老保险的退休人员，在所在单位领取退休金，单位与劳动社会保障局进行结算。至2000年共发放15653.32万元。从2001年起，全市4316名离退休人员养老金委托市邮政局实行社会化发放，至2002年，发放8803.6万元。2003年9月后，进行两年一次的正常待遇调整。当年7月1日起，处级干部每月增加80元，科级干部每月增加50元，科员和工人每月增加20元。从10月1日起，不分级别，每人每月增加20元。当年为8551名离退休人员发放养老金5054万元。2004年，为8652人发放5295万元。2005年10月1日起，再次调整，每人每月增加20元。当年为9232人发放6213万元。发放率为100%。

三、失业保险

（一）参保范围

1987年起，开始建立失业保险制度，参保人员为国营企业和国家机关、事业单位、人民团体的劳动合同制工人，当年参保单位140个，19462人参保。1992年10月起，参保范围扩大到城镇集体所有制企业以及企业化管理的集体事业单位。1998年，参保单位增至168个，参保人数增至33617人。1999年，扩大到所有城镇企业、事业单位及其职工，社会团体及其职工，民办非企业单位及其职工。至此，凡湘乡市范围内的城镇企事业单位及其职工，都必须参保和缴费，享受有关失业保险待遇。从2004年1月开始，全面启动事业单位及非公有制企业的失业保险费征收工作。2005年，参保单位233个，参保职工50962人。其中，国有集体企业共2.94万人，事业单位19279人，非公有制企业2283人。

1987—2005年湘乡市失业保险参保人数统计表

表18-7　　单位:个·人

年份	国有企业		集体企业		事业单位		非公有制企业	
	单位	人数	单位	人数	单位	人数	单位	人数
1987	140	19462	—	—	—	—	—	—
1988	135	21070	—	—	—	—	—	—
1989	195	22098	—	—	—	—	—	—
1990	113	22895	—	—	—	—	—	—
1991	129	23559	—	—	—	—	—	—
1992	144	25253	32	3826	—	—	—	—
1993	159	26582	56	5829	—	—	—	—
1994	148	26793	51	6364	—	—	—	—
1995	157	27234	47	6059	—	—	—	—
1996	145	28126	48	6272	—	—	—	—
1997	121	27500	44	5860	—	—	—	—
1998	123	27998	45	5619	—	—	—	—
1999	108	28043	46	5363	—	—	—	—
2000	102	28043	46	5193	—	—	—	—
2001	102	29741	46	5193	—	—	—	—
2002	52	24900	28	4575	40	5800	—	—
2003	52	24900	21	4500	46	13700	—	—
2004	52	24900	21	4500	46	16904	6	1800
2005	52	24900	21	4500	160	19279	15	2283

(二)基金筹集

1987年起，失业保险基金按本单位职工标准工资的1％征收。1989年起，按单位职工工资总额的1％征收。1993年起，职工个人缴纳1元/月。1996年起，单位按职工工资总额1.2%征收，个人缴纳2元/月。1999—2005年，单位按职工工资总额的2%征收，个人按本人工资1%征用。至2005年的19年间，共征收基金4695.66万元。

(三)失业保险基金支付

1992年，有6人登记失业并领取失业保险金1200元。1993年，建立登记和申请失业保险制度，当年3人申领保险金2400元。1994年10月，第一家国有企业磷肥厂破产。当年给162人发放保险金1000万元。1995年，187人申领保险金，发放45.83万元。1996—1998年，有3家国有企业、5家集体企业破产，还有部分企业停产半停产，失业保险都按规定实施救济。3年给849人发保险金84.15万元。1999年，经省批准，从失业保险基金中支付45万元，购置32台电脑，改善培训设施，免费培训失业人员；对有条件培训厂内待业人员的企业拨付转业培训费；对市磷肥厂破产重组的合成化工厂，安置失业人员178人，将职工享受的45万元失业保险金转为生产扶持资金，并连续3年每年借20万元生产自救金，使其得到较好发展。另外，对失业人员申请自谋职业的，将其应享受的失业保险金一次性发给本人。从2000年起，企业全面改制，实行两个“置换”（企业置换产权、职工置换身份）。失业保险一方面保障失业人员待遇的落实，同时继续对停产及困难企业的厂内待业人员给予失业救济。加大向再就业服务中心调剂资金的力度，支持“两个确保”（确保企业离退休人员养老金足额按时发放，确保下岗职工基本生活保障）和企业改制，促进再就业，组织转业培训，支持生产自救。至2002年的4年间，121人申领保金，发放24.08万元。2003年，申请领取失业保险金人数有164人，发放保险金24万元。2005年，申请者增至3038人，发放失保金114万元。至2005年的14年间，累计申领失业保险金人数为4754人，共发放失业保险金347.52万元；厂内待业救济35522人，共发放失业救济金695.75万元；支持转业培训4599人，支付培训费30.18万元；调剂下岗职工基本生活保障资金2900万元，支付失业保险基金共3973.45万元。

1987—2005年湘乡市失业保险率基金征缴统计表

表18-8

年份	国有企业		集体企业		事业单位及非公有制企业		征缴基金（万元）
	单位	个人	单位	个人	单位	个人	
1987	1%	—	—	—	—	—	19.25
1988	1%	—	—	—	—	—	18.24
1989	1%	—	—	—	—	—	28.00
1990	1%	—	—	—	—	—	34.68
1991	1%	—	—	—	—	—	38.11
1992	1%	—	1.5%	2元/月	—	—	50.17
1993	1%	1元/月	1.5%	2元/月	—	—	140.40
1994	1%	1元/月	1%	1元/月	—	—	161.22
1995	1%	1元/月	1%	1元/月	—	—	204.00
1996	1.2%	2元/月	1.2%	2元/月	—	—	297.60
1997	1.2%	2元/月	1.2%	2元/月	—	—	269.89
1998	1.5%	2元/月	1.5%	2元/月	—	—	294.50
1999	2%	1%	2%	1%	—	—	420.00
2000	2%	1%	2%	1%	—	—	416.10
2001	2%	1%	2%	1%	—	—	405.00
2002	2%	1%	2%	1%	2%	1%	420.00
2003	2%	1%	2%	1%	2%	1%	508.00
2004	2%	1%	2%	1%	2%	1%	465.50
2005	2%	1%	2%	1%	2%	1%	505.00
合计	—	—	—	—	—	—	4695.66

1992—2005年湘乡市失业保险基金支付统计表

表18-9　　单位:万元

年份	申请领取失保金人数（人）	发放失保金	厂内待业救济人数（人）	发放失业救济金	转业培训人数（人）	支付转业培训费	调剂下岗职工基本生活保障资金	合计
1992	6	0.12	181	5.60	—	—	—	5.72
1993	3	0.24	1069	36.04	975	4.74	—	41.02
1994	162	0.10	1496	26.11	1921	9.00	—	35.21
1995	187	45.83	1275	21.18	653	6.14	—	73.15
1996	386	34.98	2684	48.57	—	—	83.55	
1997	447	36.12	3982	82.32	—	—	118.44	
1998	16	13.05	4900	91.16	50	0.30	—	104.51
1999	8	4.00	5408	99.07	50	0.30	—	104.51
2000	8	4.75	7078	132.60	—	—	200	337.35
2001	46	5.20	7460	153.10	—	—	300	458.30
2002	59	10.13	—	—	—	—	140	410.13
2003	164	24.00	—	—	—	—	855	879.00
2004	224	55.00	—	—	—	—	890	945.00
2005	3038	114.00	—	—	—	—	255	369.00
合计	4754	347.52	35522	695.75	4599	30.18	2900	3973.45

四、基本医疗保险

（一）参保范围

2002年1月1日，以“低水平、广覆盖、双方负担、统账结合”为基本思路的医疗保险制度改革正式启动。当年仅限于国家机关企事业单位和驻市中央、省、湘潭市属企事业单位的在职职工和退休人员，以及由医疗保险代为管理的离休人员和二等乙级以上伤残军人，参保者22500人。2003年，达39500人。2004年，企业的军转干部全部纳入基本医疗保险，并贯彻执行《湘乡市城镇灵活就业人员基本医疗保险实施办法（试行）》。当年参保人数增加到41668人。从2005年开始，经老干部工作管理局认定的无固定收入的和改制企业的离休干部遗孀、配偶，纳入基本医疗保险。同年9月，《湘乡市困难企业职工和改制企业退休人员医疗保险暂行办法》和《湘乡市城镇职工意外伤害医疗保险暂行办法》出台。至年底，基本医疗保险参保对象增加到43173人。

（二）基金征缴

2002年1月起，基本医疗保险由用人单位和职工个人按规定共同缴纳，缴费基数为本单位上年度工资总额。用人单位按本单位在职职工工资总额的6%、退休人员退休金总额的4% 缴纳；个人（在职）按本人工资额的2% 缴纳，退休人员个人不缴。参加基本医疗保险的人员，必须参加大病医疗互助。按每人每年60元标准缴纳。参保单位有条件对公务员（含退休人员）个人医疗账户注入过渡性补助的，原则上是每人每年不超过本人1个月工资（退休金）。同时规定，参加公务员医疗补助是注入过渡性补助的前提条件。2005年，大病医疗互助按每人每年80元标准缴纳。参加公务员补助的单位，由单位按在职职工工资总额和退休人员退休金总额的2% 缴纳。至年底，全市共征缴8676万元。

（三）医疗保险支付

2002年，市医疗保险机构为参保人员建立个人医疗账户，户主可按规定支付本人门诊医疗费和住院医疗费中的个人支付部分。参保单位为参保人员缴纳的医疗保险费划入个人账户以外的部分及利息列入职工基本医疗保险统筹基金，用于按规定支付住院和门诊特殊病种及特定的检查项目的医疗费，住院费由个人、统筹基金、大病互助金，分段按规定支付。至2005年年底，市医疗保险机构为参保人员共支付医疗费6821万元。

五、城镇职工生育保险

2005年1月1日起，参加城镇职工基本医疗保险的在职职工参加生育保险，统筹层次与基本医疗保险一致。由单位按上年度在职职工工资总额乘以生育保险费率0.7%（根据“以支定收，收支平衡”原则确定）的积缴纳生育保险费，职工个人不缴。生育保险与基本医疗保险捆绑运行，基金单独核算，征缴与医疗保险同步。参保单位职工（含男职工无工作单位的配偶）符合计划生育政策规定到定点医疗机构生育、节育等发生的医疗费用，以及生育津贴、一次性生育补助金，由用人单位、本人或者委托人带相关材料向生育保险经办机构申领，在生育保险基金中按规定支付。4月22日，市劳动和社会保障局《关于城镇职工生育保险有关问题的规定》明确，用人单位实行计划生育的女职工，在职期间生育或终止妊娠，在法定的产假期内，工资仍由用人单位发放，不再领取生育津贴，生育保险费率相应由0.7% 下调至0.5%。至年底，参保总人数为20583人，征收生育保险基金95万元，支付生育、节育发生的医疗费和一次性生育补助金等38万元。

六、职工工伤保险

2005年1月1日，启动职工工伤保险，实行市级统筹。本市行政区域内的企业，有雇工的个体工商户及其职工按属地管理原则，参加工伤保险。工伤保险基金由用人单位缴纳的工伤保险费、工伤保险基金的利息、延迟缴纳工伤保险费的滞纳金和依法纳入工伤保险基金的其他资金组成。工伤保险费根据“以支定收、收支平衡”原则确定缴费费率。用人单位的初次缴费费率按一、二、三类行业的基准费确定为0.6%、1.2%、2.4%。用人单位按时足额缴纳，职工个人不缴纳。工伤保险基金用于支付工伤医疗费，一级至四级工伤伤残津贴，生活护理费，一级至十级工伤一次性伤残补助金，辅助器具费用，工伤康复费用，一次性工亡补助金，丧葬补助费，供养亲属抚恤金，工伤认定调查和劳动能力鉴定费用，以及工伤预防宣传和奖励等。还要按照当年工伤保险基金收缴总额的10% 提取，上解省、湘潭市，建立工伤保险储备金。当年，参加工伤保险的人数为7090人，收工伤保险基金54万元；认定工伤78人次，进行劳动能力和生活自理障碍程度鉴定2人次。支付工伤保险待遇费24万余元，上解5万元。

七、农村社会养老保险

1991年，贯彻国务院开展“农村社会养老保险”事业的通知，明确“政府组织，群众自愿，严格管理，确保兑现”的原则。省政府指定全省民政系统负责实施管理。湘乡市在市民政局设立“农村社会养老保险办公室”。1995年年初，出台实施办法，在东郊乡、壶天镇进行试点，10月全市展开。至年底，有7万名农民投保，入保资金800多万元。1997年年底，投入保金1335万元，累计发放“271元档”的养老金8.19万元。1998年3月，国务院通知“农保”机构并入劳动社会保障部门，市民政局农保业务停止发展。由于银行利率的波动、农村合作基金会行和农村互助储金会挤兑风波的影响，1999年，有投保人申请退保。本着投保、退保自愿原则，当年有330多人退出保金34.8万元。其中，因死亡、升学正常退保171人，非正常退保159人。有170人入保，投入金额35.7万元。2005年，账面“农保”资金1600余万元，实存银行1483万元，2282人领取养老金，发放养老金18万余元。

第三章 民政

第一节 基层自治组织建设

一、村民委员会建设

1986—1988年，村民委员会的选举制度尚不健全，未由村民直接选举村民委员会，由村民小组举手通过产生代表（一般每100人选3～5名代表），再由代表选举村民委员会组成人员，或者由乡镇政府直接任命，村务缺乏民主管理、民主监督。1988年，有9个乡镇、26个村的村民（其中1个村有239个村民联名）向市政府反映村级财务存在的问题。当年4月，市政府颁发《湘乡市村务公开制度实施方案》，在40个村试点，各乡镇党委书记担任村务公开第一责任人，纪检监察部门负责监察，把村务公开列入乡、镇年度目标管理内容。年底，全市95%的村实行村务公开，即定期将乡统筹、村提留、计划生育指标、五保供养、救灾救济款物发放、房屋地基审批、村上财务收支、村干部责任目标和报酬等情况，如实公布在公开栏内，接受村民监督。此后，各届村委会自觉坚持村务公开，各乡镇和街道也都逐步建立起政务公开制度。1989年，贯彻执行《中华人民共和国村民委员会组织法》，开始第一次全面民主选举村委会，即在“直接、平等、差额、无记名”的原则指导下，有选举权的村民依自己的意愿直接选举村委会主任及成员。1990年6月，全市712个村委会选举工作结束。选出村委会成员2080人。其中，男性1398人，占村委会成员总数的67.21%，女性682人，占48.78%；中共党员1495人，占71.88%；高中以上文化791人，占38%；年龄35岁以下214人，占10.28%；50岁以上820人，占39.42%。此后，村委会每届任期3年。各界选民参选率、直投率都达到规定要求，村委会成员逐渐年轻化、知识化。1999年，换届选举中，全市新选1129人，占村委会成员总数的47%，新选主任327名，占村委会主任总数的46%。首次选入大、中专毕业的年轻人12名。2002年，全市712个村委会进行换届。选出村委会成员2237人。其中，男性1547人，占69.16%，女性690人，占30.84%；中共党员1614人，占72.15%；高中以上文化程度903人，占41.57%，比1990增加3.57个百分点；30岁以下282人，占12.6%；50岁以上711人，占37.78%，比1990年减少1.64个百分点。

2005年，省委、省政府指示，村委会和村党支部委员会同期换届，提倡支部书记和村委会主任“一肩挑”，两委成员交差任职。湘乡市成立第六次村委会换届选举领导小组，让村民按自己的意愿参加选举，参选率达95%。710个村委会选出村委会成员2132人。其中，男性1423人，占66.74％，女性709人，占33.26％；中共党员1597人，占74.9％；大专文化93人，高中文化1105人，共占56.19％；30岁以下293人，占13.74％；50岁以上706人，占33.11％。新的村委会成员平均年龄45岁，高中文化程度者比上一届增加14.62个百分点。新任村委会主任391名，占55％；有458名党支部书记“一肩挑”村委会主任，占63％。村务公开达到100％。张江村、桑枣村、白托村、大山村成为湘乡市村民自治模范村。

二、居民委员会建设

1986年，全县有城镇居民委员会23个。1987年起，城市居委会的换届选举、干部轮训与农村村委会同步同方式进行，其民主管理，以告示方式公开居务、财务，自治机制亦大体相同。城市居委会还兴办一些小作坊、小商贩等街道福利型小企业、劳务中介组织、家政服务中心。1990年，23个居委会进行换届，选出居委会成员75人。其中，男性25人，占33.3％；女性50人，占66.7％；中共党员42人，占56％；高中以上文化32人，占42.67％；30岁以下15人，占20％；50岁以上15人，占20％。1995年，撤区并乡，设立农村小城镇，居委会增加到33个。1999年，在换届选举选出的124名居委会成员中，男性女性各占50％；中共党员83人，占66.9％，比1990年增加10.9个百分点；高中以上文化107人，占86.29％，比1990年增加43.62个百分点；30岁以下6人，占4.8％；50岁以上31人，占25％。中办发〔2000〕23号文批转民政部在全国推行城市社区建设的通知下达后，市委、市政府于2001年10月作出推行城市社区建设的决定，城市居委会建设转入城市社区建设中。

2001年后，湘乡大规模改造旧城，扩展新城。按地缘型以街道为界，避开插花地段，改变原居委会界域，布局新的社区。至2003年9月，整合成16个社区：东风路、务门前、北正街、南正街、昆仑、红仑、新港、南津路、起凤路、云门寺、壕塘、湖铁、湘铝、韶峰（在棋梓镇）、湘潭碱业、二十三冶一公司社区，其规模在1000～2000户、5000～10000人口左右。社区设立党支部，作为社区工作的领导核心。撤销原有居委会和厂矿家属委员会，改建成社区居委会。工作班子实行民主选举、公开招聘、竞争上岗；工作经费每年由市财政投入2万元，街道办事处配套2万元，社会捐助和社区自筹一部分，其60% 作工资开支，40% 用于社会公益性事业。新的社区建立责、权、利统一的管理机制，实行社区服务业认证制度。领取“社区服务证书”者，可在社区范围内从事各种服务性摊点、网站及经商等活动，享受优惠政策。南正街社区第一个建立社区服务中心，从事家政、中介、小商小贩、房屋维修等服务项目。随后16个社区开展“管理与服务、文化与卫生、环境与治安、经济与生活”等方面的自身建设。2003年冬，完成城镇居委会第五届暨社区居委会第一届选举。42个居委会公开招聘，择优入围，公平、公正由下而上“海选”。居委会成员进入年轻化（平均年龄41岁）、知识化（70% 的初、高中文化程度）。

2004年，遵照湘潭市规范“达标社区”建设的要求，成立湘乡市社区达标建设领导小组。投入资金120万元，改善社区环境，添置设施，强化服务功能，搭建再就业、社会保障、综合治理、市容环卫、文化娱乐5个平台。当年，下岗人员再就业率达71%，组建68个群防群治小组，协助公安部门工作，发动群众清扫里弄小巷，优化生存环境，开展健康有益的文体活动。年底，有15个社区建设达标。2005年，进行第六届居委会换届选举，45个居委会（社区）选出居委会成员170人。其中，男性88人，占51.76%；女性82人，占48.24%；中共党员128人，占75.3%；高中以上文化170人，占100%；30岁以下14人，占8.24%，50岁以上40人；占23.52%。当年，壕塘社区评为省级“民主法治示范社区”，南正街、务门前、湘铝社区评为省级“和谐社区”。

第二节 拥军褒扬

一、拥军

1986年，由2名县委副书记带队，组团赴广西、云南慰问自卫反击战的边防部队指战员。全县干群捐物32215件、捐款8万多元，写慰问信5010封，慰问前线部队。此后，每逢春节、建军节，市党政领导分头慰问驻市部队及市人民武装部，赠送礼品和慰问金。各乡、镇、街道办事处领导分别慰问辖区内的复员、退伍军人和现役军人家属。1995年3月，广州军区某舟桥旅战士，为“福建、杭州、贵州、成都”国防通信光缆工程入境埋地施工，市委、市人大、市政府、市政协、市人武部领导亲临现场慰劳，送去1.4万元的慰问品。沿线乡镇干部、村民主动送茶递水，迎进家门作客，子弟兵深感“毛主席家乡亲人多，军民如水情意浓”。11月，由一名副市长带队赴山东莱阳市54681部队慰问湘乡籍现役子弟兵。1996年，湘乡市第三次被省政府、省军区授予“拥军优属模范市”称号。同年，湘乡市被民政部、中国人民解放军总政治部评为“全国拥军优属先进县市”。2005年，市政府为牛形山、红仑武警解决医疗费5万元，市公安局、粮食局、房产局等单位为红仑武警捐赠空调设备4台。至2005年的20年间，市财政拨款、有关部、办、委、局、乡镇捐款捐物（折款）共计240万元，为驻军改善生活条件和军事设施。全市有16个军民共建点，共建37个项目。牛形山武警中队与毛田乡双潭小学、望春门东方红小学开展共建文明活动30余次。中队有6名干部每月从工资中开列30元资助毛田乡两名特困儿童。东山办事处新岸村退伍老兵谭华松十多年如一日，义务指导该中队养猪种菜、维修农具。市民政系统协助部队处理涉军纠纷、案件210起，维护现役军人及家属的合法权益。

二、褒扬

1986年，湘乡载入史册的革命烈士共480名。其中，民主革命时期3名，大革命时期99名，抗日战争时期8名，解放战争时期26名，抗美援朝时期232名，社会主义建设时期112名。1987年以来，市民政局组织专门班子，追寻先烈足迹，搜集整理撰写烈士传记。1994年，市委、市政府组织“十佳”复员、退伍标兵、“十佳”模范军属评选活动。1995年，组织复员退伍军人勤劳致富“百颗星”竞赛。壶天刘征良、中沙熊惠生的业绩送北京博物馆展览，受民政部、解放军总政治部嘉奖。至年底，报经省人民政府批准追认5名抗日先烈，经省政府批准认定4名现代英烈：湖南铁合金厂护厂队队长杨福平（深夜抓捕盗窃犯时以身殉职，时年36岁），望春门办事处桑枣村村民龚德云（因制止行凶犯罪而牺牲，时年22岁），东山办事处城东村村民罗策（因跳入涟水河抢救落水病人而牺牲，时年23岁），月山镇彭国辉（在衡阳火灾事故中抢险献身，时年20岁）。

1996年，评选出25名模范军属。其中有支持丈夫8年坚守西沙的好军嫂文丽萍；有送子服役献身军旅继而送孙入伍的周承星老人；有连续送子孙5人服现役的文永方老人。1998年1月9日，纪念黄公略100周年诞辰，在碧洲公园新建黄公略铜像广场，修缮黄公略故居。2001年，东山办事处陈志彪被评为全国优秀退伍军人，受到民政部表彰。2003年2月25日，纪念陈赓大将100周年诞辰，在东山学校内设陈赓生平展览室。

第三节 优待抚恤

1986年，国家政策规定：革命烈士、因公牺牲、病故军人家属（以下简称“三属”），伤残军人、复员退伍军人、现役军人及其家属、退伍老红军战士、精简下放的职业武警都属民政部优抚服务对象。当年，全县优抚对象4200人，按国家抚恤标准发给抚恤金。革命烈士、因公牺牲军人、失散军人家属居住农村者每人20～25元/月，居住城镇者每人30～35元/月；病故军人及特等残废军人家属居农村者每人15～20元/月，居城镇者每人25～30元/月。对烈士军属、残废军人、带病回乡的复员军人实行群众优待和国家补助相结合的政策。当年群众优待3003人，优待金额75.95万元。国家补助优待孤老病残人员2818人，补助金额47.58万元。加上其他优待，当年共发放抚恤131.05万元。

1988年，国务院发布《军人抚恤优待条例》。优待对象扩展到国共合作抗日阵亡、伤残的国民革命军军人与家属。中华人民共和国成立以来，经政府批准认定的革命烈士家属、伤残民警、伤残工作人员、伤残民兵民工、遣返回乡的国民党起义投诚人员。当年，全市优抚对象4220人。在乡残废军人每年抚恤金：特等为1857元，一等为1050元，二等甲级为600元，二等乙级为450元，三等甲级为336元，三等乙级为272元。全年共发抚恤金132万多元。

1989年1月1日起，调整部分优抚对象抚恤补助标准：病故军人家属居住农村的，每人每月不低于30元；居住城镇的，每人每月不低于40元。革命烈士、因公牺牲军人、病故军人的父母、配偶，其中，男满60岁，女满55岁且无儿女者，定期抚恤金标准每人每月高5元。在乡退伍红军老战士的标准是：中华人民共和国成立后退伍的，每人每月100元；解放战争时期退伍的，每人每月90元；抗日战争时期退伍的，每人每月80元；在第一次至第五次反围剿或长征途中因故流落，没有投敌叛变行为，回乡安家后各方面表现较好，过去已承认是退伍老红军的，每人每月70元。在乡退伍红军老战士病故后，其配偶生活困难的，可给予定期定量补助。红军失散人员定期定量补助标准，在原定补助的基础上，每人每月增加10元。在乡复员退伍军人享受定期量补助的条件是：孤老的，年老体弱、丧失劳动能力、生活困难的，带病回乡不能经常参加生产劳动、生活困难的。对已经享受定期定量补助，但年老体弱，收入低于当地群众水平，生活仍很困难的，提高补助。其标准为：抗日战争时期入伍的，一般都给予定期定量补助，每人每月增加不低于20元；解放战争时期入伍的，一般也给予定期定量补助，每人每月不低于17元；中华人民共和国成立后入伍的，一般每人每月不低于15元。城镇的一般高10元左右。1994年，调整革命伤残人员抚恤金、伤残保健金及“三属”“三红”（在乡退伍红军老战士、西路军红军老战士及红军失散人员）抚恤补助标准。1995年和1996年又调整2次。1996年，全市抚恤对象4660人，共发放抚恤金650多万元。1998—2002年，进行5次调整，标准提高幅度较大。2002年，全市抚恤对象5110人，共发放抚恤金1380多万元。

2004年，依据国务院修改后的《军人抚恤优待条例》规定，湘乡市在国务院规定标准上适当提高发放到位的各种抚恤金额为：烈士家属在乡的2844元/年，城镇的4656元/年；因公牺牲军人家属在乡的2724元/年，城镇的4356元/年；病故军人家属在乡的2544元/年，城镇的4056元/年。残废军人因战、因公因病致死评定一至十级，改变过去分为在乡抚恤金、在职伤残保健金的抚恤方法，不论乡村与城镇，享受同等级残废抚恤金。一至三级的还享受一定的残疾护理费。东山办事处东胜村一级残废军人谭长桥享受19013元/年（含护理费），望春门街道桑枣村一级残废军人谭加良、彭辉阳各享受18613元/年（含护理费）。

2005年，抚恤标准不变。全市优抚对象5340人，抚恤金1580余万元。

1993—1994年湘乡市革命伤残人员抚恤（保健）标准表

表18-10　　单位:元/年

抚恤类型	伤残等级	伤残性质	1993年标准	1994年标准
伤残抚恤金	特等	因战	1560	2240
		因公	1440	2100
	一等	因战	1260	1860
		因公	1170	1740
		因病	1060	1620
	二等甲级	因战	920	12501
		因公	830	150
		因病	760	1070
	二等乙级	因战	656	856
		因公	590	780
		因病	554	740
	三等甲级	因战	416	536
		因公	400	516
	三等乙级	因战	342	442
		因公		

续表18-10

抚恤类型	伤残等级	伤残性质	1993年标准	1994年标准
伤残保健金	特等	因战	240	450
		因公	216	420
	一等	因战	204	374
		因公	184	342
		因病		332
	二等甲级	因战	156	288
		因公	140	268
		因病		250
	二等乙级	因战	135	231
		因公	122	214
		因病		210
	三等甲级	因战	108	174
		因公	98	160
	三等乙级	因战	90	132
		因公	82	122

说明：此标准系国务院制订颁发

1998—2001年湘乡市革命伤残人员抚恤（保健）金标准表

表18-11　　单位:元/年

抚恤类型	伤残等级	伤残性质	1998年	1999年	2000年	2001年
在乡	特等	因战	3540	5340	6000	7000
		因公	3380	5180	5840	6840
	一等	因战	2760	4000	4600	5400
		因公	2630	3870	4470	5270
		因病	2500	3740	4340	5140
	二等甲级	因战	1550	2120	2480	2900
		因公	1440	2010	2370	2790
		因病	1350	1920	2280	2700
	二等乙级	因战	1080	1320	1680	1940
		因公	1000	1240	1600	1860
		因病	960	1200	1560	1820
	三等甲级	因战	748	900	1050	1180
		因公	728	880	1030	1160
	三等乙级	因战	646	780	930	1050
		因公	646	780	930	1050

续表18-11

抚恤类型	伤残等级	伤残性质	1998年	1999年	2000年	2001年
在职	特等	因战	600	1000	1180	1500
		因公	570	970	1150	1470
	一等	因战	500	800	980	1200
		因公	460	760	940	1160
		因病	450	750	930	1150
	二等甲级	因战	—	—	515	600
		因公	—	—	495	580
		因病	—	—	475	560
	二等乙级	因战	—	—	420	500
		因公	—	—	400	480
		因病	—	—	390	470
	三等甲级	因战	—	—	320	380
		因公	—	—	300	360
	三等乙级	因战	—	—	265	320
		因公	—	—	255	310

说明：此标准系国务院制订颁发

2004年湘乡市残疾军人、伤残人民警察、伤残国家机关工作人员伤残民兵民工残疾抚恤金标准表

表18-12 单位:元/年

伤残等级	伤残性质	抚恤金标准	伤残等级	伤残性质	抚恤金标准
一级	因战	11200	六级	因战	4480
	因公	10800		因公	4200
	因病	10440		因病	3600
二级	因战	10080	七级	因战	3360
	因公	9600		因公	3000
	因病	9200	八级	因战	2240
三级	因战	8960		因公	1920
	因公	8400	九级	因战	1680
	因病	7800		因公	1440
四级	因战	7280	十级	因战	1120
	因公	6600		因公	960
	因病	6000			
五级	因战	5600			
	因公	5040			
	因病	4560			

说明：此标准系国务院制订颁发，从2004年10月1日起执行

1994—2002年湘乡市“三属”、“三红”人员抚恤补助标准表

表18-13 单位:元/月

类别 / 时间 / 标准 / 对象	“三属”人员					“三红”人员				
	居住地	1994年	1999年	2001年	2002年		1994年	1999年	2001年	2002年
烈属、因公牺牲军人家属	农村	50~55	95~100	135~140	160~165	在乡退伍红军老战士	226	450	650	
	小城镇	60~65	105~110	145~150	180~190					
	大中城市	65~70	110~115	150~155	190~195	在乡西路军红军老战士	120	330	450	495
病故军人家属	农村	45~55	90~95	130~135	155~160					
	小城镇	55~60	100~105	140~145	180~185	红军失散人员	45	95	120	130
	大中城市	60~65	105~110	145~150	185~190					

说明：此标准系国务院制订颁发

2004—2005年湘乡市烈属、因公牺牲军人家属、病故军人家属定期抚恤金标准表

表18-14 单位:元/年

	烈属	因公牺牲军人家属	病故军人家属
城镇	4200	3900	3600
农村	2640	2520	2340

说明：此标准系国务院制订颁发，从2004年1月1日起执行

2004—2005年湘乡市在乡退伍红军老战士、在乡西路军红军老战士红军失散人员生活补助标准表

表18-15 单位:元/年

在乡退伍红军老战士	在乡西路军红军老战士	红军失散人员
9600	8640	2880

说明：此标准系国务院制订颁发，从2004年10月1日起执行

第四节 复员、退伍军人安置

一、城镇安置

1986年起，每年要安置的复员、退伍军人不断增多。市政府年年出台“指令性分配、强制性安置”政策，凡拒绝接收1名安置对象的单位，除追究其领导人的责任外，每年罚款1万元，直到接收为止，或者拒收单位出资3万元～5万元实行有偿转移安置或买断安置。被安置对象在3个月内无故不到位上岗，视为自动放弃安置资格，不再重新安置。不准接收单位在2年内以任何理由将被安置对象下岗分流。至1993年，全市有复员、退伍军人3719人，应安置1104人，全部安置完毕。

1994年，为缓解城镇兵退伍安置压力，国务院规定，控制城镇义务兵征集比例，推行征集与安置挂钩。至2000年，复员退伍军人3206人，应安置1493人，实安置1468人。

2001年，市委、市政府下发《关于安置城镇退伍和转业士官的通知》明确征兵时发给安置卡方准起运新兵。退伍时，凭“安置卡”安置，由监察、民政部门监督。尽管如此，安置难度仍年年加大。至2002年，复退军人1014人，应安置446人，实安置441人。

2003年，市政府出台自谋职业的新举措，政府给予一次性补助1.5万元～4万元，工商、税务配套优惠政策。有26名退伍军人和转业士官向安置办公室递交自谋职业申请书。驻市的湖南铁合金厂、湘乡铝厂、韶峰水泥厂等厂矿在减员、内退部分职工的情况下，还接收安置复员、退伍军人。这3家企业的职工构成中有25%~27% 是新老转业干部和复员退伍军人。至2004年，复退军人1051人，应安置415人，已安置413人。

2005年8月，市政府出台新的城镇退伍兵、专业士官安置工作实施意见，7月1日以后应征入伍的，到退伍时分指令性安置和择优安置。指令性安置3种对象：三级及以上转业士官；服役期间荣立二等功及以上等级的荣誉军人；服役期间因战、因公致残等评为三等乙级以上且具有工作能力的退伍军人。除此3种对象外，每年按低于应安置数的10% 的比例择优，实行文化考试（计70分）与素质考查（计30分），从高分到低分录取，坚持公开、公正、公平原则，未被择优安置的发放经济补偿。当年，有复退军人496人，应安置196人，实安置196人。

二、回乡安置

根据农村义务兵退伍“哪里来回哪里去”的政策，农村义务兵退伍后，回乡务农安置。民政部门和乡镇干部进村走访慰问，做好安心务农的思想工作，适时适量给予经济援助，解决部分住房、生产、生活困难。1986—1990年，有农村退伍义务兵1068人回乡务农。

1991年，市委、市政府作出规定：乡镇企业开办或增人时不得少于40% 的回乡义务兵；推荐选举素质较高的退伍军人担任村民委员会和党支部委员会干部，组织、人事部门注意培养优秀的退伍军人进乡镇领导班子；兴办境内、境外安置基地；放宽有关政策，提供优惠，鼓励回乡退伍兵自谋职业。2005年，全市村干部中有60% 是退伍军人。至2005年的14年间，全市有5183人农村退伍义务兵回乡安置。

三、开发安置

1986年起，对退伍军人中有一技之长（汽车修理与驾驶、机械加工、电器修理、炊事餐饮、果木栽培等）的人员，冠以军地两用人才，实行开发性安置。至1991年，共安置750人。

1992年，成立湘乡市军地两用人才开发中心，与境内外40多个单位建立个人信息网络，拓宽安置途径。经组织推荐、个人自荐、亲友牵线，不少回乡的退伍军人，南下深圳、海南，北上漠河、内蒙古，东进上海、杭州，西入新疆、青海等地打工。至2005年的13年间，共开发使用军地两用人才2248名。

1986—2005年湘乡市复员、退伍军人安置统计表

表18-16

项目年份	复退总人数	应安置人数	实安置人数	开发安置人数	备注
1986	616	182	182		1. 应安置就业人数是指退伍的城镇义务兵和城镇志愿兵 2. 未安置者的原因是接收单位未接收或安置对象未到单位上班 3. 开发安置是指退伍回乡的义务兵具有某种专业技术的军地两用人才
1987	454	79	79	121	
1988	671	112	112	182	
1989	452	82	82	135	
1990	492	162	162	102	
1991	365	171	171	87	
1992	367	160	160	123	
1993	302	156	156	191	
1994	431	228	223	99	
1995	448	196	194	146	
1996	446	216	213	114	
1997	476	197	195	96	
1998	472	196	194	167	
1999	432	203	201	172	
2000	501	256	248	82	
2001	498	250	245	78	
2002	516	196	196	87	
2003	533	194	192	130	
2004	517	221	221	78	已安排人数中含有自谋职业8人
225	496	196	196	58	
合计	9905	3654	3522	2248	

四、军队离退休人员安置

1986年，市政府投资兴建军队离退休干部休养所（军干所），配备服务人员和生活车辆，实行集中为主、分散安居为辅的安置办法。当年起，国家先后拨付接待、安置军人离退休人员经费670万元，市政府给予政策扶持，减免各种建设规费50多万元。1997年始，军干所走实业养事业的发展道路，向省军区、湘潭市军分区争取资金，相继投入105万元，建起军休干部休养活动大楼。2005年，军干所占地8.4亩，住房32套，楼内设娱乐室，楼外有门球场，环境优雅。军干所有军队离退休人员46人，每月平均离退休费1900多元，并享有关津贴。至2005年的20年间，累计接收安置68名军队离退休人员（副师级1人、团职9人、营职13人、连职15人、排职3人、志愿兵2人、无军籍职工13人）。

第五节 救济

一、灾害救济

1986年，遭水、旱、风、雹、病五大自然灾害，市政府4次下拨救灾款63万元。同时，增拨水利建设资金59.14万元，新建电灌站80处，抢修灌渠160公里。1987年，49个乡镇街道、570个村、11万户、44万人受洪水灾害。市政府投入救灾款43万元，用10.5万元购买口粮30多万公斤，发放给9300户4.4万人；用17.03万元救灾建房，恢复住房3390间；其他款项用于灾民伤病等救济。1988年，遭受水、旱、冰冻灾害，市政府下拨救灾款12万元。6万元用于灾房救济，修复住房3210间；5万元购买口粮11万公斤，发放2700户1.1万人；1万元用于死亡病伤救济，发放225人。同时，下拨化肥160吨、油料120吨、钢材30吨、铝线3吨、水泥1000吨；投入资金10万元，抢修电灌站15个，新建排灌站12个。1990年，1月冰冻，低温阴雨。5月，发生20年未见的洪水灾害。政府下拨救灾款91万元，救济3万多户。1991年5月18日，遭特大风暴袭击，下半年又遇旱灾，政府下拨救灾款45.5万元，募捐支灾款28.32万元、水泥100吨、稻谷7000公斤、衣物2000多件支援灾区。1992年1月冰冻，气温低至 −11℃。当年柑橘减产5万吨。4月20日特大风暴和冰雹。7月，特大干旱。省、湘潭市政府下拨救灾款40万元，湘乡市财政拨款10万元，募捐12.39万元，支援灾区救灾。新建电灌站80个，抢修灌渠200公里，整修水利工程200处。1995年，湘乡发生特大洪涝灾害，22个乡镇受灾，因灾死12人，重伤109人。省委、省政府领导文选德、庞道沐，湘潭市委、市政府领导范多富、谭伟民、方大鹏赴湘乡灾区慰问灾民，并组织4个工作组进驻6个重灾乡镇帮助救灾。政府下拨救灾款104.64万元，下拨救灾大米52吨，水泥1275吨，化肥28吨，农药5吨，食盐5吨，焦煤20吨，衣物3900件，物资价值120多万元。市民和单位还募捐29万元，支援灾区。1996年7月特大洪灾，15个乡镇街道受灾，市政府4次下拨救济款20.6万元，募捐74.17万元，钢材4吨、水泥500吨，化肥4吨，农药1吨，衣物7万件支援灾区。

1998年起，救济款物由民政局核灾组直接发放。在一些重灾乡、镇、村，市领导亲自举行救灾款、物直发仪式；与乡镇领导签约限期恢复全倒房屋户的责任状，建立以乡镇干部包村、村组包户的救灾机制，尽快重建灾民家园。国土、建设、物价等部门联合减免灾民重建家园的相关规费。2003年秋冬，市民政局对在自然灾害中生计困难的农村单身孤老、精神病户、残疾户、重病持久缠身的村民，给予重点救助。2005年5—6月，连遭洪灾，稻田绝收23650亩，倒房3558间，死亡10人，市政府为每户灾民送去大米25公斤，食用油5公斤；出资30万元，为100户建房；到位救灾款425万元。至年底，以每户救助3000～5000元，重建新舍350套。国家财政拨款3475万元，社会募捐赈灾款、物（折款）223万元，全都救灾到位。

二、社会救济

（一）城市低保

1997年前，湘乡市曾为38名企业特困职工发给"特困职工证"，凭证按月到市劳动局领取微薄的生活费。1998年9月，市政府制订《湘乡市城市低保实施办法》，确定最低生活保障金标准——每人每月110元。其计算方式：每人每月实得补差金额等于110元减去家人月平均收入。明确以下6种情况即使每人每月生活费低于110元，也不得享受低保待遇，即暂住户、有劳不劳者、因赌博或吸毒受司法机关查处者、家庭父母或子女不履行抚养赡养义务者、不接受就业服务机构介绍就业者、违反计划生育造成生活困难者。

1999年1月起，第一批享受低保待遇的是"三无"人员（无生活来源，无劳动能力，无赡养人或无抚养人）363户，995人，全年支付低保资金23万元，上级财政拨款17万元，本级财政配套支付6万元。1999年7月，国务院补充通知，在原最低生活保障线的基础上增加30%。

2006年，因资金困难，湘乡市未予提标，依靠居委会力量对低保实施动态跟踪管理，低保人数有增有减，增的多、减的少。2001年低保户，839户、1543人，大部分仍然是"三无"人员，每人每月实际补差才40多元，有的甚至只有10多元。共支付低保金74万元。

2002年，贯彻中央"人人无饥寒"的指示和湘潭市政府"应保尽保、分类施保、动态管理"的补充政策，并提高最低生活保障标准，每人每月143元。4月，成立"湘乡市城市居民最低生活保障办公室"，市属各企事业、行政单位直接管理低保业务。年底，全市低保人数猛增到8010人，共支付低保资金333.65万元。在实践中发现有重复申报、隐瞒家庭收入超标准享受、非城镇居民混同领取低保等问题。2003年年底，改各单位直接管理为社区居委会属地管理，每年年中进行年审。当年低保人数为9102人。2004年起，实行公开、公示制度，接受居民监督，低保人数为8281人。2005年起，实行电脑建档，经市政府批准成立市低保局。与乡、镇、街道签署低保稽核责任状，建立市低保局—乡镇街道—社区居委会三级动态管理机制。全市乡镇街道兽医站老职工退休后无生活来源（无田无土）的113人和水府庙库区移民入城镇户口居住在城区4个街道的460余人进入低保范围。年底，全市城市低保10558人，支付低保资金663万多元。

（二）农村低保

2004年，市政府提出《农村特困救助工作方案》。市民政局进行普查摸底，全市有贫困户12127户，36894人，对其中生活难以为继的特困人口8155人，发给"农村特困救助证"，每人按月到所在地民政所领取最低生活补助8～12元。全年支付97万多元。2005年，补助标准不变。

（三）城乡大病医疗救助

2005年12月，市政府出台农村和城市大病医疗救助办法。城乡医疗救助的病种是：恶性肿瘤、白血病、尿毒症、肝硬化及其他危及生命的大型外科手术。农村救助对象系五保户和特困家庭成员，救助条件和标准为年度医疗费用6000元以上，影响家庭成员基本生活的，年度救助金额在500～2000元之间。城市救助对象：未参加城镇职工基本医疗保险的城市低保户家庭成员；虽然参加了城镇职工基本医疗保险，但因患大病引起个人负担较重的城市低保户家庭成员；患有重大疾病、医疗费用特别大的城镇人口。救助条件和标准：低保对象年度医疗费用1万元以上，影响家庭成员基本生活的；非低保对象的城镇人口，其年度医疗费用8万元以上，影响家庭基本生活的，年度救助金额在500～2000元之间。2005年度，核定农村大病医疗救助对象680人，发放救助金61万余元；核定城市大病医疗救助对象87人，发放救助金15万元。

第六节 扶贫帮困

1986年，湘乡县有89个贫困村，4万多贫困户，11.8万多贫困人口。1987年，全市投放扶贫资金487.4万元，（县、市财政50万元，乡级财政、企业110万元，银行贷款270万元，民政款57万元），扶持5个贫困乡和11个贫困村。共架通输电线路155公里，修公路29公里，架桥12座，新建和整修水电工程778处，新建和改造乡、村企业17家，造林2.3万亩。

1988年，将有偿扶贫工作纳入基层政府工作责任管理内容，各部、办、委、局对口支持，以少量的无偿帮困、大量的有偿扶贫，拉动贫困村经济。至1990年，全市扶贫2765户，有683户脱贫。原大乐乡经湘潭市林业局、湘乡市共同扶持开发14个林场，造林1.39万亩，架设高低压线路50公里，安装抽水机10余部，改变了照明用煤油、旱灾无电抽水灌溉的局面。1991年，省政府规定年人均纯收入400元以下的为革命老区扶贫对象，可无偿或有偿使用国家老区扶贫开发资金。1993年，市政府制定"基础设施、革命教育、扶贫致富"融为一体的老区建设方案，在市民政局内成立"优抚扶贫服务中心"。1994年，国务院作出《国家"八七"扶贫攻坚计划》，作出财政预算。至2005年的11年间，湘乡市向上争取下拨扶贫开发资金948万余元，本级财政配套300余万元，按市政府的方案投入智力扶贫，改善办学条件，建设合格乡镇中学。专项投入新建公略完小和溪口陶龛学校10万元。联络市科技协会办起农科中心，培训农科人才10多万人次，开发养殖、林业、林木、油茶、板栗园基地和农副产品加工企业，修桥铺路、水电设施等60多个项目，修通乡村公路230多公里，架设高低压线6000多米，广播线路8万余米，兴修灌渠支干3万余米，兴办乡村企业40多家。已有3万多户7万余人脱贫，其中1万多户致富。

第七节 社会福利

一、农村“五保户”（吃、穿、住、医、葬或孤儿保教）供养

1986年，全县46个乡镇敬老院，集中供养299名“五保”老幼，分散居住的五保户有5476人。供养经费由乡镇统筹，每人每年生活费300～500元；以村、组统筹供养口粮，每人每年150～250公斤稻谷。当年，湘乡市获省养老事业奖。1990年，农村分散五保为5823人。1994年1月，国务院颁发《农村五保供养工作条例》。市委、市人大、市政府派工作组下乡，倾听农民心声。多数农民对五保孤老、孤幼抱有同情心，但心有余而力不足。在经济条件较好的乡村，不仅按标准供养其生活费，逢年过节，另送慰问款、物。在一些经济条件差的乡镇，有相当一部分五保老幼应保而未保；少数乡镇农民上缴的五保统筹被违规挤占、挪作他用。1996年，农村分散五保户增至6275人。1998年9月，市政府发出《认真做好五保供养工作的通知》，再次强调乡镇统筹与发放。以当地农民上年度人均收入的3‰向农民统筹，筹集的资金以80%供养生活，20%调剂使用于五保对象的丧葬及房屋维修。但农民少交、拒交统筹款现象普遍。当年，全市以财政为主，乡镇配套为辅筹措资金，先后投入510余万元为毛田、育塅、梅桥、泉塘、龙洞、金石、白田、栗山、山枣、翻江、棋梓、潭市、月山、中沙、虞唐、金薮、东郊敬老院进行改造和扩建。毛田乡敬老院达到省级窗口式标准。棋梓镇建成公寓式敬老院，建筑面积1300平方米。全市有20所能容纳50人以上的敬老院，入住800多人，其中幼保55人。1999年后，除供养五保户口粮外，未发生活费，以乡镇统筹统付五保供养结束。2003年起，农村五保生活费由中央财政转移支付供养，实行市政府—市民政局—各乡镇街道民政所—五保老幼手中的办法，封闭运行。其标准提高到每人600元／年，口粮不少于350公斤稻谷一年。2004年8月，市政府再次发出《认真做好五保供养工作的通知》，逐步做到应保尽保。

2005年，全市农村五保对象8383人，转移支付五保供养经费474万元，人均生活费600元。但尚有3722人应保未保，全面五保（特别是医保）难以解决。农村有17所档次较高的能容纳50人以上的敬老院，入住800多人（其中幼保55人）。城市五保老幼，纳入低保范畴，并享受每人每月免费供电4度、免费供水3吨的优待。

二、光荣院供养

1994年8月，市政府投资180万元，定点于望春门街道双枣村320国道旁边的光荣院破土动工，1996年10月建成。全国人大常委会副委员长廖汉生亲笔题字“湘乡市光荣院”。开院时，接纳老复员军人、烈属20名。此后，市政府继续支持，社会各界继续捐助财物，光荣院走上“以院养院、自我发展”的道路。扩征土地7.83亩种植水稻，年产稻谷5000多公斤；一些退伍士兵义务为光荣院开挖1亩水面的鱼塘，年产鱼250公斤；院内后面建起养殖场，年出肥猪几百头，临街开设光荣酒家，年创利3万余元。2005年，光荣院有450万元固定资产，建筑面积2300平方米，占地15.5亩，老人居室57间，床位65张。创收50余万元。有工作人员4名，入住老人28名，物质和文化生活均有保障。

三、兴办福利企业

1986年，湘乡仅有一家由市民政局管辖的社会福利工厂。固定资产仅万余元，从业人员208人。1987年，各乡、镇、街道居委会有12家小型福利企业，年产值共88万元。

1988年4月，民政部、中国农业银行《关于扶植乡镇福利企业发展的通知》下达，以贴息或低息贷款的优惠政策支持福利企业。当年，各乡、镇、街道开办29家，职工711人。其中，优抚、扶贫对象180人，残疾人301人；年产值188.5万元，盈利8.8万元。1989年，福利企业发展到37家，职工841人；容纳优抚、扶贫对象249人，残疾人325名；年产值810余万元，盈利28万元。市民政局直管的企业有民政福利实业总公司（下辖橡胶厂、工艺厂、蓄电池厂、液化气公司、综合贸易公司）、民政福利饲料厂、民政福利铸造厂。1997年，湘潭市残疾人联合会接管“民政福利实业总公司”。1991年，企业发展到38个，职工830人。其中，优抚、扶贫对象295人，残疾人335人；年产值821.5万元，盈利51.43万元。1992年后，福利企业因亏损而逐年减少。1995年17个，1996年14个。2000年，根据国务院关于党政机关与所办的经济实体脱钩的指示，解除民政福利饲料厂、铸造厂同市民政局的挂靠关系，转为民营。当年民营企业13个，职工329人。其中，优抚、扶贫对象144人，残疾人161人。年产值1657万元，盈利83.5万元。2005年年底，全市有福利企业14家，从业人员中优抚、扶贫对象190人，残疾人207人。年总产值5500万元，盈利359.2万元。

四、慈善收养

（一）慈善事业

1986年起，湘乡慈善事业除民政部门组织救灾募捐等活动外，市民自觉关爱残疾、弱智人员。1997年，湘潭市慈善总会扶助中沙、壶天、毛田、翻江4个乡镇40名孤儿每人每期学费100元，直到初中毕业。2000年，湖南慈善总会将梅桥镇孤儿李奔送到常德市阳光儿童福利院免费接受中小学全程教育。市民政局选送14名唇腭裂患者接受美国非政府性慈善机构——“微笑列车”免费手术治疗；与市残联、市妇联、市红十字会联合对育塅乡南山村4位残疾孤老实行慈善捐助；出资1万元为两名残疾婴儿实施手术诊治。上级慈善机构于2003年向湘乡市山区老师捐献寻呼机64台。至2005年的6年间，共出资16万余元，为170名白内障患者实施康复手术。有24例唇腭裂患者进行免费矫治手术。

（二）弃婴收养

境内弃婴现象较少。1987年，民政部门收容弃婴5人。1996年起，随着计划生育的推行，由于有的人存在重男轻女思想，将女婴和残男遗弃的现象又趋严重，当年发生16起，11起直接送民政局。4起严重残病，经医院抢救，3起死亡，1起抢救成功。至2005年，共收养75例社会弃婴和部分福利院儿童，民政局均妥善安置。在处理弃婴时，难于找到弃婴亲生父母；请人收养，难于解决弃婴落户；请人带养，难于解决经费。尤其是残疾病婴难于处理。

第八节 有奖募捐

1986年12月，国务院第128次常务会议批准，在全国开展“中国社会福利有奖募捐活动”。1987年，成立“湘乡市社会福利有奖募捐委员会”。市民政局先后在市区几大广场公开发行福利彩票。至1989年，发行彩票55.98万元，除当场兑奖和上缴各级募捐委员会提成外，为地方财政募集福利资金16万多元。为普及城乡，促其健康持续发展，市民政局报经市计委批准成立自负盈亏的集体经济实体——湘乡市社会福利有奖募捐彩票发行公司，在全市城乡分设彩票销售点，彩民日渐增多，彩票发行量逐步增大。2001年，市编委批复正式成立自收自支编制的市社会福利有奖募捐办公室，隶属市民政局，以政府行为管理彩票发行事务。2005年，全市城乡彩票发行点31个。至2005年的17年间，共募集福利资金800余万元。

第九节 民政管理

一、婚姻登记

1986年，民政部门会同司法、计育、妇联、共青团等部门，广泛宣传《中华人民共和国婚姻法》和《婚姻登记办法》，县政府发文规定，凡未登记结婚者，已到法定婚龄的限期补办登记；未到法定婚龄的动员分居。当年，全市有未办结婚证的事实婚姻5206对，补办登记4837对。当年准予登记的共6275对。1987年，沿袭以前的办法在各乡、镇、街道采取逢五、逢十或预约相结合的登记办法。因疏于管理，出现过巧立名目搭车收费、违章跨乡登记等问题。至1992年的6年间，全市准予登记结婚45935对，未予登记而结婚5024对，复婚登记89对，离婚登记1480对。1993年，市民政局组织力量进行全市性调查后，出台湘乡市第一个《婚姻登记管理实施办法》。12月，在局内正式挂牌“湘乡市婚姻登记管理处”，在全市设立6个登记点，严格管理制度，明确收费标准。至2003年，全市准予登记结婚41987对，未予登记而结婚的6202对。复婚登记52对，离婚登记1620对。2004年，贯彻执行民政部颁布的新《婚姻登记管理条例》，湘乡婚姻登记事务走上法制化、规范化轨道。至2005年，准予登记结婚11517对，未予登记而结婚的653对，复婚34对，离婚1231对，调解未离39对。登记合格率100%。

二、社团登记

20世纪70年代，市内民间组织、社会团体系自行结社，各行业自行管理，缺乏政府监督。1989年，国务院颁发《社会团体登记管理条例》，指明社会团体必须服从人民政府管理。1990年开始，湘乡市由民政部门登记管理，各业务主管部门配合，对其实行双重监管。对已经存在的64家社会团体进行全面清理整顿、复核登记，注销19家，准予登记45家。1998年，为把社会团体建设成政治合

1987—2005年湘乡市婚姻登记统计表

表18-17

项目 年度	准予登记（对）	其中		复婚登记（对）	复婚登记（对）	申请离婚（对）			
		初婚人（人）	再婚人（人）			合计	准予离	调解未离	法院处理
1986	6275	2293	267	11	—	159	57	48	54
1987	5166	10145	187	6	978	302	60	48	96
1988	6491	12618	364	12	900	211	77	60	74
1989	12644	24944	344	16	1136	167	71	66	30
1990	6685	12985	385	26	906	254	132	29	93
1991	6976	13451	501	11	522	277	87	117	73
1992	7973	15379	495	18	582	275	123	85	67
1993	7616	14770	462	2	203	198	100	52	46
1994	6000	11600	400	1	489	215	90	95	30
1995	6428	12680	196	3	842	235	103	98	34
1996	6350	12524	176	3	845	167	113	38	16
1997	5735	11400	70	5	386	130	100	25	5
1998	5622	10906	418	7	558	146	119	18	9
1999	5840	11316	374	6	426	175	133	31	11
2000	4988	9598	378	4	478	194	161	19	14
2001	4266	8372	150	8	764	215	184	15	16
2002	4562	8894	230	5	589	198	165	17	16
2003	4580	8926	234	9	622	381	352	11	18
2004	5869	11326	412	11	438	588	558	20	10
2005	5648	10892	402	23	215	670	643	19	8
合计	125714	235019	6445	185	11909	5059	3428	911	704

格、组织健全、行为规范、遵纪守法的民间组织，再次清理整顿，据其性质和任务的不同划为学术性、行业性、专业性、联合性四大类。当年，社团组织准予注册57家，撤并13家，自动解散2家，不予登记5家。同年，国务院颁发《民办企业单位登记管理暂行条例》，市民政局对全市30多家民办非企业单位（民办科技学校、文学艺术团体）进行核查，核准登记8家。

2001年8月，市政府进一步强调加大力度管理民间组织，着力发展与经济建设和人们群众生活密切相关的行业性、公益性、社会福利性民间组织，控制业务广泛、不易界定的社会团体，禁止功法类、宗教类、特定群众（同乡会、战友会、打工会、下岗会等）类型，以及与国家法律法规相悖的民间组织，抵制了网吧协会、气功协会。到2004年，核准登记农村专业经济协会30余家。2005年发展到76家。

至2005年，全市共登记社会团体146个，其中学术性17个、行业性104个、专业性7个、联合性18个。

三、殡葬改革

1986年，市政府要求各级领导带头推行火葬，国家干部职工，城乡群众死亡的遗体进行火化时，民政部门派车运送，干部职工只收基本费5元，里程费0.30元／公里，城镇居民、农村村民免收运送费。但因旧习俗影响，火化率低。民间仍以土葬为主并修墓立碑，有的即使火化，又将骨灰入土埋葬。1998年6月，市政府出台《殡葬管理暂行办法》，规定国家机关、党政团体、企业事业单位的干部、职工，非农业人口中享受优抚、救济的人员，各类安全事故的死亡人员一律火化，否则予以经济处罚。禁止各医院放走太平间尸体，应即时通知市民政局派专车接送火葬场火化。但实行火化者仍很少。当年火化尸体仅126具。1999年，各乡镇、街道主要领导向市政府订述过殡葬管理责任状，但收效甚微。8月，市民政局配合长沙市殡葬监察执法队到金薮乡处理一起偷运尸体回乡土葬事件，在当地震动一时。当年全市火化尸体296具，火葬率也只有5.8%。2000年后，火化尸体逐年增加。至2005年，共火化尸体1560具。殡葬改革，步履艰难，除市民旧习难移之外，改革的硬件措施迟迟未上，殡仪馆、公墓山选址四移，一直未定。

四、收容遣送

1986年，湘乡执行1982年国务院发布的《城市流浪乞讨人员收容遣送办法》，收容遣送流浪乞讨人员。当年收容262人，遣送至家69人，通知家里接回22人，自费返乡48人，遣送至湘潭中转112人。1987年，收容285人次，遣送回原籍40人，家里接回27人，自费返乡33人，死亡1人。其余至湘潭中转。1988年，收容230人，送回原籍76人，转其他部门处理153人。1989年后，收容人数逐年减少。至1993年的5年间，共收容1427人，送回原籍109人，家人接走958人，中转其他站240人，公安部门处理240人，自费返乡32人，死亡2人，逃跑2人。1994年后，收容人数逐年增加。至2002年的7年间，收容4697人，送回原籍或家人接走2731人，送外站中转829人，公安部门或其他方法处理1137人。

2003年，国务院颁发《城市生活无着落的流浪乞讨人员救助管理办法》，8月1日起实施。市收容遣送站改为社会救助站。投资5万余元，添置床单、铺盖，兴建卫生洗漱间，购买书籍、配置电视机，为受助人员进站提供基本居室条件。遵循“受助自愿、无偿救助”原则，改强制收容为关爱救助，实行社会救助管理。工作人员对来站请求救助者，及时登记，临时性无偿提供餐、宿，救助时间一般不超过10天，并及时联系家属或原籍救助部门，商定返乡事宜。对受助人员突发疾病，提供免费医治，对老、弱、幼、残、病者改遣送为护送，体现“人本意识、人文精神”新特色。2005年8月1日起，全国开通网上信息管理，湘乡连线入该系统。在实施新的救助管理初始过程中，对救助对象的身份在法规上缺乏界定的依据，时有行政“不作为”或“乱作为”的现象。10月12日，湘潭市政府明确各级民政、公安、城管执法、财政、卫生等部门职责，属地负责，形成合力，做好社会救助工作。当年，共救助425人次，其中流浪儿童145人次，救助费16.5万元。

第十九编 教育 科技

第一章 教育

1986年，全县有小学614所，在校学生102027人，适龄儿童入学率为97.7%；初中102所，在校学生43828人；普通高中18所，在校学生8392人，职业高中2所，在校学生427人。全县每万人中有高中学生110人。当年，贯彻《中华人民共和国义务教育法》（以下简称《义务教育法》），多方筹措经费，加快中小学校建设和危房改造，实现学校“一无两有”（无危房、班班有教室、人人有课桌）。1987年，市委、市政府作出调整教育结构，加快职业技术教育发展的决定，提出改革办学体制、管理体制和经费投入体制。全市中小学实行市、区、乡、村四级办学和市、区、乡三级管理。各乡镇、街道按照小学就近入学，初中相对集中，优化教育资源配置的原则，合理规划和调整学校布局。1990年，设立教育督导室，恢复教育督导制度，依法督查《义务教育法》及其《实施细则》的贯彻实施。1991年，成人教育委员会全力扫除剩余文盲，湘乡市被评为全省扫除文盲先进单位。1996年开始，实行教师资格制度。制订《全面实施素质教育规划》，在全市中小学全面开展素质教育，落实基本知识和基本技能教育。在教育教学中，有效开发学生最佳知识结构和智能结构。建立劝学保生制度，开展文化户口普查，动员17岁以下未达初中文化程度的5000多名青少年参加补偿教育。市政府决定，在1997年全市实现党中央、国务院提出的“基本普及九年义务教育，基本扫除青壮年文盲”（简称“两基”）。各级政府加大教育经费投入，全市投资8508万元，消除学校危房2.29万平方米，征地538亩，新建学校12所，扩建改建学校81所，建好22个乡镇、街道中学、中心小学和乡农校，建校总面积为14.12万平方米，并显著改善学校设施设备。1997，全市有小学485所，在校学生118823人，小学适龄儿童入学率100%，小学生毕业率97.2%，毕业生升学率99.3%。初中85所，在校学生43866人，初中合格率98%，初级中等教育完成率88.3%；全市青壮年中非文盲率99.94%。省政府教育督导团检查评估认定湘乡市“两基”达标。

1998年，进行“普九”复查，巩固和发展“普九”成果。民办教师全部转为公办教师。1999年，市政府作出《关于教育管理体制改革的决定》，全市中小学实行校长负责制，教职员工聘任制。2000年，取消大中专毕业生分配制度，市政府择优录用师范毕业生补充教师队伍。2001年，贯彻执行国务院《关于基础教育改革与发展的决定》，全市进一步完善“分级管理，以县为主”的农村义务教育管理体制，建立以财政为主，多渠道筹措义务教育经费，保障教育投入的新体制。2003年，义务教育阶段开展新课程改革。2004年，开展办学水平评估，创建规范化小学校10所，示范性小学1所。市教育局被评为省调整学校布局先进单位。

2005年，全市在校学生125236人。接受一年制学前班教育儿童的比例为80.38%，超过国务院规定指标。有小学207所，在校学生52715人，小学学龄儿童入学率100%，毕业生升学率100%；初中73所，在校学生38706人，毕业生升学率72.11%；高中15所（2所省级示范性高中、5所省现代化教育技术实验学校、3所湘潭市重点中学），在校学生26569人；中等职业学校11所，在校学生7246人。全市每万人中有在校普高、职高学生380人，高于全国平均水平。至2005年的20年间，全市有61325人参加高考，大学本科录取13699人（其中考入清华大学、北京大学46人），专科录取15559人，中专录取1146人，招收飞行学员57人。通过高等教育自学考试，获大学文凭2300人。成人高校招生录取11042人。全市设立电视大学工作站、高等学校函授站和网络教学点共12个，培训成年教育大学毕业学员8798人。全市基本形成以政府办学为主体、社会力量办学为补充，普教、职教、成教协调发展良好格局。

第一节 学前教育

一、幼儿园

1986年，全县有幼儿园28所。城区、厂矿27所，63个班，入园幼儿1902人，教职员工196人。1987年，幼儿园25所，51个班，入园幼儿1104人，教职工201人。公办幼儿园每班按1个教师、2个保育员的编制配备，民办幼儿园按每班1个教师、1个保育员配备。城镇幼儿园开设语言、常识、计算、音乐、体育、美术、游戏等课。小班每周6节，中班10～11节，大班12节，每节课10～15分钟，每周上课6天，一般上午上课，下午游戏或户外活动。

1989年后，随着企事业单位改制、调整，部分幼儿园停办。办学体制进行改革，幼儿园办学主体转为以社会力量为主，城乡民办幼儿园蓬勃兴起。1991年，全市幼儿园发展到495所。当年，潭市镇、桃林乡等乡镇有5名幼师被评为省级幼儿教育先进工作者。2005年，全市有公办幼儿园5个，29个班，在园幼儿943人，教职工116人。民办幼儿园72个，152个班，在园幼儿3421人，教职工305人。

二、学前班

1986年，全县有363所小学附设学前班，每校1个班，在班儿童10614人，教职工363人。

1987年，有415个班，在班儿童12730人，教职工415人。开设语言、故事、计算、常识、唱歌、体育、美术、游戏、舞蹈等课程，每周上课12～16节，每节课30～40分钟。1989年后，统一使用湖南省一年制学前班试用教材。1992年，发展到501个班，在班儿童15794人。1995年，全市幼儿人数达到峰值，学前班随着发展，当年有527个班，在班儿童21363人。以后几年，幼儿人数逐年减少。1998年355个班，在班儿童7676人。之后，相对稳定。2005年，278个班，在班儿童8182人，教师减少到394人。接受一年制学前教育儿童比例达到80.38%，超过国务院规定的80% 的指标。

附：湘乡市机关幼儿园

湘乡市机关幼儿园始建于1956年11月，初期为托儿所，收半岁至6岁婴幼儿。1957年8月，改名机关幼儿园，收3~7岁幼儿60人，分大班、中班和小班。开设语言、计算、音乐、美术、游戏等课程。1979年，湘乡县政府拨款22万元，征地2.04亩，新建三层红砖楼一栋，辟教室、寝室各6间，新置转盘、秋千、浪船、木马、滑梯等大型玩具，配幼师6人。1986年，被评为省级合格幼儿园。1992年，入园幼儿252人，教职员工30人，其中幼师12人。2000年以来，幼儿园筹措资金60万元，美化园内环境，改善基础设施，新建幼儿戏水池、幼儿玩沙场，购置空调、电脑，更新和添置教具、玩具。教学班开设健康、语言、社会、科学、艺术等方面的教育教学。2003年，新开设幼儿认读识字游戏课，开展园本课程教学。2004年，参加湖南省幼儿绘画比赛，有3人获奖。2005年，有6个教学班，在园幼儿200多人，教职员工28人，其中专职保健医生1人。教师中具有本科学历的4人，大专学历的7人，中专学历的15人，获中级教师职称的14人。当年，被确认为湘潭市示范性幼儿园。

第二节 小学教育

1986年，全县有小学614所，在校学生10.2020万人，毕业生23553人，升学率64.6%，学龄儿童入学率97.7%。实行六年制，原五年一贯制试点学校，继续实行五年制。执行《全日制五年小学教学计划（修正草案）》，开设思想品德、语文、数学、地理、历史、体育、美术和劳动等课程。在思想品德课程里，将爱国主义教育、纪律教育、法制教育渗透到各项活动中，促进学生健康成长。全县小学中有专职体育教师16人，兼职287人。按照教学计划，每周给学生上体育课2～3节，并组织课外体育活动，注意学生德智体美全面发展。教育局在东方红小学、化工厂子弟小学、虞唐区、月山区举办加强基础知识教育研究的“教学开放日”公开课教学活动。全县中小学形成加强基础知识教学的教研风气。东山学校特级教师阳彩华在小学低年级语文教学中，努力探索，逐步完善一套适合儿童心理特点的教学方法，课堂教学讲解形象化，方法多样化，教学趣味化，学生易记易懂。她所教一年级班参加湘乡市和湘潭市统一考试，语文平均成绩分别为95.6分和96.7分，及格率

100%。当年，举办县首届小学青年教师优秀课竞赛，有1047人参加初赛，182人参加复赛，71人参加决赛。从中选出11堂优课进行汇报演示，编印《优秀教学经验》专辑。1988年，团中央和全国少工委举办全国“雏鹰杯”书画赛，湘乡有6名小学生获湖南省一、二等奖。东方红学校教师沈馥芝被团中央评为优秀少先队辅导员。

1991年，调整学校布局，全市小学586所，在校学生95555人，毕业生15880人，毕业合格率100%，升学率78.4%，学龄儿童入学率100%，巩固率100%。各小学普遍实行国家教委制订的《全日制小学教学计划》，开设的课程有思想品德、语文、数学、社会常识、自然常识、体育、音乐、美术、劳动等，把晨会、班队活动、体育活动、兴趣活动列入周课表。一年级每周23课时，二、三年级24课时，四、五、六年级25课时。《学生守则》和《小学生行为规范》颁布后，学校制成匾牌，挂在学校醒目处，还在课堂教唱《守则》《规范》歌，规范言行。城区小学推行“乐园教学法”，农村部分学校推广三算（口算、心算、笔算）教学。当年，成立聋哑儿童语言训练部，将特殊教育纳入义务教育范畴，市域内的残疾儿童少年以随班就读为主辅之以语言康复训练。1992年，小学课堂教学注重课前准备，精心设计教学程序，以教师为主导，以学生为主体，以训练为主线，提高教学效率。不少学校制订《教师备课要求》《备课常规》等制度，提高教育质量，小学毕业生升学率达到100%。有东山、新研、泉塘、虞唐、棋梓、涧山、月山、龙潭等24所乡镇中心小学定为合格小学。

1994年起，执行《湖南省调整后的九年义务教育六·三学制全日制小学、初中课程安排表》。组织学生开展生物与环境等实践竞赛活动，栗山镇中心校六年级学生刘婷、罗杰、易顺梅撰写的《梅下水库考察记》获省一等奖。1997年起，由于生源逐年减少，为改变学校布局点多规模小的弊端，改善办学条件，优化师资配置，提高办学水平，多次调整小学学校布局。当年，全市小学调整为485所。2000年起，组织全市青少年科技创新大赛，参赛学生超万人。市青少年科普辅导员协会连续8年获省、湘潭市青少年科普创新大赛优秀组织奖。中沙镇公略完小六年级学生左述华撰写的《桂花河道的污染和保护》获省三等奖。六年级学生成建明写的《朝阳峰考察记》获省二等奖。东方红学校学生科技作品《湘乡市殡葬改革现状的调查与研究》获国家青少年科技活动二等奖。

2001年，全市小学调整为342所，在校学生80558人，正常适龄儿童入学率99.25%，聋哑儿童入学率达到88.18%。调整义务教育阶段课程设置，小学三至六年级增设实践活动课，三、四年级开设英语课，提高学生动手、动口能力。

2003年，全市小学调整为247所，在校学生53268人。当年贯彻实施《湖南省义务教育课程（实验）计划设置表》，小学开设品德与生活（品德与社会）、语文、数学、科学（3～6年级）、外语（3～6年级）、体育、音乐、美术，综合实践活动（4～6年级）。同时，开设地方课程（3～6年级）和学校课程（学校自主开发或选用）。一、二年级每周总课时26节，三至六年级每周总课时30节。教材由一纲（教学大纲）一版本（人民教育出版社出版）变为一标（小学课程标本）多版本。

2005年，全市小学207所，另有33个教学点和16所九年一贯制学校设有小学班。其中，示范性小学1所、规范化小学5所，在校学生52715人，正常适龄儿童入学率100%。小学升初中的比例为91.25%。全市18岁以下残疾儿童少年229人，在小学就读162人，余下的在其他特殊教育学校就读。

1986—2005年湘乡市小学学校设置一览表

表19-1

年份	学校数(所)	学生数(人)	毕业生数(人)
1986	614	102027	23553
1987	611	99838	15459
1988	598	101390	9785
1989	595	99108	16443
1990	587	96885	16633
1991	586	95555	15880
1992	564	96175	15122
1993	536	99151	13954
1994	536	103287	13954
1995	517	108953	15722
1996	517	108953	15722
1997	485	118823	15341
1998	474	112867	16766
1999	316	103764	17995
2000	310	92545	19300
2001	342	80558	21162
2002	293	67353	21972
2003	247	57693	18288
2004	206	53268	12204
2005	207	52715	9750

附：东方红学校

东方红学校前身是敬恭学校，1944年创办。中华人民共和国成立后，改为城关镇第二完小。1953年，划归湘乡师范作附属小学，设12个班，学生600多人，教职工24人。1958年，更名为湘乡师范附小。1969年，增办初中班（1982年初中停办）改称东方红学校。

1986年下期，有教学班24个，学前班3个，在校学生1319人，教职员工47人。校园占地面积8214平方米。当年获湘潭市先进教育集体称号。1992年下期，有24个教学班,3个学前班，在校学生1618人，教职员工56人。学校占地面积8214平方米，有教学楼（2栋）、办公楼、礼堂、教职员工宿舍。1996年，确认为湖南省小学管理示范学校。此后，相继确定为湖南省教育技术实验学校，湘潭市体育传统项目学校。2003年起，学校连续3年获湘潭市小学生田径运动会总分第一名。2004年起，在湘潭市“艺术百佳”评选中，有20人入选。

2005年，学校拥有网络教室、多媒体教室、电子阅览室、电子备课室、校园电视台、校园网、示范性图书室等现代教学设施。有教学班28个，学生2234人，专任教师80人，其中小学高级教师71人，本科学历22人，湘潭市骨干教师7人。教育局确认该校为湘乡市示范性小学。

第三节 初中教育

1986年，全县有初中94所，在校学生43828人，毕业生11370人，初中升高中的比例为26.7%。初中实行三年制学制，执行《教育部全日制六年制重点中学教学计划（试行草案）》，开设政治、语文、数学、外语、物理、化学、历史、地理、生物、生理卫生、体育、音乐、美术等课程，劳动技术课每学期2周。一年级每周必修课30课时，二、三年级为31课时。在政治思想教育中，重点向学生进行爱国主义教育和法制教育。1987年，湘乡二中数学教师李启凤，在教学中坚持以学生为主体、教师为主导原则，运用"启导、讲议、练知、提高"四个环节进行课堂教学，他所教的两个班，109人参加1988年全省初中会考，人均104分（总分120分）。1989年春夏之交发生在北京的政治风波之后，学校普遍进行"反和平演变"教育，"只有社会主义能够救中国，只有社会主义才能发展中国"成为这一时期思想品德教育的中心内容。

1991年，调整初中学校布局，全市有初中86所，在校学生33509人，毕业生50103人。当年，依照《中小学生思想品德评价方案（试行）》对学生进行思想品德评价。1992年，学校组织学生开展学雷锋活动，成立学雷锋活动小组，为五保户、军烈属做好事。新研中学初中三年级学生王新、冯树林勇斗歹徒，受到湘潭市政府表彰。学校制订《教师备课要求》《备课常规》，教学更加规范。当年，全市8818人参加全省初中毕业会考，7科人均525.02分，比湘潭市高13.94分。初中毕业5963人，有2179人升入高中，升学率为36.54%。

1994年，执行《湖南省调整后的九年义务教育六·三学制全日制小学、初中课程安排表》。1996年取消小学升初中的升学考试。1997年，全面推行素质教育，建立劝学保生制度，开展文化户口普查，动员5000余名17岁以下未达到初中文化程度的青少年参加补偿教育，当年在校初中生辍学率仅为0.073%。1999年，市政法委员会和教育局聘请231名政法干部到中小学兼任法制副校长，加强对学生的法制教育。5月，湘潭市举办中小学生纪念五四运动80周年"青春颂"书法美术现场赛，湘乡5人获一等奖。2003年，市教育局提出，课堂教学要体现发展为主旨，教材为主源，学生为主体，训练为主线。80%的初中学校建设电脑室，采用现代化手段进行教学。当年，全市初中80所，在校学生60986人，毕业生18524人，升入高中8463人，升学率为45.68%。

2003年起，贯彻实施《湖南省义务教育课程（实验）计划设置表》，开设的国家课程有思想品德、语文、数学、科学（七、八、九年级或选生物、物理、化学）、历史与社会（或选历史、地理）、外语、体育与健康、艺术（或选音乐、美术）、综合实践活动；另开设地方课程和学校课程。每周总课时为34节。2004年，开展远离营业性网吧、远离毒品、远离不良行为的"三远离"活动。贯彻教育部《关于进一步加强中小学诚信教育的通知》精神，要求学生言行真诚，守时守信，承诺兑现。城前中学在德育星级评比竞赛活动中，被评为"礼仪之星"。全市有35名学生被评为湘潭市"艺术百佳"。

2005年，纪念抗日战争胜利50周年，各学校开展弘扬民族精神为主要内容的演讲、朗诵比赛，教育学生不忘国耻。全市举办中小学说课竞赛，初中物理实验创新课竞赛。当年，全市初中79所。

其中，市级规范化初中5所，在校学生383706人，适龄少年入学率为100%；毕业生21606人，毕业率为97.9%；升入高中10805人，升学率为50%。同时实施对贫困学生“免除学杂费，免除课本费”的帮困保学政策。

1986—2005年湘乡市初级中学学校设置一览表

表19-2

年份	学校数（所）	学生数（人）	毕业生数（人）	年份	学校数（所）	学生数（人）	毕业生数（人）
1986	94	43828	11370	1996	86	37911	9688
1987	105	41311	11979	1997	85	43866	11592
1988	93	32958	11967	1998	91	44858	13186
1989	97	30219	11369	1999	84	47246	13581
1990	86	33430	5872	2000	90	63679	13243
1991	86	33509	5951	2001	92	57088	14979
1992	87	3606	5963	2002	72	61777	16786
1993	96	33398	8733	2003	80	60986	18524
1994	88	33398	87333	2004	70	52142	20397
1995	94	37911	9688	2005	79	38706	21606

附：龙潭八一中学

龙潭八一中学，1986年创办，位于金石镇龙潭境内，原名为龙潭五七高中。1995年，在泉湖村蛇形山新建校舍。1997年起，连续8年，因初中毕业会考成绩优秀，获综合评价奖。

1999年，更名为龙潭八一中学。

2003年起，在广州军区原副司令员宋文汉支持下，学校筹集资金160多万元，新建多媒体教室、学生食堂、学生宿舍和田径运动场，装备计算机室、音乐美术教室、科技活动室、图书室、阅览室、室内篮球场等。校园占地2万平方米，建筑面积6000多平方米。2005年，学校有教学班9个，学生819人，专任教师45人。其中，高级教师1人，一级教师22人，本科学历23人，大专学历22人。至2005年的3年中，学生小论文、科技创新活动、电脑制作等获奖人数和成绩，名列全市乡镇中学前茅，被市教育局评定为规范化初级中学。

第四节 高中教育

1986年，全县有普通高级中学（简称高中）18所，在校学生8392人，实行三年制。执行教育部颁发的《全日制六年制重点中学教学计划（试行草案）》，开设课程有政治、语文、数学、外语、物理、化学、历史、地理、生物、生理卫生、体育、劳动技术等。每周必修课26~29节。政治课程由专职政治教师或学校领导担任。学校开展多种活动，向学生进行爱国主义、革命理想、道德品质及行为规范教育。1987年，撤销城关镇中学，改为湘乡市第一职业中学。当年，全市有完全中学8所，高中9所，在校学生8692人。1988年后，云龙、兴湘、育英3所民办高中相继创办，招生7个班，450人。当年，国家教育委员会颁发《中学德育大纲（试行稿）》、《班主任工作暂行规定》等文件，全市各高中学校制订德育工作流程，开展德育课题研究活动、诚信主题教育活动、德育征文竞赛活动。此一时期，学校片面追求升学率，为适应高考，从高中二年一期开始，实行文理分科，增加应考科目课时，有的学校还撤销体育课，文科学生的理化，理科学生的史地等基础课程普遍削减。1989年起，执行《湖南省全日制普通中学教学计划》，各学校调整教学计划，就教学大纲、教材、教法进行研讨，教师加强"双基"，精讲多练，培养能力，讲求实效。湘乡三中语文教师范家骏在语文教学中，把口语表达与书面表达相结合，阅读与写作相结合，启发学生评作文、评刊物、评教材，自查资料、自由讨论、自解难点，使学生语文水平大面积提高。全市各中学普遍创办文学社团。湘乡一中被评为"全国中学生文学社团示范单位"，学校主办的"红杏"文学社获"全国优秀中学生社团百家"称号；湘乡三中主办的《山茶花》曾获全国优秀校刊一等奖。

1990年，执行国家教委调整后的教学计划，原三年级开设的生物课调至二年级，三年级增加选修课2节，二年级选修课减至2节，劳动技术课正式列入课表。每周必修课一年级29节，二年级27节，三年级14节；选修课一年级3节，二年级4节，三年级16节。另每周课外活动6节。每周活动总量一年级38节，二年级37节，三年级36节。当年，撤销潭市、金薮2所高中、虞唐、月山、白田、棋梓、壶天、东郊、东山7所区（镇）高中，分别改名为五、六、七、八、九、十、十一中学。市教育局制定的《湘乡市中小学教学管理条例》下发，确立以教学为主的指导思想，对教学各个环节提出具体要求。各校相继制订教学工作规范。8月，全市贯彻实施《中小学加强中国近代史、现代史及国情教育总体纲要》，组织学生观看《重庆谈判》等20多部影片，举办"知国耻、懂国情、明己任"的主题班会、故事会、演讲会、课本剧等活动，对学生进行爱国主义教育。1992年起，全市各高中学校党组织举办业余党校，培训976名争取加入中国共产党的积极分子，其中有学生348人被吸收为中国共产党党员。十中改为第二职业中学。全市高中15所，在校学生5657人。1995年秋季，执行新的普通高中教学计划，调整课时，周活动总量减至34节。1997年，十一中停办。1998年，湖南铁合金厂、湘乡铝厂、湘乡水泥厂停办高中。2000年起，全市中小学开展"五爱"（爱祖国、爱人民、爱劳动、爱科学、爱社会主义）教育、法纪教育、理想教育的主题教育活动。全市高中减至10所，在校学生11821人。

2001年，实行湖南省普通高中教学计划，开设必修课有思想品德、语文、外语、数学、信息技术、物理、化学、生物、历史、地理、体育和保健、艺术（音乐、美术），结合实践活动每学期1周，可集中和分散安排；另在数学、信息技术、物理、化学、生物、历史、地理等课程中安排了选修内容。每周按5天安排教学，周活动总量34课时。2003年，湘乡六中停办。湘乡一中获湖南省中小学田径运动会县（市）乙组团体总分第一名。同年，全市美术类考生重点本科录取21人，占湘潭市同类考生录取人数的50%。2004年，全市各高中学校加强素质教育硬件建设，15所学校装备了计算机室、语音室。一中、东山学校、三中被列为湖南省青少年科技活动示范基地。2005年，全市有高中15所，一中、东山学校为湖南省示范性高级中学，在校学生26569人。东山学校参加湖南省青少年田径运动会，取得全省县（市）团体总分第一名。参加省"独唱、独奏、独舞"比赛，全市有3人获奖。全市有9所高中装备了"方正"《中小学教育装备管理系统》软件。

1986—2005年湘乡市普通高中设置一览表

表19-3

年份	学校数（所）	招生数（人）	学生数（人）	毕业生数（人）	年份	学校数（所）	招生数（人）	学生数（人）	毕业生数（人）
1986	18	3031	8392	2321	1996	13	2287	5819	1632
1987	17	2977	8692	2355	1997	13	3036	7220	1600
1988	17	2378	8017	2708	1998	14	3612	8850	1722
1989	16	2840	7618	2674	1999	13	4146	9926	2281
1990	15	2095	6520	2050	2000	10	4687	11821	2463
1991	15	2179	6602	2083	2001	10	6367	14431	3005
1992	14	2088	5657	2040	2002	13	7271	17887	3454
1993	14	2253	5544	1745	2003	12	8463	21597	4579
1994	14	2248	5680	1720	2004	14	9393	23933	5707
1995	13	2287	5819	1632	2005	15	10805	26569	7123

附：学校选介

一、湘乡市第一中学

湘乡市第一中学，1904年创办，前身为湘乡中学和驻省中学堂。1947年更名为湘乡县立中学。1949年9月1日，由湘乡县人民政府接管，1952年12月，改称湖南省湘乡第一中学。1986年，学校校园面积5万平方米。建筑面积2.15万平方米。有教学班24个，在校学生1362人，教职工128人。

1991年起，加强学校基础设施建设。1992年设教学班25个，学生1410人，教职工127人。1995年，省教育厅确认为湖南省重点中学，后挂牌"湖南省示范性普通高级中学"。至1999年，新建综合楼

1万多平方米，装备计算机室4间，多媒体教室2间，电子备课室2间，开通校园宽带网。2004，新建综合楼1万多平方米。2005年装备多媒体教育24间。当年，有教学班50个，学生3000多人，专任教师174人。其中，特级教师2人，高级教师72人。湘潭市级骨干教师6人。自恢复高考以来，至2005年，向全国高等学校输送学生1.5万多名，其中清华、北大34人。20名音美特长生保送入大学，6人考入中央美术学院。

二、东山学校

东山学校始建于1895年，初建时名为“东山精舍”。1900年改称东山书院，1905年改为湘乡县立东山高等小学堂。1910年，毛泽东在此求学。萧三、柳宗陶、易礼容、陈赓、毛泽覃、谭政也先后就读于此。1941年起，为东山初级中学。

1949年8月，中国共产党接管。1950年学校与湘乡第一女子学校合并。1952年，省教育厅决定恢复东山小学，定名湖南省立东山小学。1955年下放归县管理。1956年增办初中。

1958年，毛泽东主席题写校名“东山学校”。1969年增办高中。1976年增办“五七”大学部，1977年撤销。至1990年，小学办班63个，毕业3000余人，初中办班58个，毕业3324人，高中办班76个，毕业4035人。1992年，学校占地面积46519平方米，建筑面积23226平方米，图书馆藏书2万余册，理、化、生物实验室仪器1万多件。开设25个教学班，学生1472人。其中，小学6个班，312人，初中7个班522人，高中12个班，638人，教职工106人。1995年停办初中。2003年，被确认为湖南省重点中学。2004年，挂牌湖南省示范性普通高级中学。2005年，学校占地12万多平方米，建筑面积10万平方米。有“子任学苑”、科教馆、艺术楼、游泳池、学生公寓。装备了电视录像编辑室、电视演播室、多媒体教学中心、智能广播系统、电子监控系统。有教学班78个，学生5000多人，教职工220人。其中，高级教师41人，湘潭市骨干教师3人。自恢复高考以来，至2005年，向全国高等学校输送学生6000多名，其中6人被清华、北大录取。

第五节 职业教育

1986年，县教育局作出调整教育结构、加快职业技术教育发展的决定。下期，由湘乡二中带办建筑职业班1个，湘乡三中带办啤酒职业班1个，社会青年文化补习学校开办幼师班1个。1987年6月，原城关镇中学改为湘乡市第一职业中学，将二中、三中、补习学校开办的职业班并入一职，在校学生542人，教职员工87人。1988年，市经委开办湘乡市工业中等职业学校。1989年下期，潭市高中改为湘乡市第二职业中学。湘乡十中招收3个电视中专班。1991年起，市教育局先后制订《职教目标管理21条》《职业学校教学常规管理》《社会力量办学系统年检评估细则》，对职业学校进行教学管理。1992年，十中改为湘乡市第二职业中学，原二职改办潭市初中。当年，有职校4所，在校学生1707人，教职员工135人。职业中等专科学校学制为3年，职业高级中学学制为2年。设置的专业有机电、电工、焊工、电子电器、家电维修、计算机应用、建筑工程、啤酒、财会、医学、园艺、农学、畜牧兽医、刺绣等，同时，开设少量文化课。

1993年起，根据湘乡市政府《关于加强和发展我市职业技术教育的决定》的精神，鼓励支持社会力量开办职业学校。先后开办了东山职高、湘乡电力学校（后更名为华南电力科技学校）、湖南卫生学校、湘乡水泥厂职业高中、物资中专学校、电器技工学校（后更名为金天科技学校）、高科职业技术学校、中南计算机学校、江南计算机学校、新世纪职业技术学校、湘乡铝厂职业学校、华光电子工业学校、联湘电脑培训学校、新科计算机学校。二职开设的畜牧兽医专业，因教学注重理论与实践结合，毕业生参加专业抽考时，畜禽解剖获湘潭市同类专业第一名。毕业生大都成为当地兽医或养殖专业户。各职校重视德育教育。一职、中南等校以爱国主义教育为主线，组织学生参观伟人故居，利用德育基地和重要纪念日开展活动。金天、华南等校，开展向雷锋学习活动，组织学生上街、下乡，为群众义务修理家电、农机。各校把职业道德教育，贯穿于教育教学始终。聘任法制副校长，向学生进行法律、法规教育。

1995年开始，执行省教育厅颁布的教学计划，课程设置规范统一。职业高中课程分文化课、专业知识课、专业技术课和实习课。各校根据人才市场需求，增设电脑文秘、电算会计、商务英语、经营与管理、工艺美术、服装制作、模具设计、汽车修理、宾馆服务等专业。1996年，中专职业学校10所，在校学生1297人，教职员工177人。至1997年，一职毕业生参加全省文化课统考和专业课抽考57科次，有29科次获湘潭市第一名。各职校均开设体育、音乐课，每年举办田径运动会。1998年职校发展到14所，在校学生1086人，教职员工增至243人。2000年，中南职校的群舞《走进新时代》获湘潭市首届民办职校文艺会演一等奖。2001年，一职毕业生参加湘潭市计算机和英语等级考试，合格率为91.5%。在历届对口高考中，有382人被大专院校录取。当年，金天、江南两校各投入资金近千万元，分别在工贸新区和东风北路新建了校舍。华南投入500万元，购买原外贸局大院进行改造装修，作为校园。其他职校租用场地办学。2002年后，部分职校因生源不足，陆续停办。2003年，学校减至10所，在校学生7210人。2004年，举办职校学生首届技能比武，华南校获总分第一名，一职校和金天校分别获第二、第三名。2005年，全市公办职校有一职、工职，其中一职为湖南省示范性职业中专。民办职校有华南、金天、高科、中南、江南、华光、联湘、新科，在校学生7246人，教职工445人。

1986—2005年湘乡市初级中学学校设置一览表

表19-4

年份	中等职业学校数（所）	在校学生数（人）	教职员工数（人）	年份	中等职业学校数（所）	在校学生数（人）	教职员工数（人）
1987	1	542	87	1997	13	1431	200
1988	2	722	110	1998	14	1086	243
1989	2	917	102	1999	14	3453	300
1990	3	816	121	2000	14	4071	324
1991	3	867	114	2001	14	3322	314
1992	4	1707	135	2002	12	5103	367
1993	5	1503	163	2003	10	7210	433
1994	6	1526	178	2004	10	6812	395
1995	8	1401	184	2005	11	7246	445
1996	10	1297	177				

附：湘乡市第一职业学校

1987年，城关中学改建为湘乡市第一职业学校，学校占地18600平方米，建筑面积12882平方米。当年开设建筑、幼师等专业。有3个班，学生150人，教职工65人（含初中部教师）。1994年后，新建计算机机房、多媒体教室、家电实习室、综合实验室、语音室、电子阅览室和电、焊、钳工实习工场。学校坚持培养思想素质好、技能能力强的新型劳动者，努力提高教学质量。参加全省中职文化课统考、专业课抽考，英语、计算机合格考试成绩和对口高考，均获优异成绩。电子电器专业被评为省样板专业，电脑文秘、机电、计算机专业被评为湘潭市示范骨干专业，办公自动化专业被评为湘潭市质量过得硬专业。1996年，被确认为省合格中等职业学校。开设财会、电子电器、计算机、电脑文秘、机电一体化等专业，有14个班，学生750人，教职工82人。至年底，共5000多人毕业，4800人就业。

1998年，被确认为省职业中等专业学校。1999年，挂牌“湖南省示范性职业中专”。

2005年，开设电子电器、计算机应用，电脑文秘、机电一体化，模具设计等专业，有21个班，学生1420人，教职员100多人，其中高级教师12人。至年底，共有8800人毕业，8500人就业。该校被评为湘潭市劳动力转移先进单位，就业培训先进单位。

第六节 成人教育

一、扫盲与培训

20世纪80年代，全市对企事业单位的干部、职工进行文化技术补课和就业培训。市经委、供销社、劳动局、商业局、农业局、农机局、粮食局、卫生局等单位先后开办职工学校或培训中心。湘乡市供销社职工学校被评为湖南省先进职工学校。后因干部职工教育步入更高层次的学历教育和技能培训，行政事业单位开办的职工学校陆续停办。

1987年后，市成人教育委员会坚持“一堵、二扫、三提高”（堵住新文盲产生、扫除现有文盲、对已摘帽文盲进行提高）的指导思想，全力扫除剩余文盲。开办小学文化补习班、初中文化提高班和实用技术培训班，进行脱盲后继续教育。1991年11月，全市文盲、半文盲3035人参加湘潭市扫盲统考，人均得87.5分。当年，湘乡市被评为全省扫除文盲先进单位。此后继续组织脱盲学员到乡、村农校学习文化、技术和法律知识，脱盲巩固率达98%。在扫盲的同时，全市各乡镇相继创办农校。1992年，月山镇农校率先被授予湖南省示范乡农校。此后，龙洞、东郊、泉塘、棋梓、毛田、东山等乡镇农校相继被授予省示范乡农校。棋梓镇投资32万元，征地980平方米，新建1080平方米的镇农校教学楼，开展杂交水稻栽培、小水果生产、网箱养鱼、科学养猪等实用技术培训。1996年，中央电视二台在“科技与教育”专题节目中推介他们科教兴农的经验。1997年10月，湖南省“两基”达标验收团到湘乡评估检查认定：当年全市青壮年中非文盲率为99.94%，15周岁人口中文盲率为0.19%，3年脱盲巩固率为99.3%，乡农校和村农民业余学校办学面为100%。基本扫除青壮年文盲达到省验收标准。至2002年，全市农民教育累计投入1480万元。各乡镇农校，举办各类培训班6319期，培训农民481364人次。

2003—2005年，全市共举办各类农业实用技术培训班200多期，1万多人次参加培训。

二、学历教育

（一）广播电视教育

1986年，中央农业广播电视学校湘乡分校（简称市农广校）开设企业经营管理、机电、电算会计、财会、林业、畜牧兽医、人口与计划生育等10多个专业，招生566人。1987年，166人毕业。1989年，开办乡镇企业管理、畜牧、会计3个专业，招生300人。1997年，学校被评为省“育才兴农”示范校。当年，湘潭广播电视大学湘乡教学部（以下简称电大湘乡教学部）设立，开设法律、财会2个专业，招生52名。2000年起，市农广校开设农业技术推广、农业经营管理2个中专后继续专业（大专），设12门课，分4个学期完成学业。当年，学校被农业部评为“农业广播电视教育先进集体”。湘潭广电校开设金融专业，招收学员38人。2001年，该校招收法律、财会、金融、中文和计算机应用5个专业478名学员。2002年，37人毕业。当年，市农广校被中央校授予国家级“育才兴农示范校”

称号。2005年，农业部确定为“农业科技入户直通车”项目实施单位，赠学校汽车1台和农业科技培训设备1套。电大湘乡教学部招收法律本科生44人。

至2005年，市农广校学员1.25万人取得中专和大专学历。其中，乡镇干部2841人，农林水牧专业技术在职人员2580人，企业厂长和经理184人，村常设干部1752人。电大湘乡教学部共有学员512人。

（二）函授教育

1986年，县教师进修学校举办中师函授班，500多人参加学习。1987年，中华会计函授学校湘乡函授站成立，开设会计专业。1992年，市教师进修学校举办高师函授班，招收中文专科学员164人。1993年，招收78人。至年底的7年间，有472人获师范中专毕业证书，480人参加会计专业学习，250人毕业。

1994年起，中华会计函授学校，设专科会计专业。1995年起，增设本科会计专业。1996年，中华全国律师函授中心在司法局开设律师函授专科班，招学员88人。1997年，有30人获毕业证书。新招10人。中师函授招收210人。1998年，中师函授招收78人，律师函授招高中毕业生40人，学制两年，后参加自学考试或法律工作者资格证考试。1999年，中师函授招学员28人。至年底的6年间，共有124人中师函授毕业。之后，中小学教师函授学习在省和湘潭市教育学院进行。

2000年，省电大在湘乡设司法教学点，招专科班学员74人。2002年，湘乡第一职业中等专业学校创办高等教育函授站，招收湖南工程学院函授学员118名，西南民族学院函授学员57人，娄底师专计算机财会函授学员35人。至2005年的20年间，湘乡函授教学点共有10多个。参加函授学习后获中专毕业班证书的有2133人，专科毕业2803人，本科毕业2186人。尚有1000多人在读。

（三）自学考试

1986年，高等教育自学开考数学、英语、会计、统计、汉语言文学、党政干部基础科等专业。报名参加考试的有1000多人，3人获专科毕业。1987年1月，增开本科。7月，增开护士、物资、经营管理、农村金融4个中专专业。1990年7月，中专停考。1998年1月，专科、本科专业分开。1999年为自考报考高峰年。当年，全市5947人报考13537科次，4514科次合格，专科107人毕业，本科20人毕业。2001年，4569人报考9860科次，3306科次合格，专科414人毕业，本科90人毕业。至2005年，共开考48次，开考专业41个，其中本科18个。69453人次报考137835科次，41537科次合格，1810人专科毕业，490人本科毕业。

（四）成人高考

1986年，全县353人报名参加成人高考，录取189人。1995年，全市报名人数增加到1944人，录取813人。之后，报考人数逐年减少，2004年，仅301人。至年底，全市共组织19次全国成人高、中等专业招生考试，累计19915人报名，录取11042人。2005年起，湘乡因生源减少，成人高等学校考试工作归湘潭市教育考试院统一组织实施。

第七节 教学研究

一、教研网络

1986年，县教育局下设教育教学研究室（以下简称教研室），专职教研员12人，对小学语文、数学、常识、思想品德，中学语文、数学、外语、物理、化学、政治、历史、地理、生物及中小学体育、音乐、美术、德育、劳动技术和信息技术进行教学研究。湘乡市教育学会下设的教育教学专业委员会，涵盖全市中、小学各学科及行政管理、班级管理、德育和幼儿教育、职业教育。

1987年，建立“市教研室—区联校教学业务主任—乡（镇、街道）学区教学业务干部—学校教导处和学科教研组”四级教研网络。1991年，市教研室专职教研员增加到14人，市教育学会有20个团体会员、1200名个人会员。1995年市撤区并乡后，教研网络调整为市、乡、学校三级。2003年，教研室配备小学英语、中小学综合活动课和职业教育教研员，教研员增加到16人，聘请438人为初中12科、小学6科的兼职教研员。2005年，市教研室教研员18人。市教研室主办的“湖南湘乡教研网”开通。

二、教研活动

1986年以来，全市教育教学改革的主要实验项目有：小学“三算”（笔算、珠算、口算）结合实验研究，小学愉快教学，小学协同教学研究，体育课中的“小群体”教学，中小学地理课堂教学中渗透国情教育，小学思想品德课堂教学结构研究，初中外语听、说、读、写能力培养研究，高中外语课文整体教学研究，中学政治课教学“‘知识—能力—觉悟’转化”实验研究等。市教研室和教育学会组织教师总结教学经验，撰写教学论文。东方红学校先后开展“利用音像教育优化课堂教学”“小学自然创新教育”“心理健康教育与小学生素质发展研究”“专题学习网站”等教改实验，取得阶段性成果。《〈大鹿〉教学设计》获国家教委三等奖。市教师进修学校附小教师傅举连，实施教育部教育科学研究所下达的小学语文教改实验课题——集中识字、大量阅读、分步习作。她执教的班48名学生，先后有22人62次在全国、省、县（市）各类竞赛中获奖。1991年起，湘乡一中教师肖志良，在化学课教学中进行“化学创新教育”，在省级以上刊物发表论文多篇，编写《初中化学提示、参与、评析》等专著。他所教的学生有8人在奥林匹克化学竞赛中获省级奖。1995年，湘乡一中、名民中学与市教研室教师，在中学语文教学中实施“利用电教手段，开拓作文灵思”研究课题，在长达3年之久的研究实践中，总结出“激导式作文教学五步法”。此课题被省教育厅评为实施全国教育科学“九五”规划重点课题一等奖。

1996年起，市教研室主持和参与湘乡市中小学骨干教师培养对象的选拔和培训、义务教育课程标准新教材培训，为学校提供咨询、信息服务与技术帮助。全市27名中小学教师参加湘潭市“希望之星”课堂教学竞赛活动，小学教师获一等奖的占湘潭市的50%。1997年，市教研室刘力平撰写的论文《运用协同理论，指导小学教研工作》获省教育厅奖励。1998年，教研室主持的《初中化学创造性教学模式实验研究》课题，获湖南省基础教育研究一等奖。湘乡一中教师赵志强的《浅谈体育合格标准，提高学生全面身体素质》一文获全国教育学术论文优秀奖。至当年底，在湘潭市组织的教育成果评奖中，共有15项获奖，有5项获省级奖。

1999年起，全市学校课题研究形成规模，每年6月，进行课题立项申报。2000年，市教研室和东山学校承担国家基础教育“高中英语教学环境的理论与实践”课题的实践研究，确立高中英语“引导（Lead-in）— 咨询（Consult）— 发展（Deleopment）”教学模式，开展朗读、唱歌、讲故事、写作竞赛、演讲比赛、戏剧演出、猜测游戏等英语课外活动。实验班学生参加全省高中英语毕业会考，人均成绩高出全省15个百分点。公略完小教师左都才撰写的《农村小学科技教育实践素质教育的尝试》获国家级一等奖。2003年，《初中化学创造性教学模式实验研究》经省教科院专家验收，向全省初中学校推介。2005年，育才中学的地理教学创新课题研究阶段性课件和教学设计获省一等奖。

第八节 教师

一、教师队伍

1986年，全县教职员工8286人（公办5574人，民办2712人），其中专任教师6470人。专任教师中，具有大学本科学历148人，专科（含肄业）806人，中专（高中）毕业4331人，中专（高中）以下1185人。年龄30岁以下1915人，31～45岁3476人，46～55岁872人，56岁以上207人。

1987年起，开始教师专业技术职称评聘，1989年评定：中学高级114人，中学一级797人，小学高级384人，中学二级和小学一级469人。1992年起，每年评聘1次。1996年起，实行教师资格制度。1998年，全市2712名民办教师全部转为公办教师。1999年，推行校长负责制和教职工聘任制，当年7630名教职工竞聘上岗，215人落聘。2000年起，市政府每年择优录用师范院校毕业生。至2005年，共录用教师669名。全市共有教职员工8624人（含民办学校教师），其中专任教师7491人。中学高级教师317人，中学一级和小学高级4219人。教师学历合格率，小学（中师以上学历）98%，初中（师专以上学历）92%，高中（师范本科毕业）85%。年龄35岁以下3111人，36～50岁2946人，51岁以上1439人。

二、教师培训

（一）学历达标

1986年起，开展小学教师进修中师学历培训，成人教育中师毕业2264人，补修中师毕业225人。1987年起，进行中小学教师专业合格证培训，有1196人获得专业合格证书。1992—1997年，采取函授、电视教学和自学考试相结合的“三沟通”教育培训中学教师，中文专科毕业211人，市教师进修学校被省教委评为“三沟通”教育优秀教学点。之后，教师进修学校连续开办高教函授和远程教育培训班，至2005年有381人专科毕业，236人本科毕业。通过成人教育和自学考试，全市进修专科的小学教师有1119人，进修本科的中学教师704人。

（二）技能培训

1986—1991年，市教师进修学校利用寒暑假，举办小学教师入门培训、继续教育培训、“专业合格证”考试培训、小学音乐、自然教师培训，计41个门类，共培训3792人。1992—1997年，全市小学教师进行第一周期继续教育。举办各类培训班63期，2459名教师培训结业，686名小学校长获得岗位合格证书。同时，全部参加普通话、三笔字（毛笔、钢笔、粉笔）、简笔画和动手能力4项基本功训练，经湘潭市教委考核验收，成绩优秀。

1998年开始，进行小学教师第二周期和中学教师第一周期继续教育培训工作。2005年，有44名中小学教师被评定为湘潭市骨干教师。至2005年的8年间，举办计算机培训班69期，中小学教师取得计算机应用水平考试初级证书的4279人，高级证书的551人。举办普通话培训班68个，参加培训和测试的教师5839人，达三级甲等以上水平的5432人。举办小学、初中教师新课程培训班38期，3210名教师结业。举办小学英语教师培训班6期，310名教师结业。此外，还进行新任教师培训、小学校长提高培训和骨干教师培训。

三、教师待遇

（一）政治待遇

1986—2005年，有1名教师当选为县人大常委会副主任、省人大代表。有3名教师当选为市政协副主席。有82名教师当选为省、地（市）人大代表，39名教师为地（市）政协委员。王雄湘、胡如松、孙永辉被评为省特级教师。30名教师被授予全国优秀教师或先进个人称号。110名教师受到省政府或省属有关部门表彰。每年教师节，市委、市政府都表彰和慰问教师。每年年度考核，按教师总数13% 的比例评优奖励。

（二）经济待遇

1987年，全市公办教师月均工资为101.04元，民办教师为40元。1993年工资改革，公办教师月工资提高到280.4元。1997年开始，全市行政事业单位人员每月发误餐补贴60元，生活补助150元或165元。因教育经费困难，大部分农村中小学教师未能按标准发放。

1997年7月1日后，月平均工资达292.20元，1999年7月1日后提高到429.50元，2001年1月1日月平均工资为657.40元。

2005年，教师月平均基本工资866.55元，市财政保证教师基本工资按时足额发放。教师的误餐补贴和生活补助同时落实到位。市直中学教职工实行结构工资制，民办学校教师工资实行课时工资制，标准各校自定。

第九节 设施设备

一、校园校舍

1986年，全县学校校园面积196.9万平方米，校舍建筑面积63.6759万平方米。1987—1992年，投入资金1.3741亿元，维修校舍12.6866万平方米，新建校舍61.5609万平方米。小学有60米以上跑道的100所，有风雨活动场所的133所；初中有200米环形跑道的40所，有风雨活动场所的36所。1992年，全市学校校园面积209.27万平方米，建筑面积75.31万平方米。1993—2005年，东山学校、一中、二中、三中、四中共新建校舍20万平方米，修建有400米环形跑道的标准田径场3个。树人、育才、涟滨、金天、江南、华南6所民办学校新建了校园校舍。2005年，全市校园面积288.6509万平方米。学校建筑面积97.6817万平方米。

二、图书馆（室）

1986年，一中、二中、三中、四中、东山学校、湘乡师范等中学有图书室，藏书不到30万册。农村中、小学无专门图书室。1996—1998年，全市投资900多万元建设图书馆（室），购置图书81万册，社会各界和师生捐赠图书41万册。1998年，全市中小学藏书200万册，经省教育厅验收，确认湘乡市为中小学图书馆（室）建设合格市。2003年，一中图书馆藏书9万册，引进计算机图书管理系统，建立电子阅览室。东山学校藏书8万册，配有电脑25台。

2005年，全市中小学图书馆（室）310多个，藏书392万册，其中电子藏书104万册。

三、实验室与教学仪器

1986年，全县53所中心小学16所有实验教室，中学有理化实验专用教室67间。设备只有幻灯机260台、收录机204台、风琴353架，教学仪器总值72万元，其他设备总值192万元。当年10月，教育局制订《湘乡县教学仪器规范化标准》，开始向学生征收实验费。1992年，全市有49所初中设置专用实验室83间，理化仪器室189间，电教、仪器价值262万元。1995年，全市新建实验室73间，仪器室2967平方米。同时，投资962万元添置仪器柜、实验桌凳，购置理化生仪器。11月，省教委认定湘乡市为“中小学实验教学普及市”，颁发奖金17万元。

2000—2005年，全市中小学共投入资金3000多万元，新建电脑室116间，电脑4324台，语音室21间，多媒体教室112间，校园网5个。一中、东山学校、三中、四中、东方红学校创建为湖南省现代教育技术实验学校。二中、东山中学、山枣中学、梅桥中学创建为湘潭市现代教育技术实验学校。信息技术教育普及率高中达100%，初中达91%。全市农村学校中，建有电脑室的初中62所、小学26所，建有多媒体教室的中学52所、小学12所，11所中学有语音室，2所有电子设备室。

2005年，全市公办中小学和公办职校共有科教楼16栋，物理实验室84间，化学实验室48间，生物实验室18间，小学自然实验室130间，实验桌凳3272套。仪器柜3518个，仪器室总面积9140平方米，仪器、电教设备总值6065万元。

第十节 教育管理

一、行政管理

湘乡市（县）教育局是主管全市教育工作的政府部门。1986年，局内设办公室、人事股、教育股和计财股。全市中小学实行市、区、乡、村四级办学，市、区、乡三级管理体制。一中、东山学校、二中、三中、四中、教师进修学校、一职、东方红学校、教师进修学校附属小学由教育局直接管理。五中、六中、七中、八中、九中由市教育局和区公所共同管理，乡（镇）中学、小学由乡（镇）政府、街道办事处管理。各区（镇）设教育办公室，乡（镇）、街道设学区。1993年，区（镇）教育办公室改称为区（镇）联校，乡（镇）、街道设学区。1995年，撤区并乡后，区高中收归市教育局管理。撤销区（镇）联校，设立22个乡、镇、街道学区。1997年，原由乡、镇、街道管理的人、财、物、事四权收归市教育局管理。2001年，落实国务院《关于基础教育改革与发展的决定》，实行“在国务院领导下，由地方政府负责，分级管理，以县为主”的农村义务教育管理体制。市政府担负起对全市教育发展规划、经费安排、学校建设、校长和教师管理、教育教学工作指导等方面的责任，乡、镇政府担负相应的办学责任，筹措教育经费，改善办学条件，提高教师待遇。乡（镇）、村都有维护学校治安、动员适龄儿童入学等责任。2005年，市教育局设办公室、教育股、人事股、计财股、监察内审政策法规股、行政后勤股。同时，设立市政府教育督导室。局机关公务员和事业编制人员共40人。局属二级机构有教研室、教育工会、电教仪器站、招生办公室、民办教育管理办公室、勤工俭学管理站。

二、教学管理

1986年起，中小学的学制和课程设置，严格执行国家教育委员会（教育部）和省教育委员会（教育厅）颁发的教学计划和教学大纲。1990年，市教育局制订《中小学教育管理暂行条例》。

1991年，市教育局制订《湘乡市学校干部管理工作若干规定》《湘乡市中小学教职工管理工作的若干规定》，对学校干部的管理权限、选拔、考察、任免作出明确规定，对中小学教师的职业道德、师德规范、工作职责、奖惩、调配等提出具体要求。

1997年6月，市教育局制订《湘乡市中小学教学管理条例》，就建立正常教学秩序、教学过程各个环节的基本要求、课外活动和学科竞赛、教学改革与教学质量管理、教学计划与总结、教务行政管理等进行规范和具体要求。随后，还制订完善教学仪器、图书阅览、体育卫生、学籍管理、中小学教学质量综合评估方案等规章制度。明确校长、教导主任、教研组长、班主任等人员的岗位职责。2003年，市教育局印发《湘乡市教育教学管理制度汇编》。至2005年，教育局每年上半年组织一次全市性的教学工作检查，进行综合评估，年终召开全市教育教学工作总结表彰会。中小学教学管理日趋完善和规范。

三、经费管理

（一）经费来源

1. 国家与地方财政预算拨款

1986年，预算拨款1067.2万元。1987年，预算拨款1096.4万元，占全市财政支出31.5%。以后逐年增加，1994年达2945.1万元。1996年，为加快“两基”达标，预算拨款增加到3238.5万元。2003年起，农村教育事业附加费停征后，中央财政加大教育转移支付力度。每年为市财政转移支付教育经费2207万元。同时，中央、省、地各级增加学校基建拨款。2005年，预算拨款增至1.315亿元，占全市财政支出22.96%。至2005年的20年间，国家与地方财政拨款9.2亿元。

2. 地方自筹

1986年起，根据国务院规定，凡缴纳产品税、增值税、营业税（以下简称“三税”）者随征教育费附加1%。城市维修建设费按15%～20% 提取用于教育，城市教育费附加按“三税”总额3% 征收。当年自筹49.9万元。1991年起，农村教育附加增为1.5%。1992年，自筹增加到1723.73万元。1995年起，农村教育附加增为2%。1996年，自筹增加到1911.5万元。2002年起停征。当年自筹经费降为373.5万元，至2005年的20年间，地方自筹教育经费总计2.17亿元。

3. 群众集资、捐款

1986年，群众集资131.7万元。1987—1997年，全市共集资、捐款3842万元。1998年，全国人大代表王填为仁厚中学和湘乡四中捐资37万元，谭绶生为横铺完小捐资24万元，台胞王永庆为明德小学捐资40万元，宋文汉为建设龙潭八一中学和石坝小学引进资金130万元，刘寓中为天门完小引进资金60万元，当年集（捐）款达324.3万元。2004年，增至717.7万元。至2005年的20年间，捐资助学万元以上的有50多人，捐资总额为3082.5万元。

4. 学杂费

1986年，学杂费征收标准是：小学中低年级每学期4元，高年级4.5元，初中6.5元，高中7.5元，减免面均为20%，当年征收74.6万元。1987年，小学不变，初中为7.5元，高中17元，当年征收费增加到185.4万元。1997年，征收标准提高，小学低年级为101.50元，高年级104.50元，初中125元，高中264元。1998年共征收2578.8万元。2005年，小学降为70元，初中90元，高中增加到550元，省重点中学为1000元，全市学杂费总收入4217万元。至2005年的20年间，共收学杂费3.65亿元。

5. 勤工俭学

1986年，全市勤工俭学收入为31.6万元。1987年以来，全市学校因地制宜，广泛开展勤工俭学活动，一中、三中、东山学校、一职、东方红学校、望春中学等校的校办工厂均有产品，收益较好。一中农场78亩，开展养猪、饲料加工、花卉苗木种植，被省教委确认为示范农场。1990年起，全市学校勤工俭学收入每年超100万元。1992年达到218.48万元，1996年达244.7万元。2005年，全市有校办企业79个，生产基地89人，商店285个，纯收入413.9万元。至2005年的20年间，勤工俭学共收入3280多万元。

1986—2005年湘乡市部分年份教育经费收入一览表

表19-5 单位:万元

年度\项目	总收入	其中					
		预算拨款	地方自筹	勤工俭学	学杂费	集(捐)资	其他
1986	1369.1	1067.2	49.9	31.6	74.6	131.7	14.1
1988	2081.9	1325.3	393.7	54.3	185.4	18.0	105.2
1990	2802.6	1549.7	601.7	103.9	185.4	214.0	147.9
1992	5069.8	1945.6	723.7	218.48	651.7	945.0	612.9
1994	7135.6	2945.1	1158.2	176.2	1229.0	294.6	1332.5
1996	9344.4	3238.5	1911.5	244.7	1843.2	255.3	1851.2
1998	10304.5	4105.4	1379.2	135.7	2578.8	329.3	1776.1
2000	12780.8	5419.6	3070.6	147.8	3112.3	198.9	831.6
2002	16608.9	11104.2	373.5	294.0	3853.0	335.8	648.2
2004	19833.4	12580.1	803.7	216.6	4859.8	717.7	655.5
2005	20493.8	13150.0	673.2	413.9	4271.0	704.2	703.1

（二）经费支出

1986年起，教育经费预算支出按国家有关规定和学校实际情况分类分项列支。1986年，全市教育经费支出为1067.2317万元。其中，人员经费支出（含工资、福利、退休金、助学金等，以下同）846.8997万元，占总支出的70%，公用经费（含公务、设备购置、修缮、基建等，以下同）220.4320万元。占总支出的30%。以后，经费支出逐年增加。1988年，总支出2021万元。其中，人员经费1302万元，占总支出的64.4%。公用经费719万元，占总支出的35.6%。1992年，总支出增加到4762万元，其中人员经费2493.6万元，占总支出52.6%；公用经费2268.4万元，占总支出47.5%。1998—2004年，人员经费总支出9.7138亿元，而财政预算拨款和地方自筹总收入只有8.1363亿元，全用于人员经费，还少1.5775亿元。全市累计欠发教师政策性补助、补贴2777万元，各学区负债670万元。人员经费严重挤占公用经费，制约办学条件改善，影响学校工作正常运转。2005年，全市教育经费支出2.4021亿元，人员经费支出1.63亿元，占总支出67.86%，公用经费支出7720.9万元，占总支出的34.14%。国家预算拨款1.315亿元，加上地方自筹673.2万元，全部用于人员经费，尚差2476.8万元。

湘乡市几个年份教育经费支出分类分项一览表

表19-6 单位:万元

项目			1988	1992	1998	2004
总计			2021.0	4762.0	10978.9	22017.0
分类	中学教育		873.2	2032.9	4463.0	12286.9
分类	小学教育		973.2	2578.1	5594.4	8151.6
分类	职业教育		84.4	72.0	202.6	473.3
分类	教师进修		16.3	20.7	66.5	139.2
分类	其他		73.9	58.3	652.4	966.0
分项	其中	人员经费	1302.0	2493.6	7521.2	15615.9
分项	其中	基本工资	589.0	826.7	3231.4	7325.3
分项	其中	补助工资	369.3	845.5	1044.7	2025.1
分项	其中	其他工资	—	—	1128.0	1388.8
分项	其中	职工福利	173.3	390.5	243.1	479.8
分项	其中	社会保障费	167.7	428.3	1873.5	4361.7
分项	其中	助学金	2.7	2.6	0.5	35.2
分项	其中	公用经费	719.0	2268.4	3457.7	6401.1
分项	其中	公务及其他	228.2	379.0	1721.2	3326.3
分项	其中	设备购置	71.7	89.3	569.5	807.8
分项	其中	修缮费	419.1	1800.1	344.2	2137.0
分项	其中	基建	—	—	822.8	130.0

2005年湘乡市教育经费支出一览表

表19-7 单位:万元

项目	金额	%	其中				
			中学教育	小学教育	职业教育	教师进修	其他
总计	24020.90	100.00	13929.00	8405.80	588.00	155.50	942.60
%	100.00	—	57.99	34.99	2.44	0.65	3.93
基本工资	7381.20	30.73	3741.80	3382.90	113.30	28.10	115.10
补助工资	2551.10	10.63	1519.00	948.10	39.00	10.80	34.20
其他工资	1235.30	5.14	987.90	141.30	67.20	4.50	34.40
职工福利	469.30	1.95	246.60	183.90	11.50	2.40	24.90
社会保障费	4555.40	18.96	1621.80	2570.80	89.40	39.20	234.20

续表19-7

项目	金额	%	其中				
			中学教育	小学教育	职业教育	教师进修	其他
助学金	107.70	0.46	91.60	16.10			
公务及其他	4214.30	17.54	2946.10	559.70	188.10	59.40	
设备购置	594.00	2.48	444.4	46.60	59.50	6.10	
修缮费	2082.00	8.66	1557.20	498.40	20.00	5.00	
基建	830.60	3.45	772.60	58.00			
其中:自筹	233.60		233.60				

四、考试管理

（一）小学

1986—1995年，实行小学生毕业会考，考试语文、数学、常识3科，考试成绩既作为毕业成绩，又作为升学成绩。1996年起，小学毕业生免试升入公办初中。

（二）初中

1986年起，初中毕业生参加全省初中毕业会考，科目为语文、数学、外语、政治、物理、化学、历史、生物、地理9科。从1990年开始，会考成绩又作为升学成绩。2000年起，参加湘潭市初中毕业会考，政治科实行开卷考试。2004年起，地理科实行开卷考试。

（三）高中

1. 会考1986—1988年，高中实行毕业预考，1989年起，改毕业预考为毕业会考，考语文、数学、外语、历史、地理、物理、化学、生物、政治9科，成绩及格方能参加高考。湘乡市参加全省高中毕业会考。1998年，湘乡市考生9科文化成绩合格率为78.06%，高于全省平均合格率5个百分点。从1999年开始，参加湘潭市高中毕业会考。2005年，全市高中毕业生会考合格率达到94.31%。

2. 高考1986年12月，成立湘乡市招生委员会，下设办公室，为全市普通高校招生常设办事机构。1987年起，高考文科考语文、数学、外语、历史、地理；理科考语文、数学、物理、化学、生物。当年报考人数1436人，大学本科录取276人，本科录取率为19.22%；专科录取265人，中专录取211人。1991年起，高考分4个科目组，每组考4科，外语必考。当年报名人数3935人，本科录取314人，本科录取率降为7.97%，专科录取283人，中专录取106人。1993年起，文科考语文、数学、外语、历史、政治；理科考语文、数学、外语、物理、化学。当年报考人数减少至3018人，本科录取增至422人，本科录取率升至13.98%，专科录取增至542人，中专录取减少到57人。2001年起，执行“3+X”模式，文科考语文、数学、外语、文科综合；理科考语文、数学、外语、理科综合。当年报考人数减少至2949人，大学本科录取增至858人，本科录取率升至29.08%，专科录取增至1188人，中专仅录3人。2003年，大学本科录取率高达47.29%。至2005年，全市有61325人参加高考，本科录取13699人，专科录取15559人，中专录取1146人。

1987—2005年湘乡市高考报名录取一览表

表19-8

年度＼项目	报考人数	本科录取情况				专科录取人数	中专录取人数
		录取人数	录取率（%）	录取北大清华人数	录取飞行学员		
1987	1436	276	19.22	2	0	265	211
1988	1694	355	20.95	3	0	352	218
1989	3561	216	6.06	1	1	264	134
1990	3692	276	7.47	2	4	266	99
1991	3935	314	7.97	0	2	283	106
1992	3980	356	8.94	2	4	430	84
1993	3018	422	13.98	1	7	542	57
1994	2189	282	12.88	0	5	559	52
1995	2193	257	11.71	0	4	512	53
1996	2507	348	13.88	3	3	535	46
1997	2284	332	14.53	2	3	525	43
1998	2153	434	20.15	3	1	453	32
1999	2229	552	24.76	7	2	574	8
2000	2531	688	27.18	4	4	646	0
2001	2949	858	29.09	4	2	1188	3
2002	3939	1146	29.09	3	3	1557	0
2003	4724	2234	47.29	3	5	1485	0
2004	5664	2273	40.13	2	1	2388	0
2005	6647	2080	31.29	4	6	2735	0
合计	61325	13699		46	57	15559	1146

五、社会力量办学管理

1986年，湘乡县设成人教育委员会办公室，有工作人员9人，和教育局共同管理社会力量办学，就学校设置、课程、教材、招生等进行具体指导。当年，全市第1所民办高考文化补习学校——启智学校开学。1988年，创办云龙高中和东山职业高中。1989年，城区民办幼儿园兴起。1992年后，政府鼓励多渠道、多形式社会集资办学和民间办学。树人、育才、名民、振湘、涟滨、湘中等中学和华南、江南、湘南、高科、金天、新世纪、中南、华光、联湘、新科等职业学校相继创办。民办幼儿园普及城镇街道和乡村。1998年市教育局制订《社会力量办学系统年检评估细则》，成立市社会力量办学领导小组，下设办公室，负责民办教育管理的日常工作，按照“积极鼓励、大力支持、正确引导、依法管理”方针，市政府将社会力量办学纳入经济发展总体规划，建立社会力量办申报审批、检查督导、财务和校产监督管理制度。加强办学单位党、团、工会、学生会组织建设。2004年5月，市政府制订《湘乡市农村幼儿教育管理办法》，规范农村幼教管理。2005年，全市有民办普通中学6所，职业学校8所，高考补习学校2所，在读学生18952人。民办幼儿园72个，在园幼儿3421人。

六、督导评估

1990年，恢复教育督导制度，督政、督学，以督学为主。按照《湖南省乡镇教育督导评估方案》和国家教委颁发的《普及义务教育评估验收暂行办法》，重点督查《中华人民共和国义务教育法》及其《实施细则》的贯彻实施。1991—1993年，湖山乡、新研乡荣获湖南省教育先进乡镇称号，并获万元奖金。

1994年，制定对乡（镇）学校《“普九”评估验收方案》。1996年，围绕“两基”达标，重点督查普及程度、师资水平、办学条件和教育经费。

1998—2000年，重点督查实施素质教育，巩固和发展“普九”成果。一些学校在教学中重知识灌注，轻能力培养，重考试成绩，轻智力开发，片面追求升学率，造成中小学生流失。潭市、月山、翻江等乡镇初中生辍学率达9%，督导检查后，学校采取措施，减轻学生负担，加强素质教育，辍学学生又回校读书。2001—2002年，建立和完善民办学校、幼儿园、学区、中小学素质教育评估方案，对危房改造、学校民主管理、学校安全、学生课业负担及学校周边环境治理等进行专项督查。使学校收费公示，填送中小学收费监督卡，派专人到校检查、审核，杜绝学校乱收费。2004—2005年，全市开展办学水平评估，共评出1所示范性小学、5所规范化初中、5所规范化小学。

第二章 科学技术

1986年以来，市委、市政府加强对科技技术工作的领导。1991年，作出“科技兴市”的决策，成立由市长任组长的科技工作领导小组。同时，不断引进和推广高新项目和技术，新产品研制开发取得显著成绩。1994年，市农业局高级农技师赵立武被评为全国农业技术推广先进个人。1996年，市科委杨栋梁被国家外国专家局、科委、农业部、计委授予“全国农业引进国外智力先进工作者”称号。市委、市政府加大科技投入，至1996年的10年间，共投入科技资金1549多万元。

2002年起，市委、市政府每两年召开一次全市科学技术工作会议，表彰和奖励作出贡献的科技人员。2004年，作出《关于进一步加强科技技术工作的决定》，明确科技三项经费和科技事业经费按国家规定足额到位。国家科技部宣布湘乡市通过2001—2002年度全国科技进步考核。

2005年，农业部授予东郊乡农技站贺双明、望春门街道农技站沈玲全国农业技术推广先进工作者荣誉称号。科技部授予湘乡市全国科技进步先进县（市）荣誉称号，授予黄赞佳、彭民希科技进步先进个人荣誉称号。

至2005年的20年间，全市下达项目资金5255万元，完成各类项目633项。22项科技成果获国家级奖，28项获省级奖。

第一节 机构队伍

一、管理机构

1986年，县科学技术管理机构有市科学技术委员会、技术监督局。1993年，科委、科协、技术监督局合并为科学技术局。1996年，技术监督局分设。1997年，科协与科技局分设。科技局设立计划、成果管理办公室、地震工作办公室、专利管理办公室、技术市场管理办公室和科技开发中心。2005年，市科技局内设机构有：办公室、工业科技股、农业科技股、社会发展科技股，下设地震工作办公室和科技信息站。

二、科研与推广机构

1986年，科研机构有：农业科学研究所、林业科学研究所和农业机械研究所。1993年，农业机械研究所更名为农机技术推广站，开展农业机具的引进、推广和服务工作。1995年，农业科学研究所撤销，人员并入农业技术推广中心。林业科学研究所撤销，人员并入林业局组建的科技推广站。

三、科技团体

1986年，全县自然科学和交叉科学领导的县级学会、协会、研究会（以下合并称学会）23个，会员2598人，联系全县6782名科技工作者和492家科技示范户。

1988年，学会发展到38个，会员3994人。1989—1991年，市民政部门对学会进行清理整顿，有的学会合并，有的挂靠到单位，对一些活动停止时间较长的30个学会予以撤销。清理整顿后，对符合要求的28个学会重新登记注册，会员1600多人。2005年，全市学会28个，会员发展到3000多人。

四、科技队伍

1986年，全县有科技干部1798人，授予技术职称的1181人，占66%。83人具有工程师职称，390人具有助理工程师职称，708人具有技术员职称。1989年，进行职称改革，全市有专业技术人员7836人，其中有高级职称142人、中级职称1893人、初级职称5667人。之后，科技队伍不断壮大。2001年起，国有企事业单位改制，专业技术人员逐渐减少。2005年，全市各类科技管理人员1813名，各类专业技术人员11493名。其中，高级专业技术职务549名，中级专业技术职务5135名，初级专业技术职务5809名。

第二节 科技活动

一、科学普及

1986年，科普活动主要以办培训班方式进行，重点培训技术干部，作为乡（镇）科技专干及乡（镇）科技服务中心骨干。培训内容有瘦肉型猪养殖技术，罗斯鸡饲养技术，家电、钟表维修技术，无根豆芽生产技术。到1990年的5年间，举办农业科普短期培训班和科普讲座261场（次），1.9万人参加，编辑发放科技资料16万册（份）。1991年，转为重点培养科技专干、农业技术市场从业人员、科技示范户、专业户。全市培训拖拉机驾驶员、犁田手1800多人，农技人员1460人。1992年，成立湘乡市青少年科技辅导员协会，指导中小学校开展科普活动。至2001年10年间，举办实用技术培训班1100多场，2.6万多人参加，放映实用技术录像800多场，3万多人观看。发放资料2万多份。2002年起，开展"跨世纪青年农民科技培训工程"和"农业技术素质培训工程"。每年5月，由市委宣传部、市科技局、市科协共同组织，开展为期一周宣传科学思想、科学精神、科学知识和科学方法的科普活动。通过科技下乡、科普宣传窗、科普志愿者活动等形式，发动科技人员深入田间地头向农民开展科技培训、科普宣传、科普咨询。至2005年，开展科技下乡活动596场，举行科技培训班720期，举办科技讲座2200场，培训42万人次，发放科普资料65万份。全市绝大多数青壮年农民掌握了2~3项农业先进实用技术，农业科技入户率达90%。

二、科技咨询

1986—1989年，市科协开展科技咨询活动628次。1991年，科技中介活动逐渐开展，到1993年年末，全市技术交易额达1200万元。1994年起，中介活动有所萎缩，技术交易额锐减。

1999年起，迅速恢复，技术交易成交额逐年上升，为群众咨询服务8000多人次。2005年，湘乡市承担省科技信息"户"联网工程，建立湖南省科技信息"户"联网湘乡工作站，开通"96318"科技信息服务热线电话。全市成立专家服务团，成员31名。成立科技信息服务队28个，队员300多名。各类专业组织、协会174个，初步建成具有本地特色的信息资源库。技术交易额达到5000多万元。至2005年的15年间，共向农户提供科技信息3000多条，上门服务40余次，接待咨询80余人次，电话咨询280个。

三、地震预测

1986—2001年，湘乡地震工作归口市科技局管理。市政府安排专项经费，但无专门工作机械开展工作。2002年，成立湘乡市地震工作办公室，配备专职人员，负责全市防震减灾工作，开展地震宣传。2004年，湖南省地震局投资30万元，在湘乡市承建地震前兆台站。2005年10月，成立湖南省湘乡地震台。台站主要测量地下水温、水位、气氡、大气气温、气压和雨量等数据。实现无人值守、数据自动采集、自动记录，并发往省监测中心。这是湖南省"十五"期间的第一个地方数字化地震前兆台站。

第三节 科技成果

1986—2005年，全市有247件科技项目获各级科技进步奖。其中，国家级2件，省级28件，湘潭市级83件，湘乡市级134件。这些获奖项目中，农业类102件，工业类79件，卫教类66件。

一、农业类

湘乡是农业大县（市），科技兴农一直是科技工作的重点。1986年后，根据国家科委推出“星火计划”开展农业生产急需的新技术、新项目的引进与推广，如香芋高产栽培，椪柑品质改良，早稻高产品种推广，国外优良松树品种，鱼病防治，“工程鲫”品种引进。赵立武等开展早稻旱土地膜育秧试验，其他农科干部，开展玉米稻高产示范试验，优质米湘乡106稻选育研究。至1989年，有15项科研成果获各级科技奖，其中，获湘潭市科级奖3项，获湘乡市级奖12项。

1990年起，水稻由一般高产试验转为吨粮田建设，推广先进配套技术和优良品种，大面积推广杂交水稻。陈德祥等的杂交商品瘦肉型猪综合技术开发获国家级三等奖，育肥猪浓缩饲料的推广及贺高平等的细鳞斜颌鲴人工繁殖与大面积推广，吴传淼等的晒黄烟优质高产栽培技术推广，邹品扬等的湘乡仔猪黄白痢病防治试验，赵立武等的双季稻栽培技术，市林业局的火炬松、湿地松栽培技术研究，龙俊和的油茶资源开发及新技术推广等获省级科技奖。至1995年，共有32项获奖。其中，国家级1项，省级9项，湘潭市级7项，湘乡市级15项。

1996年，国家“九五”重点科技攻关项目——水稻大面积高产综合配套技术研究与示范在湘乡启动。全市建立2个农业科技园区——涟津农业科技园和水府庙库区水产养殖基地。水稻大面积高产配套技术研究与示范获得8项科研成果，开发4个产品，获国家科技进步二等奖。网箱养鱼在水府庙库区试养成功，并迅速普及到全市山塘水库。以湖南师大、省水产研究所为技术依托，引进、推广湘云鲫、湘云鲤、淡水白鲳、脆肉鲩等10个新品种。1997年，双季稻亩产过吨。潭市、山枣等乡镇成为家禽生产基地，东郊、东山等乡镇成为生猪养殖基地，棋梓、谷水等乡镇成为网箱养鱼基地，泉塘、栗山等乡镇成为小水果基地。1999年，网箱养鱼每网平均产鱼1200公斤，创全省最高产。当年，推广香芋、楠竹资源开发技术、沼气推广及沼肥利用技术、稻草覆盖免耕技术、无公害蔬菜、病虫害综合防治、高产油菜技术、特种水产养殖、优质晒黄烟、农业低槽灌溉等技术的推广，都取得良好成效。2002年，水稻大面积高产综合配套技术研究开发与示范通过科技部与农业部验收。省政府将湘乡列为农业技术革命试点市。中国工程院院士刘筠等主持的重点科技项目雌核发育抗病草鱼养殖试验在湘乡开展，项目进展顺利。至2003年，共获科技奖35项。其中，省级4项，湘潭市级17项，湘乡市级25项。

2004年，国家重点科技攻关项目——国家粮食丰产科技工程核心试验区落户湘乡。湘乡选择一批乡、村作科技试点，把成熟科技辐射出去。当年，由享受国务院津贴的专家赵立武领队的水稻大面积高产配套技术研究开发与示范项目获国家科技进步二等奖，文志平的水稻优质高产高效产业化技术研究与示范获省级三等奖。2005年，东郊乡新园村100亩样板田双季稻亩产1160公斤。东郊等5个乡镇10万亩技术辐射示范双季稻亩产985公斤。水稻隔层空距无盘抛植技术和稻糠生态肥2项研究获得突破，通过省级鉴定。全市水稻高产优质良种覆盖率99%，新技术普及率达95%。至年底，共获奖9项。其中，国家级1项，省级1项，湘潭市级2项，湘乡市级5项。

二、工业类

1986年起，湘乡市科技兴工的重点是协助地方工业和乡镇企业引进科技人才和技术，通过科技立项进行技术改造和创新。1988年，市无线电厂高效节能电振机系列开发，获国家科技新产品银奖。1989年，市建材厂的旋转窑系列，各项经济、技术指标居全国领先地位，市机械厂开发的多层双列大布袋除尘器填补国内空白。1990年，市电除尘器厂开发的电除尘器，带动了湘乡除尘器产业的发展。至1990年，共获奖33项。其中，省级2项，湘潭市级12项，湘乡市级19项。

1991年起，重点转入扶助企业增加科技投入，加大技术改造，加快产品创新。1993年，市建材厂技改项目“湘乡型立筒预热型窑系统应用研究”获省级三等奖。湘乡酒厂开发的“曾国藩家府酒”获“中国的人头马”赞誉。彭文奎的“氟氯苯胺开发”获省级四等奖。1996年，朱希坚的氟锂系列新产品研制、朱崇高的干法氟化铝研制、黄棣君的冰啤酒研制均获省级三等奖。1997年，熊飞等研制的采用硫化氧化法回收金属铬生产流程废液制备“海波”，获省级三等奖。至1999年，共获奖32项。其中，省级5项，湘潭市级8项，湘乡市级19项。

2000年起，大力扶持发展高新技术企业和民营企业。省科技厅认定华博控制设备有限公司和燕京啤酒2家高新技术企业及氟化盐、锑酸钠等6个高新技术产品。金龙公司利用皮革厂下脚料生产出明胶填补省内空白。冶金化工有限公司开发“焦锑酸钠”产品。建材工业有限公司与中南林学院合作开发“复合型高强竹帘胶合板”年产1万立方米，为竹农增收16万元。湘乡啤酒厂开发的干啤、冰啤获省“四新”产品。谢平泉等的浮箱分离式自控门的研究与应用获省级三等奖。2002年，湘乡啤酒厂开发的“高比例大米啤酒”获省级鉴定。至年底，共获奖14项。其中，省级1项，湘潭市级2项，湘乡市级11项。

三、医卫、教育类

1986年以来，湘乡医卫人员，运用现代化医疗手段对病人进行诊断、治疗，运用临床经验，对某种疾病或某种病例进行研究。教师在教学中，结合学生实际，探索提高教育质量的新途径。至2005年，全市医卫教育系统共获各级科技奖66项。其中，省级6项，湘潭市级32项，湘乡市级28项，在省级以上报刊发表科技论文659篇。其中，医卫类319篇，教育类280篇。另有20人撰写社会科学专著35篇，10多人撰写自然科学专著7篇。

1986—2005年湘乡市获省级以上授奖科技成果一览表

表19-9

项目名称	授奖级别	获奖单位	完成人员	时间(年)
樟树白轮蚧害虫形态生活习性及防治技术研究	省级四等	林业局	曹治文	1978
PMK-1型电子脉冲控制仪	省级四等	星星无线电厂	钱宗春	1979
缫丝技术装备设施配套建设	省级四等	苏坡缫丝厂	成忠众等	1990
ZN5-10/1000-20户内真空断路器开发	省级四等	市高压电器厂	曹自强等	1990
维/纸复合水泥包装袋开发	省级四等	市新型包装材料厂	钱宗春等	1990
细鳞斜颌鲴人工繁殖与大面积养殖推广	省级四等	市水产工作站	贺高平等	1991
杂交商品瘦肉型猪综合技术开发	国家三等	市畜牧服务中心等	陈德祥等	1991
晒黄烟优质高产栽培技术推广	省级四等	市烟草公司	吴传淼等	1992
湘乡市仔猪黄白痢病防治试验	省级四等	市畜牧服务站	邹品扬等	1992
湘乡型立筒预热型窑系统应用研究	省级三等	市建筑材料厂		1993
X线导向经皮针吸肺治检和经皮瘤内注射无水酒精治疗中晚期肺癌	省级四等	市人民医院	李先和等	1993
育肥猪浓缩饲料的推广应用	省级四等	市畜牧技术服务中心	陈德祥等	1993
氟氯苯胺开发	省级四等	市湘东化工原料厂	彭文奎等	1993
双季稻抛植栽培技术	省级四等	市农技推广站	赵立武等	1994
湖南省火炬松、湿地松栽培技术的研究	省级二等	市林业局		1995
脾血管的解剖研究和保脾术临床研究推广	省级四等	市人民医院	丁志高	1995
油茶资源开发及新技术推广	省级四等	市林业局	龙俊和	1995
干法氟化铝的研制	省级三等	湘乡铝厂	朱崇高等	1996
氟锂系列新产品研制	省级三等	湘乡铝厂	朱希贤等	1996
冰啤酒研制	省级三等	湘乡啤酒厂	黄棣君等	1996
全膀胱切除回盲肠阑尾移植重建膀胱尿道的临床研究	省级四等	市人民医院	周凤昌等	1996
采用硫化氧化法回收金属铬生产流程废液制备"海波"	省级三等	湖南铁合金厂	熊飞等	1997
骨碱性磷酸酶测定诊断小儿佝偻病推广应用	省级四等	市人民医院	黄俊辉等	1997
湘乡80万农村人口癫痫流行病学调查报告	省级四等	市人民医院	程志强等	1997
湘潭市双季稻田成建制亩产吨粮	省级一等	市农业局	文志平等	1998
下肢深静脉胖膜功能检测和肌瓣形成术的推广应用	省级四等	市人民医院	丁志高等	1998
浮箱分离式自控门的研究与应用	省级三等	韶山灌区工程管理局	谢平泉等	2000
两系杂交水稻及配套技术推广	省级四等	市农业局		2000
双季稻隔层肥泥旱育秧技术研究与推广	省级三等	市农业技术推广中心	赵立武等	2001
介入治疗心脏房间隔缺损和动脉导管未闭的推广应用	省级三等	市人民医院	周崇伦	2002
水稻大面积高产配套技术研究开发与示范	国家二等	市农业局	赵立武等	2002
水稻优质高产高效产业化技术研究开发与示范	省级三等	市农业局等	文志平等	2004

1986—2005年湘乡市社会科学专著一览表

表19-10

作者	著作	出版时间	出版单位
周群振	儒学探源	1986年	（台）鹅湖出版社
	荀子思想研究	1987年	（台）文津出版社
	儒学义理通诠	2000年	（台）学生书局
邓海波	大陆探亲纪实	1987年	（台）九阳出版社
	政治循环理论之研究	1995年	（台）九阳出版社
周一谋	中国古代房事养生学	1989年	中外文化出版公司
	马王堆医学文化	1994年	文汇出版社
舒其惠等	新中国文学史	1990年	湖南文艺出版社
曹建英	社科文论（副主编）	1992年	黄山书社
	刘锦棠评传	1999年	中国青年出版社
王新文	钱眼里的文化	1992年	湖南文艺出版社
成晓军	曾国藩与中国近代文化	1991年	湖南出版社
	谭延闿评传	1993年	岳麓书社
	帝王家训	1994年	湖北人民出版社
	宰相家训	1994年	湖北人民出版社
	名臣家训	1995年	湖北人民出版社
	洋务之梦－李鸿章传	1995年	四川人民出版社
	名儒家训	1996年	湖北人民出版社
	慈母家训	1996年	湖北人民出版社
易竹贤	胡适与现代中国文化	1993年	武汉大学出版社
	胡适传	1994年	湖北人民出版社
	学海涉闻	2004年	湖北人民出版社
	新文学天穹两巨星:鲁迅与胡适	2005年	武汉大学出版社
杨前驱	昨日风雷	1993年	长征出版社
张吉良	周易通读	1993年	齐鲁书社
	周易哲学和古代社会思想	1998年	齐鲁书社
王熙元	老子研究	1994年	江西人民出版社
易孟醇	（主编）燕赵文化纵横谈	1995年	中国文联出版社
	曾国藩传	1999年	广西人民出版社
杨海清	（主编）馆藏古籍稿本提要	1998年	华中理工大学出版社
谭小平	话说长沙	1999年	湖南人民出版社
舒宪波	扑朔迷离的贾宝玉	1999年	（台）麦书出版社
刘志盛、刘萍	王船山著作丛考	1999年	湖南人民出版社
何龄修	五库斋清史丛稿	2004年	学苑出版社

说明：此处录入的是已知出版发行的作品

1986—2005年湘乡市自然科学专著一览表

表19-11

作者	著作	出版时间	出版单位
彭绍裘等	水稻纹枯病及其防治	1986年	上海科学技术出版社
邹品杨、曹新民	禽畜疾病防治良方	1991年	湖南科技出版社
李日升	离子轰击诱发表面原子编聚的发现与研究	1992年	中国科学院金属研究所
王仲池	古算难趣题译解	1995年	湖南科学技术出版社
曹新民、邹品杨	肉鸽的高效养殖	2000年	湖南科技出版社
市教育局教研室	学海导航:高二化学	2000年	湖南科技出版社
文裕武等	现代直升机应用与发展	2005年	航空工业出版社

说明：此处录入的是已知湘乡人出版发行的著作

第四节 科技专利和科技市场

一、科技专利

1986年，湘乡县设专利管理办公室。此时，以外观设计、实用新型专利为主。至1990年，全市专利申请37件，其中发明专利6件、专利授权22件。以后申请量与授权逐年增加。

1991—1995年，申请量为133件，其中发明专利34件，专利授权2件。1996—2000年，申请量为142件，其中发明专利36件、专利授权10件。2001—2005年，申请量272件，其中发明专利44件、专利授权59件。

二、科技市场

1987年，成立湘乡市技术市场办公室。1989年，配备工作人员上岗，组织干部与企、事业单位科技人员学习《中华人民共和国专利法》和《中华人民共和国技术合同法》，有334个单位4219人参加学习。1991年，集体所有制技术贸易机构6个，全年技术合同成交额118万元。1993年，技术贸易机构19个，合同成交额达1200万元。此时，在传媒的技术转让广告中，虚假技术合同诈骗现象不断发生。从1994年起，对技术贸易机构、技术贸易合同进行审查、整顿，全市保留合格的机构11个，当年，成交额为90万元。90年代末，技术贸易合同逐渐发展。1999年，技术贸易合同额达到5500万元。2000年后，技术贸易蓬勃发展，2001年，湘乡市获省技术市场“金桥奖”。至2002年的19年间，全市技术贸易合同额达6000万元。2003—2005年，技术合同额达8000多万元。

第二十编 卫生

第一章 机构队伍

第一节 管理机构

一、医疗卫生管理机构

1986年9月，湘乡县卫生局更名为湘乡市卫生局，在职干部职工23人。1989年，干部职工26人，局机关内设办公室、人事股、业务股、计财股、公费医疗办公室、劳动服务站、监察室。市红十字会办公室隶属卫生局管理。1988年5月，撤销劳动服务站。10月，公费医疗办公室划转市劳动和社会保障局管理。2005年11月，设立市新型农村合作医疗管理局，归属市卫生局管理。局内设办公室、人事股、业务股、计财股、监察室。干部职工31人。

二、药政管理机构

1986年，全县药政、药品监督管理由湘乡县药品检验所负责。1988年，被卫生部评为全国药检先进单位。2001年9月起，由湘潭市药品监督管理局湘乡分局行使药品管理、执法、检验与监督等职能。至2005年，管理机构未变。

第二节 医疗卫生单位

1986年，全县有医疗卫生单位106个。1987年，城关医院改为湘乡市第二人民医院，市中医院由集体所有制改为全民所有制。1989年，卫生局下属医疗机构68个。市直医疗单位有：人民医院、中医院、二人民医院、卫生防疫站、妇幼保健站、药品检验所、爱国卫生运动办公室、卫校。区（镇）卫生所9个（城关、白田、月山、谷水、虞唐、东山、东郊、泉塘、壶天），5个农村医院（白田、翻江、虞唐、棋梓、月山），46个乡镇卫生院。1992年，民政局和卫生局合办“精神病康复诊所”（后更名为康宁医院）。1995年6月，撤销9个区卫生所，46个乡镇卫生院合并为19个。1996年3个，撤销月山医院，与月山镇卫生院合并。1998年5月，撤销湘乡卫生学校。2003年11月，市委机构编制委员会决定，乡镇街道卫生院由乡镇街道政府管理调整为市卫生局主管。2005年9月，撤销市卫生防疫站，组建市疾病预防控制中心和卫生监督所。至年底，市、乡（镇）医疗单位32个。其中，市直医院3个，妇幼保健院、疾病预防控制中心（卫生监督所）、农村医院、计划生育医院、精神病专科医院（康宁医院）各1个，乡镇卫生院19个，厂矿职工医院5个。村卫生室639个，个体诊所57个。

第三节 医疗队伍

1986年，全县在职卫生工作人员2142人，其中卫生技术人员1880人。主治（主管）医师30人、医师、护师、药师451人，医士、护士等654人，其他技术人员735人，个体医生147人。1988年开始专业技术职务评聘改革工作。1989年，全市在职卫生工作人员2423人，卫生技术人员2294人，评定副高职称15人，中级职称41人，初级职称1640人，无职称技术人员598人。1990年，卫生系统集体医务人员进行职称评审，评定专业技术职称492人。其中，中级职称37人，初级职称455人。以后，职称评审进入正常化轨道，按照条件，逐年评聘。

1999年5月1日，贯彻执行《中华人民共和国执业医师法》（以下简称《执业医师法》）。8月，市卫生局成立执业医师考试考核工作领导小组。经过考试考核，全市认定执业医师775人，助理执业医师253人（含厂矿执业医师162人，助理执业医师34人）。2001年，组织1358名医技人员聘期内考试及200名师承人员执业医师报考资格考试，为800名执业医师、执业助理医师办理注册手续。2002年6月，按照《执业医师法》等法律法规对医疗机构进行执业资格检查，对不具备执业资格的人员责令限期清退或转岗。至2005年，全市重新核发执业医师证书698个（其中师承的49个），助理执业医师证书754个（其中师承的243个）。经湘潭市卫生局核发的有执业医师371人，助理执业医师48人，执业护士462人。全市在职卫生工作人员2662人。在2400名卫技人员中，有正高技术职称15人，副高技术职称76人，中级技术职称441人。乡村医生712人，村接生员39人。

第二章 医疗

第一节 设施设备

1986年，全县医院（卫生院）房屋建筑面积97668平方米（未含厂矿职工医院，下同），共设病床1488张。其中，市直3个医院26153平方米（人民医院16587平方米，中医院5786平方米，二医院3780平方米），设病床431张（人民医院280张，中医院121张，二医院30张）；农村区、乡、镇医院（卫生院）房屋面积71515平方米，设病床782张；湘乡铝厂、湖南铁合金厂、二十三冶一公司、湘乡运输公司、水府庙电站6个职工医院设病床293张。设备有 X 光机、心电图机、自动呼吸器、病理切片机、肾放射描迹仪、裂隙灯、心脏除颤起搏器、心电监护仪、脑电图机、A 型超声诊断仪、纤维胃镜、膀胱镜、超声心电图机、氦气激光理疗机、紫外线治疗机、显微外科器械、油泵牙椅、救护车等。其中，300元 / 件以上仪器设备458件，总价值58.68万元。

1988年，市人民医院建成2056平方米的新门诊大楼。市计划生育服务中心改为计划生育医院，建筑面积1347平方米，设病床20张。1989年，人民医院新增建筑面积1090平方米，病床增加到439张。1990年，购置心脏 B 超、脑血流图机、骨质增生治疗仪500兆安 X 光机。1997年，新建1.2万平方米住院大楼，设病床486张。同时，新建3000平方米的制剂楼，1000平方米的供应楼，2600平方米的办公楼。1998年，康宁医院扩建门诊、住院楼350平方米，开设病床60张。1998年年底，全市医院（卫生院）建筑面积12.1111万平方米，病床1747张，300元 / 件以上医疗设备536件，价值105.78万元。

2001年，市人民医院引进腹腔镜，TCO 微粒化学发光仪，电子胃镜、高压氧舱、高档 B 超、自动尿分析仪等设备。二医院新建2万平方米的住院大楼和综合楼，中医院新建6688平方米的门诊大楼。2003年，人民医院新建2万平方米的门诊、急救大楼。省、湘潭市、湘乡市三级政府投入资金120万元，改造农村4个中心卫生院和3个乡级卫生院，新建毛田卫生院。市级医院陆续购进德国西门子亚秒多层螺旋CT机、磁共振机、大型C臂数字减影血管造影系统（CD－SA）、1000毫安数字化X光机，日立7180全自动化分析仪，钴60放疗机、全数字化彩超、血液透析机、电子腹腔镜、支气管纤维镜、眼科验光曲率仪、东芝800毫安电透机、美国人工肾等先进设备。2004年，市人民医院新建2937平方米的传染病隔离区。2005年，全市医院房屋建筑面积21.2281万平方米。其中，市直三个医院为12.3136平方米，计育医院1347平方米，康宁医院350平方米，农村医院（卫生院）87448平方米。共设病床1840张。其中，市直三个医院928张，农村医院（卫生院）544张，厂矿职工医院288张，计育医院20张，康宁医院60张。300元/件以上医院设备3647件，价值8000多万元。

第二节 医疗技术

1986年，医院开设内科、外科、小儿科、妇科、骨科、传染病科、中医科、功能科、放射科、检验科等科室。全年门诊159.686万人次（不含乡村卫生室及个体诊所），住院（收治）22487人次，出院22428人次。2005年，医院科室设置增加，分工更细。其中，内科分设呼吸、消化、神经、心血管、血液、肾风湿等科；外科分设普外、骨科、泌尿、肝胆、胸外、烧伤、整形等科。另设妇科产科、小儿科、眼科、耳鼻喉科、口腔科、皮肤科、肿瘤科、传染病科等。全年门诊128万人次（不含村卫生室和个体诊所），住院44.376万人次，出院43.447万人次，危重病人抢救成功率为98.5%。

一、中医

1986年，全县有中医中药人员794人。中医院医师刘济康对治疗乙脑后遗症、类风湿关节炎、肝昏迷、慢性肾炎等疾病显奇效。当年，省卫生厅对他从事中医工作50年以上颁发荣誉证书。1987年，市卫生局审定30年以上工龄老中医药人员117人，1989年，中医药人员达到888人。全市农村卫生院的中医药人员虽占农村医卫人员的60%，但医疗水平只能满足患者伤风感冒等一般疾病的治疗。湘乡市中医院是湘乡中医的骨干医院，疑难病及慢性病患者一般进中医院治疗。1990年，应用非洋地黄制剂和硫甲丙脯酶治疗顽固性心衰，引进新技术镁剂治疗急性心肌梗塞、肺心病、心律失常，解磷注射液治疗有机磷农药中毒，均获满意效果。1992年，周端求等研制的《增食散治疗小儿厌食症》和《复方岗梅合剂治疗小儿上感发热临床研究》获省科技成果推广四等奖。1993年，门诊治病率中医占75%，住院病人中中医药治疗率为70%。1995年，引进硝酸甘油静注治疗冠心病、心绞痛，改变单用丹参注射、刺五加治疗心脑病的方法，提高抢救危重心脏病人的成功率。

1996年，市人民医院中医科开展风湿病，心脑血管病及其疑难杂症治疗，《龙马丸治疗癫痫临床研究》获湘潭市科技进步三等奖，应用接骨散治疗外伤闭合性骨折，获得好效果。

1997年起，中医院内科以活血通络、宽胸开痹之冠心1号、5号，治疗冠心病、心绞痛，以中药益气养肝、活血化瘀治疗慢性乙型肝炎，以祛风止眩、温阳平肝治疗高血压病、眩晕症；自拟通痹止痛方治疗颈椎病、骨质疏松及肩周炎；采用艾附通络方外敷治疗各类关节疼痛、肌肉疼痛；运用止泄外敷脐部，治疗小儿泄泻、久痢；“除蚀排毒方”保留灌肠治疗慢性肾功能不全；小儿肺炎在使用抗炎、平喘、镇咳药的同时，结合五子散外敷均获满意效果。中医骨科对四肢闭合性骨折、关节脱位采用小夹板固定手法整复，接骨散活血化瘀，消肿止痛。对脊椎压缩性骨折、外伤性截瘫等疾病，采用中药内服、外加固定，结合功能锻炼、获较好疗效。1999年，周端求为主研制的《急肝合剂治疗黄胆型肝炎》《胆石康合剂治疗胆石病临床研究》获省科技进步四等奖。2002年，采用小剂量胰岛素持续静滴成功抢救糖尿病酮症酸中毒患者。

眼科是市中医院的特色专科。由著名眼科医师刘佛刚和彭陶东坐诊，既具传统的中医特色，又能开展现代化眼科检查、诊断和治疗，应用中医的理、法、方、药治疗病毒性角膜溃疡、胬肉、急慢性视神经炎、视网膜炎、色素膜炎、眼底出血效果良好。科内有副主任医院1人，主治医师2人，医师3人，验光师1人，设专用病床20张，年门诊量1.5万人次，住院400多人次。

2004年，医师李国成、谭申生获“湖南省著名老中医”称号。2005年，全市有中医主任医师4人，副主任医师31人，主治医师15人，主管中药师9人，主管护士2人，中医师97人，中药师119人。

二、西医

1986年，外科可开展胸外、脑外手术，肺叶切除、直肠代膀胱输尿管移植术、阴茎癌根治术、髋臼关节形成加骨盆内移术，脾肾静脉吻合术、胰头癌根治术、胆管十二指肠吻合术、纵隔肿瘤摘除、膀胱大部分切除回肠代膀胱术、断指再植、鼓膜修补、小梁切除、额筛窦肿块联合切除等大、中型手术及神经外科手术。妇科可开展腹膜外剖腹产、子宫次全切除术、儿科应用丹参、阿托品能量合剂治疗新生儿硬肿症等。城关医院（后为二医院）牙科对治疗急、慢性口腔炎、牙髓炎、冠周炎、牙龈体肿、根管炎效果显著。满腔镶牙、自体牙再植、异体牙移植有所创新。1989年，市人民医院内科推广应用新技术、新疗法有：大剂量心得安治疗卧位心绞痛，β－受体阻滞剂预防肝硬化食道静脉曲张破裂出血和心肌梗塞的猝死等。成功开展肝内胆管结石经肝门显露Ⅰ、Ⅱ、Ⅲ级胆管取石并作肝肠吻合术，肝叶切除术，婴儿膈疝修补术。在上级医院医师指导下，成功进行食道癌根治术（经颈胸段）。

1990年，市直各医院，可开展乙肝两对半检查，并推广甲胎蛋白酶标电泳技术，早期诊断肝癌。推广解磷针新技术抢救有机磷农药中毒病人。二医院开展3例颅脑手术。1991年，人民医院可进行 T4、T3、TSH、β－微球蛋白测定。当年4月，为一例年过花甲老人，摘除一个重25.5公斤的巨大卵巢囊肿，属湘乡首例。1992年，防治近视凝视卡获国家专利，临床“X 线导向经皮瘤内注射无水酒精治疗中、晚期肺 Ca”居省内领先水平。1994年，自制“腋臭一针灵注射液”治疗腋臭，近期治愈率100%，远期达90%。杨礼林主持研制的全膀胱切除回盲肠阑尾移植重建膀胱尿道术，治疗中、晚期膀胱癌获得成功。市中医院开展胃次全、阑尾、胆囊、甲状囊肿切除手术，内固定针取出术、胆窝囊肿切除术，肾盂输尿管开取石术，四肢钢针骨折内固定术，口腔颌面肿块切除术。1995—1996年，人民医院成功进行颊部肿瘤根治及带蒂额肌皮瓣一期颊部重建术，颞颌关节再造术；腭部腺癌根治术、颊部巨大海绵状血管瘤切除术及肋腺全切面神经解剖术、电子腹腔镜微创手术、子宫切除合并淋巴结清扫术及卵巢癌、子宫内膜癌、宫颈癌根治术；全髋关节置换、椎间盘切吸术、椎间盘消融术、神经阻塞术、断指掌再植术；肺叶全切、胃癌根治术、舌癌切除术；脑膜瘤、脑血管瘤切除术；气压弹道碎石术、体外电磁波震波碎石术、前列腺电切术；内痔套扎术、痔红外线激光治疗术；白内障摘除加人工晶体植入术；颈动脉灌注“瘫康液”治疗脑梗塞，侧脑室穿刺引流术、脑脊液置换；心脏起搏器安置术、二尖瓣球囊扩张术、快速心律失常身频消融术、经皮冠脉腔内成开术及支架置入术、先心病封堵术；支气管纤维镜检测术、肺动脉栓塞术等新技术。还有碘治疗甲亢、锝治疗甲亢性眼突；无痛胃镜、食道静脉套扎；血液透析、血液灌流、血液过滤等特色技术。儿科和新生儿科开展了骨碱性磷酸酶测定，儿童微量元素的检测；新生儿缺血缺氧性脑病综合治疗，固尔苏治疗呼吸窘迫症等急、危重症及新生儿全静脉营养、换血治疗。1998年，采用膀胱碎石镜和前列腺电切镜联合治疗膀胱结石，低剂量间隙性脉冲式静滴酚丁、多巴胺联合氨酰心安治疗心衰，肝动脉灌注入化疗药及参麦注射液治疗原发性肝癌。脑室腹腔分流术，快速冰切片诊断。开放性骨折内固定术，结肠癌根治术，血管神经挫伤吻合术，肾实质切开取石术等。市中医院外科引进并推广带蒂皮瓣转换术、血管神经吻合术、股骨头转换术等。2001年，市人民医院开展腹腔镜切除胆囊，放射介入治疗晚期肝癌、农药中毒、气管切开气道灌洗术等。市中医院推广应用阴式子宫切除、套铜蛾头钉（动力髋）术等。市二医院推广应用可吸收螺钉治疗内、外踝骨折、尺骨鹰骨折、肱骨内外踝骨折、DHS 治疗转子间骨折等。2002年，市直3家医院开展微创清除术治疗颅内血肿、胃底 Ca 近端胃大部分切除食管胃吻合术、人工全髋关节置换术、外耳道骨闭锁、外耳道成形术等40项新技术。2003—2004年，市人民医院开展颈椎间盘突出摘除、椎管减压融合内固定钉、腰椎管内肿瘤摘除术，双侧全髋置换术，股骨髁上粉碎性骨折交锁钉或 DCS 或踝钢析固定术，甲状腺癌根治术，输尿管切开取石输尿管内放 D-J 管，前列腺摘除术等。2005年，开展腰椎滑脱内固定术，髋臼骨折内固定术，胰头癌根治术，肾盂成形术，胆总管十二指肠吻合术。口腔科开展下颌骨部分切除加额骨游离移置加钛板钛钉固定即刻修复术。内科开展急性脑梗塞溶栓治疗，深静脉置管术等。农村卫生院能治疗常见病和多发病，处理一般急诊、顺产和计划生育（除引产）手术，做一般外科小手术。计划生育服务站可开展优生遗传检测，外周血细胞染色体分析，计划生育手术，生殖健康监测，不孕症的诊断与治疗。康宁医院治疗精神分裂症、躁狂抑郁症、失眠症等。村卫生室使村民小病不出村。

三、中西医结合

1986年，市中医院眼科运用中西医结合开展白内障囊外摘除术，巩膜灼瘘术，周边虹膜节切除。市人民医院传染科以中药小柴胡汤为主，随征加减，配合用西药护肝、葡萄糖、维生素 C 静脉滴注，治疗急性黄疸型肝炎80例，治愈率为95%。1990年，中医科总结《中西医结合治疗心律失常197例》，按照心阳虚、心气虚、心血虚三种不同类型，施以温阳散寒、益气养阴、养血安神方药、配合西药强心利尿、能量合剂静摘治疗，有效率达90.8%。1991年起，市中医院眼科在手术显微镜下进行青光眼小梁切除和白内障切除。市人民医院中西医结合科开展风湿病、肩颈腰腿痛、心脑血管病、消化系统及其他疑难杂症疾病的综合治疗。运用中西医结合治疗急、慢性肾炎，粘连性肠梗阻疗效显著。中医骨伤科采用中西医结合治疗脊椎压缩性骨折、外伤性截瘫等疾病均取得较好疗效。中医院痔科购进先进设备，开展复杂肛瘘的开窗挂线引流，直肠脱垂的肛周注射。混合痔悬吊内扎外切术，陈旧性肛裂内括约肌切断术等。自行研制中药复方葛柏洗剂，外用药九华膏、银灰膏、黄连软膏，对改善伤口的水肿、出血、疼痛，促进伤口愈合，均优于西药效果。中医内科运用中西医结合治疗顽固性心衰、心肌梗塞、肺心病、心律失常、农药中毒、中风后遗症、糖尿病酮症酸中毒等均取得较好的疗效。2001年起，眼科开展弱视矫正、检影验光、配光、磨镜、制片，人工晶体植入、显微鼻泪管吻合、斜视矫正、提睑等手术。2004—2005年，引进先进医疗设备，开展白内障超声乳化加人工晶体（进口）植入术，翼状胬肉切除加干细胞移植术，青光眼减压手术，泪道、眼肌、眼睑以及眼外伤的修复手术等。

四、护理

1986年，全县医院执行三级护理制，开展责任制护理，明确责任护士。责任护士对病人的入院接待、生活安排、功能护理、病情观察、思想工作等包干负责。1987年，市人民医院外科护理人员配合医师做好大型全胃切除、膀胱癌根治等术后病人的护理。1988年，卫生部授予赵翠珍模范护士称号，省卫生厅授予屈小湘、胡瑞莲优秀护士称号。1992年，加强基本理论和基本操作的训练，建立示范教室、开展铺床、输血、输液等26个项目岗位练兵。同年，120人参加业务理论考试，其中90分以上的78人。1994年起，在护理人员中开展徒手心肺复苏训练，经抽查考核合格。1995年，市人民医院成立护理质量管理委员会，各科室设质量管理小组。市直各医院均设立护理部、下设大科护士长、临床科室护士长，形成三级管理体制。同年，市人民医院在护理人员中进行备用床、麻醉床、鼻导管吸氧等12项护理技术操作考核，急诊科护理人员掌握气管内插管、鞘内注射化疗药物等急救治疗技术。1996年，按“二甲”医院达标要求，对155名护理人员进行11次基本理论考试，优良率95.5%，合格率100%。2003年起，推广星级护理。2005年，护理部制订各科室应急预案。市人民医院全院实行星级护理管理。市中医院在护理人员中开展辨证施护，同时，配合医师作好对休克、心衰、心肌病、肾衰、心脑血管病等的护理抢救工作及外科手术病人的护理监测。市二医院开展护理业务新技术，经外周穿刺中心静脉置管术（PICC）。至2005年的20年间，有508人参加星级护理评比，评出三星护士76人、二星护士304人、一星护士114人。

1986—2005年湘乡市人民医院、中医院、二医院门诊住院人数统计表

表20-1

项目 年份	湘乡市人民医院				湘乡市中医院				湘乡市二人民医院			
	门诊人次	住院人次	出院人次	治愈率（%）	门诊人次	住院人次	出院人次	治愈率（%）	门诊人次	住院人次	出院人次	治愈率（%）
1986	160399	8148	6732	67.7	114891	1771	1663	78.6	96315	1041	1043	69.6
1987	141222	8509	8563	67.8	112047	2049	1951	68.6	89447	1090	1083	70.2
1988	134048	8243	8228	68.5	89358	1663	1650	68.7	76262	1281	1290	71.1
1989	115097	7680	7773	67.5	82889	1950	1931	72.1	78422	1335	1326	71.3
1990	135547	8349	8286	68.1	91240	1959	1972	72.5	76008	1142	1154	71.2
1991	129468	8453	8431	66.8	85538	1600	1685	70.6	56991	870	854	65.3
1992	129468	8453	8431	66.8	85538	1600	1685	70.6	56991	870	854	65.3
1993	95081	7664	7091	64.2	69818	1180	1122	74.5	40501	845	832	70.9
1994	100861	7954	7898	63.8	77553	1387	1382	75.1	44028	1119	1141	63.3
1995	114971	8958	8615	61.9	78157	1587	1572	81.4	39506	944	933	65.2
1996	114506	9069	9013	60.6	82239	1529	1527	79.5	41425	1140	1135	59.2
1997	119864	10523	10477	57.2	78568	1487	1498	66.5	38884	1218	1017	60.3
1998	117927	12095	12104	54.4	63843	1648	1628	61.7	36116	1371	1356	65.4
1999	123398	14956	14912	52.2	63456	1838	1932	60.6	41644	2002	1970	59.3
2000	145941	16258	16244	46.9	53231	2032	2036	63.7	54141	2840	2827	51.0
2001	145551	16328	16366	43.9	49652	2340	2351	55.7	60941	4400	4367	46.5
2002	150647	16483	16545	39.6	47614	2245	2243	48.2	81319	4733	4725	44.0
2003	135570	16007	15920	36.9	66744	2543	2541	50.3	51674	6284	6254	41.0
2004	153586	17867	17884	34.0	60156	2671	2652	53.8	61608	6521	6531	42.0
2005	166829	18775	18824	34.1	44307	3425	3407	52.3	62884	6848	6802	42.0

第三章 卫生防疫

第一节 计划免疫

1986年，全县预防注射和口服疫苗35.6031万人次，注射生物制剂品种为：卡介苗、麻疹、流脑、乙脑、破伤风、精制白喉、类毒素和口服糖丸等。当年，对34个村的210名12～18个月龄儿童进行“四苗”（脊灰质炎、百白破、麻疹、卡介苗）覆盖率调查，百白破接种率为52.86%、麻疹77.62%、脊灰质炎糖丸72.38%、卡介苗51.91%。卫生防疫站、中医院、城关医院及部分厂矿开设计划免疫门诊。妇幼保健部门接种新生儿卡介苗9974人，接种率为64.8%。为确保疫苗的稳定性，省卫生厅确定湘乡为第一批冷链，第二批装备成套县之一。当年，两次在城关镇作冷链试转，均获得成功。1987年，全市分3批运转，并制订管理细则。1989年，“四苗”全程覆盖率为86.11%。1990年，将乙肝疫苗纳入计划免疫。1993年起，实行消灭“脊髓灰质炎”（以下简称“脊灰”）的强化免疫。当年，两轮强化免疫共投服疫苗14.61万人份。总投服率第一轮为99.85%，第二轮为99.9%。以后6年都没有间断，湘乡市被评为全省强化免疫先进单位。2000—2002年，开展消灭“脊灰”扫荡免疫活动及查漏补服工作。省疾控中心把湘乡列为钩端旋体防制县（市）之一，防疫站在重点疫区进行疫苗接种12705份。2003年，湘乡成立钩体病防治领导小组，在重点疫区接种疫苗13870份。2004年，开展计划免疫整治大行动，市城区“五苗”全程接种合格率为92.85%，农村为92.19%。至2005年，完成6次冷链运转，接种“五苗”313627人份，精制乙脑疫苗12000人份。“五苗”全程接种率城区为93%，农村为91%，全市未发生“脊灰”病例。市疾病预防控制中心被评为省消灭“脊灰”工作先进单位，省卫生厅授予市人民医院基层医院感染管理和疫情报告先进单位。

第二节 食品卫生

1986年6月，成立县食品卫生监督检验所，配干部5人，开展对食品卫生的经常性监督检查。9月，县肉食集体总店非法加工、销售变质肉制品及霉变猪板肉，检验站作出罚款500元、没收非法经营额3979.5元的处罚。1989年，配监督员13名，各区、乡增配食品卫生检查员128人。全市有各类食品生产经营单位5175家（含个体4285户），从业人员10124人。其中，568个饮食单位有冰箱、冰柜，餐具消毒完善率为95%。11家饮料厂实现机械化管道化生产。9家冰厂建冰库7个。区（镇）达标检查合格率为71%，市区合格率为82.3%。经省验收，全市食品卫生达标。1990年，全市有各类食品生产经营单位4708家，从业人员10911人，发放卫生许可证4458家。1991年，全市有冰厂18家，饮料厂9家，饮冰室5家，从业人员986人，均发给卫生许可证。1993年4月，查获兑制假冒“蜜橘原汁”一案。1994年5月，抽样调查新铺乡、双江乡350人（男女成年人和6岁男女儿童）的膳食营养构成状况，发现湘乡市居民营养状况呈“中下”水平，脂肪吸收过高，维生素 B1吸收过少。1997年4—9月，对28家冰厂、5家饮料厂及20个冷饮批发点进行检查，抽检样品592件，合格407件，合格率68.75%。

2000年8月，抽查米粉作坊26家，有4家用甲醛作防腐剂，收缴甲醛20公斤及未出售米粉1000公斤，霉变、生虫大米2吨。2001年8月，查获3家非法制售腊肉制品窝点，收缴工业用盐、肠衣盐550公斤，当众焚毁腐败变质原料肉1850公斤，病死猪肉200公斤，腊肉成品320公斤。2004年4月，开展2次奶粉专项整治行动，对市内700家超市、批发部、商店进行地毯式检查，共收缴不合格奶粉600包，查处2起因食用劣质奶粉引起的“大头娃娃”案，由市工商局牵头进行立案调查处理。2005年，有食品生产经营单位948家，从业人员2795人，发放卫生许可证273个。监督监测覆盖率达97%。抽查各类食品样品1118件，合格960件，合格率86%。餐具消毒效果监测1007件，合格886件，合格率88%。共检查保健食品经营店铺50余家，收缴不合格保健食品600盒。至2005年，共发生食物中毒事件6起，中毒人数219人，无死亡病例。

第三节 职业病防治

1986年，市内职业病以矽肺多见。全市有监测粉尘作业点274个。其中，市属以上全民企业点233个，市属集体企业20个，乡镇企业21个。1987年，湘乡开始实施职业中毒报告制度。当年，市防疫站工作人员到市锑品厂调查，登记皮炎患者28人，占锑接触总人数的80%。1989年，报告一氧化碳中毒5例，氨中毒2例、砷化氢中毒2例、苯氨基及硝化物中毒2例，但无死亡病例。在7个驻市大厂矿、27个市属厂矿、74个乡镇企业中，测定粉尘69个，合格24个。在生产粉尘的19478名工人中，尘肺患者234人。其中，省地厂矿85人，市属厂矿与农村149人。市防疫站为其建立个人卡片，对接触粉尘的工人登记造册，建卡6094人，每年作1次尘（矽）肺拍片检查。

1990年，市防疫站在市内10个厂矿测定粉尘作业点24个样，合格11个，合格率46%，噪音测定17个作业点，合格7个，合格率41%；采苯样2个，均合格。检查粉尘作业工人168人，查出一级尘肺1人，二级尘肺3人。1991年，全市有4家化妆品生产厂，经审查，发给2家卫生许可证。1996年，市场上出现化妆品专柜、专店，后发展到20家，对从业的42人进行体检。

2002年，对全市102家工业企业进行检查。监测有毒害作业点1120个，合格682个。进行职业卫生体检520人，普查尘肺382人。为职业技工学校学生1280人就业前作健康体检。2004年2月，湘乡市成立“职业病防治领导小组”，制订《湘乡市农民工健康维权行动工作方案》《湘乡市急性职业中毒应急救援预案》。2005年，对75家存在职业危害的用人单位进行现场职业危害因素监测。其中，监测粉尘作业点186个，合格率44.1%，噪声作业点87个，合格率40.9%。开展职业性健康监护及外出打工人员的健康检查，尘肺检查137人，健康体检4499人。

1986年，全县有监测生产性粉尘作业点274个，其中县属以上全民企业点233个，县属集体企业20个，乡镇企业21个。当年，县内农药中毒生产性36人次。1987年，湘乡开始实施职业中毒报告制度。当年，卫生防疫站调查锑品厂工人，登记皮炎患者28人，占锑接触总人数的80%。农药生产性中毒9例。1989年，报告一氧化碳中毒5例，氨中毒2例、砷化氢中毒2例、苯氨基及硝化物中毒2例，但无死亡病例。当年，7个驻市大厂矿、27个市属厂矿、74个乡镇企业，总计工人24708人，其中生产工人19478人。全年测定粉尘69个，合格24个，全市有尘肺患者234人，其中省地厂矿85人，市属厂矿与农村149人。市卫生防疫站为其建立个人卡片，对接触粉尘的工人登记造册，建卡6094人，每年作1次尘（矽）肺拍片检查。至1989年，累计检查19261人次。湖南铁合金厂改造设备、废气除尘率达99%。全市报告农药中毒102例（生产性2例），死亡32人。1990年，市卫生防疫站在市内10个厂矿测定粉尘作业点24个样，合格11个，合格率46%，噪音测定17个作业点，合格7个，合格率41%；采苯样2个，均合格。检查粉尘作业工人168人，查出一级尘肺1人，二级尘肺3人。1991年，全市有4家化妆品生产厂，经审查，发给2家卫生许可证。1996年，市场上出现化妆品专柜、专店，后发展到20家，对从业的42人进行体检。至1996年，市内共报告农药生产性中毒117人。2002年，对全市102家工业企业进行检查。监测有毒害作业点1120个，合格682个。进行职业卫生体检520人，普查尘肺382人。为职业技工学校学生1280人就业前作健康体检。2004年2月，湘乡市成立“职业病防治领导小组”，制订《湘乡市农民工健康维权行动工作方案》《湘乡市急性职业中毒应急救援预案》。2005年，对75家存在职业危害的用人单位进行现场职业危害因素监测，其中监测粉尘作业点186个，合格率44.1%，噪声作业点87个，合格率40.9%。开展职业性健康监护及外出打工人员的健康检查，尘肺检查137人，一般健康检查4499人。

第四节 传染病防控

一、法定传染病

1986年，各区（镇）卫生所将辖区内的疫情向市卫生防疫站报告。一般疫情每月逢7日、17日、27日书面报告，县站汇总后上报；紧急疫情即刻报告。当年，全县发生11种传染病，发病人数最多的为痢疾（688例）、肝炎（379例）、出血热（46例）、流脑（42例）、百日咳（32例）等，总发病1293人，总发病率158/10万，病死率4/10万。1987年，痢疾病例降至485人，百日咳降至19人，肝炎上升到466人，法定传染病总人数为1118人，发病率为135/10万。1989年，肝炎增至1067人，有狂犬病16例，死16人，其他病种均有下降，总发病人数增至1330人，发病率降到174/10万。

1990年，全市46个乡（镇）卫生院、710个行政村建立了市、乡、村三级预防保健网，设防疫专干20人，乡卫生院有1名防疫医师，村卫生室有1名防疫员（乡村医生兼）。当年起，执行《湖南省疫情报告制度（试行）》。当年发现钩体病9例。1991年有68例，1992年增至298例。至1993年，为湘乡肝炎病高发期，4年共有5700名患者，法定传染病总人数为9009人，发病率为138.86/10万～288.33/10万。1994年，肺结核患者多达249例，比往年多100余人。另现伤寒患者15人。全年发病总人数为1207人，发病率为116.4/10万。

1995年，成立湘乡市结核病防治所，正式启动“世界银行贷款结核病控制项目（PV）”。当年收治肺结核病者254人，暴发流行性出血热106人。另有淋病患者52人，法定传染病总人数为868人，发病率降至96.49/10万。至1997年，共有肺结核病例1000多例，钩体病105例。

1998年，成立湘乡市传染病防治领导小组，市城区设立5个监测点，定期进行疫源检索。当年6月2日和1999年6月23日，市内2次发生霍乱病，市政府采取应对措施紧急处置，控制疾病流行。2001年，制订《湘乡市二号病防治方案》，医疗卫生单位规范腹泻门诊工作规程。当年，有肝炎病例573例，梅毒病例97例，比1997年增加94例。2002年8月，湘乡发生洪涝灾害，市防疫医疗队开赴重灾区开展防疫工作。确保大灾之年无大疫。8月23日，启动“湘乡市2002—2008年利用世界银行贷款／英国赠款结核病控制新项目（卫Ｘ）实施方案”，各乡镇配备防痨医师1人，对乡、村医生进行专业培训，形成市、乡、村三级防痨网络，对确认为活动期间肺结核患者全部免费诊疗。2003年，国内非典型肺炎流行，卫生防疫站实行24小时值班制，实行疫情日报、零报制，启动日常监测。全市没有发生“非典”诊断病例。当年，肝炎病例增至2824例，肺结核病例增至422例，发生麻疹139例，全年法定传染病总人数增至1211人，发病率增至134.91/10万。

2004年，在19个乡镇卫生院设立防保组，招聘防保专干55人，进一步稳定三级预防保健网。当年，肝炎患者降至195人，麻疹患者降至48人。发病总人数降至588人，发病率降至65.59/10万。2005年，对乡镇进行2次结核病归口管理督导检查、培训乡级防疫专干、开展痰检质控工作，建设痰检化验室6个。全市就诊可疑结核病人1152人，确认结核病人631例，对其中359例新发涂阳病人进行免费治疗，治愈率达到85%。认真开展艾滋病的日常监测，娱乐场所100% 推广安全套，使用率达到93.7%。加强“非典”和人感染高致性禽流感、霍乱等传染病流行。全年报告法定传染病1464例。其中，乙类传染病1159例，无甲类传染病报告病例，实现了省卫生厅下达的甲乙类传染病控制在140/10万以下目标。

二、地方病

湘乡地方病主要是碘缺乏病。1986年起，全市开展了3～15岁少年的碘油丸投服工作，投服率达85% 以上。县卫生防疫站陈湖海被评为省地方病防治先进工作者。1998年，湘乡市被列为实施全国第三次碘缺乏病监测县（市）之一。当年共监测4所学校中8～10岁学生201人，检食盐样201份、尿样100份、婴儿脐带血30份，结果显示，合格率为95% 以上。2002年，通过省卫生厅评估验收，实现了“消除碘缺乏病”目标。2005年，巩固此成果。

1986—2005年湘乡市法定传染病发病及死亡人数统计表

表20-2 单位:人

项目 年份	发病总人数	发病率	死亡人数	死亡率
1986	1293	158/10万	35	4/10万
1987	1118	135/10万	18	2/10万
1988	1330	158/10万	13	2/10万
1989	1492	139.16/10万	17	1.97/10万
1990	2990	350.60/10万	12	1.14/10万
1991	2527	288.33/10万	2	0.23/10万
1992	1464	138.86/10万	8	0.98/10万
1993	2028	223.76/10万	10	1.03/10万
1994	1207	116.4/10万	2	0.22/10万
1995	868	96.49/10万	0	0
1996	894	96.98/10万	3	0.32/10万
1997	825	94.75/10万	7	0.77/10万
1998	962	106. 89/10万	8	0.89/10万
1999	814	86.78/10万	10	1.11/10万
2000	1381	153.44/10万	1	0.11/10万
2001	1304	115.74/10万	5	0.56/10万
2002	1183	131.98/10万	11	1.23/10万
2003	1211	134.91/10万	11	1.23/10万
2004	588	65.59/10万	12	1.34/10万
2005	1464	162.7/10万	20	2.23/10万

第四章 卫生保健

第一节 妇女保健

一、婚前保健

1986—1990年，城乡尚未实行婚前健康检查制度。城区有的男女青年，自觉在婚前到医院进行健康检查，农村进行婚检者极少。

1991年2月，在城区3个街道、机关、厂矿、企事业单位实行婚前健康检查制度。当年，检查婚前男女青年425对，受检率92.8%，查出患病21人，暂缓结婚的4人，限制结婚的1人。1993年，婚前健康检查的范围扩大至农村，在全市乡镇卫生院设立婚检点15个，定期进行婚前健康检查。在开展婚前健康检查工作中，举办新婚学校，发放婚前保健手册、遗传与优生知识手册16万份。至2003年10月新的《婚姻登记管理办法》实施时，全市共接受婚前检查15.86万人，受检率98.5%，查出患病人数9480人，治愈8960人，治愈率80%，限制结婚的96人，暂缓结婚的1680人，结婚不宜生育的86人。新的《婚姻登记管理办法》实施后，取消强制性婚前检查，至2005年，接受婚前检查的极少。

二、围产期保健

1986年，全县710个村，有接生员759人，新法接生12557人，新法接生率达到97.4%。孕产妇死亡率由1980年的17.2/万下降到8/万。1988年，全市新法接生15183人，新法接生率90.2%；农村产妇建卡率为57.09%，产前检查1次的占53.8%，2次的占10.89%；产后访视一次的占40.75%，访视2次以上的为14.77%。1989年，接生员增至851人，新法接生15238人，新法接生率为97%，孕产妇死亡率下降至7.1/万。1992年，高危产妇住院分娩率达96%。全市开展孕产妇死亡监测，以东山、泉塘、大田、洪塘、白田5个乡为重点监测乡。1993年，培训合格的妇幼保健人员992人。从1994年起，每年春节前、4月、8月3个时间段，开展对高危孕产妇的筛选工作。

1995年，推广母乳喂养，创建爱婴医院，成立“湘乡市创建爱婴医院技术指导小组”。1996年，贯彻《中华人民共和国母婴保健法》，抓好孕产妇和婴幼儿系统管理，湘乡市被列为省级妇幼卫生合作项目县（市）。1997年，市妇幼保健所对乡镇卫生院妇幼保健专干进行为期3个月培训。以乡、镇为单位举办乡村两级妇幼保健人员短期培训班20期，共培训人员800人次，经考试考核合格的发给“母婴技术服务合格证”，村级接生员发给“家庭接生员合格证”，均须凭证上岗。1998年5月，对全市乡、村两级妇幼保健人员进行第二轮培训。为加强两个系统管理，市妇幼保健所由10人组成5个外线指导小组，对18个乡镇实行分片包干责任到人，加强外线指导。2000年，全市孕产妇系统管理率97.38%，新法接生率99.9%，住院分娩率78.1%，高危孕产妇住院分娩率100%。19个乡镇卫生院均成立高危孕产妇和新生儿抢救领导小组。建立妇幼卫生资料档案柜。卫生院的产房都有紫外线灯、高压消毒锅、产科器械及各种抢救药品。2001年，市卫生局为实施母亲安全工程努力降低孕产妇婴幼儿死亡率和消除新生儿破伤风，举办2期培训班，培训基层妇幼保健人员160名。2002年起，全面实施《2001—2010年妇女、儿童发展纲要》，全市19个乡镇卫生院产科验收全部达标。对从事家庭接生的人员进行清理，严格技术考核。2004年，市卫生局设立基层卫生与妇幼保健股，加强对妇幼工作的指导与管理，健全市、乡、村网络，对全市妇幼专干和712个行政村的妇幼保健员，48名家庭接生员进行业务培训。2005年，全市全面启动降低孕产妇死亡率、降低5岁以下婴儿死亡率和消灭新生儿破伤风项目，贫困产妇住院分娩可享受200~800元的救助。当年，确定救助对象180人，将救助卡发至各乡，救助经费2.7万元。至年底，全市配备妇幼专干20名，乡镇从事母婴保健技术业务人员105人，村保健员712人。全年产妇总数8433人，活产8458人，系统管理8060人，系统管理率92.59%，住院分娩7906人，住院分娩率93.47%，其中，高危孕产妇1544人，分娩1544人，分娩率100%。系统管理1544人，系统管理率100%。产妇死亡2人，死亡率2.364/万。

三、妇科病防治

1986年，对全县4.4981万名60岁以下已婚妇女进行普查。其中，患有各种妇科病的有23426人，患病率达52%，治疗22612人，治愈率达96.5%。县、区、乡各医疗单位开设妇科门诊，年接诊约10万人次。

1990年，在全市范围内定期开展妇科病普查、普治。全年农村普查70212人，普查率为45.93%；机关、厂矿、企事业单位检查3142人，普查率为77.42%；查出乳腺癌2例、子宫肌瘤14例、卵巢囊肿24例，常见妇科病1137人。对查出的患者建立个人档案，定期进行复查复治，治愈率88.2%。1994年，妇幼保健所配备B超、红外线乳脂透照仪、电子烧灼治疗仪，提高了诊所符合率和治愈率。在农村，每年“三八”妇女节前后开展妇科普查普治。城区机关、厂矿、企事业单位女职工每2年进行1次健康检查。1996年，全市妇科病查治15.8514万人，查治率达61.41%。2001年，妇幼保健院添置电子阴道镜、彩色B超和全自动生物检验设备，配备专职专业技术人员常年开展妇科病普查普治。2003年，为39家机关、学校、企事业单位的4962名女职工进行健康检查。2005年，普查女职工3606人，查出子宫肌瘤147人、卵巢囊肿45人、乳腺癌1人、宫颈糜烂481人、滴虫性阴道炎21人、霉菌性阴道炎23人。对查出的疾病进行治疗，2例恶性肿瘤均进行手术治疗。

第二节 学前儿童保健

1986年起，每年“六一”儿童节前后，以乡镇为单位对0～7岁儿童进行体格检查，开展评选健美儿童活动，建立体弱儿卡、册，针对儿童病因及时矫治，指导喂养、护理。1990年，“六一”儿童节前后对51060名7岁以下儿童进行健康检查，受检率达54.88%。市妇幼保健院定期培训幼儿园保教人员，指导建立健全卫生保健制度，制定适合儿童年龄特点的营养食谱，向保教人员和家长宣传卫生保健知识，按计划免疫程序接种疫苗，每年进行1次体格检查。新进托幼机构必须取得合格许可证。合格许可证有效期为3年，卫生行政部门每3年组织1次检查验收。工作人员每年进行1次健康检查，凡患有急、慢性传染病者不得从事托幼工作；儿童入园要凭健康检查合格证、计划免疫接种证入园。1996年，全市7岁以下儿童67638人，体检54936人，体检率81.22%。2003年，散居儿童49105人，接受健康检查的41336人，受检率为84.18%，评选出健美儿童39名。当年4—5月，市妇幼保健院对全市39个幼儿园进行了2次督查，对入园儿童和幼师进行体检，收托儿童3885人，受检率98.18%，有效地控制传染病在托幼机构的发生与流行。2004年，对3.1万名0～6岁儿童进行健康检查，查出体弱儿92人，进行个人档案管理。2005年，0～7岁儿童58109人，体检50310人，体检率86.57%。

第三节 学生保健

1986年，全县在校中、小学生15.4247万人，一中、二中、三中、四中及湘乡师范学校、东山学校、城关中学、东方红小学配有专职校医，各区中学配有专职或兼职医务人员。当年，综合学校卫生调查统计，学生中常见多发病为：蛔虫病（发病率为80.11%）、近视（发病率为29.92%）、砂眼（发病率为17.82%）、龋齿（发病率为10.61%）、钩虫（发病率3.11%）、肺结核（发病率0.32%）。为保护视力，学校在做课间操的同时做眼保健操。市卫生防疫站为一中、二中、三中等14所学校建立健康档案和学生健康卡，学校卫生保健逐渐规范。

1990年，市卫生防疫站有主管学校卫生的监督员5人。当年对城区11所中小学校的8430名学生进行健康检查，组织学生“驱蛔”6820人次。1997—1999年，每年对市城区14所中、小学校学生的视力、眼病、牙病及生长发育、营养状况等进行健康监测。2003年，监测学校135所，体检学生78745人。检出视力不良者14528人，视力不良率18.5%；沙眼、龋齿患病率分别为8.2%和7.18%；学生身高、体重上、中、下等的构成比例分别为2.48%、94.71%、2.81%和5.14%、92.13%、2.47%，呈正态分布。学生肥胖、正常、营养不良的构成比例分别为3.57%、71.4%、24.85%。查出内科疾患254人，疥疮60人，五官科疾患220人，其他病患者138人。2005年4—7月，对83所市直中学、民办学校和乡镇中学进行了一次饮食饮水卫生安全、校园及周边商店食品卫生安全的专项检查。抽检食用猪油样品72个，合格60个；饮用水样65个，合格60个。

第五章 爱国卫生

第一节 创建文明卫生单位

1986年，全县城乡开展创建文明卫生单位活动，推介中朝、繁育、红星村及山枣镇创建文明卫生单位的经验。7月，在山枣镇召开创建“双文明户”活动座谈会；经省、市检查验收，授予湖山乡城莲村、新研乡炭棚村、东郊乡定托村、泉塘乡育塅村文明村称号。当年，全市获省级文明卫生单位的有6个，市人民医院陈国正被评为全国卫生系统文明卫生先进个人。1987年，湘乡市在湘潭市农村组卫生流动红旗竞赛中获冠军。1989年，在城区实行门前“三包”（包卫生、包绿化、包秩序）制度，治理“脏乱差”现象，维修道路，疏通下水道，清运垃圾，洗刷旧残标语和“牛皮癣”广告。植树栽花，美化环境，市容市貌大为改观。经省、市爱国卫生委员会（简称爱卫会）验收，至1989年，湘乡市被授予省级文明卫生单位的有38个，地市级54个、县（市）级103个，获省卫生达标县（市）。

1991年，加强城市环境卫生综合治理，完善街道门前“三包”制度。开展创市容最佳一条街活动。1992年，管理流动摊贩，拆除乱建乱搭建筑物。1997年，新建厕所、垃圾站17座。以纪念建市10周年为契机，开展归店经营整治，拆除违章户外广告。1999年，市政府规定各办事处、环卫处清扫地段，明确具体职责。成立社区服务小分队，收集生活垃圾，清扫庭院，在城区首次建立3座台式垃圾站，垃圾清运实行机械化。2001年，22个乡镇、街道建立爱卫会（或爱卫办）设专职或兼职干部，负责辖区内爱卫管理。2002年，开展责任街、样板街活动。东山路获样板街称号。2004年，各社区出现民办清扫队伍，有偿卫生服务上门制度开始形成。2005年，取消城区街道摆设的垃圾箱，采取定人定点即时清运。城区有22座水冲式公厕。36条主要干道有市容监察员和清洁员200多人，实行16小时清扫保洁。当年，创省级文明卫生单位2家，湘潭市级2家，湘潭市文明卫生村1家。15年间，全市共创省级文明卫生单位56家、湘潭市级23家、湘乡市级9家。

第二节 农村改水、改厕

1986年，县政府成立改水领导小组，拨经费2万元，水改用材614.5吨，在农村办点15个。全市54个打井队，全年打压把井8655个，打小口井1510口，建小型自来水50多处，改造老井1251口，全市饮用安全卫生水人数达83.2%。1988年，全市压把井发展到47370口，打井队发展到147个。1989年，市政府拨款5万元，群众集资29.95万元，新建简易自来水塔158个，潭市镇新建自来水厂。农村饮用卫生井水达62.6294万人。1990年，市爱卫办在潭市、棋梓、城区3个街道开展集中式供水改水工作，当年完成5000人的改水任务，新增饮用安全卫生水59365人。1995年，喝上清洁卫生水人数上升到92%。喝上自来水的达26%，水冲式厕所普及率达26%。1997年，东郊乡有5000多户新建卫生厕所，普及率达到90%，有1500户新建或改建三格式、沼气式无害化厕所。至2000年，农村清洁卫生水饮用率达到99.54%，卫生厕所使用率达到79.5%。2005年年底，全市农村共建沼气厕所1.76万座，三格式化粪池6.55万个。农村人口65.17万人中，饮用卫生清洁水者达62.5万人，占农村总人口的95.9%。其中用自来水人口达36.09万人。全市农村19.55万户，使用卫生厕所达16.78万户，占农村总户数的85.83%。

第三节 除害灭病

1986年，县政府发布《关于坚决控制和消灭狂犬病的布告》，全县打狗1000多只，畜牧检疫站免疫家犬约2.5万只。5月，卫生防疫站在苏坡、东郊、白田3个乡调查鼠密度为72.19%，总带毒率为0.91%。10月，举办灭鼠培训班。1987年，市区组织15个消毒杀虫队，用去敌敌畏500公斤、灭害灵8000瓶、蟑螂片1.5万包。1989年，全市统一组织灭鼠3次，鼠密度下降到13.92%～20.6%。1990年，市政府成立灭鼠达标办公室，培训技术人员650人次，组织春季灭鼠，鼠密度阳性率由25.2% 下降到3.2%。省爱卫会授予湘乡“灭鼠先进市”称号。1992年，卫生防疫站单独设立消、杀、灭科。9月，举办全市43人参加的消毒技术学习班。1997年，对500家医疗单位、15个托幼机构进行消毒效果监测。发现霍乱病人时，卫生防疫站机动队对疫点进行严格消毒，药物灭蝇，疫源检索和预防服药。对自来水厂和二次供水单位实行24小时加氯消毒，投放预防药氟哌酸胶囊24780板（12丸／板），有效控制疫情的扩散和流行。1997年，实施《湖南省爱国卫生条例》。2000年，市政府制订《湘乡市除四害管理办法》，市爱卫办每年春秋两季开展集中杀灭活动。2001—2005年，共投放灭鼠药4万公斤，杀鼠速1万支，灭蝇、蚊药9000包（瓶），灭蟑药6000支，每年开展鼠密度监测4次。各单位“除四害”参与率、投药率均达98%，灭鼠防制设施普及率达90%。湘乡“除四害”工作接受省爱卫会验收，再次被评为“灭鼠先进市”。

第四节 健康教育

1986年起县内每逢“结核病防治宣传日”“计划免疫宣传日”“世界无烟日”“世界戒毒日”以及“脊灰”强化免疫日、“艾滋病宣传日”等，开展广泛的健康宣传教育活动。1987年起，学校开设健康教育课，城区中小学开课率为100%，农村中、小学为68%。1999年，成立湘乡市健康教育所，各乡（镇）卫生院配备健康教育专干，村配健康教育员，形成市、乡、村纵向网络。2000年，结合开展食品卫生整治行动，市健康教育所与市卫生局合办3期专辑，向《湘乡报》、湘乡电视台投稿10篇，电视新闻2篇。2001年，市卫生局举办“湘乡市首届食品卫生知识电视大奖赛”，有12个代表队参赛。2003年起，湘乡市健康教育领导小组下设的健康教育所，开展健康教育日常工作。

第六章 药品

第一节 药品供应网点

1986年，县药材公司批发供应药品，公司分2个三级批发站（西药批发部、中药批发部），农村设8个四级批发站、卫生系统各级医院及各农村乡、镇卫生院开设中西药房，个体药店227个，均经营中、西、成药。1994年，城区零售药店5个，个体药店350家。2001年，市药材公司组织13人的摩托车销售队，走遍城乡，送货上门。2005年，全市有各种经济成分的药店230家。其中，城市连锁门店2家，零售药店78家，农村连锁门店4家，零售药店146家。药品批发企业2家，医疗器械批发公司2家，各级各类医院药房122家，个体诊所附设药房67家，村卫生室药房（药柜）593家。药品从业人员1万人。

第二节 药政管理

一、考核发证

1986年，县药检所根据《中华人民共和国药品管理法》对在1985年经过考试成绩及格的药剂工作人员325人发给营业执照，允许营业。不及格的259人，从1986年1月1日起，停止营业。1987年9月，市政府颁发《关于加强医药市场管理的通知》后，市药检所举办无证药店药剂员学习班，131人中有86人经考试考核及格，又实地验收70个药店，给及格（合格）者发给“药品经营企业许可证”。市药检所对经严格审查考核的33家药店发给经营许可证，查处111个无证药店。当年市药检所被评为全国先进单位。

1989年8月，市政府下达《关于加强药品价格管理，整顿和有升有降调整部分药品价格的通知》，药政、药检日趋规范。至年底，全市共培训药剂员548人次。药材公司系统有45个单位和个体药店270个获得经营许可证。1990—2001年，市药检所共培训考核药品从业人员650人次。2001年9月至2005年12月，药监局培训考核药品销售人员620人次。核发“药品生产许可证”1个、“药品经营（批发）许可证”2个、“医疗机构制剂许可证”2个、“药品经营（零售）许可证”230个。全市药品经营企业按时完成 GSP（药品经营、质量管理规范）认证工作。

二、药品检验

1986—1998年，县药检所由于设备条件限制，只能对中药材进行性状鉴别。1999年，卫生局出资10万元添置检验设备，取得“计量认证合格证”后，能开展中药性状显微鉴别，化学药的定性、重量差异、装量差异、颗粒剂的溶化性、粒度、澄明度、崩解时限、水分、杂质等项目的检查。至1999年年底，发药品检验报告354份，检出不合格药品120个品种。2004—2005年，省药监局对市药监局药检所装备部分快速检验设备，培训人员，加强药品技术监督工作。市人民医院制剂室、国贤诊所制剂室生产的产品均能进行自检。

三、药品经营监督

1986年，县药检所检查376个单位的中药饮片49524种次，西药41241种次，责成21个违规单位停业整顿、吊销2个单位营业执照，11个单位受到罚款处罚。销毁价值11万元的伪劣药品，取缔非法药医药贩42人，没收药物114种435公斤。1987年6月，举办区（镇）兼职药品监督员培训班。全年检查241个单位，质量合格率97.44%。1988年，市政府下达《加强药品质量监督管理确保人民用药安全有效》的规定，全市检查296个单位，发现伪药64种次704.3公斤、劣药47件，106个违规单位受罚。1989年，清理整顿医药市场，查出无证行医者176人，占个体行医人员的71.3%。在个体药店363家中，106家无证经营、停业整顿60家，取缔无证行医经营药品75家、取缔游医药贩8名，销毁伪劣药品1000多公斤。1990年，成立市医药市场清理整顿办公室。1991年，根据省卫生厅《关于严厉查处假劣药品的紧急通知》，组织3个清查小组，历时1个月，检查537个单位，经营使用假药的有131个单位，占24.4%。查出无证办药店或异人异地办药店51家，吊销许可证34家；查出伪、劣、变质、过期药品46个品种，收缴伪劣中药材885公斤，总计价值5万多元。1996年12月，依法取缔云门商城药品批发市场，关闭18家药品批发商店。1997年，市药检所在市公安局的配合下，查处假药“利君沙”（标示西安制药厂）销售网络，查获假药标的货值12万元。市公安局留置假药销售人员7人，刑事拘留3人。1999年，市卫生局成立整治医药市场不正之风领导小组，对城乡所有药店进行全面检查。全年开展6次较大行动，取缔6个无证批发药店，没收货值10万元的药品，取缔45家无证零售药店，立案9起。麻醉、精神药品管理做到专人、专柜、专锁、专账，防止流失。2001年10月，健全市、乡、村药品监督网络、聘用乡级协管员，为药品打假提供信息。2004年，实施“药品放心工程”，在全市范围内开展打击假劣药品、医疗器械专项整治行动。全年出动执法人员1586人次、执法车辆355台次，检查药品（包括医疗器械）21.3036万种次，查处穿心莲胶囊、石斛、山豆根等46个伪劣品种。查处违反药品（医疗器械）法律、法规案件456件。2005年，对全市1300个药品（医疗器械）经营、使用单位进行全面监督，稽查覆盖率达100%，查处违法违规案件400件。对城区13家未申请 GSP 认证的药店依法取缔。对湘乡媒体播出的药品广告进行重点监控和检查。

第二十一编 文化 旅游 体育

第一章 机构

第一节 文化旅游机构

一、行政机构

1986年，县文化局编制9人，内设办公室、人事股、文艺股、财管股。1987年，县文化局更名为市文化局。1993年1月，撤销市文化局和市体育运动委员会，组建市文化体育局，市文联并入文体局。内设机构为：办公室、文化市场管理股、财务股、业务股。1994年11月，市文化体育局分设市文化局和市体育运动委员会，市文化局增加旅游管理职能，市文联仍与市文化局合署办公。1995年12月，市文化局加挂市新闻出版（版权）局牌子，履行新闻出版及版权行政管理职责。2001年12月，市文化局更名为文化旅游局。2005年，共有干部职工17人，设办公室、文艺股、文化市场管理股、旅游管理开发股。

二、事业单位

1986年，县文化局直属事业单位有：文化馆、图书馆、湘乡剧院、花鼓戏剧团、电影发行放映公司。1987年，撤县建市后，各单位相应更名。1992年7月，增设文化稽查队。1993年，增设演出管理站和黄公略故居纪念馆。1993年，市体育馆和业余体校归文化体育局管理。1994年11月，回归体委管理。1994年12月，增设旅游服务社。1995年6月，增设文物管理所，与博物馆实行两块牌子、一套班子。文化市场稽查队加挂新闻出版（版权）稽查队牌。2002年，增设旅游质量监督所。2003年，文化稽查队更名为文化稽查大队。2005年，局属事业单位12个，即文化馆、博物馆、图书馆、剧院、剧团、电影发行放映公司、文化市场稽查大队、演出管理站、黄公略故居纪念馆、文物管理所、旅游服务社、旅游质量监督所，干部、职工163人。

三、乡镇文化站

1986年，全县有文化站47个，招聘集体工27人、合同工24人为专职文化辅导员，其余乡镇配兼职辅导员。文化站由文化局管理。1987年，调整为41个。1988年，增至44个。1992年起，文化站列入乡镇政府机构编制，明确文化站为乡镇政府领导下的事业单位，业务上接受文化部门指导。1995年，市撤区并乡建镇，文化站合并为19个，有10名聘用的辅导员招为合同制工人。同年，壶天镇文化站被省文化厅命名为“百强集镇文化站”。龙洞乡命名为“省文学艺术之乡”。1998—1999年，聘任的辅导员全部招为合同制工人。2000年，中沙镇文化站被省文化厅命名为“百强集镇文化站”。2005年，全市19个文化站，有干部18人、职工28人。

第二节 新闻机构

一、广播电视

1987年，湘乡县广播电视局更名为湘乡市广播电视局。1993年11月，更名为湘乡市广播电视服务中心，为正科级事业单位。1997年10月，湘乡市广播电台、湖南省有线电视台湘乡分台合并为湘乡市广播电视台，与市广播电视局实行“局台合一”的管理体制。2002年9月，恢复设置湘乡市广播电视局，为市政府承担行政职能的直属事业单位，根据国务院颁发的《广播电视管理条例》和《广播电视设施保护条例》，对全市广播电视节目及其接收、传输和广播电视设施、设备进行管理。2005年，机构未变。

二、湘乡报社

1987年4月，湘乡报社成立，为正科级事业单位。内设办公室、财务室、总编室、记者部、编辑部、广告部、发行部。1996年，增设印务部。2003年12月，湘乡报社被撤销，领导班子成员另行安排，职工及资产移交市广播电视局管理。

第三节 体育机构

1986年，湘乡体育管理机构为湘乡县体育运动委员会（以下简称体委）。1987年，县体委更名为湘乡市体委。1993年8月，市体委与市文化局合并为市文化体育局，1993年4月，成立湘乡市体育训练领导小组，负责体教结合、业余训练、学校体育的协调和督促工作。1994年12月，文体分开，恢复市体委。1995年9月，成立湘乡市全民健身领导小组，贯彻实施国家体委颁布的全民健身计划。2001年，市体委改为市体育局，内设办公室、业务股。下辖市少年儿童业余体育运动学校和体育馆。2005年机构未变。

湘乡市阶段性体育领导机构有：1993年4月，成立湘乡市体育训练领导小组，负责体教结合、业余训练、学校体育的协调和督促工作。1995年9月，成立湘乡市全民健身领导小组，贯彻实施国家体委颁布的全民健身计划。

第二章 群众文化

第一节 设施

1986年，县城有文化馆、图书馆、博物馆、剧院各1个，电影院2个。农村有文化中心18个，影剧院19个，11918个座位；文化楼5座，图书室20个，藏书32120余册。1988年10月，育塅乡建成市内第一个乡镇万册图书馆。此后，陆续建成9个。1991年后，毛田、莲花、月山、潭市等乡镇建有影剧院，但有的不久便变卖或改作他用。1994年后，壶天、金石、梅桥、中沙等镇相继新建文化中心。2005年，全市农村文化活动场地1.21万平方米，藏书17.54万册，固定资产342.73万元。

第二节 活动

一、文艺演出

1986年起，群众文化活动以文艺演出为主，大都在节日和革命纪念日进行。当年4月，县委宣传部等20个单位联合举办业余歌手、乐手大奖赛，72名歌手、22名乐手参赛演唱（演奏）节目93个，评选优秀歌手25名、优秀乐手7名。1988年国庆节，举办职工家庭文艺晚会。少儿伍钛的小号独奏选送省“洞庭之秋”艺术节演出，获二等奖。11月，山枣镇举行首届农民文化节，开展文艺演出等8项活动，观众如潮。1989年，庆祝中华人民共和国成立40周年，举办革命歌曲合唱比赛。26个队1600多人登台演唱，副县级以上领导20多人、局级领导100多人与群众同台演唱，演出2场，观众3000多人次。同时，举办首届农民歌手赛，35个乡（镇）街道47名歌手参赛，演出2场，观众2000人次，评出一等奖5名。1990年，举行湘乡市首届农村文艺调演，10个区（镇）代表队200多人参加，演出2场，观众2000人次。同年，举办湘乡市首届自创小品调演，业余作者创作30个剧本，上演11个。1991年，举办铜管乐大奖赛，开赛当天，28个代表队300多支铜管齐奏《没有共产党就没有新中国》

在市城区进行文艺游行，盛况空前。在有317名歌手参赛的农民歌手赛中，选优11人参加湘潭市农民歌手赛，湘乡歌手曹新玲在省农民歌手赛中获银奖。1993年，举办“红五月”文化活动周，40个乡（镇）代表队400多人参加演出。1995年，纪念抗日战争胜利50周年，举办歌咏比赛，有128个单位3000多人参加选拔赛，1800多人登台演唱《黄河颂》《大刀进行曲》等抗日歌曲，激发爱国热情，弘扬民族精神。1996年，湘乡市被评为省文化工作先进县（市）。1997年，被评为全国文化工作先进县（市）。1999年，庆祝国庆50周年，举行《祖国颂》歌咏比赛，有11个系统14个合唱团2000多人参赛。2001年，纪念中国共产党成立80周年，举行《丰碑颂》文艺晚会，著名歌唱家张也、表演艺术家丛飞、全国百优电视节目主持人唐剑同台演出，观众3000多人。

至2005年的20年间，在城区，规模大、效果好的大型文化演出有50多场。农村文化站组织的演出活动有1000多场。

二、展览

1986年起，县博物馆或与有关单位联合，年年举办展览。至1994年，共办各类展览89个，观众92万人次。有马王堆历史文物展、中国历代名画展、湘乡历史文物陈列、湘乡地方党史展、湘乡美术、书法、摄影展等。1995年，举办纪念抗日战争胜利50周年《不可忘却的历史》图片展等展览10个。1998年，纪念黄公略100周年诞辰，举办领导题词及书画展和湘乡改革开放20年成就图片展。2001—2005年，共办展览19个。有陈赓100周年诞辰生平事迹展、纪念抗战胜利60周年书画展、《水府风情》摄影展等。

1986—2005年湘乡市主要展览概况表

表21-1

年份	名 称
1986	马王堆历史文物展、中国历代名画展、龙城书画展
1987	湘乡历史文物陈列、民俗文物陈列、湘乡首届学生书画展、红军长征在湖南图片展
1988	向警予生平事迹展、麻阳农民画展、《血壮军魂》图片展，湘乡市首届集邮展
1989	湘乡市国庆40周年书画展、《湘潭农村》影展、古钱币展、湘乡老年书画展、湘乡市第三届少儿书画展
1990	湘潭市历届获奖摄影作品展、旅台画家成圣泽鱼画展
1991	市博物馆馆藏字画展、庆祝建党70周年美术、书法、摄影展、湘乡人民革命史展
1992	湘乡地方党史展、纪念《讲话》发表50周年书画展、湘乡清末婚姻习俗展、湘乡市博物馆藏明清瓷器展
1993	湘乡历史文物（青铜器）展、纪念毛泽东100周年诞辰《毛泽东与湘乡》《一代伟人》图片展、湘乡美术、书法展
1995	纪念抗战胜利50周年《不可忘却的历史》图片展、见义勇为英模事迹展
1998	黄公略100周年诞辰领导题词、书画展、湘乡市改革开放20年成就展
2001	水府—美丽家园摄影展、湘乡书法美术展、湘乡地方文献展
2002	湘乡禁毒展、海洋生物展、陶瓷陈列
2003	陈赓100周年诞辰陈赓生平事迹展
2004	《水府风情》摄影展、恐龙科普展
2005	湘乡市纪念抗战胜利60周年书画展

三、文化艺术节

2001年10月30日至11月5日，湘乡市举行首届文化旅游艺术节。机关、学校、企事业单位、乡镇、街道61个单位参加。有文艺晚会、花鼓戏演出、民间艺术表演、少儿艺术表演、农村小戏小品调演、机关和学校文艺调演、老年文艺演出、“千人书画表演”、文物文献展、书画展、电影展映，公园游园、登文塔爬山比赛等18项活动，参加活动的有10万余人次。2004年9月16日至23日，举行第二届文化旅游艺术节暨中国水府水节。同时承办全国第三届演讲比赛和全国漫画大赛。有文艺晚会、《歌唱祖国》大合唱比赛、农村文艺调演、优秀电影展映、“水府风情”摄影展、恐龙科普展、啤酒狂欢夜，“爱我水府”十万人游等活动。来自全国20个省（市）和新加坡的演讲选手参加演讲比赛。9月17日，漫画展在市图书馆开展，赛期收到全国各地391名作者1628幅作品。

四、艺术辅导

1986年以来，文化馆经常组织干部下乡下厂或在馆里举办各类文艺培训班，培训文艺人才。1988年，采取“请进来、送下去”的办法辅导群众开展活动，在龙洞、毛田、潭市、棋梓等乡镇，建立文学、美术、戏剧、音乐、舞蹈、摄影业务辅导点，办培训班各1期，100多人参加学习。1989—1995年，在中沙、东郊、金石、虞唐、壶天等20个乡镇及机关、厂矿、学校办培训班67期，1760多人次参加学习。1997年，成立湘乡市少儿艺术团，开办音乐、舞蹈、器乐、美术培训班，每期招收学员200名。1999年，经市教育行政部门批准，文化馆创办全日制艺术普通中等专业学校，开设花鼓戏、音乐、舞蹈、工艺美术4个专业，招收学生120人。2000—2003年，文化馆干部每年下乡下基层300多天，共培训2000多人次。2004年，在原少儿艺术团基础上，创办女子合唱团（46人）、红领巾合唱团（120人）、湘乡乐团、女子铜管乐团和京剧票友会，办班20期。市文化馆被文化部评定为二级文化馆。至2005年的9年间，少儿艺术团已办8期24个班，培训1000多人次。

第三节 文化市场管理

1986年，社会文化在湘乡尚未进入市场。1987年，音像、歌舞、书报、印刷、电子游戏、民间艺术表演等逐渐进入市场。市内有文化经营户170多家。其中舞厅3家、录像放映室46家、书店（书摊）94家、印刷厂13家、民间艺术表演团体20家。当年，根据国务院《关于严厉打击非法出版活动的通知》精神，对书刊市场进行5次清查，收缴非法出版图书1232本、小报400份。1989年3月，设立湘乡市音像管理办公室，对全市音像市场进行整顿。昆仑桥一村民复制淫秽录像带18盒，放映淫秽录像28场，130多人观看，公安机关对该村民作出劳教3年的处罚。4月，外地桌球风刮入湘乡，90多家经营户大多数摆在公路边露天营业，有的利用桌球进行赌博，社会影响很坏。文化局对城区24家进行清理整顿，取缔无证经营户15家，11家停业整顿，在农村，封闭非法经营户50家。11月，湘乡市委成立文化市场管理委员会，加强文化市场管理。1990年，文化经营户减少到114家。加强对电子游戏室的管理，取缔10家无证经营者。1991年，破获一起重大贩卖淫秽录像带案，缴获淫带93盒，淫秽扑克4副，公安、法院对3名犯罪嫌疑人立案审理。当年，撤销录像放映点6家，停业整顿3家，收缴翻录像带453盒；处理违章经营卡拉 OK 厅5家，取缔13家；处理违章经营电子游戏室5家，吊销1家营业执照。1993年，文化市场得到发展，文化经营户320家。当年，成立湘乡市文化稽查队和湘乡市人民法院文化管理行政审判联络室。1994年，进行5次大规模的“扫黄打非”行动，出动车辆20台次，出动人员120人次，对城区及棋梓、潭市等乡镇进行重点检查。当年审核音像带1700本，收缴非法像带89本（淫带21本、色情带68本）、销毁非法、复录、走私带1152本，吊销音像放映证3个，音像发行证1个。严禁歌舞厅“三陪”，取缔“熄灯舞”“情调舞”，收缴非法印刷报刊2000册，小报2万份。查处江西靖安一农民非法编辑出版《科技生活》，工商部门冻结其银行存款19万元，文化稽查队收缴非法小报2万份。1996年，文化经营户猛增至405家，从业人员2000多人。1997年后，逐渐减少。2000年，网吧进入市场，当年有63家营业。2002年对80多家网吧进行地毯式清理整顿，组织集中行动8次，查处违规案件80起，收缴电脑主机50台。当年，市文化稽查队被省文化厅评为全省文化市场稽查机构目标管理先进单位。2003年，市政府发出《关于开展专项整治网吧等互联网服务营业场所的通告》，明确规定网吧：严禁未成年人入内、超时经营、不登记身份证上网、进入色情网站。文化局对网吧进行为期3个月的专项整治，取缔黑网吧7家。2004年，处理违规经营者64家，扣主机48台，停止信号输入18家，取缔12家。2005年，全市有文化经营户197家。其中，娱乐单位163家（舞厅3家、歌厅26家、网吧120家、电子游戏10家、桌球2家、民间艺术表演团体2个），音像单位1个，印刷厂32家。查处违规接待未成人入网吧35家，下整改通知书37家，停止输入信号57家。网吧逐渐走上正规经营。

至2005年的20年间，文化部门共收缴淫秽和非法书刊49611册，非法小报7.5万份，违规发行的教辅资料1.12万份，取缔15个违规书摊。收缴销毁淫秽色情、盗版录像带1700余盒，VCD 光盘7000多张，处罚40多家（次）录像放映室，取缔录像放映室24家。

第三章 文艺创作

第一节 文学

1986年，有钟梦周、章敬和、李工、陈慕韩、向阳、沈永涛、潘建华、周琼等在省级以上报刊发表文学作品。当年3月，湘乡诗社成立，出版《龙城诗词》（后更名《湘乡诗词》）创刊号，以后定期出刊。朱奇的《高原，我梦中的地方》，由上海文艺出版社出版。

1987—1990年，在省级以上报刊发表文学作品598件。周湘华的中篇小说《普通家庭》，何艺兵的小说《毕大妈嫁女》，周可家的杂文《脑袋的寻觅》及陈华梅的诗等在《人民日报》等国家级报刊发表，《中国歌谣集成湖南省湘乡资料本》铅印成书。王正湘、易孟醇、丁剑欧、胡耀松、彭浩荡等出版了文学专著。

1991年，在国家和省级报刊发表文学作品58件。章敬和的古诗《老牛颂》获得全国旧体诗词大奖赛一等奖。胡耀松的诗《觅》在《人民日报》上发表。吴砾星的传记文学《蓝眼睛和黑眼睛》发表在《名人传记》上，并被《女子世界》《中外妇女文摘》转载。彭蕴辉（笔名林曼）的文学评论《造神与民族文化心态》发表在《大学语文研究文集》。之后，他的文艺论文《秦可卿的身世和刘心武的戏说》，在中国杂文学会主编的《红学评论》上发表。他还在全国各地报纸杂志发表杂文400多篇。1993年，全市在国家和省级报刊发表文学作品89件。王同生的小说《漆黑的记忆》，郭湘运的诗《太阳雨》《池中有莲》《酒杯》，何艺兵的小说《在漆黑的病房内》等在全国精短作品大赛及全国纪念毛泽东100周年诞辰文学作品征文中获得优秀作品奖。黄幼林、赵石林、赵谷逊、陈朗秋等的对联收入湖南文艺出版社出版的《心香》集。肖自强的中篇通俗小说《神秘的盗墓团伙》，发表在江西省文联主编的《百花洲》上。1994年，全市在省级以上报刊发表文学作品84件。1995年，李玉清、李焕黄等在《华夏吟友》《中华诗魂》上发表诗30多首。王经纬在《中国青年报》等报刊发表新诗80多首。1996年，湘乡诗社编辑出版《韶山毛泽东纪念园诗画选集》和《古今诗人咏湘乡》。当年，在省级发上报刊发表作品54件。至1996年的6年间，周业贵、碧玉箫、肖红艳、贺澄清、陈华梅、李静民等出版文学专著。

1997年，文姣平《诗三首》入编《中华当代绝句精选》。王柏松的中篇小说《阵痛》(与人合作)在《湖南文学》上发表，《三十年河东》获省1998年首届报纸副刊好作品一等奖。周琼的小说《请君入瓮》在《云南法制报》连载。2003年3月，成立湘乡楹联协会，以后每年出版一本会刊《湘乡楹联》。同年，文姣平、李秀媛的诗词作品入编《中华女诗人辞典》。2004年，市水府管理委员会编印《难忘水府》一书。至2005年的9年间，朱奇、刘勇等作者出版文学专著50多部。

1986—2005年文学作品出版统计表

表21-2

作者	著作	出版时间	出版单位
朱　奇	《高原,我梦中的地方》	1986年	上海文艺出版社
	《朱奇抒情散文选》	1989年	青海人民出版社
	《唐蕃古道之旅》	1992年	中国文联出版公司
	《泰国萍踪》	1993年	青海人民出版社
	《巨流之源》	1997年	作家出版社
王正湘	《君山竹奇》	1987年	中国文联出版公司
	《三国演义导读》	1990年	河北少年儿童出版社
	《聚散何匆匆》	1992年	湖南文艺出版社
周湘华	《初春,一阵波动的风》	1988年	四川少儿出版社
易孟醇	《毛泽东诗词笺释》	1989年	湖南大学出版社
丁剑欧	《剑欧诗词选》	1989年	青海人民出版社
胡耀松	《我的诗鸟醉了》	1989年	华岳文艺出版社
	《下午有约》	2004年	新疆人民出版社
彭浩荡	《对十二位巫女的祈求》	1989年	湖南文艺出版社
王庭坚	《缪斯的困惑》	1990年	湖南少儿出版社
刘海擎	《海擎诗词选》	1991年	
王经纬	《蓝色音乐》	2000年	内蒙古文化出版社
	《真善美的赞歌》	2001年	
肖红艳	《那片绿色的桑林》	1992年	湖南少儿出版社
周业贵	《走出桃花源》	1992年	作家出版社
	《陋笔屐痕》	2001年	作家出版社

续表21-2

作者	著作	出版时间	出版单位
李静民	《劈开流向》	1994年	金长城出版社
碧玉箫	《碧玉箫诗词选》	1995年	中州古籍出版社
周 琼	《呻吟》	1999年	中国文联出版社
王真波	《面向新的太阳》	2000年	中国文联出版社
唐朝晖	《心灵物语》	2000年	作家出版社
谢枚琼	《走近秋水》	2004年	辽宁民族出版社
	《忧郁的猫》	2004年	新疆人民出版社
刘 勇	《怎样写短篇小说》	2001年	中国文联出版社
	《我敬周总理一杯酒》	2002年	中国文联出版社
彭矛一	《轻愁》	2001年	中国文联出版社
傅春良	《梦幻年华》	2001年	作家出版社
彭成仁	《浩瀚文集》	2001年	作家出版社
朱湘生	《无弦琴集》	2003年	内蒙古人民出版社
龚德明	《文不如其人》	2003年	青海人民出版社
文姣平	《追日》	2003年	天马图书有限公司
	《弧光》	2003年	天马图书有限公司
文凤鸣	《文凤鸣诗选》	2003年	天马图书有限公司
谌小芳	《小女人心迹》	2003年	天马图书有限公司
林 曼	《苦耕集》	2003年	海南出版社
陈元初	《杂俎集》	2004年	新疆人民出版社
李焕黄	《乐土集》	2004年	新疆人民出版社
李平安	《独步苍茫》	2004年	新疆人民出版社
王秉爱	《铎声余韵》	2004年	新疆人民出版社
陈子赤	《是心在动》	2004年	新疆人民出版社
谢建军	《爱的笔记》	2004年	新疆人民出版社
罗宇杰	《十七岁的天空》	2004年	新疆人民出版社
谭运良	《湖南名校东山学校》	2005年	湖南人民出版社
周绍甫	《水府故事》	2005年	天马图书有限公司
刘秉勋	《秃笔心声》	2005年	天马图书有限公司

说明：此处录入的是已知出版发行的作品

第二节 艺术

一、戏曲、音乐、舞蹈

1986年，陈元初创作的曲艺《初斗高桥》参加全国曲艺录像大奖赛，获创作、音乐、演出、伴奏四项奖。钟梦周、何艺兵、陈元创作的现代戏《碧螺情》由湖南人民出版社出版。易道达创作的歌曲《观渠道》，在省《群众艺术》上发表；刘灿华创作的歌曲《如今果农也风流》发表在《时代歌声》上。

1987—1990年，有11件音乐作品。1件戏曲作品获省级奖。何艺兵的《明天更美好》获省文化厅戏曲创作征文银奖。胡林根的歌曲《洞庭啊，动人的琴》作电视风光片《湖南四十年》的主题歌曲。《秋风吹来一个故事》获省委宣传部"五个一工程"二等奖。许佑铮的歌曲《圆圆的》发表于《湘江歌声》。文化馆举办音乐理论创作学习班，30多位作者创作音乐作品50件，有9件在省《时代歌声》上发表。

1991—2003年，何艺兵的曲艺《风流桃花坳》在国家级刊物《曲艺》上发表。郑杰伟、蔡卫农、朱霆表演的三人舞《渔乐》获省文化厅文艺调演二等奖。郭树民、萧兰华、张伟跃表演的三人舞《英雄赞歌》获省文艺调演一等奖、广州军区文艺调演二等奖。音乐作品《信念》（刘家发词、候寄明曲）获省群星奖征歌一等奖、全国主旋律征歌铜奖。刘国迪作曲的《我为毛主席迎亲人》（女声独唱）获省1995年音乐作品创作二等奖。之后，《妈妈，你的香港回来了》，获省"炎帝杯"新歌新秀大奖赛二等奖；刘家发词、赵汉武曲的《今日农民不一般》在当代农民之歌征歌活动中获创作奖。2003年，市音乐家协会编印《湘乡音乐作品选》。2004年，由曾艳创作、刘思颖等表演的三人舞《巾帼》获省舞蹈大赛金奖。李金凤的独舞《星空》获省群文干部专业技能竞赛铜奖。

二、书画、摄影

1986年，杨晋的书法（楷书）："袁枚诗遣兴"在《湖北书法报》发表。"郑板桥诗"在《湖南日报》上发表。王海松的金石作品《安居乐业》《迎新春》，陈乃坚的《中华人民共和国国歌词》，周梦旭的《百花齐放、推陈出新》等均在省级以上报刊发表。罗苍诗的国画《苗岭春秋》收入台湾《中国艺术选集》（香港集古斋出版）。甘迎祥的画《花中之城》《隔山隔水》在《人民日报》上发表。

1987—1990年间，陈乃坚的篆刻作品赴日本展出，参加中日文化交流会。杨灿华的书法作品在中国书画家协会主办的书画大赛中获三等奖。廖虹江的国画《万山红遍、层林尽染》，参加纪念毛泽东100周年诞辰书画征集获一等奖。王志坚的国画《又是一年三月三》在深圳《湖南工笔画展》展出。之后，他的工笔画《思》，参加首届全国花鸟画展获佳作奖，《中国龙》参加文化部群星美展，《暖阳》获文化部第八届群星奖银奖、《潮》在文化部、中国文联主办的竞赛中获奖。

1991—1996年间，刘新华的国画《幽谷》，在省美展中获铜奖，《秋冥》选入省国庆50周年美展。陈小奇的工笔画《苗家铜鼓》入选全国第八届美展。之后《阳光地带》入选全国第八届工笔画展，粉画《不该抹去的风景》，入选省国庆50周年美展。刘连秋的国画《喜报到家》，在庆祝中国工会成立70周年全国书画摄影艺术大展中获一等奖。陈连平的国画《春天的银韵》获省“四风”美术摄影展铜奖。之后，《春晓》入选国庆50周年美展。黄元的书法作品入选全国第三届新人新作展。李佑胜书法（行书）作品入选省书协作品展。葛虽小的草书作品在首届国际（兰亭）书法理论交流会展出，之后，编印了《淡墨痕》书法集。罗志坚的书法作品入选中国书协主办的全国第六届书法篆刻展。谢欣的国画山水作品《谢欣画集》出版。文端中的摄影作品《黎明交响曲》，获全国群众艺术馆摄影展优秀奖。之后彩色照片《破晓》，在南方周末报主办的“90年代风采”摄影赛中获三等奖。《月光下的村庄》，参加凤凰古城全国摄影大奖赛获铜奖，奖金2万元，系湘潭历史上获奖金最高的一件摄影作品。林亚波的摄影《青山恋歌》，获第二届亚洲风采摄影展四等奖。

1997年，许自明携40件书法作品在台湾基隆市文化中心展出。1998年，唐映南的连环画《扁鹊见蔡桓公》入选全国1988年美展。之后，工笔画《老实话》入选中国美协会员首届中国画精品展。1999年，周韶峰的国画《荷花》，入选省国庆50周年美展。之后《红流》入选全国第九届美展。2000—2005年间，王海松的中国画《幽境探泉》获文化部主办的世界华人艺术展铜奖。之后，《信写青山入云端》，获文化部第五届当代中国山水画创新奖。刘坚的工笔画《绿韵》，谭小良的国画《春和景明》入选全国中国画大展。傅炜的书法作品被日本大阪关西海外人才国际培训中心、王子株式会社及北海道粟山町政府等地收藏。罗育书法作品入选财政部主办的全国财政系统书画展，并获银奖。范家骏编印《香山寄语》书法作品集。陈锡文的摄影作品《激流涌进》获纪念毛泽东100周年诞辰全国摄影大赛银奖。李林森的摄影作品《盛会》《村寨》，王铁根的油画《烽火岁月》获省群众干部专业技术竞赛铜奖。

第四章 戏剧

第一节 演出团体

1986年，县花鼓戏剧团是湘乡市唯一的专业艺术表演团体，有演职员53人。戏剧处于不景气阶段，剧团坚持下乡演出，把戏送到农村，在困境中求生存和发展。当年演出293场，演出收入5.6万元。演出剧目以传统花鼓戏为主。1987年演出255场，演出收入5万元。《灯笼案》参加湘潭市专业剧团自创节目调演，获演出二等奖，剧本创作二等奖，4名演员获表演奖。

1988年后，老演员陆续退休，部分艺术骨干留职停薪离团创业，正常演出颇感困难。剧团从社会和业余剧团中招聘人员充实队伍，经短期培训后随团演出。1990年，把离团创业的文艺骨干调回。1991年，国家副主席王震指示“要振兴湖南花鼓戏”。剧团主办35人参加的花鼓戏小演员培训班。经过4个月的强化训练后，选拔13人随团边演出边培训。至1993年的6年间，剧团共演出1739场，年均290场。演出收入35.1万元，年均5.85万元。当年，被省文化厅授予“湖南省好剧团”荣誉称号。

1994—1997年，演出1190场，平均每年300场。演出收入66万元，年均16.5万元。排演纪实现代花鼓戏《孔繁森》，连演33场，观众3万多人次。自创革命历史花鼓戏《嘉义星火》，参加湘潭市戏剧调演，获11项奖。1997年3月，被省文化厅再次授予“湖南省好剧团”称号。

1998—2003年，演出1580场，演出收入113.3万元，年平均18.9万元。其间，2002年达24.3万元，创历史新高。排演现代花鼓戏《莲嫂》，代表湘潭市参加省第三届新剧（节）目会演，获新剧目奖、优秀演出等6项奖。演员吴菲，获优秀表演奖。应省金峰音像公司邀请，剧团将《贤淑女》等10个花鼓戏拍摄成 VCD 戏曲片，向全国发行。排演批判邪教“法轮功”题材的大型现代花鼓戏《圆满之梦》，在湖南省范围内巡回演出112场，观众10多万人次。以省人大代表贺淑英为原型，创作、排演大型现代花鼓戏《傻村官》，代表湖南省参加全国第七届映山红民间戏剧节演出，获演出银奖、剧本创作二等奖、导演二等奖。主演吴菲获演员一等奖，演奏员胡世南、段义平获演奏一等奖。省委宣传部、文化厅、财政厅赠剧团流动演出车一辆，第三次获“湖南省好剧团”称号。

2004—2005年，演出624场，演出收入42.8万元，演职员工48人。

第二节 演出场地

1986年，城区有湘乡剧院，农村有剧院19座。湘乡剧院接待演出团体15个，演出127场，观众44424人次。1988年，接待团体30个，演出108场，观众4.3万人次。由于戏剧事业滑坡，接待团体递减。1993年仅接3个，演出4场，观众只有2000人次。湘乡体育馆接待俄罗斯现代音乐舞蹈团演出，演出1场，观众3000多人。这是湘乡首次接待国外演出团体。至年底的8年间，剧院共接待144个演出团体，演出499场，观众22.1272万人次。接待的团体除湘乡剧团外，接待外地团体主要有安徽省歌舞曲艺团、合肥、江西、佛山、长沙、海南、南宁、哈尔滨、深圳、南京、武汉、沈阳、郑州、呼和浩特、新疆等省（市）歌舞团及湖南省京剧团、湘剧团等20多个大型演出团体。董文华、于文华、万梓良、唐国强、迟志强、潘长江等先后在剧团演出。农村的白田、沙田、毛田、涧山、龙潭、金石、龙洞、虞唐、中沙、苏坡、棋梓等剧院先后接待演出团体。千山红剧团在壶天连演半个月，演出20场，观众1万多人次。

1994—2005年，湘乡剧院因设备陈旧老化，失去接待演出团体功能，在前坪接待演出团体搭棚演出。共演出362场，观众15.104万人次。

第五章 广播 影视 报纸

第一节 广播

一、广播网络

（一）湘乡市广播电台

1986年，投入资金3.2万元装饰湘乡县广播站广播机房、播音室、录音室等。省广播电视厅拨款2万元，县财政拨款2万元，购回成套广播设备，为站改台创造条件。1989年7月，经省广播电视厅批准，湘乡市广播站升格为湘乡市广播电台，形成以市台为中心，以乡、镇广播站为基础，以喇叭入户为落脚点的独立传输系统。1993年11月，购置100瓦调频广播发射机。1996年，诱添置300瓦调频广播发射机，发射频率为94.7兆赫，建于褒忠山转播台上。2000年，广播信号以有线和调频发射两条渠道传送。2001年起，市广播电台停止播放。

（二）乡镇广播站

1986年，全县有47个乡镇广播站，入户喇叭11.0284万只，入户率60.1%；广播“五有”（有助音箱、开关、避雷器、限流电阻、地线保护套）乡镇11个，占乡镇总数的23.4%；“五有”村330个，占总村数的46.4%；建村广播室159个，村通播率95.2%。

1992年，投入50多万元，更新广播设备180件。其中，控制桌44台，275瓦扩大机51台、配电柜41台、输出柜38台、调频发射接收机6台。至1993年，共投入资金700万元，用于农村广播网建设。全市8个区46个乡镇、710个村、21.2324万户农户建成广播“五有”乡38个，占乡镇总数的80%；建村广播室440个、占总村数的62%；建“五有”村618个，为总村数的87%。新建和改建技术用房40间，广播线路12555公里，扩大机128台，总功率为3950瓦，舌簧喇叭14.1582万只，高音喇叭162个，乡镇村通播率100%，喇叭入户率80.6%，音响率90%。市有线广播为全省10个达标县市之一。1995年4月，原46个乡镇的47个广播电视站合并成19个。2000年年底，广播被电视事业取代。

二、广播节目

（一）自办节目

1986年，公开招聘会讲普通话的男、女播音员各1名，实行男女对播。1989年7月，站转台，新闻节目设《新闻联播》，周一至周六每天1组，周日为《一周要闻》，时间为10～15分钟。根据各个时期的中心办专题节目。服务性节目设有《广告与启示》、《天气预报》。文艺节目有《周末文艺》。其间还举办广播讲座、录音讲话。市广播电台每天播出时间5小时45分，其中自办节目时间为1小时，分3个时段播出，即5:55—8:00、11:55—13:00、17:55—20:30。播出稿件除自采自编以外，另有业余通讯员400多名，常年平均来稿8000多篇，播出稿件4000多篇，其中自采自编400多篇，选送上级台200多篇。1997年，市广播台、有线台、差转台（以下简称“三台”）合并，成立广播电视新闻中心。自后，广播自办节目均由新闻中心统一编排。

（二）转播节目

1986—2000年，除早、晚播出自办节目外，其余时间转播中央人民广播电台和湖南人民广播电台的《新闻联播》和其他节目。

第二节 电影

20世纪80年代，湘乡电影处于兴旺时期。1986年，全县有297个放映单位，其中个体经营队251个。全年放映电影29012场，农村每村平均放映52场。1987年，放映36288场，放映收入75.99万元，发行收入30.95万元。1988年起，放映场次、收入均逐年增加。1990年，电影事业开始滑坡，农村个体放映队减至181个。1994年，加强中小学爱国主义教育电影工作，组织优秀影片到学校放映。1996年，个体经营队减至15个，各影院放映收入递减。当年放映收入65万元，比1987年减少10万元；发行收入7.64万元，比1987年减少23.31万元。乡镇影院及售票点停映。

1997年，加强农村电影放映工作。电影公司与乡镇实行放映合同制，筹集放映经费170多万元。当年在农村712个村放映电影7302场，村平均放映10.28场，有314个村放映14场以上。1998年，电影公司投入资金5.7万元，购置学生影片35部，在全市586所学校中放映爱国主义电影1283场。但电影事业整体继续滑坡，当年放映收入23.87万元，发行收入仅8万元。

2003年起，电影走入低谷，城区电影院观众2～5人的场次时有发生。2005年，除放映几个大片和“宣传片”外，其他影片停映。放映单位仅留乡镇文化站18个队，个体10个队。电影公司放映收入12万元，发行收入19万元，利润－79.71万元。

至2005年的20年间，共发行国产故事片900多部、艺术片180部、港澳台片200部、外国片200部。

第三节 电视

一、电视网络

（一）城区差转台

1986年，在县城大正街工商局7层楼上建差转台。功率为50瓦差转机2台，收转南岳电视台、中央电视台节目，分别以5频道、7频道发射。1988年，城区差转台购置 Φ6M 板状接收天线，建立卫星地面接收站。1993年年底，投资22万元购置1000瓦发射机，以8频道播出，扩大覆盖范围，全市1/4的人口都能收看。1997年7月，成套设备搬迁至东风路广播电视大楼。2005年未变。

（二）褒忠山电视（转播）台

1995年4月，市委、市政府决定在褒忠山建电视转播台。褒忠山位于湘乡市域中心地带，海拔807米。在海拔802米的地段，从褒忠山国营林场无偿划拨土地1.98亩，投资94.3万元（其中湘乡市政府拨款60万元，湘潭市政府拨款10万元）建一栋二层楼的技术及办公、生活用房，建筑面积298平方米，安装30千瓦用电变压器及米波1000瓦发射机，以4频道发射。1996年2月12日开播，每天播出5小时，转播中央电视台一套和湖南省电视台节目。年底，投资108万元购置3000瓦28频道发射设备，另立40米直立式三角形铁塔，开通城区至褒忠山信号传送的定向小微波。褒忠山电视转播台覆盖湘乡市80% 的地区以及周边湘潭、韶山、宁乡、娄底、双峰、涟源、衡山等县市，结束湘乡人看不到湘乡电视的历史。1997年10月，投资180万元，开通美国进口设备的多路微波电视（MMDS），发射功率为20瓦，工作频率为2535～2599MHZ，播出12套节目。1999年，对多路微波电视安装加密设备。

（三）湖南省有线电视台湘乡分台

20世纪80年代后期，市城区单位职工宿舍及居民宿舍楼纷纷建立电视共用天线工程，其规模几十户上百户不等。1991年上半年，建共用天线工程50多个，1500多户，但收视效果不好。下半年，市广播电视局开始筹建城区有线电视。11月，省广播电视厅批准湘乡市筹建《湖南省有线电视台湘乡分台》。市委、市政府牵头成立城区有线电视筹建指挥部，市政府贴息贷款30万元，购置政府大楼前栋5楼320平方米作技术用房。年底，已架通主干线5.6公里，支干线18公里，开通用户1600多户，建有连桅杆22米铁塔一座，Φ4.5米板状天线两个，Φ3.5米的一个，安装好日本进口卫星电视接收设备、有线电视调制设备、电视监测设备，总投资120万元。前端采用湖南共用电视设备厂生产的《天强牌》300MHz 邻频传送系统，主干线采用美国进口540同轴电缆。1992年春节前，湘乡有线电视台试播，传送的节目有中央电视台1套、2套、3套、中央教育频道、湖南电视台、山东卫视、四川卫视、浙江卫视、云南卫视、湘乡有线台等12套。1996年，投资68万元，将前端设备改为美国产优力卡设备，干线放大器更新为加拿大林赛放大器，节目容量由原来的12套扩大到22套。1997年1月，投资12万元，开通中央电视台收费加密频道。1998年5月，安装美国安泰克光发射系统，架通15.9公里、配有13个光接点的光纤网，节目容量增加到32套。2005年，卫星电视接收设备全进口数字化，调制器采用香港恒河数字化调制，前置放大采用美国 G1放大，美国产光发射系统，供电电源采用两路市电加发电三路保供，并配有大型蓄电池实行 UPS 不间断，音频自动限幅，42套节目全监控。视音频效果达 DVD 一级图像标准，传递讯噪比达54DB。12月，市广播电视局与湖南铁合金厂、湘乡铝厂、湘乡水泥厂签订有线电视网络整合协议，纳入湘乡市有线电视网络。年底，城区有线电视网络共光纤干线7条，31.5公里，光放大6处，光接点24个，有线电视用户3.2万户。

（四）农村有线电视

1994年，棋梓镇兴建谷水差转台，发射功率为50瓦。1995年，湘乡市农村第一个有线电视站—壶天镇有线电视站建成。8月，棋梓有线电视站竣工。1996年，虞唐、白田、潭市、山枣、东山相继建成。1997年，褒忠山电视转播台开通多路微波。1998年年底，乡镇有线电视站7个，有线电视用户3200多户。白田、金薮、月山、翻江、泉塘等18个乡镇开通多路微波用户6011户。1999年7月，中沙镇建起50瓦差转台（2000年停止使用）。2000年，将37套小型卫星接收设备“村村通”工程安装到位。2001年，架通以湘乡市有线电视前端为中心的辐射形光纤网。城区至白田、金石、金薮；城区至育塅、月山、翻江、壶天，东山；城区至梅桥；城区至山枣、栗山、虞唐、中沙；城区至泉塘、潭市、棋梓；城区至东郊、龙洞6条光纤干线350公里，开通光接点125处。全市（除毛田外）乡、镇、中心村都能看到与市区相同清晰度好、节目套数多的电视节目。同时，还为教育、卫生、公安、银行等单位提供信息平台。2005年，全市农村有线电视网光纤干线475.3公里，光中继站11个，光发射机16台，光接收点175个，有线电视用户1.7万户。

（五）厂矿有线电视

1. 湖南铁合金厂台1987年，湖南铁合金厂建立有线电视台，安装卫星接收设备2套，架国产 –12电缆主干线1公里，安装用户1200户，采取隔频传输，传送7套节目。1993年，设备进行更新改造，300兆邻频传输，传送节目增加到12套。2001年，接通湘乡广播电视台讯号，传送频道增加到39个，用户2300户。2005年，发展到2500多户。

2. 湘乡铝厂台1989年，湘乡铝厂建立有线电视台，安装卫星接收设备1套，300兆邻频传输，开通12个频道，主干线架设2公里，安装用户1200多户。1997年，前端改用美国产优力卡设备，与湘乡市广播电视台采用定向小微波讯号联网、频道扩展到22个。1998年，与湘乡市广播电视台联网方式改成540电缆，传送32套节目。2002年，改为光纤连接，用户2200多户。2005年2300多户。

3. 韶峰集团台1988年9月，韶峰集团在棋梓镇西女山上安装10瓦差转机1台，接收湖南南岳台讯号转发到厂区，以国产 –9电缆架设主干线600米，传送2套节目，开通用户800户。1989年，安装卫星接收设备1套，采取隔频传送7套节目。1994年10月，设备更新改造，卫星接收设备增加到5套，干线长度增加到2.5公里，550兆邻频传输，节目增加到23套。2005年，用户2100多户，传送27套节目。

二、电视节目

（一）自办节目

1986年，湘乡市城区差转台建立后，工作人员用家用摄像机拍摄新闻，通过差转台插播出去，并向中央、省、市电视台提供新闻消息。1993年，有线电视台建立后，开始自办节目《湘乡新闻》，每周1次，并开辟广告点歌节目。同时，设立广告部，承接广告业务，一个广告占时1分钟左右，一个时间段为10分钟。以播出1分钟计价。至年底，共播出新闻500多条，向上级电视台提供180多条。1995年3月，招聘电视节目主持人和采编人员各1名。《湘乡新闻》由每周1次，每次3～5分钟增加到每周2次每次10～15分钟，开辟口播新闻。1996年，有线电视台开办《今日龙城》专题节目。当年4月，《湘乡加强市场管理，严禁注水猪肉上市》被中央电视台采用，实现湘乡电视新闻上中央台零的突破。

1998年，广播电视台购置现场直播和图文电视设备。《湘乡新闻》由每周2次增加到3次。4月11日，溪口水库遭受龙卷风袭击，记者摄下第一手资料，在自台播出的同时，稿件先后在湘潭电视台、湖南卫视、中央电视台1、3、4套节目中播出。2000年，录音通讯《五十年心血的结晶》获省电视二等奖。2002年，湘乡广播电视台正式启用台标，节目画面更为规范。“六一”儿童节前夕，举办《湘乡市首届少儿荧屏大奖赛》，历时3个月，吸引370名优秀少年儿童上台参赛，评选“十佳小主持”“十佳小歌手”“十佳小宝宝”。电视社教短片《这辈子，我就是你的双手》，记述无手英雄谭长桥和妻子周咏芳相伴53年的感人事迹，作品获2002年湖南广播电视一等奖，第12届湖南新闻一等奖，并在省广播电视厅杂志《潇湘声屏》刊登。2003年，在《湘乡新闻》报道中，增加经济新闻的比例，财政、经济、社会新闻各占1/3，同时增加新闻节目时段，改周三新闻为周四新闻，增加《一周要闻回顾》。2005年，《湘乡新闻》重新改版，从1月1日开始，周四新闻改为周五新闻。为纪念抗日战争胜利六十周年，8月4日至9月16日，举办“金天之声”电视歌手大赛。在11场比赛中，有400多名选手参赛。当年，播出本级新闻稿件318期，2500多条，制作专栏116期，专题56期，上载《湘乡之窗》网站新闻及信息7200多条，被湖南省电视台、湘潭电视台采用110多条。共有37条（篇）新闻和专题作品，分别获得湘潭市广播电视局和湖南省广播电视厅一、二、三等奖，并连续5年获湖南省广播电视奖。此时，播出广告一个时间段不超过5分钟，一个广告为30秒，以30秒计价，除在节目中进行插播外，在图文频道进行滚动式播出。

至2005年的20年间，自办节目共播出新闻专题1500多组，15910条，其他专题、专栏980组。其中上湘潭电视台410多条，上省级电视台270多条，上中央电视台45条。广播、电视广告收入1500多万元。

（二）转播节目

1986—1989年，无线电视以褒忠山4频道、城区以8频道发射。转播12套节目。有中央电视台1套、湖南电视台、湖南经济娱乐台、湖南文艺频道及湘潭、娄底、株洲、衡阳、双峰、韶山等台节目。1990—1996年，无线电视改有线电视，开辟42个频道，转播24套节目，除中央1套至8套外，还转播湖南、山东、浙江、福建、黑龙江、广东、辽宁、湖北、江西等卫视及贵州、云南、北京、广西、湘潭等台节目。1997—2001年，转播32套节目除上年度转播的台外，增加上海、四川、陕西、河南、安徽、宁夏、重庆台及凤凰卫视、凤凰资讯。2002—2005年，有39个转播频道。转播中央电视台1套至12套、中央新闻频道、少儿频道和教育频道共15套；转播省广播电视厅办的9个频道，湘潭电视台2套节目，外省13个频道。

第四节 报纸

一、湘乡报

《湘乡报》创刊于1956年，1961年停刊。1987年，市委决定将《湘乡农科报》改《湘乡报》。1988年3月，省新闻出版局批准同意《湘乡报》复刊。湘乡报为四开四版，每周1期，采用省内统一刊号。7月1日，《湘乡报》复刊发行第1期。当年发行27期，5000份，发稿864篇。其中1件新闻稿获全省县市级报好新闻一等奖，2件获二等奖。1990年3月和1992年2月，国家级刊物《新闻战线》《新闻出版报》分别刊登《抓好四个教育，提高采编人员素质》《科教兴农，典型引路》文章，宣传推介湘乡报的经验。1992年，有8件作品获省级以上奖励。其中，通讯《心系公路》《霞丽》编入《湖南女记者作品选》。1993年，报纸改自办发行。记者采写的消息《湘乡农科人员乐为农民富裕出力》刊登在《人民日报》头条，并配短评。同时设立广告信息部，经营广告业务。1994年1月31日，第1期《月末》副刊出版。第一版为"热门话题"，第二版为"龙城内外"，第三版为"大千世界"，第四版为"文艺园地"，每月1期。

1995年，改周一刊为周二刊，每周三、六出版。其中1期为《月末》副刊。经国家新闻出版署批准，从8月18日起启用国内统一刊号，刊号为 CN43-0062，邮发代号为41-32。12月，省新闻出版局对《湘乡报》全年报纸进行质量抽检，达合格标准。当年发行108期，1.2万份，发稿3456篇。

1997年，开辟专栏，开展为期3个月的"跑跑车"大讨论，发表讨论文章30多篇，为城区取缔"跑跑车"起舆论引导作用。1998年，编辑出版《十年笔耕录》，总结办报经验，展示办报成果。

2000年，经省新闻出版局批准，将周二刊改为周三刊发行。对版面内容和栏目重新调整定位。第一版"要闻"增设"一周论谈""新闻追综"。第二版"综合新闻"设置"农民之友""企业园地""高杆灯下""百姓热线"。第三版为社会纵横、家庭生活，加强社会新闻、法制、理论、家庭方面的报道。第四版增加文化娱乐内容。当年发行162期，1.5万份，发稿5184篇。2002年，文姣平被评为湖南省"十佳记者"，是全省46家县市报中唯一获此荣誉者，并入编《大写的新闻人生》。当年，开展"边远山区行"采访活动，记者深入贫困山区，和农民同吃同住，采写有份量的稿件20多篇。

至2003年，共编印1468期，刊出稿件（图片）6万多篇（幅），计5800多万字。总计发行《湘乡报》2200多万份。城郊的张江、桑枣、白托、三角、壕塘等10个发行重点村，每户订报1份。每年还将报刊寄往全国各地的湘乡籍知名人士。有300多件作品获省级以上奖励。其中，通讯《佩服你，坚强的男子汉》获全国新闻工作者协会举办的"中华大地之光"征文三等奖，《人大代表直言纠错案》刊登在《人民日报》头版，杂文《徐琉璃的做官术》《话说真的气死人》和新闻特写《牢头大哥，你逞霸何时》获全国报纸副刊作品三等奖。通讯《官为民，民拥政》、消息《八旬老人发明中国太阳紫红色水稻》获中国县市报好新闻一等奖。小说《三十年河东》《童年》《牛村长上任》获全省报纸副刊一等奖。此外，有4件作品，获湘粤桂三省（区）县市报新闻一等奖，19件作品获湖南省县市级新闻一等奖。

2003年，全国出版行业大整顿，10月，中央报刊治理办〔2003〕18号关于《湖南省报刊治理工作方案的批复》明确《湘乡报》等15种报纸停办。湘乡报取消刊号后，市委决定由市广播电视局主办作为一份内部资料赠阅的报纸，赠送给市直机关各部、办、委、局、乡（镇）、街道、村、驻市厂矿、市属企业单位、老干部及有关知名人士。当年发行162期，1.7万份。2004年，发行5000份。2005年，发行8000份。

二、其他报

1986年，湖铁合金厂办《湖南铁合金报》，每月2期；湘乡铝厂办《湘铝报》，每月1期。湘乡水泥厂办《湘乡水泥报》，每月2期。2002年，湘乡市人民医院办《湘医人》，每月1期。湘乡市文化旅游局办《大文化》，不定期出版。2003年，市国税局主办《蓝盾文化》，每季1期。

2004年，湘乡市劳动和社会保障局办《湘乡劳动保障报》，每月1期。市建设局办《湘乡建设》每月1期。2005年，上述小报照常出版，均系四开四版，作内部资料，免费赠阅。

第六章 文物

第一节 考古发掘

1986年，市博物馆配合湘潭市文物工作队清理长桥粮库工地古墓葬150余座，出土文物标本2000多件。1987—1998年，在市境内基建工地和东郊乡清理、发掘春秋至清代古墓葬140余座，出土文物标本240件。1998年12月，在棋梓镇大富村与向阳村交界处发现一处具有很高价值的南宋时期（1127—1279）古瓷窑址。遗址总面积10万平方米，文化堆积层1～3米，分布在瓦砾山、庙山和红仑山。其烧造的瓷器品种繁多，釉色丰富，装饰技艺娴熟，以窑变、彩绘和刻画最具特色。主要器形有碗、盏、杯、碟、瓶、罐、炉，主要釉色有窑变、玳瑁、月白、酱、黑、绿、黄等，是湘中地区发现的遗址规模最大、瓷器品种最多、内含最丰富的一处南宋古瓷窑址，为研究湖南陶瓷史提供了丰富的实物资料。1999—2005年，共发掘古墓葬61座，清理古遗址1处，出土文物标本150多件。

第二节 征集收藏

1986年，在文物普查工作中，登记流散在民间的文物1583件，征集文物资料80件。1987年，征集文物资料50件，有何绍基、左宗棠名人字画、肖礼容书刻石碑。1988—1993年，征集社会流散文物资料120件。1993年，通过省文物局专家组鉴定市博物馆正式藏品为3280件。1999年，市政府发出关于在全市开展“社会主义革命和建设时期文物征集工作的通知”，市政府成立征集工作委员会，负责组织、协调、实施工作，下设办公室负责日常工作。2005年，市博物馆文物藏品增至3669件，其中珍贵文物265件。

1987—2005年湘乡市博物馆入库重要藏品一览表

表21-3

品名	时代	特征
青釉高足瓷杯	唐	施釉匀称,造型优美,较为珍贵
褐釉绿彩瓷枕	唐	系湘乡出土的唐代长沙窑瓷枕,保存完整
变釉带盖瓷梅瓶	南宋	此瓶保存完整,器身修长,通体窑变釉饰灿若流云,带盖梅瓶在宋瓷中尚不多见,尤为珍贵
青釉梅花褐斑壶	南宋	此壶保存完整,造型优美,丰满而不显笨拙,是南宋湘乡窑中难得的佳品
粉上玳瑁斑三足瓷炉	南宋	此炉保存完整,玳瑁斑釉饰较有特点,是研究南宋湘乡窑的珍贵实物资料
兔毫纹瓷盏	南宋	此盏保存完整,施釉丰厚均匀因釉中有毫状结晶而得名。兔毫纹盏是湘乡窑中的典型器物

附：湘乡市博物馆

1959年起，云门寺为湘乡博物馆馆址。1993年起，云门寺产权归属问题与省佛教协会（以下简称“佛协”）发生多次矛盾和冲突。1994年7月，发生部分僧尼强行占据云门寺事件，后经市委、市政府多方做工作，事态得以平息。1995年5月，省政府批示，拟将云门寺辟为宗教培训中心，湘乡博物馆择址另建。1997年3月，省政府办公厅下发《关于建设湘乡市博物馆和处理云门寺有关问题的通知》。随后，市政府在城区桑梅中路北侧划拨土地3亩作为新馆馆址。省政府审定新馆建筑面积为1800平方米，省投资220万元（省宗教局与佛协筹措100万元，省计委、省财政各安排60万元）。1997年新馆开工，1999年6月竣工。建筑面积2560平方米，总投资380万元。1999年12月，市博物馆与省佛协正式办理移交手续。2000年2月，市博物馆搬入新址。2000年11月1日，新馆正式开馆。

第三节 文物保护

1986年，全市文物普查田野调查工作结束，查出市境内古文化遗址33处、古窑址44处、古墓葬群466处。龙潭岱子坪遗址和石柱状元洲遗址面积近6000平方米，牛形山至湘乡铝厂一带，为春秋、两汉墓葬密集区域。1987年12月30日，市政府公布湘乡市第一批重点文物保护单位20处，云门寺、黄公略故居为省级，东山学校为湘潭市级。当年投资27万元，恢复黄公略故居，并对外开放，修通通往故居公路，架设输电高压线路。1988年，印发《中华人民共和国文物保护法》（以下简称《文物法》）《湖南省文物保护条例》（以下简称《文物保护条例》）等1200份，发至乡镇村，并广为张贴。市政府拨专款作为古建筑云门寺、孔庙、潮音阁的维修和文物征集费。1989年，市委、市政府召开文物保护工作会议，部署文物保护工作。在城乡张贴《文物法》《文物保护条例》等600多张，散发宣传资料300份。湘乡广播电台作专题广播，电视台放映专题录像，《湘乡报》设文物保护专版。云门寺年久失修，市委、市政府、市人大、市政协召开会议，成立重修云门寺委员会，由原县长李佑胜任顾问、县政协原主席赵武芳任主任，设专门办公室开展日常活动，当年收到捐款2万元。1990年5月，市政府根据盗掘古墓、走私文物犯罪活动猖獗的情况，发出《关于严厉打击盗掘古墓和文物走私犯罪活动的通知》，印发1000份广为张贴。当年，公安部门在棋梓、东郊侦破盗墓案3起，破获盗墓团伙。10月，市政府下发《关于划定我市第一批重点文物保护单位保护范围的通知》，对20处重点文物保护单位重新划定保护范围。重修云门寺委员会收到259个单位、6000多人的捐款16万元，维修工程7月动工。至1992年，收到捐款28万元，耗资50万元的维修工程竣工。1993—1997年，投入资金400万元（地方财政拨款100万元、社会各界募捐300万元），对东山学校、文庙、黄公略故居进行维修。1995年，成立文物管理所，乡镇文化站把文物保护工作列入岗位目标管理范围。2月，岐山乡发生盗墓团伙盗掘古墓，村民和文化干部冒着生命危险日夜守护，与犯罪团伙搏斗，公安部门将犯罪分子抓获。市委、市政府对有功人员记功奖励。1996年1月，经省政府批准，东山学校升为省级重点文物保护单位。1998年，棋梓宋窑遭到破坏后，文物贩子和部分村民在遗址私自掘取文物公开出售，娄底文物收购者“坐堂收购”。市委、市政府紧急指示，棋梓镇政府及当地村党支部积极配合，向群众进行保护文物的宣传教育。在现场设置文物保护标牌，划出保护地带，印发、张贴宣传资料1000份，聘请保护员、组建巡逻队。公安、文物部门和当地政府联合行动，收缴散存在群众中的瓷器标本100多件，逮捕了犯罪嫌疑人6人。湘潭市公安局收缴流散在娄底的120件器物，湘乡市委、市政府拨出专款，将此批器物收回湘乡博物馆收藏。1999年，佛协给云门寺内千手观音全身塑金，并对寺进行大规模维修。但佛协在未报告文物部门的情况下，擅自将观音已破损、残缺的手掌未按原样进行补修。2002年，潭市镇引进和募集资金40万元，重修潮音阁。经省政府批准县学宫（文庙）升为省级重点文物保护单位。宋窑定为省级重点文物保护单位。2005年，潮音阁在重修过程中完全改变原貌，不再具有文物价值，取消潮音阁为文物保护单位。至2005年，全市重点文物保护单位20处，其中省级5处：东山书院（东山学校）、云门寺、黄公略故居、孔庙、宋窑。2006年，东山书院（东山学校）经国务院批准，升为国家重点文物保护单位。

1987年12月30日湘乡市人民政府公布湘乡市第一批重点文物保护单位一览表

表21-4

编号	类别	名称	保护级别	时代	地址	保护范围	管理单位
1	化石	石鱼山	市级	古生代	泉塘乡下湾村	整个石鱼山	泉塘乡政府
2	古遗址	岱子坪遗址	市级	新石器时代晚期	龙潭乡童家村龙石河边	1万平方米	龙潭乡政府
3		状元洲遗址	市级	商、周	石柱乡石头铺村石柱河边	5000平方米	石柱乡政府
4		团鱼山遗址	市级	龙山—商周	石柱乡南木河与石溪河交汇处，距石柱乡政府300米	3000平方米	石柱乡政府
5		铜钿湾遗址	市级	商	东郊乡旺兴村十二组涟水河边	4000平方米	东郊乡政府
6	古墓群	牛形山战国墓群	市级	战国—西汉	市区东四公里金星村金星仑上	全部墓地	望春门街道办事处
7		可心亭汉墓群	市级	西汉	市区南2.5公里白托村305厂厂区	全部墓地	新湘路街道办事处
8		枫树仑古墓群	市级	春秋—战国	市区西北1.5公里长桥村长桥粮库	全部墓地	新湘路街道办事处
9		义冢山古墓群	市级	战国—西汉	市区西北1.5公里305 厂工人村一带	全部墓地	新湘路街道办事处
10	古建筑	云门寺	省级	北宋	东风路云门寺79号	全部建筑及周围距建筑3米范围	市博物馆
11		褚公祠	市级	明代	夏梓桥街涟水河畔	全部建筑	望春门街道办事处
12		蒋公祠	市级	宋元间	市区北正街	祠前伏虎古井及“伏虎古井”石碑	新湘路街道办事处
13		潮音阁	市级	明代	潭市镇	全部建筑	潭市镇文化站
14		县学宫（孔庙）	市级	清代	湘乡一中	棂星门及大成殿全部建筑	湘乡一中
15		万福桥	市级	清代	洙津渡	桥及桥头两侧50米不准动土	市公路段
16		万孝坊	市级	清代	夏梓桥街	整个牌坊	望春门街道办事处
17	革命纪念地	黄公略故居	省级	清代	桂花乡朝阳村	整个建筑及周围100米范围	桂花乡政府
18		东山学校（东山书院）	湘潭市级	清代	东山乡东台山下	跑道、围墙及其以内全部建筑	东山学校
19		陈赓故居	市级	清代	龙洞乡泉湖村	陈赓住室	龙洞乡政府
20		中共城前支部旧址	市级	清代	龙洞乡建时村徐家湾	徐家湾	龙洞乡政府

第七章 图书 档案

第一节 图书

一、图书阅览

(一)图书馆、室

1986年，除湘乡县图书馆外，具有一定规模的基层图书室有38个。其中，乡镇20个、机关8个、厂矿5个、学校5个。10月，湘乡市图书馆（以下简称市馆）新馆舍竣工。1987年，市政府拨给经费3万元。添置配套设备。4月30日新馆开馆。1988年4月，太平乡筹集图书资料7000册，成立科技文化图书馆。10月，育塅乡投资2万元采购图书，市内第一个乡镇万册图书馆建成。1989年5月，山枣镇万册图书馆开馆。图书管理员舒松华年届古稀，送书上门，除在本镇外，还在邻近的栗山乡、洪塘乡、莲花乡的7个村设借书点。中央电视台、新华社湖南分社、文化时报社、湖南日报社等新闻媒体对其进行现场采访报道。10月，潭市镇万册图书馆开馆。1992年，全市有藏书1000册以上的村级图书室10个。其中湖山乡三角村图书室藏书5000册。1994年，市内第四个乡镇万册图书馆在东郊乡建成开馆。1999年，市馆被国家文化部审定为二级图书馆。“中小学图书馆（室）辅导”工作，获第三届湖南省公共图书馆服务成果三等奖。李剑华撰写的业务论文《图书馆收集家谱管见》获中国图书馆学会优秀论文奖。2004年，市馆承办“2004湖南·湘乡国土杯反腐倡廉全国漫画大赛”，获湖南省公共图书馆为两个文明建设服务成果二等奖。2005年，全市共有图书馆室390多个。其中，市馆1个，乡镇万册馆9个，村级图书室63个，企事业单位15个，学校310多个。

（二）藏书与服务

1986年，县馆藏书刊10.4476万册。其中，社会科学类6.6861万册，自然科学类3.77615万册。有报刊阅览室2间，座位60个。1987年迁入新馆舍，设报刊阅览室和少儿阅览室各1间，230平方米，座位200个，持证读者2000人。1988年，藏书增至10.8268万册，订购报刊154种。持证读者2710名，全年开放304天，接待读者31340人次，流通书刊34916册次。解答读者咨询308人次。1991年，订购报刊142种，购新书547册，收集地方文献资料148种217册。易孟醇向市馆赠书255册。接待读者增至41985人次。流通图书增至5.82万册次。市馆举办“做党的好孩子”读书读报活动，收到征文105篇，送湘潭市和省红领巾读书读报活动办公室各10篇参加评奖。其中，在省获一等奖1篇、三等奖3篇。1992—1993年，市馆对馆藏古籍线装书进行整理，实藏7772册，大部分为清刻本，小量明刻本及民国线装本《四部备要》等，还组织湘乡一中、湘乡师范、市档案局、博物馆对各自单位所藏古籍线装书进行整理，编写《湘乡市公藏中国古籍线装书联合目录》。1994年，陈树芳向市馆赠书293册。1995年，香港画家彭乐三向市馆赠画20幅。1996—1998年，市委办公室、市政府办公室等单位发文3次，组织全市3次向农村乡镇村图书馆（室）捐书活动，共收到捐书9万多册，分别送往虞唐、栗山、山枣、月山、龙洞等10个乡镇图书馆和36个村级图书室。1999年，肖丙章向市馆赠送图书、教育史资料及民国时期湘乡等地军事地图324册（幅）。2003年，市馆接受香港实业家石汉基捐书2000册。2004年6月，市馆发生古籍线装书被盗事件，丢失清同治十三年（1874）至光绪二年（1876）传忠书店刻本《曾文正公全集》及《史记》《文献通考》等清刻本230多册。2005年，全市藏书452.44万册，其中市馆藏书19.9万册。乡镇、村17.54万册，企事业单位23万多册，学校398万册。电子藏书104万册。至2005年的20年间，市馆阅览流通20多万册次，每年开放300天左右，共接待读者62万人次，外借处图书流通35万册次。

二、图书发行

1986年，湘乡有国营书店1家——县新华书店，个体书店（书摊）120家。县新华书店建筑面积3800平方米，3个门市部，固定资产48.9万元，流动资金49万元，销售图书（门市部和流动售书）1146万册，发行教材100万册，销售额253万元，利润15万元，上缴税利11万元。至1989年，教材和教学辅导用书由新华书店包销，供销社代发，一般图书由新华书店专卖。农村图书85%由供销社158个网点发行。1990年，销售图书217万册，发行教材200.64万册。全年销售额440万元，利润31.4万元，上缴税利43万元。

20世纪90年代初期，图书发行发生变化。教育部门争取教材教学辅导书发行权，城乡个体书店、书摊、书贩进入市场，出版社自办发行，打破新华书店独家经营局面，出现国营、集体、个体多渠道发行销售格局。1991年，教材、教学辅导书发行量减少25%。全年销售图书230.19万册，发行教材401万册，销售总额536.51万元，利润28.1万元，上缴税利38万元。1992年，市新华书店农村图书发行成绩显著，被中央宣传部、国家新闻出版署评为“全国百县农村图书发行先进单位”。1993年，市供销社改为“社办民营制”后，不再经营图书。新华书店图书销售额不足300万元。为扭转局面，在云门寺商城和潭市购买2栋各120平方米的楼房作直属网点。同时，巩固在城乡学校、机关、厂矿的200个发行点。1994年，在七一广场店新建仓库300平方米。1997年，在工贸新区购地6.6亩，投入资金1100万元，新建面积9500平方米的图书发行大楼和门面、住房。1998年，装修、改造七一广场店。当年，图书发行销售量大增，销售图书194.7万册，发行教材217.76万册，销售额2505万元，利润80万元，上缴利税105万元。被中国书刊发行行业协会评为"成绩优异、服务优良"的双优先进单位。

2000—2002年，国营书店在市场竞争中受民营企业冲击，中小学教材教学辅导书订数减少，发行成本增加，利润减少，图书发行销售停滞不前。2003年后，逐渐上升。2005年，销售总额2358万元，教材发行额2055万元，门市销售122万元，利润80.30万元，上缴利税72万元。销售图书2854万册，全市人均购书26.5元，省新华书店授予湘乡店湘版图书发行"优秀奖"。民营书店、书摊28家，销售额甚微。

第二节 档案

一、设施设备

（一）市（县）档案馆

1986年年初，县档案馆总建筑1104平方米，使用面积714.6平方米，共有库房10间，技术用房2间30平方米，阅览接待用房2间60平方米。档案库房有隔热层，底层面积架空，四周环形走廊，两层玻璃窗户，一层纱窗，达到防光、防尘、防高温高湿等安全保管档案的基本要求。当年，新建库房，增添档案保管保护设备，计战备柜65个（8箱组成1柜），单面档案柜50个，双面档案柜17个，去湿机2台，吸尘器1台，照相机1部，打字机1台及一些消防设备。随着馆藏档案资料的增加，逐年添置设备。2005年，市档案馆新增加计算机4台、复印机1台、空调2台、去湿机5台、摄像机1台、档案密集架82立方米、双面档案柜398个。

（二）机关、企事业单位档案室

1986年，县直机关事业单位、区镇乡档案室137个档案员151人。1987年，湖南铁合金厂、湘乡铝厂、湘乡水泥厂设立档案科。1989年，建立城建档案馆。1997年，建立韶峰水泥集团档案馆。2005年，有专业档案馆2个，机关、企事业单位和乡镇街道档案室152个，档案员180人。

二、收集

1986年以来，凡机关工作活动形成的具有保存价值的文件材料，由文书处理部门或业务部门收集整理立卷后交机关档案室保存，市综合档案馆每5年至10年接收一次具有永久、长期保存价值的档案进馆保存，对撤销机构的档案及时接收进馆。1986年，湘乡县档案馆有83个全宗、24814卷（册），其中档案19044卷、资料5770册。1986年至1990年的5年间，接收人民公社档案13110卷。1995

年，接收撤区并乡时期的区镇乡档案8553卷。1996—1997年，接收机关1981—1989年档案8157卷。2004年，接收机关1990—2001年档案以及乡镇办1984—2001年档案30360卷（件）。此外，馆室不定期地向社会和个人进行收集和征集名人档案、族谱及一些零散档案资料。2005年，馆藏258个全宗，10.4357万卷（册）。其中，档案93942卷（件），资料10424册。全市机关、企事业单位及乡镇办档案室保存的档案有50余万卷册，有文书、财务、科技、基建、人事档案以及艺术、文物、公安、司法、医药、教学、婚姻、房产等专门档案。

三、整理

1986年，档案整理以全宗为单位，按全宗档案分门别类进行整理。文书档案根据作者、名称、问题、时间、地区、通讯者“六个特征”结合“四分四注意”的方法立卷整理，用档案卷夹装订竖放保存。1990年，全市改为立薄卷（小卷），采用卷盒装的方法进行整理保存。2002年，推行文书档案第二次立卷改革，市直一级机构及乡镇办全面采用新的归档办法，按《归档文件整理规则》，以单份文件为保管单位进行整理归档。至2005年未变。

四、利用

1986年，县档案馆利用馆藏档案，编纂湘乡县第一部《湘乡年鉴》（1985年版）。1988年，档案馆对《湘乡民报》进行复制，以复印件提供利用。同时向社会开放第一批历史档案679卷。随同档案开放的还有史志谱牒、古籍、报刊资料1000余册。随后，逐年扩大向社会开放范围。凡持工作证、身份证者均可查阅。1989—1991年，编写《湘乡县档案志》；1997年，编写《湘乡市历年自然灾害汇编》（1981年至1995年版）。此外，还编写《档案馆指南》等资料，计100多万字。有大事记、组织沿革、基础数字汇编等。至2005年的20年间，档案馆共接待利用者12122人次，提供档案资料14867卷册，查阅资料有结果10718人次，有效利用率达88.4%。

第八章 史志编研

第一节 志书编纂

一、志书

1986年6月，县委、县政府决定编修湘县第一部社会主义新方志，成立县志编纂委员会，组建县志办公室。9月，县改市后，市委、市政府批转《〈湘乡县志〉编纂工作方案》，将各编的采编任务落实到承编单位。县志编委会发布资料征集公告，广泛征集资料。1987年年初，78个科局级单位分别成立修志领导小组和编写小组，市志办公室对185名编写人员进行业务培训。1990年年初，各单位编写的志稿经市志办公室逐卷修改。4月，县志进入总纂阶段。1991年10月，形成送评稿，并通过由湘潭市地方志编纂委员会主持、有中国地方志指导小组办公室、中国社会科学院历史研究所、省志编纂委员会、省新闻出版局、省图书馆等单位专家学者及新中国成立以来在湘乡工作过的党政主要负责人参加的评审。1992年9月，完成县志定稿工作，并经湘潭市志编委会和省志编委会市县志指导处审查验收。当年，市志办被评为省地方志工作先进单位。1993年12月，新编《湘乡县志》由湖南人民出版社出版，向国内外公开发行。全书除首、末卷外，共35卷。179章150万字。1994年,《湘乡县志》荣获省地方志成果一等奖。在编纂县志的同时，编写和出版《湘乡地方志系列丛书》27册，540万字，获省专业志部门成果二等奖。在编志过程中，对同治十三年刊《湘乡县志》进行删订标点，改直排为横排，改繁体为简体，重印1935年《湘乡史志常识》240册，编辑《湘乡史志通讯》(后更为史志之友)，出刊17期，发稿320篇。志办工作人员撰写修志论文30多篇，发表于省级以上专业刊物上。2005年3月，根据省续修省、市、县三级志书和湘潭市续修市县二级志书通知精神，市委、市政府决定编修《〈湘乡市志〉(1986—2005)》，成立湘乡市地方志编纂委员会和市志总编室。4月，召开修志工作动员大会，确定市志编纂工作方案。各主编、承编单位成立领导小组，确定修志人员。市史志办公室编写《新方志编纂必读》一书，对修志人员进行业务培训。修志工作全面启动。

二、史志资料

1988年，黄珍权编印《湘乡地理志》，1992年，市委宣传部编印湘土教材《春满湘乡》。1997年，市志办公室编印《今古湘乡》。2003年，市文联编印《湘乡文艺家传略》。市委宣传部、市建设局编印《建筑湘军》。2004年，市委组织部编印《湘乡组织史》。2005年，李剑华编著《湘乡历史名人传》。

1986—2005年湘乡市编写志书一览表

表21-5

目录	单位	出版时间	目录	单位	出版时间
《湘乡县交通志》	交通局	1988年	《湘乡检察志》	市检察院	1991年
《湘乡外贸志》	市对外经济贸易公司	1989年	《湘乡税务志》	市税务局	1991年
《湘乡军事志》	市人武部	1989年	《湘乡畜牧水产志》	市畜牧水产局	1992年
《湘乡机构编制史》	市编制委员会	1989年	《湘乡市交通志》	市交通局	1992年
《湘乡商业志》	市商业局	1989年	《湘乡法院志》	市人民法院	1992年
《湘乡盐业志》	省盐业公司湘乡支公司	1989年	《湘乡粮食志》	市粮食局	1992年
《湘乡物资志》	市物资局	1989年	《湘乡电业志》	电力局高压管理所	1993年
《湘乡民政志》	市民政局	1990年	《湘乡水泥厂志》	湖南韶峰集团	1994年
《湘乡公安志》	市公安局	1990年	《湘乡教育志》	市教育局	1995年
《湘乡城乡建设志》	市城乡建设委员会	1990年	《湘乡劳动人事志》	市劳动人事局	1996年
《湘乡工业志》	市经济委员会	1990年	《湘乡人民医院志》	市人民医院	1997年
《湘乡工会志》	市总工会	1990年	《湘乡铝厂志》	湘乡铝厂	1998年
《湘乡卫生志》	市卫生局	1990年	《湘乡邮电志》	市邮电局	1998年
《湘乡金融志》	市金融志办公室	1991年	《湘乡人民防空志》	市人民防空办	2003年
《湘乡邮电志》	市邮电局	1991年	《湖南铁合金厂志》	湖南铁合金厂	2004年
《湘乡乡镇企业志》	市乡镇企业局	1991年	《湘乡供销社志》	市供销合作社	2004年
《湘乡工商行政管理志》	市工商行政管理局	1991年	《湘乡国税志》	市国税局	2004年
《湘乡党派群团志》	市委办	1991年	《湘乡中医院志》	市中医院	2004年
《湘乡水利志》	市水利局	1991年	《湘乡人物志》	市史志办	2005年

第二节 年鉴编辑出版

1986年，县档案馆编写《湘乡年鉴（1985）》1部。1987年起，为《湖南年鉴》和《湘潭年鉴》撰稿。1991年，湘乡市统计局编写《湘乡市统计年鉴》。至2004年的18年间，未编写《湘乡年鉴》。2005年3月，市委、市政府决定当年起逐年编辑出版《湘乡年鉴》，成立《湘乡年鉴》编纂委员会和年鉴总编室。4月，《湘乡年鉴》编辑工作正式启动，12月，《湘乡年鉴（2005年）》由中南大学出版社出版。全书设特载、地方论坛、大事记、综述、政治、法制、军事、经济管理与监督、建设·城市管理·环境保护、重点工程·园区建设、农业、工业·交通·邮电·商贸·服务业、财政·税务、金融·保险、科技·教育、文化·旅游·新闻·体育、医疗·卫生·药监、社会生活、乡镇街道、人物·企业名录、统计资料、文件辑存、附录共80万字。

第三节 党史编研

一、资料征集与编研

1986年，县委党史办公室（以下简称党史办）征集党史资料145份，20万字。《杨幼麟传》编入《中共党史人物传》第32卷，编写《黄公略》等8篇人物传记，完成《解放战争时期湘乡县地下党的发展及城区革命活动概述》和《湘乡和平解放、接管、建政纪要》2个专题。1988—1997年，市党史办6次参加省级学术研讨会，3次参加全国性党史人物学术研讨会。《论黄公略对中央革命根据地的贡献》一文获湖南省社会科学优秀论文奖，获全国党史人物研究成果奖。有6篇烈士传记载入全国《革命烈士传》，26篇入湖南《三湘英烈传》，31篇入《湘潭英烈传》，6篇人物传记入《中共党史人物传》丛书。编纂出版党史书刊，《湘乡人民革命史》《湘乡英烈》由中共党史出版社出版。湘乡与双峰、涟源、娄底等县市党史部门共同编写的《涟水春雷》由湖南人民出版社出版发行。在全国和全省性的党史人物研讨会上发表论文1篇。编写《陈赓回湘乡》《谭政回湘乡》《新民主主义革命时期湘乡革命斗争大事年表》《社会主义时期湘乡党史大事记（1949—1997）》初稿。1998年，党史办编写的《红军将领黄公略》《萧三传》由中共党史出版社出版。由谢秉忠、陈钧武、谭小平、陈威敏撰写的10多篇湘乡名人传记入选《20世纪湖南人物》一书。完成《漫话湘潭》《中国共产党在湘潭的活动》等专题组稿任务，多篇作品入选。1999年，纪念李卓然诞辰百周年，编纂《李卓然纪念文集》。2004年，市党史联络组、市党史办组织编写的43万字《中共湘乡地方史（1949—2002）》由中共党史出版社出版发行。至2005年，征集党史资料410万字。其中：陈赓、谭政、李卓然等湘乡籍重要党史人物资料约260万字，中共湘乡地方史资料58万字，抗美援朝、湘乡劳模、南下干部资料等45万字，其他资料40多万字。征集市重要党史人物书刊30多册，珍贵党史照片120余幅。在市级以上党史书刊及报纸上发表党史方面的文章124篇。参加全国党史人物研究会和彭德怀生平思想研讨会，入选论文1篇。

二、党史利用

1986年以来，党史工作部门利用党史资料和党史研究成果，开展党史宣传教育活动。当年，恢复黄公略故居，开办黄公略事迹陈列室；出版《纪念萧三诞辰90周年》、《纪念黄公略牺牲55周年》专辑，主办4期党史宣传栏。至1988年，党史办共编辑出版《湘乡党史资料》17期，约50万字。1992年，党史办被评为湖南省党史工作先进单位。1993年，纪念毛泽东100周年诞辰，编辑出版《毛泽东与湘乡》丛书。党史办和有关单位联合举办《毛泽东与湘乡》革命事迹展览，用大量文物、图片反映毛泽东与湘乡亲朋旧友的交往和他在湘乡的革命实践活动。1997年，编辑《十年回眸》一书，回顾总结湘乡建市以来各条战线取得的成就。配合上级宣传部门组织开展“纪念毛泽东考察湖南农民运动70周年”“纪念秋收起义70周年”和“将军故里行”等党史宣传教育活动。1998年1月，参与组织黄公略百周年诞辰纪念大会暨铜像揭幕仪式。3月，召开沈春农烈士英勇就义70周年纪念大会，修建烈士纪念碑，编印烈士简介1200份。1999年8月，参与组织庆祝湘乡和平解放50周年纪念活动，召开社会各界人士座谈会和系列宣传教育活动。11月，参与组织召开李卓然100周年诞辰纪念大会。2000年，被评为全省党史系统先进集体。当年，党史办和市志办合并为史志办。2003年2月25日，纪念陈赓100周年诞辰，举办陈赓生平事迹陈列和书画展览。2004年，市史志办组织撰写的党史人物研究文章，分别发表在《湘潮》《回忆与研究》《党史博览》《名人道德风范》等杂志和刊物上。当年，再次被评为全省党史单位先进集体。2005年，创办党史期刊《今古湘乡》（季刊），建立党史资料征研与党史宣教新平台。当年，市史志办被评为全国党史单位先进集体。

三、党史联络工作

1992年成立党史联络组，成员6人。1998年，进行调整充实，聘请12位老同志为联络组成员。聘请乡、镇、办事处和市直各战线党史工作联络员33人，使党史联络工作形成网络。至2005年，市党史联络组成员发展到21人，10位老同志撰写的回忆文章在各地报刊上发表。有6位老同志发挥“亲历、亲见、亲闻”的优势，参与湘乡地方党史编写。市党史联络组被评为2003—2004年度全省党史联络工作先进单位。

附：族谱纂修

1990年，湘乡民间开始续修族谱。至1995年，共纂修12部。1996—2000年，纂修11部。2001—2005年，纂修29部。

1991—2005年湘乡市民间纂修族谱一览表

表21-6

目录	时间	目录	时间
《新桥吴氏族谱》	1991年	《湘乡沈氏岱山懋公支谱(二册)》	2001年
《壶天旷氏八修族谱》	1993年	《湘乡竹园陈氏四修谱》	2001年
《壶天罗氏三修族谱(十卷)》	1993年	《敦田萧氏六修族谱(一册,墨册)》	2001年
《壶天廖氏八修族谱(二十卷)》	1993年	《成氏锋一房四修房谱(三卷)》	2001年
《陈李氏四次人口汇编(四卷)》	1994年	《上湘谷阳塅贺氏族谱(一卷)》	2002年
《洪门贺氏五修族谱》	1994年	《陈氏房谱(石狮江聚星堂)一册》	2002年
《湘乡上扶朱氏五修族谱(八集)》	1994年	《台洲塘康氏四修族谱(一册)》	2002年
《案山刘氏七修族谱(十二卷)》	1995年	《湘乡曹氏磨河纹德房五修房谱(七卷1册)》	2003年
《永乐王氏家谱》	1995年	《杏子铺龙氏六修族谱(十册)》	2003年
《壶天朱氏六修族谱(四卷)》	1995年	《新园唐氏湘埜九修房谱(伦鉴堂)》	2003年
《壶天傅氏族谱(二十卷)》	1995年	《湘乡白龙彭氏七修族谱》	2003年
《湘乡罗氏四修族谱(四卷)》	1996年	《孙氏绳武公房首修房谱(三卷)》	2004年
《湘乡黄塘陈氏族谱》	1998年	《青石宋氏五修族谱(三十四卷)》	2004年
《湘乡东郊谭氏六修支谱(4册)》	1998年	《张通典家谱》	2004年
《箭楼刘氏族谱(二十卷)》	1998年	《上湘刘氏五修族谱(五册)》	2004年
《桐瑞台桐树根源人物》	1998年	《山涛王氏族谱(一册)》	2005年
《湘乡小罗万氏延诏房谱(六卷)》	1999年	《上湘谷水彭氏五修族谱(29卷)综合本》	2005年
《谢氏大宗房谱(一册)》	2000年	《潭溪陈氏万森派家谱(一卷)》	2005年
《上湘罗氏五修族谱(上、下卷)》	2000年	《谭氏起祥公系支谱》	2005年
《贺氏谷阳塅总祠合修宗谱(一册)》	2000年	《湘乡魏氏族谱甫泰公派下一修房谱》	2005年
《船桥陈氏义长祖(荣锡公)家谱一册》	2000年	《椰山曾氏头江房谱(上、下卷)》	2005年
《湘乡侯塘谢氏大宗任元公房谱(上、下册)》	2000年	《上湘白门贺氏九修族谱湖家塘房谱》	2005年
《新起许周复姓氏族谱》	2001年	《西亨曹氏锦南首修房谱》	2005年
《椰山曾氏尚络房谱(十卷)》	2001年	《中华全国贺氏通谱》	2005年
《田心罗氏五修族谱(卷首~卷四)》	2001年		

第九章 旅游

第一节 旅游资源

湘乡历史悠久，文化积淀深厚，文物古迹甚多，生态环境良好，旅游资源丰富。有距今近3000年的龙潭岱子坪、状元洲团鱼山、铜钿湾等文化遗址；有牛形山枫树仑战国墓群和可心亭汉墓群等处古墓葬；宋窑遗址是湘中地区目前发现规模最大、遗存最丰富、品种最多的一处宋代窑址。湘乡遗存的古建筑甚多，有始建于宋皇祐二年（1050）的千年古刹云门寺，金石镇境内的南宋状元塔和古银杏树，建于明代的褚公祠，清代的东山书院、县学宫（孔庙）、万福桥，有独具特色的壶天石板街等。革命纪念地有毛泽东少年时代求学的东山高等小学堂（东山书院）旧址、黄公略故居、陈赓故居、谭政故居、李卓然故居、杨幼麟故居、中共城前支部旧址、杨门七雄纪念碑等。

自然资源是湘乡的优势。有面积341.7公顷的东台山国家森林公园，有面积117.2平方公里，融山、水、洞、林、岛于一体的省级旅游区——水库旅游区，有古称“湘中第一山”海拔807米高的褒忠山，有深不可测的岩洞——壶天镇境内的胜岩、龙洞镇底龙洞、棋梓镇境内的岩龙洞。韶山灌区的洋潭引水坝、国家激流回漩训练中心，涟上又飞涟的“飞涟灌万项”和“三湘分流”渡槽构成的韶山银河旅游区、碧洲公园等是游客观光游憩的好去处。

境内有流传甚久的虞唐高跷、粟山木偶戏、白田地花鼓、龙潭小杂技、壶天孔明灯等文化艺术珍宝。富有地方特色的烘糕、腊肉、绿茶、米酒、米粉、蛋糕、薯粉、晗塘木瓜饼、水府刁子鱼和火焙鱼、万贯亭纸伞、石坝牛皮鼓等是游人钟爱的旅游特色产品。

第二节 旅游开发

湘乡旅游开发起步较晚。1986年，对外开放的景点有云门寺、东山书院等处。1987年投资27万元，复原修缮黄公略故居，并辟黄公略生平业绩陈列室于故居内。同时，修通由桂花通往故居的盘山公路，架设输电高压线路，当年通车通电，对外开放。1989年，因云门寺年久失修，市委、市人大、市政府、市政协召开会议，成立重修云门寺委员会，除政府投入资金外还向社会募集资金，至1992年，收到捐款28万元，耗资50万元的维修工程竣工。1992年，开发建设东台山国家森林公园，在山上建文塔、惜才亭、凤凰寺、八角亭、旭日阁等景点。1994年11月，市委、市政府决定，文化局增加开辟、发展旅游事业的职能，并加大开区旅游的资金投入。1996年，龙洞乡文化站吸收民营资本近100万元，在龙洞乡仙女山建设旅游景点4处。1997年4月，为纪念黄公略100周年诞辰，经中共中央、国务院批准塑建黄公略铜像一尊。市委决定，在碧洲公园上端位置建设黄公略广场，工程造价45万元，于1997年10月竣工。至年底的5年间，共投入资金400万元（财政拨款100万元、社会各界募捐300万元）对东山学校、文庙、黄公略故居进行维修。

1998年，市委、市政府决定开发水府旅游区，成立专门机构——湖南省水府旅游区管理委员会。2001年，市文化局更名为市文化旅游局，局内增设旅游管理开发股。当年，东山街道农民李和夫妇投资20多万元开办湘乡市第一家农家乐“明月山庄”。此后，投资进行扩建，成为全国五星级农庄、省旅游示范区点。2000年，市委常委决定，以“大文化、大旅游、大市场、大开发”为宗旨，以“水文化、水运动、水休闲”为内涵开发建设水府旅游区。投资400多万元，建设水上跳伞、龙溪山庄、野生动物娱乐园、民俗文化村、水府风情园等。2001年，水府旅游区经省计划委员会批准正式立项。2002年，副省长徐宪平视察后，当即解决基础设施建设资金390万元。当年，投资280万元，修建旅游区移动通信基站；投资200万元，修建旅游区主码头；投资200万元硬化旅游公路5公里；投资100万元，改造白鹭岛130余亩植被和主码头绿化；投资100万元，建立旅游车队，开通旅游专线。

2004年，引进资金4300万元，开工建设水府“三岛一城”景区、江麓坦克试验基地、白鹭岛生态公园、攀岩度假村、省书画创作基地、省地税培训中心。2005年，引进资金8478万元，建设农家乐——水云山庄、桃花岛度假村、麻油岛度假村和湖湘文化院。

第三节 旅游服务

1986—1993年，湘乡无旅游服务机构，市民旅游由单位、团体、家庭和个人自主进行。外地人员来湘乡旅游也由游客自由安排。

1994年，市编委批准设立湘乡市旅游服务社，定编13人，经费自收自支。1995年6月，旅游服务社开业。当年购车2辆，开通通往外地10条旅游线路，组团8个计100多人次，到北京、庐山、井冈山、张家界、桃花源等地旅游。之后，因达不到《旅行社管理条例》规定设立旅行社的条件而未取得“旅行社业务经营许可证”。虽不能正常经营，但仍零零星星组团旅游。后因经费入不敷出，负债累累，经营7年后，停止营业。1999年10月，花园酒店评为三星级酒店。

2001年，市政府成立湘乡市假日旅游协调领导小组，及时通报全市假日旅游信息动态，协调交通、宣传、接待、安全、市场管理事宜，处理假日旅游突发事件。10月30日至11月5日，举办湘乡市首届文化旅游艺术节。有文艺演出、公园游园、爬山登塔等18项活动，10万余人次参加。2002年，文化旅游局增设旅游质量监督管理所。当年在湘乡开展旅游业务的有湘潭三湘之旅行社、湘潭新世纪旅行社、湘潭中国旅行社。具有接待游客能力的宾馆有国贸大酒店、花园酒家、东方宾馆、水电宾馆、湘乡宾馆。为方便游客游览，设计制作《湘乡市旅游服务指南》2万册，并制作湘乡旅游景点简介彩色图片宣传版。此时，游客由过去省内和附近县市扩大到省外、国外。当年，全市接待游客63万多人次，旅游收入287.7万元。2002年，星级宾馆和高档饭店有所发展，全市通过星级评定的二星级酒店1家、准三星级宾馆1家、准二级宾馆2家。接待游客12万人次。2003年，全市接待游客39.47万人次。其中，水府旅游区7.7万人次，东台山森林公园5.07万人次，碧洲公园12.7万人次，云门寺14万人次，旅游收入150.04万元。云门寺免费参观。

2004年9月，举办第二届旅游文化节，有文艺演出、《水府风情》摄影展、“爱我水府”10万人游等10多项活动。有来自全国20个省（市）和新加坡人士参加了活动。

2005年，在湘乡设立门市部进行经营的旅行社有：三湘、桑悦思、新世纪、华侨、韶山、青年、新天地7家。有三星级旅游饭店1家，二星级20家，“农家乐”饭店10家。开辟红色旅游线（韶山—水府—东山学校—黄公略故居）和休闲线路（水府—云门寺—东台山）。

第四节 景点选介

一、湖南水府旅游区

湖南水府旅游区位于湖南中部的湘乡市、娄底娄星区与双峰县交界处。以湘中最大水库——水府庙水库为主体，规划面积177.2平方公里，水域面积51平方公里，库岸线长431公里，拥有100多个库湾，34个岛屿，山、水、岛、洞俱全，有一级景点5个、二级景点9个、三级景点5个。融历史风情，水上运动、休闲度假为一体。被誉为“天下水府，人间瑶池”。区内有各具特色的民俗文化村、风情园、温馨公园、鳄鱼岛、锁岛、神龙岛、恐怖城等7大人文景观和大坝锁江、一撮毛、白鹭翔集、青龙奇洞、杉山石林、天门禅声自然景观。备有双层豪华旅游船10艘，快艇35艘，双体汽油船5艘，单层柴油船9艘，供游客游览之用。区内吃、住、行、游、购、娱设施齐全。是游客休闲度假胜地。

二、东山书院（东山学校）——全国重点文物保护单位

东山书院位于市区对河东台山下，始建于1890年，是湘乡保存最好的清代建筑，占地面积1.5万平方米。主体建筑面积4230平方米。主建筑有正厅和东斋、西斋和后斋，周围建有青砖围墙，墙内清池环绕、绿树叠翠。正门前有一长达10多米的麻石桥横跨清池。正门门额为清代书法家黄自元书的“东山书院”4字。清光绪三十二年（1906）改为东山高等小学堂。1910年，毛泽东在此读书。陈赓、谭政、萧三、易礼容、萧子昂、黄国彰、毛泽覃、杨幼麟等一代名人曾先后就读于此。1958年9月10日，毛泽东亲笔题写“东山学校”校名。东山书院基本复原，开辟了毛泽东、陈赓、谭政等校友陈列室、毛泽东学习时的教室、自修室、寝室等均已复原陈列。

三、云门寺——湖南省重点文物保护单位

云门寺位于市区中心，始建于宋皇祐二年（1050），占地3200平方米，现存建筑为清代风貌。主建筑有前殿、大雄殿和观音阁。阁内有尊木雕泥塑混合结构、全身装金的观音佛像，高约10米，脚踏莲台，千手千眼，形态端庄慈祥，誉为东南亚一绝，堪称佛教艺术奇葩。阁上悬挂清同治六年（1867）曾国潢、曾国荃兄弟书献的横匾“南海长春”。阁前两庑有清光绪十九年（1893）用汉白玉雕的十八罗汉像，每尊高1.5米，或舒目展颜，或挖耳蹙眉，或捧腹憨笑，或掩卷沉思，眉目传情，栩栩如生。殿中有清代圆形青铜香炉一鼎，直径0.55米，高0.23米。下设石座，高0.79米。另有清乾隆二十六年（1761）所制汉白玉长方形香炉一座，高1.8米，长1.35米，宽0.85米。炉身四周浮雕盘龙、麒麟、福禄寿三星佛像，二狮滚球，二龙戏珠、双凤朝阳等精美图案及篆刻“圣寿无疆”4字，形象生动，巧夺天工。

四、东台山国家森林公园

东台山，又名凤凰山，在涟水南岸，与市城区遥遥相对，面积341.7公顷。山峰凸如仪凤翔空，昔人美名“东台起凤”，旧为湘乡八景之一。毛泽东当年在东山求学时常登此山。1992年，建立国

家森林公园，建有文塔、惜才亭、八角亭、旭日阁等景点多处。

五、黄公略故居——湖南省重点文物保护单位

黄公略故居位于中沙镇朝阳村二组高木冲。故居北距市区（湘乡）约50公里，南离曾国藩故居约30公里。悬山顶，前后有硅廊，砖木结构的居民建筑，面积约500平方米。正堂（长横轴）一排有房屋十间，长约30米，分别为住房、原黄公略书房（卧房）及厨房，并有一天井。横屋（东南侧）长约19米，进门有一天井，过天井后一层三间，每间用格扇门隔开，二层为传统木板楼房，为黄公略父亲及黄公略在乡教私塾时的教室，现保存有桌凳。屋前有草坪、池塘，环境优雅舒适。

六、黄公略铜像广场

1997年4月7日，中共中央办公厅、国务院办公厅批复。中共湘乡市委、市政府同意塑建黄公略铜像一尊。市委常委决定在碧洲公园建设黄公略铜像广场。广场南北长50米，东西宽38米。四周置绿篱两台阶。铜像高305米，像座上刻制江泽民、李鹏题字。1998年，黄公略铜像安放于此。

七、湘乡窑——湖南省重点文物保护单位

湘乡宋代窑址位于棋梓大富、向阳村的反仑山和瓦砾山一带。距市区50公里，是南宋时期（1127—1279）规模较大的古窑址，遗存物分布约10万平方米，文化层深达3—10米，器形多样，具有较高的历史、科学、艺术价值。

八、陈赓故居——湖南省重点文物保护单位

陈赓故居景区位于湖南省龙洞镇泉湖村，距湘乡市区7公里，与韶山毛泽东故居毗邻。它由故居、墓园和生平馆三部分组成，占地面积60亩。陈赓故居为典型的湘中民居，系陈赓祖父清末湘军副将、武显将军陈翼琼所建，建筑面积1342平方米，房屋40间。通过复原再现陈赓少年时代的成长环境。故居后山为陈赓大将夫妇墓园，大将夫妇骨灰（遗骨）分别从北京、东山迁回故里。安息在故乡苍松翠柏之中。汉白玉雕砌的陵寝，象征着家乡人民对大将夫妇高洁人品的敬仰，湘中丘陵造型的蓝宝石花岗岩墓碑，寓意着大将夫妇和家乡人民永远在一起。陈赓大将生平馆通过大量珍贵史料，展示了陈赓大将传奇的一生。故居现为湘乡市党建教育基地、爱国主义教育基地、中国人民解放军国防科学技术大学当代革命军人核心价值观培育基地。

九、湘乡文庙——湖南省重点文物保护单位

湘乡文庙始建于北宋大中祥符二年（1009），文庙为砖木结构，三进红墙黄瓦，前为棂生门（牌坊），花岗岩石构。第一进为大成门，硬山顶，单檐双面坡，进大成门左右有钟、鼓楼、钟鼓楼后左右有厢房四间；第二进为大成殿，殿前有一汉白玉古雕龙，歇山重檐翘角；第三进为崇圣殿，殿前有一天井，两侧有厢房，歇山重檐翘角，规模稍次于大成殿。1993年进行过维修，2002年公布为省级文物保护单位。

第十章 体育

第一节 体育场馆

1986年，全县有体育馆1个，篮球场197个，排球场13个，乒乓球房16个，棋类房2个，健身房2个，室内篮球场4个。1987年后，体育场地建设向高标准高层次发展。当年，湖南铁合金厂建成体育馆，看台座位2900个。1988年，建成50米 ×25米的露天标准游泳池，有泳道10条。市老干活动中心把面积3000平方米的旱冰场改建为室内门球场，有标准门球场2个。1990年，碧洲公园建成1600平方米的旱冰场。1991年，湘乡一中建成无看台座位的室内篮球场。1995年，湘乡四中建成无看台座位室内篮球场。1996年，湘乡三中把操场扩建为400米圆周跑道的标准田径场。老干活动中心新建活动楼，有乒乓球室400平方米、桌球室300平方米、健身房500平方米、健身器械12件。1998年，湘乡一中把操场扩建为400米圆周跑道标准田径场。2000年，碧洲公园建成25米 ×25米露天游泳池。同年，建成全民活动路径，占地2000平方米，设健身器械21件。2002年，东山学校投资500万元，建成塑胶跑道构成的高档次正规田径场。2003年，建成面积为8000平方米，有看台座位3380个的体育馆。洋潭国家激流回漩运动基地于11月开工建设。第一期工程投资1050万元，开挖7万多立方米土方，用砌石5000多立方米、水泥1800吨、钢材100吨，征地108亩，新建85米长的大坝，建成运动基地准备池面积2014平方米，赛道长320米，底宽10米，高1.7米，为国家高标准激流回漩基地，是世界上落差最大、流量最大、运用成本最低的基地。2004年7月，正式投入使用，当即接待国家激流回漩队备战雅典奥运。2005年，东山学校建成面积为400平方米的室内射击馆。市体委（体育局）投资40多万元改造、维修湘乡体育馆，购置篮球架、电子记分牌、柔道垫及健身联合器材。至2005年，全市有体育馆5个、风雨篮球场80个、游泳池2个、田径场10个、门球场20多个、旱冰场1个、射击馆1个、激流回漩运动基地1个。

第二节 学校体育

1986年起，小学和中学每周开设两课时体育教学。小学阶段教学的主要内容是队列、田径（短跑、立定跳远）、舞蹈、游戏、武术等。中学阶段是在小学阶段教学的基础上，增加球类（篮球、排球、乒乓球、羽毛球）、柔道、跆拳道，在田径项目中增加中长跑、接力跑、跨栏跑、急行跳远、背越式跳高、撑竿跳高等。高中阶段的内容分理论与实践两大部分，增设锻炼计划与运动处方、人体运动的能量供应等，同时，加强拔河、推顶、角力等民间体育活动的教学。根据德、智、体全面发展的教育方针和学校体育面向全体学生的宗旨，保证每周“二课、二操、二活动”的落实（2节体育课、早操、课间操、2节课外体育活动）。在课外体育活动中，有踢毽子、跳房子、拍皮球、打纸板、跳橡皮筋等内容。1988年，在市直各中学和全市各学区举行公开课和创优课活动。1989年，一中、二中、东山学校被评为湖南省体育卫生工作先进单位，市教育局体育专干李承恩被评为省优秀教师，二中体育教师阳新建被评为省先进工作者。1990年，一中与体委合办体育特长班，招生35人。此后，市直中学都招体育特长生，每年向高等学校输送30多名体育人才。1993年，国家教委在全国10个省（市）试行初中毕业升学考试体育，湘乡市承担试点任务。此后，在小学、初中毕业考试中，体育成绩纳入总分计算，满分为30分。1995年，市学校女子篮球代表队在省传统学校篮球比赛中获冠军。2002年，学校实施《国家体育锻炼标准》，全市达标率为100%。市教育局按学校体育工作条例规定，配备专职体育教师，全市小学有体育教师262人，中学体育教师98人。2003年，市学生田径队在省中学生田径运动会上获团体总分第一名。至2005年的20年间，市体委与教育局配合，每年召开1～2次体育专题研讨会，年初召开学校体育工作会议，安排全年体育工作。

第三节 群众体育

一、职工体育

20世纪80年代，湘乡职工体育活跃，运动项目以篮球为主，其次有乒乓球、象棋、围棋等。1986年，全市有职工篮球队88个、队员1028人。各厂矿篮球、乒乓球队定期进行训练，湖南铁合金厂（简称湖铁）还到东北等地招聘篮球队员，成立具有专业性质的男女篮球队。1988年，湖铁男女篮球队在全国冶金杯篮球赛中，分别获得男子第三名、女子第四名的好成绩。1998年，湖铁、湘铝、韶峰集团组团参加湘潭市全民运动会。2002年，燕京啤酒集团、韶峰集团、人民医院等8个单位被评为省“全民健身先进单位”。2005年，全市有职工篮球队92个，象棋、围棋队各12个、乒乓球队58个、钓鱼协会10个。至2005年，有烟草局、税务局、财政局、环保局、房产局、国土局、工商局及银行系统等组织职工开展篮球、乒乓球、拔河、爬山等体育活动，并组队参加湘潭市有关比赛。

二、农民体育

1986年，湘乡农民的传统体育活动有龙舟赛、舞龙、舞狮、武术、象棋等。1987年春节，在市城区举行“龙灯大会”，有10多个乡镇参加表演龙灯、狮灯、彩船、蚌壳舞、高跷、武术及花鼓戏。每逢端午节，龙舟比赛热闹非凡。全市有城区、棋梓、潭市、双江4个赛场，参加比赛的龙舟有50多条。1990年，派出运输公司和张江村龙舟队参加湘潭市比赛，分别取得第一名和第二名。1992年元宵节，在市体育馆举行龙灯、舞狮比赛，有20多个乡镇1500多名运动员参赛，馆内座无虚席。1996年，举行“张江杯”龙舟赛共31条船竞技。现代体育项目有篮球、排球、乒乓球、田径、桌球、羽毛球、自行车等。至1999年，体委在湖山、山枣、双江、东郊、东山、仁厚等乡镇办农村体育试点，每年组织以村为单位组队参加篮球、乒乓球、拔河、象棋等综合性运动会。2000年和2003年，湘乡市农民自行车队代表湘潭市参加省农民运动会，在自行车负重比赛中，分别取得第四名和第六名的好成绩。2005年，全市有龙舟队52个、农民篮球队80多个，运动员近1000人。

三、老年人体育

1986年5月，湘乡市组队参加湘潭市老年人象棋比赛，获团体第二名。7月举办市内离休干部钓鱼比赛。10月，举办老年人门球赛，8个队参加。11月，成立老年人体协，举行老年人乒乓球、象棋比赛，12个单位参加。此后老年人体育锻炼多为自发分散进行。1995年以来，在城区老年人相邀集中锻炼，活动地点集中在碧洲公园和体育馆、总工会、人民医院前坪及沿河大道、云门寺广场、工贸新区等15个点。活动项目有散步、慢跑、做操、练太极拳、气功、武术、打腰鼓、舞蹈和健身操等。1996年，老干活动大楼建成后，每天定期开放。老干局和老年体育协会组织老年人开展竞赛活动。至2005年的10年间，每年举办1～2次钓鱼比赛、2～3次门球比赛。长跑、登山、象棋、趣味性游戏等比赛，则经常开展。

四、伤残人体育

1986年，湘乡市成立伤残人体育协会。市体委与民政局对全市伤残人进行摸底调查，选调一些适宜参加运动、意志坚强、身体素质好的残疾人进行短期体育训练，组队参加湘潭市和省的体育竞赛。当年，市残疾人代表参加湘潭游泳选拔赛，有3人选入地区代表队。在省伤残人运动会上，湘乡市代表队获篮球第二名，李爱贵获女子100米仰泳第一名、50米蛙泳第一名。徐元喜获男子100米仰泳第一名，男子400米自由泳第一名。1987年，在湘潭市第二届伤残人运动会上，湘乡代表队获团体总分第一名。1988年，在湘潭市第三届残疾人运动会上，湘乡获总分第一。1991年和1994年，组队参加湘潭市和省伤残人运动会。1998年，在省五届残运会上，4名选手获3块金牌4块银牌。2003年，在省六届残运会上，聋哑人谭建新获铁饼第一名、标枪第二名。10月，陈红辉在湘潭参加全国特奥篮球赛获金奖。

第四节 竞技体育

一、市内竞赛

1986年起，每年举行全县（市）中小学生田径运动会和中小学篮球运动会。1986年10月，王灿湘、肖波在县中学生田径运动会上，分别破湘乡男女100米纪录。当年起，湘乡实行篮球晋级赛。竞赛分甲、乙、丙3组，各组末位的两名降级，乙、丙组前两名则晋级。

1989年国庆篮球赛，分男子甲、乙组、女子组及农村组，共28支男队、5支女队、6个农村队，在4个场地比赛，历时8天。1991年，体委和总工会联合举办"公路杯"象棋赛，18个队90多名运动员参赛。1992年，举行"工行杯"武术散打比赛，12个队80名运动员参赛。1993年，举行"建设杯"篮球赛，22个队250名运动员参赛。1995年，举行"邮电杯"广播体操比赛，18个队240名运动员参赛。2002年，公安局举行篮球、乒乓球、田径、登山、射击比赛，50% 的干警参赛。2004年，举行湘乡市首届机关职工运动会，有乒乓球、拔河、田径等项目，75个单位、125个队、800多人参赛。2005年，体育局和教育局联合主办全市小学生趣味体育运动会，有跳绳、乒乓接力、单脚跳、二人三脚跳等项目，15个队280名运动员参赛。同年，举行初中男女学生篮球选拔赛，16个队210名运动员参赛。至2005年的20年间，体育局（体委），在重大节日与有关单位联合主办各类体育比赛19次。

二、参加湘潭市竞赛

1987年，湘乡组团参加湘潭市第五届全民运动会（以下简称全运会），共有运动员248人，参加12个大项比赛，金牌数、破纪录数、团体总分均列第二。同年，参加第二届伤残人运动会，获团体总分第一。1989年，参加首届青少年运动会，共有运动员256人，参加13个大项比赛，奖牌数，破纪录数名列第一，团体总分第二。1991年，参加第六届全运会，共335名运动员，参加16个大项比赛，奖牌数、金牌数、破纪录数均获第一。1994年，在首届农民运动会上，获团体总分第一名。1995年，参加第七届全运会，共324名运动员，参加15个大项比赛，获金牌数第二，团体总分第三。2000年，参加第八届全运会，获团体总分第四。2004年，参加第九届全运会，获团体总分一等奖。

三、参加省级以上竞赛

1986年，湘乡县运动员杨红参加全国中学生运动会，获女子跳高第一名，打破全国少年纪录。同年，张凌志在省六届全民运动会（以下简称全运会）和全国无线电测向比赛中均获无线电测向2米段小团体第一名。黄文武获撑竿跳高第一名。1987年，在省农民运动会上，红星村代表队获篮球赛第2名。1988年，参加省青少年篮球赛，湘乡男女队均获第二名。在省第一届青运会上，李中兵获举重50公斤级男子第一名；李敏获举重56公斤女子第一名；胡小舟获田径男子五项全能第一名，陈连涛获摔跤男子65公斤级第一名。1991年，黄文武在全国六运会上获男子撑竿跳高第三名。1992年，在省青运会上获柔道比赛男女团体第五名。颜辉、颜学文、楚賛文分别获女子50公斤级第一名、男子60公斤级第一名、男子56公斤级第一名。1994年，在省青少年柔道比赛中，湘乡获县级组男女团体总分第一名。1995年，湘乡一中女子篮球队在省传统校运会上获冠军。1996年，湘乡在省农民运动会上，获自行车比赛团体第六名。1999年，在省八届运动会上，一中代表队获青少年组男子篮球第五名。2002年和2003年，在省中学生田径比赛中，湘乡一中均获总分第一。2004年，在省射击比赛中，陈澄（女）获手枪慢射、气手枪40发、手枪口径15+15，3个第一名。在省跆拳道比赛中舒亮（女）获59公斤级第一名，袁铖获51公斤级第一名、胡纳泽（女）获55公斤级第一名。2005年7月，东山学校射击队在省大中学生第一届军用枪比赛中，女队获女子速射团体冠军。在全国中学生射击比赛中，湘乡男队获中学生组亚军。8月，在省青少年射击比赛中，湘乡获3个第三名、2个第四名、1个第六名，1人达国家一级运动员标准，3人达国家二级运动员标准。在省青少年跆拳道比赛中，湘乡袁铖获男子乙组55公斤级冠军，叶娜获女子甲组52公斤级冠军。

四、承办上级体育竞赛

1986—2005年，湘乡市承办湖南省体育比赛12次，承办全国性比赛9次。

1986—2005年湘乡市承办湖南省体育比赛情况统计表

表21-7

比赛名称	时间（年）	地点
省聋哑人篮球赛	1986	市体育馆
省六运会乒乓球赛	1986	市体育馆一中体育馆
省六运会无线电测向比赛	1986	东山，育段乡野外
省老年人篮球赛	1987	市体育馆
省冶金系统篮球赛	1987	市体育馆铁体育馆
省少年篮球赛	1988	市体育馆
省老年人乒乓球赛	1988	市体育馆
省七运会女篮赛	1990	市体育馆
省柔道比赛	1994	市体育馆
省武术散手比赛	1994	市体育馆
省第六届韶峰杯门球赛	1996	政府办公楼前坪
省三青运动会青少年男子篮球赛	1999	市体育馆

1986—2005年湘乡市承办全国比赛统计表

表21-8

比赛名称	时间(年)	地点	备注
全国“贺龙杯”篮球赛	1986	湘乡市体育馆	主赛场设湘潭体育馆
全国飞机跳伞表演赛	1986	啤酒厂扩建基地	解放军、北京、河南、江西、湖南5个单位跳伞队
全国三省“团结杯”篮球赛	1987	湘乡市体育馆	广东、广西、湖南、男女球队各6个
南方八省职工篮球赛	1990	湘乡市体育馆	主赛场设铁合金体育馆
全国男篮甲B联赛	1997	湘乡市体育馆	河北、黑龙江、北京、南京部队、济南部队、浙江
全国三省男篮甲B对抗赛	2002	湘乡市体育馆	南京军区、黑龙江、四川
国际男篮表演赛	2002	湘乡市体育馆	哈萨克斯坦、吉尔吉斯斯坦
全国女篮乙级联赛	2003	湘乡市体育馆	
中美篮球表演赛	2005	湘乡市体育馆	美国佐治亚州、中国

第五节 体育人才输送

1986—1991年，市业余体校举办篮球、田径、乒乓球培训班，由专职教练任教。1992年，湘潭市体委确定湘乡以田径和柔道为重点项目，并派教练到湘乡任教。1995年，组织农村学校体育苗子测试选拔，参选学生2000多人。同时，在市直及城区学校进行业余训练项目定点布局。体委和教育局协商配合，将湘乡有条件开展的体育项目，安排到相关学校，成为该校业余训练重点项目。至2005年的20年间，全市积极培养和向有关部门输送体育人才，向省级以上专业队输送各类体育人才18名。其中，向湖南省体乙队送13名，向山西省体乙队送2名，向上海体乙队送2名，向清华大学送1名。同时，市直各中学及区中学在参加高考的考生中有560人录入高校体育专业。

1986—2005年湘乡市向省级以上专业队输送体育人才统计表

表21-9

姓名	年份	项目	输送单位	接收单位	备注
程 浩	1986	篮球	体校、一中	省体工队	
张凌志	1986	无线电测向	体校、二中	省体工队	
陈亚能	1986	射击	体校、二中	省体工队	运动健将
钱 丽	1987	篮球	体校、二中	省体工队	
刘湘平	1987	射击	体校、二中	省体工队	
陈连涛	1987	摔跤	体校、二中	省体工队	
李中兵	1988	举重	红星校	省体工队	
孔国林	1988	举重	体校、红星校	山西体工队	
王志刚	1988	举重	体校、东郊	山西体工队	
郑拥文	1989	田径	体校、铁校	省体工队	
陈翠飞	1989	皮划艇	体校、壶天	省体工队	
颜 辉	1991	柔道	体校、东郊	省体工队	
李 敏	1991	举重	体校、红星	上海体院	
许叶莲	1991	举重	体校、红星	上海体院	
谭志林	1993	皮划艇	体校、二中	省体工队	
毛 角	1993	举重	体校、中沙	省体工队	
龚 剑	1997	激流回漩	体校	省体工队	
陈 澄	2005	射击	东山学校	清华大学射击队	

第二十二编 社会生活

第一章 婚姻家庭

第一节 婚姻

一、婚姻状况

1986—2005年，民政局准予结婚的119403对。其中，初婚232628人，再婚6178人。再婚人数中多为中年离异、丧偶、老年空巢者。有同乡同土的近地婚姻，有遍及省外的远程婚姻，还有少数与港、澳、台通婚的，这都是依法成婚。但农村也有少数包办婚姻，甚至买卖婚姻婚嫁观念有所改变，除农村纯女户为传宗接代而招上门女婿外，入赘者在城区也有所增多。

二、婚姻问题

随着经济的发展，人们的婚姻观念产生很大的变化，离婚者增多。各级党委、政府及职能部门一直遵循《中华人民共和国婚姻法》处理婚姻家庭关系。运用法律武器打击拐卖妇女、儿童行为与事件；动员居委会、村委会及时制止家庭暴力、劝阻虐待家庭成员、调解纠纷，维系了不少即将崩溃的婚姻关系。

1986年起，申请协议离婚人数逐年增多。1987年，申请离婚204对。其中，双方协商准予离婚60对，占申请数的30%；判决、调解离婚118对。2005年，申请离婚670对，准予离婚643对，占申请数的96%。申请数增长3倍，离婚数增长10倍。据市人民法院统计，20年累计申请离婚的近1万对，经判决、调解结案8544对，其中准予离婚5031对。2005年，判决、调解离婚268对。多为重婚、未能传宗接代（男孩）、双方代际供养矛盾激化、家庭暴力、虐待、夫妻远距离长时期分居、赌博、吸毒恶习不改等所致。有个别的一方失踪多年，法律告示缺席判决离婚。还有极少数因重大事故赔偿或逃避债务搞假离婚的。

第二节 家庭

一、家庭人口规模

据市统计局有关人口资料表明，1982年第三次普查，家庭平均人口4.19人；1990年第四次普查，244420户家庭，870915人，平均人口3.56人；2000年11月1日第五次普查，265527户893557人，家庭平均人口3.37人。

二、代型结构

第五次普查出全市家庭24.3766万户，集体户2810户。家庭户数中，1人户占总户数10.35%，2人户占19.47%，3人户占28.7%，4人户占23.1%，5人户占13.4%，6人户以上的占4.88%。一代户占24.11%，二代户占53.23%，三代户占21.82%，四代户占0.83%，五代户以上的仅有1家。一人户中大部分是城乡五保户和退休后的空巢老人。二代、三人户成为家庭户型发展趋势。几代同堂多子多福的旧观念日渐摒弃。人们的观念是：一口之家乏味，两口之家平淡，三口之家（小两口养育一个小孩）乐融融，四口之家勉强，多口人家难免磕磕碰碰。因为国民经济和社会发展，人们生活水平提高，住房等生活资料日益充足，年轻人成家即另立户头，养个小孩。这种户型趋势，易引发老年人孤独、子女受溺爱。

第二章 宗教

湘乡是全省宗教工作39个重点县（市）之一，有佛教、道教、基督教三大合法教派。1986年以来，合法登记的宗教活动场所56处（佛教场所15处、基督教场所41处）。其中，省级重点场所2处（佛教云门寺、基督教北门教堂），湘潭市重点场所1处（基督教务门前教堂）。宗教信徒总人数约3万余人。三大教派中女性占60%以上，60岁以上信徒占60%以上，基督教大学本科2人，牧师1人，教师6人，长沙圣经学校结业生30余人。初中以下文化者占90%左右，主要分布在城区及本市18个乡、镇。道教尚无合法的团体统一管理，无固定的活动场所。

第一节 佛教

一、组织

1986年以来合法登记的有15处寺庙，在册的僧尼20人，教徒近1万人。教徒的活动一般在寺院进行，依照佛制以出家僧众为主，在家善男信女为护法居士。

二、活动

（一）日常行事

佛寺通行的日常课育，就是每月五堂功课两遍殿，即朝暮功课，俗称上殿。全寺僧众于每日早、晚集大雄宝殿念诵楞严咒、大悲咒、十小咒、心经、阿弥陀经、礼拜八十八佛、放蒙山施食等。除了早晚二殿外，僧众于每日早斋和午斋，依《二时临斋仪》以所食供养诸佛菩萨，为施主回向，为众生发愿，然后方可进食，名为“上小供”；每逢朔望或佛、菩萨圣诞则隆重举行上供仪式名“上大供”。农历每月初一、十五，拜吉祥普佛。凡学佛者打了皈依，受了五戒（不杀生、不偷盗、不邪秽、不妄语、不饮酒）者称居士，具备条件的寺庙常举行传授居士三皈五戒法会。居士平时在家修持，也可到寺庙闻经听法，参加法会活动和捐献，或参观名山名刹朝拜活动。

（二）节日活动

根据佛制戒律，僧众于农历每月十五、三十，诵《菩萨戒本》，自我检查有无违犯戒律之事，如有违犯，则应按照情节轻重，依法忏悔，这一行事叫作“布萨”。农历四月十五至七月十五，各寺僧众定居寺中，专心修学，不得随意他往，意为“结夏安居”。七月初一至七月十五举行“盂兰盆会”念经拜忏，设供，超度先亡，祈求清吉平安。每年的正月初一至初七打观音七；十一月十一至十七打弥陀七，每到佛、菩萨诞逝日等举行纪念活动，如每年农历二月十九、六月十九、九月十九、十一月十九是纪念观音菩萨诞日。观音菩萨圣诞日里，成千上万的朝拜人员云集云门寺，虔诚地顶礼膜拜观音菩萨。2001年9月15—21日，为弘扬佛教文化，在云门寺广场举行大型法会7天，中国佛教协会副会长、湖南省佛教协会会长圣辉法师和宝昙法师亲自主持重新装金的观音菩萨开光仪式。参加法会的有全省100多个僧尼以及江西、福建、广东、湖北及湖南省内南岳、岳阳、株洲、娄底、邵阳、怀化、常德、益阳等地的朝香拜佛的信众20余万人，热闹非凡，盛况空前。

（三）公益慈善活动

1996年7月，组织佛教徒捐款10万余元，衣物数百件救灾。9月，云门寺为希望工程捐款3万元。1998年5月，宝昙法师在水灾捐款仪式上捐现金2000元。1998年7月16日，来自中国香港地区、澳大利亚的两位龙女士，向中沙镇西冲村、山枣镇大山学校捐资7400元，衣服100多件，价值1000余元的药品。2000年5月1日，白圣寺送给市宗教办天津华利微型63020型面包车1台。当年，佛教公益慈善为偏远山区的困难户、受灾户共捐款10万元，衣物2000余件，助学经费5000元。2002年，以圣辉法师为主捐资4万元，资助湘乡153名贫困学生读书。2004年年末，海啸灾难，市佛教界捐款近1万元。2005年7月，省佛协及圣辉法师组织宗教界人士向湘乡遭受水灾的乡镇捐款近10万元，大米0.5万公斤，衣服7000件，支持灾民恢复生产。还为18名贫困学生资助学费6000元，看望伤病僧人、居士、教师10余人。

三、重点寺庙介绍

湘乡云门寺是目前国内有名的旅游胜地。该寺始建于北宋皇祐二年（1050），寺内有全国乃至东南亚地区最大的千手千眼观音像，高11.4米。还有释迦牟尼佛等数十尊菩萨像。观音殿前悬有晚清名臣曾国荃手书的“南海长春”匾额，殿前两侧有汉白玉石雕十八罗汉。该寺1959年定为省级重点文物保护单位。

第二节 基督教

一、组织

1986年8月，湘乡市基督教“三自”（自治、自养、自传）爱国运动委员会和湘乡市基督教协会成立。1998—2003年，市基督教“两会”召开2次代表大会，进行换届选举。2005年，基督教徒2万多人。

二、活动

基督教的日常活动主要是礼拜，即每个星期天到教堂或固定的聚会点进行聚会活动。活动的主要内容有唱赞美歌、牧师讲道、祷告、忏悔等。

2000年，酒铺聚会点组织信徒在酒铺桐木村义务修路6000米。2001年，湖山教堂筹资10余万元修建石嘴头桥。2002年，北门教堂捐款1万元，教徒捐款1.5万元救灾。2005年，务门前教堂资助东郊乡丰泉村一组谭宇同学完成学业。至年底，市宗教局批准的基督教合法宗教聚会点41个。

第三章 时尚风俗

第一节 时尚新风

时代的发展，科技的进步，把人们带进一个全新的领域，使人们的思想观念、文化知识、精神面貌焕然一新。城乡居民，尚文化生活、体育保健，家庭养花、池塘钓鱼，陶冶情操，益身健体。尊老爱幼、扶贫济困、拾金不昧、助人为乐之事多见。城乡成立了多个文学艺术团体，吟诗作画，唱戏打球，有时一起组织去采风，还办社刊，文艺逐渐繁荣。社会上也有不良风尚，如不少人常打牌赌钱，有的铺张浪费，喜事大操大办，封建迷信也存在。

第二节 礼仪风俗

一、婚嫁

20世纪80年代末，结婚重彩礼，男方送给女方的彩礼要有“三金”（项链、耳环、戒指），现金少则几千多则上万元。女方收到男方彩礼后，需置办嫁妆，由老三大件（手表、单车、缝纫机）发展为新三大件（电视机、摩托、洗衣机或冰箱）。90年代中，彩礼少则上万元多则数万元，嫁妆中要有席梦思床、音响等。迎亲要用中巴车或小轿车，还时兴照大型婚纱照。2000年以后，嫁妆增加了电脑、微波炉、空调等，富裕户还有将住宅作嫁妆的。迎亲用多辆小车，婚宴多在酒店宾馆。拍摄婚嫁录像制作光碟已成时尚。由此，婚庆公司应运而生。城区有多家婚庆公司承接婚庆仪式主持、包装等业务。

二、寿庆和新迁志喜

20世纪80年代末，除花甲、古稀者做寿酒外，中青年举办生日酒的也增多，亲朋好友在电视台点歌祝寿。2000年后，寿酒到宾馆酒店办者渐多。

城乡居民迁住新居后，亲友多来致贺，农村则在新房上梁安垛之日设宴。

三、丧葬

20世纪80年代，丧事多做道场，葬后多修墓。90年代以来，丧事排场有愈演愈烈之势，有偿哭灵，腰鼓送葬，动用车辆。修墓更讲究，大多修水泥墓和石墓。行政企事业单位的干部职工死亡后基本上实行火葬。

第四章 方言

第一节 方言渊源

湘乡历史悠久，春秋前属于荆州管辖，战国时属于楚国。秦分楚地，湘乡属长沙郡湘南县。东汉初析湘南县，县名沿用至今，县治设今县城。1951年湘乡划出涟源、双峰两县。1987年撤县建市。境内丘陵起伏，地形变化，方言分歧，有“十里不同音”之说。商周之际及以前，汉民族尚少迁徙融合，濮越族属成为古湘乡主要土著先民。其时南蛮开化滞后于中原，语言尚处简单阶段，牛鼻鸟舌之音并存。秦汉以后，随湘中古道陆路的开辟，湘乡崛起，经济文化渐盛，语言也随之发展。但人口迁入主要在唐宋以后，至元明，大批移民迁来湘乡，带来许多新的方言词汇，丰富了湘乡人的语言。但外来语言不能改变南蛮口音，反被同化，所以古朴语言保持长久，外来语言只是添枝加叶作用，从而形成完整而独特的湘乡语系。

第二节 方言种类

湘乡语言因为境内山川阻隔和遗传习惯的缘故，有种种不同的方言。就老湘乡县域来说，有县城、谷水、娄底、青树坪、永丰、井字街等几种。按今日市域来说，从湘乡城向北推进，划一根横向等高线，大致是三大语言区：一是以东郊、东山、泉塘为主的城郊区；二是以虞唐、潭市、月山、白田为主的中部丘陵区；三是以棋梓、壶天为主的边远山区。

就发音而言，城郊区的语音略显软绵；中区语音持重，字正音圆；山区语音略微含混。而过细分析，各地又有不同，所谓“湘乡十里不同音”，接邻地方又成一种夹杂腔调。今日湘乡市域内，说地道湘乡话的占总人数的85% 左右，分居城区、东山、东郊、泉塘、月山、虞唐、潭市、山枣等地及白田、壶天、棋梓的部分乡村；有15% 的人口散居在与湘潭、韶山、宁乡交界的梅桥、龙洞、白田、金石、金薮、翻江等乡镇，说话带湘潭、韶山、宁乡口音，统称“潭宁话”，与长沙话接近。湘乡县境从东北到东南一带，受湘潭话的影响；北邻宁乡，通行宁乡话，宁乡和湘潭话都是6个音调，即：阴平、阳平、上声、阴去、阳去、入声，调类和调值和长沙话同。湘乡西接涟源，当地方言6个音调，即：阴平、阳平、阴上、阳上、阴去、次阴去，没有入声。湘乡西南与双峰接界，讲双峰话，语言接近，都是5个音调，即：阴平、阳平、上声、阴去、阳去，无入声，都存全浑浊声母。

第二十三编 人物

一、人物传记

萧子风（1900—1986），幼名莼五，湘乡梅桥镇人，萧三胞弟。1923年9月，考入北京国立艺术专科学校音乐系，不久加入中国社会主义青年团。1926年7月，赴法国留学。曾代表中国参加在德国福兰克佛举行的“万国音乐会”。1931年6月，以优异成绩获法国博士学位。同年秋，入法国最高国际法学院学习。经萧三鼓励，先后译出艾芜的《蜀道行》，发表在法共主编的文学杂志上，撰写《一九三六年法兰西政局的花花絮絮》《巴黎万国博览会游记》等文章，载于中华书局主办的《新中华》杂志。1937年7月，离法回国。适逢抗战爆发，于湘乡县城第一山创办“岱峰补习学校”，曾兼教湘乡中学。8月，入云南经济研究所工作。1942年春，应贵州大学之聘，担任经济系教授。1943年夏，应聘重庆国立社会教育学院。1946年3月，和朱彤、刘苇等部分进步教师拒不参加陈立夫操纵的“反苏大游行”，并发表宣言，学期末遭解聘。又由北大教务长周炳琳荐任上海国立暨南大学教授，主讲西洋经济思想史等课程。与马寅初、郭沫若、沈尹默等交往，并参加了这些进步人士领衔举行的“反内战”签名、游行示威等活动，被“暨大”解聘，1947年8月，任国立云南大学经济系教授，主讲“西洋经济思想史”等课程。教学之余为《中央日报》《复兴晚报》《正义报》《新观察》《国民新报》等报刊撰稿，发表“星期论文”40多篇，针砭时弊。1953年，云南大学经济系停办，入重庆“西南区高等院校教师进修部”学习，3年后分配到四川外语学院，是该院法语专业创办人之一。1963—1966年，当选为重庆市第五、六届人大代表。后担任法语系主任。“文化大革命”中遭冲击。1975年9月，退休后在报刊上发表回忆文章。积极扶持法语学生和法语工作者，审订全套《理工科大学法语教材》。1981年，加入中国国民党革命委员会。1983年，任民革四川外语学院支部主任委员。1986年，在重庆病逝。

谭政（1906—1988），原名世铭，号举安，湘乡龙洞乡楠香村楠竹山人。在湘乡县立东山高等小学堂读书时，积极参加反帝反封建的爱国学生运动。1927年3月，投笔从戎，入国民革命军第四方面军总指挥部特务营，开始接受马列主义思想。后参加南昌起义未果。同年8月初，编入二方面军总指挥部警卫团。9月，参加毛泽东领导的湘赣边秋收起义，上了井冈山，任毛泽东秘书。10月，加入中国共产党。参加了中央苏区历次反“围剿”斗争。土地革命战争时期，历任工农革命军第一团文牍书记、红四军前委秘书、三十一团党委秘书、三纵队队委秘书、红军军委秘书、红军政治部训练部部长、红十二军政治部主任兼教导大队党代表、红二十二军政治部主任。参加了长征。到达陕北后，任红一军团政治部组织部长、红一师政治部主任、红军后方政治部主任。抗日战争时期，先后任八路军后方政治部主任、中央军委总政治部主任。这期间，就创建和坚持敌后抗日根据地、支持敌后武装斗争、贯彻抗日民族统一战线政策和对敌斗争的政策和策略，以及加强军队政治工作建设和干部队伍建设等问题，先后撰写了许多具有时代特点的军队政治工作经验总结文章。1944年4月，受中共中央委托，起草并在西北局高干会议上作《关于军队政治工作》的报告，总结红军和八路军、新四军政治工作的经验，结合抗日战争时期的形势和任务的变化，论述人民军队政治工作的性质、地位和基本方针，并提出改革政治工作组织形式和工作制度的意见，阐明对待政治工作传统应持的正确态度。这对于军队政治工作的建设和发展具有深远的影响，是继古田会议后关于军队政治工作的又一重要历史文献，全国解放后至20世纪80年代，该文件发行多次。1945年，参加中共第七次全国代表大会的筹备工作，并在会上被选为候补中央委员。解放战争时期，任中共中央东北局委员，东北民主联军政治部主任，东北野战军政治部主任，第四野战军政治部主任、副政委兼政治部主任。参与创建和巩固东北根据地，参与组织领导辽沈、平津等重大战役中的政治工作。中华人民共和国成立后，任中南军区暨第四野战军副政委、华南军区政委、中国人民解放军总政治部第一副主任、国防部副部长、中央书记处书记、解放军总政治部主任、中央军委常委、中共中央监察委员会副书记等职。1955年，被授予大将军衔。1959年，被中央军委确定为军事家。1960年，由于抵制和反对林彪将学习毛泽东思想简单化、庸俗化的做法，被诬“反对毛泽东思想”“在总政结成反党宗派集团”，受到撤职降职等处分。“文化大革命”中，遭到江青反革命集团残酷迫害，入狱近9年，1975年，释放出狱，任中央军委顾问。1980年，昭雪平反。1988年，在北京逝世。

许君武（1905—1988），字筠庐，笔名阿筠，湘乡城区北正街人。曾与三湘易君左、沈缦若并称为湖南三大才子。18岁考入北京中国大学英文系，结业答辩名列全系榜首。青年时即以学贯中西融通古今而闻名遐迩。河北省主席商震激赏其才，重薪聘其为省府机要秘书，不久升上校科长、少将处长。1930年春，通过县长考试，被任为福建惠安县县长。因当时省防军干政扰民，乃挂冠北上，任天津《商报》总主笔。1931年，赴英国伦敦大学政治经济系深造。1933年，获硕士学位归国，任浙江省府秘书兼杭州《东南日报》总主笔。1936年，赴南京，任《中国日报》《扶轮日报》总编辑、总主笔。其文笔犀利，针砭时弊，抨击权贵，引起朝野各界强烈反响。“七七事变”后，南京文化新闻各界组织联合抗敌后

援会，被公推为常务委员会主席。自此，全身心投入抗日救亡文化宣传工作。1939年，受任常德第二区指导员，动员民众支援抗日。1942年，与陶希圣等在重庆共同主持《中央日报》笔政。1946年，任复旦大学新闻专业教授。同年，为《南京人报》《华夏日报》撰写杂文、小品、随笔，读者慕名争相购阅。1947年，自创“真理新闻社”，以民间新闻社之独家新闻，与官方通讯社《中央社》一较高下。当时，除南京、上海各大报争相刊载其内容外，“路透社”“美联社”“合众社”等亦纷纷转稿发向海外。国民党中央宣传部因“真理社”播发有利于中共之新闻，以“为匪张目”罪名，勒令其停办。他先后组建“双青诗社”“春人诗社”“四可吟社”等诗词社团，生平所作诗词逾千首。1949年5月，去台湾，先后任台湾“清华大学”、东关大学、文化大学、淡江大学等校教授，门生弟子数千人遍布全国及美国、英国、法国、日本、加拿大、菲律宾等国家。1988年1月20日，逝世于台北。

李卓然（1899—1989），原名李俊杰，湘乡山枣人。1917年进入湘乡县立中学就读，1919年参加五四运动。1920年，同周恩来、赵世炎等一道赴法国勤工俭学，逐步接受了马克思主义。1922年夏，加入旅欧中国少年共产党，1923年冬转为中国共产党正式党员。1925年秋，离开法国经德国赴苏联，先后在莫斯科东方大学、中山大学、列宁格勒军政学院学习。1929年秋，被党组织派回国内工作，在中共中央军委周恩来、聂荣臻等领导下从事兵运训练工作。1930年秋，被派往江西中央苏区，曾任中央红军司令部总直属队总支书记，中华苏维埃主席毛泽东同志办公室主任，中央局代秘书长，赣南特委委员兼赣县县委书记，中央红军总政治部宣传部部长，红三军、红四军及红一军团政治部主任等职。1934年2月，当选为中华苏维埃共和国中央执行委员。同年，参加红军第一次政治工作会议，并在会上介绍红一方面军战时政治工作经验。参加第二次至第五次反“围剿”斗争。1934年夏，任红五军团政治委员，同董振堂、刘伯承等一道，率领广大指战员浴血奋战，掩护党中央和中央军委撤离江西革命根据地。长征途中，出席遵义会议，积极支持以毛泽东为代表的正确路线，拥护确立毛泽东同志的领导地位。1935年9月，任红四方面军前敌政治部副主任。1936年11月，任西路军军政委员会常委兼政治部主任。1937年3月，西路军余部成立西路军工作委员会，负责政治领导，与李先念等一道带领不足1000人，战胜艰难险阻抵达新疆，为中国革命保存一批宝贵的骨干力量。1937年年底，奉命返回延安，在抗日战争和解放战争期间，先后担任八路军后方政治部宣传部部长、陕甘宁边区党委宣传部部长、边区中央区宣传部部长、西北局宣传部部长、西北文化工作委员会书记、陕甘宁晋绥联防军政治部主任、西北军区政治部主任等职务。1949年4月至1954年冬，先后担任中共中央东北局党委兼宣传部部长，东北行政委员会副主席、东北文化教育委员会主任等职。1954年11月，调任中共中央宣传部副部长兼马列学院院长。“文化大革命”中，遭到江青反革命集团的残酷迫害。粉碎江青反革命集团后，恢复了名誉和工作，于1979年1月任中共中央宣传部顾问。1982年9月，当选为中共中央顾问委员会委员。曾是中国共产党第七、第八、第十二次全国代表大会代表，第十三次全国代表大会特邀代表，中国人民政治协商会议第二、三、四届全国委员会委员，第五届政协常委。1989年11月9日，在北京逝世。

刘佛刚（1902—1989），生于湘乡泉塘下湾的一个三代中医眼科世家。12岁从父学医，16岁独立应诊，博取众家之长，辩证灵活，擅治病毒性角膜溃疡、胬肉、急慢性视神经炎、视网膜炎、色素膜炎、眼底出血等疾病。新中国成立后参加联合诊所。1955年，调县中医院门诊部工作。1964年，被评定为“湖南省著名老中医”，为湖南“眼科三老”之一，被誉为“眼睛的保护神”。“文化大革命”期间被下放月山公社，1974年，回县中医院工作。1980年，晋升为中医眼科主治医师，被推选为湘乡县政协第四、五届委员，并被聘为全国中医眼科学会名誉会员。1982年4月，《湖南日报》及湖南省《中医学院学报》报道了其事迹。1985年退休后，仍在家中接诊及参加会诊，继续带徒应诊，并献出家传秘方——八宝眼药粉，还自创活血化瘀膏和“三黄”加味膏。在家人和门徒的协助下，整理写成《中医辨证治疗球后视神经炎》《羌活胜风汤的临床应用》《眼科外用药验方介绍》《中医治疗视神经炎的探讨》《中西医结合治疗虹膜睫状体炎的体会》《中医治疗外伤性角膜炎的探讨及其疗效观察》等论文，在学术会上交流或在医刊上发表，另撰有约6万字的《眼科临床浅释》一书。1987年第2期、1988年第1期《中医学院学报》又两次报道其事迹。1989年4月，晋升为中医副主任医师。同年6月2日，因病去世。

陈子道（1904—1989），湘乡横铺乡人。出身贫苦，农活无一不精。1950年，所种单季稻丰收，被评为湘乡县农业劳动模范。1951年开始，他对双季稻的种植进行反复试验并获成功。1952年冬，出席湖南省第二届农业劳模代表大会。1953年秋，担任互助组长，发动组员试种双季稻，并将县里发给他个人的45元奖金买来肥料和农药，无偿分给组员。经过他反复做工作，最后落实7.01亩田种植双季稻，创平均亩产505.1公斤的高产纪录，破除了湘乡不能种植双季稻的迷信。当年被推选出席全省农林水利劳动模范代表大会，后又荣获农业部“爱国丰产”金质奖章。他成功种植双季稻后，湘乡全县迅速推广了单季稻改种双季稻，粮食产量大幅度提高。他先后8次荣获省、地、县农业劳动模范奖章。1989年去世。

谭青松（1920—1989），湘乡东山新岸村人。童年与寡母相依为命，饥寒交迫度日。16岁就给地主做工。1949年湘乡解放后，投入征粮征草、支援前线、清匪反霸、斗地主的斗争中。后任村贫雇农协会主席。1950年划乡建政时，被选为东凤乡副乡长。1951年，参加中国人民志愿军，历任副班长、班长。在朝鲜战场上参加多次反击战，荣立3次战功，所领导的班两次被评为英雄班。1952年，回国参加国防建设，又2次立功。1954年，组织上分配他到北京中苏友好大厦农业馆工作，但他要求回乡参加农业生产。复员时，把部队带回的400元医药费，全部投入发展集体生产。组织上给的200元安家费，借出140元给30户贫困农民。1955年，任东岸第二农业社监察主任。后任东山集体农庄监察副主任、联队党支部书记。1958年，任东山公社万猪场副场长。1961年，任东坪大队高茅屋子生产队队长，带领社员战胜自然灾害，获得丰收。1962年，全队粮食总产量比1961年增加2倍；社员口粮水平320公斤（稻谷），比1961年增加2倍多；21户社员，户户增加收入。当年参加湘

乡县群英会。1963年，他将省吃俭用的余粮1880公斤按国家牌价6.30元 /50公斤卖给国家。当年，他被评为邵阳专区劳动模范。1964年1月，中共邵阳地委发出《关于开展学习谭青松模范事迹的决定》。当年，以农民代表身份参加湖南省访越代表团赴越访问。1968年，任湘乡县革命委员会委员、东山公社革命委员会常委、东山学校革命委员会主任（不脱产，任职期为1968年9月至1969年7月）。1969年10月，赴北京参加国庆观礼，受到中央领导接见和周恩来总理宴请。1976年，被评为湘潭地区标兵。1982年，省政府授予其农业劳动模范称号。历任第三届、第五届省人民代表大会代表、第五届全国人民代表大会代表。1989年10月，因病逝世。

彭位仁（1895—1990），号诚一，湘乡月山人。先后毕业于湖北陆军小学、陆军第二预备学校、保定陆军军官学校、中央军校高级班、陆军大学。1919—1926年，在西北军第四混成旅、湘军第六混成旅、湘军第一师、第四师等部任排长、连长、营长、团长。1926年，北伐战争期间，任国民革命军第三十六军第三师副师长，率师于9月16日攻克武胜关，直下洛阳，击溃吴佩孚残部。1928年，任国民革命军第十七军第一师中将师长。1929—1930年，任第十六师四十八旅中将旅长、第十六师中将师长。1934年，任第四路军总指挥部中将高参。1937—1945年，先后任长岳补充兵训练处中将处长、陆军第七十七师中将师长、陆军第七十三师中将军长、第二十九集团军中将副总司令、第二十四集团军中将副总司令兼七十三军军长、全国知识青年军复员管理处中将副处长、国防部监察局中将局长、国民大会代表。在抗日战争中，防守江西武宁，长沙会战、湘乡布防，多次立功受奖。为表彰他在反轴心国自由战争中立下的功勋，美国总统杜鲁门于1945年7月6日特电授其紫绶自由勋章。1947年，任国民政府宪政实施促进委员会委员、中共训练团监察官训练班主任。到台湾后，任台湾“国防部”中将参谋、“国防部游击指挥部”中将副指挥官。退休后，两袖清风，未置产业，一直住在公寓里。1990年4月14日，在台北逝世。

成舍我（1898—1991），名勋，又名平，笔名舍我。湘乡虞唐人。幼年随父到安庆，辛亥革命爆发时，即报名参加同盟会新军。讨袁湖口之役失败后，出走东北谋生，在沈阳《健报》做校对。后到上海，在《民国日报》当校对和助理编辑。这时参加“南社”，与王纯根发起组织“上海记者俱乐部”，后得陈独秀帮助成为北京大学文科选读生。白天上课，晚上在《益世报》编报，常写社论，署名“舍我”，有鉴于军阀混战，报纸成了军阀争权夺利的工具，便毅然辞去《益世报》职务，于1924年4月16日创办自家民营报纸《世界晚报》。1925年2月10日，他又创办《世界日报》。1925年10月1日，由原先第五版画报版改为单张画报，即《世界画报》。至此，成舍我成了中国报业史上第一个独立办3个报的报人。与此同时，还在北京创办了世界新闻专科学校，设初、高级职业班。成舍我奉行“不畏强暴”的办报宗旨，险些招来杀身之祸，于1927年8月被迫离开北京。1928年3月，在南京创办《民生报》。30年代初期，《世界日报》反复呼吁要求国民党当局“结束党治，还政于民”“公开政权，建立国民联合政府”，主张“对中共采取较宽大政策”，“确立抗日联合战线”。因此遭当局扣

留，日报也被迫停办了3天。抗战全面爆发后，北平沦陷。身陷魔掌的成舍我不顾威胁，断然拒绝出任伪维持会委员，并将《世界日报》停办，自己去了上海。以后三报均停办。1935年9月20日和1938年4月1日，分别在上海、香港创办《立报》。该报精选精编新闻，对重大事件追踪报道。1942年，在桂林恢复世界新闻专科学校，收留流亡学生。抗战胜利后，重返上海和北平，恢复了《立报》《世界日报》《世界晚报》。1947年，当选为国民政府立法院立法委员。全国解放前夕，日、晚两报均停办。1949年，移居香港，与王云五等创办《自由人》半周刊，任社长兼总编辑。1952年，去台湾，先后在台湾政治大学、台湾大学、东海大学任教。1956年，创办新闻职业学校，出版《小世界》周刊。1960年，改制为世界新闻专科学校，任校长。1967年，当选为世界书局董事长。一生从事报业，著有《献身报坛六十年》等，在我国报刊史上写下了极其重要的一页。1991年，在台北病逝。

梁春明（1931—1991），号鼎观，笔名铁梁，湘乡壶天人。1950年8月，加入社会主义青年团。1954年，任十四区龙溪乡财经委员、副乡长。1955年，调壶天区委办公室工作。1956年，调湘乡县农村工作部，同年8月至1961年，任《湘乡报》报编辑。1962年至1963年10月，在月山区供销社工作。1963年11月，调湘乡花鼓戏剧团从事编剧工作。1973年，加入中国共产党。系中国戏剧家协会、中国作家协会、中国曲艺家协会湖南分会会员、湘潭地区文联委员兼剧协副理事长。曾在《湖南日报》《羊城晚报》等报刊上发表散文、小说、故事、曲艺及戏剧等作品，在县花鼓戏剧团创作了几十个大小剧本、还挖掘、整理了许多传统剧目上演，多次获得国家、省、地（市）文艺调演剧本创作奖。花鼓戏《真的对不住》荣获1964年中南五省戏剧调演优秀剧目奖，一度风靡三湘四水，许多剧目争相上演。1976年，粉碎江青反革命集团后，创作热情高涨，步入戏剧创作黄金时期。先后创作了《老将上阵》《万里姻缘》《酒店传奇》《大战莲花冲》等花鼓戏及《热血少年》《凡人凡事》等电影文学剧本，其中《老将上阵》作为“农村文艺读本”发行，曾由湖南省京剧团移植改编成京剧在省城上演，受到广泛好评。1991年1月，因病逝世。

张啸虎（1924—1992），湘乡白田镇人。幼孤，长期住在外祖父李元甫家，受其影响打下坚实的古文基础。在春元中学读高中时，就开始向《大公报》《中央日报》等报刊投稿，常有文章见诸报端。与同学龙良臣（笔名啸龙，为蒋牧良先生高足，东南亚颇有名气的出版家）齐名，同为“春元双俊”，号称“龙虎二将”。1944年，考入重庆的复旦大学新闻系。1948年年初毕业，先后在《观察》《大公报》香港《文汇报》湖南《中央日报》任记者、编辑。1949年9月，被保送北京新闻学校深造1年，结业后分派到辽宁人民广播电台从事新闻与文艺评论，后提升为文艺部副主任。1957年，被打成“右派分子”，监禁达15年之久。“文化大革命”后期出狱，以拉板车和到码头“扛大个儿”谋生。在如此艰难的岁月里，仍勤学苦耕，通晓英、德、法三国文字。1978年，“右派”得以摘帽，出任湖北省社会科学院文学研究所所长、硕士生导师，每年发表文章20余万字，还翻译作品60万字。在学术领域是个学贯中西、融汇古今的多面手，研究涉及楚文化、政论文学、唐宋文学、民族文化结构、古代小说、马列文论、鲁迅研究、当代文学评论。兼任华中理工学院客座教授、屈原学会和《水浒》学会副会长，《唐宋诗词》研究会、中华散文学会理事等。1984年7月，加入中国共产党。1992年3月，病逝于湖北省社会科学院。

成圣泽（1911—1992），湘乡虞唐人。1937年，抗战军兴入伍，先后毕业于陆军军官学校（黄埔军校）第17期、政训班第1期；历任排长、连长、营长及参谋等职。1945年，抗战胜利后归乡。1949年，随军去台湾，服务南部某军团。1959年，奉令退役，定居台湾省中坜市。自幼爱好绘画，擅长画鱼，称为“湘江渔父”。笔下之鱼千变万化，游则飞腾若舞，潜则静止如水，无不栩栩如生，活龙活现。曾在美国、日本、韩国、新加坡及中国香港地区等地进行过个展画艺交流，受到各界人士一致好评。美国耶鲁大学尤其赏识，将其列入1983年出版的《世界名人传》中。他的作品如《九如图》《百鲤图》《力跃龙门》《源远流长》《歌腾天保》《龙腾鱼跃》《三多九如》和《你依我依》等多次获奖。1988年7月，带家人先后3次从台湾回家乡探亲观光。1990年4月28日，在湘乡举办画展。1992年5月，被邀请组团来山东济南参加“孔子诞辰艺术交流展”等活动。回台不久病逝。

宋希濂（1907—1993），字荫国，湘乡棋梓人。1921年，考入长沙长郡中学，受五四运动影响，积极参加学生运动。1923年，考入广州黄埔陆军军官学校。1924年3月，考入黄埔军校第一期。6月加入国民党。1925年春，参加讨伐叛军陈炯明的第一次东征，战后升任连长。不久参与平定滇系军阀杨希闵、桂系军阀刘震寰部的叛变。随后，经陈赓介绍加入了中国共产党。但在“中山舰事件”发生后，退出了中国共产党。“4·12”反革命政变，被蒋介石提升为中校，年底又被送往日本陆军步兵学校深造。1930年5月，中原大战爆发，奉召回国，任国民政府警卫教导一师中校参谋，随后任营长、副团长、团长、旅长。1931年，警卫军第一师改编为第八十七师，任该师第二百六十一旅旅长。上海“1·28事变”后，率部入沪参战，中日签订《淞沪停战协定》后，升任第八十七师副师长。1933年8月，被任命为第三十六师师长，参与镇压十九路军和“福建人民政府”，尔后又参加“围剿”中央苏区红军，在作战中身负重伤，转到后方住院治疗。此时，中共重要领导人瞿秋白被福建省保安团捕获，转押到三十六师师部，宋奉蒋介石之命杀害了瞿秋白。抗战前期，率部参加了上海作战和南京保卫战、徐州会战、武汉保卫战，1939年冬，任第三十四集团军副总司令兼第七十一军军长。1941年11月，升任第十一集团军总司令兼昆明防守司令。率部参加了远征军在缅甸的对日作战，屡建战功。1944年秋，被军委会派去重庆陆军大学将官班受训，受训完毕被派往新疆，任中央军校第九分校主任。1946年10月，被委任为新疆省警备总司令，在军事上为蒋介石坐镇新疆。1948年8月，被任为华中“剿总”副总司令兼第十四兵团司令官。1949年年初，被任命为湘鄂边区绥靖公署主任。8月，被调任川湘鄂边区绥靖公署主任。11月，兵败大渡河，自杀未遂，被人民解放军生俘。1959年12月，被特赦。1961年，被安排到全国政协文史资料委员会任文史专员。1980年，当选为全国政协常委，同年赴美国探亲，与子女团聚。1983年，再次当选为全国政协常委。1984年2月，与蔡文治等在美国成立黄埔同学及其家属联谊会。6月，回到北京，被推选为黄埔军校同学会副会长。不久，又到美国定居。其晚年一直为祖国和平统一奔走呼号。1993年2月13日，病逝于纽约。

刘家传（1911—1993），号廉秋，湘乡城江桥人。1930年年底，考入湖南省立一中。毕业后先后任教于湘乡纪纲小学、洪江复兴小学，并兼任洪江市报主笔。1940年，考入国立中山大学师范学院国文系。其毕业论文，为著名学者骆绍宾先生所赞赏，给以满分。1944年，大学毕业后，执教于省立一中等学校。教学之余，好文学创作，至解放前，曾在《天津大公报》《力报》《国民日报》等报刊发表小说、散文及诗词数百篇，有《南征草》诗集面世。1965年，调入湖南师范学院，主讲唐宋文学，并参与编撰中国古代文学作品选等教材。1972年退休。退休后的20年间，仍为发展湖南教育和文学艺术奉献余热。发起创办东风业余大学，还在湖南老年大学、省委党校大专班、有色工校大专班授课讲学。积极参与社会活动，先后担任中华诗词学会理事、湖南诗词协会名誉会长、长沙诗人协会名誉会长、湖南省直机关老干部诗词协会顾问、湘乡市地方志办顾问等职。在诗词创作上，精益求精，耕耘不辍。所写诗词逾千首。晚年创作的《廉秋诗词选》，经湘乡市地方志办公室与湘乡诗社编印外，由弟子李新基在台湾精印发行，得到海内外诗界的高度评价。1987年，专程返乡为清同治《湘乡县志》进行删点，由原160万字删订为70万字，供县志办及各界参考，为家乡文化事业做出了贡献。1993年4月5日，因病逝世。

丁秋生（1913—1995），湘乡山枣镇人。1930年，参加红军。1931年10月，加入共青团，1932年10月，加入中国共产党。曾任连政治指导员、团政治委员。参加了中央革命根据地历次反“围剿”作战。每战必身先士卒，英勇无畏，多次参加敢死队，多次负伤。长征时，先后任中央军委干部团第二营政委，军委警卫连、通讯连政治指导员。到达陕北后，任十五军团第七十三师二百一十八团政委、军团教导营政委。1938年，到抗日军政大学学习。后调任八路军留守处巡视团巡视员，抗大政治部组织干事、股长，政工干部训练队队长兼指导员，分校政治部党务科长。在中央党校学习期间，被任命为军委工程学校政委。一年后，被调往山东，任八路军山东纵队一旅政治部主任。1944年，任鲁南军区政治部主任。这期间，率部在山东沂蒙山等地区开展敌后游击战争，解放了沂河区，开辟了鲁南津浦路以西地区的抗日根据地，建立了鲁南二分区。在大反攻中，率部攻克峄县城、邹县城、滕县城和坚固设防的枣庄市，在抗日战争中建立了不朽功勋。1946—1949年，先后任山东野战军第八师政委、华东野战军第三纵队政委、第三野战军第二十二军政委。率部参加了鲁南、莱芜、孟良崮等战役，每战皆捷，被陈毅誉为华东地区的“头等兵团”。尔后又率部战许昌，克洛阳、开封，参加了济南、淮海、渡江等重大战役。在解放舟山金塘岛的战斗中，开创了以木帆渡海战胜强敌的先例。全国解放前夕，兼任浙江省宁波市军管会主任、中共宁波地委书记。新中国成立后，任南京军区高级陆军学校政委、党委书记等职。1955年，被授予中将军衔。是第四、六届全国政协委员，中共十二大代表。1988年，被授予中国人民解放军一级功勋荣誉章。发表回忆录20余篇，代表作有长篇小说《源泉》。1995年逝世。

谭日强（1913—1995），湘乡红仑人，中共党员。17岁学医。1934年，考取湖南国医专科学校。毕业后留校任教。从此跻身于湖南医界名流之列。其时，国内出现一股崇洋媚外之风，“中医无用”等论调甚嚣尘上。谭日强和医专校长吴汉仙代表湖南中医界赴南京，参加全国中医请愿团，向国民党三中全会递交请愿书。国民党迫于公愤，为了敷衍应付，通过了中医引入教育学制系统的决议案。不久，抗日战争全面爆发，长沙遭轰炸，谭日强被迫辗转于湘西、湘南等地，治疗好不少患者特别是流离失所的难民。抗战胜利后，在长沙北正街同和堂药号挂牌开诊。当时长沙市最具规模的大药号湖南商药局请他去坐堂应诊，每日应接不暇。1952年，任湖南省立中医院副院长，主管业务兼病房及院外会诊。后又任中医进修学校副校长、湖南省中医药研究所副所长。1960年，出任刚成立的湖南省中医学院副院长。1962年，研制出“疏肝理脾丸”以治疗慢性肝炎和早期肝硬化。与此同时将自己的研究成果整理成《传染性肝炎的辩证治疗》一书。“疏肝理脾丸”由中医学院附属一院制药厂生产，后由广东佛山制药厂生产，改名“肝达康”，销往全国各地及东南亚各国。凭自己几十年诊治心血管病的经验，研制出“冠心通络片”，总有效率为88.5%。1980年，主管湖南中医学院科研工作。曾任湖南中医学院副院长、教授、学术顾问，中华全国中医学会第一、二届理事，中国中医学会常务理事，湖南省中医学会副会长、会长，广州军区后勤部卫生部中医顾问，湖南省中华医学会副理事长、副会长，湖南省第五、六届人民代表大会常委。1995年逝世。

易礼容（1898—1997），字润生，号润珊，曾用名史恒、文壮游。湘乡东郊乡人。出身贫苦，幼年由亲戚资助念私塾。1916年秋，入湖南商业专门学校，任商校学生会会长，并任湖南学生联合会评议部主任，积极投入反袁（袁世凯）驱张（张敬尧）运动。1919年6月，加入毛泽东、萧子升、蔡和森等人发起组织的新民学会。1920年7月，与毛泽东、何叔衡创办湖南自修大学。1921年8月，加入中国共产党，与毛泽东、何叔衡一起创立了湖南第一个党小组（史称“三人小组”）。1922年5月，任中共湘区执行委员会委员。从1922年开始，一直管理着党中央给中共湘区委的经费，以及文化书社、船山学社、自修大学、长沙望麓织布厂、湘江中学等与中共湘区委有关单位的经费。1922年10月，参与长沙泥木工人大罢工，与毛泽东先后被推举为首席谈判代表，罢工取得了胜利。年底，到安源煤矿从事工人运动，筹建了安源路矿工人消费合作社，任总经理。1923年秋，受毛泽东派遣，去常宁水口山铅锌矿开展工人运动。1926年3月，负责湖南全省农民运动工作，筹备成立新的湖南省农民协会。12月，湖南省第一次农民代表大会召开，当选为省农民协会委员长。1927年3月，当选为中共中央农民委员会委员。4月，出席中共第五次全国代表大会被选为中央委员。“马日事变”后，临危受命，负责湖南省委工作，着手恢复遭受严重破坏的党组织。6月下旬，任临时省委委员兼军事部长，代理省委书记。11月，党中央决定调易礼容去江苏省委任农民部长。此时他已是国民党通缉的55名著名共产党人和左派人士中的第一名，加之去江苏路上时间长，险情屡屡发生，于是与中共党组织失去了联系。1929年9月，被迫流亡日本。1931年“九·一八”前夕，回到上海，参加了工人运动工作。1936年，任上海青年力社总干事，抗战爆发后，回长沙，任湖南省国民政府秘书。1940年年初，到重庆，任三民主义研究会专员、国民党中央社会部中央科长。1941年年初，回湖南，先后任新宁乡村师范学校教务主任、武冈师范学校国文教员兼训育主任。1943年到重庆，任国民党中央图书审查员。不久，经朱学范推荐，任中国劳动协会书记长，从事抗日民主活动。抗战胜利后，参加反内战、反独裁的民主活动，遭国民党反动派迫害。1946年8月，随劳动协会迁香港。1948年8月，当选为共产党领导的中华全国总工会第六届执行委员会常务执行委员，后又被选为劳动保障部部长。新中国成立前夕，应中共中央统战部电召，从香港回北平，参加中国人民政治协商会议第一届全体会议，并被任命为政务院政治法律委员会委员。1952年，调任政协全国委员会副秘书长，先后兼任全国政协地方工作委员会和联络委员会副主任委员，第一至四届全国人大代表，第二至八届全国政

协委员，第五至七届全国政协常委，全国总工会第九、十届执行委员。“文化大革命”中，遭到江青反革命集团的残酷迫害，身陷囹圄6年多，受尽了非人的折磨。出狱后，撰写了大量的历史回忆文章和证明材料，为许多人洗清了不白之冤，为党留下了许多珍贵史料。1997年3月28日，在北京病逝。

王卫苍（1904—1997），湘乡梅桥镇人。1920年，初中毕业后转入湖南省警察学堂受训，后在湖南祁阳、浙江慈溪、湖南攸县警察所任巡长、巡官、督察员、代理所长等职。1926年，辞职回乡，在横洲宗德小学教书，并参与领导农民运动。“马日事变”后，投奔冈县湘军第二师王锡焘部任文书，年底回家在横塘小学教书，被劣绅以“暴徒”相控，遂逃往攸县湘军第八军一师王伟青部任中尉文书。1930年后，递升为少校、中校科长、中校副官处长。1936年，考入中央陆军军官学校第五期学习。“七七事变”后，编入国民革命军二十七集团军第七军一百七十一师任中校参谋处长，随部开往上海前线，先后在吴兴（今湖州）、徐州、台儿庄等地与日军作战。1938年，升任军部上校参谋处长。1943年，调任一百七十一师五百一十一团上校团长。1945年，日本投降，被委派全权负责办理蚌埠受降21条，有意与1915年签订的21条卖国条约针锋相对，受降工作办理得有条不紊。之后被授予少将军衔。1949年2月，调任一百二十六军少将副军长。12月，决心率领身边的911团起义，途中巧遇陈赓，即将人员和装备全数交给解放军二野四兵团，王被编入南宁十三兵团将校队。1952年4月，以反革命罪被判处无期徒刑。1975年12月，被释放，分配到沈阳市政协任秘书处专员。1979年，落实起义人员政策，撤销了1952年的错误判决。1982年，任沈阳市政协常委，1997年逝世。

刘涤源（1912—1997），湘乡山枣人。1939—1942年，在武汉大学获硕士学位。其硕士学位论文《货币相对数量说》，把传统的“绝对货币数量说”改换为“货币相对数量说”。基于这一开拓性的创新见解，这部专著获当时国内最高学术奖——杨铨学术奖。1942—1944年，任重庆大学商学院银行保险系讲师，并被聘为国民经济研究所副研究员。1944—1946年，在美国哈佛大学留学，主攻西方经济理论与经济周期学说。1947年12月，毅然辞去在美国的工作，返回武汉大学任教。1948年3月，任武汉大学经济系教授，主讲《经济思想史》《现代货币理论》，并为中共武汉地下党外围组织“新民主主义教育协会”成员主讲《新民主主义经济》。1952—1954年，任经济系主任。1957年，被划为“右派”，1962—1966年，曾一度被解除劳动，改任武汉大学经济系资料室“编外资料员”。这期间，他利用节假日和八小时外的业余时间，争分夺秒，编写经济学专著文章。1978年平反并重返教坛，主攻方向改为当代西方经济学说。1984年，以72岁高龄加入中国共产党。1978—1996年，出版经济学著作7部共240万字，发表论文60多篇约60万字。发表于1989年的《凯恩斯就业一般理论评议》，是集数十年心血而成就的一部高水平专著。此书获得1995年国家教委优秀著作二等奖。国内十几家刊物发表书评，认为此书是迄今为止对凯恩斯“就业一般理论”最系统、最全面、最深入细致的研究。1992年，主编出版《反通货膨胀：通货膨胀的理论与实践》，获得中国图书评论学会“第七届中国图书奖”。曾应邀在全国10余所大学、科研院所讲学。1996年起，主编国家教委重点科研项目——《凯恩斯主义研究》12卷本巨型丛书。1997年，被英国剑桥国际传记中心列入《国际名人录（知识界）》。同年，被授予国家级专家称号，1997年病逝。

彭希贤（1918—2001），别号布丁，湘乡梓门镇大村（今属双峰县）人。1945年7月，在湖南国立师范学院英语系毕业，先在溆浦乔江机场任临时翻译，而后相继在长沙高工、双峰中学、起陆中学、湘乡二女校、湘乡师范任教，直至湘乡解放前夕。1949年上期，在湘乡师范与学生一道参加反饥饿反内战的示威游行。当年5月，回乡参加湘乡县工委书记刘资生领导的地方兵团武装，同时参加了中共地下党组织。7月，任兵团司令部秘书。8月，奉命组织人力配合解放军行动。湘乡解放后，受湘乡县政府委派，担任双峰中学（现双峰一中）接管主任，1950年被任命为该校校长。1952年冬，在双峰县整顿地下党组织时，小组鉴定为“怀疑历史交代不清”，被支部动员退党，并免去双峰一中校长职务。后调湘乡三中、湘乡一中任教。他刻苦自学，涉猎大量古今中外文学名著。担任高师函授辅导员。“文化大革命”中受到冲击，下放到离城80里的金薮中学教课。1977年，调回湘乡二中工作。1980年3月，被湖南省政府授予中学特级教师称号。从这年起，连续当选为省第八届、第九届人大代表，湘乡县第五届、第六届人大常委会副主任，湖南省中学语文教学研究会副理事长。1980年5月30日，致信湖南省人大常委会，揭发湘乡县内20多起殴打教师、抢占学校财产事件。湖南省人大将此信加按语印发给中共湖南省委、省人民政府及各地、市委。不久，省人大常委会副主任王含馥为首的工作组到湘乡作进一步调查，解决了一些老大难问题。1984年12月，湘潭市委、湘乡县委经过深入调查，恢复了彭希贤中共地下党员党籍。2001年6月13日，因病逝世。

彭蕴辉（1934—2003），笔名林曼、阿克、李盾等，湘乡龙洞人。1948年5月，在《湘乡民报》刊出短文《黑夜》。此后在《民报》《中央日报》《国民日报》《晚晚报》《小春秋》发表短诗文约90篇，受到地下党组织关注，参加进步文艺活动和学生运动。1949年9月，参加中国人民解放军，投入广西战役和广西剿匪。后参加抗美援朝。1955年，从湛江55军军直炮兵教导营转业至广东阳春县油脂公司。1956年，调入阳春县文化科。1955—1957年，在《解放军文艺》《长江文艺》《作品》《南方日报》《天津日报》等报刊发表作品约50万字，创作歌剧《大军来了》和独幕歌《乡下货郎》。1957年，被划为右派，强制劳动。1961年，被遣返回乡“劳动改造”，以打工、拉板车为生。在此逆境中，仍痴心写作，写出了反映地下党斗争的电影文学剧本《风雨山城》、戏曲《狮灯会》和杂感集《灯下杂拾》。在“文化大革命”中，通读了马克思、恩格斯、列宁全集，学习运用辩证唯物主义和历史唯物主义认识世界。1977年，被错判入狱5年。1987年，应湘乡市地方志办公室之聘，主编《湘乡史志通讯》《史志之友》期刊。至1992年，刊出17期，约110余万字。一边办刊，一边勤奋笔耕，在《红楼梦学刊》《美学论丛》《文论报》《理论与创作》等报刊发表红学、美学、文学评论、杂文、随笔等80余万字，不少文章被摘登、转载，影响甚广。1990年，落实政策，离休。被湘乡市文学艺术界推选为市作协主席。在创作之余，花费大量时间和心血培养文学新人。60年代因链霉素中毒而耳聋，与人交往全凭笔谈，但同事、文学同好都乐于与其交往。其作品《苦耕集》于2003年7月出版。曾任湘乡市文协首届理事长、湘乡市文联委员，湖南省作家协会会员、《红楼梦》学会会员。2003年11月，因病逝世。

彭建明（1937—2005），湘乡石柱乡人。先后在黔阳地区干部文化学校、黔阳地区卫生学校、黔阳师专工作。1975年调入湘潭师专工作。1986年7月1日加入中国共产党。1987年1月，被评聘为湘潭师范学院中文系副教授。1989年11月，为主完成的教改成果“写作课的改革与建设”被中华人民共和国国家教育委员会评为优秀奖。1990年2月，获湖南省教育委员会一等奖。1991年建党70周年时，荣获湘潭市“优秀共产党员”称号。1992年，获国务院“特殊贡献专家”津贴证书。1993年7月，被评聘为教授。1998年12月，经湖南省社会科学成果评审委员会通过，并报省委、省政府批准，被中共湖南省委办公厅、湖南省人民政府办公厅授予“湖南省荣誉社会科学专家”称号。1998年，湘潭师范学院文艺学硕士点申报成功，成为首批硕士研究生导师，并任湖南省作家学会会员、中国文章学会理事、湖南省写作学会副会长、湘潭市美学学会副会长。编著了《毛泽东文艺思想》《全国高等学校中文专业写作学教学大纲》《写作概要》等著作25部，在《写作》等各类学术期刊上发表有关论文共100余篇，在学术研究之余从事散文、随笔、小说、诗歌、杂文、回忆录等创作，先后发表文学作品数百篇。1992年，主笔的《现代写作学教程》一书获湖南省社会科学成果三等奖。1994年，其“诗歌意象研究”系列论文获湘潭市社会科学成果三等奖。2005年12月28日逝世。

二、前志补遗

谢宝璆（1822—1876），初名宽仁，别号栗夫。湘乡侯堂人。清咸丰十年（1860），会试中为进士。清同治四年（1865），任户部主事，补福建清吏司。左宗棠在浙江时奏调谢宝璆为幕僚。参议政事时，他正直敢言。左宗棠敬重其才，奏请加员外郎衔。同治九年（1870），天津教案发生，法、英、美等国仗势要挟，清廷命曾国藩、李鸿章办理。谢宝璆担心曾氏以曲徇而酿后患，据理力争，引发举国清议。曾国藩读其书札说：“栗夫爱我，奈激之祸且不测，吾宁受唾骂，不忍国以小忿致重创也”。同年秋辞职归乡。同治十三年（1874），受聘县城涟滨书院主讲。著书丰盈，成卷30多篇，如《读诗管见》《治经日记》《离骚评注》《庄子评注》《地理辨正录》《古文制艺》《古诗试帖》等。诰授奉直大夫。清光绪二年（1876）逝世，民国间入祀乡贤祠。

王诗正（1850—1893），字纯农，号思诚，湘乡三坊（今山枣镇）人，生于清道光三十年（1850）。湘军虎将王鑫之子，特恩荫袭直隶州知州。受父影响少习兵事，名闻乡里。左宗棠率部收复新疆时，令王诗正总理甘肃粮台营务，王督率乡勇向新疆前线运送粮草、军械，为收复新疆作出较大贡献，左宗棠将功上奏，授江苏即补道，加盐运使衔，晋二品顶戴。后因王诗正为忌者所劾，被清廷革职，返湘乡原籍闲居。

清光绪十年（1884）夏，法国侵略中国，中法战争爆发，左宗棠力主抗战。是年七月，清延任命左宗棠为钦差大臣督办福建军务，主持抗法大业。左宗棠受命后即驰檄王诗正赴福州待命。十一月，王诗正在福州奉左宗棠命统领从两江防区内调来之恪靖军（左宗棠嫡系湘军）5营开赴泉州蚶江一带，随时准备赴台抗法。但此时海面已被法军封锁，即使是外国轮船赴台，法军也盘查甚严。十二月下旬，王诗正令所部分多次偷渡入台，自己带亲随化成客商乘外国轮船赴台。赴台时，王诗正所乘轮船在半途中触礁，船破，海水直灌舱内，很多乘客吓得直哭。王诗正遇事不惊，镇静异常，指挥亲随将洞口塞住，化险为夷。过了一天抵台湾，在卑南登岸。十二月底，王诗正各部均已抵台齐集彰化。但王部对地形路径不熟，又在当地招募土勇1000多人。一方面用作向导，一方面充实兵力。光绪十一年（1885）正月，王诗正及另一湘军将领曹志忠各率3000多人，在基隆月眉山一带与法军血战近10天，法军死伤400多人，清朝军队伤亡1000余人，且伤亡者大多为王诗正所部。在战斗中王诗正身先士卒，带头与敌拼杀。此战虽因敌过于强大及清朝军队对敌情侦察不够而失败，但此战仍是清廷在台湾抗法战争中规模最大、最为惨烈的血战。血战不久，中法和议成。中法战争后，清廷因左宗棠上奏请奖基隆战守人员名单中得知王诗正作战实况，赏给王诗正五品顶戴。不久，王诗正回到内地，在两江防区协防，积极练兵备战。然常深夜独饮，叹不能为国建功立业。清廷得知王诗正积极练兵备战的实情后，给予恢复原职。光绪十九年（1893），王诗正积劳病故，清廷追赠内阁学士衔。

谢崧岱（1849—1898），谢宝瑮之子，谱名征炽，一号正午，别号祐生，清县学附贡生，国子监典簿，敕授文林郎。清光绪六年（1880），谢崧岱肄业于国子监，深得国子祭酒王益吾欣赏。谢崧岱获任典籍，公务之余，则博涉群典，日阅十余万言，历数年得以尽窥秘籍，撷其精华，复校勘其讹误。时人钦慕，巨卿硕学多与交流切磋，声名日盛。他创造发明方便书写的即用墨汁，自名“一得阁”，并题楹联：“一艺足供天下用；得法多自古人书”。在京城琉璃厂开设制墨作坊经营墨汁。制墨纯用国内产料，力图改良，深受社会欢迎，不但国内销路远，而东西各国亦购置较广。光绪二十四年（1898）5月6日，卒于京寓，归葬湘乡鹤山十五都联第厦。一生著述宏富，主要有《曝经杂俎》《论语章数字表》《南学书目札记》《南学制墨札记》《论墨绝句诗》《研经榭诗文集》等。

文尚武（1888—1914），湘乡凤音乡（今白田镇星辉村）人。清末朝政腐败，外侮侵入。孙中山提三民主义、五权宪法为救国宗旨，组织中国同盟会于日本东京，复分设支部于国内之香港、烟台、上海、汉口等处，革命思潮磅礴兴起。文尚武投入江南陆军讲武堂，暗地联络，加盟者日多。辛亥武昌起义，清廷命率大兵水陆合攻。其时文尚武从讲武堂毕业，认为长沙居武昌上游，如能响应，则革命之声势益壮，进占退守均无后顾之忧。孙中山准备起兵声讨，文尚武受命往来于湘赣之间，为之谋划。袁世凯借款购枪增兵，南方各省先后被其弹压，湘督汤芗铭承旨意肆行诛戮。文尚武与刘国敦等策谋起义，后因事泄被捕，遭严刑审讯。文尚武坚贞不屈，就义时，面色自如，连呼“同志努力！”壮烈牺牲。乡人为其建烈士纪念碑。

彭璜（1896—1921），又名殷柏、荫柏。湘乡翻江镇桃林村人。在湖南商业专门学校读书时，满腔热情地投入五四运动，先后当选为湖南学生联合会副会长、会长，与毛泽东等新民学会会员一起，组织长沙学生罢课，开展以抵制日货为中心内容的反日爱国运动。1919年6月，率领在省会的湘乡学生组成演讲团回县宣传，在昭忠祠参加了各界“抵制日货抢救中国危亡”的群众大会，并以省学联代表身份发表演说。经过“五四”爱国运动斗争洗礼，很快被毛泽东等吸收为新民学会会员，并迅速成为学会的骨干。1919年8月，赴上海。1920年2月，与他人一道主编的《天问》周刊在上海

问世。同毛泽东等在湖南传播新思想、新文化、马克思主义等方面做了大量工作。这年冬，毛泽东、何叔衡等建立长沙共产主义小组，彭璜是小组成员之一，也是湖南最早的几个党员之一。入党后不久，因急欲去法国勤工俭学，为筹措费用，四处奔走，但处处碰壁，心烦意乱，以致精神失常。毛泽东发现这一情况后，即约请易礼容送其到湘雅医院治疗。但彭璜只在医院住了一天，就出走失踪，从此下落不明，不知所终。

陈子博（1892—1924），湘乡翻江镇人。中共早期党员。1919年年底，加入新民学会，为毛泽东主编的会刊《湘江评论》积极撰稿。《湘江评论》被迫停刊和湖南学联被迫解散后，参加毛泽东等领导的湖南人民驱逐军阀张敬尧的运动。驱张运动胜利后，积极参加新民学会创办"文化书社"及其发行工作。1920年10—11月，毛泽东等着手在湖南建立共产党、社会主义青年团，陈子博被选为社会主义青年团长沙执行委员会非宗教运动委员长。中国共产党成立后成为中共湘区的得力骨干，为毛泽东所倚重。1922年，代理社会主义青年团长沙执行委员会书记职务。5月，与易礼容代表湖南团组织出席中国社会主义青年团第一次代表大会。湖南工运在"黄庞惨案"后日益高涨，他深入织造、缝纫工人中，创办夜校和建立工会，他对湖南军阀赵恒惕的反动暴行和高压政策深恶痛绝，决心为民除害。一天，他探明赵恒惕的过市行踪，挟炸弹两枚匿于坡子街茶楼。待赵坐包车经过时，奋起狙击，投出两颗炸弹，不幸未中。全城紧急戒严搜捕，陈子博被逼在民家粪池内躲避3天。因粪便中毒致全身发烂。因时局紧张，经济困难，无法在长沙就医，不得已于1923年5月回家调养，终因病情不断加剧，于1924年1月23日逝世。在长沙的战友闻讣后，于3月中旬在文化书社开追悼会3日，毛泽东亲临致哀，以杜甫诗句"出师未捷身先死，长使英雄泪满襟"表达深切悼念。

胡子清（1869—1946），又名少潜，出生于湘乡悦来乡（县城西）一书香门第。幼年丧母，随先祖星庄公在其所教私塾读书，与星庄公先后成为县秀才。31岁时中举人。清光绪三十年至三十一年（1904—1905），公费留学日本早稻田大学，学习财政、法制。在日期间，与黄兴、秋瑾颇友好。回国后参加创办湖南法政学堂，任副监督，主持校务并兼讲授主要课程。法校任职期间，还兼任湘乡驻省中学监督。辛亥革命后，曾短期出任湖南省民政厅长职务。1912年年底，离开长沙赴北京，后又留学日本。曾长期供职于北洋政府的财政部，后期主管田赋。1930年秋，回湖南，在长沙任湖南省审计委员会委员及主任委员等职，并兼湖南大学董事。1938年秋，回湘乡，居县城西五里桥的莲华堂，从事《周易》《大学》与程朱学说的研究。1946年2月19日，因心脏病猝发逝世。

孙仁（1917—1948），湘乡龙洞城前铺人，出生于佃农家庭。1926年，考入湘乡涟滨小学，受时任中共湘乡地方执行委员会委员的大哥的影响，积极参加农民协会组织的活动，被选为儿童团长。"马日事变"后，大哥避难出走，全家被迫迁到韶山铁陂冲居住。1929年春，由谭日峰引荐，到《湘乡民报》社当报童。由于不满报纸偏袒地主，愤而辞职回乡务农，闲暇刻苦自学。1933年，参加湘潭改良塾师训练所学习。结业后执教于铁陂冲孙氏族校、区立第十八校。积极结交进步青年，秘密传阅进步书刊，常用十三、实三、石山等笔名撰文投稿。1938年1月，加入中国共产党，先后

任中共韶山支部组织委员、特支书记、区委书记、湘宁中心县委组织部部长，领导抗日救亡斗争。1939年冬，受组织派遣赴四川，化名王璞。1941年，到西康地区作了为时一年的社会调查，撰写的《关于西康地区社会情况的调查报告》，被中共中央南方局负责人钱瑛称之为出自年轻人之手的很有见地的好文章。1942年，任中共重庆市委书记。由于认真贯彻执行中央秘密工作方针和纪律，重庆市委等党组织虽然活动在国民党统治的心脏地区，却没有发生过被大规模破坏的事件。在白色恐怖下，坚持发动群众开展“反饥饿、反内战、反迫害”运动，同时组织中共党员和进步青年到农村开展武装斗争。10月，任中共川东临时工委书记，兼任上川东地工委书记，选择华蓥山一带作为根据地，准备武装暴动。1948年，在敌人面临彻底失败而更加疯狂的严重时刻，果断发动华蓥山周围数县的武装起义，并任“西南民主联军川东游击纵队”（又称华蓥山游击纵队）政委，指挥游击队沉重打击敌人，先后攻克真静、金子、石盘、邬家及三元寨等地。9月7日，在反击敌人“围剿”的战斗间隙与干部研究工作时，因他人擦枪走火，下腹中弹，无法及时救治，失血过多牺牲。新中国成立后，遗骨被隆重安葬于四川武胜县沿口镇东山之巅，并立碑纪念。

何海清（1875—1950），字镜寰，又名震环，号乔八，湘乡龙洞城前铺早家冲人，民国初期军事将领。幼时家贫，仅读几年私塾，早年曾为地主看牛，当长工。清光绪二十年（1894），投湘军魏光焘部，出山海关抗日，作战英勇。光绪三十年（1904），以官费考入日本东京陆军士官学校炮科，第二年秋入同盟会。清宣统元年（1909），结业回国。宣统二年（1910），入云南讲武堂学习，曾与朱德同学。宣统三年（1911），率部参加蔡锷在云南发动的反清起义。1915年12月，在得悉袁世凯阴谋暗害经越南秘密回滇的蔡锷后，带士兵300余人赶赴河口，武装迎护蔡锷返昆明。19日，参加蔡锷主持的军事会议拥护讨袁。25日，云南宣布独立，何海清任护国军第一军第二梯团四支队队长。1916年2月，率士兵500余人增援在四川纳溪被围困的部队，获双河场大捷；3月6日，又自带敢死队，猛扑敌群，将敌一个混成旅击溃并收复纳溪。蔡锷致电称何海清“吾之子龙也”，时有“虎将”之誉。后随蔡锷征战于四川内江、简阳、成都等地，升陆军中将，获多枚勋章，出任陆军第六师第十一旅旅长。孙中山发动护法战争后，积极支持孙的主张，历任护法靖国军第一军右翼总司令、第八军第一师师长、滇黔川鄂豫靖国军前敌总指挥等职。1920年，任云南第一卫戍区总司令。1923年6月，任滇南镇守使兼建国军第九军军长，升陆军上将。1925年冬，解甲返乡。曾以银圆300元资助朱德从事革命活动；向农民协会赠银圆3000元；将自己约值2万元的房地产全部捐献给县公立医院作院址；捐田数百亩办学校、作奖学金。抗战时期，捐款购置枪支，组织抗日自卫委员会，自任主任兼抗日自卫大队大队长，积极参加抗日斗争。1950年，土地改革中，因官僚地主成分被斗致死。1983年，被中共湘乡县委统战部确认为“辛亥革命人员”。

周伟龙（1901—1950），湘乡县三迁谭家湾（今白田镇桃峰村）人。曾在湘军谢国光部任译电员，聪颖强记，为谢赏识，被保送黄埔军校第四期政治大队第一队学习。1927年，宁汉分裂时，任唐生智部宪兵营长，驻汉口，援救戴笠出狱后一同逃投南京政府。后任汉口警察局第八分局、第九分局局长。1936年，调南京军委特务八处，负责监视张学良。1937年，调任军委特务上海区区长。

“八·一三”上海沦陷，该组织溃散，周潜伏法租界，从事搜集日伪情报活动。1939年，调重庆任军委军统局秘书室代理主任秘书。1940年春，出任军委忠义救国军总指挥，负责苏、皖交界处抗日任务。1942年，调军委任别动军司令，兼中英情报合作所主任。后又与美国人合作，在南岳、上饶、建瓯和漳州等地举办中美合作技术训练班，因与美方人士不和，被解除别动军司令职务，调往陆军大学特别班学习。1945年2月，被授予陆军少将军衔。1946年3月，戴笠死后，与郑介民、毛人凤、唐纵等角逐军统局长职务，未遂，被任为国防部第一军法执行部（上海）主任。1947年，任交警第一总局局长，配合反共战争，“维护”全国铁路、公路、航空、水运“安全”。1949年1月，奉国防部令调兵前往奉化作蒋介石的侍卫。周将交警总局的家属和物资撤往衡阳，并把一部分兵力集中浙赣线，以便随时开入湖南。此举引起毛人凤和汤恩伯的猜疑，2月6日晚，被国民党特务逮捕，1950年被杀害于台湾新竹。1986年，中共中央统战部办公厅下文认定周伟龙“任国民党交警总局局长时，确有追随程潜、唐生智相机行事的进步表现。”

成希文（1890—1968），湘乡虞唐人。16岁初中毕业后自费赴日留学。首先在东京宏文书院习日语及高中课程，毕业后考上东京工业大学，取得“官费”待遇。入工大后与同为湘乡人的龚铁铮友好，经龚介绍加入同盟会。辛亥革命时受同盟会派遣休学一年回到长沙参加革命，任务完成后仍返东京工大继续学习。回长沙后，应聘在新创办的湖南省立甲种工业学校教书。以后甲工改称湖南省立高级工业学校，由他担任校长。新中国成立后，调中南纺织专科学校（后改称武汉纺织学校）任副校长。1951年，武汉纺校并入河南纺织学校，他随调河南纺校任副校长。社会兼职有河南省政协常委、郑州市人民委员会委员及郑州市政协副主席。著有《纺纱学》，由上海商务印书馆出版，是当时教育部审订通过的全国专科学校统一使用的教科书。1968年逝世。

李俊龙（1908—1979），湘乡兴让乡（今山枣镇洪塘）湾冲人。五四运动时期就读于东山高等小学，后肄业于武昌中山大学，任南京《中央日报》编辑。1932年，赴美国耶鲁大学深造。抗战初期回国，先后担任国民党第三战区政治部处长、《前线日报》社长、社会部处长。1943年，任军委会政治部第三厅厅长，不久被选为国民党中央委员。1945年，任国民党中央宣传部副部长，兼三青团干事会干事。1949年春，回家奔丧，恰新闻发布其为国共和谈国民党代表团顾问，乃北上，与张治中、邵力子等留驻北平，拥护中共提出的国内和平协定。中华人民共和国成立后，历任政务院参事、全国政协对外谈判委员会副主任、中国国民党革命委员会组织部副部长、对台工作委员会副主任。系第二、三、四、五届全国政协委员，第二、三、四、五届民革中央委员、常委。1979年12月11日，因病逝世。

彭锷（1907—？）湘乡石柱乡人，少壮从戎，毕业于黄埔军校第六期，20多年驰骋沙场，由少尉排长逐步晋升到二十九军、七十一军少将军长。1937年，八一三淞沪抗战，彭作为八十八师的一名下级军官，曾在苏州河畔浴血战斗，后转战各地。抗战末期，率部参加远征军，横渡怒江，反攻缅甸，颇建战功。抗日胜利后，担任江北地区日军受降司令长官。1947年，彭与东北解放军对峙，守四平有功，获蒋介石嘉奖，封为虎将。1949年率七十一军驻湘乡、湘潭、宁乡一带，执行蒋“备战求和”方针，围剿湘中游击支队。当年夏，列名于程潜、陈明仁两将军的“湖南和平起义通电”，然功亏一篑被胁裹引渡台湾，解除兵权，在台“国防部”浮沉数年，后在淡江大学执教。1980年旅居美国，任美国北加州旅美湖南同乡会总裁，美国湖南同乡会永久名誉会长，台、港湖南同乡会永久名誉会长，中华高龄学会驻美联络中心主任，中华耆英康乐会顾问。

龙在云（1905—1982），湘乡虞唐人。1926年，在长沙加入中国共产党。1927年春，受党组织派遣到湖南锡矿山从事工人运动，并参加了攻打长沙的武装斗争。1928年，考入北平军医学校，在学校参加了反帝大同盟。1935年，在上海开办一小药房，以药房经理职务作掩护，担任党的地下交通工作。1939年1月，到达延安，先后任中央军委卫生学校、中国医科大学教授，中央军委卫生部材料科科长、材料厂厂长等职。新中国成立后，历任东北制药总厂厂长、轻工业部医药管理局副局长、化学工业部医药司副司长、全国医药工业公司经理、国家医药管理总局顾问等职。1982年2月24日，病逝于北京，其遗体捐献给国家作病理解剖。

萧杰五（1899—1985），湘乡茶子坳（今属白田镇）人。号特夫，学名拔。1919年，到北平积极参加五四运动，与毛泽东、李富春、李维汉关系甚密。1920年，与邓小平等赴法勤工俭学，参与组织工学世界社。1921年11月，北洋政府驻法公使勾结法国当局，以“参加布尔什维克活动”的罪名，将其与另外百多名同学驱逐回国。1924年，参加中国共产党，在北京国立艺术专科学校任法文教授。1927年，第二次赴法，加入法国共产党，曾任里昂大学共产党支部书记，在中共驻法总部从事宣传工作，当年派赴莫斯科中山大学学习。1930年回国，在多所大学讲授经济学、哲学兼做党的宣传工作。抗日战争年代，曾在苏联红军援华抗日空军大队任翻译。后回湖南，先后在湘乡中学、东山学校教授英文。1946年，任湖南南岳省立高等商学院（克强学院）工商管理科主任。1947年，进入湖南大学，任系主任、教授、商学院院长，并为湖大地下党领导成员。政权交替前夕，任湖大应变委员会主席、接收委员会委员。之后，历任湖大教务长、农学院院长、科学院院长、湖南省政法委员会委员、湖南省中苏友好协会总干事。1953年到武汉大学，历任武大党委委员、马列主义教研室主任、经济系主任、教授、工会主席、武大学报主编。精通法文、俄文、英文。一生主要著述有《中法大辞典》《列宁的帝国主义论一书的逻辑结构》及和刘颂铭共同编撰的《拉马球克传及其学说》。20世纪40年代后段至50年代中，致力于土地经济研究，主编《地政月刊》，是该学科的开拓者、奠基人。1985年，因病逝世。

三、人物表录

1986—2005年湘乡市获省级以上劳动模范一览表

表23-1

姓名	性别	民族	出生年份	政治面貌	所获最高荣誉称号及年份	劳模类别	所在单位
龚罗平	男	汉	1952年	中共党员	2000年全国劳动模范	全国劳模	湘乡市第一建筑工程公司
彭罗成	男	汉	1954年	中共党员	2005 年全国劳动模范、省劳动模范	全国劳模	湘乡市人民医院
万祥庚	男	汉	1953年	中共党员	2005年全国劳动模范	全国劳模	湘乡市棋梓广播电视站
李清桥	男	汉	1953年	中共党员	1990年全国五一劳动奖章	省(区、市)劳模	湘乡市公路局
李爱兰	女	汉	1941年	中共党员	1986年教育部优秀教师	省(区、市)劳模	湘乡市月山学区
潘淑云	女	汉	1954年	中共党员	1986年教育部优秀教师	省(区、市)劳模	市教育系统
成忠众	男	汉	1949年	中共党员	1988年省劳动模范	省(区、市)劳模	市乡镇企业局
赵翠珍	女	汉	1941年	中共党员	1988年卫生部模范护士	省(区、市)劳模	湘乡市人民医院
彭应生	男	汉	1937年	中共党员	1989年省劳动模范	省(区、市)劳模	市政府办
刘征良	男	汉	1953年	中共党员	1992年省劳动模范	省(区、市)劳模	壶天区公所
潘封禄	男	汉	1946年	中共党员	1994年省劳动模范	省(区、市)劳模	壶天区法庭
李其英	女	汉	1948年	—	1994年省劳动模范	省(区、市)劳模	东郊乡
黄鼎秀	男	汉	1933年	中共党员	1995年省劳动模范	省(区、市)劳模	湘乡市人民医院
胡树金	男	汉	1941年	—	1995年省劳动模范	省(区、市)劳模	市轻工系统
孙菊四	男	汉	1939年	中共党员	1995年省劳动模范	省(区、市)劳模	湘乡市啤酒厂
吴万球	男	汉	1936年	中共党员	1996年水利部劳动模范	省(区、市)劳模	市水利系统
傅举连	女	汉	1945年	中共党员	1998年教育部优秀教师	省(区、市)劳模	市教育系统
张禄盛	男	汉	1954	中共党员	1998年交通部劳动模范	省(区、市)劳模	湘乡市公路局
左习莲	女	汉	1952年	中共党员	2001年省劳动模范	省(区、市)劳模	湖南铁合金厂
胡如松	男	汉	1968年	中共党员	2005年省劳动模范	省(区、市)劳模	湘乡市第一中学
文罗生	男	汉	1952年	中共党员	2005年省先进工作者	省(区、市)劳模	湘乡市供销社
贺益强	男	汉	1955年	中共党员	2005年省劳动模范	省(区、市)劳模	湘乡市公路局

知名人士选录

表23-2

姓名	性别	籍贯	生年	学历	单位	曾任职	职称
贺国强	男	月山镇	1943年	大学	中共中央	政治局委员、书记处书记、组织部部长	高级工程师
成思危	男	虞唐镇	1935年	大学	全国人大常委会	副委员长	总工程师
沈一之	男	龙洞镇	1930年		中共中央宣传部	秘书长	研究员
鲍培德	男	梅桥镇	1942年	大学	国家民航总局	副局长	—
陈敏求	男	壶天镇	1938年	大学	宁夏回族自治区人大常委会	副主任	工程师
萧　卡	男	梅桥镇	1919年	—	上海市顾问委员会	常委	
邓昭雨	男	龙洞镇	1949年	—	中国人寿保险公司	党委副书记、副总经理	—
李若谷	男	山枣镇	1951年	大学	中国进出口银行	董事长、行长、党委书记	—
陈星旦	男	虞唐镇	1927年	大学	中国科学院	—	院士
丁一平	男	湘乡市	1951年	研究生	解放军海军	副司令员	中将
宋文汉	男	金石镇	1939年	大学	广州军区	副司令员	中将
谭富吉	男	龙洞镇	1939年	—	海军兵种指挥学院	政委	少将
胡传觉	男	湘乡市	1941年	—	南京军区空军	政委	少将
陈知庶	男	龙洞镇	1954年	大学	甘肃省军区	司令员	少将
王继云	男	湘乡市	—	—	桂林陆军学院	院长	少将
陈知建	男	龙洞镇	1945年	大学	重庆警备区	副司令员	少将
陈知涯	男	龙洞镇	1955年	大学	中国国际战略基金会	秘书长	少将
周旦坤	男	月山镇	1954年	—	解放军总装备部	副军级局长	大校
文裕武	男	白田镇	1936年	—	解放军总参陆航局	副军级科技顾问专家组长	大校

说明：*1.* 上述资料来自《天南地北湘乡人》（*2007*）；*2.* 空白处系未获得相关资料

附录

关于撤销湘乡县设立湘乡市的通知

各行政公署，自治州、市、县人民政府，省直机关各单位：

国务院一九八六年九月十二日批准，同意撤销湘乡县，设立湘乡市（县级），以原湘乡县的行政区域为湘乡市的行政区域。

湖南省人民政府

一九八六年九月十八日

关于撤销湘乡县建立湘乡市的请示

国务院：

我省湘潭市所辖的湘乡县，现设有8个区，6个镇，43个乡，714个村委会，22个居委会，总面积2011.63平方公里，其中耕地69.23万亩。全县总人口809559人，其中城镇非农业人口151198人，占总人口的18.7％。县城关镇辖10个居委会，16个村委会；总面积为26.6平方公里，其中耕地12494亩；总人口135450人，其中非农业人口123250人。

湘乡县的经济基础较好，工业发展较快，基本形成了以冶金、建材、食品工业为主体，化工、电力、电子、机械、纺织、造纸、印刷等工业相应发展的工业体系，已成为我省冶金、建材、食品工业基地之一。全县现有中央、省、市、县属大小工业企业569个，产业工人47384人。1985年，社会总产值8.87亿元，其中工业产值3.82亿元，占社会总产值的43％，居我省104个市、县的第11位。主要工业企业基本集中在县城关镇，1985年，镇区内社会总产值达4.03亿元，其中工业产值2.56亿元，占社会总产值的63.6％，占全县工业总产值的67％。“七五”期间，国家已安排该县为新建、扩建、技改工业项目的市、县之一，这将为湘乡的经济发展创造更好的条件。

湘乡县的自然资源比较丰富，交通运输较为方便，为发展工业生产创造了良好的条件。现已探明的矿藏达30多种，目前已在开采的有储量多、品位高的石灰石、白云石、石膏、锰等矿产资源。铁路有湘黔线横贯全境，设有9个车站，此外，还有向韶线和通往厂区的5条专用线，铁路总长104公里，年客运量115万人次，货运量245万吨。公路干支线153条，总长932公里，年货运量15.5万多吨，客运量671万人次。涟水和韶山灌渠流经县城，贯穿县境，四季均可通航30吨位以内的船只。

随着工商业的发展和城镇人口的增长，湘乡县城区规模不断扩大，市政建设有了较大的发展。近年来，城关镇新辟和拓宽、整修了6条主要街道，大大改善了交通条件和市容面貌；新建了一个日产5000吨的生活用自来水厂和面积为140亩的碧洲公园以及体育馆、图书馆、文化馆、博物馆、工人文化宫、电视差转台、影剧院等文化设施，为人民日益增长的文化生活需要提供了条件；建立了环卫所、城道所、绿化所、公安派出所、消防中队等城管职能机构，共有专业人员220人，使城区的卫生、交通、治安管理不断得到了改善和加强。

为了促进湘乡的对外开放、对内搞活，加速经济建设的步伐，经省委、省人民政府研究，拟撤销湘乡县，建立湘乡市。县改市后，行政区域不变，为县级市，由湘潭市人民政府代管。撤销城关镇建制，城区部份设置城东、城南、城西、城北四个街道办事处，郊区部份设乡，其余区、乡、镇的建制、规模等仍维持现状不变。

以上报告，请批示。

附件：

（一）湘潭市人民政府《关于撤销湘乡县建立湘乡市的请示》

（二）湘乡县人民政府《关于请求将湘乡县改为湘乡市的报告》

（三）湘乡县地图

（四）湘乡城现状图

湖南省人民政府

一九八六年六月二十三日

关于撤销湘乡县建立湘乡市的请示

省人民政府：

我市所辖湘乡县，自然条件比较优越，盛产粮食、生猪、鲜鱼。尤其是矿产资源丰富，交通便利。已经形成一定规模的工业基础。全县土地面积301.74万亩，折合2011.63平方公里。其中耕地69.23万亩。1985年年底，全县有198962户，809559人，人口密度为每平方公里403人，行政制制辖8个区、6个镇、43个乡，714个村、8281个村民组、12个居委会。1985年，社会总产值达88860万元（含五大产业），其中农业产值33598万元，工业产值38232万元。冶金工业、建材工业已成为全省基地之一。“七五”期间，国家和地方在该县新建、扩建和技术改造项目23个，投资3.0050亿元。新增年产值2.73亿元。随着经济的发展，全县人口结构、产业结构、县城规模和功能都已经发生了重大的变化，在全县的80多万人口中，城镇人口已达到15万多人，占10.86%。县城由解放初期的2平方公里扩展到现在的10多平方公里，市政建设已基本配套，初具规模。1982年，国家城乡建设部在这里召开南方14个省市城镇规划现场会。县城非农业人口12万多，城区社会生产总值4.025亿元。工商服务业的蓬勃发展和城镇人口规模建设规模的迅速扩大，要求行政管理体制、指导思想和工作重心均得随之转弯。现在，县的建制和城关镇镇的建制，既不适应工商业的发展，也不适应城区的建设和管理，更不适应“七五”期间的发展需要。因此，湘乡很有必要撤销县的建制，改为县级市，实行市带乡的体制。我市派员实地调查核实，认为湘乡基本具备建市的条件。经市人民政府认真研究，同意湘乡县人民政府《关于请求将湘乡县改为湘乡市的报告》。现将该报告转呈省人民政府，请予审查，上报国务院，敬祈早日批准。

附：湘乡县政府《关于请求将湘乡县改为湘乡市的报告》

湘潭市人民政府

一九八六年三月二十八日

关于请求将湘乡县改为湘乡市的报告

湖南省人民政府并湘潭市人民政府：

我县位于湖南省中部，东南接湘潭县，西南靠双峰县，北邻宁乡县，西邻娄底市。总面积2011.63平方公里，总耕地697099亩，其中水田670317亩，人均约0.7亩。全县辖6个镇，43个乡，总人口为809559人，其中城镇非农业人口125402人。县内有中央、省、市属企业20个，县属企业53 个；商业、饮食服务业网点5531 个（全民347 个，集体2073 个，个体3111个）。全县工农业总产值1985年为6.77亿元，其中工农业总产值达3.41亿元。农业，除盛产大米（年稻谷产量9亿斤左右）外，生猪、茶叶、柑桔、棉花、蚕丝等农副产品价值达1.5亿元。工业方面，除中央、省、市、县属企业外，乡镇企业势力也较为雄厚，单是乡镇工业产值就达6500多万元，从业人员有406620人。县内主要的工业产品有年发电量1.1281亿度；铁合金56569吨，水泥118万吨，其中湘乡水泥厂的韶峰、五羊牌水泥出口东南亚各国；化肥48400吨；氟化盐26952吨；硫酸铝、电解铝、三氮化铝共达17422吨；硫酸1874吨，棉布140万平方米；DZ 的各种电磁电子振动给料机1966台；电子秤143台；各种型号除尘器77台；啤酒为省名优产品，年产7000吨；白酒及其他饮料酒4560吨；加工大米32105吨；加工面料5411吨；加工饲料5265吨；加工茶叶12892担；原煤56470吨；石膏、粘土、锰矿、矽石、白云石等各种矿石100多万吨；皮鞋8万双；铸管6000多吨，与省外贸公司联营，出口至香港、东南亚各国、非洲、北欧丹麦等国。除水泥、铸管之外，铁合金、三氯化铝、“白厂丝”、啤酒等产品均有出口，并深受外面欢迎。年产100万吨的湘乡水泥厂扩建的30万吨的4号窑年内可投产；军工系统的东升机械厂正在向我县搬迁；湘乡啤酒产量年内可达1万吨，生产能力为3.5万吨的啤酒生产线正在建设中，预计1987年可投产；湘乡化工厂投资1800多万元新建纯碱车间。这样，将给我县的工业生产增加新的活力。

我县交通方便，地理条件优越，湘黔铁路横贯全县，长79.1公里，设有9个车站和一个乘降点，其中湘乡站和棋梓站为四等站。年货运量达245万吨。湘乡站的客运量每年达70万人次。过境公路以长邵公路为主，还有湘棋、湘柘、湘衡、湘壶、湘韶等干线，四通八达，甚为方便。境内公路总长为933公里，其中国道、省道132公里。全县有各类机动车2844辆，运载吨位为6210吨，年运输量为63万吨公里。据统计，每天来往县城的机动车辆达1万多台。经流县城，贯穿全县的涟水和韶山渠灌能通航30吨以下的船只。现全县有船63只，另有民间船20只，总吨位为1900吨。县运输公司有120吨级以上的船2只。该公司有50只船已进入湘江和洞庭湖一带承担运输任务。

我县城关镇为全县的政治、经济、文化中心。该镇历史悠久，远在东汉即为县治。解放后，尤其是近几年来，发展很快，总面积达26平方公里，城区面积已达14平方公里。全镇非农业人口71023人，吃菜农粮的7230人（其中4230人因无地少地已按省府文件精神报请转户，待批），郊区农村人口22113人，经常流动人口保持在1.5万人以上，全镇总人口实际已有110866人。现镇辖10个居委会，16个村。城内有中央、省、市、县属企业49个，镇办企业16个，街办企业21个，年工业产值达2亿元。各种商店、饭店、旅店等服务单位150多个，个体工商户1100多户。1985年，社会商品零售总额达2亿多元。镇内有中小学28所，医院5个，病床700多个。由于城区的逐步扩大，城市人口的迅速增长，近年来新建了长1.3公里、宽26米的东风路和长1.33公里、宽24米的新湘路，拓宽了草罗巷和过境的潭邵路等一批街道。镇内全部街巷都铺上了柏油或水泥。1981年，新建了日产水5000多吨的自来水厂。新建了体育馆、工人文化宫、龙城电影院。设置了电视差转台等文化娱乐场地。新建的碧州公园已于1985年10月1日正式开放，每天接待3000至5000左右的游客。增加了4个农贸市场。成立了环卫所（拥有洒水车、垃圾车、粪车多辆）、城道所（拥有压路机等机械设备）、园林处等城市管理的专业单位。城内有公安派出所3个。消防中队社会治安顿办公室等机构。但因无市的建制，未能配备交通民警和设置岗楼，致使交通秩序十分困难，虽临时组织人员维持，仍不免经常发生事故。

此外，我县又是老革命根据地之一。有毛泽东同志母校——湘乡东山学校，有黄公略同志故居（已用省拨专款修复开放）。又是陈赓、谭政、萧三同志等革命老前辈和宋希濂等国内外知名人士的故乡。县城内还有闻名省内外的云门寺等古迹。加上经济的开发，人才、技术的引进，近几年来，前来我县各地参观、探亲、访友的华侨和港澳同胞及外商与日俱增。

基于上述情况，我们认为，我县改市条件已经具备，为有利于城市的规划、建设和管理，我们请求早日将我县改建为湘乡市。

湘乡县改市后，拟撤销城关镇。改为城关区，下设7个街道办事处。20个居委会，168个居民小组，原16个村仍然由城关区管辖。其余区、镇、乡体制暂不变动。（见附表）。如果上级不同意市下设城关区，则：1. 新建梅坪乡，下辖城关镇管辖的16个农业村；2. 设城镇工作委员会（由一名副市长兼主任），为市委、市政府的派出机构，管理各办事处并指导市内各镇的城镇工作。梅坪乡、城镇工作委员会的编制，在现城关镇的在编人员内解决。

以上报告，当否，请批示。

湘乡县人民政府

一九八六年二月二十日

后记

湘乡自明成化年间（1465—1487）至1986年，共编纂16部县志。2005年3月，湘乡市委、市政府根据中共湖南省委办公厅、湖南省人民政府办公厅关于续修省市县三级志书的通知和中共湘潭市委办公室、湘潭市人民政府办公室关于续修市县二级志书的通知精神，决定编修《湘乡市志》，时限为1986—2005年，成立湘乡市地方志编纂委员会和《湘乡市志》总编室，明确修志工作由市史志工作办公室具体实施，修志工作正式启动。

2005年4月，市委、市政府召开《湘乡市志》编纂工作动员大会，制订湘乡市编修《湘乡市志（1986—2005）》工作实施方案，落实主编、承编单位。各部门、各单位根据实施方案的要求，成立修志领导小组，确定编写人员。5月，市史志工作办公室举办全市100多个科局级主编、承编单位200多编写人员参加的业务培训班。同时组织总编室工作人员学习编志知识，阅读《湘乡县志》（1986年版）及兄弟县优秀志书，结合湘乡实际，初拟《湘乡市志》编目。在培训班上，根据编目设计方案，除总述、大事记、编纂著述、人物、附录等编由总编室编写外，其余各编的编写任务落实到主编、承编单位。

培训班结束后，各承编单位编写人员根据总编室编写的编目进行资料收集，查阅本单位及市档案馆所存相关资料，召开座谈会，走访知情人，把获得的资料整理、编写成资料长篇，然后根据志书体例，试写分编初稿。至2007年12月，历经3年，承编单位编成分编初稿。

2008年，进入志书分纂阶段。分纂是此次修志过程中最艰辛的任务。因各单位编写人员大都未写过志，有的连志书都未看过，业务不熟。加之总编室工作人员少，且缺乏修志经验，对承编单位报送的志稿质量把关不严，志稿资料不翔实，数据矛盾较多，体例不规范，大多为总结式、汇报式的文章，所以修改任务极其艰巨。据此，市史志工作办公室调整和充实编辑人员，反复学习《修志指南》，调整各编责任编辑，把分纂任务落实到人：

毛灿文　李振：第1、2编

刘秋林：总述、第17、18、19、20、21编、后记

李雪峰：大事记

李效新：第7、10编

陈威敏：第12、16编

陈新文：第6、13、14、15编

陈湘魁：第11、22、23编

段安坤：第3、4编

萧日东：第5、8、9编

编辑人员根据分工详阅相关分编初稿后，对其进行梳理，编写修改提纲，深入基层收集、补充、核对史料，有相当一部分初志稿进行重写。2009年12月，形成分编志稿，编辑人员对志稿进行互阅。2010年1月，志稿送湘潭市史志办领导和专家审阅。3月，他们亲临湘乡，对志稿逐编进行讲评，提出修改意见。4月，编辑人员按照湘潭市史志办领导和专家的意见，对志稿反复修改进行总纂。2010年10月，写成内部评审稿。11月，将内部评审稿送市委、市人大、市政府、市政协历届和本届领导、科局级单位及编写人员审阅，同时附送审阅意见表，书面征求意见。送出审阅意见表220份，至2011年1月，收回200份。总编室责任编辑根据内部评审意见认真修改后，将志稿再次送湘潭市史志办领导和专家审阅。2011年4月，再次来湘乡进行讲评。事后，编辑人员进一步完善、调整篇目，处理重复交叉内容，核对数据，规范体例。12月，印成评审稿。

2012年2月，评审稿分送省地方志编纂委员会、湘潭市史志工作办公室和兄弟县（市、区）志办的领导、专家、同仁审阅。8月8日，《湘乡市志（1986—2005）》评审会议由湘潭市史志办主持在湘乡市明月山庄举行，省地方志编纂委员会、湘潭市、湘乡市有关领导出席会议，省地方志编纂委员会王晓天、袁勇前、尹克加、蔡素云、孟东华，湘潭市史志办易小兰、陈育松、黄小平、曹建英等领导、专家、学者对《湘乡市志（1986—2005）》评审稿进行了评审。大家认为：《湘乡市志（1986—2005）》评审稿全面记述了1986—2005年间湘乡自然、经济、政治、文化、社会等各个方面的历史与现状，反映了湘乡市撤县建市20年来经济建设与改革开放的发展历程，展示了湘乡两个文明建设的重大成果。志稿政治观点正确、资料翔实，内容丰富，记述脉络清晰，篇目结构科学合理，体例规范，文风端正，语言精练，行文流畅，地方和时代特点突出，是一部基础比较扎实的志稿。针对志稿中存在的不足之处，与会专家学者就如何修改提出了具体意见和建议。湘潭市史志办副主任陈育松宣布志稿通过评审。

评审会后，编纂工作进入修改定稿阶段。2012年9月起，编辑人员根据评审会意见，对篇目作适当调整，补充史料，核对数据，调整内容归属，处理重复交叉，全面规范体例行文。2014年7月定稿，报送湘潭市史志办和省地方志编纂委员会验收。2014年10月，省地方志编纂委员会市县志工作指导处领导杨盛让、隆清华、杨帆、李章进等对志稿进行验收。认定志稿政治观点正确，立场鲜明，篇目结构合理，体例运用恰到好处，资料较翔实、全面、取舍精当，语言文字严谨、朴实、简洁、流畅，是一部基础较好，质量较高的志稿。但也提出了一些修改意见。领导批准"同意验收"。编辑人员根据省志委意见，认真进行修改。2014年12月定稿，2018年5月出版。

历经14个春秋，志书终于付梓。回首往事，修志任务能圆满完成，有下面几个主要原因：一是领导高度重视，形成攻坚合力。省地方志编纂委员会、湘潭市史志工作办公室的领导多年来一直关心、关注湘乡史志工作，每个关键时刻，都及时给予正确指导和帮助，有效地推动了湘乡修志工作的顺利进行。湘乡市委、市人大、市政府、市政协加强领导，精心部署，实行"党委领导，政府主持"的修志领导体制，全面贯彻落实《地方志工作条例》，坚持依法修志，切实改善修志工作条件，调动修志工作人员积极性。各部门、乡镇办事处、各单位积极配合，在人力、物力、财力及查档、采访等方面给予鼎力支持，为修志工作提供有力保障。二是上级修志专家学者全程指导，确保志书质量。省、湘潭市修志专家学者对湘乡市志编纂工作坚持高标准、高起点、严把关，多次到湘乡为修志人员上业务辅导课。陈育松、曹建英及胡亿群、蒋子君、张跃安、周方应、曹方成、李枝常等专家对编写进行全程指导，对志稿进行详尽讲评，从而确保志书质量。三是编辑人员发扬拼搏奉献精神，务实苦干。《湘乡市志（1986—2005）》编纂成功，凝聚着编辑人员的汗水和心血。除市史志办工作人员外，先后聘请9位同志担任编辑，组成总编室，编辑人员中有7位退休人员，年龄最大者76岁，其中1位老者二次修志。他们思想境界高，视修志为己任，本着对党负责，对人民负责，对后代负责的态度精心修志，敬业精神强，笔耕不止，忘我工作；他们工作态度好，不讲报酬，无私奉献，不厌其烦，不畏其难，精益求精，为修志立下汗马功劳。

《湘乡市志（1986—2005）》编写过程中，得到社会各界高度关注和支持。感谢湘乡市档案馆为修志查档提供诸多方便。感谢曾关心和支持《湘乡市志（1986—2005）》编修工作的其他所有单位和同志。

《湘乡市志（1986—2005）》编修的时限内，恰逢机构改革，撤区并乡建镇，人事调动频繁，部分单位档案流失，造成资料残缺，加之编者水平有限，存在不少缺点，诚恳祈求读者指正。

编者

2018年5月